IRLA

ph R. Braun

Text: Ralph Raymond Braun
Mit Beiträgen von Pit Wuhrer (Bürgerkrieg, Politische Kultur, Armagh, Bloody Sunday)

Recherche: Susanne Engel und Ralph R. Braun

Lektorat: Jochen Grashäuser

Redaktion und Layout: Claudia Martins

Fotos: Ralph Raymond Braun (alle s/w-Fotos, außer S. 489; Farbfotos: RRB)
Thomas Leimeister (s/w-Foto: S. 489; Farbfotos: TL)

Covergestaltung: Karl Serwotka

Covermotive: oben: Jerpoint Abbey
unten: Dingle

Karten: Susanne Handtmann

Wir bedanken uns für die Unterstützung der Recherche für diese Auflage bei:
Bord Fáilte, besonders bei Judith von Rauchhaupt von der Pressestelle in Frankfurt, bei der nordirischen Zentrale für Fremdenverkehr, und hier besonders bei Paul McDonagh vom Büro Frankfurt sowie bei allen Lesern, die uns mit Tips und Kritik geholfen haben, dieses Buch noch besser und aktueller zu machen: A. Jean Racine; Angelika und Claus-Heinrich Daub; Annkatrin Fischer; Arno Berz; Beate Helling; Birgit Lienenlüke; Birte Rehse; Björn Kaltenbach; Christian Dorn; Christine Le Pape; Cornelia Leu; Dorette Haerdi; Ernst Herold; Frederike Höljes; Gerlinde Ringlstetter; Grit Glaß; Hans Larel; Heidi u. Gerhard Müller; Herbert Panholzer; Hilke Schröder; Jennifer Adler; Julien Kingston; Jutta Stehle; Karin Hardy; Kerstin Matz; Kirsten Schütt; Kirsten Wickenkamp; Michael Rust; Pia Knogler; Ralf Steinbach; Renate Schuler; Rolf Wundrack; Steffen Watzek; Susanne Bischof; Sylvia Schlicht; Thomas Grimm; Uli Rossbach.

ISBN 3-923278-67-5

 Druck: Ebner, Ulm.

Aktuelle Infos online unter www.michael-mueller-verlag.de

3., erweiterte und vollständig überarbeitete Auflage 2001

Allgemeines/Reisepraktisches

Dublin

Der Osten

Der Südosten

Der Südwesten

Der Westen

Der Nordwesten

Nordirland

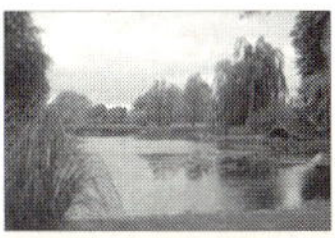

Midlands

INHALT

Der Südwesten 293

Was haben Sie entdeckt?

Haben Sie einen beschaulichen oder einen atemberaubenden Wanderweg gefunden? Ein stimmungsvolles Singing Pub? Ein angenehmes B&B mit freundlichen Gastgebern?

Wenn Sie Ergänzungen, Verbesserungen oder neue Tipps zu diesem Buch haben, lassen Sie es mich bitte wissen.

Bitte schreiben Sie an:

Ralph-Raymond Braun

Stichwort "Irland"

c/o Michael Müller Verlag

Gerberei 19

91054 Erlangen

E-Mail: r.braun@michael-mueller-verlag.de

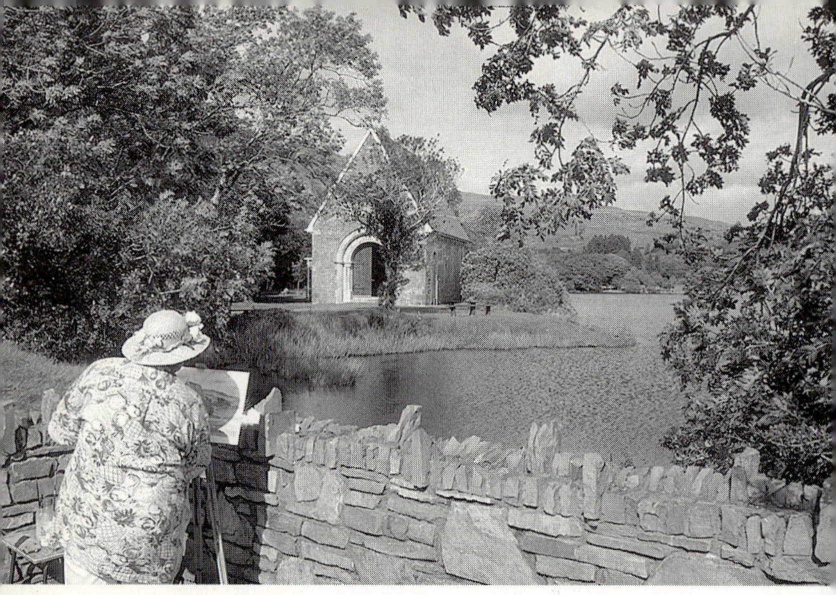

Malerisches Irland

Wohin in Irland?

Wer in erster Linie der Natur und Landschaft wegen kommt, ist an der Westküste der Grünen Insel am besten aufgehoben. Doch Irland bietet außer Natur und Pubs auch lebendige Städte, eine rege Kulturszene, prächtige Schlösser und Spuren der ersten Christen, die von der Insel aus den Kontinent missionierten.

Wer die Grüne Insel schon kennt, weiß, wo es ihm gut gefallen hat, was ihm gestohlen bleiben kann und worauf er noch neugierig ist. Für alle, die zum ersten Mal nach Irland kommen, hier ein paar Tipps. Der wichtigste: Nehmen Sie sich nicht zu viel vor. Irland ist immerhin so groß wie Bayern und voller Überraschungen. Passen Sie sich dem irischen Lebensrhythmus an, der vieles Gott und dem Zufall überlässt. Gerade die ungeplanten Begegnungen bescheren oft die besten Erlebnisse.

- **Der Südwesten:** Die Grafschaften *Kerry* und *Cork* sind das beliebteste Reiseziel. Eine herrliche Landschaft mit einem Hauch von Mittelmeer und doch ganz irisch. An der Küste wechseln Felsen und schroffe Klippen mit sanften Sandbuchten, im Hinterland verstecken sich tiefschwarze Bergseen zwischen majestätischen Gipfeln. Wer nur eine Urlaubswoche hat, besucht von Killarney aus die Halbinseln *Iveragh* (mit dem berühmten *Ring of Kerry*) und *Dingle*. Landschaftlich ebenso reizvoll, aber weniger frequentiert sind die Halbinseln *Mizen Head* und *Beara* in Westcork. Mit mehr Zeit kann man etwa von *Cork,* Irlands drittgrößter Stadt, einen Bogen über die Halbinseln bis zur Shannonmündung ziehen.

▸ **Der Westen:** Let's go west... Nördlich der Shannonbucht lassen wir den vom Golfstrom und dem Geldsegen der Reisebusse verwöhnten Teil Irlands hinter uns und kommen mit den Counties *Clare*, *Galway* und *Mayo* in ein karges und dünn besiedeltes Land voller Mythen, mit *Galway* aber auch in die dynamischste Stadt Irlands. Eine dreiwöchige "Schnuppertour" könnte wieder in Cork beginnen, würde sich im Südwesten auf Killarney mit dem Ring of Kerry und Dingle beschränken und dann entlang der Atlantikküste nach Norden führen. In Clare werden die *Cliffs of Moher* und das Karstland *Burren* mit seinen seltenen Pflanzen und den Steinzeitgräbern besucht, hinter Galway macht

Music's in the air

man einen Abstecher nach *Connemara,* dem Land der Moore, Steinwüsten und Seen. *Achill Island,* wo es Heinrich Böll so gut gefiel, und *Erris* im Norden Mayos sind nur für Reisende geeignet, die gerne wandern und denen in der Einsamkeit nicht der Himmel auf den Kopf fällt.

- **Der Nordwesten:** So abgegriffen der Begriff einer "unverdorbenen" Landschaft auch klingen mag, von allen Regionen Irlands trifft er am besten auf den Nordwesten des Landes zu: *Sligo* und das raue *Donegal,* "Irisch-Alaska" wie es die Amerikaner nennen, wo das Wetter noch etwas rauher ist, menschenverlassene Inseln und einsame Seen den Vögeln gehören und die Uhren am langsamsten zu gehen scheinen. Die großen Tourbusse finden nur selten den Weg hier herauf.

- **Nordirland:** Noch weniger von Urlaubern besucht werden die "six counties", wie der britische Teil der Provinz Ulster auch genannt wird. Um so mehr freuen sich die Menschen, wenn doch einmal ein Fremder vorbeischaut. Hier sind das Naturwunder der *Giant's Causeway,* die Seenregion des *Lough Erne* und die *Mourne Mountains* als landschaftliche Höhepunkte zu nennen. Mit *Derry* und der Haupstadt *Belfast* hat auch der Norden zwei quirlige Metropolen, die nach den "Troubles" zu neuem Leben erwacht sind.

- **Die Midlands:** Irlands Mitte mit der großen Seenplatte ist das Revier der Angler und Freizeitkapitäne. Der *Shannon* und seine Nebenflüsse sind ausschließlich Ausflugsbooten vorbehalten. Mit insgesamt 800 km sind die schiffbaren Wasserstraßen lang genug, dass man auch in der Hochsaison abends noch ein ruhiges Plätzchen zum Ankern finden kann.

▸ **Dublin:** Irlands Hauptstadt, in der ein Viertel der irischen Bevölkerung lebt, ist eine schillernde Metropole voller Widersprüche: Wiege der irischen Nation und Hort des kulturellen Erbes, heimliche Hauptstadt der englischsprachigen Literatur, Kulisse der Georgian Houses mit den berühmten, auf Postkarten und Postern abgebildeten Türen und mit den weniger berühmten, gleichförmigen Vorstadtsiedlungen. In den Clubs und Szenelokalen begannen Stars wie Christy Moore, Sinéad O'Connor und die Gruppe U 2 ihre Karriere. Nach Dublin kommt, wer vor allem die irische Kultur kennen lernen will – und auch den Pubs nicht abgeneigt ist.

▸ **Der Osten:** Highlights im Umland von Dublin sind die jahrtausendealten Gräber und Kultstätten im *Boyne Valley* sowie die prächtigen Landsitze und Gärten, die sich die reichen Aristokraten nahe der Hauptstadt bauen ließen. Doch auch für Wanderer hat die Region angenehme Überraschungen: Eine knappe Autostunde von der Hauptstadt entfernt laden die *Wicklow-Berge* zu kleinen Fluchten aus dem Getümmel der Metropole ein. Auch die *Cooley-Halbinsel* an der Grenze zu Nordirland, die durch den Bürgerkrieg lange ins Abseits gestellt war, ist zumindest für Urlauber vom Kontinent noch ein Geheimtipp.

Mittelalterliches Kilkenny – Rothe's House

▸ **Der Südosten:** Obwohl der Golfstrom die Südostküste Irlands kaum berührt, ist dies der wärmste und trockenste Teil der Grünen Insel. Hier ist der Himmel, so weiß es die Klimastatistik, am wenigsten mit Wolken bedeckt und strahlt die Sonne am längsten. Wer mit der Fähre von England nach *Rosslare* übersetzt, wird das Gebiet mit den Wikingerstädten *Wexford* und *Waterford* zumindest auf der Durchreise kennen lernen. Höhepunkte sind das mittelalterliche *Kilkenny* und der Königssitz *Cashel*. Als eigenes Reiseziel lohnt die Region jedoch nur für Besucher, die den Rest des Landes bereits ausgiebig bereist haben.

Küstenlandschaft am Ring of Kerry

Natur und Umwelt

Geographie

Irlands Oberflächengestalt ist recht abwechslungsreich. Bergketten umschließen ein zentrales Tiefland, das zwar kaum mehr als 150 m über dem Meeresspiegel liegt, aber durch die beim Rückzug der eiszeitlichen Gletscher entstandenen Hügel und Geländewellen kleinräumig gegliedert ist.

Wo die Moore, die ein Fünftel Irlands bedecken, und die unzähligen Wasserläufe und Seen einmal Platz für größere Acker- und Wiesenflächen lassen, wie etwa im Golden Vale (Tipperary) und in den Counties Kildare und Meath, ist das Land überaus fruchtbar. Diese Gebiete, in denen dem Sprichwort nach das Gras so schnell wächst, dass ein liegengelassener Stock schon am nächsten Tag nicht mehr zu entdecken ist, waren seit alters her das Ziel der Eroberer. Schon ein Chronist der Normannen zeigt sich darüber entzückt, dass Rinder im Land von "Kerry Gold" das ganze Jahr über auf der Weide Futter finden und man deshalb keine Ställe bauen und keinen Wintervorrat anlegen müsse. Doch je weiter man nach Westen kommt, desto weniger Gras wächst zwischen Steinen und Mooren. Hierher wurden die Einheimischen abgedrängt, die in den abgeschiedenen Gaeltacht-Regionen ihre keltische Sprache und viel von der alten Kultur bewahrten. Dieses Erbe, seine dünne Besiedlung und die nur extensiv genutzte Natur sind aber zugleich die touristischen Trumpfkarten des Westens.

Republik Irland in Zahlen

Fläche: 70.283 qkm,
davon höher als 300 m: 6 %
Ostwestausdehnung: Bis 275 km
Nordsüdausdehnung: Bis 485 km
Küstenlinie: 3.200 km
Höchster Berg: Carrantuohill (Kerry) 1040 m
Längster Fluss: Shannon 256 km
Größter See: Lough Corrib 168 qkm

Einwohner: 3.626.000 = 51,8 je qkm
Hauptstadt: Dublin 950.000 Einw.
BIP: 17.500 € je Einw.
Anteil Landwirtschaft: 8 %
Anteil Industrie: 9 %
Lebenserwartung: Durchschn. 75 J.
Arbeitslosigkeit: 7 %
Religion: 88 % Katholiken
Tourismus: 5,5 Mio. Gäste jährlich

Beim Blick auf die Landkarte mag man darüber lächeln, dass in Irland schon Erhebungen von wenigen hundert Metern über dem Meeresspiegel "Berge" genannt werden. *Macgillicuddy* (County Kerry) schafft als mächtigster Gebirgszug gerade die 1000-Metermarke, im Osten bleibt das *Wicklow-Gebirge* mit dem *Lugnaquilla* (924 m) knapp darunter. Vor Ort und spätestens beim Aufstieg fordern aber auch die niedrigeren Massive gehörigen Respekt ab, wenn sie vom niedrigen Ausgangsniveau der Tiefebene oder gar vom Meer abrupt himmelwärts aufragen. Eine Klippenwand ist einfach spektakulär, auch wenn sie "nur" einen Kirchturm tief ins Meer fällt. Geologisch betrachtet sind die Gebirge sehr vielseitig. Die Wicklow-Berge und die Höhen von Galway, Mayo und Donegal bestehen weitgehend aus Granit, während bei den Höhenzügen im Süden braunroter Sandstein vorherrscht.

Im Westen, wo die Berge bis unmittelbar ans Meer reichen, ist die Küste durch fjordähnliche Buchten reich gegliedert. Manchmal taucht ein schon im Wasser verschwundener Gebirgszug nochmals auf: Inseln und Inselchen wie die *Blaskets, Skellings* und *Arrans* sind Irlands letzter Vorposten im Atlantik. Wo nun die schöneren Sandstrände sind, ob am Atlantik oder an der Irischen See, ist nicht leicht zu entscheiden. Typisch für die Ost- und Südküste sind etwa die Beaches von *Arklow* und *Tramore,* langgezogen und beinahe schnurgerade, ideal für einen Galopp, der auch im Seewind Pferd und Reiter zum Schwitzen bringt. Wer kleinere Buchten, Hintergrundpanorama und dramatische Sonnenuntergänge liebt, wird die Westküste bevorzugen.

Klima

Das von den feuchten Atlantikwinden bestimmte Wetter ist so mild und ausgeglichen, dass Spötter behaupten, Irland besitze kein Klima, sondern nur eine Aufeinanderfolge verschiedener Wetterlagen.

Im Hochsommer liegt die Durchschnittstemperatur mit 16° Celsius etwa so hoch wie in Kiel, im Januar ist es mit 7° Celsius jedoch erheblich wärmer als in Deutschland. Doch sobald ein starker Wind bläst, und das tut er vorzugsweise in Verbindung mit heftigen Schauern, hält man es subjektiv für sehr viel kälter als die Temperatur, die das Thermometer objektiv misst. Kurz gesagt: Auch in Irland sind die Winter kalt. Und dass es nie schneien würde, ist ein Legende der Touristiker. Des Autors sommerbereifter Mietwagen blieb einst in Donegal in einem wüsten Schneesturm stecken, und am nächsten Morgen bargen die Farmer ihre erfrorenen Lämmer aus den Schneewehen. Nur die Kinder haben ihre Freude, wenn Frau Holle die Betten ausschüttelt.

Bei näherer Betrachtung erkennt man, dass es beim Wetter auch regionale Unterschiede gibt. So entspricht die durchschnittliche Niederschlagsmenge pro Jahr in Dublin mit 750 mm etwa der von Münster, während die Berge an der Westküste mit über 2.500 mm mehr Regen abbekommen als die höchsten Alpengipfel. Die Zahl der Regentage schwankt zwischen 190 und 250 jährlich, die trockensten Monate sind Mai und Juni.

Irischer Regen – Fluch oder Segen

So begeistert sich unser eingangs erwähnter Normanne über die Möglichkeiten der Viehzucht äußerte, so kritisch bewertete er die Chancen des Ackerbaus. Irland ist einfach zu nass. Die meiste Mühe müssen die Bauern darauf verwenden, das Getreide nach der Ernte trocken zu bekommen. In manchen Jahren lassen sie das Korn in der Hoffnung auf ein paar trockene Tage bis in den Oktober stehen, um es dann doch feucht zu ernten und durch gewaltige, Energie fressende Trockenöfen jagen zu müssen.
Zuviel Wasser von unten und noch mehr Wasser von oben. "Oh, the water. Hope it won't rain all day", singt Van Morrison. Dichter lassen sich darüber aus, Reisenden macht der Regen die sorgfältig ausgetüftelten Pläne zur Makulatur, und für die Eröffnung eines Gesprächs ist er ein ebenso dankbarer Stoff wie für Sprichwörter und Witze (Kostprobe aus Dingle: "Wenn man die Blaskets sieht, dann wird es gleich regnen. Wenn man sie nicht sieht, dann regnet es").

Doch was wäre die Grüne Insel ohne Regen? Jedenfalls nicht so grün. Die Sümpfe wären keine Sümpfe mehr, die Schafe erschienen nicht mehr als stoische Helden, und wer weiß, was ohne den Regen aus der irischen Melancholie würde. Ja, das kleine Irland bringt ein bisher zu wenig geschätztes Opfer für Europa! Denn wenn die atlantischen Winde und Wolken ihre feuchte Fracht nicht schon zum Großteil in Irland abladen würden, dann bekämen die Briten oder gar wir auf dem Kontinent das Wasser ab.

Zum irischen Regen gehört allerdings auch, dass er, und sei es nur für einen kurzen Moment, irgendwann aufhört. Wenn die Wolken aufreißen und die durchbrechende Sonne ihre Strahlen wie eine Batterie himmlischer Theaterscheinwerfer über die Wiesen und Hecken jagt, sich das Licht auf den noch tropfnassen Fuchsienblüten bricht und sie noch röter als sonst erscheinen lässt, wenn die Menschen vorsichtig und des Wunders noch nicht ganz sicher aus den Hauseingängen auf die Straßen treten, dann zeigt sich die Insel von ihrer schönsten Seite – und das versöhnt. Licht am Ende des Tunnels – der nächste Regen kommt bestimmt.

Wälder kann man in Irland lange suchen

Pflanzen

Bei diesem Wetter sollte man erwarten, dass die Grüne Insel von einem üppigen Wald bedeckt ist. Das war einmal – vor etwa 5000 Jahren.

Durch ein Zusammenwirken natürlicher Faktoren (Abkühlen des Klimas) und menschlicher Aktivitäten (die mit den Steinzeitbauern beginnenden Rodungen) reduzierte sich der Wald auf heute nur noch 5 % der Inseloberfläche, wobei die heutigen Forste überwiegend das Ergebnis mühseliger Anpflanzungen sind. Irland ist zu feucht, als dass sich ein völlig abgeholzter Wald noch natürlich erneuern könnte. Abgestorbene Vegetation und Wurzelreste kompostieren nicht mehr, das Land wird zum Moor. Gräbt man nur tief genug im Flachmoor *(Blanket Bog)*, stößt man darunter noch auf die konservierten Baumstümpfe.

Viele der etwa 1000 Pflanzenarten, die heute in Irland heimisch sind, kamen während der letzten Eiszeit über die Landbrücke aus dem Mittelmeerraum, von Skandinavien oder gar über Grönland und Island aus Amerika auf die Grüne Insel. Eine typische Mittelmeerpflanze ist etwa der Erdbeerbaum *(Arbutus unedo)*, als ein noch einigermaßen häufiger Vertreter der insgesamt raren "Amerikaner" sei das Kanadische Johanniskraut *(Hyperium canadense)* genannt. Andere sind ausgewilderte Zierpflanzen: Der so schön anzuschauende Rhododendron zum Beispiel, der heute der schlimmste natürliche Feind der letzten irischen Eichenwälder ist, weil er sich dort am besten vermehrt und die Bäume erstickt. Zu den endemischen, also nur auf Irland vorkommenden Arten gehören die irische Weide *(Salix hibernica)* und die irische Mehlbeere *(Sorbus hibernica)*. Außergewöhnlich ist auch die Pflanzengemeinschaft des Burren, eines auf den ersten Blick kahlen Kalksteinplateaus, in dem man bei genauem Hinsehen seltene Orchideen entdeckt. Und im irischen Moor wachsen sogar Fettkraut *(Pinguicula vulgaris)* und elf weitere Arten fleischfressender Pflanzen.

Tiere

Klimaveränderung, Insellage und wieder der Mensch sind dafür verantwortlich, dass es auf Irland heute nur noch 28 Arten Säugetiere gibt (zum Vergleich: in Europa sind es immerhin 150).

So konnte sich der während der Eiszeit eingewanderte Riesenelch *(Megaloceros)* zwar noch der nachfolgenden Erwärmung anpassen, wurde aber im ersten vorchristlichen Jahrtausend von den keltischen Jägern ausgerottet. König der Tiere ist heute der Hirsch, der mit dem Damwild in den Nationalparks von Donegal und Kerry überlebt hat, weil der Adel um des Jagdvergnügens willen die Bestände rechtzeitig schonte und hegte. Nicht auszurotten waren Hase und Kaninchen, auch der clevere Fuchs hat sich gehalten. Die vielen Hecken sind das ideale Revier für den Igel, in den Binnengewässern tummelt sich, zum Ärger der Fischer, Europas größter Bestand an Ottern. Auch auf die Robben, von denen vor den Küsten wohl noch zwei- oder dreitausend leben, sind die Fischer schlecht zu sprechen.

Besser als um die Säuger steht es um die irischen **Vögel**. Die gefiederten Kameraden zu beobachten, ist beinahe ein Volkssport. Im Frühjahr und Herbst laufen die Telefondrähte des Vogelschutzverbandes heiß, wenn Hobby-Ornithologen der ganzen Insel Ankunft und Abreise von Zugvögeln melden. Besonders bevölkert sind die Steilklippen der Westküste und die unbewohnten Inseln. Bei der Fahrt um die Skelligs hat man gute Chancen, Sturmtaucher *(Hydrobates pelagicus)*, die ernst dreinblickenden Seepapageien *(Fratercula arctica)* mit ihren bunten Schnäbeln und die riesigen Tölpel *(Sula bassana)* vor das Fernglas zu bekommen. Die Waterford Bay ist das größte Winterquartier für grönländische Wildgänse, aus dem Baltikum kommen allerlei Enten auf Besuch. An den Seen und Flüssen des Binnenlandes trifft man noch auf viele Vögel, die auf dem Kontinent selten geworden sind. Am auffälligsten ist der gesellige Graureiher *(Ardea cinerea)*, der reglos im Flachwasser steht – bis ein Fisch in Reichweite kommt, den er mit einer blitzschnellen Schnabelbewegung aus dem Wasser holt. Ähnlich verhält sich der kleine, doch um so farbenprächtigere Eisvogel *(Alcedo atthis)*, der auf einem Ast über dem Wasser auf die Beute lauert. Und wer wieder einmal enttäuscht vom "Birdwatching" zurück kommt, weil sich die gesuchten Exoten partout nicht zeigen wollten, dem bleiben als verlässlicher Trost die allgegenwärtigen Elstern, Raben und Krähen.

Lesetipp: "**The Complete Guide to Ireland's Birds**", von Eric Dempsey und Michael O'Clerly, Gill & Macmillan Publishers.

Umweltschutz

Dass Irland im europäischen Vergleich neben Skandinavien noch die intakteste Natur hat, ist ein Ergebnis der wirtschaftlichen Rückständigkeit, nicht aber eines besonderen Umweltbewusstseins.

Tatsächlich spielt der Umweltschutz auf der Grünen Insel nur eine Nebenrolle. Mit Verweis auf die noch geringe Schadstoffbelastung von Luft und Wasser schaffen es die irischen Politiker in Brüssel immer wieder, großzügige Ausnahmen durchzusetzen: Irisches Benzin hat besonders viel Blei, irische Kraftwerke jagen besonders viel Schwefeldioxid in die Luft (immerhin allerdings: der Verzicht auf Atomstrom ist nationaler Konsens). Viele Orte entsorgen ihre Abwässer ungeklärt in Flüsse und Meer, Fischfarmen, Chemiewerke (bei Cork) sowie Textilfabriken vergiften die Buchten, die Viehbarone und Bauern im Golden Vale verseuchen mit Jauche und übermäßiger Düngung die Binnengewässer. Im Spannungsfeld zwischen Ökonomie und Ökologie neigt

Die Ästhetik der Bungalows

So "leer" Irland auf den ersten Blick auch scheinen mag, so groß ist doch der Landschaftsverbrauch im Verhältnis zur dünnen Besiedlung. Bis vor Kurzem gab es praktisch keinerlei Bauvorschriften – jeder Grundeigentümer durfte mit seinem Land machen, was er wollte. Ein Ergebnis dieses schrankenlosen Eigentumsbegriffs sind die vielen Bungalows, die man oft mitten in der Landschaft findet. In der guten Absicht, besonders den Landbewohnern zu neuen und preiswerten Häusern zu verhelfen, brachte der Staat Ende der sechziger Jahre eine Reihe standardisierter Baupläne heraus. Die kosteten ein Pfund und sparten den Architekten. Und da stehen sie nun, die Häuser im "irischen Dallas-Stil", jeweils mit einer persönlichen Note versehen, wie beispielsweise einem "klassizistischen" Säuleneingang oder einer Arkade, wie sie der Hausherr beim Urlaub in Italien kennen gelernt hat.

Schon Reisende des 19-Jh. zeigten sich überrascht, dass die Iren zwar Meister der Sprache waren, es ihnen aber an visueller Ästhetik mangelte. Der uns trostlos erscheinende Anblick mancher Städte (beispielhaft Drogheda) und Dörfer ist nicht nur Ausdruck leerer Kassen, sondern für viele Iren kein echtes Problem – er stört nicht. Genauso wenig wie der Bungalow am schönsten Aussichtspunkt eines Tals.

Die gute Architektur in diesem Land beruhte – bis auf wenige Ausnahmen – auf dem Import oder der Kopie ausländischer, meist britischer Formen. Betrachtet man Repräsentativbauten der Postmoderne wie das Fährterminal in Rosslare (immerhin der "Empfangssalon" Irlands) oder das Bürohaus am Dubliner Woodquay, ist leicht zu verstehen, dass zumindest der städtische Massengeschmack sich nach der "guten alten Zeit" sehnt: Schaufensterfronten und Pubs pflegen das nostalgische, heimelige Klischee der vorletzten Jahrhundertwende.

sich die Waagschale eindeutig auf die Seite einer bedingungslosen Industrialisierung, der jeder zusätzliche Arbeitsplatz recht ist und die nicht nach den Folgen fragt.

Widerstand regt sich vor allem bei Anglern, denen die dramatisch sinkende Wasserqualität die Beute nimmt, und bei den Leuten in der Touristikbranche. Sie wissen, dass zumindest die Besucher vom Kontinent der reinen Luft, des sauberen Wassers und der intakten Natur wegen nach Irland kommen.
Info: www.egroups.com/group/natureireland/.

Mensch und Gesellschaft

Für Oscar Wilde sind die Iren "die größten Erzähler seit den alten Griechen", doch ihre Themen sind oft genug Klatsch, Tratsch und Gerüchte, wie man sich etwa im Pub oder bei den morgendlichen Radiomagazin-Sendungen leicht überzeugen kann. Im Gespräch neigen sie zum Monolog und sind laut, im Trinken maßlos bis zum Umfallen. Von Sauberkeit um sich herum halten sie wenig. "Wir sind eine schmutzige und gesetzlose Nation, deshalb werfen wir den Abfall überall hin", beklagt sich die Umweltministerin. Warum sich auch um Gesetze kümmern, die so lange nicht die ihren, sondern die der englischen Kolonialherren waren? Ihr gestörtes Verhältnis zur Pünktlichkeit lässt selbst Orientalen erschauern – eine zeitvergessene Gesellschaft, in der nach einer amtlichen Erhebung nur eine von zehn Dubliner Schuluhren funktioniert.

Doch wir lieben die Iren. 88 % der Bundesbürger, so eine Studie des britischen Ethno-Psychologen Peter Collett, mögen das Inselvolk "uneingeschränkt". Damit rangieren sie in der Sympathieskala aller EU-Völker einsam an der Spitze. Ob wir dort finden, was vielen von uns selbst fehlt? Toleranz, Unbekümmertheit, Aufgeschlossenheit auch gegenüber Fremden.

Bevölkerung

Gut 5 Millionen Menschen, davon 1,7 Millionen im Norden, leben auf der Insel. 1854, am Vorabend des Großen Hungers, waren es noch 8,5 Millionen – ein für Europa beispielloser Bevölkerungsrückgang.

Grund ist weniger die erst in den letzten Jahren drastisch gesunkene Geburtenzahl als vielmehr die Auswanderung. Je nach Schätzung haben 16 bis 40 Millionen US-Amerikaner, Kanadier und Australier irische Vorfahren. Nachdem noch Mitte der 80er Jahre jährlich 25.000 Iren und Irinnen die Heimat verließen, um andernorts Geld zu verdienen, hat sich neuerdings das Blatt gewendet: Heute ist die Zahl der Rückkehrer größer als jene der Abwanderer. Bei einem jährlichen Geburtenüberschuss von etwa 20.000 Babys, guten Beschäftigungsmöglichkeiten und den offenen Grenzen in der EU dürfte die Inselbevölkerung künftig leicht zunehmen. Mit der drastisch gesunkenen Geburtenrate – die katholische Nation hat sich, wie zuvor schon Italien und Spanien, vom Ethos des Kindersegens emanzipiert – entwickelt sich Irland jedoch von einem Land der Jugend, in dem 25 % der Einwohner jünger als 14 Jahre sind (in Deutschland 17 %), allmählich zu einem Land der Alten.

Von besonderer Brisanz ist das demographische Zahlenspiel mit Geburtenraten, Zu- und Abwanderung in Nordirland. Hier ist die protestantische Mehrheit von nach der Teilung satten zwei Dritteln auf nur noch hauchdünne 50,6 % geschrumpft, während der Anteil der Katholiken auf 38,4 % stieg (3,7 % gehörten anderen oder keiner Glaubensgemeinschaft an, immerhin 7,3 % verweigerten bei der letzten Volkszählung die Angabe der Konfession). Ursache ist die im Vergleich deutlich höhere Geburtenrate der Katholiken. Republikanische Hoffnungen, dass die Katholiken deshalb eines Tages die Bevölkerungsmehrheit stellen würden, sind allerdings verfehlt. Die katholische Geburtenrate sinkt nämlich, und in 30 Jahren, schätzen die Statistiker, wird es in Nordirland bezüglich Empfängnisverhütung keine religionsbedingten Unterschiede mehr geben.

Mit Humor spielt ein Ire den Iren

Weil Irland in der Vergangenheit kein Ein-, sondern ein Auswanderungsland war, ist die Bevölkerung ethnisch recht homogen. Auch die Nachkommen der protestantischen Siedler in Ulster, die großteils aus Schottland kamen und in deren Adern somit pikanterweise ebenfalls keltisches Blut fließt, fühlen sich als Iren – nur eben anderer Art als ihre katholischen Nachbarn. Probleme mit Einwanderern, wie sie England mit seinen Pakistanis und Westindians, Deutschland mit seinen Türken und Frankreich mit seinen Nordafrikanern hat, besitzen in Irland eine ganz andere, vier Jahrhunderte zurückreichende Dimension. Die wenigen "Zivilisationsflüchtlinge" vom Kontinent, meist Niederländer und Deutsche, die sich vor allem an der Westküste niedergelassen haben, fallen nicht auf und konkurrieren nicht um Arbeitsplätze und Sozialleistungen. Für nationalistische Fremdenfeindlichkeit fehlt ihnen gegenüber der Nährboden – falls überhaupt, wird das völkische Hasspotential zwischen Republikanern und Unionisten ausgelebt.

So stark der keltische Einfluss auf die irische Kultur auch sein mag, so falsch wäre es, in den heutigen Iren ausschließlich Nachfahren der Kelten zu sehen. Diese waren zunächst nur eine Gruppe von Einwanderern, die sich mit einer namenlos gebliebenen Urbevölkerung vermischte, wie es später Wikinger und Anglo-Normannen taten. Immerhin haben den Kelten 3 % der Einwohner

Irlands ihre roten Haare zu verdanken, dazu sprechen 2 von 100 Iren noch Gälisch als Muttersprache.

Familie

Viele Iren empfinden ihr Land als eine Bastion überlieferter, christlicher Werte und Moral in einer zunehmend orientierungslosen Welt. Familie, Kirche und Nation sind die Säulen der traditionellen irischen Gesellschaft; doch alle drei bröckeln.

Fast scheint es, als erlebe Irland gerade eine sexuelle Revolution. Tabus, über die man früher nicht einmal sprach, werden von den jungen Leuten, besonders in der Stadt, über den Haufen geworfen. Der inzwischen auch gesetzlich nicht mehr behinderte Verkauf von Verhütungsmitteln erlaubt verheirateten wie unverheirateten Paaren, sich der katholischen Morallehre nicht länger zu unterwerfen. Homosexualität – für den Erzbischof von Dublin noch immer "widernatürlich" und eine "Heimsuchung" – gilt seit 1993 immerhin nicht mehr als Verbrechen. Nur Abtreibungen, gleich unter welchen Umständen, werden von einer breiten Mehrheit weiterhin abgelehnt.

Scheidung

Was die Ehe angeht, war die irische Verfassung bis 1996 päpstlicher als der Papst. Der Heilige Vater kann, auch wenn er nur in Ausnahmefällen davon Gebrauch macht, eine Ehe annullieren. In Irland blieb sie gleichwohl bestehen. Wer einmal unter den Augen des Priesters das Heiratsregister unterschrieben hatte, blieb lebenslänglich gebunden. So wollte es Vater Staat, der 1925 die Scheidung abgeschafft hatte. Frauen, die sich etwa wegen Misshandlung dennoch von ihrem Mann trennten, mussten vor Gericht mit Demütigungen, mit dem Verlust ihres Arbeitsplatzes und, zumindest auf dem Land, gesellschaftlicher Ächtung rechnen. Etwa 70.000 Menschen lebten getrennt, viele mit einem neuen Partner; legalisieren konnten sie diese Verbindung nicht.

Noch 1986 hatten sich Irinnen und Iren, entgegen allen Umfrageergebnissen, zu zwei Dritteln gegen die Aufhebung des anachronistischen Scheidungsverbots ausgesprochen. Bei der Neuauflage des Referendums im Herbst 1995 sprach sich nach einer massiven Werbekampagne von Regierung und allen etablierten Parteien eine hauchdünne Mehrheit von 9000 (0,56 %) Stimmen dafür aus, dass auch auf der Grünen Insel Ehescheidungen möglich werden – vorausgesetzt, die Partner haben vier der letzten fünf Jahre getrennt gelebt, und es besteht nach Richtermeinung keine Aussicht auf Versöhnung mehr. Das knappe Ja ist auch ein Sieg der Stadt über das Land. Bis auf Kildare, Wicklow und Louth stimmten alle ländlichen Wahlkreise gegen die Scheidung, während in Dublin zwei Drittel der Wähler dafür waren.

Die in den dreißiger Jahren ins Gesetzbuch aufgenommene (und 1977 auf Druck des Europäischen Gerichtshofs aufgegebene) Regelung, dass im öffentlichen Dienst beschäftigte Frauen mit der Heirat automatisch ihren Job verloren, war ein weiteres Mittel, die Frauen in lebenslänglicher Abhängigkeit von ihren Ehemännern zu halten. Warum hielt die irische Verfassung zerbrochene Ehen mit Zwang zusammen, warum so große Widerstände gegen eine Abschaffung des Scheidungsverbots? Der Verweis auf den Einfluss der Kirche ist nur eine Teilantwort. Eine Rolle spielt sicher auch, dass die erst mit der industriellen Revolution aufgekommene Zweigenerationen-Kernfamilie (nur Eltern und Kinder unter einem Dach) in Irland noch nicht allzu lange die typische Lebensform ist. Ausgelöst durch den Schock der Großen Hungersnot antwortete die Gesellschaft, in der Abtreibung und Verhütung schändliches Teufelswerk waren, auf Überbevölkerung und erzwungene Auswanderung mit sexueller Abstinenz und damit Eheverzicht. Um 1900 blieben 30 % der Iren und 25 % der Irinnen ihr Leben lang ledig (in Mitteleuropa waren es jeweils 10 %). Auch das durchschnittliche Heiratsalter war mit 33 (Männer) und 29 (Frauen) um sechs Jahre höher als auf dem Kontinent. Noch 1946 waren 72 % der Männer zwischen 30 und 39 Jahren Junggesellen, für einen Landarbeiter war die Ehe die absolute Ausnahme. Erst nach dem Zweiten Weltkrieg vollzog sich in Irland der Wandel von der Groß- zur Kleinfamilie.

Verhütung

Der ultrakonservative Politiker *Oliver Flanaghan* ist den Iren vor allem durch seine Bemerkung im Gedächtnis geblieben, dass der Sex erst mit den Filmen der BBC nach Irland gekommen sei. Nicht ganz. Auch der Moderator *Gay Byrne,* eine irische Institution, die uns noch mehrmals begegnen wird, hat an der Enttabuisierung gewisser Themen erheblichen Anteil, indem er mit den Gästen seiner Radio- und TV-Shows seit den sechziger Jahren auch über das zuvor Unaussprechliche plauderte: Da tönten Harmlosigkeiten wie "Ich schlafe grundsätzlich nackt" über den Sender, aber auch Vergewaltigte, in ihrer Kindheit sexuell Missbrauchte und geprügelte Ehefrauen kamen zu Wort, ledige Mütter schilderten die Ignoranz und Verachtung, mit der sie von Freunden und Familie gestraft wurden. Eine ständige Klage betraf die Schwierigkeiten der Familienplanung bzw. Empfängnisverhütung. Diese war auf Koitus interruptus und Knaus-Ogino beschränkt, was bei regelmäßigem Geschlechtsverkehr alle vier Jahre einen "Unfall" bedeutete.

Nach einem Gesetz von 1935 waren Verkauf und Import von Spiralen, Kondomen und Diaphragmen verboten. Eine kleine Ausnahme gab es lediglich für die Pille, die "aus medizinischen Gründen", also etwa bei Unregelmäßigkeiten im Zyklus, verschrieben werden durfte – nur wenige, mutige Ärzte legten diese "medizinischen Gründe" großzügig aus. *Mary Robinson,* bis 1997 Irlands Präsidentin, machte in den 70er Jahren als junge Abgeordnete durch zwei vergebliche Anläufe, das anachronistische Gesetz zu reformieren, auf sich aufmerksam. Wie bei der Abtreibung im Fall von "Miss X" bedurfte es erst eines Skandals, um das Verbot von Verhütungsmitteln zu Fall zu bringen. Eine Mutter hatte ein ihr vom Arzt verschriebenes Diaphragma in England bestellt – der irische Zoll beschlagnahmte das Päckchen. Daraufhin wurde seit 1979 das Verhütungsmittelverbot stufenweise gelockert und unter dem Eindruck von AIDS schließlich ganz aufgehoben. Die Pille ist rezeptpflichtig, Kondome kann man inzwischen, zumindest in den Städten, auch im Pub aus dem Automaten ziehen.

Abtreibung

Nach der Stimmenauszählung des mit 69 % von den irischen Wählern angenommenen Referendums über den Maastricht-Vertrag zur Gründung der Europäischen Union titelte die *Irish Times* sinngemäß: "Zustimmung harter Schlag für die Lobby der Abtreibungsgegner". Während anderswo die gemeinsame Währung, der Verlust an nationaler Souveränität oder die Auswirkungen auf die Steuern diskutiert wurden, ging es in Irland wieder um das alles beherrschende Thema. Außer den USA gibt es keine Gesellschaft, in der derart über das "ungeborene Leben" gestritten wird.

Die Hysterie begann Anfang der achtziger Jahre, als Lebensschützer befürchteten, Irland könnte dem Beispiel anderer katholischer Länder folgen und das schon lange bestehende Abtreibungsverbot liberalisieren. Mit einem Referendum wurde das "Recht des ungeborenen Lebens" von zwei Dritteln der Abstimmenden in der Verfassung festgeschrieben. Zwar fuhren ungewollt Schwangere weiterhin in die einschlägigen Kliniken nach England, doch jede Information darüber, auch nur die Weitergabe einer Adresse, war nun strafbar. Um nicht mit dem Gesetz oder der Zensur in Konflikt zu kommen, drucken internationale Illustrierte wie *Cosmopolitan* von Fall zu Fall spezielle Irlandausgaben, in denen die Seiten mit Artikeln zu Schwangerschaftsabbrüchen leer bleiben.

"Miss X"

1992 erregte "Miss X" (ihr wirklicher Name blieb zum Glück ein Geheimnis) die Nation. Ihr tragisches Schicksal brachte über ein neues Referendum und anschließendes Gesetz wenigstens das Informations- und Beratungsverbot zu Fall. Die 14-Jährige war nach der Vergewaltigung durch einen Freund der Familie schwanger geworden. Die Eltern meldeten das Verbrechen der Polizei und brachten ihr Kind zur Abtreibung nach London. Die Sache kam bis zum höchsten Ankläger der Republik, der entschied, das Mädchen habe das Land illegal (nämlich zur Tötung des Ungeborenen) verlassen. Eben dieser Generalstaatsanwalt hielt gleichzeitig die Akte eines Kinder schändenden Priesters über Monate unter Verschluss und verhinderte, dass der nach Ulster geflohene Kirchenmann ausgeliefert und angeklagt wurde.

Noch bevor es zum Schwangerschaftsabbruch kam, holten die gesetzeshörigen Eltern ihre Tochter wieder nach Irland zurück. Das völlig verzweifelte Mädchen drohte, sich umzubringen. Selbst diese Gefahr für das Leben der Mutter konnte den Ankläger und das angerufene Gericht nicht von ihrer unmenschlichen Position abbringen. Die Lebensschützerlobby jubelte, die Kirche hielt sich klug zurück, der Rest des Landes tobte und die *Irish Times* verglich die Republik mit dem Iran der Ayatollahs. Erst das Verfassungsgericht rettete schließlich das Mädchen und erlaubte ihr nach bangen Tagen dann doch die Ausreise.

Die öffentliche Reaktion auf den "Fall X", der sich Ende der neunziger Jahre wiederholte, offenbart einmal mehr eine Doppelmoral. Die überwältigende Mehrheit regte sich darüber auf, dass der Staat dem Mädchen die Fahrt in eine englische Abtreibungsklinik verbot. Nach einer Umfrage stimmten jedoch nur 41 % Prozent dafür, im konkreten Fall eines vergewaltigten, selbstmordgefährdeten Kindes den Abbruch auch in Irland zu erlauben. Die Angst vor der Legalisierung von Abtreibungen selbst unter noch so einschränkenden Bedingungen sitzt tief.

Die Kirche

Der Schriftsteller Tim Pat Coogan hat einmal notiert, dass Irland "zwei Formen des Kolonialismus" ausgesetzt gewesen sei: dem englischen, der zumindest in der Republik nun überwunden sei, und dem römischen, der nach wie vor das Land im Griff halte. Auch wenn der Anteil der regelmäßigen Kirchgänger von 91 % (1974) auf 82 % (1994) gefallen ist (im katholischen Frankreich besuchen 14 % der Kirchenmitglieder regelmäßig die Messe), bleibt Irland eine Bastion des Katholizismus – in den Augen des Papstes neben Polen die letzte in Europa. Kein Supermarkt, der ohne geistlichen Segen eröffnet würde, manche lassen ihr neues Auto weihen, und in einer durchaus ernst gemeinten Anzeige in der *Irish Times* beginnt eine Liste der "sieben guten Gründe, einen Camcorder zu kaufen" mit: 1) Kommunion; 2) Konfirmation; 3) Hochzeit.

Die Republik Irland ist fest in katholischer Hand

88 % der Iren in der Republik sind Katholiken. Bei 18.000 Nonnen, Mönchen und Priestern gibt es kaum eine Familie, die nicht einen Gottesmann oder eine Gottesfrau in der Verwandtschaft hätte. Ire und Irin werden in einem katholischen Krankenhaus geboren, gehen in eine katholische Schule, werden bei seelischer oder materieller Not vom kirchlichen Sozialdienst beraten und unterstützt und nehmen mit einem katholischen Ritus Abschied von dieser Welt – Kirche von der Wiege bis zum Sarg.

Ähnlich wie in Polen oder Kroatien ist der katholische Glaube Teil der nationalen Identität. Nachdem die gälische Sprache im 19. Jh. zugunsten des Englischen stark zurückgedrängt wurde, blieb vor allem die Kirche, um sich von den Briten deutlich abzugrenzen. Die Kirche ist uralt und schon allein durch die vielen Ruinen von Klöstern und Gotteshäusern auch physisch überall präsent. Der Staat ist jung und aus einer katholischen Emanzipationsbewegung hervorgegangen, nicht aus einer bürgerlichen Revolution, wie sie Wolfe Tone und seine Freunde vor 200 Jahren im Sinn hatten. Ostern als Datum des gescheiterten Aufstandes von 1916 ist zutiefst symbolisch – die Putschisten opferten sich für ihr Volk wie Christus für die Menschheit.

Doch der Einfluss der Kirche schwindet. Die Priesterseminare verzeichnen einen drastichen Rückgang der Neuzugänge, und freie Pfarrstellen müssen oft mit eigentlich pensionsreifen, in die Heimat zurückgekehrten Missionaren besetzt werden. Die Bischöfe mischen sich zwar weiter in die Politik ein, müssen aber vermehrt Niederlagen einstecken. Die Freigabe empfängnisverhütender Mittel, das von den Frauen erkämpfte Recht, sich immerhin über Abtreibungsmöglichkeiten im Ausland informieren zu dürfen und das knappe Ja beim Referendum zur Scheidungsfrage sind Anzeichen dafür, dass der Klerus zumindest in Fragen des Diesseits an Autorität verliert. Auch innerhalb der Kirche melden sich vermehrt jene zu Wort, die von der Institution Zurückhaltung in Fragen der Sexualmoral und statt dessen eine stärkere Beschäftigung mit den sozialen Problemen und der Seelsorge im engeren Sinn fordern. Brendan Cominsky, der Bischof von Fens, handelte sich einen Tadel aus Rom ein, weil er öffentlich das Zölibat in Frage stellte. Mit dem "Ende der Ehrfurcht" tut sich jedoch auch ein moralisches Vakuum auf. Denn eine weltliche Moral, sei sie nun konservativ oder liberal-humanistisch, konnte sich in Irland nie entwickeln.

Auch wenn sich Iren und Irinnen von der Amtskirche immer weniger in ihren Alltag hineinreden lassen, bedeutet das keinen Bruch mit dem christlichen Glauben. Die Religiosität im Sinne spiritueller Bedürfnisse ist ungebrochen, und die Antwort darauf wird weiter in katholisch geprägtem Rahmen gesucht: Schwebende Marienstatuen, wundersame Krankenheilungen, mystische Heiligenerscheinungen haben Konjunktur, Wallfahrten sind gut besucht.

Protestanten

"Weil wir so wenige sind", weiß ein anglikanischer Großbauer aus Waterford, "lässt man uns in Ruhe. Wir haben keine Probleme mit den Katholiken." Anders als ihre Glaubensbrüder im Norden leben die Protestanten des Südens nicht in Ghettos oder geschlossenen Siedlungsgebieten, sondern mitten unter den Katholiken. Mischehen sind häufig – und weil der Papst es so will, tauft man die Kinder dieser Ehen katholisch, womit die Zahl der Protestanten weiter abnimmt.

1920 stellten die Mitglieder der anglikanischen *Church of Ireland* und der Presbyterianischen Kirche noch 10 % – statt heute 3 % – der Bevölkerung. Auch waren sie weit einflussreicher, als ihre Zahl vermuten lässt: Sie kontrollierten die Geschäftswelt von den Banken über die *Irish Times* bis zum Guinnesskonzern und waren die Herren der großen Landgüter. Doch in der neuen, katholischen Republik waren sie nicht willkommen und galten als die fünfte Kolonne der englischen Kolonialmacht. Die meisten Protestanten haben ihren Besitz verkauft und das Land verlassen. Ein Pfarrer der Church of Ireland betreut heute die in zwei Dutzend Dörfern verstreut lebenden Schäflein, manches

Gotteshaus ist inzwischen ein Café oder Ladenlokal, und auch für den Unterhalt der verbliebenen Kirchen fehlt das Geld. Gut besucht sind dagegen die protestantischen Schulen. Auch viele säkular gesinnte Katholiken nutzen diese Alternative zu den katholischen Lehranstalten.

In Nordirland konkurrieren mit der Church of Ireland und den Presbyterianern noch eine Vielzahl kleinerer protestantischer Kirchen wie etwa *Methodisten, Baptisten, Quäker* oder die *Free Presbyterian Church* des Pastor *Ian Paisley*. "Protestantismus" meint im nordirischen Kontext nicht eine theologische Doktrin, sondern eine politische, auf der Union mit Großbritannien beharrende Haltung und Kultur, die weniger von den Kirchen als vielmehr von den unionistischen Parteien oder vom Orange Order gepflegt werden.

Wirtschaft

Irland, der keltische Tiger: Der allseits bewunderte irische Wirtschaftsaufschwung beruht auf einem simplen Rezept. Die Regierung sorgt für gut ausgebildete Arbeitskräfte und gewährt den Investoren billiges Land für Betriebsansiedlungen, Zuschüsse und Steuererleichterungen.

Schon 1948 hatte der Staat im Bemühen, die Marktkräfte spielen zu lassen, die Industrial Development Authority (IDA) gegründet; doch anfangs blieben die Erfolge aus. Erst nach Irlands Beitritt zur Europäischen Wirtschaftsgemeinschaft (1973) ließen sich einige US-Konzerne der Elektronikbranche und der Pharmaindustrie in Irland nieder, um auf diesem Weg Zugang zum europäischen Markt zu finden. Es kamen auch viele deutsche Firmen, die vom laxen Umgang der Iren mit der Umwelt profitierten. Der große Investitionsschub erfolgte in den 90er Jahren, als die stark expandierenden transatlantischen Firmen des Informations- und Kommunikationssektors die vielen Vorteile erkannten, die ihnen die IDA bot. Dazu gehörten die minimalen Unternehmenssteuern, die enorm hohen staatlichen Zuschüsse (bei deren Vergabe nicht immer objektive Kriterien angewandt wurden, wie die vielen aktuellen Korruptionsskandale beweisen), ein mit EU-Geldern finanziertes, gut ausgebautes Kabel- und Kommunikationsnetz und die auf Staatskosten ausgebildeten, hochqualifizierten Arbeitskräfte.

Den Anstoß für diese Entwicklung lieferte die Ansiedlung des US-Chip-Herstellers *Intel*, der sich die Niederlassung mit atemberaubenden Summen honorieren ließ – einer Schätzung zufolge kostete jeder Intel-Job den irischen Staat zwischen 75.000 und 140.000 irische Pfund (etwa 100.000 bis 180.000 Euro) an Steuerausfall und direkten Beihilfen. Auch die anderen Firmen, die sich danach in Irland niederließen (Halbleiterfabrikanten, PC-Hersteller, Laufwerk-Produzenten, Software-Entwickler, Callcenter-Betreiber) wussten von der großzügigen Vergabe staatlicher Gelder. Kein Wunder, dass da so manche Hand die andere erst schüttelte, dann füllte und anschließend wusch. Wer wollte da den Investoren, die ja Arbeitsplätze schufen, und den visionären Politikern, die diese Investoren angelockt hatten, schon an den Karren fahren? War nicht die Arbeitslosigkeit von rund zwanzig Prozent (1990) auf rund 5,5 Prozent (1999) gesunken? *(Pit Wuhrer)*

Konsumrausch in Dublins Powerscourt

EU-Hilfen: Die blauen Schilder mit dem Sternenkreis sind bei den staatlichen Baustellen Irlands ein vertrauter Anblick. Ein wahrer Geldregen ergießt sich aus den Brüsseler Kassen über die Grüne Insel. 1989–99 gab es Strukturhilfen in Höhe von 14 Milliarden Euro. Etwa ein Drittel kommt aus dem "Social Fund" und ist für Berufsausbildung und Beschäftigungsprojekte vorgesehen, knapp die Hälfte für die Verbesserung der Infrastruktur (insbesondere Straßenbau), aber auch für die vielen "Visitor Centres" und andere Tourismusprojekte.

Landwirtschaft: Am meisten profitierten von der damaligen EWG zunächst die Bauern, denn die neuen Preise lagen fast doppelt so hoch wie auf dem zuvor hauptsächlich belieferten englischen Markt, dazu gab es Preisgarantien und üppige Subventionen. Die großen Bauern investierten kräftig und holten das Letzte aus Boden, Maschinen und Tieren heraus, denn je mehr Getreide und Butter man erzeugte, je mehr Rinder man züchtete, desto reichlicher flossen die Subventionen. Ob sich das Zeug tatsächlich verkaufen ließ, war ziemlich egal. Zeitweise landete die Hälfte der irischen Butter ohne Umwege auf dem legendären "Butterberg" in den Kühlhäusern der EU, und jede zweite

Glückliche Schafe

Auch die 4,5 Millionen Schafe, die auf Irlands Wiesen grasen, sind ein Ergebnis der absurden Mechanismen der EU-Agrarpolitik. Obwohl auf dem Markt heute nur mit Lämmern Geld zu verdienen ist, lässt man fast alle Schafe auswachsen und möglichst alt werden. Denn pro Tier gibt es jedes Jahr eine "Kopfprämie" von etwa 35 € – heute hat Irland dreimal so viel Schafe wie noch vor 15 Jahren, und Ökologen warnen schon vor der Überweidung mancher Gebiete. Im Grenzland zwischen der Republik und dem britischen Ulster ist auch der Schmuggel wieder attraktiv geworden. Für den Tag, zu dem die staatlichen Schafzähler ihren Besuch ankündigen, leiht man sich von der jeweils anderen Seite eine Herde aus.

Tonne Schlachtvieh wurde zu Interventionspreisen vom Markt genommen. Andererseits kommen Irlands Kartoffeln (!) heute zu 80 % aus dem Ausland, teilweise sogar aus Schottland. Auch die Nachfrage an Gemüse, da arbeitsintensiv und nicht subventioniert, kann nur durch Importe gedeckt werden.

Politische Kultur

An einem heißen Sommertag des Jahres 2000 holte die Vergangenheit wieder einmal einen Politiker ein. Während vor Dublin Castle eine kleine Gruppe von Demonstranten Plakate in die Höhe hielt, schwitzte drinnen *Charles Haughey* und konnte sich partout nicht mehr erinnern. Er wisse schon, dass es da mehrere Transaktionen gegeben habe, sagte der ehemalige irische Premierminister, aber die Details seien ihm leider entfallen. Haughey musste einem Tribunal Rede und Antwort stehen, das endlich Licht in die allzu enge Verquickung von Politik und Geld, von Spenden und Vergünstigungen bringen wollte – und die Kommission unter Vorsitz von Richter Michael Moriarty war bei weitem nicht der einzige Ausschuss in jenen Tagen, der unangenehme Fragen stellte. Zur gleichen Zeit beschäftigten sich nämlich zwei weitere Tribunale mit Vorwürfen gegen käufliche Politiker. Und zudem tagten gleich 16 Untersuchungskomitees, um herauszufinden, wie es denn um die Unbestechlichkeit von Amtsträgern steht. "Irland reift so langsam", sagte ein angesehener Journalist im erkennbaren Bemühen, den vielen Korruptionsverfahren das Beste abzugewinnen: "Das Land wird erwachsen und verabschiedet sich von seinen Jugendsünden."

So kann man es auch nennen. Doch die "Jugendsünden" sind noch längst nicht aufgearbeitet – nur ein kleiner Teil schwappt hin und wieder an die Oberfläche. Aber wenn er zutage tritt, beutelt er mit schöner Regelmäßigkeit das irische Establishment. Charles Haughey ist das schönste Beispiel dafür. Als er im Juli 2000 seine Gedächtnislücken offenbarte, glich er so gar nicht mehr dem herrischen Politiker, der über zwei Jahrzehnte hinweg die irische Politik geprägt hatte. Drei Mal war Haughey Premierminster gewesen, und allzu schlecht kann es ihm während seiner Amtszeit nicht ergangen sein kann – jedenfalls erwarb er sich als Taoiseach ein schönes Vermögen, mehrere Ländereien und eine Insel vor der irischen Atlantikküste. Mindestens acht, wenn nicht gar fünfzehn Millionen irische Pfund seien ihm bzw. der von ihm kontrollierten Regierungspartei Fianna Fáil von interessierten Kreisen damals zugesteckt worden, heißt es jetzt. Haughey stürzte im Jahr 1992, aber nicht über Geldgeschichten. Er war nur wieder sehr sparsam mit der Wahrheit umgegangen und hatte das Parlament bei einer Debatte über eine Abhöraffäre belogen. Als aktiver Politiker konnte er die Finanzskandale um seine Person noch halbwegs vertuschen; als Pensionär gelang ihm das nicht mehr so gut. So kam 1997 ans Licht, dass er beispielsweise von Ben Dunne, dem Eigentümer einer Supermarktkette, mit rund 1,3 Millionen irischen Pfund gesponsort worden war.

Haughey war nicht der einzige Politiker, der sich die Taschen stopfen ließ. So haben gleich mehrere irische Politiker, deren Namen sich noch hinter Codenummern verbergen, auf den Cayman-Inseln umgerechnet etwa 100 Millionen

Vor dem Rathaus in Donaghedee

Mark geparkt. Andere mussten ihren Hut nehmen – der ehemalige Außenminister *Ray Burke* zum Beispiel, der auch mal Industrie- und Handelsminister gewesen war, stolperte 1997 über ein besonders günstiges Darlehen, und auch der frühere EU-Kommissar *Padraig Flynn* kam in den Ruch der passiven Bestechlichkeit. Im Sommer 2000 zappelte schließlich auch der ehemalige Regierungssprecher *Frank Dunlop* im Netz der Untersuchungsausschüsse – er hatte Anfang der 90er Mitgliedern des Dubliner Grafschaftsrats bündelweise Geldscheine (verpackt in Plastiktüten) zukommen lassen, um ihnen im Auftrag eines wohlhabenden Investors die Genehmigung für ein Einkaufszentrum zu entlocken, das nach der Planungsordnung an der vorgesehenen Stelle eigentlich nicht hätte gebaut werden dürfen.

Auch amtierende Premiers blieben von Nachforschungen nicht verschont. Haugheys Nachfolger *Albert Reynolds* stolperte zwar nicht über seine guten Beziehungen zum Rinderbaron *Larry Goodman,* dem einst größten Fleischexporteur Europas, dem er eine ganze Reihe außergewöhnlicher Wohltaten hatte zugute kommen lassen. Als er aber seinen Generalstaatsanwalt, der diese Affäre deckte, 1994 auch noch zum Präsidenten des Obersten Gerichts ernennen wollte, lief das Fass über. Reynolds musste zurücktreten. Dieses Schicksal blieb dem amtierenden Regierungschef *Bertie Ahern* bisher erspart. Ahern soll, so berichteten irische Zeitungen im Sommer 2000, Ende der 80er Jahre Schmiergelder kassiert haben, überlebte aber mit knapper Not ein Misstrauensvotum.

Der "Reifeprozess" der irischen Gesellschaft könnte noch eine Weile dauern. Allzu lange hatten Politiker der konservativen Parteien Fianna Fáil und Fine Gael das Land nach Gutsherrenart regiert und auf Nebensächlichkeiten wie Transparenz, Ehrlichkeit und Rechenschaftspflicht wenig Wert gelegt. Doch nicht nur ihre Attitüde sorgten für Nepotismus, auch das von alle irischen Regierungen gepflegte Modell der Wirtschaftsförderung begünstigte die Korruption: Der "keltische Tiger", so heißt es, muss seinen Pelz waschen.

Und das Land öffnet sich doch

Die Wahl von Mary Robinson zur irischen Staatspräsidentin (1990) wurde von vielen noch als Sensation gewertet; die Wahl ihrer Nachfolgerin Mary McAleese (1997) empfand man hingegen als selbstverständlich. Einstmals belächelte Frauenorganisationen gehören mittlerweile zu den starken Organisationen im Land. Bischöfe und Politiker werden von der Öffentlichkeit nicht mehr verhätschelt; die Medien nehmen die Mächtigen nicht mehr so ernst; das bigotte Irland hat sich geöffnet. Die enormen strukturellen Veränderungen –

Mary McAleese – die liberal-konservativ-feministische Präsidentin

Schon am Vorabend der letzten Präsidentenwahl im Herbst 1997 stand das politische Establishment der alten Männer als Verlierer fest – die Parteien hatten es nicht gewagt, einen ihrer verdienten Veteranen zu nominieren. Von einem chancenlosen Außenseiter abgesehen konnten sich die Iren und Irinnen nur zwischen vier Frauen entscheiden. Sie wählten mit Mary McAleese jene Frau zur neuen Präsidentin, die am schwierigsten mit herkömmlichen politischen Kategorien zu fassen war. Die erfolgreiche Juristin, die es mit 24 Jahren zur Professorin am Trinity College gebracht hatte und zuletzt die erste katholische und erste weibliche Vizekanzlerin der Belfaster Queen's University war, zeigte in der Vergangenheit mit ihrem Einsatz für die Rechte von Gefangenen, die Entkriminalisierung der Homosexuellen und die Ordination von Frauen zu Priestern ein liberales bis feministisches Profil. In Sachen Abtreibung und Scheidung sowie als Gegnerin der nordirischen Schulreform (Einführung von gemischt-konfessionellen Schulen) steht sie jedoch auch auf der Seite der Konservativen und der katholischen Hierarchie. Die 1951 geborene McAleese stammt aus einer katholischen Belfaster Familie. An einem Sonntag, als alle bei der Messe waren, wurde das Elternhaus von Maschinengewehrsalven durchsiebt, ein andermal der behinderte Bruder von militanten Protestanten gefoltert. Manche Wähler mögen mit McAleese bewusst jemanden aus dem Norden zur Präsidentin der Republik gewählt haben – wie zu erwarten, schäumten die Unionisten vor Wut, während Sinn Fein und die Social Democratic & Labour Party (SDLP) artig gratulierten.

Auflösung der Großfamilien, Lockerung der sozialen Bindungen, wachsende Bedeutung des Dienstleistungssektors auf Kosten der Landwirtschaft – führten zur Auflösung der alten Hierarchien. Vor allem die Rückkehr der Emigranten trug dazu bei. Bis Anfang der 90er Jahre exportierte ein von hoher Arbeitslosigkeit geplagtes Irland vor allem Menschen – überdurchschnittlich gut ausgebildete Jugendliche. Diese suchten in Britannien, den USA, Australien und Europa nach besseren Arbeitsmöglichkeiten. Seit die irische Wirtschaft boomt, kommen viele wieder zurück. Und diese Rückkehrer ertragen nicht länger die Politik einer Elite, die im dumpf-klerikalen Umfeld groß geworden ist. Diese neue Elite sehnt sich nach neuen politischen Kräften – und findet sie ausgerechnet in der ältesten Partei Irlands. Umfragen zufolge steht die IRA-nahe Partei Sinn Féin bei irischen Jugendlichen besonders hoch im Kurs, wohl deswegen, weil sie nie an der Macht war, sich also nie hatte korrumpieren lassen können. (Pit Wuhrer)

Der Nordirland-Konflikt

Nordirland war für ausländische Gäste auch früher nie wirklich gefährlich. In den meisten Regionen und Stadtvierteln der "Provinz", wie die protestantischen Unionisten Nordirland nennen, kannten die Bewohner den Krieg nur aus der Zeitung. Seit die IRA und die probritischen loyalistischen Paramilitärs Mitte der neunziger Jahre einen Waffenstillstand verkündet haben (und diesen auch weitgehend einhalten), sind die Risiken ganz verschwunden.

Die neue nordirische Regierung hat in der Hinterlassenschaft des 30-jährigen Konflikts sogar ein Vermarktungspotential für Touristen entdeckt: Überall werden derzeit Denkmäler eingeweiht, Erinnerungstafeln enthüllt und Monumente geschaffen. Schon deswegen lohnt sich ein Besuch. Voraussetzung sind dabei allerdings ein paar Kenntnisse über die Ursachen des Konflikts, der länger andauerte als jeder andere europäische Krieg im 20. Jh.. Die folgende Einschätzung mag dabei helfen.

Von 1969 bis Mitte der 90er Jahre herrschte in Nordirland ein Konflikt, über dessen Charakter sich die Beteiligten bis heute nicht einig sind. War es ein "Terrorismusproblem", wie die protestantische Bevölkerungsmehrheit meint? War es ein "antikolonialer" Befreiungskampf, wie manche in der irisch-katholischen Minderheit glauben? Ging es um die Durchsetzung von Menschenrechten, um einen Verfassungskonflikt, um Stammesfehden oder gar um Religion? Für viele ausländische Medien war die Antwort klar: Ihre Reporter konnten sich nur einen Reim auf die außerordentlich komplexe Auseinandersetzung machen – hier die Katholiken, die ein vereintes Irland wollen, dort die Protestanten, die sich als Briten sehen. Doch die Lage ist etwas komplizierter.

Beginnen wir bei den Definitionen. In Nordirland selber beschreiben nur wenige den Konflikt als Auseinandersetzung zwischen «Katholiken» und «Protestanten». Viele sprechen eher von "Nationalisten" und "Unionisten". Die Nationalisten befürworten einen Zusammenschluss Nordirlands mit der Republik im Süden, weil nur so die irische Insel zu einer Nation werden könne. Die bisher militanteren Teile der nationalistischen Bewegung nennen sich Republikaner. Die Unionisten hingegen wollen die Union zwischen Großbritannien und Nordirland bewahren; die Loyalisten – sie verstehen sich als besonders loyale Untertanen Ihrer Majestät – greifen auch zur Waffe, wenn sie diese Union gefährdet sehen. Dennoch wird häufig von Katholiken und Protestanten gesprochen und geschrieben; das liegt daran, dass (schon aus historischen Gründen) die Mehrheit derer, die ein vereinigtes Irland anstreben, katholisch ist, während die meisten Unionisten protestantisch sind. Der Glauben spielt allerdings keine wesentliche Rolle: Die Konfessionsbezeichnung dient vielmehr der Definition von zwei Bevölkerungsgruppen, die sich von ihrer Identität und Herkunft her unterscheiden und deswegen unterschiedliche Ziele verfolgen. Im Zentrum des Konflikts stehen daher keine religiösen, sondern politische und kulturelle Gegensätze.

Diese Gegensätze existieren seit langem. Aber sie drücken sich derzeit nicht gewaltsam aus. Der Friedensprozess, der am Karfreitag des Jahres 1998 festgeschrieben wurde, hat alle Vertragsparteien zur Gewaltlosigkeit verpflichtet. Dieses Karfreitagsabkommen hat eine nordirische Regionalversammlung und eine Art Allparteienregierung geschaffen, in der die wichtigsten politischen Parteien vertreten sind: Die IRA-Partei Sinn Féin genauso wie die Partei des rabiaten protestantischen Predigers *Ian Paisley*, die katholisch-sozialdemokratische SDLP wie auch die große unionistische Partei UUP unter Führung des Regionalpremiers *David Trimble*. Diese Parteien verwalten nach einem ausgeklügelten System der Machtteilung ("power-sharing") Nordirland. Die Grundidee des Karfreitagsabkommens besteht darin, dass die nordirische Bevölkerung über die konstitutionelle Zugehörigkeit Nordirlands befinden kann – so lange eine Mehrheit für den Verbleib Nordirlands bei Großbritannien stimmt, bleiben die sechs Grafschaften im Nordosten der irischen Insel Teil des Vereinigten Königreichs. Sollten aber (etwa durch demographische Veränderungen) die Nordiren für ein Zusammengehen mit der Republik Irland votieren, würde Nordirland Teil der irischen Republik.

Dieses Lösungsmodell wird jedoch nicht von allen Bevölkerungsteilen mitgetragen. In einem Referendum stimmten 1998 zwar siebzig Prozent der Nordiren für die Machtteilung, mittlerweile lehnen jedoch die meisten Unionisten das Projekt ab – und auch auf irisch-nationalistischer Seite wächst die Kritik. Die Protestanten stören sich vor allem an den Kompromissen, die ihre politischen Vertreter im Rahmen des Karfreitagsabkommens eingingen. Empört hat sie insbesondere die Entlassung der Gefangenen von IRA und den loyalistischen Paramilitärs, die bevorstehende Reform der vorwiegend protestantischen Polizei RUC (Royal Ulster Constabulary) und das Mitspracherecht der Dubliner Regierung. Ihrem Verständnis nach saßen die "Terroristen" zu Recht in Haft; und dass die RUC (ihr "Bollwerk gegen den Terrorismus") umstrukturiert und umbenannt werden soll, zeige doch, dass die irischen Aufrührer gewonnen haben. Und im Mitspracherecht Dublins sehen viele Protestanten ohnehin nur den künftigen Untergang ihrer Kultur.

Die Märsche

Ein wesentliches Element dieser Kultur stellen die vielen Märsche des protestantischen Oranier-Ordens dar, dessen Logen alljährlich von Ostern bis August durch Nordirland ziehen und die protestantische Vorherrschaft feiern. Einige dieser rund zweitausend Umzüge im Jahr sind umstritten. Vor allem der Marsch der Oranier von Portadown am ersten Sonntag im Juli zur Kirche von *Drumcree* und wieder zurück provozierte in den letzten Jahren heftige Auseinandersetzungen. Der Rückweg führt nämlich durch die katholische

Garvaghy Road, deren Bewohner sich seit langem gegen den Umzug wehren, den sie als Triumphmarsch empfinden. Dass die britische Nordirlandverwaltung 1995 – später eine eigens eingesetzte Parade-Kommission – diesen Marsch verboten hat, gilt vielen Protestanten als Beleg dafür, dass nicht mehr sie, sondern die Katholiken das Sagen haben. So kommt es, dass jedes Jahr im Juli trotz des Waffenstillstands Steine fliegen, Autos brennen, Barrikaden errichtet werden und die bewaffnete Polizei Hartplastikgeschosse abfeuert.

Das Unbehagen der protestantischen Bevölkerung beruht jedoch auf einem gigantischen Missverständnis – wer den Vertragstetxt gelesen hat, weiß, dass die Union von Nordirland und Britannien seit dem Karfreitag 1998 sicherer ist als je zuvor. So hat beispielsweise die Republik Irland im Zuge der Friedensverhandlungen ihren Verfassungsanspruch auf die sechs nordirischen Grafschaften aufgehoben. Das Paradoxon besteht darin, dass die Protestanten in höchstem Maße alarmiert sind, obwohl sie ihr Ziel erreicht haben – und dass die irischen Republikaner einigermaßen zufrieden sind, obgleich sie mit ihrer Zustimmung zum Karfreitagsabkommen noch weiter von der angestrebten irischen Wiedervereinigung entfernt sind als zu Beginn des Konflikts.

Der Einparteienstaat

Ein Blick zurück hilft, die tiefen Wurzeln dieses langen Konflikts zu verstehen. Vor rund vierhundert Jahren hatte die britische Krone einen Teil der damals explodierenden Bevölkerung von Schottland und Nordengland in ihrer Kolonie jenseits der Irischen See angesiedelt. Diese (ausschließlich protestantischen) Siedler sollten die englische Herrschaft stabilisieren und erhielten Land, auf dem zuvor katholische Iren lebten. Diese verloren alle Rechte und wurden teilweise vertrieben. Ihre Rebellionen gegen die britische Fremdherrschaft scheiterten allesamt, erst der Unabhängigkeitskampf ab 1919 (unter Führung der IRA) brachte einen Teilerfolg. Im Friedensvertrag von 1921 akzeptierten die Aufständischen die Teilung der irischen Insel: Sechs Grafschaften im Nordosten blieben bei Britannien, die übrigen 26 Grafschaften bildeten einen Freistaat, aus dem später die Republik Irland wurde. Der Nordosten (das neue Nordirland) war ein besonderer Staat, und keiner der feinen Art. Die Unionisten, besonders die unionistischen Großgrundbesitzer, Fabrikherren und Politiker, errichteten ein diktatorisches Regime, kontrollierten sämtliche Bereiche der nordirischen Gesellschaft und diskriminierten vor allem die Unterschicht des irisch-katholischen Bevölkerungsteils nach Belieben. Die protestantischen Bosse beschäftigten vorzugsweise protestantische Lohnabhängige, die protestantischen Stadtverwaltungen vergaben Gemeindewohnungen hauptsächlich an protestantische Anwärter. Auf kommunaler Ebene hatten die meisten Katholiken kein Stimmrecht, denn dieses war an Haus- und Grundbesitz gebunden – wer viel besaß, hatte viele Stimmen, wer zur Miete wohnte, keine einzige. Die meisten Katholiken waren Mieter. Die unionistische Bourgeoisie sicherte sich zudem durch den volksgemeinschaftlich ausgerichteten, klassenübergreifenden Oranier-Orden ab, in dem sich Fabrikanten und Arbeiter gleichermaßen organisierten und der den protestantischen Lohnabhängigen signalisierte, etwas Besseres zu sein als die katholischen Arbeiter. Dazu kamen mehrere Ausnahmegesetze, die so drakonisch waren, dass selbst das südafrikanische Apartheidregime vor Neid erblasste.

Bürgerrechte

Diesen hochgradig undemokratischen Staat wollte ab 1964 eine Bürgerrechtsbewegung reformieren. Doch deren Forderung nach Gleichberechtigung stieß auf den erbitterten Widerstand der Mächtigen: Aufgepeitschte Unionisten, die RUC und die paramilitärisch organisierte protestantische Hilfspolizei prügelten die Bürgerrechtler zusammen. Als im August 1969 die nordirische Staatsmacht gleich ein ganzes Viertel im vorwiegend katholischen Derry stürmte, sich aber aufgrund der Gegenwehr der katholischen Bewohner zurückziehen musste, schickte die Londoner Regierung die Armee. Kurz danach stürmten protestantische Unionisten katholische Stadtteile in Belfast und brannten ganze Straßenzüge nieder. Zu diesem Zeitpunkt hatten die wenigen Veteranen der IRA, die in den vergangenen Jahrzehnten stets erfolglos gegen die "Briten" gekämpft hatten, keine Waffen mehr. Die IRA gab es nicht mehr.

Die protestantischen Pogrome belebten sie jedoch schnell – viele Jugendliche griffen zu den Waffen, um ihre Viertel zu verteidigen, und nutzten danach die Waffen, um den nordirischen Staat (und dessen Bindung an Britannien) zu zerschlagen. Spätestens nach dem *Massaker am Bloody Sunday* 1972 (siehe Seite 568) glaubten viele Katholiken, dass das protestantische Nordirland nicht zu reformieren sei. Kurz danach übernahm zwar London die Direktherrschaft, um die schlimmsten Auswüchse der Diskriminierung zu beseitigen, doch da waren die Fronten längst verhärtet.

Zu diesem Zeitpunkt glaubten besonders die Menschen in den von der Armee belagerten Ghettos nicht mehr an Reformen, sondern sahen die Lösung ihrer Probleme einzig in der Wiedervereinigung Irlands. Die IRA kämpfte gegen die britische Besatzungsmacht, erschoss Soldaten, sprengte protestantische Kneipen in die Luft, attackierte Kaufhäuser. Die Armee verhielt sich nicht besser – im Gegenteil. Zwischen 1971 und 1975 wurden Tausende auf bloßen Verdacht hin ohne Gerichtsurteil für Monate oder Jahre interniert. Soldaten und Polizisten quälten Menschen, Sondergerichte fällten Urteile auf Grundlage von Sondergesetzen, und zeitweilig gab es eine Politik der gezielten Todesschüsse – die Hälfte der Menschen, die durch den Einsatz von Gummigeschossen ums Leben kamen, waren Kinder. Amnesty International hat viele Folterungen dokumentiert; kein anderer westeuropäischer Staat wurde seit den 70er Jahren so oft vom Europäischen Gerichtshof verurteilt wie Britannien..

Zudem machten sich die britischen Geheimdienste die protestantisch-loyalistischen Paramilitärs zunutze. Agenten Ihrer Majestät bildeten die Todesschwadrone aus, versorgten sie mit Waffen und gaben ihnen Tipps. Zu Beginn der neunziger Jahre etwa töteten die Loyalisten weitaus mehr Menschen als die IRA. Sie erschossen und erstachen willkürlich Leute, die ihnen katholisch vorkamen und erledigten für die Armee die Drecksarbeit. Dass sie nur selten IRA-Mitglieder trafen, kümmerte sie herzlich wenig: Für sie war jeder Nationalist ein IRA-Miglied oder zumindest ein Sympathisant.

Parlamentarische Strategie

Mitte der 80er Jahre dämmerte den Führern der republikanischen Bewegung um IRA und Sinn Féin, dass sie den bewaffneten Kampf nicht gewinnen konnten. Auf der anderen Seite war auch den britischen Militärs zu diesem Zeitpunkt klar, dass die Freiwilligen der IRA nicht zu schlagen waren. Diese waren zwar den Briten weit unterlegen (etwa 600 schlecht ausgerüstete IRA-Leute agierten gegen 30.000 professionelle Soldaten und bewaffnete Polizisten), aber sie wussten, wofür sie kämpften. Das militärische Patt und die Folgen der Hungerstreiks von 1980/1981 bewirkten eine Wende in der Politik der republikanischen Bewegung. Drei der Hungerstreikenden hatten in ihrem Kampf um die Anerkennung als politische Gefangene Parlamentssitze gewonnen – *Bobby Sands* gewann kurz vor seinem Tod eine Nachwahl für das britische Unterhaus, zwei weitere wurden in das irische Parlament gewählt. Die IRA-Partei Sinn Féin gab nach diesen Wahlerfolgen ihre Ablehnung der parlamentarischen Politik auf. Sinn-Féin-Mitglieder kandidierten auf lokaler, regionaler und nationaler Ebene und erzielten beachtliche Ergebnisse: Rund ein Drittel der nationalistischen Bevölkerung Nordirlands stimmt für die "Terroristen".

Der Friedensprozess

Etwa Mitte der 80er kam es zu ersten Geheimverhandlungen zwischen IRA/Sinn Féin und der britischen Regierung; Ende der 80er, Anfang der 90er Jahre signalisierte London, dass Britannien nicht um jeden Preis an Nordirland festhalten wolle. Mit dem Ende des Kalten Krieges verlor die Irland-Frage für die britische Regierung an Bedeutung. Die irische Rebellenbewegung stellte kein außenpolitisches Sicherheitsrisiko mehr dar, denn es gab keinen Feind mehr, der via Irland Britannien hätte bedrohen können. Außerdem fügten die IRA-Bomben in der Londoner City dem Renommee des Finanzzentrums großen Schaden zu, und überhaupt fiel Nordirland London auch ökonomisch zur Last: Britannien pumpt jährlich rund 6 Milliarden Euro in die Provinz (die Militärausgaben nicht mitgerechnet).

Angesichts dieser Signale aus London verständigten sich die Führer der katholischen SDLP und der IRA-Partei Sinn Féin auf eine Friedensinitiative, die den politischen Verständigungsprozess in Gang setzte. Diesem Ansatz lag auch die Erkenntnis in der republikanischen Bewegung zugrunde, dass sich die Protestanten, immerhin fast eine Million Menschen, kaum in ein vereinigtes Irland zwingen lassen, sondern überzeugt werden müssen. Die Irische Initiative von John Hume (von der SDLP) und dem ehemaligen IRA-Kommandanten Gerry Adams fand schnell die Unterstützung der Dubliner Regierung, der USA (rund 40 Millionen US-Amerikaner sind irischer Abkunft) und der EU. Auf deren Druck hin zeigte sich auch London verhandlungsbereit. 1993 kam es zu einer anglo-irischen Regierungserklärung, 1994 verkündete die IRA einen Waffenstillstand, 1995 vereinbarten Dublin und London ein erstes Rahmendokument. Doch die damals in London regierenden Konservativen erhoben – da sie im Unterhaus auf die Unterstützung der nordirischen Unionisten angewiesen waren – stets neue Bedingungen. 1996 beendete die IRA ihre Waffenruhe, erneuerte sie 1997 aber wieder, nachdem in London eine neue Regierung die Amtsgeschäfte übernommen hatte. 1998 unterzeichneten die Kriegsparteien das oben erwähnte Karfreitagsabkommen.

Nach diesem Abkommen soll künftig die nordirische Bevölkerung über den Status von Nordirland entscheiden können – das klingt nach einer durchaus vernünftigen, demokratischen Gepflogenheiten entsprechenden Regelung. Dennoch sind Teile der republikanischen Bewegung weiterhin zum Widerstand entschlossen. Mit Demokratie habe dieser Grundsatz wenig zu tun, argumentieren sie und verweisen dabei, nicht ganz grundlos, auf die Geschichte. Denn bei der Teilung 1921 wurden die Grenzen mit Bedacht gezogen: Nordirland sollte nur aus den Grafschaften Antrim, Armagh, Down, Derry, Fermanagh und Tyrone bestehen, wurde damals gesagt – nur so könne den Protestanten dauerhaft eine stabile Mehrheit gesichert werden. Die ebenfalls zur alten irischen Provinz Ulster gehörenden Grafschaften Donegal, Monaghan und Cavan überließ man dem irischen Freistaat. Die "demokratische Mehrheit" war also konstruiert worden.

Ausgestattet mit diesem historischen Argument versuchen republikanische Hardliner, den Kampf fortzusetzen. Sie wollen bis zur "endgültigen Befreiung Irlands vom britischen Joch" weiter kämpfen, rekrutieren unermüdlich neue Freiwillige und platzieren hin und wieder eine Bombe. Für sie sind Sinn-Féin-Führer wie *Gerry Adams* und der ehemalige IRA-Chef und derzeitige Bildungsminister im nordirischen Kabinett *Martin McGuinness* "Verräter an der irischen Sache". Die Hauptgefahr für den Friedensprozess geht jedoch nicht von ihnen aus, sondern von den Protestanten, die auf eine Unterwerfung des Gegners pochen und von der längst auf einen Friedenskurs eingeschwenkten IRA die Aushändigung aller Waffen verlangen. Eine Entwaffnung würde die IRA aber spalten – und die republikanischen Hardliner stärken. Denn auch in Sinn Féin und IRA wachsen die Zweifel, ob der vor Jahren eingeschlagene parlamentarische Kurs der richtige war. Trotzdem beharren die Unionisten auf einem Kniefall der "Terroristen". Diese Haltung der Selbstgerechten dürfte dem Friedensprozess noch manche Krise bescheren. (Pit Wuhrer)

Mehr zum Thema in Pit Wuhrers Buch "Die Trommeln von Drumcree. Nordirland am Rande des Friedens". Rotpunktverlag Zürich.

Jerpoint Abbey

Geschichte

Zeittafel

8000–6000 v. Chr.	Nach der Eiszeit kommen über die Britische Insel die ersten Siedler nach Irland.
3700–2000 v. Chr.	Die Ackerbauern der Jungsteinzeit hinterlassen uns Megalithgräber und Dolmen.
500 v. Chr.	Keltische Einwanderer landen in Irland.
400 n. Chr.	Beginn der Christianisierung Irlands.
431/32	St. Patrick, Irlands Nationalheiliger, kommt auf die Insel.
Ab 795	Überfälle der Wikinger und Gründung von Handelsstützpunkten.
976–1014	Brian Boru, Fürst von Munster, wird irischer Hochkönig und schlägt die Wikinger.
Ab 1169	Auf "Einladung" eines keltischen Provinzfürsten besetzen die Anglo-Normannen den Westen Irlands.
1366	Mit den "Statuten von Kilkenny", die jede Verbindung zwischen Normannen und Alt-Iren verbieten, will die Krone die Assimilierung der Normannen verhindern.
1541	Heinrich VIII. lässt sich zum König von Irland erheben.
1607/1610	Nach einer gescheiterten Rebellion fliehen die irischen Earls nach Frankreich. Beginn der "Plantations", der systematischen Ansiedlung von Schotten und Engländern in Ulster.
1649–1653	Cromwells Truppen verwüsten die Insel. Vertreibung der irischen Bevölkerung in die unfruchtbaren Gebiete im Westen Irlands.
1688–1691	Der in England abgesetzte katholische König Jakob II. versucht seinen

	Thron von Irland aus zurückzugewinnen und unterliegt seinem protestantischen Widersacher Wilhelm von Oranien in der Schlacht am Boyne. Mit den Penal Laws verlieren Katholiken und protestantische Minderheiten ihre Bürgerrechte.
ab 1782	Der protestantische Adel bemüht sich unter Henry Grattan um die irische Unabhängigkeit
1796/1798	Landungsversuche der französischen Revolutionsarmee. Gescheiterter Aufstand der United Irishmen unter Wolfe Tone.
1800	Act of Union: Auflösung des irischen Parlaments und Vereinigung mit England
ab 1829	Aufhebung der Penal Laws. Katholische Emanzipationsbewegung unter Daniel O'Connell.
1845–1850	Die durch die Kartoffelfäule verursachte "Große Hungersnot" kostet eine Million Menschen das Leben und zwingt 1,5 Mio. zur Auswanderung.
1879–82	Die Land League kämpft unter Stewart Parnell um die Bodenreform und "boykottiert" dabei auch den Grundherren Charles Boykott.
1886	Die erste Gesetzesvorlage zur irischen Autonomie ("Home Rule") scheitert am Widerstand der Konservativen und irischen Protestanten.
1893	Gründung der "Gaelic League", die sich um die Wiederbelebung der gälischen-irischen Kultur bemüht.
1905	Gründung des "Ulster Unionist Council" als Dachverband des nordirischen Unionismus sowie der nationalistischen Partei Sinn Féin.
1911–1913	London gewährt Irland die Home Rule, worauf die Unionisten mit Massendemonstrationen antworten. Formierung der bewaffneten unionistischen Ulster Volunteer Force (UVF) und der nationalistischen Irish Volunteers.
1914–1918	Erster Weltkrieg: Aussetzung der Home Rule, irische Soldaten kämpfen in der englischen Armee.
1916	Der Dubliner Osteraufstand der Irish Republican Brotherhood scheitert, die Anführer werden hingerichtet.
1919	Die für das Londoner Unterhaus gewählten Sinn-Féin-Abgeordneten konstituieren sich in Dublin als irisches Parlament und rufen die Republik aus.
1919–1921	Guerillakrieg zwischen Irish Republican Army (IRA) und der Royal Constabulary (Polizei) samt deren Hilfstruppen, den "Blacks and Tans".
1921	Anglo-irischer Vertrag: Teilung Irlands, Unabhängigkeit der 26 Grafschaften als "Freistaat" im Rahmen des Commonwealth.
1922–1923	Inneririscher Bürgerkrieg zwischen den von Eamon de Valera geführten Gegnern des anglo-irischen Vertrags und seinen von England unterstützten Befürwortern unter Michael Collins.
1937	Neue Verfassung, Irland wird Republik und de Valera Präsident.
1939–1945	Zweiter Weltkrieg: Die Republik bleibt neutral, deutsche Bombenangriffe auf Belfast.
1949	Austritt aus dem Commonwealth.
1968–1972	Demonstrationen der nordirischen Bürgerrechtsbewegung. Zur Unterstützung der unionistischen Polizei werden britische Truppen in Nordirland stationiert. Reaktivierung der IRA. Nach dem "Blutsonntag von Derry", an dem die britische Armee 13 Demonstranten erschießt, hebt London die nordirische Selbstverwaltung auf. Beginn des nordirischen Bürgerkriegs.

1973	Großbritannien und die Republik Irland werden Mitglied der EU.
1981	Zehn inhaftierte IRA-Kämpfer sterben nach einem Hungerstreik.
1994–1996	Erster Waffenstillstand im nordirischen Bürgerkrieg.
1997	Zweiter Waffenstillstand, Teilnahme von Sinn Féin an den Allparteiengesprächen zur Zukunft Nordirlands.
1998	Karfreitagsabkommen: Ende der britischen Direktherrschaft, Nordirland bekommt wieder eine eigene Regierung.
1999	Die neue Allparteienregierung nimmt ihre Arbeit auf.
2000	Die IRA leitet ihre Selbstentwaffnung ein.

Wie alles anfing...

Die ersten Menschen erreichen etwa 10.000 Jahre nach der letzten Eiszeit Irland. Die Entwicklungsstufe dieser Jäger und Sammler ist den australischen Aborigines oder den Buschmännern in der Kalahari vergleichbar.

Ihre ältesten Spuren fand man in der Nähe von Sligo. Dass während der Eiszeit selbst niemand auf Irland wohnte, wundert nicht. Riesige Gletscher überzogen das Land, in dem eisige Kälte herrschte. Nahrung hätte es allerdings gegeben. Im Dubliner Naturhistorischen Museum steht das Skelett eines Riesenelchs (Megaloceros giganteus), der damals in Irland lebte. Aber vielleicht werden eines Tages noch voreiszeitliche Spuren gefunden, immerhin war das benachbarte Wales schon vor 250.000 Jahren besiedelt.

Mit dem Anstieg des Meeresspiegels gegen Ende der Eiszeit, als die Gletscher abtauten und sich Millionen Kubikmeter Schmelzwasser in den Atlantik ergossen, ging die Landbrücke zwischen Irland und Wales in der Irischen See unter. Die Sligo-Siedler dürften gerade noch trockenen Fußes herübergekommen sein, spätere Einwanderer nur noch per Boot. Sie waren Jäger und Sammler, lebten in kleinen Gruppen, aßen Wildbeeren, Wurzeln, fingen Lachse, jagten Wildschweine und hielten sogar schon Hunde. Wichtigster Fundort dieser Kultur ist der *Mount Sandel* bei Coleraine (Derry). Doch die im Nationalmuseum ausgestellten Überreste des mittelsteinzeitlichen Lagerplatzes (um 6800 v. Chr.) sind für den Laien wenig spektakulär: Steinäxte, Schneidwerkzeuge aus Feuerstein, Knochen, Speiseabfälle.

Wunder aus Stein

Neue Siedler kommen über den Atlantik nach Irland. Sie sind Bauern und hinterlassen monumentale Gräber und rätselhafte, nach den Gestirnen ausgerichtete Kultbauten.

Während die Leute von Coleraine noch ihre Beeren sammelten, breitete sich im fernen Mesopotamien die nach der Entdeckung des Feuers wichtigste kulturhistorische Neuerung der Menschheitsgeschichte aus: Die Menschen wurden Bauern, säten Getreide und züchteten Ziegen und Schafe. Irland erreichten diese Innovationen der neolithischen Revolution erst um 3700 v. Chr. Einwanderer brachten sie mit, die über den Atlantik kamen und sich an der Westküste niederließen. Das neue Volk töpferte, baute sich Hütten aus Holz und Stein und hinterließ uns die gigantischen Megalith-Bauten. Die Gesellschaft war hierarchisch und arbeitsteilig organisiert, sie trieb sogar schon Außenhandel, denn die aus dem superharten Porcellanit-Stein des *Mount Tievebulliagh* (Cushendall, Co. Antrim) gefertigten Äxte fanden ihren Weg bis nach Südengland.

Kleine Gräberkunde

Hofgräber (Court tombs) ca. 4000–3000 v. Chr.: Ein offener Vorhof mündet in zwei oder mehr hintereinanderliegende Grabkammern, die ursprünglich in einen länglichen oder hufeisenförmigen Steinhügel (Cairn) gebettet waren. In den Kammern fand man Spuren von Feuerbestattungen, in den Höfen Hinweise auf rituelle Feste. Hofgräber findet man überwiegend im Norden der Insel, das beste Beispiel ist in *Creevekeel* (Sligo).

Dolmen (Portal tombs) ca. 3800–3200 v. Chr.: *Dol* bedeutet Tisch und *Men* ist der Stein. In der Regel tragen sechs oder mehr Tragsteine, von denen die beiden höchsten den Eingang markieren, einen gewaltigen Deckstein. Dieser Steintisch war die Grabkammer eines frühzeitlichen Fürsten, um die Geröll und Erdreich angehäuft wurde. Die Leichen wurden unverbrannt bestattet oder ihre Knochen aus anderen Gräbern umgebettet, teilweise hat man das Fleisch sorgfältig von den Knochen abgelöst. Grabbeigaben sind häufig. Die schönsten Dolmen sind *Browne's Hill* (Carlow), *Carrowkeel* (Sligo) und *Poulnabrone* (Burren).

Ganggräber (Passage tombs) ca. 4000–2800 v. Chr.: Die komplexen Anlagen sind künstlich aufgeschüttete und mit großen Steinen (Kerbstones) eingefasste Hügel, in der Regel in Gruppen und in exponierter Lage gebaut, die wunderschöne Aussicht gewährt. Durch einen oft nach der Wintersonnenwende ausgerichteten Eingang und einen anschließenden Gang kommt man in die meist kleeblattförmige Grab- oder Kultkammer. Geometrische Muster wie Spiralen, Rhomben und Wellenlinien zieren den Eingang und die Kultkammer. Die Toten wurden verbrannt und mit Grabbeigaben beigesetzt. Herausragende Beispiele sind die Gräber im *Boyne Valley* (Newgrange, Knowth).

Keilgräber (Wedge tombs) ca. 3000–2000 v. Chr.: Von außen ähnlich den Ganggräbern, doch statt der Teilung in Gang und Kammern nur mit einem einzigen, rechteckigen und sich nach hinten keilförmig verjüngenden Raum. Die meisten Forscher sehen einen Zusammenhang mit den neolithischen Gräbern in der Bretagne. Brandbestattung, Funde von Tonscherben, Pfeilspitzen und Feuersteinen. Gut erhaltene Keilgräber findet man im *Burrengebiet*.

Über das Alltagsleben dieser Menschen ist nur wenig bekannt. Bei Mayo wurden unter einer meterdicken Torfschicht zwei Siedlungen freigelegt. Diese sich über 10 qkm erstreckenden *Céide Fields* sind der größte steinzeitliche Komplex Europas – ein ganzes Dorf mit Fundamenten von Rundhütten, Feldmauern und Gräbern, von dem bislang nur ein Bruchteil freigelegt ist. Abgeschlossen sind die Grabungen am *Lough Gur* (Limerick). Auch hier handelt es sich um eine Siedlung (zwei Häuser wurden rekonstruiert) mit Feldern und

Gräbern. Ab etwa 3000 v. Chr. schufen die Jungsteinzeitler die "Ganggräber" im *Boyne Valley* (Co. Meath), gewaltige Anlagen, für die keine Mühe gescheut wurde, für die man die härtesten Steine in Booten übers Meer brachte, die erstaunliche astronomische Kenntnisse verraten und deren Inneres 5000 Jahre irischen Regen trocken überstand.

Zu besichtigen: Céide Fields in Ballycastle (Mayo). Freilichtmuseum Lough Gur (Limerick). Grabhügel von Newgrange (Meath), Gräberfeld Burren (Clare).

Ballymacdermot, Slieve Gullion

Goldschmiede und Astronomen

Die Menschen der Bronzezeit beobachten mit Steinkreisen den Lauf von Sonne und Mond. Irischer Goldschmuck und Bronzewaffen werden ein Exportschlager.

Der nächste kulturgeschichtliche Sprung nach vorn war das Schmelzen von Metall. Nach Irland gelangte diese Kunst irgendwann nach 2500 v. Chr. durch spanische und portugiesische Metallsucher. Nahezu überall, wo Bergleute unserer Zeit in Irland Metalle schürften, stießen sie auf die Abraumhalden ihrer vorchristlichen Kollegen. Die Wicklow-Berge bargen eines der reichsten Goldvorkommen Westeuropas, Kupfergruben gab es beispielsweise am *Mount Gabriel* (bei Schull, Co. Cork). Es entstanden Werkzeuge und Figuren aus Bronze und wunderbarer Goldschmuck (Dublin, Nationalmuseum): Sonnenscheiben, korbförmige Ohrringe, Spangen, Armreifen, vor allem die Lunulae, sichelförmige Halbmonde, die so nur in Irland hergestellt und auf den Kontinent exportiert wurden. Später kamen aus einem oder mehreren Strängen gewundene Halsbänder und sogar richtige Goldkragen dazu. Manche Stücke lassen vermuten, dass die Goldschmiede auch phönizischen und spanischen Goldschmuck kannten. Beim Verzieren von Schmuck und Gebrauchsgegenständen griffen sie die Muster der alten Megalith-Kultur auf. Wahrscheinlich wegen dieser Verzierungen waren die irischen Bronzeschilder und -äxte auf dem Kontinent auch dort beliebt, wo man sich selbst auf den Bronzeguss verstand.

Auf Steinbauten verwendete man jetzt weniger Mühe. Doch auch die jetzige Religion hatte wohl etwas mit den Gestirnen zu tun, nach denen die Bronzezeitler ihre Steinkreise ausrichteten. *Newgrange* wurde mit einem Kranz aus Holzbalken umgeben; um 1000 v. Chr. folgte ein Steinkreis, mit dem sich Winter- und Sommersonnenwende berechnen ließ. Ein weiterer Steinkreis, diesmal frei in der Landschaft, wurde nahe der Siedlung am *Lough Gur* (Limerick) gefunden. Eine neue Siedlungsform war der Crannog, ein kleines Pfahlbaudorf auf einer künstlichen Plattform in einem See.

Zu besichtigen: Craggaunowen Project (Clare); Lough Gur (Limerick); Steinkreise an der Westflanke der Wicklow-Berge oder bei Cookstown (Tyrone).

Kelten

Ohne die Kelten und ihre wichtigste Hinterlassenschaft, die gälisch-irische Sprache, sind irische Kultur und Nation kaum vorstellbar. Wann immer Iren sich später von den Engländern unterscheiden wollten, blickten sie auf ihre keltischen Wurzeln zurück.

Die Kelten waren ein indogermanisches Volk aus Osteuropa, das sich seit dem 8. Jh. v. Chr. auf die Wanderung und Eroberung gen Westen aufgemacht hatte. Ihren Namen ("Keltoi") bekamen sie von den Griechen, für die Römer waren sie "Galli", woraus sich die Sprachbezeichnung "Gälisch" ableitet. Einzelne Gruppen erreichten etwa um 500 v. Chr. schließlich Irland. Sie waren als Krieger gefürchtet; zu ihrem schnellen Sieg trug außer persönlicher Tapferkeit aber sicher auch ihre technologische Überlegenheit bei. Im Donauraum hatten sie das Schmelzen von Eisen gelernt. Ihren eisernen Waffen und Schilden war die irische Bronzezeitkultur nicht gewachsen.

Etwa 150 Clans beherrschten schließlich die Insel. Zwar waren sie locker zu fünf größeren Verbänden zusammengeschlossen, doch muss man sich dieses Zusammenleben zumindest vor der Zeitenwende nach dem Schema vorstellen: "Ich gegen meinen Bruder; mein Bruder und ich gegen unsere Cousins; wir mit unseren Cousins gegen den Rest der Familie; wir mit unserer Familie gegen den Clan, wir mit dem Clan gegen die anderen Clans usw." So waren die Gehöfte, in denen die keltische Kriegeraristokratie in Familienverbänden lebte, stets befestigt: manche mit einem schlichtem Erdwall, anderswo verstärkt mit Steinen, Holzpalisaden, oder sogar als richtige Steinmauer ausgeführt Auch die Wohnform der Pfahlbaudörfer wurde von den Einheimischen übernommen und weiter gepflegt.

Die einzige schriftliche Überlieferung dieser Epoche sind etwa 300 Steine mit einfachen, in einer senkrechten Linie angebrachten Kerbzeichen. Diese sogenannte *Oghamschrift* kam kurz vor der Christianisierung auf, wurde dann aber durch das lateinische Alphabet verdrängt. Die Geschichte der keltischen Krieger und Kriegerinnen lebt aber in Sagen und Epen wie dem *Cúchulainn* und dem *Táin Bó Cuailnge* fort, die nach Generationen mündlicher Überlieferung irgendwann im Mittelalter auch aufgeschrieben wurden und in mancher Hinsicht den Liedern Homers vergleichbar sind. Mittelpunkt der inselkeltischen Welt war demnach der Hügel von *Tara*. Wohl seit der Zeitenwende etablierte der hier residierende Clan eine lose Oberhoheit über die anderen Häuptlinge. Erste Namen dieser Großkönige werden fassbar: *Tuthal Teachtmar,* dem die Provinz Leinster "auf alle Zeiten" 1.500 Kühe, Schweine, Hammel, Mäntel, Silberketten und was noch alles an Tribut bezahlen musste. *Conn Ceadchathach,* der den Römern im benachbarten Britannien den Straßenbau abschaute und von Tara aus ein Netz von fünf schnurgeraden Straßen in alle Richtungen des Landes anlegte, um mit seinen Truppen schnell überall dort sein zu können, wo ein Häuptling Ärger machte. *Cormac Mac Art* (227–236), der Tara prächtiger denn je renovierte, die ersten Wassermühlen baute und mit seiner glanzvollen Banketthalle vielleicht das Vorbild für König Arthus und dessen Tafelrunde abgab.

In der sozialen Hierarchie kamen gleich nach den Häuptlingen die Druiden (Priester) und die zum Stand der Künstler gehörenden Barden (Sänger), denen es sicher besser erging als ihrem Kollegen bei "Asterix und Obelix" im gallischen Kleinbonum. Beide Gruppen bewahrten das Wissen der Vorfahren, und was wäre ein Festbankett ohne Sänger gewesen, der Lobeshymnen auf den Gastgeber vortrug? Ein weiterer Stand waren die Krieger, ganz unten auf der sozialen Rangleiter standen die Bauern.

Gold und Bronzeschmuck blieben in Mode, das Eisen wurde hauptsächlich für Waffen und Gebrauchsgegenstände verwendet. Als Motive sind Spiralen und Ranken beliebt, die auch auf Steinen die Muster der Megalith-Kultur endgültig ablösen. Nach der Zeitenwende werden Schmuckstücke und Gegenstände des täglichen Gebrauchs mit Emaille verziert, eine Technik, die die Kelten vermutlich von den Römern übernahmen.

• *Zu besichtigen:* Befestigungen Staigue Fort (Kerry), Dún Aenghus (Aran Isl.), Dunbeg (Kerry), Tara (Meath). Rankenmuster am Turoe Stone, Ogham-Steine, Broighter Halskrause und die Schwertscheide von Lisnacroghera (alle im Nationalmuseum).

Das Goldene Zeitalter

Mit der Christianisierung avanciert Irland zum geistigen Zentrum Europas. Die adeligen Äbte treten faktisch an die Stelle der alten Fürsten und üben auch die weltliche Gewalt aus.

Die Römer kamen nur bis Britannien – Irland konnten sie nie unterwerfen. Deshalb galt die Insel am äußersten Ende des bekannten Erdkreises in den Augen der römisch-griechischen Welt als ein Hort der Barbarei, der Unkultur und des Primitiven. In der Spätantike und im Frühmittelalter kehrte sich das Verhältnis allerdings um: Jetzt brachten irische Mönche das Licht des Christentums und die Kultur auf den nach dem Zusammenbruch des Weltreiches in heidnisch-barbarisches Dunkel versunkenen Kontinent.

Nachdem irische Mönche seit dem 6. Jh. auf dem Kontinent missioniert und dort auch Klöster (St. Gallen, Echternach) gegründet hatten, setzte bald ein reger Reisestrom in beide Richtungen ein. Irland wurde zu einem Zentrum

des frühmittelalterlichen Geisteslebens – ein "Goldenes Zeitalter" brach an. Im Mittelpunkt des Mönchslebens stand die Heilige Schrift, weshalb die Brüder sich vor allem in der Kunst der Buchillumination übten.
Hatte man anfangs noch die Illustrationen ägyptisch-byzantinischer Bibeln einfach kopiert, kreierten die Buchmaler bald aus diesen Vorbildern und den Schmuckverzierungen ihrer Heimat einen eigenen, keltisch-christlichen Stil: Die Ornamente, wie sich ein- und auswickelnde Spiralen, Ranken, Blattwerk, stilisierte Tiere, wurden bald auch auf Reliquienschreinen, Trinkbechern und Broschen angebracht. Vom *Book of Kells,* einem Höhepunkt der Buchmalerei, hieß es später, ein solches Werk könne nicht von Menschen, sondern nur von Engeln geschaffen worden sein. Das Evangeliar aus 340 üppig verzierten Pergamentbögen entstand um 800 übrigens auf einer Insel vor Schottland, und so können es eigentlich auch die Schotten für sich reklamieren.

Greyabbey

Saint Patrick: Der Heilige Irlands, nicht Roms

Der Nationalheilige Patrick, von dem einige allerdings behaupten, es hätte ihn so nie gegeben und alle Legenden um ihn seien Erfindungen kirchlicher Propaganda späterer Zeiten, stammte aus Wales, war aber als 16-Jähriger gekidnappt und nach Irland in die Sklaverei verschleppt worden. Nach sechs Jahren gelang ihm die Flucht. Inzwischen tief religiös, ging er nach Frankreich, wo er zum Bischof aufstieg. Mächtige Visionen trieben ihn nach Irland zurück. 432 soll er sein erstes Kloster in Armagh (Down) gegründet haben, von dem aus er die Iren missionierte und wohl zu Lebzeiten den gesamten Norden bekehrte. Interessanterweise wurde Patrick vom Heiligen Stuhl nie offiziell heilig gesprochen – er ist "nur" Volksheiliger, denn in seinem Leben gibt es dunkle Flecken wie Schlangenbeschwörungen und Saufgelage, wegen denen er in Rom bislang für eine Heiligsprechung nicht würdig genug erscheint.

Als Schrift kam jene gerundete Halbunziale auf, die aus folkloristischen Gründen bis heute noch gelegentlich für Schilder und Embleme benutzt wird. Auch auf Steine wurden die neuen Ornamente übertragen. Die Hochkreuze, die Sonnenkreis und Kreuz miteinander verschlingen, symbolisieren die Durchdringung der keltischen Welt mit dem christlichen Glauben. Ab dem 9. Jh. weichen die geometrischen Muster in Stein gehauenen Bibelszenen, anhand derer das schreib- und leseunkundige Volk im Glauben unterrichtet wurde.

• *Zu besichtigen:* Kreuzstein von Riasc, Gallarus-Kapelle, Hütten von Fahan (alle Dingle, Kerry), Hochkreuze und Columcille's House (Kells, Meath); Book of Kells (Trinity College, Dublin); Gürtelreliquar von Moylough, Kelch von Ardagh, Brosche von Tara (Nationalmuseum).

Wikinger und Normannen

Wikinger plündern die Insel, setzen sich an der Ostküste fest und vermischen sich mit den Einheimischen. Von England folgen Normannen und errichten erstmals die englische Vorherrschaft über Irland.

Nach einer Legende brach der Heilige Bredan mit 14 Gefährten von Dingle aus im Lederboot gen Westen auf und kam bis Amerika – eine Geschichte, die bisher nicht sicher bewiesen ist, sich aber so zugetragen haben könnte. In einem Nachbau erreichte 1977/78 eine Gruppe Abenteurer und Wissenschaftler über Schottland, Island und Grönland tatsächlich die kanadische Insel Neufundland. Herren der Meere waren seinerzeit aber nicht die Iren, sondern die skandinavisch-germanischen Wikinger, die 795 erstmals in Irland einfielen und das Land und die Klöster plünderten. Die Iren versuchten sich zu schützen: Sie errichteten mehrstöckige, bis zu 30 m hohe Wehrtürme, von deren schießschartenartigen Fensterschlitzen man Land und Meer beobachten konnte. Der Eingang lag ein gutes Stück über dem Erdboden; der Zutritt erfolgte über eine Leiter, die man bei Gefahr einfach hochzog.

Bald errichteten die Wikinger feste Stützpunkte auf Irland, aus denen mit Dublin, Waterford, Wicklow und Limerick die ersten Städte entstanden. Die Kelten lernten von ihnen außer dem Städtebau eine verbesserte Technik des Schiffbaues und die Münzprägung. Doch insgesamt fiel Irland wieder hinter andere Teile Europas zurück. Als ein Lehrling in einer Dubliner Goldschmiedewerkstatt die knöchernen Probestücke mit den schwierigen Tierfiguren schnitzte, die uns heute im Nationalmuseum einen guten Einblick in die Herstellungsverfahren geben, war dieser *Ringerik-Stil* in Norwegen bereits ein alter Hut. Auch die auf Irland gefertigten schweren Silberbroschen waren zur gleichen Zeit in Skandinavien längst out.

Vielleicht tut man den Wikingern mit der Beschuldigung unrecht, sie hätten nach drei Jahrhunderten relativen Friedens wieder den Krieg nach Irland gebracht. Immerhin haben die einheimischen Fürsten ja mitgemacht; verschiedene Clans kämpften zusammen mit Wikinger-Kleinreichen gegen andere Clans und andere Wikinger. Auch *Brian Ború,* den die Iren als ihren Retter vor den Wikingern feiern (er gewann 1014 die Schlacht von Clontarf), hatte Wikinger auf seiner Seite, während Kelten auf der anderen kämpften. Und die einstigen Invasoren passten sich auch an, ließen sich taufen und heirateten in keltische Familien ein. Es waren jedenfalls mit *Dermont MacMurrough* von Leinster und *Tiernan O'Rourke* von Connaught zwei keltische Provinzfürsten, die das englische Unglück über Irland brachten.

MacMurrough entführte 1152 Frau O'Rourke (wie es heißt, ging sie nicht unfreiwillig mit), worauf der Geprellte den Liebhaber zur Schlacht stellte und prompt besiegte. Die Episode hätte für Unbeteiligte keine weiteren Folgen gehabt, wäre MacMurrough nicht mit dem Leben davongekommen und ins Ausland geflohen, wo er Verbündete suchte. Weder in Frankreich noch England wollten sich die Könige für die irischen Händel begeistern, doch mit der gnädigen Erlaubnis *Heinrichs II.* durfte MacMurrough bei den englischen Baronen um Hilfe bitten.

Als Helfershelfer fand sich *Richard de Clare,* genannt "Strongbow" (Starker Bogen), Earl of Pembroke. Er ließ sich von MacMurrough dessen Tochter Aoife versprechen und als Erbe von Leinster einsetzen. 1169/70 landeten die englischen Normannen in drei Gruppen, eroberten Wexford sowie Dublin und schlugen ein vereintes Heer der irischen Kelten und Wikinger. Als dann MacMurrough ein Jahr darauf starb, wurde Strongbow Herzog von Leinster.
Dies wiederum ließ Heinrich keine Ruhe. Der Papst hatte ihn schon lange mit der Herrschaft über Irland belehnt, ohne dass er diesen Anspruch bislang hatte durchsetzen können. Und Strongbow, der ihm schon immer zu mächtig war, hatte er insgeheim gewünscht, er möge sich dort drüben eine blutige Nase holen. Statt dessen führte der sich jetzt auf, als sei er selbst ein König.

Noch im Todesjahr von MacMurrough kam Heinrich II. persönlich an der Spitze eines Heeres nach Irland und teilte die Insel unter seinen Gefolgsleuten auf. Doch die Nachfolger Heinrichs II. waren zu sehr mit dem Hundertjährigen englisch-französischen Krieg beschäftigt, um sich weiter um Irland kümmern zu können. Aus den dort zurückgelassenen Anglo-Normannen wurden Anglo-Iren, die sich verselbstständigten und mit den Einheimischen verschmolzen. So blieb die englische Herrschaft, mit Ausnahme Dublins, weitgehend ein leerer Titel.

- *Romanische Baudenkmäler:* Klosterruinen Glendalough (Wicklow) und Clonmacnoise (Offaly); Cormac's Chapel (Cashel, Tipperay), Portal von Clonfert (Galway), Klosterkirche von Boyle (Roscommon).
- *Gotisch-normannische Baudenkmäler:* St. Patrick's (Dublin), St. Canice's (Kilkenny); Festungen Carrickfergus (Antrim) und Trim (Meath).
- *Keltische Renaissance:* Quin Abbey (bei Ennis, Clare), Muckross Abbey (Killarney); Grabnischen in Ennis (Clare); Kreuz von Lislaughtin (Nationalmuseum); Festungen in Blarney (Cork) und Bunratty (Limerick).

Irland wird englisch

Erst im 16. und 17. Jh. wird ganz Irland tatsächlich der englischen Macht unterworfen. Mit den "Plantations" werden gezielt protestantische Siedler auf die Insel gebracht, womit wird der Grundstein zur Teilung Irlands gelegt wird.

Der englische König *Heinrich VIII.* war, nachdem der Papst ihm die gewünschte Ehescheidung von seiner spanischen Gattin verweigert hatte, kurzerhand dem Vorbild Luthers und Zwinglis gefolgt und gründete seine eigene, die Anglikanische Kirche; sich selbst ernannte er zum Oberhaupt der Gläubigen – ein Schritt, der im katholischen Irland auf wenig Begeisterung stieß. In London ging das Gerücht um, spanische Truppen seien mit päpstlichem Segen

Birr Castle – der Earl of Rosse zeigt Flagge

nach Irland unterwegs, um von dieser Basis aus England zu überfallen und für den Katholizismus zu retten.

Heinrich lud den mächtigsten irischen Fürsten *Garret Og Kildare* im Sommer 1534 zu "Verhandlungen" nach London und stellte ihn dort unter Hausarrest. Als diese Nachricht und vielleicht noch schlimmere Gerüchte in Dublin eintrafen, brach Garret Ogs Sohn *Silken Thomas* einen Aufstand vom Zaun: für Heinrich der willkommene Anlass, ein Heer nach Irland zu schicken. Ihm waren die Rebellen nicht gewachsen. Mit der zynisch "Gnade von Maynooth" genannten Unterwerfung wurden Silken Thomas und die fünf Brüder seines Vaters hingerichtet, nachdem Garret Og selbst schon im Londoner Tower gestorben war. Heinrich ließ in der Umgebung von Dublin alle Klöster zerstören und enteignen. 1541 ließ er sich vom Dubliner Parlament zum irischen König erheben.

Heinrichs Nachfolger ersannen ein neues Instrument zur Sicherung des englischen Einflusses. Sie errichteten überall im Land Garnisonen und vergaben, um die Versorgung in den unsicheren und von Dublin weit entfernten Gebieten zu gewährleisten, das umliegende Land gezielt an englischstämmige Siedler und Grundherren, die ihrerseits englische Pächter ins Land holten. Ihren Höhepunkt erreichte diese Siedlungspolitik in Ulster, wo sich der Lokalmagnat *Hugh O'Neill* nach neunjährigem vergeblichen Kampf gegen die Engländer mit der gesamten Führungsschicht der Region ins Ausland abgesetzt hatte. Damit war für die Krone der Weg frei, weite Teile Ulsters unter englischen und schottischen Unternehmern zu verteilen, die die irischen Bauern zugunsten aus der Heimat mitgebrachter Kolonisten vertrieben. Anders als frühere Invasoren verschmolzen die neuen protestantischen Siedler nicht mit Einheimischen, die weiterhin katholisch blieben. Der Grundstein für die "Troubles" unserer Tage war gelegt.

1641 gingen beide Gruppen erstmals auf einander los. Besondere Symbolkraft hat das Massaker von Portadown erlangt, bei dem die Katholiken mehrere hundert Frauen und Kinder umbrachten, eine Greueltat, deren Opferzahl in den Chroniken auf viele Tausend aufgebläht wurde und die bis heute von den nordirischen Protestanten nicht vergessen ist. 1649 landete *Oliver Cromwell,* der gerade in England die Parlamentsdiktatur errichtet und den König hatte hinrichten lassen, im Süden von Dublin. Seinen Feldzug hatte er mit der Verpfändung von Besitzrechten auf der Grünen Insel finanziert, die es nun durchzusetzen galt. Cromwell überzog Irland mit einem beispiellosen Vernichtungsfeldzug, der zwischen Königstreuen und Altiren keinen Unterschied mehr machte. Drogheda, Wexford, Cork, eine Stadt nach der anderen fiel den Parlamentstruppen in die Hände, und als ob Cromwell nicht Plage genug gewesen wäre, wütete gleichzeitig die Pest im Lande. Man schätzt, dass zwischen 1641 und 1653 etwa die Hälfte der damals gut eine Million Irinnen und Iren ums Leben kam. Selbst für die englischen Spekulanten war das Unternehmen verlustreich. Cromwell hatte mehr Grund verpfändet, als ganz Irland besaß. Weil das verwüstete Land für weitere Kolonisation wenig attraktiv war, wechselte mit dem "Settlement Act" (1652) nur etwa ein Viertel der Insel den Besitzer. Die alten Grundherren wurden unter dem Slogan "Zur Hölle oder nach Connaught" mit unwirtlichen Steinwüsten in der Provinz Connaught abgespeist. Katholische Messen waren hinfort verboten.

Eine diplomatische Note

In krassem Kontrast zu den von seinem Heer begangenen Greueltaten steht der höfliche Ton jenes Standardschreibens, mit dem Cromwell die Kommandanten feindlicher Garnisonen zur Übergabe aufforderte:

Sir, meine Armee und meine Kanonen befinden sich in nächster Nähe und gemäß meinem gewöhnlichen Vorgehen bei Eroberungen halte ich es für angebracht, Ihnen Bedingungen vorzuschlagen, die der Ehre eines Soldaten entsprechen: Sie können mit ihrem Hab und Gut abziehen, ohne angegriffen oder verletzt zu werden. Sollte es sich jedoch als notwendig erweisen, meine Kanonen auf Sie zu richten, müssen Sie mit den extremen Folgen rechnen, die sich daraus ergeben. Um Blutvergießen zu vermeiden, wird Ihnen dieses Angebot unterbreitet von Ihrem Diener Oliver Cromwell

In England hatte sich 1660 wieder die Monarchie gegen die Cromwellsche Parlamentsdiktatur durchgesetzt. Als aber mit *Jakob II.* ein katholischer Monarch den Thron erbte, auf den die Iren große Hoffnungen setzten, revoltierte das Parlament erneut und setzte den protestantischen Niederländer *Wilhelm von Oranien* als Gegenkönig ein. Jakob floh über Frankreich nach Irland und zog dort an der Spitze der katholischen Iren gegen die Protestanten zu Feld. Die von Jakob 1690 gegen das Heer Wilhelms verlorene Entscheidungsschlacht am Boyne feiern die nordirischen Protestanten bis heute als ihren Nationalfeiertag – und vergessen dabei, dass Wilhelm sich damals auch der Unterstützung des Papstes erfreute und seine Truppen zu einem erheblichen Teil katholische Söldner vom Kontinent waren.

Der Kampf um die Freiheit

England hat sich endgültig durchgesetzt. Die alten und neuen protestantischen Grundherren, viele davon Nachfahren von Cromwells Offizieren, etablieren sich als neue Oberschicht.

Die letzten Wälder wurden abgeholzt und für den Schiffsbau oder als Holzkohle zur Befeuerung der Eisenschmelzen benutzt. Auf dem gerodeten Land züchtete man Rinder und Schafe, die London mit Wolle, Butter und Fleisch versorgten. Neue Gesetze, die "penal laws", schlossen die katholischen Iren von allen öffentlichen Ämtern aus. Sie durften keine Waffen tragen, während die protestantischen Grundherren sich ihre Privatpolizei, die Volunteers, zusammenstellten. Katholiken durften auch keinen Grund und Boden erwerben, so dass Ende des 18. Jh. nur noch 5 % des Landes in katholisch-irischem Besitz waren. Auf Lehrer und Geistliche, die der katholischen Lehre nicht abschworen, waren unterschiedlich hohe Kopfprämien ausgesetzt, Denunziationen wurden nach einer "Preisliste" belohnt: 10 £ für die Anzeige eines Schulmeisters, 20 £ für einen Pfarrer, 50 £ für einen Bischof. Es verwundert, dass angesichts dieser Umstände nur so wenige Iren zum Protestantismus konvertierten. Ein anderer Ausweg war die Emigration. Die Potentaten des Kontinents suchten Söldner, London Arbeiter, und viele gingen gar nach Amerika oder Australien.

Nicht unterschlagen werden darf, dass die religiöse Verfolgung und politische Benachteiligung auch die Reformierten traf, also jene Protestanten, die nicht der anglikanischen Staatskirche angehörten. Die Mehrheit der nordirischen Siedler, die sich zur presbyterianischen Kirche bekannte, war ebensowenig im Dubliner Parlament repräsentiert wie ihre katholischen Nachbarn. Unter dem Einfluss der Französischen Revolution schlossen sich reformierte Protestanten, insbesondere die Presbyterianer, und Katholiken gegen die englische Herrschaft zur Untergrundorganisation *United Irishmen* zusammen. Nur ein Sturm verhinderte die Landung der napoleonischen Flotte, aber ohne fremde Hilfe standen die United Irishmen auf verlorenem Posten und die religionsübergreifende Freiheitsbewegung blieb eine Episode. Sie brachte den Katholiken zwar die weitgehende Aufhebung der diskriminierenden Gesetze, aber auch die Auflösung des Dubliner Parlaments sowie die Union, die staatsrechtliche Vereinigung mit England – ein Akt, den der katholische Erzbischof von Dublin ebenso unterstützte wie die aus der Emigration zurückgekehrten Nachfahren der alten Clanführer, während die frisch gegründeten Oranierlogen die Union damals entschieden ablehnten!

Daniel O'Connell, (1775–1847) Sohn einer Schmugglerfamilie aus dem County Kerry, wird heute als einer der größten irischen Freiheitshelden gefeiert. Die von ihm geführte *Catholic Association,* deren Mitgliedsbeiträge die Pfarrer als

Kollekte während der Sonntagsmesse einsammelten, machte durch friedliche Massenproteste auf sich und die Unterdrückung der Katholiken aufmerksam. O'Connells Wahl ins Londoner Unterhaus führte dazu, dass dieses Gremium den katholischen Iren auch das passive Wahlrecht gewährte – ein Volksaufstand wäre unvermeidlich gewesen, hätte er seinen Sitz nicht einnehmen dürfen. Doch nur die Reichen durften damals wählen, und um sich vor allzu unliebsamen Überraschungen zu schützen, verhundertfachte das Unterhaus gleichzeitig die Mindeststeuer, die einen Iren zum Wähler qualifizierte.

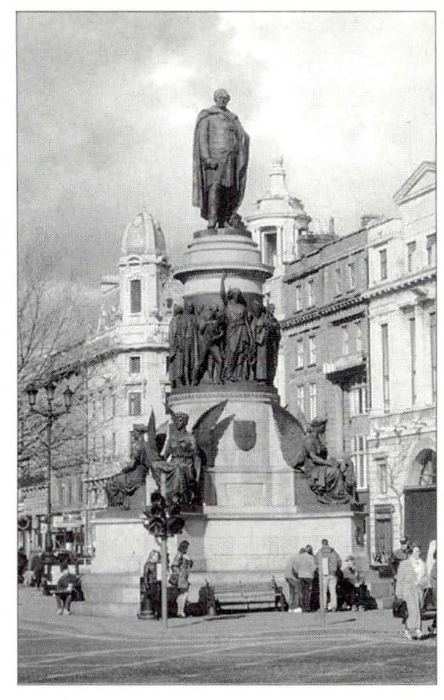

Daniel O'Connell – geliebt, geächtet und heute mit einem Denkmal geehrt

Trotzdem drängten die katholischen Iren jetzt, wo sie im Besitz des aktiven und passiven Wahlrechts waren, auf die Wiedereinrichtung des Dubliner Parlaments. O'Connell veranstaltete auf der ganzen Insel "monster meetings", auf denen bis zu einer halben Million Iren für ein eigenes Parlament und die Auflösung der Union demonstrierten. Doch die Hungersnot ließ dieses Anliegen bald belanglos erscheinen (s. Kasten S. 52).

Erst gegen Ende des Jahrhunderts hatten die Iren wieder Kraft genug, sich mit politischen Fragen zu beschäftigen. Anfangs kämpfte die Kleinbauernbewegung *Land League* für die Verminderung der Pachtzinsen und bessere Arbeitsbedingungen der Tagelöhner. Ihr wirksamstes Mittel war die Verweigerung aller Pachtzahlungen und Arbeitsleistungen gegenüber unliebsamen Grundherren. Die spektakulärste Aktion traf einen in England ansässigen Landbesitzer, der sein Gut am Lough Mask durch einen gewissen *Charles Boykott* verwalten ließ – der "Boykott" war erfunden.

Mr. Boykott behalf sich, wie andere Grundherren und Verwalter auch, indem er arbeitswillige Protestanten aus Ulster bringen ließ, die unter dem Schutz der Armee die Felder bestellten. Doch letztlich hatte die Land League Erfolg. Staatliche Schiedsstellen senkten die Pachtzinsen, und nachdem 1903 die letzten Relikte des alten Feudalsystems abgeschafft wurden, mit denen die Pächter der Willkür ihrer Grundherren ausgesetzt waren, zogen es Letztere vor, den Boden an die Bauern zu verkaufen, statt weitere Einnahmensverluste hinzunehmen. 1917 gehörten zwei Drittel des Bodens denjenigen, die ihn bebauten. *Charles Parnell,* der Führer der Land League und seinerzeit ungekrönter König Irlands, erlebte diesen Erfolg nicht mehr. Sein offenes Bekenntnis zur Liaison mit der geschiedenen Frau eines Parteigenossen brachte der League die Spaltung und ihm die Ächtung. Am 6. Oktober 1891 verstarb der Enttäuschte, gerade 45 Jahre alt, aus Gram.

Der große Hunger

In den Jahren von 1660–1841 stieg die Einwohnerzahl Irlands von etwa 750.000 auf über 8 Millionen an (zum Vergleich: heute leben gerade 3,5 Millionen Menschen auf der Insel). Trotz Auswanderung war Irland die am dichtesten besiedelte Region Europas – in den besonders fruchtbaren Landesteilen dürfte die Bevölkerungsdichte sogar eine Höhe erreicht haben, wie man sie sonst nur von den Reisanbaugebieten Chinas kennt. Doch anstelle von Reis lebten die Menschen in Irland hauptsächlich von Kartoffeln. Und sie lebten schlecht, hausten in Höhlen und in nur notdürftig gegen den Regen geschützten Erdlöchern. Wer eine einfache Ein-Raum-Hütte mit Ziegen und Schweinen teilte, galt bereits als wohlhabend. Eine Inspektion im Donegal ergab 1837, dass 8000 Bewohner einer Region zusammen gerade 10 Betten, 93 Stühle und 243 hölzerne Schemel besaßen. Dass die Zahl der Menschen zur damaligen Zeit derart zunahm, war also bestimmt nicht Ergebnis von Wohlstands oder, wie heute in der Dritten Welt, einer besseren medizinischen Versorgung. Das einzige, was den Iren reichlich zur Verfügung stand – und ihnen offensichtlich das Überleben sicherte – war Heizmaterial (Torf) und Nahrung (Kartoffeln).

Mit gelegentlichen Missernten war man, so schlimm sie im Einzelfall auch waren, vertraut. Nicht aber mit der durch einen Sporenpilz hervorgerufenen Kartoffelfäule, die erstmals 1842 nahezu die gesamte nordamerikanische Ernte vernichtet hatte und nun auch Irland heimsuchte. Dem *Phytophthora infestans* fielen zwischen 1845 und 1849 gleich fünf aufeinander folgende Ernten zum Opfer – die Folge war eine Million Hungertote. Zuerst traf es die Tagelöhner, dann die Pächter, zuletzt die Städter. Wer immer konnte und noch Kraft genug hatte, bestieg ein Schiff nach Amerika.

Der Staat reagierte hilflos. Anfangs bekam nur Armenhilfe, wer dafür seine Arbeitskraft zur Verfügung stellte. Doch solche Programme gab es nur in den Städten. Und viele Hungernde waren zu geschwächt, um noch arbeiten zu können. Im zweiten Winter gab es Suppenküchen, doch wurden die Kosten auf die Grundherren umgelegt, worauf diese ihre zahlungssäumigen Pächter vertrieben und das Land durch ihre Verwalter selbst bewirtschaften ließen.

Besonders musste es die Armen erzürnen, dass die Grundherren in dieser Zeit prächtige Weizenernten einfuhren, das Getreide aber lieber exportierten – für das Volk war es schlicht zu teuer. Umgekehrt behinderten Importzölle und allerlei Schikanen die Nahrungsmittelhilfe, die besonders die nordamerikanischen Quäker nach Irland schickten. Die Emigranten rächen sich bis heute auf ihre Art an der englischen Obrigkeit: Viele amerikanische Iren finanzierten die Irish Republican Army (IRA).

Freistaat und Republik

Am Vorabend des 1. Weltkriegs: Die Land League hatte mehr als nur materielle Verbesserungen gefordert und die irische Selbstverwaltung *(home rule)* auf ihre Fahnen geschrieben. Unterstützt vom liberalen Premier William Gladstone, nahm das Londoner Unterhaus 1892 sogar eine entsprechende Vorlage an, doch das Oberhaus der Lords legte sein Veto ein. Damit war die Chance für ein geeintes Irland vertan, denn jetzt formierte sich unter den irischen Protestanten der Widerstand. Sie fürchteten, in einem unabhängigen Irland ihre Privilegien und ihren relativen Wohlstand zu verlieren – der protestantische Nordwesten war der am weitesten industrialisierte Landesteil. Aus einer zunächst rein parlamentarischen Opposition entwickelte sich der *Ulster Unionist Council* als Dachverband aller Unionisten, die bald entschlossen waren, jede Veränderung des Status quo wenn nötig mit Waffengewalt zu verhindern. Am Tag der Unabhängigkeit sollte die *Ulster Volunteer Force (UVF)* losschlagen. Die Waffen kamen aus Deutschland, das am Vorabend des 1. Weltkrieges zu allem bereit war, was England zu schwächen versprach – auch die nationalistische Gegenseite war mit deutschen Gewehren ausgerüstet.

Parallel dazu besannen sich die Unionisten ihrer eigenen Traditionen. Der *Orange Order* feierte mit Aufmärschen und Gedenkfeiern die inzwischen 200 Jahre zurückliegenden Siege Wilhelms von Oranien über die Katholiken. Damit antworteten sie auf die Wiederbelebung gälischer Traditionen durch die Nationalisten. Deren *Gaelic Athletic Association (GAA)* hatte den alten Sportarten wie Hurling und Straßenbowling ein festes Regelwerk gegeben und ihren Mitgliedern bei Strafe verboten, "fremde" Sportdisziplinen zu treiben. Und weil sich der Fußball schon seinerzeit wohl nicht verbieten ließ, änderte man kurzerhand die Spielweise und schuf den eigenen "Gaelic Football". Die *Gaelic League* widmete sich der Pflege der gälischen Sprache und führte sie an den Schulen als Pflichtfach ein. Schriftsteller, von denen die wenigsten noch Gälisch beherrschten, bearbeiteten Stoffe aus der keltisch-irischen Sagenwelt.

Der Osterputsch

Der 1. Weltkrieg verschob die Verwirklichung der 1912 endlich verabschiedeten Home Rule ein weiteres Mal und ließ die Spaltung der irischen Nationalbewegung deutlich werden. Während die irische Parlamentspartei zur Unterstützung der britischen Kriegsanstrengungen aufrief, wollten die radikalen Nationalisten aus Gewerkschaftskreisen und der *Irish Republican Brotherhood* den Weltkrieg zu einem bewaffneten Aufstand nutzen. Dieser, von den Iren heute als "Osteraufstand" gefeiert, geriet dann aber nur zu einem eher dilletantischen Putsch. Gegen Mittag des 24. April 1916, einem Ostermontag, erlebten einige verblüffte Passanten, wie der von der Brotherhood zum ersten Präsidenten erkorene *Patrick Pearse* von der Treppe des Dubliner Hauptpostamts die Republik ausrief. Immerhin benötigte die Armee eine Woche, um die Rebellen aus den von ihnen besetzten Dubliner Amtsgebäuden zu vertreiben – auf dem Weg ins Gefängnis mussten die Aufrührer Spott und Beschimpfungen der Dubliner über sich ergehen lassen. Erst die drakonischen Strafen, die das britische Militärgericht verhängte – 15 Todesurteile wurden gleich Anfang Mai vollstreckt – und die Säuberungen und Strafaktionen der Armee, auch gegen am Putsch völlig Unbeteiligte, die nur wegen ihrer bekanntermaßen nationalen Gesinnung in den Gefängnissen grässlich misshandelt wurden, wendeten das Blatt der öffentlichen Meinung und machten die Putschisten zu Märtyrern.

Vom Befreiungs- zum Bürgerkrieg: Bei der Unterhauswahl 1918, bei der erstmals auch die Irinnen mitstimmen durften, musste die Parlamentspartei eine vernichtetende Niederlage einstecken: Fast alle katholisch-irischen Mandate fielen an die bislang unauffällige *Sinn Féin,* die sich nach dem Osteraufstand zum politischen Sprachrohr der Radikalen entwickelt hatte. Statt ihre Plätze in Westminster einzunehmen, versammelten sich die neuen Abgeordneten, soweit sie nicht in britischen Gefängnissen saßen, am 21. Januar 1919 im Dubliner Mansion House, bildeten ein eigenes, irisches Parlament und wählten eine irische Regierung.

Am gleichen Tag wurden in Tipperary zwei Polizisten erschossen – der bis Mitte 1921 anhaltende irisch-englische Krieg begann, in dem die *Irish Republican Army (IRA)* mit Guerilla-Aktionen und Attentaten der Britischen Armee und ihren Hilfstruppen zusetzte. London unternahm nun einen neuen Anlauf, das Irland-Problem auf parlamentarischem Wege zu lösen. Statt einer Home Rule gewährte man gleich zwei: ein Parlament für die sechs mehrheitlich protestantischen Nordprovinzen, ein zweites für den katholischen Landesteil. Im irisch-englischen Vertrag vom 6. Dezember 1921 stimmte die Verhandlungsdelegation der Nationalisten dieser Teilung praktisch zu. Auch ließen sie sich breitschlagen, keine eigene Republik zu gründen, sondern als Dominion im Commonwealth zu verbleiben und Seine Majestät als nominelles Staatsoberhaupt zu akzeptieren, auf das alle Abgeordnete den Eid zu leisten hatten.

Das Dubliner Parlament ratifizierte den Vertrag nur mit einer dünnen Mehrheit. Vielen Abgeordneten und Bürgern war auch die noch verbliebene Bindung an England zu eng. Besonderen Anstoß nahmen sie an dem Eid auf die Krone, während die Abtrennung des Nordens interessanterweise weniger Unmut erregte. Kaum war der Friede mit England hergestellt, fielen irische Vertragsgegner und Befürworter nun selbst mit Waffen übereinander her. Der innerirische Bürgerkrieg wurde erst 1923 beigelegt.

Unter *Eamon de Valera* bildeten die Gegner des Vertragswerks die *Fianna Fáil* Partei, die in den Wahlen von 1927 über die in der *Fine Gael* organisierten Befürworter siegte und das Land bis nach dem 2. Weltkrieg regierte. Mit einer Verfassungsreform wurde 1937 der verhasste Eid auf die Krone abgeschafft und die Souveränität auch über die bei England verbliebenen Nordprovinzen beansprucht. 1949 folgte schließlich der Austritt aus dem Commonwealth. Erst jetzt war die beim Osteraufstand proklamierte Republik tatsächlich verwirklicht.

Über die Geschichte Irlands bis heute, die stark vom Nordirland-Konflikt geprägt ist, erzählt ausführlich das Kapitel "Mensch und Gesellschaft".

Letzter Tankstopp vor der Grünen Insel – in Llandudno, Wales

Anreise

Auch nach Eröffnung des Kanaltunnels ist die Fahrt nach Irland mit Auto oder Bahn umständlich und nur in Verbindung mit einer Seefahrt möglich – schneller und preiswerter ist das Flugzeug.

Mit Bahn und Schiff nach Irland? Die erfahrene Reisefachfrau schüttelt ungläubig den Kopf. Das sei ja mega-out. Selbst nach London hat sie im letzten Jahr keine einzige "Kombi" Schiene-Schiff verkauft. "Warum fliegen Sie nicht? Das ist viel bequemer und schneller." Aber billig soll es sein. "Wir haben da Sondertarife, mit denen fliegen Sie sogar per Linie günstiger als Sie mit der Bahn fahren." Doch wir hätten gerne unterwegs London besucht. "Um so besser! Für Jugendliche gibt's täglich London und zurück für nur 150 €. Von dort nehmen Sie den Bus." Aber wir wollen die Luft nicht mit Kerosin und Abgasen vergiften, sondern umweltschonend reisen. Von der anscheinend unverrückbaren Absicht der Kundin überzeugt, sich tatsächlich wie anno dazumal mit Eisenbahn und Dampfer zu bewegen, beugt sich die Expertin über den Computer und präsentiert nach einigen Minuten tatsächlich stolz den Ausdruck einer Bahn-Schiff-Bahn-Verbindung durch den Kanaltunnel nach Dublin samt Preis.

Und was kostet uns die Mitnahme unserer Fahrräder? Die Antwort ist ein verhaltener Seufzer. Wahrscheinlich verhindert nur der Umstand, dass die Kundin eine gute Kundin und persönlich bekannt ist, den sofortigen Rauswurf. "Ich weiß nicht, ob Sie mit der Bahn Fahrräder nach Dublin transportieren können." Der Computer weiß es auch nicht; dicke Bücher müssen gewälzt werden, Telefongespräche sind zu führen. "Kommen Sie morgen wieder. Bei der Bahn meldet sich niemand mehr."

Am nächsten Tag die vieldeutige Nachricht: Im Prinzip ja, aber ... Nach London müssen die Räder zehn Tage vorher aufgegeben werden, und wie's von dort weitergeht, wisse auch die Bundesbahn nicht so genau. Ob wir uns nicht in Irland Räder mieten könnten? Die Kundin gibt auf. Und bucht den Flug mit Zwischenstopp in London.

Mit dem Flugzeug

Mit den Sondertarifen von Lufthansa und Aer Lingus auch im Sommer ab 250 € (H+R) direkt nach Dublin – da kann die Anfahrt per Auto und Fähre preislich nicht mithalten.

Linienflüge

- **Verbindungen:** Direkte Linienflüge nach Dublin gab es im letzten Jahr von Düsseldorf, Frankfurt und München, im Sommerhalbjahr auch von Berlin, Hamburg, Köln und Stuttgart. Von Dublin bietet Aer Lingus gegen einen Aufpreis von 30 € (H+R) Anschlussflüge nach Sligo, Knock, Galway, Shannon, Kerry und Cork, für 60 € nach Donegal. Nur am Wochenende starten von Düsseldorf auch Maschinen an die irische Westküste, nach Shannon und Kerry. Belfast steht bislang nicht auf den Anzeigetafeln deutscher Flughäfen: Umsteigen in Dublin, Amsterdam oder in England ist erforderlich.
- **Rail & fly:** Bei Vorlage eines Flugtickets gibt's bei der deutschen Bahn Rail & fly-Tickets zum Flughafen und zurück: bis 300 km 55 €, darüber 80 €, Mitfahrer die Hälfte. Im ICE je Fahrt und Person 10 € Aufschlag.
- **Preise nach Dublin:** Mit dem Tarif *flieg & spar (PEX)* bieten *Lufthansa* und die irische *Aer Lingus* im Winterhalbjahr den Flug von deutschen Flughäfen nach Dublin und zurück für 250–330 € an, von Mai bis September für 310–400 €. Mit *super-flieg & spar (APEX)* 200–240 € (Sommer 250–300 €), mit befristeteten Sonderangeboten sogar schon ab 200 €. Der nur von Aer Lingus und nur im Sommerhalbjahr angebotene *Midweek Super Saver* liegt noch um etwa 25 € günstiger. Jugendliche bis 24 und Studierende bis einschließlich 29 Jahre erhalten auf diese Preise jeweils 25 % Rabatt, Kinder bis 11 Jahre zahlen die Hälfte.

  Von Zürich fliegt *Crossair* ab 545 SFr. nach Dublin. Norddeutsche und Niederländer jeden Alters profitieren von besonders preiswerten Tarifen ab Amsterdam. Ab Lübeck und Hahn (Eifel) bietet *Ryanair* Umsteigeverbindungen über London-Stansted nach Dublin, Kerry und Knock (H+R 125–200 €).
- **Preise nach Shannon:** Der irische Billigflieger *Ryanair* eröffnete im Sommer 2000 eine tägliche Verbindung von Hahn (Eifel) nach Shannon für Inklusivpreise H+R ab 120 €. Die frühere US-Airbase Hahn lockt mit Gratisparkplätzen, ist mit öffentlichen Verkehrsmitteln bislang aber nur schlecht zu erreichen. Ein Zubringerbus (9 €) verbindet Hahn mit Frankfurt. Mit preiswerten

Charterflügen (H+R 150 € + Tax) ab verschiedenen deutschen Flughäfen lockte im Sommer 2000 auch der Veranstalter DER.

Info: **Ryanair,** ✆ 0180 500 2229, www.ryanair.com; **Flughafen Hahn,** www.hahn-airport.de

▸ **Preise nach Belfast:** Mit *British Airways* oder *Air Midland* ab den meisten deutschen Flughäfen über London oder Manchester für 265 € – begrenztes Kontingent, rechtzeitig buchen. Ab Zürich empfiehlt sich der Billigflieger *Easy Jet* mit Umsteigen in Luton. Die Preise (H+R inkl. Taxen ab 250 SFr) variieren je nach Auslastung der Maschinen.

Info: **Easyjet,** ✆ CH 0848 888 222, www.easyjet.ch. Gebucht werden kann nur direkt, nicht über Reisebüros.

- *Super-flieg & spar-Tarif (APEX):* Wird jeweils nur für eine bestimmte Anzahl Plätze angeboten. Hin- und Rückflug muss bis 7 Tage vor Reiseantritt zu festem Datum gebucht und mit der Buchung bezahlt werden. Umbuchen ist gegen eine Bearbeitungsgebühr von 75 € nur vor Reiseantritt möglich. Frühester Rückflug am Sonntag nach Reiseantritt. Längstens 3 Monate Aufenthalt.
- *Midweek Super Saver:* Wie Super-flieg & spar, aber nur für Flüge Dienstag, Mittwoch oder Donnerstag.
- *Bedingungen flieg & spar-Tarif (PEX):* Hin- und Rückflug muss zu festem Datum gebucht und bei der Buchung bezahlt werden. Späteres Umbuchen (auch nach Antritt des Hinfluges möglich) 50 € Bearbeitungsgebühr. Frühester Rückflug am Sonntag nach Reiseantritt. Längstens 6 Monate Aufenthalt.
- *Billigflieger* wie Ryanair und Easy Jet zeichnen sich durch ein Minimum an Service aus. Auf Umsteigeverbindungen kann das Gepäck nicht durchgecheckt werden (sog. point-to-point-business), es gibt keine Mahlzeiten an Bord, bei Ryanair keine Sitzplatzreservierung. Reisebüros verlangen angesichts der niedrigen Provisionen gewöhnlich vom Kunden eine Buchungsgebühr.

▸ **Fahrräder:** Seitdem immer mehr Menschen ihr Fahrrad mit ins Flugzeug nehmen, haben die Fluggesellschaften aus diesem einst im Rahmen der Freigepäckgrenze kostenlosen Service eine neue Einnahmequelle gemacht. Bei Lufthansa pro Flug 25 € (bei Umsteigeverbindungen muss also mehrfach gezahlt werden); desgleichen bei Aer Lingus, hier aber innerirische Anschlussverbindungen kostenlos. Auf jeden Fall muss man das Fahrrad bei der Buchung gleich mit anmelden. Auf manchen Flügen werden nämlich keine oder nur eine begrenzte Anzahl Fahrräder mitgenommen, und man schützt sich so vor der Überraschung, dass das Velo erst ein paar Tage später nachkommt.

Für den Lufttransport muss der Lenker quer gestellt werden, die Pedale sind abzuschrauben – nicht nach innen drehen, weil sonst die Schaltung einen Knacks bekommt, wenn ein Frachtarbeiter das Rad mit Gewalt rückwärts schiebt. Auch sollte etwas Luft abgelassen werden, damit die Reifen im Unterdruck des Gepäckraumes nicht platzen. Schutzkartons bekommt man beim Fahrradhändler, in Irland sogar auf dem Flughafen (zumindest in Shannon, schreibt Leser Arno Berz).

Aer Lingus: An der Hauptwache 7, 60313 D-Frankfurt/M., ✆ (069) 1338 5410 u. 282 488; Berliner Allee 38, 40212 D-Düsseldorf, ✆ (0211) 323 0231; Lintheschergasse 17, CH-8001 Zürich, ✆ (01) 211 2850. Im Web www.aerlingus.ie.

Pauschalangebote

IT-Flüge heißen im Touristikjargon jene Pauschalangebote, bei denen mit dem Linienflug eine touristische Zusatzleistung, also Übernachtung, Mietwagen, Stadtrundfahrt oder was auch immer verbunden ist.

Im Prinzip nicht anders verhält es sich mit dem Charterflug, nur dass hier statt des Linienfliegers eine Chartergesellschaft (Condor, Hapag Lloyd usw.) im Spiel ist. Charterflüge gibt's nur von Ende April bis Anfang Oktober. Abfliegen konnte man im letzten Sommer auch von Berlin und Stuttgart, also von Flughäfen, die keine direkte Linienflugverbindung mit Irland haben. Die Flüge gehen meist nicht nach Dublin, sondern direkt nach Shannon an die Westküste, seltener nach Cork oder Knock – einzelne Veranstalter bieten auch Kombinationen mit einem Flug von oder nach Dublin an. Die Preise reichen, über den Daumen gepeilt, von 250 € (ab Düsseldorf, Nebensaison) bis 350 € (ab München, Hochsaison).

Mit Auto und Schiff

Ob via England oder von Frankreich direkt, die Fahrt nach Irland führt über's Meer. Welche Route die richtige Wahl ist, hängt vom Geldbeutel, der Dauer des Urlaubs und vom Geschmack ab. "Den" Weg nach Irland gibt es nicht.

Die Vorteile einer Autoreise liegen auf der Hand. Man kann auch das an Gepäck mitnehmen, was man nur vielleicht benötigt, bekommt unterwegs mehr zu sehen und spart zumindest mit einem vollbesetzten Wagen gegenüber dem Flugzeug – eventuell in Verbindung mit einem Leihwagen auf der Insel – auch eine Menge Geld.

▸ **Routen:** Zur Auswahl stehen vier Hauptrouten:

– von Norddeutschland über Schottland in den britischen Teil Irlands mit einer knapp 24-stündigen, nicht billigen Seefahrt und viel Landschaft unterwegs,

– von Holland oder Belgien über das mittelenglische Industriegebiet nach Dublin, mit relativ kurzer Autostrecke,

– von Belgien oder dem französischen Flandern, eventuell durch den Kanaltunnel, durch Südengland in den Süden Irlands, mit möglichem Zwischenstopp in der Metropole London,

– von der Normandie oder der Bretagne direkt nach Südirland, die von Süddeutschland bequemste Route mit möglichem Zwischenstopp in Paris.

▸ **Preise:** Mit einem wahren Dschungel an Grundpreisen, Aufpreisen, Rabatten und Spezialtarifen, variiert nach Tag und Nacht, Haupt- und Nebensaison, Wochenende und Werktag erschweren die Reedereien ihren Passagieren die Wahl der preisgünstigsten Fährverbindung. Mal gibt es Spartickets für die Familie, dafür ab – sagen wir – dem dritten Kind wieder einen Zuschlag, der wiederum vom Alter abhängt, und so fort. Einzelne Reisebüros, die mit den

Reedereien besonders günstige Konditionen ausgehandelt haben, können wiederum die regulären Preise unterbieten.

Know-How für die Fähre

Buchung: Wenn das örtliche Reisebüro nicht weiter weiß und keine Prospekte auf Lager hat, wende man sich direkt an die Vertretungen der Reedereien (Adressen siehe "Reedereien und Agenturen"). Im Prinzip können Tickets auch unmittelbar vor der Überfahrt am Hafen gekauft werden. Für längere, seltener bediente Strecken, empfiehlt es sich aber, die Buchung schon im Voraus zu tätigen. Besonders die Direktfähren Frankreich–Irland sind für die Sommermonate oft lange vorher ausgebucht! Von Juni bis August sind auch manche Fahrten zwischen England und Irland so genannte "controlled sailings" und müssen spätestens am Tag vor der Überfahrt gebucht werden.

Preisvergleich: Die Fährkosten müssen Sie für Ihren individuellen Fall bei jeder Verbindung gesondert kalkulieren. Dabei spielen verschiedene Aspekte eine Rolle: Vor- oder Hauptsaison? Zuschlag für besonders lange oder hohe (Dachgepäck!) Fahrzeuge? Sondertarif für Wohnmobil? Fahrer und Mitfahrer im Preis für die Autopassage inbegriffen? Kabine? Hafentaxen?

Ticketverlust, Annullierung: Ein gekauftes Ticket wieder zurückzugeben oder zu verlieren, kann teuer werden. Lesen Sie das Kleingedruckte.

Umbuchung: Bei einigen Reedereien sogar noch am Abfahrtstag möglich, kostet aber ebenfalls extra. Minderpreise werden nicht erstattet. Wenn Sie die reservierte Fähre versäumen, ohne vorher umgebucht zu haben, ist das Ticket futsch.

Einschiffen: Mit dem Auto müssen Sie, je nach Linie, 20–60 Min. vor Abfahrt am Kai sein. Auf dem Schiff sind die verschiedenen Autodecks mit unterschiedlichen Symbolen gekennzeichnet, damit Sie Ihren fahrbaren Untersatz später auch wieder finden. Weil die Cardecks gewöhnlich während der Fahrt nicht zugänglich sind, packen Sie vorher allen unterwegs benötigten Krimskrams in eine Tasche oder besser noch einen Rucksack (die Gänge auf dem Schiff sind eng) und nehmen ihn mit nach oben.

Verpflegung: Das Bordrestaurant hat keine Konkurrenz zu fürchten und ist ein teurer Monopolbetrieb. Besser, sich noch an Land den Bauch vollzuschlagen oder Essen und Getränke mit auf das Schiff zu bringen.

Die Irische Fremdenverkehrszentrale informiert mit der jährlich überarbeiteten Broschüre *Grüne Seiten* über die aktuellen Verbindungen und Preise, auch das *Tarifdschungelbuch* von Gaeltacht-Reisen entwirrt das Angebotsknäuel und erleichtert den Durchblick.

Entfernungen zu den Fährhäfen in km

	Hamburg	Berlin	Dresden	Köln	Frankfurt	München	Basel
Rotterdam	470	690	840	240	430	820	740
Oostende	700	840	860	300	490	880	800
Calais	790	950	1060	410	600	925	770
Cherbourg	1140	1310	1340	750	880	1240	980

Über Nordengland und Schottland

Für Norddeutsche, die mit dem Wagen anreisen und denen es auf einen Tag mehr oder weniger nicht ankommt, bietet sich die Überfahrt vom Kontinent nach Newcastle an. Von dort durchquert man Nordengland und erreicht nach etwa 250 km die schottischen Häfen *Cairnryan* oder *Stranraer,* von denen die Fähren nach Nordirland übersetzen. Obwohl das Schiff fast einen Tag durch die Nordsee unterwegs ist, sind die Durchgangstarife nach Irland oft günstiger als bei den Kanalfähren. Die A 69 von Newcastle nach Carlisle folgt in etwa dem römischen Hadrianswall (siehe unten), ab Carlisle weiter auf der A 75 durch die schottischen Grafschaften Dumfries und Galloway. Für Bahnfahrer gibt es um die Mittagszeit einen durchgehenden Zug Newcastle-Stranraer.

• *Fähren:* **Amsterdam (Ijmuiden) – Newcastle** mit DFDS Seaways, bis 5 x pro Woche. Landbridgetarif Pkw + 2 Pers. H+R mit Stranraer–Belfast 360–600 €.

Cairnryan – Larne mit P&O European und Hoverspeed Seacat, 1,5–2,5 Std. (je nach Schiff), tägl. 2–6 x. Landbridgetarif Hoverspeed Pkw + 2 Pers. H+R in Verbindung mit Calais/Oostende – Dover 300–550 €. Busverbindung vom Hafen Cairnryan ins 10 km entfernte Stranraer.

Stranraer – Belfast mit Stena, 1,5 Std. Lohnt besonders für "Fußgänger", da man mit Shuttlebus direkt ins Zentrum von Belfast gebracht wird; für Autofahrer dagegen teurer als die Fähren nach Larne.

Sehenswertes unterwegs

▸ **Newcastle upon Tyne:** Viel Industrie und ein großer Kohlehafen, die Sehenswürdigkeiten überwältigen nicht. Technikfans werfen einen Blick auf die *High Level Bridge* über den Tyne, die 1845–49 noch unter dem Eisenbahnpionier Robert Stevenson erbaut wurde. Das *Museum of Antiquities* besitzt eine hervorragende Sammlung römischer und angelsächsischer Funde und ein anschauliches Modell des Hadrianswalls.

▸ **Hadrianswall:** Zwischen Greenhead und Chollerford ist noch ein Abschnitt des Grenzwalles erhalten, mit dem die Römer ihre Provinz Britannien vor den Einfällen der keltischen Pikten (Vorfahren der Schotten) schützten. Von Chollerford mit dem restaurierten *Kastell Cilurunum* bietet sich eine kurze Wanderung entlang dem Wall in die Lager *Vindolanda* und zum *Housesteads Fort* an.

▸ **Carlisle:** Die trutzige Burg im Zentrum des Städtchens und das neue Museum im *Tullie House* zeugen vom langen Streit zwischen England und Schottland. Carlisle ist das Tor zum *Lake District,* einer niederschlagsreichen, grünen Bilderbuchlandschaft mit Englands höchsten Bergen und zahlreichen Seen.

▸ **Gretna Green:** Das Dorf an der englisch-schottischen Grenze verdankt seine Berühmtheit dem alten schottischen Recht, wonach eine Ehe gültig war, wenn die mindestens 16 Jahre alten Partner vor Zeugen ihren Heiratswillen bekundeten – kein Pfarrer, kein Standesbeamter und keine elterliche Einwilligung waren notwendig; und so kamen Englands Minderjährige in Scharen, um sich in Kneipen oder der berühmten (Glücks-)Schmiede trauen zu lassen. Heute geht es nicht mehr ganz so formlos und schnell wie einst. Heiratswillige müssen sich schriftlich und wenigstens zwei Wochen im Voraus beim Standesamt anmelden. Wer sich nicht mit Heiratsabsichten trägt oder den Bund fürs Leben bereits geschlossen hat, kann die Schmiede ohne Voranmeldung auch einfach nur besichtigen.

▸ **Stranraer:** Gartenfreunde lassen die Fähre zunächst Fähre sein und schauen sich die prächtigen Azaleen, Rhododendren und Magnolien der *Castle Kennedy Gardens* an. Das Schloss ist der Stammsitz der in Amerika berühmt gewordenen Kennedy-Familie.

Über Mittelengland und Nordwales

Die landschaftlich gegenüber der Nordroute vielleicht weniger interessante, dafür schnellere Englanddurchquerung führt überwiegend auf Autobahnen oder mit dem Zug (umsteigen in Manchester) durch das mittelenglische Industriegebiet. Autofahrer nehmen in Hull die M 62 nach Manchester, dann die M 56 nach Chester, von dort die Landstraßen 55 und 5 über Bangor nach Holyhead und sind insgesamt 260 km unterwegs.

• *Fähren:* **Rotterdam – Hull** und **Zeebrügge – Hull** mit P&O North Sea Ferries, 14 Std., Abfahrten tägl. am frühen Abend. Landbridgetarif Auto + 2 Pers. H+R in Verbindung mit Irish Ferries 525–730 €. In allen drei Städten Zubringerbusse zwischen Bahnhof und Quai. Von Köln (A 4, A 61) über Venlo (A 67, A 58) nach Rotterdam sind es 240 km, über (A 4) Aachen (A 76, A 2, A 13) Antwerpen nach (R 49) Zeebrügge 300 km.

Liverpool – Belfast mit Norse Irish Ferries, täglich; Nachtfahrt. Durchbuchungstarif Auto + 2 Pers. H+R in Verbindung mit Calais/Oostende–Dover 550–840 €.

Liverpool – Dublin mit Merchant Ferries, Di–Sa Tagfahrten, täglich Nachtfahrten mit Kabinenbett. Durchbuchungstarif H+R in Verbindung mit Calais/Oostende–Dover 300–650 €

Holyhead – Dun Laoghaire / Dublin mit Stena und Irish Ferries (mit dem weltgrößten Fährschiff "Ulysses") 1,5 Std., tägl. bis 8 x;. Landbridge-Tarif Stena in Verbindung mit den Stena-Fähren Harwich – Hoek van Holland nach Irland für das Auto inkl. 2 Passagieren 325–650 €.

Holyhead – Dublin mit Irish Ferries, 1,5 Std., tägl. 2–4 x. Durchbuchungstarif mit P&0 Stena/Hoverspeed: Auto mit 2 Pers. 310–600 €.

Sehenswertes unterwegs

- **Hull:** Mit vollem Namen Kingston upon Hull, eröffnet den Reigen der mittelenglischen Industriestädte, die in der Fremdenverkehrswerbung gewöhnlich außen vor bleiben. Verlassene Docks, die Backsteintristesse vernachlässigter Arbeitersiedlungen und über dem Humber die längste Hängebrücke der Welt. Sehenswert das *Sklaverei-Museum* im Geburtshaus von William Wilberforce (25 High Street), einem engagierten Gegner des Handels mit dem "schwarzen Elfenbein". Ein lohnender Abstecher führt ins 2000 Jahre alte Städtchen York.

- **Bradford:** Aus der Metropole des Wollhandels *(Bradford Industrial Museum)* wurde Britanniens Orient. Aus drei Dutzend Moscheen ertönt der Gebetsruf für die über 65.000 Muslime Bradfords; Einwanderer und ihre Kinder prägen das Bild der multikulturellen Stadt mit Englands erstem farbigen Bürgermeister.

- **Manchester:** Die sprichwörtliche Keimzelle des Industriekapitalismus besitzt aus ihrer Blütezeit im 19. Jh. ein reiches Erbe neogotischer *Architektur* (Rathaus, Bibliothek, Baumwollbörse). Das *Museum of Science and Technology* im Stadtteil Castlefield lässt die Industriegeschichte der Region lebendig werden, für den Abend bietet sich ein Spaziergang durch das exotische Chinesenviertel und ein Essen im legendären Yang Sing Restaurant an.

- **Liverpool:** Die Hafenstadt mit Englands schlechtestem Ruf und den meisten sozialen Problemen. Wie es dazu kam, erklärt das *Merseyside Maritime Museum* am Albert Dock; dort findet man auch das *Beatles-Museum*. Für Beatle-Maniacs gibt's besondere Stadtrundfahrten zur Mathew Street, wo die Pilzköpfe ihre Karriere im Cavern Club begannen, in die Penny Lane und zu den Strawberry Fields.

Autohaus in Llanfairpwllgwyngyllgogerychwyrndrobwllllantysiliogogogoch

- **Chester:** Weil der River Dee und damit der Zugang zum Meer schon vor langer Zeit versandete, versank Chester in der Bedeutungslosigkeit und rettete so seinen mittelalterlichen Ortskern mit den schmucken Fachwerkhäusern und der Stadtmauer aus rotbraunem Sandstein bis in unsere Tage. Heute ist die Stadt ein Touristenmagnet ersten Ranges und stiftete Englands bekanntestem Käse den Namen.
- **Bangor:** Die kleine Universitätsstadt im Nordwesten von Wales ist Ausgangspunkt für Abstecher in den *Snowdonia Nationalpark,* eine urwüchsige und schroffe Berglandschaft mit dem höchsten Gipfel (1080 m) der walisischen Halbinsel.
- **Llanfairpwllgwyngyllgogerychwyrndrobwllllantysiliogogogoch:** Kein Satzfehler, sondern der Welt längster Ortsname. Fotografen-Treff ist das Bahnhofsschild dieser ersten Station auf der Insel Anglesey. Und damit Ortsunkundige sich die Zunge nicht brechen müssen, kann "St. Mary's Kirche am Teich mit dem weißen Haselbusch beim Strudel und bei der St. Tysillios Kirche nahe der roten Höhle" auf Walisisch auch als Llanfair PG abgekürzt werden.
- **Holyhead:** Wenig spektakulärer Hafen an der Irischen See. Der Name erinnert an ein altes keltisches Heiligtum auf der Insel vor der Stadt.

Über Südengland und Wales

Reisende haben die Qual der Wahl zwischen 10 verschiedenen Schiffsverbindungen über den Kanal. Die Häfen auf dem Kontinent sind nahezu alle durchgehend per Autobahn über Köln/Ruhrgebiet zu erreichen. Geringfügig längere

Routen zu den belgischen und französischen Häfen werden durch kürzere Fährpassagen wettgemacht.

Ob Sie zweckmäßig von Pembroke/Fishguard im Süden oder von Holyhead (siehe oben) im Norden von Wales nach Irland übersetzen, hängt von Ihrem Reiseziel auf der Grünen Insel ab. Die Fährpreise sind in etwa gleich, ebenso die Entfernungen zu den Nordseehäfen: In jedem Fall sind auf der britischen Insel etwa 350 km zu bewältigen, für die Sie mit dem Auto wenigstens 6 Std. reine Fahrzeit kalkulieren müssen. Da weitgehend als Autobahn ausgebaut, ist die Strecke (M 20, M 25, M 4) von Dover nach Pembroke/Fishguard vielleicht eine Spur schneller.

Verkehrstipps Großbritannien

• *Vorfahrt:* An vielen Kreuzungen wird der Verkehr mit Round Abouts (Kreiseln) anstelle von Ampeln gelenkt. Der Kreisverkehr hat dabei Vorfahrt. An Einmündungen oder Kreuzungen von Nebenstraßen können Markierungen auf dem Asphalt die Schilder ersetzen. Eine durchgezogene Linie bedeutet Halt, eine unterbrochene Linie Vorsicht ("Give Way"). An gleichberechtigten Kreuzungen gibt es keine Vorfahrtsregel, also kein "links vor rechts". Beim Abbiegen ist das Vorrecht der die Straße überquerenden Fußgänger zu beachten.

• *"Do not enter box unless clear":* Mit einem gelben, diagonalen Raster (Box) markierte Kreuzungen dürfen nur befahren werden, wenn kein anderes Fahrzeug in der Box ist.

• *Geschwindigkeitsbegrenzungen:* Innerorts 48 km/h (30 mph), auf zweispurigen Landstraßen 97 km/h (60 mph), auf vierspurigen Landstraßen und Autobahnen 112 km/h (70 mph). Auf Verkehrsschildern werden Geschwindigkeiten wie Entfernungen in Meilen angegeben.

• *Straßen:* Auf Landkarten und Wegweisern sind Autobahnen mit M, Hauptstraßen mit A, Nebenstraßen mit B oder C gekennzeichnet.

• *Parken:* Zwei durchgehende gelbe Linien am Straßenrand bedeuten striktes Halteverbot; eine durchgehende gelbe Linie signalisiert Parkverbot an Werktagen; eine unterbrochene gelbe Linie weist auf Parkverbot zu bestimmten Zeiten hin.

• *Benzinpreise:* Super (97 Oktan), 1,35 €, Diesel 1,30 €.

• *Pannendienst/Unfall:* **The Automobil Association** (AA), ✆ (0800) 88 77 66, und **The Royal Automobile Club** (RAC), ✆ (0800) 82 82 82, sind Partnerclubs des ADAC und leisten für dessen Mitglieder im Notfall kostenlose Pannenhilfe. Polizei und Ambulanz werden über den Notruf 999 verständigt.

• *Alkohol:* Maximal 0,8 Promille.

Links fahren und rechts überholen!

Fähren Kontinent – Harwich

Hamburg – Harwich mit DFDS Seaways, 20 Std., Abfahrten bis 3 x pro Woche. Landbridgetarif Auto + H+R in Verbindung mit Holyhead–Dublin oder Pembroke–Rosslare 365–610 €. Von Harwich Zugverbindung mit London Liverpool Street.

Hoek van Holland – Harwich mit Stena, 4 Std., tägl. 2–3 x, Landbridge-Tarif in Verbindung mit den Stena-Fähren nach Irland für das Auto inkl. 2 Passagieren 325–650 €.

Kanalfähren

Calais – Dover mit P&O Stena, Hoverspeed und Seafrance, tägl. bis 35 x, 45–90 Min. Check-in bis 20 Min. vor Abfahrt; Landbridgetarife (return) bei Gaeltacht-Reisen mit Swansea Cork Ferries, z.B. Auto + 2 Pers. 350–750 €

Oostende – Dover mit Hoverspeed, 60–90 Min., tägl. 3–7 x. Landbridgetarife in Verbindung mit Swansea-Cork-Ferries etwas preiswerter als bei P&O Stena. Anfahrt nach Calais von Köln (A 4) – Aachen (A 3, A 15) – Charleroi (A 7, A 2) – Cambrais (A 26) – Calais, 460 km mit etwa 10 € Autobahngebühr.

Boulogne – Dover mit P&O Stena sowie Boulogne – Folkestone mit Hoverspeed, Preise in etwa wie bei der Abfahrt von Calais, die Anreise von Deutschland allerdings umständlicher.

Tunnel: "Le Shuttle" pendelt unter dem Kanal zwischen Calais und Folkestone. Nachts jede Stunde, tagsüber bei Bedarf auch öfter. Die Überfahrt (hieße es nicht besser "Unterfahrt"?) dauert gerade 35 Min. Man rollt mit dem Auto direkt in den Eisenbahnwagen, drinnen kann man sich die Füße vertreten und es gibt sogar Toiletten. Für Fußgänger ist bislang noch kein Platz im Zug.

- *Agentur Deutschland:* Eurotunnel Passagierservice, Giradelstr. 2, 45131 Essen, ✆ 0180 500 0248.
- *Buchung/Preise:* Hin- und Rückfahrt für einen PKW kosteten im Herbst 2000 je nach Saison und Tageszeit 170–380 €. Vorab im Reisebüro gekaufte Tickets können zu jedem beliebigen Zeitpunkt benutzt werden, man muss sich also nicht vorher auf eine bestimmte Abfahrtszeit festlegen. Die direkt am Tunnel verkauften Tickets sind zeitgebunden.

Europa wächst zusammen – doch alles zu seiner Zeit

"Wir sind nicht mehr Franzosen oder Briten: Wir sind jetzt alle Europäer!", erklärte enthusiastisch der Arbeiter Philippe Cozette, nachdem er am 1. Dezember 1990 als erster Mensch den Tunnel durchquert hatte. Zumindest in England hält sich die Europabegeisterung jedoch bekanntermaßen in Grenzen. Der Hochgeschwindigkeitszug Paris–London rast mit Tempo 300 über den Kontinent, um dann, zwischen Vorortzügen eingeklemmt, auf der Insel 80 km/h langsam zu zockeln – bis wenigstens ins Jahr 2002 wird man noch reichlich Zeit haben, dort die schöne Landschaft zu bewundern.
Schon 1802 schlug der Franzose Albert Mathieu einen Tunnel unter dem Ärmelkanal vor, durch den man mit Pferdekutschen gereist wäre. Napoleon zeigte sich sehr interessiert und ließ ausrechnen, wie viele Soldaten man pro Stunde durch den Tunnel schicken könnte. 1878 begann eine Gesellschaft nach neuen Plänen tatsächlich in Calais und Dover mit Ausschachtungen, doch wieder scheiterte das Vorhaben an den militärischen Ängsten der Briten. Erst das veränderte politische Klima zu Beginn der achtziger Jahre, als sich durch die Europäische Union auch die wirtschaftlichen Verflechtungen zwischen Frankreich und Großbritannien verstärkt hatten, erlaubte den Bau des Tunnels. Am 1. Dezember 1987 begannen die Bauarbeiten an den zwei Eisenbahnröhren und einem Servicetunnel, die über 38 von insgesamt 50 km unter dem Wasser verlaufen. Ende 1994 wurde der kommerzielle Betrieb aufgenommen.

Entgegen den Erwartungen bedeutete der Tunnel keineswegs das Ende für die Fähren. Die Reedereien P&O und Stena Sealink fusionierten zum unumstrittenen Marktführer und investierten Milliarden in die Modernisierung von Flotte und Abfertigungsanlagen. Auch preislich liegen die Fähren günstiger, und wer es eilig hat, nimmt sowieso das Flugzeug.

Pulteney Bridge in Bath – eine Ladenzeile hoch über dem River Avon

• *Fähren nach Irland*: **Swansea – Cork** mit Cork-Swansea Ferries, 10 Std., Landbridgetarif Auto + 2 Pers. H+R in Verbindung mit Calais/Oostende – Dover 390–640 €.

Fishguard – Rosslare mit Stena, 3,5 Std., tägl. 2 x, gleiche Preise wie von Stranraer (siehe oben); Zubringerzüge von London Paddington.

Pembroke – Rosslare mit Irish Ferries, 1,5–3,5 Std. (je nach Schiff), tägl. 4–7 x, gleiche Preise wie von Holyhead (siehe oben); Zubringerzug von London Paddington.

Sehenswertes unterwegs

▸ **Cambridge:** Wer in Harwich landet und von Holyhead nach Dublin übersetzen will, kann den Ballungsraum London im Norden umgehen und unterwegs etwa in Cambridge einen Zwischenstopp einlegen. Die Studentenstadt schmückt sich mit viel Grün und hat mehr Charme als ihr ewiger Rivale Oxford. Auf Fahrrädern schlittert und klappert die künftige Elite Englands in Anzug und Schlips über das Kopfsteinpflaster der engen Gassen – Frauen sind deutlich unterrepräsentiert.

▸ **Canterbury:** Der Erzbischof von Canterbury, Hausherr der prächtigen *Kathedrale* im Stil der nordfranzösischen Gotik, ist geistliches Oberhaupt der Anglikanischen Kirche. 1170 wurde Thomas Becket, der damalige Bischof von Canterbury und zugleich Reichskanzler, auf den Altarstufen im Auftrag der weltlichen Macht ermordet. Sein Schrein war das wichtigste Pilgerziel auf der britischen Insel. Nachdem Heinrich VIII. den Sarkophag nach der Reformation beseitigt hatte, besuchten die Gläubigen selbst noch den leeren Platz.

▸ **Bath:** Schon die Römer, die bekanntlich geradezu badesüchtig waren, fassten die heißen Quellen ein und leiteten das Wasser in pompöse *Badehäuser,* die dem Ort seinen Namen gaben. Im 18. Jh. brachte Queen Anne mit einer Badekur Bath erneut in Mode: Man restaurierte und rekonstruierte die alten Bäder, und die High Society baute sich ihre Villen aus dem für das Stadtbild charakteristischen, honiggelben Porphyrstein – für Architekturinteressierte sind vor allem die halbrunden, gezirkelten Straßenzüge im Nordwesten ein Muss.

- **Bristol:** Weite Teile der Industriestadt wurden im 2. Weltkrieg von deutschen Bombern in Schutt und Asche gelegt, der Wiederaufbau gebar überwiegend nüchterne Glas- und Stahlarchitektur. Um so mehr blüht die Kulturszene – insbesondere die Theater Bristols können sich durchaus mit den Londoner Bühnen messen.
- **Cardiff:** Die Hauptstadt von Wales reizt kaum zum längeren Verweilen. Sowohl das *National Museum* als auch das *Folk Museum* in St. Fagan geben Einblick in die walisische Kultur. Im Hinterland und Richtung Swansea gleitet an den Durchreisenden die verwundete Landschaft der walisischen Kohletäler mit ihren aufgerissenen Bergflanken, den unnatürlich regelmäßigen Abraumhalden und den Hügeln aus Industrieschrott vorbei.
- **Pembroke:** Im äußersten Südwesten zeigt sich Wales mit grünen Wiesen, zerklüfteten, roten Sandsteinfelsen und versteckten Sandbuchten wieder von seiner Schokoladenseite. Ein Küstenwanderweg führt durch den *Pembrokeshire Coast National Park* um die Halbinsel herum.

Verkehrstipps Belgien

- *Geschwindigkeitsbegrenzungen:* Innerorts 60 km/h, auf zweispurigen Landstraßen 90 km/h, auf vierspurigen Landstraßen und Autobahnen 120 km/h.
- *Autobahnen:* Als einziges Land Europas leistet sich Belgien den Luxus beleuchteter Autobahnen – noch ist die Benutzung gratis.
- *Parken:* Gelbe Linie am Bordstein bedeutet Parkverbot.
- *Benzinpreise:* Super 1,10 € Diesel 0,85 €.
- *Pannendienst/Unfall:* Der **Touring Club Royal de Belgique (TCB),** ✆ 070 34 47 77, und der **Royal Automobile Club de Belgique (RACB),** ✆ (02) 736 59 59, leisten Pannenhilfe. Polizeinotruf: ✆ 101, Unfallambulanz: ✆ 100.

Von Frankreich direkt nach Irland

Die Einschiffung in den Häfen der Normandie und der Bretagne kommt vor allem für Autofahrer aus Süddeutschland in Frage, die die Anfahrt über Paris wählen und die französischen Autobahngebühren zu zahlen bereit sind. Die Route über England bietet aber kaum noch einen Preis- bzw. Zeitvorteil gegenüber der direkten Überfahrt nach Irland.

Anfahrt

– Vom Ruhrgebiet über *Aachen* (A 3, A 15) – *Charleroi* (A 7) – *Valenciennes* (A 2) – *Cambrai* (N 30, N 929) – *Amiens* (N 29, A 28) – *Rouen* (A 13) – *Caen* (N 13) – *Cherbourg*, ab deutscher Grenze 680 km, davon 450 km Landstraße, ca. 5 € Autobahngebühr.

– Von *Süddeutschland* über *Saarbrücken* (A 32, A 4) – *Reims* (A 4) – *Paris* (A 13, N 13) – *Cherbourg*, ab deutscher Grenze 790 km, nahezu durchgehend Autobahn, ca. 40 € Autobahngebühr.

– Von der Schweiz und Südbaden über *Mühlhausen* (A 36) – *Beaune* (A 6) – *Paris* (A 13, N 13) – *Cherbourg*, ab Basel/Freiburg 980 km, nahezu durchgehend Autobahn, ca. 50 € Autobahngebühr.

Mit Staus ist tagsüber auf dem Pariser Ring (*Périphérique*) zu rechnen – die Reise besser so planen, dass man nicht zur Rush Hour an die Seine kommt. Wer von der A 6 oder A 4 kommt und gleich weiter nach Le Havre will, nimmt die Périphérique im Uhrzeigersinn bis zur Ausfahrt *Porte de Muette*.

Sie können Frankreich auch auf den Nationalstraßen durchqueren und damit die Autobahngebühren einsparen. Allerdings werden die vielen Ortsdurchfahrten nicht jedermanns Sache sein. Die streckenweise drei- und vierspurig ausgebaute N 4 von Straßburg nach Paris ist gegenüber der Autobahnverbindung immerhin um 160 km kürzer, und von Paris nach Cherbourg kommt die N 13 über Caen in Frage.

Fähren: **Cherbourg – Rosslare** mit Irish Ferries und P&O European, 21 Std., wöchentl. bis 4 x, Auto + 2 Pers. H+R 320–800 €.

Verkehrstipps Frankreich

• *Geschwindigkeitsbegrenzungen:* Innerorts 50 km/h, auf Landstraßen 90 (bei Nässe 80) km/h, auf vierspurigen Landstraßen 110 (100) km/h, auf Autobahnen 130 (110) km/h. Führerscheinneulinge dürfen im ersten Jahr nicht schneller als 90 km/h fahren.

• *Besondere Verkehrsregeln:* Straßenbahnen haben immer Vorfahrt, bei Regen und Schneefall ist Abblendlicht vorgeschrieben, und im Kreisverkehr gilt, wenn nicht anders beschildert, rechts vor links. Promillegrenze: 0,5.

• *Autobahnmaut:* Variiert von Strecke zu Strecke, doch über den Daumen kalkuliert man 0,06 € pro km. Motorräder sind 40 % billiger als Pkws; Wohnmobile, Kleintransporter und was sonst noch alles über der Vorderachse höher als 1,30 m ist, zahlen 50 % Zuschlag. Bei der Einfahrt wird wie im Parkhaus ein Ticket aus dem Automaten gezogen, nach dem der Kassierer an der Ausfahrt die Maut berechnet. Akzeptiert werden auch Euro-, Master- und Visacard. Bei einigen kürzeren Abschnitten zahlt man am Anfang und wirft den angezeigten Betrag in einen Münztrichter, um die Schranke zu öffnen – ein Vorrat an Kleingeld ist also nützlich. Die Umgehungen der Großstädte sind mautfrei zu befahren.

• *Parken:* Rot-weiße oder rot-gelbe Linie am Bordstein bedeutet Parkverbot. In den Kurzparkzonen ("zone bleu") der Städte darf, wenn nicht anders ausgeschildert, werktags zwischen 9–12.30 und 14.30–19 Uhr längstens eine Stunde geparkt werden (Parkscheibe). In manchen Straßen ist es üblich, vom 1.–15. jeden Monats nur auf der Straßenseite mit ungeraden Hausnummern, in der zweiten Monatshälfte hingegen nur auf der anderen Seite zu parken.

• *Benzinpreise:* Diesel 0,85 € pro Liter, Super (98 Oktan) 1,20 €. Als Faustregel gilt: An den Autobahnen tanken Sie am teuersten, an den Einkaufszentren ("Centre Commercial") am billigsten.

• *Pannenhilfe:* An den Autobahnen stehen Notrufsäulen, ansonsten Polizeinotruf ("police secours"), ✆ 17. Hilfe in deutscher Sprache bietet rund um die Uhr der **Touringclub de France (TCF)** in Zusammenarbeit mit dem ADAC über ✆ 0 80 00 89 22.

Sehenswertes unterwegs

▸ **Verdun:** Das blutigste Schlachtfeld des 1. Weltkriegs, auf dem 1916 eine halbe Million Soldaten geopfert wurden, liegt etwa 25 km nördlich der Stadt. Markante Punkte sind das Fort de Souville, die Totenhalle von Douaumont, die

Höhe *Toter Mann*, das *Museum von Fleury* und in Verdun selbst die *Citadelle Souterraine*. Das Verkehrsbüro von Verdun (Plâce de la Nation) organisiert im Sommer täglich geführte Rundfahrten.

▸ **Reims:** Die Hauptstadt der Champagne, jener Landschaft, in der nicht nur der berühmte Champagner produziert wird, sondern in riesigen Agrarfabriken auch ein Gutteil des französischen Weizens. Außer den *Sektkellereien* ist besonders die gotische *Kathedrale* (13. Jh.) sehenswert, in der die französischen Könige gekrönt wurden.

▸ **Paris:** Die Weltstadt an einem Nachmittag auf dem Weg nach Irland? Vergessen Sie's und kommen Sie einmal auf ein paar Tage oder Wochen an die Seine. Der Autor würde selbst eines Tages gern mal ein Buch über die faszinierende Metropole schreiben, die unmöglich in fünf Zeilen zu packen ist.

▸ **Rouen:** Mit den typischen Fachwerkhäusern, der gotischen Kathedrale und dem Uhrturm eine der schönsten Altstädte Frankreichs; behutsame Sanierung hat die während des Weltkriegs geschlagenen Wunden gut geheilt. Eine supermoderne Kirche am Place du Vieux Marché erinnert an die Nationalheldin Jean d'Arc, die in Rouen von den Engländern verbrannt wurde.

Reedereien und Agenturen

Brittany Ferries, www.brittany-ferries.fr
• *Deutschland:* DERTraffic, Emil-von-Behring-Str. 6, 60424 Frankfurt/M, ✆ (069) 95 88 58 00

Cork-Swansea Ferries, www.swansea-cork.ie
• *Deutschland:* Gaeltacht Reisen, Schwarzer Weg 25, 47447 Moers, ✆ (02841) 93 01 11

DFDS Seaways, www.dfdsseaways.com
• *Deutschland:* Van-der-Smissen-Str. 4, 22767 Hamburg, ✆ (040) 389 03 71
• *Schweiz:* Kontiki Reisen AG, Wettingerstr. 23, 5400 Baden, ✆ (056) 203 66 66
• *Österreich:* ÖAMTC, Schubertring 1-23, 1010 Wien, ✆ (01) 711 99 14 15

Hoverspeed Fast Car Ferries, www.hoverspeed.de
• *Deutschland:* ✆ (069) 24 24 66 77 (Abfahrten Calais), (069) 25 01 97 (Abfahrten Oostende)
• *Schweiz:* PECO Tours, Neumühle Tös, Neumühlstr. 42, 8406 Winterthur, ✆ (052) 209 07 07
• *Österreich:* Cosmos Reisebüro, Kärtner Ring 15, 1010 Wien, ✆ (01) 51 53 32 62

Irish Ferries, www.geuther-group.de
• *Deutschland:* Karl Geuther GmbH, Martinistr. 58, 28195 Bremen, ✆ (0421) 149 70
• *Schweiz:* Cosulich AG, Beckenhofster. 26, 8035 Zürichj, ✆ 01) 363 52 55
• *Österreich:* Intropa, Kärntner Str. 38, ✆ (10) 51 51 42 12

Norse Irish Ferries, www.norse-irish-ferries.co.uk
• *Deutschland:* Gaeltacht Reisen, Schwarzer Weg 25, 47447 Moers, ✆ (02841) 93 01 10

Merchant Ferries, www.merchant-ferries.com
• *Deutschland:* Gaeltacht-Reisen

P&O European Ferries Irish Sea, www.poirishsea.com

P&O North Sea Ferries, www.ponsf.com;
• *Deutschland:* DERTraffic

P&O Stena www.posl.de
• *Deutschland:* Graf-Adolf-Str. 41, 40210 Düsseldorf, ✆ (0211) 38 70 60
• *Schweiz:* ✆ (01) 822 03 88
• *Österreich:* ✆ (01) 58 80 02 08

Seafrance Sealink, www.seafranc.co.uk
• *Deutschland:* Berliner Str. 31–35, 65760 Eschborn, ✆ (06196) 4 29 11

Stena Line, www.stenaline.de
• *Deutschland:* Hildebrandtstr. 4d, 40215 Düsseldorf, ✆ (0211) 905 51 50
• *Schweiz:* Cruise & Ferry Center, Chemin Curtils, 1261 Vaud, ✆ (022) 366 42 55
• *Österreich:* ÖAMTC

> Gaeltacht Reisen, Schwarzer Weg 25, 47447 Moers, ✆ (02841) 93 01 11, 📠 3 06 65, www.gaeltacht.de, sei als erfahrenes Irland-Reisebüro mit zahlreichen Sondertarifen empfohlen.

Mit der Bahn

Umweltbewusstes Reisen hat einen hohen Preis. Die Normalfahrkarte Frankfurt – Dublin und zurück kostet beispielsweise um die 650 Mark. Dazu kommt die Gepäckschlepperei: vom Bahnsteig zur Fähre und wieder zum Bahnsteig, und in London oder Paris muss per U-Bahn vom Ankunfts- zum Abfahrtsbahnhof gewechselt werden.

- **Route:** Wie bei der Fahrt mit dem Auto muss man sich zunächst für eine Route entscheiden. Am gängigsten ist die Fahrt über London. Von Köln nach Dublin ist man so rund 24 Stunden unterwegs. Auf die Fähren abgestimmte Zugverbindungen laufen von Deutschland und Österreich über Hoek van Holland oder Oostende. Der *Eurostar* fährt ab Paris oder Brüssel durch den Tunnel nach London. Der Weg zu den Irlandfähren ab Cherbourg führt zunächst nach Paris.

• *Umsteigen in London:* Waterloo Station (Ankunft von Dover), Liverpool Street Station (Ankunft von Harwich), Paddington Station (Abfahrt Fishguard, Pembroke) und Euston Station (Abfahrt nach Holyhead) liegen alle an der Tube (U-Bahn) Circle Line. Die an Automaten erhältlichen Tubetickets kosten je nach Entfernung und müssen unbedingt bis zum Fahrtende aufgehoben werden – sonst kommen Sie nicht mehr durch die Sperre.

• *Umsteigen in Paris:* Gare de l'Est (Ankunft von Saarbrücken oder Straßburg) und Gare du Nord (Ankunft von Aachen, Abfahrt nach Calais) liegen nur etwa 250 m auseinander. Von beiden zum Gare St. Lazare (Abfahrt nach Le Havre und Cherbourg) mit der Linie 4 "Porte d'Orléans" bis Station Réaumur-Sébastopol, dort in Linie 3 "Pont de Levallois" wechseln. Tickets zum Einheitspreis an Automaten oder beim Kassenhäuschen.

- **Sondertarife:** Für Jugendliche unter 26 gibt es die gegenüber dem Normaltarif um etwa 25 % günstigeren Sondertarife *TwenTicket*. Doch selbst sie liegen mit z. B. 225 € ab Frankfurt nur wenig unter dem entsprechenden Flugpreis. Mit der Netzkarte *Eurodomino* (siehe Kapitel "Bahnfahren in Irland") reduziert sich die Anreise um 25 % des Normaltarifs. Den gleichen Rabatt gibt's für Bahnreisen durch Frankreich allerdings auch ohne Eurodomino. Mit dem *Billet de Séjour* darf jedoch nicht an Sonntagen gefahren werden. Wird die Fahrkarte an einem französischen Bahnhof gekauft, gibt es noch eine Reihe zusätzlicher Ausschlusstage.

British Rail gewährt eine ganze Reihe von Rabatten: Den APEX-Tarif für eine Woche im Voraus gekaufte Tickets, die dem deutschen (Super-)Sparpreis vergleichbaren Saver und Supersaver, dazu bei Buchung im Ausland das "Tourist Return Ticket". Mit der Privatisierung des Fernverkehrs und der Aufteilung an verschiedene Betreiber wurde das Bahnfahren auf der britischen Insel allerdings zunehmend zu einer Geheimwissenschaft. Man muss wissen, welche Firma welche Strecke betreibt, und noch komplizierter wird es, wenn man von einer Linie auf die andere wechseln muss. Wer unbedingt mit dem Zug fahren und doch sparen möchte, bespricht seine Reisepläne am besten vorher mit der Auslandsvertretung von British Rail, denn deutsche Bahnhöfe und Reisebüros sind in der Regel überfordert.

Die Tickets für die Kombination *Thalys* (Köln–Brüssel) und *Eurostar* (Brüssel–London) sind bei uns sowohl in Reisebüros als auch an den Bahnschaltern

Eine umständliche Angelegenheit, die Anreise mit der Bahn

erhältlich und kosten H+R 115–150 €. Es lohnt sich, nach befristeten Sonderangeboten Ausschau zu halten.

• *Infobroschüren:* fairkehr spezial "Zügig durch Europa", zu beziehen für 5 € + 2,50 € Versandkosten bei VCD, Postfach 170160, 53027 Bonn, ✆ (0228) 985 85 10 versand@vcd.org.
"Europa mit der Bahn", gratis erhältlich an den größeren DB-Bahnhöfen.

• *Deutsche Bahn:* **DB,** zentrale Fahrplanauskunft 0180 599 6633, www.bahn.de.

• *Vertretungen der ausländischen Bahnen:* **British Rail International,** www.rail.co.uk, c/o Rail Europe
– Lindenstr. 5, 60325 Frankfurt, ✆ (069) 9758 4646.
– Gutenbergstr. 1, CH-3001 Bern, ✆ (031) 380 19 44.

Belgische Eisenbahnen (SNCB), Goldgasse 2, 50668 Köln, ✆ (0221) 141 18 71, www.b-rail.be.

Niederländische Eisenbahnen (NS), c/o Tourist Team GmbH, Postfach 1948, 50209 Frechen, ✆ (0221) 27 30 35, www.ns.nl.

Französischen Bahnen (SNCF), c/o Rail Europe, Lindenstr. 5, 60325 Frankfurt, ✆ 0180 521 8238, www.sncf.fr.

Fahrrad per Bahn

Komplizierter geht's kaum. Doch fangen wir mit den guten Nachrichten an. Nachdem über die Jahre fast alle Gepäckwagen aus Schnellzügen gestrichen wurden, können jetzt auch in einigen grenzüberschreitenden Fernzügen wieder Räder mitgenommen werden. Von Deutschland gibt es diesen Service (je Fahrt 8 €) bislang zu den belgischen und holländischen Kanalhäfen. Auf den meisten Kanalfähren werden Räder wie normales Gepäck behandelt und kosten nichts extra. Einzelne Züge des *Eurostar* transportieren Fahrräder von Brüssel durch en Kanaltunnel nach London (Reservierung ✆ 0032-2-2248861).

In *englischen Zügen* gelten für das Rad ähnlich vielfältige Bedingungen wie bei der Deutschen Bahn. British Rail informiert über die Details mit der Broschüre "Biking by Train": Mal ist die Mitnahme (Selbstverladung) umsonst und ohne weiteres möglich, mal nur nach Voranmeldung und mit Fahrkarte, mal nur zu bestimmten Zeiten und auf manchen Strecken überhaupt nicht. Die Fähren über die Irische See schließlich lassen sich die Mitnahme von Fahrrädern stets extra bezahlen.

Die grenzüberschreitende Fahrradmitnahme nach *Frankreich* ist nur über Kehl bis Straßburg möglich, der unbegleitete Versand wurde gänzlich eingestellt. Alternative Möglichkeit: das Stahlross zu verpacken und während der Reise als Handgepäck mitzuschleppen. Im Land selbst gestattet SNCF Selbstverladung in den meisten Regionalzügen, mit Schutzkarton auch in Fernzügen Höchstmaße: 1,20 x 0,90 m). Ein Nadelöhr ist in jedem Fall die Pariser Metro, die keine Räder zulässt. Als unbegleitetes Gepäck im Binnenverkehr garantiert die SNCF die Ankunft innerhalb von 4 Tagen. Weil am Ankunftsort der Gepäckausgabeschalter bestimmt genau dann geschlossen ist, wenn der nachreisende Radler selbst ankommt und sein Gefährt entgegennehmen will, muss wenigstens eine "Sicherheitsübernachtung" vor der Überfahrt eingeplant werden. Mehr Infos in der SNCF-Broschüre "Guide train & velo".

• *Infos zur Fahrradmitnahme ins Ausland:* Falls nicht am Bahnhof oder im Reisebüro erhältlich, kann die Broschüre "Fahrrad und Bahn in Europa" bei der Deutschen Bahn AG, Zentralbereich Konzernkommunikation, ✆ (069) 97 33 62 03, bestellt werden. Daneben unterhält die Bahn eine "Radfahrer-Hotline" (✆ 0180 319 4194, Mo–Fr 8–18, Sa 8–12 Uhr), die auch bei Fragen zum Fahrradtransport auf internationalen Strecken weiter hilft.

Mit dem Bus

Der Linienbus ist das billigste Verkehrsmittel für die Reise nach Irland. Es existieren regelmäßige Umsteigeverbindungen von Deutschland über London auf die Grüne Insel.

In den komfortablen Europabussen des Konsortiums *Eurolines* ist die mehrmals pro Woche angebotene Fahrt nach London so angenehm, wie eine 24-stündige Busfahrt eben sein kann. Pausen zum Beinevertreten bestimmt der Fahrer, WC ist an Bord. Die Fahrt beginnt morgens in München und führt mit einigen Zusteigemöglichkeiten über Aachen durch den Kanaltunnel zur Londoner Victoria Busstation, die, wenn nichts dazwischen kommt, am nächsten Morgen erreicht wird. Beispielsweise ab Frankfurt kostet die Fahrt nach London 65 €, hin- und zurück 100 €. Eine zweite Linie führt von Dresden über Leipzig, Eisenach und Kassel. Von der Londoner Victoria Coach Station geht es morgens und abends weiter mit *Eurolines/Bus Eireann* nach Dublin für einfach 15–25 £, hin- und zurück 30–45 £. Mit *Ulsterbus* kostet die einfache Fahrt London–Belfast 15 £ (Studenten 11 £).

Die direkten Verbindungen von *Eurolines/Deutsche Tour*ing auf die Grüne Insel (München/Dresden – Köln – Birmingham – Dublin, 26 Std.) werden nur im

Sommer befahren und kostet ab Frankfurt H+R 153 €, für Jugendliche/ Studenten 10 % weniger. Von Juli bis September fährt *Highländer* ab Köln jeden Freitag nach Dublin (H+R 200 €).

- *Busgesellschaften:* **Eurolines/Deutsche Touring,** Am Römerhof 17, 60486 Frankfurt, ✆ (069) 790 32 40; www.deutsche-touring.com, in England über National Express.

Highländer, Florastr. 83, 5073 Köln, ✆ (0221) 760 99 70, www.disain.de/highlaender/.

Eurolines UK, 52 Grosvenor Gardens, gegenüber der Victoria Station, London, ✆ (01582) 40 45 11, www.eurolines.co.uk, oder über alle örtlichen Büros von National Express.

Bus Eireann, Dublin, Central Busstation, Busaras, ✆ (01) 836 61 11, www.buseireann.ie.

Fahrrad per Bus

Radlern, die sich nicht länger über die Bahn ärgern wollen, bietet *Highländer* während der sommerlichen Ferienzeit den Radtransport ab Köln per Bus nach Irland. Die Räder (18 € einfache Fahrt) reisen dabei in speziellen Fahrradanhängern mit. *Sausewind* bietet ab Oldenburg über Duisburg zu zwei Terminen Fahrten nach Dublin und Kenmare. Im Fahrpreis von 300 € für Hin- und Rückfahrt sind Fähre und Übernachtung enthalten. Weitere Transportadressen vermittelt der Allgemeine Deutsche Fahrrad-Club (ADFC).

Adressen: **Sausewind,** Lindenstr. 16, 26123 Oldenburg, ✆ (0441) 93 56 50, www.sausewind.de; **ADFC,** Hollerallee 23, 28209 Bremen, ✆ 0421/34 62 90, 📠 346 29 50

Einreisebestimmungen

Für die Einreise nach Irland genügt bei Deutschen, Österreichern und Schweizern der Personalausweis – ebenso für die Durchreise durch England, Frankreich und die Benelux-Staaten.

Auch Autofahrer benötigen außer ihrem nationalen Führerschein und dem üblichen Fahrzeugschein keine besonderen Papiere. Eine grüne Versicherungskarte wird empfohlen, ist aber nicht zwingend vorgeschrieben. CB-Funker müssen ihr Gerät vorher beim Department of Transport (Radio Section, 7 Ely Place, Dublin 2, ✆ 670 74 44) anmelden. Für Anhänger und Boote bedarf es keiner besonderen Formalitäten.

Haustiere bleiben zu Hause!

Tierschützer warnen ausdrücklich davor, Tiere mit in den Urlaub zu nehmen, denn eine Reise in der Transportbox im Gepäckraum eines Flugzeugs oder Schiffes, wo es laut, dunkel und kalt ist, wird für jeden Vierbeiner zur Qual. Obwohl die Einreise mit Haustieren nach Irland prinzipiell möglich ist, ersparen Sie ihnen lieber ein mögliches Tansporttrauma. Lassen Sie Ihre Tiere besser zu Hause betreuen, fragen Sie im Tierheim nach einem "Catsitter" oder lassen Sie Ihre Lieblinge bei Freunden wohnen.

Abfahrt zum Brandon Creek

Unterwegs in Irland

Bus und Bahn sind in Irland auf dem absteigenden Ast. Wer nicht dauernd an einem Ort bleiben oder nur die großen Städte und touristischen Zentren besuchen will, wird Fahrrad oder Auto benutzen.

Innerirische *Flüge* lohnen bei den kurzen Entfernungen nur als Anschlussflug oder Zubringer, wenn man vom Kontinent mit dem Jet nach Dublin reist; mehr dazu im Kapitel "Anreise mit dem Flugzeug". Die vorgelagerten Inseln an der Westküste sind selbstverständlich per *Schiff* erreichbar. Außer den üblichen Fähren kämpfen sich auch notdürftig umgebaute und gern überladene Fischkutter durch die oft wilde See – romantisch und viel Folklore, doch nichts für empfindliche Mägen. Dazu mehr in den Ortskapiteln.

On the Road – Verkehrsregeln

Als britisches Erbe fährt man auf Irland links. Auch für Fußgänger ist es gewöhnungsbedürftig, beim Überqueren der Straße zunächst nach rechts und dann nach links zu schauen, also in umgekehrter Reihenfolge als bei uns. Um die Verwirrung zu steigern, hat, anders als in England und Ulster, an gleichberechtigten Kreuzungen der von rechts Kommende Vorfahrt. Schafe und Kühe wissen davon allerdings nichts und queren die Straßen sowieso, wo und wann sie wollen.

- **Alkohol:** Maximal 0,8 Promille.

▸ **Höchstgeschwindigkeit:** Innerorts 50 km/h (30 mph), auf zweispurigen Landstraßen 90 km/h (55 mph), auf vierspurigen Landstraßen und Autobahnen 110 km/h (70 mph). Auf Verkehrsschildern werden Geschwindigkeiten in Meilen angegeben.

▸ **Pannendienst, Unfall:** The *Automobil Association (AA)* ist Partnerclub des ADAC und leistet für dessen Mitglieder im Notfall (✆ 1800/66 77 88, Nordirland ✆ 0800/88 77 66) kostenlose Pannenhilfe. Dass viele Werkstätten gerade Fremden kräftig das Fell über die Ohren ziehen, ist eine internationale, nicht nur irische Unart. Die mit der Automobil Association assoziierten Werkstätten, zu erkennen an einem Schild mit zwei schwarzen Assen auf gelbem Grund, bieten immerhin den gewissen Schutz einer unabhängigen Beschwerdeinstanz.

Polizei und Ambulanz werden über den *Notruf 999* verständigt. Wenn an einem Unfall ein im Ausland zugelassenes Fahrzeug beteiligt ist, wickelt das *Irish Visiting Motorists Bureau* die Versicherungsangelegenheiten ab.

Adresse: **Irish Visiting Motorists Bureau**, 39 Molesworth St., Dublin 2, ✆ (01) 676 99 4, 676 11 08.

▸ **Parken:** Zwei durchgehende gelbe Linien am Straßenrand bedeuten striktes Halteverbot; eine durchgehende gelbe Linie signalisiert Parkverbot an Werktagen; eine unterbrochene gelbe Linie weist auf Parkverbot zu bestimmten Zeiten hin.

Absolutes Parkverbot

▸ **Reifendruck:** Wird in Irland in pps (pound per square inch) gemessen. Damit Ihr Auto nicht auf der Felge eiert oder Ihnen der Pneu um die Ohren fliegt, sei verraten, dass 1 atü 14 pps entspricht – multiplizieren Sie die gewünschten atü also mit 14, und es kommt der Luftdruck in pps heraus.

▸ **Straßen:** In der Republik sind die Straßen in National Roads (z.B. N15) und Regional Roads (z.B. R350) eingeteilt. Diesem neuen System entsprach früher die Einteilung in Trunk Roads (Hauptstraßen) und Link Roads (Verbindungsstraßen). In der Praxis gibt es damit N-, T-, R, und L-Straßen, je nachdem, zu welcher Zeit der Wegweiser aufgestellt wurde. Die Beschilderung, sofern vorhanden, ist auch ein kleiner Lehrgang in gälischen Ortsnamen: alle Wegweiser sind zweisprachig englisch-irisch. Die Entfernungen sind auf älteren Schildern noch in Meilen angegeben. Sind doch Kilometer gemeint, steht ein kleines "km" hinter der Ziffer. Die durchschnittliche Reisegeschwindigkeit liegt auf den oft schmalen und kurvigen Straßen für ein Auto realistisch bei 50 bis 60 km pro Stunde.

- **Nordirland:** Die Verkehrsregeln im Norden weichen geringfügig von denen der Republik ab. Wer es genau nehmen will, findet Details im Anreisekapitel England. Entfernungen werden immer in Meilen angegeben. Die Parkbestimmungen sollten in "Krisenzeiten" unbedingt eingehalten werden, denn Parkverbote sind hier nicht nur eine Sache der Verkehrsregelung, sondern wurden vielerorts als Schutz vor Autobomben eingerichtet. Absolutes Halteverbot herrscht in den Control Zones und entlang der doppelt gestrichenen Straßenrändern, zeitlich begrenztes Parkverbot bei einfachen gelben Linien. Mit rot-weiß-blauen gefärbten Bordsteinen markieren radikale Protestanten ihre Wohnviertel.

Entfernungen in km

	Dublin	Cork	Dingle	Donegal	Galway	Rosslare
Dublin	—	256	342	220	217	160
Cork	256	—	152	400	205	208
Dingle	342	152	—	408	205	337
Donegal	220	400	408	—	203	388
Galway	217	205	205	203	—	276
Rosslare	160	208	337	388	276	—
Belfast	167	445	473	307	320	338

Taxi

"Richtige" Taxis (mit Taxischild und Taxameter) fahren nur in Dublin, Cork, Limerick und Galway. Zur Grundgebühr von 2,40 € addieren sich 0,50 € pro Gepäckstück und zusätzlichem Mitfahrer sowie 1, 15 € pro Kilometer. Auf dem Land übernehmen, wie es bei uns früher auch üblich war, Privatleute die Taxidienste und verdienen sich damit ein Zubrot. Das Pub-Personal kennt die einschlägige Telefonnummer; der Preis wird Pi mal Daumen oder nach einem ungeschriebenen Tarif kalkuliert.

Insiderinfo: www.iatr.org/Papers/Dublin/dublin.html

Mietwagen / Fly & Drive

Wer nicht länger als drei Wochen in Irland bleibt, fährt besser mit einem Mietwagen, anstatt das eigene Auto mitzubringen. Man gewinnt vier Tage im Urlaubsland, die ansonsten auf An- und Abreise entfallen.

Im Geschäft sind neben den internationalen Ketten wie Hertz, Budget und Europcar auch kleine, ortsansässige Verleiher. Allerdings kommt es wegen der den Reiseveranstaltern eingeräumten, großzügigen Rabatte billiger, den Leihwagen über ein Reisebüro schon am Heimatort zu buchen. Die entsprechenden Angebote sind als *Fly & Drive* meist mit einem Flug verbunden. Anbieter-Adressen finden sich in den aktuellen "Grünen Ferienseiten", einer Informationsbroschüre der irischen Fremdenverkehrszentrale. Die Angebotspalette der Verleihfirmen umfasst übrigens keine Motorräder – immerhin offerieren einige neuerdings versuchsweise Vespas.

Allgegenwärtig – Schafe am Wegesrand in den Galty Mountains

• *Voraussetzungen:* Fahrer oder Fahrerin müssen mindestens 23 Jahre (bei einzelnen Verleihern mindestens 21 oder 25 Jahre) alt und schon wenigstens ein Jahr im Besitz eines Führerscheins sein. Ein nationaler Führerschein wird anerkannt (ein internationaler dagegen nicht von allen Firmen!). Der Abschluss einer Vollkaskoversicherung oder das Bezahlen per Kreditkarte entbindet davon, bei Übernahme des Wagens eine Kaution von bis zu 500 € zu hinterlegen. Wenn auch Ihr Reisepartner mal am Steuer sitzen soll, müssen Sie das in den Vertrag mit aufnehmen lassen, sonst gibt's bei einem Unfall o.ä. Ärger mit dem Versicherungsschutz.

• *Übergabe:* Die Leihzeit rechnet sich bei in Irland gemieteten Wagen im 24-Std.-Turnus. Wenn Sie also z.B. ein Auto am Freitag um 20 Uhr für sieben Tage mieten, müssen Sie es am folgenden Freitag bis spätestens 20 Uhr wieder abgeben. Bei Fly & Drive-Arrangements übernehmen Sie den Wagen bei Ankunft am Flughafen und geben ihn beim Abflug wieder ab. Überprüfen Sie mindestens per Augenschein den Zustand; sichtbare Mängel sollten ins Übergabeprotokoll eingetragen werden. Lassen Sie sich Wagenheber und Ersatzrad zeigen und erklären, wie die Motorhaube geöffnet wird. Zeigt die Tankanzeige "voll"?

• *Preise:* Ein in Irland angemieteter Kleinwagen kostet im Juli und August 300 bis 350 € pro Woche (ohne Kilometerbegrenzung). Mit Fly & Drive ist ein Kleinwagen wie etwa der Ford Fiesta schon für 225 € (Nebensaison ab 150 €) zu haben, ein Mittelklasse-Kombi für 250–400 €, ein Wohnmobil (mobile home) ab 650 € pro Woche. Leider erschweren manche Anbieter den Preisvergleich: Sie geben in ihren Prospekten nicht den Preis für den Wagen, sondern Komplettpreise einschließlich Flug pro Person an. Für den vollen Tank wird bei Übergabe ein "Depot" verlangt, das meist höher ist als der Gegenwert des Benzins. Tanken Sie also vor der Rückgabe wieder auf und lassen Sie sich das Depot zurückerstatten.

• *Versicherung:* In den Leihpreisen ist eine Haftpflichtversicherung (third party insurance) und meist Teilkasko (fire and theft insurance) eingeschlossen. Für selbstverschuldete Schäden am eigenen (Miet-)Wagen haften Sie in einer Höhe von bis zu 10.000 €. Um dieses Risiko auszuschalten, bieten die Verleiher gegen einen Aufpreis Vollkaskoschutz (comprehensive insurance) an.

Aus eigener Erfahrung...

Die meisten Unfälle mit Leihwagen passieren unmittelbar nach Übernahme des Autos, weil man aus Gewohnheit auf der falschen Straßenseite fährt, oder am letzten Tag, wenn man zum Flughafen hetzt. Das Geld für die Vollkaskoversicherung ist gut angelegt.

Und jetzt noch eine unbezahlte Werbung: Wir haben gute Erfahrungen mit *Europcar* gemacht, die nicht die billigsten sind, aber einen von uns verschuldeten Unfall kulant abwickelten und auch ein im Auto vergessenes Tape nachschickten.

Bus

Ob als "Provincial Bus" von Dorf zu Dorf oder als "Expressway" über größere Entfernungen, die Buslinien in der Republik Irland sind noch immer fest in der Hand der staatlichen Transportgesellschaft "Bus Eireann". Private Unternehmen haben sich nur Marktnischen erobert.

Ausgenommen das nördliche Donegal, wo die nostalgischen Busse der Lough Swilly Company das einzige öffentliche Transportmittel sind, beschränken sich die Privaten vorwiegend auf die lukrativen Hauptstrecken von/nach Dublin und sind etwas billiger als der Staatsbetrieb. Sie haben aber keinen Zugang zu den örtlichen Busterminals und kein zentrales Marketing, Abfahrtsort und Fahrplan müssen jeweils vor Ort recherchiert werden (Tipps in den jeweiligen Ortskapiteln).

Ein Fahrplanheft der Überlandlinien von Bus Eireann gibt's dagegen an jeder größeren Busstation. Seit der Trennung von der Eisenbahn hat die staatliche Busgesellschaft ein respektables Netz an Fernverbindungen aufgebaut und der Bahn etliche Kunden abgeworben.

Info: www.buseireann.ie

▸ **Preise, Ermäßigungen:** Für die einfache Fahrt mit Bus Eireann rechne man mit etwa 0,13 € pro km, auf längeren Strecken etwas weniger. Mit Rückfahrkarten kommt man auf 0,08–0,09 €. Besitzer eines Internationalen Studentenausweises (ISIC) erhalten mit dem *Travelsave Stamp* ermäßigte Studentenpreise. Diesen "Billigmacher" verkaufen für 10 € die studentischen Reisebüros USIT (Adressen in den Ortskapiteln), die größeren Busstationen und die Tourist Information in Rosslare.

Die verschiedenen **Netzkarten** können mit dem Travelsave Stamp preislich kaum mithalten und sind deshalb nur für "normale", also nichtstudentische Reisende interessant:

- *Road Rambler:* 3 aus 8 Tagen 38 €, 8 aus 15 Tagen 89 €, 15 aus 30 Tagen 127 €.
- *Irish Explorer:* 127 €, gültig für Bus und Bahn an 8 beliebig wählbaren von 15 Tagen; Jugendliche unter 16 zahlen die Hälfte, die Fahrradzusatzkarte kostet 30 €.
- *Emerald Card:* 15 aus 30 Tagen Bus und Bahn in der Republik und in Nordirland für 253 €, 8 aus 30 Tagen 145 €; Jugendliche unter 16 zahlen die Hälfte.

Die Netzkarten werden an den irischen Bus- und Bahnhöfen verkauft, der Irish Explorer auch von der Auslandsvertretung der irischen Transportgesellschaft (Adresse s. unten).

- **Fahrräder:** Sie werden, sofern genügend Stauraum vorhanden ist, von allen Provincial- und Expressway-Bussen mitgenommen. Bei Bus Eireann kostet das Velo für die einfache Fahrt 8 €, bei den Privatlinien und in Ulster ein Viertel des Normalpreises.
- In **Nordirland** bietet Ulsterbus den eine Woche in Bus und Bahn gültigen *Freedom-of-Northern-Ireland-Pass* für 38 £ (3 Tage für 25 £), eine Tageskarte für 10 £; auch hier zahlen Jugendliche unter 16 die Hälfte. Der Travelsave Stamp gilt hier nur für die Bahn, nicht für den Bus.

  Info: www.ulsterbus.co.uk

Mit der West Offaly Railway trockenen Fußes durch das Moor

Bahn

Spitzenpreise, lange Fahrzeiten, die Nebenstrecken stillgelegt – die staatliche Eisenbahn "Iarnrod Eireann" tut sich schwer, die Menschen von der Straße wieder auf die Bahn zu bringen.

Das irische Schienennetz ist sternförmig auf Dublin ausgerichtet. Eine echte Alternative zum Auto ist die Bahn jedoch nur auf den Strecken nach Cork und Belfast. An die Westküste gibt es nur wenige Verbindungen mit sehr langen Fahrzeiten.

Preise: Natürlich gewinnt die Bahn auf Fernstrecken bezüglich Schnelligkeit, Bequemlichkeit und Frequenz den Vergleich mit dem Bus. Ob dies den Mehrpreis lohnt, sei aber bezweifelt. So kostet beispielsweise die einfache Fahrkarte von Dublin in die Touristenstadt Killarney 43 €, also etwa das gleiche wie ein Tag Mietwagen und 20 % mehr als die Busfahrt. Immerhin lässt der *Travelsave*

Stamp (siehe "Bus") den Fahrpreis um die Hälfte (Rückfahrkarten 70 %) schrumpfen. Außer den kombinierten Bus/Bahn-Netzkarten (siehe "Bus") gibt's für 84 € (inkl. Nordirland: 104 €) noch eine reine Bahncard, gültig an 5 von 15 Tagen. Günstiger ist das nur im Ausland an größeren Bahnhöfen und etwa in DER-Reisebüros erhältliche *Eurodomino:* für 3 beliebig wählbare Tage 60 € (je Zusatztag 12 €, Jugendliche jeweils ca. 10 % Rabatt). Auch bei den Netzkarten fällt der Preisvergleich also zugunsten der Busfahrt aus. Die Mitnahme von Fahrrädern kostet bis 7,50 €, für den unbegleiteten Versand muss man mit 35 € tief in die Tasche greifen. Die Dubliner Vorort-Bahn DART nimmt keine Räder mit.

• *Infos:* **C.I.E. Tours International**, Worringer Str. 5, 40211 Düsseldorf, ✆ (0211) 17 32 60, www.cietours.ie – die Tochtergesellschaft der irischen Eisenbahnen verkauft zwar Tickets, gibt aber ausdrücklich keinerlei Auskünfte und verweist an das Fremdenverkehrsamt.

Irish Rail im Web unter www.irishrail.ie, Fahrplanauskunft Dublin ✆ (01) 7032 358.

Irlands Bahnen auf dem Abstellgleis?

"Ein Paketwagen kämpfte sich seinen Weg durch die wartende Menge. Kinder, Alte und Reisende mit großen Koffern wurden wüst zur Seite gestoßen. Als wir denn zum Zug durften, mussten alle Fahrgäste durch ein enges Gatter passieren, wie Vieh ...", beschwert sich die bahnreisende Leserin Liz F. aus Durrow in einem Brief an die *Irish Times.* Und die zunehmenden Beschwerden sind ein Indiz, dass sich der Service der Bahn immer mehr verschlechtert. Auf einer Fahrt von Dublin nach Cork rollt der Speisewagen zwar mit, ist aber geschlossen. Die Heizung funktioniert nur in den vorderen Wagen, und mit zwei längeren Stopps auf freier Strecke kommt der Zug mit 30 Min. Verspätung in Cork an. Dabei muss man wissen, dass es sich bei der Verbindung Dublin–Cork, wo ein regulärer Zug das Rennen gegen jedes Auto lässig um eine Stunde gewinnt, mit 6.600 Passagieren im Tagesdurchschnitt um die Paradestrecke von Irish Railways handelt. Hier wird einiges in die Instandhaltung investiert, und es kommen die besten Zuggarnituren zum Einsatz.

Der desolate Zustand der irischen Eisenbahnen ist das Ergebnis einer Politik, die fünfzig Jahre einseitig auf den Straßenbau und später auch den Luftverkehr setzte, die aber die Bahn als ein Fossil betrachtete, in das zu investieren sich nicht mehr lohne. Von den 1989–94 für die Infrastruktur des irischen Verkehrsnetzes aufgewendeten Mitteln erhielt die Bahn 4,4 %, während 75,2 % in den Straßenbau und noch 11 % in die neuen Regionalflughäfen flossen. Die Wende kam erst mit dem unerwarteten Erfolg der mit unserer S-Bahn vergleichbaren DART-Bahn in der Agglomeration Dublin. Jetzt will man auch die noch betriebenen Strecken des Fernverkehrs erhalten, die Achse Belfast-Dublin-Cork wird bevorzugt ausgebaut. Doch es dürfte noch lange dauern und viel Geld kosten, bis die Bahn technisch wieder up-to-date ist. Und an den zweigleisigen Ausbau der Strecken, der eine wichtige Voraussetzung für erheblich kürzere Fahrzeiten wäre, wagt noch niemand zu denken.

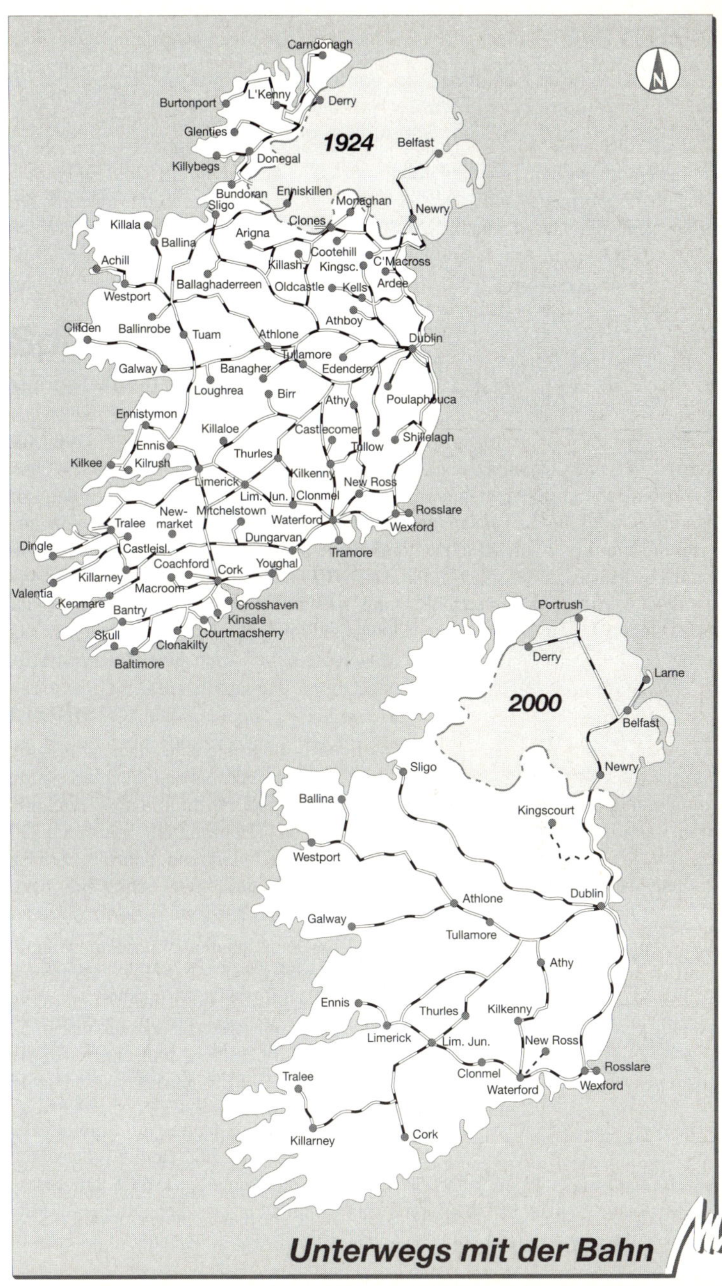

Unterwegs mit der Bahn

Fahrrad

Wind und Wetter beeindrucken echte Sportlernaturen nicht, sind für sie im Gegenteil erst die wahre Herausforderung. Noch besser, wenn es obendrein auch ein paar Steigungen gibt.

Mit allem kann Irland mehr als genug aufwarten, und so wird es für Radferien immer beliebter. Die nicht allzu großen Entfernungen, die zahlreichen, abwechslungsreich an die natürliche Geländetopographie angepassten und wenig befahrenen Nebenstraßen, die faszinierende Landschaft mit den vielfältigen Gerüchen blühender Hecken, duftender Gräser und frisch gemähten Heus, die Augenweide der verschiedenen Grün- und Brauntöne, die Schafe und Ziegen und die den Radler nicht weniger neugierig beäugenden Menschen machen das Rad zum idealen Fahrzeug für ein intensives Reiseerlebnis – nur von den Hunden reden wir besser nicht. Der Fahrradtransport mit der Bahn ist möglich (Einzelfahrt 2,50–7,50 €; als Ergänzung zur Netzkarte "Irish Explorer" 30 €), auch einige Busse nehmen Räder mit (Einzelfahrt 6,50 €).

Fahrrad-Abc

Achse	spindle
Bremse	brake
Felge	rim
Felgenbremse	caliper brake
Gabel	fork
Gepäckträger	luggage carrier
Glocke	bell
Kette	chain
Kettenblatt	chain ring
Kettenritzel	sprocket wheel
Kettenwerfer	changer
Kindersitz	baby seat
Lager	bearing
Lenker	handlebar
Nabe	hub
Packtasche	pannier
Pedal	pedal
Rad	wheel
Rahmen	frame
Reifen	tire
Sattel	saddle
Schalthebel	shifting lever
Schaltung	gear shift
Schaltwerk	changer
Schlauch	inner tube
Schloss	lock
Schutzblech	mudguard
Speiche	spoke
Ständer	stand
Tretkurbel	crank

Manche Radler kommen mit unzureichender Ausrüstung auf die Insel. Im günstigen Fall schieben sie ihr Stahlross keuchend die Hügel hinauf, im schlechten zwingt sie eine Lungenentzündung, die Reise abzubrechen. Ein Sportrad mit mindestens 2x5 Gängen sollte es schon sein, die Reifen wegen des schlechten Straßenbelags nicht zu schmal.

Mitnehmen oder mieten? Über die Schwierigkeiten, ein Velo mit der Bahn nach Irland zu bringen, haben wir uns schon im Anreisekapitel geärgert. Einfacher ist's mit dem Flugzeug, und die Gewichtsbeschränkung erleichtert es auch gleich, überflüssiges Gepäck zu Hause zu lassen. Bleibt das Problem der Ersatzteilversorgung. Die in Irland gängige Reifengröße ist 27 x 1¼ Zoll. 28 Zoll-Reifen gibt es nur für Hollandräder; auf ein Sportrad montiert schleifen sie oft am Schutzblech. Bequemer ist es also, in Irland ein Fahrrad samt Packtaschen zu mieten. Mitbringen muss man dann nur noch das Regenzeug – absolut wasserdichte

Schilderwald am Vee Gap

Regencapes und -hosen sind ein Muss. Wer auf das gewohnte Fahrgefühl nicht ganz verzichten will, packt auch seinen Sattel mit ins Irland-Gepäck.

▸ **Rent-a-Bike:** Marktführer ist die *Raleigh-Kette*, deren Velos in der Republik und in Ulster von etwa 50 Fahrradhändlern vermietet werden. Zwischen vielen Orten sind damit auch Einwegmieten möglich. Die Velos, Damen- und Herrenmodelle in jeweils zwei Größen und mit 12 bzw. 18 Gängen, werden jedes Jahr gegen neue Modelle ausgewechselt. Die Preise liegen einheitlich bei 13 € pro Tag bzw. 50 € die Woche, eingeschlossen ist eine Haftpflicht- und Diebstahlversicherung. Packtaschen kosten die Woche 6,50 € extra, und auf alles Geliehene wird eine Kaution von mindestens 50 € erhoben. Für Juli und August sollte man sich die Drahtesel vorher reservieren.

• *Verleiher:* Adressen in den Ortskapiteln; für allgemeine Auskünfte kann man sich auch an die Zentralen wenden:

Raleigh Ltd., Raleigh House, Kylemore Rd., Dublin 10, ✆ (01) 626 13 33, ℻ 626 17 70, www.iol.ie/raleigh/.

Bike Store, 58 Lower Gardiner St., Dublin 1, ✆ (01) 872 59 31, ℻ 83 64 763.

Von Deutschland können Bike Store-Räder direkt gebucht werden bei **Gaeltacht-Reisen**, Schwarzer Weg 25, 47447 Moers, ✆ (02841) 350 35, ℻ 306 65.

Rail Bike, 5 Leeson St., Dublin 6, ✆ (01) 97 19 11, ℻ 97 07 56.

• *Information:* Die Adressen von Anbietern geführte Touren und Fahrradferien entnehmen Sie dem Informationsblatt Nr. 02J der irischen Fremdenverkehrszentrale oder den Webseiten www.kerna.ie/wci/. Das Faltblatt "Cycling" beschreibt ausgewählte Touren, eine besondere Fahrad-Webseite ist seitens Bord Fáilte in Vorbereitung.

Reparaturset

• *Werkzeug:* Gabel- oder Ringschlüssel (wrench), Imbusschlüssel (allen key), Schraubenzieher (screw driver), Taschenmesser (pocket-knife).

• *Für die Reifen:* Luftpumpe (air pump), Flickzeug (tube repair set), Schlauch (tube) und

Mantel (tire) – bei im Land nicht gängigen Rädern je 2 Stück, Reifenheber (tire lever).

- *Für die Räder:* Speichen (spokes), Nippel (nipples), Nippelspanner (kein Voyeur und nicht aus dem Sado-Maso-Kit, sondern Radwerkzeug: nipple tensioner).
- *Für Bremsen und Schaltung:* Züge (cables), Bremsschuhe (brake shoes) und -gummis (brake blocks).
- *Sonstiges:* Maschinenöl (lubricating oil) oder Schmierfett (grease), Ersatzschrauben (screws) und Ersatzmuttern (nuts) – in Irland Zollgewinde!
- *Tipp:* Jeden Abend alle Schrauben auf festen Sitz prüfen "Wir haben durch die Holperstrecken auf Irlands Straßen einige lockere Schrauben verloren", beklagt Leser Arno Berz.

Trampen

Irland ist für Anhalter ein durchschnittliches Reiseland. Die scheinbar paradoxe Regel, je mehr Autos, desto schlechtere Chancen auf einen Lift, gilt auch in Irland: mit fortschreitender Motorisierung wird das Warten eher länger als kürzer. Am besten klappt's noch in abgelegenen Gebieten, wo die Leute neugieriger und gesprächiger sind und sich mehr Zeit nehmen. Schlecht sind die Chancen in touristischen Gegenden, wo die Autos mit Ausflüglern vollgepackt und die Konkurrenz am Straßenrand groß ist. Im Norden nehmen die Leute Unbekannte nur selten mit, hier fragt man besser im nächsten Pub, ob nicht jemand demnächst in die gewünschte Richtung aufbricht. Auch wenn die Anmache in Irland sicher geringer ist als etwa in Spanien, gehen trampende Frauen ein besonderes Risiko ein.

Pferdewagen

Mit der Familie oder Freunden gemütlich im pferdegezogenen Planwagen über die verkehrsarmen Landsträßchen zu zuckeln und abends mit anderen beim Lagerfeuer in der Wagenburg zu klönen – ein Hauch von Abenteuer ohne Risiko.

Die Gespanne werden wochenweise vermietet und kosten, egal ob über ein Reisebüro oder vor Ort, je nach Saison und Verleiher 325 bis 500 €; außerhalb der Hochsaison sind sie direkt bei den Verleihern aber auch für drei oder vier Tage zu haben. Die Benutzung der Übernachtungsplätze kostet pro Nacht 9 € extra. Ein Pferdewagen bietet Schlafplätze für vier Personen, zu viert wird es im Wagen jedoch recht eng. Reichlich Platz hat man zu zweit oder als Paar mit einem Kind.

Die gummibereiften *Barrel Wagons* sind etwa 4 m lang und 2,50 m breit. Erstaunlich, was unter dem tonnenförmigen Aufbau aus Plastik oder Holz alles Platz findet: Sitzbänke, die nachts mit Schaumstoffmatratzen in Betten verwandelt werden, Kleiderschrank, Kommode, Regale, ein Klapptisch und sogar eine Kochnische mit Gaskocher und Spüle, und natürlich alles erforderliche Geschirr. Einige Verleiher stellen auf speziellen Wunsch sogar Heizgeräte zur Verfügung.

Besondere Kenntnisse im Umgang mit Pferden braucht niemand. Die Gäule sind gutmütige *Draughts*, eine Rasse kräftiger Kaltblüter, die früher von den Bauern als Arbeitspferde eingesetzt wurden. Wer zwischendrin auch mal aus reiten will, muss sich zusätzlich ein Reitpferd mieten, das auf der Tour neben dem Gespann einher trottet.

Bei der Übergabe gibt's eine kurze Einweisung und eine Karte mit Tourenvorschlägen (ohne Steigungen!). Entlang der Route sind im Abstand von Tagesetappen (10–15 km) Übernachtungsplätze mit Toiletten, manchmal Duschen und einer Koppel eingerichtet. Der Verleiher stellt auch einen prall gefüllten Hafersack, mit dem sich das Zugpferd am Morgen wieder von der Weide ins Geschirr locken lässt.

• *Verleiher:* **David Slattery**, 1 Russel St., Tralee, ✆ (066) 7124 088, 📠 7125 981. Der Marktführer verlangt im Juli/Aug. 400 € pro Woche, sonst 325 €, 175 € über das Wochenende (Fr Mittag – Mo früh), 70–80 € für einen Tag.

Sean Nestor, Belcarra, Castlebar, ✆ (094) 32 054, 📠 32 351.

Henry Fingleton, Kilvahan, Portlaoise, ✆ (0502) 27 048, 📠 27 725.

Larry Gohery, Green Acres, Oldthort, Portumna, ✆ (0509) 41 123, 📠 41 174.

Clissmann Horse Caravans, Carrigmore Farm, Wicklow, ✆ (0404) 48 188, 📠 48 288.

• *Info:* http://horsedrawn.in-ireland.net.

Irlands Fahrende

Vorbild der bunten Zigeunerwagen, mit denen heute ausschließlich Touristen unterwegs sind, waren die Planwagen der *Tinker* oder *Travellers:* keine Zigeuner, die haben nie den Weg bis auf die Insel gefunden, sondern waschechte Iren, deren Vorfahren von ihren Höfen vertriebene Bauern waren, flüchtige Gesetzesbrecher, arbeitslose Handwerker und andere von Schicksalsschlägen aus dem geregelten Leben Geworfene.

Die Tinker verdingten sich als fahrende Händler, Kesselflicker (daher der Name), Gelegenheitsarbeiter, und natürlich bettelten und stahlen sie auch. So waren die Beziehungen zu den Sesshaften nicht die besten, und die Diskriminierung, die ihnen noch heute widerfährt, hat eine lange Tradition.

Nach dem zweiten Weltkrieg gab es für die nomadisierende Lebensweise keine Grundlage mehr. Die Bauern fahren heute mit dem Auto zum Einkaufen, Plastikgeschirr hat den Blechkessel von einst längst abgelöst, und potenzielle Arbeitskräfte gibt es auch unter den Sesshaften mehr als genug. Viele Tinker verkauften Wagen und Pferde und zogen in die Städte, wo einige inzwischen vom Schrott- und Gebrauchtwarenhandel leben, die große Mehrheit aber von der Sozialhilfe.

Um den Fahrenden die Ansiedlung zu erleichtern, hat der Staat ihnen etwa 70 Camps errichtet. Anfangs schlichte Barackensiedlungen, sind die Camps heute nur noch Stellplätze für die Wohnwagen der Landfahrer. Die Plätze liegen außerhalb der Städte weitab von Schulen, Läden und vor allem fern von Sesshaften, die mit den Travellern nichts zu tun haben wollen. Die auffälligen Dachbarrieren an vielen Parkplätzen sollen verhindern, dass sich die Traveller dort niederlassen. So gastfreundlich die Iren sonst sein mögen, ihren Landfahrern begegnen sie mit der NIMBY-Einstellung ("Not In My Backyard").

Hausboot

Über 500 Kabinenkreuzer sind auf Irlands Flüssen und Seen zu mieten und versprechen Freizeitkapitänen einen gemütlichen Urlaub mit viel Naturerlebnis. Man wirft die Angel aus oder genehmigt sich ein erfrischendes, gar nicht so kaltes Bad und abends wahlweise die einsame Insel oder das Pub am Landungssteg.

Irland ist nicht nur von Wasser umgeben, sondern auch mit Kanälen, Seen und Flüssen überzogen. Selbst wer noch nie ein Boot gesteuert und keinen Bootsführerschein hat, kann die irischen Binnengewässer als Freizeitkapitän befahren. Seit der Wiedereröffnung (1994) des bald 120 Jahre verschütteten und vergessenen Shannon-Erne-Verbindungskanals sind die drei Reviere von *Shannon, Erne* und *River Barrow* miteinander verbunden und bilden mit insgesamt 800 km das längste Wasserstraßensystem Europas, das ausschließlich Freizeitkapitänen vorbehalten ist. Niemand sollte versuchen, all diese Flüsse, Seen und Kanäle in einem Urlaub zu durchfahren. Zurückgelegte Kilometer zählen nicht auf dem Wasser, man lässt sich Zeit und probiert's mit Gemütlichkeit, wirft die Angel aus und beobachtet die Vögel. Eine flache Uferlandschaft mit Weiden und Ackerland zieht vorbei, sich schlängelnde Flussläufe wechseln mit schnurgeraden Kanälen und weiten Seen, in denen unbewohnte Inseln Abenteuer versprechen.

Die bis 45 PS starken, aber in der Geschwindigkeit auf 12 km/h gedrosselten Boote fassen 2 bis 8 Passagiere. Neben den schnittigen Jachten erfreuen sich auch die *barges* großer Beleibtheit: Sie sind den alten Frachtbarken nachempfunden und haben neben der Heizung oft auch einen Torfofen an Bord. Alle Boote sind bei einer Selbstbeteiligung bis 375 € voll versichert und fressen in der Stunde je nach Größe 5–10 l Sprit. Die Handhabung ist einfach, ein Bootsführerschein wird nicht verlangt. Bei der Übernahme begleitet Sie der Verleiher auf einer Probefahrt und erklärt alles; außerdem beschreibt ein zum Boot gehöriges Kursbuch den gesamten Flusslauf mit Ankerplätzen, Tankstellen, Versorgungsmöglichkeiten und besonderen Naturschönheiten. Bei gut markierten Untiefen und geringer Strömung gibt es keine Navigationsprobleme, und die Verkehrsregeln sind einfach: entgegenkommende Schiffe passieren rechts (steuerbord), die Fahrrinnenmarkierung bleibt links (backbord). Lediglich auf den Seen im Shannon kann manchmal so starker Wind wehen, dass man mal einen Tag am Kai liegenblieben muss.

- *Ausstattung:* Übernachtet wird an Bord. Natürlich hat jedes Schiff Warm-Wasser-Dusche und WC. Zur Standardausrüstung zählen Decken und Bettzeug, Stromanschluss und Heizung, die Kombüse ist mit Gasherd, Kühlschrank, Geschirr und Besteck ausgestattet, und hintendran schwimmt ein kleines Beiboot für Landungen im Flachwasser.
- *Zubehör:* Nützliches Zubehör, das mitgebracht oder vom Vermieter geliehen werden kann, sind Fahrräder für Landausflüge, Angelzeug für das Abendessen, Gummistiefel zum Angeln und ein Grill – Verpflegung muss man sich selbst besorgen. Manche Verleiher bieten für die Seen sogar Surfbretter als Extras.
- *Information:* "**Irlands Wasserstraßen heißen Sie willkommen**", eine Broschüre der Fremdenverkehrszentralen. Im **Internet** unter www.shannon-info.de.

Noch für Hausboote gesperrt – der Grand Canal in Dublin

- **Preise und Buchung:** Für Direktbucher gibt es außer den im Regionalteil dieses Buches angegebenen Adressen der Verleiher auch eine entsprechende Liste von der Fremdenverkehrszentrale. Die Preise reichen von 300 € für zwei Personen und Woche in der Nebensaison bis über 1000 € für ein 8-Personen-Boot in der Hochsaison. Spitzenzeit mit Spitzenpreisen ist von Mitte Mai bis Mitte September, die Nebensaison dauert von Ostern bis Mitte Mai sowie von Mitte September bis Mitte Oktober. Im Winterhalbjahr kommt wegen des Wetters sowieso kaum ein Kunde.

Von Juni bis Anfang September ist es ohne Vorausbuchung praktisch nicht möglich, ein Boot zu bekommen. Man kann für diese Zeit gleich zu Hause bei einem Reisebüro buchen (nur das Boot oder Boot und Anreise), zumal das Bestellen direkt beim Vermieter keinen Preisvorteil bringt. Die Bootsbesitzer räumen den Pauschalveranstaltern so große Rabatte ein, dass diese, trotz Gewinnaufschlag, die Boote manchmal sogar noch günstiger anbieten, als wenn man sie in Irland mietet. Außerhalb der sommerlichen Ferienzeit ist es allerdings sinnvoll, sein Boot ohne Vorbestellung direkt zu mieten. Wenn genügend Schiffe ungenutzt am Steg liegen, sind die Preise verhandlungsfähig.

Lesetipp: "Shell Guide to the Shannon", der mit Abstand beste Flussführer.

Shannon-Revier

Für Robinsonaden sind der Shannon und seine Seen zumindest im Sommer der falsche Ort. An den Bootsstegen hört man gerade so viele deutsche wie englische Sätze, und in den Pubs geht der Bär ab. Juli/August sind die lebhaftesten Monate, doch die Saison dauert von Ostern bis Oktober; und selbst in den Wintermonaten sind die Schleusen jeden Tag wenigstens einige Stunden besetzt.

• *Einstiegsorte:* **Killaloe** (Clare), an der Südspitze des Lough Derg und zugleich südlichster Punkt des schiffbaren Wassernetzes. Vorteil ist der kurze Transfer zum Flughafen Shannon. Nachteilig sind die vergleichsweise hohen Mietpreise und die Lage am See – wenn es einmal stürmt, hängen Sie im Hafen fest.

Portumna (Galway), am Nordende des Lough Derg. Man hat die Wahl zwischen dem Lough im Süden und 35 ruhigen Flusskilometern gen Norden mit Abzweig in den River Suck und dem Grand Canal (s. unten).

Banagher (Offaly), etwa in der Mitte zwischen Lough Derg und Lough Ree; über 2 Std. Transfer zu den Flughäfen Dublin und Shannon.

Athlone (Westmeath), etwa 2 Std. von Dublin, am Südende des Lough Ree.

Carrick on Shannon (Leitrim), gleichfalls 2 Std. von Dublin entfernt; der beliebteste Einstiegsplatz, weil inmitten eines ganzen Netzes von schiffbaren Gewässern. Jeweils kaum eine Bootsstunde entfernt liegen Lough Boderg, Lough Key und Lough Allen, dazu der Verbindungskanal zum Erne.

Der Shannon-Erne-Kanal

Einige Argumente sind nahezu wortgleich wie damals: "Der Kanal wird Arbeitsplätze und Geld in die Region bringen", hofft ein Bauer, der sein Haus zu einer Pension umgebaut hat. Für viele Politiker und Menschen ist der nach 122 Jahren Pause wieder eröffnete Kanal zwischen dem britischen Ulster und der Republik aber auch Symbol für das Zusammenwachsen der geteilten Insel.

Zwanzig Jahre hatte man an dem Kanal zwischen Leitrim und Lough Erne gebaut, der der abgeschiedenen Region im Nordosten Irlands wirtschaftlichen Aufschwung bringen sollte. 1860 wurde er endlich dem Verkehr übergeben – zumindest theoretisch! Tatsächlich passierten in den folgenden zwölf Jahren gerade mal fünfzehn Schiffe die künstliche Wasserstraße mit ihren sechzehn Schleusen. Der große Boom blieb aus, ganz Irland war nach der großen Hungersnot in tiefer Depression versunken, und der Kanalbau war ein grandioser Fehlschlag. 1872 wurde der Betrieb wieder eingestellt, die Uferbefestigungen verfielen, die Schleusen rosteten fest, das Kanalbett verlandete. Nur zu gern wurde der Kanal, der ein wirtschaftliches Fiasko war und auch einfach zu spät kam (1860 waren Eisenbahnen, nicht Kanäle angesagt), seinerzeit von den Menschen vergessen.

Aus einem speziellen Fond der Europäischen Union zur Förderung grenzüberschreitender Vorhaben wurden 70 Millionen Mark für die Erneuerung des Kanals bereitgestellt. Diesmal ging es schneller. In nur zwei Jahren baggerte die Shannon-Erne-Waterway-Gesellschaft das alte Bett aus, errichtete neue, automatische Schleusen und beschilderte die Wasserstraße, damit die Touristen sich in der amphibischen Landschaft nicht verirren.

1994 wurde zum zweiten Mal Eröffnung gefeiert. Vorbei an dumpf glotzenden Kühen und neugierigen Schafen, unter uralten Brücklein aus sorgfältig behauenen Quadern hindurch gleitet das Boot sanft auf dem blaugrünen Wasser dahin. Frösche protestieren quakend gegen den Eindringling, Vögel flüchten sich in den Schutz des Auwaldes. Ist hier die Balance zwischen Naturschutz und menschlichem Freizeitbedürfnis gelungen?

Erne-Revier

Früher sehr viel ruhiger als der Shannon. Viele kleine Seen und für jeden Tag eine andere Insel – 365 sollen es sein. Der Fluss mit seinen zahllosen, in Sackgassen endenden Verzweigungen gehört weitgehend zu Nordirland (auf dem Wasser keine Grenzformalitäten), doch blieb die Gegend von den "Troubles" bislang nahezu verschont – der letzte Anschlag war 1987. Nach der Kanaleröffnung im Sommer 1994 kam eine Invasion von Shannon-Skippern, und in den nächsten Jahren dürfte sich entlang des Ernes einiges verändern.

• *Einstiegsorte:* **Belturbet** (Cavan), über zwei Stunden Anfahrt von Dublin und bislang nur ein einziger, zudem kleinerer Bootsverleih.

Eniskillen (Fermanagh), gehört zu Nordirland, fast drei Autostunden von Dublin entfernt. Zentrum der Freizeitschifffahrt auf dem Erne, sechs Verleiher, die Mietpreise sind günstiger als auf dem Shannon.

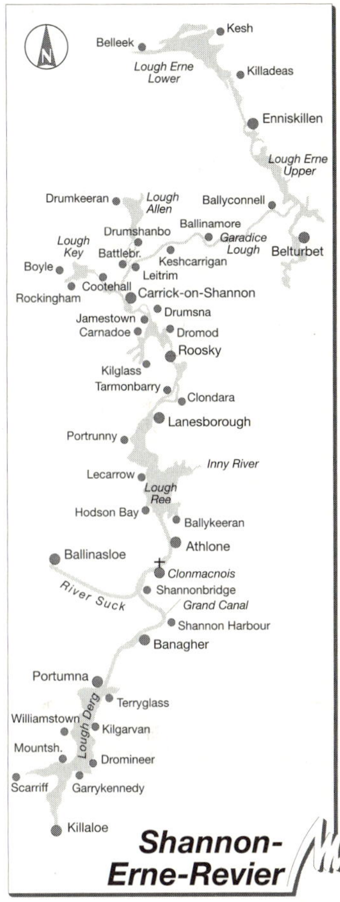

Grand Canal-/Barrow-Revier

Der einst bis nach Dublin führende Grand Canal verbindet den Shannon mit dem River Barrow: insgesamt 257 km mit 68 Schleusen, viel Handarbeit und Kurbeln ist angesagt. Entlang der wenig befahrenen Wasserstraße gibt es nur wenige Vermieter, doch kann man natürlich auch ein Boot vom Shannon herüber bringen.

Gemütlichkeit in Kilkenny

Aufenthalt in Irland

Übernachten

Irland ist nicht das Land, um im Schlafsack unter dem Sternenzelt zu übernachten. Nur hartgesottene Naturfreunde schlafen im Zelt. Weil irische Hotels oft geradezu unverschämt teuer sind, übernachten preisbewusste Reisende am besten in Hostels oder Privatquartieren, den legendären Bed & Breakfasts (B&B).

Übernachtungspreise werden in Irland gewöhnlich pro Kopf angegeben und schließen das üppige Frühstück sowie Mehrwertsteuer und Service mit ein. Basis der Kalkulation ist aber immer das von zwei Personen belegte Doppelzimmer. Einzelreisende müssen im Hotel und auch in manchen B&Bs mit bis zu 30 % Aufschlag rechnen. Um Ihnen einen reellen Eindruck zu vermitteln, machen wir diese Augenwischerei nicht mit und geben Übernachtungspreise, wenn nicht ausdrücklich anders vermerkt, als Gesamtpreis für das Doppelzimmer samt Frühstück für zwei Personen an. In Nordirland sind die Übernachtungspreise um 10–20 % höher als in der Republik.

Hotels

Sie sind, wie international üblich, nach ihrem Komfort in fünf Kategorien eingeteilt. Eine komplette Übersicht gibt das bei der Fremdenverkehrszentrale erhältliche Unterkunftsverzeichnis. Viele Häuser bieten spezielle Wochenendarrangements; andere wiederum, die eher am Wochenende ausgelastet sind, versuchen mit Vergünstigungen während der Woche mehr Gäste anzulocken. Von März bis November gibt es 20 % regulären Preisnachlass, aber auch sonst, ausgenommen Hochsaison, Feiertage und Ferienzeiten, sind die Preise der gehobeneren Kategorien durchaus verhandlungsfähig. Für Kinder sollte eine Ermäßigung von 25–50 % möglich sein. Wegen der hohen Rabatte für die Reisebüros sind Pauschalangebote meist billiger, als wenn der Gast das gleiche Zimmer direkt beim Hotel bucht.

• *Hotelkategorien:* ***** **Hotel der Luxusklasse:** Für höchste Ansprüche. Entweder als Neubau im Allerweltsstil mit den üblichen Annehmlichkeiten wie TV, Minibar und Direkttelefon auf dem Zimmer, 24-Stunden-Service, mehreren Restaurants und dergleichen; oder alte, mehr oder weniger gelungen renovierte Häuser aus der Kolonialzeit, die ein Mehrfaches an Charme und Noblesse ausstrahlen; 300–450 €.

**** **Hotel für gehobene Ansprüche:** Die Übergänge zum 5-Sterne-Haus sind fließend und hängen meist mit der Ausstattung der Gemeinschaftsräume zusammen; 165–380 €.

*** **Hotel der Mittelklasse:** Die Bandbreite geht vom kleinen Familienbetrieb bis zum modernen Stadthotel für Budget-Geschäftsreisende. Alle Zimmer mit Telefon, Radio oder TV und eigenem Bad, das Haus mit Restaurant; 150–230 €.

** **Hotel der unteren Mittelklasse:** Die Zimmer kleiner als in der 3-Sterne-Kategorie, Radio/TV nur noch in Ausnahmefällen, auch das eigene Bad gehört nicht immer dazu; 100–160 €.

* **Einfache Hotels:** Meist ältere Häuser, die Zimmer nur mit dem Nötigsten ausgestattet, oft nur mit fließend Wasser im Zimmer und Etagenbad, gewöhnlich kein Restaurant; 80–120 €.

• *Info:* Hotels und Guesthouses sind im Verzeichnis "Be Our Guest" der Irish Hotels Association (www.beourgest.ie) aufgelistet, erhältlich gegen Unkostenerstattung von der irischen Fremdenverkehrszentrale.

Bed & Breakfast

Die Aufschrift "B&B", die man an so vielen Häusern in Irland findet, bedeutet "Zimmer mit Frühstück". Viele Familien verdienen sich auf diese Weise ein Zubrot. Für 40–50 € pro Nacht bekommt man ein einfaches, doch gemütliches Doppelzimmer mit dem berühmt-üppigen Frühstück. Zur Mindestausstattung gehört ein Waschbecken mit fließend Kalt- und Warmwasser, zwei Handtücher samt Seife, Schrank, Nachttisch und natürlich ein frisch bezogenes Bett. Seit der Staat die Modernisierung bezuschusst, bauen immer mehr Vermieter wenigstens eine Sanitärzelle mit Dusche in die Zimmer ein. In manchen B&B-Häusern kocht die Hausfrau auf Bestellung auch abends ein Dinner. Wer dazu Wein oder Bier trinken möchte, muss sich damit selbst eindecken – die Vermieter dürfen keinen Alkohol ausschenken.

Die Alternative Hotel oder B&B ist nicht nur eine Preisfrage. Das Hotel ist anonymer, das Privatquartier persönlicher: Hier ist man Gast, mit allen Vor- und Nachteilen, geht auch Verpflichtungen ein und fühlt sich manchmal, wenn man den Fuß vor die Zimmertür setzt, als Eindringling in anderer Leute Privatsphäre. Theoretisch hat der Gast, anders als in England, das Recht, auch tagsüber sein Zimmer zu benutzen; dennoch erwarten viele Vermieter, dass man am Tag das Haus verlässt, während der Hotelgast selbstverständlich und ohne schlechtes Gewissen auf dem Zimmer bleiben oder sich in der Lobby aufhalten kann.

Die vom Fremdenverkehrsamt der Republik kontrollierten B&Bs dürfen sich mit einem Kleeblatt und der Aufschrift *Bord Fáilte Approved* schmücken. Nur diese Quartiere werden auch von den Verkehrsämtern vermittelt – der einfachste Weg, ohne viel Telefonieren oder Herumfahren am Spätnachmittag ein Zimmer zu bekommen, was sich außerhalb der Hochsaison allerdings erübrigt. Wer erst spät abends anzukommen beabsichtigt, kann ein Zimmer mit einer geringen Anzahlung von Touristenämtern anderer Städte aus vorausbuchen.

Während im Norden, so will es wenigstens das Gesetz, alle B&B beim Fremdenverkehrsamt angemeldet sind, hat sich etwa die Hälfte der B&B-Betreiber in der Republik nicht beim Bord Fáilte registrieren lassen. Diese Häuser müssen nicht unbedingt schlechter sein. Der Vermieter mag die Anmeldung nicht nötig haben, weil er entweder gut von der Mund-zu-Mund-Propaganda lebt, es im Ort vielleicht kein Bord-Fáilte-Büro gibt, oder weil ihm der Pubwirt sowieso immer die Gäste schickt . . .

Buchung per Internet: www.commerce.ie/towns_and_country

Farm Houses

Ferien auf dem Bauernhof, besonders geeignet für Leute mit Kindern und ruhebedürftige Naturfreunde, aber kaum für passionierte Kneipengänger. Die Höfe liegen oft weit außerhalb der Dörfer einsam in der Landschaft, ein eigener Wagen ist von Vorteil. Die Preise gleichen denen der B&Bs.

Country Houses

Ein Luxus, den man sich einmal gönnen sollte, ist die Übernachtung in einem der etwa 30 Schlösser und Herrensitze, die einige Zimmer an Fremde vermieten. Bei exzellenter Küche tafelt man mit exklusiven Gästen und manchmal noch mit dem Hausherren selbst. Für die Übernachtung mit Dinner sollte man 200–500 € einkalkulieren.

Info: Farmhouse B&B sind im Verzeicnis "Irish Farmhouse Bed & Breakfast" der Irish Farm House Holidays Association (www. irishfarmholidays.com), aufgelistet, erhältlich gegen Unkonstenerstattung von der irischen Fremdenverkehrszentrale.

Guesthouses

Sie entsprechen unseren Pensionen, sind also im Komfort zwischen kleinen Hotels und Privatzimmern angesiedelt. Auch die Guesthouses sind von Bord Fáilte überprüft und qualifiziert, viele Häuser der gehobeneren Kategorien gehören auch dem Hotelverband an.

Jugendherbergen

Der irische Jugendherbergsverband *An Oige* betreibt etwa 35 Herbergen auf dem Gebiet der Republik. Die 8 Häuser im Norden werden von der *Youth Hostels Association of Northern Ireland* verwaltet. Ein gemeinsames Faltblatt der beiden Verbände gibt's bei den Fremdenverkehrsämtern. Die Herbergen, die nahezu alle in den Küstenregionen und dort weit außerhalb der Ortschaften stehen, sind vergleichsweise klein, einfach ausgestattet und richten sich in erster Linie an Wanderer, Radler und Naturfreunde, wie es früher auch in Deutschland der Fall war. Unter dem Druck der privaten Herbergen haben die offiziellen "Juhes" ihre abendlichen Schließzeiten wenigstens denen der Pubs angepasst.

Die Übernachtungspreise liegen je nach Komfort zwischen 7 und 16 €, wer keinen internationalen Herbergsausweis vorzeigen kann, muss etwas tiefer in die Tasche greifen. Frühstück gibt es nur in Galway und Dublin, Abendessen nirgends; dafür haben alle Häuser Küchen zum Selbstkochen (Besteck und Zündhölzer mitbringen!). Alters- und Aufenthaltsbegrenzung gibt es keine, Vorausbuchung ist möglich, ebenfalls die Benutzung des eigenen Leinen- oder Daunenschlafsacks.

• *Infos/Buchung:* **An Oige,** 31 Mountjoy St., Dublin 7, ✆ (01) 830 45 55, 📠 830 58 08, www.irelandyha.org.
Youth Hostels Organisation of Northern Ireland, 22 Donegall Rd., Belfast BT125JN, ✆ 9032 4733, 📠 9043 9699, www.hini.org.uk.

Jugendherberge Glencree

Private Hostels

Mit etwa 300 privaten Hostels dürfte Irland heute den europäischen Rekord halten. Sie sind in den letzten Jahren, auch dank staatlicher Steuervergünstigungen und Investitionshilfen, wie Pilze aus dem Boden geschossen und zwingen jetzt auch den staatlichen An-Oige-Verband, seine teilweise angestaubten Häuser zu modernisieren und antiquierte Hausordnungen zu liberalisieren. Bei den Privaten gibt es keine Sperrstunde, man braucht keinen Herbergsausweis, sie liegen in den meisten Städten zentral und nicht irgendwo in der Pampa, man darf auch tagsüber in den Schlafsaal, und für Paare oder Reisende mit Kindern gibt es auch einige separate Doppelzimmer. Wie bei den offiziellen "Juhes" kann man sich in der Küche selbst versorgen, doch haben einige Häuser auch eine Cafeteria oder bieten wenigstens Frühstück an.

Die Preise für ein Bett im Schlafsaal (6 bis 10 Betten) oder 4er-Zimmer liegen bei 9–18 € pro Person und Nacht, für ein Doppelzimmer ("private room") je nach Komfort bis 25 €. In Dublin und Galway können die Preise auch höher ausfallen.

Für eine gewisse Qualitätskontrolle (Feuerschutz, Hygiene, Mindestflächen pro Bett u.ä.) sorgt *Independent Holiday Hostels (IHH),* ein Verband mit rund 150 Mitgliedern. In jedem Hostel gibt es ein Faltblatt mit den Adressen aller dem Verband angeschlossenen Herbergen, und nur sie werden auch von den Touristenämtern vermittelt. Gegen eine Anzahlung von 8,50 €, die später verrechnet wird, kann man sich auch von Hostel zu Hostel ein Bett reservieren

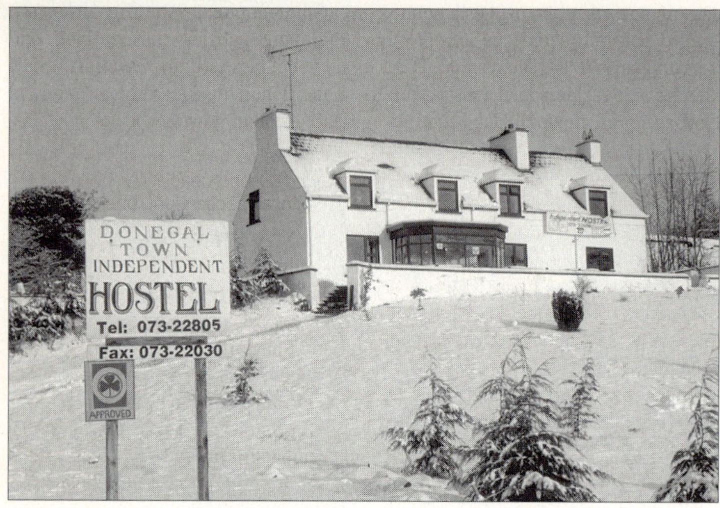

Donegal-Hostel im irischen Winter

lassen – gerade in der Hochsaison wird dies dringend empfohlen. Schließlich gibt es auch Übernachtungsgutscheine (Voucher), die aber für Individualreisende von wenig Nutzen sind, da sie keine Reservierung beinhalten.

Im Konkurrenzverband der *Independent Hostels Ireland (IHI)* haben sich Hostels recht unterschiedlicher Qualität zusammengefunden: Zum einen einige Veteranen der irischen Hostelszene, denen der Kurs des IHH zu kommerziell erschien und die insbesondere die Zusammenarbeit mit Bord Fáilte und die damit verbundenen Auflagen ablehnen. Zum anderen jene Häuser, die von IHH nicht aufgenommen wurden; sei es, weil sie den Standards nicht genügten, oder weil die örtliche IHH-Konkurrenz ihre Aufnahme blockiert. Manche Häuser sind Mitglied beider Verbände. Im allgemeinen ist der Standard der IHI-Hostels jedoch geringer. Schließlich gibt es auch Hostels, die keinem Verband angehören.

Infos/Buchung: **IHH** unter www.hostels-ireland.com, E-Mail ihh@iol.ie und ✆ 01/836 47 00; **IHI** unter epcmedia.com/ihi/ und ✆ 073/30 130.

Ferienhäuser

Es gibt sie in allen Preislagen, für 6 Personen beispielsweise zwischen 110 und 500 € pro Woche, je nach Lage und Jahreszeit. Die Buchung im Rahmen einer Pauschalreise ist üblich und meist preiswerter, als wenn man sich aus der Liste des Fremdenverkehrsamtes selbst ein Quartier aussucht. Zum Standard gehören die voll eingerichtete Küche, ein Wohnzimmer (häufig mit offenem Kamin) und ein oder zwei Schlafzimmer. Brennmaterial (Torf oder Gas) wird gestellt, mit Lebensmitteln versorgt man sich selbst. Ein Vorteil gegenüber dem B&B-Haus ist die kulinarische Unabhängigkeit – man kann auch mal selber kochen und muss nicht immer essen gehen. Für Gruppen oder Familien mit Kindern sind Ferienwohnungen damit preiswerter als Privatzimmer.

Camping

Eine komplette Campingausrüstung geht ganz schön ins Geld – und ins Gewicht. Für Wanderer, die sich über Tage hinweg abseits der ausgetretenen Pfade bewegen, ist Campen nichtsdestotrotz ein Muss. Und für Radler, die in Irland sowieso regenfest sein müssen, mögen sich das Gewicht der Campingutensilien und das Naturerlebnis die Waage halten. Allen anderen empfehlen wir für Irland statt Camping ein festes Dach über dem Kopf.

▸ **Ausstattung:** Die 125 regulären Plätze werden hauptsächlich von Wohnmobil- und Caravanfahrern besucht. Für 6–15 € pro Zelt mit zwei Personen bieten sie zwischen April und Oktober ein Mindestniveau mit Toiletten, Waschgelegenheit und Abfalltonnen; einige Anlagen verfügen auch über Küche, Waschsalon (Trockner!), Shop und Kneipe. Warme Duschen kosten gewöhnlich extra. Im Norden werden Camper wahrhaft königlich behandelt. Die Plätze sind im Durchschnitt besser ausgestattet als in der Republik, aber noch mehr auf Dauercamper zugeschnitten.

Tipps: Zeltler haben in Irland vor allem mit zwei Widrigkeiten zu kämpfen. Die Myriaden stechender Blutsauger hält man sich mit einem Moskitonetz vom Leibe. Auch die sorgfältige Wahl des Standplatzes hilft schon eine Menge: Nachbarschaft von Gewässern vermeiden und statt dessen einen freien, zugigen Standort wählen – das mögen die Biester gar nicht. Ein zweites Problem ist der Regen. Auch hier bringt ein exponierter, etwas erhöhter Standplatz Vorteile: Das Wasser fließt besser ab, eventuell kann man sich den Wassergraben um das Zelt sparen. Schlafsäcke aus Kunststoff sind evtl. zwar etwas schwerer und sperriger als ein Daunensack, nehmen aber weniger Feuchtigkeit auf und trocknen schneller. Das Zelt sollte eine Regenplane haben oder gar doppelwandig sein, denn man muss es auch nass einpacken können.

Information: www.camping-ireland.ie

▸ **Wildes Zelten:** Grundsätzlich erlaubt. Verboten ist es in Naturparks und überall sonst, wo Schilder etc. ausdrücklich darauf hinweisen ("Temporary Dwelling Prohibited"), und mancherorts im Norden wird es, je nach Sicherheitslage, von der Polizei nicht gerne gesehen. Auf privatem Grund, etwa einer Wiese, muss man natürlich den Eigentümer um Erlaubnis fragen. In den Touristenregionen um Kerry und Cork lassen sich manche Bauern diese Erlaubnis mit einem Pfund entlohnen oder haben gar inoffizielle Plätze eingerichtet. Hier sollte man sich vorher überzeugen, ob wenigstens eine Toilette und Dusche vorhanden ist, andernfalls lieber in die Wildnis gehen. Auch in den Gärten der meisten Hostels kann man für wenig Geld übernachten und die Einrichtungen mitbenutzen.

Noch ein Tipp für Wildcamper: Bevor Sie Ihr Zelt auf einer Weide aufschlagen, prüfen Sie gründlich, ob auch keine Tiere da sind Kälber und Jungbullen betrachten ein Zelt gerne als Spielzeug. Selbstverständlich sollte es sein, dass man seinen Müll nicht einfach in der Landschaft zurücklässt, sondern mit in die nächste Siedlung nimmt.

Essen und Trinken

Noch ist Irland kein Schlemmerparadies, und niemand sollte speziell der Gaumenfreunden wegen auf die Insel fahren. Doch es gibt Lichtstreifen am kulinarischen Horizont.

Junge Köchinnen und Köche emanzipieren sich vom schlechten Einfluss der früheren Kolonialmacht und suchen mit dem *countryhouse style* einen Weg, die regionale Küche in die Restaurants zu holen und zu verfeinern. Noch herrscht allerdings vielerorts die merkwürdige englische Gewohnheit, alles zu kochen, zu kochen und noch weiter zu kochen, bis das Fleisch ausgedörrt zusammenschrumpft und das Gemüse zu Brei zerfällt. Dabei hat Essen, zumal gutes, seinen Preis – unter 8 € ist kaum etwas zu haben, abends sind 25 € für ein Menü mit Getränk realistisch. Das Bedienungsgeld ist gewöhnlich im Preis inbegriffen (service included). Die gelegentlich für 3–5 € offerierten "Touristenmenüs" erscheinen zwar relativ preiswert, entpuppen sich aber oft als Mogelpackung, mit der unbedarfte Durchreisende über den Tisch gezogen werden.

Speisen

Fleisch ist die Basis jeder Mahlzeit, einschließlich des Frühstücks. Obwohl vom Klima her durchaus nicht nur Kartoffeln wachsen könnten, im vom Golfstrom verwöhnten Südwesten sogar Freilandtomaten reifen, haben es Vegetarier in Irland schwer. Kurioserweise fristeten Fisch und Meeresfrüchte lange nur ein Schattendasein auf den Speisekarten. Die gelegentlich vernehmbare Erklärung, dass irische Kinder im katholisch geprägten Milieu schließlich jeden Freitag mit Fisch traktiert würden und deshalb als Erwachsene davon mehr als genug hätten, klingt nicht besonders überzeugend. Logischerweise müssten z.B. Spanier und Portugiesen diese Gerichte ebenfalls verschmähen. Doch selbst beim Fisch wandeln sich die Sitten, und gerade in den Touristenorten werden immer mehr einschlägige Spezialitätenrestaurants eröffnet.

• *Kochbücher:* **"The Irish Country Kitchen"** von Mary Kinsella, Belfast (Appletree) und **"Irish Heritage Cookbook"** von Margaret M. Johnson versammeln jeweils etwa 200 Rezepte der traditionellen irischen Küche. Wer in der Küche nicht mit dem Wörterbuch hantieren will, benutzt **"Irisch kochen"** von Jürgen Schneider (Verlag Die Werkstatt). Irische Rezepte im Internet unter www.irishfood.com.

Mehr zu Speisen und Getränken im Lexikon am Ende des Buches.

Mahlzeiten und Speiselokale

▸ **Morgens:** Das *full Irish breakfast* hat seinen Namen verdient. Kaum aufgestanden, wird der nüchterne Magen mit bis zu fünf Gängen traktiert: angefangen wird mit einem Fruchtsaft, meist Grapefruit (eiskalt, bitter und aus der Dose); dann folgen Porridge (Haferbrei), Cornflakes, Wheatabix oder andere Getreideflocken (cereals genannt). Den Hauptgang bilden Eier mit Schinkenspeck, scharfe Schweinswürstchen, dazu vielleicht eine gebratene Tomate. Toast oder brown bread – das traditionelle Landbrot – mit gesalzener Butter und Bittermarmelade und ein Kännchen Tee oder Pulverkaffee runden das Frühstück ab. Wer's der schlanken Linie wegen weniger deftig mag oder von der "fat platter" Pickel bekommt, dem wird auf Wunsch natürlich auch ein "continental breakfast" serviert.

- **Mittags:** Das Mittagessen (lunch) darf jetzt bescheidener ausfallen. Viele begnügen sich mit einem *pub grub,* einem Imbiss im Pub: Sandwiches oder plastikverschweißte Fertiggerichte, die in der Mikrowelle aufgewärmt werden, vielleicht eine Suppe oder ein Salat. Wenig einladend erschienen uns die vielen Imbissbuden: Hamburger, Chips, Grillhühner etc., fettes Essen in ungastlichem Ambiente und auf Dauer auch nicht billig. Als Alternative bieten sich die Mensen der Universitäten an, die während der Semesterferien auch für Nicht-Studierende geöffnet sind – keine Gourmetküche, aber für etwa 3 € ein sättigendes Tagesgericht. In den Hotels und Restaurants wird zwischen 12 und 14 Uhr serviert, hier sind die Menüs mittags um gut ein Drittel günstiger als ein vergleichbares Essen am Abend.
- **Nachmittags:** Die *tea time* (ab 16 Uhr) und der *high tea* (ab 17 Uhr), der wiederum zu einem mehrgängigen Mahl ausufern kann, werden in den irischen Tea Rooms und Coffee Shops weniger gepflegt als in Großbritannien. Zum Tea sollte man unbedingt die süßen Teebrötchen (scones) probieren.
- **Abends:** Wer abends gut essen möchte, merkt schnell, dass man in Irland nicht so häufig ins Restaurant geht wie auf dem Kontinent. Die wenigen Speiselokale werden oft von zugereisten Gälophilen geführt und sind sündhaft teuer. Wer sich und seinem Geldbeutel abends kein Restaurant-Dinner zumuten möchte, kann auf viele Pubs ausweichen. Als "barmeals" bieten sie zwischen 19 und 21 Uhr verschiedene Tellergerichte an – oft die gleichen Speisen, die im zugehörigen Restaurant erheblich teurer auf den Tisch kommen.
- **Trinkgeld, Service Charge:** Das in Deutschland mit zunehmendem Verbraucherschutz irgendwann sang- und klanglos untergegangene "Bedienungsgeld" zeigt sich in Irland zählebig. Viele der vornehmeren Restaurants schlagen auf die Rechnung noch eine zehn- bis fünfzehnprozentige "Service Charge", selbst manche Hotels setzen auf die Zimmerpreise noch eins drauf. Andere verlangen die Service Charge nur bei Speisen, nicht bei Getränken, wieder andere nur bei Gruppen ab sechs Personen, obwohl die ja eigentlich weniger Arbeit darstellen als sechs Einzelgäste an sechs verschiedenen Tischen. Hier ist das Bedienungsgeld "discretionary", also "nach Ermessen", dort wird dem amerikanischen Vorbild gefolgt, nach dem das Servicepersonal überhaupt nur vom Trinkgeld lebt. Unter dem Strich folgt nur eine Minderheit dem klaren Prinzip "Service included", welches das Trinkgeld wieder zu dem macht, was es eigentlich sein sollte: eine freiwillige Anerkennung für guten Service.
- **Bier:** Was ihnen am Essen fehlt, machen die Iren durch ihre Trinkkultur mehr als wett. Neben dem Shamrock, dem dreiblättrigen Kleeblatt, ist das schaumgekrönte Stout, meist Marke *Guinness,* das zweite Nationalsymbol der Insel. Es läuft, mit wenig Kohlensäure gezapft, in jedem Pub aus einem der wenigstens drei Schankhähne und schäumt lange nach. Das inländische Guinness hat

bedeutend weniger Alkohol als die Exportversionen. Weltweit fließen jeden Tag 5 Millionen Gläser in durstige Kehlen, und mit einem gigantischen Werbeetat gibt sich der Getränkemulti alle Mühe, dass das auch so bleibt. Dabei ist es weniger die Konkurrenz, die dem Familienunternehmen zu schaffen macht – die vergleichbaren Marken Beamish und Murphy's aus Cork besitzen nur im Südwesten Irlands einen nennenswerten Marktanteil – als vielmehr der Trend zum süffigen, alkoholarmen Lagerbier. Besonders bedenklich: Das helle, pilsähnliche Lager schmeckt vor allem der Jugend. Führende Marken sind *Smithwick* und *Harp,* wobei letzteres ebenfalls zu Guinness gehört. Und selbst die in Irland ausgeschenkten *Carlsberg, Budweiser* und *Fürstenberg*-Biere werden alle von Guinness in Lizenz gebraut, auch das deutschtümelnde *Satzenbrau* ist eine ureigene Erfindung des Dubliner Getränkekonzerns.

Der Autor kann sich den Siegeszug des Lager nur als eine Modetorheit erklären. Üblicherweise in einem Zug gezapft, schmeckt es entsprechend schal, auch die Flaschenabfüllungen begeisterten nicht. Dann gibt es noch das Bitter, ein weiches und relativ leichtes Dunkelbier, das in etwa dem deutschen Alt entspricht. Autofahrer können sich an das alkoholarme Ale halten oder sie trinken Shandy, eine Mischung aus Bier und Zitronenlimonade, bei uns z. B. als Radler oder Alsterwasser bekannt.

Und wo sind die kleine Dorfbrauer, die dem Weltkonzern die Stirn bieten, wie einst Asterix & Co den Römern? Ein Dutzend Kleinbrauereien sind in den letzten Jahren entstanden und suchen mit exklusiven Produkten handwerklicher Braukunst ihre Marktnischen. So braut etwa die *Biddy Early Brewery* in Inagh, Co. Clare, ihr "Black Biddy" ohne chemische Zusätze, dafür mit Extrakten aus Tang und Algen.

- **Cider:** Hessen und Thurgauer müssen auch in Irland nicht auf "Stöffsche" und "Moscht" verzichten. Apfelwein wird vor allem im Golden Vale (Tipperary) getrunken, hier ist mit *Bulmers* auch der Marktführer unter den Produzenten zu Hause.

- **Whiskey:** Schuld sind natürlich die Franzosen. Nicht nur, dass die großen irischen Whiskeymarken inzwischen von einer einzigen Firma, der *Irish Distillers Ltd.* kommen, die ihrerseits zum Pernod-Ricard-Konzern gehört, dass 95 % der irischen Produktion in nur noch zwei Brennereien (Bushmills im Norden und Jameson in Midleton, County Cork) entstehen und dass dem irischen Whiskey als Verschnitt ("blend") – wie in Schottland schon lange üblich – Maisdestillate und andere Schnäpse beigefügt werden. Als wäre dies alles für den traditionsbewußten Whiskeygenießer nicht schon schlimm genug, bemüht sich eine Mannschaft von Lebensmittelchemikern auch noch, den Whiskey in seine wohl 800 natürlichen Substanzen zu zerlegen, um den bislang für unnachahmlich gehaltenen Geschmack dann chemisch-künstlich erzeugen zu können. Nur *Cooley's,* eine vergleichsweise winzige Brennerei, hält dem Marktriesen noch stand und pflegt die traditionelle Art der Whiskeyherstellung.

  Den Chemikern in den Labors der Whiskeyproduzenten geht es bei ihren Experimenten (wie übrigens auch beim Cognac) darum, den Reifeprozess abzukürzen und vor allem auf die teuren Eichenfässer verzichten zu können.

Bier und mehr – das Geheimnis des Erfolgs

Arthur Guinness muss sich seiner Sache sehr sicher gewesen sein. Gleich für 9000 (!) Jahre pachtete er 1759 das Gelände am Dubliner St. James Gate, wo sich noch heute der Hauptsitz des Getränkekonzerns befindet. Hier experimentierte der Stammvater der Dynastie mit Hopfen und Malz, um auch in Dublin jenes Bier herstellen und verkaufen zu können, das in den Hafenvierteln und unter den Lastträgern Londons überaus beliebt war: das dunkle, bittersüße Porter, der Vorfahre des modernen Stout.

Irlands schwarzes Gold

Nur Kleinigkeiten, und die bleiben Firmengeheimnis, unterscheiden die Guinness-Herstellung von der üblichen Bierbrauerei. Gerste wird mit Feuchtigkeit zum Keimen gebracht und dann wieder getrocknet – so entsteht das Malz. Darunter mischt man ein wenig angeröstete Gerste, die später dem Bier die braune Farbe gibt. Das derart veredelte Malz wird gemahlen und mit heißem Wasser zur Maische verrührt. Aus diesem Brei werden die festen Bestandteile ausgefiltert (früher dienten sie als Viehfutter) und die Flüssigkeit in den Sudkessel geleitet. Nach der Zugabe von Hopfen muss der Sud kochen. In den anschließenden Gärbecken kommt der abgekühlte Sud mit der Hef e zusammen, die den Zucker in Alkohol umwandelt. Jetzt muss noch der Gärschaum abgeschöpft und die Brühe in Fässer gefüllt oder auf Flaschen gezogen werden, und fertig ist das Bier.

Wie der Provinzbrauer Arthur Guinness sich gegen seine 800 Konkurrenten durchsetzte, wissen wir nicht. Schon Sohn Benjamin (1798–1868) war jedenfalls einer der reichsten Männer Irlands. Folgerichtig wurde er von Queen Victoria geadelt und betätigte sich noch nebenbei als Bürgermeister Dublins. Er wusste, was er dem biertrinkenden Volk schuldig war und ließ die St.-Patrick's-Kathedrale renovieren. Die Guinness-Familie stiftete Parks, organisierte Ausstellungen und errichtete seinerzeit vorbildliche Arbeitersiedlungen. Ihre (nach dem Bier) berühmteste und werbewirksamste Erfindung war das jährlich erscheinende *Guinness Book of the Records,* in dem alle schrillen Meisterleistungen unserer Tage verzeichnet sind.

Zu denen gibt es bislang noch keine Alternative, denn erst die Wechselwirkung mit dem Eichenholz verleiht dem Malzdestillat sein typisches Aroma. Das Malz für den irischen Whiskey wird in geschlossenen Kästen geröstet, während die schottischen Sorten ihren typisch rauchigen Geschmack durch das Dörren des Malzes über offenem Feuer bekommen.

Obwohl ein Durchbruch für die Wissenschaftler noch nicht in Sicht ist, pflegen die Iren sicherheitshalber die althergebrachte Methode der Whiskeyherstellung auch auf eigene Faust – sie brennen schwarz. Vor dem giftigen Methylalkohol, dem tödlichen Feind aller Fuseltrinker, schützt ein einfacher Test: Etwas Schießpulver in eine Probe des Destillats und Streichholz dran – wenn's explodiert, war's Gift. Ist das Destillat aber genießbar, heißt es *Poitien* (sprich: pot-chien), und schmeckt wohl so ähnlich wie jenes Gebräu, dem schon die Irland missionierenden Mönche verfallen waren. Die *Lex Columban,* das älteste überlieferte Gesetzeswerk der Insel, setzte einen Priester, der seine Gebete nur noch zu lallen vermochte, auf 12 Tage Entzug bei Wasser und Brot.

Der Poitien soll allerlei Krankheiten vorbeugen, verspricht Melancholie und das Phlegma zu heilen, spart gegenüber dem Fabrikwhiskey Geld und ist eine Art Traditionspflege. Dazu kommt das Abenteuer, der Obrigkeit eins auszuwischen. Geschmacklich überzeugt der Poitien nur selten. Vielleicht aus Ungeduld lassen die meisten Schwarzbrenner ihren Whiskey nicht lange genug im Fass reifen – und manchen fehlen gar exakt die Eichenfässer, die den Whiskey zum Whiskey machen. So würde wenigstens der Poitien von einem Erfolg der Lebensmittelchemiker profitieren.

Info: http://homepage.eircom.net/~whiskey/pajos.htm

Im Pub

Geben wir's zu. Der Pubtresen ist eine Festung des Chauvitums, und Frauen sind allenfalls auf den Bänken der Lounge geduldet. Die Luft ist rauchgeschwängert und der Geräuschpegel hoch, denn das Reden ist genauso wichtig wie das Trinken.

Der Pubgänger, der sich (Selbstbedienung) in die vorderste Reihe der Tresensteher vorgekämpft hat, bestellt niemals "a beer", sondern "a pint of ..." Guinness, Harp oder welche Marke und Sorte er auch immer haben möchte. Theoretisch gäbe es statt dem 0,57 l fassenden pint auch "a glass" oder "a half" mit 0,28 l, doch das ist "Weiberzeugs" und eines Mannes nicht würdig! Für Männer die einzige gesellschaftlich voll akzeptierte Alternative zum pint ist der Whiskey. Und damit es über die Zeche keinen Streit gibt, wird stets gleich nach Erhalt bezahlt, Trinkgeld ist nicht üblich. Wer sein Großgeld loswerden möchte, bestellt Runden für alle, und wer zuviel Kleingeld hat, wirft es in die auf der Theke stehende Sammelbüchse des Roten Kreuzes oder des örtlichen Sportvereins. Wenn der Barmann mit einem "last order, please" zur letzten Bestellung auffordert, bleibt noch eine halbe Stunde bis zur Sperrzeit. Die wird strikt eingehalten – wo Polizei in der Nähe ist.

Zur Einstimmung: The Virtual Irish Pub, www.visunet.ie/vip/.

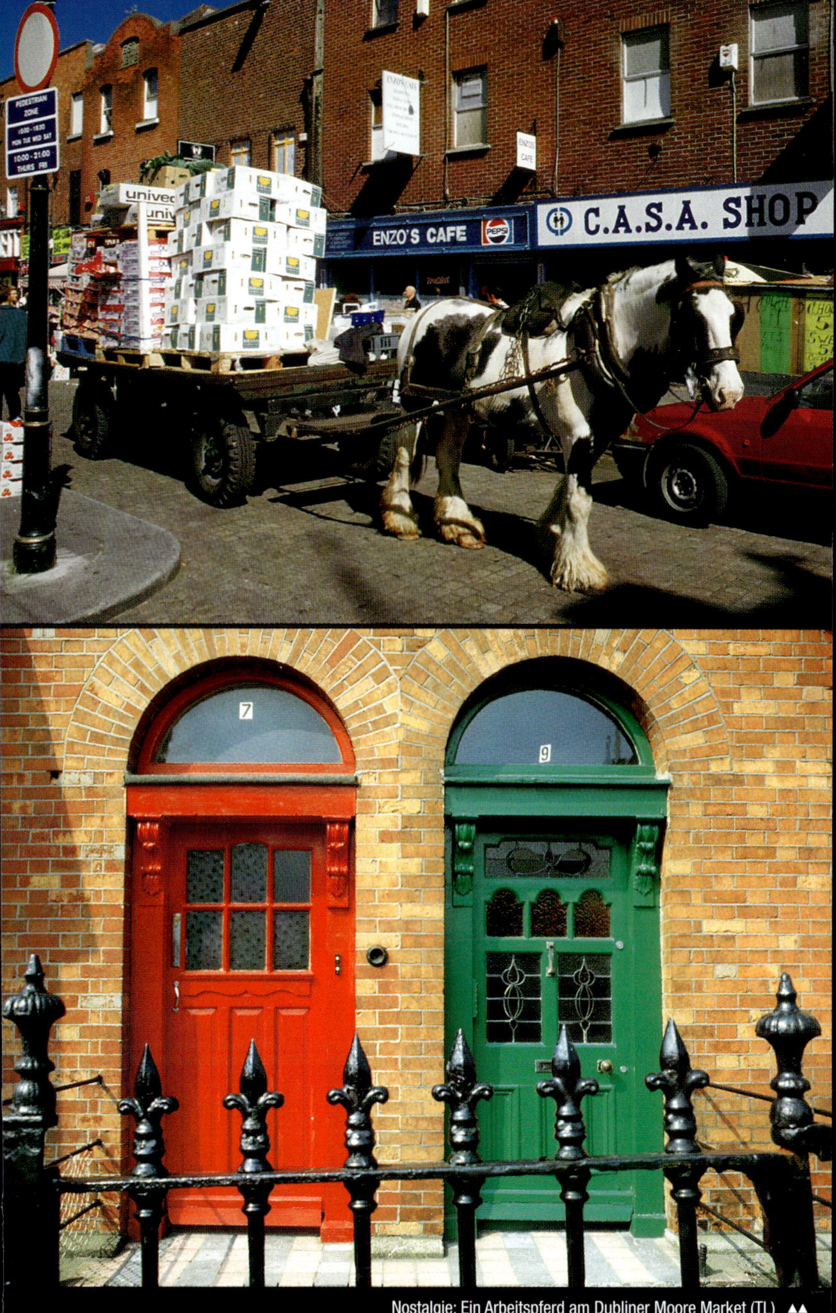

Nostalgie: Ein Arbeitspferd am Dubliner Moore Market (TL) ▲▲
Aufwändige Türen zieren die sonst schlichten Fassaden der Dubliner Bürgerhäuser (TL) ▲

Dublin: Im Sauseschritt hastet der Großstädter über die Millenium-Bridge (oben/RRB) oder über die O'Connell Street (unten/TL)

DUFFY'S
CURTAINS
MADIGANS
LOUNGE
BAR
STORES

Dublin: Stadt der Moderne (Einkaufszentrum oben), Smithfield Chimney (unten links) und Tradition (Moore Market, unten rechts) (TL)

▸ **Singing Pubs:** Ein entsprechendes Schild bedeutet nicht, dass hier das Publikum nach entsprechendem Alkoholgenuss zu singen pflegt (was gleichwohl nicht auszuschließen ist), sondern dass hier Musik dargeboten wird – eine Musikkneipe also. Es handelt sich um *balladsinging*, nämlich Folkmusik mit modernen Instrumenten, oder *traditional music,* Folkmusik mit Dudelsack, Akkordeon und Fiedel. Dabei herrscht keine Konzertatmosphäre. Die Musiker sind meist ohne Bühne inmitten des Publikums platziert und machen Begleitmusik, während die Gäste munter schwätzen, falls ihnen nicht der Dudelsack die Verständigung verunmöglicht. *Singalons* sind die irische Variante eines Karaokelokals: Hier ist der Gast aufgefordert, selbst ans Mikrofon zu treten und ein Lied anzustimmen.

Sport, aktiv

Mit seiner weithin noch intakten Natur bietet sich Irland geradezu an, das Entdecken und Erleben von Land und Leuten mit sportlichen, gleichwohl naturnahen Aktivitäten zu verbinden. Pauschalveranstalter machen Sporturlaubern schon lange spezielle Angebote: Reiterferien, Segeln, Golfen, Wellenreiten und vieles mehr. Besonders diejenigen, die einen richtigen Kurs absolvieren und eine Sportart systematisch betreiben möchten, sollten sich anhand der "Grünen Seiten" des irischen Fremdenverkehrsamtes vorab ein entsprechendes Pauschalangebot suchen. Wer sich lieber vom Zufall, spontaner Eingebung oder Lust und Laune leiten lässt, findet Sportangebote natürlich auch vor Ort. Hier ein Überblick über die bei sportlichen Irlandurlaubern beliebtesten Aktivitäten. Details dazu finden Sie jeweils in den Ortskapiteln dieses Buches.

Fischen

Angeln ist nicht gleich Angeln. Deep Sea Fishing, Game Fishing, Coarse Fishing, Salmoniden und Nichtsalmoniden, lebende und tote Köder, Ruten und Blinker... – da staunt der Laie, und der Fachmann (warum ist Angeln eigentlich ein reiner Männersport?) bekommt glänzende Augen. Irland ist das klassische Anglerland, und viele Urlauber kommen hauptsächlich deswegen, so dass auch eine ganze Reihe von Reiseveranstaltern organisierte Anglerferien anbieten (Adressen in den "Grünen Seiten" des Fremdenverkehrsamtes).

Auch wenn Sie (noch) nicht zur Gemeinschaft der Angler gehören, jener eingeschworenen Gilde, die den halben Tag stumm und reglos lauernd am Wasser sitzt, um am Abend beim Vertilgen der Beute die unglaublichsten Geschichten zu erzählen: Hier ist der geeignete Ort, erste Bekanntschaft mit diesem Hobby zu machen. Nach Beratung in einem *Tackle Shop* mieten Sie sich eine einfache Ausrüstung (ab 5 €) und holen mit Anfängerglück – auch Fischen will gelernt sein – Ihr Abendessen aus dem Wasser. Für die Zubereitung stellt Ihnen die Gastgeberin der Bed & Breakfast-Pension sicher die Küche zur Verfügung. In Irland wird weniger vom Ufer, als vielmehr vom Boot aus gefischt. Besonders bei Ferien auf einem Hausboot liegt es deshalb nahe, auch mal die Angel auszuwerfen. Ein Ruderboot kostet 10–20 €, ein Führer (Ghillie), der einweist und die besten Plätze kennt, nochmals knapp 50 € pro Tag.

Infos und Permits: **Central Fisheries Board,** Balnagowan House, Mobhi Boreen, Glasnevin, Dublin 9, ✆ (01) 837 92 06. Im Web unter www.angling.travel.ie, www.irishfisheries.com und (mit Nordirland) www.where-tofish.com.

▸ **Hecht, Friedfische** (Coarse Fishing): Da die irischen Fischer sich hauptsächlich für Forellen und Lachse interessieren, bleiben die Nichtsalmoniden weitgehend unbehelligt, und es gibt noch reichlich davon. Außer am oberen Shannon (ab Banagher, samt Zuflüssen) braucht man keinen Angelschein, Schonzeiten sind hier unbekannt. Jedoch darf man nur mit höchstens zwei Ruten gleichzeitig fischen und keine Lebendköder benutzen. Das beste Revier ist die Seenplatte der Midlands. Auf besonders gute Stellen wird schon an der Straße mit einem Schild "fishing" hingewiesen. Hechte beißen am besten in den Wintermonaten; die meisten Friedfische gehen im Sommerhalbjahr an die Leine, Aal und Karpfen das ganze Jahr über.

▸ **Forellen, Lachse** (Game Fishing): Die Salmoniden, die im Frühjahr zum Laichen aus dem Meer die Flüsse hinaufziehen, schmecken besonders gut, sind aber auch besonders schwierig zu fangen. Deshalb sind sie die bevorzugte Beute der einheimischen Sportfischer. Die beste Zeit für Lachse ist das Frühjahr, für Seeforellen der Sommer. Viele Salmonidengewässer befinden sich in Privatbesitz. Man benötigt eine Lizenz, die je nach Gebiet und Dauer von 3 bis 30 € (ganzes Land für ein Jahr) kostet und in den Anglergeschäften oder bei den Fischereiverwaltungen erhältlich ist. Dieses Geld geht an den Staat. Dazu kommen noch Kosten von 10 bis 40 € pro Tag für die Angelerlaubnis im Gewässer, die der Eigentümer verlangt. Bei Pauschalreisen sind diese Kosten gewöhnlich eingeschlossen.

Angler-Englisch

Brachse	Bream
Karpfen	Carp
Aal	Eel
Barsch	Perch
Hecht	Pike
Regenbogenforelle	Rainbow Trout
Rotauge	Roach
Rotfeder	Rudd
Lachs	Salmon
Seeforelle	Sea Trout
Schleie	Tench
Köder	Baits
Angeln mit Heuschrecke	Dapping
Schwimmer	Float
Angeln mit Fliegenköder	Fly Casting
Haken	Hook
Net Kescher	Landing
Schnur	Line
Spinner	Spinner
Blinker	Lure
Maden	Maggots
Rolle	Reel
Angel	Rod
(Blei-) Gewicht	Shot
Anglerausrüstung	Tackle
Wurm	Worm

• *Reviere:* Die besten Reviere für Süßwasserforellen sind die Seen der Kalksteingebiete im Westen Irlands. Von Oktober bis April (Bachforellen Sept.–Febr.) ist Schonzeit. Einen Angelschein (3 Wochen 6 €, ein Jahr 15 €) braucht man nur für das Gebiet des oberen Shannon (siehe www.shannon-fishery-board.ie).

▸ **Fischen im Meer** (Sea Fishing): Das Angeln im Salzwasser ist einfacher als im Binnengewässer, und das Meer der geeignete Einstieg für Anfänger. Die reichste Ausbeute verspricht die Südostküste; hier tummeln sich die Meeresfische gern im warmen und noch leidlich sauberen Wasser des Golfstroms. Das

Angelvergnügen beginnt am Strand mit dem Sammeln der Köder: Krabben, kleine Muscheln und Würmer. Natürlich gibt's im Tackle Shop auch künstliche Köder, doch bevorzugen die Fische ihre natürliche Nahrung. Fortgeschrittene Freizeitfischer mieten sich ein Boot oder gehen mit dem von einem erfahrenen Skipper gesteuerten Kutter hinaus auf hohe See. Pro Person kostet der in jedem Hafenort zu buchende Spaß einschließlich Ausrüstung rund 20 €. Gefangen werden außer den üblichen Seefischen wie Makrelen, Heringe, Äschen und Brassen auch schwere Brocken wie Blauhaie und Rochen.

Fischen in Nordirland

Hier braucht man generell einen Angelschein (13 € für 15 Tage). Für das Foyle-Gebiet ist die **Fisheries Commission,** 8 Victoria Rd., Derry BT47 2AB, ✆ (0504) 412 00, zuständig, für das restliche Nordirland das **Fisheries Conservation Board,** 1 Mahon Rd., Portadown, Craigavon, Co. Armagh, ✆ (01762) 33 46 66. Zusätzlich muss die Erlaubnis des Eigentümers eingeholt werden. In der Regel ist dies der Staat selbst, nämlich das **Department of Agriculture,** Fisheries Division, Stormont, Belfast BT4 3PW, ✆ 9052 3434, dem man für 15 Tage Angeln wiederum 13 € bezahlen muss. Glücklicherweise verkaufen viele Läden für Anglerbedarf die beiden erforderlichen Genehmigungen, doch ist das Angeln in der Republik allemal billiger.

Drachen-, Gleitschirmfliegen

Mit seiner steten Südwestbrise bietet Irland gute Voraussetzungen zum Fliegen. Geeignete Hänge sind etwa der Mt. Leinster (Co. Carlow), der Great Sugarloaf (Co. Wicklow) und Achill Island (Co. Mayo). Um sich in die Lüfte schwingen zu dürfen, ist außer einer Haftpflichtversicherung auch die Genehmigung des irischen Verbandes erforderlich, der sich anhand der Prüfungsnachweise und des Flugbuches ein Bild vom Können ausländischer Flieger machen will.

Infos: **Irish Hang Gliding Association**, www.newells.com.

Golf

Der kontinentale Modesport ist in Irland schon lange ein Volksvergnügen. 340 Clubs – kein Ort Irlands liegt mehr als 35 km von einem Golfplatz entfernt – freuen sich über ausländische Gäste auf ihren Fairways, von denen die Hälfte 18 Löcher besitzt. Eine Mitgliedschaft im Club ist für Besucher nicht nötig und wäre einem Großteil auch nicht gestattet, denn viele Vereine nehmen noch immer keine Frauen auf. Ausrüstung wird bei Bedarf gestellt. Die Schnupperstunde samt Trainer kostet 25 €, die Greenfee je nach Platz und Tag 13 bis 35 €. Relativ preiswert sind beispielsweise die Plätze um Cork, teuer die Anlagen um Dublin und Killarney. Manche Hotels haben Absprachen über eine ermäßigte Benutzung des nächstgelegenen Platzes durch ihre Gäste. Anfänger meiden das Wochenende und den Feierabend, wenn auf dem Course Gedränge herrscht. Und nach dem letzten Put wird am 19. Loch das Ergebnis in geselliger Runde begossen.

Infos: **Golfing Ireland,** 18 Parnell Square, Dublin 1, ✆ (01) 872 67 11, 📠 872 66 32, www.golfing-ireland.com sowie www.golf.travel.ie.

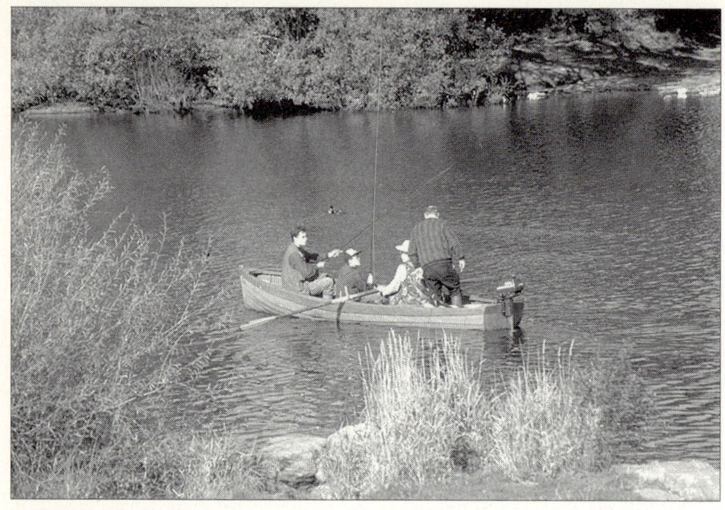

Wer fängt den dicksten Hecht?

Pitch-and-Put, ein vergrößertes Minigolf, ist das Golfspiel des kleinen Mannes und wird nach vereinfachten Regeln auf einem etwa 70 m langen Course gespielt.

Kanu, Kajak

Irlands Kanäle und Flüsse sind gut zum Tourenpaddeln geeignet; fortgeschrittenen Wildwassercracks fehlt es allerdings an Herausforderungen. Noch am flottesten fließen der Liffey und der Barrow; richtig gemütlich dagegen ist der Shannon, Irlands längster Fluss, an dessen Ufer auch die meisten Bootsverleiher zu Hause sind. Für Anfänger schließlich bieten sich die Seen der Midlands an. Für ein geliehenes 2er-Kajak rechne man 75–100 € die Woche, für einen einwöchigen Kurs samt Einfachst-Unterkunft rund 250 €.

Infos: **Irish Canoe Association**, www.irishcanoeunion.com.

Reiten

Ob einen Nachmittag im Galopp über grüne Wiesen und den Strand, oder gleich eine ganze Trekkingtour im Sattel: Das Angebot ist vielseitig und Irland ein gutes Reiterland, dessen Pferde auf den internationalen Rennbahnen und Parcours viele Preise einheimsen. Dabei ist der irische *Hunter* kein Rassepferd, sondern ein gutmütiger und auch für Normalreiter und Anfänger geeigneter Mischling, der, wie sein Name sagt, besonders für die Treibjagd gezüchtet wurde. Unter seinen Vorfahren ist auch das *Connemara-Pony*, auf dem Kinder ihre ersten Reitversuche machen sollten. Apropos Kinder: Einige irische Reiterhöfe bieten auch Ferien für unbegleitete Kinder und die Kombination Reiten + Sprachunterrricht.

Üblich sind zum einen mehrtägige, teilweise geführte Touren, die man schon zu Hause bucht und bei denen der Vermieter das Gepäck mit dem Wagen von Quartier zu Quartier bringt; bei der zweiten Art Reiterferien ist man an einem festen Ort untergebracht – vom Bauernhof bis zum Herrenhaus – und hat hier entweder einen Reit- bzw. Springkurs belegt oder jeden Tag ein Pferd zur freien Verfügung. Eine Pauschalbuchung für eine Woche mit Flug, Vollpension und Pferd beginnt preislich bei 750 €; um ein Pferd gerade mal eine Stunde auszuleihen, muss man 10–15 € auf den Tisch legen.

• *Infos:* **Association of Irish Riding Establishments,** 11 Moore Park, Newbridge, Co. Kildare, ✆ (045) 31 584, www.equine-net.com/AIRE/ sowie www.equestrian. travel.ie und www.horseridingireland.ie.

Geübte Reiter, die sich im **Polo** versuchen wollen, nehmen mit dem Polo-Club, Phoenix Park, Dublin 8, ✆ (01) 677 62 48 Kontakt auf.

Segeln

Insel, Meer und Segeln gehören einfach zusammen. Ideales Revier ist der Südwesten, wo fünf Landzungen wie Finger in den Atlantik greifen. Zwischen den Halbinseln liegen versteckte Buchten und gemütliche Fischerhäfen. "Hauptstadt" des Bootscharter und wichtigster Freizeithafen ist Kinsale bei Cork. Niemand braucht ein Boot mitzubringen oder auch nur Segelerfahrung zu haben, es warten genügend Verleiher und Skipper auf Kundschaft. Für eine Yacht mit bis zu 6 Personen rechne man je nach Typ 750–1800 € pro Woche, ein Skipper bekommt wenigstens 50 € am Tag. Segelurlaub kann, mit und ohne Kurs, auch pauschal gebucht werden; die Abschlusszertifikate der Kurse werden vom Deutschen Seglerverband anerkannt.

• *Infos:* **"Irish Cruising Club Sailing Directory",** zwei schwere Bände für je 40 €, sind mit ihren Infos zu Wind, Häfen und Ankerplätzen die Bibel der Küstenfahrer; erhältlich im irischen Buchhandel. **Irish Sailing Association,** 3 Park Rd., Dun Laoghaire, Co. Dublin, ✆ (01) 280 02 39, ℻ 280 75 58, www.sailing.ie.

Surfen

Mit ihren bis zu 4 m hohen Wellen bietet die irische West- und Südwestküste den Wellenreitern ideale Bedingungen. Mit einigen Celsiusgraden mehr könnte man sich sogar wie in Kalifornien fühlen. Obwohl es unglaublich beeindruckend aussieht, wie die Burschen auf ihren kurzen Brettern über die Kämme der Wogen flitzen, ist das Wellenreiten schnell zu erlernen. Schon am ersten Kurstag stellt sich, bäuchlings auf dem Brett, das Erfolgserlebnis eines einfachen Wellenritts ein. Schwieriger wird's erst danach.

Während der Wellensurfer in jedem Fall heftigen Wind braucht, ist dieser genau das, was den Windsurfanfänger erst gar nicht aufs Brett kommen lässt. Als Einsteiger hält man sich deshalb besser an die windarme Ostküste, Könner surfen dagegen an der Westküste. Es gibt ein Dutzend Schulen, die auch Bretter (bis 20 € am Tag) und die im Atlantik unverzichtbaren Neoprenanzüge (6 €/Tag) verleihen. Für Anfängerkurse rechne man inkl. einfacher Unterkunft und Ausrüstung 150–250 €.

Infos: **Irish Surfing Association**, Zoe Lally, Easkey House, Easkey, Co. Sligo, ✆/℻ (096) 49 020, www.csn.ul.ie/~isles.isa.html.

Tauchen

Mit der Farbenpracht und den Korallenbänken des Roten Meeres sind die Tauchgründe um Irland nicht zu vergleichen, und kaum jemand wird speziell zum Tauchen nach Irland fahren. Doch wenn Sie schon einmal da sind, warum nicht auch einen Sprung ins wenigstens 16 Grad kalte Wasser wagen. Einheimische Taucher wissen auch von manchem alten Wrack. Besonders reizvoll sind die Stellen, wo die Steilklippen unter dem Wasserspiegel liegen.

Infos: Über Wettbewerbe und Veranstaltungen beim **Irish Unterwater Council,** 78a Patrick St., Dun Laoghaire, Co. Dublin, ✆ (01) 284 46 01, 📠 284 46 02, www.scubaireland.com.

Sport, irisch

Im Sport zeigen sich die Iren traditionsbewusst und grenzen sich von den Engländern ab. Auf der ganzen Insel mit Spannung erwartete Highlights sind die Endspiele um die Meisterschaft im Hurling und gälischen Fußball, die im September im Dubliner Croke Park stattfinden.

- **Gälischer Fußball:** Die mit Abstand populärste Sportart auf der Insel ist *gaelic football,* eine Mischung aus Rugby und American Football. Zwei Teams mit je 15 Spielern streiten auf dem Rasen um ein Lederei, das längstens vier Schritte in der Hand gehalten und über Distanz nur getreten oder geschlagen, aber nicht geworfen werden darf. Während des Laufs wechselt der Spieler den Ball geschickt zwischen Händen und Fußspitzen. Ziel ist das Tor – zwei 6 m hohe und 7 m auseinanderstehende Seitenpfosten mit einer in 2,4 m Höhe befestigten Querstange. Drei Punkte erntet, wer den Ball unter ihr hindurch ins Tor bringt, mit einem Punkt wird der Wurf darüber belohnt. Das Spiel ist hart; zur "Arbeit am Mann" gehören auch Würgegriffe und Tiefschläge.
- **Hurling:** Ähnlich dem gälischen Fußball, aber wie Hockey mit einem 4 cm kleinen Ball *(sliotar)* und hölzernen Schlägern *(hurley)* gespielt. Hurling soll so oder ähnlich schon zu heidnischen Zeiten auf Irland verbreitet gewesen sein: Der Sagenheld Cúchulain etwa war ein Meister dieses Sports, und in einer anderen Geschichte entflammt Gráinne für ihren irischen Romeo Diamuid, nachdem dieser sich beim Hurling etwas entblößte. Als *Camogie* wird Hurling mit leicht veränderten Regeln auch von Frauen gespielt.

Dublin Horse Show

Ein Höhepunkt, noch dazu in der besten Reisezeit, ist die Anfang August veranstaltete Dublin Horse Show. Keine sterilen Renn- und Springtage à la Baden-Baden oder Aachen, sondern eine wirkliche Show rund um das Pferd und andere irische Eigenheiten.

Wer den Massen auf das Festgelände im Dubliner Stadtteil Ballsbridge gefolgt ist, glaubt sich zuerst auf der falschen Veranstaltung. In der denkmalwürdigen Halle hinter dem Haupteingang findet eine Verkaufsmesse statt, auf der Badezimmereinrichtungen ebenso feilgeboten werden wie kluge Bücher und das neueste und sicher sauberste Waschmittel. In der nächsten Halle suchen Töpfer, Silberschmiede, Korbflechter und andere Kunsthandwerker mit ihrem Geschick das Publikum in Bann zu ziehen und zum Kaufen zu verleiten. Anderswo wiederum kündet betörender Duft von der *Flower Show,* auf der Blumenfreunde ihre gerade prämierten Kreationen präsentieren. Wir sind im Revier der "Royal Horticultural Society". Nutzpflanzen wie Kohlköpfe und Kürbisse stehen etwas am Rande, aber auch mit solchen Züchtungen lassen sich Preise gewinnen. Eine rauchgeschwärzte Halle mit glühenden Feuerstellen und ohrenbetäubendem Lärm könnte eine Replik der Vorhölle sein. Hier zeigen die Hufschmiede ihr Können und wetteifern gerade um das schnellste Hufeisen.

Erst nach diesem Vorspiel findet man sich unversehens auf dem eigentlichen Pferdeplatz. Die edlen Rösser werden gefüttert, geputzt und aus den Ställen auf die verschiedenen Reitplätze geführt. Ehrwürdige Herren mit Frack, Zylinder und schwarzem Regenschirm stolzieren geckenhaft umher, junge Mädchen striegeln und füttern die Pferde, interessierte Händler im Tweedanzug reißen den Gäulen das Gebiss auseinander und schauen ins Maul – verschenkt wird hier nichts.

Das für Laien eher langweilige *Judging* ist für Züchter und Käufer der wichtigste Teil des Spektakels. Die Bewertung ist eine Vorentscheidung für den Preis, den das Tier später beim Verkauf erzielen kann. 90 % aller auf die Horse Show gebrachten Tiere wechseln hier den Besitzer. Manche Käufer sind extra aus den Vereinigten Staaten oder vom Persischen Golf angereist. Millionen von Pfund sind hier versammelt, denn bezahlt wird, nachdem das Geschäft per Handschlag besiegelt ist, wie eh und je in bar.

Ein Tag des eine ganze Woche dauernden Programms gehört der *Hunt Chase,* einer halsbrecherischen Hatz über künstliche Hecken und Gräben, die keine Sache für Tierfreunde ist. Emanzipierte Frauen meiden dagegen den *Ladies Day,* an dem die Aufmerksamkeit weniger den Pferden als den Damen gilt. Geputzt, geföhnt und in exzentrischen Kleidern und Hutkreationen präsentieren sich pausbäckige Landschönheiten, rüstige Rentnerinnen und rothaarige Studentinnen mit Modelfigur. Wer etwa mit seiner Blumenzüchtung durchgefallen ist, bekommt hier leibhaftig noch eine zweite Chance. Gesucht wird der wahnwitzigste Hut oder das netteste Mutter-Tochter-Duo. Die Preise dieser irischen Glücksspirale reichen vom Einkaufsgutschein für die Trostplätze bis zum Auto und der Karibikreise.

Immer freitags läuft der Preis der Nationen um die Aga-Khan-Trophy. Das millionenschwere Oberhaupt der Ismailiten hat aus Dankbarkeit für seinen irischen Hauslehrer ein Preisgeld von 25.000 € gestiftet.

▸ **Hunderennen:** Das Gatter hebt sich vor sechs jaulenden Windhunden, die sich augenblicklich auf die Hatz nach einem Stoffhasen machen. Kaum vierzig Sekunden später ist das Spektakel vorbei, und die Leuchttafel zeigt den Gewinner. Das Volk strebt wieder an die Stände der Buchmacher und versucht sein Glück für den nächsten Lauf. Auf der ganzen Insel gibt es 21 Stadien, wo sich an Sommerabenden vor allem die kleinen Leute an der Hundehatz und am Zocken erfreuen.

Gewinnt bei jedem Rennen – der Buchmacher

Weniger begeistert sind die Tierschützer. Wenn die Hunde nach zwei oder drei Jahren den Zenit ihrer Rennkarriere überschritten haben, werden sie bedenkenlos "entsorgt". Der rasche Gnadentod, weiß Marion Fitzgibbon von der Tierschutzvereinigung ISPCA, ist dabei die Ausnahme. Vielmehr werden die Tiere ausgesetzt, müssen irgendwo angebunden verhungern oder werden ertränkt. So veröffentlichte die Boulevardzeitung "Star" grausige Fotos zweier Greyhoundleichen, die mit einem Zementblock um den Hals bei Cork angeschwemmt wurden. Tausende, die keine Spitzenleistung versprechen, werden schon als Welpen aussortiert. Auch bei den Rennen geht nicht alles mit rechten Dingen zu. Absprachen und Doping gehören zum Geschäft. Auf Druck der Tierschutzverbände wurden der "Greyhound Industry", die etwa 10.000 Arbeitsplätze bietet und Windhunde bis nach Amerika und Pakistan exportiert, jüngst die Förderung aus dem Brüsseler Agrarfonds gestrichen.

- **Pferderennen:** Die Veranstaltung – häufig "der große Bruder des Hunderennens" genannt – verläuft eigentlich nicht anders als in Deutschland, aber die Atmosphäre ist noch um eine Nummer bizarrer. Das Publikum ist eine Mischung aus Halbwelt und High Society, im Mittelpunkt steht außer dem Pferd vor allem der Buchmacher. Ab einem Pfund sind Sie dabei. Die Wettquoten stehen in den Abendzeitungen, aber besonderen Spaß macht es natürlich, zuvor im Pub oder mit den Kennern auf dem Platz den wahrscheinlichen Ausgang des Rennens zu diskutieren. Die Saison geht von März bis November (Eintritt um 3 €).
- **Road Bowling:** Ein Volksfestspektakel, das nur noch in den Counties Armagh und Cork gepflegt wird. Das Spiel ähnelt dem friesischen Bosseln, und es geht darum, die 800 Gramm schwere Eisenkugel mit möglichst wenigen Würfen über eine etwa 4 km lange Strecke zu rollen. Spielbahn ist eine kurvige Landstraße.

Wissenswertes von A – Z

Ärztliche Versorgung

Um im Fall des Falles kostenlos behandelt zu werden, muss man sich vor der Reise bei der Krankenkasse einen Auslandskrankenschein besorgen, das Formular E 111. Gäste aus Ländern, die nicht der EU angehören, müssen beim irischen Arzt oder im Krankenhaus Geld auf den Tisch legen. Wer eine Auslandskrankenversicherung abgeschlossen hat, bekommt die Kosten später erstattet.

Die größte Gefahr für die Gesundheit droht Irlandbesuchern vermutlich durch Cholesterin und Alkohol. Besondere, in Mitteleuropa unbekannte Krankheiten gibt es in Irland aber nicht. Der Allgemeinmediziner heißt *surgeon,* der Zahnarzt *dentist,* Medikamente verkauft die *pharmacy* oder *medical hall,* und ein Rezept ist eine *prescription* – hoffentlich brauchen Sie's nie. Die Apotheken halten sich unter der Woche an die normalen Geschäftszeiten, sonntags öffnen sie von 11–13 Uhr. Ungeachtet des katholischen Banns der Empfängnisverhütung verkaufen die meisten Apotheken auch Kondome und die Pille, diese aber nur auf Rezept.

Behinderte

Behinderte Irlandurlauber heben immer wieder die Hilfsbereitschaft der Einheimischen hervor, wenn es darum geht, Hindernisse zu überwinden. Ansonsten haben es Rollstuhlfahrer auch auf der Insel nicht leicht und müssen mit den üblichen Handicaps wie Bordsteinkanten, Treppen und zu engen Türdurchlässen kämpfen.

Immerhin verfügen alle in den letzten Jahren mit staatlicher Förderung gebauten Hostels über wenigstens einen rollstuhlgerechten Schlafraum mit Bad. In Nordirland bemüht sich der National Trust um behindertengerechte Zugänge zu den von ihm verwalteten Schlössern, Gärten und anderen Sehenswürdigkeiten – eine Broschüre informiert über die jeweilige Ausstattung für Behinderte.

• *Weitergehende Infos:* Bei der irischen Fremdenverkehrszentrale gibt's eine Liste mit behindertengerecht ausgestatteten Unterkünften. Einen entsprechenden Service bietet die Bundesarbeitsgemeinschaft der Clubs Behinderter und ihrer Freunde e.V., Eupener Str. 5, 55131 Mainz, ✆ (06131) 22 55 14, www.bacbf.de.

• *Lesetipp:* Scheu, Peter "Reisen mit Handicaps", vertrieben von der Bundesarbeitsgemeinschaft Hilfe für Behinderte e.V., Kirchfeldstr. 49, 40217 Düsseldorf, ✆ (0211) 310 06-0, www.bagh.de.

Diplomatische Vertretungen

Wenn der "worst case" in Gestalt des Verlusts der gesamten Barschaft eintritt, erwarte man sich zumindest von den deutschen Auslandsvertretungen nicht allzuviel Hilfe. Erfahrungsgemäß mehr Unterstützung geben die Schweizer ihren Bürgern. Meist wird der Bittsteller aufgefordert, sich das nötige Geld für die sofortige Heimreise von zu Hause schicken zu lassen. Verständlich, wenn man bedenkt, dass die Auslandsvertretungen in erster Linie die politischen, wirtschaftlichen und kulturellen Beziehungen mit dem Gastland pflegen sollen, aber keine Filialen von Kreditinstituten, Krankenkassen oder Reisebüros sind. Bei Verlust des Ausweises erteilt die Botschaft ein Legitimationspapier. Auch bei vermissten Angehörigen, Naturkatastrophen, Verhaftungen sowie bei Todesfällen und Beerdigungen wird Unterstützung gewährt.

• *Berlin:* **Irische Botschaft**, Friedrichstraße 200, 10117 Berlin, ✆ (030) 22 07 20, 📠 22 07 229.

• *Hamburg:* **Irisches Generalkonsulat**, Feldbrunnenstr. 43, 20148 Hamburg, ✆ (040) 44 18 62-13, 📠 44 18 62-11.

• *München:* **Irisches Generalkonsulat**, Mauerkircher Str. 1a, 81679 München, ✆ (089) 98 57 23, 📠 98 42 19.

• *Bern:* **Irische Botschaft**, Kirchenfeldstr. 68, 3005 Bern, ✆ (031) 352 14-2, -3, -4.

• *Wien:* **Irische Botschaft**, Hilton Center, Landstrasser Hauptstr. 2, 1030 Wien, ✆ (01) 715 42 46.

• *Irland:* **Deutsche Botschaft**, 31 Trimleston Av., Booterstown, Dublin, ✆ (01) 269 30 11, 📠 269 39 46.

Österreichische Botschaft, 15 Ailesbury Court, 93 Ailesbury Rd., Dublin 4, ✆ (01) 269 45 77, 📠 283 08 60.

Schweizerische Botschaft, 6 Ailesbury Rd., Ballsbridge, Dublin 4, ✆ (01) 218 63 82, 📠 283 03 44.

Ermäßigungen

Mit der *National Heritage Card* (19 €, Studenten/Kinder 8 €) erkauft man sich für ein Jahr unbegrenzten Eintritt zu allen staatlichen Museen, Parks und anderen Sehenswürdigkeiten in der Republik. Sie ist an den Kassen erhältlich. Der Heritage Card entspricht die britische *National Trust Card*, die auch in Nordirland gilt. Mit einem Preis von 100 € (Studenten 20 €) kommt sie allerdings nur für ausgesprochene Kulturfreaks in Frage, die auch auf der britischen Insel keine Sehenswürdigkeit auslassen.

Bei den meisten Kulturstätten gibt's gegen Vorlage des *internationalen Studentenausweises* ermäßigten Eintritt. Studenten können sich in den USIT-Reisebüros (Adressen in den Ortskapiteln) auch eine *Discount-Card* ausstellen lassen, die in über 500 Geschäften zu vergünstigtem Einkauf berechtigt – was sich unseres Erachtens aber kaum lohnt. Die dem Rabattsystem angeschlossenen Läden sind nämlich von vornherein übermäßig teuer, so dass nach Abzug des Rabatts letztlich nur der Durchschnittspreis herauskommt. Ein guter Deal ist dagegen der *Travelsave-Stamp* – mehr dazu im Kapitel "Unterwegs".

Früh übt sich, wer ein Musikant werden will

Feiertage

Zur Freude der Arbeitnehmer bleibt nach Feiertagen, die zufällig auf einen Sonntag fallen, auch der nächste Montag frei. Und als Ausgleich für die doch spärliche Zahl religiöser und nationaler Feiertage gibt es drei *bank holidays*, die keine andere Bedeutung haben, als dass nicht gearbeitet werden muss. Wer über Weihnachten nach Irland reist, sollte wissen, daß am 25.12. der gesamte öffentliche Verkehr (Busse, Fähren etc.) ruht.

1. Januar: Neujahr
17. März: St. Patrick's Day
Karfreitag
Ostermontag
1. Mai: Tag der Arbeit
Letzter Montag im Mai: Bank Holiday (nur Nordirland)
1. Montag im Juni: Bank Holiday (nur Rep.)
12. Juli: Union Day (Nordirland), zum Gedenken an den Sieg der Protestanten 1690 in der Schlacht am Boyne
1. Montag im August: Bank Holiday
Letzter Montag im Oktober: Bank Holiday
Weihnachten: (25./26. Dezember)
Schulferien: Von Mitte Juni (Nordirland Anfang Juli) bis Anfang September, dazu jeweils zwei Wochen zu Ostern und Weihnachten.

Fotografieren

Ein Land voller Motive wilder Ursprünglichkeit: raue Landschaften, dramatische Klippen, verwitterte Ruinen, pittoreske Dörfer, bunte Hauseingänge, ausdrucksstarke Gesichter. Das beste aber ist die oft schier unwirkliche Stimmung, hervorgerufen durch die schnell wechselnden Lichtverhältnisse. Im hellen Sonnenlicht erscheint die Westküste wie ein tropisches Gestade, um Stunden später unter düsterer Wolkenfront ein arktisches Gesicht zu zeigen. So hält jedes Bild einen einmaligen Moment fest.

Menschen abzulichten, erfordert Takt und Fingerspitzengefühl – in Irland nicht mehr oder weniger als in der Serengeti. Die meisten Iren und Irinnen willigen gerne ein, besonders wenn man davor ein wenig mit ihnen geplaudert hat. In der Sommersonne fotografiert man am besten morgens und spätnachmittags, meidet aber die Mittagszeit mit ihrem harten Licht. Ein Polfilter verstärkt die Kontraste und filtert den Dunst weg. In jedem Fall sollte man höherempfindliches Material (200 oder 400 ASA) verwenden, vielleicht sogar ein Handstativ mitnehmen.

Fremdenverkehrsämter

Die Auslandsbüros der irischen Fremdenverkehrszentrale Bord Fáilte halten für Interessenten eine Fülle von Material bereit. Je gezielter die Anfrage, desto höher die Aussicht auf eine befriedigende Antwort. In Irland sind die Büros von Bord Fáilte (Adressen in den Ortskapiteln) an einem Schild mit weißem "i" auf grünem (in Nordirland blauem) Grund leicht zu erkennen. Gegen ein Pfund Gebühr vermitteln sie ein Nachtquartier und ersparen so in der Hochsaison jenen, die nicht vorausgebucht haben, eine Menge Lauferei. Wer zu Hause Informationen über Nordirland sucht, wende sich an das Northern Ireland Tourist Board. Das Prospektmaterial beider Fremdenverkehrsämter ist vielfältig und, zumindest wenn man es aus dem Ausland bestellt, auch umsonst. Neben Broschüren mit Basisinformationen gibt es Faltblätter zu speziellen Themen. Hier eine Auswahl:

• *Prospekte, Broschüren:* **"Irland, Insel für alle Jahreszeiten"** und **"Nordirland, eine Sache des Herzens"**: Bunte Fotos wecken die Reiselust, dazu eine Fülle praktischer Reiseinformationen.

"Grüne Ferienseiten": Erscheint zweimal jährlich in getrennten Ausgaben für Deutschland, Österreich und die Schweiz und enthält eine Übersicht über die aktuellen Angebote der Reiseveranstalter und die Anreisemöglichkeiten samt Fährverbindungen.

Be our Guest: Ein Hotelführer (einschl. Nordirland) mit Angaben zu Preisen und Ausstattung, der auch größere Pensionen beinhaltet. Die Einträge sind nicht erkauft (also kein Werbeheft), die kurzen Texte allerdings dem Anschein nach von den Hotelmanagern selbst verfasst und deshalb wenig objektiv.

"Farmhouses" und "Town and Country Homes", bebilderte B&B-Führer.

"Calendar of Events": Ein Verzeichnis mit den Daten der wichtigsten Veranstaltungen des Jahres.

"Cycling": Faltblatt zum Thema Radeln, eine Karte mit eingezeichneten Routenvorschlägen und kurzen Begleittexten.

"Walking". Das Heftchen stellt 31 markierte Wanderrouten mit Details zur Strecke und Hinweisen zu Karten und Anreisemöglichkeiten vor.

"Angling": Gleich drei Spezialbroschüren über das Angeln dicker Fische.

• *Informationsbüros im Ausland:* **Irische Fremdenverkehrszentrale**, Untermainanlage 7, D-60329 Frankfurt, ✆ 0180 500 3116 (vom Ausland +49.069.9231850), Fax 92 31 85-88, www.irland-urlaub.de.

Irland Informationsbüro Schweiz, ✆ 0848 846 353, schriftliche Anfragen an Irleland Mailing House, 5634 Merenschwand, Fax (056) 675 7580 (mit Vermerk "Irland")..

Nordirische Zentrale für Fremdenverkehr, Westendstr. 16-22, D-60329 Frankfurt, ✆ (069) 23 45 04, Fax 23 34 80, www.ni-tourism.com.

• *Irland im Internet:* Die offiziellen, englischsprachigen Seiten des Fremdenverkehrsamtes **Bord Fáilte** unter www.ireland.travel.ie

Zu **Nordirland:** www.thenisite.com

Etliche tausend **Links** erschließen die Seiten www.irishlynx.com

Paddynet: http://paddynet.ie

Veranstaltungsübersicht
www.entertainmentireland.ie

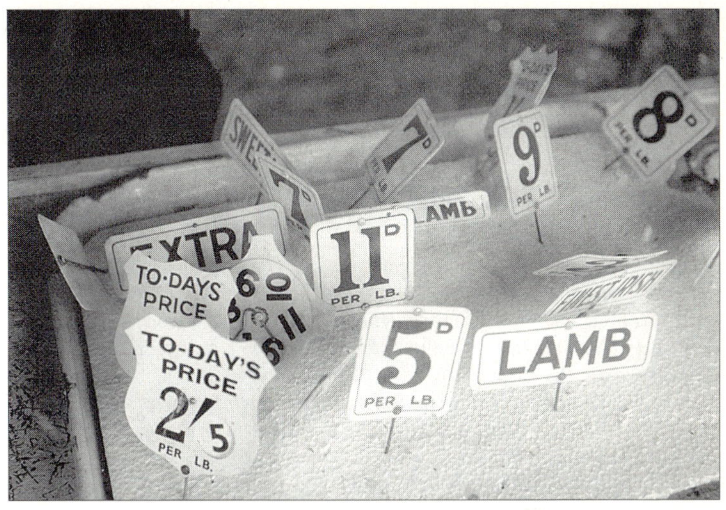

Today's price – gesehen im Folk Village, Cashel

Geld

Mit Beginn des Jahres 2002 ist in der Republik Irland nurmehr der Euro gültiges Zahlungsmittel, wogegen in Nordirland das nordirische Pfund der Bank of Ireland gilt. Wie die Schotten haben auch die Nordiren ihre eigenen Scheine (im Volksmund Sterling, Quid oder Belfast), die neben der britischen Währung gelten und genau so viel wert sind wie diese. Auf der britischen Insel sind diese von privaten Banken herausgegebenen Noten im Prinzip ebenso gültig wie die Scheine mit der Queen, werden aber, zum Ärger nordirischer Reisender, von manchen Geschäften zurückgewiesen.

Wechselkurse (Stand Winter 2000/2001):
1 DM = 0,32 GB£; 1 GB£ = 3,17 DM

1 € = 0,61 GB£; 1 GB£ = 1,62 €;

- **Preise:** Die Lebenshaltungskosten sind deutlich höher als in Deutschland. Das trifft die Iren doppelt hart, weil sie gleichzeitig weniger verdienen. Auch der touristische Warenkorb hängt hoch, speziell die Übernachtungs- und Restaurantpreise haben es in sich.

- **Geldwechsel:** Die Banken haben Mo-Fr 10-12.30 und 13.30-15 Uhr geöffnet. Einige Institute lassen ihre Tore auch über die Mittagszeit offen. Wechselstuben sind auch am Spätnachmittag und an Wochenenden besetzt, an den Fährhäfen, bei Ankunft der Schiffe und Flugzeuge sogar nachts. Dieser Service schlägt sich allerdings – verglichen mit Banken – in schlechteren Wechselkursen oder höheren Gebühren nieder.

- **Bargeld:** Wird überall angenommen; Sie können sich also den Aufwand an Zeit und Geld sparen, den das Einkaufen von Schecks zu Hause mit sich bringt. Beim Umtausch von Bargeld fallen bis zu 1 € Gebühren an. Der Wechselkurs ist etwas schlechter als beim Scheck, und bei Verlust oder Diebstahl ist es weg. Zur sicheren Aufbewahrung höherer Beträge eignen sich Gürtel mit Innentasche.

> Durch Kommissionen und Gebühren beim Geldumtausch ist der Wechselkurs in Nordirland ungünstiger als in Deutschland oder der Schweiz.

- **Euroschecks:** Sie sind als Zahlungsmittel kaum gebräuchlich, doch kann man damit bei den Banken Bargeld einlösen. Der Betrag wird dann mit 1,75 % Aufschlag vom heimischen Konto eingezogen. Bei Verlust von Schecks oder Scheckkarte kann man sie rund um die Uhr über die Notrufnummer der deutschen Euroscheckzentrale, ✆ 069-79331910 (Schweiz 031-3521111) sperren lassen – nur dann übernimmt die Bank den möglicherweise von Scheckbetrügern angerichteten Schaden. Die alte Regel, Karte und Scheck immer getrennt aufzubewahren, verhindert allerdings nicht, dass man mit den Schecks alleine ziemlich dumm dasteht: ohne Karte kein Geld.
- **Plastikgeld:** Kein Problem. Selbst manche Jugendherberge akzeptiert Visa oder Master-/Eurocard. Auch mit der Euroscheckkarte gibt's Geld am Automaten. Mit Gebühren von etwa 2,50 € pro Auszahlung ist dies derzeit die günstigste Art, sich in Irland Geld zu besorgen.
- **Telegrafische Geldüberweisung:** Ein Tipp für alle, denen – sei es durch Diebstahl oder zu große Spendierfreude – das Geld ausgeht: In wenigen Stunden kommt Nachschub per telegrafischer Geldanweisung, sofern eine(r) der Lieben daheim mit einem frei wählbaren Geldbetrag das Postamt aufsucht und ihn auf ein irisches Postamt zu Händen des Empfängers überweisen lässt.

Geschäftszeiten

Mit den Öffnungszeiten ihrer Läden nehmen's die Iren nicht so genau wie die Briten. Sie arbeiten auch schon mal abends länger oder haben sonntags geöffnet. Eiserne Schließzeiten herrschen dagegen bei den meisten Pubs. Morgenstund' hat in Irland kein Gold im Mund - wenigstens nicht dort, wo die Onkel-Paddy-Läden sich noch gegen die Supermärkte behaupten und keine Fabriken existieren, in denen um sechs Uhr früh die Schicht beginnt. Disziplinierter geben sich Belfast und die nordirischen Protestanten. Hier ist Feierabend wirklich nur am Feierabend, und am Sonntag läuft gar nichts.

- *Banken:* Siehe im Abschnitt "Geld".
- *Geschäfte:* Kernzeit ist Mo-Sa 10-12.30, 13.30-17.30 Uhr, Do oder Fr auch länger; in der Provinz an einem Nachmittag der Woche geschlossen. In den Städten haben kleine Lebensmittelläden bis spät am Abend und auch sonntags geöffnet. Große Supermärkte und viele Einkaufszentren öffnen auch am Sonntagnachmittag.
- *Büros:* Mo-Fr 9-17 Uhr.
- *Post:* Mo-Fr 8-17.30 Uhr, GPO in Dublin bis 20 Uhr; Nordirland Mo-Fr 9-17.30 Uhr, Sa 9-13 Uhr.
- *Pubs:* **In der Republik** Mo-Mi 10.30-23.30 Uhr (Okt.-Mai nur bis 23 Uhr), Do-Sa 10.30-0.30 Uhr, So 12.30-23 Uhr.

In Nordirland Mo-Sa 11.30-23 Uhr, So 12.30-14, 19-22 Uhr (fromme Protestantenwirte lassen am Tag des Herrn die Kneipe ganz zu).

Kleidung & Ausrüstung

Grundregel: Je weniger Sie mitnehmen, desto bequemer haben Sie's unterwegs. Warm und regenfest sollte die Urlaubskleidung allerdings sein, denn Irland ist nicht Kreta im Sommer. Für Tagestouren ist der Zwiebellook angesagt. Weil das Wetter innerhalb weniger Minuten von Sonnenschein auf Regen und wieder zurück wechseln kann, der Wind nach Lust, Laune oder anderen Unvorhersehbarkeiten bläst, dreht oder einschläft, hat man sich gleichzeitig auf trocken und nass, warm und kalt einzustellen. Wer bei der Wetterwende etwas ausziehen will, ohne gleich nackt dazustehen, sollte T-Shirt und Pullover nicht nur im Koffer, sondern auf Ausflügen und Wanderungen auch übereinander am Körper tragen.

Gore-Tex oder entsprechende Kunsttextilien sind federleicht, atmungsaktiv und trotzdem wasserdicht, also ein idealer Regenschutz im launischen Atlantikklima; allerdings weiß noch keiner so recht, wie man das Zeug eines Tages, wenn es alt und abgetragen ist, wieder entsorgen kann. Das A und O aber sind gute Schuhe – auch für Reisende, die keine passionierten Wanderer sind, sondern nur gerade mal einen Spaziergang im Grünen unternehmen. Eine grobe Profilsohle gibt Halt auf schlüpfrigem Grund, ein hochgezogener Schaft (Halbstiefel) schützt die Knöchel, und die Pflege mit Lederfett macht die Oberfläche einigermaßen wasserabweisend; zwei Paar Socken übereinander (innen Baumwolle dünn, außen Wolle dick) halten die Füße warm und geben ein gutes Polster. Neue Schuhe laufen Sie besser schon zu Hause ein, denn Blasen verderben den Urlaub.

Landkarten, Stadtpläne

Straßen- und Übersichtskarten bekommt man hier oder in Irland in befriedigenden Qualitäten. Stadtpläne und detailgenauere Wanderkarten kauft man besser vor Ort.

• *Kümmerly & Frey:* **Irland** (1:500:000); für den Maßstab viele Details und Nebenstraßen, physikalisches Relief gut sichtbar, größere und in der Gaeltacht alle Ortsnamen zweisprachig, auf der Rückseite ausführliches Register.

• *Michelin:* **Map of Ireland** (1:400.000); zuverlässige, gegenüber den amtlichen Unterlagen aktualisierte Straßenkarte, leider ohne Höhenlinien. Geeignet für Autofahrer (einseitig bedruckt und auch im Kleinwagen aufklappbar) und zur Vorbereitung der Reise.

• *RV:* **Euro Regionalkarte Irland/Nordirland** (1:300.000); der Maßstab lässt viele Details erwarten, doch bei der Benutzung zeigt die Karte Schwächen. Beidseitig bedruckt und sehr groß, ist sie im Auto schlecht zu handhaben, Entfernungen sind in der mir vorliegenden Auflage entgegen der Legende nur in Meilen angegeben. Der handlichere **Euro Reiseatlas Irland/Nordirland** benutzt die gleichen Karten und enthält gleichzeitig für Irlandfahrer überflüssige Übersichtskarten von ganz Europa und der Türkei!

• *Ordnance Survey:* **Holiday Map** (1:250.000, 4 Blätter); mit Höhenlinien, auch Nebenstraßen sind verzeichnet, metrische Angaben, gibt den Ausbau des Straßennetzes (auch Nebenstraßen) von vor einigen Jahren wieder, verzichtet aber leider auf die alten Straßenbezeichnungen. Geeignet besonders für Radfahrer.

Discovery Series (1:50.000); ausgelegt auf 89 Blätter, neu und für Wanderer unerlässlich; in Gebieten, für die noch kein Blatt erschienen ist, kann man sich mit den alten, auslaufenden Half Inch Maps (1:126.720) behelfen.

Irische Landkarten und **Stadtpläne** vertreibt in Deutschland z. B. der Irlandversand Fáilte, Anna-Vandenhoeck-Ring 36, 37081 Göttingen, ✆ (0551) 91 142.

Literatur

Der irische Beitrag zur Weltliteratur des 20. Jh. ist beachtlich. *Sean O'Casey* (1880-1964) hinterließ uns seine Milieustudien der Dubliner Slums; *James Joyce* (1882-1941) die Sprachkunstwerke, die den Übersetzern härteste Nüsse zum Knacken geben; *John M. Synge* (1871-1909) gelang die Revolution der englischen Lyrik und Theatersprache durch das Einbringen gälischer Satzmuster; *William B. Yeats* (1865-1939), stieg unter dem Eindruck des Osteraufstandes aus dem Elfenbeinturm symbolistischer Dichtkunst herab; *Seamus Heaney* (geb. 1939), erhielt "für ein Werk, [...] das die Wunder des Alltags und die lebendige Vergangenenheit hervorhebt", 1995 den Literaturnobelpreis...

Jonathan-Swift-Büste in der Dubliner St. Patrick's Cathedral

Es ließen sich problemlos noch ein halbes Dutzend andere aufzählen. Das Rätsel, warum ausgerechnet die Iren so viele Meister der englischen Sprache hervorbrachten, kann nur zum Teil damit erklärt werden, dass die Kombination irisch-gälisch beeinflussten Denkens mit der eigentlich fremden Sprache besondere Kreativität herausforderte.

Seit der Frankfurter Buchmesse 1996 mit dem Thema Irland als Schwerpunkt hat eine Fülle neuer Übersetzungen und Irlandbücher den deutschsprachigen Markt bereichert. Aus Platzgründen führen wir natürlich nicht alle lieferbaren Titel auf (etwa 900!), sondern beschränken uns auf einige Anregungen zur Urlaubslektüre.

Allgemeines/Geschichte/Politik

"Irland. Die Grüne Insel. Mit praktischen Hinweisen für Touristen und 'Auswanderer'", von Manfred Tieger, München (Beck). Das schon etwas ältere, für die dritte Auflage jedoch neu überarbeitete Buch fällt etwas aus dem Rahmen der Beckschen Länderkunde. Der Autor, selbst Auswanderer, lebt seit geraumer Zeit auf einem irischen Bauernhof.

"Anders Reisen Irland", von Dirk Wegner, Reinbek (Rowohlt-TB 9062). Viel Hintergründiges, auch die Schattenseiten der irischen Gesellschaft werden ausgeleuchtet. Empfohlen zur Einstimmung und Reisevorbereitung.

Literarische Reiseberichte

"Irisches Tagebuch", von Heinrich Böll, München (dtv-TB). Der Klassiker unter den deutschen Einstimmungen auf Irland, wobei sich der Autor aber schon beim Schreiben der Vergänglichkeit "seines" Irland bewusst war. Zitat: "Wer aber hinfährt und es nicht findet, hat keine Ersatzansprüche".

"Treffpunkt Irland: ein literarischer Reiseführer", von Hans Christian Oeser, Stuttgart (Reclam). Mit dieser grundsoliden "Literaturgeographie" können wir auf den Spuren irischer Autoren und Autorinnen von Grafschaft zu Grafschaft reisen. Nur County Waterford fehlt – wurde dort nie eine literarische Zeile geschrieben?

"Europa erlesen: Dublin", hgg. von Andreas Pittler, Klagenfurt (Wieser Verlag), versammelt ein halbes Hundert kurzer Erzählungen, Romanauszüge, Essays und Gedichte, die sich allesamt um Dublin drehen.

Irische Literatur

"Die schönsten Märchen und Sagen aus Irland", von Frederik Hetmann, Frankfurt (Fischer).

"Zur Schule durch die Felder: eine irische Kindheit", von Alice Taylor. Kritiker mögen über Taylors Kindheitserinnerungen die Nase rümpfen, doch das 1988 geschriebene Erstlingswerk wurde zu Irlands meistverkauftem Buch aller Zeiten.

"Mein Irland", von Edna O'Brien, Hamburg (Hoffmann & Campe), wäre die anspruchsvollere Alternative in Sachen Kindheitserinnerungen. In **"Das einsame Haus"**, ebenfalls von Edna O'Brien, verlässt die alte Dame Josie das Pflegeheim, um die letzten Jahre im eigenem Haus zu verbringen, und wird dort zur Komplizin eines aus dem Gefängnis ausgebrochenen Freiheitskämpfers (oder Terroristen?). Und schließlich **"In langen Nächten"**, der Erinnerungsteppich einer irischen Haushälterin mit schönen und weniger schönen erotischen Abenteuern und Eindrücken von der großartigen irischen Natur.

"Kind aus dem Meer". Mary Morrissy erzählt in ihrem Debütroman die Geschichte dreier Frauen, die mit ihrem Leben und ihrer Umwelt uneins sind. Sie spinnen ein Netz aus Lügen und Illusionen, in dem sie sich schließlich selbst verfangen.

"So fern Engel sehen", von Anne Enright, Frankfurt/M (Fischer-TB). Die Ich-Erzählerin Grace arbeitet als Redakteurin einer Blind-Date-Show. Eines Tages begegnet der eingefleischten Single-Frau ein wahrhaftiger Engel, in den sie sich heftigst verliebt. Doch dem Himmlischen gelüstet vorrangig nach einem Auftritt in der TV-Show.

"Athena", von John Banville, Köln (Kiepenheuer & Witsch). Der auch einzeln zu lesende letzte Band einer Trilogie um den Kunstexperten Morrow und seine Flucht in die Illusion zeigt "einen leisen, knisternden, immer irritierter werdenden Kosmos von hoher erotischer Intensität" (Die Welt).

"Warten auf den Seelentröster", von Eamonn Sweeney, Berlin (Aragon). Der von der Kritik euphorisch gefeierte Roman setzt sich mit den Licht- und Schattenseiten des modernen Irland aus der Sicht eines Rückwanderers auseinander.

"Hagebuttenlaterne", München (Hanser) und "Ausgewählte Gedichte", Stuttgart (Klett-Cotta). Zwei Bände mit Gedichten von Seamus Heaney, Irlands berühmtestem zeitgenössischen Lyriker und Nobelpreisträger von 1995.

"Ulysses", von James Joyce, Frankfurt (Suhrkamp); im gleichen Verlag mit **"Dubliner"** und **"Finnegan's Wake"** auch andere Werke des Meisters, allesamt keine leichtverdauliche Lektüre.

"Gullivers Reisen", von Jonathan Swift, (reclam). Mehr als nur Kindergeschichten sind diese unsterblichen Grotesken einer verkehrten Welt - ein polemischer Roman voller beißenden Spotts, in dem Swift sich über die Verhältnisse seiner Zeit lustig macht.

"Das Alphabetagam: Getreuliche Lebensbeschreibung des Dichters Schnitzer O'Shea", von Donal Mac Amhlaigh, Hamburg (Rotbuch). Eine geistvolle Parodie auf den Literaturbetrieb. Keiner bleibt vom Spott verschont ...

"Breakfast on Pluto", von Patrick McCabe, Frankfurt/M (Eichborn). Die groteske Lebensgeschichte des Patrick Braden spielt vor dem Hintergrund des nordirischen Bürgerkriegs. Ein Roman für die Freunde des schwarzen Humors.

"Der letzte Held von Dublin" von Hugh Hamilton, Steidl-Verlag. Der Kritiker Eberhard Bort charakterisiert den in Dublin spielenden Krimi als "eine unterhaltsame Karikatur nicht nur des 'harten' Polizisten, der es im Alleingang mit dem Bösen der Welt [...] aufnimmt, sondern auch der gesellschaftlichen Zustände im 'neuen' Irland."

"Brendans Insel", Wien (Lana Verlag), Wolfgang Schlüchters vorzügliche Neuübersetzung der "Navigatio Sancti Brendani", also der anonymen Handschrift von den sagenhaften Reisen des heiligen Brendan, die ihn vielleicht bis nach Amerika führten.

Vermischtes

"Lexikon der keltischen Mythologie", von Sylvia und Paul F. Botheroyd, (Droemer Knaur). Weniger ein Nachschlagewerk als ein Lesebuch, das auch sprachlich den Zauber der Überlieferung einfängt.

"Gebrauchsanweisung für Irland", viel Wissenswertes vom Irlandkenner und früheren TAZ-Korrepondenten Ralf Sotscheck, erschienen in München (Piper).

Zeitschrift

"Irland Journal", die Zeitschrift für alle, die ihre Liebe zum Land entdecken, erscheint 4 x im Jahr mit einem bunten Kaleidoskop an Beiträgen (Kultur, Reisetipps, Politik, Bücherecke u.a.), die sich auch kritisch und hintergründig mit der Insel auseinandersetzen. Bestellung beim Aboservice Irland Journal, Anna-Vandenhoek-Ring 36, 37081 Göttingen, ✆ (0551) 91 11 42, www.irlandjournal.de.

Maße und Gewichte

Auf dem Papier gilt seit 1993 das metrische System. Nur das "Pint of Guinness" (0,57 l), sozusagen als Maß aller Dinge, gestanden die Brüsseler Eurokraten den Iren weiterhin zu. Bis sich die metrischen Maße auch in der Praxis durchsetzen, wird es aber noch eine ganze Weile dauern. Deswegen hier einige Umrechnungshilfen.

Längenmaße			
1 inch	2,5 cm	1 yard	91,4 cm
1 foot	30,5 cm	1 mile	1,61 km
Hohlmaße			
1 fluid ounce	0,029 l	1 quart (2 pints)	1,14 l
1 pint (20 fl. oc.)	0,57 l	1 gallon	4,55 l
Flächenmaße			
1 square yard	0,836 qm	1 square mile	2,59 qkm
1 acre	0,405 ha		
Gewichte			
1 ounce	28,35 g	1 hundredweight (112 pds.)	50,8 kg
1 pound (16 oc.)	453,6 g	1 ton (2240 pds.)	1016 kg
1 stone (14 pounds)	6,35 kg		

Medien

Die mit Abstand beste Zeitung der Republik ist die *Irish Times*, ein liberales Blatt, dessen mutige Journalisten auch innenpolitisch heiße Eisen anpacken –

als Lektüre während des Irlandaufenthalts unbedingt zu empfehlen. Daneben gibt es sechs weitere überregionale Zeitungen und an die vierzig Lokalblätter, also eine beeindruckende Pressevielfalt, die ihren Konzentrationsprozess noch vor sich hat. Die besten Verkaufszahlen hat der *Irish Independent*, leichter an Gewicht und Inhalt als die Irish Times, von seiner politischen Linie eher konservativ. Die *Irish Press*, lange das der Fianna-Fáil-Partei nahe stehende Gegenstück des *Independent*, ist in den letzten Jahren auf einen politisch unabhängigeren Kurs eingeschwenkt.

Wie in Großbritannien ist die Zeitungslektüre vor allem ein Wochenendvergnügen. *Sunday Press* und *Sunday Independent* sind die Schwestern ihrer Werktagsausgaben, die *Sunday Tribune* ähnelt der Irish Times, und die in der Auflagenhitliste führende *Sunday World* stellt in Sachen Sex & Crime die Bildzeitung um Längen in den Schatten.

Zeitungen im Internet: **The Irish Times**, www.ireland.com; **Irish News**, eine Art Pressespiegel, www.irishnews.com

- **Rundfunk:** *Radio One* hat die übliche Mischung eines ersten (öffentlich-rechtlichen) Radioprogramms – Musik (nicht zu poppig), ein bisschen Kultur, Information, viele Telefon-Talk-Sendungen. Wer das über den Äther vermittelte Irlandfeeling auch zu Haue nicht missen möchte, kann den Sender europaweit über Satellit Astra 1b (Kanal 22) empfangen. Der zweite Kanal *2 FM* verbreitet flotte Popmusik und konkurriert dabei mit den lokalen Kommerzsendern. Wer hören will, ob sich Gälisch ebenso kompliziert spricht wie schreibt, schaltet Radio na Gaeltachta ein.

  Infos im Internet: http://www.rte.ie

- **Fernsehen:** Im Vergleich mit der BBC, die in weiten Teilen der Insel zu empfangen ist, schneiden die TV-Kanäle der Republik *(RTE 1* und *Network 2)* schlecht ab: viele Hollywoodserien und kaum Eigenproduktionen, Werbeunterbrechungen bis zum Überdruss, der Nachrichtenteil und die Magazine (*Tuesday File, Prime Time*) sehr lokalbezogen. Einen tiefen Blick ins irische Leben gewährte einst Gay Byrne's *Late Late Show;* doch nach knapp 37 Jahren wurde die angeblich dauerhafteste TV-Talkshow der Welt eingestellt und ihr Moderator, ein Fossil seiner Zunft, ganz öffentlich-rechtlich zum 65. aufs Altenteil geschickt.

Musik

Die Grüne Insel hat heute Europas lebendigste Musikszene. Eine Session mit dem alten Fiddler im Pub, der ausgelassene Tanz auf der Céilí, das große Sommerfestival oder ein Rockkonzert: Irlands Musik ist für viele das Hauptmotiv ihrer Irlandreise.

Regelmäßig treffen sich die Hobbymusiker des Dorfes oder der Nachbarschaft im Pub zur Session *(seisiun)*. Ihr wichtigstes Instrument ist die *Fiddle*, die Violine. Dazu kommen die *Tin Whistle*, eine Blechflöte mit nur sechs Löchern, aber 2 ½ Oktaven, und die *Bodhran*, eine mit Ziegenhaut bezogene Handtrommel, die mit den Fingerknöcheln oder einem Schlegel geschlagen wird. Seltener ist die *Uilleann Pipe*, ein Dudelsack, der im Unterschied zu seinem schottischen Verwandten nicht mit der Atemluft, sondern durch Druck mit dem Ellenbogen gefüllt wird (was die Iren für die schlauere Variante halten

Das junge Galway lockt Straßenmusiker von Nah und Fern

– man kann während des Spielens Whiskey trinken). Neben diesen traditionellen Instrumenten ist heute das Akkordeon (*accordion*) aus der Volksmusik nicht mehr wegzudenken. Auch die Harfe (*harp*), im Mittelalter das Instrument der Barden, gehört zum irischen Folk – im Pub sieht man sie aus verständlichen Gründen allerdings kaum.

Während Folk und Rock boomen, führt die Klassik nur ein Schattendasein. In der Kolonialzeit galt sie als die Musik der Engländer und protestantischen Grundherren und war den Iren entsprechend verhasst. Umgekehrt wurde die im 17. und 18. Jh. von den Kolonialherren unterdrückte und in den Untergrund gezwungene Volksmusik gerade deshalb neben dem katholischen Glauben zu einem wichtigen Teil der irischen Identität.

Einer der ältesten Stile ist *Sean Nós*, ein unbegleiteter Sprechgesang, den man mit etwas Glück heute noch in Connemara hören kann. Schon die mittelalterlichen Barden Irlands trugen auf diese Weise den Fürsten und Bauern ihre Balladen vor. Ganz ohne Einfluss blieb die Klassik jedoch nicht. Die Barockmusik etwa hat sich in Gestalt der Polkas und Mazurkas eingeschlichen, die neben Jigs, Reels und Hornpipes auf keinem traditionellen Tanzfest *(céilí)* fehlen.

Nach dem Zweiten Weltkrieg schienen die Tage der Volksmusik gezählt. In den Dubliner Ballsälen regierten Walzer und Foxtrott, über das Radio und später den Bildschirm kamen amerikanische Rhythmen bis ins letzte Dorf. Rettung und Revival des Folk brachte die 1951 gegründete *Comhaltas Ceoltóiri Éireann* (CCE), die "irische Musikbewegung". Diese Gruppe national gesinnter Enthusiasten arbeitete daran, die alten und vor allem die gälischen Lieder nicht in Vergessenheit geraten zu lassen, veranstaltete Festivals und

Konzerte und richtete einschlägige Musikschulen ein. Vor allem der früh verstorbene *Séan Ó Riada* (1931-1971), ein Jazzpianist und Komponist, schrieb unzählige, nur mündlich überlieferte Lieder nieder und brachte die Volksmusik in den Film, in die Orchestersäle und sogar in die Kirchen. Seit diesen Tagen ist der Folk ein nicht mehr wegzudenkender Bestandteil auch des öffentlichen Lebens.

Die großen Stars

▸ **Folkmusik:** Auch die irische Diaspora spielte für die Wiederbelebung der Volksmusik eine Rolle. Unter den irischen Auswanderern befanden sich natürlich auch viele Musiker, die jenseits des Atlantiks für ihre Landsleute die alten Lieder spielten. *Michel Coleman*, ein in Sligo aufgewachsener Geiger, und *Pakie Dolan* aus Longford nahmen schon in den zwanziger Jahren in New York regelmäßig Schallplatten auf, als wohl noch die wenigsten Irland-Iren überhaupt wussten, was ein Grammophon ist. Diese Schellacks fanden später den Weg zurück auf die Insel. Auch manche Musiker kehrten wieder heim, darunter die *Clancy-Brüder* aus Tipperary.

Die seit 1962 auftretenden *Chieftains* um den Dudelsackpfeifer *Paddy Moloney* sind die älteste und zugleich erfolgreichste der traditionellen Gruppen. Viele ihrer frühen Stücke arrangierte noch Séan Ó Riada persönlich. Mit ihren rebellischen Saufliedern und melancholischen Balladen machten ebenfalls seit den Sechzigern die *Dubliners* den irischen Folk auch in Deutschland berühmt. Obwohl sie es bis in die englischen Charts brachten, gilt ihre Musik aus den Anfangsjahren auch für Puristen als authentischer Folk. Mit dem gleichen Prädikat dürfen sich auch die *Fureys* schmücken, eine Familienband, deren große Zeit Anfang der siebziger Jahre war, deren neuere Aufnahmen man sich allerdings sparen kann.

Um 1975 gab *Clannad* aus Donegal ihr Plattendebüt, ebenfalls eine Familienband, die von Jazz-Rock-Anfängen über den Folk zur New-Age- und Worldmusic kam. Etwa gleichzeitig mit Clannad trat auch *De Dannan* ins Rampenlicht, eine Gruppe aus Galway, die traditionelle Tanzmusik mit Beatles-Adaptionen, Bach und sogar amerikanischen Soulrhythmen mischt. *Dolores Keane* und *Mary Black*, die beiden Sängerinnen der Gruppe, treten schon lange vorwiegend als Solistinnen auf und werden von der Plattenindustrie als Irlands "schönste Stimmen" vermarktet – wobei Mary sich längst in die Gefilde der kommerziell lukrativeren Popmusik aufgemacht hat. Doch die beste und wohl wegweisendste Gruppe der innovativen Siebziger war *Planxty*, deren Köpfe Christie Moore und Donall Lunny bis heute entscheidend in der irischen Folkszene mitmischen (siehe unten). Ein neues Kapitel des Folks schreiben seit Mitte der Achtziger die *Moving Hearts*, die Traditionals mit Jazz- und Bluesmotiven mischen, während in den Neunzigern die Gruppe *Altan* die Volksmusik popularisierte.

Irlands populärster Musiker ist *Christie Moore*. Der kahlköpfige Barde, der Traditionals allenfalls noch als frei interpretierte Vorlagen für seine witzigen, manchmal beißend ironischen Balladen nimmt, greift auch soziale und politische Probleme auf. Sein Bruder macht unter dem Namen *Luka Bloom* Karriere.

Donal Lunny, der nach Anfängen als Musiker heute nur noch im Hintergrund wirkt. Als Arrangeur und Produzent von Christie Moore und vielen anderen Solisten und Folkgruppen ist er die graue Eminenz der irischen Volksmusik.

▸ **Rock:** Auch in diesem Bereich hat das kleine Irland eine erstaunliche Zahl von Weltstars hervorgebracht. Am Anfang steht *Van Morrison*, der vor bald dreißig Jahren mit "Gloria" seinen ersten Hit landete und mit seiner Mischung aus Blues-, Jazz- und Rockelementen eine ganze Musikergeneration inspirierte. In Belfast geboren, hat er Irland allerdings schon lange verlassen ("Too Long in Exile" heißt einer seiner neueren Songs). *Phil Lynott*, der verstorbene Sänger und Songwriter von *Thin Lizzy*, ließ sich für seine Texte von alten keltischen Legenden und Sagen inspirieren. Die punkigen *Pogues* gingen nie ohne Alkohol auf die Bühne; doch selbst mit dem nötigen Qantum sangen und spielten sie nicht besonders melodisch. Shane MacGowan, der selbst für die Pogues zu stark soff und mit den *Popes* jetzt eine eigene Band besitzt, wird auch schon mal kurzerhand am Mikrofonständer angebunden, damit er nicht umfällt. Der wegen seiner Hilfsaktion für Afrika einst für den Friedensnobelpreis vorgeschlagene *Bob Geldof* begann mit den *Rats*, die sich später zu den *Boomtown Rats* umformierten und in einem musikalischen Desaster untergingen.

An den Verkaufszahlen ihrer Platten gemessen, ist *U 2* die erfolgreichste Gruppe der Insel. Von jeder Scheibe verkaufen sie weltweit mindestens 10 Millionen Stück. Schon als Schüler feierten die Dubliner Mainstream-Musiker um Leadsänger Bono (Paul Hewson) und den Gitarristen Dave Evans Ende der siebziger Jahre ihre ersten Erfolge. Ungeachtet ihres Weltruhms leben sie weiter in Dublin und haben mit "The Kitchen" kürzlich einen neuen Club aufgemacht. In einer Kneipe gleich um die Ecke arbeitete früher *Sinhead O'Connor*, die mit "Nothing compares 2U" die Hitparaden stürmte. Das kahl geschorene Enfant terrible erzürnte die katholische Welt, als sie vor 30 Millionen amerikanischen Fernsehschauern ein Bild des Papstes zerriss und die Kirche ein "auf Lügen gebautes Reich des Bösen" nannte. Die jüngste, aber bestimmt nicht letzte Erfolgsstory irischer Rockmusiker ist der Aufstieg der Limericker *Cranberries*, die mit dem doppelsinnigen Debütalbum "Everybody Else is Doing it. So Why Can't We?" auf Anhieb einen Millionenseller landeten. Die Cranberries leben von der Ausstrahlung und Stimme ihrer Sängerin *Dolores O'Riordan*, während die Band, zumindest bei Liveauftritten, über die Rolle eines braven bis lahmen Begleitorchesters nicht hinauskommt.

Musikadressen

• *Infos:* **CCE**, 32 Belgrave Square, Monkstown, Co. Dublin, ✆ 280 02 95. Der Dachverband der irischen Folklorevereine gibt jedes Frühjahr einen kostenlosen Jahreskalender mit den Veranstaltungen des Verbandes heraus. Monatlich erscheint die Verbandszeitschrift "Book of Irish Traditional Music, Songs and Dance" mit Liedern (samt Noten), Besprechungen und aktuellen Infos.

Das irische Pendant zu "Spex" und "Melody Maker" heißt **Hot Press** und ist an jedem Kiosk zu bekommen.

Folker!, Anna-Vandenhoeck-Ring 36, 37081 Göttingen, ✆ (0551) 91 142. Die zweimonatlich erscheinenden Zeitschrift widmet sich schwerpunktmäßig der irischen Folkmusik, Folkguru Axel Schuldes und andere informieren über die neuesten Trends der Musikszene; dazu regelmäßig Übersichten zu den Konzertterminen irischer Gruppen, die im deutschen Sprachraum touren.

ProFolk, c/o Nick Wakefield, Feldenendstr.

9 b, 52249 Eschweiler, ✆ (02403) 3 78 14, ist der richtige Verein für fortgeschrittene Folkfans. Das regelmäßig aktualisierte **Adressbuch Musikszene** listet und kommentiert die Adressen von Agenturen, Musikern, Veranstaltern und Instrumentenbauern. **Ceolas**, http://celtic.stanford.edu/ceolas.html, bietet Künstlerportäts, Festivaltermine und andere Infos zur irischen Folklore.

• *Plattenversand:* **Living Tradition**, 40 MacCurtain St., ✆ 50 20 40. John Loesbergs Laden verkauft CDs, Tapes, Noten und Bücher zum Thema. Anhand eines Versandkatalogs (anrufen und schicken lassen) kann man auch von zu Hause aus einkaufen. Die Ware kommt per Post, die Bezahlung erfolgt problemlos über Euroscheck.

• *Noten, Songbooks:* Führender Verlag sind die **Ossian Publications**, ein Tochterunternehmen von Living Tradition. Katalog und Auslieferung in Deutschland über Erin Edition im Verlag Heimler & Bramann, Habsburger Allee 86, 60385 Frankfurt/M, ✆ (069) 497 05 34, Fax 44 04 74.

Post

Die irische Post gilt als zuverlässig, aber langsam. Briefe auf den Kontinent sind gewöhnlich drei oder vier Tage unterwegs, Postkarten auch mal länger.

In kleinen Ortschaften ist die Post keine anonyme Dienststelle, sondern nicht mehr und nicht weniger als die Person des postmaster – der auch dann so heißt, wenn er eine Frau ist. Das Postamt ist hier gleichzeitig Dorfladen, Tankstelle, Busstation und, neben Pub und Kirche, die wichtigste öffentliche Einrichtung; die Betrauung mit der Entgegennahme und Verteilung von Postsendungen ist nur die amtliche Anerkennung dafür, dass der postmaster sowieso jeden kennt, fast täglich trifft und über alles Bescheid weiß. Und natürlich ersetzt er auch die Touristinformation.

• *Porto:* Ansichtskartenkarten und Briefe bis 25 g kosten ins Inland und in die EU-Länder 32 p, sonst 44 p.

• *Poste restante:* Wer seine Adresse in Irland vor Reiseantritt noch nicht weiß, kann sich seine Post postlagernd auf ein Postamt schicken lassen (z.B. Leopold Leser, poste restante, General Post Office, Dublin, Ireland). Theoretisch wird die Post allerdings nur zwei Wochen aufgehoben. Ein auf dem Umschlag angebrachter Vermerk "hold for collection" mag den Beamten gnädig stimmen.

Sicherheit

In Irland ist das Risiko, bestohlen oder beraubt zu werden, sicher geringer als etwa in Italien, und Dublin ist nicht Rom. Aber wo viele Touristen zusammenkommen, die gewöhnlich Bargeld und teuere Kameras bei sich tragen und mit noch weiteren wertvollen Dingen bepackte Autos abstellen, finden sich über kurz oder lang auch Langfinger ein.

In der Republik heißt die Polizei nach ihrem gälischen Namen *Garda Siochana*, in Nordirland bekommen es Bösewichte mit der *Royal Ulster Constabulary (RUC)* zu tun.

- **Diebstahl:** Die größte Diebstahlsgefahr herrscht in Dublin. Gegen Taschendiebe hilft der Brustbeutel oder Geldgürtel, gegen Autoklau eine alte, verbeulte Karre oder wenigstens eine Diebstahlsicherung. Die Gefahr eines Autoeinbruchs lässt sich vermindern, wenn Sie es, falls mit Gepäck beladen, möglichst nie unbeobachtet lassen. Wenn das Auto leer ist, sollte man das auch zeigen und das Handschuhfach und die Kofferraumabdeckung hinter den Rücksitzen aufklappen. Sicherer ist man natürlich auf dem Land. Wenn Sie ein Auto für längere Zeit abstellen wollen, dann dort. Unter den Opfern eines Diebstahls sind jene doppelt bestraft, die eine Reisegepäckversicherung abgeschlossen haben. Ein Blick ins Kleingedruckte zeigt sehr wahrscheinlich, dass die Versicherung nicht zahlen wird – mit allerlei Klauseln sorgen die Versicherer dafür, dass *ihnen* kein Schaden entsteht.
  Lesetipp: **"Den Urlaub überleben"**, von Klaus Müller im Verlag C. H. Beck.

- **Sexuelle Belästigung:** Gegen das besondere Risiko von Frauen, sexuell belästigt zu werden, gibt es schon gar keine Versicherung. Frau kann das Risiko nur selbst mindern. Beispielsweise, indem sie nicht alleine trampt (auch für zwei Frauen ist die Gefahr noch groß genug) und sich zentral gelegene Nachtquartiere aussucht, deren Umgebung nach Feierabend nicht sofort in Grabesruhe versinkt. Die beste Reaktion auf verbale Attacken oder Pfiffe ist, auch wenn's schwerfällt, sie zu ignorieren; Belästiger suchen die Aufmerksamkeit. Schwieriger ist es, mit einer subtileren Spielart von Sexismus umzugehen, die gerade in Irland gängig ist: Man(n) offeriert Frau seinen Schutz und seine Dienste, denn es kann doch unmöglich sein, dass sie allein zu reisen oder bleiben beabsichtigt, bei all den Gefahren für Frauen unterwegs ...

Souvenirs

Irische Mitbringsel spiegeln die Menschen der Insel wider: Sie sind praktisch, handfest und schwer. Die Palette reicht von Pullovern, wetterfesten Überkleidern, Stoffen und Kunsthandwerk bis zu Folklore-CDs.

- **Kunsthandwerk:** Außerhalb Dublins gibt's die besten Einkaufsmöglichkeiten in Kilkenny. In dieser Gegend haben sich die meisten kontinentalen Zivilisationsflüchtlinge niedergelassen und ihre mehr oder minder alternativen Betriebe aufgebaut, die das irische Kunsthandwerk heute mehr pflegen als die alteingesessenen Iren. Ihre Domänen sind Töpfer- und Lederwaren, die Korbflechterei und Herstellung von Metallschmuck nach alten keltischen Motiven. Einzelne Betriebe sind zu Verkaufsgenossenschaften zusammengeschlossen. Diese Läden sind als *IDA Enterprise Centre* ausgezeichnet. Einige Tipps und Adressen geben wir unter den jeweiligen Orten im Regionalteil. Nimmt man sich Zeit für einen Plausch beim Tee, wozu viele Handwerker gerne bereit sind, bekommt man ganz nebenbei brauchbare Hinweise über andere gute Kunsthandwerker oder Craft Shops in der Region. Von den *Craft Shops*, die wirklich nur Handwerksprodukte verkaufen, unterscheiden sich die *Gift Shops* ganz deutlich: Hier wird auch in Taiwan, Korea oder sonstwo industriell hergestellter Ramsch feilgeboten.

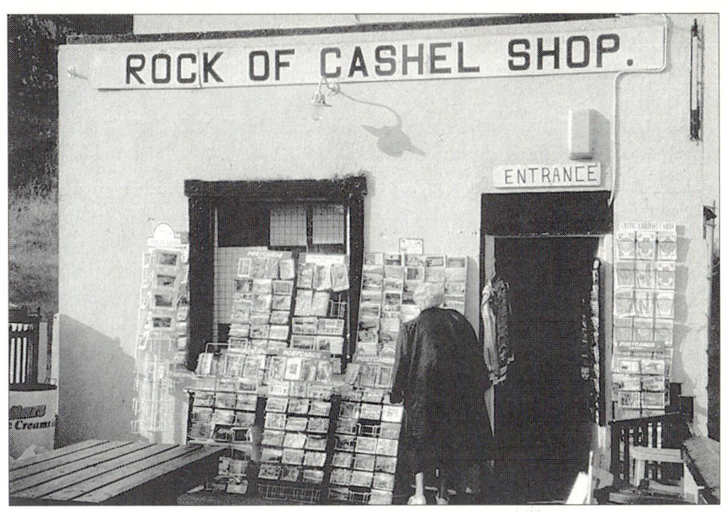

Souvenir, Souvenir – der Rock of Cashel Shop

- **Leinen:** Die auf der Grünen Insel seit dem 13. Jh. belegte Leinenweberei produziert heute vor allem Tischtücher, Deckchen, Servietten und ähnliches. Mit dem Trend zur Öko-Kleidung darf man erwarten, dass die Auswahl an Blusen, Jacken und Hosen wieder etwas größer wird.
- **Naturalien:** Wegen der in Irland hohen Steuer lohnt es sich nicht, Whiskey von dort mit nach Hause zu nehmen – ein Fläschchen Poitien dagegen, wenn man welchen aufgetrieben hat, ist eine schöne Erinnerung an die irische Trinkkultur. Günstig ist Räucherlachs.
- **Porzellan, Glas:** *Belleek*, Irlands einzige Porzellanmanufaktur, steht in der Grafschaft Fermanagh im Norden. Die sündteuren Sammlerstücke zielen auf den Geschmack amerikanischer Touristen und sind nicht jedermanns Sache. Luxusgüter von ähnlichem Niveau sind die Kristallgläser aus Waterford.
- **Pullover:** Vielleicht der beste Tipp für ein Mitbringsel sind die *Aran Sweaters.* Die schweren, eierschalfarbenen Pullover wurden ursprünglich von den Frauen der Schafzüchter und Fischer auf den Aran-Inseln gestrickt und getragen. Jedes Dorf hatte sein eigenes, charakteristisches Muster. Heute stellt man sie im ganzen Land her, eine fleißige Strickerin schafft zwei Stück pro Woche. Das Label *hand knit* garantiert die Handarbeit, und oft hängt auch noch die Adresse der Strickerin dran, die sich sicher über ein Foto mit "ihrem" Pullover vor dem Brandenburger Tor oder dem Stephansdom freut.
- **Tweed:** Die derben, langlebigen Wollstoffe werden vor allem im Donegal und im County Wicklow gewebt. Ursprünglich wurden daraus hauptsächlich Anzüge und Mäntel gemacht; wie man sich bei einem Blick in die einschlägigen Läden überzeugen kann, gibt es inzwischen aber auch hauchdünnes Material,

etwa für Damenblusen. Wer genügend Zeit und Geld hat, kauft Tweed vom Ballen und lässt sich daraus etwas schneidern: Josef Martin in Sligo gilt als der beste Herrenschneider des Landes. Für einen Anzug rechne man gut 500 €, dafür hält er auch zehn Jahre – und die Modelle sind zeitlos. Konfektionsware kaufe man lieber zu groß als zu klein, die Stücke schrumpfen erfahrungsgemäß bei Kontakt mit dem Regen, und der lässt ja in Irland nicht lange auf sich warten.

Sprache

Dass sich in einem Land kaum 10 % der Bevölkerung in der offiziellen Sprache auszudrücken vermögen, dürfte einmalig sein. Irlands Nationalsprache ist Gälisch, aber gesprochen und geschrieben wird fast ausschließlich Englisch. Der Reisende kommt mit Gälisch nur am Rand in Kontakt. Er hört manchmal gälische Folkmusik, ärgert sich vielleicht in den Gaeltacht-Gebieten, den Reservaten der keltischen Sprache, über die unverständlichen Wegweiser und stolpert bei der Zeitungslektüre auf einzelne unaussprechlich scheinende Worte: der *Taoiseach* etwa hat nichts mit chinesischer Philosophie oder bayerischen Schimpfworten zu tun, sondern ist die Amtsbezeichnung des irischen Premierministers. Selbst in den kleinen Sprachinseln an der Westküste, wo die letzten gälischen Muttersprachler leben, wird in der Öffentlichkeit fast ausnahmslos Englisch gesprochen.

Sprachgeschichte

Zusammen mit dem *Schottischen* und dem *Manx-Gälisch* der Isle of Man bildet das irische Gälisch den Zweig Q der keltischen Sprachgruppe, mit dem auch die noch in Wales und der Bretagne gesprochenen kymrischen Sprachen weitläufig verwandt sind. Früher wurde auch in England keltisch gesprochen, doch die mit der Völkerwanderung dort eindringenden Angeln und Sachsen brachten ihre eigenen germanischen Sprachen mit, die dort das Keltische verdrängten. Vor der Christianisierung, mit der das lateinische Alphabet auf die Insel kam, hatten die irischen Druiden sogar eine eigene Schrift: das sogenannte Oghamalphabet. Im Nationalmuseum sind noch einige mit diesem Alphabet beschrifteten Steine zu bewundern.

Während der englischen Herrschaft galt der Gebrauch des Gälischen zunehmend als unfein und wurde von den Kolonialherren unterdrückt. In der Administration und vor Gericht musste Englisch gesprochen werden, der Unterricht in den wenigen Schulen fand in englischer Sprache statt. Gälisch geriet zur Sprache der Armen und Ungebildeten. Die Große Hungersnot (1845-51) tat ein Übriges, um die Sprachgemeinschaft zu schwächen: Gerade die Armen starben oder wanderten aus. Sprachen um 1800 noch zwei von drei Iren Gälisch, waren es 100 Jahre später nur noch 20 %.

Mit der Unabhängigkeitsbewegung besannen sich die Iren auch auf die Pflege ihrer fast vergessenen Volkssprache. Dazu gründete man 1893 die *Gaelic League*. Eine Standardgrammatik und verbindliche Rechtschreibregeln wurden festgelegt und die Namen der Nationalhelden durch ein eingeschobenes "O" oder "Mac" gälisiert – John Cassidy steht jetzt als Seán O'Casey in den Nachschlagewerken zur Literaturgeschichte. Seit 1913 ist Gälisch Pflichtfach in den Schulen und seit der Unabhängigkeit auch die offizielle Landessprache.

Gälisch heute

Auf kultureller Ebene ist die Wiederbelebung gelungen. Es gibt eine blühende gälische Literatur, auch gälische Bühnenstücke gelangen zur Aufführung. Den weiteren Niedergang des Gälischen im Alltagsgebrauch aber haben alle Bemühungen nicht aufhalten können, und es gibt bezeichnenderweise nicht einmal eine gälische Tageszeitung. Gälisch wird heute nur noch von vielleicht 50.000 Menschen auf den Inseln und im Westen als Umgangssprache benutzt, sprich in den ärmsten und abgelegensten Regionen der Insel, und steht damit noch immer für Rückständigkeit und Hinterwäldlertum.

Obwohl in der Republik alle Iren während ihrer gesamten Schulzeit Gälisch als Pflichtfach haben, ist selbst nach 13 Jahren Unterricht kaum einer in der Lage, auch nur ein einfaches Gespräch in seiner Nationalsprache zu führen. Dies liegt nur zum Teil daran, dass Gälisch eine sehr schwierige Sprache ist und die 18 benutzten Buchstaben des Alphabets für 60 verschiedene Laute stehen. Der Schulunterricht ist, ähnlich wie bei uns der Lateinunterricht, einfach zu einseitig auf stures Grammatikpauken und Textarbeit angelegt.

So erscheint es fraglich, ob die Millionen, die sich die Regierung die Förderung des Gälischen kosten lässt, die Sprache letztlich am Leben halten können. Vielleicht wird eines Tages in Irland das gleiche wie auf der Isle of Man passieren, wo sich in den 70er Jahren Sprachwissenschaftler aus aller Welt versammelten, um einem alten Bauern das letzte Geleit zu geben – er war der letzte manx-gälische Muttersprachler.

- *Sommerkurse in Gälisch* bieten Ausländern beispielsweise das University College of Galway, ✆ (091) 75 03 04, 📠 52 50 51, oder Oideas Gael, Glencolumbkille, ✆ (073) 30 248, 📠 30 348, www.OideasGael.com.

Strom

Die elektrische Spannung beträgt 220 Volt. Die Steckdosen entsprechen angelsächsischer Norm: Für den Anschluss unserer Geräte ist ein dreipoliger Adapter nötig, zu kaufen in Elektroläden bzw. in besseren Hotels gegen Pfand zu leihen. Auch die Glühlampen haben englische Bajonettfassungen.

Telefon

Für Hotels und auch manche sonst liebenswerte Bed&Breakfast-Vermieter sind die Telefongespräche ihrer Gäste die wichtigste Nebeneinnahme. Kostengünstiger ist es, eine Telefonzelle aufzusuchen. Auch von dort ist der Schwatz mit den Lieben daheim noch teuer genug.

Das allmähliche Verschwinden der typisch irischen, blau-weißen Telefonhäuschen mit ihren putzigen Fenstermaßwerk mögen Nostalgiker als Verlust empfinden. Um die dort einst installierten Münzfernsprecher, die den Unkundigen über der Wahl zwischen den geheimnisvollen Knöpfen "A" und "B" verzweifeln

Vorwahlen

Irische Republik	00 353
Nordirland	00 4428
(aus der Republik)	0 48
Deutschland	00 49
Niederlande	00 31
Österreich	00 43
Schweiz	00 41
Notruf	999
Auskunft	1190

ließen und die mit kräftigem Rattern kundtaten, dass sie die einmal geschluckten Münzen unter gar keinen Umständen mehr herauszugeben gewillt seien, ist es jedenfalls nicht schade. Heute stellen Kartentelefone digitalisierte Verbindungen her. Jedes Häuschen hat eine Rufnummer, man kann sich also auch zurückrufen lassen. Karten für 10, 20, 50 und 100 Einheiten verkaufen die Postämter und News Agents.

Kosten: Ortsgespräche kosten 0,25 € für 5 Minuten, innerirische Ferngespräche bis zu 0,60 € pro Minute; Auslandsgespräche (Kontinent) etwa 1 € pro Minute, zwischen 18 und 8 Uhr sowie am Wochenende etwas weniger. Nicht vergessen: Bei der ausländischen (deutschen etc.) Ortsnetznummer die Anfangsnull weglassen.

Prepaid-Karten: Günstiger als mit den regulären Tarifen fährt man mit sogenannten Prepaid-Karten. Zuerst wird eine kostenlose 0800er-Nummer angerufen, dann muß man die auf der Karte freigerubbelte Codenummer eingeben, bekommt sein aktuelles Guthaben mitgeteilt, und schließlich tippt man die Teilnehmernummer ein.

Roaming: Mobilfunkprovider bieten die Möglichkeit, mit der heimischen Handykarte auch im Ausland zu telefonieren. Gästen berechnet der irische Provider Eircell für abgehende Gespräche nach Deutschland zwischen 0,70 und 0,90 € und ist damit etwas günstiger als der Konkurrent Esat Digifone. Auch bei ankommenden Gesprächen zahlt der deutsche Handybesitzer für die Weiterleitung nach Irland 0,55-0,65 €.

Wandern

Nur wer sich der herben Landschaft auch körperlich aussetzt, erfährt sie wirklich. Trotzdem war Irland als Wanderoase lange ein Geheimtipp. Das Netz der gekennzeichneten Fernwanderwege umfasst inzwischen über 2000 km und wird ständig erweitert.

Touren abseits der markierten Wanderwege stoßen allerdings auf manches Hindernis in Gestalt von Hecken, Feldmauern und Weidezäunen. Natürlich gibt es Ausnahmen. Geeignete Routen beschreiben wir im Regionalteil ausführlich. Für längere, anspruchsvollere Touren empfehlen sich etwa die *Wicklow-Berge*. Entlang des Wicklow Trails finden Fernwanderer im Abstand von Tagesetappen in einfachen Herbergen abends ein Dach über dem Kopf. Der *Ulster Way*, längster Fernwanderweg der Insel, umrundet Nordirland. Weitere Wandergebiete sind *Kerry* und die *Connemara-Berge*. Der *Munster Way* (Co. Tipperary) folgt auf alten Treidelpfaden weitgehend Kanälen und Flussläufen, ist somit flach und auch für ungeübte Wanderer gut machbar. Dann sind da noch die *Forest Parks* mit ihren speziell angelegten und ausge-

Unterwegs auf dem irischen Lande

zeichneten *Nature Trails*, nur wenige Kilometer lange Rundwege, die von den Iren vor allem für Sonntagsspaziergänge samt Picknick genutzt werden.

▸ **Sicherheitshalber...:** Für längere Gebirgstouren oder Wanderungen in einsamen Gegenden gilt es, einige Vorsichtssregeln zu beachten. Nach Möglichkeit nicht alleine wandern und immer jemandem Bescheid sagen, wohin man geht und wann man zurück sein will – wer nicht vermisst wird, kann im Notfall lange auf Hilfe warten. Des Wanderers wichtigstes Stück sind seine Stiefel, knöchelhoch, mit grobem Profil und vor allem wasserfest. Anders als am Mittelmeer, wo man sich bequem an der Sonne orientieren kann, gehört in Irland auch ein Kompass ins Wandergepäck und natürlich eine gute Karte (siehe Abschnitt "Landkarten"), dazu Trillerpfeife und Taschenlampe. Auch bei schönem Wetter, das in den Bergen sehr schnell umschlagen kann, Regenschutz und warme Kleidung nicht vergessen. Bei feuchter Luft wird es pro 100 m Höhe um ein halbes Grad kälter, bei Trockenheit ist der Unterschied noch größer. Vor dem Aufbruch informiert man sich unbedingt über das Wetter.

Wer solche Risiken scheut, kann sich natürlich einer organisierten Wanderreise anvertrauen. Man läuft in der Gruppe, hat in der Regel einen Führer und muss sich um Gepäck und Verpflegung nicht weiter kümmern. Eine Übersicht der Veranstalter erhalten Sie vom Fremdenverkehrsbüro.

• *Infos:* Für den Norden, speziell zum Ulster Way, vom **Sports Council for Northern Ireland**, Upper Malone Rd., Belfast BT9 5LA, ✆ (0232) 9038 1222. Das Nordirische **Fremdenverkehrsamt** versendet auf Anfrage eine Broschüre zum Ulster Way und eine weitere mit Unterkünften entlang des Wegs.

Für die Republik (Bergsteigen) beim **Mountaineering Council of Ireland**, c/o AFAS,

House of Sports, Longmile Rd., Dublin 12, ✆ (01) 450 98 45 und (Wandern) beim **Long Distance Walking Routes Committee**, National Sports Council, Hawkins House, Hawkins St., Dublin 2, ✆ (01) 873 47 00. Bei **Bord Failté** gibt es ein Heftchen zu den 31 markierten Fernwanderwegen der Republik.

Im **Internet** unter www.walking.travel.ie

Forest Parks und Nationalparks betreut der **Irish Forestry Board**, Leeson Lane, Dublin 2, ✆ 661 56 66, Fax 678 95 27.

• *Wanderführer*: "**New Irish Walk Guides**", Dublin (Gill & MacMillan). 3 handliche Bände, herausgegeben von Joss Lynam, decken alle Bergwandergebiete der Insel ab. Gute Routenbeschreibungen mit Kartenskizzen.

Zeit

In Irland gehen die Uhren das ganze Jahr gegenüber denen Mitteleuropas eine Stunde nach. Es gilt, wie auf der Britischen Insel, die Greenwich Mean Time (GMT) oder Weltzeit (UTC), wie sie neuerdings heißt. Die Sommerzeit beginnt und endet am gleichen Wochenende wie in Mitteleuropa.

Zoll

Da Irland Mitglied der Europäischen Union ist, dürfen im Reiseverkehr mit Deutschland und Österreich Waren für den privaten Gebrauch in beliebiger Menge und beliebigem Wert zollfrei aus- und eingeführt werden. Theoretisch zumindest. Um die Waren für privaten Gebrauch vom "Handelsgut" abzugrenzen, das nach wie vor zollrechtlich abgefertigt wird, haben die Eurokraten die *Indikativmengen* erfunden. Wer mehr als diese Richtmenge über die Grenze bringt, muss sich besondere Nachforschungen gefallen lassen, ob er die Waren wirklich selbst verbrauchen und nicht vielleicht doch verkaufen will. Kettenraucher und Alkoholiker führen als Anscheinsbeweis zu ihren Gunsten vielleicht ärztliche Zeugnisse über den Zustand von Leber und Lunge mit! Bei folgenden Mengen pro Person stellen die Behörden den persönlichen Bedarf nicht in Frage:

Zollbestimmungen

• *Indikativmengen im Reiseverkehr innerhalb der EU:* 800 Zigaretten; 400 Zigarillos; 200 Zigarren; 1 kg Tabak; 10 l Schnaps; 20 l Aperitif; 90 l Wein, davon höchstens 60 l Sekt; 110 l Bier (Einfuhr nach Irland nur 55 l Bier).

• *Verkehr Irland–Schweiz:* Aus der Schweiz und aus **Duty-Free-Shops** dürfen nach Irland eingeführt werden: 2 l Wein, 2 l andere alkoholische Getränke unter 22 % oder 1 l mit mehr als 22 % Alkohol; 200 g Nescafé oder 500 g Bohnenkaffee; 100 g Tee; 200 Zigaretten oder 100 Zigarillos oder 50 Zigarren oder 250 g Tabak; 50 g Parfüm; 1/4 l Eau de Toilette.

Die gleichen **Freimengen** gelten bei der Rückreise in die Schweiz. Nur beim Alkohol zeigen sich die Eidgenossen noch etwas knauseriger und erlauben nur 2 l alkoholische Getränke (einschl. Wein) bis 15 % oder 1 l mit höherem Alkoholgehalt.

Geschenke dürfen nach Irland zollfrei bis zum Gesamtwert von 580 € mitgebracht werden, wobei das Einzelstück nicht mehr als 145 € wert sein darf. Die entsprechende Freigrenze für die Schweiz sind 100 SFr.

• *Verboten*: Nach Irland nicht mitgebracht werden dürfen – egal ob frisch oder als Konserve – Fleisch, Geflügel und Molkereiprodukte.

Weltstädtische Skyline und Hast

Dublin

Irlands Hauptstadt ist eine mondäne, schillernde Metropole, in der Glanz und Elend untrennbar miteinander verwoben scheinen – und die sich am Tresen des Pubs doch sogleich in ein heimeliges, vertrautes Dorf verwandelt. Wer Dublin nur als Durchgangsstation in die irische Landschaft betrachtet, lässt sich viel entgehen.

Die Stadt ist ein Sammelbecken der Vielfalt und unterschiedlichen Interessen. Für die einen die Wiege der irischen Nation, für die anderen die heimliche Welthauptstadt der englischsprachigen Literatur; ein schier unerschöpflicher Nährboden für neue Musikgruppen, eine prächtige Kulisse georgianischer Architektur. Zu allererst aber ist Dublin eine Stadt der unvermuteten Begegnungen, des Gesprächs und Witzes, geprägt von der Schlagfertigkeit und dem Charme seiner Menschen, die selbst dann noch lachen, wenn sie schon lange nichts mehr zu lachen haben – Leben pur.

Als wolle der Pilot zunächst die beeindruckende Lage der Stadt vorführen, schwebt das von der Irischen See kommende Flugzeug über der Halbinsel Howth und macht noch einen Schwenk. Auf einer weiten Ebene, geteilt vom River Liffey, schmiegt sich die Stadt im Dreiviertelkreis an die Bucht. Aus der Vogelperspektive ist sie ein aus unzähligen Versatzstücken gewebter Flickenteppich, geht in die Fläche, aber nicht in die Höhe: Nicht Hochhäuser, sondern Kirchtürme und Schlote bestimmen die Skyline.

Taucht der Besucher später in die Metropole mit ihren gut 500.000 Einwohnern ein (die Vorstädte eingeschlossen, wohnen in der Agglomeration ca. 1 Million Menschen), erscheint Dublin launisch und wechselhaft wie das Wetter. Ein abgetragenes Kleidungsstück, an dem nur noch wenige Stellen glänzen, das viel mitgemacht hat und viel erzählen könnte, für das man sich manchmal schämt und doch so sein Herz daran verloren hat, dass man sich von ihm nicht trennen will. Liebes, dreckiges Dublin. Banker und Makler strömen aus polierten georgianischen Backsteinhäusern und eilen achtlos an den Arbeitslosen vorbei, die als lebende Hinweistafeln für Boutiquen und Kartenlegerinnen werben. Letztere werden eher von jenen konsultiert, die keine Zukunft haben.

Geschichte

Die Anfänge: Eine Siedlung *Eblana* an Stelle der heutigen Stadt ist schon auf der um 140 n. Chr. entworfenen Weltkarte des alexandrinischen Geographen Ptolemäus verzeichnet. Später gab es eine keltische Siedlung namens *Dubh Linn* ("dunkler Teich"), die Dublin seinen Namen gab. Der "dunkle Teich" war die Mündung des Poddle. Heute völlig in unterirdische Rohre gezwängt, folgte er einst der St. Patrick Street, schlug einen Bogen um Dublin Castle und ergoss er sich an der Grattan Bridge in den Liffey. Eine eben so große Berechtigung auf die Urheberschaft an der Stadt haben die Wikinger, die sich im 9. Jh. in diesem Flussknie niederließen, wo auch die alte Königsstraße zwischen Tara und Wicklow den Liffey überquerte.

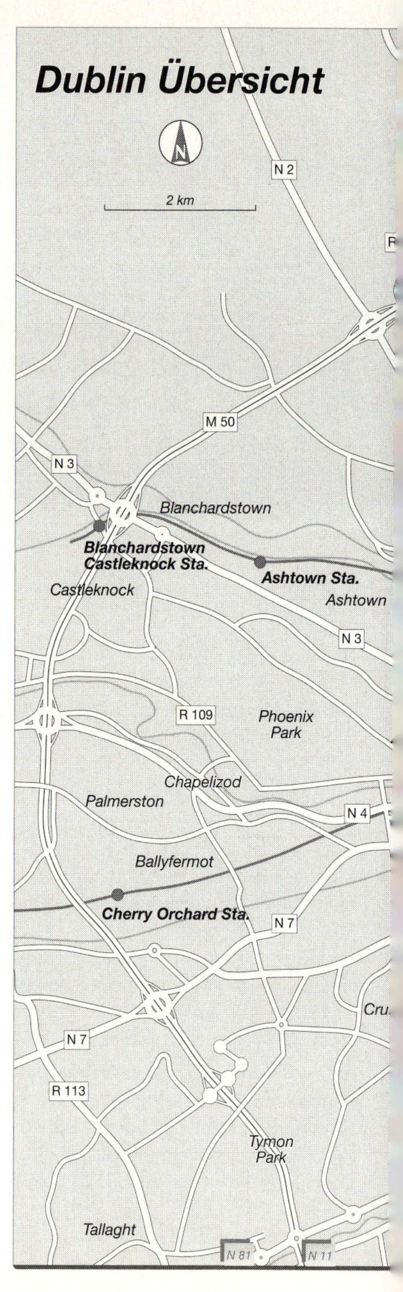

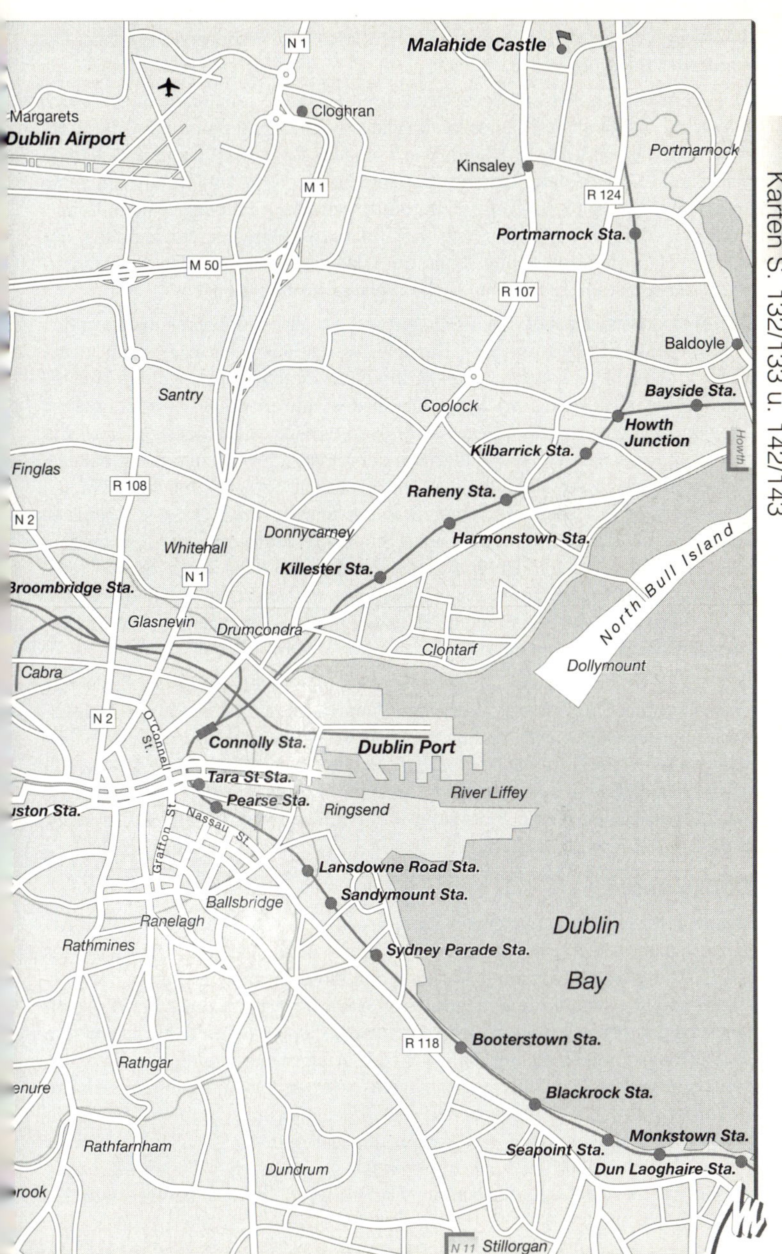
Malahide Castle
N 1
Margarets
Dublin Airport
Cloghran
M 1
Kinsaley
Portmarnock
R 124
Portmarnock Sta.
M 50
R 107
Baldoyle
Santry
Coolock
Bayside Sta.
Howth Junction
Kilbarrick Sta.
Howth
Finglas
R 108
Raheny Sta.
N 2
Harmonstown Sta.
Donnycarney
Whitehall
N 1
Killester Sta.
North Bull Island
Broombridge Sta.
Glasnevin
Drumcondra
Clontarf
Dollymount
Cabra
N 2
O'Connell St.
Connolly Sta.
Dublin Port
Tara St Sta.
Pearse Sta.
River Liffey
Euston Sta.
Ringsend
Nassau St.
Grafton St.
Lansdowne Road Sta.
Sandymount Sta.
Ballsbridge
Ranelagh
Dublin
Rathmines
Sydney Parade Sta.
Bay
R 118
Booterstown Sta.
Rathgar
Blackrock Sta.
Monkstown Sta.
Rathfarnham
Seapoint Sta.
Dundrum
Dun Laoghaire Sta.
N 11
Stillorgan

Die im 10. Jh. errichtete Stadtmauer schützte die Nordmänner nur wenige Jahre: 988 eroberten die Iren unter *Mael Sechnaill* die Wikingerstadt – daher das Datum des Stadtjubiläums.

Ein neues Kapitel der Stadtgeschichte schlugen die Normannen auf. *Heinrich II.* machte Dublin zum Sitz des königlichen Gerichts und damit zum Hauptort der englischen Präsenz in Irland. Wer immer auf der Insel Rang und Namen hatte, fand sich zu den *Seasons,* den Gerichtstagen, in Dublin ein, um seine Interessen zu vertreten. Anfangs mit einer schlichten Palisade, bald mit einer Reihe von Burgen wurde das *Pale,* das Umland Dublins, vor den Einfällen der irischen Häuptlinge geschützt. Mehr über das mittelalterliche Dublin erfahren Sie in der Ausstellung Dublinia (siehe "Sehenswürdigkeiten").

Boom und Niedergang: Nach 1730 entwickelte sich Dublin zur nach London größten Stadt des Königreiches. Händels *Messias* beispielsweise wurde am 13. April 1742 nicht in London, sondern in Dublin uraufgeführt, wo der Meister den Winter zu verbringen pflegte. Die protestantische *Gentry* investierte ihr aus den Landgütern gewonnenes Vermögen in neue und prächtige Häuser in den georgianischen Vierteln außerhalb der zu eng gewordenen Stadtmauern. Die "Commission for Making Wide & Convenient Streets", mit der 1757 die systematische Stadtplanung begann, zeigt schon mit ihrem Namen, worum es ging. Um die gleichzeitig sprießenden Slums kümmerte sich die Kommission allerdings nicht. Auch in Dublins goldenem Zeitalter zwischen 1782 und 1801, als die irischen Protestanten sogar ihr eigenes *Parlament* hatten (heute ist das Gebäude treffenderweise Sitz der "Bank of Ireland"), war das Los der katholischen Bevölkerung nicht rosig.

Der *Act of Union* beendete die Autonomieträume und ließ das überbordende Wachstum der Stadt abrupt abbrechen. Vom Boom des 19. Jh., als viele englische Industriestädte aufblühten, war hier wenig zu spüren. Bei der Niederschlagung des Osteraufstands von 1916, als die Aufständischen das Postamt in der O'Connell Street zu ihrem Hauptquartier erkoren, wurden weite Teile des Zentrums auf der North Side zerstört, der Bürgerkrieg und eine Feuersbrunst (1922) taten ihren Teil.

Dublin heute

Der schlechte Zustand mancher Viertel besonders der North Side ist auch Ergebnis planerischer und politischer Fehler der 50er, 60er und 70er Jahre des 20. Jh. Damals suchte man die Lösung der Wohnungsnot im Bau neuer Vorstädte und überließ die Innenstadt dem Zerfall. Erst neuerdings kehrt das öffentliche und private Geld in die Stadt zurück. *Temple Bar* und die Gegend um *St. Stephen's Green* sind Beispiele für eine erfolgreiche Sanierung, die maroden *Docklands* an der Mündung des Liffey werden mit Milliardenaufwand zu einem internationalen Banken- und Finanzzentrum aufgemöbelt. Von Hochhäusern blieb die Stadt, deren Verwaltung mit dem neuen Rathaus bei der Christ Church selbst ein schlechtes Beispiel gesetzt hat, bisher weitgehend verschont. An der *Zentralbank* in der Dame Street, von der die drei obersten, unter Missachtung der Bauauflagen errichteten Stockwerke wieder abgetragen werden mussten, statuierten die städtischen Planer in den 70er Jahren ein Exempel. Und im Vorort Ballymun wurden sechs Wohntürme wegen zu großer sozialer Probleme sogar wieder gesprengt. In Sachen Denkmalschutz liegt Dublin jedoch noch weit hinter den in anderen Metropolen der Europäischen Union geltenden Normen zurück.

Prunkvolle Eingänge schmücken die sonst eintönigen Backsteinfassaden

Orientierung

Die Metropole dehnt sich von der Halbinsel Howth im Norden in einem Halbkreis um die Dublin Bay bis nach Dalkey im Süden aus. Das Zentrum ist für eine Millionenstadt jedoch relativ klein und überschaubar. Die meisten öffentlichen Einrichtungen und Sehenswürdigkeiten sind vom Castle zu Fuß in längstens einer halben Stunde zu erreichen. Der River Liffey schneidet die Kernstadt in zwei Hälften: Auf der *North Side* folgen nach der Prachtmeile *O'Connell St.*, der Hauptgeschäftsstraße Dublins, bald die Mietskasernen der Arbeiterviertel. Für den Besucher interessanter ist die *South Side*. Unmittelbar am Fluss liegt das Vergnügungsviertel *Temple Bar,* östlich schließen sich die georgianischen Ensembles mit der Einkaufszone um die *Grafton Street,* dem Bankenviertel um *St. Stephen's Green* und dem Campus des *Trinity College* an. Der mittelalterliche Stadtkern lag auf dem Hügel südwestlich von Temple Bar. Da die meisten Häuser aus Holz waren, sind mit *Dublin Castle* (1205, im 18. Jh. umgebaut), *Christ Church* (1172) und *St. Patrick's Cathedral* (1190) nur noch wenige Spuren dieser Zeit erhalten geblieben.

Adressen: Dublins Bezirke sind nach den Postämtern nummeriert. Die North Side hat ungerade Ziffern, die South Side gerade Postnummern. Es beginnt mit 1 und 2 unmittelbar im Zentrum, je weiter man sich von Fluss entfernt, desto höher werden die Endziffern.

Straßenzüge wechseln oft alle paar Blocks ihren Namen. Die Hausnummern laufen nur selten auf beiden Straßenseiten parallel, sondern oft auf einer Seite die Straße auf- und auf der anderen absteigend, was die Suche nach einer Adresse manchmal zu einer ärgerlichen Lauferei ausarten lässt.

Reisepraktisches

Information

Neben Bord Fáilte ist das städtische Informationsamt die wichtigste Info-Quelle. Wer die Warteschlangen im Hauptbüro vermeiden will, stellt seine Fragen gleich bei der Ankunft in den Filialen im Flug- oder Seehafen.

- *Telefonvorwahl:* 01.
- *Information:* **Dublin Tourism Office,** St. Andrew's Church, Suffolk St., Sept.–Juni Mo–Sa 9–18 Uhr, Juli/Aug. Mo–Sa 8.30–20, So 11–18 Uhr, Reservierungen nur bis eine Stunde vor Schließung. ✆ 605 77 00 (Zimmerreservierungen) und 605 77 69 (Ticketverkauf), ℻ 605 77 87, www.visitdublin.ie. Die telefonische Auskunft ersetzt ein dialogfähiger Telefoncomputer (✆ 1550 11 22, Minute 1 €). Das Tourist Office ist samt Buchhandlung, Tea Room, Verkaufsschalter für Ausflugsfahrten und Mietwagen in einer früheren Kirche untergebracht. Eine freundliche Dame reicht Ratsuchenden eine Wartenummer, nach deren Aufruf man dann an den Schalter darf. Im Sommer und besonders sonntags muss mit Wartezeiten und gestresstem Personal gerechnet werden. Umsonst gibt's neben zahlreichen Werbeprospekten "The Guide to Dublin" (mit Stadtplan).

Filialen mit gewöhnlich weniger Andrang sind am **Flughafen** (✆ 844 49 00, Mai–Mitte Juni tägl. 8–20 Uhr, Mitte Juni–Mitte Sept. tägl. 8.30–22.30 Uhr, Mitte Sept.–Apr. Mo–Sa 8–18 Uhr), am **Hafen Dun Laoghaire,** St. Michael's Wharf (✆ 605 77 97, Juni–Sept. tägl. 7.30–21 Uhr, Okt.–Mai Mo–Fr 9–17, Sa 9–13 Uhr), am **Hafen Dublin,** Irish Ferries-Terminal (Juni–Aug. zur Ankunft der Fähren).

Bord Fáilte Éireann (Irisches Fremdenverkehrsamt), Baggot St. Bridge, ✆ 602 40 00, ℻ 602 41 00; Mo–Fr 9–17 Uhr, etwas abseits im Süden der Stadt. Das Hauptbüro vom Bord Fáilte hat auch einen Auskunftsschalter und ist der richtige Ansprechpartner für Fragen, die den Rest der Republik außerhalb Dublins betreffen.

Temple Bar Information Centre, 18 Eustace St., ✆ 671 57 17, web http://www.temple-bar.ie, Mo–Fr 9–18, Sa 12–18 Uhr. Eine Art gehobener Nachbarschaftsladen, gute Info-Quelle zum Quartier und zu Kulturveranstaltungen, gibt den "Temple Bar Guide" und den zweimonatlich erscheinenden Veranstaltungskalender "Temple Bar arts & entertainment" heraus.

Veranstaltungskalender im Internet www.eventguide.ie.

- *Stadtplan:* Neben dem bewährten und handlichen, im deutschen Buchhandel erhältlichen **Falkplan** sei die **Map of Greater Dublin** (Ordnance Survey) empfohlen, die auch Dun Laoghaire mit einschließt.

Stadt- und Vorortverkehr

• *Busse:* Die olivgrünen Doppeldecker und andere Modelle mit dem schnittigen Logo "db" (Dublin-Bus) verkehren zwischen 6 und kurz vor 24 Uhr in der Stadt und bis hinaus nach Bray, Enniskerry, Maynooth und Malahide. Das **Dublin Bus Office,** 59 O'Connell St., (Mo–Fr 9–17, Sa 9–13 Uhr, ✆ 873 42 22, www.dublinbus.ie), hat gute **Streckenkarten** mit den Vorortlinien, die "Tourist Map" für das Zentrum kostet mehr und taugt weniger. Das **Fahrplanheft** ist auch in vielen Zeitungsläden erhältlich. Die meisten Linien enden im Zentrum ("An Lar") um die O'Connell St. **NiteLink** fährt Do–Sa 0–3 Uhr stündl. für 3 € von der O'Connell Bridge in die Vororte Dublins.

• *Busfahrpreise:* Hier eine Auswahl aus den 28 verschiedenen Ticketvarianten. Die **Einzelfahrt** kostet je nach Strecke zwischen 0,45 und 1,50 € und muss im Bus passend bezahlt werden – es gibt kein Wechselgeld. An Tageskarten gibt es an den mit "db" gekennzeichneten Verkaufsstellen den **Dublin Rambler** (1 Tag 4,50 €; 3 Tage 8,25 €; 5 Tage 12,75 €), und den **Dublin Explorer** (4 Tage Bus & DART 12,75 €). Mit einer CIE-Card (2,50 €, Passfoto mitbringen), erhältlich nur beim Dublin Bus Office, gibt's **Wochenkarten** für Bus oder Bus und Bahn. Mit CIE-Card *und* Travelsave Stamp bekommen Studierende ermäßigte Wochenkarten.

• *DART-Bahn:* Für längere Strecken ist die S-Bahn des **D**ublin **A**rea **R**apid **T**ransit ein gegenüber dem Bus sehr viel schnelleres und zuverlässigeres Transportmittel. Von den Stationen Connolly, Pearse und Tara fahren die grünen Züge etwa alle Viertelstunde ins Umland nach Greystones (Co. Wicklow), Maynooth, Howth und Malahide, von der Heuston Station fährt die Vorortbahn nach Kildare. Die Fahrt entlang der Küste ist auch als Sightseeing-Tour zu empfehlen. Weitere Vorortbahnen fahren nach Arklow, Kildare und Drogheda-Dundalk.

Let's DART

"Die größte Revolution des Transportwesens seit dem Pferd", begeisterte sich ein Kommentator in den achtziger Jahren bei der Eröffnung von Dublins S-Bahn. Mit inzwischen 65.000 Fahrgästen im Tagesschnitt ist die DART aus dem Leben der meisten Dubliner nicht mehr wegzudenken. Mit ihr fährt man zur Arbeit, abends zum Vergnügen ins Zentrum, am Wochenende mit der Familie ans Meer. Auch für die sonst autofahrenden Angehörigen der Mittelklasse ist es nicht ehrenrührig, im Zug gesehen zu werden. Verglichen mit anderen europäischen Metropolen, auch mit Frankfurt oder München, sind die Züge überraschend sauber – und nahezu ohne Graffiti. Doch die Bahn ist mehr als nur ein Mittel, um schnell und sicher von A nach B zu kommen. "DART is a way of life", weiß Cyril Ferris, der Pressesprecher von Irlands Eisenbahn CIE. Erst mit DART haben Teenies und Twens aus den "guten Vierteln" zentrale Treffpunkte außerhalb der Innenstadt wie das Queen's Pub in Dalkey oder das Merrion-Einkaufszentrum etablieren können. Die Trennung der Stadt in die Arbeitermietskasernen der North Side und die Villenviertel der South Side hat allerdings auch die durch beide Stadtteile fahrende S-Bahn nicht überwinden können. Aus beiden Richtungen fährt kaum jemand über die "Wasserscheide" der Tara Station hinaus, und wenn die aus der Südstadt einmal nach Howth wollen, rücken sie zwischendrin ängstlich dicht zusammen, als ginge die Fahrt durch Feindesland.

Fernverkehr

Trotz seiner geographischen Randlage laufen die Straßen und Schienenwege aus allen Landesteilen sternförmig in Dublin zusammen. Was bislang fehlt, ist eine leistungsfähige Umgehung. Solange der Autobahnring um die Stadt nicht geschlossen ist, quält sich auch der Transitverkehr durch das Stadtzentrum. Experten ermittelten für die Rush Hour eine Durchschnittsgeschwindigkeit von 21 km/h, im Stadtzentrum gar nur 14 km/h.

• *Bus:* Nahe dem Connolly-Bahnhof ist Busáras Central Bus Station, Store St., ✆ 836 61 11, das Terminal für die Überlandbusse von **Bus Éireann,** mit denen man in alle größeren Städte des Landes kommt. Ticketverkauf auch bei Dublin Bus, 59 O'Connell St. Die durchweg etwas billigeren **Privatlinien** haben keinen zentralen Busbahnhof, sondern fahren von verschiedenen Stellen in der Stadt ab und kommen deshalb für Fremde praktisch nur für die Rückfahrt nach Dublin in Frage. Bei Bedarf erkundige man sich bei ihrem Verband PAMBO, 32 Lower Abbey St., ✆ 878 84 22, oder bei den im Kapitel "Donegal" angegebenen Telefonnummern.

• *Bahn:* Die meisten Fernzüge enden an der **Heuston Station** (✆ 836 62 22; mit Gepäckaufbewahrung) am Liffey, ein gutes Stück westlich des Zentrums und von dort mit Bus Nr. 26, 51 oder 79 erreichbar. Zentraler liegt **Connolly Station** (✆ 836 33 33; mit Gepäckaufbewahrung), wo die Züge von Belfast–Drogheda, Sligo und Rosslare–Wexford einlaufen. Letztere halten auch an der **Pearse Station** in der Nähe des Trinity Colleges. Bus Nr. 90 verbindet alle drei Bahnhöfe miteinander. Fahrscheine auch im Stadtbüro, 35 Lower Abbey St., erhältlich. **Zugauskunft** ✆ 836 62 22.

• *Flughafen:* Dublin Airport (✆ 704 42 22), 12 km nördlich des Zentrums an der N 1. Bus Nr. 41, 41 A, 41 C fahren alle 20 Min. an den Eden Quay (Stadtmitte, Fahrzeit 30 Min.), der teurere und schnellere Airport Express (4 €, mit Air-Lingus-Ticket ermäßigt) zur Heuston Station und zum Busbahnhof. Ein privater "Aircoach" fährt im 15-Minuten-Takt die großen Hotels im Stadtzentrum an (Ticket 5 €, Info www.aircoach.de). Für ein Taxi zur Connolly St. rechne man 20–25 €.

Air Lingus, 42 Grafton St. und 41 Upper O'Connell St., Information ✆ 705 67 05, Reservierung ✆ 844 47 77, Airport 844 55 44; **Lufthansa**, Airport, ✆ 844 55 44; **Ryanair,** 3 Dawson St., ✆ 677 44 22.

• *Fährhafen:* Außer **Dublins Hafen** (Bus Nr. 53, 53 A) an der Mündung des Liffey wird von einzelnen Fähren der Hafen **Dun Laoghaire** im Süden der Stadt angelaufen, der mit der DART erreicht werden kann.

Irish Ferries, 2–4 Merrion Row, ✆ 661 05 11; **Stena Sealink,** 15 Westmoreland St., ✆ 280 77 77; **Merchant Ferries** ✆ 819 29 99.

Diverses

• *Ärztlicher Notdienst:* ✆ 453 93 33.

• *Apotheke:* **O'Connell's,** 55 Lower O'Connell St., ✆ 873 04 27, tägl. bis 22 Uhr offen, die zentralste Apotheke mit Abendverkauf.

• *Auto:* Dublin hält traurige Rekorde in Sachen **Autoknacken** und **-klau**. Gut organisierte Banden suchen regelmäßig die von Touristen bevorzugten Orte heim, Gelegenheitsdiebe werden von ausländischen Autonummern in Versuchung geführt. Zugegeben, dass der Autor um seinen 14 Jahre alten Opel nie Angst hatte. Der war in Dublin nämlich immer leer, und ein Dieb hätte ihm nur die Mühe der Entsorgung des Schrotts abgenommen. Nobelkarossen sind jedoch selbst in ausgeräumtem Zustand gefährdet. Am sichersten sind natürlich bewachte **Parkplätze,** auch in den südlichen Vororten ist das Risiko geringer. Die Parkgebühren im Stadtzentrum betragen pro Tag übrigens stolze 16 €, Falschparker werden mit Radkrallen blockiert und müssen für die Freigabe 33 € berappen..

• *Automobilclub:* **AA** (Automobil Association), 23 Suffolk Rd. off Grafton St., ✆ 677 94 81 (Pannendienst, ✆ 1800 66 77 88), Mo–Fr 9–17, Sa 9–12.30 Uhr geöffnet.

• *Botschaften:* **Deutschland,** 31 Trimlestone Av., ✆ 269 30 11 und 283 72 08; Mo–Fr 9–12 Uhr.

Niederlande, 160 Merrion Rd., ✆ 269 34 44, Notfälle nach Dienstschluss ✆ 281 1787; Mo–Fr 9–12.30, 14–16 Uhr.

Österreich, 15 Ailesbury Ct., 93 Ailesbury Rd., ✆ 269 45 77.

Schweiz, 6 Ailesbury Rd., ✆ 269 25 15.

• *Ermäßigungen:* Die **Supersaver Card** von Dublin Tourism eröffnet gegen 20 € je einen

Eintritt zu Malahide Castle und Model Railway, Viking Adventure, Newbridge House, Joyce-Museum und -Turm.

• *Fahrradreparatur, -aufbewahrung:* **Square Wheel Cycle Works,** Temple Lane South off Dane St., ✆ 679 08 38.

• *Fahrradverleih:* **Bike Store,** 58 Lower Gardiner St., ✆ 872 53 99; **Harding's** (Raleigh), 30 Bachelor's Walk, Dublin 1, ✆ 873 24 55; **Little Sport** (Raleigh), 3 Merville Av. off Fairview Rd., Dublin 3, ✆ 33 24 05; **McDonald's** (Raleigh), 38 Wexford St., Dublin 2, Tel 475 25 86.

• *Geldwechsel:* **American Express,** Tourism Centre, Suffolk St., Mo–Sa 9–17 Uhr, Juni–Aug. auch So 11–16 Uhr, gute Kurse bei relativ geringen Kommissionen.

• *Gepäckaufbewahrung:* In den Bahnhöfen und im zentralen Busbahnhof, Stück 3,25 €.

• *Internet-Cafés:* **Global Internet Café,** 8 Lower O'Connell St.; **Cyberia,** Unit 2, Temple Lane, Temple Bar.

• *Krankenhaus:* **Meath Hospital,** Heytesbury St., ✆ 453 65 55; **Mater Misericordiae,** Eccles St,., ✆ 830 11 22.

• *Polizei:* **Dublin Metro Headquarters,** Harcourt Sq., ✆ 475 55 55; Notruf: ✆ 999.

• *Post:* **GPO** (Hauptpostamt), O'Connell St., Mo–Sa 8–20 Uhr, Telefon u. Briefmarken auch So 10.30–18.30 Uhr.

• *Reisebüro:* **USIT,** 19–21 Aston Quay, ✆ 679 88 33, Mo–Fr 9–18, Sa 11–16 Uhr. Das studentische Reisebüro verkauft die begehrten Travelsave Stamps, Jugendherbergsausweise und Internationale Studentenausweise. Günstige Flugangebote in alle Welt.

• *Taxi:* ✆ 677 18 71, 676 11 11, 677 22 22, 676 66 66, 668 33 33.

• *Waschsalon:* **Laundry Shop,** 191 Parnell St.; **Laundrette,** 110 Lower Dorset St.: **All American Laundrette,** 40 South Great George St.; **Laundry Room,** 8 Lower Kevin St. off South St. Stephen's Green.

Dublin Karten S. 132/133 u. 142/143

Dublin ist keine Stadt für Radfahrer! Es fehlt bislang ein Netz zusammenhängender Radwege, Radler müssen sich vielmehr die Straßen mit dem motorisierten Verkehr teilen.

Übernachten (siehe Karte Seite 142/143)

Fünf Dubliner Hotels dürfen sich mit 5 Sternen schmücken, der höchsten Kategorie, die Bord Fáilte zu vergeben hat. Wenigstens 200 € muss man für ein Zimmer in den Luxusherbergen hinlegen, Frühstück nicht inbegriffen. Wir haben uns in der mittleren Preislage und darunter für Sie umgeschaut – und je preiswerter, desto genauer geprüft, was den Gast erwartet. Bei der Tourist Information können alle Hotels, Pensionen, die hier vorgestellten B&Bs und auch die dem Verband IHH angeschlossenen Hostels reserviert werden. Ein Anruf im Haus selbst tut's natürlich auch.

Rechtzeitige Reservierung wird dringend empfohlen, denn bei kulturellen oder sportlichen Großveranstaltungen kann es in Dublin auch außerhalb der Reisesaison schwierig sein, kurzfristig ein Bett finden.

▸ **Mittlere Preislage:** Das Viertel um St. Stephen's Green auf dem Südufer des Liffey ist eine der besten Geschäftslagen Dublins. Die Grundstücke sind nicht billig, und deshalb findet man hier auch nur Nachtquartiere der mittleren und höheren Kategorie. Vorsicht vor dem Nepp mancher neuen Hotels in Temple Bar.

** **Harcourt Hotel (30),** 60 Harcourt St., ✆ 478 36 77, ℻ 475 20 13, EZ 75–110 €, DZ 125–200 €. Mit Club (viele Liveacts) und Pub, die Zimmer mit TV und Hosenbügler, etwas konservativ eingerichtet. Viel Tradition, im Haus lebte von 1874–1876 G. B. Shaw.

Landsdowne Manor (Guesthouse), Landsdowne Rd. 46/48, Ballsbridge, ✆ 668 88 48, ℻ 668 88 73, EZ 105 €, DZ 130 €. Die efeubewachsene Stadtvilla aus roten Ziegeln wurde innen völlig renoviert und mit antiken Möbeln ausgestattet. Mit dem angebotenen Sekretariatsservice zielt man auf Geschäftsreisende, denen es auf einen Euro mehr oder weniger nicht ankommt.

Staunton's on the Green (32) (Guesthouse), 83 St. Stephen's Green, ✆ 478 23 00, ℻ 478 22 63, EZ 75–100 €, DZ 125–160 €. Zentral im Geschäftsviertel am Stephen's Green, doch zumindest abends findet man auch einen Parkplatz vor dem Haus. Älteres Gebäude mit sehr großen Zimmern und dem Preis angemessenen Komfort, auf der Rückseite zu einem Garten hin und sehr ruhig. Das üppige Frühstück wird im ausgebauten Souterrain serviert – hier fehlt leider der Blick aus dem Fenster.

Fitzwilliam (34) (Guesthouse), 41 Upper Fitzwilliam St., ✆ 662 51 55, ℻ 676 74 88, EZ 55–60 €, DZ 90–110 €. Zentral, aber nachts überraschend ruhig. 6 Zimmer, alle mit Bad und recht neu ausgestattet, im 1. Stock schmiedeeiserne Balkone, innen mit Lüstern und viel Goldbronze eingerichtet.

▸ **Bed & Breakfast/einfache Pensionen:** Privatzimmer kosten mindestens 50 €. Zentrumsnahe Lagen, etwa die vielen B&Bs um den Busbahnhof, sind dabei teurer als vergleichbar ausgestattete Zimmer in den Vororten (z.B. in Clontarf auf dem Weg nach Howth). Wer weniger auf's Geld schaut, ist im Botschaftsviertel Ballsbridge an der richtigen Adresse.

• *Gardiner Street:* Die B&Bs in der Lower Gardiner Street leben von der Nähe zur Connolly Station und zum Busbahnhof. Faustregel: Je weiter die Häuser von den Verkehrsdrehscheiben entfernt liegen (Upper Gardiner St.), desto besser ist das Preis-/Leistungsverhältnis. In der Upper Gardiner Street können wir empfehlen:

Stella Maris Guesthouse (3), 13 Upper Gardiner St., ✆ 874 08 35, DZ 50–60 €. Ein ausgestopfter Fasan, Hirschgeweihe und dunkle Möbel schaffen rustikales Ambiente. Abgeschlossener Parkplatz.

Carmel Guesthouse (4), 16 Upper Gardiner St., ✆ 874 16 39, DZ 65 €. Eine Lounge mit dunkelroter Textiltapete, Nippes-Sammelsurium und einer Putte über dem Kamin, die Zimmer mit TV, Teekocher und teilw. Du/WC ausgestattet. Abgeschlossener Parkplatz.

• *Clontarf Road:* Die Clontarf Rd. (Bus Nr. 130) ist als Uferstraße (Meerblick, frische Luft) generell eine gute Adresse. Je höher die Hausnummer, desto weiter wohnt man vom Industriegebiet in der Bucht entfernt. Von den wohl 20 B&Bs an der Straße sei besonders empfohlen:

Mrs. Carmen Drain, Bayview, 265 Clontarf Rd., ✆ 833 98 70, DZ 60 €. Schöne Palme vor dem Haus, Bevor sie zum Wandbehang wurden, umhüllten die vielen Felle Schafe auf der Farm der Familie.

• *Ballsbridge/Donnybrook:* **Elva (36),** Mrs. Sheila Matthews, 5 Pembroke Park, ✆ 260 06 92, DZ 70 €. Das komfortable B&B liegt in einem vornehmen und stillen Wohnviertel, 10 Min. von der Baggot Bridge. Gut beheizte Zimmer mit TV, Teekocher und umfangreicher touristischer Infomappe für die Gäste; die allabendliche Flasche Mineralwasser ist eine nette Geste. In den Bädern macht "Power Shower" den müden Wasserdruck wieder munter.

Haddington Lodge (35), Mrs. Mary Egan, 49 Haddington Rd., ✆ 660 09 74, DZ 65–70 €. Zwei innen verbundene Reihenhäuser, die Zimmer (alle mit eigenem Bad) unterschiedlich groß, mit TV und kleinem Garderobentischchen, an dem Reiseschriftsteller zur Not ihre Notizen machen können. Von der mit einer Sitzgruppe ausgestatteten Eingangshalle abgesehen gibt es keinen eigentlichen Aufenthaltsraum; dafür ein eigener, abgeschlossener Parkplatz.

McMenamin's (33), 74 Marlborough Rd., ✆ 497 44 05, DZ 65 €. Eine knallgelbe Tür führt in das gastfreundliche Haus mit Wintergarten und kleinem Innenhof. Besonderer Stolz von Pauric & Marie ist ihr üppiges Frühstück, bei dem der Gast zwischen mehreren Menüs auswählen kann – der Autor empfiehlt das täglich wechselnde "vegetarian surprise".

▸ **Hostels:** Bei Preisen um 50 € für sehr kleine Doppelzimmer und ein nur mäßiges Frühstück sind alle, die eine Privatunterkunft wollen und denen die Kontaktmöglichkeiten eines Hostels nicht so wichtig sind, im B&B besser aufgehoben. In Mehrbettzimmern jedoch sind die Hostels, auch in Dublin, preislich unschlagbar. Bei allen Häusern ist im Sommer und am Wochenende Vorausbuchung dringend angeraten – bestehen Sie darüber hinaus auf einer schriftlichen Reservierungsbestätigung (Mail oder Fax), denn Leser berichteten wiederholt, daß ihre Reservierung verschlampt oder schlicht nicht berücksichtigt wurde.

• *South Side:* **Avalon House (27)** (IHH), 55 Aungier St. (westlich St. Stephen's Green, Bus 16, 16 A, 19, 22), ✆ 475 00 01, E-Mail abraham@indigo.ie, Bett mit Frühstück ab 11 €, DZ mit Bad 40–50 €. In einem früheren, völlig umgebauten Krankenhaus, 1992 eröffnet, 1997/98 mit einem Anbau (2- und 4-Bettzimmer) auf insgesamt 260 Betten erweitert. Die hohen Mehrbett-Zimmer wurden teilweise raffiniert in zwei Ebenen unterteilt, so sind die Betten etwas voneinander abgeschirmt; die Einzelzimmer erschienen mir etwas trist. Nachteilig ist die nächtliche Beleuchtung mancher Räume durch meterhohe Oberlichter vom Flur her. Coffeeshop bis 1 Uhr geöffnet, Wäscherei und Safe. Die Küche ist über Mittag geschlossen.

Kinlay House (37, s. Karte S. 163) (IHH), 2–12 Lord Edwards St. (neben der Christ Church Cathedral), ✆ 679 66 44, E-Mail kindub@usit.ie, Bett mit Frühstück ab 12 €, DZ 45–50 €. Die großen Schlafsäle sind in 4er-Nischen unterteilt, dazu Zimmer mit 6, 4 oder 2 Betten, auf der Straßenseite etwas laut. Große, gut ausgestattete Küche, gemütlicher Aufenthaltsraum, Cafeteria, Gepäckaufbewahrung und Fahrradverleih. Ungeachtet geringer Defizite in puncto Sauberkeit und Instandhaltung mit das beliebteste unter den großen Hostels und deshalb schnell voll.

Ashfield House (19) (IHH), 19/20 D'Olier St., ✆ 679 77 34, Bett mit Frühstück ab 15 €, DZ 60–75 €. 1996 in einem früheren Priesterseminar eröffnet, gemütliche Eingangshalle, in der noch der Tabernakelschrein auszumachen ist. Zwischen den zwei Häusern ein Innenhof mit Grillplatz, die Küche durchschnittlich sauber, alle Zimmer mit Bad. (Lesertipp von Steffen Watzek).

Barnacle's Temple Bar House (40, s. Karte S. 163) (IHH), 1 Cecilia St., Temple Bar, ✆ 671 62 77, E-Mail templeba@barnacles.iol.ie, Bett 14 €, DZ 63 €. Die Zimmer des 1997 eröffneten Hostels sind farbenfroh gestaltet, alle mit eigenem Bad, unter den Betten Metallkäfige zur Aufbewahrung der Habe. Aufenthaltsraum mit TV und gemütlichem Kamin.

Oliver St. John Gogarty's (46, s. Karte S. 163) (IHH), 18 Anglesea St, Temple Bar, ✆ 671 18 22, Bett ab 15 €, DZ 45–55 €. Ein neueres Hostel in Temple Bar neben dem gleichnamigen Pub, verweigerte dem Autor eine Besichtigung.

The Brewery Hostel (20) (IHH), 22–23 Thomas St., ✆ 453 86 00, E-Mail breweryh@indigo.ie, Bett mit Frühstück ab 12 €, DZ 50–55 €. Familienbetrieb in einem älteren, stattlichen Bürgerhaus nahe der Guinessbrauerei mit eigenem Parkplatz sowie einem ansprechenden Hof mit Bänken und Grillstelle. Die relativ geräumigen Schlafzimmer (3–8 Betten) sind alle mit eigenem Bad, teilw. mit Tischchen ausgestattet. Gemütlicher Aufenthaltsraum mit Sofas, alten Radios, teilweise antiken Möbeln. Tierfreunde seien vor einem präparierten Eichhörnchen gewarnt.

Morehampton House, 78 Morehampton Rd., Donnybrook, ✆ 668 88 66, Bett ab 11 €, DZ 45–65 €. Zu Fuß 35 Min. vom Zentrum, Bus 10. Mit Garten und Fahrradverleih. "Ein nicht zu anonymes und überfülltes Hostel als Übernachtungsquartier, welches für Dubliner Verhältnisse recht sauber und geräumig ist und sogar einen persönlichen Weckservice anbietet." (Lesertipp Christine Fischer).

• *North Side:* **Abbey Hostel (17)** (IHH), 29 Bachelors Walk, O'Connell Bridge, ✆ 878 07 00, E-Mail info@abbey-hostel.ie, Bett mit Frühstück ab 14 €, DZ 65–75 €. Ein neueres, gut ausgestattes Hostel in zentraler Lage teilw. mit Flußblick. Die 6-, 4- u. 2-Bett-Zimmer sind mit Magnetkarten gesichert, das Gepäck zusätzlich mit abschließbaren Fächern unter den Betten. Geräunmige Küche mit Aufenthaltsraum im Untergeschoss, zur Straße hin schöner Blumenschmuck an den Fenstern.

Abraham House (11) (IHH), 82 Lower Gardiner St., ✆ 855 06 00, E-Mail abraham@indigo.ie, Bett mit Frühstück ab 11 €, DZ 38–75 €. Musik schwebt durch Flure, Aufenthaltsräume und die gut ausgestattete Küche, ein "Schwarzes Brett" zeigt die Dankeskarten zufriedener Gäste. Geräumige Zimmer teilw. mit eigenem Bad (allerdings bemängeln Leser "altbackene Sanitäranlagen"), auch DZ dem Preis angemessen; Wäscherei, abgeschlossener Parkplatz – unsere Empfehlung auf der North Side. Da das Haus oft mit Reisegruppen belegt ist, wird frühzeitige Reservierung dringend angeraten.

Dublin
Essen und Trinken
7 Beshoff's
8 Bewley's
9 Enzo's
16 Supermac
18 Winding Stair Café
21 Burdock Fish & Chips
22 Cornucopia
23 Cooke's Café
24 Rajdoot
25 La Cave
26 Café en Seine
28 The Dome
29 Bendini & Shaw
31 The Commons
Übernachten
1 Celts House
2 Youth Hostel
3 Stella Maris Guesthouse
4 Carmel Guesthouse
5 MEC Hostel
6 Marlborough House
10 Cardijn House
11 Abraham House
12 Globetrotter's
13 Isaac's
14 Jacob's Inn
15 Litton Lane Hostel
17 Abbey Hostel
19 Ashfield House
20 Brewery Hostel
27 Avalon House
30 Harcourt Hotel
32 Staunton's
33 Mc Menamin's
34 Fitzwilliam
35 Haddington Lodge
36 Elva
250 m
Rathdown Rd.
Grangegorman Upper
Lower
Grangegor-man
Phibsborough Road
Constitution Hill
Western
Dominick St.
King's Inn
Henrietta
Brunswick St. North
North
King Street
Church Street
Bow Street
Smithfield
Queen Street
Blackhall Place
Collins Barracks
Montpelier Hill
Phoenix Park
Benburb Street
Wolfe Tone Quay
Victoria Quay
Ellis Qy.
Arran Quay
River Liffey
Usher's Island
Usher's Quay
Wiskey Corner
St. Michan's Church
Mary's Lane
Market
Arran St. E.
Chancery Street
Four Courts
Inns Quay
Ormond
Merchants Qy.
Wood Quay
Heuston Station/ Hauptbahnhof
St. James's Gate Brewery (Guiness)
Watling Street
Bridgefoot Street
Oliver Bond St.
St. Augustine Street
Cook St.
St. Audeon's Church
Dublinia
Christ-church Cathedral
IMMA
James's Street
Thomas Street
20
Cornmarket
High St.
Back La.
J. Dillon Street
Mother Redcap's Market
21
Rainsford Street
Hopstore
Hanbury Lane
Meath Street
Francis Street
Nicolas St.
Meath Pl.
Marrow-bone Lane
The Coombe
St. Patrick's Cathedral
Patrick St.
Marsh Libr
Kevin St.
Ardee Street
Grand Canal Bank
Cork Street
Mill Street
New Road S.
New Street

Dublin
Karten S. 132/133 u. 142/143

Celts House (1) (IHH), 32 Blessington St., ✆ 830 06 57, Bett ab 11 €, DZ 43–50 €. Das für Dubliner Verhältnisse mit 38 Betten kleine und gemütliche Hostel liegt in einer ruhigen, zum Blessington Park führenden Sackgasse der Nordstadt.

Globetrotters Tourist Hostel (12) (IHH), 46 Lower Gardiner St. (zwischen Busbahnhof und O'Connell St.), ✆ 873 58 93, Bett ab 15 €, DZ 85–110 €. Heimelige Farben, neue, großzügige Küche mit Frühstücksraum; 10- bis 4-Bett-Zimmer, Continental Breakfast, abgeschlossener Parkplatz. Die Zimmer im angeschlossenen B&B (mit Schuhputzautomat!) sind geräumig und ansprechend, aber relativ teuer.

"Goin' My Way" (10) (Cardijn House; IHH), 15 Talbot St. (zwischen O'Connell St. und Busbahnhof), ✆ 878 84 84, Bett mit Frühstück ab 12 €, DZ 35 €. Die zwei kleinen (36 Betten) durch einen Innenhof (Campingmöglichkeit) getrennten Häuser liegen etwas versteckt. Das von der katholischen Non-Profit-Organisation "Young Workers Activation" geführte Haus vermittelt noch etwas vom traditionellen "Hostel-Feeling", wie man es aus der Provinz kennt. Wenige Sanitäranlagen, unter dem Dach zwei ansprechende DZ. Cafeteria, Küche, keine Gepäckaufbewahrung, Sperrstunde 24 Uhr.

Isaac's (13) (IHH), Frenchman Lane (neben dem Busterminal), ✆ 855 62 15, Bett ab 10 € (Frühstück kostet extra), DZ 45 €. Mit 210 Betten eines der größten Hostels der Stadt, in einem stilvollen alten Lagerhaus. Straßen- und Bahnlärm ist der Preis für die zentrale Lage. Die Zimmer, von 12 Betten abwärts in allen Größen, sind mit verschließbaren Schränken ausgestattet. Von 11–17 Uhr wird der gesamte Schlaftrakt abgeschlossen. In der Küche gibt es Gerangel um Abstellflächen, Töpfe und Mikrowelle (auch bei Isaac's in Cork fiel die Küche als schlecht ausgerüstet auf). Gemütlicher Aufenthaltsraum mit langen Holzbänken, Biergarten und Nightclub. Im angeschlossenen Hotel gibt es 2er- und 3er-Zimmer mit etwas mehr Platz und eigener Du/WC. Bei der letzten Recherche wurde hier, wie auch bei Isaac's in Cork, eine Besichtigung verweigert. Leser berichten, ungeachtet vorheriger Reservierung abgewiesen worden zu sein.

Jacob's Inn (14) (IHH), Talbot Pl., ✆ 855 56 60, Bett mit Frühstück ab 12 €, DZ 50–60 €. Mit Fahrstuhl, die geräumigen Zimmer alle mit Bad, die Küche im Verhältnis zur Kapazität (210 Betten) zu klein, der TV-Room ungastlich – als Aufenthaltsraum eignet sich nur die Cafeteria (mit Sandwichbar, auch take away). Die Bäder fanden wir sauber, unter die Betten dagegen darf man nicht so genau schauen.

Litton Lane Hostel (15) (IHH), 2–4 Litton Lane, nahe dem Fluß, ✆ 872 83 89, www.irish-hostel.com, Bett ab 11 €. Das alte Lagerhaus war zuletzt ein Tonstudio, in dem U2, Sinead O'Connor und andere Popstars ihre Platten aufnahmen. 1999 wurde es zum Hostel. Stabile Metallbetten, gemütlicher Aufenthaltsraum, Küche.

Marlborough House (6) (IHH), 81 Marlborough St. (neben der katholischen Pro-Cathedral), ✆ 874 76 29, Bett mit Frühstück ab 10 €, DZ 35 €. Ein älteres Stadthaus, die recht hygienisch erscheinende Küche wie anno dazumal im Keller, relativ geräumige Schlafräume mit 4–10 Betten. Im Sommer wird im Garten hinter dem Haus gegrillt. Keine Caféteria, neue Sanitäranlagen. Leser berichten, ungeachtet vorheriger Reservierung abgeweisen worden zu sein.

Mount Eccles Court (M.E.C.) Tourist Hostel (5) (IHH), 42 North Great Georges St., ✆ 873 08 26, www.eccleshostel.com, Bett mit Frühstück ab 12 €, DZ 40–50 €. Die drei aneinander grenzenden georgianischen Häuser liegen 15 Min. vom Zentrum und waren früher eine Klosterschule, noch früher gar das Stadtpalais des Dr. Lawrence, Erzbischof von Cashel. Dessen Butler wiederum war der spätere Bierkönig Arthur Guiness, und man darf annehmen, dass er in den Kellern des Hauses sein erstes Pint of Dublin Porter braute. Das Hostel mit stattlichem Eingang samt Kamin und moderner Kunst, dahinter 22 Schlafräumen teils mit eigenem Bad und Stockbetten unterschiedlicher Qualität wird von einer Familie geführt. Auch einige DZ und Familienapartments (Woche 435 €). Gegen Aufpreis Irish Breakfast, Café geplant.

• *Außerhalb:* **Belgrave Hall** (IHH/IHI), 34 Belgrave Sq., Monkstown, ✆ 284 21 06, E-Mail belgravehall@tinet.ie, Bus 7, 7A, 8, DART-Station Seapoint, Bett ab 10 €, DZ 40–60 €. Das prächtige, um 1840 gebaute Reihenhaus mit großem Garten, wunderschönen Stuckdecken und schweren Kaminen liegt in einem ruhigen Vorortviertel 5 Min. vom Strand. Alle Zimmer mit Bad und Fußbodenheizung. Das Hostel wird von einer Familie geführt, die das Haus eigenhän dig renoviert hat.

Marina House (IHH), 7 Old Dunleary, Dun Laoghaire, ✆ 284 15 24, Bett ab 1 €, DZ 38–60 €,

The Old School House, Eblane Av., Dun Laoghaire, ✆ 280 87 77, www.hostel.ie, Bus 7, 7A, 8, DART-Station Dun Laoghaire, Bett ab 12 €, DZ 35–40 €, Frühstück kostet extra. In einer früheren Ordensschule unweit des Bahnhofs. Eine nette Idee sind die Weltkarten im Speiseraum, auf denen die Gäste mit Pins und kleinen Etiketten ihre Heimatstadt markieren – Afrika und Russland sind schwach vertreten. Lautsprechermusik schafft Stimmung in den Fluren; separater TV-Raum (mit Klavier). Die Küche scheint angesichts der 180 Betten etwas klein. Mit Fahrradverleih, einige Autoparkplätze im Hof.

▸ Jugendherbergen:

Dublin International Youth Hostel (2), 61 Mountjoy St. (off Upper Dorset St.), ✆ 830 17 66, Bett mit Frühstück 12–14 €. Das in einem früheren Kloster eingerichtete Haus ist absolut in Ordnung, durch das etwas ärmliche Viertel sollte man sich nicht abschrecken lassen. Mit Restaurant (auch abends) in der früheren Kapelle, Zimmer mit 3 bis 10 Betten, die größeren auch bei voller Belegung geräumiger als die 3-Bett-Zimmer. Die Gemeinschaftsbäder aus der Klosterzeit sind nicht mehr zeitgemäß. TV-Lounge, Geldwechsel, gesicherter Parkplatz, Gepäckaufbewahrung, im Sommer mit Shop.

An Óige (irischer Jugendherbergsverband), 61 Mountjoy St., ✆ 830 45 55, www.irelandyha.org, Mo–Fr 10–17 Uhr, Apr.–Sept. auch Sa 10–12.30 Uhr geöffnet. Das Büro des irischen Jugendherbergsverbandes stellt Herbergsausweise aus, verkauft das "An Óige Handbook" mit den Adressen aller irischen Jugendherbergen und nimmt Reservierungen für alle Herbergen des Verbandes an.

▸ Studentenwohnheime:

Während der sommerlichen Semesterferien (Ende Juni – Mitte Sept.) vermieten einige Wohnheime die leerstehenden Zimmer an Reisende, die mindestens 2 Nächte bleiben.

University College Dublin (UCD), Belfield, (Nähe Dun Laoghaire, Bus Nr. 10, 46 A), ✆ 706 77 77, EZ 30 €, Woche 180 €. Jeweils 3 oder 4 Einzelzimmer sind zu einer Wohnung mit gemeinsamer Küche, Bad, und Aufenthaltsraum zusammengefasst. Für ein ganzes Apartment gibt es günstige Sonderpreise. Parkplatz, Wäscherei und Sportanlagen dürfen benutzt werden. Modern und gut ausgestattet, aber 6 km vom Zentrum.

Trinity Hall, Dartry Rd. (Bus Nr. 14, 14 A), Rathmines, ✆ 497 17 72, EZ 28 €, DZ 35 €, Studenten 10 % Rabatt. Zimmer mit Schreibtischchen und Waschbecken, nicht so grandios wie der Name besagt und etwas abgelegen (5 km südlich des Zentrums).

Dublin City University, Glasnevin (Bus Nr. 11, 13, 19A), ✆ 704 57 36, EZ im 2er-Apartment 25 €, Woche 130 €, DZ 40 €, Woche 220 €. In Flughafennähe und auch über die dortige Tourist Information zu buchen.

▸ Camping:

Die Campingplätze liegen weit außerhalb der Stadt. Im Zentrum bietet jedoch das Goin' My Way Hostel (siehe "Hostels") einen kleinen Zeltplatz hinter dem Haus. Von der Idee, seinen Schlafsack einfach im Phoenixpark auszurollen, nimmt man besser Abstand. Wen die Parkwächter nicht verscheuchen, den nehmen nachts die Hooligans aus.

Shankill Caravan & Camping, Shankill (zwischen Dun Laoghaire und Bray, Bus Nr. 45, 45 A, 4 oder DART), ✆ 282 00 11, ganzjährig geöffnet, 2 Pers. mit Zelt 9 €. Wenige Zelte zwischen vielen Caravans und einigen Büschen und Bäumen. 20 Min. vom Meer und nahe der Autobahn (laut). Bescheidene Sanitärausstattung, Warmwasser kostet extra.

Camac Valey Caravan Camping, Corkagh Demesne, Clondalkin (N 7 Kildare Road), Bus 68, 68 A, ✆ 462 00 00, 2 Pers. mit Zelt 9 €.

North Beach Caravan & Camping, Rush (N 1 nördlich der Stadt, Bus Nr. 33), ✆ 843 71 31, ganzjährig geöffnet, 2 Pers. mit Zelt 10 €. Kleiner Platz direkt am Meer mit weitem Sandstrand, ausreichende Sanitärausstattung, Küche.

Essen (siehe Karte S. 142/143)

Die meisten Restaurants und Esskneipen findet man im Zentrum südlich des Liffey. Auf der North Side ist die Auswahl an gediegenen wie gemütlichen Lokalen geringer, dafür hat die O'Connell Street Dublins größte Auswahl an Fastfood.

▸ Trinity College, St. Stephen's Green, City Hall:

The Commons (31), Newman House, 85 St. Stephen's Green, ✆ 478 05 30, Sa Mittag, So Ruhetag. Mit Gerichten wie Ochsenschwanzsuppe mit Morcheln, Confit aus Leberpastete und Black Pudding, Kabeljau im Kräutermantel, Kartoffelvariationen und Crêpes gilt The Commons als Pionier der "neuen irischen Küche". Orientteppiche dämpfen den Schritt, moderne Gemälde zieren die Wände, an warmen Tagen kann man im Innenhof tafeln. Das perfekte Essen hat freilich seinen Preis: Lunch 30 €, Dinner 50–65 €.

Rajdoot (24), 26 Clarendon St., Westbury Centre, ✆ 679 42 74, So Ruhetag, Lunch 18 €, Dinner 25–35 €. Obwohl es zu einer englischen Kette gehört, lässt das exotisch dekorierte Rajdoot (in Indien eine Motorradmarke) keinen Gedanken an Massenabfertigung aufkommen, sondern hat vielleicht die beste indische Küche der Stadt, wenn nicht ganz Irlands. Vegetarier werden ernst genommen und müssen sich nicht mit lieblosen Alibimenüs begnügen, selbst Basics wie Reis und die verschiedenen Brotarten sind ein Gedicht. Als Tandoori-Gericht wird außer dem obligaten Chicken auch Makrele serviert.

Mermaid Café (28, s. Karte S. 163), 70 Dame St., ✆ 670 82 36. Ben Gorman zeigt sich als Meister kulinarischer Kreativität. Probieren Sie etwa den Räucheraal mit Meerrettich an Kartoffelsalat oder Gegrilltes vom Schwein und Black Pudding mit kümmelgewürzten Roten Rüben und Spinat.

Cooke's Café (23), 14 South William St., ✆ 679 05 36, tägl. 12–24 Uhr, Lunch 15 €, Dinner 25 €. Die als "new age – new style" offerierte Küche ist stark italienisch beeinflusst. Auf den Tisch kommen z.B. Avocado-Spargel-Salat, gefüllte Champignons, Schwertfisch mit Limonen, Kapern und Croutons, diverse Pastagerichte, und als Dessert hausgemachte Eiscreme oder, ganz britisch, Schokoladenkuchen. Das etwas preiswertere Café (auch Snacks) befindet sich im Obergeschoss.

Café-en-Seine (26), 40 Dawson St. Das Bistro revolutionierte die Dubliner Pubszene: Die elegante Bar mit Design der vorletzten Jahrhundertwende serviert durchgehend Kaffe und Kuchen, mittags Lunch (15 €) und Snacks bis 20 Uhr. Zum sonntäglichen Brunch spielen wechselnde Jazzbands.

La Cave (25), 28 South Anne St. off Grafton St., tägl. bis 2 Uhr, Dinner um 25 €. Französisches Ambiente und französisch-nordafrikanische Küche. Im Sommer abends manchmal Kulturprogramm (Musik, Lesung o.ä.).

Juice (41, s. Karte S. 163), 73 South Great George's St., So–Mi bis 23, Do–Sa bis 4 Uhr, Lunch 10 €, Dinner 20–25 €. Die junge Konkurrenz des leicht anstaubten Cornucopia (siehe unten). Tadellose vegetarische Küche (z.B. Thai curry), frisch gepresste Obstsäfte, Lassi-Getränke und Ökoweine.

Cornucopia (22), 19 Wicklow St., Mo–Mi, Fr bis 20 Uhr, Do bis 21 Uhr, Sa bis 18 Uhr. Das mit den Jahren deutlich gediegener gewordene Naturkostlokal bietet jenen eine Alternative, die die irische Vorliebe für Cholesterin und Kalorien nicht teilen.

Bendini & Shaw (29) (food for thought), North Stephen's Green/Ecke Grafton St. Die neue (will sagen: amerikanische) Fast-food-Philosophie: steril verpackt, täglich frisch. Das Interieur ist mit Metall und Neon im 50er-Revival-Stil gehalten.

The Dome (28), St. Stephen's Green Shopping Centre, Grafton St. Ein Coffeeshop mit Pies, Lasagne und Kuchen unter der Kuppel des Einkaufszentrums mit Blick über den Park, zu Füßen das Gewusel der Passanten und im Rücken die Konsumlüsternen.

Bewley's Cafés (8), 78 Grafton St., Filialen in 12 Westmoreland St., 13 South Great Georges St. und Henry St. Bewley's Kaffeehäuser sind seit dem 19. Jh. eine Institution in Dublin. James Joyce kehrte regelmäßig in der Westmoreland Street ein, und zum Stammhaus in der Grafton Street gehört auch eine kleine Ausstellung zur Firmengeschichte. Auf einer Bühne im Obergeschoss gibt es regelmäßige Theateraufführungen. Perfekter Cappuccino, Auswahl an verschiedenen Kaffeesorten, bei der Teezubereitung werden noch Blätter überbrüht. Auch Kuchen und Tellergerichte. Empfehlenswert.

Lunchtime in Bewley's Café

▸ **Temple Bar (s. Karte S. 163):** Die Temple Bar Area zwischen Fluss, Westmoreland Street, Christ Church Cathedral und der Dame Street ist das dynamischste Viertel im Herzen Dublins. Lange vernachlässigt und dem Berliner "Prenzelberg" vergleichbar, ist es heute Mittelpunkt der Altstadtsanierung und des Nachtlebens der Metropole.

Elephant & Castle (45), 18 Temple Bar, ✆ 679 31 21, Lunch 18 €, Dinner 28 €. Beginnend mit Frühstück und Brunch gutes Essen beinahe rund um die Uhr, 1997 mit dem "Beef Award" der irischen Rindfleischlobby ausgezeichnet. Tagsüber veredelte Burger und raffiniert gefüllte Omeletts, zum Dinner eine kleine kulinarische Weltreise: indisches Lamm (Korma), italienische Pasta (Fettucine mit Shrimps, thailändisches Curry-Huhn, englisch-amerikanisch-internationales Steak. Schniekes Spätyuppie-Publikum, das 3 € für den Cappuccino zu zahlen bereit ist.

Oliver St. John Gogarty (46), 58 Fleet St., Pub mit Restaurant über 3 Etagen, Hauptgericht 12–20 €. Das zugegeben sehr touristische Lokal verdient ein dickes Lob für seine Pflege speziell der irischen Küche. Manches vergessene Rezept wurde wieder ausgegraben, zum Beispiel das mit Äpfeln, Cider und Kräutern marinierte Schweinefleisch oder "Esther Dune's Potato Cake". Abends regelmäßig Folkmusik.

Gallagher's Boxty House (45), 24 Temple Bar, bietet mit "Boxty Dishes" eine weitere irische Spezialität, nämlich Kartoffelpuffer mit verschiedenen Füllungen; Tagesmenü 8 €.

Irish Film Centre (39), 6 Eustace St., ✆ 679 31 21, www.fii.ie, tägl. bis 23 Uhr, Fr/Sa abends Reservierung empfohlen. Das preiswerte Restaurant (Hauptgerichte bis 9 €) setzt der hypermodernen Architektur des Filmzentrums geradezu trotzig eine schlichte Küche entgegen, die sich, ähnlich wie im Elephant & Castle, von aller Herren Länder inspirieren lässt.

Bad Ass Café (44), 9–11 Crown Alley off Temple Bar, tägl. bis Mitternacht und länger geöffnet. Ein altes Lagerhaus wurde in einen Tempel amerikanischer Popkultur umgewandelt. Sinéad O'Connor arbeitete hier, als sie noch kein Star war. Junges Publikum, einfache Gerichte (Pizza, "Student menu" 8 €), nach dem Essen kann man sich ein T-Shirt kaufen und zum Reklameträger werden.

Eamon Doran (43), 3A Crown Alley off Temple Bar, Menü 20 €. Diese Filiale eines irischen Lokals in New York (!) ist gleichermaßen Pub wie Restaurant und für ihre Steaks berühmt. An heimischen Gerichten gibt es etwa Käseomelett. Abends spielt ein DJ mit House Music auf (bis 2 Uhr).

Leo Burdock (21), 2 Werburgh St. Ein Imbiss mit nautischem Ambiente samt ausgestopften Fischen. Hervorragende Fish & Chips auf klassische Art, die angeblich sogar mal Madonnas Gaumen erfreuten.

▸ **North Side:** Die Gastronomie der O'Connell Street und der angrenzenden Straßenzüge ist vor allem auf eilige Imbissgäste eingestellt, die beim Einkaufen oder nach dem Kino vom Hunger gepackt werden.

Supermac (15), Lower O'Connell St., bis 3 Uhr morgens geöffnet. Das Nonplusultra des Dubliner Fastfood auf drei Etagen. Chips mit Coleslaw, Döner mit Cheddar-Cheese und allerlei Burger füllen den Magen.

Beshoff's (7), Middle O'Connell St. (Nähe Savoy Kino, tägl. bis 3 Uhr morgens) und 14 Westmoreland St. Über diese Dubliner Institution ließe sich mühelos ein ganzes Buch schreiben Der Großvater des Inhabers wurde 104 Jahre alt, der Urgroßvater 108, der Ururgroßvater 115 – Fisch, wie ihn die Beshoffs zubereiten, muss also außerordentlich gesund sein. Firmengründer Ivan Beshoff stand als einer der Meuterer auf dem Panzerkreuzers Potemkin im Rampenlicht der Weltgeschichte.

Der Fish&chips-Imbiss gefällt mit dem schwarzweißen Ambiente einer eduardinischen Austernbar. Die verschiedenen Fischsorten werden jeden Morgen frisch auf dem Markt gekauft, die Kartoffeln kommen von der eigenen Farm, serviert wird mit Metallbesteck und Porzellantellern. Die Filiale in der O'Connell St. eignet sich, um dem Straßentreiben zuzuschauen.

Enzo's (9), Moore Lane, Mo–Sa bis 17 Uhr geöffnet. Der Imbiss der Marktleute ist ein guter Ort für Milieustudien und hat das beste (will sagen: für Armeleuteessen typische) Irish Stew (3 €).

Windig Stair Café and Bookshop (18), North Side gegenüber der Halfpenny Bridge. Snacks, Kuchen, und jede Menge Bücher (Lesertipp Kerstin Matz).

Am Abend

Mit einem Auge nach London oder New York schielend, verachten manche Dubliner ihre Stadt als kulturelle Provinz – und tun ihr dabei Unrecht. Die ganz große Oper und das Orchester von Weltrang mögen zugegebenermaßen fehlen, doch die klassische Hochkultur darf nicht der Maßstab sein. Dublin hat eine lebendige Theaterszene, und in Sache Rockmusik ist es wenigstens so produktiv wie die Themsestadt. Auch Folkfans kommen voll auf ihre Kosten, wobei es bei der Volksmusik allerdings kein Gefälle zwischen Stadt und Land gibt: Die Musiker im Westen sind mindestens genau so gut. Wo wann was los ist, entnimmt man der Stadtzeitung *In Dublin* oder dem z.B. bei der Tourist Information und in vielen Hotels ausliegenden *Dublin Event Guide* (beide erscheinen vierzehntägig).

▸ **Pubs:** Kinos, Theater, Konzerthallen und Discos hin oder her: Das Pub ist auch in Dublin das wahre, typisch irische Ausgehvergnügen. Wenigstens 600 "Public Houses" soll es geben – relativ gesehen weniger als im 17. Jh., als eine Zählung in jedem fünften Haus der Stadt eine Schenke fand, doch noch immer genug für jeden Geschmack. Anders als auf dem Dorf oder in der Kleinstadt, wo Alt und Jung, Studenten und Working Class in *einer* Kneipe zusammenfinden, leben in der Hauptstadt die verschiedenen Szenen und Milieus neben-, nicht miteinander und haben jeweils ihre eigenen Pubs der verschiedensten Stilrichtungen.

▸ Pubs, "trendy":

The Bailey, 2 Duke St. (off Grafton St.). Manche nennen das in einen Neubau integrierte historische Pub "das wichtigste Museum Dublins". Charlie Chaplin, Brendan Behan und andere Berühmtheiten tranken hier ihr Guinness, und in der Lobby steht die Tür des abgerissenen Hauses 7 Eccles Street, dem fiktiven Heim Leopold Blooms. (Im "Ulysses" taucht Bailey noch unter seinem alten Namen "Burton's" auf.) Samstag Nachmittag ist Baileys Treff der Schwulen- und Lesbenszene.

Davy Byrne's, 21 Duke St. (off Grafton St.). "Nice quiet bar. Nice piece of wood in that counter. Nicely planned. Like the way it curves here", meinte Bloom über das "moral pub", in dem er bei einem Glas Burgunder sein mit Senf bestrichenes Gorgonzola-Sandwich verspeiste. Eine zu gründliche Renovierung hat dem Pub allerdings viel von seinem Charme genommen. Außer Sandwiches gibt es heute Austern und Lachs.

Norseman, 29 Essex St. Ein bei Künstlern und solchen, die es gerne wären, beliebter Spot. Gelegentlich Livemusik (Jazz) und Comedy. Im Sommer versammelt man sich draußen und in der anschließenden Temple Bar (Gasse) zur informellen Streetparty.

Fitzsimons, 1 Essex St. Ein neueres, geräumiges Pub mit viel Holz und Naturstein, verhältnismäßig ruhig und gut belüftet. Restaurant, in der Bar Irish music, im Keller Disco "Ballroom".

Buskers, Fleet St. Ein großes, modernes Pub mit jungem internationalen Publikum (viele Erasmus-Studenten), kleine Tanzfläche, doch auch ruhigere Ecken, Barfood.

ThunderRoad Café, Fleet St., Temple Bar, der Bikertreff gleich neben dem Harley-Shop ("Parking allowed only for American motorbikes"). Der Name des aufwendigen "Theme Pub", das gleichzeitig auch Disco, Videobar, Restaurant und Souvenirladen ist, spielt gleichermaßen auf einen Song von Bruce Springsteen wie auf einen Filmklassiker (mit Robert Mitchum) an. Die Kneipe ist mit Motorrädern und einschlägigen Accessoires dekoriert, die Plastiktischdecken mit Panther- und Tigerfellmuster. Vor dem Hintergrund einer selbst für ein Dubliner Pub ungewöhnlich lauten Geräuschkulisse werden Steaks, Burger, Pasta und einige Fischgerichte aufgetischt.

Pravda, Lower Liffey St. (Nordufer der Halfpenny Bridge). Das mehrstöckige Feuchtbiotop im Bolschi-Chic wird bereits nachmittags von den, so die Irish Times, "hip young socialisers" frequentiert.

Dublin Karten S. 132/133 u. 142/143

▸ Pubs, "traditionell":

Palace, 21 Fleet Street (Temple Bar). Ein klassisches Pub mit schönen Spiegeln und altem Mobiliar; hier lassen sich gern die Journalisten der benachbarten "Irish Times" inspirieren.

John Mulligan's, 8 Poolbeg St. Im Stil ähnlich wie das Palace und auch bei Zeitungsleuten beliebt, steht das 1782 gegründete Mulligan's im Ruf, nach der Brauerei selbst das beste Guinness in Dublin auszuschenken. Das Pub war ein Drehort von "My Left Foot", einem Film über das Leben des behinderten Künstlers Christy Brown.

Stag's Head, 1 Dame Court. Ein schönes viktorianisches Pub (1895 eingerichtet) mit Spiegeln, Buntglas und Mahagoniholz, dessen Bild sogar einmal eine Briefmarke zierte. Auch zum Lunch empfohlen, z.B. Schweinekotelett in Cidersauce 10 €. Damen werden in der Lounge gewarnt: "Take care of your handbags".

Neary's, 1 Chatham St. (off Grafton St.). Das Symbol des Pubs zeigt Komödianten, die mit wehenden Ärmeln das Glas halten. Wie passend. Das Neary´s ist die zweite Bühne der Akteure und Schaulustigen aus dem benachbarten Gaiety Theatre, die hier ihre Gläser leeren, um den tieferen Wahrheiten des Lebens auf den Grund zu gehen.

McDaid's, 3 Harry St. (off Grafton St.). Ein Literatenpub, aus dem einst lallende Nobelpreisträger zur Sperrstunde hinauskomplimentiert wurden. Besonders Brendan Behan brachte hier oft seine Gedanken zu Papier. Ein verblichenes Foto zeigt ihn vor seiner von zwei Biergläsern eingerahmten Reiseschreibmaschine.

Doheny & Nesbitt's, 5 Lower Baggot St. Ein altes Pub mit Snugs, den Nischen fürs tête-à-tête, in denen sich mittags Politiker und Banker treffen. Gelobt wird das Roastbeefsandwich (nur zum Lunch).

Toner's, 139 Lower Baggot St. Ein Stück Dorf im Herzen der Großstadt, die Regale erinnern noch an die Zeit, als das Pub zugleich Laden war. Yeats, der sonst nie ein Pub besuchte, soll sogar einmal hier gewesen sein.

▸ Pubs mit Live-Musik:

Whelans, 25 Wexford St., bietet regelmäßig Rock, Blues und Country.

Slattery's, 129 Capel St. Gespielt wird gleich auf zwei Etagen: Die Folkmusik (unten) ist kostenlos, für Rock und Jazz (oben) wird bis 6 € Eintritt genommen.

Hughes, 19 Chancery St. (hinter den Four Courts). Folk oder gar Kammermusik und Setdancing.

Brazen Head, Bridge St. Ohne Zweifel die älteste Kneipe der Stadt, auch wenn das Schild "founded 1198" etwas übertreibt, denn das Haus stammt erst aus dem 18. Jh. 1790 war Brazen Head Versammlungsort der United Irishmen, später war Robert Emmet regelmäßiger Gast. Joyce empfiehlt im "Ulysses" das Barfood. Es dauerte bis in die 80er Jahre, bis sich das Pub zu elektrischer Beleuchtung durchrang. Mittags kommen die Beschäftigten des nahen Gerichts zum Lunch, abends oft spontane Sessions. Fr Ruhetag.

Mother Redcaps Tavern, Back Lane (Christ Church). Auf zwei Etagen in einer früheren Schuhfabrik, Di, Do/Fr Folk und Country, Fr/Sa vorwiegend Events mit bekannten Gruppen.

Harcourt Hotel, 61 Harcourt St. Im Pub oder im Nightclub des Hotels wird ein abwechslungsreiches Musikprogramm geboten. Eine Institution ist der sonntägliche Jazzbrunch; Mo gastieren Folkgruppen, Mi Country (mit Line Dancing), Do Popoldies, Sa irische Rockgruppen.

O'Donoghues, 15 Merrion Row. Häufig Folksessions in Dublins populärster Musikkneipe, wo die Dubliners ihre Karriere begannen. Plakate der hier aufgetretenen Stars zieren die Wände des Hinterzimmers. Am Boden noch Sägespäne, viele US-amerikanische Gäste, für wärmere Tage ein überdachter Hof.

Big Jack's Baggot Inn, 143 Lower Baggot St. In dieser Rockkneipe begann der Stern von U 2 zu strahlen.

International Bar, 23 Wicklow St. (off Grafton St.). Der mittwochabendliche "Comedy Cellar" und andere Bühnenshows irischen Humors finden im ersten Stock statt. Gelegentlich auch Blues- oder Jazzkonzerte, sonntags Matinee mit Folkmusik – und immer viel Qualm.

▸ **Clubs und Discos:** Wenn die meisten Pubs schließen, fängt das Leben in den Clubs und Discos erst richtig an. Viele findet man in Temple Bar oder in der Leeson Street, an der Südostecke des Stephen's Green. Einige Discos und Clubs nehmen keinen Eintritt (üblich sind sonst 6–20 €), langen aber bei den Drinks tief ins Portemonnaie.

Bob's, East Essex St.. Gleich drei Etagen mit Disco, Livebühne und einer ruhigeren Lounge. Um 6 € Eintritt.

Club M, Bloom's Hotel, Anglesea St., Temple Bar. Ein Hightech-Club auf fünf Ebenen, mit Lasershow und sogar einem Jacuzzi in der VIP-Lounge.

The Kitchen, Clarence Hotel, 6–8 Wellington Quay. Nach dem Abriss der legendären Garage Bar haben die Rockgrößen von U 2 in der früheren Küche des Clarence Hotels einen neuen Club eröffnet. Das Interieur erinnert an einen Schweizer Käse, und wer zu ekstatisch tanzt, landet in einem raffiniert beleuchteten Wassergraben am Rande des Dancefloors.

Rí-Rá, Central Hotel, 1 Exchequer St.. Begann als ein Treffpunkt der Schönen und Reichen, etablierten und angehenden Stars, muss sich inzwischen aber mit gewöhnlichem Publikum begnügen.

Chocolate Bar/POD, Upper Hatch St. off Harcourt St., ✆ 478 01 66. Noch immer ein In-spot, in dem sich der junge Geldadel präsentiert. Ziehen Sie Ihre Designerklamotten an und vergessen Sie die Kreditkarte nicht.

Lilillie's Bordello, Adam Court, Grafton St., der Club für Träger dicker Brieftaschen und turbogestylte Stiletto-Absatz-Schönheiten.

Turks Head Chop House, Parliament St., Temple Bar. Das Bistro wird abends (bis 2 Uhr) zum Dancefloor. Di (Eintritt frei) Bauchtanz, Mi–So Mainstream Music 60's–90's.

Temple Theatre, Temple St. off Dorset St. In der umgewandelten, einst von Francis Johnston gebauten Kirche St. George ist das zuletzt vom Konzertsaal zum Mega-Club mutierte Theater einer der größten Tanzpaläste Dublins.

▸ **Theater:** Mit einer Kreditkarte ist die Kartenvorbestellung einfach. Man ruft an, gibt seine Nummer durch und lässt das Ticket hinterlegen. Wer kein Plastikgeld hat, muss auch zur Vorbestellung selbst an die Kasse kommen und sich das Ticket kaufen.

Abbey Theatre, 26 Lower Abbey St., ✆ 878 72 22. 1904 gründeten W.B. Yeats und Lady Gregory das Haus mit dem Ziel, gleichermaßen modernes Theater wie die Erneuerung der irischen Kultur zu fördern. Heute ist das durchweg Mainstream-Produktionen zeigende Abbey Haus eine beinahe heilige Ikone der "Irishness" und damit wie die Kirche und der literarische Kanon zunehmender Kritik ausgesetzt. Sein kürzlich drohender Konkurs löste ein mittleres Erdbeben in der kulturpolitischen Landschaft aus. Zum Haus gehört die künstlerisch etwas mutigere Studiobühne

Peacock.Gate Theatre, 1 Cavendish Row (Parnell Sq.), ✆ 874 40 45. Irische und ausländische Klassiker, gern auch Komödien, aber keine "leichte Muse".

Gaiety Theatre, South King St., ✆ 677 17 17. In Dublins ältestem Theater (seit 1871) ist die Grand Opera Society zu Hause, die allerdings nur selten Operngastspiele auf die Bühne bringt. Meistens sind Komödien, Revuen und jüngst verstärkt TV-Produktionen zu sehen.

City Arts Centre, 23 Moss St. (off Georges Quay), ✆ 677 06 43, eine Bühne der künstlerischen Avantgarde. Auch politisch mutige Stücke sind hier am ehesten zu erwarten.

Lambert Puppet Theatre, Clifton Terrace, Monkstown (DART), ✆ 280 09 74. Ein Marionettentheater für Kinder, die Vorstellungen sind Sa/So nachmittags.

Jury's Irish Cabaret, Jury's Hotel, Ballsbridge, ✆ 660 50 00, Mai–Mitte Okt. Di–So 20 Uhr geöffnet. Seit 30 Jahren ist die irische Show mit Tänzen, Musik und humoristischen Sprecheinlagen ein vor allem von Touristen besuchter Dauerbrenner. Der Eintritt ist mit 25 € (einschl. zwei Drinks) allerdings happig. Wer 15 € draufzahlt, kann eine Stunde eher kommen und noch ein Menü verzehren. Weitere Comedy-Theater sind **Tivoli,** 135 Francis St., ✆ 454 44 72 und die **International Bar,** 23 Wicklow St.

Dublin Karten S. 132/133 u. 142/143

▸ Konzerte:

National Concert Hall, Earl's Fort Terrace (off Stephen's Green), ✆ 671 15 33. Der Tempel der klassischen E-Musik; relativ preiswert (um 6 €) sind die gelegentlichen Matineevorstellungen zur Mittagszeit.

Olympia Theatre, 72 Dame St., ✆ 677 77 44. Seit das Theater noch "Dan Lowry's Music Hall" hieß, hat sich am Interieur nicht viel geändert: viel Nostalgie bei bröckelndem Putz. Auf die Bühne kommt beinahe alles, was die Halle füllen könnte: vom Ballett über die Revue bis zum Rockkonzert.

Point Theatre, East Link Bridge, North Wall Quay, ✆ 836 36 33. Der frühere Bahnhof ist die Arena für die ganz großen Musikevents mit bis zu 7000 Zuschauern.

Temple Bar Music Centre, Curved St., ✆ 679 05 33; Ticketverkauf Mo–Fr 10–18 Uhr. Das neue Herz der irischen Rock-Pop-House-Techno-und-was-noch-Musikszene mit Aufnahmestudios und großem Saal für Live-Events.

Projects Arts Centre, 39 Essex St., ✆ 679 66 22, Austelllungen, Ballett und zeitgenössische Musik.

• *Tickets:* **HMV,** Henry St. und 65 Grafton St., ✆ 873 28 99, **Golden Discs,** Grafton Arcade, Grafton St., ✆ 677 10 25, und die Ticketline der **Touristinformation,** ✆ 605 77 77, sind die wichtigsten Vorverkaufsstellen.

▸ **Kinos:** Die großen, kommerziellen Lichtspielhäuser mit Erstaufführungsrechten an den internationalen Kassenschlagern findet man vorwiegend auf der North Side um die O'Connell Street, während die künstlerisch anspruchsvolleren Produktionen und Retrospektiven eher auf der South Side gezeigt werden.

Irish Film Centre, Eustace St., Temple Bar, ✆ 679 34 77, 679 57 44. Bislang hat das irische Filmschaffen vor allem durch einen Boom ausländischer Produktionen auf der Grünen Insel auf sich aufmerksam gemacht. Mit dem neuen Filmcentre hat das Land jetzt auch eine repräsentative, nichtkommerzielle Spielstätte. In den Genuss der Vorstellungen kommen zwar nur "Members", doch kostet die Mitgliedschaft nur 1,25 € pro Woche (8 €/Jahr). Damit lassen sich dann bis 4 Karten pro Vorstellungen kaufen. Mitgliedsausweise gibt es nur bis eine halbe Stunde vor Vorstellungsbeginn. Ein Bookshop offeriert Gedrucktes zum Thema Film.

Screen, D'Olier St., ✆ 671 49 88, und **Lighthouse,** Middle Abbey St., ✆ 873 04 38, sind zwei weitere Kinos, in denen man eher Kunst als Kommerz erwarten kann. Der neue **Multiscreen Virgin Cinema Complex,** Parnell Centre, Parnell St., ✆ 872 84 00, und **Savoy,** 19 Upper O'Connell St., ✆ 874 60 00, sind die zwei wichtigsten Mainstream-Kinos der Stadt.

Kunst

Mit gewaltigen Investitionen wurde in den letzten Jahren im Dubliner Stadtteil Temple Bar eine Kunstmeile aus dem Boden gestampft, die in Europa ihresgleichen sucht: Galerien und staatlich geförderte Zentren auf Schritt und Tritt, die alle Genres zeitgenössischer Kunst abzudecken versprechen.

The Ark, Eustace St., Di–Sa 10–16 Uhr. Kunst von und für Kinder.

Arthouse Multimedia Centre, Curved St., web http://www.arthouse.ie, Mo–Fr 9.30–18, Sa/So 14–18 Uhr. Multimediale Wechselausstellungen, Computerkunst. Mit Cybercafé, **Arts Information Bureau** und einer umfangreichen Datenbank zu zeitgenössischen irischen Künstlern und ihren Werken – informieren Sie sich über den Trend von morgen oder suchen Sie sich das passende Bild für die Wohnzimmerwand aus.

Designyard, 12 Essex St., Mo–Sa 11–18 Uhr. Ausstellung und Verkauf der Vorzeigestücke irischen Kunsthandwerks (Designermöbel und Accessoires zur Inneneinrichtung wie Lampen und Glaskunst, auch Schmuck).

Gallery of Photography, Meeting House Sq., Mo–Sa 11–18 Uhr. Irlands einzige Galerie, die ausschließlich Fotokunst zeigt. Mit umfangreichem Fotoarchiv, Verkauf von Bildbänden und anspruchsvollen bis exotischen Postkarten.

Original Print Gallery, 4 Temple Bar, Di–Fr 10.30–17.30 (Do bis 20 Uhr), Sa 11–17, So 14–18 Uhr. Die Galerie zeigt und verkauft limitierte Kunstdrucke, Lithographien, Holzschnitte u.ä. von zeitgenössischen irischen Künstlern.

Temple Bar Gallery & Studios, 5–9 Temple Bar, Mo–Sa 10–18, So 14–18 Uhr. Hier arbeiten etwa 30 Künstler in ihren Studios und stellen in Irlands größter Galerie aus.

Siehe auch: Museum of Modern Art (S. 168), Hugh Lane Municipal Art Gallery (S. 173), Bank of Ireland Arts Centre (S. 158).

Feste/Veranstaltungen

Aktuelle Termine und Programme der zahlreichen Feste und Festivals entnimmt man dem *Event Guide* der Tourist Information oder der Stadtzeitung *In Dublin*. Hier eine Auswahl der wichtigsten Spektakel:

St. Patricks Day, 17. März, mit großer Parade durch das Stadtzentrum vor wohl einer halben Million Schaulustigen.

Bloomsday, 16 Juni. Die Erlebnisse und das Innenleben des fiktiven Leopold Bloom am 16. 6. 1904 sind Gegenstand des "Ulysses". Nicht nur eingefleischte Joycianer feiern den Jubiläumstag und die vorausgehende Woche mit Lesungen, Gorgonzola-Sandwiches bei Davy Byrne's und viel Guinness. Höhepunkt ist die Radrallye und das anschließende Fest im Stephen's Green. Programmauskunft beim Joyce Centre, ✆ 873 19 84.

Guiness Blues Festival, Mitte Juli, Musik auf den Gassen von Temple Bar und in über 30 Pubs. Programm ✆ 497 03 81.

Dublin Horse Show, Ende August, das Event der Pferdenarren und High Society. Mehr dazu im Kapitel "Wissenswertes von A - Z".

All Ireland Hurling Final, am ersten Sonntag im September. Noch immer mindestens so populär wie das Endspiel um den Fußballpokal (**Football Final**, dritter Sonntag im September) – die beiden Höhepunkte des irischen Sportjahres laufen im Croke Park Stadion.

Dublin Theatre Festival, Anfang Oktober. Das wichtigste Ereignis im Jahreskalender der Hochkultur. Programm und Tickets im Festival Booking Office, 47 Nassau St., ✆ 677 84 39.

Einkaufen

Dublins wichtigste Einkaufsstraßen und zugleich Fußgängerzonen sind auf der South Side die vornehme *Grafton Street,* auf der North Side die weniger geschleckte *Henry Street.* Für Regentage bieten sich die großen Einkaufszentren an. Mehr zum Thema im Heft "Shopping in Dublin" der Tourist Information.

• *Einkaufszentren:* **St. Stephen's Green Shopping Centre,** Grafton St./Ecke West St. Stephen's Green. Ein mit Schmiedeeisen im viktorianischen Stil gut verkleidetes Gebäude mit Glaskuppel, in dem sich tagsüber auch Kids und Rentner treffen.

Powerscourt Town House, Clarendon St. Ein früherer Innenhof wurde überdacht und die angrenzenden Gebäude zu ihm hin geöffnet. Exklusivere Läden als im Stephen's Green, viel Gastronomie, Grünpflanzen, mittags spielt eine Pianistin.

• *Märkte und mehr:* **Moore Street Market,** off Henry St., Mo–Sa bis 17 Uhr. Der populärste Dubliner Lebensmittelmarkt. Eine Sehenswürdigkeit für sich sind auch die Fleischerläden in den Seitengassen.

Thomas Street Market, Thomas St., (Nähe Christ Church). Der Lebensmittelmarkt der South Side bietet weniger Folklore und Gedränge als die Moore St., ist zum Einkaufen aber geradeso geeignet.

Mother Redcaps Market, Back Lane off High St., Fr–So bis 17 Uhr. Ein Nonfood-Markt mit Trödel von der afrikanischen Holzfigur bis zur Golfausrüstung, Secondhand-Klamotten, Modeschmuck und sogar einer Kartenlegerin.

Castle Market, Market Arkade, South Great Georges St. Die alte Markthalle ist heute mit festen Flohmarkt-Ständen belegt, verkauft werden Trödel, Kunsthandwerk und alte Möbel.

Marlborough Street Market, Upper Marlborough St. off Parnell St., Sa 12–18 Uhr. Der Markt der Armen, vor allem Gebrauchtkleider, auch billige Bücher.

• *Bücher:* **Eason Hanna's,** 27–29 Nassau St. (gegenüber dem Trinity College). Die einst angesehenste unter den alteingessenen Buchhandlungen der Stadt gehört inzwischen der Eason-Kette.

Waterstones, 7 Dawson St., gleich um die Ecke von Hanna's und dessen schärfster Konkurrent. Zu einer englischen Kette gehörend, mehr Platz und Übersicht, unter dem Strich aber doch weniger Titel auf Lager. Auch sonntags geöffnet.

Hodges Figgis, 56 Dawson St., der dritte im Bunde der großen drei. Bücher auf drei Etagen, mit Café.

Forbidden Planet, 5–6 Crampton Court, Temple Bar. Spezialisiert auf Science Fiction, Fantasy, Comics.

Winding Stairs, Ha'penny Bridge North, drei Etagen Antiquariat mit Coffeeshop.

• *Musik:* **Claddagh Records,** 2 Cecilia St., Temple Bar, die größte Auswahl an irischer

Stephen's Green Shopping-Center – hier rollt der Euro

und ausländischer Folk- und Worldmusic.

Freebird Records, 1 Eden Quay. Die beste Auswahl an Independent Labels und zugleich eine gute Info-Quelle zu den unbekannteren und neuen Bands der Dubliner Szene.

Tower Records, 7 Wicklow St. Gut für Mainstream und Klassik, auch sonntags geöffnet.

• *Schmuck:* Im **Shop des Nationalmuseums** schöne Repliken von keltischem Schmuck aus den Museumsbeständen, aus Gold oder Silber sorgfältig gearbeitet, aber noch bezahlbar.

• *Souvenirs:* Die größte Auswahl an klassischen Mitbringseln wie Wollpullis, Waterford-Glas und Tablemats mit irischen Motiven findet man in der Nassau St., wo die Tourbusse auf die Besucher des Book of Kells warten.

Stadtführungen

Von den Entfernungen her ist das Zentrum Dublins bequem zu Fuß zu entdecken. Außer den üblichen Busrundfahrten gibt es deshalb eine ganze Reihe geführter Rundgänge, darunter sogar organisierte Kneipentouren.

▸ **Auf eigene Faust:** Wer sich für spezielle Themen interessiert, dem bietet das Verkehrsamt eine Reihe von Broschüren mit Vorschlägen für Rundgänge an.

Cultural Trail, zwischen Custom House und den Four Courts mit Schwerpunkt auf dem Nordufer des Liffey ("Gandon's Triangle").

Ulysses Map of Dublin, lässt den Tag Leopold Blooms nachvollziehen. Für das komplette Programm muss man allerdings 18 Std. veranschlagen.

Rock'n'Stroll Trail, die interessanteste der Broschüren, führt zu Kneipen und Orten, die mit der irischen Musikszene von den Chieftains bis zu U 2 in Verbindung stehen, dazu jeweils ein Porträt der Bands.

Georgian Heritage Trail, für Fans georgianischer Architektur.

Old City Trail, etwa nach dem Motto "hier war einmal", aber mit wenig Bezug zum Hier und Jetzt.

▸ **Führungen und Rundfahrten:** Geführte Standrundgänge thematisieren außer Geschichte auch Literatur und Musik. Fußfaule können die Sights im offenen Doppeldeckerbus abfahren.

• *Zu Fuß:* **Historical Walking Tours,** ✆ 878 02 27, www.historicalinsights.ie, Juni–Sept. tägl. bis 4 x, sonst nur Fr/Sa/So 12 Uhr, ab dem Eingang zum Trinity College, 7,50 €. Historiker des Trinity College verabreichen einen zweistündigen Schnellkurs zur Dubliner Alltagsgeschichte von anno dazumal bis heute.

Dublin Footsteps Medieval Walk, ✆ 496 06 41, Juni–Sept. tgl. 14.30 Uhr, ab Bewley's Café (Grafton St.), 6,50 €. Ebenfalls ein historischer Rundgang, jedoch mehr entlang der etablierten Sehenswürdigkeiten.

Die gleichen Veranstalter bieten mit dem **Literary/Georgian Walk** (Mo, Mi, Fr, Sa 10.30 Uhr) auch einen thematischen Rundgang zur Literatur.

1916 Rebellion Walking Tour, ✆ 676 24 93, Juli–Sept. Di–Sa 11.30 Uhr ab International Bar (Wicklow St.), 7,50 €. Rundgang zu den mit dem Osteraufstand verknüpften Stätten.

James Joyce Walking Tour, ✆ 878 85 47, MoFr 14.30 Uhr, 8 €. Ein Nachmittag auf den Spuren von Leopold Bloom, geführt von Mitarbeitern des James Joyce Centre.

Literary Pub Crawl, ✆ 670 56 02, Ostern – Okt. tgl. 19.30 Uhr, Nov.März nur Do/Fr/Sa 19.30 Uhr, 8 € (Guinness nicht inbegriffen). Zwei Schauspieler bringen die Gruppe zu (von Tour zu Tour wechselnden) Pubs, wo sich Dublins Geistesgrößen inspirieren ließen – und betranken. Dabei werden jeweils zum Ort passende Sketche aufgeführt und Werke rezitiert. Die "literarische Kneipenbekriechung" (Harry Rowohlt) ist originell und wärmstens empfohlen. Treffpunkt ist The Duke, 2 Duke St.

Musical Pub Crawl, ✆ 878 85 47, Mai–Okt. Sa–Do 19.30 Uhr, Nov., Jan.–April nur Fr/Sa 19.30 Uhr, ab Oliver St. John Gogarty's, 58 Fleet St., 8,50 €. Geführt von zwei Musikern werden vier Singing Pubs mit Folkmusik erkundet, als Souvenir gibt's ein Songbook.

Rock Trail, ✆ 670 89 49, im Sommer Di–Sa 14 Uhr, So 16 Uhr ab Rock Trail Shop (13 Trinity St.), 8,50 €.

Zozimus Experience, ✆ 661 86 46, www.clubi.ie/zozimsmus, ab Dublin Castle Gate, Dame St., Zeiten auf Anfrage, eine nächtliche Geistertour. 7,50 €.

The Walk Macabre, ✆ 087 677 15 12, St. tgl. 19.30 Uhr ab St. Stephens Green Main Gate, ein weiterer, von Schauspielern geführter Gang durch das Dublin des Horrors und des Bizarren. 7,50 €.

• *Mit dem Fahrrad:* **City Bike Tours,** 1a Temple Lane, Temple Bar, ✆ 679 08 99. April–Okt. tägl. 1–2 thematisch wechselnde Radtouren durch die Stadt. Im Preis von 15 € sind Velo und Helm inkl.

• *Mit dem Bus:* Das größte Angebot an konventionellen Sightseeingtouren durch die Stadt und in die Umgebung hat **Dublin Bus**, ✆ 873 42 22, zu buchen über das Büro in 59 O'Connell St. Die **Dublin City Tour** (9 €), Mitte Juni–Mitte Sept. 10–17 Uhr alle 15 Min., fährt beispielsweise in der Art eines Linienbusses verschiedene Sehenswürdig-

Rush-hour in Dublin

keiten an und erlaubt, dort auszusteigen und mit einem späteren Bus zur nächsten Station zu fahren. Die **Grand Dublin Tour**, die für 13 € etwas weiter ausholt, startet tgl. 10.15 & 14.15 Uhr am Busbüro in der O'Connell St. Originell ist die Fahrt mit dem offenem Doppeldecker – allerdings nur, wenn das Wetter mitspielt.

Mit der städtischen Busgesellschaft konkurriert die private **Old Dublin Tour,** ✆ 605 77 05, die von 9.30–16.30 Uhr (Juni–Aug. 17.30 Uhr) alle 20 Min. mit rotbraun-cremefarbenen Doppeldeckern die "Hop on Hop off"-Runde fährt. Tickets (9 €) beim Fahrer.

Sehenswertes

Das folgende Kapitel ist in der Reihenfolge zweier Rundgänge aufgebaut, die beide an der O'Connell Bridge beginnen.

Trinity College

Das auf einer Fläche von 2 qkm angelegte College ist mit seinen düsteren Gebäuden aus dem 17. bis 19. Jh., den kopfsteingepflasterten Höfen und den Sportflächen ein Musterbeispiel für einen englischen Campus, wie man ihn auch in Oxford oder Cambridge findet.

Irlands angesehenste Hochschule wurde 1592 von Elisabeth I. auf dem Gelände eines aufgelassenen Klosters gegründet, das wiederum an der Stelle des städtischen Friedhofs der Wikingerzeit stand. Am *Front Gate,* dem 1752–59 errichteten Haupteingang, stehen die Statuen des Philosophen Edmund Burke (1729–97) und des Dichters Oliver Goldsmith (1730–74) stellvertretend für viele andere Geistesgrößen, die am Trinity College studierten oder lehrten, beispielsweise Jonathan Swift ("Gullivers Reisen"), Bram Stoker (Erfinder des

Grafen Dracula), Wolfe Tone (irischer Politiker und Freiheitsheld) und Samuel Beckett ("Warten auf Godot").

Library Square: Durch den von der *Chapel* und *Exam Hall* flankierten *Front Square* kommt man auf den Library Square, den Hauptplatz der Universität. Der *Campanile* (1853) auf der Mitte des Platzes markiert in etwa die Stelle, wo das alte Kloster stand. Nördlich davon, neben der Kapelle befindet sich die *Dining Hall* (1743), ursprünglich ein Werk des deutschstämmigen Richard Cassels, der uns noch als Architekt der prächtigen Landsitze im Umland Dublins begegnen wird. Hier am College müssen ihm allerdings grobe Schnitzer passiert sein, denn das Gebäude war unzureichend fundamentiert und musste schon 1758 abgetragen und neu aufgebaut werden. Inwieweit es noch Cassels' Entwurf entspricht, ist ungewiss. Im Uhrzeigersinn schließt sich das *Graduates' Memorial Building* an. Der Name des dahinter liegenden Tennisplatzes *Botany Bay* spielt darauf an, dass unbotmäßigen Studenten früher nicht nur der Verweis von der Hochschule, sondern sogar die Deportation in die gleichnamige australische Sträflingskolonie drohte. Weiter im Uhrzeigersinn gibt der rote Ziegelbau des Wohnheimes *Rubrics* (um 1690, umgebaut 1894 und 1978) dem sonst grauen Campus etwas Farbe. Die *Old Library* auf der Südseite des Platzes wurde 1712–32 in einer strengeren Formensprache gebaut, beide sind damit die ältesten noch erhaltenen Gebäude des Colleges.

Mit Bildung gegen die "Papisten"

Erst seit 1793 nimmt die University of Dublin, wie das Trinity College heute offiziell heißt, auch Nichtprotestanten auf. Und noch bis 1966 bedurfte jeder Katholik, um am Trinity College studieren zu dürfen, einer Ausnahmegenehmigung seines Bischofs – ohne den Dispens hätte ihn der Bannstrahl der Exkommunikation getroffen. Die Hochschule war lange eine Bastion des anglo-irischen Protestantismus, die verhindern sollte, dass junge Iren zum Studieren auf den Kontinent gingen und dort vom "Papismus" und dessen falschen Lehren infiziert würden. Der erste Rektor war Erzbischof Usher, dessen herausragende "wissenschaftliche" Leistung die Datierung des Weltanfangs auf das Jahr 4004 v. Chr. war.

Old Library: Seit 1801, so will es ein auch nach der irischen Unabhängigkeit weiter gültiges Gesetz, hat die Bibliothek des Trinity Colleges Anspruch auf ein kostenloses Exemplar von jedem in Großbritannien oder Irland verlegten Buch. Der Bestand umfasst etwa 3 Millionen Bände, und jedes Jahr kommt ein weiterer Regalkilometer hinzu. Der 65 m lange *Long Room,* der Hauptlesesaal der Bibliothek, verwahrt die 200.000 wertvollsten Werke, also vor allem die handgeschriebenen Manuskripte und Frühdrucke. Um mehr Platz zu schaffen, wurde 1853 ein weiteres Geschoss aufgesetzt und später auch die zuvor offenen Arkaden zugemauert und ins Gebäude einbezogen. Doch die Lagermöglichkeiten der Bibliothek sind längst erschöpft, der größte Teil des gesammelten Wissens ruht in überall in der Stadt verstreuten Depots.

Irlands größter Schatz – das Buch von Kells

Kein Mensch, nur ein Engel könne dieses Werk geschaffen haben, hieß es im Mittelalter über das Ende des 8. Jh. entstandene Meisterwerk abendländischer Buchmalerei, zu dessen gebührender Würdigung jedes Jahr 3 Millionen Menschen in das Trinity College strömen. Ein kompliziertes Design ineinander verwobener Bänder und Spiralen, von Menschen, Pflanzen, Fabelwesen und Tieren schmückt die 340 Pergamentblätter, die Anfangsbuchstaben jeder Seite und wichtige Textstellen sind farbig hervorgehoben. Die Grundstoffe für manche dieser Farben, die nach der Restaurierung des Buches wieder so intensiv leuchten wie vor 1200 Jahren, kamen vom Rand des damals bekannten Erdkreises. So brauchte man für das Ultramarin Lapislazuli aus dem Hindukusch. Violett und Karminrot wurden aus getrockneten Cochinelle-Läusen gewonnen.

Das bei weitem häufigste Tier in den Illustrationen ist die Katze, die den Manuskriptmalern während der Arbeit im Skriptorium wohl öfter um die Beine strich und sich so in die Zeilen und Bilder einschlich: mit einem Blumenstrauß im Maul, im spielerischen Sprung auf ein Wort, einmal sogar an der Hostie knabbernd. Die Künstler selbst müssen jung gewesen sein, denn nur in jungen Jahren war damals das Augenlicht noch gut genug, um die Bruchteile von Millimetern feinen Linien so exakt zeichnen zu können. An den unterschiedlichen Stilen hat man zwei Gruppen ausgemacht. Die einen stehen ganz in der keltischen Tradition, bevorzugen das Blau und Grün der "nordischen" Natur und arbeiten mit den labyrinthischen Mustern, wie sie von ihren Vorfahren beim Metallschmuck entwickelt wurden. Die anderen kommen aus der mediterranen Welt oder gar aus Armenien, arbeiten lieber mit Purpur, Goldgelb und Schwarz und sind in der byzantinischen Ikonenmalerei versiert.

Niemand weiß mit Sicherheit, wo und von wem das Evangeliar mit einer lateinischen Fassung der Evangelien, dazu Einleitungen, Zusammenfassungen und sogar einem Glossar geschrieben wurde. Ein Bild des Evangelisten Lukas, dessen Hand das Wort "Ionas" hält, spricht für das berühmte Kloster auf der schottischen Insel Iona, von dem aus 200 Jahre vorher Columban der Jüngere zur Missionierung Süddeutschlands aufgebrochen war. Das Buch von Kells dürfte eines der letzten Werke gewesen sein, an denen im Skriptorium von Iona gearbeitet wurde – 806 zerstörten die Wikinger das Kloster und töteten 86 Mönche. Nur durch ein Wunder wurde das Buch gerettet und ins irische Kells gebracht.

Book of Kells: Ausgestellt ist das um 800 entstandene *Book of Kells* (mehr dazu im Kapitel "Kells"). Die 340 prächtig illuminierten Blätter mit dem Text der Evangelien wurden in den fünfziger Jahren des 20. Jh. restauriert und in vier Bänden neu gebunden, von denen zwei in Vitrinen zu bewundern sind. Jeden Monat wird eine neue Text- und eine neue Bildseite aufgeschlagen. Das

Original ist von unschätzbarem Wert und natürlich unverkäuflich, doch allen, die sich an den Illustrationen nicht satt sehen können, steht es offen, im Bookshop Reproduktionen zu erwerben – das Faksimile in Originalgröße kostet allerdings stolze 14.000 Euro. Weniger bekannt, aber nicht minder interessant ist das *Book of Durrow* (um 670), Irlands ältestes Manuskript mit schönen geometrischen Motiven. Schließlich sind zwei alte *Harfen* (um 1400) ausgestellt, wovon eine fälschlicherweise Brian Boru zugeschrieben wird, sowie eine Kopie der *Unabhängigkeitsproklamation,* die Patrick Pearse beim Osteraufstand 1916 verlas.

Ⓘ Mo–Sa 9.30–17, So 12–17 Uhr; Eintritt 5,50 €.

Dublin Experience: Neben dem Book of Kells ist diese Multimedia-Show zur Geschichte Dublins das zweite Ziel der Tour-Busse. Ihr hochgegriffenes Versprechen einer "complete orientation to the city" löst die "Dublin Experience" allerdings nicht ein.

Ⓘ Ende Mai bis Mitte Sept. tägl. 10–17 Uhr zu jeder vollen Stunde; Eintritt 4 €, zusammen mit dem Book of Kells 7,50 €.

Berkeley Library: Zum Abschluss werfe man noch einen Blick auf die Rückseite der Old Library. Paul Koraleks Betonklotz der Berkeley Library (1967) gilt als ein Meisterstück moderner irischer Architektur. Na ja . . .

Führungen durch das Universitätsgelände mit der **Trinity College Walking Tour,** Juni–Sept. tägl. 10–16 Uhr alle 15 Min. ab dem Informationsschalter im Haupteingang; Preis pro Person 6 € (inkl. Eintritt zum "Book of Kells").

Bank of Ireland: Mehr noch als im College wurde auf der anderen Straßenseite in dem massiven Gebäude der Bank of Ireland Geschichte gemacht. Es entstand 1729–39 nach einem Entwurf von Edward Pearce als Parlament der irisch-anglikanischen Landlords, die sich als eine eigene "Nation" unter Schirmherrschaft der britischen Krone verstanden, lange bevor es das Commonwealth gab. Der rebellische Geist war jedoch nicht von Dauer. Mit dem Act of Union löste sich das Parlament selbst auf, 1803 wurde das Gebäude mit der Maßgabe an die Bank of Ireland verkauft, es so umzubauen, dass es für große Versammlungen und Debatten nicht mehr zu gebrauchen wäre. Konsequenterweise machte das neue Parlament nach dem ersten Weltkrieg der Bank ihren Besitz nicht mehr streitig, sondern zog in das Leinster House.

Nach Pearce modellierten noch drei andere Architekten den klassizistischen Tempel, seinen letzten Schliff erhielt er erst, als die Bank eingezogen war. In der Schalterhalle mit ihrem gedämpften Gemurmel erinnert nichts daran, dass hier einst die Redeschlachten tobten. Erhalten blieb jedoch der Saal des Oberhauses mit seiner Holztäfelung aus dunkler Eiche und einem kostbaren Kristallleuchter aus der Manufaktur von Waterford.

Öffnungszeiten: Diskret wie Geldinstitute sind, macht auch die Bank of Ireland um das Juwel des House of Lords nicht viel Aufhebens. Immerhin duldet sie Neugierige während der üblichen Geschäftszeiten (Mo–Fr 10–15, Do 10–17 Uhr) in der Schalterhalle. Führungen durchs Haus Di 10.30, 11.30 und 13.45 Uhr.

Bank of Ireland Arts Centre: Zu dem in einer unscheinbaren Seitengasse hinter dem Bankgebäude versteckten Kulturzentrum (Wechselausstellungen, Seminare, Konzerte u.ä.) gehört auch ein Firmenmuseum. Neben der Geschichte

des Bankgebäudes (siehe oben) wird die Rolle der Bank bei der wirtschaftliche Entwicklung Irlands in den letzten zweihundert Jahren zelebriert.
🕐 Di–Fr 10–16, Sa 14–17, So 10–13 Uhr, Eintritt 2 €.

Molly Malone Statue: Gleich zu Beginn der Grafton Street gedenkt eine Skulptur der in einem Volkslied gefeierten Molly Malone, eine vermutlich 1734 verstorbene Fischverkäuferin Ihre aus dem knappen Dekolleté quellenden Brüste und der Spitzname "tart with a cart" spielen auf Mollys eigentlichen Broterwerb als Sexarbeiterin an.

Merrion Square/St. Stephen's Green

Zwischen dem College und Stephen's Green sind außer den Einkaufsstraßen Grafton und Dawson Street vor allem die georgianischen Ensembles um den Merrion Square und in der Fitzwilliam Street sehenswert. *Mansion House* (1710) in der Dawson Street, in dem sich 1919 das irische Parlament zu seiner ersten Sitzung traf, war lange die Residenz des Dubliner Bürgermeisters. Die Ziegelfassade verbirgt sich hinter einer Putzschicht – man sieht dem Haus nicht an, dass es eines der ältesten im Quartier ist. In der Molesworth Street, die die Dawson mit der Kildare Street verbindet, residiert hinter grauen Sandsteinmauern die *Großloge der irischen Freimaurer*, eine überwiegend protestantische Einrichtung, die nicht ohne Einfluss auf die nordirische Politik ist.
Führungen (inkl. Kurzfilm) Juni–August Mo–Fr 11.30 und 14.30 Uhr; Eintritt 1,25 €. Freemasons' Lodge, 17 Molesworth St.

Leinster House: In dem 1745 als Palais des Herzogs von Leinster errichteten Gebäude tagen seit 1925 die beiden Kammern des irischen Parlaments. Zur Kildare Street zeigt sich Leinster House als ein typisches Stadthaus, während es zum Merrion Square hin eher an ein Landschloss erinnert. Bald nach dem Leinster House hat Richard Cassels das Rotunda Hospital auf der North Side nach dem gleichen Konzept gebaut.

Seit 1890 wird das Schloss an der Kildare Street-Seite von den Rundbauten des Nationalmuseums und der Nationalbibliothek flankiert – ob das Ensemble harmonisch wirkt, sei dahingestellt. Die Bücherschätze der *National Library* können sich mit denen des Trinity College nicht messen. Joyce siedelte im Lesesaal (nur mit Leserausweis zugänglich), wo er oft arbeitete, die große literarische Debatte des "Ulysses" an.

National Museum: Zum Ärger der Provinz versammelt das Nationalmuseum nahezu alle bedeutsamen archäologischen Funde der Insel. Die *Schatzkammer* zeigt Goldschmuck aus der Bronze- und Eisenzeit und in einer zweiten Sammlung *christliches Kunsthandwerk* des Mittelalters, darunter an Glanzstücken die Brosche von Tara und das Altarkreuz von Cong. In der *prähistorischen Abteilung* hat der "Gallagh Bogman", ein 2500 Jahre alter und bemerkenswert intakter Konkurrent des "Ötzi", eine neue Heimstatt gefunden. Die *neuere Geschichte* ist mit dem Osteraufstand und dem Unabhängigkeitskampf 1920/21 vertreten. Andere Ausstellungen zeigen eine Auswahl aus den Beständen an *irischen Keramiken, Silber- und Glasarbeiten.*

Mit dem National Museum verbunden ist das *Natural History Museum* für Naturgeschichte an der Merrion-Seite des Leinster House. Seit der Eröffnungsfeier von 1857 hat der "tote Zoo" seine Ausstellung kaum verändert, und das Sammelsurium ausgestopfter Tiere ist nicht jedermanns Sache. Prunkstück der Skelettsammlung sind die aus dem Moor geborgenen Knochengerüste von Elchen, die vor 10.000 Jahren auf der Insel lebten.

Ⓒ **National Museum** mit **Natural History Museum,** Di–Sa 10–17 Uhr, So 14–17 Uhr; Eintritt frei. Preiswerter Lunch im Coffeeshop des Museums.

National Gallery: Eine Statue ehrt vor dem Eingang der Nationalgalerie den Eisenbahnmagnaten *William Dargan.* Er organisierte 1853 die Industrial Exhibition, eine Messe, aus deren Erlösen damals der Grundstock der heute 2400 Gemälde erworben wurde. Ein anderer Wohltäter der Schönen Künste war *George Bernhard Shaw.* Auch er grüßt als Standbild die Besucher des Kunstmuseums. Die Sammlung umfasst das für Nationalgalerien übliche Repertoire: Der erste Stock des Hauptflügels gehört den Italienern von der Renaissance bis ins 18. Jh., in den *Milltown Rooms* sind Engländer, Deutsche, Niederländer und Spanier säuberlich nach Nationen und wiederum Schulen getrennt. Die zentrale Galerie im Erdgeschoss zeigt eine Auswahl irischer Malerei, seien es Porträts berühmter Persönlichkeiten oder Werke irischer Künstler. Ein speziell von den anglo-irischen Grundherren gepflegtes Sujet waren Auftragsarbeiten von Landschaftsbildern. Sie zeigen den Idealzustand der Estates, so wie der Landadel sich die gebändigte und geformte Natur erträumte. Im *Modern Wing* des Museums ist die Kunst der Moderne nur mit wenigen Exemplaren vertreten – sie ist vor allem im Museum für moderne Kunst in Kilmainham ausgestellt.

Ⓒ Mo–Mi, Fr–Sa 10–17.30, Do 10–21, So 14–17 Uhr; Eintritt frei. www.nationalgallery.ie.

Merrion Square: Viele der farbenprächtigen Türen, die eines der erfolgreichsten Poster der Irlandwerbung zieren, findet man im Original um den Merrion Square. Die strengen Bauvorschriften des 18. Jh. ließen den Hausbesitzern wenig Freiraum für individuelle Gestaltung, und so suchte man sich in Details wie eben Türen, Oberlichtern und kunstvoll geschmiedeten Fußabstreifern vom Nachbarn zu unterscheiden. Merrion Square war lange die erste Adresse der Stadt. Außer Oscar Wilde, dem die Guiness-Brauerei an der Nordwestecke des Platzes ein Denkmal stiftete, wohnten hier auch Daniel O'Connell (Nr. 58), W. B. Yeats (Nr. 52 und 82), und in Haus Nr. 65 lebte einige Jahre der Physiker Erwin Schrödinger, dessen geniale Wellengleichung dem diesbezüglich minder genialen Autor aus Schulzeiten noch in unliebsamer Erinnerung ist. Nr. 8 ist die standesgemäße Adresse des *Royal Institute of the Architects of Ireland.*

Number Twenty Nine (Georgian Home): Von der Ostseite des Platzes zog sich, bevor 1961 die Elektrizitätsgesellschaft gleich 26 Häuser einem Büroklotz opferte, in der Fitzwilliam Street die längste geschlossene georgianische Häuserzeile der britischen Inseln entlang. Wohl als einen Akt bescheidener Wiedergutmachung hat die ESB ein Haus Ziegel für Ziegel wieder aufgebaut und im Stil von 1800 eingerichtet. Die Führung und der dazugehörige Informationsfilm pflegen allerdings die gängigen Klischees (z.B. das von den Ladies, die

Oscar Wilde erfreut sich am Merrion Square eines Torsos

nichts anderes zu tun wissen als sich gegenseitig Briefe zu schreiben) und geben ein etwas verzerrtes Bild der Zeit.

Ⓞ Di–Sa 10–17, So 14–17 Uhr; Eintritt 3,25 €. 29 Fitzwilliam St.

Saint Stephen's Green

"Wholie kept for the use of the citizens and others to walk and take the open air", beschlossen die Stadtväter schon 1635 über den neun Hektar großen Stadtpark und schützten die Grüne Insel vor der Bauspekulation.

Nach einem Zwischenspiel als Arbeitsplatz des Henkers und als ein von einer hohen Mauer geschützter Privatgarten der reichen Anlieger wurde das alte Vermächtnis um 1880 von Arthur Guinness neu belebt, der Stephen's Green frisch bepflanzte und wieder dem Volk öffnete. Mit einem Teich, schwungvollen Brückchen, Aussichtsterrassen, Blumenrabatten, Springbrunnen, Schwänen und großzügigen Rasenflächen ist der Park an sonnigen Tagen ein beliebter Treffpunkt. Gärtnerisch und bezüglich seiner Architektur mag Stephen's Green wenig aufregend sein, seinen Reiz verleihen dem Park die Menschen: Rentner auf den sprichwörtlichen Bänken, mal mehr, mal weniger entblößte Jugendliche auf dem Rasen; die mittlere Generation, männlich, vormittags im Geschäftsschritt mit gebundener Krawatte, Jackett und Aktenkoffer, mittags mit gelockertem Schlips und ohne Jackett, in Dokumente oder die Zeitung vertieft; die gleiche Altersgruppe, weiblich, morgens im Kostüm gekonnt auf hohen Absätzen über den Kies stöckelnd, mittags weniger sichtbar – die gleichberechtigte Nutzung des öffentlichen Geländes wird erst von den Ladies im reiferen Alter erreicht, die ihre Hunde ausführen oder ersatzweise Schwäne füttern.

Den Haupteingang an der Ecke zur Grafton Street überspannt der *Fusiliers Arch*, ein dem römischen Titusbogen nachempfundener Triumphbogen, der an die irischen Gefallenen des Burenkriegs erinnert. Die Nordostfront des Parks, wo früher, bevor der unablässige Autostrom dieses Vergnügen zerstörte, die Dandies und Beaus zu promenieren pflegten, nimmt das *Shelbourne Hotel* (1857) ein. Hier wurde die irische Verfassung entworfen, gingen Schriftsteller aus und ein wie William Thackeray, Oscar Wilde oder Georg Moore, der das Hotel gleich zum Schauplatz seines Romans "Ein Drama in Musselin" machte. Den Zaun von Dublins bester Hoteladresse schmücken Statuen nubischer Prinzessinnen. Das *Iveagh House*, Nr. 80/81 auf der Südseite, ein weiteres Werk von Richard Cassels, war das Stadtpalais der Guinness-Familie. Heute wird es vom irischen Außenministerium genutzt.

Newman House: Nr. 85, wiederum von Richard Cassels entworfen, gehörte einem reichen Landbesitzer und Abgeordneten aus Fermanagh. Das 1736 begonnene Haus gibt einen ehrlicheren Eindruck von der georgianischen Wohnkultur als das Museum der Elektrizitätsgesellschaft. Der *Apollo-Raum* ist mit Stuckarbeiten der Francini-Brüder verziert, den Stargipsern ihrer Zeit. Schon 1765 erschien das "nur" zweigeschossige Haus nicht mehr repräsentativ genug. Ein neuer Besitzer fügte das Nachbargebäude Nr. 86 im für Dublin typischen Stil an. Hundert Jahre später erwarb die neue *Catholic University of Ireland* (heute heißt sie "University College Dublin") beide Häuser und ließ sogleich die Blößen der Stuckmusen bedecken. Eine weitere Verunstaltung brachte ein bunter Anstrich – die Francinis hielten ihre Formen für so gut, dass sie auf Farbe verzichteten und die Stukkos stets nur in strahlendes Weiß kleideten. Die neobyzantinische *University Church* (1854–56) neben dem Newman House ist Dublins beliebteste Hochzeitskirche.

Ⓞ Juni–Sept. Di–Fr 12–17 Uhr, Sa 14–16.30 Uhr, So 11–14 Uhr; Eintritt 2,50 €.

Civic Museum: Auf zwei Etagen zeigt das Stadtmuseum eine verwirrende Fülle von Material zur Geschichte Dublins. Das Modell einer Straßenbahn, der Kopf der 1966 von der IRA gesprengten Nelson-Statue, die Schuhe von Patrick Cotter (einem 2,50 m großen Riesen), Wasserspeier mit Regenschirmen, dazwischen allerlei Fotos aus vergangenen Tagen.

Ⓞ Di–Sa 10–18, So 11–14 Uhr; Eintritt frei. 58 South William St.

Dublin Castle und Liberties

Die Dame Street leitet vom georgianischen Viertel in das Zentrum des alten Stadtkerns um die Burg und die zwei Kathedralen über, in dem die mittelalterlichen Holz- und Lehmhäuser längst neueren Bauten gewichen sind.

Besonders in Temple Bar und hinter der Burg wird kräftig gebaut. Mit Liberties wurde ursprünglich der Besitz der Kirchen und Klöster bezeichnet, der nicht der städtischen Gerichtsbarkeit unterstand. Heute steht dieser Begriff für das Gebiet zwischen den beiden Kathedralen und der Guinness-Brauerei.

Temple Bar: Der Ostteil von Temple Bar lag im Mittelalter außerhalb der Stadtmauer und gehörte zu einem Augustinerkloster. Seit dem frühen 18. Jh. allmählich bebaut, war es lange Zeit ein anrüchiges Viertel der Pubs und Bor-

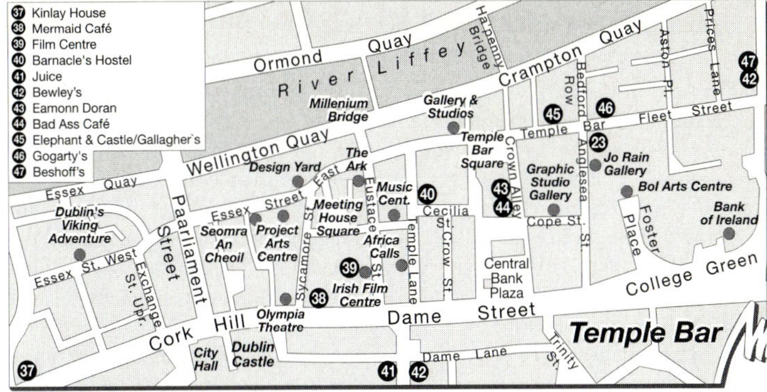

delle. In den 60er Jahren sollte das heruntergekommene Quartier abgerissen und durch einen Busbahnhof ersetzt werden. Doch die Planung verzögerte sich, und Temple Bar überstand so die Zeit der Kahlschlagsanierungen, bis es in den Achtzigern "entdeckt" und seine nicht immer behutsame Modernisierung eingeleitet wurde. Von einem Viertel der Randgruppen und Subkultur mauserte es sich zu einem modischen Yuppie-Quartier mit allerlei Galerien und Kunstzentren (S. 152), zu einem Schaufenster moderner, oft preisgekrönter Architektur sowie mit seinen Restaurants, Pubs, Kinos und Bühnen zum Mittelpunkt des Dubliner Nachtlebens, wo weitgehende Videoüberwachung eine niedrige Kriminalitätsrate garantiert. Allerdings scheint Temple

Erst am Abend erwacht Temple Bar zum Leben

Dublin Karten S. 132/133 u. 142/143

Bar nun an die Grenzen seiner Entwicklung gestoßen zu sein: Die etwa tausend ständigen Bewohner wehren sich gegen weitere Lärmquellen, klagen über den Lieferverkehr und mangelnde Straßenreinigung.

Viking Adventure: Die von theatralischen Effekten und multimedialer Animation begleitete Zeitreise beginnt in einem Boot, das sich (auf Schienen) durch Projektionen des sturmgepeitschten Meeres, Wind, künstlichen Nebel und ein paar von der Sprinkleranlage versprengte Regentropfen bewegt. Wenn die Besucher gehörig verschreckt sind, erscheint ein leibhaftiger Wikinger und führt das Publikum in eine Hütte der Wikingersiedlung an der Mündung des Poddle. Hier bittet eine hübsche Wikingermaid die Gäste, Platz zu nehmen, reicht einen Schöpfer des auf dem Feuer köchelnden Eintopfs und erzählt von neckischen Spielen im Fluss. In der nächste Szene versucht ein Mönch die Besucher als Bauarbeiter zu gewinnen, denn die auf der halbfertigen Kirchenmauer scheinbar werkelnden Helfer sind sämtlich nur Puppen und bringen den Bau nicht voran.

Dublin Castle – hier residiert die Präsidentin

Nach dieser Inszenierung des Wikingeralltags kehren wir in die Gegenwart zurück und werden in die Ausgrabungen am Woodquay eingeweiht, an dem heute das Rathaus steht. Die folgende Diashow, in der renovierten Halle des historischen Smoke Alley Theaters, schildert Entdeckungen und Navigationstechniken der Nordmänner. Erst am Ende des Viking Adventures müssen wir unseren Kopf etwas anstrengen, um uns, unbeeinflusst von Führern, Schauspielern und Multimedia, selbst ein Urteil zu bilden: Das kleine Museum zeigt ausgewählte Funde der jüngsten Grabungen gleich gegenüber dem Museum und dokumentiert die Arbeit der Archäologen. Sogar ein Labor wurde nachgestellt.

⌚ Mo–Sa 10–16.30, So 11.30–17.30 Uhr, Einlass bis 1 Std. vor Schluss, Eintritt 6 €.

Dublin Castle: Das Castle, mehr Schloss als Burg, thront auf dem Cork Hill gerade 200 m südlich des Liffey. Zur Dame Street vorgelagert steht noch die von einer Kuppel gekrönte, klassizistische *City Hall* (früher Börse). In den drei Innenhöfen des Castle sieht sich der Besucher einem bunten Stilpotpourri gegenüber: Von der alten Normannenburg (1202–1258) ist noch der *Record Tower* erhalten. *Bermingham Tower* (1411), lange das Verlies der Burg, bekam im 18. Jh. ein neues Gesicht. Die Moderne ist mit dem unansehnlichen Bau des Finanzamtes vertreten, und die neogotische *Royal Chapel* scheint der Phantasie eines Zuckerbäckers entsprungen. In der Kolonialzeit war das Schloss Amtssitz der britischen Gouverneure und Vizekönige, heute beherbergt es alle möglichen Ämter und Behörden. Die repräsentativen *State Apartments* (auf der Südseite des mittleren Hofes) kommen weiterhin bei Staatsempfängen zu Ehren, sind im Rahmen von Führungen aber auch gewöhnlichen Menschen zugänglich. In der Eingangshalle rekonstruieren Schautafeln die Entwicklung der Burg, die Führungen bringen den Besucher auch in ein Kellergewölbe mit Resten von Befestigungsanlagen aus der Wikingerzeit. Eine Pforte hinter dem Record Tower führt in das *Polizeimuseum* mit alten Uniformen und einer nachgebauten Wache aus den 30er Jahren des 20. Jh. Am Tor der Dame Street gibt es noch ein "Visitor Centre", das aus Cafeteria, einem Souvenirshop und großzügig dimensionierten Toiletten besteht – die der Mensch manchmal dringender benötigt als die Kultur.

⌚ **State Apartments**, Mo–Fr 10–17 Uhr, Sa/ So 14–17 Uhr; Eintritt mit Führung 3,75 €.

Chester Beatty Library and Gallery of Oriental Art: Durch den Garten des Dublin Castle kommt man in die renommierte orientalische Kunstsammlung des 1968 verstorbenen Bergbaumagnaten Alfred Chester Beatty. Nur ein Bruchteil der persischen und türkischen Miniaturen, Papyri, japanischen Holzdrucke und chinesischen Vasen wird ausgestellt, und der frühere Kurator der islamischen Abteilung konnte sich über Jahre bedienen, ohne dass der fortgesetzte Diebstahl auffiel. Die Beatty's-Bibliothek genießt unter Fachleuten Weltruf.

⌚ Di–Fr 10–17 Uhr, Sa 11–17 Uhr, So 13–17 Uhr, Eingang Dame St. oder Ship St., Eintritt frei, www.cbl.ie.

Saint Patrick's Cathedral: Warum hat der Normannenbischof Comyn, als er 1191 den Grundstein für eine neue, von der altirischen Christ Church unabhängige Kathedrale legte, dafür einen so ungünstigen Bauplatz wie das Sumpfland am heute kanalisierten Poddle ausgewählt? Das Grundwasser stand hier so hoch, dass für Irlands größte Kirche besonders schwere Fundamente notwendig waren. Der Ort muss dem Bischof so wichtig gewesen sein, dass er die Bedenken seiner Baumeister in den Wind schlug und auch auf eine Krypta verzichtete.

Der Legende nach hatte hier bereits St. Patrick eine Kapelle und taufte die Menschen mit dem Wasser einer heiligen Quelle. Der 1254 völlig umgestaltete und 1864 nochmals umgekrempelte Bau stand zunächst unter einem unglücklichen Stern: Ein Turm stürzte ein, aufgebrachte Bürger zündeten die Kirche an, Cromwell benutzte das Gotteshaus als Pferdestall, Jakob II. als Kaserne.

Innen ist die Kirche mit den klaren Proportionen eines lateinischen Kreuzes sehr viel eleganter, als sie äußerlich verspricht. Der Stein von Patricks Quelle liegt in der Nordwestecke neben dem Aufgang zum Turm. Berühmtester Domherr war *Jonathan Swift*. Mit seiner wohl stets nur platonischen Geliebten *Esther ("Stella") Johnson* fand er gleich neben dem Haupteingang seine letzte Ruhestätte. Das zweite, auffälligere Grabmal (1632) am Eingang zeigt *Richard Boyle*, den Earl of Cork, nebst Frau und elf seiner Kinder. Der kleine Dicke in der Mitte der unteren Reihe ist *Robert Boyle* (1627–91), Physiker und Entdecker des Boyle-Mariottschen Gesetzes vom Zusammenhang zwischen Temperatur

Dublin Karten S. 132/133 u. 142/143

und Ausdehnung von Gasen. Das Monument stand zunächst neben dem Hauptaltar, doch der Vizekönig Thomas Wentworth fand es schon 1633 unzumutbar, sich vor dem Earl, seiner Frau und besonders "den Nymphen von Töchtern, mit schulterlangem, offenem Haar" niederzuknien, die ihn offenbar vom Gebet ablenkten. Der gekränkte Earl of Cork arbeitete daraufhin am Sturz des Vizekönigs und brachte ihn schließlich an den Galgen.

⌚ Mo–Fr 9–18, Sa 9–17 Uhr (Nov.–März bis 16 Uhr), So 10–16.30 Uhr; Eintritt 3 €. Bus Nr. 50, 50 A, 56 ab Aston Quay.

Marsh Library: Die von Erzbischof Narcissus Marsh 1707 eröffnete Bibliothek ist die älteste öffentliche Bücherei Irlands und seit den Gründerjahren kaum verändert. Swift arbeitete hier oft, einige Bücher tragen noch seine Randbemerkungen, auch Joyce las in den alten Schätzen. In den dunklen Eichenholzregalen ruhen zwar nur 25.000 Bände, diese wurden jedoch fast alle im 17. Jh. oder noch früher gedruckt. Wertvollster Schatz ist eine Cicero-Ausgabe von 1472. Bücherklau gab es wohl schon damals. Wie sonst ist zu erklären, dass die Benutzer von besonders seltenen und wertvollen Manuskripten während der Arbeit in drei Nischen eingeschlossen wurden?

⌚ Mo, Mi–Fr 10–12.45, 14–17 Uhr, Sa 10.30–12.45 Uhr; "Spende" 1,25 €. St. Patrick's Close.

Christ Church Cathedral: Wie Saint Patrick's hat auch die ältere der beiden mittelalterlichen Kathedralen in der viktorianischen Ära eine freizügige Restaurierung über sich ergehen lassen müssen. Auf der Verkehrsinsel, um die heute unzählige Straßen herumführen, stand seit 1038 die erste, aus Holz gebaute Bischofskirche. Zwischen ihr und dem Liffey befand sich die Handelsniederlassung der Wikinger und damit die Keimzelle der mittelalterlichen Stadt. Ihre Reste wurden in den siebziger Jahren bei Sanierungsarbeiten freigelegt – und mit der Fundamentierung der neuen Bürogebäude weitgehend zerstört.

Richard Strongbow, der Führer der normannischen Invasoren, ließ die hölzerne Wikingerkirche nach 1172 durch einen Steinbau im romanisch-gotischen Übergangsstil ersetzen, der auch eine Art Denkmal für den britischen Griff nach Irlands ist. Heinrich VII. eröffnete hier die irische Reformation, indem er St. Patricks Bischofsstab, die kostbarste Reliquie der Kirche, öffentlich verbrennen ließ. Irland rächte sich auf seine Art. 1562 brach die schlecht gegründete Südwand zusammen und zerschlug dabei auch das Grabmal mit der Statue des Strongbow, die als ein amputierter Torso neben dem Grab liegt. Das heutige Monument ist eine Nachbildung aus der Zeit nach dem Unglück. Mit dem steinernen Strongbow als Zeugen schlossen seit alters her die Dubliner Kaufleute wichtige Verträge ab.

Die schönen *Bodenmosaiken,* z.B. ein Rondell mit 74 als Bettelmönche verkleideten Füchsen, sind Repliken des alten Belags. Sehenswert ist auch das alte aus Messing gefertigte *Bibelpult* in Gestalt eines Adlers. Von der modernen Replik lässt es sich leicht anhand der Löcher unterscheiden, an die früher die Bibel gekettet war – lesekundigen Gelehrten oder armen Schluckern auf der Suche nach Heizmaterial traute man offenbar schlimmste Schandtaten zu.

Der am besten erhaltene Teil der Kirche ist die *Krypta*. Zu Cromwells Zeiten ging es hier hoch her: Damals war sie ein überdachter Markt mit Läden und Tavernen. Höhepunkt des ausgestellten Sammelsuriums eingestaubter Kuriositäten ist eine mumifizierte Katze auf der Jagd nach einer genauso eingetrockneten Maus, die sich in eine Orgelpfeife geflüchtet hatte – der Jäger blieb stecken und versperrte damit auch dem Opfer den Fluchtweg, ohne dieses erreichen zu können.

Ⓞ Tägl. 10–17 Uhr.

Dublinia: Die Mittelaltershow im früheren Bischofspalast, in dem zuletzt eine Disco eingerichtet war, ist eine kleine Entschädigung für die am Woodquay vertane Chance, wenigstens einen Teil der beim Bau des neuen Rathauses freigelegten Reste der Wikingerstadt für die Nachwelt zu erhalten. Die Zeitreise beginnt mit einem per Walkman (auch die deutsche Version ist gelungen) geführten Gang durch die in lebensgroßen Szenen nachgestellte Stadtgeschichte von Richard Strongbow bis Heinrich VII. Ein maßstabgerechtes Modell zeigt das alte Stadtbild, das man mit dem (realen) Panorama vom Turm des Hauses vergleichen kann. "Dublin could be heaven", wird es später im Film heißen. Anschließend wird man mit der Rekonstruktion eines Kais und eines Kaufmannshauses konfrontiert, an dessen Küchentisch die Speisen angerichtet sind, als begäben sich die Puppen im nächsten Moment zum Dinner. Gelungen ist die Einbeziehung der Toiletten – wer auf das Örtchen muss, wird nebenbei über mittelalterliche Latrinen und Sanitäranlagen aufgeklärt.

Im Museumsraum sind einige Kleinfunde vom Woodquay präsentiert, doch hat man es bei der bloßen Aufreihung der Gegenstände in Vitrinen belassen. Wichtig ist in der Dublinia die Show, nicht die echten Überreste. Vollends auf Geschichten wird die Geschichte in der Videoshow reduziert. Künstlerisch durchaus anspruchsvoll und gelungen, hat dieses Entertainment mit Historie nicht mehr als das Thema gemein. "Anna Livia", gespielt von der löwenmähnigen Trudi Lanor, führt durch vier ausgewählte und recht frei gestaltete Begebenheiten der Stadtgeschichte, die von professionellen Schauspielern auf zwei Video- und vier Diawänden (gleichzeitig!) in Szene gesetzt werden.

Ⓞ Apr.–Sept. tägl. 10–17 Uhr, Okt.–März Mo–Sa 11–16, So 10–16.30 Uhr; Eintritt (mit Christ Church) 5 €, St. Michel's Hill, High St.

Saint Audeon's Church: Dank der Kirchenspaltung hat der Heilige gleich zwei Kirchen. Die ältere (12./14. Jh.) und zugleich kleinere gehört der Church of Ireland und ist die einzige erhaltene mittelalterliche Pfarrkirche Dublins. An der Stelle des Nebenschiffs stand einst eine keltische Kapelle. *St. Audeon's Arch,* in einer schmalen Passage neben der Kirche, ist das letzte Tor der alten Stadtbefestigung.

Ⓞ Juli/Aug. Di–Sa 10–17, So 14–17 Uhr; Eintritt u. Führung je 1,25 €. Cook St.

Guinness-Brauerei/Kilmainham

Guinness-Brauerei: Schon an der St. Audeon's Church wird die empfindliche Nase bei Westwind mit dem Malzgeruch aus Irlands größter Brauerei konfrontiert. Seit dem 12. Jh. brauten Mönche (wer sonst?) vor dem James Gate. 1759 erwarb Arthur Guinness das Gelände der Rainsford Brauerei, und seine Nachfolger erweiterten die Produktionsstätten Zug um Zug auf heute 26 ha, eine surreale Metropolis mit qualmenden Schloten, ameisengleich geschäftigen Arbeitern und besagten Gerüchen. Bis 1965 dampfte eine Werksbahn

Dublin Karten S. 132/133 u. 142/143

durch das Gelände – eine der ungewöhnlichen Lokomotiven mit oben liegenden Ventilen ist im Werksmuseum ausgestellt. Früher brachten Schiffe die Gerste über den Liffey und einen Nebenarm vom Grand Canal und luden für den Rückweg die Fässer mit Stout ein, die an die Pubs überall im Land geliefert wurden. Zur Versorgung des britischen Marktes verfügt Guinness bis heute über eine eigene Hochseeflotte.

Die Brauerei selbst kann nicht besichtigt werden. Das Visitor Centre im *Hopstore,* dem früheren Hopfenlager, in dem es noch immer durchdringend nach Hopfen riecht, erzählt jedoch die Firmengeschichte und erläutert die Produktion der täglich 2,5 Millionen Pints. Branchenfremden dürfte es allerdings schwerfallen, die Besonderheiten bei der Herstellung des dunklen Stout nachzuvollziehen. An der Bar wird, so jedenfalls die Einschätzung der Brauerei, das beste Bier der Welt am besten gezapft. "Good for you?"

⌚ Mo–Fr 9.30–16 Uhr (April–Okt. bis 17 Uhr), letzter Einlass halbe Stunde vor Schluss; Eintritt mit 2 Drinks 6 €. Zu erreichen mit Bus Nr. 21 A, 78, 78 A ab Aston Quay. Crane Lane off James St.

Museum of Modern Art (IMMA): Das *Royal Hospital Kilmainham* wurde 1680–87 nach dem Vorbild des Londoner Chelsea Hospital oder der Pariser Les Invalides als Alten- und Invalidenheim für Soldaten gebaut. Der Grundriss von Dublins erstem klassizistischen Gebäude ist so einfach wie genial: ein Rechteck mit zum Innenhof offenen Kolonnaden, und seinerzeit gab es einen Sturm der Entrüstung, dass ein so prächtiges Gebäude ausgemusterten Kriegern zur Verfügung stünde. 300 Jahre später war die Umwidmung zu einem Kunstmuseum nicht weniger umstritten. Unter seinem engagierten Direktor Declan McGonagle ist das IMMA zu einem Schaufenster irischer Gegenwartskunst für die Welt und zugleich internationaler Kunst für die Iren geworden. Außer einer kleinen Dauerausstellung zeigt das Museum in der Hauptsache mehrere Monate dauernde Wechselausstellungen, auch Konzerte und Diskussionen gehören zum Programm.

⌚ Di–Sa 10–17, So 12–15.30 Uhr; Führungen durch ausgewählte Ausstellungen Mi u. Fr 14.30 Uhr, Sa 11.30 Uhr; architekturgeschichtliche Führungen So 14 Uhr; 1,25 €. Mit Kunstbuchhandlung und Cafeteria. Military Rd., Nähe Heuston Station. www.modernart.ie, Bus Nr. 21 A, 68, 68 A, 78, 78 A, 79, 123.

Kilmainham Gaol: Das frühere Staatsgefängnis wurde 1795 gerade rechtzeitig fertig, um die von den Briten gefangenen United Irishmen aufzunehmen. Andere "Aufrührer" wie die Fenians, die Agitatoren der Land League, zuletzt die Aufständischen von 1916 folgten; es gibt kaum einen irischen Nationalhelden, der nicht für einige Zeit in Kilmainham gesessen hätte. Letzter Häftling war der spätere Präsident Eamon de Valera, und schon daraus erklärt sich, dass das Gefängnis heute eine nationale Gedenkstätte ist. Doch nicht nur "Politische", auch gewöhnliche Kriminelle waren hier eingesperrt und warteten in winzigen Zellen auf ihre Deportation oder gar Hinrichtung. Zur Führung gehört auch eine Videoshow. Höhepunkte sind die Kapelle, in der Josef Plunkett am 4. Mai 1916 morgens um 1.30 Uhr mit Grace Gifford getraut wurde, und der Exekutionshof, wo man ihn zwei Stunden später erschoss.

⌚ Okt.–März. Mo–Fr 9.30–16, So 13–17 Uhr, April–Sept. tägl. 9.30–17 Uhr; Eintritt 3,75 €. Inchicore Rd. Bus wie "Museum of Modern Art".

Custom House – Klassizistischer Prunk für die Zollverwaltung

North Side

Seit bald 750 Jahren überspannen Brücken den Liffey, den die Dubliner naserümpfend "Sniffey" nennen, doch der Fluss trennt heute mehr denn je. Er ist die Barriere zwischen Arm und Reich, elegant und vulgär, zwischen Hochkultur und billigem Videoentertainment, Sanierung und Verfall.

Vor allem in den Köpfen der Menschen von der South und der North Side existiert diese Barriere, die sie den jeweils anderen Stadtteil ignorieren lässt. Für die kleinen Leute ist, auch wenn sie in den Vorstädten wohnen, die nördliche Innenstadt das bevorzugte Ziel für größere Einkäufe und die Abendunterhaltung. Die aufstrebende Mittelklasse aus den südlichen Vororten jedoch fürchtet die heruntergekommene North Side, in der zwei Drittel aller Verbrechen der Stadt begangen werden, wie der Teufel das Weihwasser und weiß damit nicht anders umzugehen, als sie zur schier unerschöpflichen Quelle von Witzen zu machen.

Ihre beste Zeit hatte die North Side im 18. Jh. Die ersten georgianischen Prachtbauten entstanden am Parnell und Mountjoy Square, in der Gardiner und O'Connell (damals: Drogheda) Street. Doch bald eroberte sich das Volk die Viertel, und der Herzog von Leinster setzte 1745 ein für die Stadtentwicklung schicksalhaftes Signal, indem er seinen neuen Palast auf dem Südufer baute. "Es war ungefähr so wie bei einer Fuchsjagd, wo aber zur Abwechslung mal der Adel der Gejagte war und ständig versuchte, sicheren Abstand zwischen sich und der benachteiligten Mehrheit zu halten", charakterisierte der Dubliner Schriftsteller Brendan Behan einmal die Stadtentwicklung der letzten drei

Jahrhunderte. Lange blieb die North Side weitgehend sich selbst überlassen, erst in jüngster Zeit hat sie mit einer Fußgängerzone um die O'Connell Street wieder etwas Attraktivität gewonnen. Auch das neue Konferenzzentrum soll in diesem Teil der Stadt entstehen.

Custom House: James Gandon war nach Richard Cassels der zweite Stararchitekt Dublins und prägte mit seinen klassizistischen Monumentalbauten maßgeblich das Gesicht der Stadt am Ufer des Liffey. Custom House (1781–91) war sozusagen sein Gesellenstück, dem später noch die Four Courts und die King's Inns folgten. Im Schatten der Eisenbahnbrücke und des Internationalen Finanzzentrums kommt das Zollhaus, ungeachtet seiner stolzen Länge von 114 m und der mächtigen Kuppel, heute nicht mehr recht zur Geltung. Der beste Blick bietet sich von der anderen Flussseite aus. Im Bürgerkrieg 1921 weitgehend niedergebrannt, hat man es nach den alten Plänen erneuert und zuletzt in den achtziger Jahren gründlich modernisiert. Den dorischen Säulengang zieren allegorische Darstellungen des Atlantiks und der dreizehn Flüsse Irlands. Edward Smith, der die überlebensgroße Statue des Handels auf der Kuppel modellierte und auch die meisten Figuren der Four Courts kreierte, wurde von Gandon mit Michelangelo verglichen. Das *Visitor Centre* ist weniger wegen seiner Ausstellung zum Transportwesen und zur Steuereintreibung vergangener Tage sehenswert; es ist in jenen Räumen eingerichtet, die den Brand von 1921 überstanden und zeigt damit noch das von Gandon entworfene Originaldekor.

⌚ Visitor Centre Mo–Fr 10–17, Sa/So 14–17 Uhr (Dez. bis Mitte März Sa geschlossen), Eintritt 1,25 €.

Hall of Fame: Die Multimediashow widmet sich mit allerlei Hörproben, Memorabilia und einem Kurzfilm ganz der irischen Unterhaltungsmusik – etwa dem Aufstieg von U2, Bob Geldof's Boomtown Rats oder dem Phänomen der Showbands, in denen Van Morrison seine Karriere begann. Wem der Eintritt nicht teuer genug war, kann weiteres Geld im Souvenirshop und in der Cafeteria lassen.

⌚ Tägl. 10–18 Uhr, Eintritt 7,50 €, Abbey Street Middle.

O'Connell Street

Die nach dem Freiheitshelden benannte Straße als breitesten Boulevard Europas zu bezeichnen, wie es manche Dubliner und besonders die Fremdenführer tun, ist eine kühne Übertreibung und der Versuch, einmal auch die North Side mit einem Superlativ zu schmücken – belassen wir es bei der mit 45 m breitesten Straße Irlands.

Denkmäler: Von der Flussseite her blickt der "Liberator" als Bronzestatue über seine Straße, am oberen Ende grüßt *Charles Stewart Parnell* – mehr zu seiner Person im Geschichtskapitel. In der Mitte, etwa auf Höhe der Post, stand der britische Seeheld Lord Nelson, bis ihn die IRA 1966 sprengte. Seinen Platz soll nun die *Millenium Spire* einnehmen, ein 130 Meter hoher und 4 Mio. Euro teurer Leuchtturm aus Edelstahl – als wäre Dublin nicht hell genug oder gar zu übersehen, oder als bedürften die zahlreichen Heroinsüchtigen eines Denkmals in Form einer Nadel. Der um knackige Reime nie verlegene Dubliner Volksmund nennt das bislang nur als Entwurf zu bestaunende Ding *the Stiletto in the Ghetto.*

In der Nähe hat man bei der Stadtverschönerungsaktion 1988 einen Brunnen mit der Nixe *Anna Livia* errichtet, die menschliche Verkörperung des Liffey in "Finnegans Wake" von James Joyce. Die Dubliner nennen die Schöne im Brunnen *Floozy in the Jacuzzi* ("Flittchen im Whirlpool") oder *Whore in the Sewer* ("Hure in der Kloake"). Ob Anna ihren zweifelhaften Ruf zu recht hat, sei dahingestellt, vom Dreck im Brunnenbecken kann man sich dagegen jeden Abend überzeugen: Passanten entsorgen hier Getränkedosen und Fastfood-Verpackungen. Um den Reigen der Denkmäler zu vervollständigen, stehen an der Ecke zur Earl Street noch *James Joyce* und vor dem Gresham-Hotel *Theobald Matthew* (1846–91), der Begründer der irischen Abstinenzlerbewegung und angesichts der irischen Neigung zu Bier und Whiskey ein Don Quichotte der Grünen Insel.

Joyce's Geschöpf: die Nixe Anna Livia

Das **General Post Office** war Schauplatz des Osterputsches von 1916. Von der Eingangstreppe verlas Pádraig Pearse am Ostermontag die Unabhängigkeitserklärung. Gemälde und Texttafeln in der Schalterhalle schildern Ereignisse. An den Säulen der Hauptfassade lassen sich noch die Einschlagsmarken der Geschosse ausmachen, und was die britische Armee 1916 nicht schaffte, erledigten 6 Jahre später die Bürgerkriegsparteien. Erst 1929 wurde die Post wieder eröffnet und bildet seitdem die bevorzugte Kulisse für nationale Paraden und Demonstrationen.

Manche Szene in der Fußgängerzone **Henry Street** und **Earl Street,** dem Einkaufsgebiet der North Side, erinnert an die Dritte Welt. Mit Geschrei versuchen Straßenhändler, geschmuggelte Zigaretten und Tabak an den Mann zu bringen, verhärmte Frauengestalten bieten auf ausrangierten Kinderwagen eine Handvoll Obst feil, bis sie sich, von der Polizei vertrieben, an einem anderen Standort niederlassen.

Die **Moore Street,** ein Block westlich der O'Connell St., ist Standort des beliebtesten Marktes der Stadt. Die alte Markthalle wurde allerdings durch ein modernes Shopping Centre ersetzt, so dass der Ort, ungeachtet des nach wie vor pittoresken Straßenmarktes vor dem Einkaufszentrum, etwas an Charme verloren hat. Neuerdings übernehmen afrikanische Einwanderer viele Läden in der Straße. Ursprünglich war die O'Connell Street nach Henry Moore, Earl of Drogheda, benannt; nach der Umbenennung zugunsten des Freiheitshelden

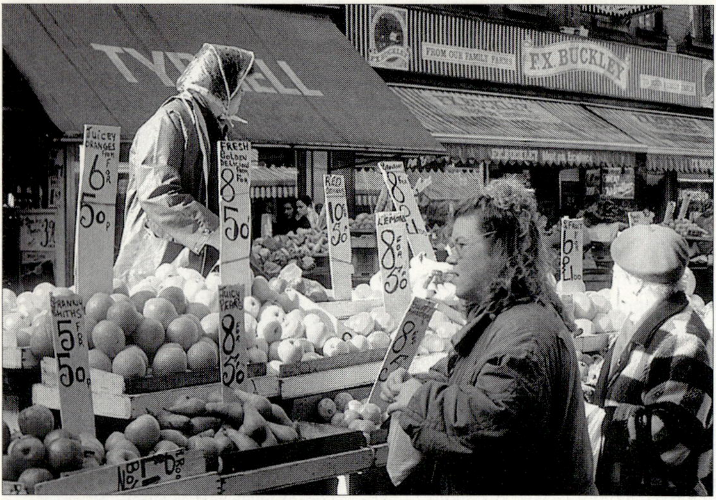

Am Moore Market – Was darf's denn kosten?

sind dem Earl immerhin noch Henry Street, Moore Street, Earl Street, und, kein Scherz, sogar eine Of Lane verblieben.

St. Mary's Pro-Cathedral: Die katholische Kathedrale (1816–25) an der Ecke Cathedral und Marlborough St. firmiert noch immer als provisional, "vorübergehende" Bischofskirche. Dublins Katholiken fordern die Rückgabe der protestantischen Christ Church. Sie haben nie vergessen, dass ihr eigenes Gotteshaus damals auf englischen Druck eine Zeile hinter der prominenten O'Connells Street in einer so schmalen Straße errichtet werden musste, die die Fassade mit ihren dorischen Säulen überhaupt nicht zur Geltung kommen lässt. Die Pläne stammten von einem französischen Architekten, der auch die Pariser Notre Dame de Lorette erschuf. Zu allem Überfluss war die Gegend um die Marlborough Street, bei Joyce heißt sie "Nighttown", um 1900 das Rotlichtviertel Dublins. Gegenüber der Kathedrale steht mit dem *Tyrone House* ein schönes Stadthaus von Richard Cassels.

James Joyce Centre: Das Haus war einst die Tanzschule des Denis Maginni, der uns im Ulysses als "professor of dancing" begegnet. Als neuer Tempel der Joycianer zeigt es unter prächtigen Stuckdecken Dokumente und Fotos aus dem Leben des Meisters, dazu gibt's Lesungen oder Rundgänge auf den Spuren Leopold Blooms. Bei flackerndem Kaminfeuer sieht man ein Video zum Lebens des Meisters, der seiner Heimat früh den Rücken kehrte und vorwiegend in der Emigration über Dublin schrieb. Dem Centre angeschlossen sind eine einschlägige Bibliothek und Buchhandlung.

⌚ Mo–Sa 10–17, So 12.30–17 Uhr (Nov.–März jeweils bis 16.30 Uhr); Eintritt 4 €. 35 North Great George St., www.jamesjoyce.ie.

Parnell Square

Rotunda: "Niemand hat das Recht, den Weg einer Nation aufzuhalten", wird Parnell in der Sockelinschrift seines Denkmals am oberen Ende der O'Connell Street zitiert. Ein Zusammenhang mit der Frauenklinik Rotunda (1757), auf die das Standbild weist, war sicher nicht beabsichtigt, doch lässt sich der sinnige Spruch auch als päpstliche Mahnung an Mütter und Ärzte interpretieren. Die Rotunda war die erste Geburtsklinik der britischen Inseln. Der Ersparnis halber verwendete Richard Cassels teilweise erneut die Pläne des Leinster House, die Ähnlichkeit ist also kein Zufall. Mit Lotterien, Bällen und Konzerten in den *Assembly Rooms* hinter dem Spital, wo heute das *Gate Theatre* spielt, sammelte Dr. Bartholomew Mosse seinerzeit das Geld für die Klinik. Der *Garden of Remembrance,* in dem heute des Osteraufstands gedacht wird, ist alles, was von Mosses üppigen Grünanlagen übrig blieb. Die Rotunda im engeren Sinn, die runde Haupthalle, ist heute das Ambassador-Kino, doch in den Nebengebäuden findet noch immer Krankenhausbetrieb statt.

Charles S. Parnell – der Befreier von Irlands Bauern

Hugh Lane Municipal Art Gallery: Die städtische Kunstgalerie mit sehenswerten Werken französischer Impressionisten und irischer Malerei geht auf eine Stiftung des Kunstsammlers Hugh Lane zurück, der 1915 beim Untergang der Lusitania starb. Lane vermachte seine Schätze "der Nation", was nach der irischen Unabhängigkeit eine zweideutige Festlegung war. Welcher Nation? Der britischen oder der irischen? 1959 wurde die Sammlung geteilt, eine Hälfte ist in der Londoner Tate Galerie ausgestellt. Zusammen mit den Nachbarhäusern zeigt die Fassade der Galerie schön den bruchlosen Übergang von der klassizistischen Landhaus- zur vierstöckigen Backsteinarchitektur des georgianischen Dublin.

🕐 Di–Fr 9.30–18 Uhr, Sa 9.30–17 Uhr, So 11–17 Uhr; Eintritt frei. 22 North Parnell Sq., www.hughlane.ie.

Dublin Writers Museum: Mit gleich drei Nobelpreisträgern – George Bernhard Shaw, William Butler Yeats und Samuel Beckett – und weiteren literarischen Größen wie Jonathan Swift, Oscar Wilde, Sean O'Casey, Brendan Behan und last not least James Joyce ist Dublin Europas heimliche Literaturhauptstadt. Das 1991 eröffnete Museum unterstreicht diesen Anspruch mit Memorabilia wie beispielsweise Behans Schreibmaschine, Manuskripten und Erstausgaben.

Die Einrichtung des Obergeschosses gibt zugleich einen guten Eindruck von dem an der Antike orientierten Zeitgeschmack der irischen Aristokratie des 18. Jh. Etwas kurz kommen allerdings die modernen Autoren – das Museum vermittelt den falschen Eindruck, als sei das literarische Schaffen mit dem 2. Weltkrieg abrupt abgebrochen. Dass dem nicht so ist, würde man nebenan in dem der Öffentlichkeit nicht zugänglichen *Irish Writers Centre* erfahren, das mit Arbeitsräumen, Seminaren und Lesungen ein Treffpunkt der noch lebenden Schriftsteller ist.

⌚ Mo–Sa 10–17, So 11–17 Uhr; Eintritt 4 €. 18 North Parnell Sq.

National Wax Museum: Wie die meisten Kabinette dieser Art ist auch das Dubliner Wachsmuseum eine teure Touristenfalle. Zu sehen gibt es die unvermeidliche Gruselshow, Megastars der Rockmusik wie Michael Jackson und Madonna, Nationalhelden und Premierminister.

⌚ Mo–Sa 10–17.30, Sa 12–17.30 Uhr; Eintritt 4,50 €. Granby Row (zwischen West Parnell Sq. und Dorset St.).

Capel Street/Church Street

Das heruntergekommene Viertel westlich der Capel Street zählte einmal zu Dublins ersten Adressen. Heute ist es eine jener Gegenden, die ängstliche Gemüter ab dem späten Nachmittag besser meiden sollten. Wenn der Großmarkt (schöne Halle) seine Tore schließt, ist das Viertel wie ausgestorben.

Die vernachlässigte *Henrietta Street* gilt noch immer als eines der schönsten georgianischen Ensembles der Stadt. Nr. 9 und 10 wurden von Edward Pearce gebaut. Man vergleiche sie nur mit den Mietskasernen auf der Westseite der *Dorset Street*. Mit ihren über offene Galerien erschlossenen Wohnungen und den individuell gestalteten Eingangstüren, die alle ihre eigene Hausnummer haben, erscheinen sie wie ein Ensemble gestapelter und geschachtelter, in sich abgeschlossener Häuschen. Doch es wird überdeutlich, dass hier auch ein sozialer Brennpunkt ist. An der Ecke Church/North Street strahlt das frühere Arbeiterquartier der Whiskey-Brennerei eine Atmosphäre kleinbürgerlicher Behäbigkeit aus und erinnert an die Zechensiedlungen des Ruhrgebiets. Die prächtigen, von Gandon als letztes Werk (1795) entworfenen *King's Inns,* in denen noch immer die Anwaltskammer residiert, sind in diesem Teil Dublins längst zu einem Anachronismus geworden.

Four Courts: Das Meisterwerk unter den georgianischen Repräsentativbauten entstand 1786–1802. An einem Werktag fühlt man sich in der Halle zwischen den auf ihre Verhandlung wartenden Juristen mit schwarzen Kutten und Löckchenperücken in eine vergangene, unheimliche Welt versetzt. Wie das Custom House trägt der Sitz von Irlands höchstem Gericht klassizistische Züge, strebt aber mehr in Höhe. Über einem Zentralbau mit korinthischen Säulen thront eine Dachtrommel mit flacher Kuppel. Von ihm gehen Seitenflügel aus, die vier Höfe einfassen – daher der Name des Gebäudes. Auch die Four Courts wurden im Bürgerkrieg in Schutt und Asche gelegt, in den 30er Jahren aber wieder aufgebaut. Die vielen Statuen haben unter Abgasen und saurem Regen sichtbar gelitten.

Die Gerichtsverhandlungen sind in der Regel öffentlich. Prozessiert wird Mo–Fr 11–13, 14–16 Uhr.

Kleine Kostbarkeit der "guten alten Zeit"

Saint Michan's Church: Attraktion der 1095 gegründeten, seither vielfach umgebauten Kirche ist ihre düstere Gruft, deren trockene, gerbsäurehaltige Luft die ungewöhnliche Eigenschaft hat, Leichname zu konservieren. Ein "Kreuzritter", der allerdings "nur" 300 Jahre alt ist, ein Graf und zwei hingerichtete Rebellen in den offenen Särgen der Kalkstein-Krypta haben Bram Stoker zu seinem Dracula-Roman inspiriert. Weniger beachtet wird die schöne Orgel, auf der schon Händel mit Begeisterung spielte und seinen "Messias" probte.

⌚ März–Okt., Mo–Fr 10–12.45, 14–16.45 Uhr, Sa 10–12.45 Uhr, Nov.–Febr. Mo–Sa 12.30–15.30 Uhr; Eintritt 2,75 €. Church St., Bus Nr. 134.

Smithfield Village

Westlich der Four Courts erblühte die Industriebrache der früheren Jameson-Destillerie zu neuem Leben. Ein Investor überbaute den Block mit einem futuristischen Ensemble schicker Apartmenthäuser und rüstete den alten Schornstein zum *Aussichtsturm* um. Ein gläserner Lift gleitet in 46 Sekunden in die luftige Höhe – ein toller Aussichtspunkt über die Stadt. Ein weiterer Höhepunkt des neuen Smithfield Village ist das *Chief O'Neill's Hotel.* Benannt nach einem Migranten, der es in Chicago zum Polizeichef *(Chief)* brachte und sich einen Namen als Förderer und Sammler traditioneller irischer Musik machte, steht es ganz im Zeichen der Musik: "musikalische" Dekoration, Musikprogramm in der Bar, angeschlossene Tonstudios und eine kurzweilige Ausstellung.

Ceol – The Traditional Music Centre: Gälisch Ceol heißt Musik. Aus der Hotelhalle tritt man zunächst in den Coat Room, die Garderobe. Zwischen in Kunstharz gegossenen historischen Gewändern von Barden und Musikanten schwebt Musik in der Luft, Projektionen und Spots entführen den Besucher in die Welt der irischen Folklore. Modernste Computeranimation informiert über Geschichtenerzähler wie Musikgeschichte und über die Anfänge der Reproduktion mittels Grammophon und Rundfunk. Vitrinen stellen die einzelnen Instrumente samt Hörproben vor, auf dem (Tanzboden) kann man sich vor einer Spiegelwand in den alten Tänzen üben. Technisches Highlight ist die Show im Panorama-Kino, zum Abschluss kann man sich in einem Shop mit Tonträgern ausstatten.

Mo–Sa. 10–17, So 11–17 Uhr, Eintritt 6,25 €. Aussichtsturm Mo–Sa 10–17.45, So 11–18.45 Uhr, Eintritt 3,75 €. Smithfield, www.ceol.ie, Bus Nr. 67, 68, 69, 79.

Old Jameson Distillery: Auf dem Gelände der 1971 geschlossenen und abgerissenen Schnapsfabrik wurde ein Brennerei-Museum installiert. Nach einem einführenden Film erfährt man anhand von Repliken mehr über die Whiskey-Herstellung, auch eine Probe gehört selbstverständlich dazu. Dennoch: Wer später noch nach Bushmills (Antrim) oder Midelton (Cork) kommt, besuche lieber die dortigen Präsentationen des Konzerns. Die Dubliner Führung war die liebloseste von allen dreien.

Führungen Mo–Fr 9.30–18 Uhr, letzte Führung 17 Uhr, Eintritt mit Degustation 5 €. Bow St., Bus Nr. 67, 68, 69, 79.

Tierschutz oder Schikane?

"Acht Smithfield-Pferde im Hinterhof gehalten!" "Smithfield-Pferde für die Schlachter in Frankreich!" Solche und ähnliche Schlagzeilen der Boulevardpresse haben den Pferdemarkt in Verruf gebracht. Ein neues Gesetz reglementiert die nicht unbedingt artgerechte Pferdehaltung der städtischen Unterschichten und gibt den Behörden die Handhabe, den pittoresken, doch mit dem Image des modernen Dublin kaum vereinbaren Pferdehandel von Smithfield zu unterbinden. Besonders für die Kids aus Finglas wäre dies ein harter Schlag. Dort sind die Ponys mindestens so beliebt wie im vornehmen Foxrock – und werden vielleicht sogar noch mehr umsorgt. Denn die Jugendlichen der Nordstadt bekommen ihre etwa 2500 € teuren Pferde nicht vom Pappi geschenkt, sondern sparen sie sich selbst vom Mund ab oder züchten sie. Nur an genügend Platz zum Ausreiten fehlt es dem örtlichen Ponyclub. Smithfield zu schließen, wäre ein Affront gegen die Underdogs. Doch unterbinden kann man den Pferdehandel kaum. Die Deals liefen dann halt anderswo.

Smithfield Horse Sales: Noch ist die von portugiesischen Arbeitern mit 300.000 Kopfsteinen neu gepflasterte Freifläche hinter der Bow Street jeden ersten Sonntag im Monat Schauplatz des Dubliner Pferdemarktes, des proletarischen Gegenstücks zur Dublin Horse Show. Händler und Käufer sind Bauern aus der Umgebung, Traveller und einfache Leute, oft Jugendliche aus der Nordstadt, die dort mit ihren Tieren inoffizielle Rennen veranstalten. Freitagabend erstrahlt der Platz in besonderem Glanz. Dann flammen die Fackeln hoch oben auf den gigantischen Lichtmasten. Reflektierende Segel werfen das Licht von Strahlern an die angrenzenden Hausfassaden.

Collins Baracks

Mit 226 Jahren (1701–1997) ununterbrochener militärischer Nutzung beansprucht die Kaserne einen Eintrag ins Guiness-Buch der Rekorde. Auch der für sechs Regimenter geeignete Exerzierplatz ist wegen seiner Größe rekordverdächtig. Einen Teil des weitläufigen Gebäude hat die *Außenstelle des Nationalmuseums* bezogen und zeigt allerlei Artefakte wie Glaswaren, chinesische Porzellane, Textilien, Musikinstrumente und Möbel. Besonders sehenswert sind die 25 Objekte im Raum *Curator's Choice* – die Direktoren der führenden Museen Irlands stellen hier ihre Lieblingsobjekte aus, etwa das Hochzeitsgeschenk Oliver Cromwells an seine Tochter. *Out of Storage* zeigt eine eklektizistische Sammlung von japanischen Rüstungen bis hin zu edinson'schen Phonographen, allesamt mit Hilfe von Touchscreen-Computern erläutert.

⌚ Di–Sa 10–17, So 14–17 Uhr,. Eintritt frei, Bus Nr. 67, 68, 69, 79.

Dublin Karten S. 132/133 u. 142/143

Phoenixpark

Der rund 7 qkm große Park im Westen ist die grüne Lunge Dublins. Ursprünglich zu einem Kloster gehörend, wurde er im 17. Jh. als Jagdrevier des englischen Gouverneurs eingezäunt. Bis heute bewohnt eine Herde Hirsche den Park, in dem auch die Häuser des amerikanischen Botschafters und des irischen Präsidenten stehen. Obwohl der Phoenixpark auch einen metallenen Phoenix besitzt, der sich auf einer Säule aus den Flammen erhebt, entstand der Name als Verballhornung des gälischen *Fionn Uisce,* "klares Wasser". Zum Parkgelände gehören auch die *Fifteen Acres,* wo sich die Herrschaften früher zu duellieren pflegten und heute harmlosere Spiele wie Kricket, Polo und Fußball zu sehen sind.

1882 erregten die "Phoenixpark-Morde" die Gemüter der Zeitgenossen, als eine radikale nationalistische Splittergruppe den britischen Irlandminister Lord Cavendish samt seinem Stellvertreter ermordete. Mit gefälschten Briefen versuchte die unionistische Presse, eine Verbindung zwischen den Mördern und der für die Rechte der irischen Bauern kämpfenden Land League zu konstruieren. Doch der Schwindel flog auf und beeinflusste die englische Öffentlichkeit eher im Sinne der irischen Sache.

Nahe des Park-Street-Eingangs ragt der *Obelisk* zu Ehren des *Herzogs von Wellington* knapp 70 m in den Himmel. Weil Wellingtons politischer Stern im Sinken war, zog sich der 1817 begonnene Bau bis 1861 hin. Auch war es dem Herzog zeitlebens eher peinlich, in Dublin geboren und damit irischer – nicht englischer – Abstammung zu sein.

Visitor Centre: Das Besucherzentrum neben dem restaurierten *Ashtown Castle* (17. Jh.) erzählt mit Ausstellung und Film die Geschichte des Parks.

⌚ Dez.–Febr. tägl. 9.30–16.30 Uhr, März und Okt./Nov. bis 17 Uhr, Juni–Sept. bis 17.30 Uhr, Einlass bis 45 Min. vor Schluss; Eintritt 2,50 €. Nunciature Rd., Bus Nr. 10, 39, 39 A, 70 (Haltestelle Ashtown Gate).

Zoo: Dublins 1830 gegründeter Zoo, einer der ältesten Europas, nimmt die Südostecke des Parks ein. Zuletzt waren Erweiterungarbeiten im Gange, um den arg eingepferchten Steppentieren eine Savannenlandschaft samt künstlichem

See zu schaffen. Ein Löwe aus Dublin brachte es zu besonderem Ruhm: Täglich brüllt er auf der ganzen Welt am Beginn der Metro-Goldwyn-Mayer-Filme.

⌚ Mo–Sa 9.30–18, So 11–18 Uhr (längstens bis Sonnenuntergang); Eintritt 7 €. Bus Nr. 10 von O'Connell St., Bus Nr. 25, 26 von Middle Abbey St.

Weitere Sehenswürdigkeiten

Dublin Harbour: Dublins Hafen geht es nicht besser als den meisten anderen europäischen Häfen. Die Docks und Lagerhäuser stehen leer und verfallen, weil es heute kaum mehr Stückguttransporte gibt, sondern die Waren in Containern um die Welt geschippert werden, und die alten Hafenbecken für die neuen Schiffe oft zu klein sind. Ein besonderes Problem des Dubliner Hafens ist seine schlechte Verkehrsanbindung zu Lande. Jeder Lkw, der zum Hafen will, muss mitten durch die Stadt. Die künstliche Landschaft des Industriezeitalters hat sich überlebt und soll, nach dem Vorbild der Londoner Docklands, bis zum Jahr 2012 zu einem internationalen Finanz- und Dienstleistungsplatz saniert werden – 40.000 neue Arbeitsplätze verspricht die Dublin Dockland Development Authority (DDDA) zu schaffen.

Vor allem die Südseite des Hafenviertels bietet sich für eine Erkundungstour mit dem Fahrrad an. Vom Grand Canal Bassin, wo am Ende der Pearse Street der Kanal in den Fluss mündet (dessen Uferwege ihrerseits zu einer Radtour einladen), fährt man über Ringsend, dem Landungsplatz Cromwells, auf den South Wall, einer im 18. Jh. angelegten Kaimauer. *Pigeon House Fort,* das früher die Hafeneinfahrt bewachte, ist heute ein Kraftwerk. Von hier ragt der Wellenbrecher noch 2 km in die Dublin Bay, bis das *Poolbeg Lighthouse* Landende und zugleich die Hafeneinfahrt signalisiert.

Waterway Visitor Centre: Die "Box in the Docks", wie die Dubliner das Visitor Centre nennen, ruht auf Stelzen in der Kloake des Grand Canal Bassin. Zwischen den Ritzen der Kaimauer und alter Lagerhäuser wächst das Gras, Möwen empören sich über die zweibeinigen Störenfriede. Das Museum wird wenig besucht, es ist bislang nur eine Insel zwischen den bröckelnden Lagerhäusern und Silos. Modelle und Schautafeln veranschaulichen die Geschichte der irischen Kanäle, auch die Funktion von Schleusen und Dämmen wird erklärt. Per Knopfdruck kann man sich Reiserouten zu Wasser über die Grüne Insel mit Ketten von Lichtpunkten weisen lassen. Vielleicht sollten wir doch einmal ein Hausboot mieten.

⌚ Juni–Sept. tägl. 9.30–18.30 Uhr, Okt.–Mai Mi–So 12.30–17 Uhr; Eintritt 2,50 €. Grand Canal Quay, Bus Nr. 1, 2, 3.

Marino Casino: Das kuriose Gebäude (1762) voll trickreicher Sinnestäuschungen und meisterhafter Illusionen gehörte zum in den 20er Jahren des 20. Jh. abgerissenen Landschloss des Earl of Charlemont, der auch die Nordfront des Parnell Square bebauen ließ. Die Tempelfassade und der Eingang verheißen einen großen Zentralraum – tatsächlich verbirgt sich dahinter eine Vielzahl kleiner Räume auf zwei Etagen. Kamine sind als Graburnen getarnt, die hohl Säulen dienen zugleich als Zentralheizung oder Wasserröhren, die Fenster sind von außen nur bei genauem Hinsehen zu erkennen, es gibt Geheimtüren

Ein klassizistischer Traum – Marino Casino

und verborgene Gänge in den Weinkeller. Leider sind Versteckspiele nicht erlaubt. Das Haus ist nur mit Führung zu besichtigen.

Ⓞ Juni–Sept. tägl. 9.30–18.30 Uhr, Okt. tägl. 10–17 Uhr, Nov.–Mai Mi/So 12–15.30 Uhr; Eintritt 2,50 €. Malahide Rd., Dublin 3, Bus Nr. 27, 27 A/B, 42, 42 A/B/C.

Botanic Gardens: Der 19 ha große Garten liegt nördlich des Zentrums zwischen Royal Canal und River Tolka. Wer das Palmenhaus des Londoner Kew Gardens nicht kennt und auch nicht nach Belfast kommen wird, hat hier Gelegenheit, einen der Glaspaläste von Richard Turner kennenzulernen, der um die Mitte des 19. Jh. die schönsten dieser zerbrechlichen Kathedralen aus Glas und Eisen baute. Im neuen Besucherzentrum finen sich Café und ein Verkaufstand für Bücher und Broschüren.

Ⓞ Mai–Sept. Mo–Sa 9–18, So 11–18 Uhr, Okt.–April Mo–Sa 10–16.30, So 11–16.30 Uhr; Eintritt frei. Botanic Rd., Glasnevin, Dublin 9, Bus Nr. 13, 19,.

Museum of Childhood: Eine Privatsammlung von Spielzeug und Puppen ab dem 17. Jh. Bis ins Detail wird die Erwachsenenwelt kopiert: Das größte der Puppenhäuser ist ein richtiger Palast mit eisernen Bettchen, WC-Schüsseln aus Porzellan und sogar nachgebildeten Mäusen.

Ⓞ So 14–17.30 Uhr, Juli/Aug. auch Mi 14–17.30 Uhr; Eintritt 3 €. 20 Palmerstone Park, Rathmines, Dublin 6.

Irish Jewish Museum: In einer früheren Synagoge wird die Geschichte der kleinen jüdischen Gemeinde Irlands geschildert.

Ⓞ Mai–Sept. So, Di, Do 11–15.30 Uhr, Okt.–April nur So 10.30–14.30 Uhr, Eintritt frei, 3 Walworth Rd. off Victoria St., Portobello, Dublin 8, Bus Nr. 19, 19 A.

National Print Museum: Die Geschichte des irischen Druckwesens – mit vielen alten Maschinen, die alle noch betriebsbereit sind und manchmal auch vorgeführt werden, dazu eine kleine Sammlung politischer Flugschriften.

⌚ Mo–Fr 10–12.30, 14.30–17 Uhr, Sa/So 12–17 Uhr, Eintritt 3 €. Das Museum liegt etwas versteckt hinter dem Arbeitsgericht im Beggar's Bush, einer früheren Kaserne am Westende der Haddington Rd. (Ballsbridge). Bus Nr. 45.

Pearse Museum: Hier zeigt sich Pádraig Pearse einmal nicht nur als Held des Osteraufstandes, sondern auch ganz unpathetisch. Mit seinem Bruder leitete er hier, inmitten eines schönen Parks mit Wasserfall, eine Reformschule, in der er Jugendliche in irischer Sprache und Kultur unterwies.

⌚ Tägl. 10–13, 14–17.30 Uhr, Sept./Okt., Febr./April bis 17 Uhr, Nov.–Jan. bis 16 Uhr; Eintritt frei. Grange Rd./Ecke Taylor's Lane, Rathfarnham, Dublin 14. Bus Nr. 16 ab O'Connell St.

Dun Laoghaire

Das mit Dublin nahtlos zusammengewachsene Dun Laoghaire (sprich: "Dan Liery") ist der wichtigste Passagier- und Yachthafen der Dublin Bay. Die beiden Hafenmauern ragen rund 1500 m ins Meer hinaus und waren um 1900 als Kurse inoffizieller Radrennen berüchtigt – heute sind die Radler vom Kamm der Kais verbannt. Fischer, Vogelbeobachter und Spaziergänger lassen sich den Wind um die Ohren pfeifen, an den Enden halten Leuchttürme die Stellung. Auf der Ostmauer ist einer der ersten Windmesser (1852) installiert.

• *Verbindung:* Am bequemsten mit der DART-Bahn.

• *Essen:* **Caviston's,** 59 Glasthule Rd., Sandycove, ✆ 280 91 20, www.vavistons.com, Lunch Di–Sa 12, 13.30, 15 Uhr. Das Fischlokal der Stadt! Aus einer alteingesessenen Fischhandlung wurde ein kleiner Gourmettempel mit Delikatessengeschäft und Restaurant. Serviert werden Fischgerichte (11–18 €) und Meeresfrüchte, ohne Schnickschnack und um so schmackhafter zubereitet. Bei gerade nur 26 Sitzplätzen ist Reservierung unabdingbar.

National Maritime Museum: Das Museum ist in einer früheren Kirche untergebracht. Zu seinen Schätzen gehören beispielsweise das Ruderboot, mit dem Wolfe Tone 1796 in Bantry zu landen versuchte, ein Modell der *Great Eastern* (1858), die das erste Transatlantikkabel legte, des Weiteren Einrichtungsgegenstände aus einem 1916 in Sandycove gelandeten deutschen U-Boot. Auch die Linse des alten Leuchtturms von Howth ist zu bewundern.

⌚ Mai–Sept. Di–So 14.30–17.30 Uhr, Apr., Okt./Nov. Sa/So 14.30–17.30 Uhr; Eintritt 2 €. High Terrace.

Abschied von Irland

Der Aufenthalt in Sandycove endete für Joyce dramatisch: Ein anderer, von Alpträumen geplagter Gast ergriff eines Nachts seinen Revolver und ballerte in das Kaminfeuer. Der Hausherr entwand ihm die Waffe und feuerte seinerseits mit den Worten "Lass ihn mir!" auf die Töpfe und Pfannen am Bord über dem Bett, in dem Joyce lag. Der nahm den Hinweis ernst, zumal er Gogarty zuvor in einem Gedicht angegriffen hatte, und verließ am nächsten Morgen für immer das Haus, um sich mit Nora Barnacle zum Kontinent einzuschiffen.

James Joyce Tower: Schon vom Fähranleger erblickt man den Martello-Turm von Sandycove, wo "Ulysses" beginnt und ein Museum heute die Erinnerung an James Joyce pflegt. Robert Nicholson, Kurator und Joyce-Enthusiast, sammelt Briefe, Fotos, Manuskripte, Erstausgaben, Übersetzungen und persönliche Gegenstände des Meisters. Morgens um 10 Uhr hisst er persönlich die Nationalfahne auf dem Turmdach. Der junge Joyce verbrachte 1904 seine letzten Tage auf Irland in dem Turm. Sein Freund Oliver John Gogarty, der uns im "Ulysses" als Buck Mulligan begegnet, hatte das Gemäuer damals für acht Pfund im Jahr vom Militär gemietet.

Das *Forty Foot Pool,* ein Badeplatz auf der Seeseite des Turms, war lange ein Refugium männlicher Nudisten, die selbst im Winter von den Felsen ins eiskalte Wasser sprangen. Seit sich auch Frauen den Zugang erkämpft haben, gebietet ein Schild "Badekleidung".

⌚ Apr.–Okt. Mo–Sa 10–17, So 14–18 Uhr; Eintritt 3,50 €. DART Sandycove, Bus Nr. 8.

Dublin Karten S. 132/133 u. 142/143

Bray

Auf der Hauptstraße, einen guten Kilometer landeinwärts parallel zum Ufer, merkt man dem Städtchen an der Endstation der DART-Bahn nicht an, dass es in viktorianischer Zeit einmal das irische Brighton war.

Eine großzügige Mall führt zum Ufer. Neben einem neu angelegten Grünstreifen und einer Zeile billiger Hotels und B&B-Häuser verläuft eine Promenade dem Wasser entlang, auf der am Sonntag und an Sommerabenden die Ausflügler flanieren – anders als in Howth sind es hier eher die einfachen Leute und vor allem Halbwüchsige, die auch in den Automatenpalästen der Amüsiermeile für Umsatz sorgen. Vom Bray Head, dem Felsen im Süden der Stadt, führt ein schöner Spaziergang oben auf der Klippe entlang in etwa einer Stunde nach *Greystones*. Die Bucht zu Füßen des Bray Head ist zugleich das Surfer-Paradies in der Umgebung Dublins. Für Badelustige gibt es den schönen Sandstrand von Kiliney, zwei DART-Stationen vor Bray.

- *Telefonvorwahl:* 01.
- *Information:* Beim Royal Hotel, Main St., ✆ 286 71 28; mit Heritage Centre (Ausstellung zum Ort) im früheren Gerichtsgebäude.
- *Verbindungen:* Vom Bahnhof, ✆ 36 33 33, mit der Vorortbahn DART nach Dublin; gen Süden etwa 4 Züge pro Tag nach Wicklow, Arklow, Wexford und Rosslare. Vom Bahnhofsplatz Bus Nr. 45 und 84 nach Greystone, Bus Nr. 85 nach Enniskerry.
- *Fahrräder:* **Harris** (Raleigh), 87 Greenpark Rd., ✆ 286 33 57, und 78 Main St., ✆ 286 79 95.
- *Einkaufen:* **Avoca Handweavers,** an der N 11. Eine Tweed-Weberei mit Verkauf, den Arbeitern kann über die Schulter geschaut werden, dazu gibt's ein Café. Ohne Auto oder Rad schlecht zu erreichen.

Sea World: Piranhas, hochgiftige Steinfische und 700 andere Spezies sind sicher hinter den dicken Glaswänden des Aquariums an der Uferpromenade verwahrt. Irlands größter Wasserzoo mit 10.000 Fischen ist das Lebenswerk von Dr. Michel Collins. Dass sich die Tiere offenbar auch in der Gefangenschaft pudelwohl fühlen, beweist, dass sie für mehr Nachwuchs sorgen, als in den 200 Aquarien Platz findet. Fortgeschrittene Aquarianer können sich hier mit jungen Exoten eindecken, ohne das Artenschutzabkommen verletzen zu müssen.

⌚ Mo–Sa 10–18 Uhr, Eintritt 7 €.

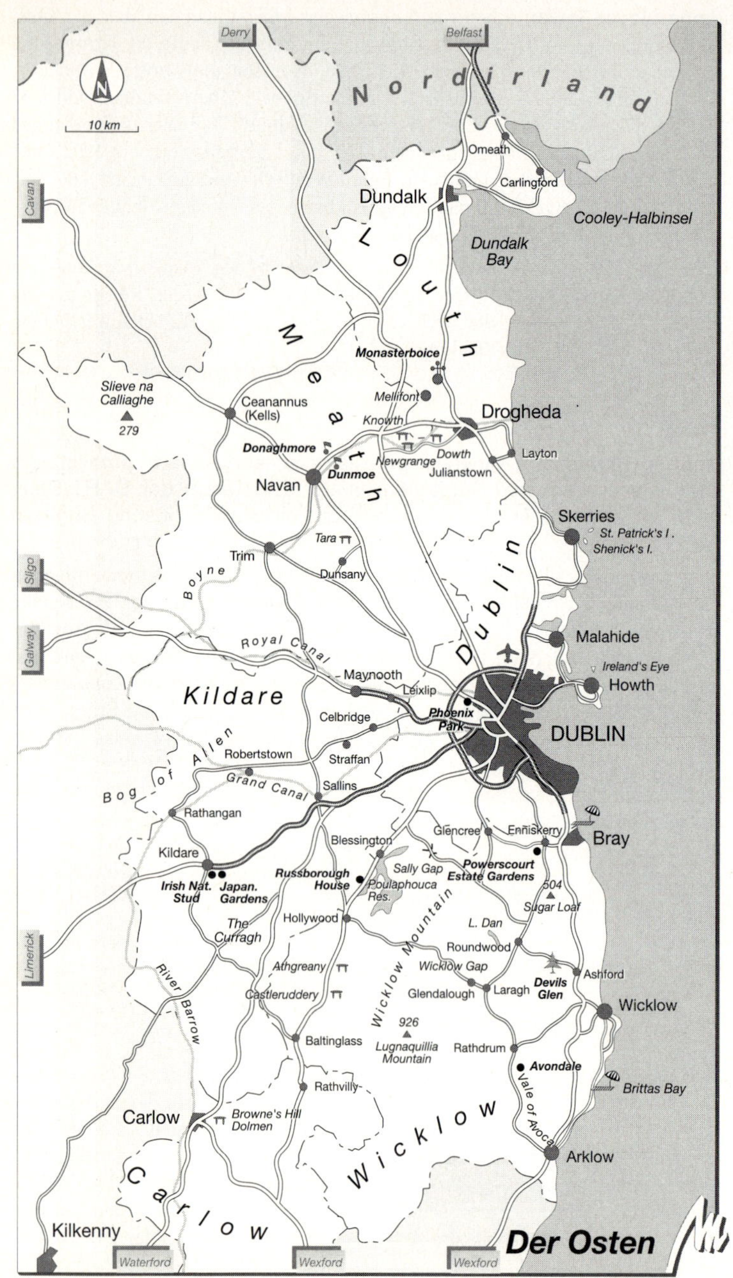

Derry
Belfast
Nordirland
10 km
Omeath
Carlingford
Dundalk
Cooley-Halbinsel
Dundalk Bay
Cavan
Louth
Meath
Monasterboice
Slieve na Calliaghe
279
Mellifont
Drogheda
Ceanannus (Kells)
Knowth
Donaghmore
Dowth
Layton
Newgrange
Julianstown
Dunmoe
Navan
Skerries
St. Patrick's I.
Shenick's I.
Tara
Trim
Dunsany
Boyne
Sligo
Dublin
Malahide
Galway
Royal Canal
Ireland's Eye
Maynooth
Howth
Kildare
Leixlip
Phoenix Park
Celbridge
DUBLIN
Allen
Robertstown
Straffan
Bog of
Grand Canal
Sallins
Rathangan
Glencree
Enniskerry
Blessington
Bray
Kildare
Sally Gap
Powerscourt Estate Gardens
Russborough House
Irish Nat. Stud
Japan. Gardens
Poulaphouca Res.
504
Sugar Loaf
The Curragh
Hollywood
Wicklow Mountain
L. Dan
Roundwood
Limerick
Athgreany
Wicklow Gap
River Barrow
Ashford
Devils Glen
Castleruddery
Glendalough
Laragh
Wicklow
926
Baltinglass
Lugnaquillia Mountain
Rathdrum
Avondale
Vale of Avoca
Brittas Bay
Rathvilly
Carlow
Browne's Hill Dolmen
Wicklow
Arklow
Carlow
Kilkenny
Waterford
Wexford
Wexford
Der Osten

Der Osten

Highlights im Umland von Dublin sind für Kulturinteressierte die jahrtausendealten Gräber und Kultstätten im Boyne Valley sowie die prächtigen Schlösser, die sich reiche Aristokraten nahe der Hauptstadt bauen ließen. Naturfreunde und Wanderer kommen in den Wicklow-Bergen auf ihre Kosten.

Zugegeben, der Osten kann mit der wilden Atlantikküste nicht konkurrieren. Die Klischees von strohgedeckten Cottages, einsamen Moorlandschaften, armen Schafzüchtern und gälischen Urlauten werden hier kaum erfüllt. Wer jedoch einmal die ausgetretenen Touristenpfade verlässt, lernt hier vielleicht ein typischeres Irland kennen als zwischen Kerry und Donegal.

Küste nördlich von Dublin

Bei der Fahrt nach Norden zeigt Irland drei ganz unterschiedliche Gesichter: Auf die Halbinsel Howth und dem Seebad Malahide, wo die High Society nach dem Arbeitstag in der Hauptstadt auf den Terrassen ihrer Villen frische Seeluft und Ruhe genießt, folgen die verarmten, an das Ruhrgebiet vor dreißig Jahren erinnernden Industriestädte Drogheda und Dundalk, und schließlich die ländliche Cooley-Halbinsel.

Das County Louth (sprich: Lauth), zu dem die Küste nördlich von Dublin überwiegend gehört, ist eine republikanische Hochburg. Unter der Teilung Irlands hat gerade die kleinste irische Provinz besonders gelitten, und umso größer sind die Hoffnungen, die entlang der Achse Dublin-Belfast mit der politischen Entspannung in Ulster verbunden sind. Touristischer Höhepunkt ist das mittelalterliche Städtchen Carlingford, das mit seinen guten Wandermöglichkeiten auch einen längeren Aufenthalt lohnt. Ausländer trifft man kaum, die meisten Urlauber sind katholische Iren aus dem Norden.

Howth

Gerade neun Bahnminuten von Dublin vermittelt die Halbinsel Howth mit ihrem Berg, den Steilklippen, der Burg, dem Kloster und frischem Fisch in den Restaurants einen Vorgeschmack auf den Rest der Grünen Insel.

Ab 1807 war Howth für einige Jahre der Post- und Passagierhafen von Dublin. Mit dem Bau einer Chaussee in die Stadt und der Umstellung auf Dampfschiffe konnte eine Nachricht binnen 7 Std. von Holyhead nach Dublin gelangen. Doch da die Hafenbucht zusehends versandete, wurden 1833 neue Kais in Dun Laoghaire angelegt. Heute ist die schon auf der Weltkarte des Ptolemaios verzeichnete Halbinsel ein Nobelvorort. Das "Pub" entpuppt sich als ein geschlecktes Restaurant, und im früheren Fischerhafen liegen Segelyachten.

Für ein bisschen Romantik sorgt die Ruine der **St. Mary's Abbey** über dem Hafen. Der Besucher muss sich daran nicht stören. Der innere Teil der Halbinsel ist Naturschutzgebiet und autofrei. "Der einzige Ort nahe der Stadt mit Feldern gelben Stechginsters und Flächen wilder Myrte, roten Heidekrauts und Farnen" – Oscar Wildes 1876 geschriebene Zeilen gelten heute noch. Wagen oder Fahrrad lässt man am **Summit Car Park** stehen, an dem bei schönem Wetter halb Dublin den Sonnenuntergang zu betrachten scheint.

Information/Verbindungen

- *Telefonvorwahl:* 01.
- *Verbindung:* Von Dublin alle 30 Min. mit der DART-Bahn. Mit Bus Nr. 31 von Lower Abbey St., 31 B bis zum Gipfel.

Überfahrten nach Ireland's Eye mit Doyle & Sons, ✆ 831 42 00, Ostern–Sept. tägl. 11 Uhr, Juli/Aug. auch öfter, für 4 € vom East Pier.

Übernachten

Mit seiner guten Bahnverbindung in die Hauptstadt bietet sich Howth auch als ruhiges Nachtquartier für Dublin-Besucher an. Allerdings gibt es nur wenige B&Bs.

** **St. Lawrence Hotel,** Harbour Rd., ✆ 832 26 43, Fax 839 03 46, EZ 45 €, DZ 90 €. Schöner Wintergarten mit einem Sternenzelt aus Glühbirnen, über dem Eingang zum Nachtclub grüßt Uncle Sam.

B&B Gleanna-Smol, Nashville Rd. Ecke Killrock St., ✆ 832 29 36, DZ teilw. mit Bad 50 €. Die in Blautönen gehaltenen Zimmer mit dünnen Wänden und weichen Betten vermietet ein aufgeschlossener Hausherr mit Deutschlanderfahrung.

B&B Hazelwood, 2 Thormanby Woods, Thormanby, ✆ 839 13 91, DZ 50 €. Den modernen Bungalow umgibt ein großzügiger Garten, zum Hafen läuft man etwa 15 Minuten.

Essen/Pubs

Schade, schade, dass dem "normalen" Reisenden keine eigene Küche zur Verfügung steht, um einen am Hafen frisch aus dem Trawler gekauften Fisch zuzubereiten. Mit gut gefüllter Brieftasche bietet sich als Alternative:

King Sitric, East Pier, ✆ 832 52 35, So geschl., Lunch nur Juni–Sept., Seafood-Dinner 40 €. Serviert werden Genüsse wie Sashimi, roher Fisch auf japanische Art, oder Lammzunge in Portweinsauce. Reiche Auswahl an Elsässer Weißweinen. Gediegene Kleidung erwünscht.

Adrian's, Abbey St., ✆ 839 16 96, Mo–Sa 12–15 Uhr, tägl. ab 18 Uhr, Lunch 15 €, Dinner 28 €. In den "guten Stuben" einer alten Villa eingerichtet, weniger förmlich als der King Sitric. Catriona Holden pflegt eine kreative Küche, z.B. Entenconfit mit grünen Linsen, mit Dips als Appetitanreger und schmackhaftem Olivenbrot als Beilage.

Ye Old Abbey Tavern, Abbey St., ✆ 832 20 06. Ein rustikales, aber nobles Lokal mit Natursteinmauern, Kaminfeuer und Holzdecke. Bei Musik Covercharge 5 €, angeschlossen ist ein Restaurant.

Für den schmalen Geldbeutel bietet sich das **Caffé (!) Caira** am Eastern Pier an, ein Imbiss mit kleinem Restaurant (Hähnchen, Lasagne, Burger u.ä.).

Beshoff's, Eastern Pier. Der Geruch von Fritten und gebratenem Fisch weist den Weg zu dieser modern eingerichteten Variante eines black&white Imbisses.

- *Pubs:* **Cock's Tavern,** 18 Church St. Im Sommer Mi+So abends Rock/Pop, So nachm. Traditional.

Der Martello-Turm von Howth

Sehenswertes

Howth Castle ist noch immer im Besitz der Nachkommen jenes *Almeric Tristram,* der es 1177 vom König erworben hatte. Das Haus wurde vor allem zu Beginn des 20. Jh. grundlegend umgebaut. Um auf der früher kahlen Insel einen Garten anlegen zu können, wurde körbeweise Mutterboden ausgebracht, auf dem heute prächtige Palmen, Azaleen und Rhododendren gedeihen. Hier siedelt Joyce die Schlussszene seines *Ulysses* an. Anders als das Schloss ist der Garten immer zugänglich und besonders zur Blütezeit (Mai/Juni) einen Besuch wert.

Im **National Transport Museum** kann der Besucher alte Busse, Feuerwehrautos und Straßenbahnen aus Dublin sowie vom Giant's Causeway bewundern. Eine der Trambahnen, die bis 1959 zwischen Howth und Dublin pendelten, wird gerade wieder fahrbereit gemacht.
⌚ Juni–Aug. tägl. 10–17, sonst 12–17 Uhr; Eintritt 2 €.

▸ **Wanderung:** Die Sackgasse westlich des Hafens mündet in einen Rundwanderweg, der auf den Klippen um die Halbinsel führt. Im Norden erkennt man im Dunst **Ireland's Eye**. Auf dem kahlen Felsen wohnen viele Seevögel, statt Bäumen ragen eine Klosterruine und ein Martello-Turm in den Himmel. Unten am Wasser zanken kreischend Möwen um die Beute, Seehunde recken ihre schwarzen Köpfe neugierig aus den Wellen. Durch die Spalte im **Puck's Rock,** so weiß die Legende, fuhr der Teufel zur Hölle, als der Inselheilige Nessan eine Bibel nach ihm schleuderte. Nach dem **Baily Lighthouse,** wo 1997 der letzte irische Leuchtturmwärter in Pension ging, wird die Küste sanfter und weniger imposant, so dass man getrost den Rückweg quer über den Hügel im Inneren der Halbinsel nehmen kann.

Martello-Turm

Martello-Türme wurden ab 1804 an den Küsten der britischen Inseln zur Verteidigung gegen die erwartete napoleonische Landung errichtet, später auch von anderen Nationen auf mehreren Kontinenten (von Quebec bis zur Adria, dort heißen sie "Maximilians-Türme"). Ihr Vorbild war ein Turm am Kap Mortella (sic!) in Korsika, der die Briten 1794 mächtig beeindruckte, weil sie ihn trotz mehrerer Anläufe von See her nicht einnehmen konnten. Das Kap Mortella heißt Mortella, weil dort viele Myrteln (italienisch: "mortella") wachsen. "Martello" ist also ein verballhorntes "mortella". Bei der Verballhornung standen die "Torri da Martello" Pate, Rundtürme an den italienischen Küsten, in denen bei der Annäherung von Piraten mit dem "martello" (= Hammer) auf einer Glocke Alarm geschlagen wurde.

Malahide

Der Villenort liegt, noch, knapp außerhalb der Dubliner Agglomeration. Sehenswert ist der Schlosspark mit einer Modellbahn, einem botanischen Garten und dem romantischen Schloss selbst.

• *Verbindung:* **Bus Nr. 42** von Dublin Talbot St., **Zug** (Drogheda Line) von Dublins Connolly Station.

• *Übernachten:* **B&B Managerton House,** Michelle Guerin, Back Rd., ✆ (086) 811 61 00, DZ 55 €.

B&B Sonas, 39 The Old Golf Links, ✆ (01) 845 19 43, DZ 55 € (Lesertipp Christine Brandhuber).

Sehenswertes

Malahide Castle: Fast jede Generation der *Talbots,* in deren Besitz das von einem großzügigen Park umgebene Schloss von 1185–1976 war, hat das mittelalterliche Gemäuer durch Um- und Anbauten verändert. Innen ist es vollgestopft mit Möbeln und Accessoires der verschiedenen Epochen. Seit die letzte Talbot ihre Erbschaftssteuer nicht bezahlen konnte, ist der Familiensitz ein Museum.

Der Rundgang beginnt in einem erdrückend-düsteren, mit schwarz gebeizter Eiche getäfelten Raum. Das anschließende rosafarbene Zimmer ist trotz der kitschigen Farbe geradezu eine Erleichterung. An seinen durchbrochenen Türgiebeln düften selbst Kunstbanausen unschwer das Rokoko erkennen. Im grünen Zimmer bedarf eine an einem Ständer befestigte Tafel der Erklärung. Damit schützten die Herrschaften ihre gepuderten und geschminkten Gesichter vor der Wärme des Kaminfeuers – sonst wäre die Maskerade zur Grimasse verlaufen.

Vom Spielzeug der Talbot-Sprösslinge konnten die meisten ihrer Altersgenossen noch nicht einmal träumen, weil sie solche Schätze nie zu Gesicht bekamen: ein Dreirad, Blecheisenbahnen, Designerpuppen, eine Modellvilla. Kör-

Malahide Castle

perpflege wurde großgeschrieben, deshalb hatten die Kinder außer einem Nachttopf en miniature sogar Hygieneköfferchen für die Reise. In der Großen Halle blicken die Ahnen würdevoll-düster von der Wand. Ein Monumentalgemälde, die "Battle of the Boyne", hält das Ereignis fest, bei dem 14 Familienmitglieder umkamen. Das Schlossgespenst *Puck* war klug genug, zu Hause zu bleiben, und so kann es auch heute noch spuken.

Talbot Botanic Gardens: Die Gärten wurden nach dem 2. Weltkrieg vom letzten Lord Talbot angelegt. Im Mittelpunkt stehen Sträucher aus der südlichen Hemisphäre, doch engt der stark alkalische Boden das Spektrum der in Frage kommenden Arten etwas ein.

Ⓞ April–Okt. Mo–Sa 10–17, So 12–18 Uhr; Nov.–März Mo–Fr 10–17, Sa/So 14–17 Uhr. Der Garten öffnet erst um 14 Uhr; Eintritt 4 €, mit Modellbahn-Museum 5 €.

Modellbahn-Museum: Neben dem Schloss. Aus einem Leitstand per Computer und mit Videohilfe gesteuert, rasen alle möglichen Nachbildungen irischer Schienenfahrzeuge durch eine 200 qm große Kunstlandschaft. An den Wänden hängen Fotos der Originale. Wirklich originell erscheint angesichts des irischen Wetters die Straßenbahn mit dem offenen Aussichtsdeck. Ein echtes Wunder der Technik muss die *Monogauge Railway* gewesen sein, die auf einem (!) Schienenstrang durch das County Kerry balancierte.

Ⓞ April–Sept. Mo–Do 10–18, Sa 11–18, So 14–18 Uhr, Juni–Aug. auch Fr 11–18 Uhr, Okt.–März nur Sa/So 14–17 Uhr,; Eintritt 4 €.

Skerries

Im Hafen dümpeln Fischerkähne, die schon bessere Tage gesehen haben. Dass die Fische weniger werden und trotzdem der Preis fällt, daran seien nur die

Veteranen im Hafen von Skerries

Brüsseler Machenschaften schuld, weiß man im Pub. In Skerries soll *St. Patrick* zuerst irischen Boden betreten haben. Glaubt man der Legende, wurde er hier aber alles andere als freundlich empfangen: Die Bewohner klauten ihm seine Ziege und schlachteten sie. Die Haut spannten sie über einen Rahmen und erfanden so die Bodhrán, die irische Halbtrommel. Zur Rede gestellt, fiel ihnen keine bessere Ausrede ein, als dass sie mit der Ziegenhaut wenigstens etwas Nützliches angefangen hätten.

Der Fischerort hat einen weitläufigen Strand, über den man bei Ebbe hinüber zur Insel **Shenicks** wandern kann. Wer zu spät kommt, den bestraft die Flut. Eine sicherere Alternative ist der Spaziergang vom Südende des Strands über die Klippen zur **Loughshinny Bay**.

Drogheda

Mit seinen graubraunen, lange nicht mehr gestrichenen Fassaden und verlassenen Fabrikhallen ist das 24.000 Einwohner zählende Drogheda (sprich: Droreda) eine wenig einladende Industriestadt, allerdings mit großer Vergangenheit.

Wenn die Menschen keine Arbeit, die Stadt kein Geld und die Eigentümer der Mietskasernen kein Interesse haben, bleibt für Äußerlichkeiten nichts mehr übrig. Dabei böte beispielsweise das Viertel auf dem *Millmount Hill* alle Voraussetzungen, um mit ein wenig Farbe und ein paar Bäumen ein schmuckes Wohnquartier abzugeben.

Geschichte

Die Stadt wurde 910 von den Wikingern gegründet, denen es keine Probleme bereitete, mit ihren nach heutigen Maßstäben kleinen Schiffen den Boyne noch einige Meilen flussauf zu fahren. Deshalb liegt die Stadt nicht unmittelbar am Meer, sondern 5 km landeinwärts an einer Furt, an der der Handelsweg zwischen Ulster und Meath den *Boyne* durchquerte. Die Normannen errichteten eine Brücke, dehnten die Siedlung auch auf das Südufer aus und befestigten sie. Bald war Drogheda eine der größten Städte des Landes. Wäre es seit dem 15. Jh. nicht nur am Rande des englischen Einflussgebietes gelegen und immer wieder von den eingessenen irisch-katholischen Fürsten aus Ulster bedroht worden, könnte es heute die Stelle von Dublin einnehmen.

1649 überzog *Cromwell* das gerade eroberte Drogheda mit einem selbst für seine Verhältnisse blutigen Massaker, bei dem 3.300 Bürger von den marodierenden Soldaten getötet wurden. Andere ließ er als Sträflinge auf die Zuckerplantagen nach Barbados verschleppen. Auch im Zwist zwischen *Wilhelm von Oranien* und *Jakob II.* setzte die Stadt auf die falsche, nämlich katholische Seite und wurde dafür nach der Schlacht am Boyne wiederum geplündert. Die heute leeren und nutzlosen Lagerhäuser am Kai zeugen von einem kleinen Wirtschaftswunder in der viktorianischen Zeit, als in Droghedas Eisengießereien die Funken stoben und in den Textilmanufakturen die Webstühle klapperten. Heute ist der größte Betrieb ein Zementwerk, das seinen Teil zum Grauschleier über der Stadt beisteuert.

Information/Verbindungen/Fahrrad

• *Telefonvorwahl:* 041.

• *Information:* Im Busbahnhof, ✆ 9837 070, Juni–Sept. Mo–Sa 9–18 Uhr. Stadtführungen (3 €) veranstaltet im Sommer die Historical Society, ✆ 9833 946. www.drogheda-tourism.com.

• *Verbindung:* Bahnhof an der Dublin Rd., **Züge** nach Dublin und Belfast; Zugauskunft, ✆ 9838 749. Vom **Bus**bahnhof St. John's St. nach Athlone (über Slane, Navan), Belfast, Dublin, Dundalk, Galway.

• *Fahrräder:* **Carolan & Sons (1)** (Raleigh), 77 Trinity St. ✆ 9838 242; **Quay Cycles (9),** 11 North Quay, ✆ 9834 526, Mo–Sa 9–17 Uhr.

Übernachten

Weil Drogheda weder für Touristen, noch für Geschäftsleute von Bedeutung ist, gibt es nur wenige, dafür relativ preiswerte Quartiere.

*** **Westcourt Hotel (3),** West St., ✆ 9830 965, ℻ 9830 970, EZ 80 €, DZ 120 €. Frisch renoviert, die Zimmer in den Modefarben der internationalen Hotellerie (rosa/stahlblau/grau) und nach der Maxime gestaltet, möglichst vielen wenigstens ein bisschen zu gefallen, was gleichzeitig bedeutet, niemanden vor Begeisterung vom Hocker zu reißen.

B&B Harbour Villa, 2 km außerhalb an der Mornington Rd., ✆ 9837 441, EZ 30 €, DZ 50 €; mit Blick auf den Fluss.

Green Door Hostel (10), 47 John St., ✆/℻ 9834 422, www.greendoorhostel.com, Bett 12,5 €. Ein neues, von uns noch nicht getestetes Hostel gleich beim Busbahnhof.

Essen/Pubs

Buttergate Restaurant (11), neben dem Millmount Museum, ✆ 9833 161, Do–Sa Dinner, So–Fr Lunch, Menü um 25 €. Im ersten Stock einer renovierten Kaserne, die besten Plätze sind im Wintergarten.

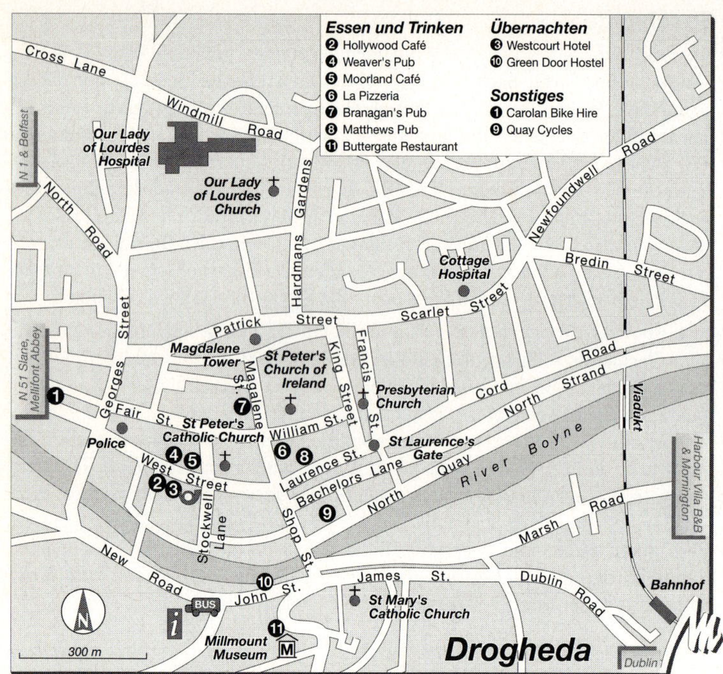

The Pizzeria (6), Peter St., ✆ 9834 208, Do–Di 18–23 Uhr, Pizza um 8 €. Ein Italiener, wie man ihn von zu Hause kennt. Die Pizza kommt frisch aus dem Ofen, daneben auch einige Fleisch- und Pastagerichte.

Moorland Café (5), West St. Kuchen und Torten, auch Burger und Pommes. Leicht antiquiert eingerichtet, im Fenster grünen fliegende Holländer, Benjamine und andere Zimmerpflanzen jenseits der Mode.

Hollywood West (2), West St., Mo–Sa 9–18 Uhr, Do/Fr bis 21 Uhr. Ein Zwitter zwischen Imbiss und Coffeeshop. American style, mit Plastikobst im Fenster.

• *Pubs:* **Weaver's (4),** West St., ✆ 9837 371, Lunch und Dinner Grub um 8 €. Der röhrende Hirsch über dem Kamin stört das junge Publikum offenbar nicht. Am Wochenende gelegentlich Live-Musik.

Branagan's (7), ✆ 9835 607, Magdalena St., Hauptgerichte 6–12 €. Pop/Rock, auch Country.

Matthew's (8), Laurence St. Das Interieur hat vom vielen Qualm die typische Nikotinfarbe angenommen; am Wochenende *der* Tipp für traditional music.

St. Peter's Church: Das Wahrzeichen der Stadt. Das neugotische Bauwerk (1791) selbst ist kaum der Rede wert, birgt aber die Reliquien von *Oliver Plunkett* (1629–1681). Der 1975 heilig gesprochene Erzbischof von Armagh war das Opfer der englischen Angst vor "päpstlicher Verschwörung" und endete nach dieser aus heutiger Sicht haltlosen Anklage in London am Galgen. Sein Kopf kam später nach Drogheda, der Körper ruht in der Nähe von Bath.

St. Laurence Gate, das sich in der östlichen Verlängerung der West Street trutzig dem Autoverkehr in den Weg stellt, war das Vorwerk eines Tores der alten Stadtmauer. Mit seinen zwei Türmen ist es eine kleine Festung für sich.

Millmount Hill: Der Hügel auf dem Südufer mag ein vorgeschichtlicher Grabtumulus sein – er wurde nie näher erforscht. Auf seiner Spitze errichteten die Engländer 1808 einen **Martello-Turm,** der im Bürgerkrieg hart umkämpft wurde und dabei sein Oberteil verlor. Die angrenzende Kaserne beherbergt heute Restaurants, Läden und das Stadtmuseum.

Millmount Museum: Mit seinen irgendwie und ohne Museumsdidatik in die Räume gestellten Zufallsfunden gibt das Museum dennoch einen guten Eindruck vom Milieu der Stadt. Einen Ehrenplatz genießen die *Banner der Zünfte.* Die älteren Leinwände sind gut katholisch. "Prepare the way to heaven" (Bereite den Weg zum Himmel) hieß beispielsweise die Parole der Schuster. Die neueren, um 1900 entstandenen Fahnen betonen Solidarität oder geben sich nationalistisch. Eine Fabrikordnung erinnert daran, unter welch unsäglichen Bedingungen auch unsere Urgroßväter noch arbeiten mussten, und wie nötig Gewerkschaften waren. Bestes Stück des Hauses ist ein Boot aus Leder, das über ein Gerippe aus Weidenholz gespannt war. Diese *Curraghs,* seit vorchristlicher Zeit in Irland benutzt, haben nur bei den Boyne-Fischern bis in unsere Tage überlebt. Kaum zu glauben, dass mit solchen Nussschalen sogar der Atlantik überquert werden konnte.

Ⓞ Okt.–Mai Mi, Sa, So 14–17 Uhr, Sommer Di–Sa 10–18, So 14–18 Uhr; Eintritt 1,50 €.

Drogheda/Umgebung

▸ **National Ecology Centre:** Das Zentrum hat sich zum Ziel gesetzt, ökologisches Bewusstsein zu wecken und zu fördern. Die Bezeichnung "National" führt allerdings in die Irre, denn es handelt sich weder um eine staatliche Einrichtung, noch besitzt sie landesweit Bedeutung. An einfachen Anlagen wird Strom- und Wärmegewinnung aus Sonnenlicht und Windkraft demonstriert, hinter dem Haus gibt es einen **Mustergarten** und einen am Fluss angelegten **Wanderweg**. In der Cafeteria bietet sich die seltene Gelegenheit, irischen Wein zu kosten.

Ⓞ Tägl. 9–18 Uhr. Zwischen Layton und Julianstown.

▸ **Monasterboice:** Das um 500 gegründete Kloster war neben Glendalough und Clonmacnoise seinerzeit das wichtigste Zentrum christlicher Gelehrsamkeit. Die Legende verbindet es mit dem heiligen *Buithe*, dessen Name später zu Boyne verballhornt wurde. Im 10. Jh. war es zeitweise in der Hand der Wikinger; wann es endgültig aufgegeben wurde ist unbekannt. Zu sehen sind ein **Rundturm,** ähnlich dem in Glendalough, und vor allem drei **Hochkreuze,** anhand derer die Priester den einfachen Gläubigen die biblische Geschichte erzählten.

Wie sich der Sockelinschrift entnehmen lässt, ist das dem Eingang am nächsten stehende Hochkreuz dem Abt *Muiredach* (887–923) geweiht. Man muss es, beginnend mit der Ostseite, von unten her lesen. Über einem Tiermotiv reicht Eva Adam den Apfel – der Sündenfall. Kain erschlägt Abel, darüber streiten David und Goliath, Moses vollbringt sein Wasserwunder, dann kommen schon die Weisen aus dem Morgenland. Im Zentrum des Kreuzes steht das Jüngste Gericht. Christus als Weltenrichter ist von Musikanten umgeben, der Erzengel wiegt die Seelen, wonach die Guten (links) sich Jesus zuwenden, die Sünder (rechts) von spindeldürren Teufeln in die Hölle gestoßen werden. Auf der anderen Seite lauern bei der Sockelinschrift zunächst zwei Katzen. Es folgen, wieder von unten nach oben, die Gefangennahme Christi, der ungläubige Thomas, die Übergabe des Schlüssels an Petrus und des Buches an Paulus, in der Mitte dann die Kreuzigung. Ganz oben ist ein Kirchlein in den Stein gehauen, vielleicht eine von Muiredach gestiftete Kapelle.

Das **Westkreuz** ist ebenso üppig geschmückt, doch stärker verwittert. Es zählt über 50 Bildfelder und gehört mit 6,50 m Höhe zu den größten Kreuzen Irlands. Das einfache **Nordkreuz** wurde von Cromwells Soldaten zerschlagen und der untere Teil später ersetzt.

Weg: Monasterboice liegt 10 km nördlich von Drogheda und ist jederzeit ohne Eintritt zugänglich.

▸ **Mellifont:** Zu Anfang des 12. Jh. waren die meisten Klöster Irlands, nicht anders als auf dem Kontinent, zu Versorgungshäusern und Pfründen des Adels degeneriert. Kaum jemand hielt noch die Ordensregeln, wichtige Ämter wurden an den Meistbietenden verkauft. *Malachius,* Bischof von Down, hatte in Frankreich bei seinem Freund Bernhard von Clairveaux die Reformbewegung der *Zisterzienser* kennen gelernt. Davon angetan, lud er die Mönche zu sich nach Irland ein, um hier einen neuen Anfang im Klosterleben zu setzen, die Klöster wieder stärker in die kirchliche Hierarchie einzubinden und dem Gehorsam des Papstes zu unterwerfen. So wurde 1242 mit der Einweihung Mellifonts auch gleich eine Synode veranstaltet, auf der alle Bischöfe und die weltlichen Fürsten Irlands unter der Aufsicht des päpstlichen Legaten zusammenkamen, neue Bistumsgrenzen zogen und sich bemühten, die kirchlichen Verhältnisse neu zu ordnen. Die weltlichen Herren erwiesen dabei dem neuen Kloster ihre Referenz, indem sie mit Geschenken geradezu wetteiferten – 60 Unzen Gold scheinen der Mindestbeitrag gewesen zu sein.

Kein Wunder, dass Mellifont ein Erfolg wurde und in den nächsten Jahren weitere Niederlassungen gründete. Das Ende kam wie bei den meisten irischen Klöstern unter Heinrich VIII. Die Abtei wurde säkularisiert und fiel an *Edward Moore,* den Stammvater der Earls of Drogheda, der sie zu einer Burg ausbaute.

Die Zisterzienser-Klöster wurden nach einem einheitlichen Bauplan errichtet. Alle Gebäude waren um einen rechteckigen **Hof** gruppiert; an der Nordseite die **Kirche,** ihr gegenüber das **Kapitelhaus, Refektorium,** die **Küche** und sicher auch die **Wärmestube,** der einzige beheizbare Raum des Klosters und zugleich Gästezimmer. Auf der Ostseite befanden sich die **Zellen** der Mönche. Augenfällig ist in Mellifont das achteckige **Waschhaus** vor dem Refektorium, das vom Fluss durch ein unter der Kirche hindurch geführtes Bleirohr mit Wasser gespeist wurde, in dem sich die Brüder den Dreck von der Feldarbeit abspülten.

Anfahrt: 8 km nordwestlich von Drogheda, Busverbindung. ⌚ Mai–Mitte Juni, Mitte Sept.–Okt. tägl. 10–17 Uhr; Mitte Juni–Mitte Sept. tägl. 9.30–18.30 Uhr; Eintritt 2,50 € (im Winter ohne Eintritt dauernd zugänglich).

Die biblische Geschichte in Stein: Hochkreuz von Monasterboice

Dundalk

Die Hafenstadt (30.000 Einwohner) auf halbem Weg zwischen Belfast und Dublin ist eine Hochburg der IRA-Sympathisanten. Kriege und Plünderungen haben von der historischen Substanz kaum etwas übrig gelassen – Dundalk lohnt für Besucher nur als Zwischenstopp auf der Reise zur Cooley-Halbinsel.

Der erste Eindruck ist freundlicher als in Drogheda. Roter Backstein sorgt für einige Farbtupfer. Ein Abschnitt der Hauptstraße ist Fußgängern vorbehalten, mit einer Umgehungsstraße wurde die Stadt auch vom Durchgangsverkehr zwischen Dublin und Belfast befreit. Einen Besuch wert ist besonders das neue Museum.

Der *Moyry-Pass* im Norden Dundalks ist die natürliche Pforte zwischen Ulster und dem Süden Irlands. Schon in vorgeschichtlicher Zeit stand hier eine Festung, aus deren Namen Dún Dealgan später Dundalk abgeleitet wurde. 1185 schenkte der englische König *Johann* das Land seinem Vasallen *de Verdon,* der an der Stelle der heutigen Stadtbücherei ein *Augustiner-Kloster* gründete (von dem noch ein Gewölbe erhalten ist), um das herum sich dann die Stadt entwickelte.

Information/Verbindungen/Fahrrad

• *Telefonvorwahl:* 042.

• *Information:* **Touristinformation,** Jocelyn St., im Museum, ✆ 9335 484, Juni–Aug. Mo–Fr 9–18, Sa 9.30–17.30 Uhr; Sept.–Mai Mo–Sa 9.30–17.30 Uhr.

Arts Information Centre, in einem Pavillon am Marktplatz, auf dessen Sims Blechkrieger die Keulen schwingen, weiß man alles über die Kunstszene der Region. Die Metallplastik am Gebäude symbolisiert wohl den Kriegszug der Königin Maeve. So gut gerade dem Arts Centre etwas Kunst zu Gesicht steht, ist es doch seltsam, dass die Menschen partout ihre Schlachten in Erinnerung behalten wollen.

• *Verbindung:* Von der architekturpreisgekrönten **Busstation** hinter der Clanbrassil St., ✆ 9334 075, etwa stündl. nach Dublin und Belfast (über Newry), seltener nach Carlingford. **Bahnhalt** (Auskunft, ✆ 35 526) der Züge Belfast-Dublin.

• *Fahrrad:* **Cycle Centre,** 44 Dublin St., ✆ 9337 159; **Bike Shop,** 11 Earl St., ✆ 9333 399.

Übernachten

*** **Ballymascanlon Hotel,** Carlingford Rd., ✆ 9371 124, Fax 71 598, EZ 85 €, DZ 120 €. 6 km außerhalb, ein Landhaus mit Pool, kleinem Golfplatz und anderen Sporteinrichtungen.

Clanbrassil Hotel, Clanbrassil St., ✆ 9334 141, DZ 90 €. Ein kleiner Altbau in der Hauptstraße, die Fremdenzimmer liegen über einem Restaurant. An der Einrichtung ist nichts auszusetzen.

Fáilte Guesthouse, Dublin Rd. Ecke Long Avenue (nahe dem Shopping Centre), ✆ 9335 152, DZ 45–50 €, laut Touristinfo das beste B&B der Stadt.

Essen/Pubs

Die meisten Lokale finden sich in der Clanbrassil Street.

Jade Garden Restaurant, Park St., ✆ 9330 378. Das Ambiente hält, was die Fassade aus schwarzem Marmor und die Preise (Hauptgericht 12 €, Menü 30 €) versprechen. Die Aussicht auf die Straße hinunter berauscht nicht, man blickt besser seinem Gegenüber ins Auge.

Quadlino's, 88 Clanbrassil St., nur Mo–Sa abends, Menü um 30 €. Das beste Restaurant der Stadt findet sich im ersten Stock neben der Post. Bei unserem letzten Besuch stand ein Pächterwechsel an, und man darf hoffen, dass der Nachfolger von Pat Smyth an dessen gute Küche anknüpft und besonders den Schokipudding mit Nüssen nicht von der Dessertkarte streicht.

Café de Paris, 88 Clanbrassil Rd., im Erdgeschoss von Quadlino's. Tagesrestaurant mit italienisch beeinflusster Küche. Angesichts der günstigen Preise (Hauptgericht um 6 €) darf man an das Interieur keine hohen Ansprüche stellen.

Connolly's, Shopping Centre. Die Adresse darf nicht abschrecken. Der Coffeeshop des gleichnamigen Delikatessengeschäfts hat tagsüber leckere Kuchen, Salate und andere Snacks.

• *Pubs:* **Backhouse Cellar,** Clanbrassil St., ✆ 9333 782, mittags und abends Pub Grub und Irish Stew (3 €).

Mr. Ridley's Nightclub, 91 Park St., Pop/Rock.

Seanachaí, 12 Park St., etwas wilder als Mr. Ridley's und nahezu jeden Abend Programm verschiedener Richtungen.

Sehenswertes

Museum: Das funkelnagelneue Museum im Lagerhaus einer Tabakfabrik beginnt konsequenterweise erst mit dem Industriezeitalter. Besonders die Ausstellung über die Geschichte der örtlichen Tabakindustrie ist sehenswert. Bezeichnenderweise wurde der Tabakanbau nicht deshalb aufgegeben, weil die Pflanzen nicht gediehen, sondern weil es im feucht-kühlen Klima zu teuer war, die geernteten Blätter zu trocknen. Ein etwa viertelstündiger Film gibt eine gute Einführung in die Sehenswürdigkeiten des Countys. Auch das Museumsgebäude verdient Anerkennung und einen Architekturpreis.

⌚ Di–Sa 10.30–17.30 Uhr; Eintritt 3 €. Jocelyn St.

Proleek-Dolmen: Der Dolmen mit seinem wohl 50 Tonnen schweren Deckstein ist heute als Naturdenkmal in den Golfplatz des Ballymascanlon Hotels integriert. Der Legende nach ist er das Grab eines schottischen Riesen, der sich mit einem irischen Kollegen anzulegen wagte. Die Kiesel auf dem Deckstein sind jüngeren Datums. Denn wer einen Stein hinauf wirft und sich dabei etwas wünscht, dessen Wunsch wird erfüllt. Dieser Brauch soll sich besonders für Liebeszauber bewähren.

Anfahrt: An der R 173 (Carlingford Rd.), 6 km außerhalb.

Cooley-Halbinsel

Hier ist der Reisende noch Gast und gerne gesehen. Die Halbinsel ganz im Nordosten der Republik Irland liegt im touristischen Abseits. Ein Idyll der Schafherden und Heidekrautmatten, das sich von der politischen Entspannung einen bescheidenen Aufschwung erhofft.

Geographisch gehört das Hügelland zu den *Mourne-Bergen* und damit zu Ulster, von dem es aber durch den Meeresfjord *Carlingford Lough* abgeschnitten ist. Während der Kämpfe im Norden war Cooley ein grenznahes Rückzugsgebiet republikanischer Aktivisten, die hier auf die Sympathie der Bevölkerung rechnen konnten. Für Urlauber aus Ulster kam die Halbinsel deshalb nicht in Frage: Protestanten fühlten sich in Feindesland, Katholiken fürchteten, sich verdächtig zu machen. Für Gäste aus der Republik Irland liegt Cooley hingegen zu nahe am von den "Troubles" geplagten Newry.

Am besten erkundet man die Halbinsel zunächst mit einer Umrundung per Fahrrad oder Auto, bevor man von Carlingford aus Wanderungen ins Innere unternimmt.

Der Osten
Karte S. 182

Der Rinderraub von Cooley

Das Nationalepos mit dem unaussprechlichen Namen *Táin Bó Cúailgne* ist für die Iren, was die Epen Homers für die Griechen sind. Die uralte, lange nur mündlich überlieferte Geschichte, die in einer Gesellschaft aristokratischer Krieger spielt, entstand wohl in der Eisenzeit und hat, wie die meisten Legenden, einen wahren Kern. Als der Übersetzer Thomas Kinsella die geographischen Angaben dieser im *Yellow Book of Lecan* niedergeschriebenen Geschichte überprüfte, war er imstande, eine genaue Karte des Kriegszuges der Königin Maeve zu zeichnen: von Rathcrogan im County Roscommon zur Cooley-Halbinsel und wieder zurück.

Doch zur Geschichte selbst. Ein weißer Stier ist der ganze Stolz von *Ailill,* dem König von Connaught. Seine Gattin *Maeve,* die gern ein noch schöneres Tier besessen hätte, erfährt, dass es in Ulster einen solchen Wunderstier geben soll. Sie rüstet ein Heer und zieht los, um seiner habhaft zu werden. Mit Hilfe ihrer Druiden belegt sie die Krieger von Ulster mit einem Zauber, der diese in tiefen Schlaf versinken lässt. Nur der Bursche *Cúchulainn* entgeht dem Bann und bleibt als einziger übrig, sein Land zu verteidigen. Er tötet die Feinde reihenweise, bis Maeve schließlich Ferdia, den Halbbruder und Freund Cúchulainns, gegen diesen in einen Zweikampf schickt. Auch Ferdia zeigt sich dem einstigen Gefährten nicht gewachsen und muss sterben. Das Heer zieht dann über die Cooley-Halbinsel, wo es immer wieder von Cúchulainn geplagt wird, während Maeve sich, zur Schande und zum Ärger ihres Gatten Ailill, hauptsächlich dem Krieger Fergus widmet. Cúchulainn schlägt schließlich die Invasoren vernichtend, kann den Raub des Ulster-Stieres aber trotzdem nicht verhindern, denn Maeve hat ihn mit ihren Zauberkräften auf die Burg der Connaughts entführt. Dort hat freilich niemand Freude an dem Tier. Es spießt zuerst den Stier Ailills auf, rast dann als wütender Berserker durch Connaught und zertrampelt alle, die ihm in die Quere kommen. Erst als der Stier vor Erschöpfung stirbt, versöhnen sich Maeve und Cúchulainn bzw. Connaught und Ulster wieder.

Carlingford

Das nette Städtchen mit viel Geschichte zu Füßen des Slieve Foye (587 m) ist auch im Sommer nicht überlaufen. Die Auswüchse der Kommerzialisierung, die man mancherorts an der Westküste erlebt, blieben dem Ort bisher erspart.

An der flachen Nordküste der Halbinsel stellt sich dem Reisenden unvermutet eine trutzige Ritterburg in den Weg. Wer hier von der überdimensionierten Landstraße abbiegt, betritt ein im Kern mittelalterliches Städtchen, dem auch die "Neubauten" des 18. und 19. Jh. seinen Puppenstubencharakter nicht genommen haben. Die Bewohner sind sich ihres Schmuckstücks wohl bewusst, streichen die Häuser schön bunt und bewahren die Ruinen oder restaurieren sie sogar.

Der Osten
Karte S. 182

Carlingford ist Irlands Austernmetropole. 20 Millionen Schalentiere wachsen im Lough heran, um eines Tages von Feinschmeckern bei lebendigem Leibe verschlungen zu werden. Höhepunkt des Kultes ist das alljährlich Mitte August gefeierte Austern-Festival, zu dem fliegende Händler, Schausteller, Musikanten und vor allem Zuschauer nach Carlingford strömen – auch wer nicht am Austern-Wettessen teilnimmt oder die Muscheln überhaupt verschmäht, kann sich bei diesem Volksfest amüsieren.

Information/Verbindungen

- *Telefonvorwahl:* 042.
- *Information:* Im Heritage Centre, Holy Trinity Church, Churchyard Rd., ✆ 9373 454, Mo–Fr 9–16.30 Uhr; Diashow zu Stadt und Region, auch Stadtführungen. www.fjiordlands.org/carlnfrd.
- *Verbindung:* **Busse** fahren Mo–Fr von Dundalk nach Carlington, Omeath und Newry. Nach Nordirland mit der **Fähre** (3,5 €) zwischen Omeath und Warrenpoint, mit der Newry und Armagh umgangen werden können. Ostern–Sept. an Wochenenden, Juli/ Aug. tägl., jeweils 13.30 Uhr. Fährauskunft bei Carlingford Cruises, ✆ 9373 329, die auch von Carlingford aus auch Spazierfahrten anbieten.

Diverses

- *Fahrradverleih:* **Action Bike Hire,** Tholsel St., ✆ 73 826.
- *Feste/Veranstaltungen:* Eine hier nicht erwartete Fülle an Spektakeln. Den Festreigen eröffnet Ende Mai die **Leprechaun Hunt,** eine Art Schnitzeljagd nach in den Hügeln verborgenen Pfundnoten, die der Finder behalten darf. Mitte Juni gibt es eine **Folkloreshow** mit traditioneller Musik und alten Tänzen, und Anfang Juli darf man sich an einem **mittelalterlichen Bankett** samt Parade vergnügen. Am **Cooley Vintage Day,** dem 1. August, erlebt Carlingford einen großen Bauernmarkt, auf dem auch Pferde versteigert werden, und nach dem **Austern-Festival** (Mitte August) lässt Ende September ein weiteres **Folklorefest** die Saison ausklingen.
- *Sport:* **Carlingford Adventure Centre,** Tholsel St., ✆ 9373 100. Vermietung von Kanus, Kajaks (2 Std. 20 €), Surfbrettern (2

Std. 20 €) und Segelbooten (2 Std. 22 €). Bett 13 € (siehe "Übernachten").

Peadar Elmore, ✆ 9373 239, nimmt in seinem Boot Slieve Foy Besucher mit zum Fischen auf See; pro Person ca. 25 €.

Übernachten/Camping

Hostels, gehobene Pensionen und reelle B&Bs – Carlingford hat in der unteren und mittleren Preislage eine gute Auswahl an Quartieren. Campingplatz und Jugendherberge liegen in der näheren Umgebung.

** **McKevitt's Village Hotel,** Market Sq., ✆ 9373 116, ℻ 9373 144, EZ 60 €, DZ 75–115 €: Ein älteres, zweigeschossiges Haus direkt am Marktplatz. Unter den Teppichböden der gemütlichen Zimmer knarren die Dielen. Neue Bäder, gefrühstückt werden kann zwischen den Pflanzen im "Glashaus-Separée" des Restaurants.

Jordan's, Newry St., ✆ 9373 223, www.jordans-townhouse.ie, DZ 125 €. Eine kleine Häuserzeile hinter dem Pub/Restaurant wurde restauriert und zum Guesthouse umgebaut. Die fünf Zimmer im Ikea-Stil (Fichtenholz) sind mit Accessoires wie Hosenbüglern und Haartrocknern ausgestattet. Der Fernseher konkurriert mit dem Hafenblick.

B&B Viewpoint, Omeath St., ✆ 9373 149, DZ 60 €. Am Ortsausgang Richtung Omeath, oberhalb der Straße, vom Garten schöne Aussicht über die Bucht. Die Zimmer (mit TV) in einem motelähnlichen Reihenbungalow, alle unterschiedlich dekoriert ("japanisch", "bieder" usw.). Am Morgen gibt's die von der Tochter des Hauses handgemalte Infomappe über den Ort.

Carlingford Adventure Centre & Hostel (IHH), Tholsel St., ✆ 9373 100, Bett 13 €, DZ 32 €. Das Hostel ist in einem alten Lagerhaus eingerichtet. 2-, 4-, oder 6-Bett Zimmer mit Zentralheizung und Waschbecken.

• *Camping:* **Gyles Quai,** Greenore Rd., ✆ 9376 262, geöffnet April–Sept., 7 € pro Zelt, Auto 4 €. Auf einer Klippe über einem schönen Strand, die besten Plätze leider von Dauercampern belegt. Mit Snackbar und Pub.

Essen/Pubs

McKevitt's Hotel, Market Sq., Dinner 30 €. Gutbürgerliche Küche mit Niveau.

Jordan's, Newry St., ✆ 9373 223, von Gourmetführern wegen seiner Gerichte aus frischen, von den örtlichen Fischern gefangenen Meerestieren und dem zarten Lammfleisch gefeiert. Dinner um 30 €, in der Saison und am Wochenende Reservierung empfohlen.

Magee's Bistro, Market Sq., ✆ 9373 751, Juli/Aug. tägl. ab 12 Uhr, Sept.–Juni nur Do–Sa ab 18 Uhr. Das kleine Restaurant serviert vor allem vegetarische Gerichte (z.B. gefüllte Pilze, 8 €) und exotische Spezialitäten.

• *Pubs:* **Carlingford Arms Pub,** Newry St., Pubgrub 6 €, gelegentlich Folkmusik.

Sehenswertes

Burg: König Johann verlieh der Wikinger-Siedlung 1210 das Stadtrecht und ließ das nach ihm benannte Castle errichten. Vielleicht wurden hier die ersten Zeilen der Magna Charta entworfen, als Johann einige Tage vor der Schlacht von Carrickfergus in Carlingford verweilte. Das Westtor der Burg ist mit Absicht so schmal gebaut, dass Reiter nur einzeln passieren können.

Altstadt: Früher besaß Carlingford 32 befestigte Stadthäuser, von denen einige noch zu sehen sind: zum Beispiel **The Mint,** ein Haus, in dem allerdings keine Münzen geprägt wurden, obwohl Carlingford seit 1467 auch das Münzrecht besaß. Rätselhaft ist, warum das Haus keinen Kamin hat. Auf den Fensterstöcken sind auffällige keltische Zierornamente angebracht. **Taafe's Castle** ist eine ähnliche Kleinburg; sie grenzte früher direkt ans Wasser. Von der Stadtmauer steht noch der **Tholsel,** ein Torbau mitsamt dem städtischen Ver-

Taafés Castle in Carlingford

ließ. Auch der Turm der protestantischen Kirche war einmal in die Mauer integriert. Außerhalb befand sich die **Dominikanerabtei** (1305), die zeitweise auch den Franziskanern gehörte und ein Zankapfel zwischen beiden Orden war. Bevor das Dach endgültig einstürzte, wurde die Kirche als Lager und Werkstatt benutzt.

Wandern um Carlingford

Von Carlingford bieten sich vom kurzen Spaziergang bis zur mehrstündigen Wanderung eine ganze Reihe abwechslungsreicher Touren an. Das Gebiet wird von den Discovery-Series-Karten (1:50.000) 29 und 36 abgedeckt.

▸ **Táin Trail:** Am anspruchsvollsten ist der 30 km lange Táin Trail, ein markierter Rundwanderweg um den **Slieve Foye** und die Höhen östlich von Omeath. Details dazu auf dem Infoblatt 26 H von Bord Failté. Wenn man vom Marktplatz die Straße bergauf einschlägt, kreuzt der Trail nach etwa 5 Minuten. Folgt man ihm nach rechts, bietet sich bald eine wunderbare Aussicht auf die Bucht. Auf diesem Weg wird in einer halben Stunde auch der **Slieve Foye Forest Park** erreicht, ein Waldpark mit Naturlehrpfaden und Picknickplätzen.

Später führt der Weg streckenweise durchs Moor und erfordert wasserdichte Schuhe. Eine Attraktion an der Strecke, die aber auch auf der Straße erreicht werden kann, ist das **Long Woman's Grave,** ein Grabtumulus am **Windy Gap**. Dort soll eine spanische Prinzessin bestattet sein. Von einem irischen Fürsten gefreit, soll sie aus Gram über das regnerische und kühle Wetter verstorben sein.

Tipp: Ein Heftchen mit gut nachvollziehbaren Wandervorschlägen verkauft das Village Hotel.

County Meath

Mit den rätselhaften Steinzeitgräbern am Boyne, dem mythischen Königssitz Tara, dem Bankettsaal der Artus-Runde, der Normannenburg von Trim und den Hochkreuzen von Kells ist Meath ein Eldorado für Kulturreisende.

Wer Landschafts- und Naturerlebnisse sucht, ist in Meath allerdings falsch. Saftige grüne Felder säumen die Straßen des Bauernlandes. Die fruchtbare Ebene vor den Toren Dublins, in die nur wenige Hügel als Tupfer eingestreut sind, ist für irische Verhältnisse dicht besiedelt. Nirgendwo gibt es so viele Burgen und Landsitze, in denen sich die Reichen unserer Tage hinter hohen Mauern verschanzen. Größere Städte fehlen, statt dessen gibt es um so mehr Dörfer und Weiler.

Die Schlacht am Boyne

Eine große, orangefarbene Tafel markiert bei der *Oldbridge,* 4 km westlich von Drogheda, die Stelle, an der die katholischen und protestantischen Truppen aufeinander trafen. Man schrieb den 1. Juli 1690 – erst mit der Umstellung auf den Gregorianischen Kalender verlegten die nordirischen Protestanten ihren *Orange Day,* den Siegestag, auf den 12. des Monats.

Wilhelms Soldaten lagerten etwas westlich auf dem Gelände des Gutes Townley Hall. Das Camp der Katholiken war auf dem Donore Hill, Jakob kommandierte seine Truppen von einer Kapelle auf dem Gipfel. Es war das letzte Mal in der englischen Geschichte, dass Könige ihre Heere noch persönlich in die Schlacht führten. Wie bekannt, verloren die Katholiken. Wilhelms Truppen hatten an zwei Stellen den Fluss überquert, den Gegner in die Zange genommen und vernichtend geschlagen. Zwar verwickelten einzelne Trupps katholischer Freischärler die siegreichen Oranier noch über ein weiteres Jahr hier und dort in Scharmützel, doch das Schicksal Irlands war zugunsten der Engländer entschieden. Jakob ging nach Frankreich ins Exil.

Brú na Bóinne

(Newgrange/Knowth/Dowth)

Das geheimnisumwitterte Gräberfeld in der Boyne-Schleife ist nach der Überlieferung der Friedhof der Könige von Tara oder gar die Wohnstatt heidnischer Götter.

Etwa 50 Anlagen sind bekannt, die drei größten, Dowth, Knowth und Newgrange, sind durch ihre Lage auf Anhöhen noch zusätzlich betont; nur Newgrange kann auch im Inneren besichtigt werden. Es handelt sich hier um *Ganggräber,* künstlich aufgeschüttete Rundhügel, in die ein beinahe waagrechter Gang führt. Dieser endet in einer Kammer, die etwa den Grundriss eines Kleeblattes hat und mit in der Art eines Bienenkorbes geschichteten Steinplat-

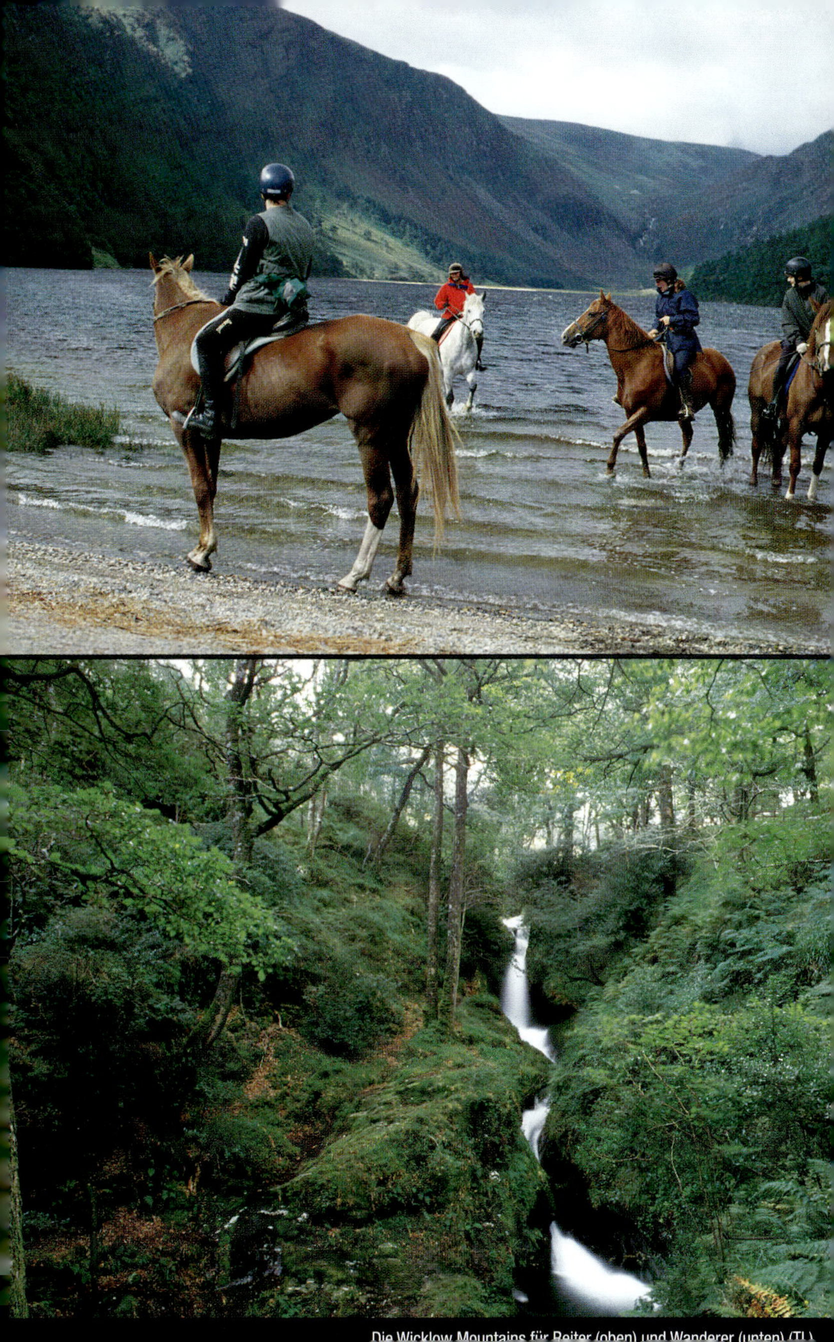

Die Wicklow Mountains für Reiter (oben) und Wanderer (unten) (TI)

Der Zahn der Zeit nagt an der Jerpoint Abbey (oben) und am Rock of Cashel (unten) (TL)

Alte Steine: Der Eingang zu Newgrange (oben rechts), das Waschhaus des Klosters Mellifont (oben links), Hochkreuz und Rundturm des Klosters Clonmacnoise (unten links), Portal von Clonfert (unten rechts) (TI.)

Der Shannon bei Killaloe (oben/RRB) und die Klosterstadt Clonmacnoise (unten/TL)

ten überkuppelt ist. Gang und Kammer wurden zunächst aus großen Steinen als freistehende Strukturen aufgebaut, wie man sie ganz ähnlich auf Malta sehen kann. Anschließend errichtete man darum den Hügel *(Cairn = Bruchstein)* mit wechselnden Lagen aus Erde und Stein, wobei für die äußerste Schicht feiner weißer Quarz aus den Wicklow-Bergen herbeigeschafft wurde. Bei allen Hügeln liegt der Eingang im Südosten. Um einige zieht sich ein Steinkreis, wobei nicht immer klar ist, ob Steinkreis und Cairn gleichzeitig oder in verschiedenen Epochen gebaut wurden, also beispielsweise der Cairn in einen schon bestehenden Steinkreis hineingebaut wurde.

Nach dem Ende der Megalithkultur bezogen Menschen die bis heute regendichten Kammern; die Wikinger suchten vergeblich nach Schätzen, und seit dem Mittelalter schlachtete man die Cairns als Steinbrüche aus.

- *Information:* Im Visitor Centre (siehe unten), ✆ (041) 9880 305,
- *Verbindung:* Vom Bahnhof Drogheda fahren ab und an Busse zum Visitor Centre. Fahrplanauskunft ✆ (01) 836 61 11. Wer Zeit hat, kann sich in Drogheda natürlich auch ein Fahrrad mieten.
- *Organisierte Rundfahrten:* **Celtic Twilight,** ✆ (088) 54 787, bietet im Sommer jeden Sonntag von Dublin aus Sightseeing-Touren ins Boyne Valley. Abfahrt am Trinity College (Nassau St.), ca. 20 €.

Newgrange, Dowth und Knowth liegen alle auf dem Nordufer des Boyne. Eintrittskarten gibt es jedoch nur im Visitor Centre, das an der Nebenstraße zwischen Drogheda und Slane auf dem *Südufer* des Flusses liegt. Wer ohne Ticket zu den Monumenten kommt, muss zurück nach Slane oder Drogheda, dort über die Brücke und dann zum Visitor Centre – ein Umweg von 25 km. Vom Centre geht man, mit Eintrittskarte, über eine kleine Fußgängerbrücke, an deren Ende ein Kleinbus wartet, der die Besucher zu den Monumenten bringt.

In das Newgrange-Grab werden pro Stunde nur 48 Besucher eingelassen. Die limitierte Anzahl Karten wird nur am jeweiligen Tag verkauft, Vorausbuchung ist nicht möglich. Wer im Sommer nicht schon früh am Morgen sein Ticket ersteht, hat also keine Chance mehr.

▸ **Visitor Centre:** Das brandneue Zentrum erzählt die Geschichte der Gräber und stellt sie in einen kulturellen Zusammenhang, hilft ihren Aufbau zu verstehen, schildert die Lebensweise der Steinzeitmenschen und gibt Einblick in die Arbeit der Archäologen. Eine Geräuschkulisse aus Vogelgezwitscher und Insektensummen erinnert daran, dass unsere Ahnen zumindest akustisch ein ruhigeres Leben hatten. Moderne Kunst ist mit einem gespaltenen Granitblock vertreten, in dessen Inneren es geheimnisvoll funkelt. Die Wartezeit auf die Führungen durch die Gräber kann man sich, außer in der Ausstellung, auch im Tea Room, in der Buchhandlung oder mit Spaziergängen in der Umgebung vertreiben.

⌚ März–April, Okt. tägl. 9.30–17.30 Uhr; Mai und Mitte–Ende Sept. 9–18.30 Uhr; Juni–Mitte Sept. 9–19 Uhr; Nov.–Febr. 9.30–17 Uhr; Eintritt 3 €.

▸ **Newgrange:** Der Hügel hat einen Durchmesser von 90 m und ist heute noch 13 m hoch – früher dürfte er um einiges mehr aufgeragt haben, doch Wind und Wetter ebneten ihn allmählich ein. Auf der Spitze stand bis ins 17. Jh. als weithin sichtbare Landmarke ein gewaltiger Stein. Das gegenwärtige Äußere des Cairns ist Ergebnis der gründlichen Erforschung und Restaurierung vor etwa dreißig Jahren. Den Cairn fasst ein Kranz von fast 100 liegenden, ungefähr 1,20 m hohen Steinen ein, der wohl verhindern soll, dass die "Torte" von ihrem eigenen Gewicht an der Basis auseinanderquillt. Einige von ihnen sind auch auf der nicht sichtbaren Rückseite verziert, was zu vielerlei Spekulationen Anlass gibt.

In den drei *Kammern* im Inneren des Cairns fanden die Ausgräber in den Boden eingelassene Steinbecken und um diese herum Schalen mit Resten von Knochen und Leichenbrand. Bei den Grabungen kamen auch römische Münzen zutage – die Römer mögen als Touristen hier gewesen sein und den fremden Göttern ihren Obolus gebracht haben, oder irgend jemand hat vielleicht hier seinen Schatz vergraben.

Der **Eingangsstein** ist mit fünf Spiralen ziseliert, dazu Rhomben und Wellenlinien. Auch die Orthostaten (hochkant stehende Seitensteine) der Kammer sind üppig verziert. In die Decksteine von Gang und Kammer sind Rinnen eingemeißelt, die das Regenwasser nach außen ableiteten. Durch einen **Lichtkasten** über dem Eingang und weiter durch den Gang leuchtet die Sonne am 21. Dezember, dem Tag der **Wintersonnenwende,** kurz nach ihrem Aufgang für etwa eine Viertelstunde bis in die Kammer. Das Lichtspiel wird außer in der Ausstellung des Visitor Centre auch während der Besichtigung mit Lampen simuliert, weshalb Sie nicht unbedingt am 21. Dezember kommen müssen. Schon in der Nacht campieren die Menschen vor dem Tor, um eine Karte für den Tag der Tage zu ergattern.

Eher auf einen Termin hoffen können Sie in der Woche vor und nach der Wintersonnenwende. Auch dann erreicht die Sonne, wenn auch etwas kürzer, das Innere des Cairns. Diese geringe Abweichung von der Idealachse – die Sonnenstrahlen erreichen am 21. erst vier Minuten nach dem Aufgang des Gestirns die Kammer, und sie reichen auch nicht ganz bis an deren Rückwand – ist keine Ungenauigkeit der steinzeitlichen Baumeister. Die Astronomen gehen davon aus, dass sich in den letzten Jahrtausenden die Erdachse leicht verschoben hat.

Newgrange gehört zu den am meisten besuchten Monumenten Irlands. Kommen Sie also besser unter der Woche oder wenigstens früh am Morgen, denn die Teilnehmerzahl bei den Führungen ist begrenzt. In dem schmalen Gang ins Innere des Cairns streift man unwillkürlich an den Reliefs entlang, manche

Besucher klauen Steine aus dem Grab, andere ritzen ihre Namen in die Wände der Kammer – eine Unsitte, der sogar der Archäologe *McAllister* gleich dreimal frönte.

ⓘ Wie Visitor Centre; Eintritt mit Führung und Visitor Centre 4 €.

Rätsel der Steinzeit

Die meisten Forscher glauben, dass die Monumentalbauten von den Steinzeitmenschen vor 5000 Jahren als Gräber angelegt wurden. Sicher ist das nicht, und eine Minderheit billigt ihnen ein Alter von "nur" 3000 Jahren zu. Wir wissen herzlich wenig über die Megalithkultur, die uns buchstäblich fast nur Steine hinterlassen hat (griech. *megalos lithos* = großer Stein). Die Aussagen der Wissenschaftler beruhen auf einer Kette von Indizien, Hypothesen und Plausibilitäten – ein Gedankengebäude aus vielen Steinen, aus dem man nicht einen wegnehmen darf, um nicht das ganze Haus zusammenbrechen zu lassen.

Nehmen wir das Alter der Cairns. Es wird mit der *C14-Methode* bestimmt, die sich zunutze macht, dass Pflanzen (wie alles Lebendige) zu Lebzeiten aus der Atmosphäre Kohlenstoff aufnehmen. Neben dem gewöhnlichen Kohlenstoff (C12) gelangt dabei über den Stoffwechsel auch das seltene Kohlenstoffisotop C14 in den Körper, Kohlenstoffatome, die im Kern zwei zusätzliche Neutronen haben. Diese C14-Kerne zerfallen über die Jahre unter Abgabe radioaktiver Strahlung. Aus dem noch vorhandenen Rest von C14-Atomen lässt sich das Alter von Knochen, Samen u.ä. bestimmen.

Die C14-Analyse führt jedoch zu Ergebnissen, die sich nicht in das Zeitraster der Geschichtswissenschaft fügen. Eine andere Methode, die Altersbestimmung anhand der charakteristischen Jahresringe gefällter Bäume, liefert widersprechende Ergebnisse. Offenbar war der C14-Gehalt der Atmosphäre nicht immer und überall gleich. Die C14-Ergebnisse werden deshalb inzwischen "kalibriert", also nach einer von der Zunft akzeptierten Skala umgerechnet. Bei Steinen funktioniert weder die C14-Methode noch die Jahresringzählung. Man behilft sich damit, einen organischen Rest, beispielsweise gefundene Asche, in die gleiche Zeit wie den Stein zu datieren – eine zusätzliche Unsicherheitsquelle.

Ungeachtet der in den Cairns gefundenen Asche und Knochenreste ist es nicht zwingend, die Hügel als Gräber zu betrachten. Die von ihren Bauwerken her ganz ähnlichen Megalith-Kulturen des Mittelmeerraumes verbrannten ihre Leichen nicht. Die Hügel könnten auch Tempel gewesen sein, in denen Menschen rituell geopfert wurden. Möglicherweise haben erst spätere Völker hier ihre Toten bestattet. Doch wie gesagt – die Wissenschaft tappt bei der Erforschung der Megalithkulturen ziemlich im Dunkeln.

Der Osten Karte S. 182

▸ **Knowth:** Hier sind die Forscher noch am Werke. Die Grabungen legten 1962 zunächst einen 35 m langen Gang frei, später eine zweite, von gegenüber in den Hügel führende Passage. Die Kammern am Ende der Gänge liegen ungefähr im Mittelpunkt des Cairn und so dicht beieinander, dass man Klopfgeräusche vom jeweils anderen Gang deutlich hört. Der Tumulus wurde in der Bronzezeit und darauf von den Kelten benutzt, im 9. Jh. wohnte hier die mächtige *UiNeill*-Familie und später sogar ein Großkönig.

⌚ Wie Visitor Centre; Eintritt mit Führung und Visitor Centre 3 €, Visitor Centre + Newgrange + Knowth 6 €.

▸ **Dowth:** Von hier wurden die Steine für Dowth Castle und eine Kirche genommen, die ihrerseits schneller zerfallen sind als der geplünderte Tumulus. Oben auf dem Hügel stand lange Jahre ein Teehaus, in dem der örtliche Grundherr die Besucher für den Anblick der Burgruine abzocken ließ. Noch ist Dowth, das in mancher Hinsicht von den anderen Ganggräbern abweicht und am wenigsten erforscht ist, mit einer Barrikade aus dornigen Ästen hermetisch abgeriegelt, soll demnächst aber ebenfalls für Besucher geöffnet werden.

Slane

Das Straßendorf schmiegt sich an einen Hügel und blickt auf den träge dahinfließenden Boyne – eine Idylle, wäre hier nicht auch die Kreuzung der Nationalstraßen 2 und 51: Lastwagen und der Ausflugsverkehr lassen die Fundamente der Häuschen erzittern.

Auf dem Dorfhügel, einem schönen Aussichtspunkt, findet man die Ruine einer **Burg** und eines **Franziskaner-Klosters** (16. Jh.). Am anderen Boyne-Ufer, an der Straße nach Navan, markiert eine verfallene Kapelle den Ort, an dem **Earc**, der erste Bischof von Slane, seine letzten Lebensjahre als Einsiedler verbrachte. Die Ruine auf dem Gelände des Conyngham-Gutes ist nur am 15. August öffentlich zugänglich. Das **Ledwidge Museum** (Drogheda Rd., geöffnet Juni–Sept. tägl. 10–13, 14–19 Uhr, Okt.–Mai nur Mi bis 17.30 Uhr; Eintritt 1,50 €) ist eine einfache Hütte mit Erinnerungsstücken an Francis Ledwidge, einem hier geborenen Dichter. Er fiel, gerade 29 Jahre jung, 1917 auf einem belgischen Schlachtfeld.

St. Patrick ärgert den König

Auf dem Dorfhügel soll *St. Patrick* im Jahre 433 das erste irische Osterfeuer entzündet haben. Der König geriet ins Toben, waren doch offene Feuer im Umkreis der königlichen Residenz Tara verboten. Zumal seine Druiden ihm prophezeiten: "Der das Licht entzündet hat, wird Könige und Prinzen überdauern". *Laoghaire* ließ also den Heiligen zu sich bringen und mit den Druiden den neuen Glauben diskutieren. Der Heilige konnte seinen Gegnern dabei einen überzeugenden Beweis für die übernatürlichen Kräfte des Christentums liefern: Gott ließ während des Treffens zu Patricks Unterstützung die Erde beben. Zwar ließ sich Laoghaire nicht taufen, denn so ganz überzeugt war er nun auch nicht, er traute sich aber nicht, dem Heiligen ein Haar zu krümmen und ließ ihn in Frieden von dannen ziehen. Nur der Höfling *Earc* war so beeindruckt, dass er statt dem weltlichen nun dem himmlischen König dienen wollte und sich dem Heiligen anschloss. Earc wurde der erste Bischof von Slane.

Das 1991 durch einen Brand teilweise zerstörte **Slane Castle** an der Navan Rd. gehört dem Earl of Mountcharles. Lady Conyngham, eine frühere Hausherrin, soll die Mätresse Georgs IV. gewesen sein – nur so vermochten die Zeitgenossen sich jedenfalls zu erklären, dass der König persönlich den Bau der schnurgeraden Straße veranlasste, die von Dublin auf kürzestem Weg nach Slane führt. Seit den 70er Jahren wurde das Gelände durch Irlands größtes Rockfestival bekannt. Die Stones, Bruce Springsteen, Van Morrison und andere Berühmtheiten traten hier auf. Mochten die Vorfahren der Anwohner das unmoralische Verhalten eines englischen Königs noch tolerieren (was hätten sie auch dagegen unternehmen sollen?), so stellten Horden von Festivalbesuchern offensichtlich eine nicht hinnehmbare Provokation dar – nach Beschwerden der Bevölkerung fand das Festival die letzten Jahre nicht mehr statt.

- *Telefonvorwahl:* 041.
- *Information:* Gegenüber dem Conyngham Arms Hotel, Navan Rd., zugleich das örtliche Businesscentre, nur im Sommer Mo–Sa, ✆ 9884 055.
- *Verbindung:* Die Bushaltestelle ist nahe der Kreuzung bei Colon's "Sweets and Ices". Von Dublin kommend halten die Busse Richtung Armagh, Letterkenny, Portrush und Derry. Etwa dreimal am Tag Busse von Drogheda. Busauskunft: ✆ (01) 836 61 11.
- *Einkaufen:* **McDonell's Craft Shop,** Drogheda St., ✆ 9824 722. Eine unerwartete Kulturoase mit zeitgenössischer Kunst, Textilien und Antiquitäten.
- *Übernachten:* ** **Conyngham Arms,** Navan St., ✆ 9824 155, ℻ 9824 205, DZ 75–100 €. Das verwinkelte Haus ragt um ein Geschoss über die Häuserzeile hinaus. Die Zimmer im Anbau sind etwas moderner eingerichtet. Mit Restaurant im Black-and-White-Stil, im Sommer mittwochs traditional Music.

  B&B Boyne View, Dublin St., ✆ 9824 121, DZ 50 €. Ein älteres Natursteinhaus über der Brücke, etwas abgeschirmt vom Verkehrslärm.
- *Pub:* **The Poet's Rest,** Dublin St., am Wochenende gewöhnlich Folkmusik.

Der Osten
Karte S. 182

Slane/Umgebung

▸ **Donaghmore:** Hier soll St. Patrick das erste irische Kloster gegründet haben. Zu sehen sind eine Kirchenruine (13. Jh.) und ein restaurierter, 30 m hoher Rundturm mit einer über dem Eingang in Stein gemeißelten Kreuzigungsszene.

▸ **Dunmoe Castle:** Eine weitere Ruine ist das nach der Belagerung durch Oliver Cromwell aufgegebene Dunmoe Castle. Die Burgherren und -damen aus dem Geschlecht *d'Arcy* ruhen in der Gruft auf dem nahen Friedhof. Ein Geheimgang soll unter dem Fluss hindurch zum **Ardmulchan House** führen, ein unheimliches, tagsüber scheinbar menschenleeres Anwesen, um das sich Geschichten von Vampiren und Untoten ranken.

▸ **Navan:** Die Hauptstadt (4.000 Einw.) des Countys Meath ist für Reisende ziemlich belanglos. Für Arbeitsplätze sorgen eine Teppichfabrik und Westeuropas größte Zink- und Bleimine. Ein Spazierweg führt am Südufer des Boyne flussabwärts, am Ardmulchan House vorbei bis Hayestown und zur steinernen Brücke. Er beginnt an einem Parkplatz rechts der Straße, wenn man in Navan die östlichere der beiden Brücken überquert. Auch Navan hat seine Burgruine. Das **Athlumney House,** etwa 1,5 km vom Zentrum, wurde nach der verlorenen Schlacht am Boyne vom Burgherrn Launcelet Dowell persönlich angezündet, bevor er nach Frankreich ins Exil floh.

• *Telefonvorwahl:* 046.

• *Verbindung:* Bushaltestelle am Marktplatz vor McDonaghs Elektroladen. Nach Dublin mit Bus Eireann und (morgens) mit Sillan Tours, ✆ (042) 9369 130, auch nach Slane-Drogheda und Trim-Athlone.

• *Fahrräder:* Clarke's, Trimgate St., ✆ 21 130.

Kells (Ceannanas)

Das reich illustrierte Book of Kells gilt als Buch der Bücher. Nahezu jeder Irland-Fan hat es einmal im Dubliner Trinity College bewundert. In Kells geblieben sind die biblischen Geschichten des kleines Mannes – in Stein gehauen.

Außer seinen vier Hochkreuzen und einer alten Kirche hat Kells immerhin auch eine Kopie seines Buches, die in der protestantischen Kirche ausgestellt ist. Das Kloster, das den Ort berühmt machte, wurde um 550 von *Columban dem Älteren* gegründet, der in Irland unter dem Namen *Columcille* verehrt wird. Schon davor besaß der Ort Bedeutung, und König *Cormac Mac Art* soll hier seinen Alterssitz gehabt haben. Nachdem Iona, der Hauptsitz des kolumbanischen Ordens, um 800 mehrmals von Wikingern verwüstet worden war, flohen die Mönche nach Kells und brachten dabei auch das kostbare Buch mit. 1007, so berichten uns die "Annalen von Ulster" wäre es beinahe für immer verschwunden. Doch die Diebe waren nur am goldenen Buchdeckel interessiert, der Inhalt fand sich später unter einer Erdscholle wieder.

• *Telefonvorwahl:* 046.

• *Verbindung:* Bushaltestelle am Video-Shop, Market Cross. Busse nach Navan-Dublin und Cavan. Busauskunft: ✆ (01) 836 61 11.

• *Übernachten:* ** **Headford Arms Hotel,** Navan St., ✆ 40 063, ✆ 40 587, DZ 90–180 €. Das übliche Dorfhotel, ohne Besonderheiten.

B&B Rosedale, Moynalty Rd., ✆ 40 565, DZ teilw. mit Bad 40–50 €. Anna Monahghan, eine sympathische ältere Dame, vermietet in ihrem Bungalow etwas altmodisch eingerichtete Zimmer. Der Garten hinter dem Haus kann auch von den Gästen benutzt werden. Anna hat es nie geschafft, ein B&B-Schild an die Straße zu hängen, doch meint sie, ihr Haus sei auch so ganz einfach zu finden. Es liegt an der Straße nach Moynalty in der zweiten Kurve – nach der Geschwindigkeitsbegrenzung das 5. Haus auf der rechten Seite.

Kells Hostel (IHH), Cavan Rd., am Platz mit der Shell-Tankstelle, ✆ 49 995, Bett ab 12 €, DZ 25 €. Zwei Schlafsäle, auch kleinere Räume mit 6, 4 und 2 Betten. Zur Ausstattung gehören eine Sauna samt Whirlpool und ein Billardtisch in Turniergröße, Pitch-and-Put-Platz. Besitzer Denn Shane ist ein überaus sympathischer gastfreundlicher Mensch.

• *Essen/Pubs:* **Café Penny's Place,** Market St., Mo–Sa bis 18 Uhr. Tagesgerichte und hausgemachte Kuchen.

O'Shaughnessy's, Market St., unterhalb der Kirche. Das klassisch vornehme Pub ist rustikal eingerichtet und hat eine aufwendige Glaskuppel. Barfood bis 20 Uhr, Do traditional Music, Fr–So zeitgenössische Rhythmen.

Monaghan's, Cavan Rd., Main Street, Lunch ab 7 €, Touristenmenü 20 €, auch vegetarische Gerichte. Sehr groß, mittags ein bei den Einheimischen beliebtes Speiselokal, abends treffen sich auch Hostel-Gäste zum Bier. Am Wochenende Live-Musik oder Disco.

Sehenswertes

Hochkreuze: Die größten Sights von Kells sind seine gut ein Jahrtausend alten Hochkreuze. Das **Market Cross** stand mitten in der Stadt am Beginn der Market St. An ihm erhängten die Briten 1798 die irischen Rebellen, immer paarweise, damit der Behelfsgalgen nicht umstürzte. Was die Briten vermieden, gelang 1997 einem Lkw-Fahrer: Er zerdepperte das Kreuz, dessen Reste derzeit restauriert werden. Drei andere Hochkreuze stehen in angemessener Umgebung auf dem früheren **Klosterfriedhof,** leicht zu finden anhand seines Rundturms, der das Häusermeer überragt. Das **Ostkreuz** blieb unvollendet, an ihm kann man die Arbeitsschritte der Steinmetze nachvollziehen. Auch das **Westkreuz** ist ein Fragment, auf dem noch die Taufe Christi, der Sündenfall von Adam und Eva und das Urteil Salomons sowie, auf der anderen Seite, die Arche Noahs auszumachen sind.

Das **Südkreuz,** dem Turm am nächsten stehend und sehr verwittert, gilt als ein Höhepunkt christlich-irischer Kunst. Die kaum noch lesbare Inschrift weiht es den Heiligen Patrick und Columban. Auf einen Fries mit Jagdszenen an der Ostseite des Sockels folgt ein dreifaches Band ineinander verschlungener Spiralen. Darüber der Sündenfall, Kain und Abel, eine Szene mit Daniel in der Löwengrube und die drei Männer im Feuerofen. Im Zentrum, wo man die Kreuzigung erwarten würde, hat der Künstler statt dessen ein geometrisches Muster eingemeißelt. Links davon das Opfer Abrahams, rechts die ägyptischen Mönchsväter Antonius und Paulus, dem der Rabe ein halbes Brot bringt. Oben schließlich die Speisung der Fünftausend und erst auf der der untergehenden Sonne zugewandten Rückseite die zentralen Themen Kreuzigung und Jüngstes Gericht.

Columcill's House: Beim Verlassen des Friedhofs links die Straße hoch steht vielleicht jene Kirche, die die Mönche von Iona gleich nach ihrer Ankunft in Kells bauen ließen. Der Innenraum ist mit einem steinernen Tonnengewölbe überdacht, das wiederum das aus Kragsteinen gelegte Spitzdach trägt. Zwischen Gewölbe und Dach bleibt Raum für eine Reihe rätselhafter Kammern.

Kells/Umgebung

▸ **Slieve na Calliaghe:** Auf den *Bergen der Mutter Erde im Wintergewand,* den drei höchsten Erhebungen der **Loughcrew**-Kette, sind etwa 30 Cairns in der Art von Newgrange angelegt. Die Gräber sind nicht erschlossen und weisen unterschiedliche Stadien des Zerfalls auf. Vom Wächter bekommt man mit dem Schlüssel für den Zutritt ins Gelände einen Plan ausgehändigt, der die Orientierung erleichtert. Die interessanteren Cairns sind auf den beiden Erhebungen westlich und östlich des Parkplatzes, auf die sich der Rundgang guten Gewissens beschränken kann. Überhaupt sollte man den Besuch hier eher unter dem Stichwort Wanderung in historischer Umgebung und nicht als Besichtigung begreifen.

- *Anfahrt:* Nur für Selbstfahrer. Von Kells westwärts auf der R 163 und später R 154 Richtung Oldcastle, die Gräber sind vor dem Ortsanfang von Oldcastle rechts der Straße deutlich sichtbar.
- *Formalitäten:* Eintritt 1,25 €, Schlüsselpfand 25 €, man bekommt ein Flugblatt mit Plan und kurzer Beschreibung des Geländes. Taschenlampe mitbringen! Juli/Aug. ist das Kassenhäuschen am Parkplatz besetzt, außerhalb der Saison sollte man den Schließer vorher zu Hause anrufen (Basil Balfe, ✆ 049/ 41 256, erstes Haus an der Zufahrt), um sicherzustellen, dass er da ist – das Gelände wird nur wenig besucht. Je nach Mühe des Schließers ist ein Trinkgeld angebracht.
- *Führungen:* Nach telefonischer Vereinbarung mit Sarah Keogh, ✆ (046) 43 635, Kosten 5 €.

Tara

Hier am Kultort der Göttin Maeve ist sozusagen der Nabel der irisch-keltischen Welt. Generationen heidnischer Priesterfürsten und ihre sechs christlichen Nachfolger residierten auf den Hügeln von Tara und herrschten über das Land, so weit das Auge reicht.

Die kultische Bedeutung Taras geht bis in die Jungsteinzeit zurück. In einem Hügel fand sich ein Ganggrab, ähnlich den Anlagen in Newgrange und von Brú na Boíne. In der Eisenzeit umfasste der Komplex gleich mehrere Ringforts in Tara und der unmittelbaren Nachbarschaft (Ráth Maeve, Skreen-Hügel). Die meiste Zeit beherrschten die Priesterfürsten von Tara, die ihren Aufstieg wohl Raubzügen nach Großbritannien verdankten, allerdings nur ein Kleinreich, das die Provinz Meath und später auch Leinster umfasste, und stritten mit den anderen Provinzfürsten von Connaught, Ulster und Munster um die Vorherrschaft in Irland. Historisch fassbar werden die Priesterkönige erst in der römischen Zeit. *Cormac MacArt,* der von 227–266 regierte, war mit seiner üppigen Hofhaltung vielleicht das Vorbild der *Artus-Sage*. Er soll die Gebäude Taras glanzvoll restauriert und jeden Herbst ein großes Fest gefeiert haben, bei dem im über und über bemalten Bankettsaal mehr als 1000 Gäste bewirtet wurden – Krieger, Höflinge, Druiden, Handwerker, Baumeister und Künstler. Für die Musik im *Haus des Mets,* wie es im Leinster Book heißt, sorgten Harfenspieler, während Barden die heroischen Taten der Gäste priesen.

Diese und andere Legenden sind dafür verantwortlich, dass Tara im Bewusstsein der Iren einen viel wichtigeren Platz einnimmt, als ihm einst tatsächlich zukam. Mit der Christianisierung verloren die Hochkönige und damit Tara an Macht – *Columcille* konnte sich einfach weigern, den Rechtsspruch des Hochkönigs anzunehmen, und *St. Ruadhan* verfluchte kurzerhand den Herrscher samt Residenz. Trotzdem hat Tara seinen symbolischen Wert behalten. Immer wenn das Nationalgefühl der Iren geweckt werden sollte, bedienten sich die Propagandisten des Ortes. *Brain Ború* ließ sich hier 1002 zum Hochkönig ausrufen, bevor er gegen die Wikinger ins Feld zog. *Daniel O'Connell* veranstaltete hier am 15. August 1843 sein größtes *Monster Meeting,* auf dem über eine halbe Million Menschen für ein eigenes Parlament und gegen die englische Herrschaft demonstrierten. Man vermag sich heute kaum vorzustellen, was für ein gewaltiges Organ O'Connell gehabt haben muss, damit die Versammelten seine Rede verstehen konnten.

Sehenswertes

Die meisten Besucher sind eher enttäuscht. Außer einem Höhenrücken, künstlichen Hügeln, Gräben und Schanzen gibt es nämlich nichts zu sehen. Um so wichtiger ist der Besuch der Diashow im **Besucherzentrum**. Erst die dort gezeigten Luftaufnahmen machen die gewaltigen Ausmaße der Anlage deutlich. Anschließend lassen die historisch sachkundigen und zugleich anekdotenreichen Führungen über das Gelände den Ort lebendig werden.

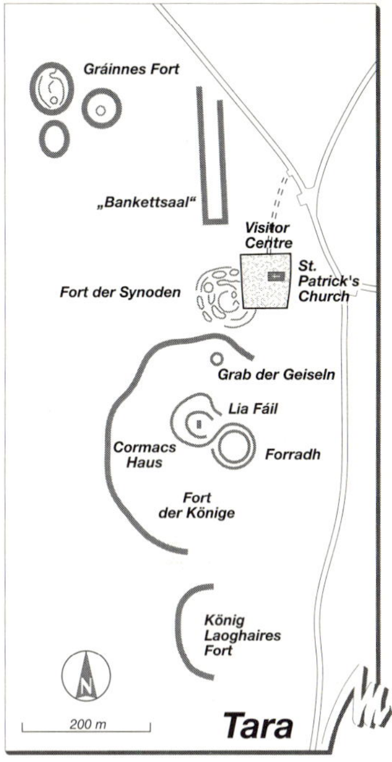

Fort der Synoden: In dem Hügel, der an das Visitor Centre und den protestantischen Friedhof angrenzt, fanden sich Spuren von Begräbnissen sowie Spuren einer mit Palisaden gesicherten Siedlung der Eisenzeit. Patrick soll hier seine ersten Versammlungen ("Synode") abgehalten haben. Grabungen brachten keltischen Goldschmuck und römische Münzen, Glas- und Tonwaren ans Tageslicht, die im Nationalmuseum ausgestellt sind. Der wüste Zustand des Hügels ist auch Ergebnis einer Grabung besonderer Art. Um 1890 hatte ein Brite die Vision, just hier sei die israelitische Bundeslade verborgen. Mit Helfern machte er sich daran, den Hügel zu durchsuchen, doch der Erfolg blieb aus. Als die Schatzgräber dann auch auf der anderen Straßenseite zu buddeln begannen, wurde es den zunächst eher belustigten Dörflern zu viel, und sie vertrieben die religiösen Schatzsucher.

Fort der Könige: Die mit einem Graben und Wall geschützte Königsfestung besteht aus mehreren, wiederum mit Wällen und Gräben befestigten Hügeln. Der größte von ihnen, das **Grab der Geiseln,** ist das eingangs erwähnte steinzeitliche Ganggrab. Auch später wurde der Tumulus für Bestattungen benutzt. Die beiden anderen Schanzen innerhalb der Königsfestung sind **Cormacs Haus,** ein Ringfort mit Spuren eines Holzhauses, und der **Forradh** ("Königssitz"), wiederum ein Grabhügel. In der Mitte von Cormacs Haus hat man den phallischen **Lia Fáil** aufgestellt, der neben dem Hügel der Geiseln gefunden wurde. Es gehörte zur Krönungszeremonie, dass sich der neue König auf den Krönungsstein stellte, der mit einem dreifachen Stöhnen den neuen Herrscher als rechtmäßig bestätigen musste. Ein weiterer Stein gedenkt der Toten des Aufstandes von 1798.

Fort des Königs Laoghaire: In dieser kleineren Anlage etwas südlich der Königsfestung soll Patrick mit König Laoghaire gestritten haben. Der Heilige erklärte dem König und den Druiden die Dreifaltigkeit anhand eines Kleeblatts.

Bankettsaal: Das eigentümlichste Bauwerk von Tara ist ein Rechteck von 237 x 27 m, dessen Achse genau auf den Forradh zielt. Das *Book of Leinster* (12. Jh.) und das *Yellow Book of Lecan* (15. Jh.) haben uns außer Gebäudebeschreibungen sogar Zeichnungen überliefert, dazu die genaue Sitzordnung der Gäste nach ihrem Rang und die ihnen dementsprechend zustehende Größe des Bratenstücks! Unter Wissenschaftlern gehen die Meinungen über den Bankettsaal auseinander. Für die einen ist er eine zum Eingang der Burg führende Rampe, für die anderen der Friedhof der Herrscher von Tara – was einen üppigen Leichenschmaus ja nicht ausschließt.

Gráinnes Fort und die "schiefen Gräben": Die drei Hügel westlich des Bankettsaals waren wohl allesamt vorkeltische Gräber. Die Halbgöttin *Gráinne,* die Tochter Cormacs, war dem Krieger *MacCool* versprochen, liebte aber *Diamuid.* Als sie mit MacCool vermählt werden sollte, dessen Name heiße Liebesabenteuer verspricht, belegte sie Diamuid mit einem Zauber und ließ sich entführen – Gráinnes Fort soll die erste Station auf dieser Flucht gewesen sein. Die Sache schien gut zu gehen. Gráinne verführte den anfangs etwas zögerlichen Diamuid, und auf der Flucht hatten die beiden auch reichlich Gelegenheit zu Heldentaten, die wiederum Stoff für weitere Geschichten abgaben. Das Ende jedoch war tragisch: Diamuid tötet aus Versehen einen Menschen, der die Gestalt eines Wildschweins angenommen hatte, und muss dafür selbst sterben.

• *Verbindung:* Tara liegt nahe der Dublin Rd., 9 km von Navan. Wer im Bus Dublin–Navan dem Fahrer Bescheid sagt, wird an de Abzweigung rausgelassen. "Um nach Dublin zurückzukommen, muss man sich ungefähr 5 Min. nach Busabfahrt in Navan an den Straßenrand stellen und dann winken. 'Expressway' hält nicht." (Lesertipp Julia Tiefenthaler)

• *Öffnungszeiten* des Besucherzentrums: In einer früheren Kirche, ✆ (046) 25 903, Mitte Juni bis Mitte Sept. tägl. 9.30–18.30 Uhr, Mai bis Mitte Juni und Mitte Sept. bis Okt. bis 17 Uhr; Eintritt 2 €. Das Gelände von Tara ist jederzeit und ohne Eintritt zugänglich. Oft pfeift ein eisiger Wind über Tara – warme Kleidung ist angeraten.

Tara/Umgebung

▸ Über **Dunsany Castle** und **Kileen Castle,** zwei benachbarte Burgen etwa 5 km an der Straße nach Dublin, gibt es eine Geschichte, die den Lesern nicht vorenthalten sein soll. Beide gehörten verschiedenen Zweigen des *Plunkett-Clans,* die sich nicht einigen konnten, wie das Land zwischen den Burgen aufzuteilen sei. Ein Abt wurde als Schlichter berufen, der folgenden Schiedsspruch fällte: Die beiden Schlossherren müssten auf ein Signal hin von ihren Burgen aufeinander zulaufen. Wo sie sich träfen, sollte die Grenze zwischen ihren Ländereien verlaufen. So weit, so gut. Doch der Abt hatte das Land der Plunketts nie gesehen. Weil Kileen auf einer Anhöhe liegt, bekam dieser Zweig der Familie ein erheblich größeres Stück Land als die Nachbarn von Dunsany. Vielleicht als Ausgleich der Geschichte ist Kileen heute eine Ruine. Dunsany mit seiner Sammlung klassischer Gemälde kann im Sommer nach Absprache mit dem Tourist Office in Drogheda besichtigt werden.

Trim

Nur wenige Reisende besuchen das Städtchen (2000 Einw.) mit der mächtigen Normannenburg am Ufer des Boyne. Ein Spaziergang am Fluss führt zu einem imposanten mittelalterlichen Krankenhaus und der einst größten Kirche der Insel.

Information/Verbindungen

- *Telefonvorwahl:* 046.
- *Information:* Mill St., ✆ 37 111, geöffnet April–Sept. Mo–Sa 9–17 Uhr. Die Broschüre "Trim Tourist Trail" erklärt die Sehenswürdigkeiten der Stadt. Im gleichen Gebäude wird die Videoshow "Power and Glory" über die Normannen und ihr Erbe gezeigt (Apr.–Sept. Mi–So 11–18 Uhr, Juli/Aug. tägl.).
- *Verbindung:* **Bus**haltestelle vor der Burg. Trim wird von den Bussen zwischen Dublin und Athboy/Granard passiert, dazu liegt es an der Strecke Athlone – Drogheda. Busauskunft, ✆ (01) 836 61 11.

Übernachten

Guesthouse Brogan's, High St., ✆ 31 237, DZ 50 €. Seit es in Trim keine Eisenbahn mehr gibt, hat das frühere Railway Hotel einen neuen Namen. Im Erdgeschoss des dunkelgrün gestrichenen Hauses ist ein auch zum Essen empfehlenswertes Pub.

B&B Linda O'Brien, Dublin Rd., ✆ 31 745, DZ 50 €. Ein schneeweißer, etwas protziger Bungalow ca. 1 km vom Zentrum. Große Zimmer, statt der üblichen Brettchen gibt es Häkeldeckchen als Unterlage des Frühstückgedecks.

B&B White Lodge, Lackenash, New Road, ✆ 36 549, DZ 45–50 €. 500 m außerhalb am Nordende der Umgehungsstraße, mit schönem Blick auf den Fluss.

Hostel Bridge House (IHH), Bridge St., ✆ 31 848, geöffnet Juni–Aug., Bett 12 €, DZ 32 €, jeweils mit Frühstück. Familie Finnegan, die am Stadtrand schon lange ein B&B betreibt, hat mitten im Zentrum ein altes Stadthaus renoviert und zum Hostel umgebaut.

Essen/Pubs

Stables Restaurant/Haggard Inn, Haggard Rd., ✆ 31 110. Im Hinterhof des gleichnamigen Pubs, rustikal eingerichtet. Das dreigängige Touristenmenü kostet 15 €.
Kerr's Kitchen, Haggard St., tägl. 10–18 Uhr, durchgehend warme, hausgemachte Mahlzeiten. Zur Auswahl stehen etwa fünf wechselnde Gerichte, dazu Sandwichs und Desserts. (Lesertipp von Dorette Haerdi)

Pastry Kitchen, Market St., Mo–Sa 8–18, So 10.30–18 Uhr. Etwas biedere Konditorei, auch Sandwiches und einfache Tellergerichte.

- *Pubs:* **McCormack's,** Castle St., gegenüber der Burg. Für Fußballbesessene gibt es in der Bar gleich drei Fernsehschirme, während sich die weniger sportbegeisterte Jugend in der Lounge bei den jüngsten Hits amüsiert. Am Wochenende gelegentlich Live-Musik.

The Bounty, Bridge St., Spinnräder, ausgediente Regenschirme und weiterer alter Plunder beherrschen die Gaststube. Für die warmen Tage gibt es im Hof neben dem Haus eine Weinlaube.

Sehenswertes

Trim Castle: Von Trim Castle, gebaut 1172 bis ca. 1250, stehen außer dem massiven Donjon nur noch Teile der Außenmauer – eine echte Normannenburg mit acht schönen Rundtürmen in der Mauer, wie sie Heinrich II. und seine Nachfolger etwa auch im französischen Angers hinterlassen haben. 1647 wurde die Burg von den Katholiken ohne viel Anstrengung gestürmt, zwei Jahre später wiederum von Cromwell erobert und gründlich verwüstet. Angriffen mit Kanonen war die im Zeitalter der Armbrustschützen und Reiterheere gebaute Burg nicht gewachsen. Noch graben Archäologen die weite, eingeebnete Rasenfläche des Burghofs um, doch bald soll die gern als Filmkulisse (z.B. für "Braveheart") genutzte Anlage wieder für Besucher geöffnet werden.

Augustinerabtei: Auf der anderen Flussseite überragt der Glockenturm einer Augustinerabtei das Städtchen. Auf dem Gelände dieser Abtei baute *John Talbot* 1415 die zweite Burg Trims. Der Burgherr mit dem Beinamen "die Geisel Frankreichs" war jedoch die meiste Zeit seines Lebens auf Feldzügen gegen die Franzosen unterwegs und hatte wenig Gelegenheit, sich seines Besitztums zu erfreuen. *Shakespeare* erwähnt ihn in *Heinrich VI.* als Inbegriff des Kriegsterrors. Im 17. Jh. wurde Talbot Castle für 65 Pfund von Esther Johnson erworben. Nur 18 Monate später verkaufte sie es für den dreifachen Preis an ihren vermutlichen Liebhaber *Jonathan Swift* (Geistlicher und Autor von "Gullivers Reisen"), der das Anwesen, wiederum mit Profit, an die Kirche verschacherte. Spekulanten gab es schon damals.

Butterstream Gardens: Ein Garten, so wollen die einschlägigen Zeitschriften ihren Lesern weismachen, sei zumal auf der vom Golfstrom verwöhnten, immergrünen Insel eine Kleinigkeit und ein nettes Hobby. Hört man Jim Reynolds Geschichte, stellt sich die Sache dagegen als 25 Jahre harter Auseinandersetzung mit allgegenwärtigen Feinden dar: schwere Lehmböden, harte Winterfröste, Rinder und Pferde, die Beete niedertrampeln, Hunde, die junge Hecken mit ihrem Urin verätzen, Kaninchen, die sich an Blumen und Kräutern laben. Diesen Widrigkeiten zum Trotz ist mit den Butterstream Gardens ein Beispiel moderner Gartenbaukunst enstanden, das den Vergleich mit den Parks der alten Schlösser nicht zu scheuen braucht. Statt Exoten wurden seltene, teils vom Aussterben bedrohte heimische Arten angepflanzt, und wie bei einem Bühnenstück steigert sich die Szenerie entlang des Rundgangs bis zum großen Finale, bei dem sich das italienische Tempelchen im Lilienteich spiegelt. Um sich endlich einen Helfer leisten zu können, hat Jim Reynolds seine Schöpfung für Besucher eröffnet.

⌚ April–Sept. tägl. 11–18 Uhr. Eintritt 3 €.

Peter & Paul Cathedral: Einen guten Kilometer flussabwärts der Burg steht im Newton-Friedhof die Ruine der größten mittelalterliche Kirche Irlands. Sie zeigt den Übergang vom normannischen zum englischen Stil. Nach einem Brand im 14. Jh. wurde sie nur notdürftig wiederhergerichtet.

Crutched Friary/Peters Bridge: Nebenan die romantischen Reste eines Klosters und auf der anderen Flussseite die Crutched Friary, ein Krankenhaus der Johanniter aus der Zeit der Kreuzzüge. Peter's Bridge soll die zweitälteste Brücke Irlands sein, und **Marcy Regan's Pub** (nur abends geöffnet) daneben das zweitälteste Pub der Insel.

County Kildare

Die Grafschaft westlich von Dublin ist das Zentrum der irischen Pferdezucht und gehört zu den reichsten und am dichtesten besiedelten Gebieten der Insel. Viele Pendler ziehen nach Feierabend die ländliche Idylle der hektischen Hauptstadt vor.

Angelockt durch das kalziumreiche, besonders nahrhafte Gras und die den Züchtern eingeräumten Steuervergünstigungen leben in Kildare vermutlich mehr Pferde als Menschen. Auf den zahlreichen Rennplätzen trifft man den ganzen Sommer über die bizarre Mischung aus High Society, Pferdenarren und berufsmäßigen Zockern. Auf Auktionen wechseln die edlen Tiere für Summen den Besitzer, mit denen ohne Weiteres auch ein Mittelklasseauto zu erstehen wäre – mit einem Vielfachen an Pferdestärken und Platz für fünf. Kildare war das Stammgebiet der *Fitzgeralds,* die seit dem Mittelalter von ihrem Familiensitz Maynooth aus das Land im Griff hatten. Nach der Reformation traten sie zum Protestantismus über und konnten so auch unter der englischen Herrschaft ihren Einfluss bewahren. Wegen der Nähe zu Dublin gibt es im County eine ganze Reihe luxuriöser Landsitze. Castletown House ist der prächtigste dieser Palazzi im georgianischen Stil. Grand Canal und Royal Canal, auf denen vor dem Eisenbahn- und Autozeitalter die Waren von Dublin ins Landesinnere gebracht wurden, sind heute zum Teil wieder geöffnet und ein Revier der Freizeitkapitäne. Spaziergänger finden in den alten Treidelpfaden am Ufer bequeme Wanderwege.

Der Osten
Karte Seite 182

Maynooth

Das Straßendorf entstand für die Pächter und Landarbeiter von Carton House, dem Landsitz der Fitzgeralds und später der Grafen von Leinster. Der Ort ging durch die "Gnade von Maynooth" in die Geschichte ein, bei der Silken Thomas Fitzgerald und seine fünf Onkel von den Engländern hingerichtet wurden, obwohl sie sich ihnen gegen die Zusicherung auf freien Abzug ergeben hatten.

Von der im 12. Jh. angelegten **Burg** haben nur das Torhaus und die große Halle die Cromwellsche Zerstörungswut überlebt. Den Schlüssel verwahrt Mrs. Salts in 9 Parsons Street. Die Burg bildet den Eingangsbereich für das katholische **St. Patrick's College**. Es wurde 1795 paradoxerweise von den (anglikanischen) Engländern gegründet, denen es nicht recht geheuer schien, dass die angehenden irischen Priester beim Erzfeind Frankreich in die Lehre gingen. Die altehrwürdige Akademie mit fast 4000 Studenten (darunter 200 angehende Geistliche) ist gleichzeitig Priesterseminar, päpstliche Universität und staatliche Hochschule, verwickelte Rechtsverhältnisse also, die zu manchem Gerangel zwischen weltlicher und geistlicher Macht Gelegenheit geben. Mit dem Bau neuer Sportanlagen, Wohnheimen und Unterrichtsgebäuden hat das College in den letzten Jahren kräftig expandiert und ist heute der größte Arbeitgeber am Ort.

• *Telefonvorwahl:* 01.

• *Information:* **Citizens Information Centre,** Main St., Town Centre Shopping Mall (neben Leinster Arms Hotel), Mo, Mi, Fr 14–16 Uhr, Mi, Fr auch 10–12 Uhr, Do 19–20 Uhr.

• *Verbindung:* Von Dublin **Stadtbus** Nr. 67 u. 68, auch Fernbusse am Weg nach Galway. Busauskunft: ✆ 836 61 11. **Züge** der Western Suburb Line, auch Halt der Fernzüge nach Sligo. Zugauskunft: ✆ 873 11 11.

• *Fahrradverleih:* **Maynooth Cycle,** Main St.

• *Übernachten/Essen:* *** **Moyglare Manor,** ✆ 628 63 51, 628 45 05, EZ 150 €, DZ 210 €. Ein luxuriöses Anwesen etwas außerhalb des Ortes, standesgemäß mit Golfplatz und einem Gestüt gleich nebenan, in dem Sie während des Urlaubs Ihr Pferd einstellen können.

St. Patrick's College, ✆ 708 37 26, vermietet in den Semesterferien (Mitte Juni–Sept.) Einzel- oder Doppelzimmer für 25 € pro Person.

B&B Almondell House, Ms. Liam Meade, Ladychapel Rd., ✆ 628 54 69, DZ 45 €. Ein Haus am Stadtrand (folgen Sie der am College-Eingang vorbeiführenden Straße) das von Leserin Hilda Schröder als Ausweichquartier für Dublin-Besucher empfohlen wird, wenn dort bei Großveranstaltungen alles ausbucht ist.

• *Essen:* **The Rye,** vor dem Seminar, Mo–Sa 8–17 Uhr. Ein kleines, mit hellen Holzmöbeln eingerichtetes Tagesrestaurant. Zum Mittagessen treffen sich Handwerker und Angestellte ohne Schlips und Kragen. Auch vegetarische Gerichte.

Maynooth/Umgebung

▸ **Wonderful Barn:** Verlässt man *Leixlip* (N 4) Richtung Celbrigde, erheben sich vor der Autobahnbrücke rechter Hand drei bizarre Türmem die an Zuckerhüte oder flügellose Windmühlen erinnern. Der größte misst stattliche fünf Etagen, die von außen über eine spiralförmige Wendeltreppe zugänglich sind. Die absonderlichen Gebilde waren Scheunen, die 1743 von den Landlords in Castletown in Auftrag gegeben wurden, um den Pächtern Arbeit zu geben und gleichzeitig für Hungersnöte gerüstet zu sein. Das ungewöhnliche Design wurde schon damals bewundert – und nachgeahmt, wie der "Bottle Tower" in Rathfarnam beweist.

▸ **Larchill Arcadian Gardens:** Freunde historischer Gärten finden hier das seltene Beispiel einer *ferme ornée,* eine kurzzeitigen Mode des Gartenbaus zu Beginn des 19. Jh., als die streng geometrischen Gärten out und die romantischen, auf natürlich getrimmten Parklandschaften noch nicht erfunden waren. Ein 1 km langer Rundweg führt zu zehn *follies* ("Torheiten"), aus Pflanzen gestalteten Kuriositäten. Da gibt es "Gibraltar" als befestigte Insel oder "Fox's Earth", ein künstlicher Fuchsbau, den ein obskurer Mr. Watson anlegen ließ. Von der Seelenwanderung überzeugt, glaubte Watson, sein nächstes Leben in Gestalt eines Fuchses zu verbringen, und wollte einen sicheren Unterschlupf, in dem er nicht Gefahr lief, bei der Fuchshatz seiner Standesgenossen erschossen zu werden.

🕐 Mai–Sept. 12–18 Uhr, Eintritt 4 €. In Kilcock, 6 km westlich von Maynooth auf der rechten Seite der N 4.

Nur zwei Scheunen – Wonderful Barn

Celbridge

Große Attraktion von Celbridge ist der Herrensitz Castletown House. Bevor das der Abrissbirne nur um Haaresbreite entgangene Schloss 1994 in staatlichen Besitz überging, war es Irlands größtes Privatgebäude.

Das Städtchen selbst verrät eine ähnliche Entstehungsgeschichte wie Maynooth. Wieder handelt es sich um ein Straßendorf in der Verlängerung einer Schlossallee. Den Kontrapunkt zum Castletown-Palast bildet diesmal die Ruine einer *Abtei,* in der sich eine Gärtnerei niedergelassen hat, die den alten Klosterpark pflegt und Eltern (natürlich in Begleitung ihrer Sprösslinge) mit einer Miniatureisenbahn lockt.

- *Telefonvorwahl:* 01.
- *Information:* www.celbridge.net
- *Verbindung:* Von Dublin mit der Kildare Line, der DART-Bahn oder mit Stadtbus Nr. 67 und 67 A.
- *Fahrradverleih:* **Celbridge Cycles,** Main St.
- *Übernachten:* ** **Setanta House,** ✆ 627 11 11, 📠 627 33 87, EZ 75 €, DZ 115 €. Das elegante Familienhotel liegt in einem Park am Ortsrand (ausgeschildert).

B&B Green Acre, Dublin Rd., ✆ 627 11 63, DZ 50 €. Ein neuerer Bungalow mit gepflegtem Garten gut 1 km vom Zentrum an der Straße nach Dublin.

- *Essen:* **Michelangelo,** ✆ 627 18 09, Di–Sa ab 18 Uhr, So über Mittag. Dinner um 35 €. Ein gehobenes italienisches Restaurant am Eingang zum Schloss. Zu Pianoklängen tafelt man an rosa gedeckten Tischchen.

Celbridge House, Maynooth Rd. Mittags Pubfood, im Sommer Mi u. Fr abends Live-Musik.

Sehenswertes

Castletown House: Eine prächtige Lindenallee bildet den würdigen Auftakt zu Irlands größtem Landsitz. Bauherr *William Conolly* hatte es mit Immobilienspekulationen vom Gastwirt zum Sprecher des Unterhauses gebracht und ließ es sich Einiges kosten, seinen Aufstieg in die Gentry und den neuerworbenen Reichtum mit einem 120 m langen und bis 18 m hohen Haus für alle Welt sichtbar zur Schau zu stellen. Für den Entwurf wurde der italienische Stararchitekt *Alessandro Galilei* verpflichtet, die Ausführung lag bei örtlichen Baumeistern, bis 1722 *Edward Lovett Pearce* die Bauleitung übernahm und die halbrunden Säulengänge sowie die beiden Seitenflügel anfügte. Die Inneneinrichtung trägt die Handschrift einer Frau. *Louisa Conolly* widmete über 20 Jahre lang ihre ganze Energie der Ausstattung des Palastes.

Eine Rarität ist der **Print Room,** für den Lady Lousia Mappen mit Zeitungen und Kupferstichen eigens aus London kommen ließ. Schäferidyllen, die königliche Familie, Stars der Theaterszene und natürlich alle möglichen Verwandten und Bekannten schnitt sie säuberlich aus und klebte die Bilddrucke statt einer Tapete an die Wand. Bei den Stuckarbeiten im Treppenhaus und in der angrenzten Halle schwelgten die Gebrüder Francini im Rokoko, namhafte Maler gestalteten die Wände. Die **Long Gallery,** der in Blau gehaltene Aufenthaltsraum im Obergeschoss, steht ganz im Zeichen der Klassik. Statuen antiker Philosophen und einer Jagdgöttin belegen, dass es schon damals einen blühenden Handel und Schmuggel mit griechischen Antiquitäten gab. Die Leuchter ließ Louisa nach ihren Vorgaben in Murano blasen, bezahlte aber nie den vollen Preis. Das Blau passe nicht zur Wandfarbe, befand die Hausherrin.

Die Conollys lebten bis 1965 in Castletown, zuletzt nur noch in drei Zimmern und ohne Strom und Zentralheizung. Es fehlte an Geld für Investitionen und für die 120 Bediensten, die in den guten Zeiten putzten, heizten, dienerten. Castletown ist prächtig, aber nicht wohnlich. Die Salons liegen alle nach Norden – für heiße italienische Sommer sicher ein guter Gedanke, für Irland ein Unding. Zuletzt wurde die gesamte Einrichtung versteigert. Die *Guinness*-Dynastie und eine Stiftung retteten Castletown vor dem Abriß. Doch auch ihnen war der Unterhalt des Monstrums zu teuer, und so gehört es heute dem Staat, der es sich offensichtlich auch nicht leisten kann: Das Dach ist undicht, die Decke des Speisesaals droht herabzustürzen, und in der Fassade klaffen Risse.

⌚ Apr.–Sept. Mo–Fr 10–18 Uhr, Sa/So 13–18 Uhr, Okt. Mo–Fr 10–17 Uhr, So 13–17 Uhr, Nov. nur So 13–17 Uhr; Eintritt 3,20 €.

Conolly's Follies: Zu Castletown gehören zwei seltsame Bauwerke, die der Volksmund Conolly's Follies, also *Conollys Torheiten,* nennt. Außer der schon besprochenen Scheune in Leixlip (siehe oben, Wonderful Barn) ist damit ein **Obelisk** gemeint, der auf einem Triumphbogen steht; vom Fenster des blauen Salons kann man ihn in der Ferne erkennen. Das Ding war als Picknickplatz gedacht, doch hatten die Conollys sich vermessen und versehentlich auf dem Grundstück eines Nachbarn gebaut. Der schwieg, bis alles fertig war und verwehrte den Castletownern anschließend jeden Zutritt. Auch zum Verkauf des Grundstücks ließ er sich nie bewegen.

Celbridge/Umgebung

▸ **Wandern:** Celbridge ist Ausgangspunkt für eine zweitägige Wanderung auf dem früheren Treidelpfad entlang dem Grand Canal bis hinauf nach Edenderry. Der Weg beginnt an der Kanalbrücke hinter dem Bahnhof. Spektakulär ist neben den Schleusen vor allem das Aquädukt von Sallins, wo der Kanal den River Liffey überquert.

▸ **Steam Museum:** Das Museum im Park eines früheren Guinness-Landhauses hat eine bemerkenswerte Sammlung an Miniaturdampfmaschinen und -lokomotiven. Das von Richard Trevithick 1797 gebaute Modell eines Dampfwagens gilt als das älteste sich aus eigener Kraft bewegende Fahrzeug. Auch einige stationäre **Dampfmaschinen** in Originalgröße sind zu bewundern.
Ⓞ Juli/Aug. Di–So 14–18 Uhr, April–Mai u. Sept. nur So 14.30–17.30 Uhr; Eintritt 4 €. Guinness Lodge Park, Straffan, www.steam-museum.com.

▸ **Straffan Butterfly Farm:** Ein tropisches Gewächshaus zeigt außer exotischen Schmetterlingen auch Reptilien und Riesenspinnen, die zum Mittagsmahl ganze Vögel verspeisen. Die angeschlossene Ausstellung informiert über das Leben der Schmetterlinge und die seltsame Sammelpassion der Gattung Mensch.
Ⓞ Mai–Juli 9.30–17.30 Uhr, Eintritt 3,75 €. Ovidstown.

Der Osten
Karte Seite 182

Bog of Allen

Am "Dreiländereck" der Grafschaften Kildare, Laois und Offaly liegt der Bog of Allen, ein großes, kommerziell ausgebeutetes Moor. Früher stachen die Bauern den Torf von Hand, um ihn im Winter zu verfeuern, aber auch zu Seife oder sogar zu Fasern zu verarbeiten, die in Textilien eingewebt wurden.

Seit dem 2. Weltkrieg wird der Torf jedoch, ähnlich wie Braunkohle, großflächig mit gelben, spinnenartigen Maschinen abgetragen und in einem Kraftwerk verfeuert oder zu Briketts verarbeitet. *Bord na Mona* (das staatliche Torfunternehmen) und die Elektrizitätsgesellschaft *ESB,* die beiden wichtigsten Arbeitgeber der Region, verdeutlichen den Widerspruch zwischen ökologischem Raubbau und wirtschaftlichem Überleben. Zwar wird die ausgebaggerte Landschaft anschließend wieder aufgeforstet oder wenigstens eine Humusschicht ausgebracht, doch retten diese Maßnahmen mitnichten die Pflanzen- und Tierwelt des Moors. Auch die im Moor konservierten archäologischen Schätze werden von den Baggern zerstört. Das in einem alten Farmhaus eingerichtete Museum **Peatland World** ("Die Welt des Torfs"), erklärt den Naturraum und die Nutzung des Moors durch die Menschen.
Ⓞ Museum Peatland World Lullymoore, zwischen Allenwood (N 41) und Rathangan, Mo–Fr 9.30–16 Uhr, Apr.–Okt. auch Sa/So 14–18 Uhr; Eintritt 4,50 €.

▸ **Robertstown:** Ein Sumpf ist für gewöhnlich kein Wandergebiet. Den Bog of Allen aber kann man entlang dem **Grand Canal** zu Fuß und auf diesem auch per Schiff durchqueren. Ausgangspunkt für die Kahnpartie ist Robertstown, ein Dorf, in dem die Zeit stehen geblieben zu sein scheint, seit auf dem Kanal keine Passagiere mehr befördert werden. Von Dublin kommend ist das von

Am Grand Canal

wirtschaftlicher Schwindsucht befallene Robertstown das Tor zum armen Hinterhof der Midlands. Fuchs und Hase sagen sich hier gähnend gute Nacht. Ein Frachter rostet am Kai, Kajütenboote warten auf Kunden. In Deutschland, zumal eine Autostunde von einer Millionenstadt entfernt, wäre dieses Städtchen mit seiner schwungvollen Brücke ein geschätztes Wohnquartier. Hier sind die Fenster und Türen der Lagerhäuser vermauert, steht das einst stolze **Canal Hotel** großteils leer und will das herausgeputzte Kanalufer überhaupt nicht zur Tristesse des Ortes passen.

Wer kein Hausboot mieten will, kann im Sommer am Sonntag Nachmittag mit einem zum Ausflugsschiff umgebauten Frachter auf dem Kanal schippern. In Robertstown treffen sich auch drei **Canal Bank Walks** – auf den Treidelpfaden führen sie die Ufer entlang nach Celbridge, Edenderry und über 95 km den *Barrow* hinunter bis *St. Mullis* im County Carlow.

- *Telefonvorwahl:* 045.
- *Verbindung:* Di u. Do ein Bus von Rathangan über Robertstown nach Dublin und am gleichen Tag zurück.
- *Hausboote:* **Grand Barrow Line,** am Grand Canal bei Robertstown, ✆ 860 427, 📠 860 372, pro Woche 700–1300 €.

Kildare

Hier geht es um Ross und Reiter. Das Nationalgestüt ist der Treffpunkt der Pferdenarren, während Gartenfreunde sich in einem japanischen Garten ihren "Lebensweg" suchen können.

In vorchristlicher Zeit befand sich in Kildare das Heiligtum einer Erd- und Fruchtbarkeitsgöttin. Die Heilige Brigid baute an dieser Stelle ein Doppelkloster für Mönche und Nonnen, die selbst im Kirchenraum durch einen geflochtenen Wandschirm getrennt waren. Das aus heidnischer Zeit übernommene „heilige Feuer" wurde weiter gepflegt und jetzt mit dem Ewigen Licht assoziiert. Die Fundamente dieses Feuertempels stehen hinter der protestantischen Kirche im Schatten eines Rundturms.

• *Telefonvorwahl:* 045.

• *Information:* Market House, am Square, ✆ 22 696, Mai–Sept. Mo–Sa 10–13, 14–18 Uhr; www.kildare.ie.

• *Verbindung:* Von Dublin Heuston Station mit der DART-Bahn oder mit Bus Eireann auf der Cork- und Limerick-Route.

• *Fahrradverleih:* **John Kearney,** Square, ✆ 21 457, Mo–Sa 10–13.30, 14–18.30 Uhr.

• *Essen:* **Silken Thomas,** Square, ✆ 522 232, Hauptgericht um 15 €, auch Pubfood. Mit Anklängen an Jugendstil und Fernost etwas exzentrisch eingerichtet. Auf dem Speisezettel hauptsächlich Fleischgerichte (Lamm, Steak u.ä.).

Kristianna's Bistro, Claregate St., ✆ 522 985, Di–So mittags (7–15 €) und abends (20–35 €). Fisch, Meeresfrüchte und Pasta-Gerichte, Spezialität ist Hühnchen auf Brüsseler Art – die Wirtsleute stammen aus Belgien.

Downalong, bis 17 Uhr. Ein Café mit Craftshop am Eingang zum Gestüt.

• *Pubs:* **Hideout Bar,** Old Kilcullen, 10 km östl. von Kildare. Zwischen ausgestopften Tieren und präparierten Fischen findet man in diesem kuriosen bis wilden Pub ein Dekorationsstück der besonderen Art. In einem Glaskasten ruht der mumifizierte Arm von Dan Donnely (1788–1820), dem berühmtesten Faustkämpfer seiner Zeit. Seine Ruderarme sollen ihm, aufrecht stehend, bis ans Knie gereicht haben.

Der Osten
Karte Seite 182

Sehenswertes

Nationalgestüt: Der Stall wurde 1900 von einem schottischen Bierbrauersohn namens *Hall Walker* gegründet. Anhand der astrologischen Konstellation bei der Geburt eines Fohlens entschied Walker, ob das Tier rassisch wertvoll und

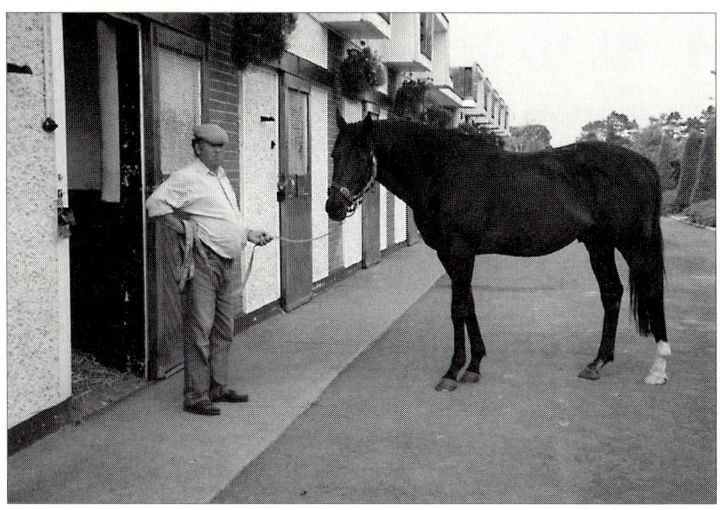

"Ob er mich wohl heute mal mit ins Pub nimmt?"

zu behalten oder zu verkaufen sei! Trotz dieser merkwürdigen Auswahl war das Unternehmen erfolgreich – 1915 konnte sich Walker im Tausch gegen das Gestüt von der britischen Krone einen Adelstitel samt Sitz im Oberhaus einhandeln. Seit 1943 gehören die Ställe dem irischen Staat.

Nicht nur die Besucher sorgen für eine etwas exzentrische Atmosphäre. So trinken die heißblütigen Hengste und verspielten Fohlen ausschließlich Mineralwasser aus dem *Tully River,* in dem Kohlensäure sprudelt und dessen hoher Kalziumgehalt sich positiv auf den Knochenbau auswirkt. Durch Dachlaternen flutet Sonnenlicht in die Ställe; Walker hatte sie aber nicht deshalb angelegt, sondern um die Tiere dem Einfluss der Sterne aussetzen.

Vom Liebesleben der Pferde

Bei der Führung erfährt der Laie Erstaunliches. Für die bis zu 7500 €, die das Decken und die spätere Geburtshilfe kostet, bekommen Stute und Fohlen einen Service, der keinen Wunsch offen lässt. Ein "Teaser" leistet bei den jungen Pferdedamen praktische Aufklärungsarbeit und bereitet sie auf den Sprung des Deckhengstes vor. Zum Zuge kommen diese Scharfmacher allerdings nur bei Bauernpferden, denn die Stuten edlen Geblüts werden ihnen, wenn sie sich empfänglich zeigen, sofort entführt und zum Rassehengst gebracht. Weil Er während der Begattung gerne beißt und Sie gern tritt, beide Pferde für solches Liebesspiel aber zu kostbar sind, bekommt die Stute für den Akt Filzpantoffel und eine Lederdecke über den Hals.

Die Schwangerschaft wird per Ultraschall überwacht, Abtreibung ist – welch Wunder im katholischen Irland – bei Pferden durchaus üblich. Sie trifft bei Zwillingen einen der beiden Föten. Auf kranke Fohlen wartet eine Intensivstation mit Wärmelampe und Sauerstoffmaske. Man staunt. Den auf Pferde mit heftigem Niesen und Asthma reagierenden Autor erfüllte es mit besonderer Genugtuung, dass die hochgezüchteten Rassepferde ihrerseits vor Allergien nicht gefeit sind. Zwei der Deckhengste vertragen kein Stroh und standen in Bergen von Papierschnipseln.

Im alten Deckhaus wird die Entwicklungsgeschichte des Pferdes und der Zucht vermittelt. Vor 2000 Jahren wurden die ersten Pferde gezähmt und als Haustiere gehalten, in Irland nicht als Reittiere, sondern für die Küche. Auch die Kelten saßen noch nicht auf dem hohen Ross, sondern spannten die Tiere nur vor ihre Kampfwagen. Beinahe wie eine Reliquie wird das Skelett von *Arkle* verehrt, dem Pferd der Pferde, dessen Tod 1968 die irischen Zeitungen auf der ersten Seite betrauerten.

⌚ März–Okt. tägl. 9.30–18 Uhr; Eintritt (mit Japanischem Garten) 7,50 €.

Japanischer Garten: Der Weg führt über Brückchen und Hügel, durch Tunnel und Bäche, zwischen stillen Seerosenteichen und plätschernden Wasserfällen. Er symbolisiert mit Stationen wie Geburt, Hochzeit und Tod den Weg des Lebens von der Wiege bis zur Bahre. Unterwegs muss man sich entscheiden

Der Japanische Garten in Kildare

zwischen dem leichten, aber ereignislosen **Pfad des bequemen Lebens,** dem schmalen **Pfad der Weisheit** und dem steinigen **Pfad der Ausbeutung**. So interessant die Erklärungen der einzelnen Stationen und Etappen auf dem Faltblatt auch sind, das jeder an der Kasse in die Hand gedrückt bekommt, sie verstellen doch den Blick auf die Schönheit des Gartens. Besser genießt man die Miniaturlandschaft erst einmal als solche, bevor man, die Augen Sinn suchend aufs Papier geheftet, seinen Weg sucht.

Öffnungszeiten und Eintritt wie Gestüt.

Kildare/Umgebung

▸ **The Curragh:** Reiter finden zwischen Newbridge und Kildare Irlands größtes, nicht eingehegtes Wiesengelände. Mittelpunkt ist der gleichnamige Rennplatz, der beim *Irish Derby* am letzten Sonntag im Juni unter den Hufen der Rennpferde erbebt. An anderen Sommerwochenenden gibt es kleinere Rennen. Die Termine entnimmt man dem Fahrplanheft von Irish Rail – nur an den Renntagen hält der Zug in Curragh.

Finanzielles: Eintritt zum Derby 15 €, sonst 10 €, Studenten die Hälfte. Der Mindesteinsatz für Zocker beträgt 0,50 €.

County Carlow

Die zweitkleinste Grafschaft wird landschaftlich durch die Blackstair-Berge und die Täler von Slaney und Barrow bestimmt. Schwergewichtige Sehenswürdigkeit ist der Brownshill-Dolmen.

Die Gegend ist ein überaus fruchtbares Ackerland. Schwergewichtige Kühe lassen sich auch durch energisches Hupen nicht aus der Ruhe bringen, neben der Straße warten aufgehäufte Zuckerrüben auf den Abtransport. Bis zu Cromwells Irland-Feldzug waren Carlow und die hier herrschenden Könige von Leinster ein aufsässiger Stachel am Rande des Pale, des englisch beherrschten Umlandes von Dublin. 1394 und 1399 setzte Richard II. eigens mit einem Heer von England über, um das Land zu befrieden. Beim zweiten Feldzug holte er sich eine blutige Nase und wurde bei seiner Rückkehr in London abgesetzt und umgebracht.

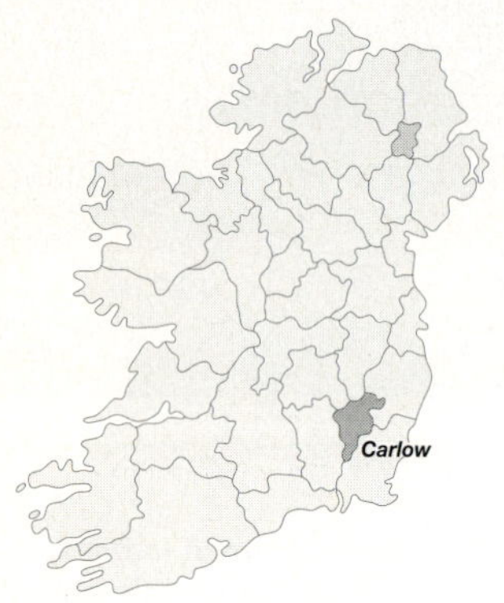

Information: Carlow Rural Tourism, 36 Dublin St., Carlow, ✆ (0503) 30 411, www.carlowtourism.com, Mo–Fr 9.30–18 Uhr.

Carlow (Stadt)

Der quirlige Marktort (12.000 Einwohner) am Zusammenfluss von Barrow und Burren kann mit einer guten Musikszene und einem gewaltigen Justizpalast aufwarten.

Das letzte herausragende Ereignis der Stadtgeschichte, so das Ergebnis eines Rundgangs durch das **County Museum** (Town Hall, Centaur St.), war die Elektrifizierung – Carlow bekam nach Dublin als zweite irische Stadt elektrischen Strom. Das **Gerichtsgebäude** soll, anders wissen es die Einheimischen heute nicht zu erklären, aufgrund eines Irrtums entstanden sein, weil der zerstreute Architekt William Vitruvius Morrison zwei Baupläne verwechselte. So wuchs um 1830 der klassizistische, dem Athener Parthenon nachempfundene Bau, der eigentlich Cork zugedacht war, hier in Carlow, während das unscheinbare, für Carlow vorgesehene Gericht in Cork entstand; die einen bemerkten den Irrtum erst, als es zu spät war, die anderen entdeckten den Fehler frühzeitig, hielten aber wohlweislich den Mund. Dem Baumeister war die Vorliebe für antike Vorbilder schon in die Wiege gelegt worden, den sein ungewöhnlicher Vorname Vitruvius erinnert an einen römischen Architekten.

Die **Festung** des Städtchens geht bis auf die Normannen zurück, die gleich nach der Eroberung einen Holzturm und 1210 eine steinerne Burg anlegten. Sie hielt sogar Cromwell stand, wurde aber 1814 von einem Dr. Middletown in die Luft gejagt, der im Castle eine Nervenheilanstalt einrichten wollte und sich bei Umbauarbeiten in der für die Sprengung einer Mauer erforderlichen Menge Schwarzpulver gründlich verrechnete. Die Reste der Burg, zwei Türme und eine Verbindungsmauer, liegen auf dem Gelände der Mineralwasserfabrik und harren noch der touristischen Erschließung.

Ein schöner Spaziergang führt auf dem alten Treidelpfad am **River Barrow** flussab. Bald weicht die Stadt einer Parklandschaft. Angler ziehen fette Fische aus dem Fluss, manchmal tuckert ein Touristenkahn vorüber, und nach einem Inselchen erreicht man die **Milford Mill**, die einst den Strom für Carlows Laternen lieferte.

Information/Verbindungen/Fahrradverleih

- *Telefonvorwahl:* 0503.
- *Information:* Traynor House, College St., gegenüber der Kathedrale, ✆ 31 554, Mo–Fr 9.30–13, 14–17.30 Uhr, Sa 10–13, 14–18 Uhr. Kostenlose Broschüre "Carlow Tourist Guide" erhältlich, dazu das Flugblatt "Town Trail" mit einem architekturgeschichtlich orientierten Stadtrundgang.
- *Verbindung:* Bus Éireann (Haltestelle vor Dean's Newsagency, Barrack St.) nach Dublin, Waterford und Kilkenny. Nach Dublin und Waterford auch mit Rapid Express (✆ 43 081, Stopp vor Inn's Shop, Barrack St.). Züge (✆ 31 633) nach Dublin und Kilkenny–Waterford.
- *Fahrradverleih:* **Coleman Cycle,** 19 Dublin St., ✆ 31 273.

Der Osten
Karte Seite 182

Übernachten/Essen/Am Abend

Hostel Verona (IHI), Pembroke Rd., ✆ 31 700, 10 € pro Pers. im 2- oder 3-Bett-Zimmer, auch Camping möglich. Ein Hostel, wie man es sich wünscht: Zimmer statt Schlafsäle, heiße Duschen, eine Beratung über die Sights der Umgebung, wie sie die Tourist Information kaum besser geben könnte.

Hostel Otterholt Riverside Lodge (IHH), Kilkenny Rd., ✆ 30 404, Bett 10–12 €, DZ 26–33 € Ein gepflegtes Herrenhaus am Stadtrand zwischen Straße und Fluss, in dem man eher ein nobles Guesthouse als ein Hostel vermuten würde – nach seiner stattlichen Sammlung von edlen Sportwagen zu urteilen, betreibt der Besitzer die Herberge eher als Hobby denn aus wirtschaftlicher Notwendigkeit. Die Schlafräume befinden sich teilweise in einem umgebauten Wirtschaftsgebäude, die großzügigen Zweibettzimmer sind mit Tischchen, Schrank und sogar Nachttischlampe ausgestattet. Während des Semesters wird das Haus teilweise an Studenten vermietet.

- *Essen:* **Beams,** 59 Dublin St., ✆ 31 824, Di–Sa 19–22 Uhr, Menü 30 €. Wuchtige Holzbalken tragen das Haus – seit 1760 hat es eine Schanklizenz, und früher wechselten hier Postkutscher zwischen Dublin und Kilkenny ihre Pferde. Aus Peter O'Gorman's Küche kommen etwa Schweinelende mit Wildpilzen oder Lachs mit Weinsauce, je nach Saison auch Wildgerichte auf die Karte.

Danette's Feast, Benekerry (4 km außerhalb: Hacketstown Rd., an der Burmah-Tankstelle links, ausgeschildert), ✆ 40 817, Mi–Sa ab 19 Uhr, So 13–14.30 Uhr, Dinner ab 35 €. Ein neuer Stern am irischen Gastrohimmel. Mit Zutaten aus organischem Anbau kocht Danette O'Connell vegetarische und mexikanische Gerichte. Höhepunkt sind die köstlichen Desserts wie in Brandy eingelegte Birnen oder die Schokoladentorte. Reservierung angeraten.

Tully's, 149 Tullow St. Das altmodische Pub, in dem der Fernseher aus der Bar verbannt bleibt, ist ein beliebter Treff der Studenten des Technical College. Ab 10.30 Uhr Frühstück, mittags und abens Barfood.

- *Am Abend:* **Scraggy's Alley,** 12 Tullow St., Mi gelegentlich traditional Music, am Wochenende oft Rockbands. Bei unbekannten Gruppen freier Eintritt.

Teach Dolmen, 76 Tullow St., mittwochs Folkmusik, auch als Restaurant zu empfehlen.

Reddy, 67 Tullow St., bietet samstags Folk, und in **The Owl,** 56 Dublin St., entzücken gelegentlich Balladensänger das Publikum.

The Buzz, 7 Tullow St., ✆ 43 307, hat Do Traditional, Fr Rockmusik und ist auch die Spielstätte des Bridewall Lane Theatre.

The Dinn Ri, Tullow St., wurde 1998 und 1999 unter 600 irischen Mitbewerbern zum "Superpub des Jahres" gewählt.

4000 Jahre hat er auf dem Buckel – der Brownshill-Dolmen bei Carlow

Carlow/Umgebung

- **River Barrow:** Gegenüber dem Shannon und seinen Seen bietet die Bootsfahrt auf dem River Barrow und dem mit ihm verbundenen Grand Canal ein ganz anderes Urlaubserlebnis. Hier ist die Wasserstraße schmal und erfordert mehr Aufmerksamkeit und nautisches Geschick, auch wenn nur selten mit Gegenverkehr zu rechnen ist. Die Route beginnt in Tullamore, zweigt bei Robertstown (s. S. 217) in einen Verbindungskanal ab, der ab Monasterevin (bei Kildare) den Barrow begleitet und in Athy in diesen mündet. Auf den gesamten 155 km sind 34 Schleusen zu passieren, für die Fahrt flussab rechne man 6 Tage.

  Bootsverleiher: **Valley Boats,** Barrow Lane, Graigamanagh, Co. Kilkenny, ✆ 0503/24 945, 📠 24 889; **Barrowline Cruises,** Barrowline House, Carlow, ✆ /📠 0503/32 545.

- **Browneshill-Dolmen:** Der gewaltige Deckstein, geschätztes Alter 4000 Jahre, wiegt über 100 Tonnen – kaum vorstellbar, wie er mit purer Manneskraft und ohne Flaschenzüge dort hinauf kam. Die Darstellung einer steinzeitlichen Totenfeier auf der erläuternden Tafel ist auch recht phantastisch.

  Anfahrt: Am Weg nach Rathvilly.

County Wicklow

Umgeben von Parks und vornehmen Landhäusern erhebt sich südlich von Dublin die einsame Gebirgslandschaft der Wicklow Mountains. Liebliche, mit Tannenwäldern aufgeforstete Täler und die kargen, zugigen Hochflächen sind das schönste Wandergebiet im Osten Irlands.

Der Gebirgsstock entstand vor ca. 400 Millionen Jahren, als die oberen Schichten aus Sedimentgestein durch heiße, flüssige Massen aus dem Erdinneren angehoben und gleichzeitig zu Glimmerschiefer verbacken wurden. Im Laufe der Zeit wurde diese weiche Deckschicht durch die Erosion weitgehend abgetragen und der darunter liegende, längst erkaltete Granit freigelegt, doch findet man auch beachtliche Reste von Schiefer, z.B. auf der Spitze des **Lugnaquilla** (925 m) und in den Tälern von Glenmacness, Glenmalure und Glendalough. Seinen letzten Schliff erhielt das Gebirge dann in der Eiszeit. Die Gletscher rundeten die Gipfel weiter ab, schnitten die Täler ein und ließen Gebirgsseen wie **Lough Dan** und **Lough Bray** zurück.

Der Osten
Karte Seite 182

Während die Küstenebene und die Nordostseite des Gebirges durch ihre Nähe zu Dublin bevorzugter Platz für die *Landgüter* (beispielhaft Powerscourt) des englisch-irischen Adels war, hielten sich in den Bergen selbst und in den unwirtlichen, ohne Ortskenntnis kaum begehbaren **Hochmooren** alteingessene, gälische Geschlechter wie die O'Tools und die O'Byrnes. Sie, später auch Räuber sowie andere vor den Verfolgungen der Staatsgewalt Geflohene, plagten das Tiefland und seine Bewohner immer wieder mit unvermuteten Überfällen. Um diesen Banden mit größeren Truppenkontingenten nachsetzen und in den Tälern Kasernen anlegen zu können, wurde um 1800 eine **Militärstraße** in Nord-Süd-Richtung mitten auf dem Gebirgskamm gebaut. Radler, die Steigungen nicht scheuen, werden hier mit Einsamkeit, Panoramablick und Naturerlebnis belohnt. Der junge Beckett ging hier oft mit seinem Vater spazieren, und das Sally Gap, eine Kreuzung mitten in der Einöde, wäre der richtige Ort, um auf Godot zu warten.

Schokoladenseite der Wicklow-Berge ist ihre Ostflanke. Die Täler sind sanfte Gletschertröge, ihre Hänge dicht bewaldet, und unten schimmern tiefschwarze Gebirgsseen. Die Klostersiedlung im Tal von Glendalough ist ein Muss für jeden Irlandbesucher, wer es ruhiger mag, erkundet das wenig begangene Glenmalure-Tal.

Information: www.wicklow.ie

▸ **Wicklow Trail:** Für Wanderer gibt es den ebenfalls in Nord-Süd-Richtung über die Berge führenden Wicklow-Trail, Irlands ältesten (1981) und bekanntesten Fernwanderweg, der insgesamt 132 km lang ist. Der Weg meidet die sumpfige, nur mit Farnen und Erika bewachsene Gipfelregion und bleibt in der abwechslungsreicheren Landschaft unterhalb der Baumgrenze. Er beginnt am Marley-Park in *Rathfarnam,* einem Vorort Dublins (Stadtbus Nr. 47B, 48A), ist mit gelben Pfeilen auf schwarzen Pfosten markiert und endet in *Clonegal,* County Carlow. Im Abstand von bequemen Tagesetappen gibt es in Glencree, Knockree, Glendalough, Glenmalure und Aghavannagh Jugendherbergen, in denen man die Tageseinsamkeit des Wanderers durch abendliche Geselligkeit wettmachen kann, allerdings allzu gesellige Jugendgruppen auch manchmal nervtötend laut sein können. Wer sich Zeit lässt und auch Abstecher mit einplant, ist etwa 10 Tage unterwegs. Wer es kurz machen will, begeht zwischen Enniskerry (der Trail passiert hier den Powerscourt-Wasserfall) und Glendalough nur den schönsten Abschnitt des Weges. Im Sommer Mückenschutz nicht vergessen! Gegen Abend werden die Biester zur Plage.

• *Information:* Karte 1:50.000 "The Wicklow Way" von Ordnance Survey, mit Wegbeschreibung. Die Karte Nr. 56 der blauen Serie (1:50.000) deckt den auf das County Wicklow fallenden Streckenteil ab, die "District Map of Wicklow" (1:63.360) das gesamte County. "The Complete Wicklow Way" von J.B. Malone enthält eine ausführliche Wegbeschreibung und ist informativer als das entsprechende Informationsblatt von Bord Fáilte, zu dem man noch eine Karte kaufen muss.

Westflanke der Wicklow Mountains

Die Landschaft auf der Westseite des Gebirges ist weniger dramatisch und spektakulär als ihr Gegenüber, hat aber einige Perlen: Den Poulaphouca-Stausee, Landschloss und Park von Russborough, einen Steinkreis und schließlich das Imaal-Tal als Wandergebiet.

▸ **Blessington:** Das langgestreckte Dorf überblickt den (zungenbrechenden) **Poulaphouca-Stausee**, der Dublin mit Trinkwasser und Strom versorgt. Schmucke, fast städtische Häuser im Stil des 18. und 19. Jh. säumen die Hauptstraße. Im Zeitalter der Pferdekutschen war Blessington die letzte Etappe auf der Reise von Waterford nach Dublin, zwischen 1888 und 1932 fuhr von hier sogar eine Straßenbahn nach Dublin. Das Dorf wurde 1670 am Reißbrett entworfen und gehörte zur Domäne Downshire, dem Gut des Erzbischofs von Dublin. Gut 100 Jahre später kam es in den Besitz von Russborough House.

• *Telefonvorwahl:* 045.

• *Information:* Am Dorfplatz, ✆ 86 58 50, nur Juni–Aug. Mo–Do 9.30–13, 14–17 Uhr, Fr bis 19 Uhr.

• *Verbindung:* Von Dublin Stadtbus Nr. 65 und Bus Eireann Nr. 58.

• *Übernachten:* ** **Downshire House Hotel**, Main St., ✆ 86 51 99, 📠 86 53 35, www.downshirehouse.com, DZ 110 €. Traditionelles Dorfhotel mit einem Tennisplatz im Garten.

Baltyboys JH, ✆ 86 72 66, März–Nov. tägl., sonst nur Fr–So. In einem früheren Schulhaus 5 km außerhalb am Seeufer. Mit seiner einsamen Lage kein Quartier für Pubgänger. Dafür gibt's Strand- und Waldspaziergänge. Angelverleih, auch ein Boot lässt sich auftreiben.

• *Camping:* **Camping Moat Farm**, an der N 81 nach der Abweigung "Donard", ✆ 40 47 27, 2 Pers. mit Zelt 5,50 €. Sauberer, gepflegter Platz ca. 1 Autostunde südl. von Dublin; ausreichende Sanitärs, Aufenthaltsraum mit TV, Küche (Lesertipp von H. u. G. Müller).

"Was gibt's da zu gucken? Wohl noch nie'n Schaf gesehen?"

Der Osten
Karte Seite 182

▸ **Russborough House:** Ein Musterbeispiel für die Landschlösser, die sich die englisch-irische Oberschicht in der Nähe Dublins anlegen ließ. Bauherr war Joseph Leeson, Earl of Miltown, der es mit einer Brauerei zu Geld gebracht hatte und sich nicht scheute, diesen Reichtum zu zeigen – damals hatte die Firma Guinness noch ernst zu nehmende Konkurrenz. Ähnlich wie in Maynooth sind zwei Seitenflügel durch halbrunde Säulengänge mit dem aus grauem Granit gefügten Haupthaus verbunden, die Fassade misst alles in allem über 200 m. Für den Innenausbau wurden die Gebrüder Francini als Stukkateure engagiert, und auch an Möbeln, Gemälden, Figuren und Silber hat der Bauherr nicht gespart. 1931 kam das Haus in den Besitz von Alfred Beit, einem Neffen des gleichnamigen Gründers und Hauptaktionärs von *de Beers,* der bis heute im Abbau und Handel mit Diamanten weltweit führenden Firma. Kein Wunder, dass der junge Alfred vom alten Alfred eine Sammlung erstklassiger Gemälde (darunter Goya, Rubens, Velasquez) erbte, die jetzt auch in Russborough House hängen. 1974 machte Russborough Schlagzeilen, als IRA-Sympathisanten die wertvollsten Gemälde klauten, um vom Erlös die Kasse der Organisation zu erfüllen. Die Bilder wurden später unversehrt geborgen. Nach einem weiteren Diebstahlsversuch, diesmal waren gewöhnliche Kriminelle am Werk, kann die Sammlung nur noch im Rahmen 45-minütiger Führungen unter stregen Sicherheitsvorkehrungen besichtigt werden.

🕐 Juni–Aug. tägl. 10.30–17.30 Uhr, Mai/Sept. Mo–Sa 10.30–14.30, So 10.30–17.30 Uhr, Apr./Okt. nur So 10.30–17.30 Uhr; Eintritt 5 €.

▸ **Steinkreise:** Ein Steinkreis bleibt selten allein. War es, weil die bronzezeitlichen Priester und Baumeister die Nähe zu anderen Kultstätten schätzten? Weil sie miteinander wetteiferten? Weil sie nur in einzelnen Gebieten Irlands siedelten? Jedenfalls stehen gewöhnlich mehrere Steinkreise relativ dicht beieinander. So auch auf der Westflanke der Wicklow-Berge, die damals die wichtigste Goldader Europas bargen. Am bekanntesten sind die **Athgreany Piper's Stones,** ein Steinkreis aus 14 Granitbrocken und einem weiteren außerhalb des Kreises, der sogenannte Outlier. Abergläubische Iren sehen in ihm einen versteinerten Dudelsackpfeifer, den Kreis bilden die Reigentänzer. Unweit des Kreises sind die Fundamente einer kleinen **Kapelle** erhalten, und es geht die Legende, dass St. Kevin sich zunächst hier niedergelassen hatte, bevor er ins weit schönere Glendalough umzog. Der Grund für die Versteinerung der Tänzer war, wie es schon Frau Lot geschah, ihr weltlich ausschweifendes Treiben an diesem heiligen Ort. So belegt die Nähe von Steinkreis und Kapelle einmal mehr, dass neue Religionen just dort ihre Riten vollziehen, wo schon die alten, heidnischen Kulte gefeiert wurden: einmal heilig, immer heilig. Der **Castleruddery Circle** ist stärker verwittert. Hier sind die Portalsteine aus Marmor. Gleich dahinter liegt ein Brocken mit auffälligen Kerben, die vielleicht das Widerlager für irgendwelche Pfosten waren.

Anfahrt: Athgreany steht an der N 81, 3 km südl. der Abzweigung zum Wicklow Gap; Castleruddery am Eingang des Glen of Imaal (von der N 81 ausgeschildert).

Tanzplatz der Mondgöttin?

Je mehr man sich mit den etwa 1000 noch erhaltenen Steinkreisen der britischen Inseln beschäftigt, desto widersprüchlichere Befunde tauchen auf. Nur gut die Hälfte der Kreise ist tatsächlich rund. Daneben gibt es abgeplattete Kreise, "Eier", Ellipsen und scheinbar regellos deformierte Kreise. Einige haben im Zentrum einen aufrechten (phallischen?) Stein, andere einen liegenden, manche Spuren einer Brandbestattung und wieder andere einfach nichts. Die größten Kreise haben einen Durchmesser von 400 m, die kleinsten von gerade 2 m. Je jünger, desto kleiner. Der Steinkreis um den Grabhügel von Newgrange gilt als der älteste in Irland – nach herrschender Lehrmeinung wurde er vor 5000 Jahren gebaut, während der Drombeg Circle "erst" 2600 oder sogar nur 2000 Jahre zählt.

Eine gängige Interpretation sieht in den Steinkreisen eine Kalenderstätte, mit deren Hilfe beispielsweise die Sonnenwende, Tag- und Nachtgleiche, besondere Mondstellungen beobachtet oder Sterne fixiert werden können. Nun ergeben sich bei einem Kreis mit, sagen wir, 12 Steinen 132 verschiedene Achsen. Rechnen wir nur vom Zentrum aus, sind es zunächst 12, die aber wiederum mit drei zu multiplizieren sind, da niemand weiß, ob die Achsen über rechte Seite, linke Seite oder die Mitte des Visiersteins gezogen werden müssen. Selbst wenn die vorgeschichtlichen Baumeister ihre Kreise also nach bestimmten Gestirnen oder Himmelskonstellationen ausrichteten, wozu sich eine hufeisenförmige Anordnung übrigens weit besser geeignet hätte, ist heute kaum nachvollziehbar, woran sie sich orientierten.

Die Deutung der Steinkreise durch die Frauengeschichtsforscherin Heide Göttner-Abendroth als Tanzplätze matriarchalischer, eine Mondgöttin verehrender Gesellschaften ist also kaum zu widerlegen. Es kann so gewesen sein, aber vielleicht auch ganz anders.

▸ **Hollywoood Glen:** Radler müssen sich nicht auf der Fernstraße von den Lastern in den Graben drängen lassen, sondern nehmen ab Hollywood die Nebenstraße nach Donard. Dieser Weg ist zwar etwas hügeliger, aber kaum befahren und führt zwischen steilen Felsen und sogar einen Wald hindurch, der ausnahmsweise nicht eingehegt ist und zu einem Spaziergang verführt.

▸ **Glen of Imaal:** Das landschaftlich schönste Tal auf der Westseite des Gebirgsstocks ist nach Mal, dem Bruder des mythischen Königs Cathal Mor benannt. Zu Beginn des 19. Jh. hielt sich hier der Freiheitskämpfer *Michael Dwyer* versteckt. In **Derrynamuck** hat man ihm ein kleines Museum eingerichtet, das einen Eindruck vom Alltagsleben dieser Zeit vermittelt und den rechten Kontrast zum Luxus von Russborough bildet.

Der Osten
Karte Seite 182

▸ **Wandern:** Eine anspruchsvolle Tageswanderung, die nur mit Karte, Kompass, wasserfesten Schuhen und nie alleine unternommen werden sollte, führt von der Ballinclea Herberge über den **Lugnaquilla** (925 m) hinüber ins Glenmalure-Tal. Eine erheblich leichtere Route von Imaal nach Glenmalure umgeht den Luqnaquilla im Norden (dieser Weg ist im Kapitel über das Glenmalure-Tal beschrieben). Da die irische Armee den oberen Teil von Imaal gelegentlich für Artillerieübungen benutzt, sollte man sich vorher erkundigen (✆ 509 845), ob gerade scharf geschossen wird. Der Weg beginnt 2,7 km östlich der Jugendherberge, wo die Straße vor dem Knickeen River eine Linkskurve macht – es ist der letzte rechts abzweigende Pfad vor der Kurve. Er überquert den Slaney, möglicherweise wird man hier von den Soldaten zu einem Umweg gezwungen. 10 Min. nach dem Bach schlägt man den Weg nach links ein und steigt geradewegs auf den *Camara* (480 m) und über den Kamm weiter zum Lugnaquilla auf, wobei der auf der Karte als North Prison bezeichnete Steilabfall links bleibt. Jetzt kommt das schwierigste Wegstück. Man muss sich vom Gipfel nordöstlich halten (recht steiles Gelände), um nach etwa 20 Min. linker Hand auf einen Bach zu stoßen. Diesem folgt man talwärts, ohne ihn zu überqueren, weiter unten immer am Waldrand entlang. Ab dem Baravore-Parkplatz nimmt man die Teerstraße (bergauf) und erreicht nach ca. 1 km die Glenmalure JH.

• *Verbindung:* Nur Sa/So mit Bus Nr. 65 von Dublins Crampton Quay nach Donard und bis zum Hostel.

• *Übernachten:* **Ballinclea JH**, 4 km südwestl. von Donard, ✆ 40 46 57, geöffnet März–Nov.

▸ **Baltinglass:** Kaum zu glauben, dass in dieser Einöde einmal das irische Parlament tagte. 1397 kamen die Vornehmen der Insel für drei Tage in der *Abtei Vallis Salutis* zusammenkamen. Das Zisterzienserkloster wurde 1541 aufgegeben. Der Glockenturm stammt aus späterer Zeit, als in den Ruinen eine protestantische Kirche eingerichtet war. Oben auf dem steilen Baltinglass-Hügel (381 m) thront die prähistorische Befestigung **Rathcoran** mit einem doppelten Steinkreis, der drei Ganggräber einschließt.

• *Information:* Weavers Sq., ✆ (05 08) 81 634 und 81 688, nur Juli–Sept. Mo–Sa 9–13 Uhr, 14–17 Uhr.

• *Verbindung:* Baltinglass liegt an der N 81, Bus Eireann-Strecke Dublin–Waterford.

• *Übernachten:* **Rathcoran Hostel**, ✆ 81 073, geöffnet Mitte Juni–Aug., Bett 12 €.

Enniskerry

Das gepflegte, fotogene Dorf kuschelt sich in eine dicht bewaldete Senke. Es wurde um 1830 von den Herren des benachbarten Gutes Powerscourt für die Pächter und Landarbeiter angelegt. Trotz der Nähe zu Dublin ist ihm die zügellose Urbanisierung bisher erspart geblieben.

• *Telefonvorwahl:* 01.

• *Verbindung:* Stadtbus Nr. 44 ab Dublin Hawkins Street; häufiger Bus Nr. 85 von der Station Bray der DART-Bahn. Die schmale, kurvige Straße von Bray ist stark von LKW's und Bussen befahren. Radler nehmen von Dublin nach Enniskerry besser die R 117.

• *Sport:* Enniskerrys Hausberg Great Sugarloaf ist das Zentrum der Dubliner Drachen- und Gleitschirmflieger. Auskunft beim **Dublin Gliding Club,** ✆ 298 39 94.

• *Übernachten:* ** **Enniscree Lodge,** Glencree Rd., ✆ 286 35 42, ✆ 286 60 37, DZ 100–130 €. Das umgebaute Jagdhaus steht 9 km außerhalb in absolut ruhiger Lage mit guter Aussicht. Das familiär geführte Haus hat nur 10 Zimmer, ist jedoch vergleichsweise teuer. Gutes Restaurant.

* **Powerscourt Arms,** The Square, ✆ 282 89 03, ✆ 286 01 49, DZ 80 €. Ein gemütlicher Gasthof, die Zimmer mit Plastikduschkabinen, die Lounge der abendliche Treffpunkt der Dörfler. Das Haus war jüngst Drehplatz dreier Filme, auch Peter O'Toole trank hier schon sein Guinness.

B&B Cherbury, Monastry, 1 km an der Straße nach Glencree, ✆ 282 86 79, DZ 52 €. Schöne Aussicht über das Tal.

B&B Corner House, Glencree Rd., ✆ 286 01 49, DZ 50 €. Betten wie aus Omas Jugendzeit. Dazu passen die Blümchentapeten und die Nippessammlung in der Stube.

Knockree JH, Lackan House, 6 km südwestlich, ✆ 286 40 36. In einem Bauernhaus am Fuße des Knockree Mountain ist die von Enniskerry nächstgelegene Herberge am Wicklow-Trail eingerichtet; Churchill, der verspielte Hund des Hauses, macht müde Wanderer wieder munter.

• *Essen:* Um den Dorfplatz einige ansprechende Cafés mit Restaurant, z.B. **Poppies** – selbstgebackenes Brot und eigene Konfitüre.

Harvest Home, oberhalb des Postamtes, Hauptgericht 5–8 €. Beinahe ein Wohnzimmer. Empfehlenswert das Curryhuhn und die schmackhaften Pies.

Gediegener ist das **Curtlestown House,** 5 km Richtung Glencree, ✆ 282 58 03, Tagesmenü 25 €; nur am Sonntag auch mittags geöffnet.

Sehenswertes

Powerscourt Gardens: Gemessen an den Besucherzahlen ist dieser Schlosspark zu Füßen des Great Sugarloaf (503 m) der beliebteste Park Irlands. Der **italienische Garten,** für den sich gut hundert Arbeiter zwölf Jahre abmühten, fällt vom Schloss über Terrassen zu einem künstlichen See ab. Er war eine der letzten Anlagen dieser noch vom Barock geprägten Stilrichtung des Gartenbaus. Der danach angelegte **japanische Garten** verdeutlicht den Wandel des Geschmacks hin zu eher "natürlichen" Parks, und der Rest der Domäne zeigt sich dann auch wirklich weitgehend naturbelassen. Bizarr ist der **Tierfriedhof,** wo nicht nur Katzen und Hunde, sondern auch Lieblingspferde und eine prämierte Kuh ("Eugenie, dreimal Champion von Dublin") beigesetzt sind.

Das **Schloss** selbst, 1731 von Richard Cassels entworfen, brannte 1974 just bei jenem Empfang bis auf die Grundmauern nieder, mit dem der Abschluss langjähriger Renovierungsarbeiten gefeiert wurde. Erst 1997 war der "Phoenix wieder der Asche entstiegen", wie die Lokalpresse titelte, und dient jetzt als Restaurant, Souvenirkaufhaus und Visitor Centre, in dem die jährlich gut 100.000 Besucher die Geschichte des Anwesens erfahren. Die neuerliche In-

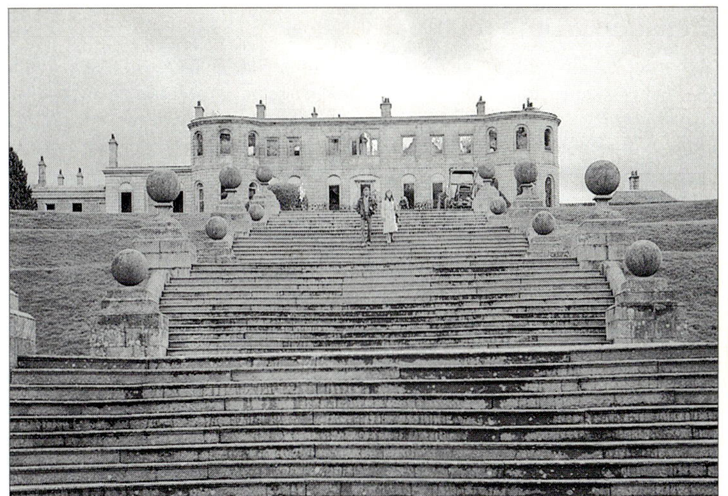

Prunk aus Stein – im italienischen Garten von Powerscourt

standsetzung wurde mit Geldern aus dem EU-Regionalfond finanziert, zusätzlich verkauften die Slazengers, denen Powerscourt gehört, einen Teil des Parks als Bauland. Hoffen wir, dass das Schloss diesmal gegen Feuerschaden versichert wurde.

Wasserfall: Im oberen Teil des Gutes fällt der *Dargle* in Irlands größtem Wasserfall 121 m in die Tiefe. Dort ist ein Naturlehrpfad angelegt, leider wird der Weg vom Schloss zum Wasserfall durch ein verschlossenes Tor blockiert, das den Umweg über die Straße erzwingt. Niemand empfindet es hier als anstößig, für den Besuch des Naturdenkmals Eintritt zu verlangen. Das englisch-irische Prinzip von Eigentum an Grund und Boden geht sehr viel weiter als in Deutschland, und so lassen sich selbst die meisten Bauern den Gang über ihre Felder bezahlen, auf denen ein Dolmen, ein Steinkreis oder ein ähnliches Monument steht.

Angesichts eines bevorstehenden Besuchs von König Georg IV. wollten die Herren von Powerscourt dem ihrer Meinung nach spärlichen Wasserfluss etwas nachhelfen und stauten den Bach oben mit einem künstlichen Damm, der just in dem Moment hätte gesprengt werden sollen, da der König sich anschickte, die Szenerie zu betrachten. Doch Georg, nach dem Bankett von Darmgrimmen geplagt, verzichtete auf das Spektakel. Die Unpässlichkeit rettete das königliche Leben, denn die nach der Sprengung vom Wassersturz mitgerissenen Felsbrocken zerschmetterten die Aussichtsplattform.

🕘 **Park,** März–Okt. tägl. 9.30–17.30 Uhr, Nov.–Febr. tägl. 10.30–16 Uhr; Eintritt 4,50 €. Der Eingang ist 500 m südlich vom Dorfplatz Enniskerry. 🕘 **Wasserfall,** tägl. 9.30–19 Uhr (im Winter bis Einbruch der Dunkelheit); Eintritt 2 €. Vom Parkeingang ausgeschildert.

Enniskerry/Umgebung

▸ **Glencree:** An einer Straßengabelung stehen ein paar Gebäude, die man kaum Dorf nennen kann. Außer der Jugendherberge ist eine internationale Jugendbegegnungsstätte der Friedensbewegung erwähnenswert. Während der Weltkriege gab es in Glencree ein Internierungslager für deutsche Soldaten, die es aus abgestürzten Flugzeugen und gestrandeten Schiffen nach Irland verschlagen hatte. Manche blieben für immer hier und wurden auf dem stillen **Soldatenfriedhof** am Ortsrand bestattet. Einmal im Jahr, am Volkstrauertag, kommt der deutsche Botschafter aus Dublin und legt einen Kranz nieder, ansonsten verirren sich nur wenige Besucher an den stillen Ort.

Übernachten: **Gleencree JH,** Stone House, am Dorfplatz, ✆ 286 40 37. Eine alte Armeebaracke, sehr schlicht und beim letzten Besuch renovierungsbedürftig.

▸ **Wandern:** Die Landschaft um **Lough Tay,** den dunklen Bergsee an der Straße vom Sally Gap nach Roundwood, war Schauplatz von John Boormans Film "Excalibur". Über einem Strand am Nordende des Sees glänzt das Lugalla House, ein Landsitz der Guinness-Familie, der nahezu das ganze Tal bis hinunter zum **Lough Dan** gehört. 3,2 km nach der Abzweigung der Sally Gap von der N 81 lässt man den Wagen stehen, passiert links das mit "Ballinrush" gekennzeichnete Tor und schlägt dann am Waldrand entlang den Weg Richtung See ein. Nach einer halben Stunde blockiert Privatgrund den Pfad. Er kann nach rechts zur Fahrstraße hin umgangen werden. An der Mündung des Cloghoge in den See bietet sich eine Gelegenheit zum Picknick und vielleicht auch zum Sonnenbad. Für den Rückweg der insgesamt 1,5–stündigen Tour nimmt man die Fahrstraße.

Glendalough/Laragh

Die enthusiastische Schilderung, mit der das Ehepaar Hall vor über 150 Jahren in seinem Irland-Reiseführer dem "Tal der zwei Seen" mit seiner mittelalterlichen Klostersiedlung zu einer Karriere als Ausflugsziel verhalf, verspricht auch heute nicht zu viel. Glendalough bietet die ideale Kombination von Naturerlebnis und Schnitzeljagd durch geschichtsträchtige Ruinen.

Das Tal war schon in der Bronzezeit besiedelt. Es wurde von eiszeitlichen Gletschern geformt und war in der Warmzeit zunächst von einem großen See gefüllt, den die vom Poulanass angeschwemmten Erd- und Geröllmassen allmählich in zwei Teile teilten. Das Granit- und Schiefergestein der umliegenden Berge birgt Adern mit Quarz, Blei-, Silber- und Zinkerzen, und die bronzezeitlichen Siedler dürften Bergarbeiter und Schmelzer gewesen sein, die diese Vorkommen ausbeuteten. Da Glendalough nur wenige Häuser zählt, im Sommer und an den Wochenenden die Besucher aus Dublin aber busweise heraufströmen, wird es manchmal recht eng.

Geschichte

Sozusagen den Grundstein zum Ruhm des Ortes legte im 6. Jh. der *Heilige Kevin,* der sich hierher als Einsiedler zurückzog, ohne indes lange allein zu bleiben. Bald folgten ihm andere Einsiedler, Schüler und Mönche, ein Kloster entstand, und Glendalough mit seinen damals fast 5000 Einwohnern avancierte zum Bischofssitz. Während die meist aus Adelsgeschlechtern stammende Elite der Mönche sich mit dem Kopieren und Illuminieren der heiligen Schriften beschäftigte, sorgten die Laienbrüder mit Landwirtschaft und Handel für die materielle Grundlage des Klosterlebens.

Das Wirken von *Lawrence O'Toole,* Irlands erstem kanonischen, also von Rom anerkannten Heiligen, war Höhepunkt und Wende in der Geschichte von Glendalough. 1174 verwüstete eine Überschwemmung die klösterliche Pracht, 1398 tobten sich englische Soldaten aus, und im 17. Jh. verließen schließlich die letzten Mönche den Ort. Die Bauern der Umgebung vergaßen Glendalough jedoch nicht. Jedes Jahr kamen sie zu einer Wallfahrt herauf, auf der es, so die Chronisten, wenig christlich zuging. Dem Whiskey wurde kräftig zugesprochen, und im Suff blieben auch die üblichen Prügeleien nicht aus. Im 19. Jh. nahm man für einige Zeit den Bergbau wieder auf, bis die Vorkommen 1920 für die damalige Technologie erschöpft waren. Am oberen Ende des Upper Lake erkennt man noch die Gebäude der Mine und ihre (giftigen) Schlackenhalden. Einige Schächte führten unter dem Berg hindurch bis ins *Glendassan-Tal,* wo man die Öffnungen von der Straße zum Wicklow Gap aus noch sehen kann.

Information/Verbindungen/Diverses

• *Telefonvorwahl:* 0404.

• *Information:* **Bord Fáilte** operiert Ende Juni bis Sept. aus einem Container gegenüber dem Glendalough Hotel. ✆ 45 688.

Glendalough Visitor Centre, neben dem Glendalough Hotel, ✆ 45 325. Mit kleiner Ausstellung zu Glendalough und dem Klosterleben, dazu eine 20-minütige Videopräsentation über irische Klöster und das frühe Christentum. Juni–Aug. tägl. 9–18.30 Uhr, Mitte April–Mai u. Sept.–Mitte Okt. 9.30–18 Uhr, Nov.–März tägl. 9.30–17 Uhr; Eintritt 2,50 €.

Informationsbüro des Nationalparks, beim Parkplatz am Upper Lake, ✆ 45 656, geöffnet Mai–August tägl. 10–18.30 Uhr, Sept. Sa/So 10–18.30 Uhr; mit Ausstellung zur Naturkunde und Wandertipps. An Wanderführern ist beispielsweise "Exploring the Glendalough Valley" erhältlich.

• *Verbindung:* Mit **St. Kevin's Coach Service** von Dublin, St. Stephan's Green, College of Surgeons, ✆ 281 81 19, Abfahrten dort Mitte Juni–Mitte Sept. tägl. 11.30 u. 18 (So 19) Uhr, sonst "nach Bedarf" (vorher anrufen!). Halt in Bray gegenüber "Bray Old Folks"; zurück nachmittags vom Parkplatz gegenüber dem Glendalough Hotel. Von Wicklow und Ashford tägl. Minibusse (Wicklow Tours, ✆ 0404-67 718).

• *Fahrradverleih:* **John Kenny,** Laragh, bei der Post, ✆ 45 236.

• *Klettern:* An den Wänden zwischen dem Upper Lake und der alten Mine treffen sich am Wochenende die Dubliner Alpinisten. Kontakt: **Joss Lynam,** ✆ (01) 288 46 72.

• *Pferdeverleih:* Von Dublin hoch zu Ross über das Wicklow-Gebirge mit dem **Calliaghstown Riding Centre,** ✆ (01) 458 92 36. **Laragh Trekking Centre** (siehe "Übernachten"), pro Pferd und Stunde ca. 20 €.

Übernachten/Camping/Essen

Die meisten der im Juli und August schnell ausgebuchten B&B-Häuser stehen in Laragh (3 km). Da sie nicht beim Bord Fáilte registriert sind, ist dort keine Vorausbuchung möglich.

Glendalough Hotel, ✆ 45 135, 📠 45 142, DZ 100–140 €. In Top-Lage nahe dem Kloster, der Bach fließt direkt unter dem Speiseraum hindurch. Am Ort ohne Konkurrenz, daher etwas vernachlässigt und mit trägem Service – schade drum.

B&B Derrybawn Lodge, Rathdrum Rd., Laragh, ✆ 45 644, DZ 65–75 €. Gediegenes

Landhaus in einem Waldgelände; freundlicher Empfang, gutes Essen, antike Möbel und sein Geld wert.

B&B Lilac Cottage, Laragh, ✆ 45 574, DZ 45 €. Ähnlich das **Valeview,** gegenüber der Kirche, ✆ 45 292.

B&B Laragh Trekking Centre, Glenmacness, ✆ 45 282, DZ ab 55 €, Dinner 20 €. Von Laragh 4 km Richtung Sally Gap, mit nur 12 Betten familiäre Atmosphäre. Die Zimmer mit Sat-TV und flauschigen Teppichen tadellos eingerichtet, auch an Details wie Shampoofläschchen und Heizdecke wurde gedacht. Gemütlicher Aufenthaltsraum mit Kamin und Blick über das Tal; eigene Reitpferde. Empfohlen.

Wicklow Way Hostel, Laragh, ✆ 45 398, Bett 10 €. Mit 12–18 Betten sehr große Schlafsäle und spartanische Heizung. Küche ohne Kühlschrank und zum Kochen nur eingeschränkt ausgerüstet, dafür gibt's einen gemütlichen Coffeeshop im Haus. Unter gleicher Leitung stehen das Pub nebenan und das Laragh Restaurant.

Glendalough JH, 400 m vom Visitor Centre Richtung Upper Lake, ✆ 45 342, ganzjährig geöffnet, Bett ab 12 €, Frühstück 8 €. Älteres, 1999 gründlich renoviertes und um einen modernen Anbau erweitertes Haus, in dem sich die Mehrzahl der Schlafräume (2- bis 8-Bett-Zimmer) befinden. Die Küche ist mit Teewasserspeicher und diebstahlsicherem Dosenöffner ausgestattet und bietet die Chance, dem teuren Frühstück mit einem selbst zubereiteten Morgenessen zu entgehen. Die Herberge ist ganztägig geöffnet, die Rezeption nur am Morgen und Abend besetzt.

• *Camping:* Im Naturschutzgebiet um das Kloster und die Seen ist wildes Zelten nicht erlaubt. Wer Natur sucht, kann weiter oben im Glendassan Valley campen. Der nächste Campingplatz ist in **Roundwood** (N 81), ein leicht abschüssiges Wiesengelände mit befestigten Plätzen für Caravans. Überdachter Aufenthaltsraum, Laden mit Pub in Laufweite. Für irische Verhältnisse ein sehr ansprechender Campingplatz. ✆ (01) 281 81 63, geöffnet Apr.–Sept., 2 Pers. mit Zelt 12 €.

• *Essen:* **Wicklow Heather Restaurant,** bei der Tankstelle, Laragh, ✆ 45 157, Lunch 12 €, Dinner 16 €. Ein rustikal-modern eingerichteter Bungalow, die Lage hat ihren Preis. Sehenswert ist der Vorgarten auf der anderen Straßenseite.

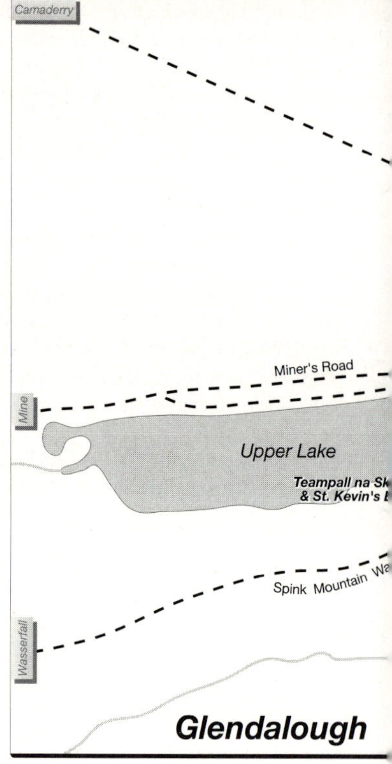

Sehenswertes

Etwa in der Mitte zwischen Laragh und Glenmalure steht auf dem südlichen Bachufer die **Priority of St. Saviour's,** die Lawrence O'Tool gestiftet haben soll. Mit ihren bemerkenswerten Steinmetzarbeiten (Friese mit Köpfen und Blumen, ein Löwe, der sich in den Schwanz beißt und weitere Tierdarstellungen) ist sie eines der letzten Beispiele des iro-romanischen Stils.

Mittelpunkt der **Klosterstadt,** die man wie früher durch das **Pförtnerhaus** betritt, ist der weithin sichtbare **Rundturm,** dessen Spitze von einer Restau-

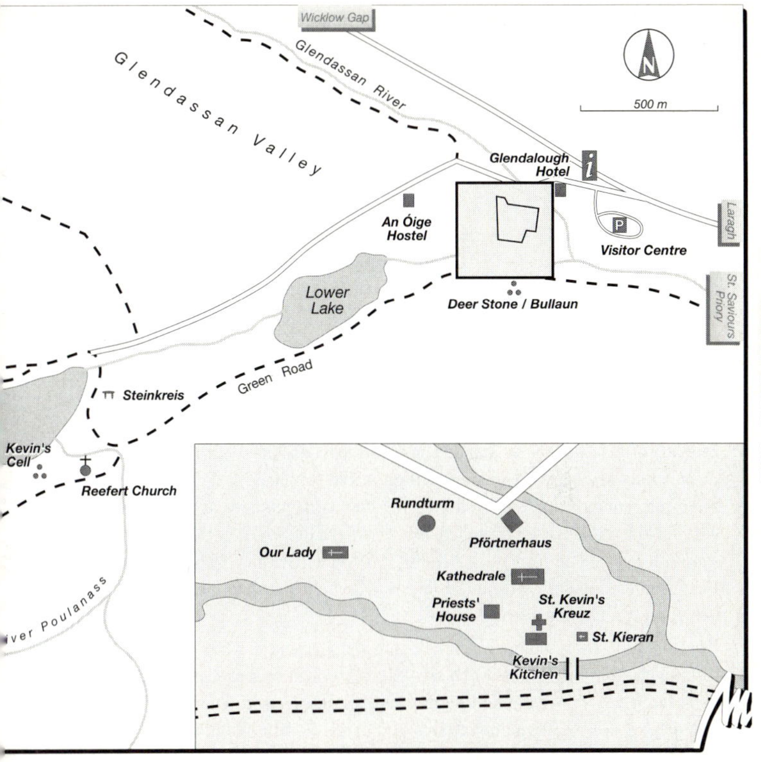

Der Osten
Karte Seite 182

rierung gegen Ende des 19. Jh. stammt. Der Turm diente gleichermaßen als Ausguck und Fluchtburg, der Eingang war nur über eine Leiter zu erreichen. Die im 9. Jh. begonnene **Kathedrale Peter und Paul** ist das an Grundfläche größte Gebäude Glendaloughs. An der Südwestecke schließt sich der Friedhof mit dem seltsamen **Priest's House** an, einer Grabkapelle oder einem Schrein: auch hier könnte Kevins Grab gewesen sein. Der Fries über dem Eingang wurde erst 1870 eingesetzt, es ist ungewiß, woher er eigentlich stammt. Auf alten Stichen erkennt man einen König oder Abt zwischen zwei demütigen Klerikern, doch in den letzten 125 Jahren sind die Figuren zur Unkenntlichkeit verwittert. **Kevins Kreuz** ist nicht das einzige, aber das größte Hochkreuz von Glendalough. Wer es mit beiden Armen zu umfassen vermag, dem wird der Heilige einen Wunsch erfüllen. **Kevin's Kitchen** – der wohlproportionierte Rundturm auf dem Westgiebel erinnert an die Kamine alter Kloster- oder Schlossküchen – war keine Küche, sondern ebenfalls eine Kirche. Sie ist außer dem Turm das einzige noch überdachte Gebäude des Klosters. Lediglich die Fundamente sind von der dem Zeitgenossen Kevins und Abt von Clonmacnoise geweihten **Kapelle St. Kieran** geblieben, die mit einem Schiff von gerade 6 x

4,5 qm und einem Chor von 2,75 x 2,75 qm recht winzig war. Etwas abseits steht, aus schweren Granitquadern gefügt, **Our Lady's Church,** die zu einem Nonnenkloster gehörte.

Die schwache Stunde des Heiligen

Viele der für Volksheilige üblichen Wundergeschichten werden auch mit St. Kevin in Verbindung gebracht: Er habe glühende Kohlen, ohne Schaden zu nehmen, mit bloßen Händen angefasst, in einem hohlen Baum gelebt, sich ausschließlich von Beeren und Kräutern ernährt, und die Bäume des Waldes hätten vor dem vorbeischreitenden Heiligen in Ehrfurcht ihre Wipfel geneigt. Wie dem Heiligen Franziskus wird Kevin eine besondere Nähe zu Tieren nachgesagt. Am bekanntesten ist die Legende von der Amsel, die Kevins Hände, während er meditierte, als Nest erkoren und ihre Eier hineingelegt hatte – worauf der Heilige in seiner Kreuzvigilie, also mit ausgestreckten Armen, verharrte, bis die Jungen ausgebrütet waren. Ein andermal, als ihm sein Gebetbuch in den See fiel, rettete es ein Otter vor dem Untergang und brachte es trocken (!) an Land. Eine weitere Geschichte rankt sich um den *Deer Stone*. Irgendwie war der Heilige in die missliche Lage geraten, einen Säugling, noch dazu einen Abkömmling des Königshauses aufziehen zu müssen. Woher unter lauter männlichen Einsiedlern die Milch nehmen? Eine Rehkuh ließ sich jeden Tag in die Kuhle des verwitterten Steines melken, das Kind konnte genährt werden, und dem Kloster Glendalough war der Dank des späteren Königs gewiß.

Doch es gibt auch weniger schmeichelhafte Legenden über Kevin, z.B. die Geschichte der Prinzessin Kathleen. Sie hatte sich unsterblich in Kevin verliebt, doch der war nur geistigen Genüssen zugetan und wußte nichts besseres, als vor den Nachstellungen des Mädchens in seine Höhle zu fliehen. Die Prinzessin, nicht dumm, ließ sich vom Hund des Heiligen den Aufstieg zeigen. Als sie Kevin dann auch in seiner vermeintlich sicheren Behausung mit ihrer engelsgleichen Schönheit in fleischliche Versuchung brachte, warf der Eremit Kathleen kurzerhand in den See, wo sie ertrank. Das reute Kevin, und er betete darum, dass in Zukunft niemand mehr im Upper Lake ertrinken möge.

Von der Klosterstadt führt eine Brücke über den Gleneala auf die Green Road, den alten Pilgerweg zur Anachoretensiedlung. Der **Deer Stone** am südlichen Brückenkopf war vielleicht ein Bullaun, ein prähistorischer Mahlstein, wie man sie oft in der Nähe irischer Klöster findet. Von diesen im Volksglauben mit übernatürlichen Kräften versehenen Steinen ist bis heute nicht klar, ob sie von den Mönchen in die Nähe der Klöster geschleppt wurden, oder ob die Klöster an Orten mit langer Sieldungskontinuität angelegt wurden, also die Steine sich schon immer hier befanden. **Reefert Church,** nahe dem Wasserfall des in den Upper Lake mündenden Poulanass, gilt einigen Forschern als das Grab des Heiligen. Die Kirche, in der noch andere religiöse Würdenträger und Lokalfürsten der O'Toole-Familie begraben sind, ist schwer zu datieren. Fens-

Totenwache in Glendalough

ter- und Chorbögen sind romanisch, möglicherweise aber in schon bestehende Wände eingefügt. **Kevin's Cell**, von der auf einer Felsnase nur die kaum bemerkenswerten Fundamente erhalten sind, war entgegen dem Namen keineswegs die Zelle des Heiligen. Sie dürfte auf der künstlichem Plattform **Teampull na Skellig** am Südufer des Upper Lake gewesen sein, die nur mit dem Boot zu erreichen ist. Zwischen Resten von Bienenkorbhäuschen steht eine in Teilen bis ins 7. Jh. zurückgehende Kapelle. Wenn ihm der Rummel in der Anachoretensiedlung zuviel wurde, zog sich Kevin, so die Überlieferung, in die Höhle namens **Kevin's Bed** zurück, ein bronzezeitliches Grab. Allein der Aufstieg Kevins zu der 8 m über dem Erdboden schier unerreichbar in einer Felswand klebenden Höhle muss den Zeitgenossen als ein Wunder erschienen sein.

Glendalough/Umgebung

▸ **Wandern:** Vom Upper Lake bieten sich mehrere Spaziergänge und Wanderungen an. Kaum zu verfehlen ist der **Poulanass-Wasserfall**. Über die Miner's Road erreicht man entlang dem Nordufer des Upper Lake in etwa einer halben Stunde die alte Mine. Der Spink Mountain Walk führt von der Reefert Church oben auf dem Kliff um den See herum. Man überquert den Gleneala an einem kleinen Wasserfall und kann dann auf der Nordseite über die Miner's Road zurückkehren (ca. 3 Std.). Anspruchsvoller ist die Tour auf den **Camaderry** (700 m), der höchsten, von den vorgelagerten Hügeln zunächst verdeckten Erhebung auf der Nordseite des Upper Lake. Der Pfad beginnt, von Glendalough kommend, 50 m vor dem Parkplatz am Upper Lake, führt steil den Hang hoch auf den Bergrücken, von wo man in nordwestlicher Richtung auf den gut sichtbaren Gipfel zuhält (hin und zurück 4 Std.). Diese Wanderung sollte man nicht alleine unternehmen und bei Wetterverschlechterung sofort umkehren – so einfach die Orientierung oben bei guter Sicht ist, so unmöglich wird sie, wenn man mitten in einer Wolke steht. Im Schaukasten beim Info-Büro des Nationalparks hängt eine Wetterprognose.

- **Wicklow Gap:** Am Turlough Hill, nahe dem Pass am oberen Ende des Glendassan-Tales, sind zwei Seen zu einem *Speicherkraftwerk* ausgebaut. Nachts, wenn der Stromverbrauch gering ist, wird mit der überschüssigen Energie Wasser in den oberen See gepumpt, um tagsüber, in Spitzenzeiten, wieder abgelassen zu werden und dabei über eine Turbine Strom zu erzeugen. Das Kraftwerk kann von Gruppen nach Absprache mit der Elektrizitätsgesellschaft besichtigt werden (✆ 0404/451 13, wenigstens eine Woche vorher anrufen).

- **Glenmalure:** Ein kaum weniger schönes Wandergebiet als das benachbarte Glendalough, doch weniger überlaufen und mit öffentlichen Verkehrsmitteln nicht zu erreichen. Vom Ende der Autostraße aus bietet sich die Tagestour an der Jugendherberge vorbei immer talauf hinüber ins Imaal-Tal auf die Westseite des Gebirges an. Die Schlucht inspirierte *John M. Synge* zu seinem Drama "In the Shadow of the Glen". Ein Denkmal am Wegrand östlich der Glenmalure Lodge feiert die Schlacht von Glenmalure, in der die Wicklow-Rebellen 1580 ein ihnen nachsetzendes englisches Heer in die Falle lockten. So blieben die Berge für weitere 200 Jahre außerhalb staatlicher Kontrolle. 1798 war Glenmalure ein Schlupfloch von *Michael Dwyer* und einem Trupp der *United Irish Men,* die auf Napoleons Hilfe bei der Befreiung Irlands von den Engländern hofften. Auf dem Talgrund findet man noch die Fundamente des Militärlagers, das nach der Gefangennahme Dwyers und dem Bau der Militärstraße hier angelegt wurde.

• *Verbindung:* Ohne eigenes Auto nur zu Fuß, beispielsweise von Glendalough über den früher von den Pilgern benutzten Mess Track, dem heute der Wicklow-Trail folgt.

• *Übernachten:* **B&B Glenmalure Lodge,** am Taleingang, ✆ 46 188, DZ 45 €, mit Pub und einfacher Campingwiese.

Glenmalure JH, 1 km oberhalb des Parkplatzes, romantisch am Avonbeg River gelegen (Forellen!). Ohne Strom und Telefon, dafür mit einem Plumpsklo über dem Hof ausgestattet. Juli/ Aug. tägl. geöffnet, sonst nur Sa auf So, Bett 6–8 €. Auch Camping möglich.

Avoca-Tal

"There is not in this wide world a valley so sweet", preist Thomas Moore das Avoca-Tal in einem Gedicht. Er muss die Abraumhalden und Verwüstungen durch den seit der Bronzezeit hier betriebenen Kupferabbau großzügig übersehen haben.

Rathdrum war im 19. Jh. ein geschäftiges Zentrum der Textilindustrie. Heute ist es ein Mekka der Karikaturisten und Comic-Fans. Am ersten Juniwochenende findet das Cartoonfestival statt, und übers Jahr trifft man sich im Cartoon Inn, in dem die besten Zeichnungen ausgestellt sind.

Im nahen **Avondale-Park** können Gälophile das Geburtshaus des Nationalhelden *Charles Stewart Parnell* besuchen. Das im Stil von 1850 eingerichtete Museum zeigt ein Video über die Lebensgeschichte Parnells, die anschließende Führung dauert ca. eine Stunde. Die unmittelbare Umgebung des Hauses war um

Der botanische Garten im Avondale Park

1900 Versuchsfeld für die Wiederaufforstung der Insel. Durch das Areal führen mehrere, auf einem Faltblatt erläuterte Naturlehrpfade, einzelne Bäumen weisen Blechschildchen mit dem botanischen Namen auf, anderswo sind die mit verschiedenen Baumarten bepflanzten Parzellen deutlich zu unterscheiden.

Das Dörfchen **Avoca** kam als Schauplatz der BBC-Serie *Ballkissangel* zu Ruhm. Seit die 1996 gedrehte Seifenoper auch in den USA und in Australien über die Matttscheiben flimmerte, besuchten jährlich bis zu 70.000 Schaulustige den Ort. Mittelpunkt von Dorf und Film ist *Fitzgerald's*, die Kneipe am Fluss.

- *Information:* Rathdrum, ✆ (0404) 46 768, geöffnet Mo–Sa 9.30–13, 14–17.30 Uhr.
- *Verbindung:* Mit den Rosslare-Zügen von Dublins Conolly Station. Von Wicklow über Rathdrum nach Glendalough mit den Bussen von Wicklow-Tours, ✆ 67 718.
- *Öffnungszeiten* von Parnell House und Forststation: Tägl. 10–17 Uhr; Eintritt 3 €.
- *Übernachten:* B&B **Old Farm House**, Greenane, ✆ 46 676, DZ 50 €, auch Halbpension. Stärke des von Caroline Buck geführten Hauses ist die Küche: Gemüse aus dem eigenen Garten, hausgemachtes Bier und Beerenwein (wer's mag). Auf den Fernsehapparat wird dagegen bewusst verzichtet.

Old Presbytery Hostel (IHH), Fairgreen, Rathdrum, ✆ 46 930, Bett ab 11 €, DZ 28 €. Im früheren Pfarrhaus am Ortsrand. Neues Gebäude, 1997 um einen Anbau erweitert. Sehr sauber und gepflegt, die Schlafräume (6 bis 2 Betten) geräumig, ausreichende Sanitärs, einladend helles Esszimmer. Fahrradverleih, Campingmöglichkeit.

Wicklow (Stadt)

Von Dublin kommend führt der Weg an einer schmucken, sanft geschwungenen Bucht entlang in das Städtchen. Sehenswert ist das zum Museum umgestaltete frühere Bezirksgefängnis. Ein polternder Aufseher und mehrere Gefangene geben Einblick in den Strafvollzug vergangner Zeiten. Die Multimedia-Ausstellung in den Obergeschossen widmet sich der Rebellion von 1798 und der Deportation der vorgeblichen Missetäter nach Australien.

- *Telefonvorwahl:* 0404.
- *Information:* Fitzwilliam Sq., ✆ 67 904, geöffnet Mo–Fr 9.30–13, 14–17.30 Uhr, Juni–Aug. auch Sa. www.wicklow.ie.
- *Verbindung:* Vor dem Grand Hotel halten die **Busse** zwischen Dublin und Rosslare. Der **Bahnhof** befindet sich zehn Gehminuten nördlich des Zentrums.
- *Öffnungszeiten* vom **Historic Gaol:** Tägl. 10–13, 14–18 Uhr, Eintritt mit Führung 4,50 €.
- *Übernachten:* **Wicklow Bay Hostel** (IHH), Marine House, ✆ 69 213, Bett ab 11 €. Nicht gerade in bester Umgebung, doch immerhin mit Seesicht und geschichtsträchtigem Gemäuer. Das Haus war früher Kaserne, Schule, Waisenheim und zeitweise auch eine Fabrik.

Ashford

Hobbygärtner kommen wegen der Mount Usher Gardens nach Ashford. Sonst ist das unansehnliche Dorf nur montags einen Stopp wert, wenn der Straßenmarkt für ein folkloristisches Ambiente sorgt.

- *Telefonvorwahl:* 0404.
- *Verbindung:* Bushalt zwischen Dublin und Wicklow.
- *Sport:* **Tiglin Adventure Centre,** Devil's Glen, ✆ 40 169, 📠 40 701, www.iol.ie/~tiglin/. In einem renovierten Gutshof zwischen Roundwood und Ashford hat sich die hohe Schule des Abenteuersports eingerichtet. Trekking-Touren, Kletter-, Surf-, Tauch- und Wildwasserkurse in allen Schwierigkeitsgraden, vom Anfänger bis zum Lehrgang für Ausbilder. Die Unterkünfte sind einfache, aber zentral beheizte 2- oder 4-Bett-Zimmer. Wochenendkurs alles inkl. um 100 €.
- *Übernachten:* **Devil's Glen Holiday and Equestrian Centre,** Laragh Rd., ✆ 40 637, 📠 40 638, Apartment ab 400 € pro Woche, auch über deutsche Reiseveranstalter angeboten. Das Feriendorf liegt 1,5 km außerhalb von Ashford. 20 Häuschen sind um einem "Dorfplatz" gruppiert. Die Apartments mit 2 oder 3 Schlafzimmern (jeweils mit eigenem Bad) sind im Landhausstil ansprechend eingerichtet und verfügen über gut ausgestattete Küchen (Waschmaschine, Spülmaschine, Backofen usw.). Wer zu faul ist, Torfbriketts im Kanonenofen zu verfeuern, stellt die Elektroheizung an. Zum Haus gehört ein Reitstall mit ca. 40 Pferden; eigener Springkurs, Trekking, Unterricht.

Tiglin JH, Devil's Glen, ✆ 49 049, ganzjährig; gegenüber dem Adventure Centre, sehr schlicht.

Sehenswertes

Mount Usher Gardens: Der 8 ha große Garten mit exotischen Pflanzen wurde um 1900 angelegt und zeigt die Gartenbaumode nach Powerscourt: eine romantisch verwilderte und möglichst naturnahe Robinsonade, die auf Statuen, Rabatten, Begonien und Geranien verzichtet. Erst beim genauen Hinsehen entdeckt man, dass in diesem "Wald" Palmen, Erdbeerbäume und andere Exoten wachsen und die scheinbar natürliche Uferlandschaft eine große Inszenierung der Landschaftsarchitektur ist, für die Pflanzen geradeso als Dekoration eingesetzt werden wie Miniatur-Hängebrücken und künstliche Wasserfälle.

🕐 Mitte März–Okt. Mo–Sa 10.30–18, So 11–18 Uhr; Eintritt 4,25 €. www.mount-usher-gardens.com.

Devil's Glen: 3 km flussaufwärts von Ashford zeigt sich der im Garten so friedlich-behäbige *River Vartry* von einer ganz anderen Seite, nämlich als ein wilder, ungestümer Bursche. Über 30 m tief stürzt er in die dicht bewaldete Schlucht, und die Wege an den Steilhängen sind so schmal, dass man aufpassen muss, nicht selbst in die Tiefe zu fallen. Am einfachsten ist die Schlucht von der Tiglin JH zu finden: Man schlägt auf der Rückseite des Hofes den Weg nach Norden ein und erreicht nach 20 Min. den Talgrund. Weiter flussabwärts stößt man an der *Nunscross Bridge* wieder auf die Straße nach Ashford.

Arklow

Leichtindustrie, Werften und eine Düngemittelfabrik schaffen Arbeitsplätze und machen die Stadt mit ihrem herrlichen Strand an der Mündung des Avoca zur heimlichen Hauptstadt der Grafschaft.

Neben der Industrie spielt der Fremdenverkehr nur eine untergeordnete Rolle, und abgesehen von der Uferpromenade ist das Zentrum der 8500 Einwohner zählenden Stadt auch nicht sonderlich attraktiv. Die Sehenswürdigkeiten, wenn man von solchen überhaupt sprechen darf, beschränken sich auf ein kleines Marinemuseum und das unter Fachleuten für Glockengeläute gerühmte Glockenspiel der **St. Saviour's Church,** das aber in voller Länge nur sonntags erklingt – solange wollte der Autor nicht in Arklow warten. Ansprechender ist die nähere Umgebung. Nördlich der Flussmündung findet sich ein Sandstrand mit einer kleinen Lagune und noch eine halbe Fahrradstunde weiter schließlich die langgezogene, von Klippen und Steilhängen eingerahmte **Brittas Bay,** der vielleicht schönste Sandstrand der Ostküste.

Der Osten Karte Seite 182

• *Telefonvorwahl:* 0402.

• *Information:* Main St., ✆ 32 484, Juni–Sept. Mo–Sa 10–13, 14–18 Uhr. In einem Container im Hof der Bezirksverwaltung. www.arklow.ie.

• *Verbindung:* **Bahn**- und **Busstation** an der Strecke Dublin–Rosslare. Bahnauskunft ✆ 32 519; Busauskunft ✆ 39 072.

• *Boote:* Am Fluss werden stundenweise (10 €!) Ruder- und Paddelboote vermietet.

• *Fahrräder:* **Cycledom,** Upper Main St., ✆ 39 989; führt auch Angelzubehör.

• *Übernachten:* Die meisten B&Bs sind in der Seaview Avenue (auf der Nordseite der Brücke die 2. Straße rechts), z.B. **St. Gerard's** (✆ 31 483, DZ 45 €) oder **Oriel** (✆ 32 249, EZ 25, DZ 45, mit Bad 50 €) mit nettem Rosengärtchen.

Avonmore House (IHH), Ferrybank (Wicklow Rd.), Arklow, ✆ 32 825, April–Sept., Bett ab 10 €. Ein älteres, zweigeschossiges Haus, etwas von der Hauptstraße zurückgesetzt, der Warden wohnt hinter dem Haus.

River Valley, beim Golfplatz, von der Wicklow Rd. 4 km nördl. ausgeschildert, ✆ 41 647, www.rivervalleypark.ie, April–Sept. geöffnet. Zwei Wiesen hinter einem Bauernhof; ausreichende Sanitärausstattung, ruhige Lage.

• *Essen:* **River Walk Restaurant,** am Fluss neben dem Bootsverleih, tägl. ab 9 Uhr, abends je nach Saison und Kundschaft bis 22 Uhr. Ganztags üppiges Frühstück (6 €), zu empfehlen auch das Curryhuhn mit Reis (6 €).

• *Pubs:* **Kitty's,** mit einer riesigen Reklametafel aus den Tagen, als es noch weniger Verkehr gab, abends gelegentlich Musik, sowie **Christie's,** beide an der Main Street, sind die besten Pubs der Stadt.

Sehenswertes

Das **Arklow Maritime Museum** führt in die Vergangenheit, als sich die Segler im Hafen drängelten, um das Kupfererz aus den Avoca-Minen an Bord zu nehmen. Zu sehen ist u. a. ein Stück des ersten, von einem Arklower Kapitän gelegten Transatlantik-Kabels. Dieses Museum ist kein Muss.

⌚ Nov.–März 10–13, 14–17 Uhr, Apr.–Okt. auch Sa; Eintritt 2,50 €. St. Mary's Rd., zwischen Bahnhof und Kirche.

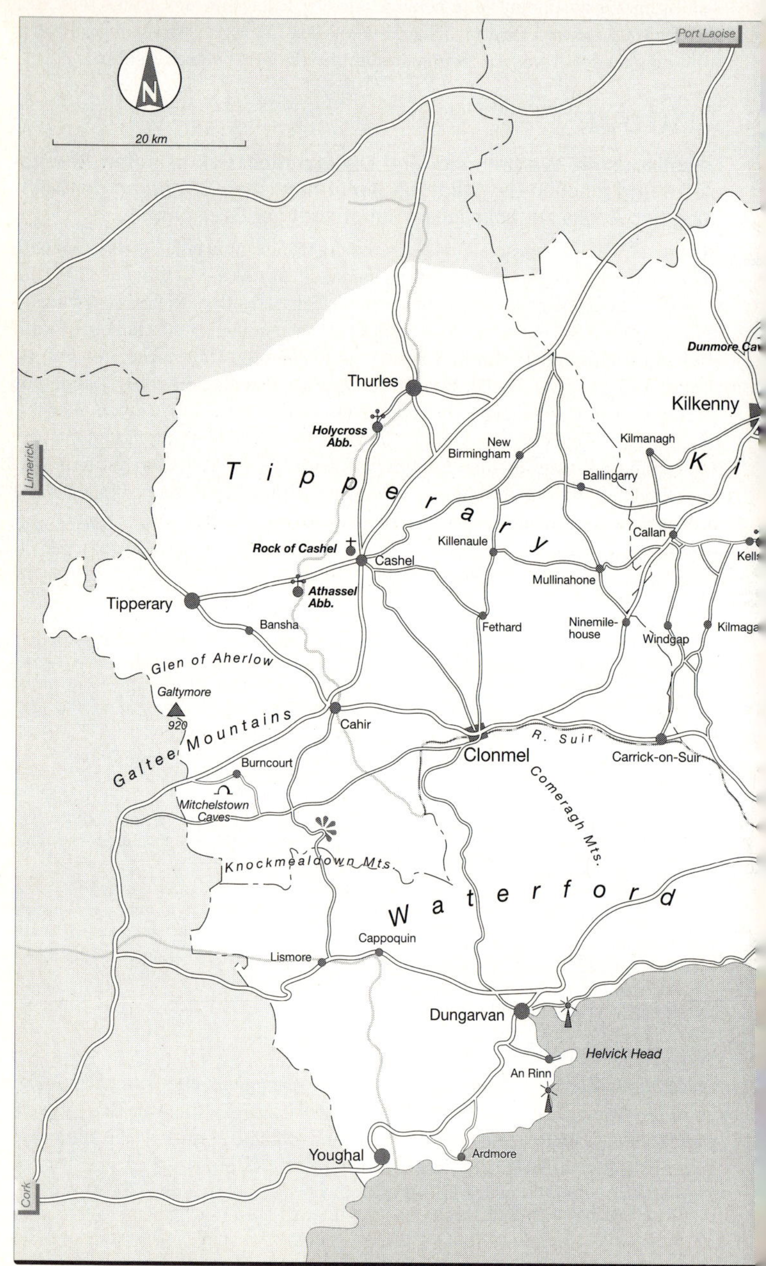
20 km
Port Laoise
Limerick
Cork
Dunmore Ca
Thurles
Kilkenny
Holycross Abb.
New Birmingham
Kilmanagh
Tipperary
Ballingarry
K i
Rock of Cashel
Cashel
Killenaule
Callan
Kells
Athassel Abb.
Mullinahone
Tipperary
Bansha
Fethard
Ninemile-house
Windgap
Kilmaga
Glen of Aherlow
Galtymore
920
Galtee Mountains
Cahir
R. Suir
Clonmel
Carrick-on-Suir
Burncourt
Comeragh Mts.
Mitchelstown Caves
Knockmealdown Mts.
Waterford
Cappoquin
Lismore
Dungarvan
Helvick Head
An Rinn
Youghal
Ardmore

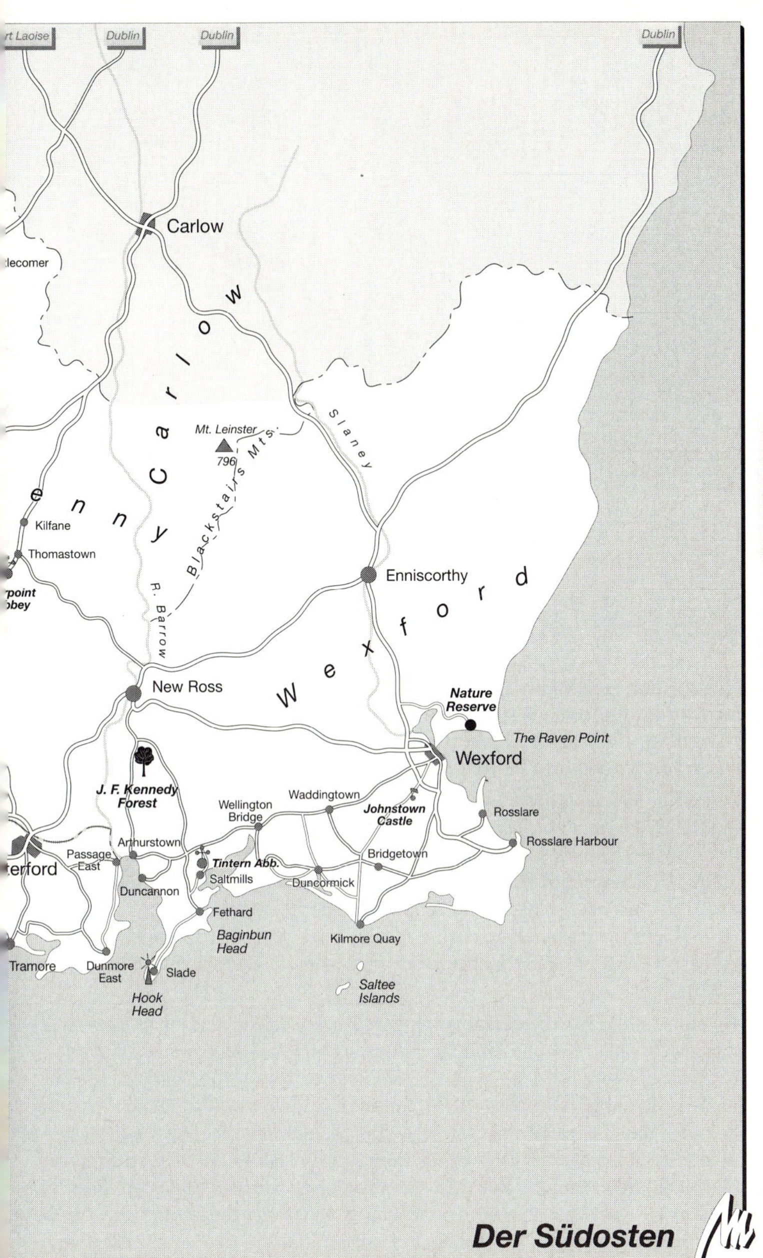

Dublin
Dublin
Dublin
Carlow
Carlow
Mt. Leinster
796
Blackstairs Mts.
Slaney
R. Barrow
Kilfane
Thomastown
Enniscorthy
Wexford
New Ross
Nature Reserve
The Raven Point
Wexford
J. F. Kennedy Forest
Wellington Bridge
Waddingtown
Johnstown Castle
Rosslare
Rosslare Harbour
Arthurstown
Passage East
Tintern Abb.
Saltmills
Bridgetown
Duncormick
Duncannon
Fethard
Baginbun Head
Kilmore Quay
Tramore
Dunmore East
Slade
Hook Head
Saltee Islands
Der Südosten

Vom Holzturm zum Schloss – 800 Jahre Kilkenny Castle

Der Südosten

Obwohl der Golfstrom die Südostküste Irlands kaum berührt, ist dies der wärmste und trockenste Teil der Grünen Insel. Hier ist der Himmel, so weiß es die Klimastatistik, am wenigsten mit Wolken bedeckt, und die Sonne scheint am längsten.

Die einzige nennenswerte Erhebung in dem sonst sanft gewellten Hügelland sind die *Blackstairs Mountains,* eine Verlängerung der Wicklow-Kette. Diese Berge ausgenommen, ist die Erde fruchtbar – ein Land, von dem die Bauern träumen, oder wenigstens träumten, bevor die Brüsseler Subventionspolitik den Besitz schlechter Böden lukrativer machte als das Eigentum an fetten, satten Weiden. Reisenden erscheint der Südosten oft eintönig, um nicht zu sagen: langweilig. Irische Urlauber sehen das anders und schätzen vor allem die Strände.

Trotzdem ist die Küste auf den ersten Eindruck wenig spektakulär, und die in Rosslare, Irlands wichtigstem Fährhafen, landenden Urlauber suchen nach einer Zwischenübernachtung schnell das Weite. Die schroffen Klippen, die für den Westen so typisch sind, sucht man hier vergebens. Statt dessen ist das Ufer über weite Strecken ein seichtes Watt, an dem Muscheljäger und Seevögel ihre Freude haben. Doch wer als Deutscher solche Landschaft sucht, fährt gewöhnlich lieber an die Nordsee. Im Mittelalter war der Südosten die verwundbare Flanke Irlands, an der Wikinger und Normannen landeten. Wexford und Waterford, die wichtigsten und für Reisende interessantesten

Küstenstädte sind alte Wikingergründungen, die Normannenstadt Kilkenny war für ihre harsche Apartheitspolitik gegenüber den alteingesessenen Iren berüchtigt.

County Wexford

Die flache, mit ihren Windmühlen, Deichen und Poldern an Holland erinnernde Landschaft ist für Radler sehr angenehm. Ein schier endloser Streifen goldgelben Sandes säumt die Ostküste, an der sich auch in der Hochsaison noch ein stilles Plätzchen findet.

Der *Slí Charman*, ein frisch ausgeschilderter Fernwanderweg, führt von Courttown im Norden immer direkt am Dünenstrand entlang zum Raven Point, dem Kap an der Wexford Bay. Auch von Rosslare bis Kilmore bleibt der Weg am Wasser, um sich dann durch das heckengesäumte Labyrinth der küstennahen Feldwege zu winden. Vogelfreunde kommen im *Wexford Wildfowl Reserve* auf ihre Kosten, der besonders wegen seiner Wildgänse bekannt ist – sie kann man am besten an Winternachmittagen beobachten. Auch Tacumshin Lake und Lady Island's Lake, die der Slí Charman auf einer Nehrung streift, sind gute Vogelreviere, ebenso die Brutkolonien auf den Salty Islands, den Salzinseln.

Das County ist arm an kulturellen Höhepunkten. Die Kleinstadt Wexford sowie die historischen Marktflecken Enniscorthy und New Ross haben ihren Reiz; um die Bannow Bay und auf der Halbinsel Hook stehen wenig spektakuläre Ruinen spätmittelalterlicher Abteien und Kleinburgen. Hook Head, der südlichste Zipfel der Grafschaft, wartet mit Europas, wenn nicht der Welt ältestem Leuchtturm auf.

Enniscorthy

Das ländlich geprägte Enniscorthy klebt förmlich am Hang über dem Slaney-Tal. Es entwickelte sich aus einer normannischen Burg, die zugleich Hauptattraktion der 5800-Einwohner-Stadt ist.

Hier ließen die Rebellen von 1798 ihre Gefangenen schmoren, hier wohnte zu Zeiten Elisabeth I. der Dichter *Edmund Spenser*. Es heißt, die Königin habe sein Hauptwerk "Die Feenkönigin" als eine Hommage auf sich verstanden und ihm zum Dank die Burg geschenkt. Wer hätte für ein solches Präsent nicht auch Ihre Majestät belobhudelt?

Information/Verbindungen/Diverses

- *Telefonvorwahl:* 054.
- *Information:* ✆ 34 699, im Eingangsbereich der Burg, gleiche Öffnungszeiten.
- *Verbindung:* **Züge** und **Busse** (Haltestelle vor dem Antique Tavern) nach Dublin und Rosslare.
- *Einkaufen:* Enniscorthy besitzt eine florierende Töpferindustrie. **Carley's Bridge** (Weafter St., 2 km außerhalb) will 1654 als erste irische Werkstatt Tonkrüge gefertigt haben. **Hillview** (nebenan) macht das Weniger an Tradition dadurch wett, dass es schon einmal im Fernsehen vorgestellt wurde.
- *Fahrradverleih:* **Kenny,** Slaney St., ✆ 33 255.
- *Feste:* **Strawberry Festival,** Ende Juni. Erdbeeren und Schlagsahne en masse, eine Erdbeerkönigin, und, Väter aufgepasst, ein Lego-Wettbewerb. Wer baut am schönsten?
- *Greyhoundrennen:* Jeden Donnerstag 20 Uhr am Showgroud, Eintritt 4 €.

Übernachten/Essen/

****Murphy Flood's Hotel,** Main St., ✆ u. 📠 33 413, DZ 60–80 €. Ein älteres, eher unauffälliges Haus mit elegantem Restaurant am Marktplatz. Die Rezeption gibt gute Anglertipps.

Ivella, Rectory Rd., ✆ 33 475, EZ 22 €, DZ 40 €. Über die Brücke und hinter dem Bahnhof rechts. Ein Schrein für die Kennedys: Porträts von JFK und RFK grüßen in der Lobby, Johns Büste thront auf dem Ehrenplatz über dem Kamin, und im Gästebuch überschlagen sich die amerikanischen Gäste schier bezüglich ihrer Lobeshymnen – nicht auf die Kennedys, sondern auf die Heffernans, die dieses Haus führen.

Platform 1 Hostel (IHH), Railway Square, ✆ 37 766, Bett ab 11 €, DZ 35–45 €

- *Essen:* **River Restaurant,** 7 Market Sq., ✆ 33 817, Mo–Sa bis 21 Uhr, So bis 19 Uhr. Eine Cafeteria im Stil einer altmodischen Eisdiele; Gemüseplatte 6 €, Grillplatte 8 €.

Sehenswertes

Wexford County Museum: Heute beherbergt die Burg das Heimatmuseum der Grafschaft, eine etwas eklektizistische Ausstellung, die 1960 mit 13 Exponaten begann und heute fast alles zeigt, was Bürger für sehens- bzw. ausstellenswert befinden und deshalb dem Museum stiften: Gallionsfiguren, Polizeimützen aus aller Welt, lokale Fayencen, ein Dreisitzer-Fahrrad, dazu Material über die Lokalgeschichte mit Schwerpunkt auf den United Irishmen und dem Osteraufstand von 1916. Leider fehlt es an Erklärungen, und so erinnert die Burg eher an eine Rumpelkammer als an ein Museum.

🕗 März–Sept. Mo–Sa 10–18, So 14–17 Uhr; Okt.–Febr. nur So 14–17 Uhr, Eintritt 3 €.

National 1798 Centre: Einem anderen Extrem der irischen Museumslandschaft begegnen wir drei Straßenblöcke südlich der Burg. Hier feiert eine 1998, zum 200. Jubiläum der *United Irishmen* eröffnete und preisgekrönte History Show die Rebellen von einst als heroische Väter der irischen Demokratie. Mit dem Durchschreiten einer übergroßen Guillotine beginnt die Zeitreise ins Irland des 18. Jh., repräsentiert durch Wandtafeln, Computeranimation und gipsene Politiker, die nicht zufällig an Schachfiguren erinnern. Das Volk beschwert sich über die Schikanen des protestantischen Adels, *Edmund Burke* und *Thomas Paine* debattieren über die Menschenrechte. Das die Sinne strapazierende Bombardement aus Töne, Bilder und Grafiken setzt sich mit der chronologischen Schilderung der gescheiterten Erhebung von 1798 fort, bis der Besucher schließlich mit den unterschiedlichen Deutungen des Aufstands durch spätere Generationen konfrontiert wird. Die Show gipfelt im Multimediaspektakel der von den Aufständischen verlorenen Entscheidungsschlacht am Vinegar Hill. Alles in allem: ein Historienspektakel des Computerzeitalters, das informiert und unterhält, einen Kompromiss zwischen den Bedürfnissen der Tourismusindustrie und der Staatsbürgerkunde, zwischen nationalistischer und revisionistischer Interpretation der irischen Geschichte sucht. Mit historischen Museen alter Schule hat die Ausstellung jedenfalls nichts mehr gemein und kommt gänzlich ohne Artefakte aus.

⌚ Mo–Sa 9.30–17, So 11–17 Uhr, Eintritt 6 €, www.iol.ie/~98com (sic!).

Enniscorthy/Umgebung

▸ **Mount Leinster:** Ausgangspunkt für die gut vierstündige Tour zum 796 m hohen Mt. Leinster, dem höchsten Gipfel der **Blackstairs,** ist die Straße zwischen Kiltealy und Killedmond. Wer mit Gleitschirmen oder Drachen umzugehen versteht und beim Anblick des freistehenden Berges Lust auf Höhenflüge bekommt, verständigt sich mit der *Hang Gliding Association* (✆ 054/66 118), die auch Gerät verleiht.

Wanderführer: **"Walking in the Blackstairs",** von Joss Lynam, erhältlich etwa in Enniscorthy und Carlow.

Wexford (Stadt)

Die Wikingergründung rivalisiert mit Waterford um die Rolle als Oberzentrum im Südosten. Enge Gässchen, die zu den am Kai dümpelnden Fischkuttern führen, und ein Stück Stadtmauer lassen die mittelalterliche Vergangenheit lebendig werden.

Die Eigenwerbung "medieval city" ist freilich übertrieben. Wexford (12.000 Einwohner) ist zwar vergleichsweise alt, aber außer dem Westgate und zwei Kirchenruinen sind kaum noch historische Gebäude erhalten. Die großen Sights fehlen, aber die braucht Wexford gar nicht. Nach der Ankunft mit der Fähre in Rosslare schnuppern Reisende hier ihre erste irische Stadtluft und sind vom Ensemble als Ganzem begeistert. Auf der Main Street, die teilweise für Autos gesperrt ist, lässt es sich gut flanieren und einkaufen. *O'Connor's Feinkostladen* ist nur ein Beispiel, mit welcher Liebe zum Detail die alten Schaufensterfronten erhalten werden. Und zumindest Ende Oktober bis Anfang November, wenn die internationalen Ensembles zum renommierten *Opernfestival* in die Stadt kommen, ist die Rivalität mit Waterford zugunsten von Wexford entschieden.

Geschichte

Die Bucht mit der Mündung des River Slaney übte auf Eroberer eine besondere Anziehungskraft aus. Auf der Weltkarte des Ptolemaios (2. Jh.) ist hier *Menapia* verzeichnet, eine Siedlung des belgischen Stammes der Menapier. Um 850 gründeten die *Wikinger* eine Handelsniederlassung, und im Mai 1169 landeten hier die *Normannen* und leiteten mit der Eroberung Wexfords die englische Kolonisierung Irlands ein. 1649 machte *Cromwell* auf seiner Irland-Tour hier Station: Drei Viertel der damals 2000 Einwohner wurden geköpft. Hundertfünfzig Jahre danach schlug die Rachestunde der Katholiken: Die rebellierenden *United Irishmen* brachten unter dem Slogan "Mord ohne Sünde!" die Protestanten um. Als der Aufstand zusammengebrochen war, spielten dann wiederum die Regierungssoldaten mit den Köpfen der Rebellenführer Fußball – unappetitliche Geschichten. Zum Unglück der Stadt versandete bald auch noch der Hafen und eine Seuche vernichtete die Austernbänke.

Information/Verbindungen

• *Telefonvorwahl:* 053.

• *Information:* Crescent Quay, ✆ 23 111, Okt.–März Mo–Mi, Fr 9.30–17, Do 9.30–19 Uhr; April–Juni Mo–Sa 9–18 Uhr, Juli/Aug. auch So 10–13 Uhr. Wie die Scharten an den Seitenmauern des Gebäudes beweisen, haben hier Generationen von Seeleuten ihre Messer gewetzt. Programmhinweise stehen im Wochenblatt "Wexford People", im Internet informiert wexford-tourism.com.

• *Verbindung:* Von der O'Hanrahan Railway Station am Redmond Place (✆ 22 522) **Züge** nach Dublin und Rosslare Harbour, von dort aus weitere Verbindungen nach Cork, Galway, Kilkenny, Limerick, Waterford. Am gleichen Platz der Busbahnhof mit **Bussen** nach Dublin, Rosslare, Waterford und Limerick; im Sommer außerdem lokaler Busservice nach Galway und anderen Orte im Westen sowie Ausflugsfahrten.

Diverses

• *Ausflug:* **Westgate Minitours,** ✆ 24 655, veranstaltet im Sommer Ausflugsfahrten von Wexford zum Heritage Park und zum Johnstown Castle.

• *Fahrradverleih:* **The Bike Shop (3),** Selskar St.; **Hayes Cycle Shop (14),** 108 South Main St., Tel 22 462.

• *Feste/Veranstaltungen:* Seit 1951 ist das **Opera Festival** ein Highlight im irischen Kulturkalender. Ende Oktober werden in Vergessenheit geratene oder bislang niemals aufgeführte Stücke gezeigt, zum Begleitprogramm gehören Straßentheater und literarische Lesungen. Tickets für das Hauptprogramm einige Monate im Voraus reservierten. Programmauskunft, ✆ 22 400; Karten, ✆ 22 144, www. wexfordopera. com.

• *Krankenhaus:* **Wexford General Hospital,** Richmond Terrace (✆ 42 233) an der Straße nach New Ross; Notfälle: ✆ 999.

• *Post:* Hauptpostamt in der Anne St.; tägl. 9–17.30 Uhr, Mi von 9–19.30 Uhr geöffnet.

• *Stadtführungen:* Veranstalten im Juli/Aug. **Tynan Tours** (✆ 65 929) und die **Wexford Historical Society**. Anmeldung beim Tourist Office.

• *Waschsalon:* **My Beautiful Laundrette (12),** St. Peter's Square, ✆ 24 317. Benannt nach dem Salon aus einem Film von Hanif Kureishi und Stephen Frears, in dem ein pakistanischer Einwanderer und ein rechtsradikaler Brite langsam Freunde und schließlich ein Liebespaar werden.

Übernachten/Camping

*** **White's Hotel (4),** George St./Ecke North St., ✆ 22 311, Fax 45 000, DZ 90–130 €. Aus dem 1789 gebauten Gasthof im Herzen der Stadt ist das Hotel in einen nüchternen Backsteinbau der 70er Jahre umgezogen. Die Preise entsprechen dem Komfort.

Westgate House (2), West Gate, ✆ 22 167, DZ 50–60 €. Eine Pension am Rande des Zentrums und zugleich in Bahnhofsnähe. Die 12 Zimmer des älteren Hauses sind alle mit TV ausgerüstet, die Straßenseite dürfte etwas laut sein. Eigener Parkplatz.

B&B John's Gate Street House (7), Mrs. Maura Whitty, John's Gate St., ✆ 41 124, DZ 50–60 €, geöffnet März bis Anfang Okt. Ein altes, doch frisch renoviertes Stadthaus in fröhlichem Gelb, 10 Gehminuten vom Zentrum.

B&B Killiane Castle, Mrs. Kathleen Mernagh, Drinagh, Rosslare Rd., ✆ 58 885, EZ 40 €, DZ 58 €. Außerhalb, am Weg nach Rosslare in einem alten Bauernhaus, gleich nebenan ein mittelalterlicher Bergfried.

Kirwan House Hostel (11) (IHH), Mary St., ✆ 21 208, Bett ab 10 €, DZ 25–30 €. Das alte Stadthaus wurde von Weltenbummler Richard renoviert und 1997 als Hostel eröffnet. Klein und überschaubar, Essecke in der Küche, Aufenthaltsraum mit TV und Hausbibliothek. Ein häufiger Tagesgast ist Fischer Pete, der nach Eigenwerbung bisher 39 verschiedene Spezies aus dem

Meer geholt hat und auf der Suche nach der 40. Art auch gerne Hostelgäste mit aufs Meer nimmt.

• *Camping:* **Ferrybank,** Dublin Rd., ✆ 44 378, Ostern–Mitte Sept., 2 Pers. mit Zelt 8 €, Warmduschen extra. Etwa 1 km nördlich der Brücke an der R 741. Eine längliche Wiese über der Steilküste, schöner Ausblick, die Hälfte der 130 Stellplätze parzelliert. Waschmaschine, Hallenbad.

Essen

Auch die Briten sind mit der englischen Küche nicht zufrieden. Kaum in Irland angekommen, genießen sie in Wexford die vergleichsweise kreative und vielfältige Küche der Grünen Insel. In der Main Street herrscht an Lokalen aller Preisklassen kein Mangel.

Ocean Bead (1), Westgate, ✆ 23 935, nur abends, Dinner ab 20 €. Eines der feinsten Lokale der Stadt, spezialisiert auf Fisch und Meeresfrüchte, luxuriöse Atmosphäre bei Kerzenlicht.

Chan's Restaurant (6), 90 North Main St., ✆ 22 356. Chinesische und europäische Küche.

Michel's (5), 94 North Main St., tägl. 12–24 Uhr, untere Preiskategorie. Im Erdgeschoss die Bar mit Lounge, gepolsterte Sitzbänke erinnern an ein Eisenbahnabteil. Das rustikal eingerichtete Restaurant befindet sich im 1. Stock.

Tim's Tavern (13), 51 South Main St., ✆ 23 861, Küche Juni–Okt. 12–21, sonst nur 12–15 Uhr. Veredeltes Pubgrub. Dass das Lokal für seine Gerichte wie Krabben an Avocados oder in Knoblauchsoße und andere Leckereien schon Gourmetpreise bekommen hat, hat die Preise etwas in die Höhe getrieben (Hauptgericht 12–25 €).

M&G (10), North Main St. Restaurant mit Coffeeshop und Take Away. Der Ort, wo man nach dem Einkaufen zum preiswerten Lunch oder zu Kaffee und Kuchen hingeht.

Am Abend

Selbst für irische Verhältnisse hat Wexford außerordentlich viele Pubs. Hochkultur wird im Arts Centre und dem Royal Theater geboten.

Arts Centre, Cornmarket, ✆ 23 764. Ein Kulturzentrum mit wechselndem Programm an Ausstellungen, Lesungen, Kammertheater, Ballett und Kleinkunst, im Keller ein Bistro.

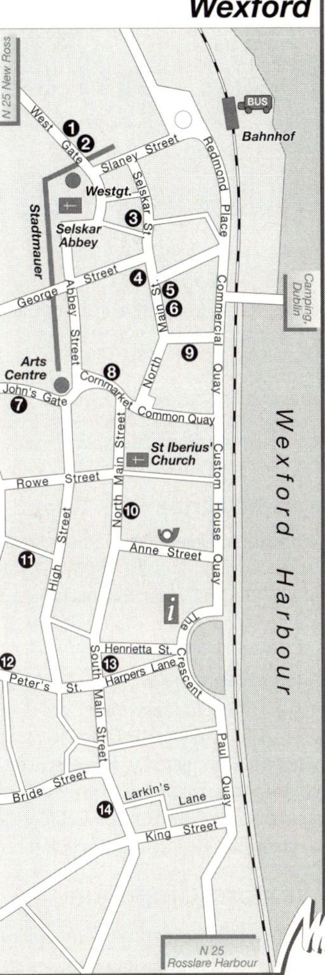

Der Südosten
Karte Seite 242/243

"Frischfutterhalle" in Wexford

Cineplex, Redmond Square, beim Bahnhof, ✆ 22 321, ein neuer Kinopalast.

Centenary Stores (19), Charlotte St. off North Main St. Das Pub in einem alten Speicherhaus ist mit seinen groben, uralten Holzbänken und Tischen die Topadresse für die reife Jugend zwischen 22 und 30. Sonntags musikalischer Frühschoppen.

Thomas Moore Tavern (8), Cornmarket. Gemütliche, auf alt gemachte Kneipe. Einen Bezug zu Thomas Moore gibt's wirklich: In diesem Haus wurde seine Mutter geboren.

Getanzt wird bei **Ó Faolain's,** 11 Monk St., Do–Sa, teilw. Livebands, ab 5 € Eintritt, und gleich dahinter in **Bodhran's Nightclub**.

Sehenswertes

Westgate: Das noch erhaltene Stück Stadtmauer um das Westgate (13. Jh.) ist frisch herausgeputzt. Im **Westgate Heritage Centre,** neben dem Tor, führt eine Videoshow mit dramatischen Effekten in die Stadtgeschichte ein: Schiffe gehen knisternd in Flammen auf, Kanonenschläge donnern durch den Raum.

⌚ März–Okt. Mo–Sa 11.30 und 14.30 Uhr, So 14.30 Uhr; Eintritt 3,50 €.

Selskar Abbey: Die Ruine eines Klosters, in dem Heinrich II. in selbstauferlegter Buße für den Mord an Thomas Becket die Fastenzeit des Jahres 1172 verbracht haben soll. Die Geschichte kann so nicht ganz stimmen, da der rote Sandsteinbau erst 20 Jahre später von dem aus dem Heiligen Land zurückgekehrten Kreuzritter *Alexander Roche* gestiftet wurde. Der trauerte um seine Geliebte, die ihn für tot gehalten hatte und in ein Kloster eingetreten war. Cromwells "Besuch" hinterließ die Abtei als Ruine.

Wexford/Umgebung

▸ **Wildfowl Reserve:** Wer an einem Herbst- oder Winternachmittag mit der Fähre in Rosslare ankommt, sieht am Himmel vielleicht eine Vogelschar in elegantem Formationsflug. Sie sind zwischen ihrem Nachtquartier auf den Sandbänken der Wexford Bay und den Marschen von North Slobes unterwegs. Dieses vor 150 Jahren dem Meer abgerungene Polderland ist das wichtigste Winterquartier der grönländischen Wildgänse. Nahezu zehntausend Gänse reisen in der kalten Jahreszeit an und grasen auf den Weiden. Auch Wildenten, Möwen und andere Vögel, deren Lebensraum das Watt ist, können vom Turm der Vogelwarte aus beobachtet werden. Die Ausstellung im neuen Besucherzentrum behandelt von der Jagd bis zur Beringung der Vögel eine Vielzahl von Themen, die allerdings recht unvermittelt nebeneinander stehen. Die beste Zeit für den Besuch des Reservats ist ein Winterwochenende: Dann sind nicht nur die Gänse da, sondern auch fachkundige Menschen, die den Laien durch die Ausstellung führen. Ein kleineres Reservat ist der **Raven** am Strand von *Curracloe.*

⌚ Okt.–Mitte April tägl. 10–17 Uhr, sonst 9–18 Uhr; Eintritt frei.

▸ **Irish National Heritage Park:** Das Freigelände, entgegen dem Namen eine private und kommerzielle Einrichtung von keineswegs nationaler Bedeutung, versucht, 9000 Jahre irischer Geschichte anschaulich zu vermitteln. Vor allem Familien mit Kindern werden angesprochen. Ein Lagerplatz der Steinzeitjäger und -sammler, die Hütte der ersten Bauern, Dolmen, Ganggräber, Steinkreis, Kloster, mittelalterliche Schiffswerft und anderes mehr sind nachgebaut. Sogar zwei originalgetreu rekonstruierte Wikingerboote liegen am Rande des Parks. Interessant ist der *Fulacht Fiadh,* eine mit Wasser gefüllte Grube im Boden, die Hirten oder armen Leuten den Kochtopf ersetzte. In dem mit heißen Steinen zum Kochen gebrachten Wasser konnten auch große Fleischstücke mühelos gegart werden. Ein wenig stört, dass mitten durch den Park eine Straße und eine Eisenbahnlinie laufen. Mit Beton wurde mehr als großzügig umgegangen: Die normannische Schanze etwa, die man, wie anno dazumal üblich, auch leicht als Erdwall hätte aufschütten können, dient als Beispiel für diesen Missgriff. Auch hätten wir uns von den Schautafeln etwas tiefergehende Erklärungen erwartet.

⌚ März–Okt. tägl. 9.30–18.30 Uhr, Einlass bis 17.30 Uhr; Eintritt 6 €. Ferrycarring.

▸ **Yola Farmstead Folk Park:** Etwa 10 km am Weg nach Rosslare findet sich bei Killinick ein weiterer History Park, diesmal ein nachgebautes Dorf des 19. Jh. Der Name Yola steht für "ye old language", den aussterbenden Dialekt im Südosten von Wexford, der noch viele irische, walisische und sogar flämische Worte und Redewendungen enthält. Von den Hütten, der kleinen Kirche und dem üblichen Souvenirshop des Folk Parks hebt sich eine funktionsfähige Windmühle ab.

⌚ Mai–Okt. tägl. 10–18 Uhr, März/April, Nov. Mo–Fr 10–16.30 Uhr; Eintritt 4,25 €.

▸ **Johnstown Castle/Landwirtschaftsmuseum:** Vor der romantischen Kulisse eines neogotischen Schlösschens lädt ein gepflegter Park mit kleinen Seen zum Spaziergang und Picknick ein. Das Castle selbst, früher eines der vielen Besitztümer der Fitzgeralds, ist heute Sitz des irischen Naturschutzverbandes und nur zu einem kleinen Teil zu besichtigen. In den öffentlich zugänglichen Räumen ist das Landwirtschaftsmuseum zu Hause. Werkstätten von Schmieden, Korbmachern und anderen Handwerkern sind nachgebaut, Bauernmöbel

Der Südosten
Karte Seite 242/243

ausgestellt, dazu ist eine reich bestückte Sammlung alter landwirtschaftlicher Geräte zu sehen.

⌚ **Garten** tägl. 9–17 Uhr; Eintritt 2,50 €; ⌚ **Museum** Nov.–März Mo–Fr 9–12.30, 13.30–17 Uhr; April–Okt. auch Sa/So 14–17 Uhr, Juni–Aug. Mo–Fr 9–17 Uhr, Sa/ So 14–17 Uhr; Eintritt 3 €. An der Umgehungsstraße, ausgeschildert.

Rosslare

Rosslare Harbour, wo alle gerade erst angekommen sind oder auf das Schiff warten, lebt voll im Rhythmus der Fähren. Souvenirgeschäfte, Supermärkte und Verköstigungseinrichtungen bieten den üblichen Nepp solcher Durchgangsstationen, der es leicht macht, in die eine oder andere Richtung Abschied zu nehmen und nicht zu verweilen.

Das neue, als architektonisches Meisterwerk gefeierte Hafenterminal aus Beton und Backstein ist von herausragender Hässlichkeit. Auch die eigentliche "Stadt" (600 Einwohner) und das nördlich anschließende Seebad **Rosslare Strand** überzeugen nicht. Älteres Publikum wohnt zurückgezogen in Ferienhäusern, abends werden die Bürgersteige hochgeklappt. Selbst der goldgelbe Sandstrand, der sich 8 km nördlich des Hafens vor den eilig Durchreisenden versteckt, ist optisch unvorteilhaft mit Wellenbrechern aus Steinquadern in kleine Karrees geteilt.

Information/Verbindungen/Diverses

- *Telefonvorwahl:* 053.
- *Information:* Im Hafenterminal, ✆ 33 622, April–Sept. geöffnet bei Ankunft der Fähren, nämlich tägl. 14–17, 18–20.30 Uhr, Mo+Mi auch 11–14 Uhr, Juli/Aug. auch 6.30–8.30 Uhr. Ein weiteres Büro an der Wexford Rd. in Kilrane, ✆ 32 232, arbeitet nur Apr.–Sept.
- *Verbindungen:* **Züge** nach Wexford–Dublin und Waterford, Bahnhof ✆ 33 114; **Busse** nach Wexford–Dublin, auch Kilkenny–Galway. Zu den **Fährverbindungen** siehe Kapitel "Anreise".
- *Autoverleih:* **Budget,** ✆ 33 318; **Hertz,** ✆ 33 238; **Murray's,** ✆ 32 181; alle Büros im Terminal des Fährhafens.
- *Fahrradverleih:* In der Jugendherberge.
- *Hafenagenturen:* **Irish Ferries,** ✆ 33 158; **Sealink,** ✆ 33 115; **B&I** ✆ 33 311; alle im Terminal.
- *Sport:* **Watersports Centre,** R-Strand, ✆ 32 566, verleiht Windsurfing-Ausrüstungen, Kanus und Fahrräder.

Übernachten/Camping

Jedes zweite Haus auf der Halbinsel scheint als B&B seinen Besitzern ein Zubrot zu bringen. Die Preise beginnen bei 45 € für das DZ mit Frühstück und gehen in der Hochsaison bei komfortabler Ausstattung mit Bad, TV und Kaffeemaschine bis 70 €.

**** **Kelly's Strand Hotel,** R-Strand, ✆ 32 114, 📠 32 222, DZ 120–180 €. Das beliebte Familienhotel liegt direkt am Strand und besticht mit allerlei Sport- und Freizeitangeboten und sogar einem Nachtclub.

*** **Tuskar House Hotel,** R-Harbour, ✆ /📠 33 363, DZ 75–105 €; mit Korbmöbeln, Rauchglasscheiben und schweinchenfarbener Fassade.

Von den nach dem Zufallsprinzip besichtigten B&Bs zwischen Wexford und Rosslare können wir empfehlen:

B&B Decca House, ✆ 32 410, DZ 50 €. Ein neues Einfamilienhaus, 5 km vor Rosslare-Town rechts der Straße (R 740).

B&B Eagles Nest, ✆ 32 426, DZ 55 €. Eine äußerlich protzige Villa 2 km vor Rosslare-Town rechts der Straße.

B&B Mrs. J. Foley, 3 Coastguard Station, R-Harbour, ✆ 33 522, DZ 40 €. Eines der preiswertesten Quartiere gleich beim Hafen, sehr einfache Zimmer, Continental Breakfast. Im Garten Camping (3 €) möglich.

Rosslare JH, Goulding St., R-Harbour, ✆ 33 399, ganzjährig offen, Bett ab 9 €. 85 Betten, Rezeption richtet sich nach Ankunft der Fährschiffe. Auch tagsüber geöffnet.

• *Camping:* **Burrow,** R-Strand, ✆ 32 190, März–Nov., 8 € pro Pers. Auf einer Wiese endlose Reihen gleichförmiger Trailer; ein wenig ansprechender und gleichzeitig sehr teurer Platz.

Rosslare Holiday Park, R-Strand, ✆ 32 427, Mai–Sept., 7,50 € pro Person. 8 km vom Hafen, 10 Zeltplätze, 5 Gehminuten vom Strand. Warmduschen, Waschmaschinen, Trockner, Rasierstrom kosten extra. Küche, Aufenthaltsraum – der beste Platz in Rosslare und für die Durchreise geeignet.

Rosslare/Umgebung

▸ **Lady's Island:** Die schmale Landzuge im **Lough Tougher,** einer Lagune südlich von Rosslare, ist am 15. August und 8. September Ziel einer großen Wallfahrt. Wie die Muslime in Mekka die Kaaba umrunden die Pilger, viele barfuß, mit lebensgroßen Marienstatuen die Halbinsel. Besonders Bußfertige robben auf den Knien. Außerhalb der Pilgertage gehört Lady's Island, wo noch die Ruinen der Abtei und einer Normannenburg stehen, den Vögeln.

▸ **Kilmore Quay:** Trotz einzelner strohgedeckter Cottages und seines neuen Yachthafens ist Kilmore Quay noch kein Bilderbuchort, sondern ein Fischerdorf mit einem dreckigen, lauten und geschäftigen Hafen, in dem vor allem Hummer und Weißfische umgeladen werden. An Bord des ausgemusterten und zu einem Museum umgerüsteten Feuerschiffs "Guillemot" sind Modellschiffe und Gemälde mit stürmischen Seeszenen ausgestellt.

• *Verbindung:* Kilmore ist kein Ort für Benutzer öffentlicher Verkehrsmittel. Nur Mi und Sa je 2 Busse von und nach Wexford.

• *Feste:* Mitte Juli **Seafood Festival:** Musik, Tanz und Imbissstände mit preiswertem Fisch.

• *Öffnungszeiten* vom **Museumsschiff Guillemot:** Juni–Sept. tägl. 12–18 Uhr; Eintritt 1,50 €.

• *Übernachten:* **Kilturk Hostel** (IHH), ✆ 29 883, Mai–Sept., Bett 9 €, DZ 23 €. In der alten Schule, in den zu Schlafsälen umfunktionierten Klassenzimmern hängen noch die Schiefertafeln an der Wand. Gemütlicher Aufenthaltsraum mit integrierter Küche. An den Schrottautos auf dem Gelände darf man sich nicht stören.

Der Südosten
Karte Seite 242/243

▸ **Saltee Islands:** Die Felseninseln etwa 5 km vor der Küste waren der letzte Zufluchtsort von *Bagenal Harvey* und *John Colclough,* zwei Führern der Rebellion von 1798, die hier vergeblich auf das rettende französische Schiff warteten. Statt dessen kamen die Briten und brachten die beiden nach Wexford, wo sie gehängt wurden. 1943 erfüllte sich *Michael Neale* den Traum von der eigenen Insel, kaufte den Mini-Archipel und krönte sich zum König. Auf **Great Saltee** errichtete er sich einen Thron und ein Denkmal. Seit dem Ableben Seiner Exzellenz darf man die Inseln auch ohne Visum besuchen. Die 50.000 Seevögel, die hier im Frühling und Frühsommer nisten, haben sowieso auf seine Erlaubnis gepfiffen.

• *Überfahrt:* Überfahrten vermittelt das Tourist Office in Wexford, oder man fragt gleich die Fischer in Kilmore. Juli/Aug. starten die Ausflugsschiffe regelmäßig gegen 11 Uhr. Mehr als 16 € sollte die Fahrt nicht kosten.

Halbinsel Hook

Hier im Südosten verändert sich die Küste schnell. Die Normannenstadt Clonmines ging unter, nachdem ihr Hafen versandet war, und der Stadt Bannow erging es kaum besser: Sie erstickte im Treibsand.

Flache, bei Ebbe leerlaufende Buchten werden auf alten Steinbrücken überquert. An den Seiten der schmalen, kurvenreichen Landstraße, die uns nach Hook bringt, verhindern hochgewachsene Hecken den Blick auf das flache Land – und somit jede Orientierung. In Irland wird man gewahr, dass offene Landschaft, in der jeder quer über die Felder laufen kann, keine Selbstverständlichkeit ist. Entlang der Küste stehen vergessene Burgen und Kirchenruinen. Den Reigen eröffnen die graubraunen Wohntürme von **Clonmell,** die wie Bäume aus einer Wiese zu wachsen scheinen. **Tintern Abbey** wurde im 12. Jh. von William Marshall in Erfüllung eines Gelübdes gegründet. Vergessen ist, wer sich in den Kleinburgen von **Slade** und an der **Booley Bay** gegen wen verteidigte. Erst in **Duncannon** stehen die Historiker wieder auf sicherem Boden. Das Fort (Juni–Sept. tägl. 10–17.30 Uhr) sollte die Insel vor der spanischen Armada schützen, deren Schiffe aber bekanntlich nur als Wracks bis nach Irland kamen, nachdem ein Sturm der englischen Flotte die Arbeit abgenommen hatte.

▸ **Baginbun:** In dieser idyllischen Sandbucht unweit des Hauptortes **Fethard** begannen 1169 die Normannen die Eroberung Irlands. Sie befestigten den Platz mit Wällen und Gräben, die man auf dem Plateau um den Turm ausmachen kann, und raubten in der Umgebung alles Vieh zusammen, dessen sie habhaft werden konnten. Als die zahlenmäßig weit überlegenen irischen Verteidiger aus Wexford anrückten, trieben die Invasoren die Rinder auf den Gegner zu und errangen so einen Überraschungssieg. Der später gegen eine mögliche Landung Napoleons errichtete Martello-Turm ist heute zwar ein privates Wohnhaus, aber wehrhaft wie eh und je – jetzt wird das Grundstück gegen unbefugte "Trespasser" verteidigt.

▸ **Hook Head:** Mit gerade 50.000 Besuchern im Jahr gilt die Halbinsel Hook als touristisch unterentwickelt. Alle Hoffnungen richten sich deshalb auf den **Leuchtturm** am Kap, der für das Publikum geöffnet wurde (April–Okt. tägl. 9.30–17.30 Uhr) und zu einem Heritage Centre mit Café und Souvenirläden ausgebaut wird. Sogar die US-amerikanische Lighthouse Society macht bei ihren regelmäßigen "Heritage Tours" zu den Leuchttürmen der alten Welt am Hook Head Station, um das Innenleben des schwarz-weiß gestreiften Zylinders mit seinen drei massiven Gewölben kennenzulernen. Der erste Signalturm wurde Ende des 12. Jh. von dem normannischen Heerführer *Raymond le Gros* gebaut. Doch soll es an dieser Stelle schon früher ein Leuchtfeuer gegeben haben, das von Mönchen unterhalten wurde – sozusagen als Lebensversicherung, denn die marodierenden Wikinger waren für das Signalfeuer so dankbar, dass sie den Brüdern nie ein Haar krümmten. Bis 1641, also noch lange nach der Auflösung der Klöster durch Heinrich VIII., schleppten Mönche das Brennmaterial die 149 Stufen des Turms hinauf.

Bei einem Spaziergang über das Kalksteinmassiv am Kap stolpert man geradezu über im Stein eingebackene Fossilien. Möwen stehen, trotz Wind, scheinbar bewegungslos in der Luft, um dann abrupt im Sturzflug auf die Gischt zuzuhalten. Mit seinen Grotten und Löchern ist das Kap ein beliebter Tauchgrund, der mit maximal 15 m Tiefe nicht allzu viel Erfahrung voraussetzt. Wenn das Meer zu stürmisch ist, probieren Sie es in Churchtown oder südlich des Hafens von Slade.

- *Telefonvorwahl:* 051.
- *Information:* www.thehook-wexford.com
- *Verbindung:* Mo u. Do hält der **Bus** von Wexford nach Waterford in Fethard. Die **Autofähre** von Passage East nach Arthurstown verkürzt den Weg nach Waterford um 50 km.
- *Übernachten:* * **Naomh Seosamh,** Main St., Fethard, ✆ 39 71 29, DZ ab 50 €. Der Altbau mit romantischen Gaslaternen an der Dorfstraße ist der Tauchertreff auf der Halbinsel und verfügt sogar über einen Kompressor.

B&B Beverly House, Saltmills, ✆ 36 21 58, DZ 50 €. Weitere B&B-Häuser in Fethard und Duncannon.

- *Camping:* **Ocean Island,** Fethard, ✆ 39 71 48, Ostern–Sept., 12 € pro Zelt. Die Wiese mit jungen Bäumen ist trotz der vielen Trailer von den drei Plätzen auf der Halbinsel noch der ansprechendste.

New Ross

Mit seinen Öltanks und Lagerhäusern ist New Ross, an der südlichsten Brücke über den River Barrow, nicht unbedingt eine Ferienstadt. Dabei kann sich der an einem Berghang gelegene Ortskern durchaus sehen lassen. Auch die Uferpromenade gibt sich nobel: Essen im "Ritz", dann ein Bier und bei Bedarf auch ein Bett im "Hilton" – wer will da sagen, dass New Ross keine Stadt von Welt sei. Etwas flussab (Waterford Rd.) ankert die in New Ross gezimmerte Replik des Hungerschiffs *Dunbrody,* das einst die Emigranten nach Amerika schipperte. Am Bord befindet sich eine Dauerausstellung zum Thema Auswanderung.

- *Telefonvorwahl:* 051.
- *Information:* North Quay St., ✆ 42 18 57, Mittte Juni–Aug., in einem umgebauten Getreidespeicher. www.newrosschamber.ie.
- *Verbindung:* Von der Haltestelle vor der Mariners Bar am Quay Busse nach Dublin, Wexford, Limerick, Tralee und Waterford.
- *Fahrradverleih:* **Prendergast,** Abbey House, The Quay, ✆ 42 16 00.
- *Öfnungszeiten* der **SS Dunbrody:** Zu erfragen im Touristoffice oder unter ✆ 42 52 39 – bei Drucklegung dieses Buches war die Fertigstellung von Schiff und Visitor Centre (am South Quay) für Sommer 2001 geplant.
- *Übernachten:* **MacMurrough Farm Hostel (IHH),** 3 km nordöstlich (Abholservice), ✆ 42 183, Bett 9 €.
- *Essen:* **Galley Cruising Restaurant,** ✆ 42 17 23, Apr.–Nov., Menü 30 €. Wie in der wohlerzogenen Familie verlässt keiner vorzeitig den Tisch – wohin auch, denn das schwimmende Restaurant kreuzt zu Lunch und Dinner auf dem River Barrow.

Sweeney's Deli, Mary St. Die großformatigen Fotos der Speisen machen Appetit, Palmen stiften südliches Ambiente. Lasagne, Meeresplatte u.a. um 7 €.

Katie Pats, The Quay, ✆ 22 404. Unten Sandwiches und preiswerter Lunch, Dinner-Raum im 1. Stock; Hauptgerichte 12–18 €.

New Ross/Umgebung

▸ **John-F.-Kennedy-Memorial-Park:** Das Arboretum mit 4500 Bäumen und Büschen auf 252 ha wurde 1968 von US-amerikanischen Iren gestiftet und nach Präsident Kennedy benannt, dessen Großvater Patrick 1858 das kleine

Dörfchen *Dungastown* verließ und nach Amerika auswanderte. Die nach Gattungen angeordneten Pflanzen sind beschildert und zusätzlich auf einem Rasterplan eingezeichnet, damit sehr gut mit dem erläuternden Text im Begleitheft zu identifizieren.

Ⓞ Mai–Aug. tägl. 10–20 Uhr, April u. Sept. tägl. 10–18.30 Uhr, Winter tägl. 10–17 Uhr; Eintritt 3 €. Ballyhack Rd.

▸ **Dunbrody Abbey:** Wo sich nach dem Zusammenfluss von River Suir und Barrow allmählich die Bucht von Waterford Harbour zu öffnen beginnt, stehen die Ruinen der 1210 gebauten Zisterzienserabtei Dunbrody. Ein kleines Museum erzählt die Geschichte des Klosters, ein Heckenlabyrinth verspricht Irrungen.

Ⓞ Mai–Juni, Sept. tägl. 10–28 Uhr, Juli/Aug. tägl. 10–19 Uhr, Eintritt 2 €.; an der R 733, ✆ 38 86 03.

County Kilkenny

Eine fruchtbare Kalksteinebene nährt die Bewohner der verstreuten, für die Landschaft typischen Landgüter und Einzelgehöfte.

Kilkenny und besonders das Tal des River Barrow waren im Mittelalter die bevorzugten Siedlungsgebiete der normannischen Eroberer. Von ihnen sind nur wenige Mauern und Ruinen geblieben, doch meint man in Kilkenny Town noch etwas vom Stolz derer zu verspüren, die sich für etwas besseres hielten als die keltischen Eingeborenen. Die Ruinen von Kells Priory und Jerpoint Abbey zeugen vom Prunk, den die Kirche im Mittelalter entfaltete. Im Süden des Countys schieben sich sanfte Hügel zwischen River Nore und Suir. Hier ist das Land dünner besiedelt.

Kilkenny (Stadt)

Die Normannengründung am Ufer des Nore war unter den irischen Kleinstädten immer etwas besonderes – kein übergroßes Dorf wie etwa das benachbarte Tipperary, sondern eine wirkliche Stadt mit bürgerlichem Flair. Als "irisches Rothenburg" begeistert es nicht nur Amerikaner.

Kilkenny (17.000 Einwohner) ist eine mittelalterliche Preziose. Uralte, wuchtige Häuser aus grauem Stein säumen enge Gässchen und Stiegen, auch die neueren Bauten und sogar der Supermarkt fügen sich ins Stadtbild ein. Die bunten Glasfenster der Pubs wetteifern mit denen der Kirchen, und am Abend rufen die Klänge von Thin Whistle und Bodhrum ins Pub. Kilkenny ist *der* Touristenmagnet im Südosten und gleichzeitig eine Hochburg des Hurling, des urtümlichen irischen Hockeys.

Geschichte

Ihren Namen haben Stadt und County von *Cill Chainnigh,* der ersten um die Zeit Columcilles hier errichteten Kirche. Seit *James Butler,* Earl of Ormonde, 1391 die Burg erwarb, schrieben die Butlers die Stadtgeschichte. Obwohl außerhalb des Pale, war Kilkenny eine anglo-normannische Bastion. Berühmt-berüchtigt wurden die *Statuten von Kilkenny* (1366), die Grundlage eines Apartheidsregimes, das eine Vermischung von Iren und Anglo-Normannen zu unterbinden beabsichtigte. Kein Bewohner Kilkennys und niemand sonst aus der anglo-normannischen Oberschicht durfte irisch sprechen, irische Kleidung tragen, irischen Sport treiben, und eine anglo-irische Mischehe wurde als Hochverrat betrachtet.

Information/Verbindungen/Diverses

- *Telefonvorwahl:* 056.
- *Information:* Rose Inn St., ✆ 51 500, geöffnet Mai–Sept. Mo–Sa 9–18 Uhr, So 11–13, 14–17 Uhr; Okt.–April Di–Sa 9–13, 14–17 Uhr. Das Touristenbüro ist im historischen Armenhaus (1582) untergebracht, nach seinem Stifter auch Shee Alms House genannt. Stadtplan und ein Kurzführer zur Stadt gibt es gratis. Im Obergeschoss erklärt im 30-Min.-Rhythmus eine Ton- und Lichtshow anhand eines Modells der Stadt die Sehenswürdigkeiten und die Geschichte Kilkennys.
- *Verbindung:* **Zug** nach Dublin und Waterford; **Busse** (Auskunft, ✆ 22 024) vom Bahnhofsplatz nach Dublin, Wexford-Rosslare, Waterford, Limerick und Galway. Mit **Kavanagh & Sons**, ✆ 31 106, nach Cork und Carlow.
- *Autoverleih:* **Barry Pender Motors,** Dublin Rd., ✆ 63 839.
- *Fahrradverleih:* **Raleigh (16),** 5 St. John St., ✆ 62 037; **J.J. Wall (11),** 88 Maudlin St., ✆ 21 336.
- *Einkaufen:* **Kilkenny Design Centre (20),** Castle Stables, Mo–Sa 9–18 Uhr, April–Dez. auch So 10–18 Uhr. Das Zentrum in den umgebauten Stallungen der Burg setzte maßgebliche Impulse für die Entwicklung des modernen irischen Kunsthandwerks.
- *Stadtführungen:* Bietet im Sommer täglich mehrmals für 4 € **Tynan Tours,** ✆ 65 922.
- *Waschsalon:* **Brett's Laundrette (8),** Michael St., Mo–Sa 8.30–19.30 Uhr.

Der Südosten Karte Seite 242/243

Übernachten/Camping

B&B-Häuser findet man vor allem in der St. Patrick´s Street und um die protestantische Kathedrale.

***** Kilkenny Hotel,** College Rd., ✆ 62 000, Fax 65 984, DZ 120–150 €. 10 Min. vom Zentrum. Ein verwinkeltes Haus mit hübschem Wintergarten; die Zimmer in einem modernen Anbau, geräumig und gediegen möbliert. Zum Hotel gehören Pool, Sauna und Tennisplatz.

**** Club House Hotel (19),** Patrick St., ✆ und Fax 21 994, DZ 80–160 €. Das ältere, renovierte Haus war früher Treffpunkt von Kilkennys Jagdgesellschaften. Fuchs und Jagdhund grüßen in der Eingangstür, im Treppenaufgang hängt eine wertvolle Sammlung politischer Karikaturen des 19. Jh., im Speisesaal grüßen röhrende Hirsche sowie eine weitere Karikatur, die diesmal die Jäger auf die Schippe nimmt. Ein Großteil der Zimmer wurde renoviert und dem Haus ein moderner Anbau hinzugefügt.

B&B Mrs. Dempsey's (5), 26 James St., DZ 50 €. Weiche Teppiche schlucken jeden Schritt, Geranien am Fenster sorgen für freundlich-biedere Atmosphäre und kontrastieren mit exotischen Textildrucken, die zufriedene japanische Gäste hinterließen. TV-Lounge, gut geheizter Frühstücksraum.

B&B The Deanery (1), 6 Dean St., ✆ 52 822, DZ 50 €, eine weitere zentrumsnahe Unterkunft.

B&B Meadow Hill, Nuala Prendergast, 1 Meadow Hill, Bishops Meadows, Riverside Drive, ✆ 62 253, DZ 50 €. (Lesertipp Christine Brandhuber)

B&B Mena House, Castelcomer Rd., ✆ 65 362, DZ mit Bad 50 €. Der Komfort des gleichnamigen ägyptischen Nobelhotels wird nicht erreicht, doch das Haus gegenüber dem Newpark-Hotel (1 km außerhalb) bietet Zimmer mit Bad.

Kilkenny Tourist Hostel (2) (IHH), 35 Parliament St., ✆ 63 541, Bett ab 10 €, DZ 30 €. Ein Altbau mit einfachen und hellen Zimmern (6–8 Betten), Zentralheizung und gemütlichem Kaminfeuer in der Lounge.

Ormonde Centre Hostel (4), John's Green, ✆ 52 733, Bett ab 10 €, DZ 30–35 €. Das Hostel, 15 Min. vom Stadtzentrum, war früher ein Krankenhaus und gehört jetzt zu einer privaten Schule, die Computerkurse u.ä. anbietet und hier auch ihre Schüler unterbringt. Das Gebäude hat eine etwas düstere Atmosphäre, bietet aber eine gute Gelegenheit, Einheimische mal außerhalb des Pubs kennen zu lernen. Parkplatz vor dem Haus, Fahrradverleih.

Foulkesrath JH, Jenkinstown, ✆ 67 144, Bett 8–10 €, Nov.–Febr. nur Fr–So geöffnet. 13 km nördlich von Kilkenny (Mo–Sa 11.30 u. 17.30 Uhr Bus "Castlecomer" ab Tourist Office), etwas ab vom Schuss, dafür romantisch in einer echten Normannenburg.

• *Camping:* **Tree Grove,** Danville House, 1 km vom Zentrum an der R 700 Richtung New Ross, ✆ 21 512, pro Pers. 8 €. Der 1996 eröffnete Platz wird von einem jungen Paar geführt, das auf der angrenzenden Farm (mit B&B) lebt. Neuankömmlinge bekommen Infomaterial zur Stadt und zu aktuellen Veranstaltungen. Saubere teilw. behindertengerechte Sanitärs in ausreichender Zahl, Warmduschen gratis. Aufenthaltsraum mit TV, Billard und diversen Spielen, (Lesertipp von H. u. G. Müller).

Nore Valley Park, Bennettsbridge, 13 km von Killarney, ✆ 27 229, März bis Okt., 2 Pers. mit Zelt 9 €. Der leicht geneigte, teilw. terrassierte Platz liegt am Waldrand. Gute Sanitärs, im Haus des Platzwarts ein kleiner Laden für den täglichen Bedarf.

Essen

Lacken House, Dublin Rd., ✆ 61 085, Di–Sa abends, Dinner ab 35 €. Die Rezepte, z.B. die mit Äpfeln und Walnüssen gefüllte Gans, die pochierte Brasse mit frischer Kräutersauce oder der Blackpuddingauflauf, sind bodenständig solide, aber wenig originell. Die Gourmetpreise, die das Lokal einheimst, verdient es sich weniger durch Kreativität als durch die Perfektion, mit der hier gearbeitet wird. Vom Einkauf der Zutaten bei ausgewählten Betrieben der Region über die sorgfältige Zubereitung und den makellosen Service – alles stimmt bis auf's i-Tüpfelchen – sind Eugene McSweeney's Gaumenfreuden kaum zu übertreffen.

Bengal (7), Pudding Lane, indische Küche, Early Dinner (bis 19.30 Uhr) 13 €, sonst um 25 €. Das äußerlich unscheinbare und mehr schlecht als recht einer Burg nachempfundene Lokal ist mit Messingstatuen und Holzschnitzereien hinduistischer Gottheiten ansprechend eingerichtet. Dass auch indische Gäste anzutreffen sind, spricht für die Qualität,

Café Sol (12), William St., Lunch 8 €, Dinner 30 €. "Neue irische Küche", z.B. als einfache Mittagsgerichte Linsen mit Geflügelleber oder als regionale Spezialität Lavistown-Würstchen mit Kartoffelbrei und Senfsauce. Abends zum gediegenen Candlelight-Dinner empfiehlt sich die Entenbrust mit Honig, Äpfeln und Rosmarin.

Kyteler's Inn (7), Saint Kieran St., Hauptgericht 8–12 €. Eine rustikale Bar mit Restaurant. Das Essen (etwa Shepherd's Pie oder Lachsklößchen à la Bordelaise) wird nicht so toll eingeschätzt, aber das Ambiente kann sich sehen lassen: Gemächer aus nackten Felssteinen und rohen Balken, alter Plunder vom Hochrad bis zur Schlachtbank in einem der ältesten Häuser der Stadt.

Casleán uí Cúain (18), High St. Üppiges Mittagsbüffet (Hauptgericht ab 8 €), abends öffnet das À-la-carte-Restaurant über dem Pub.

Pantry Coffeeshop (13), Saint Kieran St. Ein Selbstbedienungsdelikatessenladen mit eigener Bäckerei, gut zum preiswerten Lunch oder Nachmittagstee.

Kilkenny Castle Kitchen, in der Burg, tägl. 10–17 Uhr. Eine weitere Empfehlung zum Lunch oder Tee; vorzügliches hausgemachtes Teegebäck, aber auch die vegetarische Quiche (5 €) oder das Steak in Rotweinsauce (6,50 €) können sich sehen lassen.

Am Abend

Museumsreife Pubs mit Buntglasfenstern und schweren Vorhängen oder einfache, wenig förmliche Kneipen finden sich entlang der High Street und der Parliament Street sowie jenseits der Brücke in der John Street.

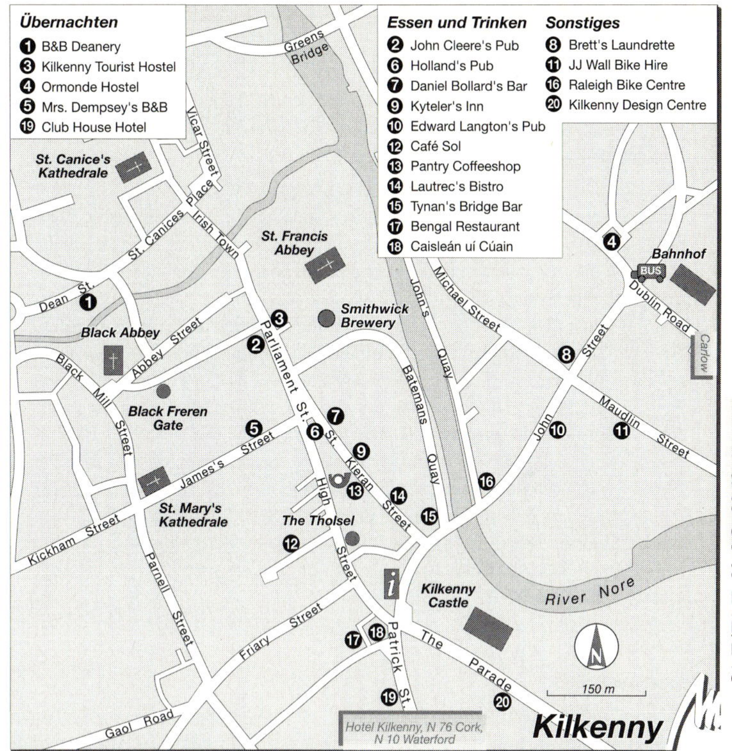

Lautrec's (14), 9 Saint Kieran St. Eintritt bis 0.30 Uhr und damit den gewöhnlichen Pubs 1 Stunde voraus. Modern eingerichtete Weinbar, internationale und mexikanische Küche.

Edward Langton's (10), John St. Mehrfach zum "Pub des Jahres" geadelt, Di + Sa Disco (Eintritt 6 €). Eine ganze Flucht von Räumen mit dunklem Holz, verglasten Dachlaternen, dazwischen hier eine Kasse aus Omas Laden und dort ein alter Wälzer aus Opas Bibliothek. Publikum aller Altersgruppen, mit Barmeals und Restaurant.

Casleán uí Cúain (18), High St. Abends ein altmodisches Musikpub mit Wimpeln, bunten Lämpchen, Bierkrügen und anderem Klimbim an den Wänden, die Atmosphäre erinnert an eine Almhütte. Mo, Do, So Traditional Music oder Blues.

Jim and Maggie Holland's (6), High/Ecke Kieran's St. "Best newcomer pub", Rock u. Traditionals im Kellergewölbe, Publikum bis 30.

Daniel Bollard's (7), Saint Kieran St. Vornehme, leicht sterile Bar mit Lounge und Restaurant, wertvolle Buntglasfenster.

John Cleere (2), 28 Parliament St. Kulturpub mit Theater und Kleinkunstbühne, literarische Lesungen, Mo Folkmusik.

Tynan's Bridge Bar, Batemans Quay. Bier wie zu Queen Victorias Zeiten, sehr volkstümlich, im Lokal noch die Einrichtung eines alten Ladens.

Feste/Veranstaltungen

Arts Week Festival, Ende August. Ein Festival der Hochkultur mit klassischer Musik, Theater, Lesungen. Programm, Tickets: ✆ 63 663.

The Cat Laughs, Anfang Juni, ein Kabarett- und Comedy-Festival in den Pubs, Clubs und Theatern der Stadt.

Confederation of Kilkenny Festival, im Juni. Ein Spektakel mit Paraden und Historienspiel zum Gedenken an die Zeit um 1640, als Kilkenny das Zentrum der Opposition gegen die radikalen englischen Protestanten war. Programm, Tickets: ✆ 51 617.

Die Butlers

Als Theobald Walter, Mundschenk des Königs, 1185 zum "Chief Butler of Ireland" ernannte wurde, bedeutete dies keineswegs, dass das irische Volk damit einen besonders treuen Diener bekam – die Butlers setzten immer energisch die Interessen der Krone gegenüber denen der Iren durch. Mit dem Titel verbunden war das Anrecht auf alle Zolleinnahmen aus dem Weinimport, und der war erheblich. Von ihrem Stammsitz Kilkenny aus stiegen die Butlers schnell zur einflussreichsten Familie der Region auf. Selbst die Cromwellsche Wüterei überlebten sie unbeschadet: Der Earl ging ins Exil, seine Frau verwaltete die Güter, und mit der Restauration war er wieder zur Stelle. Auch in der Schlacht am Boyne standen die Butlers auf der richtigen, der protestantischen Seite. Erst 1714 geriet die Sippe auf den absteigenden Ast. Die Butlers wurden beschuldigt, mit den Spaniern auf eine Invasion Englands hingearbeitet zu haben. Als sie ihr Recht auf den Weinzoll schließlich verkaufen mussten, erlösten sie dafür die damals enorme Summe von 216 000 Pfund. Ihr Schloss in Kilkenny übergaben die Butlers erst 1967 für symbolische 50 IR£ an die Stadt.

Sehenswertes

Kilkenny Castle: Die Burg über dem Nore hat eine ähnliche Baugeschichte wie die Festung von Carlow. Richard Strongbow ließ 1172 einen Holzturm errichten, später wurde daraus ein trutziger Steinbau mit vier Ecktürmen, von denen noch drei erhalten sind. Das **Tor in der Westwand** (1684) ist das früheste, noch etwas unbeholfene Beispiel klassizistischer Architektur in Irland, der überwiegende Teil des Schlosses wurde sogar erst im 19. Jh. gebaut. Die Führung konzentriert sich auf die **Long Gallery**, den Trakt auf der Flussseite, der nach einer Totalrenovierung, bei der auch die völlig verfaulten Geschossdecken ausgewechselt werden mussten, in frischem Glanz erstrahlt. Von den Wänden der lichten Räume blicken düster-entrückt die Porträts der vielen Butlers, die hier fast 600 Jahre lang Hausherren waren. Die unglückliche *Petronella,* die – der Hexerei bezichtigt – 1324 auf dem Scheiterhaufen starb und seither als Geist umgeht, ist keines Ölgemäldes für würdig befunden worden, obwohl sie ja nun wirklich von allen am längsten hier zu Hause ist. Gegenüber diesen Gruseligkeiten ein Lichtblick sind die Gärten des Schlosses: Rosenrabatten, Springbrunnen, ein Kinderspielplatz – hier ließ und lässt es sich leben. Im Keller der Burg ist mit der **Butler Gallery** eine Galerie für moderne Kunst zu Hause, in der Gesindeküche ist ein Restaurant eingerichtet.

🕐 Juni–Sept. tägl. 10–19 Uhr; April–Mai tägl. 10–17 Uhr; Okt.–März Di–So 10.30–12.30, 14–17 Uhr; Eintritt 4 €.

Tholstel: Das mit seinem achteckigen Uhrtürmchen das Häusermeer überragende Rathaus (1761) markiert in der High Street in etwa jene Stelle, wo einst Petronellas Scheiterhaufen stand. Auch das Rathaus brannte später nieder und wurde anschließend nach altem Vorbild wieder errichtet. Im Schatten des schmalen Durchgangs nebenan, der von der High zur Saint Kieran Street hinunter führt, standen früher die Milchhändler mit Quark, Käse und Butter – deswegen heißt die Passage *Butterslip*.

Rothe House: Das 1594–1604 von einer reichen Kaufmannsfamilie errichtete Gebäude ist das einzige in Irland noch erhaltene Beispiel für ein Wohn- und Geschäftsensemble der Tudorzeit. Zum Anwesen gehören außer dem **Vorderhaus** an der Parliament Street, in dem *John Rothe* und seine Frau Rose Archer ihr Warenhaus betrieben, ein **Wohntrakt** der mit zwölf Kindern gesegneten Familie und schließlich ein **Wirtschaftsgebäude** mit Großküche, Bäckerei und eigener Brauerei. Die der städtischen Elite zuzurechnende Familie und ihre Nachkommen lebten somit in sehr großzügigen Verhältnissen, bis sie 1691 nach der Niederlage am Boyne von den Jakobiten enteignet und vertrieben wurden.

Rothe House

Die vor 30 Jahren von der *Kilkenny Archaeological Society* begonnene Restaurierung ist jetzt abgeschlossen, die Häuser erstrahlen wieder in altem Glanz. Das kleine **Museum zur Stadtgeschichte** hat hier einen angemessenen Platz gefunden. In den Räumen mit holzgetäfelten Wänden und wuchtigen Deckenbalken sind archäologische Funde aus dem County und Dokumente des Parlaments ausgestellt, das bis ins 17. Jh. in Kilkenny zu tagen pflegte.

Juli/Aug. tägl. 9.30–17 Uhr; März–Juni, Sept.–Dez. Mo–Sa 10.30–17, So 15–17 Uhr; Jan./Febr. nur So 10–17 Uhr; Eintritt 3 €.

Smithwick-Brauerei: Die Nase weist den Weg. Der typische Biergeruch liegt über der ganzen Stadt, in der seit 1232 gebraut wird. Begonnen haben damit die Franziskaner, die sich auch in Bayern und Belgien als Experten dieser Kunst hervortaten. Als das Kloster unter Heinrich VIII. aufgelöst wurde, wollten die Bürger von Kilkenny auf ihr liebgewonnenes Bier nicht mehr verzichten und führten die Tradition weiter. Heute kommt außer dem eigenen Stout auch in Lizenz gebrautes Budweiser aus dem Sudkessel.

Führungen mit Bierprobe Juni–Sept. Mo–Fr 15 Uhr, Anmeldung beim Tourist Office.

St. Mary's Cathedral: Der imposante, 65 m hohe Turm der katholischen Kathedrale ist das Wahrzeichen Kilkennys. Aus künstlerischer Sicht gibt die während der Hungersnot 1843 als Arbeitsmaßnahme gebaute Kirche nicht viel her.

Nationalbewusste Iren schätzen besonders den 1890 von *James Pearse* geschaffenen Altar – John, der Sohn des Steinmetzen, führte 1916 den Osteraufstand.

Black Abbey: Nicht die Steine, sondern die schwarzen Kutten der Dominikaner gaben dem Kloster den Namen. Nach der Säkularisierung urteilte die Justiz in diesem Gemäuer, bis Cromwell es niederbrannte – erst 1866 wurde die Kirche gründlich renoviert und das Dach wiederhergestellt. Die schönen Glasfenster mit Szenen aus dem Leben Jesu waren wohl die Antwort auf die Fenster der protestantischen Konkurrenz. Besonders prächtig und gelungen ist das jüngste, leicht abstrakte Glasfenster hinter dem Altar. Das **Black Freren Gate** ("Tor der schwarzen Brüder") in der Abbey Street, die zur Kirche führt, ist das letzte der mittelalterlichen Stadttore.

Saint Canice's Cathedral: Am Nordende der Hauptstraße und jenseits des Bregagh thront Irlands zweitgrößte Kathedrale auf einer Anhöhe, als wollte sie einen Kontrapunkt zur Burg setzen. Das hochgotische Gotteshaus wurde 1251 begonnen – von einer älteren Klostersiedlung steht nebenan noch der Stumpf eines Rundturms. 1332 brachen der Hauptturm und Teile des Daches ein, auch der Chor erlitt dabei schwere Schäden. Die herrlichen Fenster entstanden erst bei der anschließenden Restaurierung.

Die Rache der "Hexe"?

Die Gerüchte wollten nie verstummen, dass der Einsturz der Kirche kein Zufall, sondern Sabotage war. Alice Kyteler, deren Namen heute ein Pub in ihrem Wohnhaus in der Saint Kieran Street trägt, war 1324 der Hexerei angeklagt und hatte nur durch die Flucht nach England ihr Leben retten können. Ersatzweise kam ihre Magd Petronella auf den Scheiterhaufen. Auch Alices Sohn war von den Häschern der Inquisition bedroht. Er rettete sich mit dem Angebot, als Beweis für seine Frömmigkeit auf eigene Kosten das Kirchendach mit Bleiplatten eindecken zu lassen. Diese schweren Platten waren es, die das Gotteshaus zum Einsturz brachten.

Künstlerischer Höhepunkt der heute protestantischen Kathedrale sind ihre herrlichen Glasfenster mit Darstellungen von Leben, Kreuzigung, Auferstehung und Himmelfahrt Christi. Ein päpstlicher Gesandter war 1645 von ihnen so beeindruckt, dass er sie gerne gekauft und mit nach Rom genommen hätte. Die Domherren rückten ihre Fenster aber nicht heraus, und so konnte sie Cromwell, ohne sich um jemandes Einverständnis zu kümmern, 5 Jahre später in Stücke schlagen. Was man heute sieht, sind die vor gut 100 Jahren nach alten Bildern gefertigten Repliken der Kunstwerke. Im südlichen Querschiff liegen *Piers Butler* und seine Frau Margarete Fitzgerald in einem prunkvollen weißen Grab. Die meisten anderen der nahezu 800 Grabplatten in der Kirche und auf dem Friedhof bestehen jedoch aus "schwarzem Marmor", dem an Fossilien reichen Kalkstein der Umgebung, weswegen Kilkenny auch die "Stadt des schwarzen Marmors" genannt wird.

⌚ Tägl. 9–13 und 14–17.30 Uhr, wenn keine Messe stattfindet; Turm kann bestiegen werden.

Es nagt der Zahn der Zeit an Kells Priory

Kilkenny/Umgebung

▸ Das nähere Umland von Kilkenny lässt sich am besten auf einer kleinen Radtour erkunden. Verlässt man die Stadt auf der R 697, trifft man nach 8 km rechter Hand die Ruine des **Burnchurch Castle** (15./16. Jh.). 5 km weiter warten in **Kells** die eindrücklichen Ruinen einer Augustinerabtei. Eine Befestigungsmauer verbindet sieben Wohn- und Wehrtürme und umgibt die Kirche sowie die Reste der Gemeinschaftshäuser des Klosters. Weitere 3 km nach Süden markieren in **Kilree** ein weithin sichtbarer Rundturm und ein Hochkreuz den Platz, an dem sich das Kloster der Heiligen Brigid befand. Das Kreuz soll um 840 zu Ehren des Hochkönigs *Niall Calle* errichtet worden sein, der bei dem Versuch ertrank, einen seiner Sklaven aus dem King's River zu retten. Das Kreuz ist deshalb ungewöhnlich, weil Niall Caille kein Christ war: sein Grab befindet sich nicht in geweihter Erde, sondern außerhalb des Friedhofs von Kells. In Kilree wendet man sich links (R 701) Richtung Thomastown, besucht vorher noch die Jerpoint Abbey und fährt dann den River Nore entlang auf der R 700 zurück.

▸ **Jerpoint Abbey:** Die Zisterzienserabtei befindet sich in einem so guten Zustand wie kaum eine andere Klosteranlage Irlands. Bemerkenswert sind v. a. die fast lebensechten, aber auch satirisch überzeichneten Steinfiguren im Kreuzgang: der eitle Ritter und seine Dame, ein verschlagen lächelnder Mönch, der Narr, der geckenhafte Bischof. Auch in der Kirche findet man außergewöhnliche Reliefs von Heiligen und zweier gepanzerter Ritter in der Tracht des 13. Jh.. Entgegen den strengen Regeln der Zisterzienser wurde im 15. Jh. auf die Vierung der Klosterkirche ein Turm gesetzt. Das für irische

Kreuzgang der Jerpoint Abbey

Verhältnisse bescheidene **Visitor Centre** zeigt Bilder von den Restaurierungsarbeiten und den Sehenswürdigkeiten der Umgebung.

Ⓞ April–Mitte Juni Di–So 10–13, 14–17 Uhr, Mitte Juni–Sept. tägl. 9.30–18.30 Uhr; Okt. tägl. 10–13, 14–17 Uhr; Eintritt 3 €.

▸ **Kilfane Glen:** Das Tal in der Nähe von Thomastown ist eine romantische Waldlandschaft, die 1790 angelegt wurde. Mit gewundenen Spazierwegen, einem künstlichen Wasserfall, der "Einsiedlergrotte" und einem Ziergarten beeindruckte der örtliche Grundherr seine Teegesellschaften. Heute gelten einige Anpflanzungen gleichzeitig als eine Art Landschaftskunst. Da gibt es den "Himmel" aus Glockenblumen oder den "Sommermond-Garten".

Ⓞ Mai–Sept. Di–So 14–17.30 Uhr; Eintritt 4 €. Anfahrt: von Thomastown 3,5 km Richtung Kilkenny.

▸ **Dunmore Cave:** Ungeachtet der mittelalterlichen Legende von einer gewaltigen Raubkatze, die hier zu Hause sei und Eindringlinge verspeise, suchten in der Tropfsteinhöhle immer wieder Menschen Zuflucht. Schon vor geraumer Zeit entdeckte man 44 menschliche Skelette, überwiegend Frauen und Kinder. Der Fund bestätigt den Eintrag in einer alten Chronik, dass 928 die Wikinger die Gegend verwüstet und über 1000 Menschen erschlagen hätten. Im Januar 2000 stieß ein Führer per Zufall auf einen Schatz aus Silberbarren und angelsächsischen Münzen (10. Jh.) – bleibt zu klären, ob sie von den Mördern oder den Opfern stammen.

• *Anfahrt:* 10 km nördl. von Kilkenny an der Castlecomer Rd. Bushaltestelle der Privatlinie Buggy's (✆ 41 264, Route Kilkenny – Castlecomer) und der Busse nach Dublin.

• *Öffnungszeiten:* Juni–Mitte Sept. tägl. 10–19 Uhr, Mitte Sept.–Okt. tägl. 10–18 Uhr, Nov.–Ostern Sa/So 10–17 Uhr, Ostern–Mai Di–Sa 10–17, So 14–17 Uhr; Eintritt 3 €, mit Führung.

• *Tipp:* Warm anziehen, wenn Sie in die elektrisch beleuchtete Höhle hinabsteigen, denn unten ist es kalt und feucht.

County Waterford

Auf der touristischen Landkarte ist die Grafschaft ein Durchreiseland. Die Hauptstadt Waterford, eine lebhafte Hafen- und Handelsstadt, mag Ziel eines Tagesausflugs sein, das Seebad Dunmore East bietet sich für einige stille Tage am Meer an. Wer gerne wandert, entdeckt von Lismore aus die Knockmealdown Mountains.

In ihrem mythischen "Buch der Invasionen" beschreiben die Kelten das Land als einen "milden Zusammenfluss von Wassern". Von ihrem Stützpunkt Waterford aus fielen die Wikinger über Suir und Barrow in die reichen Täler des Hinterlandes ein und drangsalierten die Bauern. An der Küste verschwinden nach Osten hin die langen, flachen Sandstrände, wie man sie noch aus Wexford kennt. Das Gelände wird zusehends hügeliger und für Radfahrer anstrengender – doch der schöne Ausblick auf Meer und Küste sowie die reizenden Fischerdörfer am Weg entschädigen vollauf für die Mühe.

Waterford (Stadt)

Die Stadt hat keine großen Sehenswürdigkeiten und dergleichen auch nicht nötig. Sein Hafen ist tief genug, um auch von den modernen Containerschiffen angelaufen zu werden, und so lebt Waterford mehr von Handel und Industrie als vom Fremdenverkehr.

In mancher Hinsicht ist Waterford (40.000 Einwohner) Wexfords großer Bruder. Die Geschichte verlief ähnlich, beide Städte liegen an einer Flussmündung, und wie in Wexford wirkt die Uferpartie etwas vernachlässigt, die etwas landeinwärts parallel dazu laufende Geschäftsachse (High St., George St., O'??Connor St.) dafür um so heimeliger. Der Gesamteindruck ist jedoch weniger puppenstubenhaft als in Wexford, sondern städtischer und moderner. Ob mit den Docks oder einer Brauerei, die Industrie ist auch im Stadtzentrum deutlich zu sehen, zu hören und zu riechen. Wichtigster Arbeitgeber ist eine Glashütte, deren Lüster und Karaffen aus edlem Bleiglas vor allem in den Häusern amerikanischer Iren zum guten patriotischen Ton gehören. Gelegentlich lässt sogar ein Kreuzfahrtdampfer am Kai den Anker fallen und bringt geballte Kaufkraft nach Wexford, die sich im neuen Freizeit- und Kulturareal am South Qay austoben kann.

Geschichte

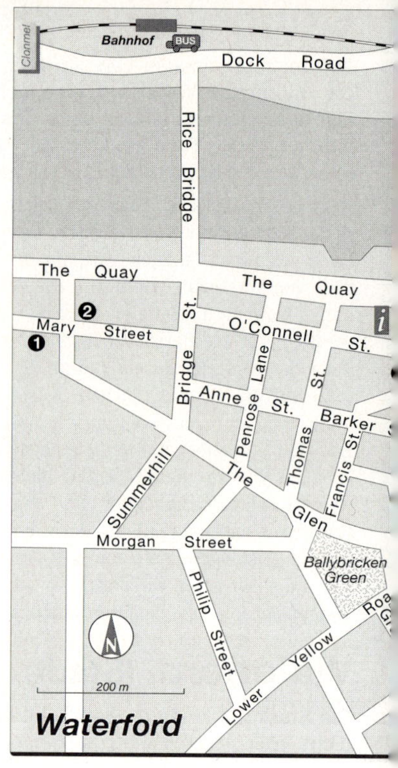

Die Stadt Waterford ist eine Wikingergründung. Sie richteten sich hier um 915 ein und nannten den Ort Vadrafjord. 1171, nach der Eroberung durch die Normannen, verlieh Heinrich II. Waterford das Privileg einer "Königsstadt", unterstellte es also, einer Reichsstadt vergleichbar, direkt dem König. Das königliche Privileg brachte den Bewohnern und besonders den herrschenden Patriziergeschlechtern manche Vorteile und Freiheiten, denn der König war fern und deshalb einem ortsansässigen Feudalherren allemal vorzuziehen. Von Cromwells Truppen erhandelte Waterford nach langer Belagerung eine "ehrenvolle Kapitulation". Sie ersparte der Stadt manche Zerstörung, doch mussten die Katholiken – wie andernorts auch – Waterford verlassen oder zum Protestantismus konvertieren. Cromwell schrieb seine Beute vergeblich zum Verkauf aus: Ohne ihre Händler war die Stadt für niemanden lukrativ. Einen Aufschwung brachte erst wieder im 18. Jh. die Fischerei, als die Boote von Waterford bis zu den Fanggebieten um Neufundland vorstießen.

Information/Verbindungen

- *Telefonvorwahl:* 051.
- *Information:* Merchants Quay, ✆ 875 788. Tägl. 9–12.30, 14–17 Uhr (April–Juni und Sept./Okt. Mo–Fr bis 18 Uhr, Juli/Aug. Mo–Fr ohne Mittagspause bis 19 Uhr). Mit Geldwechsel, Autoverleih und einem Schalter von Bus Éireann. Im Internet präsentiert sich Waterford unter www.waterfordtourism.org und www.waterfordcorp.ie.
- *Verbindung:* **Züge** (Auskunft, ✆ 873 401) von der Plunkett Station nach Kilkenny, Dublin, Rosslare, Limerick. **Busse** (Auskunft, ✆ 879 000) vom Bahnhofsvorplatz nach Dublin (etwa stündlich), Kilkenny, Limerick, Cork. Das Terminal der Stadtbusse befindet sich bei der Tourist Information am Kai.

Die **Fähre** zwischen Passage East und Ballyhack, die mit einer landschaftlich reizvollen Überfahrt den Weg nach Wexford fast um eine Stunde verkürzt, verkehrt April–Sept. Mo–Sa 7.20–22 Uhr, So 9.30–22 Uhr, im Winterhalbjahr abends nur bis 20 Uhr. Auto 6 €, Radfahrer 1,50 €.

Flugzeug: Waterford, immerhin fünftgrößte Stadt Irlands, kann auch aus der Luft angesteuert werden. Direkte Flüge nach England. Auskunft: ✆ 875 589.

Diverses

- *Einkaufen:* Kristallglas bei **Joseph Knox (8),** Barronstrand St., ein vornehmes Geschäft für Nippes und feines Tafelgeschirr.
- *Fahrradverleih:* **Wright's Cycle Depot (12)** (Raleigh), Henrietta St., ✆ 874 411.
- *Feste:* Wie Wexford hat auch Waterford sein **Opernfestival**. Nicht ganz so renommiert wie in der Zwillingsstadt und nur der leichten Muse, dem komischen Fach mit Musical und Operette gewidmet, dafür mit erschwinglichen Eintrittspreisen (Programmauskunft, ✆ 875 437). Das Volk verlustiert sich während der Festspielzeit (Sept./Okt.) beim Sängerwettstreit im Pub – zu verlängerter Sperrstunde.
- *Flussfahrten:* **Viking Cruises**, ✆ 872 800, April–Sept. Ausflugsfahrten nach Ballyhack u. Passage East; Tickets beim Tourist Office.

Galley Cruising Restaurant, Meagher Quay, ✆ 821 723, von Juni–Aug. Kaffeefahrten auf dem Fluss. Auch die einfache Fahrt nach New Ross ist möglich, bei wenig Gästen (gewöhnlich Mo u. Do) werden auch Fahrräder mitgenommen.

- Gepäckaufbewahrung: Im Bahnhof.
- *Krankenhaus:* Ardkeen St., ✆ 873 321.
- *Post:* The Quay, Mo–Fr 9–17, Sa 9–13 Uhr.
- *Reisebüro:* **USIT (6),** 36 Georges St., ✆ 872 601. Ärgern Sie sich nicht, wenn der

Der Südosten Karte S. 242/243

Flug auf den Kontinent hier nur halb so viel kostet, wie Sie zu Hause gelöhnt haben. Hier gibt es Billigtickets nach London, Studentenausweise und den gesuchten Travelsave Stamp für Rabatte bei Bus und Bahn.

• *Stadtführungen:* **Jack Burtchell,** ✆ 873 711, bietet Stadtführungen (4,50 €) unter dem Motto: "Was wäre die Welt ohne Waterford?" Treffpunkt April–Okt. tägl. 12 und 14 Uhr vor dem Granville Hotel.

Übernachten

Die wenigen auch von Bord Faílte empfohlenen B&Bs im Stadtzentrum sind im Sommer schnell ausgebucht. Ausreichend Quartiere findet man aber etwas außerhalb entlang der Cork Road, besonders in der Nähe der Glasfabrik.

***** **Waterford Castle,** ✆ 878 203, 📠 879 316, www.waterfordcastle.com, DZ ab 200 €. 3 km flussabwärts auf einer Insel steht das efeuumrankte, zinnenbewehrte Schloss, voll mit alten Möbeln und Himmelbetten. Der richtige Ort für steinreiche Amerikaner und Asiaten, die hier ihr Klischee vom Good old Europe erfüllt sehen.

*** **Granville Hotel (7),** Meagher Quay, ✆ 855 111, 📠 870 307, www.granville-hotel.ie, DZ 65–90 €. Top-Hotel mit Tradition – hier luden schon Bianconis Pferdekutschen ihre Passagiere ab. Viel Mahagoni und Stuck, jedes Zimmer ist anders eingerichtet.

Portree Guesthouse (1), Mary St., ✆ 874 574, DZ 42–55 €. Professionell geführtes Haus vor den Toren der Brauerei. Die Zimmer in Altrosa, neu eingerichtet und mit Bad und TV ausgestattet; gemütliche Lounge mit schweren Polstermöbeln.

B&B Blenheim House, Mrs. Margaret Fitzmaurice, Passage East Rd., ✆ 874 115, DZ 50 €. 3 km außerhalb in einem Landhaus des 18. Jh., schöner Garten.

B&B Beechwood (10), 7 Cathedral Sq., ✆ 876 677, DZ mit Etagenbad 40 €. 3 einfache Zimmer in zentraler, doch ruhiger Lage an der protestantischen Kathedrale.

B&B Derrynane House (15), 19 The Mall, ✆ 875 179, DZ teilw. mit Bad ab 40 €. Ein älteres Stadthaus mit Stil, geräumige Zimmer mit schweren Möbeln, Diele mit TV.

Hostel Viking House (11) (IHH), Coffee House Lane off Greyfriars Rd., ✆ 853 827, Bett ab 11 €, DZ ab 35 €, jew. mit Continental Breakfast. Ein ungewöhnlich komfortables Hostel mit etwa 100 Betten in 2-, 4-, 6- und 12-Bett-Zimmern. Zu jedem Bett gehört ein abschließbarer Schrank. Die Lounge ist mit Teppichboden und einem wuchtigen Kamin ausgestattet, der aus einem Abrisshaus gerettet wurde.

Waterford Hostel (16) (IHH), 70 Manor Rd., ✆ 85 01 63, war im Herbst 2000 wegen Totalsanierung geschlossen.

Essen

Im Wettbewerb um die Waterforder Gaumen übernehmen derzeit Chinesen und Italiener die Spitze. Ein Geschenk an den schmalen Geldbeutel ist die von manchen Restaurants gepflegte "happy dinner hour" von 18–19.30 Uhr, während der das Tagesmenü oder mehre Gerichte zu einem vergünstigten Preis angeboten wird.

Jade Palace (14), The Mall, ✆ 855 611, Lunch ab 13 €, Dinner ab 30 €. Nicht billig, aber eines der besten chinesischen Restaurants der Insel. Spezialität ist Hu-Yo-Gai-Po – Huhn mit Schweinefleisch, Pilzen und Gemüse.

Dwyer's (2), 5 Mary St., ✆ 877 478, Mo–Sa ab 18 Uhr, Dinner 30 €. Ein gehobenes Lokal in der alten Polizeiwache nahe der Brücke. Ungewöhnliche Kombinationen, wie etwa Krabben im Röstnest, stehen auf der Karte. Auf Bestellung wird auch Ihr Leibgericht serviert.

Reginald's (13), The Quay, beim Turm. In einem auf Mittelalter getrimmten Gewölbe mit Resten der alten Stadtmauer, das besonders von Amerikanern geschätzt wird. Mi, Fr, So Traditional Music, anschließend Disco. Pubgrub mittags um 10 €, abends nur à la carte.

Haricot's Wholefood (3), 11 O'Connell St., Mo–Fr 10–20 Uhr, Sa 8–17.30 Uhr. Das Lokal läuft unter der Regie junger Leute. Die Getreideähren im Fenster signalisieren Naturkost, doch es gibt auch einige Fleischgerichte und sogar Eiscreme. Nett eingerichtet mit Batiken an den Wänden.

Chapman's Pantry (5), Meagher Quay beim Granville Hotel, tägl. 8–18 Uhr. Im Hinterraum des Feinkostgeschäftes ist eine winzige Cafeteria mit Restaurant; frische Sandwiches, kleine warme Gerichte.

Am Abend

Doolan's (9), George St. Im ältesten Pub am Ort steht mitten im Lokal ein Stück Stadtmauer. Abends Live-Musik mit dem örtlichen Folkclub oder auswärtigen Bands, mittags auch gut zum Lunch.

Roxy Theatre, O'Connell St neben dem Garter Lane Arts Centre. Disco mit gelegentlichen Livekonzerten. Covercharge 8 €.

Garter Lane Art Centre (4), 50 O'Connell St. Das führende Kulturzentrum südlich von Dublin. In einem georgianischen Stadthaus wird mit Filmen, Theater, Ballett, Musik und Ausstellungen jede Menge Kultur geboten.

Sehenswertes

Waterford Treasures: Die 1999 in einem restaurierten Speicherhaus am Kai eröffnete Ausstellung führt mit modernster Technik durch die Stadtgeschichte. Wir sind zu Gast bei Strongbows Hochzeit, vergnügen uns auf einem Ball der georgianischen High Society oder sind Schatzsucher auf den Spuren goldener Wikingerdolche und der ersten Glaswaren aus Waterfords Manufaktur. Ein Teil der großzügig bemessenen Flächen ist wechselnden Sonderausstellungen vorbehalten.

⌚ Juni–Aug. tägl. 9.30–21 Uhr, Sept.–Mai tägl. 10–17 Uhr. Eintritt 5 €. The Granary, Merchants Quay, www.waterfordtreasures.com.

Heritage Centre: Beginnend mit Schmuck, Tongefäßen und Lederarbeiten aus der Wikingerzeit bis hin zu Limoflaschen im Asphalt zeigt das Museum einen Querschnitt durch die archäologischen Bodenfunde in Waterford. Schwerpunkt der kleinen Ausstellung bilden die Wikinger. Die Nordmänner hatten sich offenbar schnell an die besonderen Gefahren des Stadtlebens angepaßt – mit raffinierten Vorhängeschlössern sicherten sie ihren Besitz.

⌚ April–Okt. Mo–Fr 10–20, Sa 10–17 Uhr; im Winterhalbjahr muss man den Schlüssel auf dem Rathaus holen (✆ 73 501). Eintritt 2,50 € inkl. Reginald's Tower. Greyfriars Rd.

Reginald's Tower: Kern der mittelalterlichen Befestigung und einst der sicherste Platz der Stadt war der Reginald's Tower. Hier feierte der Normannenführer *Strongbow* seine diplomatische Hochzeit mit der Tochter des Iren Dermot MacMurrough, nahm *Richard II.* die Huldigungen irischer Fürsten entgegen und wartete *Jakob II.* auf das Schiff, das ihn nach Frankreich ins Exil bringen sollte. Nach seiner Laufbahn als Münzstätte, Munitionsdepot und Polizeigefängnis beherbergt der Turm heute das Heimatmuseum von Waterford. Zu dessen Kuriosa zählt ein übergroßer bronzener Zahlteller in Form eines Tabletts, auf dem einst im Zollamt zur Kasse gebeten wurde.

⌚ Wie Heritage Centre; Eintritt 2,50 € inkl. Heritage Centre. The Quay/ Ecke The Mall.

The Mall: Als die Stadt im 18. Jh. zu groß für ihre Mauern geworden war, füllte man den Stadtgraben im Südosten auf und legte auf dem neugewonnenen Land The Mall an, eine breite, elegante Straße mit repräsentativen Gebäuden im klassizistischen Stil, wie Bischofspalast, Theater oder Rathaus, in dessen Halle ein strahlender Lüster aus der örtlichen Manufaktur hängt.

Christ Church Cathedral: Das gegenwärtige Gotteshaus der Protestanten wurde Ende des 18. Jh. errichtet und geriet, gemessen an den damals nicht einfachen wirtschaftlichen Verhältnissen der Stadt, recht großzügig. Die Gräber im strengen Innenraum reichen bis ins Mittelalter zurück. An gleicher Stelle stand schon eine Holzkirche der Wikinger.

Der Südosten
Karte S. 242/243

Holy Trinity Cathedral: John Roberts, der das Theater und die Christ Church entwarf, zeichnete auch die Pläne für die katholische Kathedrale (1792–1796). Hinter seiner klassizistischen Fassade ist die Kirche innen üppig mit Leuchtern aus Kristallglas und einer sorgfältig geschnitzten Kanzel ausgestattet. Die fein bemalten Säulen sind nicht mehr alle im Lot, doch offensichtlich baute Roberts so solide, dass dieser kleine Makel dem Deckengewölbe nichts anhaben kann.

French Church: Sie wurde 1240 von den Franziskanern gebaut und nach der Säkularisierung als Hospital benutzt. Später wohnten hier hugenottische Flüchtlinge, denen die Ruine ihren Namen verdankt. Eine der vielen Grabplatten gehört John Robert, dem Architekten der Kathedrale.

Den Schlüssel verwahrt Mrs. White, 5 Greyfriars St.

Glasmanufaktur: Zumindest in Irland und den USA ist Waterford wegen der hier hergestellten Kristallgläser ein Begriff. Mit beinahe 2000 Beschäftigten fungiert die auf Edelware spezialisierte Glashütte als größter Arbeitgeber der Stadt, und die Konzernmutter *Waterford-Wedgwood*, die auch die Porzellanmanufaktur Rosenthal kontrolliert, ist gar der weltgrößte Hersteller edler Gläser und Porzellane Die Produktion der handgeschliffenen Leuchter und mundgeblasenen Gläser begann in Waterford 1783, wurde aber 1851 eingestellt. An Aufträgen hatte es nicht gefehlt, aber die englische Konkurrenz, so behauptet wenigstens die Firmengeschichte, habe gegen die irische Manufaktur so hohe Zölle durchgesetzt, dass die Ware nicht mehr konkurrenzfähig war. 1947 wurde die Tradition wiederbelebt, und das Waterfordglas ist jetzt auch ohne Exportzoll ein nobles und teures Gut: Es beginnt bei 50 Euro für einen Aschenbecher, und wer sich mit Kronleuchtern auskennt, der weiß, dass diese teurer sein können als ein neues Auto. Der sich wandelnde Geschmack und die schlechte Wirtschaftslage bei zunehmender Konkurrenz bescherte der Firma eine neue Absatzkrise – die Drohung steht im Raum, das Werk nach Böhmen oder sonstwo in das billigere Osteuropa zu verlagern.

• *Anfahrt:* Die Fabrik liegt 3 km außerhalb Richtung Cork, Busverbindung vom Uhrturm. Mo–Fr 10–15 Uhr bis zu 6 Führungen mit je 10–15 Teilnehmern; im Sommer bei Bedarf zusätzliche Kurzführungen (bis 17 Uhr, auch an Wochenenden). Eintritt 6 €, weiteres Geld darf man im Showroom lassen – der bruchsichere Versand an die Heimatanschrift wird garantiert.

Dunmore East

Das behäbige Städtchen am Eingang des Waterford Harbour lebt vom Fischfang und vom Fremdenverkehr. Im Hafen liegen die Yachten friedlich neben den Fischkuttern; die inzwischen über 200 Ferienhäuser sind behutsam dem alten Ortsbild angepasst.

Seit dem 19. Jh. schwärmen die Urlauber von den rotbraunen Sandsteinklippen und den goldgelben Stränden. Mancher fühlt sich an die Bretagne erinnert. Steile Treppen führen zwischen Fuchsienhecken in verschwiegene Buchten hinunter, und wer einen weiten Horizont und mehr Leben bevorzugt, findet hinter dem Hafen auch einen kilometerlangen, offenen Strand. Den Hafen und die Fischverarbeitungsfabriken überragt ein Leuchtturm (1823) im dorischen

Schöner Wohnen – Ferienhäuschen in Dunmore East

Stil. Außer irischen Familien trifft man zunehmend auch Besucher aus Frankreich und Italien. Unter Deutschen hat sich der Charme von Dunmore noch kaum herumgesprochen.

Die Renaissance der Schilfdächer

Von den riedgedeckten Cottages in Dunmore East und andernorts lasse man sich nicht täuschen: Viele Häuser sind Neubauten und nur auf alt getrimmt. Schilfdächer erleben in Irland gerade einen solchen Boom, dass das heimische Material nicht mehr ausreicht und aus Deutschland eingeführt werden muss. Dabei sind bei einem neuen Schilfdach nach gerade mal 10 Jahren die ersten größeren Ausbesserungen fällig, und nach 40 Jahren muss es komplett erneuert werden – ein Ziegeldach übersteht dagegen mühelos ein Jahrhundert. Warum also im sonst so modernisierungswütigen Irland diese Renaissance des Schilfdaches? Einen wichtigen Anreiz bildet die staatliche Beihilfe von 2500 Euro für jedes riedgedeckte Wohnhaus. Und auch im harten Wettbewerb um die Biertrinker, der im Raum Dublin den Preis für die standesgemäße Ausstattung eines Pubs an die Millionengrenze getrieben hat, verspricht ein Gemütlichkeit und Tradition verheißendes Rieddach einen Vorteil.

- *Telefonvorwahl:* 051.
- *Verbindung:* Tägl. 3–4 Busse (Auskunft, ✆ 382 209) von Waterford, Abfahrt dort vor dem Tourist Office.
- *Übernachten:* ** **Haven,** ✆ 383 150, 📠 383 488, DZ 90–100 €. Hotel im Stil der "guten alten Zeit" mit auffälligem, nach Art einer Pagode geschwungenem Dach. Auf der großen Wiese vor dem Haus wurden früher die Teeparties gefeiert.

B&B Dunmore Lodge, ✆ 383 454, nur März–Nov., DZ 60–65 €. Eine Villa neben dem Haven, ebenfalls mit großzügigem Garten.

B&B Church Villa, gegenüber der Protestantischen Kirche, ✆ 383 390, DZ 50 €. Lucy Butler beweist Geschmack und hat die Bettüberwürfe sorgfältig auf die Tapeten abgestimmt. Bei schönem Wetter wird das Frühstück im Innenhof serviert.

Dunmore Harbour House Hostel, am Hafen, ✆ 383 218, Bett 19 €, DZ 50 €, jeweils mit Frühstück. Das stattliche Haus am Eingang zum Hafen wurde 1825 als Hotel gebaut – damals gab es eine Dampferlinie von Dunmore nach Wales – und war später eine Schule der Christlichen Brüder. Das Haupthaus, in dem die 2- und 3-Bettzimmer eingerichtet sind, gleicht eher einem Hotel; die Schlafsäle befinden sich in einem Anbau. Die frühere Kapellle beherbergt heute ein Restaurant. Das Hostel ist im Prinzip in Ordnung, nur der Preis steht in keinem Verhältnis zum Gebotenen.

• *Essen:* **The Ship,** ✆ 383 144, Mai–Okt. tägl., sonst Di–Sa, Fischgericht 12–17 €. Bar mit Restaurant, an den Wänden – Pseudofachwerk mit weißem Putz – hängen maritime Utensilien, auf den Tisch kommen vor allem Meerestiere. Wer's gern scharf mag, bestellt den Fischspieß in Pfeffersauce.

Tramore

Der beliebteste Badeort an der Südküste ist das absolute Kontrastprogramm zu Dunmore. Halligalli an der Uferpromenade, Discos, Imbissstände, Videoarkaden und ein Vergnügungspark.

Die Anfang der neunziger Jahre eröffnete *Celtworld,* ein 4,5 Mio. Pfund teures Multivisionsspektakel irischer Geschichte, schloss bereits nach zwei Jahren wieder die Tore – die Betreiber waren pleite. Als Mahnmal für eine der größten irischen Fehlinvestitionen aus dem Strukturfonds der Europäischen Union, die das Spektakel maßgeblich finanziert hatte, beherbergte das aufwendige Gebäude zuletzt eine wandernde Dinoshow und sucht einen Käufer.

Eine andere Kuriosität Tramores ist der **Iron Man** am westlichen Ortsrand. Leider versperren Zäune, Tore und Verbotsschilder den Weg über das eingehegte Land, so dass man das ungewöhnliche Seezeichen nur aus der Ferne bewundern kann. Immer wieder wurde die Bucht von Tramore mit jener von Waterford verwechselt, und manches irre geleitete Schiff lief auf Grund. Nachdem eine solche Verwechslung 1816 erneut 360 Menschenleben gefordert hatte, ließ *Lloyds of London* ein Warnzeichen errichten, das Seinesgleichen sucht: ein gewaltiger Seemann aus Eisen, gekleidet (will sagen: gestrichen) im Stil seiner Zeit. Mit dem Arm weist der Blechkamerad hinaus aufs Meer: "Zurück! Hier seid ihr falsch."

Der Iron Man von Tramore

• *Telefonvorwahl:* 051.

• *Information:* Strand Rd., ✆ 381 572, Mitte Juni–Aug. Mo–Sa 10–12.30, 14–18 Uhr. www.tramore.net.

• *Verbindung:* Stündl. Bus von Waterford.

• *Fahrradverleih:* **Heffernan,** Main St., ✆ 381 252. Zum Radeln eignet sich die hügelige Stadt allerdings nur für Halbprofis.

• *Übernachten:* **B&B The Gallery,** Church Rd., ✆ 386 375, Mai–Sept., DZ 40 €. Ein blitzsauberes Haus mit dekorativen Blumen, frischem Orangensaft und Selbstgebackenem zum Frühstück.

B&B Mountain View, Fennor, ✆ 396 107, April–Okt., DZ 45–50 €. Schon mal in einem riedgedeckten Haus geschlafen? Hier bietet sich eine der seltenen Gelegenheiten. Das Dach ist wirklich dicht und widersteht selbst dem irischen Winterregen. Allerdings liegt das Haus sehr weit ab vom Schuss und vom nächsten Pub.

Monkey Puzzle Seaside Hostel, ✆ 386 754, Bett 10 €, DZ 30 €. Ein kleines Haus im Zentrum, nahe der Busstation.

• *Camping:* **Newton Cove,** Dungarvan Rd., ✆ 381 979, Mai–Sept.; für Wanderer und Radler 6 € pro Person. Der Platz ist weitgehend mit Dauercampern belegt. Lieblose Aufenthaltsräume.

Boatstrand, Annestown, ✆ 396 110, Mai–Sept; an der R 677 zwischen Tramore und Dungarvan. "Liegt direkt am Meer mit einem atemberaubenden Panorama. Die sanitären Anlagen sind sauber und ausreichend groß. Hier wurde sogar Müll getrennt!" (Lesertipp von H. u. G. Müller).

Dungarvan

Die Industriestadt (6000 Einwohner) an der Mündung des Colligan hat bisher mit Tourismus nicht viel im Sinn. Einzige "Sehenswürdigkeit" ist das Denkmal eines Windhundes.

Die Parkplätze im Zentrum sind konsequent für "Disc Parking" reserviert, Fremde müssen sich erst zu den Verkaufsstellen der Parkzettel durchfragen. **King John's Castle** (1185) am Kai ist eine noch immer imposante, aber verriegelte Ruine. Während wir in der letzten Auflage noch über eine stinkende Gerberei in bester Lage an der Landspitze klagten, wurde dieses frühindustrielle Schandmal inzwischen abgerissen und die Uferpartie als Promenade dem Publikum zugänglich gemacht. Ein weiterer Lichtblick sind die Pläne der *Railway Conservation Society,* die auf dem stillgelegten Schienenstrang nach Waterford eine Museumsbahn einrichten will – nur die erforderlichen Millionen fehlen noch.

Das **Monument of Master McGrath** ist eine dieser typisch irischen Skurrilitäten, die das Land liebenswert machen und über die man doch nur den Kopf schütteln kann. Nachdem wir in Kildare schon das Gerippe des Rennpferdes Arkle kennengelernt haben, steht an der Kreuzung R 672/N 72 das Denkmal für den Windhund *Master MacGrath,* der um 1870 dreimal den *Waterloo-Pokal* gewann und von 37 Rennen nur ein einziges verlor – das waren schlechte Zeiten für die Zocker. Der Wunderhund wird auch in einem Folksong gepriesen.

• *Telefonvorwahl:* 058.

• *Information:* Auf der Südseite des Marktplatzes, ✆ 41 741, nur Mitte Juni bis Anfang September.

• *Verbindung:* **Busse** von der Haltestelle am Davitt's Quay nach Waterford, Dublin, Cork.

• *Fahrradverleih:* **Murphy's Toys and Cycles** (Raleigh), 68 Main St., ✆ 41 376.

• *Hochseeangeln, Tauchen:* **Gone Fishin'**, Cormac Walsh, 42 Lower Main St., ✆ 087 604 664.

• *Übernachten:* Für den Notfall bieten sich folgende Quartiere an:

*** **Lawlor's Hotel,** Meagher St., ✆ 41 112, 📠 41 000, DZ ab 80 €; das örtliche Nobelhotel.

B&B The Mooring, Mrs. Theresa Lynch, Quay, ✆ 41 461, DZ 55 €; über dem gleichnamigen Pub.

Dungarvan Holiday Hostel (IHH), Youghal

Rd., gegenüber der Polizeistation, ✆ 44 340, Bett 11 €, DZ 40 €. Das Hostel wurde in den 60er Jahren als kleines Kloster gebaut, im Schlafsaal ist noch eine Nische auszumachen, in der wohl einst die Marienstatue stand. Parkplatz vor dem Haus, Fahrradverleih.

• *Essen:* **The Tannery,** Qay St., ✆ 45 420, Di–Sa Lunch (13 €) und Dinner (35 €). Inhaber Paul Flynn zählt zu den neuen Stars unter den irischen Küchenmeistern. Probieren Sie etwa die Ravioli von geräuchertem Hähnchen mit Sauerkraut oder die Entenbrust. Reservierung angeraten.

Flanagan's, Main St., Coffeeshop mit Restaurant; Snacks und wechselnde Tagesgerichte, üppiges Frühstück. Im Fenster können Sie sich außer dem Essen auch gleich eine Immobilie aussuchen – der Inhaber ist im Nebenberuf Makler.

• *Pubs:* **An Gabha,** Main St. Eine uralte Kneipe mit ganz jungem Publikum. Nicht nur das Werbeschild steht hier kopf. Wenn in Dungarvan Folkmusik gespielt wird, dann hier.

Dungarvan/Umgebung

▸ **An Rinn:** Eine Gaeltacht-Sprachinsel auf **Helvick Head,** 12 km südlich von Dungarvan. Die Gemeinschaft lebt über die ganze Halbinsel verteilt, es gibt kein richtiges Dorf oder gar eine Stadt, die einzigen zentralen Punkte sind die Pubs. Im Ring College (✆ 46 104) quälen sich Jugendliche tagsüber mit Gälisch-Sprachkursen, um dafür abends um so wildere Musiksessions zu feiern. Auch im *Tigh an Cheoil* (✆ 46 209) und in *Mooney's Pub* (✆ 46 204, bei der Post) geht abends die gälische Post ab.

Übernachten: **Failoeán,** am Hafen Helvic Head, ✆ 46 127, DZ 40 €.

Ardmore

Das "Historic Seaside Village", wie sich das Badedorf mit den bunten Häuschen und blauer Umfeldflagge nennt, hat vor einigen Jahren die irische Entsprechung des Wettbewerbs "Unser Dorf soll schöner werden" gewonnen.

Der ruhige Ferienort mit einem Caravanpark und zwei schönen Stränden bemüht sich touristisch eher um Klasse statt Masse. Die Videoarkaden von Tramore fehlen ebenso wie die Schlemmerlokale von Kinsale, und auch der Yachthafen existiert bislang nur auf dem Papier. Das gälische *Ard Mór* bedeutet "großer Hügel", und in der Tat liegt Ardmore am Fuß einer Halbinsel, um die hoch auf den Klippen ein Rundwanderweg führt. Auch die alte Pilgerroute nach Cashel wird wieder instand gesetzt.

Außer ums Wandern dreht sich in Ardmore alles um *St. Declan*, einen walisischen Abt, der schon 80 Jahre vor St. Patrick nach Irland kam und in Ardmore eine kleine Gemeinde christlicher Schäflein hütete. **Declan's Stone,** ein auffälliger Stein am Südende des Strands, markiert die Stelle, an der Declan gelandet sein soll. 200 m hinter dem Cliff Hotel plätschert **Declan's Well.** Die Quelle mag möglicherweise Gebrechen heilen, aber das Bassin sieht nicht so sauber aus, als dass man sich beim Trinken nicht neue Gebrechen zuziehen könnte.

Am Hügel schließlich die Ruinen von **Declan's Kloster,** welches das älteste in Irland gewesen sein dürfte. In die Westwand der verfallenen Kirche sind einige Steinmetzarbeiten (10. Jh.?) aus einem noch älteren Gebäude eingearbeitet. Sie zeigen den Erzengel Michael, wie er beim Jüngsten Gericht die Seelen wiegt, und das Urteil Salomos, der mit seinem Schwert das Kind zu halbieren droht. Ein vierstöckiger, konischer Rundturm (12. Jh.) ragt 30 m hoch in die Luft, und das dritte noch halbwegs erhaltene Gebäude des Klosters ist eine Kapelle aus dem 8. Jh., deren letzte Restaurierung jetzt auch schon wieder 200 Jahre zurück liegt. Die Vertiefung im Boden der Kapelle ist kein Grab, sondern rührt daher, dass die Gläubigen die heilige Erde herauskratzten und mitnahmen.

- *Telefonvorwahl:* 024.
- *Information:* Main St., ✆ 94 444, nur Mai–Sept.
- *Verbindung:* Von der Bushaltestelle vor O'Reilly's Pub in der Main St., Busse nach Cork und Dungarvan.
- *Übernachten:* ** **Cliff House,** auf dem Kliff über der Bucht, ✆ 94 106, ℻ 94 496, DZ 85–110 €. Die meisten Zimmer mit Seeblick, schön hell, mit Korbmöbeln ausgestattet. **B&B Byron Lodge,** ✆ 94 157, April–Okt., DZ teilw. mit Bad 45–50 €. Der Weg ist nicht einfach zu finden. Am besten biegt man vom Weg zum Kloster am Schild "Health Centre" links ab und nimmt dann die nächste Straße rechts. Palmen markieren die Auffahrt zu dem georgianischen Haus mit 5 Fremdenzimmern; am schönsten ist der Erkerraum im 2. Stock. Leider pflegt die Dame des Hauses ihre preisgekrönten Kochkünste nur noch privat.

Youghal

Auch wer von Kirchen und Klöstern genug hat, sollte sich die liebevoll wie ein Museum eingerichtete protestantische Kirche anschauen. Einen weiteren Pluspunkt verdient der lange Strand im Westen der Stadt.

Die neue Straße umgeht das Zentrum des Fischer- und Badeortes. Eilige laufen deshalb Gefahr, die mittelalterliche Preziose überhaupt nicht zu bemerken. Anfang des 17. Jh. erneuerte Richard Boyle, von dem wir im Kapitel über Lismore noch mehr erfahren, die Stadtbefestigung. Weil Youghal (sprich: Yaul), im Mittelalter einer der wichtigsten Häfen Irlands, immer auf der richtigen, nämlich der Seite der englischen Gewinner war, ist diese Mauer heute noch gut erhalten. Sein bekanntester Bürger war *Sir Walter Raleigh*, der im 16. Jh. Virginia kolonisierte. Auf dem Rückweg brachte er die Kartoffel nach Europa und beeinflusste damit nachhaltig Irlands Geschichte und Küche. Ihn feiert Youghal jeden Juli mit einem Festival. Highlight ist der Wettbewerb um die originellsten Kartoffelgerichte.

Information/Verbindungen/Diverses

- *Telefonvorwahl:* 024.
- *Information:* Market Sq., ✆ 92 390, Juni–Sept. Mo–Sa 10–17.30 Uhr, So 14–17.30 Uhr. Das Faltblatt "Tourist Trail" leitet durch die Stadt, auch Wandervorschläge für die Umgebung sind erhältlich. Angeschlossen ist eine Diashow mit Ausstellung zur Stadtgeschichte. www.Youghal.net.
- *Verbindung:* Im Ort ist ein Busstopp der Linie Waterford – Cork.
- *Fahrradverleih:* **Troy's,** Main St., ✆ 92 509.
- *Stadtführungen:* Juni–Aug. Mo–Sa 11 u. 15 Uhr ab Tourist Office.
- *Angeln/Bootsverleih:* **Bernard O'Keeffe,** 126 North Main St., ✆ 92 820, organisiert Angelausflüge auf dem Blackwater.

Übernachten/Camping

**** **Aherne's Guesthouse (1),** Waterford Rd., ✆ 92 424, ℻ 93 633, www.aherns.com, DZ 130–160 €. Die 10 geräumigen, mit allem Komfort bis hin zum Hosenbügler ausgestatteten Zimmer befinden sich im Anbau eines Nobelrestaurants. Besonders üppiges

Frühstück (mit Räucherlachs), gemütlicher Aufenthaltsraum mit Büchern und Kaminfeuer, das auch im Sommer knistert. Eine Empfehlung, sofern die Brieftasche den Luxus erlaubt.

B&B Roseville (2), Catherine St., ✆ 92 571, DZ 55 €; über dem gleichnamigen, knallroten Gasthof.

B&B Devon View (6), Pearse Square, ✆ 92 827, DZ 45 €. In einem georgianischen Stadthaus, wenige Minuten vom Zentrum. Gemütliche Lounge, auch Dinner.

• *Camping:* **Camping Summerfield,** Strand Rd., ✆ 93 537, nur Juni–Aug., 2 Pers. mit Zelt 8 €. Einfacher Platz, nahe dem Ortsausgang Richtung Cork.

Essen/Pub

Aherne's (1), Waterford Rd., ✆ 92 424, Waterford Rd., Dinner 40 €. Das gehobene Restaurant hat sich unter Feinschmeckern einen Namen gemacht. Spezialität sind Meeresfrüchte, die mit einem französischen Akzent zubereitet werden. Im Pub werden tagsüber teilweise die gleichen Gerichte, aber in einem weniger förmlichen Rahmen und etwas preiswerter serviert.

Cottage Kitchen (5), South Main St., beim Uhrturm. Eine Sandwichbar, die wirklich so eingerichtet ist, wie der Name verspricht.

Merrick's (3), 78 North Main St. Ein preiswerter Coffeeshop mit Restaurant (9–21.30 Uhr); Suppe mit Tagesgericht und Tee/Kaffee 8 €.

• *Pub:* **Moby Dick (4),** Market Sq., gelegentlich Traditional Music. Hier erholten sich John Huston und Gregory Peck 1954 während der Drehpausen von Moby Dick, dem in Youghal aufgenommenen Kassenreißer. Durch eine drastische Modernisierung hat das Pub jedoch etwas an Charme verloren.

Sehenswertes

Main Street: Mit einem Spaziergang durch die Hauptstraße und ihre Seitengassen kann man alle Sehenswürdigkeiten Youghals erkunden. Der Uhrturm über der Main Street ist das Wahrzeichen der Stadt. Das *Clock Gate,* 1777 auf den Fundamenten eines mittelalterlichen Stadttores errichtet, diente auch als Gefängnis. Von der Benediktinerabtei steht zwischen zwei gewöhnlichen Häusern gerade noch ein Portal, das leicht übersehen wird. Um so auffälliger ist das *Red House,* das sich ein holländischer Kaufmann 1702 aus roten Ziegeln ganz im Stil seiner Heimat errichten ließ. Der Wehrturm *Tyntes' Castle,* gegenüber vom Roten Haus und in bedauerlich schlechtem Zustand, stand einst direkt an einem heute versandeten Arm des Blackwater River, der hier ins Meer mündete.

St. Mary's – hier ruht Mrs. Boyle

Die protestantische **Saint Mary's Church** ist eine der größten Pfarrkirchen Irlands. Ursprünglich aus dem Jahr 1220, wurde sie im Laufe der Geschichte mehrmals zerstört, umgebaut und renoviert. Zuletzt hat man in den siebziger Jahren den Dachstuhl mit seinem Eichenbalken gründlich überholt, damit er weitere Jahrhunderte dem Regen stand hält. St. Mary's ist gleichzeitig Museum und Kirche. Hier hat jede Grabplatte ihre in penibler Zierschrift geschriebene und gerahmte Erklärung, die die Geschichte der Toten und der Kirche in Erinnerung hält: die Familiensaga der Desmonds, Pest und Hungersnot, die Willkür der Reichen, die Not der Armen. Im südlichen Querschiff findet man das prächtige Renaissancegrab Richard Boyles. Vom Baukörper der Kirche beeindruckt außer dem Dach vor allem der Chor. Anlass zu großer Verwunderung geben auf einer Tafel neben der Kanzel die Lebensdaten "1464 bis 1604". Kein Irrtum, die 12. Gräfin Desmond soll bereits mit Heinrich VII. getanzt haben, um dann noch Elisabeth I. zu überleben und sich im fortgeschrittenen Alter von 140 Jahren schließlich beim Sturz vom Kirschbaum das Genick zu brechen – ein romantischer Tod.

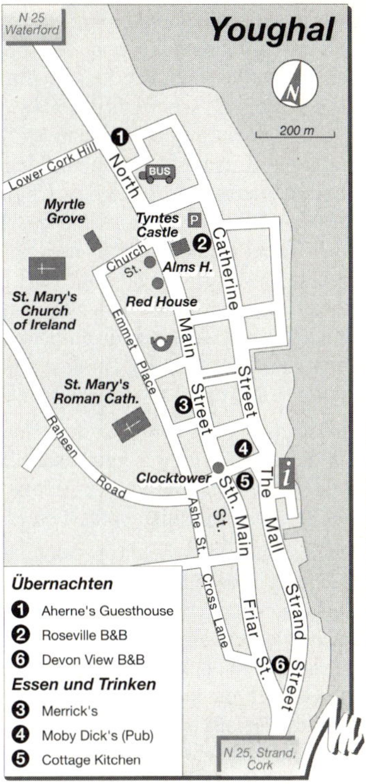

Youghal

Übernachten

1. Aherne's Guesthouse
2. Roseville B&B
6. Devon View B&B

Essen und Trinken

3. Merrick's
4. Moby Dick's (Pub)
5. Cottage Kitchen

In **Myrtle Grove**, einem bis zur Unkenntlichkeit umgebauten Tudor-Haus, wohnte *Walter Raleigh,* als er um 1588 das Bürgermeisteramt in Youghal innehatte. Die Legende lässt ihn im dazugehörigen Gärtchen seine Pfeife geraucht und auch seine Versuche mit dem Kartoffelanbau unternommen haben. Aus Unkenntnis aß Raleigh statt der Wurzelknollen die Beeren und hätte sich damit beinahe vergiftet. Nach diesem misslungenen Experiment wurde die Kartoffel für die nächsten hundert Jahre erst einmal wieder vergessen.

⌚ Mai–Sept. Di, Do, Sa 14.30–16 Uhr; Eintritt mit Führung 4 €.

Lismore

Das Örtchen (1.000 Einwohner) schmiegt sich zu Füßen der Knockmealdown-Berge an den River Blackwater, den irischen Rhein. Schloss und Kathedrale sind zwei Nummern zu groß geraten. Vor den Raubzügen der Wikinger war Lismore mit seiner Klosterschule ein Mittelpunkt der Gelehrsamkeit.

Lismore Castle, das von seiner dicht bewaldeten Höhe herab das Ortsbild prägt, ist ein Phantasiebau des 19. Jh. Nur wenige Mauern stammen noch von

Der Südosten Karte S. 242/243

der älteren, 1185 unter König John begonnenen Burg. Bei diesen Umbauten fand man das *Book of Lismore,* das heute im Nationalmuseum aufbewahrt wird und die Geschichten irischer Heiliger erzählt, dazu eine Kurzfassung der Reisen Marco Polos enthält. Das Castle hatte zwei berühmte Schlossherren. 1589 verschenkte Elisabeth I. den Sitz des Bischofs von Lismore samt 200 qkm Ländereien an ihren Günstling Sir Walter Raleigh (1552–1618), der die erste englische Kolonie in Nordamerika gegründet und die Kartoffel nach Europa gebracht hatte. Als Raleigh in Ungnade fiel, musste er seinen irischen Besitz für einen Schleuderpreis an *Richard Boyle* verkaufen, der mit 27 £ in der Tasche nach Irland gekommen war und es mit allen nur denkbaren und nicht immer legalen Geschäften bald zum Earl of Cork brachte. Einer seiner Söhne war *Robert Boyle* (1627–1691), der als Naturforscher den Zusammenhang zwischen Gasdruck und Temperatur entdeckte und herausfand, dass auch Luft ein Gewicht hat. Ganz nebenbei übersetzte er noch das Alte Testament auf walisisch, malaisch und türkisch und ließ es in diesen Sprachen auch drucken.

Heute gehört das Anwesen dem *Herzog von Devonshire,* der sich aber nur selten in seinem irischen Ferienhaus blicken lässt. Nur die **Gärten** können besichtigt werden. Die untere Anlage ist durch die Hänge und einen Wald besonders geschützt und umfasst eine Sammlung prächtiger Magnolien.

Die Devonshires schenkten sich und der Stadt auch den **Bahnhof,** ein schöner Bau im viktorianischen Stil. Neben hohen Herrschaften und dem gemeinen Volk transportierte die 1876 eröffnete Bahnlinie nach Dungarvan auch den Lachs, der damals noch in rauhen Mengen aus dem Blackwater River gefischt wurde. In handlichen Kisten verpackt konnte der frische Fisch bereits am Tag nach dem Fang auf dem Londoner Großmarkt angeboten werden. Nach Jahren des Verfalls – der Zugverkehr wurde 1968 eingestellt – hat *John O'Neill,* ein handwerklicher Tausendsassa, die von ihm erworbene Station wieder zu einem Schmuckstück herausgeputzt. Der frühere Lagerschuppen wurde zu einem Atelier, in dem in Workshops alte Handwerkskunst gepflegt wird und ergraute Meister ihr Wissen an jüngere Generationen vermitteln. Eine Galerie zeigt die besten Stücke.

• *Telefonvorwahl:* 058.

• *Information:* Im Zentrum, ✆ 54 975, April/Mai, Sept./Okt. Mo–Sa 9.30–17.30, So 12–17.30 Uhr, Juni–Aug. Mo–Sa 9.30–18, So 12–17.30 Uhr, Okt. nur So 12–17.30 Uhr, mit Geldwechsel. Zur Information gehört ein **Heritage Centre,** das in einer halbstündigen Audiovisionsshow die Geschichte und Attraktionen der Gegend erklärt (Eintritt 4 €).

• *Verbindung:* Mit dem **Bus** häufig nach Dungarvan, auch nach Cork und Waterford. Auskunft ✆ (051) 73 401.

• *Öffnungszeiten* der **Schlossgärten:** Mai–Mitte Sept. tägl. 13.45–16.45 Uhr; Eintritt 3,75 €.

• *Übernachten:* An Gruppen ab 4 Personen wird das **Schloss** wochenweise vermietet, die Preise beginnen bei 9000 €.

**** Lismore Hotel,** ✆ 54 304, 📠 53 068, DZ 80–105 €. Das Dorfhotel dominiert mit seiner streng geometrischen Fassade und den fein gegliederten Fenstern den Hauptplatz.

B&B Red House Inn, pro Person 20 €; gegenüber dem Tourist Office. Einfache Zimmer über der gleichnamigen Kneipe.

Kilmorna Farm Hostel (IHO), ✆ 54 315, Bett 11 €. In umgebauten historischen Stallungen, von einer Schweizerin geführt. Mit Mülltrennung! (Lesertipp von Pia Knogler).

Lismore/Umgebung

▸ **Cappoquin:** Das Dorf am Knick des River Blackwater, aus dessen Namen unschwer die Kapuziner herauszuhören sind, beherbergt ein Kloster, das keine lange Geschichte hat, dafür aber noch immer von Mönchen bewohnt wird. Irische Zisterzienser aus Melleray (Bretagne) gründeten 1832 die Abtei. Die Zisterzienser sind kein kontemplativer, d.h. nur betender, sondern ein arbeitender Orden, den die Landesherren im Mittelalter besonders schätzten, weil die Mönche beim Roden von Wäldern, Entwässern von Sümpfen und ganz allgemein bei der Urbarmachung von Land großen Fleiß an den Tag legten. Auch um Cappoquin fallen sofort die Früchte dieser Arbeit ins Auge. Besucher, auch weibliche, sind willkommen, um mit den Mönchen zu beten oder einfach nur ein paar Tage in Stille und Einkehr zu verbringen.

Termingerecht zu Mariä Himmelfahrt erschien 1985 die Madonna in einer Grotte am **Mount Melleray** zwei Kindern und prophezeite das Weltende. Seither hat Irland einen neuen Wallfahrtsort, von dem immer neue Marienvisionen berichtet werden. Die Pilger, meist Frauen aus Ulster, wo das Bedürfnis nach Wundern offenbar besonders groß ist, kommen zwischen dem 16. und dem 28. August und verbringen eine Nacht betend am Schrein.

Übernachten: **Mt. Melleray Abbey,** ✆ (058) 54 404. Übernachtung im Gästehaus gegen angemessene Spende.

Der Südosten
Karte S. 242/243

▸ **Wanderungen in den Knockmealdowns:** Von Lismore und Cappoquin führen zwei Straßen hoch in die Berge. Der Vee Scenic Drive, der Radlern viel Kondition abverlangt, gilt als eine der schönsten Panoramastraßen Irlands. Durch dichten Laubwald zieht sich die Straße das Tal hoch. An der oberen Abzweigung nach Cappoquin rauscht ein Wasserfall und bietet schattige Picknickplätze. Erika und Rhododendron setzen rote und violette Farbtupfer zwischen den grünen Farn, anderswo hat der zartlila blühende Rhododendron sich wie wucherndes Unkraut ausgebreitet. Von der Marienkapelle auf dem Pass führt links ein Wanderpfad über den namenlosen Vorgipfel hinter der Statue auf den Knockshanahullion (654 m) und von dort in südwestlicher Richtung zu einer das Gebirge querenden Nebenstraße, über die man (rechts) hinunter ins Duagtal und nach Clogheen kommt (zusammen 3 Std.). Vom Pass rechts geht es auf den **Sugarloaf** (653 m) und den **Knockmealdown** (670 m). Wendet man sich vom Gipfel nach Westsüdwest, trifft man bei der Abzweigung nach Cappoquin wieder auf den Vee Drive (als Rundwanderung 4 Std.).

Der mit gelben Strichmännchen markierte **Munster Way,** wie der uns schon als Wicklow und Leinster Trail bekannte Fernwanderweg hier heißt, führt vom Pass nach Norden und zunächst am Bay Lough vorbei, einem schwarzen Bergsee, in dem ein Gespenst sein Unwesen treibt. Nach der Haarnadelkurve mit Panoramablick quert er nochmals die Straße, steigt durch den Wald ins Duagtal hinab und verläuft dort ostwärts nach Clonmel. Mit 35 km ist die Tagesetappe ohne Übernachtungsmöglichkeiten direkt am Weg freilich viel zu lang. Eine genaue Beschreibung der Tour liefert das Bord Fáilte Blatt 26 J.

County Tipperary

Zu Füßen der Galtee und Comeragh Mountains erstreckt sich eine grüne, gleichförmige und schier endlose Ebene – das Land, von dem die Bauern träumen. Wichtigster Fixpunkt für Reisende in diesem Meer der Weidegründe ist der Rock of Cashel.

Geographisch gehört die flache, auf drei Seiten von Hügeln eingefasste Grafschaft mit ihren fruchtbaren Lehmböden bereits zu den Midlands. Fette Kühe weiden auf saftigen Wiesen, und das Golden Vale im Süden des Countys gilt als das beste Bauernland der Insel. Nach einem im 18. Jh. durch gute Exportmöglichkeiten ausgelösten Getreideanbau-Boom sieht man heute wieder nur Wiesen und Rindviecher – so weit das Auge reicht. Milchlaster, Traktoren und Mähdrescher rumpeln über die Straßen, die Höfe sind herausgeputzt, die Silos übertreffen an Zahl deutlich die Kirchtürme. Auch die behäbigen Landstädte am Ufer des Suir zeugen vom relativen Wohlstand.

Buchstäblich herausragende Sehenswürdigkeit ist der Rock of Cashel, ein schroffer Kalkfelsen inmitten der Ebene, auf dem einst die Könige von Munster herrschten. Die Galtee Mountains sind bei irischen Wanderern beliebt, in Clonmel und Cahir mag man auf der Durchreise einen Stopp einlegen. Sonst ist das Bauernland touristisch weniger interessant. Nicht nur in der englischsprachigen Welt erlangte die Grafschaft durch einen fetzigen Marsch Berühmtheit, der in keinem Film über den Ersten Weltkrieg fehlt: "It's a long way to Tipperary/It's a long way to go...". Dabei stammten damals keineswegs besonders viele Freiwillige der britischen Armee aus Tipperary. Die Grafschaft kam nur in den Song, weil die Komponisten für den Rhythmus ein viersilbiges und dennoch leicht von der Zunge gehendes Wort brauchten.

Cahir

Weil Cahir im Schatten von Cashel steht und es an Unterkünften fehlt, wird die Stadt mit ihrer trutzigen Burg auf der Insel im Suir nur selten besucht. Zu Unrecht.

Das Städtchen würde sich als Ausgangspunkt für den Wander- und Radeltourismus eignen. Obwohl sich die Galtee und Knockmealdown Mountains in unmittelbarer Nähe befinden, dazu die schönste Tropfsteinhöhle Irlands und ein romantisches Cottage orné, war im ganzen Ort nirgendwo eine Wanderkarte der Region erhältlich: keine Nachfrage. Das irische Wort *Cathair,* von dem der Ortsname abgeleitet wird, bezeichnet ein Steinfort. Vielleicht stand es einmal

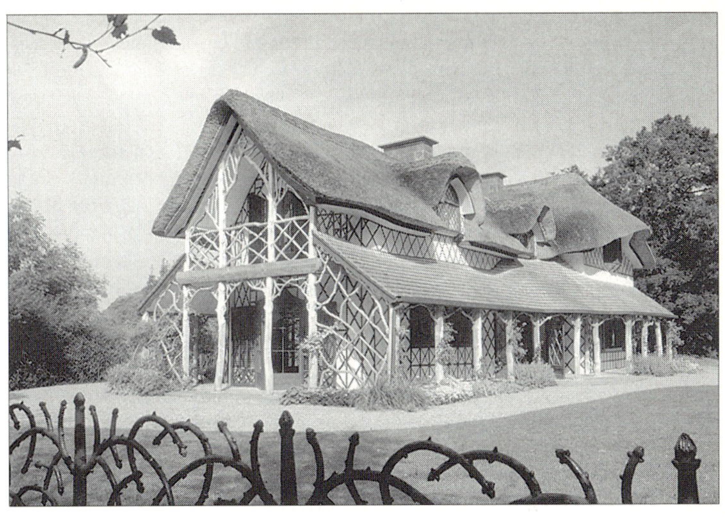

Romantisches Traumhaus in Cahir – Swiss Cottage

dort, wo heute die Burg steht. *The Mall*, die in der georgianischen Epoche beste Wohngegend am Fluss, verfällt. Gegenüber imitiert ein altes Silo die Zinnen der Burg, auch die Brückenköpfe der Eisenbahnbrücke über den Suir stilisieren die Burg. Schade, dass dem einsamen Bahnhof das Ausweichgleis geraubt wurde. Die Tage der Bahn scheinen gezählt.

- *Telefonvorwahl:* 052.
- *Information:* Castle St., ✆ 41 453, Mai–Sept. Mo–Sa 9.30–18 Uhr, Juli/Aug. auch So 11–17 Uhr.
- *Verbindung:* **Bahnstation** an der Strecke Rosslare–Cork (Zugauskunft, ✆ (0504) 21 733). Cahir liegt an den **Bus**linien Dublin–Cork, Limerick–Waterford und Kilkenny–Cork. Die Haltestelle ist beim Crock of Gold Shop gegenüber der Burg (Busauskunft, ✆ (062) 51 555).
- *Übernachten:* *** **Kilcoran Lodge,** Cork Rd., ✆ 41 288, Fax 41 994, DZ ab 100 €. Ein viktorianisches Jagdhaus 6 km außerhalb. Pool, Fitnessraum, Solarium.

Lisakyle Hostel (IHH), Lisakyle, ✆ 41 963, Bett 9 €, DZ 25 €. Das alte, nur wenig veränderte Bauernhaus liegt an der Ardfinnan Rd. etwa 2 km außerhalb von Cahir und unweit des Swiss Cottage. Die Einfahrt ist mit landwirtschaftlichen Geräten geschmückt. Das Haus selbst mit TV, doch ohne Heizung, auch der Kamin sah nicht danach aus, als ob er in der letzten Zeit benutzt worden wäre. Zimmer mit 8, 6, 4 Betten, 2 Bäder mit WC, Camping im Garten. Maurice Condon, dem das Hostel gehört, trifft man in seinem Shop in Cahirs Church Street.

- *Essen:* **Crock of Gold,** gegenüber der Burg. Souvenirs, Pullover, Porzellan und ein kleiner Coffeeshop ganz hinten im Laden.

Sehenswertes

Cahir Castle: Die zum Großteil im 15. und 16. Jh. unter den Butlers gebaute Burg sitzt grau und stolz auf einer Insel im Suir. Drei mit starken Mauern befestigte Höfe liegen hintereinander. Ein Angreifer hätte also zuerst in den von einer Ringmauer und zwei Türmen gesicherten äußeren Hof eindringen müssen, dann die Mauer zum mittleren, etwas höher gelegenen Hof überwinden und schließlich durch das Fallgatter und unter den Pechnasen hindurch die innere Burg erstürmen müssen. Unmöglich? Die scheinbar uneinnehmbare Festung fiel 1599 und 1650 ohne großen Kampf in Feindeshand – gegen Kanonen war sie nicht gerüstet. Eine *Wendeltreppe* führt zum Fluss hinunter, aus dem die Burgbewohner ihr Trinkwasser bezogen. Im *Burgfried* wird mit Fotos die Entwicklung der Befestigungswerke von normannischen Schanzen zu den Wehrtürmen des 16. Jh. illustriert. Andere Schautafeln erklären die Stellung der Frau im irischen Spätmittelalter. Man erfährt überrascht, dass die Scheidung damals erheblich einfacher war als heute – wenigstens für Männer. Die Diashow enttäuscht etwas. In zu schneller Folge ziehen die Sights der Umgebung vorbei, ohne dass man sich etwas merken könnte. Über die Burg wird kaum ein Wort verloren.

⌚ Juni–Sept. tägl. 9–19.30 Uhr, April–Mitte Juni und Mitte Sept.–Nov. tägl. 9.30–17.30 Uhr, Winter tägl. 10–13, 14–16.30 Uhr; Eintritt 2,50 €.

Swiss Cottage: Ein hinter der Tourist Information beginnender Spazierweg führt den Fluss entlang zum Swiss Cottage, einem vom 12. Earl of Cahir Anfang des 19. Jh. im Stil des *Cottage orné* errichteten Landhaus – ein romantischer Traum, der das einfache Landleben idealisiert, ohne auf aristokratischen Luxus zu verzichten. Das asymmetrische Haus, das man vielleicht in einem Bühnenbild oder im Gemälde eines Landschaftsmalers, nicht aber in der Realität erwarten würde, kommt mit nur wenigen rechten Winkeln aus, ist mit Schilf gedeckt und von einer einem Wald nachempfundenen Veranda umgeben. Die Tapeten des Salons schlagen den Bogen zu Liebe und Ferne, zwei anderen romantischen Themen. Vor dem Hintergrund des Bosporus verlustieren sich Türken mit Haremsdamen bei einem Picknick. Vorbild für diese Art Landhäuser, wie sie auch in England und auf dem Kontinent gebaut wurden, war ein Gartenpavillon der französischen Königin Marie-Antoinette.

⌚ April Di–So 10–13, 14–18 Uhr, Mai–Sept. tägl. 10–18 Uhr, Okt./Nov. Di–So 10–13, 14–16.30 Uhr. Führung etwa alle halbe Stunden; Eintritt 2,50 €.

Die Intrige der Erbschleicher

Die Geschichte vom Aufstieg des Richard Butler ist so recht von der Art, wie sie heute auf der ersten Seite der Regenbogenpresse stehen und die Herzen ganzer Nationen rühren. 1786 bis 1788 starben in rascher Folge der kinderlose James und sein Bruder Pier. Besitz und Titel fielen an seinen Neffen James, einen entfernten und wenig begüterten Abenteurer, der in Ostindien lebte und gleichfalls verschied, bevor ihn auch nur die Nachricht vom unverhofften Reichtum erreicht hatte. Nächster in der Erbfolge wäre James' Sohn Richard gewesen, der in Cahir mit seiner Mutter in völliger Armut lebte. Die geldgierige Verwandtschaft hielt die Nachricht vom Tod des zweiten James zunächst geheim und entführte den jungen Richard und seine Schwester nach Frankreich. Die Wende in diesem Drama für den um sein Erbe betrogenen 12. Baron von Cahir kam mit dem Besuch der Schwester des Lordkanzlers in Cahir, der die Intrige zu Ohren kam. Sie spürte die Kinder in einem Stall auf, brachte sie nach Cahir zurück und vermählte gleich noch ihre jüngste Tochter mit dem inzwischen 17-jährigen Richard.

Cahir/Umgebung

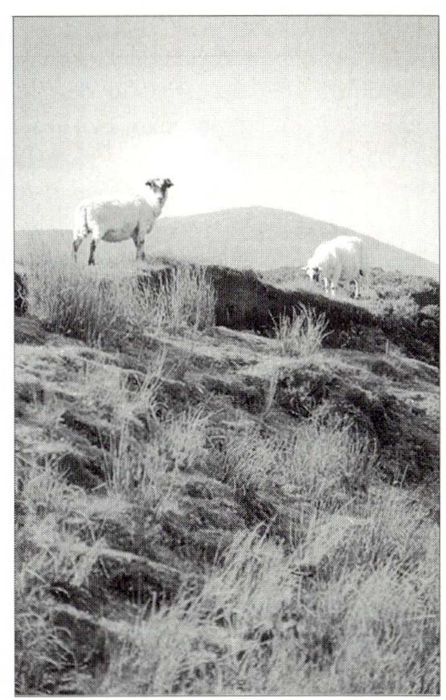

Ihr nächster Pullover aus den Galtee Mountains

▸ **Burncourt:** "Sieben Jahre gebaut, sieben Tage bewohnt, in sieben Stunden abgebrannt", heißt es über das Schloss am Ortsrand von Burncourt. Einmal mehr war es Cromwell, dem wir diese Ruine verdanken. Die Außenmauern stehen solide, als seien sie erst gestern hochgezogen worden, doch durch die hohlen Fenster blickt man in den Himmel, und innen sprießt das Gras.

Anfahrt: Das Castle steht auf einer Weide hinter einem Bauernhof. Anstandshalber frage man beim Besitzer vor der Besichtigung um Erlaubnis.

▸ **Mitchelstown Cave:** Auf der Südseite läuft durch das Sandsteinmassiv der Galtee Mountains ein schmaler Kalkstreifen. Seit Menschengedenken war hier eine Höhle bekannt, in der schon die Steinzeitmenschen ihre Spuren hinterlassen haben. Die New Cave, die man heute zu Gesicht bekommt, verdankt ihre Entdeckung jedoch einem Zufall. Als *Michael Condon* im Jahre 1833 Steine für den Hausbau aus dem Fels brach, fiel ihm sein Stemmeisen in einen Spalt. Condon war ein armer Mann und wollte das Werkzeug nicht aufgeben – er grub und öffnete so den Eingang, durch den man bis heute in die New Cave hinabsteigt. Mit über 2000 m begehbaren Stollen und Kammern ist sie größer und sicher sehenswerter als die Höhle von Dunmore, aber touristisch weniger erschlossen.

Jackie London, ein Familienpatriarch alter Schule, der die Höhle von seinen Schwiegereltern geerbt hat, versteht sich als Gralshüter des Naturdenkmals: kein farbiges Licht, keine Toneffekte, keine Souvenirbuden – nichts, was die Aufmerksamkeit von der Höhle ablenken könnte. Um so mehr Raum bleibt für die Phantasie. Man entdeckt Schweinsköpfe, Elefanten, einen versteinerten Wasserfall und einen Indianer. Außer den Gesteinsformationen kann man die prächtigen Farbnuancen bewundern, die von den verschiedenen, im Stein eingebetteten Metallen herrühren, und dazu hat der Felsendom eine hervorragende Akustik.

Anfahrt: 15 km südwestl. von Cahir nahe Burncourt, tägl. 10–18 Uhr; Eintrittskarten (3,75 €) im Bauernhaus am Parkplatz.

▸ **Galtee Mountains:** Das Bergmassiv mit seinen aufgeforsteten Nadelwäldern und grasbewachsenen Kuppen, zwischen denen nur hier und da der rotbraune Sandstein durchschimmert, erhebt sich westlich von Cahir abrupt aus der Ebene. Nach den Macgillycuddys ist der **Galtymore** (919 m) der höchste Gipfel im

Süden Irlands. Von der Topographie her ist er allerdings ein braver, runder Hügel, der Wanderern keinerlei Schwierigkeiten bereitet. Der bequemste Aufstieg führt über die einst für den Torftransport angelegte **Black Road**. Von Cahir kommend zweigt man 14,5 km nach der Stadt von der Cork Road rechts ab. Das *Galtymore B&B* und ein verlassenes Pub kündigen die Abzweigung an. Die Teerdecke endet auf Höhe des letzten Bauernhofes an einem kleinem Parkplatz. Es geht jetzt zu Fuß weiter durch zwei Gatter und an aufgescheuchten Schafen vorbei bis unterhalb des **Galtybeg** (792 m). Am Ende der Black Road beginnt der Aufstieg auf den Sattel westlich des Galtybegs, bis sich das Panorama nach Norden öffnet, dann hält man auf dem Kamm weiter nach Westen zu – der Galtymore ist nicht zu verfehlen. Wer hinüber ins Glen of Aherlow will, hält sich von besagtem Sattel immer nach Norden und trifft an der Clydagh Bridge auf die Landstraße. Für den Rückweg zum Ausgangspunkt behält man am Gipfel noch 10 Min. die Richtung bei und schlägt dann einen Bogen nach Südosten, quert den Bach oberhalb von Cooper's Wood, steigt am Waldrand entlang noch einmal leicht auf und trifft dann wieder auf die Black Road (zusammen 4 Std.).

Ein anderer Ausgangspunkt für die Gipfeltour ist die Mountain Lodge JH im Glengara Wald (Abzweigung rechts 12,5 km nach Cahir). Das **Glengaratal** ist ein Spaziergang für sich. Den Bach begleitet ein üppiger Wald aus Birken, Erlen, Lerchen und Kastanien, auch einige amerikanische Exoten wurden gepflanzt.

- *Telefonvorwahl:* 062.
- *Übernachten:* **B&B Bansha Castle,** Bansha, ✆ 54 187, DZ 65 €. Das frühere Ferienhaus der Butlers von Ormond.

B&B Bansha House, Bansha, ✆ 54 194, DZ 60 €. Zum Haus gehört ein Reitstall mit rund 15 Pferden, auf denen sich Ausflüge ins Glen of Aherlow machen lassen. Auch Unterricht.

Ballydavid JH, ✆ 54 148, März–Nov., Bett 7–10 €. Eine alte Jagdhütte am Anfang des Glen of Aherlow, 3 km von der Tipperary–Cahir Rd.

Camping/B&B Ballinacourthy House, ✆ 56 230, Mai–Mitte Sept. Camping mit 50 Zeltplätzen, B&B (Zimmer mit Etagenbad pro Pers. 20 €) und Restaurant. Das Anwesen liegt landschaftlich sehr schön etwa in der Talmitte und ist ein beliebtes Ausflugsziel; Pferdevermietung.

Glengara Mountain Lodge JH, Burncourt, ✆ 67 277, nur März–Sept., Bett 6,50–9 €. Auf der Südseite der Galtee Mountains, 2,5 km von der Cahir–Mitchelstown Rd. Ein Jagdhaus ohne Dusche und Elektrizität, dafür mit viel Romantik.

Clonmel

Obwohl im Detail ohne größere Sehenswürdigkeiten, ist Clonmel (15.000 Einwohner) die lebendigste und interessanteste Stadt in der sonst eher ländlichen Grafschaft.

Entlang dem Suir lädt eine neu angelegte Promenade zum Flanieren ein, und im Herbst zieht aus der Cider-Fabrik *Bulmer* der Geruch von vergorenen Äpfeln über den Fluss und verliert sich an den Ausläufern der Comeraghs, die bis an den Stadtrand reichen. Das geschäftige Zentrum von Irlands größter Stadt ohne Zugang zum Meer hat mit seinen Baudenkmälern noch etwas Atmosphäre aus dem 19. Jh. bewahrt, als Clonmel ein wichtiger Verkehrsknotenpunkt war, an dem die Pferdekutschen aus den verschiedenen Städten des Südens sternförmig zusammenkamen.

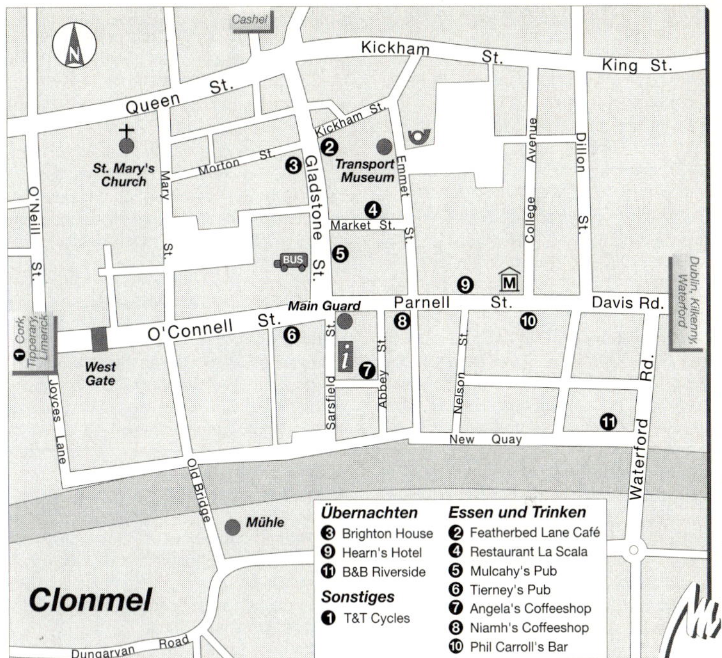

Der Südosten
Karte S. 242/243

Geschichte

Clonmel entwickelte sich im 13. und 14. Jh. aus einem Landgut, nachdem der Normanne William de Burgo vom König das Privileg erhalten hatte, einmal im Jahr hier einen Markt abzuhalten. Im Mittelalter war es ein Zankapfel zwischen den Desmonds und den Butlers, bevor die Letzteren 1583 endgültig die Oberhand gewannen. Die hinter St. Mary's noch erhaltene Stadtmauer umschloss damals das Geviert von 300 x 425 m zwischen Fluss und der heutigen William Street, auch die Brücke über den Suir gab es schon. Als die Bauern im 18. Jh. von der Viehzucht mehr und mehr zum Getreideanbau wechselten, wurde Clonmel der Hauptumschlagsplatz für den Weizenexport. Am Fluss entstanden neue Mühlen; Brauer, Schnapsbrenner, Handwerker und Kaufleute siedelten sich an. Viele waren Protestanten und hinterließen Clonmel gleich mehrere stattliche Kirchen, die jetzt als Feuerwehrhaus, Werkstatt oder für andere profane Zwecke genutzt werden. *Charles Bianconi* (1786–1875), der als 16-jähriger aus Italien nach Irland geschickt wurde, um sich eine seiner Familie nicht genehme Liaison aus dem Kopf zu schlagen, sollte einer der größten Geschäftsleute seiner Zeit in Irland werden. Bianconi begann 1815 mit einer Postkutschenlinie zwischen Clonmel und Cahir und hatte schließlich das gesamte innerirische Transportwesen in seiner Hand, bevor der Eisenbahnbau die Kutschen ins Abseits drängte. Die Bürger von Clonmel wählten ihn zweimal zum Bürgermeister.

Information/Verbindungen/Diverses

• *Telefonvorwahl:* 052.

• *Information:* Sarsfield St., neben der Main Guard, ✆ 22 960, Mo–Fr 9.30–12.30, 14–18 Uhr, Juli/Aug. auch Sa. Über die Stadt informiert der "Clonmel and South Tipperary Guide" (gratis), erhältlich sind auch Faltblätter mit Wandervorschlägen. www.clonmel.ie.

• *Verbindung:* Vom Bahnhof **Züge** nach Waterford und Limerick (Auskunft, ✆ 21 982), **Busse** nach Cork, Dublin, Waterford über Carrick; Bustickets bei Rafferty Travel (✆ 22 622) in der Gladstone St.

• *Fahrradverleih:* **T&T Cycles (1),** 17 Irishtown, ✆ 25 322.

• *Windhundrennen:* Clonmel ist eine Hochburg dieses für uns recht exotischen Sports. Der Rennplatz liegt an der Davis St. im Osten der Stadt, die Spektakel beginnen montags und donnerstags um 20 Uhr.

Übernachten/Camping/Essen/Pubs

** **Hearn's Hotel (9),** Parnell St., ✆ 21 611, 📠 21 135, DZ 100 €. Das Hotel ist das einstige Hauptquartier des Bianconi-Imperiums. In der Halle hängt noch die Uhr, nach der die Abfahrtszeiten der Kutschen bestimmt wurden.

Brighton House (13), Brighton Place, 27 Upper Gladstone St., ✆ 23 665, www.tipp.ie/brighton.htm, DZ 65–90 €. Ein stattliches Reihenhaus des 19. Jh. wurde liebevoll restauriert und zu einem Guesthouse mit 6 Zimmern umgebaut.

B&B Riverside (11), New Quay, ✆ 25 781, DZ 45 €. Ein älteres Haus am Fluss mit Blick auf die alte Brücke und die Berge. Falls ausgebucht, springt die Nachbarin ein. Weitere B&Bs in der Marlfield Rd. (Irishtown) und Abbey Rd.

• *Camping:* **The Apple**, 8 km außerhalb, an der Straße nach Limerick, ✆ 41 459, Zelt mit 2 Pers. 9 €. Farmcamping hinter einer Apfelplantage; angemessene Sanitärs und schöner Aufenthaltsbereich in der umgebauten Scheune. Der Platzchef ist Holländer, und die sollen ja was vom Camping verstehen.

• *Essen:* **La Scala (4),** Market St., ✆ 24 147, Tagesmenü 14 €. Im südländisch/irischen Mischstil mit aufgemauerten Sitzbänken, Backstein und Rundhölzern. Die Küche ist italienisch beeinflusst. Schweizer mit Heimweh probieren "Geschnetz´lt´s mit Rösti" (16 €).

Niamh's (8), Mitchell St. Feinkostladen mit Coffeeshop. Zwei Damen mittleren Alters verspeisen mit Andacht (gleichzeitig!) Sahnetorten und Chips. An den Wänden des etwas bieder eingerichteten Gastraums hängen wechselnde Kunst, einige Porzellanteller und allerlei Krimskrams.

Angela's Restaurant (7), 14 Abbey St., Mo–Sa bis 17.30 Uhr. Ein preiswerter, modern und warm eingerichteter Coffeeshop mit wechselnden Tagesgerichten. Ungewöhnlich ist das Moussaka mit Lammfleisch 7 €, daneben auch vegetarische Küche, gehaltvolles Müsli, leckere Salate.

Featherbed Lane Café (2), Post House, Gladstone Rd., Mo–Sa 9–18 Uhr. Das literarische Café über einer Buchhandlung bietet auch kleine Mittagsgerichte, z.B. Hähnchen, Pie und Lasagne.

• *Pubs:* **Tierney's (6),** O'Connell St. 1990 und 1992–96 jeweils zum "County pub of the year" gekrönt, aber noch immer im Trend. Gehobenes Barfood wie z.B. Lachssandwich (8 €).

Mulcahy's (5), Gladstone St. Das Pub der etablierten Bürger, die neuen Barhocker mit Lehne wollen nicht zum pechschwarzen Interieur passen. Mittags Barfood, abends Essen im angeschlossenen Restaurant. Mi Folkmusik.

Phil Carroll's Antique Bar (10), Parnell St. Eine dunkle, rauchige Höhle; junges Publikum.

Sehenswertes

Im Sommer starten Mo–Fr um 11 Uhr geführte Stadtrundgänge an der Touristinformation. Für Erwachsene kostet der Spaß 3 €.

Main Guard: Das 1675 gebaute Gerichtshaus an der Ecke Mitchell/Sarsfield Street war das repräsentativste Gebäude der Stadt. Früher hatte es statt der

Ladenfront eine offene Arkade. Der Architekt war kein Meister seines Fachs, sonst hätte er das dreieckige Giebelfeld mit der Uhr nicht direkt über zwei Fenstern enden lassen, aber die klar gegliederte Fassade strahlt dennoch eine schlichte Würde aus, während die schlanke Dachlaterne einen eher verspielten Akzent setzt. Nach langem Verfall wurden nun mit der Restaurierung begonnen.

Westgate: Das Stadttor am Ende der O'Connell St. steht zwar genau dort, wo man schon immer von Westen her die Stadt betrat, ist aber eine nostalgische Neuschöpfung, die ein reicher Kaufmann 1831 errichten ließ. Eine Plakette erinnert an den 1713 in Clonmel geborenen Philosophen und Dichter *Lawrence Sterne,* und man kann sich Clonmel gut als Bühne für Tristram Shandy vorstellen, die Hauptfigur des gleichnamigen, sentimental-satirischen Romans von Sterne. In der vor dem Westgate liegenden **Irishtown** wohnten im Mittelalter die Iren, die damals aus den anglo-normannischen Städten ausgesperrt waren.

County Museum: Der engagierte Kurator Pat Holland sammelt vor allem Artefakte zur Lokalgeschichte und zu örtlichen Persönlichkeiten. So entwickelte sich ein Museum, das eng mit der Lebenswelt der Einheimischen verbunden ist, Fremden aber eher als Kuriositätenkabinett erscheinen muss. Da wird etwa das T-Shirt von *Michael Hogan,* Mannschaftsführer des Tipperary Gaelic Football Teams, verwahrt, der mit 14 anderen Spielern und Zuschauern am 21. November 1920, dem ersten in der Reihe der irischen "Bloody Sundays", von der britischen Polizei während eines Spiels im Dubliner Croke Park erschossen wurde. In einer Vitrine ruht das Saxophon, auf dem der 1992 verstorbene *Mick Delahunty* über 60 Jahre lang in seiner Blaskapelle den Marsch blies. Eine Multimediashow erzählt das Leben *Tom Kiely's* aus Ballyneale, der 1904 in St. Louis die Goldmedaille im Zehnkampf gewann. Eine Sammlung von Wahlplakaten der Lokalpolitiker demonstriert unwillentlich den Wandel des Hemdkragens über die Jahrzehnte – das Lächeln der Herren bleibt zeitlos. 600 Postkarten zeigen das County aus allen Blickwinkeln. Ein alter Strippenkasten erinnert an die Zeit, als Telefongespräche noch durch die flinken Finger eines "Fräuleins vom Amt" vermittelt wurden – ein einfacher Kipphebel erlaubte das Mithören. Die inzwischen geschlossene Computerfabrik ist mit ihrem letzten in Clonmel gefertigten Modell vertreten, Gemälde irischer Meister runden das Programm ab. Wir kennen *John Butler Yeats* und vielleicht noch *William Leech.* Wer aber war *Rolli Rowland,* der jene bedrückend realistische Armeleuteszene in einem Mietshaus des 19. Jh. festhielt? Selbst der Kurator tappt im Dunkeln und bittet um Hinweise.

⌚ Di–Sa 10–13, 14–17 Uhr; Eintritt frei. Der Umzug in einen Neubau steht an.

Museum of Transport: Das massive Speicherhaus der *Richmond Mill* stammt aus den Tagen, als in Clonmel das Getreide von Tipperary gesammelt und vor dem Export nach England gemahlen wurde. Nach langem Tauziehen zwischen Abriss und Sanierung hat sich der Besitzer von Hearn's Hotel der Mühle angenommen und präsentiert hier seine stattliche Sammlung von Oldtimern und alten Fahrrädern.

⌚ Mo–Sa 10–18 Uhr, So 14.30–18 Uhr, Eintritt 3,50 €.

Der Südosten
Karte S. 242/243

Clonmel/Umgebung

▸ **Carrick-on-Suir:** Mit Bier und Wolle brachte es Carrick-on-Suir im 18. Jh. zu beträchtlichem Wohlstand und zählte damals 12.000 Einwohner, doppelt so viele wie heute. Der berühmteste Bürger ist Sean Kelly, jener irische Radler, der in den achtziger Jahren die Tour de France gewann. Doch der Ruhm verblasst, das Fahrradgeschäft seines Bruders musste kürzlich schließen und im Ort ist wieder der Hund begraben. Wer zufällig vorbei kommt, sollte allerdings das **Ormond Castle** besuchen. Neben einem wuchtigen Festungsturm und in bester Lage am Fluss ließ der 10. Earl of Ormond um 1670 anlässlich des bevorstehenden Besuchs seiner Cousine ein Gutshaus errichten. Die Cousine, keine geringere als Königin Elisabeth I., kam freilich nie, und so war der Aufwand mit den vielen Bildnissen Ihrer Majestät, darunter im Bankettsaal als Stuckrelief ausgeführte Darstellungen, letztlich vergebens. Das aus grauen Bruchsteinen gemauerte Schloss mit seinen vielfach unterteilten, typischen Sprossenfenstern wurde seither kaum verändert und ist ein schönes Beispiel für den höfischen Tudorstil.

⌚ Mitte Juni–Sept. tägl. 9.30–18.30 Uhr; Eintritt 2,50 €.

Cashel

Mit dem Rock of Cashel und dem historisch zwar weniger bedeutsamen, aber für das Alltagsleben vergangener Tage um so aufschlussreicheren Folk Village besitzt Cashel zwei Sights ersten Ranges.

Und weil das Städtchen an der touristischen Hauptroute von Dublin in den Südwesten liegt, werden die Sights auch besucht. Auch wer sich ernsthaft mit irischer Volksmusik beschäftigt, kommt in Cashel auf seine Kosten. Das Zentrum *Brú Ború* ist der Gral der irischen Folklore. Hier wird das gälische Kulturerbe, also Musik, Tanz und Theater erforscht und entschieden, was als authentisch gelten darf. An Sommerwochenenden geht der Vorhang für hochkarätige Künstler auf. Mit seinen guten Übernachtungsmöglichkeiten bietet sich Cashel auch als Ausgangspunkt für Radtouren in das flache Umland und sogar für Wanderungen an, denn 15 km westlich der Stadt beginnen die Galtee Mountains.

Information/Verbindungen/Diverses

- *Telefonvorwahl:* 062.
- *Information:* Im alten Rathaus, Main St., ✆ 61 333, April–Sept., Mo–Sa 9.30–17.30 Uhr. Angeschlossen ist ein **Heritage Centre** mit einem Modell der Stadt im 19. Jh., Exponaten zur Lokalgeschichte und einer Multivisionsshow zum Rock of Cashel.
- *Verbindung:* Von der **Bus**haltestelle bei O'??Reilly's an der Main St. nach Dublin, Cork, Athlone und Cahir. Tickets gibt's beim Reisebüro Rafferty. Die Privatlinie **Kavanagh's** (✆ 51 563) verbindet Cashel auch mit Tipperary, Clonmel und Thurles.
- *Fahrradverleih:* Mountain Bikes in sehr gutem Zustand vermietet das **Cashel Holiday Hostel,** John St., ✆ 62 330.
- *Stadtrundfahrten:* Die "heritage tram" tuckert von Ostern bis September für 4 € durch die Stadt.

Die Romantik der Tinker-Wagen lässt das harte Leben der "Fahrenden" vergessen

Übernachten

Die Konkurrenz belebt hier das Geschäft, und so sind die beiden Hostels der Stadt komfortabel und mit Engagement geführt. Wer mehr ausgeben will, kann im Stadtzentrum zwischen einer Burg und einem Schloss wählen.

*** **Cashel Palace,** Main St., ✆ 62 707, 📠 61 521, www.cashel-palace.ie, DZ ab 115 €. Ein First-Class-Hotel mit "Rock View" und sogar einem privaten Fußweg zum Felsen. Das Backsteinhaus wurde 1730 von Edward Pearce entworfen, der als Architekt auf aristokratische Landsitze spezialisiert war, von dem aber auch die Bank of Ireland in Dublin stammt.

Kearney's Castle, Main St., ✆ u. 📠 61 044, DZ 60 €. Ein alter düsterer Turm, der auch einmal ein Gefängnis hätte sein können, mit einem modernen Anbau. Die Zimmer sind neu möbliert und alle mit TV und Teekocher ausgestattet.

Bailey's Guesthouse, Main St., ✆ 61 937, DZ 60–65 €. Familie Leahy hat das georgianische Stadthaus aus dem 18. Jh. wieder aufpoliert. Den Gästeparkplatz umschließt die mittelalterliche Stadtmauer. Zum Haus gehört ein Restaurant.

B&B Abbey House, Mrs. Ellen Ryan, Moorlane, ✆ 61 104, DZ 50 €. Etwas enge, mit Fichtenholz verkleidete Zimmer, mit TV und Wasserkocher.

B&B Ros Guill House, Kilkenny Rd., ✆ 61 507, April–Okt., DZ 55 €. 2 km außerhalb, Tenniscourt im Garten, sehr reichhaltiges Frühstück.

Hostel O'Brien's Farmhouse (IHH), Dundrum St., ✆ 61 003, Bett 11 €. Eine relativ neue Herberge in den umgebauten Stallungen eines Bauernhofs. Pieksauber, Schnittblumen auf den Tischen, die Zimmer (2–8 Betten) mit Teppichboden. Gemütlicher Aufenthaltsraum mit Kamin, gut ausgestattete Küche, auch Camping möglich. 5 Min. zum Rock.

Cashel Holiday Hostel (IHH), John St., ✆ 62 330, Bett ab 11 €, DZ teilw. mit Bad 30 €. Über der Rezeption hängt ein monumentaler Holzschnitt des Felsens, im Treppenaufgang vermitteln Poster aus aller Herren Länder den Reisenden Heimatgefühle. Die Zimmer sind teilweise nach irischen Literaten benannt, lange Kerle können sich in überlangen Betten betten. Abgesehen von den Leselämpchen ist die Ausstattung der Zimmer jedoch karg. Im Aufenthaltsraum knistert schon mittags ein Kaminfeuer, Küche und Kühlschrank waren sauber. Zum Leihfahrrad gibt's ausführliche Beratung über die Sights der Umgebung – manche Gäste bleiben über Wochen hier hängen.

Essen/Am Abend

Chez Hans, Moorlane, ✆ 61 177, nur Di–Sa abends, Dinner ab 30 €. Das außergewöhnliche, vielleicht etwas düstere Ambiente einer säkularisierten Kirche der Presbyterianer, die mit alten und modernen Gemälden dekoriert ist, erwartet die Gäste. 25 Jahre zauberte Hans Peter Matthiä hier französische Küche in großen Portionen auf den Tisch, nun übernahm Sohn Jason die Küche. Fachkreise zählen ihn zu den kreativsten Kochtalenten der Insel, manche Stammkunden reisen extra von Dublin an.

The Spearman, 97 Main St., Juni–Okt. tägl. 12–22 Uhr, Nov.–Mai Di–Sa 12–14.30, 17–21, So 12.30–15 Uhr. Gutbürgerliche Küche in mittlerer Preislage. Im Sommer sonntägliche "pasta night".

Bak' House, Main St. Ein Coffeeshop mit Snacks und einfachen Tagesgerichten.

• *Am Abend:* Am Parkplatz des Felsens pflegt das Kulturzentrum **Brú Ború** (✆ 61 122) die Volksmusik. Im Sommer wird Di–Sa jeden Abend ein Konzert geboten. Star ist der Akkordeonist Bobby Gardiner, der in wechselnder Begleitung spielt. Das Buffet ist im Eintritt von 7 € nicht enthalten.

Eine lebendige Musikszene hat das **Golden Vale Pub** in Dundrum.

Rock of Cashel

Der Rock of Cashel ist eine der beeindruckendsten Stätten Irlands. Wenn man von der Dublin Rd. kommt, bleibt der Kalkfelsen bis zum letzten Moment hinter kleineren Hügeln versteckt. Mächtige Mauern umschließen einen Rundturm, eine schlanke Kirche ohne Dach, eine romanische Kapelle und einen Friedhof mit zahlreichen Hochkreuzen.

Geschichte: Der Name ist eine anglisierte Version des irischen *Caiseal* ("Festung"), und die Sprachforscher streiten, ob Caiseal nicht auch etwas mit dem lateinischen "Castellum" zu tun hat. Dieser Gedanke liegt nahe, zumal der Clan der Eóghanachta, der sich im 4. Jh. hier niederließ, aus Wales stammte und dort sicher mit den Römern Kontakt gehabt hatte. Die Eóghanachta unterwarfen sich in Kriegszügen die Region und waren als Könige von Munster bald die großen Rivalen der Hochkönige von Tara, deren Oberhoheit sie erst 859 anerkannten. Die Dynastie, aus der auch viele Kirchenfürsten hervorgingen, soll von Patrick persönlich bekehrt worden sein. Bei der Zeremonie rammte der Heilige dem König versehentlich seinen Bischofsstab in den Fuß, was dieser, ob aus Höflichkeit oder in der Meinung, die Tortur sei eine Erinnerung an die Kreuzigung Christi, tapfer schweigend über sich ergehen ließ. Im 10. Jh. verloren die Eóghanachta Cashel und ganz Munster an die O'Briens, den Stamm des *Brian Ború,* die Cashel ihrerseits 1091 der Kirche schenkten, wohl um zu verhindern, dass die Eóghanachta oder MacCarthys, wie sie inzwischen hießen, sich des mythischen Königssitzes noch einmal bemächtigen konnten. 1647 wurde der Felsen von den Truppen Cromwells gebrandschatzt und geplündert. Der katholische Bischof musste einem protestantischen Kollegen weichen. 1750 ärgerte sich Kirchenfürst Price, dass er mit seiner neuen Kutsche den Berg nicht mehr hinauf kam: Cashel wurde verlassen und dem Verfall preisgeben.

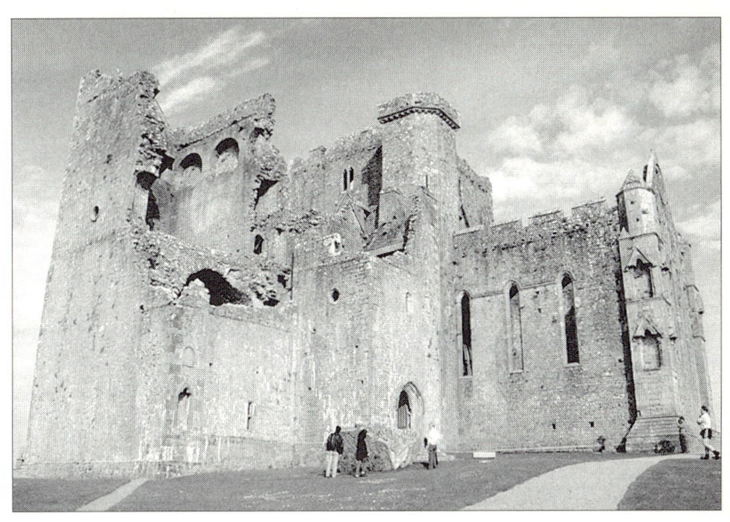

Rock of Cashel – der Königssitz von Munster

Besichtigung: Man betritt das Gelände durch die **Hall of the Vicars Choral,** ein Gebäude aus dem 15. Jh., in dem sich heute die Kasse befindet. Eine audiovisuelle Show führt in die Geschichte des Berges ein. Die Ausstellung zeigt Silberschmuck und das Hochkreuz, unter dem die Könige von Munster gekrönt wurden.

Die **Kathedrale** hat einen kreuzförmigen Grundriss. Das Schiff ist gegenüber dem Chor stark verkürzt und mündet unmittelbar in den Bischofspalast. In der Kirche findet man allerlei Grabplatten, darunter im Chor das Grab des *Myler MacGrath* (gest. 1622). Myler sammelte Kirchenämter wie andere Leute Telefonkarten und vereinigte zuletzt 77 Pfründen auf seine Person. Als Elisabeth I. die katholischen Kleriker verfolgen ließ und Mylers Rivale O'Hurley gefoltert und exekutiert worden war, konvertierte Myler kurzerhand zum Protestantismus und übernahm neben seinem Amt als katholischer Bischof, dessen er nie enthoben wurde, auch das des protestantischen Kirchenfürsten von Cashel.

Als eine romanische Perle duckt sich **Cormac's Chapel** (1137) im Schatten der Kathedrale. Sie ist ein Beispiel für die Abwandlung kontinentaler Bauformen in Irland. Ungewöhnlich ist die Anordnung der beiden rechteckigen Türme an den Längsseiten des gerade 12 m langen Kirchenschiffs. Das Tonnengewölbe ist von einem steilen, doppelten Satteldach geschützt, das seit 850 Jahren nicht eingestürzt und auch leidlich dicht ist. Im Giebelfeld über dem Südportal steht ein Fabeltier mit dreifachem Schwanz; ihm gegenüber, an der Nordtür, ein Zentaur, der mit Pfeil und Bogen auf einen Löwen zielt. Die Wände sind mit geometrischen Mustern verziert. An der Westwand steht ein Sarkophag mit einer Oberfläche aus verschiedenfarbigen Steinen, in dem vielleicht der Kirchenstifter Cormac beigesetzt wurde. Der romanische Chor und die jüngst nach zehnjähriger Restaurierung wieder enthüllten Fresken zeigen, dass Irland damals in engem Kontakt mit Frankreich und Italien stand – nur von dort waren die Rohstoffe für die Farben zu beziehen.

⌚ Mitte Sept.–Mitte März tägl. 9.30–16.30 Uhr, Mitte März–Anfang Juni bis 17.30 Uhr, Juni–Mitte Sept. bis 19.30 Uhr; Eintritt 4,50 €.

Weitere Sehenswürdigkeiten

Folk Village: Das um einen Hof angeordnete Freilichtmuseum zeigt den Alltag der "guten alten Zeit", die für die kleinen Leute gar nicht immer gut war, wie beispielsweise die Abteilung über den Großen Hunger deutlich macht. Ein Raum gehört den Befreiungskriegen, eine kleine Kapelle der Religion, in der die Menschen Trost fanden. Auch der bunte, scheinbar romantische Tinkerwagen sollte nicht über das harte Los der Fahrenden hinwegtäuschen. Die junge Witwe Breen schuftet als glatzköpfige Schaufensterpuppe (wo hat sie nur ihre Perücke?) in ihrer Küche, nebenan steht Joe Noonan, der hier mal eine Metzgerei betrieb, an seiner Schlachtbank – auch er als Puppe, versteht sich. In der Kneipe "Wild Rober" ist ein wildes Durcheinander, aber kein Mensch zu sehen – wahrscheinlich kommen die Trinker erst am Abend, wenn die Besucher gegangen sind. Unbedingt anschauen!

⌚ Tägl. 10–19.30 Uhr; Eintritt 3,50 €. Moorlane, zwischen Tourist Office und dem Felsen.

GPA Bolton Library: Die Bibliothek (1836) ist ein schlichter, klassizistischer Bau nach dem Entwurf von William Tinsley, der auch einige Häuser in Clonmel geplant hat, aber erst nach seiner Auswanderung in den USA zu Ruhm und Ehre kam. Bischof Boltons um 1730 begonnene Büchersammlung umfasst bibliophile Raritäten, frühe Drucke und alte Handschriften. Hochwohlgeboren schätzte auch kulinarische Genüsse, die er auf einem feinem Tafelsilber servieren ließ – auch dieses Essgeschirr blieb der Nachwelt erhalten.

⌚ März–Okt. Mo–Sa 9.30–17.30 Uhr; Eintritt 3,50 €. Main St., neben der Kathedrale.

Cashel/Umgebung

▸ **Holycross Abbey:** Die gründlich restaurierte Zisterzienserabtei ist bis auf die romanische Pforte zum Kreuzgang ein Werk der Hochgotik. Kunstfreunde zeigen sich besonders vom Kreuzrippengewölbe im Chor der Kirche begeistert. Neben dem Altar gefällt ein fein gearbeitetes Chorgestühl aus schwarzem Marmor. Im nördlichen Querschiff zeigt ein Fresko eine Jagdszene, und wenn man die Säulen genau anschaut, entdeckt man die kleinen Werkzeichen der Steinmetze. Das Ansehen der Abtei, die 200 Jahre leer stand und erst in unserer Zeit restauriert wurde, gründet sich auf einen Splitter aus dem Kreuz Jesu. Die Reliquie wird heute von den Ursulinen in Cork verwahrt.

▸ **Athassel Priory:** Dieses Kloster bei Golden am Wege nach Tipperary wurde um 1200 von dem Normannenführer William de Burgo gestiftet. Es war seinerzeit das größte Kloster der Insel, wurde aber schon hundert Jahre später von den Iren zerstört. Man erkennt noch die fast 60 m lange Kirche, die Fundamente von Kreuzgang und Kapitelhaus.

Der Südwesten

Die Grafschaften Kerry und Cork sind die beliebtesten Reiseziele auf der Grünen Insel. Eine herrliche Landschaft mit einem Hauch von Mittelmeer – und doch ganz irisch. An der Küste wechseln Felsen und schroffe Klippen mit sanften Sandbuchten, im Hinterland verstecken sich tiefschwarze Bergseen zwischen majestätischen Gipfeln.

Cork, Irlands "heimliche Hauptstadt", ist das wirtschaftliche Zentrum der Region, Killarney sein touristischer Mittelpunkt und das Tor zum Ring of Kerry, einer Panoramastraße, die kaum ein Reisender auslässt. Abseits der touristischen Routen wirkt die Landschaft unverdorben. Stundenlang kann man über die kleinen Feldwege radeln, es duftet nach frischem Heu, süßen Azaleen, auch nach faulendem Seegras. Das Kernland der historischen Provinz Munster ist die grünste und zugleich regenreichste Ecke Irlands. Glaubt man dem Sprichwort, gibt es hier viel Wetter, aber kein Klima. Besonders die in den Atlantik hinaus ragenden Halbinseln mit ihren hohen Gebirgszügen zeigen sich launisch: Auf einen Wolkenbruch folgt keine Stunde später strahlender Sonnenschein – die Luft ist jetzt glasklar und weit, doch schon zieht die nächste Wolkenfront am Horizont auf. Durch das Meer sind die Temperaturschwankungen zwischen Tag und Nacht sowie zwischen Sommer und Winter gering. Wie eine wärmende Hand umfasst der Golfstrom die Halbinseln und sorgt für milde Winter. Zwar ist es für echte Tropenpflanzen zu kühl, doch das frostfreie und stets feuchte Klima erlaubt eine lange Blüteperiode und lässt vor der Bergkulisse stolze Palmen, scharlachrote Fuchsien, leuchtenden Rhododendron und andere Exoten gedeihen, die in Mitteleuropa nur in Gewächshäusern überleben können.

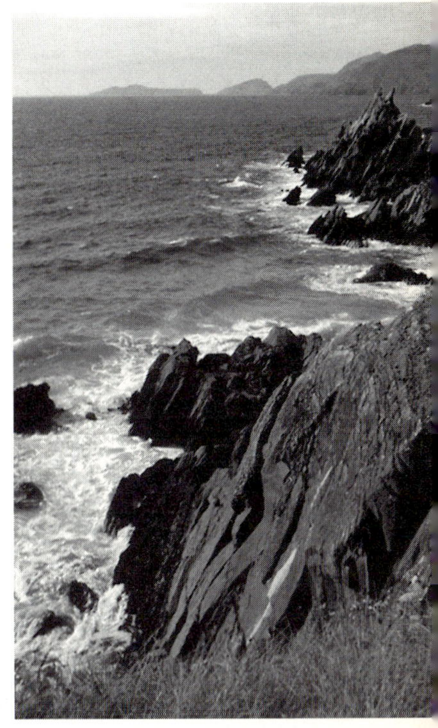

Slea Head, Dingle

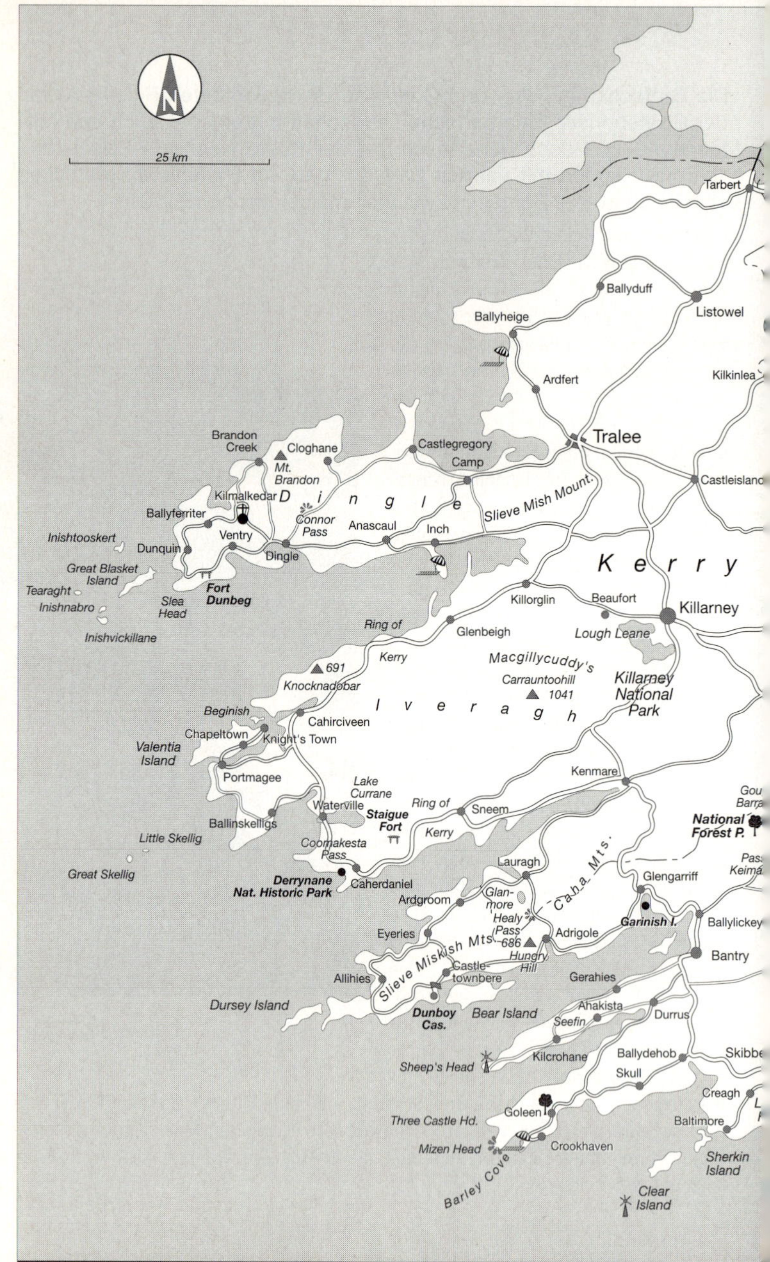
25 km
Tarbert
Ballyduff
Listowel
Ballyheige
Ardfert
Kilkinlea
Brandon Creek
Cloghane
Mt. Brandon
Castlegregory
Camp
Tralee
Castleisland
Kilmalkedar
Dingle
Connor Pass
Anascaul
Inch
Slieve Mish Mount.
Ballyferriter
Inishtooskert
Ventry
Dunquin
Great Blasket Island
Tearaght
Inishnabro
Slea Head
Fort Dunbeg
Inishvickillane
Kerry
Killorglin
Beaufort
Killarney
Ring of Kerry
Glenbeigh
Lough Leane
Macgillycuddy's
Carrauntoohill
1041
Killarney National Park
691
Knocknadobar
Iveragh
Beginish
Cahirciveen
Chapeltown
Knight's Town
Valentia Island
Portmagee
Kenmare
Lake Currane
Waterville
Staigue Fort
Ring of Kerry
Sneem
National Forest P.
Ballinskelligs
Little Skellig
Coomakesta Pass
Caha Mts.
Lauragh
Glengarriff
Great Skellig
Derrynane Nat. Historic Park
Caherdaniel
Ardgroom
Glanmore
Healy Pass
686
Garinish I.
Ballylickey
Eyeries
Adrigole
Hungry Hill
Slieve Miskish Mts.
Bantry
Allihies
Castletownbere
Gerahies
Dursey Island
Dunboy Cas.
Bear Island
Ahakista
Seefin
Durrus
Sheep's Head
Kilcrohane
Ballydehob
Skull
Creagh
Goleen
Three Castle Hd.
Baltimore
Mizen Head
Crookhaven
Sherkin Island
Barley Cove
Clear Island

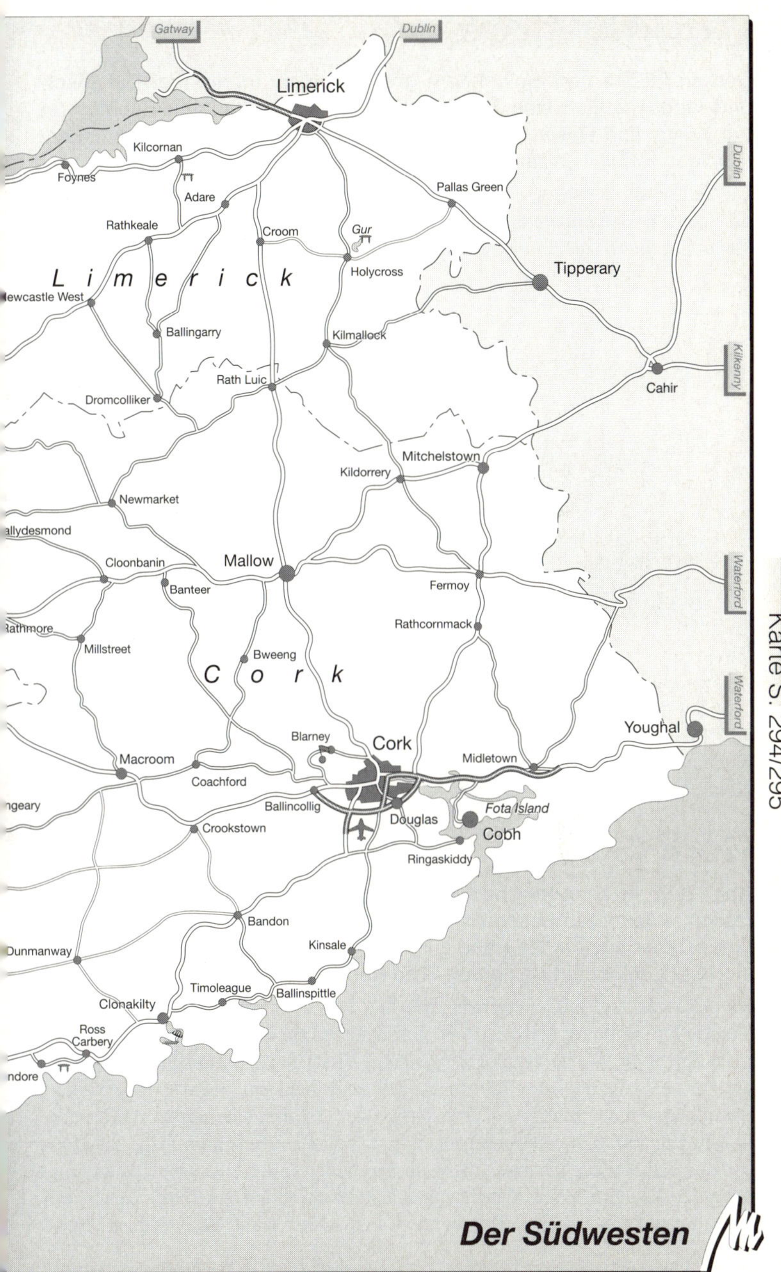
Gatway
Dublin
Limerick
Kilcornan
Foynes
Adare
Rathkeale
Pallas Green
Croom
Gur
Holycross
Tipperary
L i m e r i c k
ewcastle West
Ballingarry
Kilmallock
Rath Luic
Dromcolliker
Cahir
Kilkenny
Mitchelstown
Kildorrery
Newmarket
allydesmond
Cloonbanin
Mallow
Banteer
Fermoy
Waterford
Rathcornmack
Rathmore
Millstreet
Bweeng
C o r k
Youghal
Blarney
Cork
Macroom
Midletown
Coachford
ngeary
Ballincollig
Fota Island
Douglas
Crookstown
Cobh
Ringaskiddy
Bandon
Dunmanway
Kinsale
Timoleague
Ballinspittle
Clonakilty
Ross Carbery
ndore
Der Südwesten

County Cork

Das an Fläche und Einwohnern größte County Irlands hat klimatisch und landschaftlich eine Sonderstellung. Die geschützten Buchten an der Küste sind Oasen subtropischer Vegetation, zwischen den fingerförmigen Halbinseln züngelt das tiefblaue Meer.

Die Grafschaft ist zugleich ein Mikrokosmos der Grünen Insel. Aus einem weiten Einzugsbereich pendeln die Menschen nach Cork, der zweitgrößten Stadt der Republik, und in die Industriezone um die Hafenbucht. Der vom Blackwater durchflossene Norden dagegen, eine natürliche Verlängerung des Golden Vale, ist fruchtbares Bauernland, wie wir es sich ähnlich in Tipperary präsentiert. Am schönsten ist die Landschaft im Westen, der aber auch das ärmste Gebiet ist. "Romantischer als das schottische Hochland", lobt der Schriftsteller Walter Scott, immerhin selbst ein Schotte. Die Höfe sind klein und die Böden karg, ohne Subventionen müssten die meisten Bauern aufgeben. Noch ist die Tourismusbranche der wichtigste Arbeitgeber. Die Hauptroute von Cork nach Killarney lässt Westcork jedoch links liegen, so sind es eher Individualisten, die oft mit dem Fahrrad oder gar zu Fuß den Weg auf die hügeligen, vom Wind zerzausten Halbinseln Mizen, Sheep's Head und Beara finden. Ein ganz anderes Publikum trifft man in Kinsale, einem mondänen Yachthafen südlich von Cork, das sich auch unter Gourmets einen Namen gemacht hat.

Cork (Stadt)

Nach dem irischen Klischee ist Cork (175.000 Einwohner) das Hirn der Nation. Anekdoten bescheinigen den Bewohnern Witz und Schlagfertigkeit, aber auch einen Hang zur Rauflust: Seit dem Bürgerkrieg nennt sich Cork selbst mit Beinamen "The Rebel City".

Die Altstadt liegt auf einer Insel zwischen zwei Armen des River Lee. Sie ist ohne jede Erhebung und wird von den Einheimischen deshalb auch "the Flat o'deh city" ("die Ebene der Stadt") genannt. Viele Häuser stammen aus dem 18. und 19. Jh., und in jeder Richtung trifft man bald auf Wasser, was Neuankömmlingen die Orientierung etwas erschwert. Wären die meisten der Kanäle, die die Handelsstadt einst durchzogen und auf denen die Waren bis in die Häuser der Kaufleute gelangten, nicht im Laufe der Jahre zugeschüttet worden, hätte Cork heute einen Hauch von Amsterdam oder Gent. Der Kloakengeruch, der auf den Brücken über den Lee in die Nase zieht, lässt es doch besser erscheinen, dass die Kanäle geschlossen sind. Auch die mitten in der Stadt plazierte Brauerei mutet empfindlichen Nasen allerhand zu.

Mit den Jahrhunderten hat sich das *Zentrum* etwas nach Osten verschoben. Die auf einem aufgefüllten Kanal gebaute und mit dessen Verlauf schön geschwungene Hauptgeschäftsader *St. Patrick's Street* sowie die schnurgerade *Grand Parade* sind viel breiter als die älteren, noch mittelalterlichen Straßenzüge. Die Nebenstraßen zwischen *Paul St.* und *Plunkett St.* mit ihren neuen Restaurants, Galerien und überraschend vielen Buchläden sind wie die nach einem Brand wiederhergestellten viktorianischen *Markthallen* ein Beispiel für eine gelungene Stadtsanierung. Was jedoch an den Kais an Neuem heranwächst, sind keine Glanzstücke moderner Architektur.

Auf der Ostseite grenzt das Zentrum direkt an den alten *Hafen.* Noch immer geht es geschäftig zu, doch es sind vor allem Massengüter wie Holz und lebende Rinder, die hier umgeschlagen werden, während die modernen Containerschiffe weiter draußen in der Bucht entladen werden. Passagierschiffe fahren schon lange nicht mehr den River Lee hinauf.

Auch Cork erlaubt kleine Fluchten. Auf dem Nordufer des Lee führen steile Gassen und Treppen hinauf nach *Shandon,* dem gemütlichen, stillen Wohnviertel um die Kirche St. Anne's, das manche Besucher an die Städte der Provence erinnert. Und hinter dem Blackrock Castle versöhnt der in der Stadt so stinkende Lee mit einer Wattlandschaft. Von einer stillen Uferstraße aus Vögel zu beobachten – in welcher Großstadt gibt es das noch?

Geschichte

Die Stadt geht auf ein Kloster zurück, das schon im 7. Jh. an der Stelle von Saint Finbarre's Kathedrale stand, in dessen Schreibstube der in fünf Sprachen übersetzte Bestseller "Visio Trugdali" sowie eine nicht weniger oft kopierte Satire erdacht wurden, die Umberto Ecos Bibliothekar ans "finis africae" verbannt hätte. Im 9. Jh. richteten sich gleich daneben die Wikinger ein und gründeten eine Handelsstation, die allmählich mit der keltischen Klostersiedlung verschmolz. Cork entwickelte sich zu einer prosperierenden Handelsmetropole, aus deren Hafen vor allem Butter in alle Erdteile geschickt wurde.

Nach Cromwell erlebte Cork 200 Jahre Frieden. Als "Weltbutterhauptstadt", die gesalzene Butter bis nach Amerika exportierte, und zugleich britischer Marinestützpunkt war die Stadt für irische Verhältnisse damals recht wohlhabend. Zu Beginn des 20. Jh. aber sah Cork die neben Dublin brutalsten Auseinandersetzungen zwischen Briten und Iren. Der republikanische Bürgermeister MacCurtain wurde 1920 erschossen. Sein Nachfolger starb an den Folgen seines Hungerstreiks im britischen Gefängnis, worauf die IRA am 21. November, dem "Bloody Sunday", elf Engländer umbrachte. Was von der mittelalterlichen Stadt noch erhalten war, ging in diesem Jahr in Flammen auf, so dass Cork heute vom Stadtbild her nicht viel zu bieten hat.

Information/Verbindungen

- *Telefonvorwahl:* 021.
- *Information:* Tourist House, Grand Parade, ✆ 4273 251, Juni–Sept. Mo–Sa 9–19 Uhr, Okt.–Mai Mo–Fr 9.15–17.30, Sa 9.15–13

Uhr. Der Schalter ist im hinteren Teil eines großen Souvenirladens, mit Geldwechsel (schlechter Kurs) und Autoverleih. Im Internet unter www.cork-guide.ie, www.cometocork.com und www.corkcorp.ie. Veranstaltungshinweise bei www.whazon.com.

• *Verbindung:* Von der Kent Station im Nordosten der Stadt werktags etwa alle 2 Std. ein **Zug** nach Dublin; seltener nach Galway, Killarney, Limerick und Rosslare. Tickets auch in der Innenstadt bei "The Travel Centre", 65 Patrick St., Mo–Sa 9–12.30, 14–17 Uhr. Auskunft, ✆ 4506 766.

Bus: Vom Terminal in der Parnell St. nach Bantry, Galway, Killarney, Limerick, Rosslare, Tralee und Waterford. Auskunft, ✆ 4508 188.

Fähren: Vom Busbahnhof besteht in Abstimmung mit dem Fahrplan der Schiffe Verbindung zum Fährhafen Ringaskiddy. Mehr zu den Fähren nach Frankreich und Wales im Kapitel "Anreise".

Flugzeug: Der Airport liegt einige Kilometer südwestlich der Stadt, Busse (4 €) alle 45 Min. von und zum Busbahnhof. Flugauskunft, ✆ 4313 131.

Diverses

• *Autoverleih:* **Budget,** im Tourist House, Grand Parade, ✆ 4274 755; **Great Island Car Rentals**, Mac Curtain St., ✆ 4503 536.

• *Fahrradverleih:* **AA Bike Shop,** 68 Shandon St., ✆ 4304 154; **Kilgrew's Cycles,** 6 Kyle St. off South Main St., ✆ 427 62 55.

• *Fluggesellschaften:* **Air Lingus,** 38 Patrick St., ✆ 4274 331; **Ryanair,** ✆ 4313 000.

• *Hafenagenturen:* **Cork Swansea Ferries,** 52 South Mall, ✆ 4271 166; **Irish Ferries,** 9 Bridge St., ✆ 4504 333; Britanny Feries, 42 Grand Parade, ✆ 4277 801.

• *Parken:* Ein großes Parkhaus findet sich am Merchant Quay Einkaufszentrum. Wer in der Stadt parken will, braucht eine Parkscheibe; diese kommen nicht aus Automaten, sondern werden von einigen Newsagents oder im Verkehrsbüro verkauft.

• *Post:* Oliver Plunkett St., Mo–Sa 9–13, 14–17.30 Uhr.

• *Reisebüro:* **USIT,** 66 Plunkett St., ✆ 4270 900, Mo–Fr 9–17 Uhr, Sa 10–14 Uhr; Travelsave Stamp und Billigtickets nach London und auf den Kontinent.

• *Waschsalon:* **College Launderette,** Western Rd., bei der Universität**. The Launderette,** 15 MacCurtain St., gegenüber Isaac's Hostel.

Übernachten/Camping

Der Wettbewerb unter den vier Hostels ist hart und sorgt für hohe Qualität zu günstigen Preisen. Die B&Bs, konzentriert auf Höhe des Colleges in der Western Rd., etwas näher am Zentrum auch in der Wellington Rd. und York St., vermögen da kaum mitzuhalten.

• *Hotels:* *** **Imperial (19),** South Mall, ✆ 4u. 📠 4274 040, DZ 155–170 €. Den Gast empfängt eine pompöse, zweistöckige Halle, die mit ihrem Kronleuchter und den Fahnen an den Bankettsaal einer Burg erinnert. Die Zimmer sind unterschiedlich möbliert, geschmacksneutrale Farbtöne überwiegen, es fehlt ein wenig am speziellen, unverwechselbaren Flair. Bei einem Drei-Sterne-Haus in der Großstadt hätte man sich auch eine Garage gewünscht.

*** **Metropole (9),** Mac Curtain Rd., ✆ 450 81 22, 📠 4506 450, DZ 120–230 €. Der exklusive Backsteinbau aus der Zeit um 1900 mit Erkern, Türmchen und Blick über den Fluss war früher ein Abstinenzler-Hotel. Um so stilvoller ist heute die Einrichtung der Bar – ein Karree auf zwei Ebenen, der Tresen teilweise mit Trennwänden abgeteilt, um den Barhockern auch Vertraulichkeit zu erlauben. Die Zimmer sind unterschiedlich zugeschnitten, Möblierung und Sanitärbereiche auf der Höhe der Zeit. In den Hinterhof sollte man besser nicht schauen, auch der Anbau (50er Jahre) zum Fluss hin ist äußerlich keine Augenweide.

• *Pensionen:* **Garnish House (21),** Western Rd. gegenüber dem Eingang zum University College, ✆ 4275 111, 📠 4273 872, DZ 50–120 €. Stilvolles Stadthaus mit abgeschlossenem Parkplatz, Zimmer mit TV, die Bäder teilw. mit Whirlpool; das Frühstück krönen auf Wunsch Avocado mit Soufflé vom Räucherlachs.

Claire d'Arcy (3), 7 Sidney Place, Wellington Rd., ✆ 4504 658, 📠 4502 791, DZ 65 €. "In Cork haben wir ein B&B gefunden, das sich in Sachen Frühstück erfreulich von allen anderen abhebt. Anstelle des traditionellen Irish Breakfast kann nämlich ohne Aufpreis auch eine Käseplatte oder ein Früchteteller mit Joghurt gewählt werden.

Vielfalt und Präsentation der Früchte waren überraschend: Bananen, Erdbeeren, Kiwi, Zwetschgen, Birnen, blaue und grüne Trauben und anderes mehr wurde da appetitlich und mundgerecht angerichtet. Die Zimmer waren neu renoviert und schön eingerichtet." (Lesertipp Silvan Loser)

Glenvera Guesthouse (4), Wellington Rd., ✆ 4502 030, 📠 4508 180, DZ 60 €. Die frühere Frauenklinik ist jetzt eine respektable Pension. Alle Zimmer mit TV, der über die Notrufklingel bedient wird, und wahlweise Wannen- oder Duschbad. Aufenthaltsraum mit Bar, Garage, teilweise Blick über die Stadt. Aus dem Haus und besonders dem verwilderten Garten ließe sich mehr machen.

• *B&B:* **Acorn House (2),** 14 St. Patrick's Hill, ✆ 4502 474, www.acornhouse-cork.com, DZ teilw. mit Etagenbad 50–60 €. Ein gepflegtes Haus mit makellosen Teppichböden, hellen Zimmern (TV, Heißwassergerät) und pieksauberen Bädern.

Number Forty Eight (6), 48 Lower Glanmore Rd., ✆ 4505 790, DZ 50 €. Nah am Bahnhof und an einer verkehrsreichen Straße, aber frisch renoviert und mit außergewöhnlich netter Atmosphäre. Abwechslungsreiches Frühstück, zum Abschied gibt's irische Segenssprüche mit auf den Weg. (Lesertipp Jutta Stock).

• *Hostels:* **Isaac's (8)** (IHH), 48 MacCurtain St., ✆ 4508 388, www.isaacs.ie, Bett 10–12 €, keine DZ. Das ursprüngliche, gegenüber dem Metropol-Hotel erst vor wenigen Jahren in einem schönen Backsteinhaus eingerichtete Hostel wurde inzwischen zum Hotel umgebaut und das Hostel mit jetzt 200 Betten ins Nachbarhaus "versetzt". Eine

Besichtigung der neuen Räumlichkeiten wurde uns nicht gestattet.

Kinlay House (1) (IHH), Shandon, neben St. Anne's, ✆ 4508 966, im 4-Bett-Zimmer 14 €, DZ 32 €, jeweils mit Frühstück. Im Prinzip ruhig gelegen, die Bierdosen vor dem Haus und im angrenzenden Kirchhof deuten allerdings auf nächtliche Gelage vor dem Haus hin. Die Schlafsäle sind in Abteile mit je 4 Betten unterteilt, jedes hat seine eigene Leselampe. Waschbecken im Zimmer. Im Sommer 1999 bemängelten Leser den Zustand der Sanitäranlagen.

Sheila's Cork Tourist Hostel (5) (IHH), Belgrave Place off Wellington Rd., ✆ 4505 562, Bett 12 €, DZ 30–35 €. Das persönlichste und gemütlichste Hostel in Cork ist ein älteres Reihenhaus mit Garten und eigenem Parkplatz. Die Einrichterin hatte eine Vorliebe für Rot – von den Betten über die Vorhänge bis zum Kochgeschirr bestimmt diese Farbe das Haus, das der junge Manager Liam von seinen Eltern übernommen hat, gut instand hält und in Details laufend verbessert. Ansprechender Aufenthaltsraum mit Bewirtung, separates Fernsehzimmer. Problematisch (und angesichts der Tiefe des Baukörpers kaum zu ändern) sind die 6er-Zimmer auf der Rückseite – lange, schmale, Schläuche, die durch die in die Zimmer eingebauten Bäder noch zusätzlich verdunkelt werden. Wer das Bad nicht im Zimmer braucht, ist mit den hellen Schlafräumen auf der Vorderseite (Aussicht!) besser bedient. Mit Münzfernsprechern, gutem Infobrett, Sauna, Fahrradverleih, auf Wunsch Frühstück.

Aaran House (7) (IHI), Lower Glanmire Rd., nahe dem Bahnhof, ✆ 4551 566, Bett 10–12 €. Nachdem die frühere Hausherrin starb, hat Tracy, die in der Nachbarschaft aufgewachsen ist, die Chance genutzt und das Reihenhaus zum Hostel gemacht. Neue Bäder wurden eingebaut, die Küche geriet etwas eng, doch das Haus hat Charme und ist sauber.

Cork JH (21), 1 Western Rd. (Bus Nr. 8), ✆ 4543 289, Bett 10–13 €, Fahrradverleih. Die Jugendherberge, 100 Betten in einer viktorianischen Backsteinvilla, wurde für eine halbe Million Pfund aufgemöbelt und macht den privaten Hostels nun schwere Konkurrenz. Ganztägig geöffnet, Frühstück auf Wunsch, alle Zimmer mit Bad, anstelle von Schlüsseln öffnen Magnetkarten die Türen. Die Küche erschien etwas klein. Einzelne Planungsfehler, wie etwa, dass ungeachtet des vorhandenen Fahrstuhls alle Wege ins rollstuhlgerechte Zimmer über Treppen führen, sollten inzwischen behoben sein.

• *Camping:* Das **Bienvenue Ferry Caravan and Camping,** Farmers Cross (gegenüber der Abzweigung zum Flughafen von der Kinsale Rd.), ✆ 4312 711, Ostern–Okt., lud uns nicht zu längerem Verweilen ein.

Essen

Die meisten Restaurants findet man in der Oliver Plunkett Street und in den Seitengassen der Patrick Street.

Café Paradiso (22), 16 Lancaster Quay, Di–Sa 10.30–22.30 Uhr. Vielleicht das beste vegetarische Restaurant Irlands. Chief Dennis Cotter's Rezepte sind inzwischen sogar im *The Café Paradiso Cookbook* (Atrium Publ., 25 €) nachzulesen.

Crawford Gallery Café, Emmet Sq., Mo–Sa 11–17 Uhr, Mi–Fr auch 18.30–21.30 Uhr, Dinner um 28 €. Nach den Massen zu urteilen, die in die städtische Galerie strömen, müssten die Corker ein kulturbessenes Volk sein. Doch die meisten Besucher interessieren sich für die Kochkunst, die im Erdgeschoss in Fern Allen's Bistro gepflegt wird, zum Beispiel den Glattbutt ("brill") in Sauce hollandaise mit Herzogin-Kartoffeln.

Quay Coop (20), 24 Sullivan Quay, Mo–Sa bis 22.30 Uhr, So 13–17.30 Uhr. Ein Vegetariercafé und -restaurant auf zwei Etagen über einem Naturkostladen. Ausgefallene Gerichte mit Tofu und Kokossauce; wer vorsichtiger ist, hält sich an die Gratins.

Isaac's (8), 48 MacCurtain St., Mo–Sa 10–22, So 18.30–21 Uhr, Hauptgericht 12–15 €. Die Brasserie von Isaac's Hotel hat sich schnell zu einem Szenetreff entwickelt, am Wochenende darf man abends froh sein, noch einen Platz zu bekommen. Eine Spezialität ist der Black Pudding mit Bohnen, daneben gibt es z.B. Lammkebap auf marokkanische Art oder verschiedene Pastagerichte.

Bodega (10), Corn Market St., nur abends. Bands mit "Easy Listining Sound" laden in eine große, modern eingerichtete Halle gleichermaßen zum Essen wie nur zu einem Gläschen Wein oder einer Tasse Kaffee ein.

Schmucke Kleinstädte im County Kerry: Dingle (oben) und Tralee (unten) (TL)

Strände (oben Barleycove, Halbinsel Mizen Head/RBB) und Hügel (unten Black Valley, Killarney/TI) laden zur Wanderung

Weite Landschaft (oben Dunquin, Dingle) und enge Täler (Gap of Dunloe, Killarney) (TL)

Pause für die Fischer (oben in Knightstown, Valentia Island) und Urlauber (unten Cumeenoole Slea Head, Dingle) (TI)

Fellini's (14), Carey Lane. Ein modernes, schlichtes Bistro, hell eingerichtet, die Tische auf der Straße sind mit kuriosen Marienbildern bemalt.

Bully's (11), 40 Paul St., Mo–Sa 12–23.30, So 17–23 Uhr. Fisch, Pasta und Pizza aus dem Holzofen (8 €), Spezialität sind hausgemachte Spinatravioli; bei Familien wie Studenten gleichermaßen beliebt.

Farmgate Café, in der Markthalle off Patrick St., mit Blick über die Marktstände, deren frisches Gemüse und Fleisch so richtig Appetit machen.

Oyster Bar (17), Market Lane, die nach dem Brand der Markthallen am alten Ort wiederaufgebaute Bar serviert in schwarzweißem Ambiente erstaunlich preiswerte Austernsuppen, Austerncurrys oder Schalentiere pur.

The Vineyard (22), Market Lane, ein styliger Spezialist für Sandwiches mit fantasievollen Namen und wechselnde warme Tagesgerichte (um 10 €) – oder auch einfach nur für ein Glas Wein bzw. eine Tasse Kaffee.

Paddy Garibaldi (13), Carey's Lane off Patrick St. Irisch-italienische Küche, ähnlich dem Bully's, doch etwas preiswerter und eine Spur heimeliger eingerichtet. "Best pizza in town" (Leserzuschrift Yvonne Yelting)

Kelly's (18), 62 Plunkett St., 1. Stock, tägl. 12–16, 18–21 Uhr. Gutbürgerliche Küche bei etwas biederer Einrichtung zu hier im Stadtzentrum unschlagbar günstigen Preisen (z.B. Hühnercurry 8 €).

Gingerbread House (12), Paul St., Mo–Mi, Sa 8–19 Uhr, Do/Fr bis 21 Uhr. Der Coffeeshop ist über zwei Etagen in einer alten Speicherhalle eingerichtet und mit alten Reklametafeln dekoriert. Ab Mittag einfache Tellergerichte wie Irish Stew oder Lasagne.

The Other Side (16), South Main St. Ecke Augustine St., 10–18.30 Uhr. Der unauffällige Treffpunkt der Schwulen- und Lesbenszene – wegen seiner vegetarischen Gerichte auch ein Tipp für tolerante Leute, die einfach nur gut essen wollen. Die Küche wird von der Quay Coop gemanagt.

Abra Kebabra (15), St. Patrick's St. Der etwas andere Imbiss, der außer Burgern und Chips auch Felafelsandwich im Programm hat.

Am Abend

Cork hat die Pubszene einer Studentenstadt. Die Rivalität mit Dublin reicht bis zum Bier. Am River Lee wird Beamish und Murphy's getrunken, aber nur selten Guinness. Infos über Veranstaltungen stehen im "Evening Echo" und im "Cork Examiner".

• *Musik/Pubs:* **An Bodhrán,** 42 Plunkett St. Guter Tipp für Puristen, die traditionelle irische Musik bevorzugen.

Wer Live-Musik sucht und nicht nur auf Traditionals eingeschworen ist, geht am Abend an den Union Quay. **Lobby** (mit eigenem Programmheft), **Charlie's** und **The Donkey's Ears** liegen hier dicht beieinander, und in wenigstens einer der Kneipen wird ein Konzert oder eine Session im Gang sein.

An Spailpin Fánac, 28/29 South Main St. Highlife bis 3 Uhr morgens, wird vom Verkehrsamt als "probably the oldest pub in Ireland" gepriesen und ist ein ebenso guter Platz für Pubmusik wie für Barfood. Der unaussprechliche Name bedeutet "jobbender Traveller", aber vielleicht fragen Sie besser den Wirt, was es damit auf sich hat. Die rustikale Kneipe mit offenem Kamin und Natursteinmauerwerk öffnete 1779 und scheint genau so eingerichtet. Eine Postkartensammlung zeugt von der Anhänglichkeit der Stammgäste.

Old Oak, 112 Plunkett St. Livemusik (eher Rock und Mainstream als Folklore).

Hi-Bi, 108 Plunkett St., über Minahan's Drogerie. Die Gäste sind eine bunte Mischung aus Working Class, Intellektuellen, Schönen und Normalos. Ein stinknormales und gerade deshalb ganz typisches Pub.

Isaac's Bell, Patrick Quay. Eine kleine, einfache und sehr verrauchte Bar mit jungen, freakigen Gästen. Gelegentlich Live-Musik.

• *Kultur:* **Opera House,** Emmet Place, ✆ 4276 357. Die "Oper" von Cork ist ein grauer Zementklotz mit Toyota-Werbung auf dem Dach. Das Haus hat kein festes Ensemble, und Opernaufführungen sind eher die Ausnahme. Gezeigt werden v. a. Theaterstücke und Musicals, ab und an finden auch mal klassische Konzerte statt.

Triskel Arts Centre, Washington St., ✆ 4272 022. Ein Kulturzentrum mit mutigem Programm, überwiegend Film und Theater. Am Schwarzen Brett findet man Hinweise auf andere Kulturveranstaltungen, die irgendwo in der Stadt laufen. Galerie und Café sind Mo–Sa 10.20–17.30 Uhr geöffnet.

Karte S. 294/295

Feste/Veranstaltungen

Folkfestival, Anfang September in den Kneipen und Sälen der Stadt. Programmauskunft Ann Brennan, ✆ 4317 749.

Filmfestival, Anfang Oktober. Das von Murphy's und der EU (Hauptpreis 10.000 ECU) gesponsorte Festival zeigt Dokumentar- und Kurzfilme und ist seit 1956 das Schaufenster des irischen Films. Tickets im Opera House; Programmauskunft ✆ 4271 711, www.corkfimfest,org.

Guinness Jazz Festival, Ende Oktober. Das spektakulärste Festival der Stadt, während dem die Zimmerpreise in astronomische Höhen klettern, wird in einem Atemzug mit Montreux und Newport genannt. Hier gastierten schon Ella Fitzgerald, B.B. King, Lionel Hampton und Chick Corea – Albert Mangelsdorf schaffte es nie zum Top Act. Wer nicht für die Weltstars löhnen will oder kann, findet in den Kneipen der Stadt ein relativ preiswertes Rahmenprogramm. Auskunft ✆ 4273 948, www.corkjazzfestival.com.

Einkaufen

Die Hauptgeschäftsstraßen Patrick St., Grand Parade und Oliver Plunkett St. bieten ein buntes Nebeneinander von modernen Boutiquen und alteingesessenen, leicht angestaubten Geschäften. International operierende Ladenketten sind noch vergleichsweise wenig vertreten, auch die großen Kaufhäuser lassen sich an einer Hand abzählen.

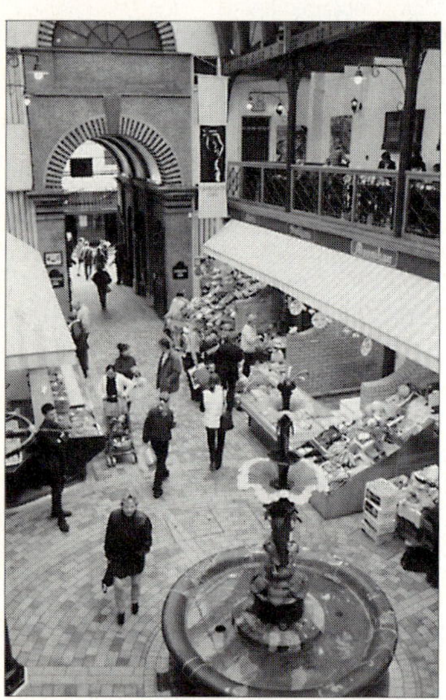

Genuß für Gaumen und Augen – die Markthallen von Cork

• *Antiquitäten/Second Hand:* **Yesterday's Curiosity Shop,** Carey's Lane. Ein bizarrer Laden mit alten Dosen, Puppen, Regenschirmen und anderen absonderlichen Funden von Großmutters Speicher.

• *Bücher:* **Waterstone's,** St. Patrick/Paul St. Die Filiale dieser englischen Kette ist die größte Buchhandlung der Stadt, beinahe ein Buchkaufhaus, mit reicher Auswahl an Regionalliteratur und Werken zu irischen Themen. Auch sonntags geöffnet.

Mainly Murder, St. Paul's St. Ecke French Lane, eine Krimi-Buchhandlung.

• *Kunsthandwerk:* **Craft Centre,** Shandon, bei St. Anne's. In die frühere Markthalle sind jetzt die Kunsthandwerker eingezogen – leider fast ausschließlich Verkauf, aber keine Produktion.

• *Märkte:* **English Market,** Princes St. off Patrick's St. Die alte Markthalle wurde nach einem Brand vorbildlich restauriert. Hier kauft man frischen Fisch und andere Lebensmittel.

Flee Market, Coal Quay/Cornmarket St. Flohmarkt mit Kunsthandwerk und allerlei Ramsch.

• *Musik:* **Living Tradition,** 40 MacCurtain St., ✆ 4502 040, www.ossian.ie. Eine gute Quelle für traditionelle irische Musik. John Loesbergs Laden verkauft CDs, MCs, Noten und Bücher zum Thema, dazu eine kleine Auswahl an Bodhráns und Flöten. Anhand eines Versandkatalogs (anrufen und schicken lassen) kann man auch von zu Hause aus einkaufen. Die Ware kommt per Post, die Bezahlung geht problemlos über Euroscheck. Auf der gegenüber liegenden Straßenseite sind zwei weitere Musikalienhandlungen mit einer größeren Auswahl an Instrumenten.

• *Süßes:* **Leonidas,** 108 Plunkett St. Nicht irisch, sondern belgisch, doch die Pralinen dieser Kette sind so gut und billig, dass dieser Laden auch in Cork einen Tipp wert ist.

Sehenswertes

Vom Fremdenverkehrsamt organisierte Stadtrundgänge beginnen im Sommer dienstags und donnerstags um 19.30 Uhr. Bus Eireann, ✆ 4508 188, startet Mo–Sa 10.15 und 14.45 Uhr am Busbahnhof eine Stadtrundfahrt mit dem offenen Doppeldecker. Wer auf eigene Faust die Stadt erkunden will, bekommt dort ein Faltblatt mit der Beschreibung des Tourist-Trail, der in knapp zwei Stunden zu den wichtigsten Sehenswürdigkeiten der Stadt führt.

Kirche Saint Anne – ganz oben dreht sich der Wetterlachs im Wind

Cork City Gaol: Die Topattraktion der Stadt ist ein audiovisuell unterstützter Ausflug in den Strafvollzug des 19. Jh. Die gelungene Präsentation hält die Balance zwischen Showeffekten, Tränendrüsen-Elementen und sozialgeschichtlich fundierter Information – eines der besten Museen in Irland. Hinter der äußeren Mauer der alten, 1924 geschlossenen Strafanstalt öffnet sich zunächst ein gepflegter grüner Rasen, auf dem auch Golf gespielt werden könnte. Das Haus selbst sieht aus wie ein Schloss. Von außen verraten nur die kleinen, vergitterten Fenster, dass es sich hier um ein Gefängnis gehandelt hat. An der Pforte begegnen wir Mary, die wegen Mundraubs zum soundsovielten Mal und jetzt für Jahre verknackt wurde. Viele "Verbrechen", so das Resümee der Führung mit einem Walkman, wurden aus purer Not begangen. Manche zogen sogar freiwillig in den Knast, um Essen und ein Dach über den Kopf zu bekommen. Puppen stellen einzelne Szenen nach, die abschließende Mediashow in der Gefängniskapelle ist eher sozialkritisch als rührselig.

Im Obergeschoss zeigt das **National Radio Museum** eine Sammlung alter Rundfunkgeräte und erzählt die Geschichte des Funkpioniers Marconi.

🕐 März–Okt. tägl. 9.30–18 Uhr, Nov.–Febr. nur Sa/So 10–17 Uhr; Eintritt 4 €. Führung mit Walkman auch auf deutsch. Sunday's Well Rd. (Bus Nr. 11 ab Merchant Quay).

Cork Heritage Park: Das Ausstellungsgelände liegt weit außerhalb der Stadt. Auf dem Landgut der Pikes, im 17./18. Jh. eine der führenden Familien der Stadt, wurden mit viel Mühe die alten Stallungen hergerichtet. Die Sammlung geht etwas querbeet: ein Modell des Hafens sowie weitere maritime Exponate, die Familiensaga der Pikes, gewürzt mit der Geschichte der Stadt und besonders derjenigen der Feuerwehr; als Beilage eine etwas unbeholfene Ausstellung zur Naturkunde der Uferlandschaft (auch Schmetterlinge und geologische Tafeln), die an das Lehrmaterial eines Gymnasiums erinnert, als sich der

Der Südwesten Karte S. 294/295

Biologieunterricht noch mit Pflanzen und Tieren statt mit Zellen und Genen beschäftigte.

ⓘ April–Sept. tägl. 10.30–17 Uhr; Eintritt 3,50 €. Bessborough Estate, Skehard Rd., Blackrock (Bus Nr. 10 ab Tourist Office).

Cork Public Museum: Das 1945 eingerichtete Stadtmuseum ist kein Muss. Die angestaubte Sammlung zeigt im Erdgeschoss Dokumente, Bilder und Uniformen zum Unabhängigkeitskampf. Eine Vitrine erinnert an den deutschen Versuch, den irischen Aufständischen von 1916 mit einem als Holzfrachter getarnten Schiff Waffen zu schicken. Das Unternehmen misslang, der Frachter kam zu spät (obwohl die deutschen als besonders pünktlich gelten). Im Obergeschoss sind Fotos von verschiedenen Ruinen, zwei Oghamsteine und die Kopie eines mit geometrischen Mustern verzierten Monolithen aus der Steinzeit zu sehen. Kinder erfreut das Modell einer Wassermühle, die sich auf Knopfdruck in Bewegung setzt. Die gleiche Mühle wurde im Waterforder Heritage Centre in Originalgröße nachgebaut. Mindestens so sehenswert sind an wärmeren Tagen die Menschen im *Fitzgerald-Park* vor dem Museum: Junge Mütter drehen Kinderwagen schiebend, ihre Runden, Rentner halten einen Plausch auf dem Bänkchen.

ⓘ Mo–Fr 11–13, 14–17 Uhr (Sommer bis 18 Uhr), So 15–17 Uhr; Eintritt 1,50 €. Stadtmuseum, im Fitzgerald-Park, 20 Min. vom Zentrum am Südufer des Lee.

Cork Vision Centre: Die alte, seit 1949 nurmehr als Lagerhaus genutzte St. Peter's Church wurde von der Stadtverwaltung erworben und mit EU-Geldern zu einem Kulturzentrum ausgebaut. Die Dauerausstellung zeigt die Stadtgeschichte und Pläne für die zukünftige Entwicklung Corks, im Mittelpunkt steht ein maßstabgetreues Modell der Stadt.

ⓘ Di–Sa 10–17 Uhr, Eintritt frei, North Main St.

Crawford Municipal Art Gallery: Die städtische Kunstgalerie residiert in einem älteren, vornehmen Haus, das wenigstens so sehenswert ist wie die Kunst in seinen Räumen. In einer blendend weißen Halle üben sich Nachwuchsmaler im Aktzeichnen. Ihre Modelle sind lebensgroße Gipskopien griechisch-römischer Statuen. Schwerpunkte der Gemäldesammlung bilden irische Maler (etwa Jack Yeats) oder heimische Sujets. Höhepunkt ist der Saal mit Werken des Glasmalers Harry Clarke. Zur Galerie, die ebenfalls Wechselausstellungen zeigt, gehört auch ein ansprechendes Bistro (siehe "Essen").

ⓘ Mo–Sa 10–17 Uhr, Emmet Place, www.synergy.ie/crawford/default.html.

Shandon: Corks malerischster Winkel. Mitten auf dem kopfsteingepflasterten Hauptplatz des Viertels thront wie eine übergroße Butterdose das **Firkin Crane Building**, in dem früher die Gewichte für den Buttermarkt verwahrt wurden. In das Haus soll eines Tages das irische Nationalballett einziehen. Die Kirche **Saint Anne** (1726), deren Mauern seltsamerweise auf zwei Seiten mit Kalkstein und auf den beiden anderen mit Sandstein hochgezogen wurden, ist innen nicht weiter bemerkenswert. Lohnend ist jedoch der Aufstieg zum Turm, wegen seiner Form auch "Pfefferstreuer" genannt. Als Wetterfahne trägt er einen Lachs, denn die Mönche hatten das Privileg, als einzige Lachse aus dem Lee fischen zu dürfen. Von oben kann man in die Hinterhöfe spähen und darf nach Notenblättern ein Glockenspiel schlagen.

ⓘ **St. Anne's,** Mo–Sa 10–16 Uhr, So 14–16 Uhr; Eintritt für den Turm 2 €, für die Kirche 1,50 €.

Cork/Umgebung

▸ **Royal Gunpowder Mill:** Die Schießpulverfabrik von Ballincollig war im 19. Jh. mit über 500 Arbeitern einer der größten Betriebe Corks. Ein Großteil der Häuser Ballincolligs wurde einst für die Beschäftigten der schon lange geschlossenen Fabrik gebaut. Fast eine halbe Stunde dauert der Spaziergang durch den Park am Ufer des Lee, in dem – aus Sicherheitsgründen in gehörigem Abstand – die Werkstätten und Magazine lagen. Alle saßen buchstäblich auf einem Pulverfass, das mit einem einzigen Funken hätte hochgehen können. In hundert Jahren nur neun Unfalltote, das spricht für den hohen Sicherheitsstandard der Anlage. Das größte Unglück geschah 1810 – außerhalb des Geländes – in der Corker Brandy Lane, wo drei Häuser in die Luft flogen. Ein Arbeiter hatte etwas Schwarzpulver aus der Fabrik geschmuggelt, um es auf eigene Rechnung zu verkaufen. Weil ihm die Rohmasse im Keller seines Hauses nicht schnell genug trocknete, half er mit offenem Feuer etwas nach. Diese Dummheit kostete 20 Menschen das Leben.

Innerhalb der Fabrik erfolgte der Transport des Pulvers weitgehend auf Kanälen, und die Pferde, die es nachts in den Hafen von Cork brachten, hatten Hufeisen aus Kupfer statt Eisen, um auf dem Pflaster keine Funken zu schlagen. Restauriert wurde nur der Kernbereich um die eigentlichen Pulvermühlen. Nach einer einleitenden Diashow über den Weg des Schwarzpulvers von China nach Europa führt eine fachkundige Archäologin durch das Museum.

⌚ April–Sept. tägl. 10–18 Uhr; Eintritt 4 €.

▸ **Blarney Castle:** Liegt hier der Stein der Weisen, den die mittelalterlichen Alchimisten suchten, um alles in Gold verwandeln zu können? Der in die Zinne der *MacCarthy-Burg* (1446) eingelassene **Blarney-Stein** ist *der* Touristenmagnet in der Umgebung Corks, und das Dorf mit seinen Souvenirläden und Abfüttereien ist recht kommerzialisiert. Geologisch betrachtet ist der Quader ein Kalkstein wie seine Nachbarn auch. Alle Gerüchte, dass er aus dem Heiligen Land käme oder wenigstens aus Schottland, sind nichts als Gerede. Aber genau darum geht es beim Blarney-Stein. "To blarney" bedeutet nämlich überreden, umschmeicheln, Süßholz raspeln. Wer den Stein küsst, gewinnt diese Gabe, die ein französischer Konsul einmal leicht abfällig "das Privileg, sieben Jahre lang ungestraft Lügengeschichten erzählen zu dürfen" genannt hat. Sei's drum. Man wartet also in der Schlange, um sich dann rücklings Kopf voraus an den Stein heranzurobben und ihn mit den Lippen berühren zu können. Dabei vergisst man tunlichst für einen Moment den tödlichen Abgrund, der sich unten auftut.

Die Geschichte mit dem Stein ist eine für die Bewohner Blarneys und die Reiseunternehmer einträgliche Lüge jüngeren Datums, die Geschichte von der Entstehung des Worts allerdings älter und authentisch. *Dermot MacCarthy,* Lord of Blarney, hätte endlich seinen Eid auf die britische Korne leisten müssen, zeigte als eingefleischter Ire dazu aber wenig Neigung. So flüchtete er sich in Ausreden und hielt Elisabeth I. und ihren Statthalter über Jahre mit wohlgesetzten Erklärungen und Lobreden auf die Königin hin, ohne zur Sache zur kommen. Ihrer Majestät platzte schließlich der Kragen: "Alles Blarney!"

Karte S. 294/295

Die MacCarthys unterhielten bis ins 17. Jh. auf ihrer Burg eine Bardenschule, in der junge Männer im Erzählen und Singen der überlieferten Epen und Geschichten unterrichtet wurden. In Carrignavar, wo die MacCarthys zuletzt lebten, ist der Schule ein Denkmal gesetzt. Ihre Burg und die meisten Ländereien verloren sie nach 1691 an die Familie Jefferyes, die den schönen **Garten** anlegen und das neue **Schloss** bauen ließen.

• *Telefonvorwahl:* 021.

• *Information:* Blarney Square, ✆ 438 16 24, April–Sept. tägl. 9–17.30, Juli/Aug. bis 19 Uhr, mit Gepäckaufbewahrung.

• *Verbindung:* Wenigstens stündlich vom Busterminal in Cork, im Sommer mit offenem Doppeldecker. Viele Hostels bieten auch private Touren nach Blarney an.

• *Fahrradverleih:* **Tony MacGrath,** Stoneview Station Rd., ✆ 438 56 58.

• *Einkaufen:* **Blarney Woolen Mills,** Blarney Square. Souvenirs vom grünen Telefon bis Wollpullover, alles garantiert "no blarney".

• *Öffnungszeiten* von **Blarney Castle:** Mo–Sa 9–17 Uhr (Mai u. Sept. bis 18, Juni–Aug. bis 19 Uhr), So 9.30–17 Uhr (Winter bis Sonnenuntergang); Eintritt 4,25 €. Für die Besichtigung der Gänge und Höhlen unter dem Castle ist eine Taschenlampe hilfreich – an der Kasse werden welche verkauft.

Blarney House mit Garten, nur Juli/Aug. Mo–Sa 13–17 Uhr; Eintritt 4 €.

▸ **Jameson Heritage Centre:** In Midleton, am Nordostende des Cork Harbour, steht die Firmenzentrale von Irish Distilleries, dem Beinahe-Monopolisten auf dem irischen Whiskeymarkt. In einer modernen Schnapsfabrik werden "Jameson", "Hewitts", der exklusive "Midleton very rare", aber auch Gin und Wodka destilliert. Die alte Brennerei wurde als technisches Museum der Öffentlichkeit zugänglich gemacht. Nach einem einführenden Film wird der Besucher durch die Geschichte und Kunst der Whiskey-Herstellung geführt. Er erfährt die Unterschiede zwischen Whisky (schottisch) und Whiskey (irisch), sieht die von einem gewaltigen Wasserrad und hilfsweise von einer Dampfmaschine angetriebene Mühle, in der das Getreide zerkleinert wurde. Ein weiterer Höhepunkt sind die kupfernen Destillierbottiche. Die Brennerei aus dem frühen 19. Jh. ist eines der besten technischen Museen in Irland – unbedingt anschauen.

• *Verbindung:* In Midleton halten einige Busse auf der Route Cork – Waterford.

• *Übernachten:* **An Stór Hostel** (IHH), Connolly St. (bei der Library von der Hauptstraße abzweigen), ✆ 463 31 06, Bett 10 €, DZ 30 €. Das neue, von Familie Murphy geführte Hostel hat 30 Betten. Alle Zimmer mit Bad, damit sich niemand in der Tür irrt, sind sie nach verschiedenen Fischen benannt. Persilweiße, saubere Küche, die Aussicht vom Aufenthaltsraum trübt eine Getreidemühle.

Ballymaloe Country House & Restaurant, Shanagarry, etwa 10 km südöstlich von Midleton an der Straße Cloyne – Shanagarry, ✆ 465 25 31, 📠 465 20 21, www.ballymaloe.com, DZ 130–215 €. Der gediegene Landsitz ist mit erlesenen Gemälden irischer Künstler der klassischen Moderne ausgestattet, auch Matisse ist vertreten. 13 der 29 Gästezimmer befinden sich im Haupthaus, wo auch die Eigentümer wohnen, weitere in einem Anbau und um den früheren Kutschhof. Chefin Myrtle Allens gilt als *die* irische Küchenpäpstin, übergab die Leitung der nahen Kochschule aber inzwischen an ihren Sohn. Die Küche verwendet ausschließlich Zutaten aus der Region, vieles kommt aus dem eigenen Garten. Reservierung empfohlen.

• *Essen:* **The Clean Slate,** Distillery Walk, ✆ 463 36 55. Auch bei Colm Falvey, einen Schüler Myrtle Allens, lässt sich die Ballymaloe-Küche in preiswerterem Rahmen kennenlernen.

• *Öffnungszeiten* vom **Jameson Heritage Centre:** März–Okt. tägl. 10–18 Uhr; im Winterhalbjahr je nach Nachfrage Führungen Mo–Fr 12 u. 15 Uhr. Eintritt 4,50 €.

Der lange Weg zum Whiskey

Bei der traditionellen Whiskeyherstellung werden als Zutaten ausschließlich Gerste, Hefe und Wasser verwendet. Die Gerste wird nach der Ernte in großen Drehöfen getrocknet, um damit das ganze Jahr über für das Malzen verfügbar zu sein. Dabei wird das Korn in Wasser eingeweicht und auf Trockenböden ausgebracht, um zu keimen. Der erfahrene Mälzer muss diesen Prozess genau im richtigen Moment abbrechen, damit das Malz den richtigen Zuckergehalt bekommt. Im nächsten Schritt werden Malz und unbehandelte Gerste zusammen gemahlen und im Maischkessel mit kochendem Wasser angesetzt. Dann wird der Maischbrei gefiltert: die Würze, die zu Whiskey werden soll, pumpt man ab und füllt sie zum Fermentieren in Holzbottiche, der Trester wird als Viehfutter an die Bauern verkauft. Jetzt kommen die fleißigen Hefepilze zum Einsatz, die in großen Holzbottichen den Zucker der Würze in Alkohol verwandeln. Nun ist der Wash, wie er in dieser Stufe heißt, bereit für die Destillation in den großen Kupferkesseln, dem Herz der Brennerei. Er wird in die erste von drei hintereinander geschalteten Brennsäulen geleitet und dort erhitzt, bis der gasförmige Alkohol aus dem Wasser aufsteigt. Durch ein gekühltes Rohr kommt er in die nächste Brennsäule und das Ganze wiederholt sich. Erst nach dem dritten Brennen ist der farblose Spirit von allen Verunreinigungen befreit – und dabei so hochprozentig, dass er wieder mit Wasser verdünnt werden muss. Farbe und Geschmack des Whiskeys reifen während der mehrjährigen Lagerung in alten Eichenfässern heran. Als einen besonderen Kniff nehmen die Iren im Unterschied zu den amerikanischen Whiskeyproduzenten hierfür nur alte Fässer, in denen vorher einmal Portwein, Sherry oder amerikanischer Whiskey lagerte.

▸ **Fota Island:** Auf der Insel im Osthafen haben sich drei scheinbare Unvereinbarkeiten angesiedelt: eine Versuchsanlage zur Umwandlung von irischem Sonnenlicht in elektrische Energie, mit der die Melk- und Kühlanlagen einer Viehfarm betrieben werden; die Müllkippe für Nuklearabfälle der Universität Cork und schließlich der großzügige **Wildlife Park**. Mit 200.000 Besuchern im Jahr liegt er in der Hitliste der irischen Sehenswürdigkeiten an 4. Stelle. An den großzügigen Freigehegen finden auch Tierfreunde nichts auszusetzen. Giraffen, Strauße und Känguruhs leben ohne Zäune und Gitter friedlich miteinander, Affen räubern im Coffeeshop. Dazu gehört ein **Arboretum,** eine Sammlung seltener Bäume, das die Earls of Barrymore, denen einst die Insel gehörte, im 19. Jh. anlegten. Die Exoten aus Asien, Amerika und Australien sind zu voller Größe herangewachsen und haben ihre ganze Pracht entfaltet. Das neoklassizistische **Fota House** inmitten des Parks ist für seine Landschaftsbilder berühmt.

◷ **Arboretum** Mo–Fr 10–17 Uhr, April–Okt. auch Sa 10–17, So 11–17 Uhr; Eintritt frei, www.zenieth.ie/fota; **Wildpark** 17.3.–Sept. Mo–Sa 10–17, So 11–17 Uhr; Winter nur Sa/So; Eintritt 6 €, Parken 1,50 €. www2.kratos.ie/fota.

"Grüße an Onkel Henry" (Ford) – Oldtimerparade am Kai von Cobh

Cobh

Von 1838, als das erste Dampfschiff nach New York auslief, bis in die 50er Jahre des 20. Jh. befand sich hier auf Great Island in der Bucht von Cork der wichtigste Transatlantikhafen Irlands. Eines der besten Museen Irlands lässt diese Zeit lebendig werden.

1849 landete Queen Viktoria zu ihrem ersten Irlandbesuch, und ihr zu Ehren taufte man die Stadt von Cove – so hieß sie damals – in Queenstown um. Mit Gründung der Republik erschien dieser Name unzeitgemäß, und aus Queenstown wurde Cobh, die gälisierte Variante von Cove. Über eine Million Auswanderer verließen hier die Grüne Insel – der Hafen von Cobh muss viel Elend und Abschiedsschmerz, aber auch Hoffnung gesehen haben. Am Kai stehen die lebensgroßen Figuren von Annie Moore und ihren beiden Brüdern, deren Namen nur deshalb überliefert sind, weil sie damals als erste durch das neueröffnete Lager in Ellis Island (New York) geschleust wurden. Einer der Jungen zeigt enthusiastisch aufs Meer, das doch für viele das Ende bedeutete. Die Titanic hatte in Cobh ihren letzten Zwischenstopp vor ihrer letalen Begegnung mit einem Eisberg, und als die Deutschen im 1. Weltkrieg den Passagierdampfer *Lusitania* versenkten, brachten die Rettungsboote Überlebende und Tote hierher – 600 Leichen wurden in einem eilends ausgehobenen Massengrab bestattet, noch einmal so viele wurden nie geborgen. Ein Denkmal im Norden der Stadt erinnert an diese dunkle Episode, die schließlich zum Kriegseintritt der USA führte.

Auch **St. Colman's Cathedral,** die mächtige neogotische Kathedrale (1868–1915) auf dem Kliff über der Stadt, wäre ohne die Auswanderer sicher eine Nummer kleiner ausgefallen. Ein Großteil der Baukosten wurde als Spende unter amerikanischen und australischen Iren gesammelt. Der Bau hat das Prädikat "künstlerisch wertvoll" verfehlt, allerdings gehört das Glockenspiel zum Feinsten und Ausgefeiltesten, was Irland in dieser Richtung zu bieten hat.

- *Telefonvorwahl:* 021.
- *Information:* Westbourne House, Spy Hill, ✆ 481 35 91, Mo–Sa 11–13, 14–18 Uhr, So 15–18 Uhr.
- *Verbindung:* Mit der Vorortbahn gute Zugverbindung nach Cork.
- *Stadtführung:* Der **Titanic Trail,** eine Stadtführung auf den Spuren der Titanic, beginnt in der Saison tägl. 11 Uhr am Commodore Hotel. 4,50 €, Anmeldung über die Touristinformation oder ✆ 481 52 11
- *Wassersport:* **International Sailing Centre,** 5 East Beach, ✆ 481 12 37, verleiht Segelboote und Surfbretter, auch Unterricht.
- *Übernachten/Essen:* Casement Square und Westbeach, also die Uferzeile im Zentrum der Stadt, sind der Mittelpunkt der Kneipenszene. Einige Pubs vermieten auch Zimmer.

** **Commodore,** ✆ 481 12 77, 📠 481 16 72, EZ 85 €, DZ 140 €. Das Haus in bester Uferlage wurde bereits 1853 als Hotel gebaut und galt damals als eines der feinsten Häuser des Empire. Der jetzt schon etwas angejahrte Bau wurde um ein Hallenbad erweitert, die meisten Zimmer haben Seeblick.

Robin Hill House, Lake Rd., Rushbrooke, ✆ 481 13 95, 📠 481 46 80, www.dragnet-systems.ie/dira/robinhill/, DZ 90–100 €. Das charmante Guesthouse mit Blick über die Bucht ist gleichzeitig ein elegantes Restaurant mit Schwerpunkt auf regionalen Produkten (Fisch, Wild).

B&B Bellavista, Bishop's Road, ✆ 481 24 50, DZ 50 €. In der Straße über dem Commodore, ein gepflegtes Stadthaus mit viel Geschichte. Hier verbrachte ein Leibarzt Napoleons seinen Lebensabend, später war es ein Priesterseminar. Mit Meerblick, zu dem in Cobh allerdings auch die Insel mit dem Stahlwerk gehört.

Mansworth Bar, Old Cemetery Rd. Das Pub, einst beliebter Treffpunkt von Auswanderern, heute von Seeleuten und amerikanischen Touristen, wird seit über hundert Jahren von der Wirtsfamilie Mansworth geführt.

Clippers, Waterside, Bar & Restaurant direkt amHafen. (Lesertipp Jutta Stock)

Der Südwesten
Karte S. 294/295

Sehenswertes

Queenstown Heritage Centre: Die Geschichte von Aufstieg und Ende der Transatlantik-Schiffahrt – zwischen Glanz und Gloria im Oberdeck, Auswandererelend in der III. Klasse und Katastrophen für alle. Für den Besucher beginnt die Zeitreise im imitierten Bauch eines Segelschiffes. Brecher tosen, Menschen kreischen, fehlt nur noch, dass der Boden bebt und schaukelt. Mit Tafeln, Kurzfilmen und Diashow gut aufgebaute Präsentationen erzählen von den Deportationen, dem Exodus, der Hungersnot, aber auch vom Luxus auf den großen Linern, deren überkuppelte Ballsäle Kathedralen nacheiferten. Die Show im Bahnhof von Cork, der selbst einst für die Passagiere der Ozeanriesen gebaut wurde, ist unbedingt sehenswert.

🕐 Tägl. 10–18 Uhr; Eintritt 5 €. Im Bahnhof.

Old Church Cemetry: Wer Cobh besucht, sollte dort auch den 2 km langen Weg (vom Kai die Hauptstraße bergauf landeinwärts) zum alten Friedhof auf sich nehmen. Die bis 300 Jahre alten Gräber sind von Brombeerranken überwuchert, im Frühjahr setzt blühender Ginster farbenfrohe Akzente. Auch einige der Lusitania-Opfer wurden hier bestattet. (Lesertipp Yvonne Jelting).

Das Pub als Hauptgewinn

Dass er in Connie Doolan's Bar an den Kais von Cobh einmal Bier ausschenken würde, hatte sich Jay Mulligan, ein waschechter Amerikaner aus Boston, wohl nie träumen lassen. Zu verdanken hat er sein Glück einer Marketingidee des Guinness-Konzerns: "Gewinnen Sie ein irisches Pub in Irland!", hatte die Brauerei geworben, und der arbeitslose Jay Mulligan war glücklicher Gewinner unter 32.000 Teilnehmern des Preisausschreibens und darf ein Pub im Wert von 125.000 € sein eigen nennen. Doch außer Glück war auch Können im Spiel. Den Sprung in die Endausscheidung schaffte Jay mit einem offensichtlich beeindruckenden Gedicht:

Weiß Gott, ein Job wär' mir schon recht,
Hier zu gewinnen, gar nicht schlecht.
Dies Pub brächt' mir wahrhaft Schwein
Und vielleicht 'ne Frau noch obendrein.
Ich würd' tags schuften und nachts wachen
Und's meinen Kunden echt g'mütlich machen.
In Cobh zu wohnen wär' famos
Wo sind die Schlüssel? Wann geht's los?

Nach Irland eingeflogen und auf die Pub-Probe gestellt, erwies sich Jay auch als Meister im Dartspiel und Bierzapfen, und obendrein stammten seine Urgroßeltern aus Cobh, so dass es eigentlich keinen qualifizierteren Gewinner geben konnte.

Kinsale

Befreite man es nur vom Autoverkehr, wäre Kinsale (2000 Einwohner) das irische Ferienstädtchen par excellence. Yachten aus ganz Europa und von jenseits des Atlantiks bringen betuchte Feriengäste und stiften einen Hauch von Cote d'Azur.

Herausgeputzte Häuschen mit biederem Blumenschmuck und romantischen Schindeldächern säumen die verwinkelten Gassen, in einem Fünfminutenradius vom Dorfkern liegen Pubs, Restaurants und was der Besucher sonst noch alles braucht. Dazu kommt sein Ruf als Gourmetstadt. Höhepunkt des Jahres ist folgerichtig das Gourmetfestival Anfang Oktober, ein "Großes Fressen" in kultivierter Form. Thema in den Pubs sind außer dem Essen die Boote, das Fischen, das Segeln und die Immobilienpreise. Kinsale ist auf dem Weg nach Westen der erste Ort, an dem sich viele "Blow Ins", also Ausländer, niedergelassen haben. Hier sind es besonders Deutsche und Holländer der betuchteren Kreise, dazu einige Exoten, wie ein Kanadier, der lieber hier als in Neufundland fischt.

Geschichte

Kinsale, eine anglo-normannische Gründung, wurde im 17. Jh. vom Atem der Weltgeschichte gestreift. 1601 hatte eine spanische Armada das Städtchen be-

In Kinsale singt der Lachs

setzt, um den Aufstand der Katholiken unter Hugh O'Neill zu unterstützen. Deren Truppen hatten die Engländer zwar am Yellow Ford böse geschlagen, befanden sich aber im Nordosten der Insel. Sie zogen nun in aller Eile quer durchs Land, um den von den Engländern belagerten Spaniern zu helfen. O'Neill erreichte Kinsale zwar rechtzeitig, doch zeigten er und die Spanier sich einem englischen Angriff am heiligen Weihnachtsabend, einem für sie gänzlich unerwarteten Datum, nicht gewachsen. Die Spanier flohen auf ihren Schiffen, und nach dem Neujahrstag war Kinsale wieder fest in englischer Hand; alle Katholiken wurden aus der Stadt vertrieben.

Kinsale war lange ein Zentrum des irischen Schiffbaus. Der Seemann Alexander Selkirk, der die Stadt Anfang des 18. Jh. verließ und schließlich auf einer einsamen Insel strandete, lieferte das Vorbild für Daniel Defoes "Robinson Crusoe". Heute pflegen die Atlantiksegler und Hochseeangler die nautische Tradition des Städtchens.

Information/Verbindungen/Diverses

- *Telefonvorwahl:* 021.
- *Information:* Emmet Pl., ✆ 4772 334, März–Nov. Mo–Sa 10–17 Uhr, Juni–Sept. auch So 10–17 Uhr. www.kinsale.ie.
- *Verbindung:* Von der Haltestelle an der Esso-Tankstelle täglich 3 oder 4 Busse nach Cork. Eine Fähre pendelt im Sommer jede Stunde zwischen Trident Hotel und Casttlepark Marina.
- *Einkaufen:* **Fotogalerie Norman,** 45 Main St., www.iol.ie/gnorman-photography. Meisterliche Schwarzweißbilder, fix und fertig zum Aufhängen gerahmt.
- *Fahrradverleih:* **The Hire Shop,** 18 Main St., ✆ 4774 884, Mo–Sa 9.30–18.30 Uhr.
- *Hochseeangeln:* Gefischt wird nach Blauhaien, die sich in Schwärmen in der Bucht tummeln. Für etwa 40 € darf man mit hinausfahren. Buchung beim **Castlepark Marina Hostel** (✆ 4774 959).

• *Reiten:* **Ballynadee Trekking and Riding Farm,** Dennis O'Donoghue, Ballynadee, ✆ 4778 152, mit Reithalle, Stunde 15 €, Lehrer extra.

• *Surfen:* Outdoor Education Centre, ✆ 4772 896.

• *Tauchen:* **Kinsale Dive Centre,** Castlepark Marina, ✆ 4774 959.

Die Corrida fällt ins Wasser

Alle im Boot hassen den Hai. Der Fischer hasst ihn, weil er die Netze zerreißt. Der Hobbyfischer hasst ihn, weil er nicht anbeißen will und den Kahn zum Erbrechen schaukelt. Der Junge hasst ihn, weil er im Kino gesehen hat, dass er Menschen frisst. Der Skipper hasst ihn, weil er ihm einmal fast ein Bein weggebissen hat. Zugegeben, dass der maritime Allesfresser weltweit jedes Jahr wohl 40 Schwimmer mit Robben verwechselt und angreift. Doch ist das Grund genug, ihn mit dem Bösen an sich zu identifizieren? Die Todesfälle nach Bienenstichen sind jedenfalls zahlreicher.

Die touristische Jagd auf den Hai ist harte Arbeit. Zunächst muss der Köder gefischt werden, am besten Makrelen. Die Schwärme werden mit dem Echolot aufgespürt, und bald glitscht auf dem Deck eine Schicht zappelnder Fische. Der kluge Fischer würde es bei diesem Fang belassen, der eine vorzügliche Mahlzeit ergäbe, aber wir wollen ja keine Makrelen, sondern einen Hai. Deshalb füllt der Skipper einen mitgebrachten Brei stinkender Fischabfälle in einen Leinensack, schüttet eine Art Blutsuppe darüber und wirft das Ganze an einer Leine über Bord. Wenn ihn diese Blutspur nicht heiß macht! In der Zwischenzeit spießen die Angler ihre Makrelen auf die gespitzten Haken und werfen die Angeln aus. Der Motor wird abgestellt. Das Boot bleibt dem Spiel der Wellen überlassen, alle warten gespannt und beobachten hochkonzentriert die hauchdünne Angelleine. Wenn's zuckt und die Rolle abspult, wird der Glückliche in den drehbaren "Fighting Chair" geschnallt, der in der Mitte des Bootes verankert ist.

Doch es zuckt nicht. Das Interesse der menschlichen Jäger war wieder einmal größer als das des Hais. Er gönnt uns die Corrida einfach nicht. Dabei wäre er mit dem Leben davongekommen, denn die gefangenen Haie werden nur betäubt, markiert und dann wieder ins Wasser geworfen – eine sympathische Lösung. Als Speisefisch sind sie nicht salonfähig, und was den Fischstäbchen der Imbissbuden trotzdem an Haifischfleisch beigemischt ist, weiß nicht mal der Fritteur.

Übernachten

Kinsale erwartet überwiegend ein zahlungskräftiges Publikum. Am unteren Ende der Preisskala bieten zwei Hostels ein Dach über dem Kopf, die B&Bs (komplettes Verzeichnis beim Tourist Office) sind etwas teurer als andernorts. Wenn in der ersten Augustwoche die Regatta stattfindet, sind Zimmer nur mit Voranmeldung zu bekommen.

*** **Blue Haven (3),** Pearse St., ✆ 772 209, 📠 774 268, DZ 115–205 €, je nach Saison. Die 10 mit Geschmack eingerichteten Zimmer (diejenigen im Anbau etwas größer) sind nach den Weingütern benannt, die irische Emigranten in Bordeaux gründeten. Kleine Ölbilder aus der Hand örtlicher Künstler und frische Blumen für jeden Gast sind nur zwei von vielen Kleinigkeiten, die sich zu einer wohltuenden, familiären Atmosphäre summieren.

Old Bank House (4), Pearse St., ✆ 4774 075, ✆ 4774 296, www.indigo.ie/~oldbank, DZ 140–220 €, je nach Saison. Die Zimmer sind mit alten Möbeln unterschiedlich ausgestattet, die Bäder mit Blumenmotiven gefliest. Lounge im Stil eines Wohnzimmers, exklusives Restaurant nur für Hausgäste.

Tierney's Guesthouse (1), Main St., ✆ 4772 205, DZ 55 €. Ein uraltes, winziges Haus. Im Treppenaufgang hängen die Lobeshymnen zufriedener Gäste.

Dempsey's Hostel (IHH), Eastern Rd., ✆ 4772 124, Bett 8 €, Dusche extra. 10 Min. von Zentrum neben der Tankstelle. Neuer Gemeinschaftsraum mit Landkarten aus aller Welt, die Schlafräume (im Erdgeschoss sehr eng) neu mit Waschbecken ausgestattet. Freundliches Personal, aber etwas abgewohntes Haus.

Castlepark Marina Centre (5) (IHH), Castlepark, ✆ 4774 959, April–Okt., Bett12 €, DZ 30 €. Neue Herberge in alten Mauern am Yachthafen – fast zu schöne Lage für ein Hostel. Derzeit ist es gleichzeitig ein Tauchzentrum. Mit Restaurant und Fahrradverleih. Badebucht in Laufweite.

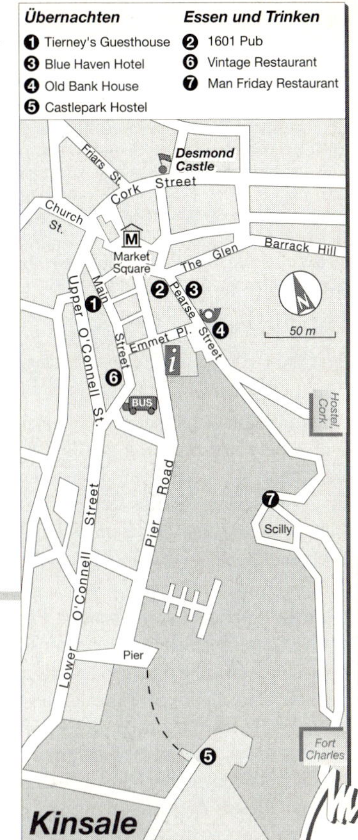

Essen

Das Gourmetfestival wird alljährlich Anfang Oktober von den elf führenden, im "*good food circle*" zusammengeschlossenen Restaurants organisiert. Die Teilnahme kostet für 4 Tage rund 100 € und berechtigt zum Mitessen und -urteilen für einen um 10 % ermäßigten Dinnerpreis. Anmeldung bei Peter Barry, Scilly, ✆ 4774 026.

Blue Haven (3), Pearse St., ✆ 4772 209, Hauptgericht um 30 €, Dinnermenü 45 €. Brian und Anne Cronin vertreten Irland auf internationalen Kochwettbewerben. Klassiker wie Lobster Thermidor oder Filet mit Sauce Béarnaise werden ergänzt durch lokale Spezialitäten wie "Jack Berry's Lamb Kidney" (Jack ist ein örtlicher Metzger) und durch vorsichtige Exotik wie Seafood Kashmiri (mit Currysauce und Chutney). Das Restaurant im "maritimen" Stil mit Blick auf einen abends beleuchten Garten samt Wasserfall. Die Bar (Barfood durchgehend bis 21 Uhr) hat einen schönen Wintergarten und für die warmen Tage auch einen Innenhof. In einem zum Haus gehörenden Feinkostgeschäft kann man erlesene Weine, hausgemachte Konfitüren und andere Delikatessen erstehen.

Vintage (6), Main St., ✆ 4772 803, www.vintage-kinsale.com. Nur am Abend geöffnet. Der Hauptkonkurrent des Blue Haven, gleiche Preise, gleiches Publikum. Raoul (Schweizer) und Seito (Japanerin) sorgen für internationales Flair, die Küche tendiert nach Frankreich. Fergies Lieblingslokal in Kinsale. Auf der Speisekarte finden Sie auch das aktuelle Programm der klassischen Tafelmusik, die Ihr Mahlzeit heute abend untermalt.

Man Friday (7), Scilly, ✆ 4772 260, Dinner um 35 €, nur abends. Schöne Lage am Wasser, großzügige Portionen in einem holzgetäfelten Speiseraum mit Gemälden an der Wand und edlem Porzellan auf den Simsen. Spezialität: mit Krabben gefüllter Steinbutt.

Der Südwesten Karte S. 294/295

Am Abend

Kinsale hat eine lebhafte Pubszene. Am Abend hat der Gast die Qual der Wahl zwischen den verschiedenen Musikkneipen.

1601 (2), Pearse St. Eine Vitrine in der Lounge des Pubs/Cafés/Restaurants erzählt die Geschichte der Schlacht von Kinsale im Jahr 1601. Wechselnde Kunst ziert die Wände. Der Musik – Balladen und manchmal Jazz – erst mal draußen zuhören, ob's gefällt.

Bullman, Scilly, am Wasser. Am "boat table" der mindestens 200 Jahre alten Kneipe treffen sich Fischer und Freizeitkapitäne.

Spaniard, Scilly Rd. Das Pub in einem früheren Stall auf dem Compass Hill oberhalb der Stadt zählt fast schon zu den Sehenswürdigkeiten Kinsales, und das Murphy's lockert die Zunge und animiert zum Mitsingen. Live-Musik von Blues über Traditionals bis Jazz.

Sehenswertes

Von Don Herlihy geführte Stadtrundgänge beginnen im Sommer jeden Tag um 11.30 und 14.15 Uhr am Tourist Office und kosten 4 €.

Museum: Im Gebäude des Seegerichts, in dem 1915 die Untersuchung über den Untergang der *Lusitania* geführt wurde, informiert heute eine kleine Ausstellung über die Katastrophe. Daneben werden in der etwas chaotischen Ausstellung alte Urkunden aus der Stadtgeschichte gezeigt. Die meisten Schätze des Museums, die von der Sammelleidenschaft seines Kurators zeugen, ruhen jedoch im Magazin. Es fehlt an Platz und Geld für eine zeitgemäße Präsentation.

Ⓞ Mo–Sa 10–17 Uhr; Eintritt 2 €.

Charles Fort: Die sternförmige Festungsanlage wurde nach 1601 gebaut, um Landungen von Spaniern und sonstigen Feinden zu verhindern. Bis 1922 war dort eine britische Garnison stationiert, nach ihrem Abzug wurde das Kastell von der IRA niedergebrannt und ist seither eine Ruine. Das Fort ist eine typische Verteidigungsanlage des 17. Jh. Im Unterschied zu älteren Burgen waren diese Festungen mit den charakteristischen vorspringenden Bastionen für den Kampf mit weitreichenden Geschützen gebaut. Die ausgeklügeltsten Festungen dieser Art entstanden in Frankreich unter dem Ingenieur Vauban. Charles Fort sollte Kinsale gegen Angriffe von See verteidigen. Seine entscheidende Schwachstelle war der Hügel, der auf der Landseite das Fort überragt – gegen die 1690 von dort anrückende Armee Wilhelms standen die Verteidiger auf verlorenem Posten.

Ⓞ April–Mitte Juni Mo–Sa 10–17, So 10–18 Uhr, Mitte Juni–Mitte Sept. tägl. 9–18 Uhr, Mitte Sept.–Mitte Okt. Mo–Sa 9–17, So 10–17 Uhr; Eintritt 2,50 €. Das Charles Fort liegt 3 km östlich der Stadt.

Desmond Castle/Museum of Wine: Das Castle hat eine wechselhafte Geschichte. Im 15. Jh. als befestigtes Stadthaus der Fitzgeralds gebaut, diente es später als Zollhaus, Gefängnis, Suppenküche und Kaserne, bis es schließlich 1997 als Weinmuseum herausgeputzt wurde. Die Ausstellung konzentriert sich auf die Rolle irischer Emigranten im internationalen Weinhandel. Margaux oder Yquem, der Adel der französischen Weine, gehen auf Iren zurück! Auch die Hennessys waren irische Auswanderer.

Ⓞ Di–So 10–18 Uhr, Eintritt 2 €.

Das Rosengespenst

Auf den Wällen des Charles Forts treibt des Nachts der Geist einer Dame sein Unwesen, deren Schicksal den Stoff für einen Hollywoodfilm hätte abgeben können. Die Tochter des Festungskommandanten hat sich in einen jungen Offizier verliebt, die Hochzeit ist beschlossene Sache. Das Paar schlendert bei Vollmond auf dem Wall entlang, als das Mädchen zu Füßen der Mauer einen Rosenstrauch erblickt und unbedingt eine Blüte haben will. Er traut sich nicht hinunter, aber ein kecker Wachsoldat erbietet sich, die Rose zu pflücken, wenn der Offizier für einen Moment die Wache übernähme – der Held stürzt ab und kommt nie wieder. Der Verlobte nickt beim Wachestehen ein, wird vom Schwiegervater schlafend angetroffen, mit dem vermeintlich pflichtvergessenen Wachsoldaten verwechselt und als Exempel kurzerhand erschossen. Als der Vater den Irrtum bemerkt, stürzt er sich vor Gram über die Mauer. Das Mädchen, dessen Wunsch nach einer Rose drei Männer in den Tod getrieben hat, tut es ihm nach. Ob sie, der Vater, der Verlobte, der Verehrer oder gar alle vier heute als Geist umgehen, ist unklar. Tatsache ist: Es spukt.

Von Kinsale nach Clonakilty

Der Südwesten
Karte S. 294/295

- **Old Head of Kinsale:** Die Landzunge reicht etwa 5 km ins Meer hinaus, um am Ende mit dramatischen Steilklippen ins Wasser zu stürzen. Mancher Ball, der hier auf Irlands vielleicht schönstem Golfplatz übers Ziel hinaus geschlagen wird, wird zum Spielzeug für die Fische. Bester Aussichtspunkt ist der nur auf Fußpfaden zu erreichende Leuchtturm an der Spitze des Kaps. Gleich am Beginn der Halbinsel laden **Garrettstown Beach** und **Garylucas Beach** zu Strandspaziergängen im Sand.

  Übernachten: **B&B Blue Horizon**, Garrettstown, ✆ (021) 4778 217, DZ 50 €. Auf einer Klippe mit schönem Ausblick.

- In **Ballinspittle** begab sich 1985 ein Ereignis, wie es in den mediterranen Gefilden mit ihren heißblütigen Bewohnern nicht ungewöhnlich, hier in Irland aber doch etwas Besonderes ist. In einer Grotte, sie liegt von Kinsale kommend vor dem Ortseingang neben der Straße, hatte sich die blau-weiße Statue der Muttergottes bewegt. Ohne Menschenhand im Spiel, ohne eine feststellbare natürliche Ursache. Das Wunder wiederholte sich, die Madonna spazierte regelrecht durch ihre kleine Nische. Tausende, Zehntausende kamen nach Ballinspittle, auch andernorts in Irland wurden plötzlich sich bewegende Marienstatuen beobachtet, und dann war der ganze Spuk so plötzlich wieder vorbei, wie er gekommen war. Davor und danach war von Ballinspittle nichts mehr zu berichten.

- **Timoleague** ist ein schläfriges Dorf an der Mündungsbucht des *Argideen*. Auf der Anfahrt riecht es nach einer Mischung aus Seetang und Heu, Efeu umrankt die Telefonmasten. Das Franziskanerkloster mit dem weithin sichtbaren Turm wurde 1642 von den Engländern geplündert und ist seither verlassen.

Cromwells Truppen sollen im Keller Hunderte von Fässern mit spanischem Wein gefunden haben und nach dieser "Eroberung" einige Tage gefechtsunfähig gewesen sein. Um die Ruine einer Burg wurde von der Familie Travers, die 1818 mit dem Besitz gleich das ganze Dorf erwarb, ein attraktiver *Garten* mit Palmen und exotischen Bäumen angelegt.

• *Telefonvorwahl:* 023.

• *Information:* Main St., ✆ 46 493, Juni–Sept. Im Web www.westcork.tourism.ie/tim.htm

• *Verbindung:* Am Spätnachmittag ein Bus von Cork nach Timoleague, morgens zurück.

• *Öffnungszeiten* der **Castle Gardens:** Juni–Aug. Mo–Sa 11–17.30 Uhr, So 14–17.30 Uhr; Eintritt 3,25 €.

• *Übernachten/Essen:* **Lettercollum Guesthouse & Restaurant,** Clonakilty Rd., ✆ 46 251, www.lettercollum.ie, offen Feb. bis Okt., DZ 50–75 €, DZ HP 105–130 €. Dinner 30 €. Die Fremdenzimmer sind in einem majestätischen Herrenhaus eingerichtet, das früher zu einem Kloster gehörte, das Restaurant in der einstigen Kapelle. Ein Park und bleiverglaste Fenster sorgen für Atmosphäre. Die unter Gourmets geschätzte und preisgekrönte Küche benutzt Zutaten aus dem eigenen Garten.

• *Camping:* **Sexton's,** Clonakilty Rd., ✆ 46 357, geöffnet März–Okt., 2 Pers. Mit Zelt 11 €. Ein gepflegter und überschaubarer Platz. "Die sauberen Sanitärräume, Küche und ein Shop sind in umgebauten Pferdeställen untergebracht. Auch bei Regen kann man das Gelände 'gefahrlos' betreten und auch die Besitzer sind liebenswert." (Lesertipp Brigitte Blass)

Clonakilty

Hätte Clonakilty (2000 Einwohner) wie Kinsale einen Yachthafen, wäre es genauso berühmt. So bleibt der Inchydoney-Strand unter Ausländern ein Geheimtipp und der berühmte Black Pudding den irischen Gourmets vorbehalten.

Clonakilty verbindet eine lebendige Städtepartnerschaft mit dem Spessartdorf Waldaschaff. Viele Jugendliche waren schon einmal in Deutschland, und bei manchen Familien entdeckt man im Büfett zwischen Kristallgläsern und Porzellannippes einen Bocksbeutel Frankenwein. Jedes Jahr Ende August werden die Straßen zur Bühne der Gaukler, Straßenmusiker und Kleinkünstler, die sich in Clonakilty zum *All Ireland Buskers Festival* treffen.

Im Stadtbild ist das georgianische Ensemble um den Emmet Square – ein großflächiger, etwas schmuckloser Platz – erwähnenswert. Die vorbildlich restaurierte Mühle, in der heute die Stadtbücherei residiert, bekam den europäischen Denkmalschutzpreis. Sehenswert sind das im alten Bahnhof eingerichtete Modelldorf und 4 km außerhalb der Strand **Inchydoney,** ein von einer Felszunge geteilter Streifen goldgelben Sandes, wo man an warmen Sommertagen unter den wachen Augen der Rettungsschwimmer sogar ein Bad im Ozean nehmen kann.

Geschichte

Die Kleinstadt wurde im 17. Jh. als eine protestantische Kolonie in der ansonsten katholischen Gegend gegründet, doch das Vorhaben war nicht sehr erfolgreich: Die protestantische Kirche ist heute das Postamt und Clonakilty nicht weniger katholisch als der Rest der Republik. Die protestantischen Siedler etablierten jedoch eine Leinenindustrie, die bis ins 19. Jh. florierte und zeitweise über 10.000 Menschen Arbeit gab. Mit Stolz erinnert man sich daran, dass Königin Viktoria das Taufkleid für ihr erstes Kind in Clonakilty fertigen ließ. Die Feuerwache war einst der Leinenmarkt, und hier und da kann man noch eine Manufakturhalle ausmachen (z.B. die Bäckerei am Platz mit der Wasserpumpe).

Michael Collins – der Held und die Realpolitik

Nachdem er 1921 den irisch-englischen Vertrag unterzeichnet hatte, war Michael Collins wahrscheinlich der am meisten gehasste Ire – von Republikanern wie Royalisten gleichermaßen. Fünf Jahre zuvor hatte der Osteraufstand den jungen Beamten davon überzeugt, dass nur der bewaffnete Kampf den Iren die Unabhängigkeit bringen würde. Er organisierte einen Guerillafeldzug gegen die Briten, entwischte ihnen immer wieder und trieb sie mit seinen militärischen Nadelstichen schließlich an den Verhandlungstisch. Seinen Landsleuten wurde Collins zur lebenden Legende. Als Meisterstück gilt sein heimliches Eindringen ins Dubliner Polizeipräsidium, wo er eines Nachts die geheimen Dossiers studierte, die die Briten über den irischen Widerstand angelegt hatten.

Am 6. Dezember 1921 unterschrieb Collins in London den Friedensvertrag, der den sechs mehrheitlich protestantischen Ulster-Provinzen die Möglichkeit einräumte, aus dem neuen Freistaat auszutreten, was diese natürlich prompt taten. Die vereinbarte Grenzkommission, die die Grenzen zwischen Nord und Süd neu ziehen sollte, trat nie zusammen. Collins hatte gehofft, dass das protestantische Ulster als staatliches Gebilde nicht lebensfähig sein und eines Tages in den Schoß des Freistaates zurückkehren würde. Er hatte dabei die Ressentiments der Protestanten unterschätzt, die lieber mit der ständigen Wirtschaftskrise und als Teil des Vereinigten Königreiches lebten, als sich den verhassten Republikanern anzuschließen. Michael Collins ging aber auch davon aus, den militärischen Widerstand nicht mehr länger in der bisherigen Intensität aufrecht erhalten zu können, und sah auch deshalb keinen anderen Ausweg als den Kompromiss mit den Briten.

Die meisten seiner Landsleute nahmen ihm diesen Kompromiss übel und betrachteten ihn als Verräter, der Ulster ohne Zwang preisgegeben hatte. "Ich habe gerade mein Todesurteil unterzeichnet", soll Collins nach der Unterschrift des Vertrags bemerkt haben. Als er, inzwischen offizieller Kommandeur der irischen Armee, am Morgen des 22. August 1922 mit dem Wagen von Macroom in sein Heimatdorf unterwegs war, geriet das Auto in einen von den Vertragsgegnern gelegten Hinterhalt. Entweder hatte Collins die Lehren des Untergrundkampfes vergessen oder er war lebensmüde. Anstatt Gas zu geben und davonzufahren, ließ er anhalten, erwiderte das Feuer und wurde erschossen. Das Michael Collins Memorial, an der N 71 westlich von Clonakilty, erinnert an seinen Geburtsort.

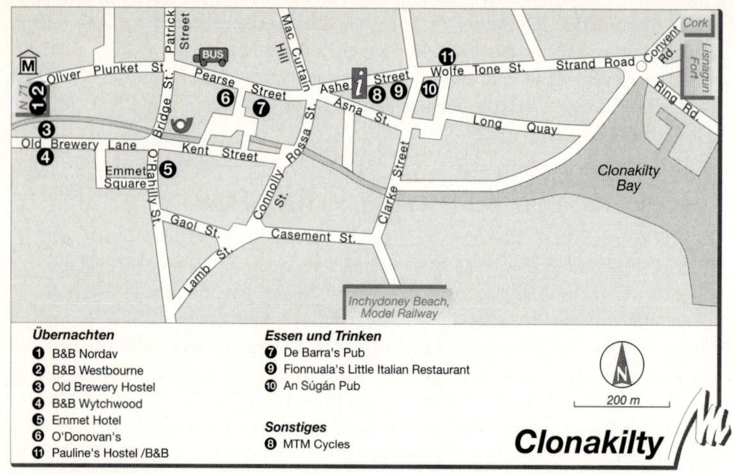

Information/Verbindungen/Diverses

• *Telefonvorwahl:* 023.

• *Information:* Ashe St., ✆ 33 226, Juli/Aug. Mo–Mi, Fr–Sa 9.30–13, 14–17.30 Uhr. www.clon.ie.

• *Verbindung:* Von Spiller's Eisenwarenhandlung in der Pearse St. morgens Mo–Fr je ein **Bus** nach Cork und Killarney, abends ein weiterer Bus nach Cork.

• *Einkaufen:* **Edward Twomey's,** Pearse St., gilt als die beste Metzgerei für die Herstellung des Clonakilty Black Pudding, eine Art irischer Blutwurst, die manchmal auch zum Frühstück serviert wird.

• *Fahrradverleih:* **MTM Cycles (8)**, Ashe St., ✆ 33 584.

• *Feste:* **Old Time Fair**, Anfang August. An diesem Tag feiert Clonakilty die gute alte Zeit. Man dekoriert die Schaufenster mit altem Klimbim, kleidet sich irgendwie altmodisch, paradiert mit Kutsche und Oldtimer. Nur das Pint kostet genau so viel wie an anderen Tagen.

• *Fischen:* Zum Hochseeangeln und Küstenfischen frage man in **Shanley's Bar** (Connolly St.) nach Mr. Houlihan. Auch der **Tackleshop** am Emmet Square ist eine einschlägige Adresse.

• *Reiten:* **Clonakilty Equestrian Centre**, The Retreat, Clonakilty, ✆ 33 533;
Rosscarbery Riding Centre, Owinhincha Beach Junction, ✆ 48 232. Die Farm an der N 71, 11 km westlich von Clonakilty organisiert geführte Touren zu Pferd, 90 Min. ca. 15 €.

Übernachten/Camping

* **O'Donovan's (6),** Pearse St., ✆ 33 250, www.iol.ie/~odhotel, DZ 75–100 €. Das traditionelle Dorfhotel, die Zimmer direkt über der Gaststube etwas laut.

B&B Wytchwood (4), Mrs. Clare Hayes, Brewery Lane, ✆ 33 525, DZ 55–65 €. Wenn der örtliche Immobilienmakler Kunden aus Deutschland einfliegen lässt, bringt er sie hier unter. Jedes der geräumigen, gemäßigt modern eingerichteten Zimmer ist in einem anderen Farbton gestaltet. Frühstück im Wintergarten.

B&B Nordav (1), Mrs. MacMahon, 70 Western Rd., ✆ 33 655, DZ 50 €. Vom einfachen Zimmer bis zur Mehrraumsuite, teilw. mit Kochgelegenheit; Klavier in der Lounge.

B&B Westbourne (2), Western Rd., ✆ 34 034, DZ 50 €. "Das Anwesen umfaßt die Hälfte eines Doppelhauses und liegt zentral an der Hauptstraße. Die drei Zimmer verfügen alle über Dusche und WC, sind freundlich eingerichtet, geräumig und sehr sauber. Wirtin Mary Peppard hat uns mit ihrer diskreten Freundlichkeit begeistert, alles im

Haus strahlt die freundliche Atmosphäre der Gastgeberin aus." (Lesertipp von Unleser Lich)

B&B/Hostel Pauline's (11), 5 Wolfe Tone St., ✆ 33 157, Bett 10 €, DZ 40 €. Die B&B-Zimmer im Haupthaus sind sehr hellhörig, und es fehlt ein eigener Aufenthaltsraum für die Gäste, gefrühstückt wird in der Küche. Das Hinterhaus mit 7 Betten in 3 Zimmern wurde zum "Hostel" erklärt – besser wäre es, von einer einfachen Unterkunft mit Kochgelegenheit zu sprechen.

Old Brewery Hostel (IHH) (3), Brewery Lane, ✆ 33 525, Bett 11 €, DZ 25 €. Ein farbenfroher Neubau mit Schieferdach. Die Küche (mit Essecke) ziert eine Flaschensammlung, der Aufenthaltsraum mit offenem Kamin. Zimmer mit 2 bis 6 Betten, teilw. mit Waschbecken. Eigentümer Teddy Hayes wohnt gleich gegenüber und hält das Haus persönlich in Ordnung. Fahrradverleih.

• *Camping:* **Camping/B&B Desert House,** Ring Rd., ✆ 33 331, Mai–Sept. 2 km außerhalb an der Ostseite der Bucht, Wiese mit einfachen Sanitärs, Kochgelegenheit. "Nach Regenfällen ist der Eingangsbereich schlammig und nur schwer zu passieren." (Leserhinweis Brigitte Blass).

Essen/Pubs

• *Essen:* **Fionnuala's Little Italian Restaurant (9),** Wolfe Tone St., ✆ 34 355, tägl. ab 18 Uhr, Küche bis 21.30 Uhr. Pizza und Pasta. Ein gemütliches kleines Lokal mit einer Sammlung italienischer Wein- und Grappaflaschen, abends Dinner bei Kerzenschein.

An Súgán (10), Wolfe Tone St., ✆ 33 498, Küche bis 21.30 Uhr. Die rustikal eingerichtete Taverne ist eher ein Platz zum Essen als zur Geselligkeit am Tresen. Snacks und Tellergerichte, überwiegend Meeresfrüchte. Die Küche gewann mehrmals den "national bar food award".

• *Pubs:* **O'Donovan's (6),** Pearse St. Das Restaurant (Hauptgericht 8 €) ist mittags ebenso der Renner wie abends die Bar. Am Wochenende wird der Platz am Kamin für die Musiker freigeräumt. Shanty und Evergreens sprechen eher die älteren Semester an.

Im Durchgang zum Parkplatz hat das Hotel mit **An Teach Beag** eine Kneipe im "Connemara-Stil" eingerichtet, eine schlichte Hütte mit weißen Wänden und einfachen Möbeln. Hier ist der richtige Ort für Traditional Music.

De Barra (7), Pearse St. Treffpunkt der Jugend. Auch unter der Woche spielt fast jeden Abend eine Rockband.

Sehenswertes

West Cork Regional Museum: Viel Material zur Wirtschafts- und Sozialgeschichte der Region sowie zum Unabhängigkeitskampf und Bürgerkrieg zu Beginn unseres Jahrhunderts.

🕐 Mai–Sept. Mo–Sa 10.30–17.30 Uhr, So 14.30–17.30 Uhr, Nov.–April nur So 14.30–17.30 Uhr, Eintritt 2 €.

West Cork Model Railway Village: Einst dampfte die West Cork Railway von Cork über Clonakilty bis nach Bantry. Diese Lebensader des Westens, von der man unterwegs gelegentlich noch alte Brücken sieht, ist das übergreifende Thema einer Ausstellung, die stilgerecht im alten Bahnhof

Im alten Bahnhof von Clonakilty – die Werkstatt des Model Railway Village

eingerichtet ist. Hauptsache sind aber nicht die alten Eisenbahnwaggons, sondern Modelle der Dörfer entlang der Bahn, wie sie etwa in den 40er Jahren aussahen.

Ⓘ Juni–Sept. tägl. 10–21 Uhr, sonst Mo–Sa 10–17 Uhr, Einlass bis eine Stunde vor Schließung; Eintritt 2,50 €.

Lisnagun Ringfort: Bisher wurden auf Irland rund 30.000 dieser keltischen Wohnburgen entdeckt. In Lisnagun wurde ein solches Fort am ursprünglichen Standplatz wieder errichtet, das auch dem Laien einen Eindruck vom Leben der keltischen Clans im Frühmittelalter vermittelt.

Ⓘ Juni–Sept. tägl. 13–18 Uhr; Eintritt 2,50 €. Im Osten von Clonakilty die Timoleague Rd. nehmen, nach 2 km beschilderte Abzweigung.

Von Clonakilty nach Skibbereen

Nach Clonakilty wird das Land rau und die Besiedlung dünn. Runde Hügel wachsen zu schroffen Bergen, grüne Wiesen und weiße Schafe liefern die Kulisse für romantische Sonnenuntergänge. Fuchsienhecken wuchern wild am Wegrand, viel Land liegt brach und bleibt Farnen, Erika und dem allgegenwärtigen Ginster überlassen. Außer Fischern trifft man zusehends amerikanische und europäische Städter, Wohlstandsimmigranten, die hier ein ruhiges Leben im Einklang mit der Natur suchen, Hostels, Cafés betreiben oder in Handarbeit Souvenirs herstellen. Hier, geographisch noch im Süden, beginnt der irische Westen, den zu erleben die meisten Urlauber nach Irland kommen.

▸ **Castle Salem:** An dieser Burg ist vor allem ein kleines Häuschen bemerkenswert, das irgendwann einmal mitten auf die drei Meter breite Wehrmauer gebaut wurde. Cromwell hatte Benduff – so hieß die Festung ursprünglich – einem Quäker geschenkt, der sie in "Shalom" (Friede) umbenannte, woraus sich dann Salem entwickelte. *William Penn,* der aus der Gegend stammende Gründer des amerikanischen Bundesstaates Pennsylvania und gleichfalls ein Quäker, soll hier ein und aus gegangen sein. Das Castle ist heute ein Bauernhof mit B&B-Unterkünften, die Gäste können auf Wunsch in Penns Bett nächtigen. Und wer kräftig für die Renovierung der maroden Burg spendet, bekommt die Übernachtung sogar gratis.

Anfahrt: Von der N 71, 1 km westlich von Rosscarbery ausgeschildert, ✆ 48 381, DZ 45 €, Dinner 30 €.

▸ **Drombeg Stone Circle:** Nach der Interpretation von Aubrey Burl, des "Papstes" der Steinkreisforscher, war der Drombeg Circle der religiöse und kultische Mittelpunkt einer kleinen Gruppe von vielleicht dreißig Bauern, die den auch in vielen Bildbänden abgelichteten Steinkreis etwa um 600 oder sogar erst um 150 v. Chr. errichteten. Wegen seines geringen Umfangs ist er viel anschaulicher als die meisten anderen Steinkreise, deren Struktur man nur aus der Vogelperspektive nachvollziehen kann. Die 17 Steine auf dem künstlich terrassierten Gelände bilden einen Durchmesser von 9 m. Auf der Westseite liegt ein einzelner "Altarstein", ihm gegenüber im Osten überragen zwei "Portalsteine" die übrigen Steine des Kreises. Vom "Portal" oder der Mitte aus betrachtet geht die Sonne zwischen Mitte Dezember und Mitte Januar über dem 2 m langen Altar-

Dromberg Stone Circle – Kultstätte für drei Dutzend Bauern?

stein unter, die Ausrichtung nach der Wintersonnenwende ist also eher vage. Unter einer Steinplatte in der Mitte des Kreises wurde ein Brandgrab gefunden, jemand hat Blumen für den oder die unbekannte Tote darauf niedergelegt. Nebenan entdeckt man die Spuren zweier Rundhütten. Ein mit Steinplatten belegter Pfad führt zu einem Fulacht Fiadh, einer Kochstelle, wo in einer mit Holz verschalten Grube Wasser mit glühenden Steinen zum Kochen gebracht werden konnte.

Anfahrt: Von der N 71 in Rosscarbery Richtung Glandore, unterwegs ausgeschilderte Abzweigung.

▸ **Glandore:** Wer Zeit hat, nimmt von Clonakilty nach Skibbereen den Umweg über Glandore. Das Dorf liegt an einer windgeschützten Bucht, Segelboote schaukeln im Wasser. In ein Kloster, das sich früher dem Ideal der Armut verschrieben hatte, ist ein Nobelrestaurant eingezogen. In Glandore praktizierte der Frühsozialist *William Thompson* (1785–1833) mit einer Gruppe seine Utopie vom gemeinschaftlichen Leben – eine frühe Form der Landkommune.

- *Telefonvorwahl:* 028.
- *Übernachten:* **Marine Hotel,** ✆ 33 366, ✆ 336 00, DZ 130–165 €. Ein Haus mit südländischer Atmosphäre direkt am Yachthafen.

Maria's Schoolhouse Hostel (IHH), Cahergal, Union Hall, ✆ 33 002, Bett 10 €, DZ 25–40 €. Ein gehobenes Hostel, die meisten Zimmer mit Bad. Fahradverleih.

- *Essen:* **The Rectory,** ✆ 33 072, Juni–Sept. tägl. ab 19 Uhr, außerhalb der Saison nur Fr/Sa, Dinner 30 €. Gediegene Atmosphäre mit Blick auf die Bucht. Die Gerichte sind auch ein Genuss für das Auge.

Skibbereen

Zwischen Weiden und buschigen Hügeln am River Ilen gelegen, ist Skibbereen mit seinen 2200 Einwohnern, seinen Schulen und dem großen Markt das Zentrum von Westcork. "Quod petis hic est" ("Was Du auch suchst, hier findest Du es"), lautet das treffende Motto im Stadtwappen.

Skibbereen wurde von Leuten aus Baltimore gegründet, die 1631 nach einem Überfall algerischer Piraten ins sicherere Landesinnere zogen. Aus zwei Siedlungen zusammengewachsen und deshalb sehr langgezogen, erscheint der Ort größer, als er in Wahrheit ist. Gleich hinter der Hauptstraße beginnen die Felder. Touristen und die Brüsseler Finanzspritzen für die Bauern der strukturschwachen Region haben einen bescheidenen Wohlstand gebracht, und besonders an den Markttagen (mittwochs und freitags) sind die Straßen voller Lokalkolorit. Mittelpunkt ist der **Rathausplatz** mit dem Denkmal der *Maid of Erin.* Die um 1900 von Nationalisten gestiftete Statue stand lange mitten auf der Straße und wurde wiederholt von Autos gerammt, jetzt hat man sie ein Stück versetzt. Es heißt, die Dame schaue nun deutlich entspannter. Tafeln widmen das Denkmal verschiedenen Aufständen gegen die Kolonialherren.

Über die überdimensionierte Eisenbrücke hinter dem **West Cork Hotel,** die jetzt einzig der Zufahrt zu einem Haus dient, dampfte bis 1961 die Eisenbahn nach Baltimore. Das Haus von **Roycroft's Bicycle,** schräg gegenüber dem Hotel, ist eine alte Mühle, in der vor gut 150 Jahren die erste Dampfmaschine in Skibbereen installiert wurde. Die Geschichte des Hauses ist geradezu symbolisch. Während des Großen Hungers, der die Gegend besonders hart traf, war hier die Suppenküche für die Armen (der Suppenkessel steht im Heritage Centre); später, als sich bis in die 50er Jahre des 20. Jh. der Jugend als einzige Perspektive die Auswanderung bot, beherbergte die Mühle eine Agentur der Cunard Reederei.

Skibereen Heritage Centre: Den Hungerjahren widmet sich das neue Heimatmuseum am Platz des früheren Gaswerks. Die Figuren des Landarbeiters Jeremy Irons und des Paters Matthew schildern die dramatischen Ereignisse jener Zeit, als eine 5-köpfige Familie sich mit gerade 10 kg Kartoffeln, 1 kg Mehl und einem Kohlkopf eine ganze Woche lang ernähren mußte.

⌚ Di–Sa 10–18 Uhr; Eintritt 4 €. Baltimore Rd., 7 km außerhalb.

Information/Verbindungen/Diverses

- *Telefonvorwahl:* 028.
- *Information:* North St., ✆ 21 766, Juli/Aug. Mo–Sa 9–19 Uhr, sonst Mo–Fr 9.15–13, 14.15–17.30 Uhr. www.skibbereen.ie.
- *Verbindung:* Vom Busstopp vor Calahane's Bar, Bridge St., nach Cork, Killarney, Schull und Baltimore.
- *Baden:* Der **Tragumna Beach** (ausgeschildert von der Baltimore Rd.) ist bei schönem Wetter ein guter Badeplatz und auch bei Tauchern beliebt.
- *Fahrradverleih:* **Roycroft & Son,** Ilen St., ✆ 21 235, Do nachm. geschlossen.
- *Festival:* **Liss Ard,** www.lissard.com, im September. Ein von der Kritik überschwenglich gefeiertes Musik- und Poesiefestival, das schon Größen wie Patti Smith und Nick Cave auf den Lough Abisdealy

Mittagsstunde am Marktplatz von Skibbereen

brachte, in dem die Bühne schwimmt.

The Ilen Street Vintage Day, am Oktober-Bank-Holiday-Wochenende. Am Vintage Day wird in historischen Kostümen und mit der Vorführung alter Handwerkskunst die "gute alte Zeit" gefeiert. Höhepunkt ist das Schweinerennen auf der Illen Street.

• *Kunst & Kultur:* **West Cork Arts Centre,** North St, ✆ 22 090. Von dem vielfältigen Programm der "Volkshochschule" sind für Touristen die gelegentlichen Lesungen und Ausstellungen irischer Künstler interessant.

• *Reiten:* **Limbo Trekking and Riding Centre,** Baltimore Rd., 2 km außerhalb, ✆ 21 683.

Übernachten/Essen/Pubs

Die meisten B&Bs findet man an der Straße nach Baltimore.

**** **Liss Ard Lake Lodge,** Castletownshend Rd., 2 km außerhalb, ✆ 40 000, 22 365, ℻ 22 839, www.lissard.com, DZ 200–550 €. Die Preise des Hotels (10 Zimmer) in einem prächtigen Park beim Lough Abisdealy dürften außerhalb der Reichweite der meisten unserer Leser liegen. Wir erwähnen es aus Sympathie für einen Kollegen der Irish Times, der, wie unsereiner, berufsbedingt Unterkünfte testen muss, und dabei besonders unter jenen billigst eingebauten "en suites" leidet, die nicht größer als ein Schrank sind und die Bezeichnungen "Badezimmer" nicht verdienen. Durch diese Malaise zu einem Ranking irischer Unterkünfte nach ihren Badezimmern veranlasst, gab er der Liss Ard Lake Lodge Platz 1.

*** **West Cork Hotel,** Ilen St., ✆ 21 277, ℻ 22 333, DZ 80–105 €. Das beste Haus am Ort in schöner Lage am Fluss, aber einen Stern zu hoch bewertet. Zeitgemäßer Komfort, die Zimmer im Anbau etwas ruhiger als jene im Haupthaus.

** **Eldon Hotel,** Bridge St., ✆ 22 000, ℻ 22 191, DZ 65–115 €. Hier nahm Michel Collins sein Henkersmahl zu sich. Geranien verheißen gutbürgerliche Gemütlichkeit, an den Möbeln hat der Zahn der Zeit genagt.

B&B Ivanhoe, 67 North St. ✆ 21 749, DZ 45 €. Helle, relativ geräumige Zimmer, mit Stilmöbeln geschmackvoll eingerichtet, TV. Die Bäder wurden nachträglich abgetrennt. Das zugehörige Restaurant (mit Blümchentapete) serviert vornehmlich Grillgerichte (Menü 25 €).

B&B Glen Cora, Upper Bridge St., ✆ 22 619, DZ 45 €. (Lesertipp Christine Brandhuber)

Hostel Russagh Mill (IHH), Russagh, Castletownsend Rd., ✆ 22 451, www.russaghmill.com, Bett ab 10 €, DZ 35 €. Eine umgebaute Mühle mit 60 Betten, die auch Kinder- und Jugendfreizeiten anbietet und deshalb oft mit Gruppen belegt ist – dann kann es vor den Toiletten zu Warteschlangen kommen. Mehrere Aufenthaltsräume mit vielen Pflanzen, in der Halle ist noch das alte Mahlwerk zu besehen. Mit Campingfläche, Kanu- und Fahrradverleih.

• *Essen:* **Sables,** Bridge St., So geschl., Lunch 7 €, Dinner ab 15 €. Restaurant mit Weinbar, vor allem Fisch- und Grillgerichte.

Annie May's, Bridge St. Tagsüber günstiges Barfood, die Gäste sind weitgehend einheimische Stammkunden.

Vine Vault, Main St. Das Bistro/Pub versteckt sich hinter einer Arkade. Mexikanische Küche, Treffpunkt der örtlichen Kulturszene. Mehrmals pro Woche Musik verschiedener Stilrichtungen, wechselnde Kunstaustellungen.

• *Pubs:* **Stag's Head,** Caheragh, ✆ 31 560; von Skibbereen Richtung Drimoleague, nach 8 km beim Coachmen's Inn links, noch 3 km. Wenn die Pächter und Tagelöhner früher etwas zu feiern hatten, Zeit dafür gab es selten genug, taten sie es im Freien: Bürgerhäuser und Pubhalls gab es ja keine, und die Ballsäle des Adels blieben den kleinen Leuten versperrt. Solche Tanznachmittage hat das Stag's Head wiederbelebt; im Sommer, wenn das Wetter es zulässt, jeden Sonntag Nachmittag. Als wir da waren, fiel das Spektakel wegen eines Showdreschens in der Nachbarschaft aus. So sind sie, die Sonntagsvergnügen auf dem Lande.

Sehenswertes

Liss Ard Experience: Ausgeschilderte Rundwege führen durch das 16 ha große Gelände mit Waldlandschaft, Blumenwiesen und einem kleinen Teich. Höhepunkt ist der Irish Sky Garden mit seinem Amphitheater, in dem man nach dem anstrengenden Aufstieg auf einer Monumentaltreppe tatsächlich nichts als den irischen Himmel sieht.

⌚ Mai–Sept. Mo–Fr 9.30–17 Uhr, Eintritt 6 €. Castletownshend Rd.

Skibbereen/Umgebung

▸ **Creagh Gardens:** Die Szenerie der ruhigen und romantischen Waldlandschaft mit ihren Lichtungen und dem Mühlteich ist von einem Gemälde Henri Rousseaus inspiriert. Zum Besitz der Familie Harold-Barry, die das Anwesen 1945 erwarb und jedes Jahr mit neuen Pflanzungen erweitert, gehört auch ein kleiner Nutzgarten mit Obstbäumen, Küchenkräutern und heimischem Geflügel.

⌚ Tägl. 10–18 Uhr; Eintritt 4 €. Baltimore Rd., 7 km außerhalb.

▸ **Lough Hyne:** Kern des Naturschutzgebietes, 6 km südlich von Skibbereen (ausgeschildert von der Baltimore Rd.), ist ein ungewöhnlicher Salzwassersee. Eine Schwelle, über die das Meerwasser gerade nur auf dem Höhepunkt der Flut schwappt, trennt ihn von Ozean. Der Salzgehalt in der windgeschützten, von Felsen umrahmten Bucht ist deshalb geringer. So hat sich in dem kristallklaren Wasser ein für Irland ungewöhnliches Biotop mit Seesternen, Seeigeln, Schnecken und seltenen Fischen entwickelt. Strandläufer huschen über die Steine, Kormorane jagen, manchmal verirrt sich gar eine Robbe in den See. Das Ostufer ist in privater Hand, auf dem Westufer verläuft jedoch ein Weg, auf dem man in einer guten Stunde nach Baltimore wandern kann. Eine andere schöne Tour (hin- und zurück 2 ½ Std.) beginnt etwa dort, wo die Straße nach Baltimore den See verlässt. Ein unscheinbares Schild "Hill Top" weist den Waldpfad zu einem namenlosen Gipfel mit schöner Aussicht und üppig blühendem Heidekraut.

Übernachten: **B&B The Old School,** ✆ 20 172, DZ 45 €. Ein schneeweißer Bungalow ca. 1,5 km über dem See. Schöne Aussicht, nachmittags auch für Spaziergänger Tee und Kuchen.

Baltimore

Das Fischerdorf (400 Einwohner) um die romantische Ruine des Dun na Sead Castle ist der Hafen für die Inseln in der Roaringwater Bay.

Immer im Juni kommt hier der Clan der *O'Driscolls* zusammen, deren Vorfahren als Seeräuber ein Vermögen machten, indem sie die Küsten und spanische Amerikasegler plagten. Auch später schöpfte der Ort seinen Reichtum aus dem Meer. Bis zum 1. Weltkrieg gingen täglich mehrere Güterzüge voll mit Fischen und Meeresfrüchten nach Cork, bis in unsere Tage haben sich drei Bootswerften gehalten. Mit der Zucht von Muscheln und besonders Austern haben die Fischer, denen immer weniger in die Netze geht, ein neues Zubrot gefunden. Doch noch immer hat Baltimore den größten Fischumsatz in West Cork. Im Sommer beleben den Hafen Freizeitsegler, für die mit einem millionenschweren Umbau nun weitere Liegeplätze entstehen sollen. Viele sind auf der Durchreise zu den Inseln, andere bleiben ein paar Tage und genießen die beschauliche Stimmung von "Weltende" hier am Übergang zwischen Land und Wasser.

Holy Hour in Baltimore

Der Südwesten
Karte Seite 294/295

Information/Verbindungen

- *Telefonvorwahl:* 028.
- *Information:* Am Hafen, ✆ 20 441, Juni–Aug. Mo–Sa 9.30–12.30, 13.30–17.30 Uhr. www.baltimore-ireland.com.
- *Verbindung:* **Busse** von und nach Skibbereen, auch gute Chancen beim **Trampen**. Fähren nach Schull, ✆ 39 153, einfach 8 €.

Übernachten

Algiers Inn, ✆ 20 145, DZ 55 €. Über der Bar befinden sich einfache, pastellfarben gestrichene Zimmer. Etwas geräumiger und komfortabler (mit Bad) sind die Räume im Nachbarhaus, hier auch mit eigenem Frühstücks- und Aufenthaltsraum.

B&B Island View, Mary Browne, ✆ 20 124, DZ 45 €. "Mit toller Sicht auf die Bay, schönen Mansardenzimmern und tollem Frühstück" (Lesertipp von Gerlinde Ringlstetter).

Rolfs Hostel (IHH), ✆ 20 289, Bett ab 10 €, DZ ohne Frühstück 32 €, mit Restaurant. Nette Atmosphäre in einem uralten Farmhaus, das die deutschen Einwanderer Rolf und seine Frau Gertrud während der letzten 25 Jahre in viel Eigenarbeit ausgebaut haben. Der gemütliche, mit viel Holz eingerichtete Aufenthaltsraum dient zugleich als Café. Das von Sohn Johannes geleitete Restaurant (im Winter geschlossen) bietet

Nahrung für Geist (wechselnde Kunstausstellungen) und Magen (Fisch, Gemüse aus integriertem Anbau). Alternativ kann man in der sauberen und zweckmäßig eingerichteten Gästeküche auch selbst kochen. Fahrradverleih.

Essen/Pub

Chez Youen, ✆ 20 136, Ostern–Okt. tägl. ab 18.30 Uhr, in der Hochsaison auch 12.30–15 Uhr; Lunch 20 €, Dinner 30 €. Im örtlichen Nobellokal schaffen Klinkerboden, Kunst an den Wänden und ein offener Kamin ein Ambiente schlichter Eleganz. Die französisch inspirierte Küche konzentriert sich auf Meeresfrüchte, meisterlich sind die verschiedenen Saucen.

The Custom's House, ✆ 20 200, Mo–Sa (Nebensaison Do–So) ab 17 Uhr, Menü 30 €. Sue Holland zählt zu den renommiertesten Köchinnen im Südwesten. Ihre besondere Stärke sind etwa frischer Fisch mit klassischen Saucen oder Brandade de morue, ein hausgemachtes Püree aus eingelegtem Kabeljau mit würzigem Olivenöl.

The Pride of Baltimore, über McCarthey's Pub. Mit Seesicht, hausgebackenem Vollkornbrot und vegetarischen Gerichten (z.B. Couscous mit Nüssen und Früchten).

Preiswerter sind das **Harbour Restaurant** (Hauptgerichte 7–13 €, auch Kinderteller und Frühstück) und **Lifeboat** (bis 18 Uhr, gleichzeitig Post und Wechselstube).

• *Pub:* **McCarthy,** am Hafen, die erste Adresse für Live-Musik.

Sport

• *Hochseeangeln:* Dieses Vergnügen ist hier preisgünstiger als in Kinsale und hat noch nicht den Charakter einer touristischen Massenveranstaltung. Vielmehr bedeutet es für einen Fischer Abwechslung vom Alltag. Fragen Sie im **Algiers Inn** oder bei der **Sea Angling Association** (✆ 20 352) nach einer Gelegenheit.

• *Tauchen:* Mit dem warmen Golfstrom hat das Meer im irischen Südwesten ein für den Atlantik sehr abwechslungsreiches Unterwasserleben. Das **Baltimore Diving Centre** am Ortsausgang, ✆ 20 300, führt in diese Welt der Kliffs, Höhlen und versunkenen Schiffe hinunter. Vor Baltimore liegt die Kowloon Bridge, der größte je in irischen Gewässern gesunkene Frachter, auch Wracks der spanischen Armada warten auf Entdeckung. Anfängerkurse bis zum ersten PADI-Zertifikat (5 Tage mit 7 Nächten B&B 700 €), Exkursionen für erfahrene Taucher, Ausrüstungsverleih (auch Surfbretter). Sogar Nichtschwimmer werden ausdrücklich zum Tauchen eingeladen – die sinken vielleicht schneller.

Die Rache des Piratenclans

Der Familienname O'Driscoll ist in Baltimore so häufig wie in Deutschland "Müller" oder "Schmidt". Auch wenn alle ihre neun Burgen in Schutt und Asche gelegt wurden, besitzen sie bis heute einen Großteil des Landes um Baltimore und auf den Inseln in der Bucht. Die vor allem durch ihre literarische Verarbeitung bekannt gewordene Version des Überfalls algerischer Piraten und der Entführung einer Tochter der O'Driscolls im Jahr 1631 hat mit den wirklichen Begebenheiten nur so viel gemein, dass es einen solchen Überfall tatsächlich gab, bei dem zwei Menschen getötet und 111 entführt wurden. Der irische Piratenclan war allerdings nicht Opfer, sondern wahrscheinlich Anstifter der Tat. Nach der Schlacht von Kinsale hatte man ihnen das Land genommen und an englische Siedler übergeben, und ein Teil der Familie emigrierte nach Spanien. Opfer der Sarazenen, die sich von einem Fischer aus Waterford nach Baltimore lotsen ließen, waren ausschließlich die englischen Siedler. Man nimmt an, dass die Plünderer in Spanien einen guten Tipp bekamen.

Wilder als wild – Roaringwater Bay

Baltimore/Umgebung

▸ **Wandern:** Erstes Ziel für einen Spaziergang ist der **Beacon,** ein kurioses, zigarrenförmiges Seezeichen auf der Klippe am Eingang zur Bucht. Man folgt vom Hafen dem Fahrweg am Ufer entlang stadtauswärts. Vom Parkplatz am Ende des Weges führt ein Trampelpfad steil den Hügel hinauf. Wenn der Wind nicht allzu stark pfeift und es einige Tage nicht geregnet hat, ist die Wiese um den Beacon auch ein schöner Picknickplatz.

Gleich mehrere Wege führen zum etwa eine Stunde entfernten **Lough Hyne.** Der kürzeste zweigt *nach* der scharfen Linkskurve 10 Min. hinter dem Ortsende rechts von der Skibbereen Road ab. Alternativ kann man noch einen Umweg über den vom **Spanish Tower** gekrönten Hügel nehmen. Dazu schlägt man unmittelbar *in* besagter Kurve den Weg nach rechts ein und erklimmt dann linker Hand den Hügel. Vom Turm hält man sich westlich, ohne ganz zum Klippenrand abzusteigen, und trifft dann auf einen wieder landeinwärts führenden Feldweg zum See.

▸ **Roaringwater Bay:** Vom Beacon aus, dem Seezeichen von Baltimore, erlebt der Besucher, dass die Bay ihren Namen zu Recht trägt. Es gibt kaum einen Platz an der Südküste, an dem das Meer wilder wäre als hier, und manches Schiff liegt auf dem Grund der Bucht begraben. Die Bay und ihre Inseln und Inselchen waren das Schlupfloch der erwähnten O'Driscoll-Korsaren. Die wohl 250 Menschen, die heute noch auf den Inseln ausharren, leben vom Fremdenverkehr, von ein wenig Landwirtschaft sowie vom Gartenbau für den Eigenbedarf. Sherkin, Clear und Heir Island sind Gaeltacht-Gebiet, die Bewohner werden von Dublin für die Unbillen des Insellebens finanziell belohnt.

Die meisten Eilande sind heute jedoch unbewohnt. Man wundert sich, dass noch kein Pauschalveranstalter hier eine Robinsonade anbietet.

• *Essen:* **Heir Island Restaurant,** Island Cottage, ✆ 38 102, Mai–Okt. abends nach Voranmeldung, Dinner 30 €, Überfahrt 4–6 € pro Person. Gelegenheitskundschaft hat hier keine Chance. Wer bei John Desmond und Ellmary Fenton speisen will, muss sich zunächst telefonisch anmelden (bei weniger als 8 Gästen wird nicht gekocht) und dann im Hafen Cunnamore (von der Baltimore–Skibbereen Rd. am Church Cross ausgeschildert) ein Boot anheuern. Auch das Essen ist ungewöhnlich. Nach Lust und Laune kocht Mr. Desmond zwar jeden Tag ein anderes, aber eben nur ein Menü, das er immerhin bereits am Telefon mitteilt. Ein echtes Abenteuer.

▸ **Sherkin Island:** Von Baltimore dauert die Überfahrt auf die dem Festland nächstgelegene Insel gerade 10 Min. Trotzdem wird Sherkin Island seltener besucht als die benachbarte Clear Island. Dabei sind die Strände, in geschützten Buchten auf der dem Pier gegenüberliegenden Seite, trotz des sonst wilden Meeres ruhig und selbst für Kinder zum Baden geeignet. Man trifft auf der zerschrammten, mit Heidekraut oder Rhododendron bewachsenen Felsnase gelegentlich irische Künstler und andere Intellektuelle, die sich für eine Weile in die Einsamkeit zurückziehen – während der Winterstürme sind sie oft tagelang vom Festland abgeschnitten. Abtei und Burg, früher die gesellschaftlichen Mittelpunkte der Insel, wurden 1537 von Soldaten aus Waterford zerstört, die sich damit für einen Überfall der O'Driscolls rächten. Treffpunkte unserer Tage sind die Post und natürlich die zwei Pubs; ohne Polizei auch keine Sperrstunde, manchmal halten es die Zecher bis zum Morgengrauen aus, ohne umzufallen oder nicht mehr lallen zu können. Da Sherkin bis heute seine eigene Schule hat, können auch junge Familien noch auf der Insel leben.

• *Information:* www.sherkinisland.ie

• *Verbindung:* Juni–Sept. von 10.30–20.30 Uhr etwa alle 2 Std. eine Fähre (4 € pro Person) von Baltimore; Okt.–Mai tägl. 3 Überfahrten, Auskunft ✆ 20 125. Fahrrad kann mitgenommen werden, aber die Schuhe tun's auch, denn Sherkin ist gerade 25 km² klein. Weitere Überfahrten von Schull mit Kieran Molloy, ✆ 086 237 9302.

• *Fahrradverleih:* **Murphy's Bar**.

• *Übernachten:* Da es auf der Insel nur wenige Quartiere gibt, lässt man sich die Übernachtung am besten vom Tourist Office in Baltimore organisieren. Von den sechs B&Bs der Insel sind **Island House** (✆ 20 314), **Cuina** (✆ 20 384) und **Windhoek** (✆ 20 275) von gleicher Qualität und nehmen alle um 45 € fürs DZ. Zimmer vermieten auch die Pubs **Jolly Roger** (✆ 20 379) und **Murphy's** (✆ 20 185) Von Juni bis September öffnet auch ein einfaches Hostel. Camping ist nach Absprache mit den Bauern möglich.

• *Essen:* **Murphy's Bar/Islander Restaurant,** Di Ruhetag, dazu Barfood im Pub **Jolly Roger** Selbstversorger können bei Maureen O'Neill im **Abbey Stores Shop** einkaufen, der zugleich Postamt ist.

Cape Clear Island

Die in der Mitte wie zu einer Wespentaille geschnürte Insel hat jede Menge Blumenwiesen und Vögel, aber keine Badestrände.

Cape Clear ist noch etwas kleiner als Sherkin, nämlich gerade 5 km lang und höchstens 2,5 km breit. Südlichster Punkt Irlands ist der draußen im Meer liegende *Fastnet Rock,* für Clear Island bleibt als Werbeargument nur das südlichste Haus. An Seevögeln brüten Trottellummen *(Uria aalge),* schwarze Vögel mit weißer Brust, deren Eier auf einer Seite etwas abgeplattet sind, damit sie nicht so leicht von den Felsen kullern. Jeden Morgen und Abend kommen an der Südspitze Schwärme dicht über der Wasserfläche fliegender Sturmtaucher vorbei, auch beim spätsommerlichen Vogelzug ist einiges los. Das **Observatorium** am Hafen beinhaltet auch eine kleine Bibliothek zur Vogel- und Naturkunde. Bester Beobachtungsplatz ist das Kap Blanarragaun an der Südwestspitze von Clear.

Für regnerische Nachmittage gibt es ein **Heritage Centre** (Sommer tägl. 15.30–17.30 Uhr), in dem Strandgut von der Lusitania-Katastrophe gezeigt und die Geschichte der Insel erzählt wird. Von über 1000 Menschen vor der Hungersnot, die sich alle als Selbstversorger ernährten, ist die Bevölkerung auf etwa 150 geschrumpft. Die vielen Steinmäuerchen lassen noch ahnen, wie intensiv die Insel einst landwirtschaftlich genutzt wurde.

Hobbyarchäologen finden Dolmen, Hinkelsteine und Autowracks – jede Epoche hat ihre eigenen Hinterlassenschaften. Viele Häuser stehen leer und sind Wind und Wetter überlassen. Heute lebt die Insel weitgehend vom Fremdenverkehr und erlebt als Gaeltacht in der Ferienzeit eine kleine Invasion irischer Sprachschüler. Dank der Bemühungen eines regen Bürgervereins (mit dem unaussprechlichen Namen *Comharchumann Chléire Teo)* gibt es regelmäßige Schiffsverbindungen auf die Hauptinsel, außerdem wird den Besuchern neben Natur und Archäologie auch ein Kulturprogramm geboten, dessen Höhepunkt das sommerliche "Festival der Geschichtenerzähler" ist.

Hinter Schule und Postamt stehen auf einem Hügel die zwei *Windgeneratoren,* die früher den Bedarf der Insel an Elektrizität deckten, mit der Entwicklung des Fremdenverkehrs aber nicht mehr genügend Strom produzieren. Anstatt die Windkraftanlage zu modernisieren und auszubauen, schickt die Elektrizitätsgesellschaft ESB nun Energie durch ein Seekabel nach Clear Island, damit die Einheimischen endlich auch elektrisch kochen und Durchlauferhitzer an ihre Duschen montieren können. Doch der Bürgerverein setzt weiter auf die Windkraft und will nun selbst einen Generator bauen, um eigenen Strom zu erzeugen. Als erfolgreiches Projekt des Vereins versorgt eine Regenwurmzucht die irischen Angler mit Ködern.

Der Südwesten
Karte Seite 294/295

• *Information:* Am Pier, ✆ 39 119, Juli/Aug. tägl. 16–18 Uhr. Für 3 € ist ein Wanderführer mit guter Inselkarte erhältlich; falls geschlossen, im Coffeeshop fragen.

• *Verbindungen:* Von Baltimore tägl. 1–2 x, im Juli/Aug. auch mehr Überfahrten; genau weiß das nur der Kapitän. Fragen Sie Mr. Ciarán O'Driscoll, ✆ 39 119 oder 087 68 07 60. Von Schull Juni–Sept. tägl. 1–3 Überfahrten; Auskunft ✆ 28 278. Passagen H+R 11 €. Während der Winterstürme, gewöhnlich im Dezember und Januar, kann die Insel bis zu 5 Tagen von der Außenwelt abgeschnitten sein.

• *Fest:* Das **Storytelling Festival** (Ende August/Anfang September, Eintritt 30 €) versammmelt Geschichtenerzähler und Barden aus dem gälischen und englischen Sprachraum. Wie anno dazumal tragen sie den in kleinen Gruppen in Privathäusern zusammengekommenen Gästen ihre Geschichten vor. Zum Begleitprogramm gehören archäologische und vogelkundliche Führungen. Wer auf den Geschmack gekommen ist, kann sich im Herbst beim Storytelling Workshop einschlägig weiterbilden.

• *Übernachten:* **The Glen** (B&B), ✆ 39 121, DZ 45 €. Die gastfreundliche, stets lächelnde Mrs. MacLachland holt ihre Gäste vom Hafen ab.

Cluain Mara (Ciarán O'Driscoll), North Harbour, ✆ 39 153, DZ 45 €. Auch Cottages und frisches, selbst gebackenes Brot.

Southernmost House in Irland, ✆ 39 157, indigo.ie/~ckstory/sthmst.htm, Woche bis 6 Pers. 200–500 € – das Haus ist gewöhnlich auf 18 Monate hinaus ausgebucht! Der

Name ist eine zutreffende Lagebeschreibung für das Haus der Krugers, das wochenweise als Ferienwohnung vermietet wird. Weltbürger Chuck Kruger, in Amerika geboren und lange in der Schweiz lebend, hat den Charme der Insel in seinem Buch "Cape Clear – Island Magic" festgehalten.

Clear Island Lasmuigh Adventure Centre (IHI/An Oige), South Harbour, ✆ 39 198, Ostern–Okt., Bett 10 €, Camping 5 €.

• *Essen:* Drei Pubs, bei **Cotter's** ist Barfood erhältlich; Konserven zur Selbstverpflegung gibt es im General Store.

Halbinsel Mizen Head

Mit ihrer von kleinen Mooren durchsetzten Heidelandschaft ist die Mizen-Halbinsel landschaftlich nicht ganz so spektakulär wie die Landzunge von Beara oder gar der Ring of Kerry, dafür ist sie aber auch in der Hochsaison nicht überlaufen.

Je weiter man nach Westen kommt, desto hügeliger wird das Land, bis der nackte Kalkstein zutage tritt – am Mizen Head, dem Kap im Südwesten, stürzt es in einer spektakulären Steilklippe ins Meer. Dennoch bleiben die Geländeformationen runder und anmutiger als beispielsweise auf Beara. Barleycove ist der mit Abstand schönste Strand im County, und meist bleibt zwischen Hügeln und Meer noch Platz für eine Küstenebene.

▸ **Ballydehob,** etwas abseits der Küste, ist ein Zentrum der Blow Ins und ihres Kunsthandwerks. Die Zuwanderer und ihre Vorliebe für bunt gestrichene Häuser brachten Ballydehob in den 70ern den Ruf einer "Hippiekolonie", doch davon ist heute nichts mehr zu spüren. Wahrzeichen des Dorfes ist der Viadukt der Eisenbahn, die einst die Sommerurlauber nach Bantry brachte. Von oben bietet sich ein schöner Blick über die Bucht.

▸ Der Marktflecken **Schull** ist der Hauptort der Halbinsel. Ein deutscher Industrieller stiftete hier 1988 das bislang einzige *Planetarium* der Republik. Von Schull bietet sich eine Tageswanderung auf den Hausberg **Mount Gabriel** (407 m) an. Eine Radarstation horcht übers Meer und in die Luft. Die IRA erhebt den Vorwurf, die aufgefangenen Signale würden entgegen der irischen Neutralität an die NATO übermittelt und hat die Anlage prompt einmal angegriffen. Am Fuß des Berges wurde während der Bronzezeit Kupfer geschürft.

🕐 April, Mai, Okt. So 15–17 Uhr, Vorführung 16 Uhr; Juni, Sept. Mi, Fr, So 15–17 Uhr, Vorführungen jew. 16 Uhr; Juli–Aug. Mo–Fr 14–17, 19–21 Uhr, So 14–17 Uhr, Vorführungen Di, Do, 20 Uhr, So 16 Uhr; Eintritt 4 €. Planetarium, Community College, Colla Rd.

▸ **Crookhaven,** ein Straßendorf mit gerade zwei Häuserzeilen, ist jenseits einer blaugrüne Lagune auf einer Nehrung plaziert. Im Winter leben hier noch 15 Familien, die ihr Geld mit Fischen und Viehzucht verdienen. Der Fang, die Ernte, die Touristen – alles hängt vom Wetter ab. "Wir sind Überlebenskünstler", meint Claire Barrett vom Marconi House. Das verschlafene Dorf erlebte die Jahre der Segelschifffahrt als florierender Hafen. Hier im äußersten Südwesten Irlands wurde die Post nach Amerika auf die Schiffe geladen, Hochseefischer fassten Proviant und Trinkwasser.

▸ In **Barleycove** drängen sich in der Ferienzeit die Massen in einer kleinen Bucht mit Campingplatz, so dass die eigentliche Barleycove, eine Halbinsel mit Dünen und Sandufer, weitgehend den Kühen gehört, die sich im Sand aa-

Umgebung von Schull

len und wiederkäuen. Schwäne paradieren am geschützten Ende der Bucht, sie erscheinen im irischen Licht weißer als sonst und kommen auch mit Salzwasser offensichtlich gut zurecht. Zwei Männer – oder doch Kinder? – lassen Drachen steigen.

Information/Verbindungen/Diverses

- *Telefonvorwahl:* 028.
- *Information:* **Schull,** in einem Wagen beim Sparmarkt, Juli/Aug. Mo–Sa 14–18, So 12–14 Uhr. **Goleen,** im Pavillon an der Main St., ✆ 25 225, ganzjährig Mo–Sa 10–18 Uhr – gleichzeitig ein Business-Center, in dem die durchreisende Geschäftsfrau auch fotokopieren, faxen und Sekretariatsarbeiten erledigen lassen kann.
- *Verbindung:* **Bus** von Cork 2–3 x tägl. über Clonakilty und Ballydehob nach Schull. Dort ist die Haltestelle vor Griffin's Bar in der Main St.; 2 Busse fahren noch weiter bis Goleen. Auf Handzeichen Halt auch außerhalb der Dörfer. Vom Hafen Schull Juni–Sept. **Personenfähren** nach Baltimore (Ciarán O'Driscoll, ✆ 39 153, 087 68 07 60), Clear Island und Sherkin Island (Kieran Molly, ✆ 28 138). Die Schiffe fahren bis 3 x täglich und nehmen auch Fahrräder mit. Schließlich gibt's alle paar Tage einen Kutter nach Long Island, einem von wenigen Fischern bewohnten Inselchen vor der Küste.
- *Ausflugsfahrten:* Mit dem Boot zum **Fastnet Rock**, Juli/Aug. jeden Mittwoch 19 Uhr, ✆ 28 138.
- *Fahrradverleih:* **Cotter's Yard**, Main St., Schull, ✆ 28 165.
- *Reiten:* **Michael Goggin**, Goleen, ✆ 35 418; Ponytrekking zum Mizen Head.
- *Wassersport:* **Watersport Centre**, Schull, am Hafen, ✆ 28 554; vermietet Segelboote und Surfbretter samt Ausrüstung.

Übernachten/Camping

In der ersten Augustwoche, wenn vor der Halbinsel die Segelwettbewerbe der Calves Week abgehalten werden, ist ohne Reservierung kein Zimmer zu bekommen.

• *In Ballydehob:* **B&B Lynwood,** Mrs. Ann Vaughan, Schull Rd., März–Okt., ✆ 37 124, DZ 52 €. Ein einladendes Haus, die Zimmer mit Heißwassergerät für Tee und Kaffee. Im gepflegten Garten gibt es ein Planschbecken für Kleinkinder.

12 Arch Hostel (IHI), Palm Grove, Church Rd., ✆ 20 289, Bett 10 €, DZ 30 €.

• *In Schull:* * **East End Hotel,** Main St., ✆ 28 101, EZ DZ 70–115 €. Ein gelbes, zweigeschossiges Gebäude an der Hauptstraße; die einfach eingerichteten Zimmer teilweise mit Etagenbad.

B&B White Castle Cottage, Ardintenant off Ballydehob Rd., ✆ 28 528, DZ 50 €. 3 km außerhalb in schöner Lage auf einem Höhenrücken mit Blick über die Roaringwater Bay und auf eine Burgruine. Das ältere Haus wurde behutsam modernisiert (Zentralheizung, Zimmer teilw. mit Bad).

O'Keeffe's Cottages, 48 Main St., ✆ 28 122. Wer sich erst kurzfristig entscheidet, ein Ferienhaus mit Selbstverpflegung zu buchen, fragt bei O'Keeffe nach. Die Firma verwaltet die Häuschen über dem Colla Pier, deren Preis für 4 Pers. je nach Saison zwischen 300 und 750 € pro Woche schwankt.

Backpacker's Lodge (IHH), Colla Rd., ✆ 28 681, Bett 10 €, DZ um 30 €. Das zweigeschossige, von vornherein als Hostel geplante Holzhaus liegt in einem Wäldchen am Ortsrand nahe dem College. In Einrichtung und Ambiente haben die Herbergseltern, die einst auch das Shiplake Hostel in Dunmanway aufbauten, ihre eigene Reiseerfahrung einfließen lassen. Gemütlich gestaltete Zimmer, teilw. mit eigenem Bad, mit 2 bis 8 Schlafplätzen, davon nur wenige "Doppeldecker". Gute Informationstafel zu Wandermöglichkeiten und andere Freizeitangebote, heller Aufenthaltsraum, in der Küche hat jeder Gast seinen eigenen Warenkorb. Campingmöglichkeit, Fahrradverleih. Eines der besten irischen Hostels.

12 Arch, Palm Grove, Church Rd., Ballydehob, ✆ 37 232, Bett ab 10 €, DZ 28 €, Juni bis Sept. auch Camping möglich.

• *Westlich von Schull:* ** **Barleycove Beach Hotel,** ✆ 35 234, 📠 35 100, DZ 80–140 €, Apartments ohne Frühstück pro Woche 120 € (Winter) bis 550 € (August). In bester Lage über dem Traumstrand, ein Neubau wird ab 2001 die zuvor wenig ansehnlichen Baracken ersetzen.

B&B Marconi House, Crookhaven, ✆ 35 168, DZ teilw. mit Etagenbad 45–55 €, mit Restaurant. Über eine Antenne im Garten dieses Hauses stellte Guglielmo Marconi, der Erfinder der drahtlosen Telegrafie und des Funks, die ersten Funkverbindungen über den Atlantik her.

• *Camping:* **Barleycove,** ✆ 35 302, Mai–Sept., 2 Pers. mit Zelt 8 €. Ein Mobilhome-Park. Besser zeltet man, wie viele Iren, wild in der Düne gegenüber dem Hauptstrand.

Camping Dubeacon, Durrus, Goleen Rd., ✆ (027) 61 246, Mai–Okt. 4 km außerhalb auf einer Hangwiese neben der Straße. Ein echter Zeltplatz ohne Trailer, ansprechend gestaltet, einfache Sanitäranlagen.

Essen/Pubs

Annie's, Main St., Ballydehob, ✆ 37 292, Di–Sa ab 18.30 Uhr, Dinner 30 €. Ein intimes, leicht exzentrisch eingerichtetes Restaurant gegenüber von Levis Pub. Der Reiz von Annie Barrys Küche liegt in der Kombination von Fleisch mit geschmacksstarken Saucen: Das Schnitzel, übrigens eine Riesenportion, kommt in Weinsauce auf den Tisch, die Ente in Aprikosensauce. Einige Häuser weiter die Straße hinauf betreibt Annie in den Sommermonaten auch eine Buchhandlung mit Café.

Adèles, Main St., Schull, ✆ 28 459, Mai–Okt. Mo–Sa ab 19 Uhr, Dinner 25 €. Simon Connor hat die frühere Bäckerei seiner Mutter übernommen und darin ein kleines Restaurant mit italienischer Küche eingerichtet.

La Coquille, Main St., Schull, ✆ 28 642, Di–Sa ab 19 Uhr, Dinner 30 €. Französische Küche, überwiegend Meeresfrüchte frisch von den Fischern am Hafen. Probieren Sie beispielsweise den Schellfisch.

Altar, Durrus Junction, Toormore, Goleen Rd., Schull, ✆ 35 254, tägl. ab 12 Uhr, Dinner 25 €, Mi abend Irish Music. 9 km außerhalb, nicht das teuerste, aber das mit Abstand beste Restaurant der Gegend. Der Name würdigt eine nahe Kirche, das pechschwarze Dekor des Gastraums inspiriert jedoch eher satanische Gedanken. Verarbeitet werden frische regionale Produkte, z.B. Gemüse aus eigenem Bio-Anbau und frischer Fisch aus der Bucht. Umfangreiche Auswahl an heimischen Käsesorten, die man im Supermarkt vergeblich sucht. Familie Ryan bietet auch einige Fremdenzimmer (DZ 50 €).

• *Pubs:* **Rosie O'Sullivan,** Main St., Ballydehob. Rosie geht inzwischen auf die Neunzig zu, zapft aber noch immer das beste Bier in Munster. Freitags trifft sich in ihrer Kneipe

Abgründe am Mizen Head

das Volk zur Session.

Levis, Main St., Ballydehob. Kein Jeansladen, sondern ein Pub. Diesmal sind es die Schwestern Julia und Nell, die seit Menschengedenken diese Bar in einem Lebensmittelladen führen.

Sehenswertes

Mizen Head Visitor Centre: Der Mizen Head hat zwar ein Leuchtfeuer, aber keinen Turm. Weil es also keinen Turm gibt, dafür außer einem Licht- auch ein Radiosignal ausgestrahlt wird und früher sogar eine Sirene bei Nebel tönte, hat man es nicht mit einem Leuchtturm, sondern mit einer Signalstation zu tun – so jedenfalls muss sich die Landratte von Stephen O'Sullivan belehren lassen, dem letzten Wärter der Station. Seit 1993 funktioniert die Technik vollautomatisch ferngesteuert und braucht keine Wärter mehr – die Versetzungsorder ist die letzte einer Sammlung von Dienstanweisungen, die fein säuberlich am Schwarzen Brett der Station hängen.

Doch anstelle der "Commissioners of Irish Lights" haben sich die Dörfler von **Goleen** der Station am südwestlichsten Punkt Irlands angenommen, die wie ein Adlerhorst auf dem Cloghane Island thront und vom Festland nur über eine schwindelerregende Betonbrücke zu erreichen ist. Sie gründeten eine Genossenschaft mit 1000 Anteilscheinen zu je 25 Pfund, sammelten Geld von Institutionen und Sponsoren, mieteten den Signalposten und richteten ein Visitor Centre ein, das schon nach einem Jahr mehr Menschen Arbeit gibt als einst die Commissioners. Die Lage ist beeindruckend. Die **Brücke,** ein Meisterwerk der Ingenieure, wurde 1910 mit Kränen und Flaschenzügen in Position gehievt. Baulich nicht weniger meisterhaft sind die Zäune, worin die Iren ja Übung haben, die diesmal aber nicht Vieh auf der Weide halten sondern Menschen vor dem Absturz bewahren sollen.

In der **Station** erfährt man einiges über Schiffsunglücke, Fische, Seevögel und vom einsamen, aber selbst hier am Ende der Welt von Bürokratie bestimmten Leben der Wärter. Auch Seevögel lassen sich hier gut beobachten. Aus dem Fenster blickt man auf den auf den **Fastnet Rock,** einen echten Leuchtturm draußen im Meer, der zugleich die Wendemarke in den Admirals-Cup-Regatten ist. Schon allein seine spektakuläre Lage macht das Zentrum besuchenswert.

⌚ Juni–Sept. tägl. 10–18 Uhr, April/Mai, Okt. tägl. 11–17.30 Uhr, Nov..–März Sa/So 12–16 Uhr; Eintritt 3 €.

▸ **Wandern:** Nur bei gutem Wetter sollte man auf dem Ziegenpfad vom *Mizen Head* immer der Küste entlang hinüber zum **Three Castle Head** wandern, dem zweiten, etwas weniger ausgeprägten Kap. Der bequemere Weg führt von der T-Kreuzung vor dem Barleycove Beach Hotel Richtung "Ocean View" und dann den Fahrweg 2 km geradeaus bis ans Ende. Das Land gehört übrigens dem Zeichner Tommy Ungerer, der es vor 25 Jahren kaufte und von den Iren inzwischen als einer der ihren betrachtet wird.

Bantry

Den Charme der 3000 Einwohner zählenden Stadt macht ihre Lage am Ende einer tiefeingeschnittenen, fjordähnlichen Bucht im Schatten der mächtigen Caha-Berge aus.

Von der stillen und abgeschiedenen Mizen-Halbinsel kommend, trifft man in Bantry wieder auf die Hauptstraße und ein deutlich touristischeres Milieu mit Reisebussen und Souvenirläden. Mittelpunkt der Stadt ist der neu gestaltete Wolf Tone Square mit Springbrunnen, der neogotischen Pfarrkirche und einer Statue des Heiligen Brendan, die von der Firma Gulf Oil gestiftet wurde. Hier wird jeden ersten Freitag im Monat der große *Markt* abgehalten, auf dem es weniger um Rinder, Schafe oder Hühner als um die Produkte der Einwanderer geht, sei es Biogemüse, Töpferware oder handgezogene Kerzen.

Geschichte

1796 segelte eine französische Invasionstruppe nach Bantry, um die von den Idealen der Französischen Revolution begeisterten Iren um *Wolfe Tone* bei ihrem Aufstand zu unterstützen. Von 43 Schiffen waren schon unterwegs 27 auf der Strecke geblieben. Die übrigen kamen zwar bis in die Bantry Bay, konnten wegen des schlechten Wetters aber nicht landen und mussten nach sechs Tagen unverrichteter Dinge wieder abziehen. Richard White, der die örtlichen Verteidigungsmaßnahmen organisiert und das englische Militär in Cork alarmiert hatte, wurde zum Dank für seine vaterländische Tat zum Earl of Bantry geadelt. Sein Schloss ist heute die größte Sehenswürdigkeit des Ortes.

Bis vor dem Weltkrieg war die Bantry Bay ein britischer Marinestützpunkt. Später machte sich Gulf Oil den natürlichen Tiefseehafen zunutze und errichtete auf **Whiddy Island** einen Ölbunker, der 1979 durch eine Unachtsamkeit in Brand geriet. Im Flammeninferno verloren 51 Menschen ihr Leben. Da die modernen Öltanker zu groß für die Bucht sind und das Öllager immer seltener angelaufen wird, hoffen die Bewohner, dass die dem Tourismus abträglichen Tanks eines Tages wieder verschwinden.

Information/Verbindungen/Diverses

- *Telefonvorwahl:* 027.
- *Information:* Wolfe Tone Sq., ✆ 50 229, Juni–Sept. Mo–Sa 10–18 Uhr, www.westcork.com.
- *Verbindung:* Tägl. mehrere **Busse** Richtung Cork, Juni–Sept. auch nach Killarney. Mit der Privatlinie Berehaven mehrmals pro Woche nach Glengarriff und Castletownbere. Die Haltestelle ist vor Crowley's Pub, in dem auch Gepäck verwahrt wird.

Fähre nach Whiddy Island im Sommer ab 10 Uhr stündl., letzte Rückfahrt 22.30 Uhr.

- *Fahrradverleih:* **Kramer's,** Glengarriff Rd. an der Abzweigung zum Industriegebiet, ✆ 50 278.
- *Feste:* **Muschelfest** in der 2. Maiwoche mit viel Musik, Freinacht, Muschelessen und Meeresfrüchten. Im August findet eine internationale Segelregatta statt.
- *Waschsalon:* **Wash Tube,** Wolfe Tone Sq.

Übernachten/Camping

Selbst während der Ferienzeit ist es einfach, in Bantry ein Bett mit Frühstück zu finden. Die meisten B&Bs sind in der Glengarriff Road, einige auf der Nordseite des Hafens. Auch zwei Hostels stehen zur Auswahl.

* **Bantry Bay Hotel,** ✆ 50 062, Wolfe Tone Sq., DZ 85–95 €. Die Zimmer sind mit Teekocher und Hinweisschildern ausgestattet, die darum bitten, den Duschvorhang in die Wanne zu hängen – eigentlich eine Selbstverständlichkeit. Schöner gusseiserner Kamin in der Lounge, ein Plakat im Treppenhaus hält den Untergang der Titanic fest. Der Speisesaal mit seiner Bühne wird von den Einheimischen auch für Hochzeiten und andere Feste benutzt.

B&B Bantry House, ✆ 50 047, DZ 165–180 €. Nicht besser als im Bantry Bay, doch erheblich teurer bettet man das Haupt im Schloss. Der Name und das erlesene Ambiente des Frühstücksraums wollen bezahlt sein.

B&B The Mill, Glengarriff Rd., ✆ 50 278, www.the-mill.net, DZ 60 €. Die Zimmer mit Rattanmöbeln und Fichtenholz, in der Halle betrachten ostasiatische Handpuppen die Gemälde des Hausherren, eines holländischen Künstlers. Gut geheizt.

B&B Shangri-La, Glengarriff Rd., ✆ 50 244, DZ 50 €. Eine etablierte Pension 2 km außerhalb. Die Einrichtung ist ein Stilgemisch aus Fernost (Nachttischlampen), England (Tafelsilber) und Frankreich (Blümchentapeten). Größter Trumpf ist die Aussicht bei Sonnenuntergang über die Bucht.

Bantry Independent Hostel (IHH), Bishop Lucey Pl., ✆ 51 050, Bett 9 €. Das Hostel ist nicht leicht zu finden. Vom Hafen kommend biegt man von der Glengarriff Rd. bei "Kay Properties" links ab und geht den Berg hoch. Schöner Garten mit Begonien und einem Eukalyptus. Das Hostel ist sympathisch geführt, die Zimmer (im Neubau mit Zentralheizung) wurden in Eigenregie ausgebaut. Infos zu Wander- und Radtouren, im Winter Setdancing-Workshops.

- *Camping:* **Eagle Point,** Ballylickey, Glengarriff Rd., ✆ 50 630; Mai–Sept., Zelt mit 2 Pers. 16 €. 7 km außerhalb bei der Burmah-Tankstelle, einer der besten Campingplätze der Insel. Parkähnliches Terrassengelände, neues Sanitärgebäude, TV-Salon, Strand mit Bootsverleih.

Essen/Pubs

O'Connor's, Wolfe Tone Sq., ✆ 50 221, Hauptgericht mittags 8 €, abends 20 €. Fischernetze schaffen die passende Atmosphäre zum Seafood. Ärgerlich stimmt der "Dinneraufschlag": Die gleichen Gerichte, z.B. Muscheln in Knoblauchsauce, kosten abends fast das Doppelte.

The Snug, Wolfe Tone Sq., Hauptgericht 8 €. Die preiswerte Alternative. Rustikale Einrichtung mit Steinboden, Hufeisen und einem Baumstumpf mitten im Lokal.

Ó Siocháin, Bridge St., Mo–Sa 9–22 Uhr. Ein rustikaler Coffeeshop (Natursteinwände) mit vielen einheimischen Gästen. Hausgemachte Kuchen, Salate, an warmen Speisen z.B. Lasagne oder Hühnercurry (je 8 €).

- *Pubs:* **Anchor Bar,** Wolfe Tone Sq. Seit drei Generationen in Familienbesitz; der richtige Ort, den Abend zu beginnen und die Zunge zu lösen. Smalltalk über das Wetter, den Anker (es gibt ihn), und natürlich die Seefahrt, mit der die Artefakte an den Wänden auf die eine oder andere Art zu tun haben.

Karte Seite 294/295

Bantry House – Luxuswohnsitz in 1-A-Lage

1796, Wolfe Tone Sq. Der Stammkneipe des örtlichen Folkclubs ist ein Besitzerwechsel gut bekommen. Abends öfters Livemusik.

Sehenswertes

Bantry House: Nur einige Mauern dieses repräsentativen Herrenhauses haben Richard White noch persönlich erlebt, der größte Teil und vor allem die dekorative Nordfront gehen auf den 2. Earl of Bantry zurück. Er benötigte viel Platz, um die auf seinen Reisen erworbenen Kunstschätze ausstellen zu können, darunter Mosaiken aus Pompeji, französische und flämische Gobelins, natürlich Kronleuchter aus Waterford und altenglische Möbel. Im **Armada Exhibition Centre**, den Stallungen neben dem italienischen Garten des Bantry House, beschäftigt sich eine Ausstellung mit dem missglückten französischen Angriff und der dabei im Sturm gesunkenen Fregatte *Surveillante,* die noch immer auf dem Grund der Bucht liegt und hier nur als Modell präsent ist. Eines Tages, so hofft Bantry, findet sich ein reicher Sponsor, der das Schiff heben und die Stadt um eine weitere Attraktion bereichern wird. Die frühere Küche des Bantry House beherbergt jetzt ein *Café* (exzellenter Apfelkuchen!) mit Souvenirverkauf. Auf der verglasten Veranda kann man auch an kühleren Sonnentagen draußen sitzen, zwei schöne schmiedeeiserne Bänke und Tische gehören noch zum originalen Inventar des Schlosses.

⌚ Tägl. 9–18, Sommer bis 20 Uhr, Armada-Austellung nur Juni–Sept.; Eintritt 7 €.

Bantry Museum: Das von der *Historical Society* geführte Museum hinter der Feuerwache ist nur für Leute interessant, die ein Faible für Lokalgeschichte (alte Zeitungen und verblichene Fotos) oder die "Materialkultur" vergangener Zeiten haben (Küchengeräte, Hausrat usw.).

⌚ Di–Do 10.30–13, Mi u. Fr 15–17.30 Uhr; Eintritt 1,50 €. Wolfe Tone Sq.

Kilnaruane Pillar Stone: Die Säule mag einst ein Hochkreuz gewesen sein, das seine Arme verloren hat. Von den biblischen Szenen sind z.B. die Wüstenheiligen Paulus und Antonius auszumachen. Der Weg zur Säule ist hinter dem Westlodge Hotel ausgeschildert.

Bantry/Umgebung

▸ **Nationalpark Gougane Barra:** Eine halbtägige Radtour führt an einem munteren Bächlein entlang über den **Keimanegh-Pass** ("Hirschsprung", 250 m) in ein Gletschertal mit dem Quellsee des River Lee. Auch der Heilige Finbar, Gründer von Cork, war wohl vom See und seinen Fischen angetan – er lebte zeitweilig als Einsiedler auf einer Insel, die heute trockenen Fußes über einen Damm zu erreichen ist. Die Kapelle soll frisch Vermählten besonderes Glück bringen, was auf katholisch ja wohl heißt: Kindersegen. Auf dem Friedhof ruht unter einem Grabstein mit Shakespeare-Zitat ("A star danced and under that was I born") der Schneider und Schriftsteller *Eric Cross,* dessen Erzählung "The Taylor and Ansty" 1942 als "gefährlich und gotteslästerlich" vom Zensor beschlagnahmt und öffentlich verbrannt wurde.

- *Telefonvorwahl:* 026.
- *Anfahrt:* Ausgeschilderte Abzweigung von der R 584 Richtung Macroom, insg. etwa 30 km von Bantry.
- *Übernachten:* ** **Gougane Bara Hotel,** ✆ 47 069, ℻ 47 226, DZ 90–105 €. Modern eingerichtetes Haus am See.
B&B Bruac na Laoi, ✆ 47 054, DZ 45 €. Das einzige, einfach eingerichtete B&B-Haus liegt etwa 100 m vom Hotel.

▸ **Dunmanway:** Während die Küste des Südwestens zu den bevorzugten Reisegebieten Irlands gehört, steht das Hinterland des Countys Cork etwas im Abseits. Dabei bildet seine Landschaft einen wohltuenden Kontrast zum Einerlei, das etwa die Ebenen von Tipperary und Limerick bestimmt, wo die Großbauern über Generationen den Wald gefällt, die Hecken beseitigt und Bäche begradigt haben, wie man es auch aus der Norddeutschen Tiefebene kennt. Nicht so im Hügelland von West Cork, das auf kleinem Raum mit Wäldern, Mooren, Seen und Wiesen viel Abwechslung bietet. Das Shiplake Hostel in Dunmanway ist eine gute Basis, um in bequemen Tageswanderungen etwa das Quellgebiet des **Brandon,** der Anglern fette Beute verspricht, die **Shehy Mountains** oder den **Nowen Hill** zu erkunden, von dem man einen herrlichen Panoramablick genießen kann. Wer es mehr mit Ruinen hält, findet in **Togher** ein verfallenes Castle sowie Steinkreise und Ringforts, zu denen die Leute vom Hostel gerne den Weg weisen.

- *Verbindung:* Tägl. zwei Busse von Cork, einer von Bantry.
- *Übernachten:* **Shiplake Mountain Hostel** (IHH), Kealkill Rd., 6 km außerhalb, ✆ (023) 45 750, Bett 10 €, DZ 25–32 €. Aus einem verfallenen Gehöft wurde mit gelungenen An- und Umbauten ein ansprechendes und familiäres Hostel. Zuletzt schichtete Uli Rossbach, die aus Köln stammende Besitzerin, sogar die Steine, die einst ein Pferdestall waren, wieder aufeinander und machte aus einer Ruine ein Haus. Zwei Schlafsäle, neue Sanitäranlagen; als "private rooms" dienen stationäre Planwagen. Gute Informationen zu Freizeitangeboten und Wandermöglichkeiten, Fahrradverleih. Mit Campingwiese und Garten, aus dem das biodynamische Gemüse für die Küche kommt. Auf Wunsch werden die Gäste auch bekocht.

▸ **Halbinsel Sheep's Head:** Auf die kleinste der Halbinseln im Westen Corks verirren sich die wenigsten Besucher, und Schafkopf spielt hier bestimmt keine

Der Südwesten Karte Seite 294/295

Menschenseele. Radler können eine Rundfahrt über die **Goat's Path Scenic Road** unternehmen. Vom höchsten Punkt des Sträßchens kommt man zu Fuß und querfeldein in einer knappen Stunde auf den **Seefin** (334 m), den Aussichtsberg der Halbinsel. Wieder auf der Straße, steht unweit des Passes eine Kopie von Michelangelos Pietà etwas verloren in der Landschaft. Bei **Durrus** wurde ein tropischer Garten eröffnet.

• *Verbindung:* Lediglich samstags fährt ein Bus von Bantry nach Durrus und Kilcocrane.

• *Übernachten/Essen:* Auch wenn die Gegend dünn besiedelt ist, B&Bs finden sich allemal – auch außerhalb der drei Dörfer Durrus, Ahakista und Kilcrohane. Besonders empfohlen sei das **Dunmahon Country House** in Kilcrohane (✆ 67 092, DZ 50 €), das außer Panoramablick und Tennisplatz auch eine hervorragende Küche hat.

Shiro, Ahakista, ✆ 67 030, Dez.–Febr. geschlossen, Dinner 65 €. Das von Kei und Werner Pilz geführte Restaurant mit kompromisslos japanischer Küche ist ein Wallfahrtsort irischer und internationaler Gourmets, die im benachbarten Cottage auch nächtigen können. Um die kulinarische Zeremonie nicht zu stören, sind Kinder unter 12 Jahren im Restaurant unerwünscht.

• *Pub:* **Fitzpatrick's,** Kilcrohane. An der Wand des liebenswert chaotischen Pubs ein nachdenklich stimmender Artikel des Musikers Mike Harding: "Selling Ireland", ein Trauergesang vom Ausverkauf Irlands.

Glengarriff

Drei Hügel schirmen die grüne Oase auf der Landseite ab, und im Meer fließt der warme Golfstrom. So hat es in Glengarriff seit wohl dreißig Jahren keinen Frost mehr gegeben, und entsprechend üppig, fast subtropisch ist die Vegetation.

Bootsleute werben um Kundschaft, der gepflegte Stadtwald zwischen Straße und See lädt zu gemütlichen Spaziergängen ein. Schon in der viktorianischen Epoche war Glengarriff ein beliebter Ferienort der englischen Oberschicht, die mit dem Schiff von Bantry, dem Endpunkt der Eisenbahn übersetzte. Wie die Werbetafeln entlang der Dorfstraße erkennen lassen, hat die lange Tradition als Fremdenverkehrsort eine Menge Kommerz gezeitigt. Die meisten Gäste kommen wegen der Gärten auf *Garinish Island,* die eine ähnliche Anziehungskraft besitzen wie die Blumeninsel Mainau im Bodensee – doch stecke man die Erwartungen nicht zu hoch. Von den Besucherströmen weitgehend unberührt bleiben die kleine *Kapelle* (am Ortsausgang gen Kenmare) mit ihren schlichten Holzschnitten der Kreuzwegstationen (Lesertipp Grit Scholz) und die *Glengarriff Woods,* der Nationalpark vor den Toren der Stadt.

Information/Verbindungen/Sport

• *Telefonvorwahl:* 027.

• *Information:* Bantry Rd., im Container vor dem Eccles Hotel, ✆ 63 084, Juli/Aug. Mo–Sa 10–13, 14.15–18 Uhr. Außerhalb der Saison übernimmt, einige Häuser die Straße hinunter, das Spinning Wheel Café die Rolle einer inoffiziellen Auskunft.

• *Verbindung:* Von Casey's Hotel, Main St., Busse nach Bantry und Cork, Juni–Sept. auch nach Killarney. Mit "Berehaven" nach Bantry und Castletownbere.

• *Tauchen:* **Bantry Bay Divers,** Main St., neben Casey's Hotel, ✆ 63 072. **Ocean Discovery Centre,** Adrigole, ✆ 60 290.

Übernachten/Camping/Essen

In Glengariff wird die inflationäre Vielfalt der Hostelszene deutlich. Die Palette reicht von der Allzweckunterkunft, die, um alle potenziellen Kunden anzusprechen, gleichzeitig als

Glengarriffs erste Hoteladresse – schon Yeats und Shaw schliefen hier

B&B, Hostel und Ferienwohnung angepriesen wird, über das Wohnhaus, dessen Zimmer mit Stockbetten vollgepropft wurden, bis hin zur brandneuen, mit staatlicher Förderung eingerichteten Herberge.

** **Eccles Hotel,** ✆ 63 003, ℻ 63 319, EZ 50 €, DZ 80 €. Das klassische Hotel, in dessen Gästebuch sich schon Shaw, Thackeray und Yeats eingetragen haben. Leider ist nur noch die Halle mit alten Stilmöbeln ausgestattet. Im Sommer mittwochs Traditional Music.

Murphy's Village Hostel (IHH), Main St., ✆ 63 555, Bett 10 €, DZ 30 €. Neubau in zentraler Lage, im Erdgeschoss ein Coffeeshop, der auch Frühstück anbietet. Derzeit das beste Hostel in Glengariff..

Glengariff Independent Hostel (IHI), off Kenmare Rd., ✆ 63 211, Bett 9 €. Das Bungalowhostel mit Campingmöglichkeit liegt bei einem Bauernhof auf einer Anhöhe etwa 5 km außerhalb, die Abzweigung von der Kenmare Rd. ist nach den Glengarriff Woods ausgeschildert. Etwas kahler Aufenthaltsraum mit Kaminfeuer, TV und vier Stühlen. Die großen Schlafräume mit eigenem Bad. Das Haus wirkte sauber, doch etwas steril, und der Warden hat Vertrauen in Gott und seine Gäste und lässt das Haus auch tagsüber offen.

O'Mahoney's Hostel, Bantry Rd., ✆ 63 033, Bett 9 €, DZ 30 €. 5 Min. vom Zentrum, mit kleinem Garten. Ein DZ und zwei "Schlafsäle", etwas größere, mit Betten vollgepfropfte Räume. Mit nur einem Bad sind die Sanitärs etwas spärlich. Kochgelegenheit, Campingmöglichkeit (p.P. mit Zelt 8 €).

• *Camping:* **O'Sheas,** ✆ 63140, und **Dowling's Caravan and Camping Park,** ✆ 63 154, beide 2 km außerhalb an der Adrigole Rd., geöffnet Ostern–Mitte Okt., 2 Pers. mit Zelt 8 €. Zwei einfache, hauptsächlich für Trailer gedachte Plätze.

• *Essen:* **Blue Loo,** Main St. Ein Bistro (Küche nur Mai–Okt.) mit – einer Empfehlung unserer französischsprachigen Konkurrenz folgend – vielen französischen Gästen, die für etwa 25 € ihr Seafoodmenü genießen. Für den kleineren Hunger gibt's Sandwiches mit frischen Krabben oder Räucherlachs.

Village Kitchen, Main St., im Haus von Murphy's Hostel. Ein Coffeeshop mit gutem Cappuccino aus der Zimbali, Sandwiches und einfache Tellergerichte wie etwa Lasagne oder Quiche (6 €).

Sehenswertes

Garinish Island: Mit Schiffsladungen von Humus und viel gärtnerischem Geschick wurde hier seit 1910 die irische Blumeninsel geschaffen. Gärten im japanischen und italienischen Stil, Säulengänge, Tempelchen, Statuen, ein Lilienteich und vor allem die vielen Rabatten blühender Blumen vermitteln südländisches Flair. Auf dem Rückweg drehen die Bootsführer gewöhnlich noch eine Runde um die kleinen Felseilande der Bucht, auf denen sich Robben in der Sonne aalen (wenn sie denn scheint).

⌚ März und Okt. Mo–Sa 10–16.30, So 13–17 Uhr; April–Juni, Sept. Mo–Sa 10–18.30 Uhr, So 13–19 Uhr; Juli/Aug. Mo–Sa 9.30–18.30, So 11–19 Uhr. Überfahrt von Glengarriff, je nach Saison, bis 8 €; Eintritt bis 4 €.

Glengarriff Woods: Naturliebhaber wandern in den Glengarriff Woods, einem Naturpark, der früher zum Besitz der Blantrys gehörte. Der im 19. Jh. importierte Rhododendron hat sich hier besonders gut vermehrt und die einheimische Flora zum Teil verdrängt – seit der Übernahme des Parks durch die Forst- und Nationalparkverwaltung wird der kaukasische Strauch mit seinen prächtigen Blüten wie Unkraut bekämpft, d.h. samt Wurzeln herausgerissen. Das grüne, vor Verdunstung schützende Dach der Eichen und Pinien und die vielen Niederschläge schaffen eine üppige Bodenvegetation aus Farnen und Moosen. Auch kleine Moorinseln finden sich mitten im Wald. Hier ist auch die Kerry-Schnecke *(Geomalacus maculosus)*, eine seltene Spezies zu Hause, die sonst nur noch im Nachbarcounty und an der spanischen Atlantikküste lebt. Auf dem (von Glengarriff kommend) ersten Parkplatz ist eine Tafel mit Wandervorschlägen angebracht, in einem Kasten liegen Faltblätter mit weiteren Informationen zur Pflanzen- und Tierwelt des Nationalparks.

Weg: Der Eingang zum Park liegt an der Kenmare Rd., 2 km außerhalb von Glengarriff.

Wanderungen

▸ **Barley Lake:** Als Ziel einer bequemen Halbtageswanderung von Glengarriff bietet sich der ringsum von Bergen umgebene Barley Lake an. Der Weg ist einfach zu finden und zum größten Teil asphaltiert. Von der Kenmare Rd. nimmt man den Fahrweg durch den Nationalpark und zweigt von diesem an der ersten Straßengabelung links ab. Nach einer knappen halben Stunde biegen Sie wiederum links ab, überqueren eine Brücke und sehen rechter Hand ein weißes Haus. Bald geht es steil aufwärts zu einem Parkplatz, von dem aus man unten im Tal den See erblickt.

▸ **Sugarloaf Mountain** (440 m): Für die Anfahrt zu dieser Tour braucht man ein Auto oder Fahrrad. 8 km nach Glengarriff steht an der Castletownbere Rd. ein verlassenes Schulhaus. 500 m danach biegt man beim Schild "Community Alert Area" rechts in einen Feldweg ein (mit der neuen Straße kann sich hier etwas ändern), wenn links ein Haus und eine Abzweigung kommen, ist man auf jeden Fall schon zu weit. An der höchsten Stelle quert der Feldweg einen Bach. Links taucht ein betonierter Pferch und eventuell noch das Wrack eines Lastwagens auf. Hier muss man sein Fahrzeug abstellen, über einen Weidezaun klettern und auf der linken Bachseite am Wasserfall vorbei aufsteigen. Die Fallinie wird weiter oben sehr steil und ist immer wieder von kleinen Fel-

Gehöft am Fuße des Sugarloaf Mountain

sen durchsetzt; besser hält man zunächst auf den Sattel links vom Gipfel zu und erreicht diesen nach einer guten Stunde dann über den Kamm.

▸ **Hungry Hill:** Am Ortsausgang von *Adrigole* überquert die Castletownbere Rd. einen Bach. Gleich nach der Brücke biegt man rechts in den Fahrweg ein, der zu John O'Sullivan's Hof am Ende eines Talkessels führt. Es schickt sich, zunächst John einen kurzen Besuch abzustatten, weil ihm ein Teil des Landes gehört, er über Wetter und Weg Bescheid weiß wie niemand sonst und sich über jeden Gast freut. Anschließend schlägt man in der letzten, scharfen Kurve vor dem Hof durch ein Gatter den Weg nach links (Süden) ein und wandert über die Wiese den Hang hinauf bis auf den Kamm, dem man nach West und später Nordwest zum Gipfel folgt. Vorsicht ist beim *Coomarkane Lake* geboten, der linkerhand verführerisch in einer Felstasche glitzert. Er muss im Süden umgangen werden. Auch der zweite Bergsee, den man vom Gipfel am Fuß einer Steilwand sieht, ist nur schwer zugänglich (Wegzeit hin und zurück 3–4 Std.).

▸ **Wasserfall:** Jener Bach, der bei *Adrigole* ins Meer mündet, hat vor seinem Ziel einen nach Regenfällen spektakulären, in mehreren Stufen 350 m tiefen Fall hinter sich – ein schönes Ziel für einen gut einstündigen Spaziergang. Dazu nimmt man den mit einem unauffälligen Schild "Waterfall" markierten Fahrweg vor der Brücke, bis ein Schrottauto auffordert: "Park here". Die ältere Dame im letzten Haus freut sich über einen Schwatz und verleiht Wanderstöcke, für die sie einen Obolus erwartet. Es geht den jetzt nicht mehr asphaltierten Weg weiter, der Wasserfall ist immer gut sichtbar. Den direkten Weg durch das Tal versperrt eine Feuchtwiese, überhaupt ist der Grund nach Regenfällen recht schlüpfrig. Besser hält man sich rechts auf etwas höherem Gelände und umrundet den Talkessel.

• *Übernachten:* **Hungry Hill Lodge** (IHH/IHI), Adrigole, ✆ (027) 60 228, www.hungryhilllodge.com, Bett 10 €, DZ 25–30 €. Das neu gebaute Hostel liegt an der Hauptstraße nach Castletownbere. Ein verspielter Jagdhund begrüßt die Gäste. 26 farbenfroh bezogene Betten in farbenfrohen 2- bis 4-Bett-Zimmern, Aufenthaltsraum mit Kamin und Sat-TV; gepflegte Campingwiese mit separaten Sanitärs, Fahrradverleih, im Sommer auch Café.

Halbinsel Beara

Während Sheep's Head und Mizen Head dem grünen Irland der Postkarten nahe kommen, ist Beara ein kahler, schroffer Gebirgsriegel, der fast 50 km ins Meer hinausragt. Ohne Moore und ohne Hecken sind die Höhen ein ideales Wandergebiet.

Bevor die Caha und Slieve Miskish Mountains endgültig in den Ozean abtauchen, hebt sich der Felsen von *Dursey Island* wie die Schwanzflosse eines Fisches nochmals steil empor. Die Überfahrt in der vom Wind gebeutelten Kabine der Seilbahn ist ein Erlebnis für sich.

Der **Beara Way,** ein relativ neu angelegter und gut ausgezeichneter Fernwanderweg (200 km) umrundet die Halbinsel von Glengarriff nach Kenmare. Wir sind den Weg nicht abgegangen, unterwegs bei allen nennenswerten Sights jedoch immer wieder auf die Markierung mit dem gelbem Wandermännchen gestoßen. Wer sich die Zeit für diese Fernwanderung nimmt, sieht also das Wesentliche. Radler und Autofahrer teilen sich den **Ring of Beara** (140 km), ein schmales Panoramasträßchen, das sich gleichfalls um die Halbinsel zieht. Abseits dieser Hauptstraße bewegt man sich zwischen Steinmauern und Fuchsienhecken auf brüchigen Asphaltpisten. Von Castletownbere bietet sich für Radler der „kleine Ring" über die R 571 an, der mit 35 km Länge mehr als bequem an einem Tag zu schaffen ist. In puncto Panorama nicht weniger schön, aber nur für gut durchtrainierte Radler geeignet ist die Straße über den **Healy Pass** durch die menschenleere Berglandschaft zwischen Adrigole und Lauragh. Da die touristische Infrastruktur wenig ausgebaut und auch die Straße zu schmal für den Omnibusverkehr ist, wird die Halbinsel wenig beworben – sie steht nicht auf dem Reiseplan der Pauschalveranstalter.

• *Telefonvorwahl:* 027.

• *Information:* Castletownbere, Main Square, ✆ 70 344, Juni–Sept. Mo–Sa 11–17 Uhr; in einer Hütte neben dem Feuerwehrhaus. Ein weiterer Info-Pavillon findet sich in Allihies. www.bearatourism.com.

• *Verbindung:* Die Privatlinie Berehaven verbindet Castletownbere mit Glengarriff und Bantry. Keine Busverbindungen entlang der Nordküste und westlich von Castletownbere.

• *Fahrradverleih:* **Super Valu,** Castletownbere, ✆ 70 020, 10 €/Tag.

• *Feste:* Stadtfest in Castletownbere, Anfang August, mit Regatta, Wettbewerben um die Titel der "Queen of the Sea", der "Best Dressed Lady" und des "Best Dressed Dog", Straßenmusik, Blumenschau und Kinderprogramm.

• *Reiten:* **Dunboy Riding Stables,** im Dunboy Estate, Allihies Rd., Castletownbere, ✆ 70 040; **Riding Centre,** Allihies, ✆ 70 340.

• *Sheepdog-Demonstration:* In Filane, 5 km Richtung Glengarriff (von der Hauptstraße ausgeschildert), führt ein Schäfer die Fertigkeiten seiner Hütehunde vor. "Mit einer solchen Vorführung kann sich jeder vorstellen, was für ein unerlässlicher Helfer ein solcher Hund in dem unwegsamen, bergigen Gelände Irlands ist" (Lesertipp von H. u. G. Müller). Vorführungen Juni bis August Mo–Sa 11, 14, 15 Uhr, Eintritt 3 €.

Morgenstund' hat Fisch im Mund – am Hafen von Castletownbere

▸ **Castletownbere:** Mit seinem Supermarkt, Postamt, Wechselstube und Waschsalon ist Castletownbere (1500 Einwohner) für Einheimische wie Besucher die wichtigste Versorgungsstation der Halbinsel. Ein einfacher, etwa eine Stunde dauernder Spaziergang führt zur einzigen Sehenswürdigkeit, einem Steinkreis – der Weg ist vom westlichen Ortsende gut ausgeschildert. Castletownbere entstand im 19. Jh. mit dem Allihies-Bergwerk. Fischtrawler drängeln sich im Hafen und versteigern ihren Fang lautstark auf den unregelmäßig stattfindenden Auktionen des größten Fischereihafens von Irland. Im Winter sichtet man vielleicht sogar russische Matrosen von einer der schwimmenden Fischfabriken. 350 Männer arbeiten auf den 56 Trawlern der Genossenschaft, 50 weitere an Land. Castletownbere zählt zu den wenigen Orten Irlands, in denen es praktisch keine Arbeitslosen gibt. Traditionell wird vor allem Hering gefangen und zu Filet verarbeitet, doch mit der Dezimierung des Bestands und immer längeren Schonzeiten weichen viele Fischer auf Thunfisch aus.

Übernachten

B&B The Old Presbytery, Brandy Hall House, Glengariff Rd., Mrs. Mary Wrigley, ✆ 70 424, DZ 50–60 € "Ein freundliches, englisch-irisches Paar hat das alte Pfarrhaus sehr liebevoll und aufwendig restauriert. Es gibt viele Tiere auf dem großen, dazugehörigen Grundstück und vom Frühstücksraums aus hat man einen fantastischen Panoramablick auf den Hafen und das Meer, dazu spielt im Hintergrund klassische Musik." (Lesertipp Karin Rabus)

B&B Rodeen, Mrs. Ellen Gowan, Glengariff Rd., ✆ 70 158, DZ 50 €. 2 km außerhalb, Meerblick und anmutiger Garten, auf Wunsch kocht die Wirtin, stolze Gewinnerin mehrerer Kochwettbewerbe, ihren Gästen ein Abendessen. Irische und französische Reiseführer, die "Palm Beach Post" (Miami) und selbst Müller-LeserInnen zeigen sich begeistert. Daniella Gerber: "Ellen Gowan ist eine gute Gastgeberin mit viel Humor".

B&B Old Bank House, Main St., ✆ 70 252, DZ 45 €; über dem gleichnamigen Restaurant. Die Schätze der Küche (z.B. Seehecht in Cider für 15 €) werden durch eine zentnerschwere Tresortür geschützt – das Restaurant war früher Schalterraum der Munster & Leinster Bank. Das Haus hat einen frischen Anstrich bekommen, innen verrät es allerdings sein fortgeschrittenes Alter.

Beara Hostel & Camping (IHI), Allihies Rd., ✆ 70 184, Ostern–Okt., Bett 9 €, auch Camping. 2 km außerhalb nahe der Abzweigung um Dunboy Castle. Von Familie Eick geführt, die das Hostel von deutschen Rückwanderern übernahm und gründlich modernisierte. Die Schlafgelegenheiten sind in einfachen, über eine Wiese verstreuten Bungalows (teilw. als "Apartment" mit eigener Küche und Bad) mit 2 bis 8 Betten; die saubere und neu eingerichtete Hauptküche, ein gemütlicher Aufenthaltsraum und weitere Sanitäranlagen befinden sich im Haupthaus. Heizung und heiße Duschen mit ordentlichem Wasserdruck sind Ehrensache für Herrn Eick, der von Beruf Sanitärmeister ist. Zur Begrüßung gibt's als nette Geste einen "welcome-cake", zum Frühstück dann frisch gelegte Eier und hausgemachte Marmelade. Allmorgendlich um 11.30 Uhr wienert der Herbergsvater die Küche. Bei gutem Wetter nimmt er die Gäste auch zum Tiefseeangeln mit. (Lesertipp von Angela u. Claus-Heinrich Daub)

Essen/Pubs

Old Cottage, von Glengarriff kommend am Ortseingang über der Straße, ✆ 70 430, nur abends, Dinner um 35 €. Von einem Holländer gemanagt, stimmungsvolle Atmosphäre mit Blick auf die Bucht, bei unserer Recherche das beste Restaurant der Stadt.

Niki's, Main St., Dinner um 15 €. In einer früheren Apotheke, ein Teil der Ladeneinrichtung wurde erhalten. Überwiegend Seafood, auch preiswertes Frühstück und Lunch.

Jack Patrick's, Main St., Mo–Sa 10–21 Uhr, Hauptgericht bis 8 €. Das einfache, modern eingerichtete Lokal gehört zu einer Metzgerei. Vor allem die großzügig portionierten Fleischgerichte (z.B. Steaks, auch Lasagne) werden deshalb empfohlen.

Old Bakery, am Dunboy-Ende der Main St.,"ist ein gemütliches Restaurant und Café in einer restaurierten alten Bäckerei mit gemütlicher Einrichtung und Garten. Viele Gerichte gibt es 'large' (ca. 10 €) oder 'small' (ca. 5 €). Besonders köstlich sind das selbst gebackene Brot und die Kuchen. Das Restaurant mit dem besten Preis-Leistungs-Verhältnis, das wir auf unserer Reise kennenlernten." (Lesertipp Karin Rabus).

• *Pubs:* **McCarthy's,** Main St. Ein Pub, dem sich die modernen Zeiten bisher nur auf Zehenspitzen genähert haben. Vorn im Lebensmittelladen kaufen die Fischer ein. Im Snug, dem Separée am Eingang, trafen sich einst die Heiratsvermittler mit den Brauteltern und verhandelten die Ehekonditionen. In der Bar außer Bier, Whiskey und Plausch gelegentlich auch Folkmusik.

O'Donaghue's, Main Square. Treff der Matrosen und Fischer.

▸ **Bere Island:** Obwohl die frühere Marinebasis keine besonderen Attraktionen ihr eigen nennt, erfreut sich Bere im Sommer großer Beliebtheit. Kein Vergleich also mit der Abgeschiedenheit etwa von Clear Island. Die meisten der jungen Besucher kommen tagsüber, um in *Glenan's Sailing School* dem Wassersport zu frönen. Zwischen Fähranleger und dem nächsten Pub ist es zu Fuß eine Dreiviertelstunde, und das Dorf liegt noch ein Stück weiter – am besten bringt man also ein Fahrrad mit auf die Insel.

• *Verbindung:* **Autofähre** von Castletownbere, ganzjährig tägl. 3–8 Überfahrten, Auskunft ✆ 75 009 u. 75 014

• *Übernachten:* **Harbour View,** Mrs. Sullivan, ✆ 75 011, April–Okt., DZ 50 €, auch Gepäckaufbewahrung.

▸ **Puxley Castle:** Aus der Banketthalle dringt ein sattes Schmatzen. Doch es ist nicht die Familie Puxley, die hier die Einnahmen aus ihrem Kupferbergwerk verfrisst, sondern eine Schar von Kühen, die sich im Gewölbe zum Wiederkäuen niedergelassen hat. Das 1730 begonnene und zum größten Teil 1866/67 gebaute Puxley Castle wurde im Bürgerkrieg niedergebrannt, bezeugt aber noch als Ruine den Reichtum von "Copper John" Puxley und seinem Sohn Henry. Heute gehört das Landgut der Familie Power, die von den Besuchern eine Spende in den Opferstock erwartet. Dann darf man das Gatter öffnen und sich – am besten zu Fuß – hinaus auf die kleine Halbinsel begeben. Reiher und Seevögel stochern im Watt nach Würmern und Krabben, das Skelett eines Kahns liegt wie ein toter Fisch kieloben. Puxleys Ruine passt in diese Landschaft wie die Requisite eines Bühnenbilds.

▸ **Dunboy Castle:** Die Burg am Ende der Landzunge gehörte den O'Sullivans, einem alten irischen Geschlecht, das von den Normannen aus dem fruchtbaren Tipperary hierher vertrieben worden war. Ein Burgherr hatte sich 1549 mitsamt dem Haus in die Luft gesprengt, doch muss das Castle bald wieder instand gesetzt worden sein, denn 1602 leistete es mit einer spanisch-irischen Besatzung den Engländern hartnäckigen Widerstand, um dann von diesen wiederum gesprengt zu werden. Karl I. nahm den O'Sullivans ihr Land weg und verlieh es den englandtreuen Puxleys. Kein Wunder, dass sich beide Familien nicht besonders verstanden. 1754 tötete Murthogh O'Sullivan in einem Duell den Chef der Puxleys, aber das war auch das Letzte, was die Chronisten von den O'Sullivans berichten.

▸ **Dursey Island:** Eine abenteuerliche Fahrt mit Irlands einziger Seilbahn führt über die im Abgrund tobende Gischt hinüber auf die kleine Felsinsel. Eben so wenig wie bislang die irischen Autos, zumal jene auf Dursey Island, wird diese Seilbahn von einem TÜV geprüft, und auch nachdem die Bahn 1994 neu verkabelt wurde, bedarf es noch eines gehörigen Maßes an Gottvertrauen, sich den rostigen Verankerungen anzuvertrauen. Die letzten Alten, die noch ganzjährig auf der kahlen Insel leben, haben es. "Ihre Zeit läuft ab", meint James Sheehan, der die Seilbahn bedient. Vielleicht warten sie auf den Tag, an dem sie im Schatten der Kirchenruine die letzte Ruhe finden, die auf Dursey Island wörtlich zu nehmen ist. Es gibt keine Unterkunft und nicht mal ein Pub, dafür eine Unmenge Vögel. Campen ist jedoch erlaubt. Als die englische Armee 1602 Dunboy Castle belagerte, richtete sie quasi nebenbei ein Massaker auf Dursey an, tötete 300 der hierher geflohenen Iren und warf die Leichen ins Meer.

• *Verbindung:* Theoretisch ist die **Bahn** tägl. 9–11, 14.30–17 und 19–20 Uhr in Betrieb. Doch Sturm, Krankheit, unvorhergesehene Viehtransporte (die haben Vorrang) oder Unpässlichkeit machen den Fahrplan zur Glückssache. Am besten, Sie rufen James O'Sheehan vorher an (✆ 73 016) und vereinbaren auch gleich die Rückfahrt. Fahrräder werden nicht befördert.

• *Übernachten/Essen:* **Windy Point House,** ✆ 73 017, DZ 50 €. An der Seilbahnstation, Pub mit B&B, alle Zimmer garantiert mit Seeblick.

▸ **Allihies:** War ihr Besitz zuvor nur eine karge, unnütze Felslandschaft gewesen, machte die Entdeckung der Kupfervorkommen (1810) die Puxleys auf einen Schlag zu reichen Leuten. Bis zu 1300 Bergarbeiter aus Cornwall, darunter viele Frauen und Kinder, holten unter unmenschlichen Arbeitsbedingungen das Erz bis 250 m tief aus dem Berg. Dafür gab es einen Hungerlohn, der ihnen beim Einkauf im bergwerkseigenen Laden – dem einzigen hier – mit überhöhten Preisen z.T. gleich wieder abgeknöpft wurde. *Daphne du Maurier* hat in ihrem Roman "Die Erben von Clonmere" (engl. "Hungry Hill") das Leben der

Der Südwesten
Karte Seite 294/295

Minenarbeiter von Allihies festgehalten. Seit 1983 ist der Abbau eingestellt, aber nördlich des Dorfes sind die alten, eingezäunten Schächte und die Kamine der Pumpen nicht zu übersehen. Ein Wegweiser führt zum Hauptschacht.

Der Goldrush ist vorüber – und Allihies wieder ein vergessenes Nest am Ende der Welt, in das sich trotz des schönen Strandes an der **Ballydonegan Bay** nur wenige Fremde verirren. Die Strecke nördlich von Allihies ist der schönste Teil des Ring of Beara. Die Straße windet sich steil über die Kalkfelsen, das Gelände gleicht einer Hochgebirgslandschaft und ist doch nur einen Steinwurf vom Meer entfernt. In der um 1950 aufgegebenen Fischersiedung **Cleanaugh** am **Kap Cod** werden die Ruinen wieder eins mit der Natur. Bonnie's Hostel gibt weitere Tipps zu Zielen in der Umgebung.

• *Übernachten:* **Village Hostel** (IHH), Main St., ✆ 73 107, April–Okt., Bett ab 11 €, DZ 25 €. Ein neueres Hostel, nur für Nichtraucher, mit ordentlichen Matratzen, gut ausgestatteter Küche, schönem Blumenschmuck und Fahrradverleih. Campingmöglichkeit.

Jugendherberge, Cahermeelabo, ✆ 73 014, Juni–Sept., Bett 7–9 €. Die tagsüber geschlossene Herberge liegt 1 km landeinwärts von Allihies und lebt vom Charme der Herbergsmutter Mary O'Donncha, die alles tut, damit sich ihre Gäste wie zu Hause fühlen.

• *Essen:* **Lighthouse Bar,** Main St. Pächter Gary O'Sullivan ist im Hauptberuf Fischer und Fischzüchter. Die Hummer, die seine Frau in der Küche zubereitet, sind deshalb garantiert frisch – und kosten kaum mehr als ein Fleischgericht.

▸ **Wanderung Allihies – Dursey Sound:** Die drei- bis vierstündige Tour ist ein Abschnitt des Beara Way und anhand der Beschilderung kaum zu verfehlen. Man folgt von Allihies der Straße etwa 3 km nach Westen und schlägt dort, wo sie landeinwärts biegt, den Markierungen des Beara Way folgend, rechts einen Feldweg ein, der weiter an der Ballydonegan Bay bleibt. Nach 500 m endet der Fahrweg. Jetzt geht es links den Hügel hinauf und oben auf dem Kamm entlang weiter nach Westen – rechter Hand ist ein Steilabfall, also Vorsicht. Bald kommt Dursey Island in Sicht, der Pfad fällt jetzt leicht ab, stößt auf einen Feldweg und erreicht dann die Landstraße. Dort links halten und an der nächsten Gabelung nach rechts abbiegen, vorbei an einem B&B und in Serpentinen den Hang hinauf bis zu einem Haus auf der Spitze des Hügels. Das Haus wird auf der Nordseite umgangen und man schlägt einen Pfad zwischen Heckenreihen ein, der durch ein hölzernes Gatter entlang einer Mauer und später einem Zaun wiederum bergauf führt. Der Zaun bleibt rechts, man steigt fast bis zur Küste ab, folgt dieser ein Stück nach Norden und biegt an einem Haus mit rostigem Dach landeinwärts auf einen Teerweg ein, der in der Streusiedlung Garinish wieder auf die Landstraße trifft. Jetzt ist es links noch etwa 1 km zur Seilbahn.

▸ **Eyeries:** "Dieses hat uns von allen Dörfern und Städten, die wir in Irland gesehen haben, am besten gefallen. Schon von Weitem sieht man das Dorf als einen leuchtenden, bunten Klecks in der Nähe der Küste. Im Ort selbst gibt es wohl keine zwei Häuser, die in der gleichen Farbe gestrichen wurden. Auch der Tourismus ist hier anscheinend noch nicht dominant: Außer einem kleinen Wollpulloverladen und einem kleinen Supermarkt haben wir eigentlich nichts gefunden." (Lesertipp von Birte Rehse und Christian Dorn).

• *Übernachten:* **Ard na Mara Hostel** (IHI), am Ortsende gen Lauragh, ✆ 74 271, Juni – Sept., Bett 10 €, Campingwiese vorhanden. Das Einfamilienhaus im Bungalowstil steht auf einem Hügel, vom Wohnzimmer und von der Terrasse schöner Blick über die Bucht. Die "Hosteleltern" wohnen den Sommer über im Haus, man teilt mit ihnen den Familienbesuch, die Küche und die mit Familienfotos und Nippes etwas zu privat eingerichtete Stube. Insoweit ähnelt die Herberge einem B&B – mit dem Unterschied, dass die Gästeschlafzimmer hostelmäßig mit Betten vollgestellt sind. In punkto Sauberkeit und Aufgeräumtheit zeigt sich das Haus als eher privater Raum.

▸ **Glanmore Lake:** Die Nordküste der Beara-Halbinsel zeigt sich weniger schroff als ihre Südseite und wird deshalb von den Bauern bevorzugt. Die Abzweigung zum See ist von der R 572 1/2 km westlich von **Lauragh** ausgeschildert. Die erste asphaltierte Weggabelung wiederum nach rechts endet an einigen Gehöften – hinter dem ersten sieht man einen Steinkreis. Die Teerstraße mündet in einen Pfad, der den Bach überquert und in einer knappen Stunde durch das **Drunminboy-Tal** in die **Pocket** führt, einem Kessel mit einer nach dem Großen Hunger verlassenen Siedlung. Die "Pocket" ist wirklich eine Tasche, also ein Kessel, dessen Steilwände ohne Hilfen nicht zu erklimmen sind. Doch die Höhen im Umkreis, alle um 650 m, reizen natürlich. Für erfahrene Bergwanderer bietet sich der vom Steinkreis aus gesehen am weitesten südlich gelegene Vorberg an. Man hält im rechten Winkel auf ihn zu, öffnet (und schließt) das Gatter und überquert durch eine Furt den Bach, dann erfordert ein steiler Anstieg zum Sattel zwischen dem Vorberg und dem eigentlichen Gipfel *(Lacabane*, 660 m) einiges an Kondition. Ob man vom Sattel aus auf diesen Berg kommt, wäre zu erproben. Auf der Westflanke des Vorbergs kann man jedenfalls, einen Wald links liegen lassend, zum Südufer des Glanmore Lake und zur Straße absteigen. Hier erinnert die Landschaft an den Königssee im Berchtesgadener Land.

• *Übernachten:* **Glanmore JH**, am Südende des Sees, ✆ (064) 83 181, geöffnet April–Sept., sonst telefonisch anfragen, Bett 6,50–9 € Die JH, die auch Ruderboote verleiht, ist Treffpunkt der Wanderer und die beste Info-Quelle über die Umgebung. Dürftige Sanitärausstattung, kein Laden weit und breit und ein dem Eindruck nach nicht sonderlich engagierter Warden müssen in Kauf genommen werden.

▸ **Inchaquin Wasserfall:** Etwa auf halber Strecke zwischen Lauragh und Kenmare ist rechter Hand ein Weg "Wasserfall 8 km" ausgeschildert. Er führt an mehreren, übereinander liegenden Seen entlang und ist für sich eine Wanderung wert. Am Ende erwartet den Besucher ein Wasserfall –und 2 € Eintritt. Wer das Wegegeld löhnt, darf auf einem wüst in die Landschaft geschlagenen Rundweg die Höhe über dem Wasserfall erklimmen. Zugegeben, das Gelände ist traumhaft schön, an warmen Tagen kann man sogar im Fluss baden, doch der asphaltierte Weg ist eine unnötige und schmerzhafte Wunde.

• *Camping:* **Peacock,** Coornagillagh, an der R 571 zwischen Lauragh und Kenmare, ✆ (064) 84 287, 2 Pers. mit Auto und Zelt 7 €, Hütten ab 8 € p.P. "Der Zeltplatz befindet sich auf einem trocken gelegten Moor. Dementsprechend weich ist auch der Boden (das Zeltaufstellen war somit ein richtiger Genuss). Das nette, holländische Ehepaar hat einen Teil des Moors erhalten, was die Idylle vollkommen macht. Es laufen diverse Tiere frei herum, z.B. Pfauen und Katzen; in einem kleinen Gehege befinden sich Ziege, Schafe und Fasanen." (Lesertipp von Annkatrin Fischer).

Der Südwesten
Karte Seite 294/295

County Kerry

Natur pur mit viel Einsamkeit, aber an den schönsten Plätzen auch gnadenloser Rummel sind typisch für das County Kerry, das bei kaum einer Irlandreise ausgelassen wird.

Die Landschaft lebt vom Gegensatz. Tiefschwarze oder dunkelblaue Bergseen sorgen für Abwechslung in den sonst eintönigen Farn- und Erikafeldern der Hochflächen. Schroffe Berge stürzen unvermittelt in den tosenden Atlantik und lassen doch Raum für liebliche Sandbuchten, draußen am Horizont ragen einsame Felsinseln aus dem Meer. Auf sanften Hügeln blühen Ehrenpreis und wilde Nelken, während in den Steilfelsen der *Macgillycuddy Mountains,* des höchsten Gebirges von Irland, selbst Moose und Flechten nur mühsam Halt finden.

Thomas Cook, der Erfinder der Pauschalreise, entdeckte Kerry für den Fremdenverkehr. *Killarney* und der *Ring of Kerry,* die Panoramaroute um die Iveragh-Halbinsel, gehören zum "Pflichtprogramm" einer Irlandreise, die touristische Infrastruktur ist dementsprechend gut. Auch in der unteren Preisklasse finden sich fast überall Nachtquartiere und Restaurants, und zumindest im Sommer kommt man mit öffentlichen Verkehrsmitteln recht weit. Doch auch hier muss man sich nur wenige Schritte abseits der ausgetretenen Routen begeben, um ein karges und nur dünn besiedeltes Land zu erleben, in dem die Menschen noch immer von den winzigen, unproduktiven Feldparzellen leben, vom Fischfang, der immer weniger hergibt, vom Geld aus Amerika oder von der Sozialhilfe. Jeder zweite Bewohner ist über 50 Jahre alt, die Jugend wandert ab, wer bleibt, der wartet auf Wunder.

Die *Dingle-Halbinsel* tritt erst allmählich aus dem Schatten des übermächtigen Ring of Kerry. Mit den Bienenkorbhütten der Klosterstadt Farhan, der Gallarus-Kapelle und anderen frühchristlichen Monumenten gibt es hier auf engem Raum eine Fülle archäologischer Stätten wie kaum sonst irgendwo auf der Grünen Insel. Sportlernaturen können in der Dingle-Bucht ihre Runden mit dem Delphin Fungie ziehen, dem örtlichen Medienstar. Weniger interessant ist der *Norden* der Grafschaft. Das flache und fruchtbare Bauernland gehört geographisch schon zu der großen Ebene, die über Limerick bis nach Tipperary reicht und im Gegensatz zum "wilden Westen" die Begehrlichkeit der anglo-normannischen Eroberer weckte.

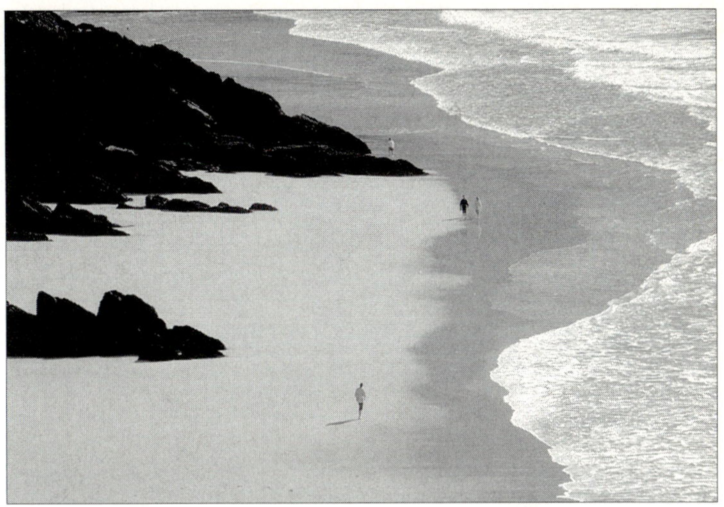

County Kerry – Natur pur mit viel Einsamkeit

Kenmare

Die weitgehend nach einem Reißbrettplan von 1775 gebaute Stadt hat keine herausragenden Sehenswürdigkeiten, ist aber das südliche Tor zum Ring of Kerry und lebt weitgehend vom Fremdenverkehr.

Kenmare (2000 Einwohner) ist eine fremde Enklave im irischen Westen. Von Beara kommend fühlt man sich unversehens in eine andere Welt versetzt. Viele Bewohner geben sich keine Mühe, ihren britischen Akzent zu verbergen, andere sprechen mit deutschem Einschlag, und im Sommer dürfte es mehr Urlauber als ständige Einwohner geben. *Fairing,* die Stars der lokalen Musikszene, heißen bürgerlich Ursula und Frank Schröder und wanderten aus Berlin zu. Delikatessengeschäfte, schicke Boutiquen und gestylte Second-Hand-Läden bezeugen, dass sowohl die Zuwanderer als auch die Reisenden nicht zu den Ärmsten gehören. Verglichen mit Killarney ist die kosmopolitische Kleinstadt freilich eine Oase und verdient, als Basisquartier für die Erkundung der Iveragh-Halbinsel in Erwägung gezogen zu werden.

Geschichte

Als *William Petty* 1670 die Bergarbeitersiedlung Kenmare gründete, konnte er bereits auf eine bemerkenswerte Karriere zurückblicken. Im Dienste Cromwells hatte er die beschlagnahmten Ländereien zu vermessen und als Kriegsbeute unter den Soldaten aufzuteilen. Viele Söldner sahen aber lieber Bargeld, und so brachte Petty nach und nach bald ein Viertel der Grafschaft Kerry in seine Hand. Das Herzstück seines Besitzes bildete das Gut Landsdowne um Kenmare herum. Der eifrige Landvermesser war clever genug, sich rechtzeitig auf die Seite des Königs zu schlagen und konnte so nicht nur den Fall Cromwells schadlos überstehen, sondern weiteres Land und obendrein einen Adelstitel einheimsen. Petty war aber nicht nur ein knallharter Spekulant, sondern auch ein exzellenter Wissenschaftler: mit 27 Jahren Professor der Medizin sowie der Musik, außerdem eine Kapazität auf den Gebieten Statistik und Ökonomie und schließlich ein Wegbereiter der Eisenverhüttung.

Information/Verbindungen/Fahrradverleih

- *Telefonvorwahl:* 064.
- *Information:* Beim Heritage Centre am Marktplatz, ✆ 41 233, Juli/Aug. tägl. 9.30–19 Uhr, Sept.–Juni Mo–Sa 9.30–17.30 Uhr; mit einer Ausstellung zur Stadtgeschichte. www.kenmare.com.
- *Verbindung:* Bus nach Killarney, im Sommer auch nach Bantry–Cork und Sneem. Abfahrt vor Roughty's Bar in der Main Street.
- *Fahrradverleih:* **Finnigan's,** Henry St., ✆ 41 083. Im Sommer organisierte Touren mit dem örtlichen Fahrradclub, ✆ 41 333.

Übernachten/Camping

***** **Park,** ✆ 41 200, 📠 41 402, DZ 310–450 €. Das viktorianische Schlösschen ist ein kleines, aber sehr feines Hotel. Der eigene Golfplatz ist ebenso selbstverständlich wie die eigene Gärtnerei, die Schnittblumen zur Dekoration des Hauses zieht. Den Gourmet muss allerdings der kürzliche Abgang von Chefkoch samt Michelin-Stern bedenklich stimmen.

***** **Sheen Falls,** ✆ 41 600, 📠 41 386, DZ 215–340 €. Das neuere Haus hat weniger Atmosphäre als die Konkurrenz, macht dies aber mit einem Mehr an Ausstattung wett: Reiten, Tontaubenschießen und Tennis gehören dazu; für die Superreichen gibt es einen Helikopter-Landeplatz und für Exzentriker Oldtimer zum Ausleihen.

*** **Landsdown Arms,** William St., ✆ 41 386, 📠 41 114, DZ 80–120 €. Das älteste Hotel am Ort ist solide Mittelklasse und liegt am Rande der Altstadt. Die geräumigen, in zarten Pastelltönen gehaltenen Zimmer (blau oder rosafarben) sind mit TV ausgestattet. Ein Raum auf jeder Etage hat einen halbrunden Grundriss – eine originelle Note des Hauses.

B&B Hawthorn House, Shelbourne St., ✆ 41 035, DZ 60–70 €. Zentral gelegen, die nach Sights aus der Umgebung benannten Zimmer sind im skandinavischen Stil eingerichtet. Gemütliche Lounge, die Frühstückskarte wird auf einem Notenständer präsentiert. Der Preis ist angemessen.

Fáilte Hostel (IHH), 37 Henry St., ✆ 42 333, April–Okt., Bett ab 10 €, DZ 28 €. In einer älteren Villa am Rande der Altstadt befindet sich eines der besten Hostels des irischen Westens. Gemütlicher Aufenthaltsraum mit Gasheizung, Sofas und Video. Gut eingerichtete Küche, mehrere Einzelbäder. An kühlen Tagen gut geheizt. Fahrradverleih.

- *Camping:* **Ring of Kerry,** Sneem Rd., Reen, ✆ 41 648, geöffnet April–Nov., 2 Pers. mit Zelt 13 €. 5 km außerhalb, das Gelände ist mit Ginsterbüschen unterteilt; Aufenthaltsraum, kleiner Laden und große Aussicht.

Essen/Pubs

Packie's, Henry St., ✆ 41 508, Mo–Sa ab 18 Uhr, Dinner ab 25 €. Ob Saison oder nicht, Maura Foleys Restaurant und Bar sind auch nach dem völligen Umbau, der die Plätze verdoppelte, jeden Abend gut voll. Die Küche glänzt durch unkomplizierte, aber geschmacksstarke Kreationen. Probieren Sie "John Dory" mit Kräuterbutter – ein Meeresfisch mit riesigem Kopf und festem, weißen Fleisch, das sich gut von den Gräten lösen lässt –, oder den mit Hühnerfleisch und Pilzen gefüllten Pfannkuchen. Zum Dessert empfehlen wir Vanilleeis.

An Leat Pingin, 35 Main St., tägl. ab 18 Uhr. In einem auf alt gemachten, steingemauerten Gastraum werden an rustikalen Holztischen Pizza, hausgemachte Pasta, vegetarische Gerichte und irische Küche bis 18 € serviert.

The New Delight, Henry St., Hauptgericht bis 13 €. Vegetarische Küche bei indischer Musik.

• *Pubs:* **Crowley's,** Main St., wird für seine Sessions gerühmt, bei denen die Wirtin manchmal selbst zur Geige greift. Andere Pilgerziele eines musikalischen Pub Crawl wären **Brennan's,** (Main St.), **Square Pint** und die **Atlantik Bar** (beide am Market Square), in denen eher bestellte Musiker aufspielen.

Einkaufen

• *Landkarten/Bücher:* Gibt es bei **McCarthy,** 22 Main St.

• *Musikalien:* **The Green Note,** Henry St. Die nicht grüne, sondern knallrote Ladenfront ist schon auf T-Shirts, Puzzles und Buchdeckeln abgebildet. Außer Musikinstrumenten auch Aufnahmen von irischer Volksmusik.

• *Spitzen:* **Lace Centre,** Market Sq., neben dem Verkehrsamt. Bis in die 50er Jahre wurde in der Klosterschule von Kenmare fleißig genäht, gestickt, geknüpft, gehäkelt und gewirkt. Neuerdings hat eine Initiative das alte Handwerk wiederbelebt und verkauft die nach alten Vorlagen gefertigten Spitzen.

• *Strickwaren:* **Quills,** Main/Ecke Henry St. Eine Filiale von Irlands größtem Strickwarenhändler, auch Tweed und andere Touristen-Textilien.

Sehenswertes

Heritage Centre: Die kleine Ausstellung bei der Touristinformation erzählt die Stadtgeschichte. Außer dem Stadtgründer William Petty begegnen wir beispielsweise der Nonne Margaret Anna Cusack (1824–1899), die als Frauenrechtlerin aus Kenmare vertrieben wurde. Oder dem Poor Clare Convent, jener Klosterschule, die Stickerei und Klöppelei in Kenmare einführte und den Frauen damit eigene Verdienstmöglichkeiten bot.

⌚ Wie Touristinformation. Eintritt 2,50 €.

Ring of Kerry (Iveragh-Halbinsel)

Die 180 km lange Rundfahrt um die Iveragh-Halbinsel gilt als ein Höhepunkt jeder Irlandreise. Die Nordküste wirkt eher etwas langweilig, doch Süd- und Westküste mit ihren Fjorden und Inselchen sind ein echtes Erlebnis.

Im Lauf der erdgeschichtlichen Entwicklung hoben sich die Sandsteinplatten von Südwesten her um etwa 30 Grad an. Hier ist also die schroffe Seite, an der durch die Erosion der nackte Fels zutage tritt, während die Nordostflanke eine nur flach geneigte schiefe Ebene bildet, die eine Humusschicht durchgehend bedeckt. Rosinen des Landschaftserlebnisses beschert der Aufstieg von Caherdaniel zum **Coomakesta-Pass,** bei dem man die Bucht mit ihren Inseln, Dünen und dem sich zwischen Sandbänken durchschlängelnden Fluss zu Füßen hat, während sich oben der Bergrücken aufbäumt. Noch grandioser und für Mountainbiker eine echte Herausforderung ist die Bergstraße im äußersten Nordwesten zwischen Ballynahow und Portmagee.

Üblicherweise erfolgt die Rundfahrt entgegen dem Uhrzeigersinn, denn so hebt man sich die besseren Partien für den Schluss auf. Wer nicht ständig Omnibusse überholen oder als Radler von ihnen an den Straßenrand gequetscht werden will, sollte im Sommer aber doch besser gegen den Strom fahren. Die Straße (N 70) ist gut ausgebaut, an den Aussichtspunkten sind Parkplätze angelegt. Ein eigener fahrbarer Untersatz – ob Fahrrad oder Auto

Ring of Kerry

– ist allemal besser als die organisierten Ausflüge oder der Linienbus, der im Sommer die Tour fährt, denn nur so kann man auch Abstecher ins Hinterland machen. Übernachtungsmöglichkeiten, auch Hostels und Campingplätze, gibt es mehr als genug. Nur im Juli und August kommt es zu Engpässen, weshalb es sich empfiehlt, in diesen Monaten die Nachtquartiere schon im Voraus von der Tourist-Info in Killarney buchen zu lassen. Drei Tage sollten Sie für den Ring of Kerry mindestens einplanen, doch je mehr Zeit man sich lässt, desto mehr kann man erleben. Am eindrucksvollsten ist natürlich eine Wanderung.

- *Telefonvorwahl:* 066.
- *Verbindung:* Außer den Ausflugsbussen machen Mai bis Mitte Sept. tägl. Linienbusse von Killarney entgegen dem Uhrzeigersinn die Runde über die Halbinsel, weitere Busse fahren von Kenmare nach Sneem und Killarney nach Cahersiveen. Auskunft Killarney Bus Station, ✆ (064) 34777.

Wandern: Mit 215 km ist der Kerry Way der längste Fernwanderweg Irlands und sicher *die* Möglichkeit, die Halbinsel Stein für Stein zu erleben. Der Weg – gut markiert und technisch ohne Schwierigkeit – beginnt und endet in Killarney. Mit bis zu 30 km langen Tagesetappen oder 1000 m Aufstieg geht er allerdings streckenweise ganz schön in die Knochen; besonders, wenn man obendrein Gepäck auf dem Rücken trägt und gegen den Wind ankämpfen muss. Oft folgt die Route den alten "Butter Roads", auf denen, wie der Name schon andeutet, früher die Butter zum Markt gebracht wurde. Die spezielle Karte der Touristinformation zeigt den Weg leider nur abschnittsweise und nicht im Zusammenhang. Die bessere Alternative sind die Ordnance Karten der Serie 1:50.000. Karte 78 deckt den größten Teil des Weges ab, im Süden und Westen benötigt man zusätzlich Blatt 83.

Sneem

Wie in Kenmare gibt es auch hier eine große Ausländerkolonie. Bei den Hausfassaden haben die Anstreicher kräftig zur Ölfarbe gegriffen, doch das bunte Allerlei gefiel offenbar auch den strengen und hoffentlich unbestechlichen Juroren, und so gewann Sneem vor einigen Jahren den irischen Unser-Dorf-soll-schöner-werden-Preis.

• *Übernachten:* **Harbour View Hostel** (IHI), ✆ (064) 45 276, Kenmare Rd. am Ortseingang, Bett 9 €. Mehrere weitläufig angeordnete und frisch gestrichene Baracken, überwiegend DZ, mit dünnen Wänden und schwer zu heizen. Die Küche präsentierte sich als ziemliches Durcheinander, relativ wenige Duschen.

Staigue Fort

Das keltische Ringfort aus dem 3. oder 4. Jh. war eine Fluchtburg oder der Hof eines Edelmannes. Die Bewohner hatten eine gute Sicht auf das Meer und somit den Vorteil, feindliche Angreifer frühzeitig zu erspähen, ohne dass die Burg ihrerseits vom Wasser aus entdeckt werden konnte. Seltsam ist, dass auch der Eingang zur Meerseite zeigt. Ein Graben und ein 4 m starker Wall sicherten das Fort, innen führten Treppen zu einem Wehrgang hinauf.

Anfahrt: Staigue liegt 3 km abseits der Hauptstraße, das letzte Wegstück ist sehr schlecht. Der Grundherr erwartet eine "Spende", das Fort ist jederzeit zugänglich.

Caherdaniel

Die Streusiedlung an der Derrynane-Bucht hat einiges mehr zu bieten als Sneem oder sogar Kenmare. Ein 3 km langer Sandstrand verführt zu Spaziergängen. Mitsamt den Dünen und einem Wäldchen exotischer Bäume gehört er zum **Derrynane-Nationalpark**. Die Parkverwaltung hat durch die empfindliche Dünenlandschaft einen Naturlehrpfad angelegt, ein im Derrynane House erhältliches Heftchen erklärt an nummerierten Stationen die Entstehung dieser Naturschönheit. Den besten Überblick bekommt man vom Altar Hill, einem kleinen Felsen am Rande des Dünenfeldes. Mit einem Fernglas lassen sich auch die Vögel beobachten, die im Marschland zwischen Wald und Dünen auf Nahrungssuche sind. Bei Ebbe gelangt man fast trockenen Fußes zur **Abbey Island** hinüber, und im Wald ist noch ein aus dem Meer geborgener Ogham Stone aufgestellt.

Übernachten/Camping

*** **Derrynane Hotel,** ✆ 9475 136, ✆ 75 160, DZ 50–130 €. Das Haus liegt traumhaft über der Felsküste, die Preise sind angemessen, ein Stern ist zuviel. Die Zimmer haben Meerblick, wirken mit dem unverputzten Mauerwerk und den offenliegenden Faserplatten an der Decke aber sehr nüchtern und schmucklos.

Travelers Rest Hostel (IHI), am Ortsende Richtung Waterville, ✆ 9475 175, Bett 10 €, DZ 25 €. Ein zweigeschossiges, blumengeschmücktes Haus mit zwei Palmen vor der Tür. Sehr saubere, geräumige Zimmer, gemütlich und gut geheizt. Empfohlen.

Village Hostel (IHH), ✆ 9475 277, März–Okt., Bett 10 €. Blumen trösten über die spartanische Ausstattung der Zimmer hinweg. Großzügige Küche mit Glasdach, Spülmaschine und Metallkunst. Wer im Zimmer wirklich nur schläft, ist hier besser aufgehoben als im Carribeg Hostel.

Carribeg Hostel (IHH), Waterville Rd., ✆ 9475 229, März–Nov., Bett 10 €. 1,5 km außerhalb in einem einfachen Bungalow oberhalb der Straße; Garten und Meerblick. Die etwas chaotische Küche ist zugleich Aufenthaltsraum, zur Entlastung des einzigen Bades wurden auf der Rückseite des Hauses weitere Toiletten angebaut.

• *Camping:* **Wave Crest,** ✆ 9475 188, Mai–Sept., Zelt mit 2 Pers. 7 €. Ansprechendes, durch Felsen natürlich gegliedertes Gelände am Meer. Laden, Waschküche, leider kein Aufenthaltsraum. Heißes Wasser kostet extra.

Essen/Pub

The Blind Piper, Pub mit Restaurant, dort z. B. Lammrücken mit Walnusssauce 16 €, oder als Barmeal Fishcake mit Salat 6 €. Im Sommer regelmäßig Irish Music.

Freddy's Pub. Freddy, ein direkter Nachfahre Daniel O'Connells, verliert am Eichentresen im Hinterraum seines kleinen Ladens niemals den Überblick. Wenn die Luft zu dick wird, öffnet er einfach die Hintertür. Und wer mal "muss", schöpft zwangsläufig frische Luft, denn die WCs sind wie anno dazumal über den Hof.

Sport

• *Surfen/Boote:* **Derrynane Sea Sports,** am Pier, ✆ 9475 266, verleiht Surfbretter, Paddel- und Segelboote.

• *Tauchen:* **Skellig Aquatics,** ✆ 9475 277, verleiht Tauchausrüstungen und organisiert Trips zum Wrack eines Schmugglerbootes, das vor der Küste auf dem Meeresgrund liegt.

• *Reiten:* **Eagle Rock,** Caroline Donnelly, ✆ 9475 145.

Sehenswertes

Derrynane House: Die Gegend war eine Hochburg des Schmuggels mit Spanien und Frankreich, und damit machten die O'Connells ihr Vermögen. Mittels protestantischer Strohmänner konnten sie das Verbot des Grunderwerbs für Katholiken umgehen und hier einen üppig ausgestatteten Landsitz einrichten. Allein an den Schnitzereien des großen Esstischs arbeiteten zwei Männer vier Jahre lang. Schwerter und Pistolen geben eine revolutionäre Note, wie es einem Haus angemessen ist, in dem auch der Begründer der katholischen Emanzipationsbewegung wohnte. Mit welcher Verehrung die Iren Daniel O'Connell begegneten, zeigt auch die restaurierte Prunkkutsche, die ihm die Dubliner Honoratioren 1844 nach seiner Entlassung aus einem englischen Gefängnis schenkten. Nur regnen durfte es während des Triumphzuges auf das mit Samt ausgeschlagene Gefährt nicht. Ein Videofilm erzählt die Lebensgeschichte des Nationalhelden.

🕐 Mai–Sept Mo–Sa 9–18, So 11–19 Uhr, April u. Okt. Di–So 13–17 Uhr, Nov.–März Sa/So 13–17 Uhr; Eintritt 3,25 €.

Waterville

Eine Häuserzeile duckt sich unter der steifen Brise, die von der unverbauten Wasserfront her pfeift. Das Seebad auf einer Landzunge zwischen Meer und **Lough Currane** hat nur wenig vom Glanz der viktorianischen Zeit bewahrt, als die Gäste mit der Kutsche anreisten, um hier die Sommerfrische zu genießen. Heute hält der Reisebus zum Fotostopp und Lunch. Aufs Bild gebannt wird das Postkartenpanorama nach Südosten, wo ein scheinbar einsames Haus auf der Klippe thront. Kulinarisch versucht sich der Ort zu einem Gourmettreff à la Kinsale zu entwickeln, doch fehlt das mondäne Umfeld. Außer Essen werden dem Aktivurlauber auch Fischzüge nach Haien und Makrelen angeboten. Wer es behäbiger mag, kann im **Lough Currane** Forellen angeln. Auf der **Church Island** stehen die Ruinen einer Kapelle.

Ein Traumhaus in Waterville

Übernachten/Camping

*** **Butler Arms Hotel,** ✆ 9474 144, ℻ 9474 520, DZ 130–190 €. Das Haus ist seit drei Generationen im Besitz der Familie Huggard. Lange Jahre verbrachte hier Charlie Chaplin samt Familie die Ferien, auch Walt Disney war mal da. Fotos in der "Sun Lounge" halten die goldene Zeit im Bild fest. Die Zimmer mit Meerblick und etwas düsteren Mahagonimöbeln, in der Lounge kann man sich bei Billard oder am Flügel vergnügen.

B&B Silver Sands, Main St., ✆ 9474 161, März–Okt., DZ 45–50 €. Alan liebt Landschaftsbilder und hat sein Guesthouse reichlich damit ausgestattet. Ein fliegender Holländer vor dem Kamin signalisiert, dass hier – es war Oktober – nicht allzu viel geheizt wird. Nicht alle Zimmer haben ein eigenes Bad.

Hostel Peter's Place (IHI), Main St., ✆ 9474 608, Bett 9 €. Peter Fitzgeralds nach einem Brand wieder hergerichtes Haus (10 Betten) ist nicht zu verfehlen und hat vom Aufenthaltsraum (Kamin, Bibliothek) einen schönen Blick auf die Bucht. Der Erfolg schafft Komkurrenz, und so finden wir gleich nebenan jetzt auch "Pat's Place" – eine Kopie von Peters Original.

• *Camping:* **Waterville,** ✆ 9474 191, April–Sept., 2 Pers. mit Zelt 8 €, 1 km nördlich des Dorfs, von der Hauptstraße ausgeschildert. Kleines Schwimmbecken und viele Wohnmobile.

Essen

Huntsman, ✆ 9474 124, Dinner 30 €, nach 20 Uhr 25 €. Ein neueres Haus mit Meerblick, Kandelabern, bordeauxroten Tapeten, Plüsch und Kerzenlicht. Französische Seafoodküche, ergänzt um wenige Fleisch- und Gemüsegerichte. Außer im Restaurant wird auch in der weniger förmlichen Bar serviert.

Keating's, Main St. Der Laden mit der Tankstelle, der alles hat, hat auch ein einfaches Restaurant mit preiswerter Hausmannskost.

Mike O'Dwyer's Villa Maria, Main St. Ein rustikales Pub, mittags und abends Barfood, Hauptgericht um 8 €. Auch Fremdenzimmer.

Wanderung Waterville – Caherdaniel

Dieser gut ausgeschilderte Abschnitt des Kerry Way schlägt von Waterville zunächst einen Bogen um den **Lough Currane.** Wer die 28 km lange Etappe etwas abkürzen will, nimmt den Weg über die Straße am Südufer des Sees. Nach 7 km treffen sich beide Varianten, nach weiteren 2 km sind der kleinere **Glenmore Lake** und **St. Brigid's House** erreicht, ein früheres Schulhaus, in dem jetzt während des Sommers eine Gastwirtschaft Erfrischungsgetränke und einen Imbiss anbietet. Von hier aus sollte man nur bei guter Sicht weiter wandern, denn oben im Gebirge verliert man im Nebel leicht die Orientierung. 1 km nach der Schule biegt man rechts in eine Allee ein, die zu einem Haus und dann als Pfad zum **Windy Gap** hinauf führt, einem der besten Aussichtspunkte in Kerry. Auf der Südseite verbreitert sich der Weg für die restlichen 7 km bald zu einer "Butter Road", die um den **Eagles Hill** leicht nach Westen schwenkt. An Gabelungen hält man sich im Zweifel rechts, ohne aber nochmals aufzusteigen.

Skellig Ring

Der "Kleine Ring" eignet sich besonders für Wanderer und Mountainbiker, die das Landschaftserlebnis suchen, denen aber die Tour um die ganze Iveragh-Halbinsel zu lang ist. Das ebene Moorland wird von einem steilen Gebirgsrücken in zwei Hälften geteilt, die "Dörfer" bestehen aus in großen Abständen scheinbar regellos verstreuten Gehöften. Im Sommer trifft man junge Irinnen und Iren aus den Städten, die, wenn sie nicht gerade am Strand faulenzen, sich in Kursen mit dem Erlernen ihrer gälischen Nationalsprache quälen – ungefähr so beliebt wie bei uns die Crashkurse zum Latinum. Ein Fixpunkt ist der Hafen **Ballinskelligs,** von dem einige Ausflugsboote zu den Skellig Inseln starten. Das Kloster der Augustiner an der Bucht, dem einst die Halbinsel gehörte und das die Wallfahrten nach Skellig Michael organisierte, wurde von atlantischen Stürmen in Trümmer gelegt.

• *Reiten:* **Heatherhill Riding,** Kallcknuck, ✆ 9479 318, Ausritte und Anfängerkurse, Parcours.

• *Übernachten/Essen:* **The Old School House,** Cloon, Ballinskelligs, ✆ 9479 340, DZ 50 €. In einem früheren Schulhaus etwa 2 km von Meer, mit Restaurant.

Ballinskelligs JH, ✆ 9479 229, geöffnet April–Sept., Bett ab 8 €. Zwei Schlafsäle und ein DZ, riesige Küche. Außerhalb der Saison weiß die Herbergsmutter, die nebenan einen Lebensmittelladen führt, wer gerade ein Zimmer frei hat.

Skellig Islands

"But for the magic that takes you out, far out of this time and this world, there is Skellig Michael... Whoever has not stood in the graveyard on the summit of that cliff... does not know Ireland through and through." (George Bernard Shaw)

Gewaltig wie die ägyptischen Pyramiden ragen die zwei Skellig-Inseln aus dem Ozean. Auch wenn längst ein Motor die zehn Ruderer ersetzt, die früher mit Einsatz aller Kräfte ihr Boot durch die Strömungen manövrierten, bleibt die Anfahrt zu den Inseln ein unvergessliches Erlebnis. Nur offene Kutter kämpfen sich durch die Gischt, denn in Kajütbooten würde es den Touristen noch schneller übel. Bis zu 5 m Seegang gelten als "normal". Erst wenn die Wellen noch höher schlagen, eine sichere Landung auf den Skelligs also nicht mehr möglich ist, bleiben die Kähne zu Hause. Doch alle Jahre passiert es, dass unvorsichtige Kapitäne mit dem Helikopter geborgen werden müssen, weil die Rückfahrt zu gefährlich wäre. **Little Skellig,** die kleinere der beiden Inseln, wird von den Ausflugsbooten nur umrundet. Sie gehört den Möwen, Sturmtauchern und Tölpeln, den mit 2 m Flügelspannweite größten Seevögeln Irlands. Wohl 20.000 dieser gar nicht tolpatschigen Riesen nisten auf dem kleinen Felsen, der über und über mit Guano bedeckt ist.

Hochzeit auf Skellig Michael

Auch die Iren ließen früher im Karneval noch mal richtig die Sau raus, denn während der österlichen Fastenzeit waren alle Feste und damit auch Hochzeiten tabu. Doch um die Mitte des 18. Jh. berichtet Charles Smith in seinem "The Ancient and Present State of the County Kerry" von Skellig Michael als einem Wallfahrtsort, an dem es besonders in der Fastenzeit hoch herging und wo viele Paare noch heirateten, während es auf der irischen Insel noch verpönt war.

Gingen auf Skellig Michael die Uhren anders? Und wenn, warum? Zwei Erklärungen bieten sich an. Schon auf dem Konzil von Whitby (663/664) waren sich die Kelten Nordenglands und die Sachsen aus dem Süden über das Datum des Osterfestes in die Haare geraten – die Kelten rechneten nach dem Sonnen-, die romtreuen Sachsen nach dem Mondkalender, wie es auch im Heiligen Land üblich war. Eine Neuauflage erlebte der keltisch-englische Streit um die Zeitrechnung mit der Kalenderreform Gregors XII., die auf den 4. Oktober 1582 kurzerhand den 15. Oktober folgen ließ, um einen Fehler in der Berechnung der Schaltjahre auszugleichen. Entgegen der Regel, dass jedes vierte Jahr einen Tag mehr hat, wird der Schalttag seither an den Jahrhundertwenden nur alle 400 Jahre eingeschoben. Die anglikanischen Engländer akzeptierten diese Reform erst 1782, die Russen erst nach der Revolution. Ägypter und andere Ostkirchen halten bis heute am alten, julianischen Kalender fest, und in manchen Orten der Schweiz – am bekanntesten Basel – beginnt der Karneval erst, wenn anderswo schon Aschermittwoch war. So mögen auch auf der Skellig Michael Fastenzeit und Osterfest zu einem anderem Datum als in Irland gefeiert worden sein, was den erwähnten Heiratstourismus ermöglichte.

Auf der **Skellig Michael** landen die Boote in der *Blind Man's Cove*. Der winzige Steg wurde bereits 1826 von der Leuchtturmgesellschaft angelegt, die dabei wohl auch den Anfang der in den Stein geschlagenen Himmelsleiter zerstörte, auf der einst die Eremiten zu ihren Zellen kletterten. Turmhoch steigen die Felsen auf, Vögel beschweren sich kreischend über die Eindringlinge, die jetzt den Versorgungsweg zu den Leuchttürmen hinauf kraxeln. Um

Verwechslungen mit anderen Seezeichen auszuschließen, hatte Skellig Michael zwei ölbefeuerte Signallampen. Der untere *Turm,* 60 m über dem Wasserspiegel, ist noch in Betrieb. Er leuchtet bei guter Sicht 40 km weit übers Meer, ist aber natürlich längst mit einer elektrischen Lampe und einer automatischen Steuerung versehen. Die romantische Einsamkeit der Leuchtturmwärter, die hier allerdings mit ihren Familien lebten, gibt es also auch auf Skellig Michael nicht mehr.

An der Serpentine über dem *Crosscove* wurde der Steig wie eine Gebirgsstraße zum Schutz vor Steinlawinen überdacht. Ausgelöst wird diese drohende Gefahr von den Vögeln, die oben die Vertiefungen für ihre Nester scharren. Eine weitere Treppe (leicht zu übersehen) kreuzt den Weg und führt zum Kloster hinauf. Oben taucht man vollends ein in die Atmosphäre einer besonderen Welt. Als seien die Bewohner gerade mal ausgegangen, stehen zwischen den beiden Gipfeln auf einem terrassierten Plateau aus Steinplatten gefügte *Bienenkorbhütten,* dazu zwei verfallene Kapellen. Aus einer Felsspalte rieselt frisches Trinkwasser.

Geschichte

Der Mount St. Michael, eine dem Erzengel Michael geweihte Klosterinsel vor Südengland, war vermutlich einst ein keltisches Heiligtum. Auch auf dem französischen Mont Saint Michel beschworen einst Druiden die Götter, und vielleicht war es auf Skellig Michael nicht anders. Genaues weiß niemand, eben so wenig, wann sich die ersten Mönche hier niederließen. Das erste halbwegs verlässliche Datum ist das Jahr 490, als sich Duach, der König von Munster, vor den Nachstellungen eines rivalisierenden Clans nach Skellig flüchtete. Erst im 8. und 9. Jh. taucht das Kloster in den Chroniken auf, mit Olaf Trygveson wird sogar der erste christliche König Norwegens hier getauft. Nach 1044 verschwindet Skellig wieder aus den Annalen, obwohl die Kapelle mit dem romanischen Fenster, durch das die kleine Skellig so fotogen erscheint, sicher erst aus einer jüngeren Zeit stammt. Auch über den Alltag auf dem Felsen können wir nur rätseln. Im Winter war die Gemeinschaft völlig von der Außenwelt abgeschnitten, doch dürfte ihr Speisezettel abwechslungsreicher gewesen sein, als man heute denkt: Außer Algen, Fischen, Vögeln und deren Eier gab es sogar einen kleinen Gemüsegarten.

Sehenswertes

Visitors Centre: Die Multimediashow "The Skellig Experience" informiert über die Geschichte der Inseln und ihre Natur. Diese "weather-independent tourist attraction" befindet sich in einem Bunker an der Valentia-Brücke, dazu gibt es reichlich Gelegenheit zum Einkaufen irgendwelcher Souvenirs. Kein Vergleich mit dem Erlebnis auf den Inseln selbst.

- *Öffnungszeiten:* Mai–Sept. tägl. 10–19 Uhr; Eintritt 4 €, mit Bootsfahrt 20 €.
- *Verbindung:* Die Boote des Visitor Centre umrunden die Inseln nur. Wer auf Skellig Michael landen will, muss mit einem privaten Kutter kommen. Trips werden von Knightstown, Portmagee, Ballinskelligs und Waterville veranstaltet. Für den Ausflug, der im Prinzip bei allen Anbietern gleich abläuft, rechne man 25 €. Überfahrten je nach Wetter und nur bis Anfang September. Leserin Jutta Stehle empfiehlt als gesprächigen Skipper Joe Roddy (✆ 9474 286) aus Ballinskelligs.

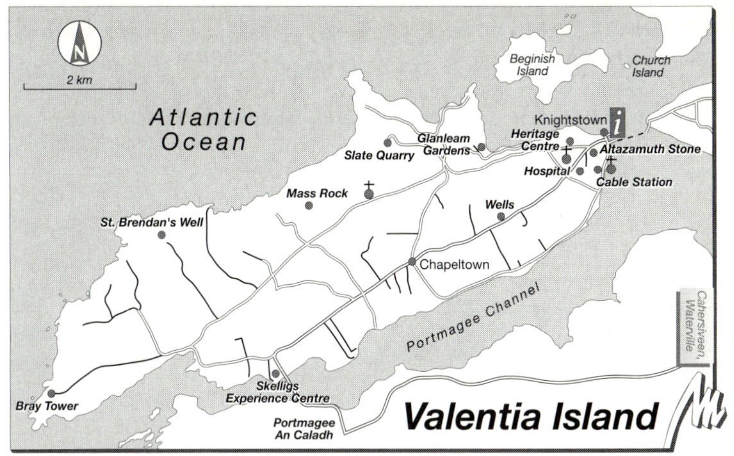

• *Ausrüstung:* Warme und wasserdichte Kleidung ist unerlässlich, denn selbst bei schönem Wetter spritzt das Wasser über das Schiff. Pillen gegen Seekrankheit sind das gängigste "Souvenir" aus den Hafenorten.

Valentia Island

Nach dem Trip auf die Skelligs wirkt Valentia sanft und harmonisch. Der Boden ist bis zu den Hügeln hinauf kultiviert, an der Westspitze bewacht ein alter Turm die 11 x 3 km große Insel.

Seit es mit dem Festland durch eine Brücke verbunden ist, hat Valentia etwas an Unschuld verloren. Im Sommer ist die Insel ein vor allem bei Tauchern und Hobbyfischern beliebtes Ferienziel. Beim Herrensitz **Glenleam,** der samt dem prächtigen Garten heute einem deutschen Fabrikanten gehört, verführt eine lauschige Bucht zum Baden.

Der Hauptort **Knightstown** hat seinen Namen von den Fitzgeralds, den Knights (Ritter) von Kerry. Das Dorf besteht aus wenigen Häuserzeilen am Wasser und entlang der Hauptstraße. Diese mündet beim Royal Pier Hotel in einen weiten, viel zu groß geratenen Platz, der von Ambitionen vergangener Tage kündet. Nur an warmen Sommerabenden entfaltet sich Lokalkolorit, wenn die Akkordeonspieler aus den Kneipen ins Freie kommen und sich die Alten vor dem Uhrturm in wilden Reigentänzen austoben, als wollten sie es dem Tod noch einmal zeigen.

Von Anfang des 19. Jh. immerhin 3000 Seelen ist die Bevölkerung der Insel jetzt auf weniger als 1000 geschrumpft, man trifft nur wenige junge Leute. Es lässt sich schwer nachvollziehen, dass Knightstown einmal eine Enklave der großen, "englischen" Welt in der sonst gälisch sprechenden Inselgemeinschaft war. Hier lebten die Angestellten der Schiefermine und der Radiostation vergleichsweise komfortabel, heizten mit Kohle und hatten wasserfeste Schieferdächer, einen Komfort, den sich sonst nur noch das Glenleam House leistete,

Karte Seite 294/295

während die Pächter in armseligen Cottages hausten. Viele machten sich jeden Sommer zu Fuß auf den langen Weg nach Tipperary, um sich dort als Erntehelfer zu verdingen.

Auf **Beginish,** einem Inselchen in der windgeschützten Hafenbucht, ist ein weiterer Badeplatz, und auf **Church Island,** dem zweiten Felsen in der Bucht, finden Freunde alter Steine die Ruine einer frühmittelalterlichen Einsiedelei mit Kapelle und Bienenkorbhütten.

Information/Verbindungen/Diverses

- *Information:* Knightstown, in einer Baracke am Uhrturm, ✆ 9476 164, Juni bis September. Zwei Kids unterbrechen höflich ihr Flirten, fragen nach dem Woher und Wohin und versorgen den Fremden mit Prospekten. Valentia im Internet unter http://indigo.ie/~cguiney/valentia.html.
- *Verbindung:* Zwischen Reenard's Point und Knightstown verkürzt eine **Shuttle-Fähre** (Auto 5 €) den Weg auf die Insel (April bis Okt. tägl. 7–23 Uhr, ✆ 9476 141). Das Pier Hostel bietet Trips zu den vorgelagerten Inseln an, und im Sommer schippern Dermot Walsh (✆ 9476 327) oder Pat Lavelle (✆ 9476 124) auf die **Skelligs**. Schließlich fährt ein Ausflugsboot (mit Fahrradtransport) im Juli/Aug. mehrmals pro Woche nach **Dingle** und Cahersiveen (Auskunft ✆ 9476 306).
- *Fahrradverleih:* **Curran's,** Chapeltown, ✆ 9476 297 und **Casey's,** Knightstown, ✆ 9472 474.
- *Sport:* **Valentia Sea Sport Centre,** im Hafen, ✆ 9476 204, verleiht Boote und Surfbretter, organisiert Tauchausflüge und -kurse. Ein weiteres Tauchzentrum mit B&B betreibt **Pat Lavelle,** ✆ 9476 124, am Hafen von Knightstown, Mit **Dan McCrohan** (✆ 9476 142) oder **Seanie Murphy** (✆ 9476 214, 087 236 2344) kann man zum Fischen hinaus fahren.

Übernachten

Glanleam House, ✆ 9476 176, April–Okt. DZ 100–200 €, Dinner 30 €. Die deutsch-irischen Besitzer des Herrenhauses vermieten 6 Gästezimmer, ausgestattet mit wertvollen Art Deco-Möbeln. Drumherum ein prächtiger Garten *(siehe Sehenswertes).*

B&B Altazamuth House, Knightstown, ✆ 9476 367, DZ 50 €. Ob Leuchtturm, Transatlantikkabel oder Radiostation – in Valentia konzentriert sich das Bemühen, die Ferne mit Signalen zu überbrücken. Auch der Altazimut, wie er auf Deutsch heißt, passt in diese Reihe. Was der Altazimut mit jenem zitronengelben B&B zu tun hat, erklärt Ihnen Mary Lyne. Wem die Technik von anno dazumal aber schnuppe ist, dem bleibt ein gastfreundliches Haus mit schöner Aussicht.

B&B Spring Acre, Knightstown, ✆ 9476 141, April–Okt., DZ 50 €. Der Bungalow mit großer Wiese liegt 10 Min. vom Zentrum entfernt an der Uferstraße. Das Haus ist etwas altbacken eingerichtet, aber freundlich.

B&B Shealane Country House, Portmagee Rd., ✆ 9476 354, E-Mail marylane@eircom.net, DZ 50 €. Gleich zwei Leserbriefe empfehlen dieses "beste B&B auf unsrer Irlandreise." Toller Blick auf den Hafen von Portmagee, sehr schön eingerichtet, und als Höhepunkt ein Frühstück, bei dem der Gast zwischen dem üblichen Irish Breakfast und sieben weitere Gerichten (z.B. gegrillter Bückling) auswählen kann. Landlady Mary Lane vermittelt auch Ausritte, Ausflüge und Pub-Besuche.

Royal Pier Hostel (IHI), Knightstown, ✆ 9476 144, Bett 10 €, DZ 25 €. Verblichenes Grandeur, riesige Gemächer, gute Aussicht. Der Kasten wurde einst für Königin Viktoria und ihren Hofstaat gebaut, die zur Einweihung des Transatlantik-Telegrafen anreiste und gerade eine Nacht blieb. Das Haus verfiel, irgendwann wurde das ganze Inventar versteigert. Die jetzigen Besitzer geben sich alle Mühe, peu à peu wieder Glanz in die feuchten Mauern zu bringen. Die notwendige Generalüberholung würde freilich Millionen kosten, die das Haus nicht erwirtschaftet. Besonders die Eckzimmer mit Panoramablick sind für Nostalgiker die beste Wahl auf der Insel. Fahrradverleih, Pub im Haus.

Coombe Bank House (IHI), Knightstown, ✆ 9476 111, März–Okt., Bett ab 13 €, DZ 45–50 €.

Am Hafen von Knightstown

Knightstown JH, ✆ 9476 141, Juni–Sept., Bett 7–9 €. In den früheren Cottages der Küstenwache, sauber, doch eher schlicht (2 Duschen), mit Küche, tagsüber geschl.

Essen/Pubs

Gallery Kitchen, Main St., ✆ 9476 105, Juni–Sept. tägl. Galerie mit Restaurant, auch die Tische sind mit Kunst dekoriert. Zu klassischer Musik werden exotische Gerichte gereicht.

Boston Bar und die Kneipe des **Royal Pier,** beide auch mit Pubgrub, sind die Stätten des alkoholseligen Nachtlebens von Knightstown.

Bridge Bar, Portmagee. Bei der dienstäglichen "Irish Night" sorgen Chef und Sohn für Musik, geben Hausfrauen und Touristen Lieder zum Besten und zeigen Dorfschönheiten irische Tänze. (Lesertipp Larissa Akbayoglu)

Sehenswertes

Heritage Centre: Im Heimatmuseum erzählen verblichene Fotos die Geschichte des ersten Transatlantikkabels, über das am 16. August 1858 Königin Viktoria von der Alten in die Neue Welt morsen durfte – von Cahersiveen nach New York. Obwohl die Firma Western Union Herrn Samuel Morse persönlich nach Valentia delegiert hatte, um die Verlegung zu überwachen, hielt der Draht nur gerade 27 Tage, um dann zu verstummen – irgendwo auf dem Meeresgrund ging er entzwei. Erst 1866 war schließlich, jetzt von Valentia Island, ein neues Kabel gelegt. Der Anschluss nach Dublin kam noch ein paar Jahre später, so dass die Leute ihren Verwandten in Amerika telegrafieren konnten, nicht aber mit der eigenen Hauptstadt. Genau 99 Jahre war die Valentia Cable Station Schaltstelle zwischen den Kontinenten – dann übernahmen Satelliten die Kommunikation.

⌚ Mai–Sept. tägl. 11–18 Uhr; Eintritt 2 €. In der Schule zwischen Knightstown und dem Steinbruch.

Glanleam Gardens: Die Fitzgeralds suchten für ihr Anwesen eine Bucht aus, die durch Höhenzüge einigermaßen windgeschützt ist und sogar einen kleinen Sandstrand hat – einen besseren Platz hat Valentia kaum zu bieten. In ihrem Garten sammelten sie Exoten aus der südlichen Hemissphäre: Bananenstauden, chilenische Myrthen und Palmen aus Südamerika schaffen einen surrealen Dschungel, der so gar nicht auf diese sonst karge, kahle Insel zu passen scheint.

🕐 Mitte Juni bis Mitte Sept., tägl. 11–19 Uhr, Eintritt 3,50 €.

Slate Quarry: Im 19. Jh. war der Schiefer von Valentia Island ein weltweit begehrter Artikel, mit dem z.B. die Londoner Charing Cross Station und sogar der Bahnhof im mittelamerikanischen San Salvador eingedeckt wurde. Im "Marienjahr" 1954 wurde ein Tunnel unter Wasser gesetzt und zu einer Mariengrotte umfunktioniert. Ein Wasserfall plätschert, Maria lächelt, na ja: über Geschmack lässt sich streiten.

Cahersiveen

Im Hauptort der Iveragh-Halbinsel wurde 1775 Daniel O'Connell, der "Befreier" geboren. Zwei Welten existieren scheinbar unvermittelt nebeneinander.

Hier ist günstig Pferdemist "garantiert ohne Stroh" abzugeben oder wird der überall im Land am gleichen Sonntagmorgen offerierte Benefizkaffee für die Hospizbewegung kurzerhand auf den Abend verlegt, weil vor 10 Uhr, zumal an einem Sonntag, niemand aus den Federn kommt. Daneben steht die touristische Welt. Gegen Mittag überfallen die Reisebusse die Stadt und stoppen mit laufenden Motor vor Potterys, Craftshops und "Regine Bartschs Atelier". Im Ringside Hotel sind die Tischreihen für die Massenspeisung gedeckt.

Auch nach über hundert Jahren Fremdenverkehr hat sich der Marktort viel Ursprünglichkeit bewahrt. Damals dampften die ersten Züge der "Western Railway" durch die Stadt. Unten am Fluss erkennt man noch die Eisenbahnbrücke, bei Kells überspannt ein schönes Viadukt die Landstraße. In Cahersiveen wechselten die Gäste von der Bahn in die Kutsche, die sie weiter nach Waterville brachte. Seinen zungenbrecherischen Namen verdankt der Ort der Kolonialzeit, als die Engländer den gälischen Ortsnamen Cathair Saidhbhin ("Steinfestung von Sabina") anglisierten. Der in den siebziger Jahren unternommene Versuch, mit Steuervorteilen und Investitionsbeihilfen Industriebetriebe nach Cahersiveen zu locken, hatte auf Dauer keinen Erfolg. Die drei Textilfabriken, Filialen weltweit operierender Konzerne, sind wieder geschlossen – Irland ist nicht länger ein Billiglohnland.

Information/Fahrradverleih

- *Telefonvorwahl:* 066.
- *Information:* Gleich zwei Büros bieten ihre Dienste an. Das private befindet sich in der Main St. in der protestantischen Kirche, Mo–Sa 9.30–17 Uhr, mit Coffeeshop und Souvenirverkauf; ein Büro der Gemeinde ist im "Schloss" an der Brücke eingerichtet, ✆ 9472 589 (Winter ✆ 9472 777), Juni–Sept. tägl. 10–19 Uhr, Okt.–Mai Mo–Fr 9.30–17.30 Uhr.
- *Fahrradverleih:* **Casey's**, New St., ✆ 9472 474.

Übernachten/Camping/Essen/Pubs

* **Cahersiveen Park,** Valentia Rd., ✆ 9472 543, ✆ 9472 893, DZ 180 DM. Das moderne Hotel liegt am westlichen Ortsrand. Lobby, Bar und Speiseraum haben einen Touch von Jugendstil und Art Deco, die Zimmer sind sehr einfach eingerichtet.

Sive Hostel (IHH/IHI), 15 East End (Main St.), ✆ 9472 117, Bett 10 €. Die Möbel in der Lounge sind etwas brüchig. TV/Video, Hausherr Peter holt persönlich die Spielfilme aus der Videothek. Mehrere Bäder sind auf die Etagen verteilt, auch einige DZ.

Mortimer's Hostel (IHI), Main St., ✆ 9472 338, Mai–Sept., Bett 9 €. Im Aufenthaltsraum lädt ein Buddha zum Meditieren ein, während Seeungeheuer ihr Spiel auf den Teppichen treiben.

• *Camping:* **Mannix Point,** ✆ 9472 806, Juni–Sept., 4 € p.P. Gut geführte Anlage (Blumen im Bad!) auf einer etwas windigen Wiese mit Blick auf die Bucht und das Ballycarbery Castle, gemütlicher Gemeinschaftsraum; Abholservice der Skellig-Fähren.

• *Essen:* **Seahorse,** Main St., schräg gegenüber der AIB Bank. Hier dreht sich alles um den Fisch: Fischladen mit Fischrestaurant, dazu eine handwerklich betriebene Fischräucherei, und natürlich hat Besitzer Pat O'Donoghue auch noch einen Fischkutter, mit dem er ab und an selbst auf Fischfang fährt.

Shebeen, East End (Main St.), mit der etwas hoch gegriffenen Werbung "Where the people of the world meet", solides Barfood (Hauptgericht um 9 €).

Grudles Coffeeshop, Main St. Gut für Frühstück und Lunch (auch vegetarisch).

Helen's Bakery & Coffee House, Main St.; ein Lesertipp von Simone Weiler und Th. Hinterkeuser).

• *Pubs:* **Anchor Bar,** Main St. Das Pub von Paddy und Pauline Maguire in der Hinterstube eines Anglershops ist eine dieser Wohnzimmerkneipen, in denen der Fremde sich wie ein Eindringling fühlt, der nicht zur Familie gehört. Die Bar vermittelt auch Ausflüge zum Hochseeangeln.

Skellig Rock, Shebeen und **Teach Chulann,** alle Main St., sind Bars, in denen man abends Folkmusik erwarten kann.

Sehenswertes

RIC Barracks: Unter dem Eindruck der Fenian-Rebellion verstärkte die Royal Irish Constabulary (RIC), eine Art Landgendarmerie, ihre Präsenz in Westkerry. Die 1867 an der Brücke über den Fertha gebaute Kaserne ist einem Schloss nachempfunden. Das im Bürgerkrieg niedergebrannte Castle wurde restauriert und beherbergt jetzt unter anderem eine Ausstellung zur Ortsgeschichte. Breiten Raum nehmen der Befreiungskampf und Daniel O'Connell ein, der in Cahersiveen das Licht der Welt erblickte.

⌚ Juni–Sept. tägl. 10–19 Uhr, Okt.–März Mo–Fr 9.30–17.30 Uhr.

Valentia Observatory: Bisher kann die Wetterstation mit ihrem auffällig geschwungenen Dach an der Valentia Road nur nach Voranmeldung (✆ 9472 176) besehen werden. Doch die Tage der Wetterfrösche sind im Satellitenzeitalter gezählt, und man munkelt, dass die Station mit ihrer Sammlung alter Instrumente bald ein technisches Museum werden könnte.

Cahersiveen/Umgebung

▸ **Wanderung Knocknadobar:** Ausgangspunkt für die hin- und zurück vierstündige Tour auf den 690 m hohen Berg nordöstlich von Cahersiveen ist die Straße zum Coonanna Harbour. Auf der Passhöhe verweist ein Schild "Stations – Next Gate" auf den Kreuzweg, den ein Pfarrer von Cahersiveen auf den Gipfel anlegen ließ, auf dem einst der Heilige Fursey gelebt haben soll. Der Weg, den am letzten Juliwochenende Tausende von Wallfahrern erklimmen, ist allerdings recht feucht. Ein trockenerer Aufstieg über Felsgrund beginnt an der heiligen Quelle, etwa 150 m vor besagtem Schild. Der eigentliche Gipfel ist etwas östlich des **Canon's Cross,** das bei gutem Wetter von Cahersiveen aus zu sehen ist. Noch etwas weiter in diese Richtung liegen die Glendalough Seen am Fuße eines Steilhangs.

• *Übernachten:* **Caitin Baiters Hostel** (IHI), Kells, ✆ ✆ 9477 618, März–Okt., Bett 9 €, DZ 23 €. Direkt an der Straße, aber mit schönem Blick über die Bucht – ein Fernrohr steht gleich vor dem Haus. Zum Hostel gehört ein Pub (am Wochenende Musik), und als weitere Abwechslung sind gleich in der Nachbarschaft, so ein Hinweisschild, "sheepdogs at work".

König Puck

Dem Marktort Killorglin ist ungeachtet seiner 24 Pubs an einem gewöhnlichen Tag nicht anzusehen, dass er einmal im Jahr Kopf steht. Mitte August wacht König Puck, ein mit einer Pappkrone geschmückter Ziegenbock, über das alkoholisierte Treiben im Rahmen einer der letzten heidnischen Fruchtbarkeitsriten, die in Europa noch gefeiert werden. In diesen närrischen Tagen ist Killorglin der Nabel der irischen Welt. Tinker, fahrende Händler und Vergnügungssüchtige lassen Killorglin aus allen Nähten platzen, tanzen auf den Straßen, und es ist ein Wunder, dass noch nie jemand zu Tode getrampelt wurde.

Am Gathering Day, der das Fest eröffnet, kehren die Männer aus den Macgillycuddy-Bergen zurück und bringen den stärksten Ziegenbock mit, den sie finden konnten. Begleitet von einer johlenden Menge wird das Tier auf den Dorfplatz geschleppt, dort von der obligatorischen "Jungfrau" gekrönt und auf eine Plattform gehievt, wo das völlig verstörte Tier drei Tage ausharren muss, bis es am Sonnenaufgang des Scattering Day, sicher mit einem Schock fürs Leben, wieder in die Freiheit entlassen wird.

Die Puck Fair war lange als ein Saufgelage verschrien, bei dem die sonst eher prüden Iren und Irinnen die Schamgrenzen vergaßen und die Straßen buchstäblich voller Scheiße waren, die freilich weniger von den Menschen als von den Tieren des gleichzeitig stattfindenden Viehmarktes stammte. Heute ist das Fest, nicht zuletzt mit Rücksicht auf den Fremdenverkehr, sehr viel braver geworden und bis ins Detail durchgeplant. Die Stadtoberen organisieren Musikgruppen, Sportwettbewerbe, akrobatische Shows und Kinderprogramme, man will Familien und nicht mehr nur Säufer und Raufbolde anlocken. Doch nach wie vor ist die Puck Fair das größte Volksfest des Westens.

▸ **Glenbeigh:** Ohne seinen schönen Strand wäre das Dorf am Fuß des Seefin nicht der Rede wert. **Rossbehy Beach** ist eine 5 km lange, als Halbinsel ins Meer hinaus ragende Düne. Der Strand darf sich mit der "blauen Umweltflagge" für sauberes Wasser schmücken, der Badebetrieb wird im Sommer überwacht. Im dahinter liegenden Mündungsdelta des **Caragh** überwintern viele grönländische Wildgänse.

• *Übernachten:* *** **Towers Hotel,** Main St., ✆ 9768 212, ✆ 9768 260, DZ 100–125 €. Ein älteres Haus, die Zimmer mit Terrassen oder bis in Fußhöhe verglasten Dachgauben sind in einem Anbau.

* **Glenbeigh Hotel,** Main St., ✆ 9768 333, ✆ 9768 404, DZ 70–100 €. Die alte Poststation ist jetzt seit 150 Jahren ein Hotel. Viel Charme von anno dazumal.

• *Camping:* **Glenross,** neben dem Glenbeigh Hotel, ✆ (064) 31 590, (066) 9768 451, 5 € p.P. Der Platz mit Fahrradverleih ist eine Spur besser als die Konkurrenz von Falvey's, aber beide sind voll mit Caravans.

▸ **Kerry Bog Village:** Es begann mit Jeremiah Mulvihill, einem Torfstecher aus Listowel, der sich, angelockt vom fetten Torf von Glenbeigh, hier niederließ. Jeremiah fand bald viele Kunden, doch seine Pferde liefen sich die Füße wund, denn es fehlte ein Schmied. So überredete er Jack Bell O'Sullivan, sich auch am Rande des Moors anzusiedeln. Es folgten noch Phil McGillicuddy, der Hirte, Paddy Browne, der Dachdecker, Denny Riordan, der Mann für alles – so jedenfalls die Legende des Kerry Bog Museums, das die Häuser und Werkstätten der fünf rekonstruiert hat. Lebten hier auch Frauen, vielleicht auch Kinder? Davon erfahren wir nichts.

Tägl. 9–18 Uhr; Eintritt 3,50 €. Glenbeigh, Killorglin Rd. Km 4.

Killarney

An Killarney scheiden sich die Geschmäcker. Für die einen lässt die Stadt (9000 Einwohner) am Schnittpunkt zwischen dem Ring of Kerry und der Dingle Halbinsel dank ihrer Pubs, Einkaufsmöglichkeiten und Verkehrsverbindungen keinen Wunsch offen. Andere verabscheuen sie als eine Hochburg kommerzieller Beutelschneiderei.

Wer langsam in den Südwesten Irlands gereist ist, dem werden erst allmählich immer mehr andere Reisende begegnet sein. Mit Killarney ist jetzt die Nummer Eins des irischen Fremdenverkehrs erreicht, nur das erheblich größere Dublin verfügt über mehr Fremdenbetten. Dabei hat die Stadt selbst, so nett sie auch sein mag, gar nicht allzu viel zu bieten. Im Sommer erstickt sie im Verkehr, und die Freundlichkeit der Einwohner verrät professionelle Routine. Es ist die Umgebung, die die Besucher lockt. Der Ring of Kerry wird als *die* Sehenswürdigkeit Irlands betrachtet, und Killarney ist das Tor zum Ring of Kerry. Gleich vor der Stadt liegen im Schatten der Macgillycuddy-Gipfel in einer Parklandschaft mit gepflegten Wäldern und Anlagen drei idyllische Seen, zu denen man, wie einst die Damen und Herren der englischen Aristokratie, standesgemäß mit der Pferdekutsche hinausfährt.

Information/Verbindungen

• *Telefonvorwahl:* 064.

• *Information:* Beech Road, ✆ 31 633, Mo–Sa 9.15–17.30 Uhr. Ein quirliger Supermarkt mit Souvenirartikeln und Verkauf von Ausflügen. Logisch, dass der Massenansturm das Personal manchmal stresst.

• *Verbindung:* Vom **Kerry Airport,** 15 km nördlich von Killarney in Farranfore, ✆ (066) 9764 644, gibt es keine direkten Busverbindungen nach Killarney.

Mit der **Bahn** direkt von und nach Tralee, Limerick und Dublin. Umsteigeverbindungen mit Cork, Galway und Sligo. Bahnauskunft ✆ 31 067.

Busse vom Bahnhofsvorplatz nach Cork/ Waterford/Rosslare, Dingle, Dublin, Limerick, Shannon, im Sommer auch eine Ring-of-Kerry-Tour sowie über Tarbert (Fähre), Doolin, nach Galway; Busauskunft ✆ 34 777.

Das traditionelle Transportmittel für die nähere Umgebung sind die **Jaunting Cars,** Kutschen. Die Jarveys, wie die Fahrer hier genannt werden, warten an der East Avenue Rd. nahe dem Tourist Office, am

Muckross House und am Gap of Dunloe. Für die Stunde rechne man 20 €, zu einigen Sehenswürdigkeiten gibt es auch Festpreise, bei denen Ihnen aber nur 30 Min. für die Besichtigung bleibt – vorher abklären, wenn Sie den Kutscher länger warten lassen wollen.

Diverses

- *Angelscheine:* **O'Neill's,** 6 Plunkett St., ✆ 31 970, verkauft nicht nur Angellizenzen und -ausrüstung, sondern ist auch einschlägige Informationsbörse. Die Flüsse Flesk und Laune sind gute Fischgründe für Forelle und Lachs, auch die vielen kleinen Seen zwischen Kilkenny und Kenmare sind ergiebig. Coarsefishing wird in der Region nicht gepflegt.
- *Ausflüge:* Mehrtägige Touren per Pferd bietet **O'Sullivan** in Ballydowney, ✆ 31 686. Geführte Wanderungen mit **Dero Tours,** 22 Main St., ✆ 31 251. Fahrten im Ausflugsboot auf dem Lough Leane mit **Destination Killarney** (Scotts Gardens, ✆ 32 638) und **Lilly of Killarney** (✆ 31 068).
- *Autoverleih:* **Murray's Europcar,** Texaco Station, Muckross Rd., ✆ 31 237; **Hertz,** 28 Plunkett St., ✆ 34 126; **Budget,** International Hotel, Kenmare Pl., ✆ 34 341.
- *Buchhandlung:* **Killarney Bookshop,** 32 Main St., im Sommer abends bis 22 Uhr.
- *Campingausrüstung:* **O'Sullivan's,** Bishop's Lane off New St., ✆ 31 282.
- *Fahrradverleih:* **O'Neill's (12),** Plunkett St., ✆ 31 970, tägl. 9–21 Uhr, auch Kinderräder; **O'Sullivan's (10),** Bishoff's Lane off New St., ✆ 31 282, mit Garantie: wer unterwegs eine Panne hat (Plattfuß ausgenommen), bekommt sein Geld zurück. Löblich! **O'Callaghan (16)** (Raleigh), College St., ✆ 31 465; **Cycle Ireland,** St. Mary's Terrace, ✆ 32 536, bietet neben dem Veloverleih auch organisierte Radausflüge samt Gepäcktransfer.
- *Krankenhaus:* **District Hospital,** High St., ✆ 31 076.
- *Post:* New St., Mo–Sa 9–17.30 Uhr.
- *Reiten:* **Killarney Stables,** Ballydowney, ✆ 31 686; **Muckross Stables,** Mangerton Rd., Muckross, ✆ 32 238; **Rockland Stables,** Tralee Rd., Rockfield, ✆ 32 592.
- *Stricksachen:* **Blarney** und **Quills,** beide in der Main St., gute Auswahl an Pullovern etc.
- *Waschsalon:* **Gleason's Launderette,** beim Sparmarkt, College Rd.

Übernachten/Camping

Die Touristenmetropole bietet Nachtquartiere für alle Ansprüche und in allen Preislagen. Obwohl es nur in Dublin mehr Fremdenbetten gibt, kann es in der Hochsaison zu Engpässen kommen. Im Juli/August sollte deshalb wenigstens einen Tag vorher gebucht werden.

- *Hotels:* **** **Great Southern Hotel,** am Bahnhof, ✆ 31 262, Fax 31 642, www.gsh.ie, DZ 130–250 €. Das nostalgische Haus empfing schon die Reisenden der viktorianischen Epoche. Durch Lobby und Flure plätschert klassische Musik; die geräumigen, hohen Zimmer sind für die Preisklasse eher schlicht ausgestattet, teilw. mit Balkon und schönem Blick auf den Garten. Pool, Sauna und Tennis.

*** **Gleneagle,** Muckross Rd., ✆ 36 000, Fax 32 648, DZ 110–170 €. Das "leading leisure hotel", so die Eigenwerbung, lockt vor allem junge, doch betuchte Gäste. Das Freizeitangebot umfasst Hallenbad, Sauna, Dampfbad, Whirlpool, Tennis und Golf, für Kinder gibt es ein Beschäftigungsprogramm, und für die Nacht eine hauseigene Disco.

*** **Arbutus (21),** College St., ✆ 31 037, Fax 34 033, DZ 95–145 €. Zentral gelegen, kürzlich modernisiert und mit freundlicher Atmosphäre. In der Halle begrüßt eine museumsreife Standuhr, auch die Bar ist recht nostalgisch eingerichtet.

- *Pension:* **Killarney Town House (1),** 31 New St., ✆ 35 382, DZ 70 €. Das neuere Guesthouse liegt zentral. Die 11 Zimmer sind mit TV, Telefon, regulierbarer Elektroheizung und Schreib-/Frisiertischchen ausgestattet. Kein Aufenthaltsraum.
- *B&B:* Obwohl es in Killarney mehrere hundert B&Bs gibt, ist in der Hochsaison nicht immer ohne Weiteres ein Bett zu bekommen. Am besten wendet man sich an die Tourist Information und lässt dort nach einem freien Bett telefonieren. Die Preise liegen bei durchschnittlich 50 € für das DZ mit Bad

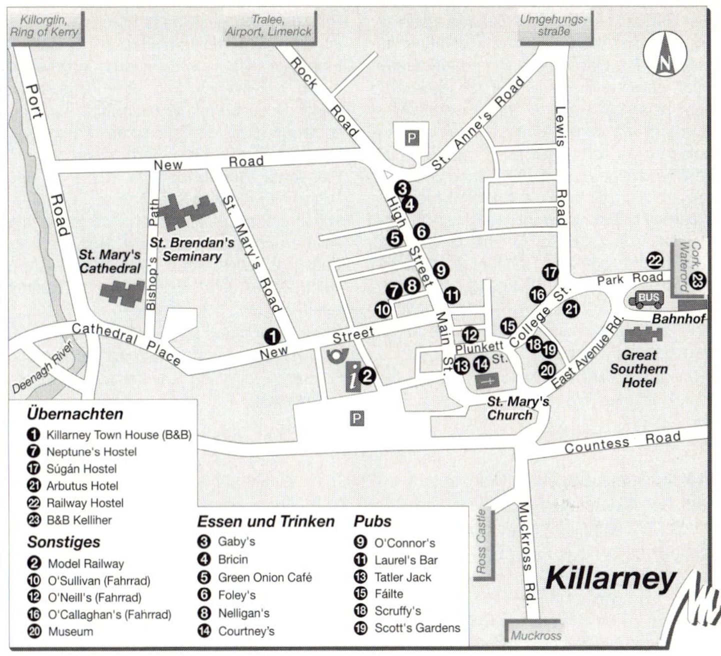

und Frühstück, reichen in der Spitze aber bis 70 €. Wer es auf eigene Faust versuchen will, findet die meisten B&Bs an den Ausfallstraßen (Muckross Rd., Tralee Rd.) mindestens 20 Min. vom Zentrum.

Nora Kelliher (23), Upper Park Rd., Ballyspillane, ✆ 34 363, DZ 50 €, Nov.–April geschl. 1 km außerhalb in einem Vorort an der Cork Rd., Gäste ohne Auto werden vom Bahnhof abgeholt. Zur Begrüßung gibt's Tee und Kekse, nette Atmosphäre. Gepäckaufbewahrung. (Lesertipp Jutta Stock)

• *Hostels in der Stadt:* **Railway Hostel (22)** (IHH/IHI), Fair Hill, ✆ 35 299, Bett ab 10 €, DZ 35 €. In einer früheren Glasfabrik gleich beim Bahnhof. Die meisten Zimmer (am schönsten der "Flintstone Room") mit eigenem Bad. Den Speiseraum verschönern Postkarten und ein altes Wagenrad. Die Küche dominiert der zentrale, auf einem Backsteinsockel montierte Gasherd.

Neptun's (7) (IHH), New St., ✆ 35 255, Bett 10 €, DZ um 30 €. 100 Betten in Schlafsälen und einigen kleineren Familienzimmern (mit Bad). Saubere, bei Vollbelegung allerdings zu wenige Etagenbäder. Ein Foto im Aufenthaltsraum zeigt das junge Team des Hauses bei der Patrickparade und setzt so einen persönlichen Akzent. Auf die Hauswand vor dem Eingang ist eine große Orientierungskarte der Region gemalt. Zentral gelegen, kostenloser Transfer von Bahnhof und Busstation, schlechte Parkmöglichkeiten. Die zentrale Lage sichert gute Belegung, deshalb wird frühzeitige Reservierung dringend empfohlen.

Súgán (17) (IHI), Lewis Rd. Ecke College St., ✆ 33 104, Bett ab 11 €. Klein (3 Räume mit insgesamt 18 Betten), aber gemütlich und kontaktfördernd. Eingerichtet im Obergeschoss eines Naturkostrestaurants, dessen Küche die Hostelgäste tagsüber mitbenutzen können und in dem sie abends zum halben Preis essen. Gemütlicher Gemeinschaftsraum mit Natursteinwänden und Torffeuer im Kamin. Besitzer Eugene O'Shea hat auch in der irischen Ökologiebewegung einen Namen. Mit Fahrradverleih.

• *Hostels außerhalb:* **Peacock Farm** (IHH), Gortdromakiery, Muckross, ✆ 33 557, April–Sept., Bett 9 €. Anfahrt: Von der Muckross Rd. nahe dem (nur für Fußgänger

Der Südwesten
Karte Seite 294/295

geöffneten) Parktor zur Muckross Abbey die Straße zum Lough Guitane nehmen, von der die Abzeigung zum Hostel ausgeschildert ist. Das kleine, von einem älteren Paar geführte Haus liegt 9 km außerhalb von Killarney einsam und mit herrlicher Aussicht auf dem Stoompa Mountain, Abholservice nach Absprache. Es gibt tatsächlich einige Pfauen, dazu Hund und Katz, dazu rundum einladende Wanderwege.

Killarney International JH, Aghadoe House, ✆ 31 240, Bett 9–11 €. 5 km westlich, Bustransfer vom Bahnhof. Das gediegene Herrenhaus (160 Betten) mit großem Park ist auch tagsüber geöffnet; ein wenig anonym, dafür abends Filmklassiker auf Video; Fahrradverleih.

• *Camping:* **Fossa,** Killorglin Rd., ✆ 31 497, März–Okt., für Wanderer/Radler 9 €. 6 km außerhalb, nicht weit von der JH. Der im Bereich nahe der Straße etwas laute Platz ist durch Bäume und Hecken in kleinere Einheiten aufgeteilt, Caravane und die wenigen Mobilhomes sind vom Zeltplatz getrennt. Duschen mit Münzen, aber individuell regulierbar. Mit Tennisplatz, Fahrradverleih, Waschmaschinen und Cafeteria.

Fleming's Whitebridge, N 22, ✆ 31 590; März–Okt., für Wanderer/Radler 7 €. 1,5 km außerhalb an einem Bach, mit Waschmaschine und Shop. Tagsüber stört die nahe Bahnlinie etwas, doch nach 18 Uhr fahren keine Züge mehr. Heißwasser für Dusche oder Abwasch kostet extra.

Flesk, 2 km südl. der Stadt am Rande des Nationalparks, ✆ 31 704, mit Supermarkt, Fahrradverleih und Cafeteria. Heißwasser kostet extra.

Essen

Wo sich viel Gelegenheitskundschaft tummelt, ist die Gefahr eines kulinarischen Reinfalls besonders in den oberen Preislagen groß. Auch ein schlechter Wirt kann gut verdienen, wenn immer wieder ahnungslose Gäste kommen.

Gaby's (3), 17 High St., ✆ 32 519, Sonntag und Montag Nachm. Ruhetag, Dinner um 25 €. Das Lokal, eher wie ein Café und damit nicht zu vornehm eingerichtet, ist durch Raumteiler geschickt in kleinere Segmente eingeteilt. Die Küche konzentriert sich auf Fisch und Schalentiere und wurde 1997 mit dem "Irish Seafood Award" belohnt.

Courtney's (14), 24 Plunkett St., ✆ 32 688, Di–Sa ab 18 Uhr, Dinner 30 €. Das Moderestaurant Killarneys liegt im ersten Stock eines Altstadthauses. Auf der Karte findet sich auch ein breites Angebot für Vegetarier. Der Chef kauft sein Gemüse und Geflügel persönlich bei einem Biobauern im County Cork, anderes Fleisch liefert ein Biometzger aus Fossa, und der Fisch lässt sich zwar nicht bis zum Erzeuger, aber bis zum (Bio?)Fischer zurückverfolgen. Probieren Sie mal die mit Corned Beef gefüllten Krautwickel in Petersiliensauce oder das Lammfleisch.

Foley's (6), High St., ✆ 31 217. Restaurant mit Pianobar, warme Küche bis 23 Uhr, Dinner um 25 €. Das Lokal ist seit Generationen in Familienbesitz. Den weitläufigen Speiseraum schmücken viel Porzellan und ein Ölgemälde mit "Lady's View". Gemischtes Publikum, die Kleidung reicht von ganz fein bis zum Freizeitlook. Spezialitäten sind Scallop Mornay (Jakobsmuscheln) oder Ente mit Johannisbeeren in Rotweinsauce. Über dem Restaurant befinden sich 12 noble Gastzimmer.

Bricin (4), 26 High St., Okt.–März nur bis 18 Uhr. Ein Bistro über einem Buchladen mit Craftshop, speziell irische Küche. als kostenlose Beilage ausgezeichnetes Brown Bread.

Nelligan's (8), High St., ein preiswerter Coffeeshop mit Bäckerei, die Natursteinwände sind mit Bildern von Alt-Killarney dekoriert.

Súgán (17), Lewis Rd., Di–So 18–21 Uhr, Dinner 15 €, für Hostelgäste die Hälfte. Vegetarische Küche mit irischer Musik im Hintergrund, die Kneipe grellbunt gestrichen und eingerichtet.

Am Abend

Die Musikszene Killarneys ist sehr organisiert, wenig spontan und wird von Puristen als nicht authentisch kritisiert, was angesichts der abendlichen Horden jigsuchender Amerikaner aber nicht weiter verwundert. Gut klingt's trotzdem. Und zum österlichen Folkfestival trifft sich wirklich die Elite der irischen Barden und Folker. Einen Veranstaltungsüberblick gibt der "Killarney Adviser".

Laurel's Bar (11), Main St., auch Pubfood. Abends irische Musik mit Johnny Cash und auch mal einem Schunkellied – das weitgehend amerikanische Publikums will's so. Oft von Reisegruppen belegt und sehr touristisch, "neatly dressed" erwünscht. Na ja ...

Fáilte (15), College St. Bunt gemischtes Publikum mit Späthippies, Punks und Normalos, Mo/Di Traditional, Mi–So Folk und Rock.

O'Connor's (9), High St. Ein Pub, so wie man ihn sich in Deutschland vorstellt: etwas schick mit großer Lounge und weichen Polstern. Junges, gepflegtes Publikum, ein- bis zweimal die Woche Musik.

Tatler Jack (13), Plunkett St. Die Bar für Sportler, am Wochenende mit Musik.

Scott's Gardens (19), College St. Pub mit "Biergarten" (= Holzbänke in einem asphaltierten Innenhof), veranstaltet Set-dancing und Discos mit verlängerter Sperrstunde.

Scruffy's (18), College St. Das Discopub für die Jungen ist eine geräumige Höhle aus Natursteinmauern und hat einen offenen Kamin.

Spitzweg grüßt Killarney

Sehenswertes

National Museum of Irish Transport (20): Eine Sammlung alter Autos, Fahrräder und anderem Transportgerät. Der "Germain" von 1904 soll mit 125 km/h über Feldwege und kopfsteingepflasterte Chausseen gejagt sein, der "Wolseley" Modell 1910 mag Berühmtheiten wie die Gräfin Markievicz und W.B. Yeats herumkutschiert haben – doch die Geschichte der Automobile verblasst neben der eines Dreirads: "Meteor Stanley" Modell 1844, das, gänzlich neu und nie benutzt, 1961(!) von einem Fahrradhändler als Ladenhüter ausgemustert wurde.

⌚ April–Okt. tägl. 10–20 Uhr, sonst bis 18 Uhr; Eintritt 3,50 €. East Avenue Rd.

Model Railway (2): Killarney's zweite Attraktion für Regentage ergänzt das Transportmuseum um die dort vernachlässigte Eisenbahn. Computergesteuerte Miniaturzüge rauschen an einem brennenden Pub und den Wahrzeichen europäischer Hauptstädte vorbei, insgesamt wurden mehr als 1500 m Gleise verlegt.

⌚ Ostern bis Okt. tägl. 10.30–18 Uhr (Juli/Aug. bis 21 Uhr), Eintritt 4,50 €. Beech Road (Quinnsworth-Parplatz).

Killarney/Umgebung

Die nähere Umgebung Killarneys erkundet man am besten auf einer etwa 35 km langen Radtour, die mit einer Besichtigung, Bootsfahrt, Spaziergängen und gemütlichem Picknick als Tagesausflug geplant werden sollte. Eine Fahrt mit der Pferdekutsche, die man auch am Eingang zum Muckross Park oder am Gap of Dunloe mieten kann, hat ihren romantischen Reiz. Wer sich abseits der ausgetretenen Pfade bewegen will, dem sei die Wanderkarte des Nationalparks 1:25.000 empfohlen.

▸ **Ross Castle:** Der Bergfried aus weißem Kalkstein ist direkt am **Lake Leane** errichtet, einem romantischen Ort mit einer wild-naturbelassenen Uferlandschaft, Booten, Anglern und Kaleschen vor dem Hintergrund der Berge. Ein schöner Spazierweg führt in einer halben Stunde am Seeufer entlang um die Halbinsel hinter dem Castle herum. Zwei Türme der Ringmauer, die das Castle umgab, sind noch erhalten, doch ein Großteil der äußeren Befestigung wurde zerstört, als man im 17. Jh. gleich nebenan eine Kaserne baute. Bis ins 15. Jh. geht die Residenz der O'Donoghues zurück. Es war die letzte Burg in Munster, die von Cromwell genommen wurde. Nach einer alten Legende sollte das Castle eines Tages "mit Feuer aus dem Wasser" zerstört werden. Als die Briten ihre Kanonen auf Boote verluden und Ross Castle auf seiner schwächsten, der Seeseite angriffen, sahen die Verteidiger die Prophezeiung erfüllt und gaben auf. Die zuletzt arg ramponierte Burg wurde kürzlich restauriert und dabei insbesondere die alten Deckengewölbe mit mittelalterlichen Techniken wiederhergestellt.

⌚ Juni–Aug. tägl. 9–18.30 Uhr, Mai, Sept. tägl. 10–18 Uhr, April, Okt. Di–So 10–17 Uhr; Eintritt 4 €.

▸ **Inishfallen Island:** Das Kloster, von dem nur noch Ruinen stehen, wurde durch seine Chronik berühmt, die heute in Oxford gehütet wird. Das Manuskript aus dem 13. Jh. ist eine der wichtigsten Quellen über das irische Mittelalter. Bootstrips nach Inishfallen werden am Ross Castle angeboten. Da mit dem "Waterbus" für die Insel aber gerade nur 20 Min. bleiben, kommt man besser mit eigener Kraft im Ruderboot. Mit dem lässt es sich natürlich auch einfach nur ziellos auf dem Lough herumrudern (Waterbus 8 €; Ruderboot pro Std. 4 €, Tag 25 €).

▸ **Muckross House and Gardens:** Das Herrenhaus wurde 1843 im neoelisabethanischen Stil für Henry Arthur Herbert errichtet, dessen Familie bis in die jüngste Zeit neben den Brownes die größten Grundbesitzer in Kerry waren. Später ging es an die Guinness-Familie, die es als Ferienquartier an aristokratische Jagdgesellschaften vermietete, dann wurde es von einem steinreichen Amerikaner als Hochzeitsgeschenk für seine Tochter erworben und nach deren Tod schließlich dem Staat vermacht. "Muckross möge ein Garten der Freundschaft, möge der größte Spielplatz der Welt werden", hieß es in der Stiftungsverfügung. Die üppig mit Stuck geschmückten Räume sind mit Möbeln verschiedener Epochen eingerichtet, so dass man einen guten Eindruck vom Wandel des Geschmacks und der Wohnkultur bekommt. Interessant ist die im Keller gezeigte Dauerausstellung zum Handwerk und Alltagsleben vor gut hundert Jahren. Die Weberin (warum eigentlich eine Frau?) lässt das Schiffchen flitzen, der Schmied schlägt mit aller Kraft auf das Werkstück ein.

Der **Park** steigt vom See leicht zur Straße hin an, wo ihn eine Mauer vom Verkehr abschirmt. Großzügige, gepflegte Rasenflächen sind von Rhododendron-

"Englischer" Rasen in den Muckross Gardens

hecken und Kiefern unterbrochen, auch der aus dem Mittelmeerraum stammende, aber längst ausgewilderte Erdbeerbaum *(Arbutus unedo)* gedeiht prächtig. Im südlichen Teil wird ein neues **Arboretum** angelegt. Von Killarney kommend, stehen nahe dem ersten für Autos gesperrten Tor die Ruinen einer **Franziskanerabtei.** Unter den Grabplatten der Klosterkirche sind Kirchenmänner und die Clanchefs von Kerry bestattet.

Ⓛ Juli/Aug. tägl. 9–19 Uhr, sonst bis 17.30 Uhr; Eintritt 5 €.

▸ **Muckross Traditional Farms:** Das Bauernhausmuseum ergänzt die aristokratische Welt des Muckross House. Aus verschiedenen Regionen Irlands wurden Cottages zusammengetragen oder nach entsprechendem Vorbild aufgebaut, in den Küchen knistern die Torffeuer, so dass man an einem Regentag gern ein wenig länger verweilt.

Ⓛ Juni–Sept. tägl. 9–19 Uhr, Mai tägl. 13–18 Uhr, April, Okt. Sa/So 13–18 Uhr; Eintritt 5 €, mit Muckross House 8 €.

▸ **Killarney National Park Centre:** Im Pavillon der Nationalparkverwaltung, gleich hinter dem Muckross House, wird eine Videopräsentation des Parks gezeigt. Ein superschlauer und -schneller Computer beantwortet mit Bild und Text Fragen zur irischen Naturkunde, beispielsweise zur Entstehung von Mooren oder zum Waldsterben. Schade, dass das aufwendige Programm nicht auch in anderen Nationalparks gezeigt wird. Unter dem eingängigen Motto "Die Eiche als Supermarkt" wird der Deutschen liebster Baum vorgestellt und gezeigt, wie sich andere Lebewesen an ihm bedienen: Vögel bauen ihre Nester, Käfer fressen die Rinde, und der Mensch versägt die Eiche zu Bauholz und Möbeln.

Ⓛ März–Okt. tägl. 9–18 Uhr (Juli/Aug. bis 19 Uhr); Eintritt frei.

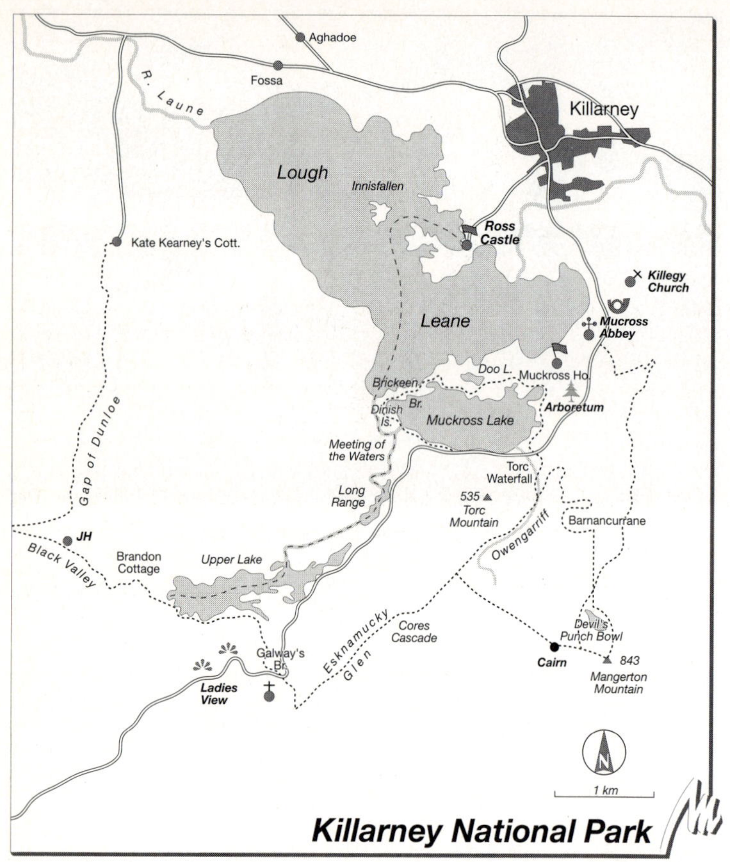

Killegy Hill: Gleich am Anfang des Muckross-Parks liegt auf der anderen Straßenseite ein unscheinbarer Hügel. Die Kelten befestigten ihn mit einem Ringfort, die Christen bauten ein heute verfallenes Kirchlein und legten einen Friedhof an, der seit langem vergessen scheint. Dichtes Rhododendrongestrüpp überwuchert die umgestürzten Grabsteine, deren Inschriften zur Unkenntlickeit verwittert sind. Obwohl ein romantischer Aussichtsplatz, wäre der Killegy Hill hier nicht weiter der Erwähnung wert, ruhten hier nicht die Gebeine von Rudolf Friedrich Raspe (1737–94), der die Gestalt des Lügenbarons Münchhausen erfand. Als Kurator der Münzsammlung des Landgrafen von Hessen-Kassel hatte Raspe sich Unterschlagungen zuschulden kommen lassen und war nach Schottland geflohen, wo er sich als Geologe verdingte. Auch hier gab es Unregelmäßigkeiten, und Raspe setzte sich 1793 schließlich nach Killarney ab. Kaum ein Jahr noch leitete er hier die Kupfergruben der

Herberts, bis er am Fleckfieber starb. Der "Münchhausen" ist Raspes lange Rache am deutschen Landadel, der ihn ins Exil getrieben hatte.

Weg: Von Killarney kommend liegt vor dem Parktor zur Muckross Abbey rechts ein Postamt. Hier beginnt der nur wenige Minuten lange Weg auf den Hügel.

▸ **Ladies' View:** Für Fußgänger ist der Aussichtspunkt 15 km außerhalb an der Straße nach Kenmare keine Wanderung wert. Radlern sei der Weg an schönen Tagen trotz des Anstiegs empfohlen. Hier pflegten Königin Viktorias Kammerzofen sich der Landschaft zu erfreuen und auf die drei Seen und das verkarstete Tal hinunter zu blicken.

Wanderungen

▸ **Dinis Island:** Ein schöner, gut vierstündiger Spaziergang führt vom Muckross House durch den Wald auf die mit exotischen Bäumen und bunten Blumen bepflanzte Halbinsel zwischen Lough Leane und dem Muckross Lake. Der Trip wird auch als Kutschenfahrt angeboten. Nach dem **Lough Doo,** einem Teich zwischen den großen Seen, entdeckt man links einen Badeplatz. Über die Brickeen Bridge kommt man auf die Insel mit der Dinis Cottage am **Meeting of the Waters,** dem zweiten Zusammenfluss von Lough Leane und Muckross Lake. Roh gezimmerte Tische und Bänke laden zu einem Picknick ein. Der Rückweg geht am Südufer des Muckross Lake entlang und verläuft leider für 1,5 km auf der Straße. Am Parkplatz des Torc Wasserfalls biegt man links ab und kommt über den Kerry Way wieder zum Ausgangspunkt.

▸ **Vom Torc-Wasserfall zum Devil's Punch Bowl / Mangerton Mountain:** Diese etwa fünfstündige Bergtour, die man nur in Begleitung und bei gutem Wetter unternehmen sollte, beginnt am Parkplatz des Torc-Wasserfalls. Ein bequemer Weg führt am Ostrand der Schlucht entlang, unten tobt der über Kaskaden stürzende Wildbach. An einer Brücke oberhalb des Wasserfalls wechselt man auf das Westufer und wandert jetzt auf den sich in Serpentinen schlängelnden Forstwegen in südöstlicher Richtung den Berg hinauf. Die sich kreuzenden Schneisen sind etwas verwirrend, doch wenn man stets die nach oben führende Variante wählt, kommt man unweigerlich an den Waldrand mit dem **Barnancurrane Gap,** durch das eine Treppe führt. Oben folgt man dem alten Zaun nach Osten, der früher das Muckross Estate vom schlechten Land der Pächter trennte. Wo der Zaun im rechten Winkel auf einen anderen trifft, wendet man sich rechts und folgt jetzt diesem Zaun zum **Devil's Punch Bowl,** einem von Steilfelsen umgebenen Bergsee. Man geht im Uhrzeigersinn um den See und steigt dabei allmählich an – auf der Südseite des Sees ist vor dem Steilfelsen ein Sattel, über den man auf den **Mangerton** (840 m) gelangt. Links öffnet sich ein Abgrund und gewährt einen weiten Blick in die Ebene.

Für den Rückweg gibt es zwei Varianten. Entweder geht man nach Westen auf den Vorgipfel des Mangerton (auf der Karte ist fälschlich ein Cairn eingezeichnet) und von dort in der Falllinie nach Nordosten ins **Owengarriff-Tal** hinunter, wo man auf die Old Kenmare Road mit dem Kerry Way trifft, der rechts wieder zum Torc-Parkplatz führt. Der andere Pfad beginnt am Nordende des Devil's Punch, trifft auf den erwähnten Zaun und kreuzt ein Geröllfeld, knickt dann leicht nach links und begleitet anschließend einen Bach. Der Trail mündet

Karte Seite 294/295

in eine Teerstraße. An der nächsten T-Kreuzung links, kommt man nach 4 km an Molly Darcys Pub wieder auf die Hauptstraße.

▸ **Vom Torc-Wasserfall zur Lord Brandon's Cottage:** Diese etwa fünfstündige Wanderung ist ein Teil der ersten Etappe des Kerry Way. Man kann sich also an den gelben Markierungen orientieren. Es gibt einige kleinere Anstiege, doch ist die Tour nicht weiter schwierig. Ein Abschnitt ist sehr feucht, wasserfeste Schuhe sind von Vorteil. Um von der Brandon's Cottage wieder nach Killarney zurück zu kommen, sollte man nicht zu spät aufbrechen.

Ausgangspunkt ist wieder der Parkplatz am Torc Wasserfall, und wie bei der letzten Tour steigt man am Fall vorbei auf, bleibt dann aber auf dem Kerry Way und damit parallel zum Bach. Dies ist die alte **Kenmare Road.** Am Waldrand informiert bei einem Gatter ein Schild, dass hier das Reservat des Rotwilds beginnt – es sind die einzigen noch wild lebenden Hirsche in Irland. Im 19. Jh. wurde die Straße von den Grundherren geschlossen und die weiter oben siedelnden Pächter vertrieben, um das Wild und damit die Jagd nicht zu stören. Der Bach knickt jetzt nach links ab, doch wir behalten die Richtung, und der stellenweise nur noch anhand der Markierungen auszumachende Weg durchquert eine sumpfige Niederung. An den schlimmsten Stellen sind Holzplanken gelegt, damit Wanderer nicht im Morast versinken. Ein neuer Bach begleitet uns ein Stück, links rauscht der **Cores Wasserfall,** dann geht es in die **Esknamucky-Schlucht.** Am oberen Ende des Glens kommen eine sumpfige Passage und ein alter Eichenwald, auf einer Lichtung überquert eine Holzbrücke den **Galway's River.** Am Waldrand stößt man auf einen Feldweg, der rechts an der Serpentine bei der **Derrycunnihy Church** auf die Nationalstraße (N 71) mündet.

Wer müde ist, dem bietet sich hier die Chance auf einen Lift zurück nach Killarney. Zur Brandon's Cottage sind es noch knapp 5 km. Man überquert die Straße, der Weg bleibt links vom Galway's River. Früher hätte man Queen's Cottage passiert, einen 1861 extra für den Besuch Königin Viktorias gebauten Teepavillon, der in den zwanziger Jahren leider abgerissen wurde. Der Trail führt leicht oberhalb des Seeufers durch einen mächtigen Eichenwald, wie man ihn in Irland kaum sonst irgendwo findet. Der Überlieferung nach durften früher nur Männer diesen Weg zur Derrycunnihy-Kirche benutzen, während die Frauen mit dem Boot über den See zu fahren hatten. Die **Lord Brandon's Cottage** wird von Juni bis September bewirtschaftet. Von hier kann man mit den Boot über Ross Castle, mit einer Kutsche durch das Gap of Dunloe oder mit dem Taxi nach Killarney zurückkehren.

▸ **Gap of Dunloe:** Das Tal trennt die Macgillycuddy-Berge (im Westen) von den Purple Mountains (im Osten), die einen Großteil des Nationalparks ausmachen. Der Trail durch die Bergschlucht scheidet aber auch die Geister. Was für die einen ein sagenhaftes Naturerlebnis, ist für die anderen Kommerz pur. Technisch bietet der Weg jedenfalls keine Schwierigkeiten – er wird mit dem Rad oder mit den Jaunting Cars absolviert, selbst die Fahrt mit dem Auto ist möglich und erlaubt, was angesichts des schmalen Weges eine Zumutung für die Nicht-Motorisierten ist. Als Pauschaltour wird gewöhnlich angeboten: Busfahrt von Killarney bis zum unteren Eingang der Schlucht **(Kate Kearney's**

Cottage), durch das Gap nach Wahl eine Fahrt mit dem Jaunting Car oder ein Ritt auf dem Rücken eines Pferdes (nur geübten Reitern zu empfehlen) bis zum Upper Lake, anschließend eine Bootsfahrt nach Ross Castle und von dort wieder mit dem Bus nach Killarney; alles zusammen rund 50 €, nur für ein Pferd rechne man 15 €.

Die Sache hat Geschichte und geht auf Thomas Cook zurück, den legendären Erfinder der Pauschalreise. Damals wurden eigens 20 Polizisten im Gap stationiert, um die englischen Reisenden vor den Nachstellungen irischer Nationalisten zu schützen. Wir schlagen vor, das Gap gegen den "touristischen Strom" zu durchwandern oder zu befahren – ein steiler Anstieg und danach ein langer, bequemer Abstieg erscheint vernünftiger. Fußgänger nehmen um 10.30 Uhr am Ross Castle eines der Ausflugsboote, die leer zum Upper Lake fahren, um an Brandon's Cottage die ersten Reisegruppen aufzunehmen. Von dort folgt man dem **Black Valley,** einem einsamen Tal mit nur wenigen Häusern und ohne Pub oder Laden, von dem das Gap of Dunloe rechts abzweigt.

Übernachten: **Black Valley JH,** ✆ 34 712, am Weg zwischen Upper Lake und Gap of Dunloe, März–Nov., Bett 7–10 €, auf Wunsch auch Mahlzeiten, Pferdeverleih.

Radtour

▸ **Macgillycuddy Mountains:** Keine Angst – ich will Sie nicht mit dem Fahrrad auf die Gipfel scheuchen, sondern eine etwa 80 km lange Panoramatour um das Massiv herum vorschlagen, die auch in zwei Tagesetappen geteilt werden kann. Hier werden Ihnen, anders als am Ring of Kerry, kaum Autos oder gar Omnibusse die schmale Straße streitig machen. Nehmen Sie den Weg zum nördlichen Eingang des **Gap of Dunloe** und biegen Sie etwa 1,5 km vor Kate Kearney's Cottage nach Westen ab. Spätestens jetzt brauchen Sie eine Karte, um sich im Gewirr der Teerwege und Gabelungen entlang der Nordflanke des Gebirges halten zu können, ohne dabei in die Täler zu geraten, aus denen es oben keinen Ausgang mehr gibt. Wenn Sie auf die von Killorglin nach Glencar führende Straße stoßen, wird die Orientierung einfacher. Ihr folgen Sie nach links, am **Acoose Lough** vorbei. **Glencar** liegt zwar (links) einige Minuten abseits der Route, ist mit seinem Pub aber ein guter Rastplatz auf beinahe halbem Wege. An der Bealawa Bridge wenden Sie sich nach links und strampeln über Boheeshil zum **Ballaghbeama Gap** hinauf. An der Einmündung der von Sneem kommenden Straße geht es wieder links und nochmals einige Kilometer bergauf bis zu **Moll's Gap,** wo in einer wilden Gebirgslandschaft die Hauptstraße erreicht wird, auf der Sie am Ladies' View vorbei zum Muckross Lake hinunter rollen können, von dem es noch etwa 7 km nach Killarney sind.

- *Karte:* Nr. 78 der Discovery Series (1:50.000).
- *Übernachten:* **Climbers Inn,** Glencar, ✆ (066) 9760 101, E-Mail climbers@iol.ie, DZ 60 €. Bereits in der 4. Generation führt die Familie Walsh nun ihren Landgasthof samt Laden und Postamt. Alle Zimmer mit Zentralheizung und Bad; Fahrradverleih, Abholservice, Campingmöglichkeit, dazu im Sommer täglich geführte Wanderungen.

B&B Glendale, Mrs. Maura Sheehan, Direen, Greenane (Sneem – Moll's Gap Rd., 5 km vor Moll's Gap), ✆ (064) 82 004, DZ 50 €. Von einer Leserin wärmstens empfohlen – sorry, der Brief ging unter, nur die Visitenkarte blieb erhalten.

Der Südwesten
Karte Seite 294/295

Dingle-Halbinsel

Ist Dingle das Opfer seiner eigenen Romantik geworden? Ein gälisches Sprachgebiet, eine Fülle keltischer und frühchristlicher Ruinen, die Literatur der heute unbewohnten Blasket Islands und ein leibhaftiger Delphin nähren den Mythos der Halbinsel im Nordwesten von Kerry.

Nachdem der Ring of Kerry als "überlaufen" gilt, bevorzugen immer mehr Individualreisende die 48 km lange Dingle-Halbinsel. Schroffe, rotbraune Klippen wachsen neben goldenen Sandbuchten aus dem Meer, dramatische Nebelszenarien entfalten sich an den Bergpässen. Besonders der äußerste Westen ist geradezu übersät mit Ringforts, Bienenkorbhütten, alten Kirchen und Hochkreuzen. Hier landete der mythische König Darie Donn, um Irland zu erobern und erlitt eine böse Schlappe durch den Riesen Finn MacCool und seine Genossen. In den *Slieve Mish Mountains* geht die schöne Lady Banba um, eine Feengestalt, in der manche Volkskundler einen Nachklang einer keltischen Göttin sehen. Auch moderne Legenden spielen auf der Halbinsel. Für den Film "Ryan's Daughter" wurde seinerzeit ein ganzes Dorf aufgebaut (und nach Abschluß der Dreharbeiten wieder demontiert); das sorgt bis in unsere Tage für Gesprächsstoff.

Auch Dingle hat seinen Fernwanderweg. Der 178 km lange **Dingle Way** umrundet von Tralee aus die Halbinsel. Die erste Etappe nach Camp kann man sich getrost schenken, der zweite Tag geht über das Gebirge hinüber nach Anascaul, der dritte nach Dingle, und erst dann wird die Route wirklich interessant. Der Weg ist auf den Blättern 70 und 71 der Discovery Series (1:50.000) markiert.

▸ Die **Südküste** hat weichere Konturen als Iveragh, das sich jenseits der Bucht im Dunst verliert. Bei *Inch* ragt eine sandige Nehrung ins Meer hinaus, die einen nahezu perfekten Badestrand abgibt. An den Strandkiosk hat jemand mit großen Lettern ein melancholisches Gedicht gepinselt. Bis *Anascaul* fährt man auf einer Panoramastraße am Meer entlang, dann durch ein weites Tal mit Wiesen und Feldmauern weiter nach Dingle (Stadt).

• *Übernachten:* **Bog View Hostel** (IHH), zwischen Camp und Anascaul, ✆ 9158 125, Juni–Aug., Bett 10 €, DZ 22 €. Das alte, rosafarbene Schulhaus mit familiärer Atmosphäre liegt am Hang und bietet eine schöne Aussicht. Aufenthaltsraum (mit Kaminfeuer) und Schlafräume sind in getrennten Gebäuden. Zum Kochen können die Gäste bei Susan und John biologisch angebautes Gemüse aus dem Garten erstehen (Lesertipp von Sylvia Schlicht).

Hostel Fuchsia Lodge (IHH), Anascaul, Camp Rd., ✆ 9157 150, Bett 9 €, DZ 25 €. 3 km außerhalb an der Landstraße, der gekieste Vorplatz ist groß genug, um mehrere Reisebusse parken zu lassen. Das als Schulhaus gebaute Hostel ist sehr nüchtern eingerichtet, es fehlt an Atmosphäre. Keine Einzelbäder. Fahrradverleih, abends Shuttle-Service ins Dorf(pub).

The Phoenix B&B/Restaurant, Castlemaine, 6 km außerhalb an der Inch Rd., ✆ 9766 284, DZ 30–35 €. Ein gemütliches, mit fernöstlichem Kunsthandwerk bunt dekoriertes und esoterisch angehauchtes B&B mit Campingmöglichkeit. Die Gäste werden auf Wunsch in Castlemaine abgeholt. Zutaten für die vorzügliche vegetarische Küche stammen weitgehend aus dem eigenen Garten.

B&B Redcliff, Inch, Anascaul Rd., ✆ 9157 136, DZ 50 €. Das in einem Hain versteckte Haus mit traumhafter Sicht übers Meer war einst das Ferienhaus des Bischofs von Galway. Hier pflegte sich der Kirchenmann mit seiner Geliebten Annie Murphy zu treffen.

Verschwiegene Buchten säumen die Dingle-Halbinsel

Seacrest Hostel (IHH), Kinard West, Lispole, ✆ 9151 390, März–Okt., Bett 9 €, DZ 22 €. 5 Min. vom Strand auf einer Klippe, sehr abgelegen. Die Gäste werden vom Bus in Lispole oder Dunquin abgeholt, abends Shuttle ins Pub. Für die Abendunterhaltung im Haus gibt es Billard und Darts. Mit kleinem Gemischtwarenladen, Fahrradverleih und einem Pool-Billard.

Dingle (Stadt)

Der Fischerort ist das Geschäfts- und Ferienzentrum der Halbinsel und eine gute Basis, um die Umgebung zu entdecken. Einzige Attraktion der Stadt ist Delphin Fungie, der in der Hafenbucht mit Schwimmern und Booten spielt.

Robert Mitchum und Trevor Howard sitzen im Pub und haben bereits eine Flasche Brandy nahezu geleert. "Was für ein gottverdammtes Kaff. 50 Pubs und nichts zu essen!", beschwert sich Robert. Aus welchem Film stammt diese Szene? Aus keinem, denn sie soll sich 1970 in Dingle tatsächlich so zugetragen haben. Damals war die Stadt allenfalls ein paar Insidern aus Cork bekannt, die ihre Kinder im Sommer zur Aufbesserung ihrer Sprachkenntnisse ins Gaeltacht-Gebiet schickten, um bei den Examen gut abzuschneiden und eine Stelle im öffentlichen Dienst zu bekommen.

Die Pubs sind geblieben, doch sonst ist Dingle (1200 Einwohner) aus seinem Dornröschenschlaf erwacht und hat die Unschuld verloren. Robert Mitchum und die Dreharbeiten zu "Ryan's Daughter" haben eine Entwicklung eingeleitet, von der noch nicht abzusehen ist, ob am Ende ein zweites Galway oder ein zweites Killarney steht. Derzeit erfreut sich Dingle der Wertschätzung einer kosmopolitischen High Society. Politiker (Ted Kennedy), Schauspielerinnen

(Julia Roberts) und Intellektuelle verbringen hier einige Ferientage, mit Französisch und Italienisch kommt man weiter als mit gälischen Sprachkenntnissen. Auch der von Mitchum beklagte Mangel an Restaurants gehört der Vergangenheit an. Gegen allzu einschneidende Veränderungen wussten sich die Bewohner allerdings zu wehren. Der Plan des Skellig Hotels, ein Feriendorf samt Yachthafen zu errichten, musste wegen des wütenden Protests der Öffentlichkeit aufgegeben werden. Oder lag es nur daran, dass man Ortsfremden das große Geld nicht gönnte?

"Ryan's Daughter" (dt. "Ryans Tochter")

Vor dem Hintergrund des irischen Freiheitskampfes und des Osteraufstandes verliebt sich eine irische Lehrerin, gespielt von Sarah Miles, in einen englischen Offizier (Robert Mitchum). Mit dem monumentalen Melodram versuchte der englische Regisseur David Lean seinerzeit (1970) auf der Erfolgswelle von "Dr. Schiwago" zu reiten. Stärke des Films sind seine großartigen Landschaftsaufnahmen, die Story ist etwas trivial geraten.

Information/Verbindungen

• *Telefonvorwahl:* 066.

• *Information:* am Hafen, ✆ 7123 566, April–Okt., Mo–Sa 9.30–13, 14–19 Uhr, So 11–16 Uhr. www.dingle-peninsula.ie.

• *Verbindung:* Vom Parkplatz hinter Garvey's Supermarkt **Busse** tägl. nach Killarney, Tralee; Mo u. Do (Sommer Mo–Sa) nach Dunquin–Ballyferrinter; Di u. Fr nach Ballydavid mit Halt bei der Gallarus-Kapelle; Auskunft ✆ 7123 566. Juli/Aug. **Fähre** nach Cahersiveen, Auskunft ✆ 9176 124.

Diverses

• *Ausflüge:* **Con Moriarty,** The Strand, ✆ 9151 868, www.hiddenirelandtourism.com, Tagesausflüge zu den Blaskets, zum Slea Head oder auf den Connor Pass; auch Verkauf von Outdoor-Ausrüstungen.

Sciuird Archaeological Tours, ✆ 9151 937, veranstaltet im Sommer von Archäologen geführte Touren in die Umgebung.

• *Baden:* Die Stadtstrände **Slaudeen** und **Beenbane** findet man vor dem Leuchtturm und am östlichen Eingang zur Hafenbucht. Geschützter liegt die **Ventry Bay** 8 km westlich der Stadt, die auch gut zum Surfen geeignet ist.

• *Bootscharter:* **Sea Ventures,** am Hafen, ✆ 9152 244.

• *Bootsfahrten:* **Dingle Marine Eco Tours,** ✆ 087-2858 802 und 087-2220 509, und weitere Bootsleute am Hafen bieten Fahrten zu den Blaskets (Tagesausflug 40 €) und zur Begegnung mit Fungie, früh morgens zum Mitschwimmen, mittags vom Boot aus. Mit Geld-zurück-Garantie, wenn der Delphin nicht erscheint (Std. 7,50 €).

• *Einkaufen:* **Brian de Staic (2),** The Wood (Werkstatt) und Green St. (Verkauf). Einer der führenden Juweliere Irlands.

Andrea Power, Main St. Drei Tage arbeitet Andrea an einer einzigen Handtrommel – die Bodhrans haben ihren Preis.

Siopa an Phíobaire, Craft Village, The Wood. Instrumente, CDs und Noten.

The Weaver's Shop, Green St. Webwaren vom Wandteppich bis zum Tischtuch, dazu erlesene Designerklamotten.

Leac a'Ré (5), Strand St. Ein sympathischer Laden – Pullover, Handarbeiten und Bücher.

• *Fahrradverleih:* **"Foxy John" Moriarty's (7)** (Raleigh), Main St., ✆ 9151 316; **Paddy Welsh (10),** Dykegate St., beim Verkehrsamt.

• *Hochseeangeln:* Im Sommer jeden Morgen Gelegenheit zum Hai- u. Thunfischfang etwa mit **Dingle Deep Sea Angling,** Norman Ó Conchúir, ✆ 087-461 581.

• *Reiten:* **Long's Horseriding & Ponytrekking,** Ventry, ✆ 9159 723. **Dingle Horseriding,** Ballionaboula, ✆ 9152 018.

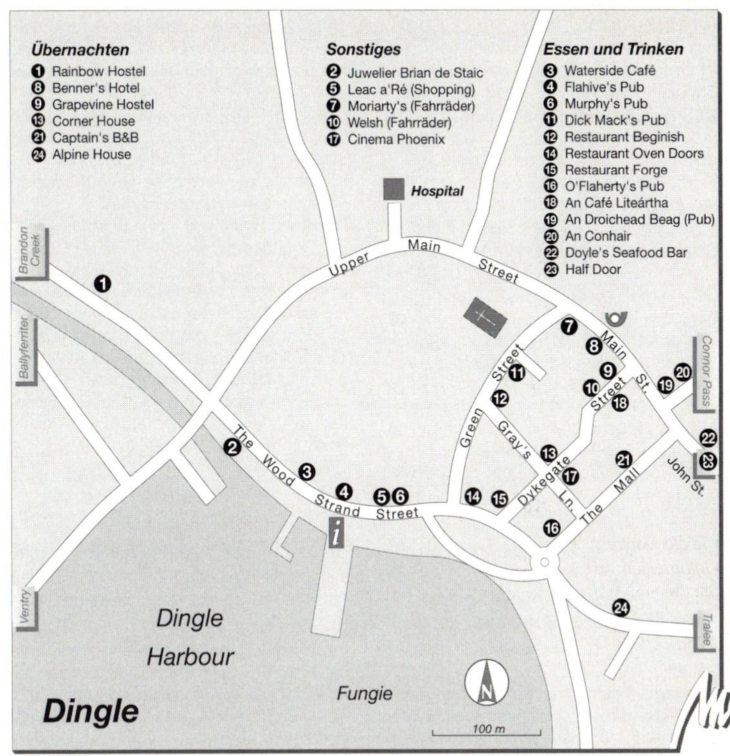

Der Südwesten
Karte Seite 294/295

• *Segelkurse:* **Dingle Sailing Club,** Brenda Farell, ✆ 9151 984.

• *Tauchen:* **Dingle Marina Dive Centre,** ✆ 9152 422. Neoprenanzüge mit Taucherbrille, Schnorchel, Flossen und Handschuhen für rund 20 € verleihen: **Flannery's Wetsuit Hire,** Cooleen, gegenüber der Esso-Station, ✆ 9151 967; **Dingle Dive Centre,** Milltown, ✆ 9152 313, **Ballintaggart House,** Annascaul Rd., ✆ 9151 454. Am Vortag anmelden und anprobieren!

Übernachten

Die mondänen Gäste besitzen ihre eigenen Villen oder gar Inseln, während die Hotels sich bislang überraschend bescheiden geben.

*** **Benner's (8),** Main St., ✆ 9151 638, 📠 9151 412, DZ 80–170 €. Auch nach der gelungenen Renovierung blieb das nostalgische Klima erhalten. Die dunkelgrüne Halle ist mit vornehmen Mahagonimöbeln ausgestattet, die Zimmer im Haupthaus ebenfalls mit altem, aber eher bäuerlichem Mobiliar.

Alpine Guesthouse (24), Tralee Rd., ✆ 9151 250, DZ 50–80 €. Zimmer mit TV und Meerblick, in der Lounge ein Modell der Gallaruskapelle. Freundliches Management. Das Gebäude ist etwas hellhörig.

Captain's Guesthouse (21), The Mall, ✆ 9151 531, April–Nov., DZ 65–80 €. Zwischen der Straße und dem Haus wurde mitten in der Stadt ein Miniaturgarten mit Wasserfall angelegt. Im Haus strahlt der Kamin wohlige Wärme ab, Gäste blättern in der Hausbibliothek – alles über Dingle. Die Zimmer sind mit Sat-TV, kostbaren Möbeln und Wasserkochern ausgestattet. Empfehlenswert.

B&B Corner House (13), Mrs. Kathleen Farrell, Dykegate St., ✆ 9151 516, DZ 50 €. Eines der ältesten und preiswertesten B&B's in Dingle. Fünf Zimmer, davon eines mit Bad, zum Frühstück frische Scones.

B&B Emlagh Lodge, Emlagh West, ✆ 9151 922, DZ 50 €. "Das Haus ist neu, die Zimmer mit Holzdielen, Frühstück gibt's in verschiedenen Varianten – nach Tagen original irischem Frühstück eine angenehme Abwechslung." (Lesertipp Marina Gellings)

Ballintaggart House (IHH), Anascaul Rd., ✆ 9151 454, Bett 9–15 €, DZ 30–35 €, Campingmöglichkeit. Das frühere Jagdhaus des Earl of Cork liegt 2 km außerhalb. Im Hof steht noch der Kessel, in dem während der Hungersnot die Suppe für die Armen gekocht wurde. Die hohen, geräumigen und zentralbeheizten Zimmer wurden weitgehend renoviert, getrennte Lounges für Raucher und Nichtraucher eingerichtet. Zum Hostel gehört außer Pfauen und Hühnern auch ein Reitstall; die etwa 90-minütige Trekkingtour zum Strand kostet 15 €. Wer mit Fungie schwimmen will, kann sich einen Neoprenanzug ausleihen. Abholservice vom Busplatz.

Grapevine (9), Dykegate Lane, ✆ 9151 434, Bett 10–13 €. Im Erdgeschoss des Stadthauses sind Küche und Gemeinschaftsräume eingerichtet, oben die Schlafräume, alle mit eigenen Bädern.

Rainbow Hostel (1) (IHI), Brandon Creek Rd., ✆ 9151 044, Bett 10 €, DZ 30 €, Camping 5 €. Der große Bungalow mit knallig roten Fenstern befindet sich. 20 Min. vom Zentrum. Die Bäder sind bei voller Belegung zu wenige, die Wände hellhörig. Positiv fällt die große Wohnküche mit ihrem gemütlichen Ofen auf. Fahrradverleih (Leserin Grit Scholz bemängelte den schlechten Zustand), Delphintrips mit eigenem Boot. Abholservice vom Busplatz.

Essen

Dingles Gastronomie zielt weitgehend auf betuchtes Publikum mit dicker Brieftasche und konkurriert mit Kinsale um den Ruf als "Gourmethauptstadt" der Insel. Gegen kanadischen Hummer oder französische Austern hat das irische Rind hier noch wenig Chancen – ganz zu schweigen von der Kartoffel.

Beginish (12), Green St., ✆ 9151 588, Mo Ruhetag, Nov.–März geschl., Dinner 25 €. Den Speiseraum beherrscht ein übergroßes Ölgemälde in vergoldetem Prunkrahmen. Spezialisiert auf Meeresfrüchte, doch auch einige Fleischgerichte (z.B. Filet vom Rind mit Rösti und Zwiebelpüree. Großzügige Portionen, gute Auswahl an Flaschenweinen.

Doyle's Seafood Bar (22), 4 John St., ✆ 9151 174, nur abends, So Ruhetag, Nov.–März geschl. Der ewige Konkurrent des Beginish beschränkt sich bewusst auf Fisch und Schalentiere. Das Millefeuille von Austern mit Guiness-Sauce brachte John und Stella Doyle den "Seafood Award of the Year" ein, auch in anderen Zubereitungen scheinen Austern zu den favorisierten Gerichten des Küchenchefs zu gehören. Der Gastraum (mit Bar und Flaschengalerie) ist im Cottage-Stil mit Steinboden und Holzwänden gehalten.

Half Door (23), John St., ✆ 9151 600, Di Ruhetag, Mi nur abends, Nov.–März geschl, Dinner 20 €. Eine gemütliche Stube mit rohen Felswänden, Stilleben, die Wände mit Flaschen dekoriert, die Holztische mit rosa Deckchen. Französische Küche, z.B. Filet vom Rind in Rotwein, auch viele Fischgerichte.

The Forge (15), The Strand, Dinner 15 €. Die irische Variante eines gutbürgerlichen Lokals, an den Wänden Landschaftsidyllen mit Schafen.

Waterside Café (3), The Strand. Mit schönem Wintergarten und Weinlaube, auch Tische im Freien. Kerrylammkotelett 14 €, reiche Auswahl an Desserts (z.B. das Schokofondant "I live in sin"). Leider versperrt eine Mauer den Blick auf den Hafen.

Oven Doors (14), Strand Rd. Preiswerte Pizzeria. Beim Backen kann zugeschaut werden, die Messer sind scharf, und der Weißwein kommt aus einem Weinkühler.

An Café Liteártha (18), Dykegate Lane. Coffeeshop der Hinterstube einer auf Regionalliteratur spezialisierten Buchhandlung, riesige Sandwiches, im Hintergrund plätschert Folk.

Am Abend

Auch wenn alle Bürger, vom Säugling bis zum Greis, gleichzeitig ausgehen würden, wäre in den 57 Pubs von Dingle noch Platz für den einen oder anderen Fremden. Ein

Schaukasten neben dem Grapevine Hostel informiert über das abendliche Musikprogramm in den Kneipen.

O'Flaherty's (16), Bridge St. Im Sommer jeden Abend Sessions, nach 21 Uhr ist kaum mehr ein Platz zu bekommen. Fergus O'Flaherty ist selbst ein Multitalent (Flöte, Akkordeon und Banjo). Sehr rustikal eingerichtet, das Ambiente imitiert eine Scheune.

Dick Mack's (11), Main St. Die beste Gelegenheit, um den Mikrokosmos der Gesellschaft von Dingle kennenzulernen. Dick Mack, der Vater des jetzigen Besitzers, war Schuhmacher, Wirt und Kaufmann. Die Kneipe hat sich seit damals nur wenig verändert. Neu sind die Wandbilder von Jay Killian, einem zugewanderten Amerikaner. Noch immer werden Lederwaren verkauft, und das Wohnzimmer ist eine Art Separée für Tête-à-têtes und Bekannte des Hauses.

James Flahive (4), Strand St. Die Kneipe schräg gegenüber vom Hafen ist der Fischertreff Dingles. Im Hinterzimmer treffen sich die Männer zum Kartenspielen, die Frauen zum Bingo. Ein Ofen, geliefert 1908 von Atkins aus Schottland, sorgt für wohlige Wärme. An den Wänden hängt Gregory Peck, ein entfernter Verwandten der Wirtsleute.

Murphy's (6), Strand St. Treffpunkt der örtlichen Jugend, gelegentlich Live-Musik.

An Droichead Beag (19) (Small Bridge Bar), Lower Main St. Das beste Pub für Traditional Music. Die abgenutzte Einrichtung der verräucherten Höhle ist künstlich auf alt gemacht, die Kneipe wurde erst vor wenigen Jahren eröffnet.

57 Pubs servieren in Dingle Guinness

John Benny's An Conhair (20), Connor Rd., eines der sechs Musikpubs. Mo Setdancing.

Cinema Phoenix (17), Dykegate St., ✆ 9151 222. Wenn es in einer Kleinstadt ein Kino gibt, das sogar gute Filme zeigt, verdient dies Beachtung.

Der Südwesten
Karte Seite 294/295

Sehenswertes

Fungie: Dingles Star ist ein Delphin. 1983 wurden Fungie und seine Mama vor Dingle entdeckt. Die Delphin-Mutter ist längst verschieden, aber dem Kleinen hat's gefallen. Er "wohnt" am Eingang der Hafenbucht vor dem Flachwasser. Anfangs schenkte ihm niemand Beachtung, denn Delphine sind in der Dingle Bay nicht ungewöhnlich, doch sie bleiben nicht lang. Fungie blieb. Taucher freundeten sich mit ihm an, und nach und nach wurde er zutraulich. Selbst mit dem Pfarrer steht Fungie auf gutem Fuß und nimmt brav an der alljährlichen Segnung der Fischerboote teil.

Heute ist um einen der wenigen Delphine, die sich aus "freiem Willen" – und nicht im Zwang der Gefangenschaft – für ein Leben mit menschlicher Gesellschaft entschieden haben, eine ganze Industrie gewachsen: T-Shirts mit seinem Logo werden verkauft, Bilder und Videos, auf denen er aus dem Wasser springt und seine Kunststücke vollführt. Morgens um 8 Uhr sticht das erste Boot für diejenigen in See, die gemeinsam mit Fungie schwimmen wollen, später gibt's Besichtigungsfahrten. Man kann Fungie auch von Land aus beobachten. Der beste Punkt ist Beenbane Head am Eingang zur Hafenbucht. Es wird über eine Piste erreicht, die von der Tralee Road 1,5 km nach der Shell-Tankstelle meerwärts abzweigt. Fungie ist verlässlich, es vergeht kaum ein Tag, an dem er sich nicht blicken lässt. Warum Fungie auch nach kurzen Ausflügen immer wieder vor die Bucht zurückkehrt und niemals einem Schwarm seiner Artgenossen gefolgt ist, wissen auch Experten nicht zu beantworten. Ein märchenhaftes Rätsel? "Gottes Wille", weiß Pater Padraig O Fiannachta, und dankt dem Herrn, "dass er uns Fungie zur Unterhaltung unserer Besucher und zum finanziellen Wohlergehen meiner Gemeinde geschickt hat." Bereits zu Lebzeiten bekam Fungie ein Denkmal (am Hafen).

Mara Beo Dingle Oceanworld: Nach der Welle der Interpretative, Heritage und Visitors Centres hat die Tourismusindustrie nun die Meereswelt entdeckt. Während in Clare 1996 vier Strände ihre "blauen Flaggen" verloren, weil das Wasser zu sehr verschmutzt war, und auch die Galway Bay inzwischen für Schwimmer als bedenklich gilt, wird das bedrohte maritime Biotop zu Lande reproduziert. Das "Exploris" in Portaferry (S. 630) ausgenommen meistert kein irisches Aquarium den Spagat zwischen Erlebniswelt und Umweltpädagogik, Zurschaustellung und artgerechter Haltung so bravourös wie Dingles "Mara Beo". Mit viel Sachverstand hat Kevin Flannery, der früher als Beamter des Department of Marine die Wasserqualität des Ozeans überwachte, hier eine Attraktion geschaffen, mit der Dingle auch der Zeit nach Fungie gelassen entgegen sehen kann.

Das Skelett eines Wales weist den Weg in die als Reise vom Mount Brandon in die Dingle Bay aufgebaute Ausstellung. Wir begegnen außer allerlei Fischen und Krabben auch St. Brandon auf seiner Atlantikfahrt, der Spanischen Armada, in "Fungi's Garden" der Lebenswelt des Delphins oder der "nachhaltigen Meeresnutzung" in Gestalt von Fischfarmen. Im "Touchpool" lässt sich ein Rochen streicheln, und ein kluger Tintenfisch vermag Schraubdeckelgläser zu öffnen, in denen ihm das Mittagessen serviert wird – nach Protesten von Tierfreunden wurden allerdings die lebenden Krabben vom Speiseplan abgesetzt.

⌚ Tägl. 9.30–17.30 h (Juli/Aug. bis 20 h), Eintritt 5,50 €. Strand St., www.dingle-oceanworld.ie.

Dingle/Umgebung

▸ **Freshwater Experience:** Dem Namen nach vermuteten wir zunächst ein Spaßbad, doch gefehlt. "Süßwasser" ist der gemeinsame Nenner für einen Park mit dreier ganz unterschiedlicher Attraktionen: nachgebaute Crannogs, also im Wasser stehende keltischer Pfahlbauten, dazu allerlei freilebende Wasservögel, die das Feuchtbiotop bevölkern, und schließlich eine kleine Forellenfarm, aus deren Teichen der Gast *seinen* Fisch für die anschließende Zubereitung im Restaurant fischen kann. Da staunt der Laie, was sich mit den entsprechenden Investitionshilfen so alles unter einen Hut bringen lässt.

⌚ April–Okt. 9–17 Uhr (Juli/Aug. bis 18 Uhr), Eintritt 5 €. Emlagh, Lispole, www.freshwaterexp.com.

▸ **Eask Tower:** Die Halbinsel gegenüber dem Hafen fordert zu einer kleinen Wanderung heraus, die aus der Stadt und zurück etwa 4 Std. dauert. Man verlässt Dingle über die Milltown Bridge vorbei an der alten Mühle, eine der letzten Wassermühlen Irlands, und schlägt links die Ventry Road ein. Der Weg auf die Halbinsel ist nach 4 km ausgeschildert ("Reenbeg"). Die Internatsschule

Coláiste Ide gleich am Anfang der Halbinsel war das Haus der de Moleyns, denen früher ein Großteil von Dingle gehörte. Sie siedelten die Dörfer in der Umgebung ihres Hauses kurzerhand um, seither ist die Halbinsel nahezu unbewohnt. Der Aufstieg zum Turm beginnt am Fahrweg direkt unterhalb des Hügels, der auf der Meerseite in einem steilen Kliff abfällt.

"*Eintritt*": Unterwegs kassiert ein Bauer ein Wegegeld von 1,25 € pro erwachsenem Wanderer (Leserhinweis von Ralf Steinbach).

▸ **Celtic and Prehistoric Museum:** Hauptattraktion des in einem Privathaus eingerichteten Museums ist ein vor Holland aus dem Meer geborgener Mammutschädel samt Zähnen. 5 Abteilungen zeigen Fossilien, Waffen, Schmuck und andere Artefakte von der Vorzeit bis zu den Kelten. Ein Raum ist mit Repliken von Höhlenzeichnungen aus Lascaux dekoriert. Die Funde, meist Grabbeigaben, stammen aus ganz Europa, mit Dingle hat die Ausstellung nur wenig zu tun. Coffeeshop und Souvenirladen runden den Besuch ab.

⌚ April–Sept. tägl. 10–17 Uhr, Eintritt 3,75 €.: Kilvincadownig, Ventry.

▸ **Mount Eagle:** Der Aufstieg zum westlichsten Hügel (517 m) der Dingle-Halbinsel ist anstrengend, wie es Bergtouren nun mal sind, aber technisch ohne Schwierigkeiten und auch für Wanderer mit geringer Bergerfahrung gefahrlos. Die am häufigsten begangene Route (hin und zurück 2–3 Std.) beginnt in *Kildurrihy,* einem Weiler 2 km westlich von Ventry. Die Straße geht in einen Feldweg über, auf dem die Bauern früher den Torf aus dem Hochmoor holten. Die Green Road verläuft gerade den Hang hinauf an einem Sender vorbei zum Mount Eagle Lough, einem stillen Bergsee, auf dem sich im Sommer die Schwäne tummeln. Ein Zickzackpfad führt vom Nordufer des Sees weiter nach oben, ein bequemerer Weg schlägt einen Bogen nach Norden, beide treffen sich auf dem Kamm, über den man, jetzt südwärts, zum Gipfel gelangt. Wer zurück nicht den gleichen Weg nehmen möchte, kann Richtung Südwesten in mehr oder minder gerader Linie zum Slea Head absteigen.

▸ **Dunbeg Fort:** Das Ringfort, ausgeschildert neben der Straße von Ventry nach Dunquin, liegt unmittelbar am Klippenrand – so dicht, dass ein Teil schon ins Meer gestürzt ist. Vier Erdwälle mit Gräben, die noch als Konturen im Gelände zu erkennen sind sowie eine steinerne Rampe sicherten das Fort auf der Landseite. Unter dem Weg befindet sich ein mit Steinplatten gedeckter Tunnel, ein raffinierter Fluchtweg, dessen oberer Teil heute verschüttet ist und der selbst aus der Nähe nur schwer zu entdecken war. Er mündet in der Steinhütte im Zentrum des Forts. Die archäologische Erforschung Dunbegs brachte zwei deutlich trennbare Bauphasen ans Licht. Wer jedoch die Fluchtburg oder ähnliche Anlagen in Kerry (Staigue Fort), Westcork, Cornwall und in der Bretagne baute, ist ungewiss, sofern man sich nicht mit der vagen Antwort begnügen will, es seien die Kelten gewesen. Aschereste aus der untersten Schicht wurden mit der C14-Analyse auf das 6. Jh. v. Chr. datiert.

⌚ Das Fort ist immer zugänglich, der Farmer erwartet ein Wegegeld von 1,25 €.

▸ **Farhan:** Gleich hinter dem Dunbeg Fort werben die ersten Farmer für ihre Bienenkorbhütten. Diese "Clocháns", wie sie in Fachkreisen heißen, sind aus Steinplatten gefügte Rundhütten, deren Wand sich nach oben in der Art eines Bienenkorbs verjüngt und das Haus überkuppelt, ähnlich wie die apulischen

Der Südwesten
Karte Seite 294/295

oder mesopotamischen "Trullis". Sie stehen oft in kleinen Gruppen beieinander, und einige dieser "Dörfer" sind von einer Schutzmauer umgeben. Man hat am Südhang des **Eagle Mountain** Spuren von einigen hundert dieser Hütten gefunden, und lange ging die Spekulation dahin, dass hier die einzige keltische Stadt Irlands existiert habe. Heute wird eine andere Theorie favorisiert, derzufolge der Bau der Hütten im Zusammenhang mit dem Pilgerweg auf dem Mount Brandon gesehen werden muss. Es sei sozusagen ein riesiges frühchristliches Hospiz gewesen, in dem die Frommen auf gutes Wetter für eine Seefahrt warteten, die sie entweder nach Hause oder zur Skellig Michael brachte, der nächsten Station der Pilgerreise.

"Clóchans" (mittelalterliche Rundhütten) nahe der Gallaruskapelle

▸ **Slea Head:** Noch bevor Straße und Wanderweg am Slea Head um den Berg biegen, taucht der erste Zipfel von Great Blasket Island auf. Eine aus Beton gegossene Kreuzigungsgruppe schaut auf die jetzt in voller Größe erscheinende Insel samt den vorgelagerten, im Meer verlorenen Felsen, zwischen denen am 1. Oktober 1588 die "San Juan de Ragusa" auf Grund lief und sank. Die Mannschaft rettete sich auf die "Santa Maria de la Rosa", eines der größten Schiffe der spanischen Armada. Doch auch die Santa Maria streifte, als sie mit den Schiffbrüchigen an Bord den Schreckensort verlassen wollte, einen Felsen und ging ihrerseits unter, so dass unter dem Strich schließlich nur ein einziger Matrose das Desaster überlebte. Am Parkplatz werden die Kameras gezückt und das Panorama auf Film gebannt. Nicht weniger spektakulär ist der auf drei Seiten von hohen Felsen geschützte **Coumneenole-Strand,** vor dem das Meer bei Ebbe einen kräftigen Sog entwickelt, so dass man dann besser nicht ins Wasser geht. Dunmore heißt übersetzt "großes Fort"; auch dieser ins Meer ragende Felsen trug also einmal eine Festung.

Abendstimmung am Slea Head

Dunquin

Mit dem hypermodernen Blasket Centre (s. S. 392) ist das Dorf auf die touristische Landkarte gerückt. Der "Hafen" jedoch, wenn man ihn überhaupt so nennen darf, vermittelt noch einen Eindruck von den schwierigen Lebensbedingungen der alten Tage.

Unterhalb einer steilen, förmlich an den Felsen geklebten Betonrampe – hier scheuen selbst berggewohnte Maultiere – liegt ein winziger Steg. Gerade ein Dutzend Boote findet hier Schutz; wie schwarze Käfer drängen sich die mit geteerten Häuten bezogenen Kanus auf der winzigen Fläche, dazwischen die Fischernetze und die Reusen für den Hummerfang. Vieh, Bauholz, Menschen: wer oder was auch immer früher die Blasket-Inseln erreichen oder verlassen wollte, musste durch dieses Nadelöhr.

Das Interesse an den Blaskets hat auch Dunquin etwas ins Rampenlicht gerückt. Sofern sie nicht gleich zu ihren Verwandten nach Springfield, Massachusetts, auswanderten, ließen sich die von Blasket umgesiedelten Menschen hier, in Sichtweite der alten Heimat nieder. Die kleine Schule für die ca. 25 Kinder des Dorfes konnte so erhalten werden. Anderswo in Irland, zumal außerhalb der besonders geförderten Gaeltacht-Gebiete, wäre sie schon lange geschlossen worden. Das *Blasket Centre*, auf das wir im Zusammenhang mit der Insel noch zu sprechen kommen, gibt einigen jungen Leuten einen sicheren Arbeitsplatz. Treffpunkt von Einheimischen und Besuchern ist *Kruger's Pub,* benannt nach "Kruger" Kavanagh, dem Vater des jetzigen Besitzers, der um 1900 als eingeschworener Feind Englands gleichzeitig ein glühender Verehrer des Buren Paul "Ohm" Krüger war, der im fernen Südafrika einen Aufstand gegen die Kolonialmacht führte.

- *Verbindung:* Bus von Dingle.
- *Übernachten/Essen:* **B&B Kruger's,** ✆ 9156 127, März–Sept., DZ 45 €. Im Gastraum des einzigen Pubs des Dorfes hängen Fotos von den Dreharbeiten zu "Ryan's Daughter" und "Far and Away", die in der Umgebung entstanden.

Dunquin JH, ✆ 9156 121, Bett 710 €. Einer der wenigen Plätze, an denen uns eine Besichtigung verwehrt wurde. Leser Björn Kaltenbach schreibt: "Ich glaube, die wards taten gut daran, denn quietschende, durchgelegene Betten sind kein Argument, dieses Hostel zu betreten [...] Jeder Gast ohne Ohrenstöpsel, der leicht empfindlich auf Geräusche reagiert, wird seine Schwierigkeiten haben, hier erholsam Schlaf zu finden."

Ballyferriter

Wer Dingle Town noch zu lebhaft findet, wählt das weitläufige Ballyferriter als Urlaubsquartier. In Laufnähe besitzt es mit Clogher und Smerwick Harbour zwei feine Sandstrände.

Das keltische Fort **Dún án Óir** war 1580 Schauplatz einer für damalige Verhältnisse ungewöhnlichen Brutalität. Die spanisch-italienische Besatzung, die mit irischer Unterstützung einen Brückenkopf im Rücken Englands aufbauen sollte, wurde von englischen Soldaten übermannt und anschließend exekutiert. Ein englischer Katholik und zwei prominente Iren, die sich ebenfalls im Fort aufhielten, wurden zur Abschreckung besonders grausam behandelt. Ihnen brach man die Knochen und hängte sie erst am Folgetag. Diese und andere Geschichten, dazu die Geologie und Naturkunde von Dingle dokumentiert das **Heimatmuseum** in Ballyferriter. Der jüngste Publikumsmagnet im Dorf ist die **Butterfly World,** ein tropisches Schmetterlingshaus.

- *Verbindung:* Bus von Dingle.
- *Einkaufen:* **Mulcahy Pottery,** Clogher, Ballyferriter. Töpferei mit Verkauf (Vasen, Lampen, Geschirr); es darf auch mal selbst Hand an die Scheibe gelegt werden.

Cois Farraige, Feohanagh, Ballydavid. Margaret Shea verarbeitet handgefärbte Garne, Stoffe und Papier zu Textilkunstwerken, die von der Landschaft der Dingle-Halbinsel inspiriert sind. Partner Mike schreinert Stühle und andere Möbel.

- *Öffnungszeiten* vom **Corca Dhuibhne Regional Museums:** Mitte Mai–Mitte Okt. MoSa 1018, So 11–18 Uhr, sonst Mo–Fr 10–12, 14–16 Uhr; Eintritt 2 €; mit Café. Ballyferriter, ✆ 9156 333, www.corca-dhuibhne.com.

Butterfly World, Mai–Sept. tägl. 11–18 Uhr; Eintritt 3,50 €. Ballyferriter, ✆ 9156 116.

- *Sommerschule:* **Oidhreacht Chorca Dhuibhne,** ✆ 9156 100, 📠 9156 348, Gälisch-Kurse für Anfänger und Fortgeschritte.
- *Übernachten:* **B&B An Riasc,** Mrs. ó Beaglaoi, Moorestown, Feohanagh, Ballydavid, ✆ 9155 446, DZ 50 €. Ein trutziges Steinhaus, gebaut mit den Steinen des verschwundenen Castle Moorestown, einsam gelegen und vom Winde verweht.

Hostel An Cat Dubh ("Schwarze Katz") (IHI), Dunquin Rd., Ballyferriter, ✆ 9156 286, Mai–Okt., DZ 10 €. Zentralheizung, mit Café und Laden.

Hostel Tigh An Phoist (IHH/IHI), Bothar Bui, Ballydavid, ✆ 9155 109, April–Okt., Bett 10 €. Schräg gegenüber der Kirche; es besitzt auch einige Doppelzimmer.

- *Camping:* **Theach an Aragail,** Gallarus, ✆ 9155 143, Mai–Mitte Sept., Radler 7 €. Einfacher Platz auf einer Wiese bei der Kapelle; saubere, doch wenige Sanitärs, Küche.
- *Pub:* **Tig Pheig,** Main St., Ballyferriter, ✆ 9156 388. Wenn Sie auf Dingle unerwartet die Muse küsst, wäre hier der richtige Ort, das dichterische Werk einem sachkundigen Publikum vorzutragen – gewöhnlich Mittwochabends rezitieren Freizeitpoeten im Pheig's vor einer andächtig lauschenden und erstaunlich nüchternen Zuhörerschaft ihre Balladen und Gedichte. An den anderen Abenden, im Sommer manchmal sogar am Tag, gibt es Folkmusik.

Tausend Jahre alt und ein bisschen schief – die Gallaruskapelle

Ballyferriter/Umgebung

▸ **Reask:** Die Klostersiedlung liegt auf einem Feld 2 km östlich von Ballyferriter. Im 5. oder 6. Jh. ließen sich einige Eremiten hier nieder, bauten ihre Hütten und legten einen Friedhof an, von dem der mit einer wunderschönen, stilisierten "Kreuzblume" verzierte Stein stammt. Wenn es schon eine Kapelle gab, dann sicherlich aus Holz. Etwa 200 Jahre später war das Feld dichter besiedelt, man hatte den alten Friedhof mit einer steinernen Kapelle überbaut, einen Weg gepflastert. Wohl im 12. Jh. wurde Reask wieder aufgegeben. Aus Hütten wurden Ställe, und bei der Kapelle begrub man die ungetauften Kinder.

▸ **Gallaruskapelle:** Auf einer Fläche von etwa 20 qkm finden sich östlich von Reask 64 frühchristliche Monumente, die alle mit dem Pilgerpfad auf den Mount Brandon zusammenhängen, der hier vorbeiführt. Am beeindruckendsten und für sich genommen Grund genug für die Reise nach Dingle ist das Gallarus-Oratorium. Ohne Mörtel nur aus Stein gefügt, hat es sich seit 1000 Jahren von den Naturgewalten nicht kleinkriegen lassen. Die seltsame Form – wie ein kieloben gewendetes Boot – steht im Übergang zwischen den runden Bienenkorbhütten und den rechteckigen Kirchenschiffen. Statische Schwachstellen sind die Längsseiten, die sich allmählich nach innen durchbiegen und eines Tages einfallen werden. Auch die Gallaruskapelle wird dieses Malheur treffen. Es sei denn, sie bekäme ein Stützkorsett – für eine Tausendjährige sicher keine Schande.

Visitor Centre: Ein Bauer leitet motorisierte Besucher per Wegweiser auf seinen Parkplatz mit Visitor Centre, in dem ein Videostreifen über die Kapelle gezeigt wird – und kassiert dafür wie für den folgenden Fußpfad zur Kapelle 2 €. Wer jedoch die Umleitung des geschäftstüchtigen Grundeigentümers ignoriert und das Visitor Centre links liegen läßt, kann in der Haltebucht des asfaltierten Feldwegs umsonst parken – auch der Besuch der Kapelle ist von hier aus kostenlos (Lesertipp von Gerlinde Ringlstetter).

Der Kirchhof von Kilmalkedar

Kilmalkedar

Der Ort, der seine heutige Berühmtheit seiner Kirche und dem Friedhof verdankt, war in vorchristlicher Zeit neben dem spirituellen Zentrum Mount Brandon die wichtigste Siedlung in Westdingle. Von hier aus missionierte der Heilige Maolceadair die Kelten.

Der Kult um den Heiligen Brendan, der heute in der Region besondere Verehrung genießt, war ein Import des 11. Jh., als Dingle dem Bistum Ardfert zugeschlagen wurde. Die neuen Bischöfe setzten auch "ihren" Heiligen durch. Die *Kirche* (12. Jh.) aus verschiedenfarbigen Steinen ist ein schönes Beispiel für den irisch-romanischen Stil. Es war noch nicht lange her, dass man Gotteshäuser nur aus Holz baute, und die Spitze des Westgiebels imitiert zwei sich kreuzende hölzerne Dachbalken. Der Stifter hat sein Antlitz im Schlussstein des Torbogens hinterlassen, die Innenseite ziert ein Stierkopf. Mit einem ABC-Stein am Eingang des späteren Chors brachten die Priester ihren Schülern das Lesen und Schreiben bei. In den alten Grabstein findet man die Buchstaben des lateinischen Alphabets in der im 7. Jh. üblichen Schreibart eingemeißelt.

Mit der Kirche verbinden sich bis heute uralte Rituale, z.B. am Ostertag das neunmalige Umrunden und Werfen von Steinen auf ein bestimmtes Grab. Der an keltischen Baum- und Quellheiligtümern gepflegte Brauch wurde zwar vom Konzil von Arles (5. Jh.) verdammt, doch Arles oder gar Rom waren weit. Auf dem Friedhof weist manches in die vorchristliche Epoche. Ein Oghamstein ist ungewöhnlich durchlöchert, ein anderer Stein, auf den mit großer Sorgfalt ein T-förmiges Kreuz gemeißelt wurde, weist eine dreifingerdicke Vertiefung auf. Er wird oft als Sonnenuhr ausgegeben, wozu man sich einen in das Loch gesteckten Stab vorstellen muss, doch hätte es dafür einfachere Lösungen gegeben, auch steht der Stein in eher ungünstigem Winkel zur Sonne. Hinter der Kirche gibt es noch ein kleines Oratorium, vielleicht das älteste seiner Art, ein weiteres liegt 350 m westlich davon im Feld. Gegenüber der Kirche, auf der anderen Seite des Bachs, sind die Außenmauern von **Brendan's House,** einem massiven, zweigeschossigen Haus aus dem 15. Jh. erhalten.

▸ **Mount Brandon:** Auf dem Berg (953 m) war früher ein keltisches Heiligtum, in dem der Triumph des Sonnengottes Lug über Crom Dubh, den Gott der Unterwelt, gefeiert wurde. Brendan errichtete an dessen Stelle eine Kapelle, in der er vor der Überfahrt für sich und seine Mannen den Schutz Gottes erfleht haben soll. Das Aluminium für das Gipfelkreuz stammt von einem deutschen Militärflugzeug, das im 2. Weltkrieg, von den Wolken überrascht, am Berg zerschellte. Der herkömmliche Aufstieg folgt von der Kilmalkedar Kirche dem alten Pilgerweg, auf dem bis heute die Wallfahrer zum Namenstag des Heiligen, dem 29. Juni, in Massen zum Gipfel strömen. Anspruchsvoller ist die Besteigung von Cloghane aus auf der Ostflanke (ausgeschilderter Fahrweg bis zum Farmhaus Faha, der Fußweg ist mit Pfosten markiert). Für Hin- und Rückweg rechne man ca. 5 Std. Wegen der Gefahr unvermutet aufziehenden Nebels sollte man nicht ohne Kompass losziehen und beim letzten Gehöft sicherheitshalber noch eine Wetterprognose einholen. Kulturinteressierte finden an den Westausläufern des Berges das restaurierte frühmittelalterliche Ringfort **Ballanavenooragh**.

▸ **Brandon Creek:** In dieser Bucht soll der Heilige Brendan (484–577) im 6. Jh. seine lange Reise in einem Lederboot begonnen haben, die ihn über Grönland schließlich bis nach Amerika führte – so berichtet es wenigstens die "Navigatio", eine Schilderung phantastischer Reisen und ein Bestseller der mittelalterlichen Klosterliteratur. Am 17. Mai 1976 machte sich eine Mannschaft von Brandon Creek auf, die Fahrt nachzuvollziehen. Ihr Boot, ein Nachbau, der genau den Angaben der "Navigatio" entsprach, ist im Craggaunowen Projekt (County Clare) ausgestellt. Zur Herstellung dieses Kanus wurden Ochsenhäute über einen Holzrahmen gespannt und mit Pech beschmiert. Die Nussschale trotzte Stürmen und Packeis und erreichte nach über einem Jahr wohlbehalten die kanadische Insel Neufundland.

Übernachten: **B&B/Pub An Bothar,** Brandon Creek, ✆ 9155 342, DZ 50 €. Die beste Basis für die Wanderung auf den Mount Brandon.

▸ **Cloghane:** Die Fahrt von Dingle über den **Connor-Pass** ist ein Erlebnis für sich. Nur 400 m über dem Meeresspiegel fühlt man sich wie im Hochgebirge. Schafe sonnen sich neben der Straße, Radler trainieren für das nächste Bergrennen, unten im Tal schimmern braune Gletscherseen. An der **Brandon Bay** lädt ein auch im Sommer menschenleerer Strand zu Spaziergängen ein. Die Fremdenverkehrsinitiative von Cloghane bemüht sich um die touristische Erschließung der Gegend. Bislang werden geführte Wanderungen (pro Person 5 €) zum **Lough an Dúin** und zu kleineren archäologischen Sights in einem Tal angeboten, wo schon in der Jungsteinzeit Ackerbau getrieben wurde. Ausgeschilderte Pfade sind angelegt, Brückchen geschlagen und Treppen über die Weidezäune wurden gebaut, eine Wanderkarte wurde produziert.

Der Südwesten
Karte Seite 294/295

- *Information:* Cloghane, bei der Kirche, ✆ 7138 277.
- *Fahrradverleih:* Im B&B Ard na Ceinne, Cloghane, ✆ 7138 220.
- *Übernachten:* **B&B Beenoskee,** Mrs. Ferriter, Connor Pass Rd., Cappatigue, ✆ 7139 263, DZ 50 €. Das Haus ist berühmt für Mary's Frühstück (neben dem gewohnt üppigen Irish Breakfast können die Gäste auch auf Räucherlachs, Joghurt mit Obst und noch sechs andere Gerichte zurückgreifen), für ihren selbst gemachten Guinnesskuchen und für die abendlichen Folksessions im Wohnzimmer, bei denen Gastgeber Michael ins Akkordeon greift (Lesertipp von Beate Helling).

Hostel Mt. Brandon House (IHI), Cloghane, ✆ 7138 299, Bett ab 10 €, DZ 20–25 €. Ein schicker Neubau gleich neben dem Pub, auf der Rückseite reicht der Garten bis unmittelbar ans Meer. Alle Zimmer mit Bad, schöner Wintergarten, Kamin, TV, Bibliothek, gut ausgestattete Küche. Gleich am Haus beginnt der Pilgerpfad auf den Mount Brandon.

Wer taufte Ari im "Weißmännerland"?

Ob Brendan wirklich selbst solche fabelhaften Fahrten unternahm, wie sie die *Navigatio* berichtet, darf bezweifelt werden. Entscheidend ist, dass die Iren damals weite Reisen über das offene Meer tatsächlich unternahmen. In den in der *Navigatio* zusammengefassten Abenteuergeschichten steckt also ein wahrer Kern. Beispielsweise trafen die Wikinger, als sie im 9. Jh. von Skandinavien aus Island besiedelten, dort als "Ureinwohner" irische Mönche. Und im *Landnamabok,* einer im 12. Jh. auf Island geschriebenen Chronik, finden wir Hinweise auf irische Amerikafahrer. Da heißt es über den Seefahrer Ari Marsson aus Reykjanes: "Ari wurde auf See nach dem Hvitramannaland *(Weißmännerland)* verschlagen, welches einige auch Groß-Irland nennen. Es soll eine Fahrt von sechs Tagen westwärts von Island liegen. Von dort konnte Ari nicht wieder fortkommen, und er wurde getauft." Diese erste Reise eines Wikingers nach Amerika soll sich im Jahre 962 zugetragen haben, und für die Wahrheit verbürgt sich Hrafn der Limerick-Fahrer, ein bekannter und geachteter Kaufmann. Als schließlich der unternehmungslustige Throfin Karlsefni im Jahre 1010 in Massachusetts landete, berichteten ihm zwei Indianerjungen, dass die Menschen in Weißmännerland weiße Kleider trügen, laut schrien und Stangen vor sich her trügen, an denen Lappen befestigt seien.

Wer veranstaltete in Weißmännerland offenbar Prozessionen in Messgewändern mit Gesängen und Fahnen? Wer taufte den Ari? Waren dies Nachfahren irischer Amerikafahrer? Beweisen wird man es wohl nie können, und dass Gewährsmann Hrafn öfter in Irland war, lässt auch eine Inspiration seines Berichts durch die "Navigatio" plausibel erscheinen.

Blasket Islands

Die rauhen Felsinseln, die aus dem Literaturunterricht heute jedes irische Schulkind kennt, und die auch die 20-Pfund-Noten zierten, hinterlassen bei jedem Besucher einen bleibenden Eindruck.

Die letzten 22 Bewohner kapitulierten 1953/54 und zogen aufs Festland um. Anlass war der tragische Tod des 19-jährigen Hoffnungsträgers der sonst überalterten Gemeinde. Er erkrankte an Hirnhautentzündung und musste sterben, weil wegen des schlechten Wetters kein Boot landen und ihn ins Krankenhaus bringen konnte. In den Balladen und Erinnerungen ist die archaische Gaeltacht-Kultur der Blaskets lebendiger denn je, und mit den Jahren werden Armut zu Selbstgenügsamkeit und heroischem Ringen mit der Natur, Analphabetismus zu einer Kultur der Geschichten und Sagen und das Regime der Patriarchen zu einem solidarischen Leben verklärt. Dabei wird vergessen, dass es auf Great Blasket keinen einzigen Karren mit Rädern gab, keinen Laden, kein Pub und keine Kirche. Möbel mussten aus Treibholz gezimmert werden, einzig Steine gab es im Überfluss.

Geschichte

Der älteste Hinweis auf menschliche Besiedlung sind Spuren des Ringforts Doon in der Nähe der "Traffic Lights", einer Wegkreuzung in der Mitte von Great Blasket. Auf Inishvickillane fanden Archäologen Hinweise auf eine frühchristliche Siedlung. Im 18. Jh. gehörte die Insel dem Earl of Cork. Um die Pacht bezahlen zu können, mussten die sonst reine Subsistenzwirtschaft betreibenden Inselbürger ab und zu auf den Markt von Dingle, denn die Herrschaft wollte bares Geld, keinen Fisch. Um diese Zeit, als in Irland die Bevölkerung rasch wuchs, gleichzeitig aber die Grundherren immer mehr Land einzäunten und die Pächter vertrieben, waren die Blaskets ein Fluchtpunkt. Hier gab es Fisch und Fleisch – man fing sich Tölpel und andere Seevögel. 1907 verkaufte der Earl die Inseln an den Staat.

"Entdeckt" wurde die kleine Gemeinschaft nach dem 1. Weltkrieg von dem schwedischen Sprachwissenschaftler und Keltologen Carl von Sydow. Er besuchte die Insel, um den Dialekt mit Hilfe eines edinsonschen Phonographen für die Fachwelt festzuhalten. Bald folgten weitere Wissenschaftler und an ihrem kulturellen Erbe interessierte Iren. Sie animierten die Bewohner, ihren Schatz an Geschichten, Legenden und Erlebnissen aufzuschreiben oder zu diktieren. Tomás Ó Criomhthains (engl. O'Crohan) "Islandmen", das unter dem Titel "Die Boote fahren nicht mehr aus" kein geringerer als Heinrich Böll ins Deutsche übersetzte, Peig Sayers "Peig" und Mícheál Ó Súilleabháins (engl. O'Sullivan) "Twenty Years of Growing" sind nur die drei wichtigsten Werke, in denen die Inselbewohner ihre Welt beschrieben.

In den siebziger Jahren hatte ein Amerikaner begonnen, die verlassene Great Blasket aufzukaufen, dann aber das Interesse verloren. Als er die Insel schließlich im "Wall Street Journal" anbot, ging ein Aufschrei durch Irland. Great Blasket wurde zum Nationalpark erklärt, jetzt kauft der irische Staat, und einige störrische Eigentümer, die das Land ihrer Vorfahren nicht hergeben wollen, müssen mit Enteignung rechnen. Mister Taylor Collings Besitzergreifung von Great Blasket haben die Iren erfolgreich abgewehrt, dafür befindet sich mit Inishvickillane jetzt eine der kleineren Inseln in Privatbesitz. Gekauft hat sie der frühere Premier Charles J. Haughey, in dem die Wohlgesonnenen den besten Lobbyisten und inoffiziellen Minister für Kerry sehen, die Feinde aber einen Paten nach italo-amerikanischen Vorbild, ohne dessen Billigung hier im Westen nichts läuft. Mr. Haughey, der sein Feriendomizil ab und an mit

Der Südwesten
Karte Seite 294/295

dem Hubschrauber zu besuchen pflegt, hat dort Hirsche ausgesetzt und einen Windgenerator aufgestellt.

• *Verbindung:* Bei "ruhiger" See starten die Boote morgens ab 10 Uhr von Dunquin, letzte Rückfahrt gegen 15 Uhr (Auskunft ✆ 9156 455, Fahrt um 20 €). Die Landung ist ein Erlebnis, denn man muss zuvor vom Kutter in ein schaukelndes Gummiboot umsteigen.

• *Übernachten:* **Hostel**, ✆ 9156 466, www.greatblasketisland.com, Juni bis Anfang Sept., Bett 12,50 €, DZ 25 €. Fünf renovierte Häuschen, Campingmöglichkeit.

• *Essen:* Hostelgäste und Tagesausflügler bewirtet Mary Hussey in einem kleinen Café. Auf Vorbestellung bereitet sie auch Dinner für alle, die über Nacht bleiben. Es gibt keinen Laden.

Sehenswertes

Great Blasket: Von den sieben Inseln wird in der Regel nur Great Blasket besucht: ein zerfurchtes Karstland mit einer Fläche von etwa 6 x 3 km, das bis 300 m aus dem Meer ragt und auf dem im Sommer einige Schafe weiden. Am besten kauft man sich, z.B. im Blasket Centre in Dunquin, eines der von den Inselbewohnern geschriebenen Bücher und sucht damit die Schauplätze der Geschichten auf. Vom Steg und dem einladenden Badestrand (das Wasser ist allerdings auch im August eiskalt) zieht sich das verlassene Dorf den Hang hinauf. Einige Häuser sind renoviert und neuerdings den Sommer über wieder bewohnt, Leute von Dingle betreiben während der warmen Monate ein Café und in Peig Sawyers Haus eine Herberge. In den zweigeschossigen "Gouvernment Houses" oben auf dem Hügel ist ein Feriendorf geplant, auch ein neuer Landungssteg soll gebaut werden. Als Ziele eines Spaziergangs auf dem Höhenrücken der Insel bieten sich das **Doon Fort** und der **Signaltower** an, ein in den napoleonischen Kriegen errichteter Wachturm, den später der Blitz traf. **Threshers' Well,** am nördlicheren der beiden Pfade, ist eine beschauliche Quelle mit einem kleinen Felspool. Doch der Bach hat nur ein kurzes Leben, schon nach wenigen Metern stürzt er über die Klippe fast hundert Meter tief ins Meer.

Blasket Centre: Das auf dem Festland in Dunquin errichtete Zentrum ist typisch für die so heftig kritisierten Anlagen, die das Office of Public Works mit großzügiger Förderung aus Brüssel derzeit auch in anderen strukturschwachen Gebieten errichtet, um touristische Anziehungspunkte zu schaffen. Gemeinsam ist diesen Vorhaben, dass in vom Menschen vernachlässigte und damit noch relativ intakte Naturräume gewaltige Bauten geklotzt werden, die auch ästhetisch wenig Rücksicht auf ihre Umgebung nehmen. In dieser exponierten, kilometerweit sichtbaren Lage hätte man ein Gebäude in dieser Form nicht bauen dürfen. Kern des Blasket Centre ist ein 60 m langer, leicht abfallender **Korridor**, dessen verglastes Ende genau auf die Inseln zielt. Spötter vergleichen es mit einem Krankenhaus, doch der Architekt hatte eine Oghaminschrift im Auge, an deren Leselinie die einzelnen Strichzeichen im rechten Winkel angeordnet sind – dies verriet er in einem Interview, im Zentrum erfahren wir darüber nichts. Die **Ausstellungsräume** an den Seiten des Ganges beschäftigen sich mit dem Leben auf der Insel, ihren Schriftstellern und der irischen Sprache, zeigen Gebrauchsgegenstände, Bücher und immer wieder großformatige Fotos. Die Präsentation gehört zum besten, was Irland in dieser Hinsicht zu bieten hat. Die inhaltlich sehr anspruchsvolle, vielleicht zu intellektuell und akademisch geratene **Videoshow** ist vor allem wegen der eingestreuten historischen Aufnahmen sehenswert. Die neuen Bilder jedoch zeigen die Insel meist aus der Luft: abgehoben statt bodenständig. Beachtung verdient auch die **Kunst am Bau:** Róisin de Buitléars "The Journey", herrliche Buntglasfenster einmal im weltlichen Raum, oder, vor dem Eingang, Michael Quanes Skulptur des "Islandmen". Ein Imbiss im **Coffeeshop** mit dem Charme einer Fabrikkantine und das Stöbern im auf irische Themen spezialisierte **Buchladen** runden den Besuch ab.

⌚ Ostern–Sept. tägl. 10–18 Uhr (Juli/Aug. bis 19 Uhr), Okt. Sa 10–18 Uhr, So 12–18 Uhr; Eintritt 3 €.

Tralee

Nach dem Ausflug in die Bilderbuchtwelt der Halbinseln wird Tralee zu einer eher nüchternen Begegnung. Eine Kleinstadt (22.000 Einwohner), lebhaft zwar, doch ohne besonderes Flair.

Auch Tralee hat seine Fans. Leserbriefe kritisieren unser Urteil als zu harsch und ungerecht, und eine Praktikantin der Touristinformation hat sich sogar unaufgefordert die Mühe gemacht, den Ortsprospekt auszugsweise zu übersetzen und uns so auf zwei eng beschrieben Seiten die Vorzüge der Stadt zu schildern. Doch auch beim wiederholten Besuch erschien uns Tralee als eine sehr nüchterne Stadt, deren Betonarchitektur nichts beschönigt – beispielhaft der 12 Millionen Euro teure Komplex auf dem Marktplatz. Mit seinem großzügigen Stadtpark, einem neuen Erlebnisbad, einer Museumsshow und der alten Windmühle vor den Toren der Stadt hat Tralee im Detail durchaus etwas zu bieten. Auch der alte Kanal nach Blennerville und der vor einer Generation mit Schutt aufgefüllte Hafen sollen wieder instand gesetzt werden. Doch all das verhindert nicht, dass die Stadt als Ensemble eher abschreckend wirkt. Um so mehr Schönheit findet sich beim Stadtfest Ende August, wenn eine hübsche Irin zur "Rose of Tralee" gekürt wird.

Der Südwesten
Karte Seite 294/295

Information/Verbindungen/Diverses

• *Telefonvorwahl:* 066.

• *Information:* Ashe Memorial Hall, Denny St., ✆ 7121 288, Juli/Aug. Mo–Sa 10–18, So 14–18 Uhr; Sept.–Juni Di–Sa 10–17 Uhr. www.tralee-town.com

• *Verbindung:* **Züge** über Killarney nach Dublin, Umsteigeverbindungen nach Cork, Limerick und Waterford–Rosslare (Auskunft ✆ 7123 522). **Busse** vom Bahnhofsplatz nach Galway, Limerick–Dublin, über Killarney nach Waterford–Rosslare und Cork, nach Dingle–Dunquin (Auskunft 7123 566).

• *Fahrradverleih:* **Tralee Gas and Bicycle Supplies,** Strand St., ✆ 7122 018. Wer von Tralee nach Dingle radeln will, sei vor dem Connor-Pass gewarnt.

• *Theater:* **Siamsa Tire,** Town Park, ✆ 7123 055. Das gälischsprachige Nationaltheater singt, tanzt und spielt Mai–Sept. abends um 20.30 Uhr im neuen Haus, dessen Architekten sich vom Staigue Fort inspirieren ließen. Eintritt 9 €.

Übernachten/Camping

Die meisten B&Bs findet man um den Bahnhof und an der Listowl Road. Außerdem stehen gleich fünf Hostels zur Auswahl.

*** **Brandon Hotel (1),** Princess St., ✆ 7123 333, 📠 25 019, DZ 90–105 €. Äußerlich hässliche Betonarchitektur, die Räume in klassischer Eleganz möbliert. Mit Hallenbad und Sauna.

B&B Castle House (7), 27 Upper Castle St., ✆ 7125 167, DZ 50 €. "Sehr sauber, sehr freundlich, mit einem Angebot von sage und schreibe fünf verschiedenen Frühstücken; man kann auf den Zimmern Kaffee oder Tee zubereiten" (Lesertipp von Hans Larel).

Hostel Collis-Sandes House (IHH), Oakpark, ✆ 7128 658, Bett 10 €. *Anfahrt:* Der N 69 Richtung Tarbert stadtauswärts folgen, am Stadtrand nach rechts ausgeschildert. Hier bietet sich die seltene Gelegenheit, zu Budgetpreisen in einem Schloss zu wohnen, auch wenn die Schlafräume (teilw. mit eigenem Bad) "nur" in den früheren Zimmern der Bediensteten eingerichtet sind. Das Haupthaus mit seinen neugotischen, einer Kirche nachempfundenen Fenstern, den Kassettendecken und Stucksimsen birgt die großzügigen Aufenthaltsräume. In der früheren Hauskapelle ist eine Cafeteria untergebracht. Nachteilig ist die abseitige Lage, auch wenn das Haus am Abend einen Busservice in die Stadt anbietet. Außerhalb der Reisesaison wohnen Studenten und Studentinnen im Hostel, im Eckzimmer hat Paul Quinn sein Maleratelier eingerichtet.

Finnegan's Hostel (5) (IHH) mit **Restaurant,** 17 Denny St., ✆ 7127 610, Bett 10–12 €, DZ 25–32 €. Schräg gegenüber dem Museum in einem stattlichen Bürgerhaus (19. Jh.), das einmal nicht den Namen des Hausherrn, sondern des Handwerkers trägt, der den größten Anteil an der Renovierung hatte. Schmuckstück sind die Küche und das Kellerrestaurant in einem Gewölbe mit großer Feuerstelle – weinselige Rheinländer können hier ihr "Piesporter Moseltröpfchen" bechern. Auf der Karte vor allem Seafood (Hauptgericht 12–18 €).

Courthouse Lodge (3), 5 Church St., ✆ 7127 199, Juni–Sept., Bett ab 11 €. Im Herzen der Stadt ein brandneues Hostel, und doch waren manche Betten schon durchgebrochen – hier wurde am falschen Ende gespart. Außer einigen Studenten, die offenbar wenig Wert auf eine saubere Küche legten, waren wir im September die einzigen Gäste.

Lissnagree House (8) (IHH), Ballinorig Rd., ✆ 7127 133, Bett 11 €, DZ 25 €. Der ebenerdige Bungalow mit etwa 25 Betten liegt ca. 15 Minuten westlich des Zentrums. Die Herbergseltern mit ihren Kindern wohnen im Haus. In den Zimmern dienen alte Schulpulte als Tische. Lounge mit offenem Kamin, in der Küche hat jedes Zimmer sein eigenes Schrankfach. Sauber, doch nicht steril.

• *Camping:* **Woodland's Park,** Bayview, Dingle Rd., ✆ 7121 235, März–Okt., Zelt mit 2 Pers. 13 €. Ein neuer und komfortabler Platz nahe dem Aquadome und etwa 15 Gehminuten vom Stadtzentrum. Mit Fahrradverleih, Tennis, Ballspielplatz und Grillstellen. Keine Kochgelegenheit.

1 Brandon Hotel
2 The Skillet Restaurant
3 Courthouse Lodge
4 Paddy Mac's Pub
5 Finnegan's Hostel
6 Nancy's Restaurant
7 B & B Castle House
8 Lisnagree House

Essen/Pubs

Skillet (2), Barrack Lane, Mall St. In einer Passage gegenüber dem Allegro Restaurant, einfache Mahlzeiten wie Käsepizza, Chicken Curry oder Lasagne, auch vegetarische Gerichte und Frühstück (ab 9 Uhr). Die Einrichtung mit vielen Bergphotos ähnelt einer Almhütte.

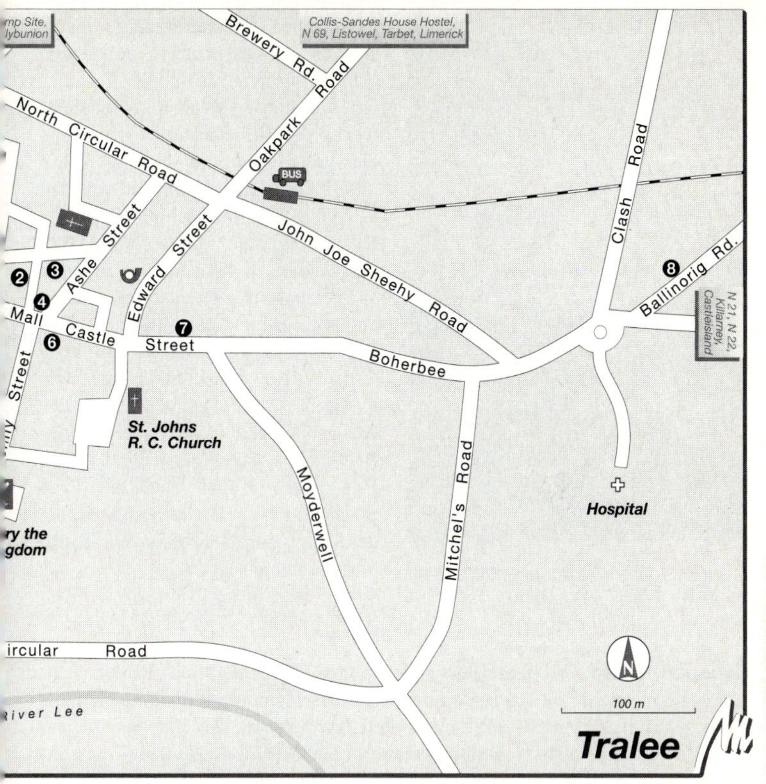

Paddy Mac's (4), The Mall. Das mit viel altem Trödel dekorierte Pub offeriert mittags und abends preiswertes Pubfood wie etwa Chili con Carne oder Seafood-Lasagne.

Nancy's (6), Castle St. Coffeshop im Stil eines Eisenbahnwaggons, im Angebot allerlei Kuchen (probieren sie die apple pie tart), Sandwiches und einfache Gerichte (stew, shepheard's pie), auch Frühstück.

• *Pubs:* **Abbey Inn,** High St., und das gegenüberliegende **Seán Óg** empfehlen sich als "Singing Pubs".

Sehenswertes

Aquadome: Das Funbad gehört einer Aktiengesellschaft, an der auch etwa 100 Bürger der Stadt Anteile gezeichnet haben. Der 5,5 Millionen Euro teure Spaß, wozu der EU-Regionalfond zwei Drittel beisteuerte, liegt am südlichen Ortsausgang, leicht zu erkennen an seinem futuristischen Design mit der grünen Glaskuppel und der halbrunden Sandsteinmauer. Whirlpools, Geysire und Riesenrutschen sollen an regnerischen Tagen, woran ja kein Mangel herrscht, vor allem Familien ins Bad locken.

⌚ Juni–Aug. tägl. 10–22 Uhr, Sept.–Mai Mo–Fr 13–22 Uhr, Sa/So 11–20 Uhr; Eintritt 7,50 €. Ballyyard.

Irlands größte Windmühle knattert heute in Tralee

Blennerville Windmill: Nach einer gründlichen Restaurierung knarrt Irlands größte noch betriebene Windmühle wie eh und je. Technikfans lernen die Mechanik des Mahlwerks und des Sackaufzugs kennen, ein Videofilm zeigt die Geschichte und Technik der Windkraft und den Wiederaufbau der Mühle. Wer lieber Natur mag, kann von der Mühle den im Watt nach Würmern pickenden Vögeln beim Essen zuschauen. Eine angeschlossene Ausstellung beschäftigt sich mit so verschiedenen, aber doch typisch irischen Themen wie Emigration (Blennerville war der Auswandererhafen Nordkerrys) oder Brotbacken, so wie es die irischen Hausfrauen früher machten. Eine Spezialität ist z. B. das Sodabrot, bei dem statt der Hefe Soda als Treibmittel beigemischt wird.

⌚ April–Okt. Mo–Sa 10–18 Uhr (Juli/Aug. bis 20 Uhr), So 11–18 Uhr. Eintritt 3,50 €. Denny St.

Georgian House: Wo heute der Verkehr über die Staughton's Row braust, plätscherte vor gut 200 Jahren ein munteres Bächlein durch die Wiesen. Hier am Rande seiner Heimatstadt baute sich Richter Robert Day für jene Wochen des Jahres, die er nicht in Dublin weilte, ein äußerlich bescheidenes, doch innen um so prächtigeres Haus, in dem die irische High Society aus und ein ging. Am Arbeitszimmer des Richters vorbei führt ein Treppenaufgang zum eleganten Bankettsaal, dem Schauplatz der Empfänge und Dinnerpartys. Im "Ladies Room" vergnügten sich derweil die Damen. Das Reich der dienstbaren Geister befand sich im Souterrain. Hier wurde gekocht, lagerten die Vorräte vom Wein bis zur Kohle. Das Haus ist heute in Privatbesitz. Kathryn O'Connor hat es mit viel Liebe zum Detail restaurieren lassen und ist mittlerweile Stammkundin auf den einschlägigen Auktionen, um Stück für Stück passendes Mobilar zu erwerben.

⌚ Mai tägl. 1016 Uhr, JuniSept. tägl. 1020 Uhr, Eintritt 3,75 €. Staughton's Row, 3 Day Place, ✆ 7126 995.

Kerry the Kingdom: Die imposante Ashe Memorial Hall – Namenspatron Thomas Ashe war ein Führer der Osteraufstandes, der die Zwangsernährung in britischer Gefangenschaft nicht überlebte – wurde nach der Unabhängigkeit als repräsentativer Sitz von Stadt- und Bezirksregierung errichtet, erwies sich aber bald als zu klein für die schnell wachsende Verwaltungsbürokratie. Nach einer gründlichen Renovierung zogen das **County Museum,** eine audiovisuelle Präsentation des Countys *(Kerry in Colour)* und die Mittelaltershow **Geraldine Experience** in das Haus ein, die gemeinsam unter dem etwas seltsamen, weil so nicht verständlichen Markennamen "Kerry the Kingdom" firmieren.

Was wird geboten? Die vom New Yorker Jorvik Centre inspirierte und sehr amerikanische Mittelaltershow ist die spektakulärste Abteilung. Etwa 100.000 Menschen steigen jedes Jahr im Keller des Hauses in kleine Wägelchen und werden, von unsichtbaren Elektromagneten gelenkt, durch eine lebensgroße Nachbildung des mittelalterlichen Tralee kutschiert. Die Zeitreise führt, nachdem der Torwächter Einlass in die Stadt gewährt hat, an mechanisch bewegten Puppen vorbei über die Straßen und Plätze zum Hafen und ins Kloster. Lichteffekte, Geräusche, Gerüche (nicht immer die besten) und ein Begleittext über Walkman (auch in dt. Sprache) lassen die Vergangenheit lebendig werden.

Dem gegenüber verblasst das eigentliche Museum. Am Eingang begrüßt ein Steinzeitmensch den Besucher. Knapp bekleidet klopft er vor dem Panorama einer Bucht seinen Feuerstein. Auch hier hat man reichlich von Puppen und nachgestellten Szenen Gebrauch gemacht, um die Geschichte Irlands und der Grafschaft anschaulich darzustellen. Echt ist das "Harpsichord", ein Vorläufer des Klaviers, wiederum aus Plastik jedoch die Lady, die darauf zu klimpern scheint. Einige ausgewählte Funde wurden vom Nationalmuseum gestiftet. Auch wenn die Ausstellung den Stand wissenschaftlicher Erkenntnis korrekt wiederzugeben vermag, dürfte diese Museumsshow konservativen Gemütern zu theatralisch erscheinen.

⌚ Mitte März bis Okt. tägl. 1018 Uhr (August bis 19 Uhr), Winter tägl. 1417 Uhr; Eintritt 7 €.

Museumsbahn: Zwischen 1891 und 1953 dampfte eine Schmalspurbahn von Tralee auf die Dingle-Halbinsel. Ein kurze Teilstrecke zwischen dem Aquadome und der Windmühle in Blennerville wird heute während der Sommermonate als Museumsbahn befahren. Eine Dampflok, die schon früher hier im Einsatz war, stöberten die Eisenbahner in einem amerikanischen Museum auf, die Waggons ratterten zuletzt auf einer Nebenstrecke im Baskenland.

⌚ Mai–Okt. MoSa 1117.30 Uhr, So ab 12 Uhr, 2. Montag im Monat Ruhetag; ab Tralee zur vollen, ab Blennerville zur halben Stunde; Ticket 4 €.

Tralee/Umgebung

Üblicherweise rauschen Touristen von Tralee nordwärts in einem Rutsch durch bis zur Shannon-Fähre in Tarbert. Das flache Weideland im Norden Kerrys ist landschaftlich nicht sonderlich attraktiv. Wen die Zeit nicht drängt, wählt den kleinen Umweg über **Ardfert** (Klosterruine 13./14. Jh.) und die Küste. **Ballyheige** und **Ballybunnion** haben attraktive Badestrände, und am Ortseingang von **Ballyduff** gibt es mit dem *Rattoo Tower* (10. Jh.) den einzigen Klosterturm in Kerry. Seine vier Fenster sind genau nach den Himmelsrichtungen orientiert. Unweit von Ballyduff präsentiert das North Kerry Museum in **Knappogue** noch mehr Geschichte und Folklore.

⌚ **North Kerry Museum,** April–Sept. MoSa 10–18, So 13–18 Uhr, Eintritt 2,50 €. ⌚ **Ardfert Monastery,** Mitte Juni bis Mitte Sept. tägl. 9.30–16.30 Uhr (Einlass bis 15.45 Uhr), Eintritt 2 €.

County Limerick

Die Autofähre über den Shannon-Fjord verkürzt den Weg zwischen Kerry und Galway um rund 100 km und lässt Limerick links liegen. Schade, denn Stadt und County sind besser als ihr Ruf und den kleinen Umweg wert, zumal die meisten Sehenswürdigkeiten direkt am Ufer des Shannon liegen.

Flach und grün wie ein Billardtisch und ideal für Radler ziehen sich die Wiesen und Felder von Horizont zu Horizont, nur der äußerste Osten ist etwas hügeliger. Die Normannen wussten, warum sie das Gebiet um den Shannon-Fjord teilten und dem irischen Adel nur den kargen Norden, das heutige County Clare beließen, während sie sich die fruchtbare Südseite der Bucht aneigneten. Reisende finden hier außer den Spuren der Kelten, den Burgen, Klöstern und pittoresken Marktflecken auch ungewöhnliche Sights wie ein Gefängnis und ein Flugbootmuseum. Auch die Stadt Limerick kann man ruhig kurz besuchen.

Tarbert

Wir treffen Thomas Dillon im **Bridewell** von Tarbert. Schon wieder hatte er seine Kuh auf fremder Leute Grund weiden lassen. Diesmal wurde er von Peg Ahern erwischt, die gleich den Wachtmeister mitgebracht hatte, um Thomas festnehmen zu lassen. Übermorgen wird seine Gerichtsverhandlung wegen "illegal trespassing" stattfinden. "Bridewell" ist der Name einer Londoner Besserungsanstalt und gleichzeitig eine höfliche Umschreibung für die kleinen Dorfgefängnisse, von denen es um 1830 acht Stück im County Kerry gab, alle nach dem gleichen Schema wie der Kerker von Tarbert gebaut. Thomas Dillon ist eine Puppe und seine Geschichte, die im zum Museum umgewandelten Gefängnis erzählt wird, spielte vor 150 Jahren, als der Diebstahl eines einzigen Schafes auf einer Stufe mit Totschlag stand und mit der Deportation nach Australien gesühnt wurde. Mehr darüber erfahren Sie im Bridewell von Tarbert.

Im **Tarbert House,** der zweiten Attraktion des Dorfes, waren schon Benjamin Franklin, Charlotte Brontë und Winston Churchill zu Gast. Im Sommer öffnet das Landgut am Hafen von Tarbert seine Pforten auch für gewöhnliche Besucher. Das Haus im georgianischen Stil besitzt einen besonders prächtigen, halbrunden Kamin und eine mit erlesenen Edelhölzern getäfelte Bibliothek.

• *Telefonvorwahl:* 068.

• *Verbindung:* Autofähre Tarbert – Killimer, Abfahrten von Tarbert April–Sept. Mo–Sa 7.30–20.30, So 9.30–20.30 Uhr, Okt.–März Mo 7.30–18.30, So 9.30–18.30 Uhr, jeweils zur halben Stunde. Auskunft ✆ (065) 53 124, PKW 11 €, hin- und zurück 15 €.

• *Öffnungszeiten* des **Tarbert Bridewell:** April–Okt. tägl. 10–18 Uhr; Eintritt 3,75 €. **Tarbert House,** Mai–August 10–12, 14–16 Uhr, Eintritt 3 €.

• *Übernachten:* **Ferrry House Hostel** (IHH), The Square, ✆ 36 555, Bett 9 €, DZ 25–30 €. Neueres Hostel in einem älteren, völlig umgebauten Haus im Ortszentrum. Insgesamt sehr gepflegt und sauber. Relativ geräumige Zimmer mit 2 bis 6 Betten, teilw. mit Bad. Der Gemeinschaftsraum (mit TV) wirkte bei unserem Besuch noch etwas steril, zumal die meisten Gäste sich abends im Coffeeshop (bis 21 Uhr) des Hostels oder in den Pubs der Umgebung aufhalten.

Glin

Das 1785 gebaute und schon 40 Jahre später grundlegend umgestaltete **Glin Castle** ist Familiensitz der Fitzgeralds, denen das Land am Ufer des Shannon seit bald 700 Jahren gehört. Von den Wänden blicken düster die männlichen Ahnen, der 21. Earl verteidigt seine Ehre im Duell. Sehenswert sind besonders der neoklassizistische Festsaal mit seiner aufwendigen Stukkatur und die Bibliothek. Der Park des Anwesens war bis vor gut hundert Jahren weitgehend naturbelassen. Mit dem Ausklingen des romantischen Naturideals wurden dekorative Ziergärten angelegt und zuletzt auch das Gelände neben und hinter der Burg gestylt. Ungewöhnlich ist die kopflose Marmorfigur der Ariadne, die in einem Tempelchen an den Felsen gekettet ist. In einem der Pförtnerhäuser sind ein Café und Souvenirläden eingerichtet.

⌚ Mai–Juni tägl. 10–12, 14–16 Uhr, sonst nur für Gruppen nach Vereinbarung; Eintritt 4 €. An der N 69 5 km östlich von Tarbert.

Foynes

Wem beim Gedanken an die Pioniertage der transatlantischen Passagierflüge sofort "Shannon" in den Sinn kommt, liegt richtig, wenn er damit die Mündungsbucht des Flusses und nicht den gleichnamigen Airport meint. Es geschah nämlich hier in Foynes: Am 9. Juli 1939 stiegen die ersten Passagiere aus New York aus dem Wasserflugzeug "Yankee Clipper" und betraten europäischen Boden. Das One-way-ticket für diesen Flug kostete 334 Dollar. Seine Blüte erlebte der Flughafen Foynes während des Zweiten Weltkriegs, als Irland, obwohl offiziell neutral, eine Drehscheibe im Verkehr zwischen London und New York war. Doch der Krieg brachte auch enorme Fortschritte in der Luftfahrttechnik, und mit der DC 4 wurde ein Langstreckenflugzeug entwickelt, das nicht mehr auf dem Wasser landen musste.

Das **Flying Boat Museum** erklärt mit Schautafeln und einem Video die Geschichte der Fliegerei in Foynes. Die deutsche Version des Films ist allerdings sprachlich verbesserungsfähig. (Kostprobe O-Ton: "Ein Wasserflugzeug ist ein veraltmodetes, himmelfahrendes, pilotgeflogenes Haus..."). Leider fehlt bisher ein Flugzeug, dafür gibt es den originalen Funkraum mit einem echten Marconi-Sender, einem Dinosaurier des Funks, mit Röhren groß wie Kinderköpfe. In Foynes wurde auch der *Irish Coffee* erfunden, als Chefkoch Joe Sheridan an einem Winterabend 1942 übermüdeten Passagieren, die nach 10 Std. in der Luft wegen schlechten Wetters statt in Amerika wieder in Foynes gelandet waren, etwas Whiskey in den Kaffee goss. In der Bar kann das Nationalgetränk probiert werden.

⌚ April–Okt. tägl. 10–18 Uhr; Eintritt 4,50 €.

Karte Seite 294/295

Eine Brücke über den Ozean

Schon bevor das erste Passagierflugzeug auf dem Shannon landete, war der Westen Irlands ein Dreh- und Angelpunkt der Transatlantik-Kommunikation und Schauplatz einer technologischen Revolution. Der Italo-Ire *Guglielmo Marconi* (1874–1937) entwickelte den drahtlosen Funk aus den ersten Laborversuchen, über die er in einer Zeitschrift gelesen hatte, zu einer alltäglichen und kommerziell einsetzbaren Technik, ohne die Rundfunk, Fernsehen, Handys und Satellitenkommunikation nicht denkbar wären. Warum Marconi damals an der irischen Westküste arbeitete, liegt auf der Hand: Sie war Amerika am nächsten, und von hier konnten auch die mit Kabel unerreichbaren Schiffe angefunkt werden. Als 20-jähriger Collegeschüler stellte er 1894 die erste Funkverbindung her, 1898 funkte er von einem Schlepper in der Dublin Bay den an Land wartenden Reportern den Ausgang der Kingston Regatta, 1901 führte er das erste Gespräch über den Atlantik. Marconi verband technisches Genie mit Geschäftssinn. Seine eigenen Mittel hätten nie ausgereicht, die kostspieligen Stationen in Crookhaven und später in Clifden und Ballybunion einzurichten. Zuerst interessierte sich Lloyd's of London für die neue Technik, um damit Sturmwarnungen an Schiffe senden zu können, später stiegen die amerikanischen Telefongesellschaften ein.

- **Auginish Island:** Auf dieser Insel westlich von Foynes macht eine **Aluminiumfabrik** nicht nur Umweltschützern, sondern offenbar auch der Regierung Sorgen. Die in Windrichtung der Anlage liegenden Bauern klagen über ein mysteriöses Rindersterben (hier einmal nicht BSE), Kinder bekommen Hautausschläge und auch die Zahl der Fehlgeburten, so heißt es, sei in dieser Region ungewöhnlich hoch. Um der Ursache auf den Grund zu gehen, hat der Staat nun den am schlimmsten betroffenen Hof aufgekauft und eine wissenschaftliche Kommission bestellt – die soll klären, wie das Aluminium aus der Fabrik ins Blut der Rinder kommt.

- **Kilcornan Celtic Park and Gardens:** Die vom Prospekt gepriesenen keltischen Attraktionen (Crannóg, Steinkreis usw.) sind Nachbildungen. Einzig das Ringfort ist echt – und bisher nicht ausgegraben oder rekonstruiert. Der Platz ist an schönen Tagen unter dem Aspekt Wald-Wiesen-See-Spaziergang einen Besuch wert. Für Kinder gibt es Enten, Hühner und einen Hirsch. Skurril ist der Ziergarten mit seinem Teich, schönen Rosen und "antiken" Betonsäulen. Mit offensichtlich beschränkten Mitteln wurde hier versucht, einen Schlossgarten nachzuahmen.

  ⌚ Mitte März–Okt. tägl. 9–19 h. Eintritt 3,75 €. Vom Friedhof Kilcornan (N 69) ausgeschildert.

- **Rathkale:** Rathkale war das Zentrum der deutsch-irischen Pfälzer (Palatinate = Pfalz), die um 1709 ihre alte Heimat verließen und nach Irland auswanderten. Das **Irish Palatinate Heritage Centre** rekonstruiert diese kuriose Episode der "Plantations", ihre Bedeutung für die Entwicklung der Landwirtschaft und die Ausbreitung des Methodismus, einer christlichen Gemeinschaft, der die Pioniere überwiegend angehörten.

Kilcornan Celtic Park and Gardens

Sean O'Driscoll, ein betuchter Amerikaner irischer Abstammung, hat einige Kilometer westlich von Rathkale mit dem **Castle Matrix** eine spätmittelalterliche Turmburg restauriert. Allein im County Limerick soll es 427 solcher Kleinfestungen gegeben haben. Im Inneren ist allerlei Kunsthandwerk ausgestellt, das Sean hier und dort auf Auktionen sammelte, wie etwa eine juwelenbesetzte Harfe aus Belfast oder elfenbeinernes Schreibzeug aus China. Edmund Spenser soll in Castle Matrix an seiner "Feenkönigin" geschrieben haben, auch Walter Raleigh war einst zu Gast.

• *Öffnungszeiten* des **Palatinate Centre:** Juni–Sept. tägl. 14–17 Uhr, Eintritt 2,50 €. An der N 21. **Castle Matrix**, Mitte Mai bis Mitte Sept. tägl. 11–17 Uhr, Eintritt 3,75 €.

• *Übernachten:* **Trainor's Hostel** (IHH), Ballingary, ✆ (069) 68 164, März bis Mitte Okt., Bett 10 €, DZ 22 €. Das recht neu eingerichtete Hostel liegt etwa 8 km südöstlich von Rathkale in den oberen Stockwerken von Trainor's Pub. Paddy und Trudy kümmern sich rührend um ihre Gäste und haben allerlei Freizeittipps parat.

• *Lesen:* Cooney, Dudley L. "The Irish Palatines/Die irischen Pfälzer", zu beziehen gegen 5 € vom Deutsch-Irischen Freundeskreis Baden-Württemberg, Nadlerstr. 4, 70173 Stutgart.

Adare

Im 19. Jh. wurde Adare vom Earl of Dunraven, einem zum Katholizismus konvertierten protestantischen Grundherren, zu einem Musterdorf ausgebaut. Und ein Vorzeigedorf im touristischen Sinn ist es auch heute noch: herausgeputzte Cottages mit Rieddach, zwei Castles, zwei Klöster, die Mittelaltershow im **Visitor Centre,** allerlei Souvenirläden, also genau das Richtige für einen allen Klischees gerecht werdenden Stopp der Tourbusse. Der Landsitz **Adare Manor** (1832) ist jetzt eine Luxusherberge, aber zu besichtigen. Teile des Gartens wurden zu einem Golfplatz planiert, mittendrin steht die 1875 restaurierte Kirche eines alten **Franziskanerklosters** (Anmeldung im Clubhaus). **Desmond Castle,** das man gut von der Brücke über den *Maigue* am Nordostende des Dorfes sehen kann, wird derzeit renoviert und soll eines Tages zur Besichtigung freigegeben werden.

- *Information:* Main St., ✆ (061) 396 255, April/Mai, Sept./Okt. Mo–Sa 9–18 Uhr, Juni auch So 9–13 Uhr, Juli/Aug. Mo–Sa 9–19 Uhr, So 9–13 Uhr.
- *Verbindung:* Bushalt an der N 21 zwischen Tralee und Limerick.
- *Öffnungszeiten* des **Visitor Centre:** Mai–Okt. Mo–Sa 9–18, So 14–18 Uhr; Eintritt 3,75 €. Main St.

Croom

Es klappert die Mühle am rauschenden Bach... Das mächtige Wasserrad dreht sich wieder, auch die alte Technik im Inneren wurde funktionsgerecht restauriert. Die 1788 am Ufer des Maigue errichtete fünfgeschossige **Croom Mill** wurde von Grund auf saniert und ist heute ein technisches Museum. Im Mittelpunkt steht die Geschichte der Mühle: von den fetten Jahren des Getreideanbaus, als die Grundherren das Korn für den Export anbauten, während die Pächter sich von Kartoffeln ernähren mussten oder hungerten, über die durch die Londoner Agrarpolitik erzwungene Wende zur Viehwirtschaft bis in die 40er Jahre, als die unrentabel gewordene Mühle geschlossen wurde. Ein Modell zeigt das Dorf Croom, wie es vor gut 100 Jahren aussah; im Untergeschoss ist ein Restaurant mit Blick auf den Fluss eingerichtet.

⌚ Juni–Aug. Di–Sa 8–20, So–Mo 8–18 Uhr, April/Mai, Sept./Okt. tägl. 10–18 Uhr, im Winter nach Bedarf (vorher anrufen); Eintritt 3,75 €. ✆ (061) 397 130, www.irishwebsites.com/croommills.

Limerick (Stadt)

Als jüngster Phoenix des irischen Westens streift auch Limerick sein Schmuddelimage ab. Mit der Sanierung des Stadtzentrums entstand urbanes Flair, und die Studierenden der Universität sorgen dafür, dass es abends nicht langweilig wird.

Obwohl die 80.000-Einwohner-Stadt an der Mündung des Shannon im Schnittpunkt der wichtigsten Fernstraßen des Westens liegt, wurde sie von Reisenden bislang nicht sehr geschätzt. Abgesehen von der Burg fehlten die großen Sehenswürdigkeiten, und die kuschelige Altstadt, mit der etwa Galway aufwarten kann, sucht man vergebens. Noch bis in die 80er Jahre verdichtete sich in Limerick auf engem Raum das Elend des irischen Westens: Arbeitslosigkeit, Alkoholismus, Industrieruinen und verlotterte Vorstädte, wie sie Frank McCourt in seinem Bestseller **Angela's Ashes** skizziert. Die Misere traf auf ein stockkatholisches Milieu. In keiner irischen Stadt waren und sind die Kirchen so voll wie in Limerick.

Die Gründung einer inzwischen zur **Universität** aufgewerteten Fachhochschule markiert die Wende in der Stadtgeschichte. Große Anstrengungen wurden unternommen, um den Uferbereich im Herzen der Stadt zu sanieren, wo der Abbey River in den Shannon mündet. Limerick hat seine Flüsse entdeckt und missbraucht sie nicht mehr nur als Kloaken. Neue Schleusen und Wehre sollen den Shannon für die Freizeitkapitäne bis in die Stadt schiffbar machen. Mit der **Castle Lane,** einer umstrittenen, brandneu im Stil des 18. Jh. gebauten Häuserzeile neben der Burg, bemüht sich die Limerick um ein schöneres Gesicht. Ein neues **Rathaus,** der sanierte Kartoffelmarkt, die nach Geschäftsschluss allerdings völlig ausgestorbene Einkaufszone zwischen Denmark und William Streets und ein Park um die Touristinformation stehen für ein neues, besseres Image. Privatleute, die Häuser im Stadtzentrum sanierten, wurden mit reichen Steuervorteilen belohnt.

Herausragende Sehenswürdigkeit ist **King John's Castle,** eine trutzige Normannenburg am Rande von King's Island, dem ältesten Stadtteil. Das Viertel **Newtown Pery** am Südende der Hauptstraße (O'Connell St.) ist ein schönes georgianisches Architekturensemble, wie man es in dieser Geschlossenheit andernorts kaum findet. So rechtfertigt Limerick einen kleinen Umweg und im Hinblick auf die Sights in der Umgebung auch eine Zwischenübernachtung. Vielleicht können Sie ja auch die Frage klären, warum die Limericks Limericks heißen? Wir bekamen darauf bislang keine überzeugende Antwort.

Geschichte

Limerick stand, typisch für Irland, meist auf der Verliererseite. Ursprünglich eine **Wikingersiedlung** (9. Jh.), geriet es 1014 in die Hände der von Brian Boru geführten Iren. Im nächsten Jahrhundert setzten die Normannen den Bewohnern eine Burg vor die Nase, die nicht nur fremde Eindringlinge abschrecken, sondern auch die Einheimischen unter Kontrolle halten sollte. Nach der Schlacht am Boyne zogen sich die katholischen Verlierer nach Limerick zurück und leisteten hier letzten, verzweifelten Widerstand. Der **Vertrag von Limerick** (1691) brachte den 12.000 Verteidigern und ihren Familien immerhin einen sicheren Abzug nach Frankreich und versprach den Katholiken Religionsfreiheit sowie das Recht auf Landbesitz, woran sich die Engländer aber nur einige Monate hielten. Mit dem Bau des Grand Canal hinüber nach Dublin entwickelte sich Limerick seit dem 18. Jh. zu einer frühkapitalistischen **Industriemetropole,** und während des großen Streiks gegen die englische Besetzung regierte 1919 für einige Wochen sogar ein Komitee der Arbeiterräte die Stadt.

Der Südwesten
Karte Seite 294/295

Das Limerick von "Angela's Ashes"

Der in Limerick aufgewachsene Frank McCourt's hat der Stadt mit seinem teils autobiographischen Bestseller *Angela's Ashes* (dt. "Die Asche meiner Mutter") ein literarisches Denkmal gesetzt, Altmeister Alan Parker (u.a. "Midnight Express", "Evita") verfilmte den Roman und en passant auch den irischen Regen – wenn es im Film einmal nicht regnet, sind die Gassen noch vom letzten Schauer feucht und glitschig. Stadtrundgänge auf den Spuren des jungen Frank und seiner Mutter Angela bietet St. Mary's Action Centre, 44 Nicholas St., ✆ 318 106 – und das Internet unter http://homepages.iol.ie/~angelas1.htm. Im Georgian House, 2 Pery Square, ist eine Ausstellung Film und Roman gewidmet.

Information/Verbindungen/Diverses

• *Telefonvorwahl:* 061.

• *Information:* Arthur's Quay, ✆ 317 522, Juli/Aug. Mo–Fr 9–18.30, Sa/So 9.30–17.30 Uhr, sonst Mo–Sa 9.30–17.30 Uhr. Mit Wechselstube und Busbüro. www.visitlimerick.com.

• *Verbindung:* Vom Bahnhof im Süden der Stadt **Züge** nach Dublin, Waterford–Rosslare und Ennis, mit Umsteigen nach Cork und Tralee; Zugauskunft ✆ 315 555. **Busse** vom Bahnhofsvorplatz in alle größeren Städte des Landes. Busauskunft ✆ 313 333. Im Juli/ Aug. fahren dreimal pro Woche vom Hoverport an der Shannon-Bridge **Tragflügelboote** zum Shannon-Airport, nach Glin und Cappa.

• *Fahrradverleih:* **Emerald Cycles (6),** 1 Patrick St., ✆ 416 983; ein alteingesessener Fahrradladen, Rückholservice auch von außerhalb Limerick's. **Bike Shop (18),** O'Connell Rd., Nähe Crescent, ✆ 315 900; **Mc Mahon's Cycleworld,** 25 Roche St., ✆ 415 202.

• *Hunderennen:* Mo, Do, Sa um 20 Uhr auf der Rennbahn, Henry St., ✆ 316 788.

• *Parken:* Das Tourist Office verkauft die in der Innenstadt obligatorischen Parkscheiben. Sonst kann das große Parkhaus des Einkaufszentrums am Arthur's Quay benutzt werden.

• *Reisebüro:* **USIT,** Central Buildings, O'Connell St., ✆ 415 064.

• *Stadtführungen:* Im Sommer tägl. 11 u. 14.30 Uhr Rundgänge über King's Island oder auf den Spuren von "Angela's Ashes" veranstaltet **St. Marys Action Centre,** 44 Nicholas St., ✆ 318 106, http://ireland.iol.ie/~smidp, p.P. 5 €.

Übernachten/Camping

Die meisten Hotels und B&Bs befinden sich an der Ennis Road in der Nordweststadt.

** **Royal George (11),** O'Connell St., ✆ 414 566, 📠 317 171, DZ 100–150 €. Die Lobby verspricht mehr, als die Zimmer halten. Für Lage und Preis aber angemessene Ausstattung.

Guesthouse Alexandra, O'Connell St., südl. des Crescent, ✆ 318 472, DZ 60–80 €. Die Trennmauer zwischen zwei Reihenhäusern wurde herausgerissen, so entstanden 10 Fremdenzimmer unterschiedlichen Niveaus – vom Verschlag unter der Treppe bis zum wohnlichen Familienzimmer im Obergeschoss. Zwei ähnliche Pensionen findet man in unmittelbarer Nachbarschaft.

B&B Avondoyle Country Home, Evelyn Moore, Dooradoyle Rd., ✆ 301 590, http://homepages.iol.ie/~avondoyl, DZ 50 €. Derart informative Webseiten, wie sie die Moores über ihr B&B und die Stadt gestaltet haben, sollten belohnt werden. Das Haus liegt nahe der N20 (Cork Road) etwa 3 km außerhalb des Stadtzentrums.

Kilree Lodge (3), Clare St., ✆ 401 288, EZ 15–20 €, DZ 30–40 € und **Broad Street Hostel (7),** Broad St., ✆ 317 222, Bett ab 12 €, DZ 45 €, sind beide neue Herbergen vom Typ Budget Accomodation mit Coffeeshop, Küche und abgeschlossenem Parkplatz.

Hostel Barrington's Lodge (2) (IHH/IHI), Barrington House, George's Quay, ✆ 415 222, Bett ab 9 €, DZ 30 €. Das frühere Personalwohnheim eines Krankenhauses wurde renoviert und mit neuen Möbeln ausgestattet. Die Zimmer sind mit Tischchen und kleinen Teppichen ganz nett gemacht; das Haus ist jedoch sehr hellhörig (meiden Sie Räume neben der Treppe oder über dem TV-Raum) und auf der Straßenseite dem Verkehrslärm ausgesetzt. Im einzigen, mit Blumen-Wandmalerei verschönten Gemeinschaftsraum hockt der Warden abends vor dem Fernseher – gegessen werden kann zum Glück auch in der rauchfreien Küche. Vor dem Haus gepflegte Blumenrabatten und abgeschlossener Parkplatz.

Finnegan's Holiday Hostel (16) (IHH), 6 Pery Sq., ✆ 310 308, Bett 10 €, DZ 25–30 €. Der Ableger des gleichnamigen Hostels in Tralee liegt in einem älteren Haus am Stadtpark. Leserin Nadja Bööhnke reklamierte die spärlich ausgestattete Küche und die durchgelegene Matraze. Außerhalb der sommerlichen Semesterferien ist das Haus weitgehend mit Studenten belegt.

Westbourne Holiday Hostel (IHI), Courtbrack Av., off Dock Rd., ✆ 302 500, E-Mail info@summer-west.ie, Mitte Juni bis Mitte Sept. Bett mit Frühstück 14 €, DZ 35 €. Die Anlage, etwa 2,5 km außerhalb des Zentrums, besteht aus mehreren neuen, im Halbkreis angeordneten Gebäuden mit zwei Etagen und ausgebauten Souterrain.

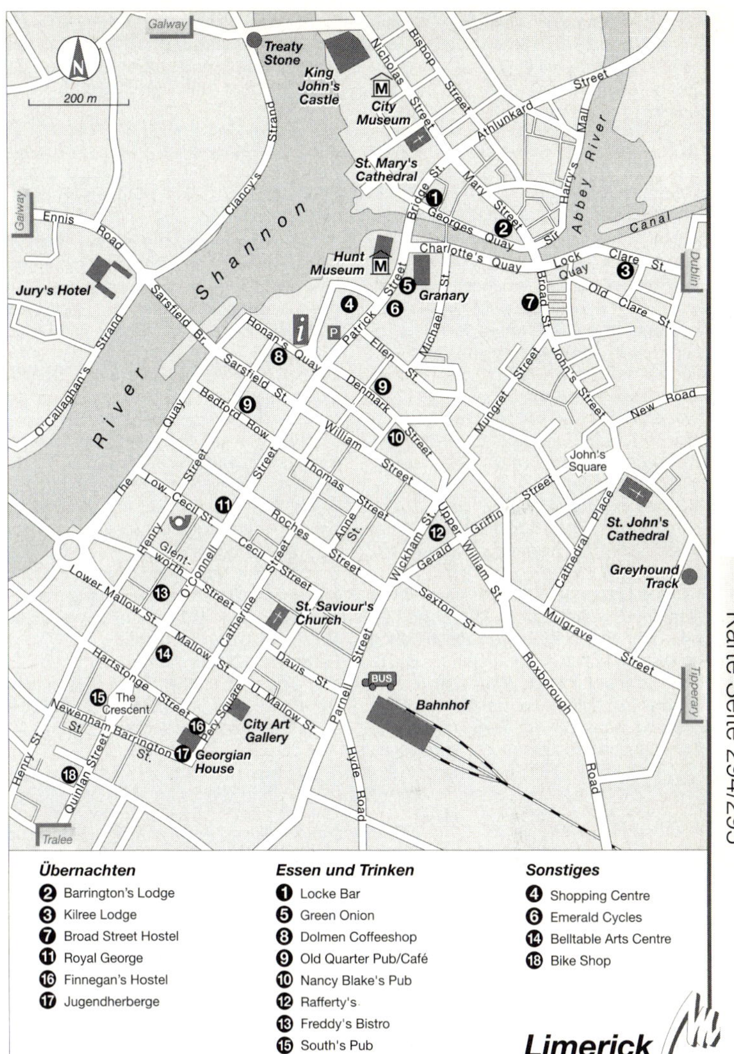

Im Haupthaus befinden sich Rezeption, zwei großzügige Küchen mit Speiseraum sowie eine TV-Lounge und die Waschküche. Die Zimmer, weitgehend mit 2 bis 4 Betten, sind u.a. mit fl. Wasser, Teppichboden und bunter, auf die Vorhänge abgestimmter Bettwäsche ausgestattet. WCs und Duschen sind auf jeder Etage in ausreichender Zahl vorhanden. Während des Semesters werden die Zimmer an Studenten vermietet.

Limerick JH (17), 1 Pery Sq., ✆ 314 672, Bett 7–10 €. Die Jugendherberge könnte etwas frischen Glanz gut vertragen. Mit Küche und Fahrradverleih.

• *Camping:* **Shannon Cottage,** O'Brien's Bridge, 12 km (N 7) Richtung Dublin, ✆ 377 118, Zelt pro Person 4 €.

Curragh Chase, Kilcornan, ✆ 396 349, Mai bis Mitte Sept., 2 Pers. mit Zelt 7 €. Der Platz liegt an der N 69 etwa 20 km westlich von Limerick in einem Wald. Zelte werden auf einer leicht abschüssigen Wiese aufgeschlagen. Zum Platz gehört ein kleiner Laden, das nächste Pub ist etwa 5 km entfernt.

Essen

Limericks Gastroszene hat sich erheblich gemausert. Ein "good food circle" wacht über die Qualität. und vergibt die begehrten Kochmützen.

Quenelle's, Steamboat Quay, Mo–Sa ab 18.30 Uhr, Do/Fr auch mittags., ✆ 411 111, Menü ab 30 €. Ein modern, doch warm und gemütlich eingerichtetes Restaurant mit Flussblick. Kieran Pollard hat sein Küchenhandwerk in Australien gelernt, was sich auch auf der Karte bemerkbar macht.

Green Onion (5), Rutland St., Mo–Sa 12–22 Uhr. Das kleine Lokal ist die Adresse für das feine Essen bei Kerzenlicht. Irisch-französische Küche, wechselndes Abendmenü 25 €, auch à la carte.

DuCartes, im **Hunt Museum,** Mo–Fr 10–17, So 14–17 Uhr. Ein beliebter Mittagstreff der Einheimischen, im Sommer mit offener Terrasse am Fluß.

Freddy's Bistro (13), Theatre Lane, Lower Glenworth St., Di–Sa 17.30–22.30 Uhr. Das Lokal geht über zwei Etagen. Ziegelwände und das am frühen Abend durch die Dachlichter flutende Licht schaffen eine warme Atmosphäre. Aufgetischt werden beispielsweise mit Käse gefüllte Teigtaschen oder Hühnerbrust mit Pfeffersauce. Die Portionen sind allerdings klein, so dass der hungringe Magen Beilagen und Dessert fordern wird, und der Geldbeutel anschließend ein langes Gesicht macht. Auch die Plastiktischdecken sind der Preisklasse nicht angemessen.

Dolmen Coffeeshop/Galerie (8), Honan's Quay, Di–Sa bis 17.30 Uhr. Im 1. Stock gegenüber der Tourist Information. Die Fabrikhallenatmosphäre wird durch den Holzboden und ein altes Büfett gemildert. Im Nebenraum wechselnde Kunstausstellungen.

Doc's Bar, The Granary, Charlotte Quay. Die Bar im restaurierten Speicherhaus serviert zur Mittagszeit einige Tagesgerichte. Bei schönem Wetter kann man im Innenhof bei einem plätschernden Brunnen sitzen, und für sonnige Wintertage gibt es in der Ecke des Hofes ein Glashaus.

Rafferty's (12), Wickham St., tägl. ab 7.30 Uhr. Ein volkstümlicher Coffeeshop, in dem Sie den Tag mit Scones oder der üblichen "Fat Platter" beginnen können.

Am Abend

In den letzten Jahren hat sich eine bemerkenswerte Musikszene entwickelt, aus der die *Cranberries* inzwischen zu Weltruhm gelangt sind. Der "Limerick Event Guide" der Tourist Information enthält eine Übersicht, wann wo was gespielt wird.

• *Pubs:* **Nancy Blake's (10),** 19 Upper Denmark St, bei St. Michael's Church. Seit sich die Gäste erinnern können, steht Nancy Blake am Tresen, und ebenso lange hat sich an der Einrichtung des Pubs nichts geändert. Am beliebtesten sind die Stehplätze im schmalen Korridor zwischen Bar und Lounge. Mittwoch und Sonntag Traditional Music.

Locke Bar (1), George Quay. Ein traditionelles Pub am Ufer, im Sommer auch einige Tische im Freien. So und Di Folkmusik. An der Promenade vor dem Pub stehen sich im Schatten der Platanen der "universal soldier" und sein Opfer im Duell gegenüber.

South (15), O'Connell St., südl. vom Crescent. Ein etwas vornehmeres Pub mit zeitloser Einrichtung: viel Mahagoni, Buntglas und Reklamespiegel. Das Publikum ist eine bunte Mischung aus Studenten und Anwohnern aus der Nachbarschaft, mittags kommen Angestellte und Geschäftsleute.

Old Quarter Pub/Café (9), Little Ellen St. Ein neues, geräumiges Pub am Rande der Einkaufszone mit modernem, von Art Deco beeinflusstem Interieur. Im Sommer auch Plätze im Freien.

Dolan's, Dock Rd., "können wir als Singing Pub empfehlen" (Lesertipp von Christine Le Pape). Mit Restaurant.

• *Kunst:* **Belltable Arts Centre (14),** 69 O'Connell St., ✆ 319 866. Die Bühne des Kulturzentrums zeigt im Sommer Theater-

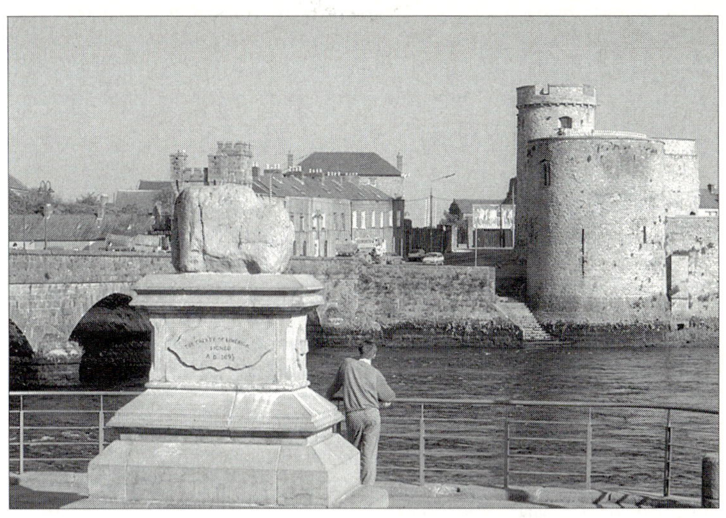

King John's Castle mit dem Treaty Memorial

stücke, sonntags gibt es einen Film. In der angeschlossenen Kunstgalerie (Mo–Sa 10–21 Uhr) Wechselausstellungen irischer und ausländischer Künstler. Mit Filmclub.
Limerick City Art Gallery, Castle Lane, ✆ 310 633, Mo-Fr 10-13, 14-18 Uhr (Do bis 19 Uhr). Die städtische Kunstgalerie präsentiert zeitgenössische Kunst und irische Maler des 20. Jh.

Sehenswertes

St. Mary's Cathedral: Auf dem Hügel von King's Island, dem ältesten Teil der Stadt, stand einst die Residenz der Fürsten von Munster. Donal Mór O'Brien (gest. 1194), der auch den Grundstein zur Kathedrale von Cashel legte, stiftete das Land für eine Kirche. Ein Grab im Chor von St. Mary's wird ihm zugeschrieben. Aus der Gründungszeit ist noch das romanische **Westportal** erhalten. Die Kapellen, die schöne Kanzel und das aufwendige **Chorgestühl** mit seinen aus dunklem Eichenholz geschnitzten Tierfiguren wurden im 15. Jh. hinzugefügt.

⌚ Mo–Sa 9–13, Juni–Sept. auch tägl. 14.30–17 Uhr; Eintritt 1,25 €. Mitte Juni–Mitte Sept. Mo–Fr 21.15 Uhr eine Ton- & Lichtshow; Eintritt 4 €.

King John's Castle: Der Bau der Festung wurde um 1200 nach der normannischen Eroberung begonnen, und 1210 stattete König Johann seinem Castle sogar persönlich einen Besuch ab, um sich vom Abschluss der Bauarbeiten zu überzeugen. An der Ostseite ist der Burg ein Besucherzentrum aus Stahl und Glas vorgesetzt. Der Kontrast ist gewollt, und die Stadterneuerer zeigen auch an anderen Stellen ihre Vorliebe für die Verbindung von altem Stein mit neuem Eisen. Im Keller des Zentrums sind bis ins Frühmittelalter reichende Fundamente ausgegraben worden. Es bedarf gehöriger Kombinationsgabe, die sich überschneidenden Mauerzüge der verschiedenen Epochen auseinanderzuhalten, und viel Phantasie, um mehr als nur Steine zu sehen. Weitere Grabungen sind im Burghof zugange. Eine Diashow führt im Schnelldurchgang durch die Geschichte der Stadt, eine dramatische Videoshow erzählt die Belagerung von 1690/91, und mit Computerhilfe kann man sich die Geschichte seines Familiennamens ausdrucken lassen..

⌚ April–Okt. tägl. 9.30–17.30 Uhr (letzter Einlass 16.30 Uhr), sonst nur So 12–16 Uhr; Eintritt 5 €.

Limerick City Museum: Wer keinen besonderen Bezug zur Stadt hat, wird von dem Sammelsurium aus Urkunden, Buchdrucken, vorgeschichtlichen Artefakten, Erzeugnissen der Leinenindustrie und Silberwaren wenig beeindruckt sein. Dabei hat das Museum durchaus tolle Stücke – die 5000 ausgestellten Exponate (weitere 25.000 ruhen in den Magazinen) muten dem Besucher nur einfach zu viel zu, und beim kürzlichen Umzug in die neuen Räume wurde die Chance auf eine zeitgemäßere Präsentation nicht genutzt.

⌚ Di–Sa 10–13, 14.15–17 Uhr. Castle Lane, Nicholas St.

Hunt Museum: Die Privatleute Hunt sammelten Kunst, Kunsthandwerk und archäologische Funde, und so reichen die Exponate vom steinzeitlichen Feuerstein über ein Bronzepferd aus der Hand Leonardo da Vincis bis zu Bildern von Renoir, Picasso und Gaugin. John Hunt war Berater des Auktionshauses Sotheby und guter Geschmack sozusagen sein Beruf. Ihm verdankt Irland auch das Craggaunowen Projekt bei Ennis. Mit dem alten Zollhaus an der Matthew Bridge hat das Museum nun auch eine angemessene Unterkunft gefunden. Vor allem die mittelalterliche Abteilung mit ihren Ikonen, Kruzifixen (Antrim Cross) und liturgischen Gegenständen, Teppichfragmenten und Juwelen genießt Weltruf.

⌚ Di–Sa 10–17, So 14–17 Uhr, Eintritt 5 €. Custom House, Rutland St., www.ul.ie/hunt.

Tontine-Fonds

Der Name geht auf Lorenzo Tonti zurück, einen neapolitianischen Bankier, der dieses riskante Anlagemodell um 1650 in Frankreich populär machte. Investoren zeichnten Anteilscheine an einem geschlossenen Immobilienfonds. War genug Geld zusammen, wurde gebaut. Der Mietertrag wurde jährlich als Dividende ausgeschüttet. Soweit so gut. Doch die Anteile waren nicht übertragbar oder vererbbar. Starb einer der Aktionäre, ging sein Anteil verloren – der Gewinn jedes Teilhabers wurde also umso größer, je weniger der Investoren noch am Leben waren. Starb auch der letzte Gesellschafter, fiel das Vermögen der Gesellschaft an den Staat – so jedenfalls bei den ursprünglichen Tontines, die deshalb von den Monarchen sehr gern gesehen waren. Besonders in Großbritannien und den USA kamen später auch private Tontines in Mode, bei denen das Gesellschaftsvermögen an den letzten oder eine vorher festgelegte Zahl von Überlebenden überging, die dann frei darüber verfügen durften. Die Tontines wurden schließlich verboten, weil besonders in der Endphase mit nur noch wenigen Aktionären der Anreiz recht groß war, dem Sterben der Konkurrenten etwas nachzuhelfen. Tontines als Motiv für den Serienmord: Robert L. Stevenson hat es in seinem Roman "The Wrong Box" aufgegriffen.

No. 2 Pery Square: Das aufwendig restaurierte Stadthaus gilt als ein herausragendes Beispiel georgianischer Architektur. Die gesamte Häuserzeile wurde 1836–40 von der "Pery Square Tontine Company" errichtet und an reiche Bürger vermietet. Haus Nr. 2 gehört heute dem Limerick Civic Trust, einer Stiftung für Denkmalschutz, die es aufwendig restauriert und mit alten Möbeln ausgestattet hat. Besonders sehenswert sind die kunstvoll marmorierte Tapete im Treppenhaus, im Damenzimmer neben dem Kamin ein Wandschirm, mit dem die Ladies das Dahinschmelzen ihrer wächsernen Gesichtspomade verhinderten. Der Küchentrakt im Untergeschoß war das Reich der Dienstboten, und in den früheren Stallungen wurde zuletzt eine Austellung mit Filmrequisiten aus "Angelas Ashes" gezeigt.

Ⓞ Mo–Fr 10–16.30, Sa/So 14–16.30 Uhr, Eintritt 2,50 €, 2 Pery Square.

Limerick/Umgebung

▸ **Castleconnel:** Leser Hans Larel zeigte sich von diesem Dorf am Shannon 20 km flussauf von Limerick begeistert. "Viele Wildvögel konnten wir aus unserem Fenster beobachten: Schwäne mit Jungen, Enten mit Jungen, Kormorane, Fischreiher, Haubentaucher. Im Dorfkern ein altes verfallenes Castle."

• *Übernachten:* **Rivergrove,** Mrs. Jean Newenham, World's End, ✆ 377 107, DZ 50 €. Das Haus liegt sehr schön am Shannon am Ortsende (flussauf) und wird von einer netten älteren Dame geführt. Ambiente mit sehr viel Atmosphäre, Zimmer mit neuester Ausstattung (Lesertipp von Hans Larel).

Steinkreis am Lough Gur

▸ **Lough Gur:** Die Umgebung des hufeisenförmigen Sees mit einer beachtlichen Dichte an Gräbern, Menhiren und Ringforts muss in frühgeschichtlicher Zeit ein beliebter Siedlungsplatz gewesen sein. Als im 19. Jh. der Wasserspiegel künstlich abgesenkt wurde, sollen ganze Wagenladungen prähistorischer Funde weg gekarrt worden sein, die heute über Museen in aller Welt verstreut sind. Größter Schatz war ein 2700 Jahre alter Schild, dessen einzige Löcher von der Hacke des Bauern stammen, der das heute im Nationalmuseum ausgestellte Stück nahe dem See entdeckte. Ein **Visitor Centre,** in wohltuend dem Gelände angepassten Hütten untergebracht, erklärt mit Dias und Videofilmen die Zusammenhänge und bietet Führungen in die Umgebung. Auch ohne das vom Shannon-Heritage-Konzern (Bunratty) gemanagte Zentrum ist der Platz einen Besuch wert. Grüne Hügel spiegeln sich im Wasser, hinter den Bäumen versteckt sich eine Burgruine, für Unverfrorene gibt es sogar einen Badeplatz mit Liegewiese.

Größte Sehenswürdigkeit am Westufer des Sees sind die **Lios-Steinkreise,** ein großer mit 47 m Durchmesser, im nördlich angrenzenden Feld ein kleinerer, während der dritte Steinkreis des Komplexes zuletzt 1826 dokumentiert wurde und heute bis auf wenige Blöcke verschwunden ist – er war den Farmern beim Pflügen im Weg. Am interessantesten ist der große Kreis, dessen von zwei Portalsteinen und den gegenüberliegenden "Fixiersteinen" gezeichnete Achse vor etwa 4000 Jahren nach dem Mittsommer-Untergang des Mondes justiert wurde. In der Mitte fand man das Loch für den Pfosten, von dem aus mit einer Schnur der Kreis fixiert wurde. Er ist von einem Erdwall umgeben, auch das Innere wurde, nachdem zwölf Steine in unregelmäßigem Abstand gesetzt waren, mit Lehm und Kies aufgefüllt. Erst danach wurden die mehr als 100 übrigen Monolithen auf den jetzt höheren Boden gesetzt. Man hat errechnet, dass allein mit dem Auffüllen etwa hundert Menschen 60–70 Arbeitstage beschäftigt waren. Auch das Lager dieser Arbeiter wurde anhand von Tonscherben und Ascheresten identifiziert. Die Lios-Kreise könnten, auch von der Größe her, ein Treffpunkt für verschiedene, im weiteren Umkreis wohnende Gruppen gewesen sein – die Siedler am Lough Gur hätten ja kein Camp gebraucht, sondern abends in ihre Hütten zurückkehren können.

⌚ Mai–Sept. tägl. 10–18 Uhr (Einlass bis 17 Uhr); Eintritt 2,75 €. Lough Gur Centre.

▸ **Kilmallock:** 25 km südlich von Limerick, war Killmalock im Mittelalter die drittgrößte Stadt Irlands. Aus diesem goldenen Zeitalter stammen die Stadtmauer mit dem **Blossom's Gate,** die Turmburg **King's Castle** der Earls of Desmont, ein von Cromwells Truppen niedergebranntes **Dominikaner-Kloster,** die **Collegiate Church** mit ihrem auffälligen Rundturm, und natürlich die zwei Dutzend stattlicher alter Häuser an der Hauptstraße, in denen einst Kaufleute und Grundherren residierten. Das **Heimatmuseum** (Mo–Fr 13.30–17.30 Uhr, Sa/So 14–17 Uhr, Eintritt frei) zeigt ein Modell der Stadt.

• *Verbindung:* Busse von Limerick.

• *Übernachten:* **B&B Deebert House,** Anne O'Sullivan, Kilfinan, ✆ (063) 98 108, DZ 50 €. In Kilmallock von der Wolfe Tone St. über die Brücke und dann nach rechts den Hügel hinauf.

Schlichtweg geplättet – ein Touri und ein Dolmen

Der Westen

Let's go west... Jenseits der Shannonbucht lassen wir den vom Golfstrom und dem Geldsegen der Reisebusse verwöhnten Teil Irlands hinter uns und kommen mit den Counties Clare, Galway und Mayo in ein karges und dünn besiedeltes Land voller Mythen und Natur, aber mit Galway auch in die dynamischste Stadt Irlands.

Der Westen als Land der unbegrenzten Möglichkeiten und Traum vom besseren Leben? So erschien er den Polen, die vor hundert Jahren ins Ruhrgebiet kamen, den Ossis, als die Mauer sie noch vom "Klassenfeind" trennte, den Amis, als sie in Kalifornien noch das gelobte Land sahen. Mit dem Westen Irlands verhält es sich nicht so eindeutig. "Go to hell or Connaught" soll Cromwell seinen irischen Gegnern angedroht haben, nachdem er das Land zwischen Shannon und Meer gesehen hatte: Sumpf und Steine, Hunger und Armut.

Mit der Vertreibung des irischen Adels von ihren fruchtbaren Ländereien in die Ödnis des Westens wurde das schlechte Image zementiert, das der Gegend lange anhaftete. Das Desinteresse der Eroberer und anglisierten Gentry haben hier aber auch die irische Kultur und Sprache mehr als irgendwo sonst erhalten, wodurch sich mit der Unabhängigkeit und Rückbesinnung auf das nationale Erbe das Bild vom Westen verklärte und nun zum romantischen Ideal des "wirklichen Irland" umschlug: riedgedeckte Hütten, der strenge Geruch der Torffeuer, genügsame Bauern in zeitlosem Einklang mit der Natur, Pubgänger, die keine Gelegenheit zum "socializing" auslassen, die in geselliger Runde zu Flöte und Fiedel greifen und die Lieder ihrer Großväter anstimmen oder junge Leute, die das Setdancing der Disco vorziehen.

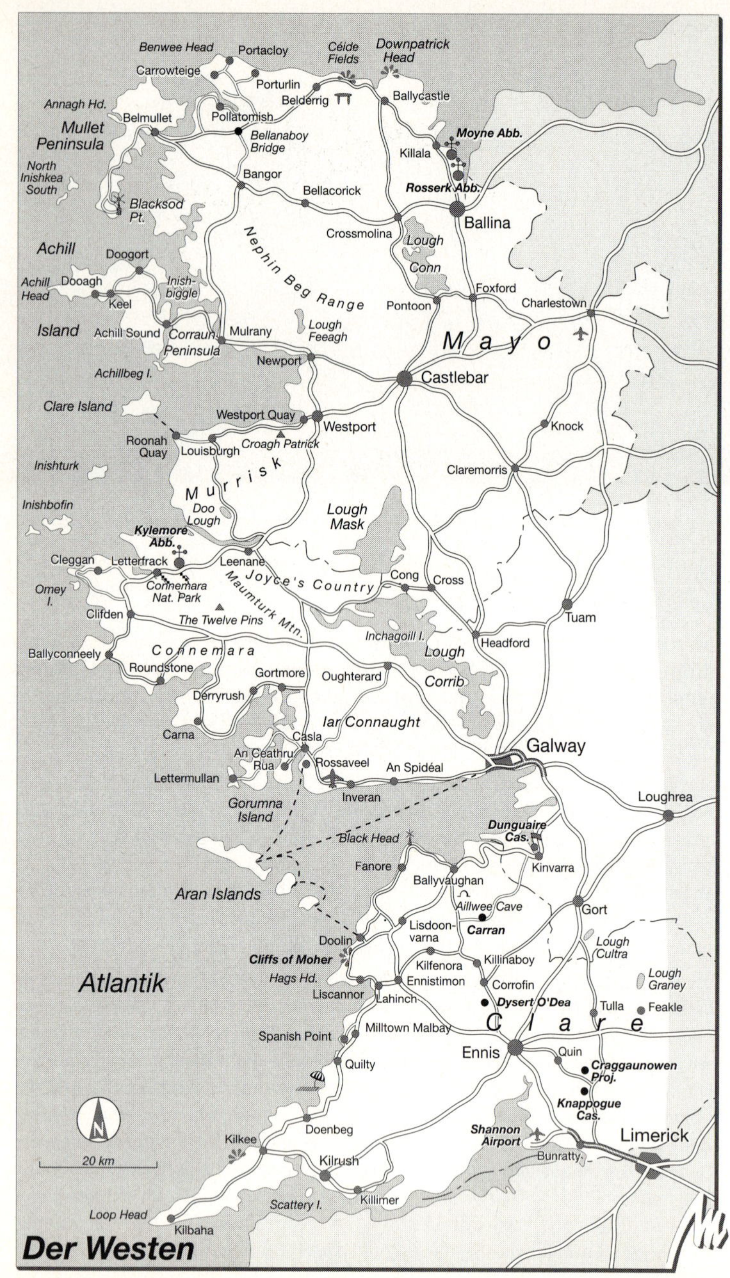

Benwee Head
Portacloy
Céide Fields
Downpatrick Head
Carrowteige
Porturlin
Belderrig
Ballycastle
Annagh Hd.
Mullet Peninsula
Belmullet
Pollatomish
Bellanaboy Bridge
Moyne Abb.
Killala
North Inishkea South
Bangor
Bellacorick
Rosserk Abb.
Blacksod Pt.
Ballina
Crossmolina
Nephin Beg Range
Lough Conn
Achill
Doogort
Achill Head
Dooagh
Inish-biggle
Keel
Foxford
Pontoon
Charlestown
Island
Achill Sound
Corraun Peninsula
Mulrany
Lough Feeagh
Mayo
Newport
Achillbeg I.
Castlebar
Clare Island
Westport Quay
Westport
Roonah Quay
Louisburgh
Croagh Patrick
Knock
Inishturk
Murrisk
Claremorris
Inishbofin
Doo Lough
Lough Mask
Kylemore Abb.
Cleggan
Letterfrack
Leenane
Joyce's Country
Cong
Cross
Omey I.
Connemara Nat. Park
Maumturk Mtn.
Clifden
The Twelve Pins
Tuam
Inchagoill I.
Headford
Ballyconneely
Connemara
Lough Corrib
Roundstone
Gortmore
Oughterard
Derryrush
Iar Connaught
Carna
Casla
Galway
An Ceathru Rua
Rossaveel
An Spidéal
Lettermullan
Inveran
Loughrea
Gorumna Island
Dunguaire Cas.
Black Head
Fanore
Kinvarra
Ballyvaughan
Aran Islands
Aillwee Cave
Gort
Lisdoon-varna
Carran
Doolin
Lough Cultra
Cliffs of Moher
Kilfenora
Killinaboy
Hags Hd.
Ennistimon
Lough Graney
Atlantik
Liscannor
Corrofin
Lahinch
Dysert O'Dea
Tulla
Feakle
Milltown Malbay
Clare
Spanish Point
Ennis
Quin
Quilty
Craggaunowen Proj.
Knappogue Cas.
Doonbeg
Shannon Airport
Limerick
Kilkee
Bunratty
20 km
Kilrush
Killimer
Scattery I.
Loop Head
Kilbaha
Der Westen

Es versteht sich, dass dieses idealisierte Bild immer weniger der Wirklichkeit entspricht. Die "Krise des Westens", von der in Irland so oft die Rede ist und die erst jüngst wieder lange Berichte der Bischofskonferenz heraufbeschwor, ist in erster Linie eine Krise des Klischees. Denn in den trockenen Zahlen der Wirtschafts- und Bevölkerungsstatistiken verringert der Westen seinen Rückstand gegenüber dem Rest des Landes, woran die Förderung aus dem EU-Regionalfond für benachteiligte Gebiete erheblichen Anteil hat. Die Entvölkerung der Dörfer ist zumindest vorübergehend gestoppt, die Arbeitslosigkeit liegt unter dem Landesdurchschnitt, der Anteil der Studierenden ist bei den Jugendlichen besonders hoch und das jugendliche Galway die am schnellsten wachsende Stadt Irlands.

County Clare

Die Halbinsel zwischen Shannon Bay im Süden und Galway Bay im Norden hat ihren eigenen Charme. Die Landschaft ist vielseitig: welliges Farmland, eine zerklüftete Küste und im Norden das karge Kalksteinmassiv Burren, das bei Botanikern, Geologen und Wanderern besonders hoch im Kurs steht.

Das Gebiet zwischen dem Flughafen Shannon und der Stadt Limerick fällt aus dem Rahmen der sonst ländlichen Grafschaft. Durch Steuervorteile angelockt, haben sich hier einige Fabriken niedergelassen. Auch die Amerikaner, die hier zum ersten Mal irische Luft schnuppern und mit dem "Ritteressen" im *Bunratty Castle* und dem angeschlossenen Museumsdorf die Alte Welt gleich so erleben, wie sie sich diese immer vorgestellt haben, lassen hier viel Geld.

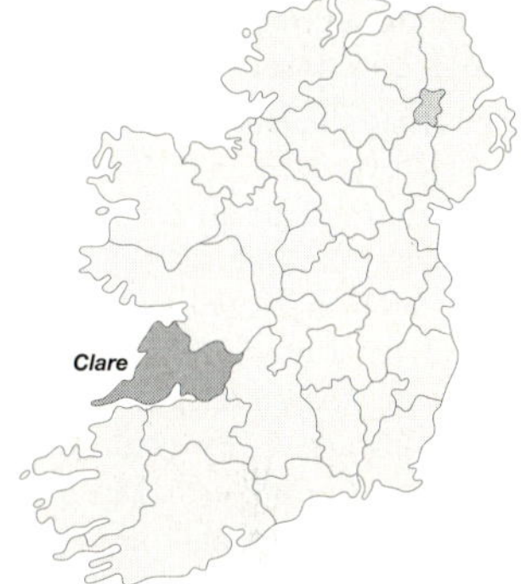

Der Westen
Karte Seite 412

Doch obwohl der Fremdenverkehr der wichtigste Wirtschaftszweig in Clare ist, blieb die Landschaft im Großen und Ganzen intakt. An der Küste versetzen die *Cliffs of Moher* ihre Besucher wie eh und je ins Staunen, nicht weniger beeindruckend und dramatisch sind die Klippen von *Kilkee*. Und dann der *Burren,* das Eldorado der Naturfreunde, eine fremdartige Karstlandschaft, wo, scheinbar aus dem bloßen Stein, seltene Blumen sprießen. Die *Aillwee Cave* vermittelt eine Ahnung von dem geheimnisvollen Netz unterirdischer Flüsse und Höhlen, das sich unter dem Burren erstreckt. Wer gern Abenteuer erlebt und dafür Dreck und blaue Flecken in Kauf nimmt, findet z.B. in *Fanore* noch völlig unerschlossene Höhlen. Auch zum Felsklettern und Tauchen bietet sich hier reichlich Gelegenheit.

Die dünne Besiedlung hat in Clare viele archäologische Stätten vor der Zerstörung bewahrt. Am bekanntesten und am häufigsten fotografiert ist der *Poulnabrone-Dolmen,* doch daneben gibt es noch 2000 keltische Ringforts und

250 Burgen, zumeist einfache Wehrtürme, die von den gälischen Clanchefs im 15. und 16. Jh. errichtet wurden. Die großzügigen Parks und Landsitze, wie sie vor allem um Dublin Akzente setzen, sucht man hier ebenso vergebens wie die normannischen Bilderbuchburgen, zu denen John's Castle in Limerick durchaus zu rechnen ist. Bleibt die Musik. Clare gilt als das "Singing County", die Hochburg der traditionellen irischen Musik. *Doolin* und seine Pubs waren noch in den achtziger Jahren ein Geheimtipp unter den Freunden irischer Volksmusik, und es ist noch immer eine Reise wert, auch wenn die Sessions heute weitgehend von Ausländern gestaltet werden – es ist die Crème der irlandbegeisterten Musiker aus aller Welt, die sich in Doolin trifft und auf ihre Entdeckung hofft. *Ennis* erlebt in den letzten Maiwochen das Festival der irischen Folkmusik, und *Miltown Malbay* pflegt mit der "Willie Clancy Summer School" die hohe Schule der Dudelsackbläserei.

Von Limerick nach Ennis

Bunratty

Wenn Masse für Klasse steht, sind das Bunratty Castle und sein Museumsdorf die zweitgrößte Sehenswürdigkeit der Grünen Insel. 344.000 Besucher ließen im letzten Jahr die Kasse klingeln. Nur der Dubliner Zoo erfreut sich einer noch größeren Publikumsgunst.

Früher stand die **Burg** auf einer Insel im Shannon, der heute aber sein Bett nach Süden verlagert hat. Der nahezu quadratische Bergfried wurde um 1450 von den McNamaras an der Stelle eines älteren Kastells erbaut. Das perfekt restaurierte Gemäuer, ein beliebter Stopp auf den Bustouren, ist vollgestopft mit alten Möbeln, Wandteppichen und Gemälden, die aus ganz Europa zusammengetragen wurden. Abends finden in der prunkvoll eingerichteten Empfangshalle mittelalterliche Bankette statt. Gegessen wird mit den Fingern; die Schildkrötenpanzer über dem Küchenherd sind allerdings nicht mehr als Suppenschüsseln in Gebrauch. Das große Fressen begleiten ein Vortrag über die Geschichte der Burg und die "Bunratty Singers" mit Tafelmusik – mit einer bildschönen, engelsgesichtigen Harfnerin verheißt der Prospekt besonders männlichen Besuchern ein traumhaftes Erlebnis.

Um den vor allem amerikanischen Besuchern ein vollständiges Klischee von "good old Europe" zu vermitteln, ist im **Folk Park** ein ganzes Dorf nachgebaut. Die Bauernhäuser sind hübsch anzuschauen und wären, wenn man sie nicht hierher versetzt hätte, schon längst der Spitzhacke oder dem Wetter zum Opfer gefallen. Man staunt, in wie einfachen Verhältnissen die Menschen lebten. Im Sommer wird der Show halber getöpfert, gezimmert, geschmiedet und gebacken. Befremdlich ist die Ladenstraße, denn sie sieht nicht anders aus als manche irische Kleinstadt – die Wirklichkeit ist geradeso museal. Abendliche Ceilidhs ergänzen im Sommer die Gelage in der Burg um ein von Tanz und Musik begleitetes "Volksessen" mit Stew, Apfelkuchen und Sodabrot.

• *Verbindung:* Die Busse zwischen Limerick und Ennis oder dem Airport halten vor dem Fitzpatrick Shannon Shamrock Hotel.

• *Öffnungszeiten* des **Bunratty Castle:** Tägl. 9.30–17.30 Uhr (Einlass bis 16.45 Uhr); **Folkpark** Juni–Aug. tägl. 9.30–18.30 (Einlass bis 17.30 Uhr), Sept.–Juni tägl. 9.30–17.30 Uhr; Eintritt 6 €, Bankett 40 €; Reservierung ✆ 1800 269 811.

• *Pub:* **Durty Nellie's**. Das strohgedeckte Haus zwischen Burg und Brücke ist seit 1620 ein Pub und damit, so jedenfalls die Werbung, das älteste Pub Irlands. Den Gast erwartet ein Labyrinth aus Tresen, Séparées, größeren und kleineren Räumen mit rohen Holzbänken und rustikalen Tischen, dazu eine schöne Terrasse. Die Wände sind mit altertümlichem Schnickschnack dekoriert, und man bemüht sich, das Flair der alten Zeit zu bewahren – eine Gratwanderung zwischen den Ansprüchen der ausländischen Gäste an klinisch-keimfreie Umgebung und dem Milieu einer alles andere als hygienisch-sterilen Bauernwirtschaft des 17. Jh.

Publikumsmagnet Bunratty Castle

Shannon Airport

Im Zeitalter der Propellermaschinen mit ihren kurzen Reichweiten war Shannon die Drehscheibe des Transatlantikverkehrs, und1947 wurde in Shannon der Duty-free-shop erfunden. Ein heute viel zu großes Abfertigungsgebäude und die überdimensionierten Startbahnen und Parkflächen zeugen von den guten alten Tagen. Seit die Jets direkt von Dublin oder London fliegen, hält der irische Staat Shannon mit allerlei Kniffen am Leben. Ein Gesetz, das alle irischen Atlantikflüge über Shannon zwang, wurde erst von der Europäischen Union ausgehebelt. Nach wie vor verwehrt man Charterflügen unter allerlei Vorwänden die Landerechte in Dublin, um sie nach Shannon zu bringen. So ist das Flugfeld, das kaum jemand braucht, inzwischen ein teuerer, aus politischen Gründen subventionierter Luxus.

Der Westen
Karte Seite 412

• *Telefonvorwahl:* 061.

• *Information:* Tourist Information (✆ 471 664) in der Ankunftshalle, tägl. 6–18 Uhr; Flugauskunft ✆ 471 444, Air Lingus ✆ 471 666.

• *Verbindung:* Busse nach Limerick, auch nach Ennis – Galway.

• *Übernachten:* *** **Great Southern Hotel,** vor dem Terminal, ✆ 471 122, ℻ 471 982, DZ 130 €. Die nächsten **B&Bs** sind in Bunratty (12 km) und Shannon (5 km), hier z.B. **Moloney's,** 21 Coill Mhara St., ✆ 364 185 (DZ 50 €).

Knappogue

Von allen 42 Burgen der McNamaras, der örtlichen Feudalherren, überstand das **Knappogue Castle** die Parlamentskriege mit den geringsten Schäden – die ausnahmsweise einmal nicht Kanonen und Brände verursachten, sondern Architekten, die den alten Wehrturm überrestaurierten und einen disneyhaften Vorbau hinzufügten. Entstanden ist ein Märchenschloss, nicht in bester, aber doch sehr schöner Lage, viel schöner jedenfalls als Bunratty, mit dem es sich messen muss. Auch hier gibt es im Sommer mittelalterliche Gelage, freundlicherweise mit Essbesteck. Thema des zugehörigen Unterhaltungsprogramms, so entnehmen wir dem Prospekt, sind "Königinnen, Heilige und Sünderinnen aus unserer keltischen Geschichte."

⌚ April–Okt. tägl. 9.30–17 Uhr, Einlass bis 16.30 Uhr; Eintritt 3,50 €; Bankettanmeldung ✆ 360 788. 3 km südöstlich von Quin.

Quin

Die zu einer romantischen Ruine zerfallene **Franziskanerabtei** wurde 1433 unter Einbeziehung einer alten Burgruine errichtet. 1820 trug man den letzten Bruder in der Kirche zu Grabe. Ihre Dimensionen sind funktional und bescheiden: Hier sollte niemand mit himmelwärts strebenden Höhen oder einem massigen Baukörper beeindruckt werden. Quin verzeichnet auch im Sommer kaum Besucher, und so ist der Kreuzgang mit seinen schlanken Strebepfeilern noch immer ein guter Ort zum Meditieren und zur Besinnung. In der Nähe von Quin wurde 1854 beim Eisenbahnbau Irlands größter Goldschatz aus der Keltenzeit entdeckt, der vielleicht den Herren des **Mooghaun Ringforts** gehörte. Nur ein Bruchteil der Spangen, Armreifen und Anhänger fand den Weg ins Nationalmuseum, das meiste ging auf zweifelhafte Weise "verloren".

⌚ Mai–Okt. Mo–Fr 10.30–18 Uhr, Sa/So 11.30–17 Uhr; Eintritt 2,50 €.

Der Crannog – Wohnen im See

Die keltische Zeit und das Frühmittelalter müssen kriegerische Epochen gewesen sein. Warum sonst hätten die Menschen sich solche Mühe geben sollen, künstliche Inseln zu errichten, um dort zu wohnen? Die ersten Crannogs wurden vor mehr als 3000 Jahren gebaut, manche bis ins 17. Jh. benutzt. Man versenkte Steine, Buschwerk und Baumstämme auf dem Grund eines Sees, darüber kam eine Lage aus Sand und Erde, bis der künstliche Hügel aus dem Wasser ragte. Ein Palisadenzaun gab der kleinen Festung zusätzlichen Schutz. Die Wände der Rundhütten bestanden aus Flechtwerk und Lehm, das Dach aus Schilf. Mensch und Vieh lebten in einem Raum, so war es im Winter um einige Grad wärmer. Nicht alle Crannogs waren nur mit dem Einbaum zu erreichen, manche hatten unter der Wasseroberfläche einen für Fremde nicht ohne Weiteres zu entdeckenden Damm.

Craggaunowen Project

Das **Freilichtmuseum** in einem schönen, leicht abfallenden Waldgelände lässt das irische Mittelalter lebendig werden. Dabei unterscheidet sich Craugganowen wohltuend von ähnlichen Versuchen, beispielsweise dem Heritage Park in Wexford: Hier wurde ausschließlich mit den Materialien und Techniken der Altvordern rekonstruiert, auch wenn dies arbeitsintensiv und damit teuer war. Für die wissenschaftliche Seriosität bürgt John Hunt, einer der besten Kenner des irischen Mittelalters, dessen Kunstsammlung wir schon in Limerick kennengelernt haben, der das Museum aufbaute und später dem Staat schenkte. Anhand eines Crannogs und eines Ringforts erhält der Besucher einen umfassenden Einblick in die Wohn- und Lebensformen der einfachen Leute. Ein Feld wird wie damals bestellt, am Eingang begegnet man den heute selten gewordenen Kerryrindern. Fünf Jahre musste ein im Moor gefundener Einbaum in einer Sand gefüllten Kiste ruhen, um dem Holz allmählich die Feuchtigkeit zu entziehen, ohne es dabei zu zerstören. Meisterstück der Handwerker war das Boot aus eichengegerbten Häuten über einem Rahmen aus Eschenholz, mit dem Tim Severin 1976/77 den Atlantik auf den Spuren Brendans überquerte. Ein Waldlehrpfad und die **Burg,** in der John Hunt zuletzt lebte und ein Teil seiner Antiquitätensammlung ausgestellt ist, runden das Erlebnis ab.

⌚ Mitte April bis Okt. tägl. 9.30–18 Uhr, Einlass bis 17 Uhr, Nov. Sa/So 10–17 Uhr; Eintritt 5 €. 10 km östlich von Quin.

County Clare im Endspiel um den irischen Football-Cup

Der Westen
Karte Seite 412

Ennis

Eine nette Altstadt am Fluss, der zudem zum Uferspaziergang einlädt. Auch die Musikszene könnte Anlass sein, einen Abend in der Hauptstadt (16.000 Einwohner) des Countys Clare zu verweilen.

Wie die Achsen eines Spinnennetzes streben die Autostraßen aus allen Richtungen auf die Stadt am River Fergus zu. Schmale, verwinkelte Gässchen erinnern an die mittelalterlichen Anfänge der Stadt. Auf einer Säule schwebt der Freiheitsheld Daniel O'Connell, der 1828 vom Wahlkreis Clare als erster Katholik ins Londoner Unterhaus gewählt wurde. Nachts im Scheinwerferlicht erscheint er noch unerreichbarer und entrückter. Später vertrat Eamon de

Valera, Irlands erster Präsident, Clare im Londoner und dann Dubliner Parlament. Liebt die Stadt Höhenflüge? Den Marktplatz ziert ein metallener Ikarus.

Herauragende Sehenswürdigkeit ist die **Ennis Abbey** (13./14. Jh.), einst eines der größten Klöster der Insel und eine hochangesehene Schule für junge Kleriker und den Nachwuchs des Adels. Im Kirchenschiff gibt es einige schöne Skulpturen, besonders das MacMahon-Grab mit seiner Passionsszene. Das moderne Museum **The Riches of Clare** präsentiert außer den üblichen Video- und Diashows zur Historie des Countys auch allerlei Kuriositäten wie den Spaten, mit dem Charles Stewart Parnell den ersten Stich zum Bau der West Clare Railway tat, sowie einen Füllfederhalter, mit dem Chamberlain und Valera 1938 jenen Vertrag unterzeichneten, der Irland die volle Souveränität über seine Häfen gab.

Information/Verbindungen/Diverses

• *Telefonvorwahl:* 065.

• *Information:* Arthur's Row, off O'Connell St., ✆ 6828 366, Juni–Sept. tägl. 9–18 Uhr, Okt.–Mai Mo–Sa 10–13, 14–18 Uhr. www.enis.ie.

• *Verbindung:* Tägl. **Zug** frühmorgens über Limerick nach Dublin und am Spätnachmittag zurück, sonntags in umgekehrtem Rhythmus. **Busse** vom Bahnhofsplatz nach Limerick, Dublin, Galway, Kilkee, Kilrush–Cork. Bahnauskunft ✆ 6840 444, Busauskunft ✆ 6824 177.

• *Buchhandlung:* **Ennis Bookshop,** Abbey St., gut zur Vorbereitung auf den Burren.

• *Fahrradverleih:* **Michael Tierney** (Raleigh), 17 Abbey St., ✆ 6829 433.

• *Musikinstrumente:* **Custy's,** Francis St., auch Noten und CDs. www.custymusic.com.

• *Öffnungszeiten* der **Ennis Abbey:** Mai–Sept. tägl. 9.30–18.30 Uhr, sonst bei den Mönchen in der Francis St. nachfragen; Eintritt 2 €. Ennis Abbey, ✆ 6829 100.
Clare Museum, Arthur's Row, off O'Connell St., Mo–Sa 9–17 Uhr, Eintritt 3,25 €.

• *Waschsalon:* **Snow White,** Abbey St., beim Kloster.

Übernachten

*** **Old Ground Hotel,** Station Rd., ✆ 6828 217, ℻ 6828 112, www.oldground.ennis.ie, DZ 110–160 €. Ein alter, von wildem Wein umrankter Bau; die Zimmer im Haupthaus sind im Heritage-Stil geräumiger und geschmackvoller eingerichtet als jene in der neuen Dependance. Die Honeymoon-Suite mit Blick auf die Kathedrale – Gottes Segen für das junge Glück.

Derrynane Guesthouse, O'Connell Sq., ✆ 6828 464, DZ 55 €. Geräumige, gut geheizte Zimmer mit TV und Haarfön, zentral gelegen.

Abbey Hostel, Harmony Row, ✆ 6822 620, Bett 10 €, DZ 28 €. Älteres, großes Haus "mit muffigem Geruch, alles nur mäßig sauber, sterile Atmosphäre" (Leserbrief Nadja Böhnke).

Ardlea House, Clare Rd., an der Straße nach Limerick, ✆ 6820 256, DZ 55 €, dürfte das dem Zentrum nächstgelegene B&B sein.

Essen/Am Abend

Als Hauptstadt des "Singing County" hat Ennis eine lebendige Musikszene. Höhepunkte sind das "An Fleadh Nua", ein großes Volksfest Ende Mai, und das "Guiness Traditional Music Festival" im Herbst, zu denen Gruppen aus ganz Irland in die Stadt kommen.

The Cloister, Pub mit Restaurant, Abbey St., ✆ 6829 521, Dinner 35 €. Das teuerste Restaurant am Ort ist auf Meeresfrüchte spezialisiert. Von den rückseitigen Fenstern blickt man auf die Abtei. Einfache Gerichte werden an der Bar serviert, sonntags gelegentlich mit Jazzmusik.

Brogan's, 24 O'Connell St., Lunch 7 €. Vorn das Restaurant, hinten Bar und Lounge. Die Tische sind mit Wandschirmen abgeteilt, doch ein Guckloch ermöglicht Blickkontakt mit Nachbar und Nachbarin. Immer gut voll, auch einfache Gerichte. Im Sommer Live-Musik.

Cruises, Abbey St. Seine erste Schanklizenz bekam das Haus nahe der Abtei bereits 1658. Die heutige Bar (mit Barfood und der Bierrarität "Black Biddy") und das Restaurant sind jedoch neu, obgleich auf alt gemacht. Im Hinterhaus lädt die mit Fichtenholz-Möbeln und rot-schwarzen Bodenfliesen auf rustikal getrimmte "Country Kitchen" zu Folkkonzerten ein, für die größeren Musikevents gibt es mit dem "Sanctuary" noch einen Saal.

Brandon's, 70 O'Connell St. Junges Publikum, Rock und Blues, auf einem Riesenbildschirm laufen Videoclips. Barfood auch abends.

Cois Na hAbhna, Gort Rd., 1 km außerhalb, ✆ 6820 996. Schule für gälische Musik, die sommerlichen Ceilidh- und Seisun-Aufführungen (Eintritt 2 €) sind etwas für Puristen, die modische Neuerungen verschmähen.

Ennis/Umgebung

▸ **Inagh:** Die kleine **Biddy Early Brewery** braut vorzügliches Bier und bietet während der üblichen Arbeitszeiten nach Terminabsprache Betriebsführungen an. Gemeinhin hat Alkoholgenuss auf die Libido der Geschlechter entgegengesetzte Wirkung. Dagegen machen geheimnisvolle Kräuterzusätze das Black Biddy (Stout) zu einem allseits wirksamen Aphrodisiakum. So wissen es wenigstens die nicht immer jugendfreien Legenden, die sich um das erst seit wenigen Jahren angebotene Gebräu ranken.

Kontakt: ✆ (065) 6836 742, www.beb.ie.

▸ **Ennistimon:** Um die **Burg** des Turlough O'Brien hat sich 4 km vor der Küste ein Städtchen entwickelt, das vom sommerlichen Ferientrubel kaum berührt wird. Pubs und altertümlich eingerichtete Läden strahlen den Charme vergangener Tage aus, am **Wasserfall** des Inagh sitzen mitten in der Stadt die Angler und lassen sich auch vom Getöse des Straßenverkehrs nicht aus der Ruhe bringen.

• *Verbindung:* Busse nach Galway, Ennis–Limerick, Lahinch–Kilkee und Lahinch–Doolin. Auskunft ✆ 6824 177.

• *Stadtführungen:* Im Sommer tägl. vom Community Centre, Anmeldung ✆ 7071 212.

• *Übernachten:* *** **Falls Hotel,** ✆ 7071 004, ℻ 7071 367, DZ 90–125 €. Das Landhaus liegt ruhig in einem großzügigen Garten, den Strom liefert ein eigenes Wasserkraftwerk. Die Zimmer im Neubau sind etwas komfortabler, haben aber weniger Flair.

Als **B&B** empfehlen wir **Station House,** Ennis Rd., ✆ 7071 149; DZ 50 €.

• *Essen:* **Unglert's Bakery,** New Rd., Mo geschl. "Stephan Unglert ist Allgäuer und hat die Kunst des Backens in Deutschland erlernt. Kein Wunder also, dass die Regale seines Ladens u.a. mit "richtigen" Semmeln und Sauerteigbrot gefüllt sind. In dem liebevoll ausgestatteten Verkaufsraum werden Kaffee, Tee, Sandwiches und Suppe serviert, zubereitet von Frau Unglert, einer Irin." (Lesertipp Inge Schmid).

• *Am Abend:* **Teach Ceoil,** Main St.. Eine frühere Kirche wurde vom örtlichen Folkclub in ein Tanzhaus umgewandelt. Eintritt 4 €.

▸ **Küste zwischen Lahinch und Kilkee:** Läge Irland im Mittelmeer, wären die Sandstrände nördlich von Kilkee ein echter Tipp. Doch wer fährt nach Irland zum Baden? Viel anderes kann man hier nicht machen, und deswegen ist dieser Küstenstreifen, so schön die Strände auch sein mögen, für Reisende nur wenig interessant. **Lahinch** ist – ungeachtet seines Golfplatzes – ein Seebad der kleinen Leute. Spielhallen rattern und piepsen, aus Fastfoodständen riecht es nach Pommes. An den Strand, der mitten im Ort liegt, wurde mit der *Seaworld* ein Vergnügungszentrum mit Aquarium und Funbad geklotzt, von dem man sich neue touristische "Impulse" (sprich: Einnahmen) erhofft. Von der Promenade kann man die Surfer draußen in der Bucht beobachten. **Milltown Malbay**

Der Westen Karte Seite 412

wird in der ersten Juliwoche zum Treffpunkt der Barden. Jeder Quadratmeter Wiese ist mit Zelten belegt, die Straßen sind überfüllt. Ein Musikfestival feiert Willie Clancy, einen der größten Pfeifer Irlands. Auch Sommerkurse für irische Volksmusik werden veranstaltet. Am **Spanish Point** wurde 1588 die schiffbrüchige Besatzung eines Seglers der Spanischen Armada, kaum dass sie das rettende Ufer erreicht hatte, vom englandfreundlichen Clanchef Turlough O'Brien festgenommen und exekutiert. In **Quilty** hängt noch hier und da über den Mauern Seetang zum Trocknen. Früher war der Ort ein Zentrum der Algenverarbeitung. Aus dem Grünzeug wurden Zahnpasta sowie Verdickungsmittel für Saucen und andere Nahrungsmittel hergestellt, sogar zum Bierbrauen kann man es gebrauchen.

• *Verbindung:* Die von Limerick und Ennis kommenden Buslinien gabeln sich in Lahinch: Eine Route führt nach Kilkee, die andere zu den Cliffs of Moher und nach Doolin. Eine weitere Linie kommt von Galway über N 67 bis Kilkee und Kilrush. Nur im Sommer gibt es auch eine Verbindung entlang der Küste zwischen Kilkee und Doolin–Lisdoonvarna. Auskunft ✆ 6824 177.

• *Öffnungszeiten* von **Sea World:** Tägl. 10–21 Uhr, Eintritt Aquarium mit Bad 9 €. www.lahinchseaworld.com.

• *Übernachten:* **Lahinch Hostel** (IHH), Church St., Lahinch, ✆ 7081 040, Bett 10 €, DZ (teilw. mit Bad) 30–35 €. Ein erfolgloses Hotel wurde mit Minimalaufwand renoviert und zum Hostel gemacht. Auf den ersten Blick erscheint das Haus voll in Ordnung, auf den zweiten wirkt es, zumal wenn nur wenige Gäste da sind, etwas unpersönlich bis steril. Dazu trägt ein Übermaß an Ver- und Gebotsschildern bei. Fahrradverleih.

• *Camping:* **Lahinch,** ✆ 7081 424, Mai–Sept., Zelt mit 2 Pers. 8 €. Ein ummauertes Wiesengrundstück auf einer Anhöhe am nördlichen Ortsausgang. Asphaltierte Stellplätze für Caravans und Mobilhomes, Aufenthaltsraum, Fahrradverleih.

Kilkee

Wenn schon der Tropfen den Stein höhlt, um wieviel stärker höhlt ihn dann der Brecher. An den Klippen von Kilkee liegen die Elemente Wasser und Stein im Dauerclinch. Irland verliert – und wird bei jedem Sturm etwas kleiner.

Der in eine hufeisenförmige Bucht hineingewachsene Badeort ist seit altersher im Sommer ein beliebtes Ziel für Wochenendausflügler aus Clare und Limerick. Drei teilweise noch viktorianische Häuserringe schmiegen sich wie die Ränge eines Amphitheaters an einen windgeschützten Sandstrand. Die aus dem Atlantik anstürmenden Wellen brechen sich vor der Bucht im **Duggernariff.** Am Nordende bietet **St. Georg's Head** Wanderwege auf dem Klippenrand. Ein kleines Naturwunder sind die natürlichen Pools im Südwesten des Strands, in denen sich bei Ebbe das Wasser staut und hartgesottene Naturen planschen können. Die **Kilkee Waterworld,** eine der größten künstlichen Badelandschaften Irlands, ermöglicht zu allen Jahreszeiten ein Badevergnügen bei subtropischen Temperaturen.

Kilkee erlebte seine beste Zeit im 19. Jh., als etwa die Schriftstellerin Charlotte Brontë (1816–1855) hier ihre Flitterwochen verbrachte oder der österreichisch-ungarische Thronfolger Franz Ferdinand sich zur Sommerfrische einfand. Die 1890 eröffnete Bahnverbindung nach Ennis öffnete den Ort auch für weniger betuchte Kreise.

• *Telefonvorwahl:* 065.

• *Information:* O'Connell St., ✆ 9056 112, Juni bis Anf. Sept. tägl. 10–18 Uhr.

• *Verbindung:* Busse nach Ennis, Galway, Kilrush und im Sommer nach Doolin. Auskunft ✆ 9024 177.

• *Fahrradverleih:* **Williams,** Circular Rd., bei der Kirche, ✆ 9056 041.

• *Feste:* Ende August gibt es am Strand inoffizielle Pferderennen.

• *Wassersport:* **Kilkee Diving & Watersports** Centre, East Ende, ✆ 9056 707.

• *Übernachten:* Ansprechende **B&Bs** mit schönem Seeblick findet man auf der Anhöhe im Südwesten der Bucht, z. B.:

B&B Dunearn House, Westend, ✆ 9056 545, DZ 50 €, und **Westcliff House,** Westend, ✆ 9056 108, DZ 55 €, zwei ältere Reihenhäuser mit typischen Fenstererkern.

Kilkee Hostel (IHH), O'Curry St., ✆ 9056 209, März–Okt., Bett 10 €. Das Hostel wird von einer Familie geführt. Die Zimmer mit Teppichböden, ein Anbau mit Doppelzimmern ist geplant. Gute Infos zum Ort und zur Umgebung; dem kahlen, grünen Aufenthaltsraum täten einige Poster gut.

• *Camping:* **Cunningham's,** Mai–Sept., ✆ 9056 430, Zelt mit 2 Pers. 9 €; hinter dem Victoria-Hotel, viele Mobilhomes.

• *Essen:* **Purtills,** O'Curry St., ✆ 9056 900, offen tägl. ab 18 Uhr, Menü 15–25 €. In urigem Ambiente (Holzofen usw.) wird internationale Küche serviert. (Lesertipp von Gerlinde Ringlstetter).

Sehenswertes

Klippen: Die dramatische Unterwasserlandschaft der Klippen im Süden hat Kilkee zum Treffpunkt für irische Taucher gemacht. Doch auch von oben ist das Spektakel eindrucksvoll – ein Wanderweg führt auf dem Kliff entlang. Unten donnern die Brecher an den dunklen Fels, fressen sich in das Gestein und spülen Höhlen aus, über denen eines Tages die Decke einstürzen und damit ein Stück Land ins Meer fallen wird. An den **Bridges of Ross** hat sich die See einen Tunnel frei gespült. Hier und da ragen isolierte Felstürme aus dem Wasser. Blickt man vom Ufer auf **Bishop Island** entdeckt man die Reste einer Kapelle, die auf St. Senan zurückgehen soll. Wie der Heilige auf seine Insel kam, lässt sich heute nicht mehr nachvollziehen. Der Fels ist so steil wie die griechischen Meteorafelsen und ohne Seil unmöglich zu bezwingen. Eine weitere Insel stellt sich wie ein Flugzeugträger den Brechern entgegen, und an anderer Stelle läuft das Land als ein verkohlter Blätterteig in einer schiefen Ebene ins Wasser. Hier hinaufgeschleudert, bräche sich ein Schiffbrüchiger genauso alle Knochen wie an den Steilklippen. Kurz gesagt: Die Klippen von Kilkee sind wesentlich eindrucksvoller als die so gefeierten Cliffs of Moher.

Karte Seite 412

Kilkee/Umgebung

▸ **Kilrush/Scattery Island:** Irlands größter Yachthafen hat an Land nicht viel zu bieten. Ein Heritage Centre erzählt die Lokalgeschichte. Wer sich für Glaskunst interessiert, besucht die Dorfkirche mit ihren prächtigen Glasfenstern. Im Vorort Cappa legen die Schiffe zur Scattery Insel ab, eine mystische und scheinbar zeitlose Welt, die der Shannon von jeder Entwicklung abgeschnitten zu haben scheint. Das weitgehend kahle und vor 30 Jahren von den letzten Bewohnern verlassene Eiland beherbergte seit dem 6. Jh. gleich mehrere Klöster. Über die Gründung durch den Heiligen Senan rankt sich die Legende, dass der Heilige mit Engelshilfe erst eine Seeschlange vertreiben musste. Mit dem Monster und den vom offenen Meer hereinstürmenden Westwinden mochten die Mönche noch fertig werden, nicht aber mit den räuberischen Wikingern, die hier eine leichte Beute fanden und die Klöster wiederholt plünderten. Geblieben ist ein gut erhaltener, 32 m hoher Rundturm, auf dessen verwittertem Stein das Moos wuchert, nicht anders wie auf den Trümmern der Kirchen und Kapellen.

- *Telefonvorwahl:* 065.
- *Information:* Im Rathaus am Hauptplatz, ✆ 9051 577, nur Juni–Aug.; www.westclare.com.
- *Verbindung:* **Busse** nach Kilrush von Limerick–Ennis und Galway. Überfahrten zur Insel mit **Scattery Island Ferries,** Gerald Griffen, Merchant's Quay, ✆ 9051 327. Die Firma bietet auch Touren zur Delphinbeobachtung im Shannonfjord an.
- *Öffnungszeiten* des **Heritage Centre:** Juni–Aug. Mo–Sa 10–18, So 12–16 Uhr, Eintritt 2,50 €. Im Rathaus.
- *Übernachten:* **Katie O'Connors Hostel** (IHH), ✆ 9051 133, Bett 10 €, DZ 20–25 €.

▸ **Killimer** ist der Hafen für die Autofähre von Tarbert (Kerry). Vor langer Zeit machte hier *Ellen Hanly* von sich reden, deren Grabstein auf dem Dorffriedhof Souvenirjäger Stückchen für Stückchen vollständig abgetragen haben. Ellen fiel 1819 dem Dolch ihres Gatten John zum Opfer, der sie anschließend in den Shannon warf. Die Leiche wurde an Land gespült, die Untat kam ans Licht und der Mörder an den Galgen. Die Geschichte lieferte den Stoff für Romane und Opern, und als "Weiße Frau" erschrickt Ellen, oder besser ihr Gespenst, bis heute kleine Kinder. Weniger prosaisch, dafür nicht zu übersehen: das **Moneypoint-Kraftwerk.** Es verbrennt täglich 4000 Tonnen Kohle, sichert damit ein Drittel des irischen Strombedarfs und bläst die Hälfte der irischen Ausstoßes an Schwefeldioxyd in die Luft. Besichtigungen sind auf Anfrage möglich.

▸ **Halbinsel Loop Head:** Die Halbinsel zwischen Kilkee und dem Shannon ist ein weithin ebenes, überraschend dicht besiedeltes Bauernland. Weil es keine Nachtquartiere gibt, kann der 25 km weite Ausflug zur Landspitze nur Radlern oder Autofahrern empfohlen werden. Besonders schön ist die erste Hälfte des Weges, die am Rand der Steilklippen entlangführt. Das Panorama des Loop Head reicht vom Mount Brandon (Dingle) bis zu den Araninseln. Ein kurioses Relikt bewahrt die Dorfkirche von **Kilbaha.** Mit der "kleinen Arche", einem hölzernen Altar, wanderten die Dörfler früher bei Ebbe ins Watt hinaus, um dort die Messe zu feiern. Vor der Emanzipation hatte der protestantische Grundherr auf seinem Besitz, der die ganze Halbinsel umfasste, katholische Messen verboten. Doch die Frommen von Kilbaha bewiesen Köpfchen. Jeder Landbesitz endet nämlich an der Flutlinie, und das Meer gehörte allen und keinem.

Fühlen sich Delphine im erwärmten Abwasser des Kraftwerks und der anderen Industriebetriebe am Shannonfjord besonders wohl? Jedenfalls lebt hier eine Gruppe der Meeressäuger. Vom Erfolg Fungies in Dingle inspiriert, bietet **Delphinwatch** ab dem Hafen Carrigaholt Bootsfahrten auf den Spuren der Delphine an, bei denen mit Hilfe des "Hydrophones" auch die Gespräche der Tiere verfolgt werden können.

Cliffs of Moher

Die eindrucksvollen Klippen von Moher zählen zu den meistbesuchten Naturwundern an der Küste. Zum Glück sind sie 8 km lang, und abseits des Parkplatzes und Besucherzentrums finden sich noch Fleckchen, um kreischende Möwen und donnernde Brecher genießen zu können.

Die Klippen ziehen sich vom Hag's Head bis Aillenasharragh, einer Landzunge vor Doolin. Ihren höchsten Punkt hat die Felswand mit 230 m am *O'Brien's Tower,* wo eine Autostraße fast bis an die Küste führt und die Menschen sich auf die Füße treten, um das Naturwunder zu bestaunen – tagsüber ein Rummelplatz mit Hot-Dog-Verkäufern und Souvenirständen. Der Aussichtsturm wurde 1835 von einem exzentrischen Landlord gebaut, der auch den Weg mit Steinplatten einfassen ließ. Erst in der Abenddämmerung, wenn sich die Menge aufzulösen beginnt, gewinnt der Ort an Würde, und wenn fern am Horizont das letzte Sonnenlicht die Wolken über dem schon schwarzen Meer ein letztes Mal erglühen lässt, vergisst man schnell den Trubel. Wer es gern ruhiger hat, unternimmt die Tageswanderung (22 km) von Liscannor über Hag's Head nach Doolin, die oben auf den Klippen entlang führt.

In den Cliffs of Moher – hoffentlich sind Sie schwindelfrei

Vor dem Abbruch des aus horizontalen, kaum verworfenen Schichten von Sandstein und Tonschiefer bestehenden Plateaus zeigen Möwen, Lummen und sogar Falken ihre Flugkünste. Unten donnern die Wellen gegen den Stein, oft brechen große Stücke ins Meer. Die beste Aussicht, bis hin zu den Arans, nach Connemara und nach Kerry, hat man vom *Hag's Head*. Während der napoleonischen Kriege wurde hier ein Signalturm errichtet, um frühzeitig vor einer französische Landungsflotte warnen zu können. Schon die Kelten hatten hier ein Fort.

Liscannor, von Ennis kommend das letzte Dorf vor den Cliffs, ist der Geburtsort von John P. Holland, der das U-Boot erfand. Über Murphy's Pub, weiter am Weg nach Moher, heilt **Brigid's Well** seit vorchristlicher Zeit allerlei Gebrechen. Die große Wallfahrt findet am letzten Juliwochenende statt, doch auch sonntags treffen sich hier mehrere hundert Menschen.

• *Telefonvorwahl:* 065.

• *Information:* Im Visitor Centre am großen Parkplatz, ✆ 7081 171, März–Okt. tägl. 10–18 Uhr; Wanderführer erhältlich.

• *Verbindung:* Einige Busse zwischen Ennis und Lisdoonvarna fahren über Liscannor und zum Visitor Centre, im Sommer auch Verbindung entlang der Küste zwischen Doolin und Kilkee; Auskunft ✆ 6824 177.

• *Parken:* Gegen 2 € Gebühr.

• *Übernachten:* **B&B Moher Lodge,** Doolin Rd. Liscannor, ✆ 7081 269, April–Okt., DZ 52 €. Der Bauernhof ist das den Cliffs of Moher nächstgelegene Quartier.

Liscannor Village Hostel (IHH), im Zentrum, Liscannor, ✆ 7081 550, März–Okt., Bett ab 17 €, DZ 25 €. Hinter einem Souvenirshop. Großer Gemeinschaftsraum, der auch für Discos und Meditationskurse genutzt wird. Fahrradverleih.

• *Essen:* **Vaughan's Anchor Inn,** Main St., Liscannor. Netze, Lampen, Ruder und Schraube – das Lokal ist mit einer nahezu kompletten Bootsausrüstung ausstaffiert. Für die Fischplatte rechne man 15 €, wer den Hummer bestellt, fragt nicht nach dem Preis.

Doolin

Der langgezogene, aus Weilern zusammengewachsene Küstenort gilt als das Mekka der irischen Volksmusik. Im Sommer verwandelt sich Doolin in ein musizierendes Ferienlager.

Besonders die Deutschen zieht es seit den siebziger Jahren, dem ersten Boom der Folkmusik, in Scharen an die Mündung des *Aille*. Höflich und ordentlich seien sie schon damals gewesen, loben die Einheimischen, an die Regencapes aus gelbem Ölzeug hat man sich gewöhnt. Mit seiner scheinbaren Idylle dörflicher Ursprünglichkeit und Einfachheit, den Fischern, drei Pubs und dem Laden, entsprach Doolin ganz dem romantisch verklärten Irlandbild. Aber warum gerade Doolin? Warum nicht irgendein anderes Dorf dieser Art, deren es wohl Tausende auf der Insel gibt?

Hier kommt *Micho Russell* ins Spiel, einer der besten irischen Flötisten, der aus Doolin stammte, und, wenn er nicht gerade auf Amerika-Tournee oder bei einer Fernsehproduktion war, mit seinen zwei Brüdern in O'Connor's Pub anzutreffen und immer zu einer Session bereit war. Micho war ein Star, dem sein Ruhm nie zu Kopf stieg, und der außergewöhnlich offen und hilfsbereit war. "Ich habe die Menschen immer gut behandelt und jedermanns Fragen beantwortet, egal wer er war", resümierte er einst seine Lebensphilosophie. Der Geheimtipp sprach sich herum, und seither pilgern die Jungen auf der Suche nach guter Musik, Craic und dem irischen Lebensgefühl nach Doolin und finden bei *O'Connor's* und *McGann's* jeden Abend gälophile und musikbesessene Iren zum Musizieren und geselligen Beieinander.

Micho Russell ist längst gestorben. O'Connor's hat renoviert und erweitert, das Personal für die Saison wird in Dubliner Studentenkreisen angeworben. Auf den Weiden längs der Straße wachsen die neuen Guesthouses und B&Bs im Stil amerikanischer und australischer Farmhäuser, und mancher frühere Rucksackler kommt heute mit etwas dickerer Brieftasche und den Kindern an die Stätte seiner Jugenderlebnisse. Doolin ist in jener Phase seiner touristischen Enteicklung, in der jeder Reisende den anderen misstrauisch als einen die Idylle zerstörenden Eindringling betrachtet – ein Spiegel seiner selbst. Bei den Einheimischen sind die Deutschen noch immer beliebt, die irischen Urlauber jedoch weniger. Die spielen Rockmusik vor den Pubs und zeigen keine Spur der den Ausländern eigenen Irlandbegeisterung.

Information/Verbindungen/Fahrradverleih

• *Telefonvorwahl:* 065.

• *Verbindung:* April–Sept. tägl. mehrere **Fähren** nach Inisheer (hin und zurück 20 €), Mai–Aug. auch nach Inishmór, der größten Araninsel (hin und zurück 25 €). Doolin Ferries (✆ 7074 455). Wegen des rüden Umgangs mit Fahrrädern, die bei gut gebuchten Fahrten auf einer schmalen Brüstung vor dem Führerhaus gestapelt werden, sollten Radfahrer besser die (größeren) Fähren von Galway oder Rossaveal nehmen (Lesertipp von Arno Berz).

Von der Haltestelle vor dem Doolin Hostel **Busse** nach Kilkee, Limerick, Ennis (Umsteigeplatz für Dublin) und an der Küste entlang nach Galway (nur Ende Juni bis Anf. Sept.). Busauskunft im Doolin Hostel oder von Bus Eireann in Ennis, ✆ 6824 177.

• *Fahrradverleih:* **Doolin Hostel** (Raleigh), ✆ 7074 006.

Übernachten/Camping

Mit Hostels hat es begonnen, jetzt wird die Hauptstraße zunehmend mit Pensionen und Bed&Breakfast-Häusern zugepflastert. Mit dem Arran View hat Doolin nun auch ein richtiges Hotel.

*** **Aran View House,** Lisdoonvarna Rd., 1 km nach der katholischen Kirche, ✆ 7074 061, DZ 90–130 €. Ein grauer, romantisierender Neubau auf einem zugigen Hügel. Gute Sicht in alle Richtungen, ob wirklich bis zu den Arans, wäre bei gutem Wetter zu überprüfen.

B&B Atlantik Sunset House, Lisdoonvarna Rd., ✆ 7074 080, DZ 52 €. Neubau, alle Zimmer mit Bad, schöne Aussicht. Ohne Auto oder Rad allerdings schlecht zu erreichen.

Flanagan's Village Hostel (IHH), ✆ 7074 564, Bett 9 €, DZ 25 €. Das Hostel am Ortsrand (Lisdoonvarna Rd.) wird von Gerald und Diane geführt, die mit ihren Kinder auch in einem Teil des Hauses wohnen. Familiäre Atmosphäre, geräumige Zimmer mit von Geralds Bruder geschreinerten Betten. Da das Hostel gelegentlich mit Reisegruppen belegt ist, wird Voranmeldung empfohlen.

Paddy's Doolin Hostel (IHH/IHI), Fisher St., ✆ 7074 006, Bett 10 €, DZ 25 €. Ein von Paddy Molony professionell geführter Neubau bei O'Connor's Pub im Unterdorf. Geradezu luxuriöse Einrichtung (mit Zentralheizung!). 6-Bett-Zimmer, Geldwechsel, Fahrradverleih, Shop mit Lebensmitteln und Wanderkarten.

Rainbow Hostel (IHH), Roadford, ✆ 7074 415, Bett 10 €, DZ 25 €. Im Oberdorf schräg gegenüber der Post, schon etwas älter und mit nur 20 Betten familiärer als das Doolin Hostel. Den Boden des Gemeinschaftsraumes bedecken Steinplatten mit interessanten Mustern. Die jungen Wirtsleute haben nebenbei noch einen Bauernhof und fischen auch mal das Abendessen persönlich aus dem Bach. Der Wirt ist bei den Rettungsschwimmern engagiert.

Aille River Hostel (IHH), an der Brücke zwischen den beiden Ortsteilen, ✆ 7074 260, 10 €, DZ 25 €, Camping 5 €. Zu beiden Pubs in noch akzeptabler Fußentfernung gelegen. Ein gemütlicher Ofen heizt den etwas zu klein geratenen Gemeinschaftsraum, in dem die Musiker sich auf den Auftritt im Pub einstimmen. Familiär, saubere Küche, kostenlose Waschmaschinenbenutzung (!), Camping im Garten hinter dem Haus.

• *Camping:* **Nagle's,** beim Hafen, ✆ 7074 127, April–Sept., Zelt mit 2 Pers. 10 €. Weil die Gäste nicht nur zum Hören kommen, sondern viele auch selbst spielen – gern wird nach dem Kneipenbummel noch in die Klampfe oder gar in den Dudelsack gegriffen – ist der Platz manchmal etwas laut.

Riverside, ✆ 7074 314, April–Sept., Zelt mit 2 Pers. 11 €. "Der Platz besteht aus einer windigen Wiese, die ummauert ist. Der Sanitärblock ist nagelneu [...] und auch ein Aufenthaltsraum ist vorhanden. Die Einrichtung des Gebäudes ist in hellem Holz gehalten – also ganz ansprechend, auch wenn die Duschen hier natürlich auch kosten." (Leserbrief von Christian Dorn und Birte Rehse).

Der Westen
Karte Seite 412

Essen/Pubs

Nach Doolin kommt man nicht wegen des Essens – die kulinarische Szene ist unterentwickelt. Was die Musik und das "irische Lebensgefühl" betrifft, verheißen die Pubs jedoch einen Höhepunkt der Irlandreise.

Lazy Lobster, Roadford, ✆ 7074 390, April–Mai, Okt. Mo–Sa ab 18 Uhr, Juni–Sept. tägl. ab 18 Uhr, Dinner 30 €. Ein unscheinbares Haus etwas abseits der Straße im Oberdorf, betont schlicht eingerichtet. Stärke von Anne Hughes Küche sind Meeresfrüchte bis hin zum Hummer, daneben gibt es jedoch auch wechselnde vegetarische Gerichte, Steaks und Hähnchen.

Bruach na h'Aille, Roadford, ✆ 7074 120, nur im Sommer geöffnet, Dinner 25 €. Gehobene Küche mit Meeresfrüchten und Fleischgerichten – probieren Sie etwa die Lammmedaillons.

Doolin Café, Roadford, beim Rainbow Hostel. Der Name täuscht – es handelt es sich um ein reines Restaurant, in dem man zu vernünftigen Preisen sehr gut essen kann (z.B. Lachs für 12 €). Die Portionen sind großzügig bemessen. (Lesertipp Karin Rabus)

• *Pubs:* **O'Connor's,** Fisher St. Mit dem Totalumbau hat die Kneipe etwas an Charme verloren, besonders das "Hinterzimmer" mit seinen Nähmaschinentischen und der Wandtäfelung aus Fichtenholz verrät die Handschrift eines professionellen Kneipeneinrichters, der Interieurs von der Stange liefert. Aber wer denkt an die Einrichtung, wenn er in das jeden Abend gut volle (und verrauchte) Lokal kommt, um Musik zu hören oder selbst mitzuspielen. Sessions sind die Regel, organisierte Konzerte die Ausnahme.

McGann's, Roadford, spielt etwas zu unrecht nur die zweite Geige. Die Kneipe ist kleiner und intimer als O'Connor's, die Musiker, die abends zum zwanglosen Spiel zusammenkommen, nicht schlechter.

McDermott's, Roadford. Die nach dem Motto "Wagenrad" rustikal dekorierte und von den Einheimischen bevorzugte Kneipe, hat für Musikfreunde weniger zu bieten – hier läuft abends oft der Fernseher.

Doolin/Umgebung

Das **Doonagore Castle** auf der Anhöhe 3 km südlich von Doolin bietet sich als Ziel eines Spaziergangs an. Vor dem Hintergrund des Dorfs und sogar der Araninseln ist der restaurierte Wehrturm (15. Jh.) ein schönes Fotomotiv. Mehr Abenteuer versprechen die **Green Holes,** ein ausgedehntes Netz unterirdischer Bäche und Seen nördlich des Hafen von Doolin. Wer nicht taucht, kann von der Erdoberfläche einen Blick in die "Hölle" werfen, eine Doline im Karst, von deren mit Wasser gefülltem Grund unterirdische Passagen weiter in den Fels führen. Mehr zur Umgebung im nächsten Kapitel.

Burren

"Kein Wasser zum Ertränken, kein Baum zum Hängen, keine Erde zum Begraben", soll ein Cromwellscher Heerführer den Burren aus der den Militärs eigenen Sicht charakterisiert haben. Der Nordwesten von Clare ist ein bleiches, hellgraues Karstland, wie man es als Kulisse von Wildwestfilmen kennt, auf der "Grünen Insel" aber nicht erwartet.

Der einzige oberirdische Fluss ist der *Caher,* und die Seen des Burren sind nichts anderes als Einbrüche im Karst, die nach starken Regenfällen für einige Zeit vollaufen, bis das Wasser durch die Risse und Spalten wieder versickert ist. Diese Ödnis, in der sich Fuchs und Hase, Marder und Hermelin gute Nacht sagen, für die sich Kolonisatoren und Spekulanten nie interessierten und der deshalb die prächtigen Landsitze fehlen, wies Cromwell dem andernorts vertriebenen katholischen Adel zu. Im Burren, übersetzt "großer Stein", galt als reich, wer nicht verhungerte. Dabei war das Gebiet bis in die Steinzeit reich bewaldet. Rodungen der Farmer und der Holzschlag für den Schiffbau haben die Erde der Erosion ausgesetzt, und heute ist die Erdkrume weitgehend abgetragen. Wo sich in Gesteinsritzen aber noch ein Fleckchen Humus festkrallt, ist der Boden reich an Mineralien und fruchtbar. So gedeiht im Burren eine erstaunliche Vielfalt an mediterranen, arktischen und alpinen Pflanzen. Im Frühling blüht der tiefblaue, fünfblättrige Enzian. Der Sommer ist die Zeit der Orchideen, des gelbblühenden Klees und der Heckenrosen. Gerade bei den mediterrranen Pflanzen fragt man sich, wie sie nach Irland gekommen sind, und vor allem, wie sie hier überleben können. Trotz des Golfstroms ist das Klima so warm nun auch nicht, wie jeder Reisende deutlich spürt. 2500 archäologische Stätten sind ein Beweis dafür, wie dicht der Burren einmal besiedelt war. Am sehenswertesten ist der *Poulnabrone-Dolmen*. Mit einheimischen Führern kann man in einigen Höhlen in die Unterwelt des Karsts eindringen. Gut erschlossen und ohne besondere Ausrüstung zu begehen ist die *Aillwee Cave*.

Geologie

In grauer Vorzeit war der Meeresspiegel sehr viel höher als heute und der Burren von einem warmen Meer bedeckt. Muscheln, Korallen und abgestorbene Kleinstlebewesen bedeckten den Boden mit einer Kalkschicht, darüber lagerte sich der von den Flüssen ins Meer gespülte Sand und Ton ab. Vor ungefähr 270 Millionen Jahren hob sich die Erdkruste, Irland tauchte aus dem Meer auf. Der Unterschied zwischen den Gegenden, wo die wasserabweisende Tonschicht noch intakt ist und die darüberliegende Erde feucht hält, und anderen wie dem Burren, wo Wind, Regen und Eis den Kalkstein freigelegt haben, könnte kaum größer sein: Südlich der Linie Doolin – Lough Inchiquin sattgrüne Wiesen oder gar Moore, der Burren aber ein karges **Kalkmassiv**, in das der leicht saure Regen Ritzen und Klüfte gefressen hat, durch die das Wasser sofort versickert und sich in unterirdischen Seen und Flüssen sammelt. Dabei trägt das Wasser die Decken der Kavernen immer weiter ab, bis diese schließlich einstürzen und die charakteristischen, für den Wanderer so gefährlichen **Dolinen** entstehen. Eine Besonderheit des Burren sind einzelne Granitblöcke, wie sie sonst eher für Galway und Connemara typisch sind. Sie wurden von den eiszeitlichen Gletschern nach Süden verfrachtet und beim Schmelzen des Eises hier abgelagert. Auch im Burren gibt es einige grüne Inseln. So erstreckt sich unter dem **Slieve Elva,** mit 380 m der höchste Hügel der Region, eine wasserdichte Tonschicht unter der Erdoberfläche und bewirkte die Bildung eines Moores. Hier wurden kleinere Flächen entwässert und aufgeforstet.

▸ **Burren Way:** Eine Wanderung ist sicher die beste Art, die Landschaft intensiv zu erleben. Der Weg beginnt in Ballyvaughan, begleitet ein Stück die Küste nach Westen und führt dann auf einer alten Feldstraße landeinwärts, quert den Caher River, führt um den Slieve Elva zum Ballinalacken Castle und von dort weiter nach Doolin und an die Cliffs of Moher. Insgesamt 42 km sind für eine Tagestour jedoch zu lang; es wird eine Übernachtung im Ballinalacken Castle empfohlen, das etwa auf halber Strecke liegt.

Information: Außer dem guten Faltblatt "The Burren Way" der Tourist Information sei auch Tim Robinsons "Burren – Map & Guide" empfohlen. Über die Naturkunde des Burren informiert www.theburren.ie.

Corofin

Als wolle die Natur vor dem kargen Burren noch einmal verschwenderisch mit Wasser protzen, ist die Umgebung des Dorfes voll kleiner Seen. Ein Heritage Centre hält die Erinnerung an schlechte Zeiten wach.

Für einen Spaziergang bietet sich die Umrundung des **Lake Inchiquin** mit seinen romantischen Ruinen zweier O'Brien-Burgen an. Das **Clare Heritage Centre** in der früheren protestantischen Kirche von Corofin hat sich auf die Geschichte der ersten Hälfte des 19. Jh. spezialisiert, die Zeit der Bauernvertreibungen, der Hungersnot und der gewaltsamen Unterdrückung gälischer

Kultur. Eine bizarre Episode ist zu der von einer Kugel durchlöcherten Bibel zu berichten. Die in der Brusttasche getragene Bibel rettete Edward Synge am Aschermittwoch 1831 das Leben. Der Landlord von Dyseart O'Dea war ein tiefgläubiger Protestant, der die katholischen Pächter mit Zuckerbrot und Peitsche zu seiner Konfession zu bekehren versuchte und deshalb den besonderen Hass der Iren auf sich gezogen hatte. Der Anschlag soll seinem Enthusiasmus einen Dämpfer versetzt haben.

• *Telefonvorwahl:* 065.

• *Verbindung:* Mo–Fr nachmittags ein Bus von Ennis.

• *Öffnungszeiten* des **Clare Heritage Centre:** April–Okt. Mo–Sa 9.30–17.30, So 13–17.30 Uhr; Eintritt 2,50€.

• *Übernachten:* **Corofin Village Hostel** (IHH), Main St., ✆ 6837 683, E-Mail corohost@iol.ie, Bett 10 €, DZ 50 €. Gepflegtes und blumengeschmücktes Haus im Dorfzentrum, dahinter eine Campingwiese. Großer Gemeinschaftsraum mit Klavier, helle Zimmer mit 2 bis 6 Betten. Fahrradverleih.

• *Essen:* **The Gairdin**, Market St., ✆ 6837 425. In bewusst schlichtem Ambiente wird hervorragende Küche serviert, die traditionelle irische Rezepte veredelt. Irlands Gourmetpapst John McKenna zählt das Restaurant zu seinen "Top 50".

▸ **Dysert O'Dea:** Die *Burg* aus dem späten 15. Jh. wurde kürzlich restauriert, im Turm ist eine kleine Sammlung mit archäologischen Funden aus der Region zu sehen. Ein etwa 6 km langer archäologischer Rundweg führt zu einem Fulacht Fiadh, einer mittelalterlichen Straße, dem spärlichen Rest eines Ringforts und zum **Kloster des Heiligen Tola** mit dem "Weißen Kreuz" (12./13. Jh.), das ein schönes Relief Daniels in der Löwengrube zeigt. Bevor das Kreuz zum Schutz vor Dieben einzementiert wurde, konnte der Teil mit dem Haupt Jesu abgenommen werden. Die Bauern der Umgebung borgten ihn sich gelegentlich aus – als Mittel gegen Zahnschmerzen. Steinerne Köpfe von Menschen, Tieren und Fabelwesen bewachen im romanischen Südportal den Eingang der Kirche, auch der Stumpf eines Rundturms ist noch erhalten.

🕐 Mai–Sept. 10–18 Uhr; Eintritt 3,50 €.

▸ **Killinaboy:** Über dem Eingang zur Kirche (12.–14. Jh.) auf dem Friedhof prangt das Relief einer Nackten mit gespreizten Schenkeln. Man findet ähnliche, aus Stein gehauene Figuren der **Sheila na Gig** ("Julia mit den Brüsten") gelegentlich auch an den Eingängen oder Fenstern von alten Burgen. Sie sollen allem Übel, bösen Geistern und dem Teufel wehren. Auch in den romanischen Kirchen Frankreichs begegnen uns manchmal Skulpturen männlicher oder weiblicher "Exhibitionisten", mit denen die Bildhauer, so die offizielle Lesart, eine Versuchung darstellten, die wenigstens für Nonnen und Mönche nur der Teufel selbst ersonnen haben konnte. Mehr an ein Fruchtbarkeitsritual erinnert der etwa bei der Wallfahrt von Ballyvourney (County Cork) übliche Brauch, mit der Hand über das Geschlecht des Figürchens zu streichen. Auch wenn die Sheila mit der Heiligen Brigid oder St. Gobnait assoziiert wird, ist es deutlich, dass in ihr die vorchristliche Furchtbarkeitsgöttin fortlebt.

Eine weitere Kuriosität des Friedhofs ist ein T-förmiges, nach dem griechischen Buchstaben τ benanntes Tau-Kreuz, wie es in dieser Form sonst nur noch auf der Insel Tory (Donegal) erhalten ist.

Übernachten: **B&B Fergus View,** ✆ (065) 6837 606, April–Sept. DZ 50 €. Mr. Kelleher ist ein begeisterter Angler, und seine Frau tischt den schmackhaft zubereiteten Fang den Gästen als Abendessen auf.

Cahercommaun

Das Ringfort auf einem Hügel zwischen Killinaboy und Carran wurde im 8. oder 9. Jh. angelegt. Es ähnelt der Anlage von Staigue am Ring of Kerry, liegt aber sehr viel schöner und ist besser erforscht.

Zwei Erdwälle und eine Steinmauer sicherten das Dutzend Hütten, ein unterirdischer Fluchtweg führte von der Burg unter der Mauer hindurch an den Berghang. Bei ihren Ausgrabungen in den dreißiger Jahren rekonstruierten die Archäologen der Harvard University anhand der Abfälle auch den Speisezettel der Burgbewohner. Außer Getreide aßen sie offensichtlich alle größeren Wildtiere, die ihnen in die Falle gingen: Kaninchen, Marder, Dachse, Füchse, Raben und sogar Rotwild, das heute nur noch im Killarney Nationalpark frei lebt. Aufsehen erregten Menschenknochen, die man nach Metzgersart zerhackt fand. Waren die Kelten Kannibalen? Dagegen spricht, dass niemand das Mark aus den Knochen gesaugt hatte, das ja eine besondere Delikatesse gewesen sein müsste. In einem Keller lag jedoch ein Kopf unter einem Wandhaken. Eine Trophäe oder eine Art Ahnenkult? Cahercommaun hat mehr Fragen aufgeworfenen als beantwortet.

Leamenah Castle

Als Burgherr Connor O'Brien 1651 im Kampf gegen die Protestanten fiel, weigerte sich seine Witwe, die Leiche in Empfang zu nehmen. Um ihr Vermögen zu retten, immerhin hatte sie acht Kinder zu ernähren, hielt sie statt dessen um die Hand Cronet John Coopers, eines Cromwellschen Offiziers an.

Die Burg wurde trotzdem eingezogen, doch nach Cromwells Abgang erhielt Maire Rua McMahon ihr Eigentum zurück. Von da an scheint sich das Verhältnis zwischen den Eheleuten rapide verschlechtert zu haben. Cornet John engagierte sich in waghalsigen Finanzgeschäften – und stürzte unter nie geklärten Umständen vom Burgturm. Die Gerüchteküche schob die Untat Maire in die Schuhe, ohne dass ihr je etwas bewiesen werden konnte. Sie starb 1686 eines natürlichen Todes und ging in die Geschichte als eine Männer verschlingende Hexe ein.

Über die Jahrhunderte gaben sich verschiedene Burgherren die Klinke in die Hand, heute ist das Castle wieder im Besitz eines O'Briens. Der verteidigt die Ruine mit Hund und Elektrozaun gegen ungebetene Besucher. Wer weiß, vielleicht lauert hinter einem Fenster noch eine Kanone und stehen in der Pechnase über dem Eingang zum Turm noch Fässer mit Jauche und Öl bereit. Begnügen wir uns sicherheitshalber mit einem Blick von außen. Zwei Bauabschnitte sind deutlich zu unterscheiden: der ältere, um 1480 gebaute fünfstöckige Turm und das um 1640 angefügte, ästhetisch ansprechendere, aber weniger wehrhafte Hauptgebäude.

Karte Seite 412

Kilfenora

Als Bischofssitz war Kilfenora das geistliche Herz des Burren. Außer der Kirche ist das Informationszentrum zu Geologie und Botanik der Region einen Besuch wert.

Die mit 13 Pfarreien kleinste Diözese Irlands ist seit 1879 nur noch ein Titularbistum ohne eigenen Bischof. Auch der Titel ist zu unbedeutend, um einen Kurienkardinal damit ehren zu können, und so trägt ihn der Papst persönlich – als einen unter wohl hundert anderen. Die Gläubigen haben Johannes Paul II. nicht verziehen, dass er auf der letzten Irlandreise nicht "sein" Bistum besuchte. Father Vaugham musste die Gemeinde damals in den Bus setzen und nach Galway fahren, damit die Schäflein ihren Hirten zu Gesicht bekamen.

Sommernachmittag in Kilfenora

Die **Kirche,** in deren hinterem Teil sich die Church of Ireland eingerichtet hat, ist eher bescheiden. Die unbeholfenen, fast lebensgroßen Figuren auf zwei senkrecht gestellten Grabplatten wurden nach der Pest von 1348 gefertigt, als die guten Handwerker offenbar alle weggestorben waren. Dem aus Bruchstücken wieder zusammengefügten **Doorty-Kreuz** fehlt das für die irischen Hochkreuze sonst typische Rad. Auf der am besten erhaltenen Ostseite befiehlt Christus (oben) zwei Heiligen oder Engeln (Mitte) die Zerstörung des Bösen (unten). Möglicherweise wurde das Kreuz anlässlich der Gründung des Bistums (12. Jh.) errichtet. Zwei weitere Hochkreuze, 100 m westlich der Kirche im Feld, sind in sehr viel schlechterem Zustand.

Das in einem bescheidenen Haus am Dorfplatz eingerichtete **Burren Display Centre** erklärt mit einer Multimediashow auch auf Deutsch die Geologie und Botanik des Burren. Die einen finden's informativ, die anderen fühlen sich an langweilige Schulstunden erinnert. Auch Reiseführer und alle mögliche Literatur zum Thema Burren werden verkauft, nebenan lockt ein Coffeeshop.

• *Öffnungszeiten* des **Burren Display Centre:** März–Mai, Okt.. 10–17 Uhr, Juni–Sept. 9.30–18 Uhr; Eintritt 3,25 €.

• *Übernachten:* **B&B Burren Farmhouse,**

Mary Doorty, Ballybreen West, ✆ 7071 363, DZ 45 €.

The Little Cottage (IHI), Kilcorney Rd., Lissylisheen, ✆ 086 801 5566, Bett 9 €, Frühstück 6 €. Von Kilfenora folgt man der Ballyvaughan Road, in Noughaval rechts der Carran Road. Wegweiser des Hostels helfen bei der Schnitzeljagd. Der von Rolf und Deidre Fendler bewirtschaftete Biohof ist ein naturnahes Refugium jenseits von Hektik und überflüssigem Komfort – auch auf das Telefon wird bewusst verzichtet. 6 Betten, Campingmöglichkeit.

• *Camping:* "Neben dem Burren Display Centre ist eine einfache Campingwiese eingerichtet worden (nur für Wanderer und Radler), die die kommunalen Facilitäten mitbenutzen können." (Lesertipp von Ernst Herold).

• *Pubmusik:* Im Sommer Sa/So bei **Linnane's,** Mo/Do/Sa bei **Vaughan's**. Nach Lust und Laune spielt in den Pubs auch die lokale Fiddlergröße Tommy Peoples.

Lisdoonvarna

Anders als Baden-Baden oder Karlsbad war das einzige Heilbad Irlands nie ein Treff der High Society, sondern der einfachen Leute. Früher kamen die Landarbeiter und Pächter, um nach der Erntezeit ihre rheumageplagten Gelenke im heißen Schwefelwasser zu entspannen und sich von der harten Arbeit zu erholen.

Das Badevergnügen war für die Jugend auch eine gute Gelegenheit, mit dem anderen Geschlecht anzubandeln, und wer nicht selbst einen Partner/eine Partnerin finden wollte oder konnte, dem boten zahlreiche Heiratsvermittler ihre Dienste an. Noch heute werden beim "Matchmaker Festival", das im September mit viel Musik, Whiskey und Bier gefeiert wird, die ersten zarten Fäden mancher Romanze gesponnen. Sehenswert ist das viktorianische **Brunnenhaus** im Kurpark. Wer den geringen Eintritt bezahlt und sich überwinden kann, ein Glas Schwefelwasser zu trinken – es schmeckt nicht so schlimm, wie es riecht – bekommt zum Lohn vielleicht nicht ewige Gesundheit, aber eine Urkunde. Während der Sommermonate spielt um die Mittagszeit ein Pianist. Die Quelle ist verglast und beleuchtet, unten im Wasser entdeckt man sein Spiegelbild.

Der Westen Karte Seite 412

Verbindungen/Diverses

• *Telefonvorwahl:* 065.

• *Verbindung:* Busse nach Galway und Ennis–Limerick, im Sommer auch nach Kilkee.

• *Fahrradverleih:* **Burke's Garage,** ✆ 7074 022.

• *Einkaufen:* **Burren Smokehouse,** Doolin Rd., ✆ 7074 432, Mo–Sa 10–18 Uhr. Geräucherter Lachs in allen Variationen, dazu eine Videoshow über die Lachsräucherei und geduldige Verkäufer, die alle Fragen rund um den Fisch beantworten.

• *Öffnungszeiten* der **Brunnenhäuser und Bäder:** Juni–Okt. Mo–Sa 10–18 Uhr. Ein Schwefelbad kostet 10 €.

• *Reiten:* **Burren Riding,** Kilmoon Cross, ✆ 7076 140. 3 km nördlich von Lisdoonvarna, im Sommer tägl. Trekking, auch Unterricht.

Übernachten

Das halbe Dutzend Hotels der Stadt ist in Händen der Familie White – ein Konzern mit Einheitspreisen Wer auch außerhalb zu wohnen bereit ist, kann in Ballynalacken einmal Schlossherr und -frau spielen.

*** **Ballinalacken Castle,** 5 km nördlich an der Fanore Rd., ✆/✆ 7074 025, www.ballinalackencastle.com, DZ 100 €. Auf einem Hügel mit mächtigen Bäumen steht neben einer Burgruine ein Landsitz des 19. Jh. Die Lounge mit altem Mobiliar und Kaminfeuer, die Zimmer mit leicht abgewohnten Stilmöbeln, schöner Blick übers Meer.

Das einer Burg im Legoland nachempfundene **White's Burren Castle,** von Ennistimon kommend am Ortseingang, verdient die saure Zitrone für missratene Architektur. Geschmackvoller ist das etwas außerhalb gelegene *** **King Thomond,** ✆ 74 406, 📠 74 721, nur Ostern–Sept. Zwei Zimmer haben sogar einen eigenen Wintergarten. **Kincora House,** ✆ 74 300, www.kincorahotel.com, DZ 80–110 €. Ältere Villa mit neu ausgebauten, großzügig zugeschnittenen Zimmern. Mit Pub/Restaurant und Garten.

Lisdoonvarna/Umgebung

Höhlen um Lisdoonvarna: Besonders die für viele Spleens bekannten Engländer meiden gerne das Tageslicht und kriechen statt dessen durch enge, glitschige Stollen, tauchen in unterirdischen Seen und picknicken in stockdunklen Felsendomen, um sich abends beim Guinness von diesen Abenteuern zu erholen. Vielleicht tut die erhöhte Konzentration an radioaktivem Radon in der Höhlenluft ihren Teil zum Kitzel – doch wäre, so sagen Wissenschaftler, nur ein wochenlanger Aufenthalt unter Tage gesundheitsgefährdend. **Poll Na gColm,** 5 km von Lisdoonvarna auf der Ostflanke des Slieve Elva, ist mit insgesamt 12 km begehbaren Stollen die größte Höhle der Insel. Um den 6 m hohen Stalaktitenriesen in der **Poll an Eidhnain** (beim Ballinalacken Castle) zu bewundern, muss zunächst der nicht immer freundliche Farmer um Erlaubnis gefragt werden, auf dessen Land der Eingang zur Höhle liegt. Die Passage zur Kaverne ist schwierig und sollte nur von Leuten begangen werden, die nicht zum ersten Mal in einer Höhle herumklettern.

Fanore

Die wenigen, entlang der Straße verstreuten Häuser können kaum "Dorf" genannt werden. Bekannt ist der Ort für seinen Strand. Einfach am Ufer zu sitzen, sich den Wind um die Ohren pfeifen lassen und am Spiel der Wellen berauschen – was gibt es Schöneres?

Feiner goldgelber Sand ist mit pechschwarzen Felsen durchsetzt, dahinter türmen sich mit Strandhafer und schütteren Gräsern bewachsene Dünen. Doch Fanore bietet mehr als einen sicheren Badeplatz. Am Felsen **Aill an Daill,** kurz bevor die Straße im Süden landeinwärts biegt, messen Kletterer ihr Können, in einer Bucht suchen Taucher unter Wasser die Fortsetzung der Klippen, die erst in 20 m Tiefe auslaufen. Bei starken Regenfällen wird das Meer hier von kräftigen braunen Strudeln durcheinandergewirbelt. Sie zeigen die Stellen an, an denen die unterirdischen Flüsse aus dem Karst in den Ozean münden. Landeinwärts wird die kurze Wanderung auf den **Cathair Dhuin** (185 m) mit einem Ringfort belohnt, in dem noch die Spuren eines unterirdischen Speichers auszumachen sind. Wandert man gegenüber dem Strand in das **Caher-Tal,** kommen nach 45 Minuten linker Hand die Ruinen von **Cahrbannagh,** einem nach der Hungersnot verlassenen Dorf. Ein drittes Wanderziel sind auf dem Hügel hinter dem Restaurant Admiral's Rest die Höhlen **Poll Dubh** und **Poll Mor,** wovon die Erstere, schenkt man dem Wirt Glauben, auch für Amateure geeignet ist – ein Tipp für einen verregneten Nachmittag.

- *Telefonvorwahl:* 065.
- *Verbindung:* Zweimal die Woche Busse von Galway und Doolin.
- *Übernachten:* **Admiral's Rest, B&B und Restaurant,** ✆ 7076 105, DZ 45 €. John McNamara hat keine Mühe gescheut, seinem Restaurant die Gestalt eines Schiffs zu geben – die Fenster sind rund, die Speisekarte hängt in einem Bullauge. Zweimal im Jahr organisiert er ein Burren-Wildlife-Wochenende.

Bridge Hostel (IHI), ✆ 7076 134, März–Okt., Bett 9 €, DZ 23 €. Das stilvolle, einst als Polizeistation gebaute Haus liegt 800 m vom Strand. Der Manager hat gute Tipps für Höhlenwanderungen und verleiht auch die erforderliche Ausrüstung wie Gummistiefel und Lampen. Abendessen auf Wunsch, Campingmöglichkeit, Fahrradverleih.

▸ **Gleninagh Castle:** Die Burg der O'Lochlainns, die noch im 19. Jh. die ungekrönten Könige des Burren waren, liegt auf halber Strecke zwischen dem Black Head und Ballyvaughan direkt am Meer. Renovierungsarbeiten sind im Gange, eines Tages soll das Haus für das Publikum geöffnet werden. Am Eingang stehen eine heilige Quelle und eine zerfallene Kapelle.

Ballyvaughan

Das schmucke Fischerdorf an der Galway-Bucht war einmal der wichtigste Hafen für die Aran Islands. Auf den vorgelagerten Inseln nisten im Winter Wildgänse, auch Robben sind in der Bucht zu Hause. In Ballyvaughan bezieht das gehobene Publikum für die Erkundung des Burren Quartier. Das "Truthahnschnitzel Waldorf" mit Nüssen und Äpfeln auf der Speisekarte weist die Richtung, und der Sparladen führt – ganz ungewöhnlich für ein irisches Dorf – Quark und französischen Käse. Bezeichnenderweise gibt es auch kein Hostel, dafür mehrere Kunsthandwerkläden und reichlich Ferienwohnungen. Eilige Reisende können den Burren statt in natura auch auf der Leinwand erleben: **Burren Exposure,** die Show des Whitethorn Centre, wird vor allem von Busgesellschaften besucht.

Verbindungen/Fahrradverleih

- *Telefonvorwahl:* 065.
- *Verbindung:* Busse von Galway und Lisdoonvarna–Ennis, zweimal die Woche von Doolin–Fanore.
- *Fahrradverleih:* **Monk's Bar,** ✆ 7077 059.
- *Einkaufen:* **Farm Shop,** Aillwee Cave, an der Zufahrt zur Höhle. Lebensmittel der Region. Ab Mitte Juni wird für einige Wochen jeden Morgen Käse gemacht – Zuschauer sind willkommen.
- *Öffnungszeiten* des **Burren Exposure** mit **Whitethorn Centre:** Tägl. 10–17 Uhr, Eintritt 4,25 €.

Übernachten/Essen

Die meisten Fremdenbetten stehen in den etwa 50 Ferienwohnungen, die auch von deutschen Reiseveranstaltern angeboten werden. Informationen über die B&Bs der Umgebung bekommt man z.B. in "Hyland's".

**** **Gregans Castle,** Lisdoonvarna Rd., ✆ 7077 005, ℻ 7077 111, www.gregans.ie, April–Okt., DZ 125–180 €. Das vornehmste Hotel des Burren ist ein ehrwürdiger Herrensitz inmitten eines gepflegten Parks, 5 km außerhalb am Fuss des Corkscrew Hill. Auflagen der Feuerpolizei haben den Park um einen Teich bereichert. Prächtige Aussicht, auch die Küche wird gelobt – Tafelmusik mit Piano und Harfe.

** **Hyland's,** im Zentrum, ✆ 7077 037, ℻ 7077 131, DZ 100–120 €. Gemütliches Familienhotel mit Restaurant, Bar und Supermarkt. Zimmer von verschiedener Qualität, die im Anbau sind um eine Halle mit Lichtkuppel und Pflanzeninsel angeordnet, neu möbliert und sehr geräumig.

B&B Rusheen House, Lisdoonvarna Rd., ✆ 7077 092, DZ 65–80 €. 1 km außerhalb, gehobene Ausstattung mit TV.

B&B Micko's Place, im Zentrum, ✆ 7077 060, DZ 50 €. Ein Bungalow in zentraler Lage.

Village & Country Holiday Homes, ✆ 51 977, ℻ 52 370. Durch eine Passage kommt man von der Hauptstraße in ein kleines Feriendorf mit 8 komfortabel ausgestatteten Apartments, die um einen Garten angeordnet sind.

- *Essen:* **Tea Junction,** im Zentrum. Eine Konditorei mit Coffeeshop; kleine Snacks, z.B. Chili con Carne auf Pittabrot.

Monk's Seafoodbar, am Hafen. Pub mit Restaurant. Auf der Karte vorwiegend Meeresfrüchte, als Desssert etwa hausgemachter Apfelkuchen oder Reispudding. Im Sommer auch Tische im Freien und abends gelegentlich Live-Musik. Okt.–März schließt die Küche bereits um 18 Uhr.

Whitethorn, Kinvarra Rd, Mai–Okt. Di–Sa. Etwas außerhalb mit schönem Blick über die Bucht. Das Restaurant ("Touristmenü" 22 €) mit Bar ist auf Busse eingestellt, die Küche ist vor allem schnell, aber bei schönem Wetter lohnt sich ein Bierchen oder ein Tee an einem der putzigen "Dolmentische" vor dem Haus.

▸ **Newtown Castle:** Der Wehrturm (16. Jh.) hat eine ungewöhnliche Form. Von einer quadratischen Basis verjüngt er sich über eine Pyramide zu einem Rundturm. Gebaut von den O'Briens, ging die Burg bald in die Hände der O'Lochlainns über. Heute ist im fünfstöckigen Turm ein kleines Museum eingerichtet. Anhand von Fotografien und Montagen wird über die alte Handwerkskunst und die Restaurierung der Burg informiert, auf zwei Etagen die Naturkunde des angrenzenden Cappanavalla-Hügels erklärt, und das "Scriptorium" betont mit Kopien des Book of Kells sowie einer Sammlung altirischer Gesetze die gälische Tradition des Burren. Gelegentlich stellen auch Künstler des benachbarten **Burren College of Art** ihre Werke aus.

⌚ Mai–Okt. tägl. 10–17 Uhr; Eintritt 2,75 €.

▸ **Aillwee Cave:** Die einzige touristisch erschlossene Höhle des Burren wurde 1944 per Zufall von einem Bauern entdeckt. Eingang, Parkplatz und Zufahrt sind harmonisch in die Landschaft eingepasst – hier könnte sich so manches staatliche Visitor Centre ein Beispiel nehmen. Im Café vor dem Eingang vergeht die Wartezeit bis zum Beginn der Führungen rasch. Vergessen Sie ihren Pullover nicht – unter Tage hat es sommers wie winters gerade 10 Grad C. Nur ein Bruchteil der 50 km Stollen kann begangen werden, doch dieser ist mit Gespür für Dramatik elektrisch ausgeleuchtet. Am Ende der Führung wird für einen Moment das Licht abgedreht: Der Besucher soll nicht vergessen, dass die Höhle von Natur aus ein dunkles Loch ist. Der Hauptkorridor öffnet sich zu mehreren Kavernen, an manchen Stellen liegen noch die Knochen der Braunbären, die sich in der Höhle zu ihrem letzten Winterschlaf niederlegten. Höhepunkt ist ein Wasserfall.

Auch bei der Aillwee Cave gehen die Meinungen auseinander. Leseprobe: "Für einen gesalzenen Eintrittspreis läuft man 50 % der Führung in künstlich angelegten Stollen und bekommt gerade mal 2 bis 3 winzige Tropfsteine zu sehen" (Harald Schönfeld).

⌚ März–Mitte Nov. 10–17.30 Uhr, Juli/Aug. bis 18.30 Uhr; Eintritt 6 €. www. aillweencave.ie.

▸ **Poulnabrone-Dolmen:** Poulnabrone ist der Prototyp eines Dolmen, einsam in der Karstlandschaft stehend, zehntausendfach gegen die untergehende Sonne fotografiert und auf Postkarten abgebildet. Als Archäologen 1989 das Grab näher untersuchten, kamen außer den Knochen von 25 Menschen auch den Toten beigegebener Schmuck und Töpferwaren zutage. Offenbar ist es ein Urtrieb des Menschen, an von ihm besuchten Orten "ein Zeichen" zu hinterlassen. Auf dem Karstfeld um den Poulnabronedolmen fehlen die Bäume, in die man seinen Namen ritzen könnte, und so bauen stark urtriebbestimmte Besucher aus Steinchen – einen Dolmen. Für Archäologen kommender Generationen wird mit dem Feld voller Kleinstdolmen ein neues Rätsel geschaffen.

Weltberühmt – der Poulnabrone-Dolmen

Dolmen als Sonnenuhr?

Mit den Dolmen oder Hünengräbern, wie sie bei uns im Volksmund heißen, gibt uns die Megalithkultur ein weiteres Rätsel auf. Nach der herkömmlichen Chronologie wurden sie um 2000 v.Chr. gebaut, also in einer Zeit, da die Gräber à la Newgrange außer Mode kamen und gleichzeitig eine Vielzahl neuer Formen auftauchte, z.B. schlichte Hügelgräber oder die Wedge Tombs.
Waren die Dolmen früher mit Erde bedeckt, die durch Erosion abgetragen wurde? Die Wissenschaft ist sich uneins, und wahrscheinlich liegt die Wahrheit in der Mitte: einige waren es, andere nicht. Einmal mehr zeigt sich die "Megalithkultur" als vielfältig und unsystematisch. Wurden die Dolmen als Gräber gebaut? Unter vielen fanden sich menschliche Asche oder Knochenreste, aber dies können Spuren späterer Kulturen gewesen sein. Der britische Forscher Aubrey Burn vermutet, dass die Dolmen eine Art Tempel waren, in denen die Ahnen einer Sippe bestattet und verehrt wurden.
Markiert man die irischen und britischen Dolmen und die Steinkreise auf einer Karte, zeigt sich, dass beide Formen niemals zusammen vorkommen – offenbar gab es eine "Steinkreiskultur" und eine "Dolmenkultur". Allerdings haben auch manche Dolmen einen astronomischen Bezug, sei es mit einer Art Lichtkasten (häufig in der Bretagne) ähnlich wie Newgrange, einem Loch im Deckstein oder einem "Outlier", der in Poulnabrone genau nach Süden zeigt. Offenbar wurde hier der Sonnenstand zur Mittagszeit beobachtet, während die Steinkreise nach dem Auf- und Untergang von Sonne und Mond ausgerichtet sind. Waren die Dolmen eine Art prähistorischer Sonnenuhr?

Wer an den vorgeschichtlichen Relikten seine Freude hat, findet nach 1 km Richtung Ballyvaughan die **Glenisheen Wedge Tombs,** eine Art oberirdischer, keilförmiger Steinsärge. Die Einheimischen nennen sie Druidenaltar. In der Nähe fand ein Junge bei der Kaninchenjagd zufällig eine goldene Halskrause, ein Meisterstück frühkeltischer Handwerkskunst, das im Nationalmuseum ausgestellt ist.

Kinvarra

Kinvarra, das Tor zum Burren, gehört bereits zum County Galway. Am Kopf einer flachen und geschützten Bucht wird es von Seglern und Durchreisenden besucht. Das neue **Merriman Hotel** kann mit dem größten Schilfdach Irlands aufwarten. Ob bei bunten Häusern oder dem Kontrast zwischen blauem Wasser, grünen Rasen und roten Brüstungen, offensichtlich lieben die Bewohner knallige Farben. Ursprünglich eine Hugenottensiedlung und damit für irische Verhältnisse relativ jung, kam Kinvarra Anfang des 19. Jhs. in den Besitz von Richard Gregory of Coole.

Auf einer Felsnase über dem Wasser präsentiert sich das **Dunguaire Castle** mit der untergehenden Sonne im Hintergrund als ein romantisches Fotomotiv. Die um 1520 gebaute Burg steht wahrscheinlich genau an der Stelle des Palastes von Guaire, der im 6. Jh. König von Connaught war. Sie ist in exzellentem Zustand und jeder Raum spiegelt den Geschmack einer anderen Epoche wider. Der Führer erklärt, warum die Treppen im Uhrzeigersinn wendeln, und erzählt bizarre Geschichten vom heiligen Coleman. Am Abend veranstaltet das Shannon Development Board seine Bankette im Mittelalterstil, wie wir sie schon in Bunratty kennengelernt haben. Der Rahmen ist hier etwas persönlicher, als Beilage zum Essen gibt es geistige Nahrung in Form literarischer Lesungen.

• *Telefonvorwahl:* 091.

• *Verbindung:* Bushalt zwischen Galway und Doolin (Busauskunft ✆ 562 000). Michael Linane schippert Gruppen ab 4 Personen hinüber zur Doorus-Halbinsel.

• *Festival:* Anfang August **Fischerfest** mit Wettrudern in der Bucht und einer Parade der Galway Hookers, der traditionellen Segelboote.

• *Öffnungszeiten* des **Dunguaire Castle:** Mai–Okt. tägl. 9–17.30 Uhr; Eintritt 3,50 €, Bankett 40 €; Anmeldung Bankett ✆ 1800 269 811.

• *Übernachten:* **Merriman Hotel,** Main St., ✆ 638 222, 637 686, DZ 80–100 €. Wohnen unter Irlands größtem Reetdach, und doch ein erst wenige Jahre altes Haus. Am Wochenende tanzt das Dorf in der Bar.

Johnston's Hostel (IHH), Main St., ✆ 637 164, Juli–Sept. Bett 10 €, Warmdusche extra. Einfaches, älteres Haus an der Hauptstraße neben dem Merriman-Hotel, im Garten Campingmöglichkeit. Die geräumigen und hohen Zimmer (4–8 Betten) sind farbenfroh gestrichen und mit fließend Wasser und handgezimmerten Stockbetten ausgestattet. Teilw. neue Sanitäranlagen. Der Aufenthaltsraum, einst eine Gemischtwarenhandlung, kann mit Klavier, kleiner Bibliothek und einer Tafel mit Wandervorschlägen aufwarten.

Doorus JH, Doorus, ✆ 637 512, ganzjährig geöffnet, Bett 7–9 €. Ein berühmtes Haus, in dem einst Yeats und sein Freundeskreis einige Stücke schrieben und wo die Idee des irischen Nationaltheaters geboren wurde. Das modernisierte Hostel wird von einer jungen Familie mit viel Engagement und Idealismus geführt. Außer um Yeats in der Originalumgebung zu lesen, ist der steinige, aber sichere Badestrand nahe dem Haus ein weiterer Grund, hierher zu kommen. Auch zur Vogelbeobachtung ist die ruhige, abgeschiedene Halbinsel bestens geeignet.

Gort

William Thackeray notierte 1842: "It is a regularly built little place with a square and street, but it looked as if it wondered how the deuce it got into the midst of such a desolate country and seemed to bore itself considerably. It had nothing to do and no society."

Im Frühmittelalter herrschte hier der legendäre Häuptling Guaire. Er stiftete das Land für die Klostersiedlung **Kilmacduagh,** von der 5 km westlich von Gort ein restaurierter Rundturm, die "Kathedrale" und Reste weiterer Kirchen, dazu allerlei Steinkreuze blieben. Auf Guaire führte sich das örtliche Geschlecht der O'Shaughnessy zurück, die wiederum ihren Besitz im 17. Jh. an die Verkers, die künftigen Viscounts Gort verloren – deren prächtiger Stammsitz am nahen **Lough Cultra** bleibt der Öffentlichkeit leider verschlossen. Die Gorts entwickelten Gort zum regionalen Wirtschaftszentrum: Sie etablierten den samstäglichen Markt, errichteten eine Getreidemühle, Brauerei und Gerberei. An dieses zumindest für die Grundherrn Goldene Zeitalter erinnert etwa das **Waaghaus** auf dem Marktplatz. Jüngst machte Gort (1000 Einwohner) durch den Widerstand der Bürger gegen eine geplante Aldi-Filiale von sich reden. Der auf dem Gelände des früheren Viehmarktes geplante Supermarkt sei geeignet, "Gort zu ruinieren". Attraktionen nah am Städtchen sind der mit W.B. Yeats verbundene Bergfried Thoor Balleylee und der Coole Park mit seinem Besucherzentrum.

• *Telefonvorwahl:* 091.

• *Information:* www.gortonline.com

• *Verbindung:* Der Marktort liegt an der Landstraße (N 18) zwischen Ennis und Galway und damit abseits der gängigen Touristenroute, aber am Weg der **Linienbusse**. Für Selbstfahrer bietet sich ein Abstecher von Kinvarra (15 km) aus an.

• *Festival:* **Cooley-Collins Traditional Music Festival,** alljährlich Ende Oktober am Bank Holiday Weekend, mit Konzerten, Ceili, Pubmusik, Tin-Whistle- und Akkordeon-Wettbewerb. Auskunft ✆ 631 923.

• *Übernachten:* **B&B Bethel House,** Lissrabirra, Rineen, ✆ 632 205, DZ 45–50 €. Ein neuer Bungalow 3 km außerhalb von Gort mit schönem Blick auf den Burren.

B&B Naomh Colman, Kilmacduagh, ✆ 631 849, DZ 45 €. Gleich beim Kloster bietet Josephine Finnegan drei Fremdenzimmer.

• *Essen:* **Jonny Walsh's** Bar and Restaurant, The Square, Gort; Küche 11–19 Uhr, So Ruhetag. Das Barfood wie etwa gegrilltes Lachssteak oder die Käse- und Schinkenplatte ist kein kulinarischer Höhenflug, doch grundsolide Hausmannskost.

Der Westen
Karte Seite 412

Gort/Umgebung

▸ **Thoor Balleylee:** Als 20-jähriger besuchte W.B. Yeats erstmals Ballylee und begeisterte sich für die an einem idylischem Flüsschen gelegene Normannenburg und für die Hymnen des blinden gälischen Sängers Anthony Raftery an die hübsche Müllerstochter Mary Hynes, die "leuchtende Blume von Balylee" – später mag er hier Parallelen zu seiner eigenen unerwiderten Neigung für die militante Republikanerin Maud Gonne entdeckt haben.

1916 erwarb Yeats den Bergfried im Nordosten der Stadt samt Cottage und Garten für lächerliche 35 Pfund und richtete hier seine Sommerresidenz ein. Vom Kampf gegen die das Gemäuer zersetzende Feuchtigkeit zermürbt, gab er zwölf Jahre später auf und verließ Ballylee. Heute kann man hier in einem

Yeats-Museum Porzellan und Möbel des Hausherren, einige Erstausgaben und einen Videofilm besehen. Um den efeuumrankten Turm kreisen Yeats' Gedichtsammlungen "The Tower" und "The Winding Stair". Auf der Letzteren erklimmen die Besucher die Dachterrasse des Turms und dort blicken hinüber zum Coole Park.

⌚ Mai–Sept. tägl. 10–18 Uhr; Eintritt 3,75 €. Von der N18 und der N66 jeweils 5 km nördlich von Gort ausgeschildert.

▸ **Coole Park:** Im Landsitz der Yeats-Freudin und Dramatikerin Lady Gregory. gingen seinerzeit die Größen der literarischen Szene aus und ein, die ihre Initialen in der Rinde einer prächtigen Blutbuche hinterließen. Das Haus wurde 1941 abgerissen und neuerdings durch ein schnödes Besucherzentrum ersetzt.

⌚ Ostern–Mitte Juni Di–So 10–17 Uhr, Mitte Juni–Aug. tägl. 9.30–18.30 Uhr, September tägl. 10–17 Uhr. Der Park ist ganzjährig bei Tageslicht geöffnet. An der N18 4 km nördlich von Gore.

▸ **Kiltartan Cross Gregory Museum:** Fans von Lady Gregory und der Irischen Literarischen Renaissance finden in einer früheren Dorfschule weitere Erinnerungsstücke an die Mitbegründerin des Dubliner Abbey Theatre. Ein Klassenzimmer wurde im alten Stil erhalten.

⌚ Juni–Aug.. tägl. 10–18 Uhr, sonst nur So 11–17 Uhr, Eintritt 2 €. An der N18 4 km nördlich von Gore.

Lough Graney

Die Einheimischen vergleichen ihr Hügelland um den stillen See stolz mit Killarney – als wesentlicher Unterschied bleibt freilich festzuhalten, dass sich Fremde nur sehr selten zum Lough Graney verirren.

Auf dem gut ausgeschildertern **Shore Walk** umrundet man in vier bis fünf Stunden den See und lernt dabei auf engem Raum eine erstaunlich vielfältige Landschaft kennen. Ab und an trifft man ein paar Angler beim Warten auf den dicken Hecht oder Jäger bei der Pirsch auf Enten, Schnepfen und (leibhaftige!) Moorhühner. Als Ausgangspunkt empfiehlt sich **Caher,** das Dorf am Südende des Lough. Unterhalb von **Flagmount** lädt eine Bucht zum Baden, ein weiterer Badeplatz sind die **White Sands** eine halbe Stunde nördlich des Orts. Der Weg entfernt sich jetzt etwas vom See und passiert die Wälder von **Cahermurphy,** ein Naturschutzgebiet, in dem sich, für Irland eine Rarität, noch wild lebende Rehe tummeln. Nach der Brücke über den **River Bleach** öffnet sich Weideland, doch bald geht es wieder in den Wald. Vom Picknickplatz im **Kocknaeeha Forest** lassen sich Singschwäne und Reiher beobachten. An den Eichenwald schließt sich die Moorlandschaft des **Doorus Bog** an, aus der ein steiler Aufsteig zum **Lough Graney Inn** führt.

- *Anfahrt:* Von Gort nach Caher zunächst die N18 6 km südwärts, dann am Ende des Lough Cultra rechts ab auf der R461 Richtung Scariff.
- *Wegbeschreibung:* Die Umrundung des Lough Graney folgt größtenteils dem East-Clare-Fernwanderweg, zu dem die Touristenbüros in Gort oder Ennis die Broschüre "The East Clare Way" bereithalten.

▸ **Feakle,** zwischen dem See und der Ennis-Portumna-Road (N41) hat sich einen Namen mit dem alljährlich im August veranstalteten Traditional Music Festival gemacht. Auf dem Dorffriedhof ruht der Bauer, Lehrer und Dichter Brain

Merriman (1749–1805), der mit dem gälischen Epos *Cúirt an Mheán-Oiche* ("Der mitternächtliche Gerichtshof") eine für die Zeit erstaunlich emanzipierte Satire auf die herrschende Sexualmoral hinterließ. In der Nachbarschaft von Feakle lebte die sagenumwobene Biddy Early. Einige Mythen um diese Wahrsagerin und Heilerin, die sich noch 1865 wegen Hexerei vor Gericht verantworten mußte, überliefert Lady Gregory in den *Visions and Beliefs in the West of Ireland.*

- *Information:* http://come.to/EastClare.
- *Einkaufen:* Freitagmorgens gibt es im Zentrum einen kleinen Markt.
- *Übernachten:* **Smyth's Country Lodge**, ✆ (061) 792 40 02, 📠 92 42 44, DZ 60–80 €, ein komfortables und modernes Hotel mit gerade 12 Betten.
- *Pub:* **Peppers Bar** wirbt mit traditional music-sessions mittwochs und samstags.

County Galway

Es gibt zwei ganz gegensätzliche Gründe, Galway zu besuchen: eine jugendliche und lebenslustige Stadt, die von einem Festival in das nächste taumelt, und ein einsames Land voll rauher Naturschönheit.

Galway ist die an Fläche zweitgrößte Grafschaft Irlands, und noch etwa die Hälfte der Einwohner spricht Gälisch als Muttersprache. Galway City, das unbestrittene Zentrum des Westens mit einer dynamischen Ökonomie und einer lebendigen Kulturszene, ist ein Fremdkörper in der sonst ländlichen Region. Östlich des *Lough Corrib,* des größten Sees der Republik, beginnt ein flaches, von Torfmooren unterbrochenes Farmland, das sich über die County-Grenzen hinaus bis zum Shannon fortsetzt. *Cong,* ein stilles Dörfchen auf einer Flussinsel, ist der Höhepunkt dieser satten und friedlichen Idylle. Ganz anders präsentiert sich *Connemara,* die Westhälfte Galways: raue Berge, verlassene Cottages zwischen Granitbrocken, Sumpfwiesen und unzählige Seen und Tümpel. Wer von Süden kommt, für den war der Burren eine gute Einstimmung auf diesen wilden und dünn besiedelten Landstrich, über den die atlantischen Winde pfeifen. Doch der Burren-Karst lässt das Wasser durchsickern und ist mit den ersten Sonnenstrahlen nach dem Regenguss wieder trocken. Connemara aber präsentiert sich, sobald man die Berge verlässt, als eine feuchte, geradezu amphibische Landschaft. *Clifden* hat sich zur heimlichen Hauptstadt Westgalways entwickelt und ist neben Galway der einzige Ort, an dem auch am Abend noch etwas los ist. Wie drei riesige Schiffe ankern draußen in der Galway Bay die *Aran-Inseln.* Auf diesen bis zum nackten Fels erodierten Steinwüsten haben die Menschen früher ihre Felder nur mit Hilfe einer künstlichen, aus Sand, Seetang und Stroh gemixten Ackerkrume bebauen können. Auf Inishmore, der größten Insel, bezeugt

Der Westen
Karte Seite 412

das geradezu dramatisch am Rand einer Steilklippe angelegte Fort Dún Aengus, dass die Inseln schon in grauer Vorzeit besiedelt und begehrt waren.

Aran-Inseln (gäl. Oileáin Arainn)

Mit den inzwischen guten Verkehrsverbindungen sind die Inseln ein beliebtes Reiseziel geworden. Unterkünfte gibt es en masse, Mountainbikes warten auf unternehmungslustige Ausflügler. Die Hauptinsel Inishmore verzeichnet die meisten Besucher, Inishmaan hat den geringsten Anteil an den Segnungen der Moderne.

Die Aran-Inseln sind die natürliche Fortsetzung des Burren, ein Kalkriff, das auf Inishmore wie ein Dampfer in Schieflage von der flachen Nordküste allmählich gen Süden hin ansteigt und mit einer Steilwand wieder ins Meer stürzt. Die kahle, zerklüftete Mondlandschaft ist von Moosen, Flechten und einer schütteren Grasschicht überzogen, nur aus den Ritzen und Spalten sprießt üppiges Grün und wagen sich im Frühling die Wildblumen. Mannshohe, aus Steinbrocken geschichtete Mauern fassen die Felder ein, in deren von den Vorfahren mühsam zusammengetragener Erde die Bauern Kartoffeln und Roggen anpflanzen.

Durch die isolierte Lage der Inseln ist die gälische Kultur hier besonders stark verankert und haben sich Traditionen gehalten, die andernorts längst untergegangen sind. Hier wurde der klassische Aranpullover aus ungefärbter Wolle und mit komplizierten Mustern erfunden. Auf Inishmaan begegnet man noch manchmal alten Frauen in Tracht gekleidet – roter Rock und schwarzer Schal – oder Männern in den bauschigen Wollhosen mit farbenprächtigen Gürteln.

Geschichte

Zumindest Inishmore und Inishmaan, die beiden größten Inseln, waren schon in der Eisenzeit besiedelt. Eiserne Relikte sind längst zu Rost verfallen, aber zwei steinerne Ringforts blieben erhalten. *Dún Aengus* klebt an einer tief ins Meer abstürzenden Steilklippe. Der Überlieferung nach waren die kriegerischen Bauherren vom vorkeltischen Stamm der Firbolg und vom Festland her zugewandert. Das Christentum erreichte die Inseln um die Wende zum 5. Jh. St. Enda, ein zur neuen Religion konvertierter Häuptling, der sogar eine Pilgerfahrt nach Rom unternahm, soll das erste Kloster gegründet haben. Geistliche Größen wie Columban und Columcille gingen hier in die Lehre. Nachdem im 16. Jh. die Clans der O'Flahertys und der O'Briens um die Inseln stritten, schenkte Königin Elisabeth die Arans schließlich einem englischen Grundherren, Cromwell richtete später gar eine Garnison ein. Viele ausgemusterte Soldaten blieben auf den Inseln, und so haben viele der heutigen Bewohner, die dies allerdings nicht gerne wahrhaben wollen, in ihrem Stammbaum auch englische Vorfahren.

Mit dem Erwachen der gälischen Nationalbewegung kamen Künstler und Intellektuelle auf der Suche nach ihren Wurzeln auf die Inseln. *John Millington Synges* (1871–1909) schrieb mit "The Aran Islands" (in deutscher Übersetzung bei Suhrkamp) den Klassiker über das Leben auf dem Archipel, auch sein

Aussichtspunkte: Gipfelkapelle des Croagh Patrick, Mayo (oben) und Doonagore Castle, Doolin (unten) (TL)

▲▲ Der Wind pfeift über Connemara (TL)

▲ Blick auf Clifden (TL)

▲ Gottes Lob: Madonna vor der Quin Abbey (Clare) (TL)

Gezeichnet von Wind und Wetter: Die Küste zwischen Sligo und Donegal (oben),

▲▲ "Bitte Einsteigen!" Die Fintown Railway, Donegal (RRB)

▲ Killybegs, Irlands wichtigster Fischerhafen (RRB)

Theaterstück "Riders to the Sea" spielt auf den Inseln. Auf Inishmore wuchs der auf einer Amerikareise vom katholischen Nationalisten zum Kommunisten konvertierte *Liam O'Flaherty* (1897–1984) auf, der als Vorsitzender eines Sowjets während des Bürgerkriegs 1922 die rote Fahne auf der Dubliner Rotunda hisste. Lesenwert ist vor allem seine Novelle "Famine" (dt. als "Zornige grüne Insel" bei Diogenes). Der amerikanische Ire *Robert Flaherty*, dessen Vorfahren im Spätmittelalter mit den O'Briens um die Macht auf den Inseln stritten, hielt mit dem 1934 gedrehten Filmklassiker "Man of Aran" den Inselalltag in Bildern fest. *Tim Robinsons* Karten und Bücher sind die beste Quelle über die heutigen Arans. Das Verkehrsbüro hat eine ganze Liste von weiteren, außerhalb Irlands freilich kaum bekannten Künstlern, die die Arans in Text und Bild verarbeitet haben.

"The Man of Aran"

Ob Hemingway "The Man of Aran" gesehen hatte, bevor er "Der alte Mann und das Meer" schrieb? Die Parallelen sind jedenfalls verblüffend. Im Mittelpunkt des Dokumentarfilms steht der Kampf des Menschen mit der Natur und besonders dem Meer. Tagelang ringen die Männer in einer Nussschale von Boot mit einem Hai, dessen Tran sie für die spärlichen Öllampen in den Hütten der Insel brauchen. Wenn sie nicht voller Angst auf die Rückkehr der Männer und Väter warten, kratzen Frauen und Buben die spärliche Erde aus den Ritzen der Kalkfelsen und bringen sie, vermischt mit Seetang, auf den kargen Feldern aus. Ohne viele Worte (Flaherty nutzt nur zögerlich die damals neuen Möglichkeiten des Tonfilms), sondern durch seine eindrücklichen Bilder heroisiert der Film das Leben in Armut und beständiger Lebensgefahr.

Es fällt schwer, sich vorzustellen, dass Menschen hier vor 70 Jahren noch unter solchen Bedingungen leben mussten. Und Flaherty schummelt auch ein bisschen. Für die Haifischjagd aus dem Ruderboot musste er die gesamte Westküste absuchen, um noch einen steinalten Fischer zu finden, der sich darauf verstand. Schon seit der Mitte des 19. Jh. brannten nämlich die Lampen auf den Arans mit Paraffin und niemand ging mehr auf Haifischjagd. Als Zeitdokument darf der Film also nur mit Einschränkungen verstanden werden. Als Filmkunstwerk ist "The Man of Aran" jedoch unbedingt sehenswert.

• *Verbindungen:* **Fliegen:** Wer in Eile ist, kann mit der **Aer Arann** tägl. mehrmals vom Connemara Airport bei Inveran, rund 30 km westlich von Galway, auf alle drei Inseln fliegen. Obwohl die kleinen Propellermaschinen bei ihren Hopsern zu den Inseln gerade 10 Min. in der Luft sind, ist der Flug ein echtes Erlebnis. Auch der Airport erinnert an die Pioniertage der Luftfahrt. Zubringerbusse starten vom Tourist Office in Galway. Für den Hin- und Rückflug rechne man 45 €, bei Buchung bis spätestens zwei Wochen vor dem Flug 40 €, auch Kombi Flug/Schiff, Arrangements mit B&B und Fahrradmitnahme möglich. Auskunft und Buchung ✆ (091) 593 034, www.aerarann.ie. **Fähren von Rossaveal:** Rossaveal (gäl. Ros an Mhil, bei Casla) ist der Haupthafen mit den kürzesten (ca. 45 Min.) und häufigsten (2 bis 6 x tägl.) Verbindungen zu den Inseln. **Aran Island Ferries,** ✆ (091) 568 903 u. 561 767, www.aranislandferries.com, haben ihr Galway-Büro neben der Touristinformation und bieten von dort Zubringerbusse nach Rossaveal. Der reguläre Tarif macht hin und zurück 20 € (mit Bus 25 €), doch es gibt kaum jemanden, der nicht für irgendeinen Sonderrabatt qualifiziert wäre. Für

Der Westen
Karte Seite 412

Dreiecksfahrten, also beispielsweise Rossaveal – Inishmore – Inisheer – Rossaveal, werden die Einzelfahrtpreise addiert – der Trip ist dann erheblich teurer als bei Hin- und Rückfahrt auf der gleichen Route.

Fähren von Galway: Direkt von Galway fährt (Juni–Sept. tägl., Okt.–May nur Di, Do, Sa) **O'Brien Shipping** auf die Inseln. Büro im Touristoffice Galway, ✆ 567 283, hin und zurück 25 €.

Fähren von Doolin: Von April–Sept. tägl. bis zu 7 x Doolin – Inisheer (hin und zurück 20 €), Mai–Aug. auch nach Inishmore, der größten Aran-Insel (hin und zurück 25 €). **Doolin Ferries,** ✆ (065) 7074 189.

Die **Fähren zwischen den Inseln** sind theoretisch auf die Schiffe von und nach Irland abgestimmt, in der Praxis aber ist der Fahrplan wenig verlässlich.

Inishmore (gäl. Inis Mór)

Die westlichste der bewohnten Arans, vor deren Spitze noch vier kleine Felseilande aus dem Wasser ragen, ist mit 31 qkm und etwa 800 Menschen zugleich die größte und bevölkerungsreichste. Hier gibt es noch eine Ärztin und zwei Friseusen, gelegentlich kommt der Zahnarzt aus Galway.

Vom Schiff aus präsentiert sich eine Sandküste vor dem Hintergrund grauer Kalkhügel, die dem Burren ähnelt. Die Insel ist leicht nach Norden gekippt, steigt von dieser Seite somit flach an, um im Süden mit einer Steilklippe abrupt ins Meer zu stürzen. Die zerfurchte Oberfläche ist eine Schöpfung der eiszeitlichen Gletscher, die bei ihrem letzten Rückzug mit Eis und Geröll über das Land schrammten. Die Felder und Weiden, die Generationen dem kargen Boden abgerungen haben, sind säuberlich mit Feldmauern eingefasst. Nur an geschützten Stellen wachsen Haselbüsche und Weißdorn, für Bäume ist der Boden zu karg, die Luft zu salzig und der Wind zu stark. Der Hafen des Hauptorts **Kilronan** ist die Lebensader der Insel. Am Quai schauen die Tagelöhner zu, wenn wieder ein Schiff die Tagesgäste ausspuckt oder ein Bauer seine schlachtreife Kuh über den Steg zerrt. Zeit gibt es im Übermaß, Arbeit, die lohnen würde, nur wenig. Die Landwirtschaft zählt gemeinhin nicht mehr dazu.

Die neue Zeit

Auch auf den Arans bleibt die Zeit nicht stehen. Der Inselpriester hatte eine Affäre mit der Frau des Polizisten. Ordnungshüter und Frau ließen sich in Amerika einvernehmlich scheiden, und sie heiratete ihren Geliebten, der seinerseits die Soutane an den Nagel hängte. Soweit keine ungewöhnliche Geschichte. Bemerkenswert ist allerdings, dass das Paar wie der ebenfalls wieder verheiratete Polizist nicht irgendwo inkognito untergetaucht sind, sondern noch immer auf den Arans leben – und dort geschätzt und geachtet werden.

Im Hafen und auf dem Flugfeld landen im Sommer täglich bis zu 3000 Besucher, von denen einige Hundert auch über Nacht bleiben. Kilronan, das sich pittoresk von der Bucht den Hang hinauf erstreckt, hat die beste Infrastruktur und ist Basis für Ausflüge in den Westen und an die Steilklippen. Die Entfernungen sind für Fußgänger zu groß, es werden jedoch Fahrräder verliehen. Darüber hinaus bieten Kleinbusse Rundfahrten an, ebenso die traditionellen Jaunting Cars, Pferdekutschen, wie man sie aus Killarney kennt. Höhepunkt

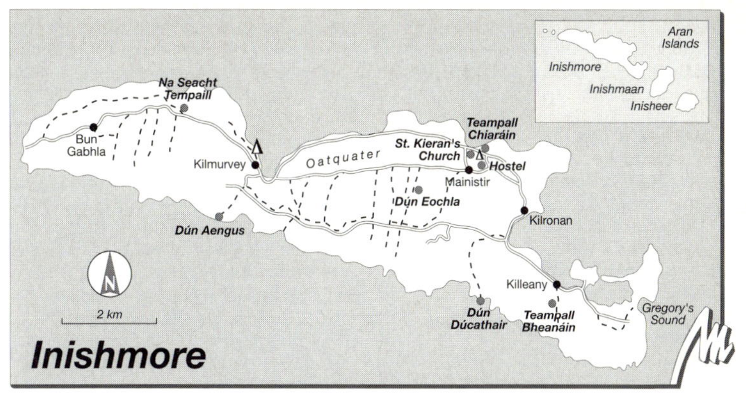

des Ausflugs ist das Fort Dún Aengus. Zum Relaxen hat Inishmore zwei schöne Sandstrände. Bei **Killeany** (gäl. Cill Éinne) auf der Südseite liegt eine kleine, von Dünen eingefasste Bucht. Auf der Nordseite kann man in **Kilmurvy** (gäl. Cill Mhuirbhigh) ins Wasser. Beide Plätze verfügen über Toiletten.

Information/Verbindungen/Diverses

- *Telefonvorwahl:* 099.
- *Information:* Am Pier in Kilronan, ✆ 61 263, März bis Anfang Okt. tägl. 9–18 Uhr, mit Gepäckaufbewahrung und Geldwechsel.
- *Verbindungen:* Kleinbusse (p.P. 6,50 €) machen in der Hochsaison laufend die Runde über die Insel und halten unterwegs auf Handzeichen. Eine stilvollere Art der Fortbewegung bieten die Ponykutschen – für die Rundfahrt bis ans Westende der Insel rechne man pro Kutsche (bis 4 Pers.) 30 €.
- *Bootsausflüge:* Jeden Vormittag gegen 10 Uhr vom Hafen, Auskunft in den Hostels oder unter ✆ 61 255.
- *Einkaufen:* Die Aranpullover gibt es nahezu an jeder Ecke, die Preisunterschiede sind gering. Schnäppchen macht man am Ende der Saison, wenn die Restware oft bis um die Hälfte reduziert wird. Große Auswahl hat **Carraig Donn** (am Hafen), dort gibt es auch Regenjacken und Tweed.
Snamara, Kilronan, verkauft neben anderen Souvenirs Karten aus gepresstem Seegras, aus alten Tauen gefertigte Fußmatten und die zur traditionellen Frauentracht der Insel gehörenden Hüfttücher sowie die absatzlosen Schuhe aus Schafsleder.
- *Fahrradverleih:* In den Hostels, bei **Mullen's Aran Bike Hire,** am Pier, Kilronan, ✆ 61 132, oder bei **B&M Bike Hire,** Kilronan, ✆ 61 402. Mountainbikes (Tag 6,50 €, Woche 30 €) sind auf jeden Fall zu empfehlen. Unglaublich aber wahr, dass auf der Insel viele Fahrräder geklaut werden, und sich irgendwelche Idioten damit beim Verleiher das hinterlegte Pfand abholen.
- *Landkarte:* Die auf der Insel, aber auch schon in Galway (z.B. im Touristoffice) erhältliche Karte **Tim Robinsons** zu den Aran-Inseln ist für alle, die mehr als nur eine Nacht auf Inishmore bleiben wollen, unerlässlich.
- *Lesen:* Korff, Anne (Hg.), **The Book of Aran,** Kinvara (Tir Eolas). 19 Essays zu verschiedensten Aspekten der Inseln, von der Naturkunde bis zur Soziologie.

Übernachten/Camping

Die Fährgesellschaften bieten Pauschalarrangements an, z.B. die Fahrt ab Galway mit zwei Übernachtungen im B&B und einem Dinner für rund 50 €. Aran Ferries arbeitet dabei mit dem Island Hostel, Island Ferries mit dem Mainastir Hostel. Neben den vier Pensionen gibt es noch etwa fünfzehn B&Bs auf der Insel.

Der Westen Karte Seite 412

Guesthouse Bay View, am Pier, ✆ 61 260, Febr.–Okt., DZ 50 €. Zimmer mit Hafenblick, teilweise Etagenbad. Mit Restaurant/Café.

B&B Kilmurvey House, ✆ 61 218, DZ 52–65 €. Ein schönes, altes Natursteinhaus neben dem Visitor Centre Dún Aengus.

B&B Beach View House, Oatquarter, ✆ 61 141, April–Sept., DZ mit Etagenbad 50 €. Auch Ms. Conneely trumpft mit der Aussicht, diesmal auf Dún Aengus und ein gerahmtes Alpenpanorama. Das Haus liegt an der Inselstraße nahe dem Kilmurvey-Badestrand, 5 km von Kilronan.

Mainistir House Hostel (IHI), ✆ 61 169, Bett ab 12 €, DZ 25 €, jeweils mit Frühstück. Neueres Haus an der Dún Aengus Rd. etwa 20 Min. vom Hafen. Von der komfortablen Lounge schöner Küstenblick. Am Abend üppiges Dinnerbüfett (10 €).

Kilronan Hostel, nahe dem Pier über Ti Joe Mac's Pub, ✆ 61 255, März–Okt., Bett mit Frühstück 11 €. Über einem Pub und deshalb eher für Nachtschwärmer als für Leute mit leichtem Schlaf geeignet. Aufenthaltsraum und Gemeinschaftsküche nebenan in einer früheren Scheune.

Dun Aengus Hostel (IHI), Kilmurvey, ✆ 61 318, Bett 9 €. Außerhalb an einer Bucht, etwa 1 km von Dun Aengus entfernt. Das Haus mit 2–4-Bett-Zimmern ist zeitweise von der Fährgesellschaft für ihre Passagiere reserviert.

• *Camping:* **Inishmore**, am Strand von Mainistir, 2 km nordwestlich von Kilronan, ✆ 61 185. Einfacher Platz ohne Duschen, immerhin heißes Wasser an den Waschbecken. Pro Person 3 €.

Essen/Am Abend

Dún Aonghasa, Kilronan, ✆ 61 104, Lunch um 15 €, Dinner 25 €. Das vornehmste Lokal der Insel, gute Auswahl an Meeresfrüchten.

Man of Aran Historic Thatch Cottage, Kilmurvey Beach, ✆ 61 301, Dinner 22 €. "Wir haben ein kleines Restaurant mit organic food gefunden. Der Salat war mit Blumen und Gewürzen aus dem Garten kreativ angerichtet, im Menü Apertif, Dessert und Mineralwasser inbegriffen." (Lesertipp Beatrice Beer). Auch B&B.

An tSeach Chéibh und der **Aran Fisherman,** beide in Kilronan, sind zwei Selbstbedienungsrestaurant in mittlerer Preislage, **Joe Watty's Pub,** am Ortsrand Richtung Kilmurvey, sei für Pubfood (bis 20 Uhr) empfohlen.

Mainistir House Hostel, Dún Aengus Rd. Abends Schlag 20 Uhr (Winter 1 Uhr) Dinnerbüfett mit großer Auswahl auch an vegetarischen Gerichten, 10 €.

• *Am Abend:* **Joe Mac's** und die von den Jüngeren bevorzugte **American Bar** sind die beiden abendlichen Treffpunkte Kilronans. Von der Sperrstunde hält man wenig, und manche Session geht bis tief in die Nacht.

Dance Hall (Halla Rónáin), Kilronan. Fr–Sa ab 23 Uhr Tanz (Ceilí). Volkstanz und gelegentlich auch Disco gibt es außerdem in der **Parish Hall**.

Sehenswertes

Aran Heritage Centre: Das Museum führt mit Tafeln, Karten und Fotos in Naturkunde und Geschichte der Inseln ein. Die Sights werden dokumentiert, die literarische Tradition gefeiert, die Ausstellung "The Men and the Sea" erzählt vom Fischen und vom Wetter. Im Obergeschoss wird Flaherty's Dokumentarfilms "The Man of Aran" (1934) gezeigt.

⌚ April–Okt. tägl. 10–17 (Juli/Aug. bis 19) Uhr, Eintritt 2,50 €. Das Centre findet sich in Kilronan, in der Straße gegenüber dem Postamt.

Dún Aengus und die Forts: Das unmittelbar am Klippenrand angelegte Fort Dún Aengus ist die spektakulärste archäologische Stätte Irlands. Auf der Meerseite gewährte die Steilküste Schutz vor Überfällen, auf der Landseite ist der halbrunde Steinwall von zwei weiteren Steinkreisen umgeben, dazwischen holten sich die Angreifer in einem "Todesstreifen" mit angespitzten Steinen blutige Füße. Möglicherweise war das Fort einst kreisrund, und die heute fehlende Hälfte ist bei einem Felsbruch mitsamt der Klippe ins Meer gestürzt.

Das kleinere **Dún Eochia**, beim Turm auf dem höchsten Punkt der Insel, ist eine herkömmliche Ringfestung, während **Dún Dúchathair,** das dritte Fort, auf einer Halbinsel gleich auf drei Seiten von Felswänden gesichert ist. Über das Alter der Forts sind sich die Archäologen uneins. Dún Aengus und Dún Dúchathair wurden früher ins 1. Jh. v. Chr. datiert; kürzlich gefundene Tonscherben sprechen dafür, dass die Plätze jedoch schon 500 Jahre vorher, in der späten Bronzezeit besiedelt waren.

Klöster und Kirchen: Die Klostersiedlung "Sieben Kirchen" **(Na Seacht Tempaill)** hatte tatsächlich nur zwei Kapellen; doch auf dem Friedhof gibt es einen uralten Gedenkstein für die "sieben Heiligen", römische Märtyrer, denen das Kloster vielleicht geweiht war. Ein Steinkreuz markiert das angebliche Grab des heiligen Brendan. Auch **Teampall Chiaráin,** die mittelalterliche Kirche am Ufer unterhalb des Dorfes **Mainistir,** gehörte einst zu einem Kloster. Neben der Kirche sprudelt die in ein U-förmiges Becken gefasste **Quelle St. Kierans,** die wohl ein vorchristliches Wasserheiligtum war. Auch die um die Quelle aufgestellten Steine, in die nachträglich Kreuze gemeißelt wurden, müssen eine Bedeutung im heute vergessenen Kult der Druiden gehabt haben. Von den vielen anderen religiösen Stätten ist noch **Teampall Bheanáin** erwähnenswert, ein vor-romanisches Oratorium und angeblich die kleinste Kirche Irlands.

Inishmaan (gäl. Inis Meáin)

Die mittlere Insel, mit 5 x 3 km nicht einmal halb so groß wie Inishmore, wird am wenigsten besucht. Mit ihrer Strickwarenkooperative, die Pullover in alle Welt verkauft, sind die 300 Bewohner relativ unabhängig vom Fremdenverkehr und dem Fischfang. Ein kleiner Ausstellungsraum in der Strickwarenfabrik versammelt Trachten, land- und hauswirtschaftliche Geräte und andere Erinnerungsstücke an das Inselleben der alten Zeit. Die einzige Streusiedlung duckt sich auf der Leeseite des zentralen Hügels. Ein Rundweg führt in gut zwei Stunden rund um Inishmaan und streift dabei die Sights. Die Kooperative oder die Fährgesellschaften halten ein Faltblatt mit Weg- und Inselbeschreibung bereit. Highlight ist das elliptische Ringfort **Dún Chonchúir,** einige Minuten westlich des Postamts. Am Aussichtspunkt **Synge's Chair** soll JM Synge, der um 1900 vier Sommer auf der Insel verbrachte, besonders gerne meditiert haben. Nördlich vom Landungssteg liegt ein kleiner Strand.

- *Information:* Im Büro der Kooperative, ✆ 73 010, oder auf der Post.
- *Geführte Wanderungen:* Für Gruppen mit Maureen Faherty Conneely, ✆ 73 062.
- *Übernachten/Essen:* Fast alle B&Bs servieren auf Bestellung auch Abendessen. **B&B Angela Faherty,** Creigmore, 500 nordwestl. des Hafens, ✆ 73 012, DZ 45 €, nur Mai–Okt.

An Dún Restaurant, am Eingang zu Dún Chonchúir, Dinner 25 €.

Teach Osta Inis Meáin, das einzige Pub der Insel, Essen (nur Juni–Sept.) bis 19.30 Uhr.

Inisheer (gäl. Inis Oírr)

Das beinahe kreisrunde Inisheer ist die kleinste Aran-Insel. Vom Fährschiff erscheinen die Häuschen als weiße Punkte. Die meisten sind aus Beton, von der traditionellen Architektur blieb kaum etwas übrig. Auch Inisheer hat seinen Rundweg, der gut ausgeschildert ist; ebenso gibt es ein Faltblatt, das Sie

Der Westen
Karte Seite 412

wiederum, wenn nicht schon auf dem Schiff, bei einer Kooperative bekommen. Erste Station sind die Kirche **Teampall Chaomhain** (10. Jh.) und ihr Friedhof. Das Gotteshaus wird regelmäßig vom Treibsand eingeweht und muss dann ausgegraben werden! Auf der Ostseite der Insel sieht man das auf einen Felsen gespießte Wrack des 1960 gestrandeten Frachters *Plassy*. Die O'Brien-Burg **Caisleán Uí Bhrían** (16. Jh.) ist mitten in ein altes Ringfort gebaut.

• *Information:* Am Pier, ✆ 75 022; im Winter bei der Kooperative, ✆ 75 008.

• *Fähre:* Bei Niedrigwasser legen die Schiffe am "Far Pier" an. Mancher hat schon sein Schiff verpasst, weil er am falschen Steg wartete – erkundigen Sie sich im Zweifelsfall.

• *Übernachten:* Wegen der Fährverbindung mit Doolin ist das Angebot an Übernachtungsmöglichkeiten hier besser als auf Inishmaan.

* **Óstán Inis Oírr** (Inisheer Hotel), ✆ 75 020, ℻ 75 099, DZ 60 €. 15 Zimmer teilw. mit Etagenbad, Restaurant auch für Gäste, die nicht im Haus übernachten.

B&B Radharc an Chláir, bei der Burg, ✆ 75 019, DZ 45 €. Eine Liste mit Adressen und Preisen der 15 anderen B&Bs der Insel hängt im Fenster der Tourist Information.

Brú Hostel Radharc na Mara (IHH), am Pier, ✆ 75 024, Bett 10 €, DZ ab 28 €. Das nur im Hochsommer ausgelastete Hostel veranstaltet auch Bootstrips und Wanderungen in den vom Rundweg nicht berührten Süden der Insel.

• *Camping:* **Inisheer,** Mai–Sept., ✆ 75 008, Zelt 4 €. Kleiner Platz in schöner, doch zugiger Lage, mit Duschen.

• *Essen:* **Fisherman's Cottage Restaurant,** ✆ 75 073, Mai–Sept. Gemüse aus eigenem Garten, der Fisch kommt frisch von örtlichen Fischern. Mittagsgericht ab 8 €, Dinner (mit Wein) 25 €.

Vom Pullover zur Haute Couture

Acht Monate im Jahr hat Tarlach de Blacam den Lebensrhythmus eines Ölarbeiters: Nach einer Woche Heimaturlaub im englischen Leicester fliegt er für zwei Wochen zum Arbeiten nach Inishmaan, verbringt dann wieder eine Woche zu Hause, und so fort. Tarlachs Beruf und zugleich Leidenschaft ist das Stricken von Pullovern. Dazu nimmt er keine Nadeln zur Hand, sondern setzt sich an einen hochmodernen Computer und hantiert mit Tastatur und Maus. Der Computer steuert seinerseits eine komplexe Maschinerie, die aufgespulte Wollfäden in Pullover und Westen verwandelt. Der ganze Betrieb, es ist die Kooperative von Inishmaan, produziert mit 20 Angestellten heute an einem Tag mehr Kleidungsstücke, als die Frauen der Insel in einem Jahr stricken könnten – und bessere.

"Der klassische Aranpullover ist ein schweres, raues und kratziges Ding, eine Massenware, die heute oft im Fernen Osten produziert und an die Touristen und Amerikaner irischer Abstammung verkauft wird", erklärt Tarlach. Die Pullover von Inishmaan haben damit kaum noch etwas gemein. Sie werden von einer Designerin (Geraldine Clark) entworfen, in die Fäden ist südamerikanische Alpacawolle, Belfaster Leinen oder feinste Wildseide gewirkt, und das topmodische Produkt liegt für 250 € oder mehr in den Boutiquen von Rom, Tokio und New York.

Wem die Aranpullover immer zu kratzig und farblos vorkamen, dem sei gesagt, dass ein "echter" Aran keineswegs mehr so struppig ist, wie wir bisher dachten. Und wenn man die neue Generation auch eher in deutschen Boutiquen als in irischen Souvenirläden findet, bleibt der Weg zur Kooperative selbst – hier lässt sich wirklich ein Schnäppchen machen.

Galway (Stadt)

In der mit 50.000 Einwohnern größten Stadt des irischen Westens treffen sich im Sommer Iren mit Urlaubern aus aller Welt. Musikanten und Gaukler geben dem Straßenbild südländisches Flair und ergänzen die lebendige gälische Kulturszene.

Das "Tor des Westens" liegt auf beiden Seiten des *River Corrib,* der den gleichnamigen See mit dem Meer verbindet. Enge Gassen, alte Steinhäuser mit hölzernen Ladenfronten bestimmen im Zentrum auf dem Ostufer das Stadtbild, während Claddagh auf der anderen Flussseite weitgehend neu überbaut ist. Im Südwesten schließt sich der Bade- und Vergnügungsvorort *Salthill* an.

Die *Altstadt* ist mit ihrer komplizierten Verkehrsführung und ohne Parkplätze ein Horror für ortsunkundige Autofahrer - und damit gleichzeitig ein Paradies für Fußgänger und Flaneure, eine urbane Qualität, die nicht nur in Irland ihresgleichen sucht. Kein Zweifel: Galway ist jung, hip und voller Lebensfreude Am Eyre Square aalen sich bei schönem Wetter die Sonnenhungrigen im Gras, am Ufer vor dem Spanish Arch wird musiziert und jongliert. Wo vor nicht allzu langer Zeit noch eine grüne Weide war, strömen heute Studenten zu Vorlesungen auf den Campus, und selbstverständlich hat die Boomtown ein lebhaftes Nachtleben. Einheimische, Urlauber und hängengebliebene Langzeittouristen pendeln zwischen Studentenkneipen und den Pubs der Malocher. Trotz seiner Universität, den Colleges und Theatern ist Galway keine Stadt der Intellektuellen, sondern des ökonomischen Booms. Hier werden Geschäfte gemacht – und die gehen gut. Baukräne, die sanierten Speicherhäuser der Altstadt und die neuen Wohnviertel am Fluß zeugen von der wirtschaftlichen Prosperität.

Karte Seite 412

Geschichte

Seit die Anglo-Normannen das vorher unbedeutende Fischerdorf 1234 besetzten, entwickelte sich Galway zum englischen Vorposten im wilden Westen. 1396 gewährte Richard II. das Stadtrecht und übertrug die Macht den vierzehn führenden Kaufmannsfamilien, die in Dauerfehde mit den irischen Clans aus dem Umland lebten. Keinem "O" oder "Mac" war es erlaubt, die Stadt zu betreten. Auch als der englische Einfluss im 15. Jh. abnahm, behielt Galway seine Unabhängigkeit und knüpfte enge Verbindungen mit Portugal und vor allem Spanien, wohin die führenden Familien ihre Söhne in die Schule schickten. Eine Überlieferung will wissen, dass Christopher Kolumbus auf seiner ersten Überfahrt nach Amerika in Galway Station machte, um die Gerüchte über St. Brendan zu überprüfen, der ja anscheinend schon im 6. Jh. den Atlantik überquert hatte. Die Loyalität zur englischen Krone wurde der Stadt schließlich zum Verhängnis. Cromwell stürmte sie 1652 nach neunmonatiger Belagerung, und vierzig Jahre später fielen die Truppen Wilhelms von Oranien ein. Mit diesen Zerstörungen und dem gleichzeitigen Niedergang des Spanienhandels fiel Galway in einen langen Dornröschenschlaf, den erst der Boom der letzten Jahre unterbrach.

Die wilden O'Flahertys

"Seid ihr bereit, beraubt und vergewaltigt zu werden?" "Ja!" schreit die auf dem Eyre Square versammelte Menge zurück. "Dann seid ihr selbst schuld, denn jetzt kommen die wilden O'Flahertys." Der kriegerische Clan, der seit dem Mittelalter die Stadt tyrannisiert, ist in wilder Kriegsbemalung von Claddagh her angerückt und greift nun die um ihre Burg versammelten "Tribes" an, die vierzehn Stämme der Stadt. Kanonenschläge donnern über die Köpfe, beißender Pulverdampf nimmt den Atem, eine Belagerungsmaschine rollt an. Doch keine Angst, die Bürger Galways begehen keinen kollektiven Selbstmord. Ihre Festung ist aus Pappmaché und der "Kampf" ein wohlinszeniertes Schauspiel. Mit einer Feuerwehrspritze werden die wilden O'Flahertys schließlich in die Flucht geschlagen. Galway feiert, wie jedes Jahr an einem Sonntag Mitte Juli, seine Macnas-Parade.

Information/Verbindungen

- *Telefonvorwahl:* 091.
- *Information:* Victoria Square, ✆ 563 081, Mai/Juni, Sept., Mo–Sa 9–18, Juli–Aug. tägl. 8.30–19.30 Uhr, Okt.–April Mo–Fr 9–17.30, Sa 9–12.30 Uhr. Ein Block westlich vom Eyre Square. Mit Buchungsschaltern der Aran-Fähren. An der Reservierung für Übernachtungen bilden sich im Sommer oft lange Wartezeiten und das Personal zeigt deutliche Stresssymptome. Weniger überlaufen sind die Filialen im Bahnhof und in Salthill, Seapoint Promenade Ecke Salthill Rd. An Infobroschüren gibt es das "Galway Magazine", den "Galway Tourist Guide" und (gratis) "Galways List" mit aktuellen Veranstaltungshinweisen. www.galway.net/galwayguide und www.galway-guide.com.
- *Verbindungen:* **Züge** über Athlone nach Dublin (Bahnauskunft 564 222). Vom Terminal hinter dem Great Southern Hotel **Busse** nach Belfast, Clifden, Cork, Dublin, Ennis, Limerick, Waterford/Rosslare und ins Connemara (Auskunft Bus Eireann ✆ 562 000). Nach Dublin auch mit den schnelleren und etwas preisgünstigeren Privatlinien Nestor Bus, ✆ 797 144; nach Donegal mit Feda O'Donnell, ✆ 761 656; nach Clifden mit Michael Nee, ✆ (095) 51 082; **Stadtbus** 1 fährt von Eyre Platz nach Salthill. Vom **Flughafen** in Carnmore (10 km östlich) werktags Flüge nach Dublin, hin- und zurück etwa 90 € (Flugauskunft ✆ 755 569).

Diverses

- *Angeln:* Fischlizenzen für den River und Lake Corrib beim **Fishery Office,** Weir Lodge, Earl's Island, ✆ 563 188.
- *Ausflüge:* Connemara, Burren oder Cong, welche Tagestour darfs denn sein? Bus Éireann und verschiedene private Busunternehmen umwerben mit heftigen Preiskämpfen die nichtmotorisierten Gäste. Gehen Sie einfach morgens gegen acht auf den Eyre Square und schauen Sie, wer gerade welche Tour fährt.
- *Autoverleih:* **Budget,** ✆ 566 376, **Murray's** ✆ 562 222.
- *Bootsfahrten:* Mit der "Corrib Princess" (✆ 592 447) auf dem Lough Corrib, Abfahrt im Sommer nachmittags vom Woodquay. In der Galway Bay mit Atlantic Sea Fari, ✆ 087 681 5459.
- *Fahrradverleih:* Außer bei den Hotels auch bei **Chieftains Cycle Hire** (beim Touristoffice, ✆ 561 600), **Celtic Cyles** (Raleigh, Queens St., ✆ 566 606), **Flaherty's** (Dominick St., ✆ 589 230), **Europa Bicycles** (bei der Kathedrale, Earl's Island, ✆ 563 355).
- *Krankenhaus:* **University Hospital,** Newcastle St., ✆ 524 222, Notfälle ✆ 563 081
- *Post:* Eglinton St., Mo–Sa 9–17.30 Uhr. Eine kleine Sehenswürdigkeit ist der viktorianische Briefkasten an der Gabelung von High St. und der zur O'Briensbridge führenden

Am River Corrib

Main Guard. Der Typ, von dem es nur noch wenige Exemplare gibt, wurde 1865 von einem Herrn Penfold kreiert. Erstaunlich ist auch, dass die junge Republik nicht alle königlich-englischen Briefkästen beseitigte – derartige Stürmerei von Denkmälern und Symbolen ist den Iren offensichtlich fremd.

• *Reiten:* **Feeney's Equestrian Centre,** Tonabrockey, Bushypark, ✆ 527 579. Der kleine Reitstall liegt etwa 4 km außerhalb etwas abseits der Clifden Road. Pferde und Ponys werden für begleitete Ritte am Strand oder am Lough Corrib verliehen.

• *Waschsalon:* **The Laundrette,** 4 Sea Rd. (Verlängerung der William St.)

Übernachten/Camping

Wer B&Bs bevorzugt, muss auf die Vororte ausweichen – das Zentrum gehört den Hostels. Davon gibt es inzwischen wohl zehn und jedes Jahr werden es mehr, trotzdem kann es im Sommer eng werden. Besonders während der Rennwoche sind die Quartiere schon einige Zeit vorher ausgebucht.

• *Hotels:* **** **Great Southern Galway (23),** Eyre Square, ✆ 564 041, ℻ 566 704, DZ 160–250 €. Der graue Kasten wurde 1858 zugleich mit einer neuen Dampferlinie nach Amerika eröffnet und stilgerecht renoviert – im Dachgeschoss gibt es ein Schwimmbad. Die Zimmer in dezentem Rot oder Blau sind wahrhaft fürstlich eingerichtet, die Preise liegen allerdings hart an der Schmerzgrenze.

** **Skeffington Arms (7),** Eyre Square, ✆ 563 173, ℻ 561 679, DZ 90–200 €. Ein verwinkelter Altbau mit schönem Tiffanyglas, die Zimmer von unterschiedlichem Zuschnitt sind in hellen Beige- und Brauntönen dekoriert, einige Räume mit Wannenbad.

• *B&B:* **Saint Martin's (3),** 2 Nuns Island St., ✆ 568 286, DZ 45 €. Von der Straßenseite gibt sich das zentrumnächste B&B trotz der Blumen sehr bescheiden. Trumpf ist die Rückfront zum Fluss, mit einem schönen Garten über einem Wasserfall.

B&B Linderhof (1), Mrs. Stanke, 25 Munster Av., April–Sept., ✆ 588 518, DZ 50–70 €. Ein neueres Haus in einem ruhigen Villenviertel 10 Minuten vom Zentrum. Zimmer mit TV, eigener Parkplatz.

• *Hostels:* **Kinlay House** (IHH) **(22),** Eyre Sq. Ecke Merchants St., ✆ 565 244, Bett mit Frühstück ab 12 €, DZ 35–50 €. Freundlicher Empfang im 2. Stock, den großen

Speiseraum schmückt das Wandbild eines mittelalterlichen Gelages. Separater Aufenthaltsraum für TV-Gucker und Raucher. In der Küche dürfte es um die wenigen Kochplatten abends heftiges Gedränge geben, denn das Haus hat über 150 Betten. Außer Getränke- und Snackautomaten (bei der Küche) findet sich für andere leibliche Genüsse auch ein Automat für Kondome (im WC) und schließlich eine Maschine für Rasiercreme und Zahnputzzeugs. Die Zimmer (teilw. mit Bad) sind mit kleinen Tischchen, Kleiderschrank, Nachttischlampen, Spiegeln und zentralgesteuerter Elektroheizung ausgestattet. Gepäckaufbewahrung.

Great Western House (IHH) **(16),** Eyre Sq., gegenüber dem Bahnhof, ✆ 561 139, 1800 425 929, E-Mail shaungwh@iol.ie, Bett mit Frühstück ab 12 €, DZ 40–45 €. Ein modernes Haus (etwa 200 Betten), mit kühlem Empfang durch überlastetes Personal. Ausreichend ausgestattete Küche, im Speiseraum läuft der Fernseher. Wenig einladende Gemeinschaftsräume, am besten sitzt man noch im Bistro des Hostels, in dem auch das Frühstück serviert wird. Die mit Magnetkarten gesicherten Schlafräume sind sauber, die Bäder jedoch unzureichend durchlüftet, was die chemische Keule gegen den Schimmelpilz erfordert. Sauna, Fahrstuhl, Videoüberwachung, Fahrradverleih, im Sommer eigenes Reisebüro im Haus.

Galway Hostel (15), Eyre Sq., ✆ 566 959, Bett ab 11 €. Gleich gegenüber dem Bahnhof macht das über einem Pub eingerichtete Hostel (etwa 80 Betten) auf sich aufmerksam. Der Aufgang wird aus einer Pförtnerloge bewacht, abends öffnet sich die Sicherheitstür nur jenen, die ihre Security Card ans Guckloch halten. Enge Schlafräume – denkt man sich zu acht Menschen noch acht Rucksäcke hinzu, kommt niemand mehr ohne Klettern ins Bett. Die 4-Bett-Zimmer mit eigenem Bad, gemeinsamer Ess- und Aufenthalts-TV-Raum, relativ kleine Küche, saubere Bäder.

Salmon Weir (IHI) **(5),** 3 St. Vincent's St., Woodquay, ✆ 561 133, Bett ab 10 €. Das von Peter und seiner Frau geführte Hostel (34 Betten) ist die gemütlichste unter den kleinen Herbergen in Galway. In der mit bordeauxfarbenen Polstern ausgestatteten Lounge gibt es Spiele und ein Videogerät, Wanduhren zeigen, was die Stunde in New York und Sidney schlägt. Im Hof befinden sich ein gut gesichertes Fahrradabteil und die Waschküche, an schönen Tagen auch ein Tisch zum Draußensitzen.

Woodquay (8), Woodquay, ✆ 562 618, Bett 12 €, DZ 30 €. Ein renoviertes Stadthaus mit roten Betten in gelben Zimmern, der Warden sitzt in einem winzigen Verschlag. Gut ausgestattete Küche. Nicht top, aber sauber und o.k.

Barnacle's Quay Street House (IHH) **(31),** 10 Quay St., ✆ 568 644,
E-Mail qshostel@iol.ie, Bett ab 12 €, DZ mit Bad 45 €. In zwei Altbauten im Herzen der Stadt eingerichtet. Saubere Küche, die Dorms mit bis 18 Betten allerdings sehr vollgepropft und wirklich nur zum Schlafen geeignet, die Elektroheizungen sind nicht individuell zu regeln. Uns schien das Haus nach wie vor akzeptabel, doch bekamen wir auch sehr kritische Leserzuschriften.

Corrib Villa (IHI) **(4),** 4 Waterside, ✆ 562 892, Bett 10 €. Ein altes Stadthaus, die Schlafräume mit handgezimmerten Betten. TV-Lounge mit Kamin, saubere Küche, die Sanitäranlagen teilweise erneuerungsbedürftig.

Eyre Square Hostel (8), 35 Eyre St., ✆ 568 432, Bett ab 12 €, DZ 45 €. Zwei ältere und verwinkelte, miteinander verbundene Häuser, Küche und TV-Lounge in einem Raum. Heimelige Atmosphäre, doch sehr enge Schlafräume. Die "Family Rooms" schienen uns überteuert.

Celtic Tourist Hostel (IHI) **(24),** Queen St., ✆ 566 606, Bett ab 10 €, DZ 28–40 €. Das Hostel befindet sich in einem älteren, schmalen Haus über einem Fahrradladen. Aufenhaltsraum mit Brettspielen und TV, von der ausreichend eingerichtete Küche Blick über den Hafen.

• *Jugendherberge*: **Galway International Youth Hostel,** St. Mary's College, St. Mary's Rd., ✆ 527 411, nur Juli/Aug., Bett mit Frühstück 12 €. Die temporäre Herberge (200 Betten) wird jeden Sommer in einem Studentenwohnheim eingerichtet. Sie ist ab Eyre Square mit Bus 1 zu erreichen.

• *Camping:* **Salthill,** ✆ 523 972, April–Sept., Zelt mit 2 Pers. 8–9 €. Ein Wiesengelände 1 km westlich von Salthill in windiger Lage nahe dem Meer, einfache Sanitärausstattung. Stadtbus Nr. 2 hält in der Nähe.
Ein zweiter Campingplatz liegt schräg gegenüber. "Camperwiese ohne Bäume, Sanitäranlagen o.k., Zelt mit 2 Pers. 10 €" – nur den Namen hat uns Leserbriefschreiber Oliver Conrad leider nicht verraten.

Ballyloughane, Dublin Rd., ✆ 755 338, Mai–Sept., 2 Pers. mit Zelt 8 €. Von Dublin kommend 7 km nach Dranmore an der N 6.

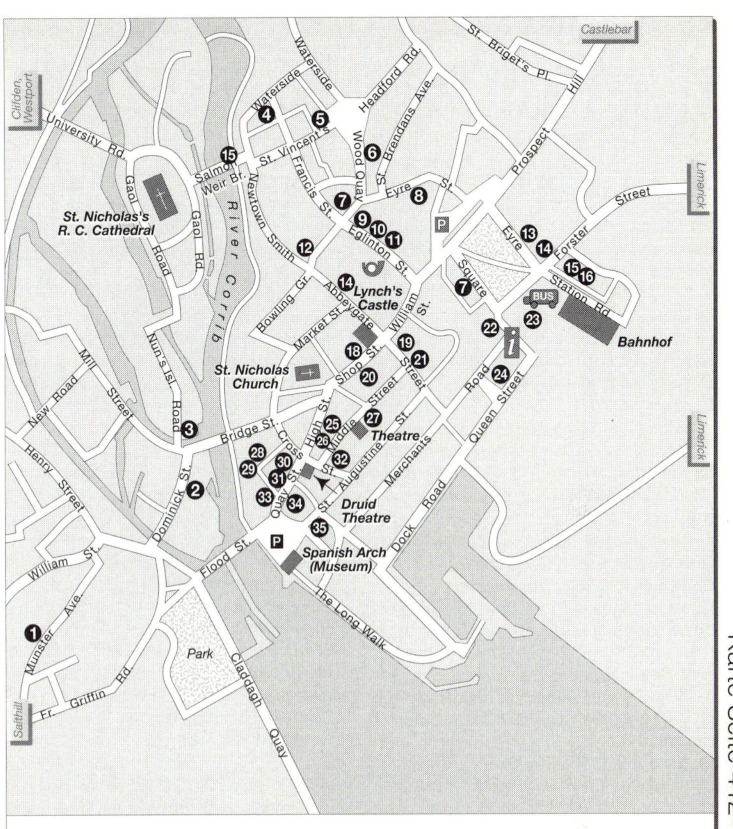

Essen und Trinken

- ❷ Le Graal
- ❾ Mc Swiggan's
- ❿ Conlon's
- ⓬ Homeplate
- ⓳ GBC
- ⓴ Lynch's Café
- ㉑ Food for Thought
- ㉖ Da Tang Noodle House
- ㉗ Brasserie
- ㉘ Kirwan's Lane
- ㉙ Goya's
- ㉜ Milano
- ㉝ Mc Donagh's
- ㉞ Fat Freddy
- ㉟ Clay Oven

Übernachten

- ❶ B&B Linderhof
- ❸ B&B St. Martin's
- ❹ Corrib Villa
- ❺ Salmon Weir Hostel
- ❻ Woodquay Hostel
- ❼ Skeffington Arm's Hotel
- ❽ Eyre Square Hostel
- ⓯ Galway Hostel
- ⓰ Great Western
- ㉒ Kinlay House
- ㉓ Great Southern Galway
- ㉔ Celtic Hostel
- ㉛ Barnacle's Quay Street House

Pubs

- ⓫ Cellar Bar
- ⓭ O'Connell's
- ⓮ An Púcán
- ⓲ The Snug + Caravan's
- ㉕ King's Head
- ㉚ Season Va Neachtain
- ㉞ The Quays

N

200 m

Galway

Der Westen
Karte Seite 412

Essen

Vornehme Feinschmeckertempel muss man lange suchen. Es sind eher die weniger förmlichen Lokale der mittleren Preislagen, die für kulinarische Überraschungen gut sind. Die meisten liegen im unteren Teil der Altstadt Richtung Wolf Tone Bridge.

Kirwan's Lane (28), Kirwan's Lane, ✆ 568 266, www.galway-guide.com/pages/kirwanslane, Mo–Sa 12–13.30, 18–22.30 Uhr, Dinner ab 40 €. Aus Clifden, wo die Familie ein Fischrestaurant betreibt, brachte Michael O'Grady neuen Schwung in Galways Gastroszene: Ungewöhnliche Kombinationen wie Muscheln mit Kokosmilch und Koriander, Kabeljau mit Curry und Zitronencreme oder Räucherschinken samt Ananas im Risotto prägen den Stil. Mittlere Preislage.

McSwiggan's (9), Eyre Ecke Francis Sts. Ein rustikales "old world restaurant" der Mittelklasse mit Klinkerboden, unverputzten Ziegelwänden und auf alt getrimmte Einrichtung aus Fichtenholz. Multikultiküche, abends gelegentlich Irish Music.

Clay Oven (35), Flood St., beim Spanish Arch, ✆ 566 696. Indische Küche in einem alten Gewölbe, tägl. 12–15, 18–2 Uhr.

Conlon's (10), Eglington St. Ein neu eingerichtetes Fischlokal, das den Laien mit großen Wandtafeln zeigt, wie die aufgetischten Schalentiere und Kiemenatmer vor der Zubereitung aussahen. Conlon's hat eine große Auswahl an Seafood und günstige Preise bei gutem Service. (Lesertipp von Ernst Herold).

McDonagh's (33), Quay St. Das volkstümliche Seafood-Lokal wird auch gerne von Touristen besucht. Schleppnetze, Taue, Muscheln und das Steuerruder eines Kutters schaffen nautisches Ambiente.

Brasserie (27), 19 Middle St., Küche bis 22 Uhr. Entgegen dem Namen keine französische, sondern US-amerikanische/mexikanische Küche mit Tacos, Steaks, Pizzas, Salatbar. Am So einige Tische im Freien.

Milano (32), Middle St. Hinter großen Fenstern werden an Marmortischchen mit Holzstühlen Pizza (6–10 €) und Cocktails serviert. Die Küche verliert sich im Meeresblau. Cool und stylisch.

Fat Freddy's (34), Quay St., Riesenpizza 7–9 €. Rustikal und mit alten Emailschildern eingerichtet, Kerzenlicht; Jugendtreffpunkt, immer gut voll.

Food for Thought (21), Lower Abbeygate St., Mo–Sa 8–17.30 Uhr, Hauptgericht 8–10 €. In einem winzigen Raum werden vegetarische Gerichte, aber auch Burger serviert. Empfehlenswerte Moussaka, reiche Auswahl an Salaten.

Da Tang Noodle House (26), 2 Middle St., tägl. ab 17.30 Uhr. Gerichte bis 10 €. Auf einer Tafel stehen die wechselnden Tagesgerichte: Nudeleintöpfe, chinesische Klöße, manchmal Samosas. Du-Han Tuo arbeitet mit einer original chinesischen Nudelmaschine. Das Ambiente ist schlicht, doch mit Geschmack gestaltet.

Homeplate (12), Mary Ecke Abbeygate Sts., tägl. 10–22 Uhr. Hier stehen die meist einheimischen Gäste zur Lunchtime Schlange, um einen der wenigen Plätze zu bekommen. Unter Weinreben aus Plaste wird weitgehend vegetarische Küche zu mäßigen Preisen serviert (Hauptgericht mit Softdrink um 7 €).

Galway Bakery Company (GBC) (19), William St., tägl. bis 21 Uhr. Ein viel gerühmter Coffeeshop mit Self-Service, auch Frühstück, im 1. Stock Restaurant. Gute Küche, die jedoch ihren Preis hat.

Goya's (29), Kirwan's Lane, Mo–Sa tagsüber, Luch bis 12 €. Ein feiner, zugleich preiswerter Coffeeshop. John McKenna, Irlands führender Gastrokritiker, lobt Emer Murray als "führende Köchin von Galway".

Lynch's Café (20), Shop St., Mo–Sa bis 19 Uhr. Der alteingesessene Coffeeshop liegt etwas versteckt im 1. Stock. Im Eingangsbereich findet man die Speisekarte originell auf ein Teller-Set geschrieben – ein abgestorbener (Kunst)-Baum macht nicht gerade Appetit. Das durch eine große Lichtkuppel beleuchtete Lokal selbst ist mit alten Steinen dekoriert, die wohl ans Mittelalter erinnern sollen. Im Unterschied zum kuriosen Ambiente gibt sich die Küche (Stews, Lasagne, etc., auch Kaffee und Kuchen), grundsolide.

Am Abend

Bei den vielen Pubs in der Altstadt fällt es nicht schwer, abends die passende Musikkneipe zu finden. Im Sommer übersteigt die Nachfrage nach Folklore allerdings

Ein sonniger Nachmittag bei Maggie's

das Angebot an qualifizierten Musikern, und so hört man auch viel Schrott – ein Grund mehr, eine Tour zu machen und die Kneipen zu wechseln. Gegen Mitternacht ziehen die Nachtschwärmer in einer Taxikarawane zu den Discos von Salthill. Veranstaltungshinweise in der "Galway's List" (14tägig, Schwerpunkt Musik) und im "Galway Observer" (wöchentlich) und im "Magpie" (www.magpie.ie).

• *Bistrorestaurant:* **Le Graal,** Dominick St. Das Bistrorestaurant mit jenem Chick, den der Provinzler in der Großstadt erwartet, zielt auf jene Klientel, die auch das gegenüberliegende Arts Centre besucht. Auf schottisch-grün-karierten Tischdecken aus Plaste wird Lavazza-Kaffee serviert. Jeden Abend Entertainment (Flamenco, Bauchtanz, Jazz etc.)

• *Pubs:* **O'Connell's (13),** Eyre Sq. Die Bar fällt mit ihrer Art-Deco-Einrichtung etwas aus dem irischen Rahmen und könnte so besser in Belgien stehen – ein museales Schmuckstück, von dem befürchtet werden muss, dass es bald einer Modernisierung zum Opfer fällt. Keine Musik, kein Barfood, selten Frauen, noch seltener Touristen; dafür viel Qualm, viel Bier – Mann steht, redet und trinkt. Die erstaunliche Auswahl an Scotch hinter dem Tresen bleibt unbeachtet.

Seasan Ua Neachtain (30), Quay/Ecke Cross St. Ein mittelalterliches Haus, in dem einst Richard "Humanity Dick" Martin (siehe Connemara) wohnte. Die Kneipe mit schönen Glasfenstern wurde seit der Übernahme durch den Großvater des jetzigen Besitzers kaum verändert. Jeden Abend Folk, auch Sessions, vielleicht die beste Musikadresse. Ein Live-Mitschnitt wurde unter dem Titel *Ceoil Tigh Neachtain* als Platte veröffentlicht. Im Obergeschoss befindet sich ein anspruchsvolles Restaurant.

The Quays (34), Quay St.. Ein großes Pub mit sehenswerter Einrichtung, die teilweise aus einer schottischen Kirche stammt. Ab 22 Uhr gerammelt voll, häufig Live-Musik (Rock, Blues).

An Púcán (14), 11 Forster St., off Eyre Square. Eine verräucherte Beiz mit Gästen auch der mittleren bis älteren Generation; im Sommer täglich Folkkonzerte.

The Snug (18), Shop St. Der "Snug" ist ein Kellergewölbe mit einem riesigen Kamin, dessen Stützbalken 1292 (!) gefällt wurde. An der Wand hängen alte Fotos und Stiche und andere Reminiszenzen aus der Stadtgeschichte. Die Gäste sind nicht mehr ganz jung; besonders am Wochenende wird Folk, Blues oder Jazz gespielt.

Caravan's (18), Shop St., neben "Snug" und unter gleicher Leitung, doch mit ganz anderer Atmosphäre – ein klassisches Pub mit Lounge und dunklem Holz.

King's Head (25), 15 High St. 1999 feierte das ehrwürdige Lokal seinen 250. Geburtstag, doch das Publikum sind Studenten und Collegeschüler. Der Name geht auf die Enthauptung Karls I. zurück, an der Soldaten aus Galway beteiligt gewesen sein sollen. Regelmäßig Live-Musik, gelegentlich Comedy.

Cellar Bar (11), Eglington St. Ein weitläufiger Keller mit offenem Kamin, jeden Abend Live-Musik, gut zum Tanzen, wenn es nicht zu voll ist.

• *Discos/Clubs:* Im Stadtzentrum seien der **GPO Nightclub,** Eglinton St., und **Cuba,** Eyre Square, empfohlen, ebenso **The Alley,** Shop St. Die meisten Dance Floors findet man jedoch an der Upper Salthill Road. Im letzten Winter war hier etwa **Bogart's** angesagt.

• *Theater:* **Druid Theatre,** Chapel Lane, off Quay St., ✆ 568 617. Ein privates, recht erfolgreiches Kleintheater, überwiegend Stücke in englischer Sprache, oft mit Live-Musik. Bislang größter Erfolg der Truppe war die Umsetzung von "The Midnight Court", einem gälischen Epos aus dem 17. Jh., in eine musikalische Revue.

An Taibhdhaearc (sprich "Tiveyark"), Middle St., ✆ 562 024. Seit 1928 inszeniert die Truppe Stücke in irischer Sprache. Im Sommer spielt auf der Bühne des Hauses die Folkloretruppe **Siamsa na Gaillimhe,** eine gälische Show mit Tanz und Musik.

Die **Punchbag Theatre Company,** The Quay, ✆ 565 422, zeigt vor allem zeitgenössische irische Stücke, während im **Galway Arts Centre,** Dominick St., ✆ 565 886 und im **Town Hall Theatre,** ✆ 569 777, ab und an Tourneetheater gastieren.

• *Hunderennen:* **Greyhound Track,** College Rd., ✆ 562 273, Rennen Di u. Fr 20.15 Uhr; Eintritt 4 €.

Musikszene Galway – mehr als nur Folk

Galway hat heute nach Dublin die lebendigste Musikszene auf der Grünen Insel. Hier verschmilzt die Folkmusik der Gaeltacht mit modernem Rock und Pop, wie er von MTV oder den Radiostationen bis in den letzten Winkel des Planeten verbreitet wird. Symbolisch für diese Synthese war der gemeinsame Auftritt des Poeten und Kulturministers Michael D. Higgins, der seine Gedichte vortrug, mit der Galwayer Rockgruppe *The Stunning.* Auch die *Sawdoctors* aus Tuam im Nordosten des Countys verbinden Folk und Rock. Klassiker der Folkszene sind *De Dannan,* die ihre Karriere vor 20 Jahren in Spiddal begannen, und deren Fiedler Alec Finn schon auf mehreren Alben die Stones begleitete. Mit De Dannan begannen auch die heute weltweit gefeierte Folksängerinnen *Mary Black* und *Dolores Keane* ihre Karriere. Auch Dolores' Bruder *Seán Keane* hat schon ein Album mit Balladen herausgebracht. Die *Waterford Boys* sind entgegen ihren Namen nicht in Waterford, sondern in Galway etablierte Lokalmatadore. Ihre Akkordeonistin und Fiddlespielerin *Sharon Shannon* durfte am St. Patrick's Day bei Clintons im Weißen Haus ihr Können zeigen. Die Gruppe *Dordan,* eine Frauenband mit fiddle, whistle and harp, verbindet die irische Folklore mit Barockmusik.

Einkaufen

Eine Tradition der Fischer Galways war der Claddagh-Ring, der mit zwei Händen verziert ist, die ein Herz halten. Ringe dieser Art waren seit dem 18. Jh. in Gebrauch und sind heute das beliebteste Souvenir. Zeigen die Hände des Ringträgers zur Fingerspitze, ist das Herz noch zu haben; nach der Hochzeit wird der Ring andersherum aufgesteckt.

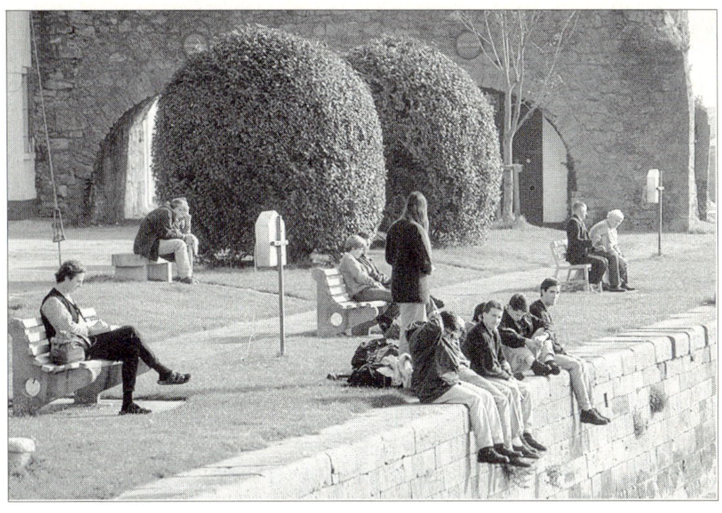

Lebenswerte Stadt – Galway im irischen Westen

• *Bücher:* **Hawkins House,** 14 Churchyard St., bei St. Nikolaus; **Eason & Son,** 33 Shop St., ein Buchkaufhaus mit großer Auswahl an irischer Literatur, auch deutsche Zeitungen. Demgegenüber setzt **Kenny's Bookshop,** High St., ganz auf persönliche Beratung und Kontakte. Außer dem Computer erschließt auch das Gedächtnis der Senior-Chefin und ihres Sohns das umfangreiche Sortiment (mit Antiquariat). Besonders gepflegt wird die Abteilung für irische Literatur – eine Fotogalerie zeigt Porträts aller maßgeblichen irischen Schriftsteller der Nachkriegszeit, die dem Laden regelmäßig durch Lesungen ihre Referenz erweisen. Für Bibliophile ist Kenny's ein Muss.

• *Claddagh-Ringe:* **Hartmann's,** 29 William St, www.hartmanns.ie. Gute Auswahl auch gegenüber bei **Lazlo**. Die Preise beginnen bei 20 € (Silber) und 60 € (Gold).

• *CDs:* **Mulligan,** 5 Middle St., ✆ 564 961. Ein etwas altertümlicher Laden mit großer Auswahl an Folk- und Weltmusik, auch Sonntagsverkauf und Mail Order Service. **Zhivago's,** Shop St. Der Musiktempel im Stil der Virgin Stores ist das moderne Gegenstück zu Mulligan. Das Sortiment ist mehr auf Bestseller ausgerichtet; verkauft werden auch Videos, T-Shirts und andere Werbeträger sowie Tickets für örtliche Musikveranstaltungen. Ein Bankomat liefert den Kunden das nötige Bargeld.

• *Markt:* Am Samstag vor der Nicholaskirche großer Öko-Markt mit Lebensmitteln und Kunsthandwerk.

• *Musikalien:* **Four Corners,** Shop Ecke Abbeygate Sts., Musikinstrumente und Noten.

• *Pullover:* **Padraic O'Maille's,** High St, www.iol.ie/omaille. Das noble Kontrastprogramm zu Taaffee's, große Auswahl an Tweed und Pullovern zu fürstlichen Preisen.

Feste/Veranstaltungen

• *Kunstfestival:* Anfang August, mit Theater, Lesungen, Musik und Film – abgesehen von der großen Parade eine weltoffene und internationale Veranstaltung, die auch inhaltlich über den irischen und über den schöngeistigen Tellerrand blickt. Das früher selbstständige Literaturfestival "Cúirt" sowie die Filmfestspiele wurden in das Arts Festival integriert. Programmauskunft ✆ 583 800, www.galwayartsfestival.ie.

• *Salthill Festival:* Anfang Juli feiert Salthill sein Stadtteilfest. Obwohl jedes Jahr ein Topstar der irischen Musikszene gastiert und in der Bucht eine international besetzte

Regatta die Segel hisst, ist das Salthill Festival mit seiner Parade, dem Kinderprogramm und den Präsentationen der örtlichen Vereine (von Football bis zur Lebensrettung) das familiärste Festival Galways.

• *Rennwoche:* Ende Juli ist der Höhepunkt des Jahres. Nicht nur die High Society reist an, um die Pferderennen zu sehen und um gesehen zu werden, auch die Bauern und ganz normale Leute kommen, um sich auf der Messe und in den Pubs zu vergnügen.

• *Austernfestival:* Ende September klingt die Touristensaison mit dem Austernfestival aus. Außer frischen Muscheln aus dem Atlantik wird reichlich Guinness konsumiert, Straßentheater und Kneipenmusik begleiten das Spektakel. www.galwayoysterfest.com

Das Kunstfestival und die "Freiwillige Selbstkontrolle"

Wenn auf einem Festival mit dem Thema "Freiheit" ein Werk der Zensur zum Opfer fällt und nicht öffentlich gezeigt werden darf, ist dies besonders pikant. So geschehen nicht in einer afrikanischen Despotie oder einer asiatischen Entwicklungsdiktatur, sondern in Galway beim Kunstfestival 1994. Der umstrittene Streifen *50.000 Secret Journeys* dokumentierte anhand der Schicksale dreier Frauen den "Abtreibungstourismus", der Frauen zur heimlichen Reise nach Großbritannien zwingt, weil die irischen Gesetze Schwangerschaftsunterbrechungen in nahezu keinem Fall erlauben. Der Dokumentarfilm war ursprünglich ein Auftragswerk für das staatliche Fernsehen RTE und schon dort abgesetzt worden, weil die drei interviewten Frauen, wie die Presse zu berichten wusste, nicht "genügend Reue" gezeigt hätten. RTE reklamierte, juristisch durchaus korrekt, sein alleiniges Verbreitungsrecht an dem nicht gesendeten Film und wollte ihn aus dem Festivalprogramm gestrichen sehen. Unter erheblichen Druck geraten, schwenkte RTE dann einen Tag vor der geplanten Aufführung in Galway ein: *50.000 Secret Journeys* durfte doch gezeigt werden – einem handverlesenen, geladenen Publikum.

Sehenswertes

Galways Stärke sind nicht einzelne Sehenswürdigkeiten, sondern sein intaktes Altstadtensemble, das Wohnen, Einkaufen und Vergnügen noch unter einen Hut bringt. Mit der Ausweitung der Fußgängerzone, die wie wohl überall zunächst auf den erbitterten Widerstand der Geschäftsleute stieß, ist man auf dem richtigen Weg, das urbane Leben zu pflegen und ihm noch mehr Raum zu geben. Straßenmusikanten, Gaukler und Akrobaten sorgen für ein kostenloses Unterhaltungsprogramm, und die Bettler würden hier nicht stehen, wenn die Stadt und ihre Menschen für sie nichts übrig hätten. Da spielt es keine Rolle, dass die mittelalterliche Stadtmauer nahezu verschwunden ist und die meisten Häuser aus dem 18. und 19. Jh. stammen. Auch die mit der Verlagerung des Hafens funktionslos gewordenen Speicher haben die kritischen Jahre überstanden und sind heute beliebte Büro- und Wohnadressen.

Eyre Square: Der repräsentative Stadtplatz mit dem Bahnhof und dem Great Southern Hotel sei der Ausgangspunkt für den Stadtspaziergang. Wie man an der **Stadtmauer** im Shopping Centre sieht, liegt er am Rande des mittelalterlichen Galway, das sich von hier bis hinunter zum Fluss zog. **Brown's Door-**

Am Eyre Square

way, das am Nordrand der Grünfläche plazierte Portal eines Kaufmannshauses von 1627, schmückte ursprünglich die Abbeygate Street und wurde erst beim Abriss des Hauses hierher versetzt. Das kuriose Kunstobjekt im **Brunnen** hinter dem Tor soll an die Segel der Handelsschiffe erinnern, die vor 500 Jahren von Galway aus das Meer durchpflügten. Zwei **Kanonen** aus dem Krimkrieg feiern die Connaught Rangers der britischen Armee – nicht der militärischen Verdienste des Regiments, sondern seiner patriotischen Gesinnung wegen, denn die damals in Indien stationierten Ranger verweigerten 1920, auf dem Höhepunkt des Unabhängigkeitskrieges, ihren Dienst. Der Park ist nach Galways Ehrenbürger John F. Kennedy benannt. Ronald Reagan, ein späterer Besucher, muss sich mit einer Gedenktafel begnügen. Auf der Nordseite sitzt die gelungene **Skulptur** des in Galway geborenen *Padraic O'Conaire* (Patrick O'Connor, 1882–1928), eines skandalumwitterten gälischen Dichters. Die **Graffiti** – oder soll man sie Porträts nennen? – an der Betonmauer machen den Platz vollends zu einem Freilichtmuseum moderner Kunst.

Eyre Square Shopping Centre: Die Kunde, hier habe ein Einkaufszentrum ein Stück Stadtmauer und einen Turm restauriert und in seinen Bau integriert, stimmte mich zunächst sehr skeptisch. Doch die Verbindung von Alt und Neu ist ausgezeichnet gelungen, und man darf darauf warten, wann das Zentrum einen Architekturpreis bekommt. Sehenswert.

Lynch's Castle: An der Ecke Shop/Abbeygate St. hat eine der alten "Stadtburgen" überlebt, wie man sie vor allem aus Carlington (Co Louth) und Killmalock (Co Tipperary) kennt. An der feudalen Fassade prangen die Wappen englischer Könige und für Irland ungewöhnliche Wasserspeier. Die Lynchs waren die angesehenste Patrizierfamilie im Galway und stellten zwischen

1480 und 1650 fast durchgehend den Bürgermeister. James Lynch ging in die Geschichte als ein besonders unbestechlicher und nur auf das Gemeinwohl bedachter Mann ein. Sein Gerechtigkeitssinn ging so weit, dass er sogar seinen eigenen Sohn zum Tode verurteilte, weil der einen spanischen Matrosen umgebracht hatte. Nachdem niemand aus der Stadt das Urteil vollstrecken wollte, hängte der "Gerechte" seinen Sohn persönlich und zog sich anschließend in ein Kloster zurück. Im Eingangsbereich der Bank, die heute im Haus residiert, befindet sich eine Ausstellung zur Geschichte von Lynch's Castle.

Saint Nicholas: Die normannische Stadtkirche wurde über die Jahrhunderte vielfach an- und umgebaut, doch blieb noch viel von der ursprünglichen Bausubstanz erhalten. Im Boden sind die Grabplatten der Honoratioren eingelassen, besonders prächtig ist das Grab der Lynchs. Die Inschrift des ältesten Steins (12. oder 13. Jh.), der noch aus einer früheren, beim Bau des Gotteshauses abgerissenen Kapelle stammt und jetzt in der **Christ Chapel** liegt, ist noch in altertümlichem Französisch abgefasst und wird einem Kreuzfahrer zugeschrieben. Der leere Rahmen am Ende des Schiffs enthielt einst ein Marienbild, das unter nie geklärten Umständen später in Ungarn auftauchte.

Nora Barnacle House: In Bowling Green Nr. 8 wohnte Nora Barnacle, die spätere Gattin von James Joyce. Der Meister selbst scheint nur zweimal hier gewesen zu sein, doch hat man ein kleines Museum mit Erinnerungsstücken an das Paar eingerichtet. Mit Michael Bodkin wird auch ein vorjoyce'scher Verehrer Noras gewürdigt.

⌚ Mai–Sept. Mo–Sa 10–17 Uhr; Eintritt 2 €.

Salmon Weir Bridge: Gleich oberhalb der O'Briens-Brücke steht das letzte Wehr, das den Abfluss des Corrib ins Meer reguliert. Eine Fischtreppe erleichtert den Lachsen ihren Weg flussauf in die Laichgebiete. Besonders im späten Frühling tummeln sich die Fische unterhalb des Wehrs im Wasser, um dann in eleganten Sprüngen das Hindernis zu überwinden und die letzte Etappe ihrer langen Reise flussauf zu den Laichgründen zu nehmen. Ein neu angelegter Uferweg führt auf dem Damm des Mühlenkanals zum Jury's Hotel. Das lange vernachlässigte Ufer wurde in den letzten Jahren herausgeputzt, verfallene Häuser sind zu neuem Leben erwacht. Ein Beispiel für gelungene Sanierung bietet die **Mühle** an der O'Brien's Bridge; sie beherbergt jetzt das Kulturzentrum und ein kleines Café, wo man direkt am Wasser sitzen kann.

Kathedrale: Meine kritischen Bemerkungen zur Architektur der 1965 vollendeten Bischofskirche haben den energischen Widerspruch mehrerer Leser provoziert. So halte ich mich klüger zurück und kann Sie nur auffordern, sich selbst ein Urteil über das umstrittene Bauwerk zu bilden. Am Rande sei noch erwähnt, dass Eamonn Casey, vormals Bischof von Galway und einer der beliebtesten Kleriker Irlands, in die Schlagzeilen geriet, als eine Amerikanerin ihn als Vater ihres Sohnes benannte.

Claddagh: Auf dem Westufer des Corrib bestand schon vor der Stadtgründung ein Fischerdorf. Bis zu 300 Boote fuhren früher aufs Meer hinaus. Die Fischer sprachen einen besonderen Dialekt und gehörten einer Zunft an, die bis ins 20. Jh. ihren "König" wählte, eine Art Bürgermeister und Friedensrichter, der als einziger mit weißem Segel fahren durfte, während die anderen nur braunes oder schwarzes Segeltuch benutzten. Der Verkauf des Fangs auf dem Fischmarkt, etwa zwischen Hafenbecken und Brücke, war Sache der Frauen.

Spanish Arch: Über die Wolfe Tone Bridge kommt man wieder zurück in die Altstadt. Der Platz vor Jury's Hotel, auf dem früher spanische Kaufleute ihre Waren feilboten, ist der städtebauliche Kontrapunkt zum Eyre Square. So störend der Autoverkehr empfunden werden mag, er ist wenigstens in schmale Spuren kanalisiert und lässt Platz für die Fußgänger. Am Eingang der Quay Street wagt ein Café sogar, Tische vors Haus zu stellen. Der Neubau rechter Hand spiegelt die Fassade von **Blake's Castle,** der Wohnburg neben dem Hotel. In das Lagerhaus auf der Westseite ist das **Punchbag Theatre** eingezogen. Eine Skulptur, die Galway von der Stadt Genua geschenkt bekam, erinnert an den Besuch von Christoph Kolumbus in Galway. Der Spanish Arch war eine Verlängerung der Stadtmauer zum Fluss hin, durch das Tor wurden die Waren von den Schiffen in die Stadt gebracht. Es beherbergt heute das nur für Spezialisten sehenswerte *Stadtmuseum.*

⌚ Mai–Sept. Mi–Sa 10–13, 14–17Uhr; Eintritt 1,25 €.

Salthill/Aquarium: Eine breite, künstlich aufgeschüttete Autostraße trennt den Bade- und Vergnügungsvorort Salthill vom Meer. Durch die Nähe zur Stadt herrscht hier auch im Winter Leben: Abends geht es in die Disco, tagsüber flaniert man an der Promenade – oder besucht das neue **Aquarium**. Dort begrüßen mächtiges Wellenrauschen und krachende Brecher den Besucher. Die kühle Luft schmeckt nach Meer, aus dem das Wasser für die Aquarien gepumpt wird. Die großzügigen Wasserbecken gleichen Bühnen, deren Kulissenbild maritime Biotope imitieren. Nicht alle der bisweilen bizarr anmutenden Meeresbewohner tummeln sich munter. Mancher maritime Schauspieler verweigert sich dem Zuschauer, bleibt faul und will partout nicht aus seiner Höhle oder seinem Sandversteck hervorkommen. Im "Touch-Pool" gestatten Seesterne, Krebse und Flundern Hautkontakt. Daneben hängt das gewaltige Gerippe eines Finnwals, ein Videostreifen zeigt die Gattung auf hoher See. Zum Aqarium gehöen Souvenirshop und Cafeteria.

⌚ Mo–Sa 10–18, So 13–17 Uhr; Eintritt 4,50 €.

Der Westen
Karte Seite 412

Lough Corrib

Der mit 200 qkm größte See der Republik sorgt für die schlechte Verkehrslage von Westgalway. Das Anglerparadies hat außer reichlich Forellen und Lachsen auch 365 Inseln, darunter Inchagoill mit dem ältesten christlichen Monument Irlands. Unterirdische Ströme verbinden Lough Corrib mit dem Lough Mask im County Mayo.

Der See geriet kürzlich in die Schlagzeilen, weil eine amerikanische Firma 350.000 cbm Wasser abpumpen und in den Nahen Osten verkaufen wollte. Sie versprach dem irischen Staat rund 600.000 Euro im Jahr, 40 Arbeitsplätze und ein neues Terminal für den Hafen von Galway, wo das in Irland überreichliche und andernorts so seltene Nass in Schiffe gefüllt werden sollte. Die irische Presse zeigte sich über den möglichen Ausverkauf nationaler Ressourcen zunächst etwas geschockt. Bei Redaktionsschluss dieses Buches war die Sache noch in der Schwebe.

Für die gut 100 km lange Radtour von Galway rund um den See veranschlage man zwei Tage. Das Ostufer ist flach und sumpfig, auf der Westseite reichen die Quarzitberge Connemaras direkt bis ans Ufer. Bäume wachsen nur auf den flachen Inselchen im See – das Wasser schützt die Vegetation vor dem Kahlfraß der Ziegen und Schafe. Die Landschaft erinnert an das schottische Hochland. Zum Wandern ist der Boden zu nass.

Das einsame Hügelland an der Nordwestküste, etwa zwischen den Maumturk Mountains und Cong, wird **Joyce Country** genannt. Irlands Meister der nur schwer bezwingbaren Wortgebirge und verschlungenen Bedeutungspfade hat damit nur indirekt zu tun. Es war ein gewisser Thomas Joyce, Ahnherr der irischen Joyce-Sippe, der im 14. Jh. aus Wales einwanderte und es schaffte, seinen Sohn mit einer Tochter der O'Flahertys zu verheiraten. Als ihre Mitgift gelangte das Land in den Besitz der Joyce-Familie.

Oughterard

Das Anglerzentrum am Lough Corrib liegt zugleich an der Straße zwischen Galway und Clifden. Zugegeben, manche Exemplare gehen auch einem Laien an den Haken: Anfängerglück. Doch die meisten Fische sind nicht so dumm, wie es ihr Gesichtsausdruck verheißt. Und seit die Forellen im Lough Corrib nach dem Fang wieder ins Wasser geworfen werden müssen, woran sich die Einheimischen auch durchweg halten, sind sie um so gewitzter geworden. Sie an die Angel zu locken ist eine Kunst und bedarf langer Erfahrung. Sportsgeist allein bringt wenig. Für Forellen schwören die meisten auf metallene "Wet Flies", die im Wasser ertrunkene Insekten imitieren. Der Angler hat die Qual der Wahl zwischen "Zulu", "Butcher", "Green Peter" und wie die Typen aus dem unglaublichen Repertoire an künstlichen Ködern sonst noch heißen, und dann muss er noch wissen, wann der Fisch wo im See zu schwimmen pflegt. Der Laie heuert also besser zunächst im Pub oder Tackleshop einen "Gillie", einen Führer an, bevor er sich nur Frustrationen einhandelt.

Oughterard ist größer, als die zwei Straßenzüge des Ortskerns vermuten lassen. Außerhalb verstecken sich vornehme Villen hinter hohen Hecken abseits der Straße. Die Landschaft lebt vom Kontrast zwischen dem Blau des Wassers, dem Grün der Wiesen und den violetten Erikafeldern des Moors. Im Hintergrund kratzen die Berge der Twelve Pins und des Joyce Country an den Wolken. Am Clifden-Ende des Orts ist ein kleiner Park mit Picknickplätzen. Ein Spazierweg führt den Hügel hinauf zu einem Wasserfall und auf der anderen Bachseite wieder in den Ort zurück.

Information/Verbindungen/Diverses

- *Telefonvorwahl:* 091.
- *Verbindung:* Bushalt zwischen Clifden und Galway. Im Sommer Boote nach Inchagoill und Cong.
- *Angeln:* Der wichtigste Angelplatz und zugleich Schiffssteg ist am Galway-Ende des Orts hinter der Poliklinik. Bei **Tuck's** gibt es eine Karte des Sees, in der weitere Angelreviere verzeichnet sind. Auch Boote werden vermittelt.
- *Fahrradverleih:* **Tuck's,** Main St., ✆ 552335, auch Anglerbedarf.

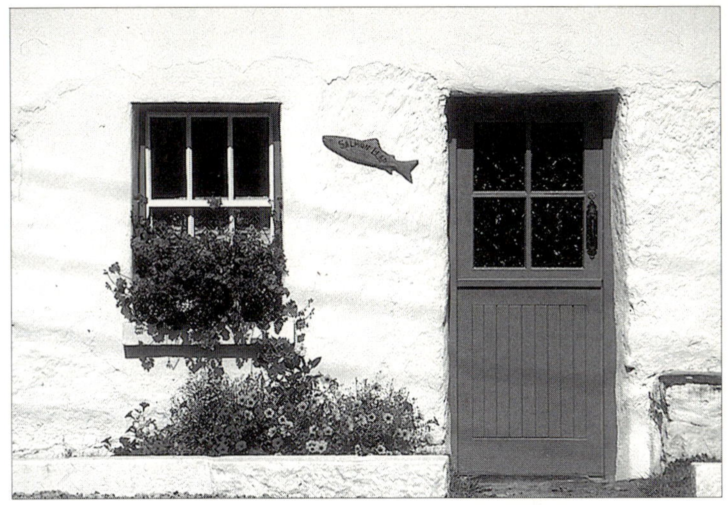

In Oughterard steht der Fisch hoch im Kurs

Übernachten

*** **Sweeney's Oughterard Hotel,** am Ortsrand Richtung Clifden, ✆ 552 207, ✆ 552 161, DZ um 150 €. Ein stilvoller Altbau mit wertvollen Antikmöbeln und teilweise Himmelbetten, flauschige Teppiche dämpfen den Schritt. Die Zimmer in der neueren Dependance haben weniger Atmosphäre. Garten, Bach und Straße vor der Haustür.

Guesthouse und **Pub Boat Inn,** ✆ 552 196, DZ 50–70 €. Pubfood, besonders Fisch, bis 21 Uhr. Am Wochenende und im Sommer auch öfter Live-Musik.

B&B Jolly Lodger, Main St., ✆ 552 682, DZ 55 €. Eines der wenigen B&B-Häuser im Stadtzentrum.

Canrawer Hostel (IHH), ✆ 552 388, Bett ab 10 €, DZ 25 €. Das äußerlich einem Einfamilienhaus ähnliche Hostel befindet sich etwa 600 m südlich des Ortszentrums auf einem mit Naturstein verkleideten Sockel inmitten einer Wiese. Den Treppenaufgang bewacht ein ausgestopfter Otter, in der Lounge schweigt ein präparierter Fisch. Warme Einrichtung mit viel Fichtenholz, großer, heller Aufenhaltsraum, alle Schlafräume mit eigenem Bad. Ein sehr sauberes und einladendes Haus. Campingmöglichkeit im Garten.

Essen/Pubs

Curraveagh House, ✆ 552 312, nur abends, Dinner 35 €. Das viktorianische Herrenhaus inmitten eines großzügigen Parks befindet sich in der 5. Generation im Familienbesitz. June Hodgson, die selbst über die Küche wacht, lässt Schlag 20 Uhr den ersten Gang ihres sechsteiligen Menüs auftragen – irische Küche nach "Mutters Art". Reservierung erbeten. Das Haus vermietet auch 8 Fremdenzimmer (DZ ab 125 €).

Le Blason Restaurant, Bridge St., ✆ 552 737, nur abends, Dinner 30 €. Ein intimes Restaurant in einer früheren Mühle. Fischspezialitäten und Schalentiere (Lachs, Austern), gefüllte Steaks.

• *Pubs:* **Anglers Rest,** Main St. Für die ältere Generation, das Interieur ist seit den fünfziger Jahren unverändert, und am frühen Abend, wenn erst wenige Gäste da sind, wirkt die Kneipe etwas trist. Dartboard.

Powers, The Square. Ein auffälliges "Thatchpub" im Connemara-Stil, das nicht etwa für folkoristische Bedürfnisse von Touristen gebaut wurde, sondern wie durch ein Wunder schon bald 200 Jahre überdauert hat. Am Wochenende Irish Music.

Faherty's, The Square. Für die jüngere Generation, Fr Gigs, Sa Disco. In der Lounge bis 21 Uhr Barfood.

Oughterard/Umgebung

▸ **Aughnanure Castle:** Die Burg 3 km südöstlich von Oughterard war die Bastion des westlichen, königstreuen Zweiges der O'Flahertys, dem das Land von Oughterard bis vor Galway gehörte, während ihre englandfeindlichen Verwandten in Connemara das Sagen hatten. Für Cromwell lief "englandfeindlich" und "königstreu" auf das gleiche hinaus, also vertrieb er auch die Burgherren von Aughnanure. Mit der Restauration bekamen die O'Flahertys zwar ihr Haus noch einmal zurück, doch dass sie katholisch blieben, brach ihnen unter den Penal Laws wirtschaftlich das Genick. Auch der Familiensitz verfiel, erst in den letzten Jahren hat ihn der Staat restauriert. Zeichnungen rekonstruieren, wie die Räume einmal ausgesehen haben könnten. Neben dem Bankettsaal im vierten Stock gibt's ein Geheimzimmer zu entdecken, vom Dach bietet sich ein schöner Ausblick über den See.

🕐 Mitte Juni–Mitte Sept. tägl. 9.30–18.30 Uhr; Eintritt 2,50 €.

▸ **Maam Cross:** Etwa 15 km westlich von Oughterard kreuzt die N 59 zwischen Galway und Clifden die von der Küste nach Cong und ins Joyce Country führende Landstraße. Aus einer Tankstelle mit Pub und Laden hat sich ein Touristenkomplex entwickelt, an dem die Tourbusse gern eine Pause einlegen. Als Blickfang dient das pittoreske **Quiet Man Cottage,** das zugleich für die klischeehafte Rekonstruktion der Vergangenheit steht. Die Hütte wurde nach einem Vorbild aus dem Film "The Quiet Man" gebaut, wobei natürlich bereits das "originale" Filmcottage eine Behausung derart war, wie man sich das "alte Irland" im fernen Hollywood vorstellte.

Inchagoill Island

Auf dem dicht bewaldeten Inselchen stand eines der ersten irischen Klöster, von dem aber keine nennenswerten Spuren mehr erhalten sind. Über die Bedeutung des Namens Inchagoill sind sich die Gelehrten nicht einig. Einige übersetzten es als "Insel der Fremden", was hieße, dass die Mönche – egal, ob sie nun aus Gallien oder Britannien kamen – Fremde waren. Bewohnt war Inchagoill, das lange zum Besitz des Ashford Castle gehörte, bis in die Mitte des 20. Jh. Zuletzt hielt nur noch ein einsamer Aufseher die Stellung, der die Gräber zu pflegen hatte. Eine andere Interpretation des Inselnamens übersetzt ihn als "Insel des Steins" und sieht einen Bezug zum **Obelisk des Luguaedon** (neben der romanischen Kapelle) mit Irlands ältester Inschrift in lateinischen Lettern. Mit "Lie Lugucredon Macci Menueh" sagt der Stein allerdings nicht mehr, als dass Luguaedon der Sohn des Menueh war. Wahrscheinlich wurde die Inschrift von einem Oghamstein auf den Obelisk übertragen. Der Überlieferung nach war der Tote ein Neffe des Heiligen Patrick. Die **Saints Church,** ein frühromanischer Bau mit schönen Reliefs am Torbogen, wurde im 19. Jh. unter Benjamin Guinness restauriert, der auch die Wege anlegen ließ. Ein besonderes Ereignis ist die Messe, die an einem Sonntag im Juni in der **Patrick's Church,** der zweiten Kapelle auf der Insel gefeiert wird. An diesen Tag kommen die Angler, wozu ja praktisch jeder männliche Seeanwohner zählt, aus allen Richtungen in langen Bootskaravanen auf die Insel.

Überfahrt: Von Cong oder Galway mit der "Corrib Queen" (✆ 092/46 029).

Pförtnerhaus von Ashford Castle

Cong

Der 300-Seelen-Ort auf der Landbrücke zwischen Lough Corrib und Lough Mask ist vielleicht das schönste Dorf im Westen Irlands. Ringsum von Bächen umgeben, fügt es sich harmonisch in eine natürliche Parklandschaft.

Nachdem das zu einem Luxushotel umgewandelte Ashford Castle seit 1939 die Crème des internationalen (Geld)adels und Jetsets nach Cong zog, sprach sich der Tipp auch außerhalb Irlands herum. Der 1951 mit Maureen O'Hara und John Wayne in "Cong" gedrehte "Quiet Man" brachte dann den endgültigen Durchbruch – wer den Filmklassiker noch nicht kennt, kann dies in den Hostels von Cong am Videoschirm oder gar vor der Leinwand nachholen. Trotz seiner Bekanntheit ist Cong ein schlichtes, im Winter verschlafenes Dorf geblieben. Für die großen Reisebusse liegt es zu abseits von den Hauptrouten, und die Gäste, ob sie nun im Hostel oder im Castle übernachten, sind eher Individualisten, die mehr Wert auf das Naturerlebnis legen als auf Nachtleben und Einkaufsmöglichkeiten. Eine übermäßige touristische Entwicklung ist dem Dorf erspart geblieben, auch die Bausünden lassen sich an einer Hand abzählen.

Der 5 km breite Isthmus aus Kalkstein ist ein echtes Naturwunder. Lough Mask hat keinen sichtbaren Abfluss, vielmehr verschwindet das Wasser in unterirdischen Kavernen und Strömen, die im **Rising of the Waters** durch mehrere Karsttöpfe wieder an die Oberfläche quellen und um den Ort herum zum Lough Corrib fließen. Der wenig durchdachte Versuch, die beiden Seen mit einer schiffbaren Wasserstraße zu verbinden, hat Cong den **Dry Canal** beschert, ein Denkmal der Torheit, über das sich seinerzeit die zeitungslesende Öffentlichkeit noch im fernen London köstlich amüsierte. Bei den beiden größten Sehenswürdigkeiten hat das Zusammenspiel von Mensch und Natur besser geklappt. Zwischen Dorf und Lough Corrib lädt der Park des **Ashford Castle** zu beschaulichen Spaziergängen ein, und die Ruine des **Augustinerklosters** erscheint als eine romantische Kulisse, extra für die Flusslandschaft geschaffen.

Geschichte

Cong geht auf ein 627 vom Heiligen Feinchin gegründetes Kloster zurück. Um die erste Jahrtausendwende war es Mittelpunkt eines eigenen Bistums, wurde aber durch die Wikinger zerstört. Vielleicht stand es an der gleichen Stelle wie die zweite, im 12. Jh. von den Augustinern gegründete Abtei. Sein größter Schatz war das kunstvolle, mit Silber beschlagene und juwelengeschmückte *Prozessionskreuz*, ein Geschenk des Königs Turlough O'Connors, das heute im Nationalmuseum bewundert werden kann. Mit der landesweiten Säkularisierung der Klöster mussten 1542 auch die Mönche von Cong ihre Abtei verlassen, doch wirkte jeweils ein Augustinerpater, der nominell den Titel des Abtes weiterführte, noch bis 1829 als Gemeindepriester im Dorf. Bestimmend für die Entwicklung Congs war jetzt die weltliche Macht. 1852 erwarb die Guinness-Familie Ashford Castle mitsamt dem Dorf und dem Land zwischen den Seen. Eine Fläche von 14 qkm wurde eingezäunt und zum Landschaftspark entwickelt. 1938 verkaufte sie Schloss und Park an den Staat.

"The Quiet Man" (dt. "Der Sieger")

Ein amerikanischer Boxer (John Wayne) kommt in das Land seiner irischen Väter, um sich eine Frau zu suchen. Er heiratet eine Dorfschönheit (Maureen O'Hara) und zeigt ihr und ihrem Bruder recht handgreiflich, wer der Herr im Haus ist. John Fords Charakterkomödie, die ihm 1952 den Oskar brachte, orientiert sich an Shakespeares "Der Widerspenstigen Zähmung". Der Film lebt vor allem von den glänzenden Dialogen, Höhepunkt ist eine fröhliche Prügelei.

Information/Verbindungen/Diverses

- *Telefonvorwahl:* 092.
- *Information:* Abbey St., ✆ 46 542, Ostern bis Sept. tägl. 9–18 Uhr. Hilfreich sind die Heftchen "The Glory of Cong" und "Cong: Sights, Walks, Stories". Im Sommer Führungen auf den Spuren des Films "The Quiet Man".
- *Verbindung:* Morgens nach Galway und nachmittags zurück (wer *von* Galway kommt, kann nicht am gleichen Tag wieder zurück), in die andere Richtung über Leenane nach Clifden. Die Bushaltestelle ist vor Ryan's Hotel. Nur am Eingang des Ashford Castle Park hält ein Bus von Galway nach

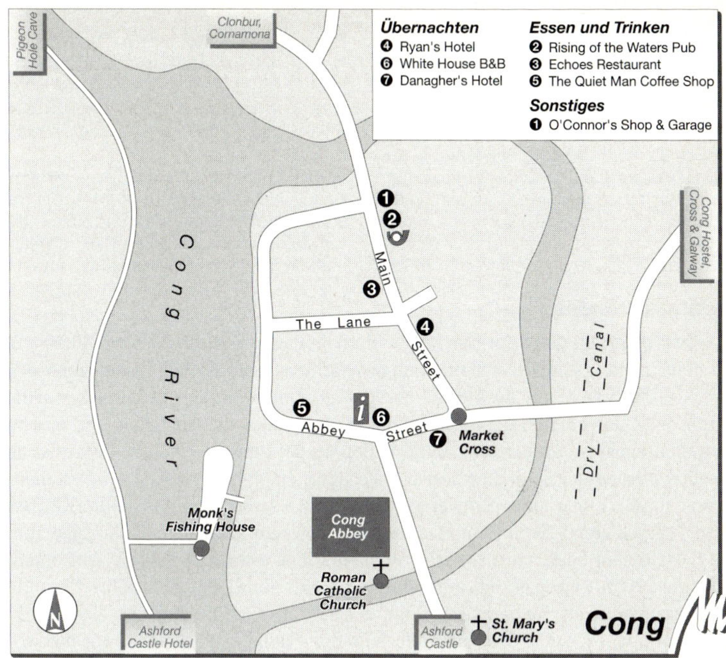

Castlebar. Boote nach Inchagoill und Oughterard.

• *Boote:* Im Sommer Kreuzfahrten mit der "Corrib Queen" auf dem Lough Corrib (Auskunft ✆ 46 029). Am Steg auch Bootsverleih an Selbstruderer.

• *Fahrradverleih:* **O'Connor's (1),** Main St.

Übernachten/Camping/Essen

***** **Ashford Castle,** ✆ 46 003, 📠 46 260. DZ 360–870 €. Das Top-Hotel Irlands dürfte für Otto Normalurlauber in der Regel unerschwinglich sein. Ein Märchenschloss mit Zinnen, Erkern, Türmchen und Suiten groß wie Ballsäle. Das Gästebuch ist zugleich ein "Who is Who" der Weltpolitik (z.B. Ronald Reagan, Margaret Thatcher) und des Showbusiness (John Wayne, Johnny Cash).

** **Danagher's (7),** Abbey St., ✆ 46 028, 📠 46 495, DZ 85 €. Wäre da nicht die Schubkarre mit Torf, erinnerte das exzentrische Haus mit seiner hellgrünen Holzveranda an einen Mississippidampfer. Oder sieht's doch aus wie ein Alpenchalet?

** **Ryan's (4),** Main St., ✆ 46 243, 📠 46 634, DZ 75–110 €. Einfaches, recht neu ausgestattetes Dorfhotel, am Abend spinnen die Petrijünger vor dem Kamin ihre unglaublichen Geschichten.

B&B White House (6), Abbey St., ✆ 46 358, DZ 50 €. Ein schneeweißes Haus gegenüber dem Eingang zur Abtei. Geranien im Fenster, die Zimmer mit Waschbecken ausgestattet, WC/Du auf der Etage.

Cong Hostel (IHH, An Óige) mit **Camping & Caravan Park,** Lisloughrey, Lake Rd., ✆ 46 089, www.quietman-cong.com, Bett ab 9 €, DZ 25 €, Camping 2 Pers. mit Zelt 14 €. 2 km außerhalb neben der Cross Rd., gut ausgeschildert. Ein Neubau in schöner Naturkulisse. Gerry Collins kann auch im Winter die Hände nicht in den Schoß legen und werkelt jedes Jahr an der Verbesserung von Gebäude und Ausstattung. Das Haus, in dem man sich wie zu Hause fühlt und das sogar über einen Kinosaal verfügt, und die gesonderten Sanitäranlagen und Küche des Campingplatzes sind pieksauber. Zelte und Wohnmobile stehen auf einer terrassierten Wiese mit schönem Ausblick. Angel-, Boots- und Fahrradverleih.

• *In der Umgebung*: **Courtyard Hostel** (IHH), Cross, ✆ 46 203, Bett 9 €, DZ 20 €. Das schöne Landhaus liegt 5 km östlich von Cong in Laufnähe von Pub und Laden. "Ruhig, schöne kleine Küche mit Kamin, sehr zu empfehlen, wenn man sich nicht an den durchgelegenen Matratzen stört" (Leserbrief N. Böhnke). Im Garten Campingmöglichkeit.

Cornamona Hostel (IHH), Cornamona, ✆ (092) 48 002, Mai–Sept., Bett 8 €. Das Hostel liegt etwa 10 km westlich von Cong am Lough Corrib und gehört zu einem Pub. Relativ neues Haus, gute Wandermöglichkeiten in der näheren Umgebung.

• *Essen:* **Echoes (3),** Main St., ✆ 46 059, Hauptgericht bis 20 €. Das preisgekrönte Landrestaurant bietet vom Irish Stew bis zum Hummer für nahezu jeden Geschmack und Geldbeutel schmackhafte Gerichte.

Sehenswertes

Ashford Castle Garden: Das im 18. Jh. begonnene Schloss war 1852–1938 ein Landsitz der Guinness-Familie. Angesichts des beachtlichen Vermögens der Sippe überrascht es, dass der Park etwas stiefmütterlich behandelt wurde. Ihm fehlt das gärtnerische Design, der Gesamtplan, der englische und irische Gärten sonst so auszeichnet. Man beließ es bei einigen Exoten. Oscar Wilde soll der seinerzeitigen Hausherrin abschätzig empfohlen haben, ein Petunienbeet in der Form eines Schweines anzulegen – selbst dies würde den Garten nur verschönern. Vom Schloss führt parallel zum Ufer eine Pinienallee zum *Chalet*, einem hölzernen Aussichtspavillon neben einem Obelisken. Auf einem Hügel 200 m weiter ist mit dem **Viewing Point** ein schöner Platz für Freunde stimmungsvoller Sonnenuntergänge geschaffen worden. Bei der Einfahrt in den Park werden 2,50 € verlangt, doch an der Fußgängerbrücke hinter der Abtei ist der Zutritt außerhalb der Saison kostenlos.

Cong Abbey: Der steinerne Kopf von Rory O'Connor beobachtet von einem Portalbogen an der alten Brücke, wie der Zahn der Zeit das von seinem Vater gestiftete **Kloster** zernagt. Rory (gälisch "Ruairi") war der letzte irische Hochkönig und unterlag 1186 den Normannen, bevor er sich in die Abtei zurückzog. Ein Lageplan am Weg zum Klostergarten gibt einen Überblick über die Anlage: Kirche, Kapitelhaus und Kreuzgang sind leidlich erhalten, besonders gelungen ist die Westfassade mit ihren romanischen Fenstern und dem gotischen Portal. Das kuriose **Fishing House** sitzt auf einem Felsen mitten im Fluss. Durch ein Loch im Boden konnten die Mönche auch bei schlechtem Wetter gut geschützt ihr Mittagessen fangen. Weil ihnen die Ordensregel das Angeln mit Rute und Leine verbot, fischten sie mit einem Netz. Sobald sich darin ein Fisch verfing, läutete oben die mit einer Schnur am Seil befestigte Glocke.

Dry Canal: Mit seinen Treidelpfaden und Schleusen sieht der Dry Canal am westlichen Ortsausgang geradeso aus, als müsse nur etwas aufgeräumt und das Wasser eingelassen werden, um den Dampfschiffen einen Weg von Lough Mask zum Meer zu bahnen. Die Ausschachtung des Kanalbetts begann 1848 während der großen Hungersnot. Gemäß dem Grundsatz der englischen Armenfürsorge "Unterstützung nur gegen Arbeit" wurden die darbenden Bauern, soweit sie noch genug bei Kräften waren, überall zu Arbeitsbeschaffungsprojekten wie dem Bau von Kirchen, Straßen und eben Kanälen herangezogen. Als mageren Lohn gab es 4 Pence am Tag, dazu eine warme Mahlzeit.

1854 war das Werk vollendet. Als am Eröffnungstag feierlich der Damm zum Lough Mask durchstochen worden war, warteten die Festgäste am anderen Ende allerdings vergebens auf das Wasser: Es versickerte unterwegs im Fels. Die Ingenieure hatten nicht berücksichtigt, dass die Wasserstraße auf weiten Strecken über porösen Kalkstein läuft. Pläne, das Bett mit Ton abzudichten, wurden nie verwirklicht – die Eisenbahn war schneller. So blieb der Dry Canal unbeabsichtigterweise ein Arbeitsbeschaffungsprojekt der Art, wie sie knapp 100 Jahre später der Ökonom John Maynard Keynes forderte: mit keinem anderen Nutzen als der Beschäftigung von Arbeitslosen.

Höhlen: Von den rund 40 Höhlen um Cong ist **Kelly's Cave** am besten erschlossen und am bequemsten zu erreichen. Die 20 m große Höhle, durch die ein Bach fließt, liegt etwa 20 Min. vom Zentrum neben der Cross Road. Auf dem Rückweg bietet sich der Besuch von **Captain Webb's** an, keine Höhle, sondern einfach ein kreisrunder Einbruch im Karst, auf dessen Grund ein stiller See funkelt. Am schlüpfrigen Rand des Trichters ist äußerste Vorsicht geboten, denn ohne Seil gibt es von unten kein Entkommen mehr. Der Ort hat seinen Namen von einem Psychopathen, der seine Geliebten, wenn er ihrer überdrüssig war, hierher lockte und sie dann nackt in den Abgrund stürzte. Dem dreizehnten Opfer gelang es, den irischen Ritter Blaubart selbst in die Tiefe zu stoßen. Man findet den schaurigen Ort, wenn man von der Cross Rd. an der Westmauer des Schulgeländes entlang in den Wald abbiegt, nach 100 m wiederum rechts zunächst einen Pfad und dann links die Treppe nimmt.

Ein Besuch von **Pidgeon Hole** lohnt sich besonders im Sommer, wenn der Bach auf dem Grund der Höhle nur wenig Wasser führt und man so ein gutes Stück in den Berg eindringen kann. Die Legende weiß von zwei unsterblich Verliebten, die in Gestalt zweier Forellen im Wasser des Pidgeon Hole leben. **Giant's Cave** ist ein gewaltiges Hügelgrab (3. Jh. v.Chr.), bei dem es sich möglicherweise um das des letzten vorkeltischen Häuptlings handelt.

- *Weg:* Zu Fuß dauert der Ausflug zu Pidgeon Hole und Giant's Grave hin und zurück gut 2 Std. (reine Gehzeit). Der Weg beginnt an der Klosterbrücke und führt dann nach Westen am Bach entlang durch den Park. An der Gabelung nach 500 m hält man sich geradeaus, unterquert in einem Tunnel die Cornamona Rd. und kann das Pidgeon Hole dann kaum verfehlen. Für den weiteren Weg zum Giant's Cave empfehle ich dringend eine Landkarte! Man folgt dem Weg weiter bis zur nächsten Teerstraße, wendet sich nach Norden und an der nächsten Kreuzung links (Clonbur Rd.). Nach 600 m zweigt vor einer Rechtskurve links ein Pfad zum Cairn ab.

Connemara

Von den Maumturk-Bergen und den grauen Twelve Pins, einem vorzüglichen Wandergebiet, blickt man über Moorland, einsame Täler und eine feuchte Steinwüste mit unendlich vielen Seen, die stufenlos in das wiederum mit Inselchen gesprenkelte Meer übergeht.

Die Region wird im Süden durch die Galway Bay, im Norden durch den Killary Harbour und im Osten durch den Lough Corrib begrenzt. Im weiteren Sinn schließt sie auch das Joyce Country und *Connaught* ein, die Landschaft vor den Toren Galways und zugleich Irlands größte Gaeltacht, wo sich der Reisende

Der Westen
Karte Seite 412

Die Hafenbucht von Clifden

an gälische Laute und einsprachige Wegweiser gewöhnen muss. Hier ist das Land mit rotbraunen Granitbrocken übersät, während die Bergfelsen aus Gneis, Marmor und vor allem Quarzit bestehen. In den tieferen Lagen kommt der sonst unter dem Quarzit verborgene Schiefer an die Oberfläche. Die wenigen Bäume hat der Wind nach Osten gebeugt. Hier heizt man nur mit Torf, den es im Überfluss gibt. Schafe und Ponys leben halbwild in den Bergen, manche Bauern arbeiten noch mit Eseln, die genügsamer sind als Pferde und im Morast nicht so tief einsinken.

Am besten erschließt sich die Landschaft, wenn man sie erwandert oder mit dem Fahrrad bereist. In den seltenen Schönwetterperioden ist das einsame Land ideal zum Campen, Badebuchten laden zum Faulenzen ein. Von Galway kommend, muss man sich zwischen zwei Routen entscheiden: Die langsamere (und ursprünglichere) folgt der Küste und umrundet Bucht um Bucht, nicht zu reden von den verführerischen Abstechern auf die Inseln. Schneller und mit 80 km wesentlich kürzer ist der Highway (N 59) über Oughterard, Maam Cross und dann am Fuß der Berge entlang.

Geschichte

Das Land hat seinen Namen vom keltischen Stamm der *Conmaicnemara,* den "Conmacs am Meer". Vor Cromwell hat sich kein Eroberer für die karge Einöde nie interessiert, er jedoch nutzte sie als "Reservat" für die andernorts vertriebenen irischen Grundherren. Alle, die als besonders gefährlich galten, z.B. königstreue Soldaten und katholische Priester, wurden nach Inishbofin verbannt und dort von einer Garnison bewacht. Aus Sicherheitsgründen war es den Iren verboten, näher als drei Meilen an der Küste zu wohnen. Die strategische Absicht war, einer "katholischen Flotte", ob nun aus Spanien oder

Frankreich, die Landung zu erschweren und den Schmuggel zu unterbinden, doch in der Praxis erschwerte diese Maßnahme vor allem das schon sowieso ärmliche Leben der Menschen, die auf den Fischfang und auf das Seegras als Dünger angewiesen war.

Mit der Ankunft der Vertriebenen brach auch das alte Clansystem zusammen. Obwohl mit der Restauration wieder eingesetzt, konnten die O'Flahertys ihre frühere Position als führende Sippe nicht mehr halten. Das Land gehörte jetzt dem, der es kaufte, und es waren die Martins, eine katholische Kaufmannsfamilie aus Galway, die mehr und mehr Grund zusammenrafften, bis sie während des Großen Hungers bankrott gingen. Außer Kartoffeln gab der Boden nichts her, und wie groß muss erst die Not der Bauern gewesen sein, wenn es selbst für den Grundherren nicht mehr langte.

Richard "Humanity Dick" Martin (1754–1834) steht als Begründer der ältesten englischen Tierschutzvereinigung bis heute in hohem Ansehen. Er setzte sich auch als Unterhausabgeordneter immer wieder für Vierbeiner ein, und wenn der fanatische Tierfreund jemanden beim Schinden und Quälen einer Kreatur beobachtete, pflegte er ihn zum Duell herauszufordern.

Spiddle (auch Spiddal, gäl. An Spidéal)

Der Badeort 20 km westlich von Galway ist das kulturelle Zentrum der Gaeltacht. Hugh's Bar, wo Anfang der 70er die musikalische Karriere von De Dannan begann, ist bis heute eine der ersten Adressen in Sachen Volksmusik. Bereits 1909 wurde in Spiddal die erste gälische Sommerschule eröffnet, in der irische Jugendliche in dreiwöchigen Kursen die Nationalsprache lernen – weil die Lehrgänge in die Ferienzeit fallen, sind sie bei den Eltern beliebter als bei den Kids selbst. Noch vor den Schülern entdeckten die Reichen aus Galway und die schmale Oberschicht Connemaras Spiddle als Sommerfrische; heute kommt man für das Wochenende oder einfach nur für einen Sommerabend. Entsprechend zahlreich sind die Restaurants, die im Unterschied zu Galway auch bei Feinschmeckern Beachtung finden, sowie die Kneipen und Boutiquen. Wer am westlichen Ortsende dem *Owenboliska* nicht hinab zum Pier, sondern flussaufwärts folgt, trifft eine kleine Natursehenswürdigkeit. Der Bach kommt direkt aus einem der letzten natürlich gewachsenen Wälder Connemaras. Es fällt schwer, sich vorzustellen, dass Connemara statt mit Torfmooren bis vor 4000 Jahren weitgehend mit solchen Wäldern bedeckt war.

Der Westen Karte Seite 412

- *Telefonvorwahl:* 091.
- *Information:* ✆ 553 480, Juni–Sept. Mo–Fr 8.30–17.30 Uhr. Ein Privatbüro am Ortseingang, keine Buchungen.
- *Verbindung:* Busse von Galway und weiter nach Carraroe oder Lettermullan Island.
- *Angeln:* **Spiddle Angling School,** ✆ 553 510, die seltene Gelegenheit, den Umgang mit Blinkern, Fliegen, Haken, Ködern zu lernen. Für Könner werden Angelausflüge und Wettbewerbe veranstaltet – wer zieht den dicksten Fisch? Boote zum Hochseeangeln verchartert **Joe O'Toole,** ✆ 553 412.
- *Baden:* Der größere der beiden Strände liegt vor dem Ortseingang von Galway. Es gibt eine Picknickwiese und Toiletten.
- *Einkaufen:* **Standún's,** Galway Rd., der größte Souvenirshop in Connemara bietet die üblichen Strickklamotten, Tweed, Waterford Glas u.ä.

Ceardlann, Galway Rd. Die etwa zehn Läden, einige mit Werkstatt, im "Handwerkerdorf" (klingt doch schöner als Gewerbegebiet) gegenüber dem Strand führen originellere Produkte als Standún. **An Spailpín**

Fanach beispielsweise fertigt gälisch beschriftete T-Shirts, **Proinsias** strickt seine Pullover selbst, die **Stone Art Gallery** verkauft vor allem Skulpturen einheimischer Künstler.

• *Übernachten*: **B&B Col-Mar House,** Salahoona, April–Okt., ✆ 553 247, DZ 50 €. Das Haus liegt etwa 3 km westlich von Spiddle. Maurren Keady freut sich besonders über Gäste mit Kindern und lässt nichts unversucht, damit sich Groß und Klein wie zu Hause fühlt.

B&B Iverna Cottage, Mrs. Patricia Farrewell, Salahoona, März–Okt., ✆ 553 762, DZ 50 €. Ein altes oder wenigstens täuschend gut auf alt gemachtes Steinhaus, der Aufenthaltsraum mit gemütlichem Kaminfeuer und kleiner Bibliothek. (Lesertipp B. Brachmann).

B&B Inish Fáil, Mrs. Bernie Thornton, gegenüber der Kirche, ✆ 553 322, DZ 50 € (Lesertipp Monika Schmitter)

• *Camping:* **Parc Saoire An Spideil,** River Rd., ✆ 553 372, Ostern–Mitte Okt., 2 Pers. mit Zelt 10 €. Großzügiges Gelände in grüner Umgebung etwa 1,5 km außerhalb, Kinderspielplatz, neue Sanitärausstattung, Küche.

• *Essen:* **Boluisce,** ✆ 553 286, Bar 12–22 Uhr, Restaurant ab 19 Uhr, Dinner um 30 €. Im Speiseraum mit "Landhausambiente" werden hauptsächlich Steaks und Seafood gegessen, Mi Tafelmusik. Kleinere Gerichte, z.B. Muscheln, serviert auch die Bar.

• *Pub:* **Tigh Hughes,** ist in ganz Irland berühmt für seine Sessions. Außerhalb der Saison jeden Dienstag Set Dancing.

An Galad Mor, ein 200 Jahre altes Pub, das in den Sommermonaten jeden Abend "Sessions vom Feinsten" bietet. (Lesertipp Monika Schmittner)

Von Spiddle nach Roundstone

Nach Spiddle wird das Land zusehends einsamer und der Verkehr dünner. Ab und an stehen riedgedeckte Hütten oder das, was von ihnen übrig blieb, auf der Landseite neben der Straße. An einem Dach hat sich gerade das Moos festgesetzt, im anderen klafft schon ein großes Loch, vom dritten stehen nur noch die Grundmauern. Montierte man die Bilder in der richtigen Reihenfolge, ergäbe dies einen Film vom zeitgerafften Verfall eines Hauses. Neben mancher Ruine prangt ein Neubau. Einige Ferienhäuser und Pubs setzen den "Cottagestil" fort und strahlen weiß mit bunten Fenstern, andere orientieren sich an amerikanischen und australischen Farmhäusern. Ihr Protz will nicht recht in die karge Landschaft passen.

Über das Flugfeld von **Inveran** (Indreabhan) und den Fischerhafen **Rossaveal** (Ros an Mhíl) läuft der meiste Verkehr mit den Aran-Inseln. Von **Costelloe** (Casla) bieten sich zwei Abstecher an. Am westlichen Ortsrand bei der Station von Radio na Gaeltachta, des gälischsprachigen Rundfunks, der viel für die Sprachpflege getan hat und nun endlich auch eine Fernsehtochter bekommen hat, gabelt sich die Straße nach Carraroe und jene auf die Inseln Lettermore und Corumna. In **Carraroe** (An Ceathrú Rua), genauer auf dem Hügel hinter dem An Ciseóg Restaurant, hat der Metallkünstler Edward Delaney bei seiner Werkstatt einen Skulpturenpark eingerichtet. An der Granitküste der Halbinsel versprechen geschützte Buchten ungestörtes Badevergnügen, am "Korallenstrand" **Trá an Doilin** findet man versteinertes Seegras. Ein Damm führt hinüber nach Lettermore und Gorumna Island. Vögel nisten auf den Inselchen in der Bucht, die Luft ist erfüllt vom Gezanke der Möwen. Nachdem von den ersten Bauern schon alle Bäume gefällt wurden, ist jetzt auch der meiste Torf durch die Kamine gegangen und die Insel nahezu kahl. Ein **Heritage Centre** zeigt alte Fotos und erzählt vom Überlebenskampf der Menschen.

Amphibische Landschaft in Connemara

Zurück nach Costelloe und weiter die Küste entlang wird das Land zusehends grüner. Der Fels hat sich ein Kleid aus Moor übergezogen, dazwischen bleibt Platz für kleine Seen und Tümpel. Vor **Gortmore** weist ein Schild zu einem weißen Häuschen jenseits des Lough Turlough. Hier pflegte der Schriftsteller Patrick Pearse die Sommer zu verbringen, bis er für seine Beteiligung am Dubliner Osteraufstand von den Engländern exekutiert wurde. Das Haus ist mit Erinnerungsgegenständen an den Nationalhelden ausgestattet und für Leute, die sich intensiver mit irischer Geschichte beschäftigen, sicher einen Besuch wert.

▸ **Carna:** In **Derryrush** – das Dutzend verstreuter Häuser ist kaum als Ort auszumachen – bietet sich eine schmale und schlechte Straße durch das Moor als Abkürzung über die nächste Halbinsel an. Die Hauptstraße schlägt jedoch den Bogen entlang der Küste und passiert Carna, dessen Fischer sich auf Hummer spezialisiert haben, den sie in der flachen Bucht noch immer reichlich finden. Auf der kleinen Werft von Joe Connolly werden in Handarbeit die Galway Hookers gebaut, die schlanken Segelboote Connemaras mit ihrem bauchigen Rumpf auf einem Eichenholzkiel und den braunen, früher geteerten Segeln. Bei Ebbe kann man zu Fuß hinüber auf die verlassene **Finish Island** mit ihrer Geistersiedlung wandern. Höhepunkt im Jahresrhythmus, zu dem sogar die Emigranten von Amerika anreisen, ist am 16. Juli das Fischerfest zu Ehren des Ortsheiligen MacDara. Er ist auf **MacDara Island** neben seiner mit Steinplatten gedeckten Kapelle begraben. Der Brauch will es, dass vorbeifahrende Segler ihm durch dreimaliges Eintauchen des Segels ins Wasser ihre Reverenz erweisen, und natürlich finden am Namenstag des Heiligen auch Segel- und Ruderregatten statt.

Ein "Thatch-Pub" bei Spiddle – hier macht das Einkehren Spaß

Verbindungen/Diverses

• *Telefonvorwahl:* 091, Carna und Cashel 095.

• *Verbindung:* Eine Buslinie geht von Galway über Spiddle und Costelloe nach Carraroe und Lettermullen, die andere von Galway zunächst über die N 59 bis Recess und dann südwärts nach Cashel, Glinsk und Carna.

• *Feste:* **Joe Heanue Weekend**, Carna, am Bank-Holiday-Wochenende im Mai; ein speziell dem Sean Nós gewidmetes Musikfest.

Féile Mhic Dara, Carna, am 16. Juli; mit Regatta, Ausstellungen und einer Messe auf der Insel.

• *Öffnungszeiten* des **Patrick Pearse Cottage:** April–Sept. tägl. 9.30–13.30, 14.30–18 Uhr; Eintritt 2 €.

Übernachten/Camping/Pubs

**** **Cashel House,** Cashel, ✆ 31 001, 📠 31 077, DZ 155–230 €. Ein luxuriöser Landsitz mit gepflegtem Park, eigenem Yachthafen, Pferden, Tenniscourt und Strand. Im Lauf der Jahre wurden die Hotellerie, die Gastronomie und sogar der Garten preisgekrönt, Der richtige Ort für stressgeplagte Manager, um ein paar Tage am Ende der Welt zu entspannen.

**** **Zetland House,** Cashel, ✆ 31 111, 📠 31 117, April–Okt., DZ 150–180 €. Der Konkurrent des Cashel House kann gebäude- und gartentechnisch nicht mithalten. Zetland House hat sich jedoch auf Angler spezialisiert und dazu Fischrechte an 14 Seen erworben.

B&B Riverside Cottage, Fam. Skinner, Carna, ✆ 32 752, DZ 45 €. Ebenfalls etwas außerhalb des Orts (ausgeschildert) über einem kleinen Café, einfach eingerichtete Zimmer mit Etagenbad.

B&B Hernon's, Rossaveal, ✆ 572 158, DZ 45 €. Das einfache Haus ist die dem Fährhafen Rossaveal nächstgelegene Unterkunft. Alle Zimmer mit Etagenbad.

• *Camping:* Ein einfacher Platz bei Glinsk (an der Straße nach Carna);strandnah, ruhige und schöne Gegend (Lesertipp von Ernst Herold).

• *Pubs:* **O'Flaherty's**, Costelloe. Mit vielen Fotos und Zeichnungen zum Untergang der Titanic. Bruce Ismay, ein Überlebender

der Katastrophe und über die Reederei zugleich Miteigentümer des Unglücksschiffs, zog sich nach dem Desaster, das ihn beinahe um den Verstand brachte, für den Rest seines Lebens in ein Landhaus bei Costelloe zurück.

Pheadar Dick's, Rossaveal. Das Pub ist der beste Platz, um Sean Nós zu hören, eine besondere Tradition der irischen Volksmusik, die nur noch in Connemara gepflegt wird. Beim Sean Nós trägt der Sänger ohne Begleitung eine Geschichte oder Begebenheit vor, eine uns Mitteleuropäern sehr fremde Musik, die mit ihren ausschweifenden Verzierungen und Modulationen der Laute eher an Indien erinnert.

Roundstone

Der an der **Bertraghboy Bay** zwischen Meer und Errisbeg Hill eingeklemmte Ort Roundstone geht auf den Schotten Alexander Nimmo zurück, der nach 1820 als Bezirksingenieur zahlreiche Landungsstege und Straßen in Connemara anlegte. Nimmo trat gleichzeitig als privater Investor auf, kaufte das Land um den Roundstone Kai, parzellierte es und gab es an eine Gruppe schottischer Fischer weiter.

Noch immer lebt Roundstone außer vom Fremdenverkehr auch vom Hummerfang. Entsprechend preiswert, was im Zusammenhang mit dem edlen Schalentier aber keineswegs "billig" bedeutet, sind hier die Hummer in den Restaurants. Einen guten Ruf genießen die Instrumentenbauer im Kunstgewerbehof der Industrial Development Agency, der auf dem Gelände des früheren Franziskanerklosters eingerichtet ist. Malachy Kearns ist Spezialist für die aus Ziegenhaut gefertigten Bodhráns, die einst mit Schlegeln aus Knochen getrommelt wurden, und wurde auf der Briefmarke zum 75. Jahrestag der irischen Unanbhängigkeit geehrt. Seine Frau Anne verziert die Instrumente mit keltischen Mustern.

Der Aufstieg auf den Aussichtspunkt **Errisbeg Hill** (300 m) unmittelbar vom Dorf aus mag verlockend sein, doch führt die Kletterei über eine Feldmauer nach der anderen, und das ist kein Vergnügen. Besser nähert man sich dem Hügel von seiner Westseite, nämlich von der Ballyconneely Road, bevor diese sich wieder vom Berg entfernt. Die Tour dauert zu Fuß von der Straße aus keine zwei Stunden, anschließend bieten sich **Gorteen Bay** und **Dog's Bay** zum Relaxen an. Die Buchten auf den Flanken einer kleinen Halbinsel scheinen mit ihrem fast weißen Sand und dem hellblauen Wasser aus der Südsee hierher versetzt. Wenn der Wind nicht gerade vom Meer hereinbläst, ist das Wasser an einem sommersonnigen Spätnachmittag überraschend warm (wobei "warmes" Atlantikwasser so relativ ist wie der "preiswerte" Hummer). Ein kleiner Campingplatz verkauft Getränke und Snacks.

- *Telefonvorwahl:* 095.
- *Verbindung:* Bus von Galway, Sommer tägl., Sept.–Juni nur Mi, Fr, So.
- *Fahrradverleih:* **Michael Ferron,** Main St., ✆ 35 838.
- *Einkaufen:* **Roundstone Musical Instruments,** IDA Craft Centre, ✆ 35 875, 35 808, www.musweb.com/kearns.html. Außer Bodhrans werden auch Tin Whistles, Flöten und Harfen gebaut und verkauft. Eine Aus wahl an CDs, Noten und Musikbüchern sowie ein Coffeeshop runden das Angebot ab.
- *Hochseeangeln:* **Martin O'Malley,** ✆ 35 854, nimmt Leute mit seinem Boot hinaus zum Fischen und um Haie zu beobachten.
- *Reiten:* **Derrada West Trekking,** Tombeola, Cashel Rd., 5 km vor Roundstone, ✆ 31 022; 1 Std. Trekking 10 €.

Der Westen
Karte Seite 412

• *Übernachten:* ** **Eldon,** Main St., ✆ 35 933, 📠 35 921, DZ 80–115 €. Vielleicht eine Spur komfortabler als das konkurrierende "Roundstone House".

B&B St. Joseph's, Main St., ✆ 35 865, DZ 50 €. Aus Wintergarten und Zimmern schöner Blick über den Hafen.

• *Camping:* **Gorteen Beach,** 4 km westlich am gleichnamigen Strand, ✆ 35 882, März–Sept., 2 Pers. mit Zelt 8 €. Die einfache Ausstattung wird durch die bezaubernde Lage über dem Strand wettgemacht.

• *Essen:* **Beola,** Main St., ✆ 35 871, April–Okt. tägl. Lunch und Dinner. Oyster, Lobster, Chowder und anderes Getier aus dem Ozean. Knapp 20 € für das Pfund Hummer erscheinen günstig, 13 € für den Gemüseauflauf eine ungerechtfertigte Bereicherung an Vegetariern. Doch wer weiß, welchen Weg das Gemüse hinter sich hat, bis es nach Connemara kommt, während der Hummer beinahe bis in die Küche krabbelt.

O'Dowd's, am Hafen. Das Dorfpub mit kleinem Restaurant hat gute Austern (Dutzend 5,50 €), auch hausgemachte Suppen. Etwas Besonderes ist der Lachsburger mit scharfer Tomatensauce. Kräuter und Salat kommen aus dem eigenen Garten.

Twelve Pins

(auch Twelve Bens, gäl. Beanna Beola)

Die bis 800 m hohen Gipfel sind das bevorzugte Ziel für Bergwanderer in Connemara. Seltener werden die Maumturk Mountains auf der anderen Seite des landschaftlich besonders reizvollen Tales um den Lough Inagh begangen.

Die Wege sind allerdings nicht markiert und oft schlecht zu erkennen, man braucht Orientierungssinn und vor allem eine gute Karte. Die Blätter 37 und 44 der Ordnance Survey 1:50.000 decken das Gebiet ab. Mitwanderer und wertvolle Tipps findet man in der Ben Lettery Jugendherberge. Eine besonders schöne Tagestour ist der **Glencoaghan Horseshoe,** der über mehrere Gipfel um den hufeisenförmigen Talkessel herum führt. Voraussetzung für den bei auch bei gutem Wetter anspruchsvollen, 8-stündigen Weg sind Orientierungssinn und ein Kompass. Einfacher gestaltet sich der Aufstieg zum **Bencorr** (711 m) von der Lough Inagh Road (R 344). Die etwa vierstündige Tour (hin und zurück) beginnt am Derryclare Wood, wo der Wald etwa 1 km südlich des Sees bis an die Straße reicht. Man folgt dem Forstweg durch den Wald bis zum Ufer des Derryclare Lake und umrundet sein Nordende. Dann muss man geradewegs ca. 300 m nach Westen bis an den Waldrand wandern. Entlang einer Rinne kommt man steil bergauf zum **Derryclare,** dem südlichen Vorberg, und auf dem Kamm weiter zum Bencorr. Für den Rückweg kann man vom Gipfel ein Stück über die Nase nach Osten absteigen; bevor diese in den Steilabfall übergeht, geht es rechts ins Tal hinunter, wo man im Wald auf die Verlängerung des Forstweges trifft.

• *Verbindung:* Die südlich an den Bergen vorbeiführende N 59 ist die Hauptroute für die Busse zwischen Galway und Clifden.

• *Übernachten:* *** **Inagh Valley Lodge,** Inagh Valley, ✆ (095) 34 706, 📠 34 708, DZ 140–200 €. Das komfortable Jagdhaus (mit Hintereingang für Fischer, Wanderer und andere Schmutzschuhträger) mit Restaurant liegt abgeschieden mitten im Tal. Lounge mit Kamin und schweren Mahagonimöbeln, geräumige Zimmer mit Umkleideraum und teilweise Himmelbetten. Fahrradverleih.

Clifden (gäl. An Clochán)

Die mit 2000 Einwohnern einzige "Stadt" Connemaras klebt förmlich auf einem Kliff über der Mündung des Owenglin River. Zahlreiche Unterkünfte, ein beachtliches Nachtleben, der nahe Strand und die idyllische Umgebung machen Clifden zu einem eher heißen als geheimen Tipp.

John d'Arcy, dem Anfang des 19. Jh. das Land um Clifden gehörte und der zugleich "High Sheriff" von Galway war, träumte von einer Bastion des Rechts und der Ordnung im "wilden Westen". Er ließ mit großzügiger Staatshilfe das Moor entwässern, baute über der Bucht seine heute zerfallene Residenz und überließ die Parzellen unternehmungslustigen Handwerkern und Kaufleuten, die hier ihr Glück versuchen wollten. Das Experiment gelang; das **Station House Museum** in einem Lokschuppen beim früheren Bahnhof erinnert an die Gründerzeit. Das für Galway so typische, weltoffene Flair ist auch in Clifden zu spüren. Die Restaurants geben sich mondän bis chic, Typ Seafood-Lokal mit Dinner bei Kerzenlicht. Unter den Urlaubern vom Kontinent sind bemerkenswert viele Franzosen, deren Geschmack Clifden besser zu treffen scheint als die deutschen Sehnsüchte von heimeliger Pubgemütlichkeit und idyllischem Landleben.

Information/Verbindungen/Diverses

- *Telefonvorwahl:* 095.
- *Information:* Station St., ✆ 21 163, Ostern bis Sept. Mo–Sa 10–17.45 Uhr, So 14–17 Uhr.
- *Verbindung:* Von der Haltestelle vor Cullen's, Market St., **Busse** nach Galway über Recess, Oughterard und auch über Cleggan, Leenane, Cong; Auskunft ✆ (091) 62 000. Nach Cleggan häufiger privat mit "Michel Knee"; Auskunft ✆ 51 086 oder im Island House.
- *Ausflüge:* Walking Ireland / **Connemara Walking Centre,** im Island House, Market St., ✆ 21 379, www.walkingireland.com, bietet geführte Tagestouren in die Umgebung und nach Inishbofin Island. Archäologe Michael Gibbons ist hier aufgewachsen und kennt die Gegend wie seine Westentasche.

Ein ähnliches Angebot samt Tickets nach Inishbofin und Clare Island bieten gleich gegenüber **Island Hopping and Walking Holidays,** Brian Hughes, Market St., 21 071, www.walkingconnemara.com.

- *Baden:* Ein sandiger Badeplatz (mit WC) liegt 2 km außerhalb unten in der Bucht am **Hafensteg**. Das Seglerheim versorgt die Gäste im Sommer mit Getränken und Snacks. Ansprechender sind die Strände von **Ballyconneely** und vor **Omey Island**.
- *Einkaufen:* **Weavers Workshop,** Main St. Ostern–Okt., verkauft Tweed, Ponchos und Wandteppiche aus eigener Werkstatt sowie modische Pullover und Schals.

Roundstone Musical Instruments, Main St., April–Okt. Mo–Sa bis 19 Uhr. Eine Verkaufsfiliale von Malachy Kearns' Werkstatt in Roundstone,

- *Fahrradverleih:* **Mannion's** (Raleigh), Bridge St., ✆ 21 160, Mo–Sa 9.30–19 Uhr, So 10.30–11.30 Uhr.
- *Feste:* **Connemara Pony Show,** um den 15. August. Großes Stadtfest mit Pferderennen und Springen, Markt und Freinächten.

Clifden Community Arts Week, Mitte Sept. Ein recht junges Festival, das mit Blues und Country begann und auf der Suche nach einem Profil inzwischen bei Folkmusik, Sean Nós, Geschichtenerzählen und Poesie angelangt ist. Programmauskunft bei der Touristinformation und www.clifden-artsweek.com.

- *Fischen:* Auf Haifischfang mit **John Ryan** und der "Celtic Queen", Dun Aengus House, Sky Rd., ✆ 21 069.
- *Malen:* **Irish School of Landscape Painting,** ✆ 21 891, veranstaltet Kurse in Landschaftsmalerei.

Der Westen
Karte Seite 412

• *Öffnungszeiten* des **Station House Museum:** Mo–Sa 10–17, So 12–18 Uhr.

• *Reiten:* **Errislannan Manor,** Ballyconneely Rd., einen guten Kilometer hinter dem Alcock & Brown Memorial. ✆ 21 134, organisiert Trekkingtouren zu Pferd, 18 € pro Std.

Übernachten/Camping

Rund 50 B&Bs liefern sich einen harten Konkurrenzkampf, einige werben sogar auf großen Tafeln mit Dumpingpreisen. Trotzdem ist im August ohne Vorausbuchung kein Bett zu bekommen.

*** **Rock Glen House,** Ballynaboy Rd., ✆ 21 737, ℻ 21 737, März–Sept., DZ 140–170 €. Ein stilvolles Jagdhaus (18. Jh.) 2 km außerhalb, von Lage und Ausstattung dem konkurrierenden *** **Ardagh** vorzuziehen.

** **Barry's,** ✆ 21 287, ℻ 21 499, März–Okt., DZ 70 €. Von Kevin Barry, dem engagierten Musiker und Vorsitzenden des örtlichen Kulturvereins geführt. Die Zimmer zur Straße sind mit ihren vollverglasten Erkern schön hell, wegen der abendlichen Sessions sollte man jedoch wenigstens in den 2. Stock ziehen.

B&B Sunnybank, Church Hill, ✆ 21 437, DZ 60–75 €. Eine ältere, sorgfältig restaurierte Villa mit Garten. Der gegenüber anderen B&Bs höhere Preis ist durch das hauseigenene Hallenbad und einen Tennisplatz gerechtfertigt.

Guesthouse Dún Rí, Hulk St., ✆ 21 625, März–Nov., DZ 45–60 €. Das neueres Haus mit etwa 20 Betten liegt ruhig und 10 Gehminuten vom Stadtzentrum. Zimmer mit TV und jenen kuriosen Hosenbüglern, mit denen der Gentleman seine Hosenfalten stärken kann.

B&B Baymount, Beach Rd., ✆ 21 459, DZ 45 €. Neueres Haus mit protzig-kitschigem Eingangsbereich, die Zimmer in hellen Beigetönen. Von der Wand des Frühstücksraums blickt ein Tiger hungrig nach dem Schinken.

Ardmore House, Sky Rd., ✆ 21 221, www.ardmore-house.com, DZ 50 €. "Sehr ruhig und sauber, privater Zugang zur Klippe, zum Frühstück 5 Gerichte zur Auswahl. "ein vergleichbares Frühstück hatten wir nie mehr". (Lesertipp Anaj Gaul).

Clifden Town Hostel (IHH), Market St., ✆ 21 076, Bett 10 €, DZ 30 € In der gemütlichen, doch verrauchten Lounge dämpft ein Teppichboden den Schritt. Zwei Küchen, in den hellhörigen Zimmer mit höchstens 6 Betten wird es bei voller Belegung eng (Leserin Grit Scholz hatte hier eine üble Nacht auf durchgelegener Matratze). Seesicht mit Sonnenuntergängen, wenn das Wetter mitspielt; Fahrradverleih. Ab Mitternacht wird das Hostel verschlossen.

Leo's Hostel (IHH), Beach Rd., ✆ 21 429, Bett ab 10 €. Das im Kamin knisternde Torffeuer und zwei über ihr Brett vertiefte Schachspieler ließen den Gemeinschaftsraum der sanierungsbedürftigen Villa warm und gemütlich erscheinen. Küche und Speiseraum befinden sich im Kellergeschoss, hier wurden auch neue Sanitäranlagen eingebaut. Fahrradverleih, Campingmöglichkeit.

Brookside Hostel (IHH), Hulk St., am Sportplatz, ✆ 21 812, März–Okt., Bett 9 €. 35 Betten, auch "Familienzimmer". Anhand der großen Wandkarte an der Rezeption gibt die Familie wertvolle Wandertipps, Fahrten nach Inishbofin werden arrangiert. Allerdings wirkt das Haus etwas trist.

• *Camping:* **Shanaheever Camping,** 3 km außerhalb an der Westport Rd. (N59), ✆ 21 018, 2 Pers. Mit Zelt 10 €. Ausgestattet u.a. mit Fahrradverleih, überdachtem Aufenthaltsraum, Poolbillard, Münztelefon und kleinem Shop. "Der Platz ist vor allem für Leute ideal, die abends noch gerne in ein Pub gehen und Musik hören wollen." (Lesertipp Stefanie Schwab)

Essen

High Moors, Dooneen Rd., 1 km außerhalb in einem Privathaus mit Blick aufs Moor, Juni–Sept. Mi–So ab 18.30 Uhr, ✆ 21 342, Dinner 35 €. Hugh Griffin, im Hauptberuf Biologe, zieht Gemüse und Salat im eigenen Garten. Zu den Spezialitäten des gediegenen Restaurants gehört der Lammbraten. Reservierung und Ausgehkleidung erwünscht.

O'Grady's, Market St., ✆ 21 450, April–Nov., Di–Sa 12–14.30 Uhr und ab 19 Uhr, Lunch 15 €, Dinner 30 €. Gediegene Kleidung erwünscht, gedämpftes Licht, doch etwas steifes Klima. Guter Service, Fisch und Fleisch sind von bester Qualität und gekonnt zubereitet.

Fogerty's, Market St., ✆ 21 427, Dinnermenü 30 €. Das Lokal residiert in einem geschmackvoll renovierten Altbau mit weiß gekalkten Wänden, dunklem Mobiliar und Spiegelbüffett. Die wenig kindgerechten Kinderteller bieten nicht Spaghetti Bolo oder Fritten, sondern Chicken Curry oder Steak. Spezialität des Hauses ist Schweinegeschnetzeltes in Erdnusssauce (14 €).

D'Arcy's Inn, Main St., ✆ 21 146, im Sommer tägl. bis 22 Uhr. Das gehobene Bistro wartet mittags mit wechselnden Tagesgerichten auf und wird dann auch von Einheimischen besucht. Abends wird etwa die Connemara Seafood Symphony aufgetragen (eine Platte mit Meeresfrüchten, wie sie die Franzosen lieben) oder Lachs in verschiedenen Zubereitungsvarianten, aber auch schlichtere Mahlzeiten wie Irish Stew. Im Erdgeschoss rustikales Interieur mit langen Bänken, viel Holz und Stein, im ersten Stock etwas gestylter eingerichtet.

Destry's, Main St., ✆ 21 722. Nachdem er lange durch mutige Kreationen wie Räucherlachs mit Cornflakes und Safran-Crème-fraîche Aufsehen erregte, besann sich Chief Delmot Gannon neuerdings auf "ehrlich und einfach": z.B. geräuchertes Lammkotelett oder maisgefüttertes Hähnchen. Auch vegetarisches Menü.

Mitchell's, Market St., ✆ 21 867. In rustikaler Wohnzimmeratmosphäre werden die ortsüblichen Seafoodgerichte und einige Hühnerzubereitungen serviert. Mittlere Preislage.

Derryclare, Market St., tägl. 9.30–22 Uhr. Auf zwei Ebenen, eingerichtet mit hellem Holz und gefliestem Boden. Morgens Frühstück, ab Mittag reichhaltige Auswahl an Tellergerichten von der Pizza (ab 9 €) über Pasta und Seafood bis zur Ente mit Rotkohl (18 €).

EJ King's, Eingang Market St., Pubfood zu mäßigen Preisen, z.B. Irish Stew für 10 €.

Sean Vaughan's Bar and Lounge, Market Ecke Bridge Sts. Die "Lounge" ohne jeden Plüsch ist ein einfaches Restaurant mit dunklen Holzmöbeln, Strohblumen, Ziertellern und anderem Klimbim. Zu essen gibts Pubfood bis in den späten Abend. Mäßige Preise (Gerichte bis 10 €).

Walsh's Cakeshop, Market St. Café mit Bäckerei/Konditorei, die beste Frühstücksadresse.

Am Abend

Kevin Barry ist die örtliche Größe der Volksmusik und seine Hotelbar demzufolge die beste Adresse für traditionelle Sessions und Konzerte. Insgesamt hat Clifden Folkfans jedoch wenig zu bieten.

EJ King's, The Square. Das bei den Einheimischen zwischen 20 und 30 beliebteste Pub hat auch mit der jüngsten Renovierung nicht an Charme verloren. Auch im Winter am Wochenende Live-Musik, oft Traditionals, doch die Kneipe ist so groß und so voll, dass man nur in unmittelbarer Nähe der Musiker etwas von ihnen hört.

Humpty's, Market St. Das Lokal für die Jungen, musikalisch up to date.

Lowry's und **Mannion's,** beide Market St., im Sommer mit Folkmusik.

Central Bar, Main St. Während der Touristensaison das letzte Refugium der Einheimischen. Eher Lounge als Bar, grüne, weiche Polstergarnituren, TV statt Livemusik – das beste Pub für Autoren, die abends noch ihre Notizen in den Laptop tippen müssen.

Clifden/Umgebung

▸ **Connemara Heritage & History Centre:** Mittelpunkt des Centres ist die um 1840 gebaute Farm des Dan O'Hara, dessen traurige Erlebnisse während der Hungersnot auch Thema eines Volkslieds sind. Der renovierte Hof wird jetzt als Museum bewirtschaftet wie anno dazumal – der Besucher darf beim Torfstechen und Kartoffelbuddeln selbst Hand anlegen. Auch eine Herde von Connemara-Ponys grast auf dem Austellungsgelände. Schließlich wurden ein Crannog, ein Haus auf einer künstlichen Insel, und ein Fulacht Fiadh, also eine Erdgrube nachgebaut, in der die Iren – lange vor Dan O'Hara – Wasser mit Hilfe zuvor am Feuer erhitzter Steine zum Kochen brachten und so ihre Jagdbeute ohne einen Kochtopf garen konnten.

⌚ Ostern–Okt. tägl. 10–18 Uhr; Lettershea, an der Galway Rd., zehn Autominuten von Clifden.

Der Westen Karte Seite 412

▸ **Alcock & Brown Memorial:** Nicht der unvergessene Charles Lindbergh, sondern John Alcock und Arthur Brown überquerten als erste Flieger nonstop den Atlantik und strichen die 10.000 £ ein, die der "Daily Mail" als Preis für die Pioniertat ausgesetzt hatte. Dass sie zu zweit und "nur" von Insel (Neufundland) zu Insel (Irland) flogen, hat sie etwas in Vergessenheit geraten lassen. Die tollkühnen Männer landeten nach 16 Stunden in der fliegenden Kiste am Morgen des 15. Juni 1919 südwestlich von Clifden im Moor. Über die Kleinbahn einer nahen Funkstation, die ‚it dem Schienenfahrzeug den Torf für ihr Kraftwerk einsammelte, konnten die Flieger geborgen werden – brüderliche Hilfe zwischen Transatlantikpionieren, denn der im Bürgerkrieg zerstörte Sender war Marconis erste Station für den kommerziellen Funk zwischen den Kontinenten. Zum fünfundsiebzigjährigen Jubiläum hat sich Clifden seiner Flieger erinnert und ihnen auf einer Höhe neben der Ballyconneely Rd., etwa 5 km vor der Stadt, ein Denkmal gesetzt. In Clifdens Station House Museum ist den Pionieren eine Ausstellung gewidmet.

Essen: **Erriseak House,** Ballyconeely, ✆ (095) 23 553. Das nur im Sommerhalbjahr geöffnete Restaurant wird von den Deutschen Christian und Stefan Matz geführt und darf sich neuerdings mit einem Michelin-Stern schmücken.

▸ **Sky Road:** Weil sie an manchen Steigungen geradewegs in den Himmel zu führen scheint, bekam die 15 km lange Straße um die Halbinsel zwischen Clifden und Streamstown Bay ihren himmlischen Namen. Wegen des regen Ausflugsverkehrs kann die Strecke Fußgängern im Sommer nur eingeschränkt empfohlen werden, ist außerhalb der Saison aber für einen schönen Vormittagsspaziergang mit Panoramablick bis Ballyconneely und Inishbofinzu empfehlen. Etwa 2 km nach Clifden ragt linker Hand die Ruine des **d'Arcy-Schlosses** aus einer Wiese.

▸ **Cleggan Ring:** Eine etwa doppelt so lange, besonders für Radler geeignete Tour führt um die Cleggan-Halbinsel, mit der sich Connemara am weitesten ins Meer hinaus wagt. **Omey Island** ist über einen 500 m breiten Sandstrand die meiste Zeit fast trockenen Fußes zu erreichen. Auf der Insel gibt es einen kleinen See und eine verfallene Kapelle. Über den Hafen von **Cleggan** geht der Verkehr nach Inishbofin und Inishturk; Trawler laden ihren Fang zur Weiterverarbeitung ab.

• *Reiten:* **Cleggan Riding Centre,** Cleggan, ✆ 44 746. Bei rund 15 € pro Std. Reiten muss man sich wundern, was die Ponys hier so teuer macht, wo doch das Land kaum etwas kostet.

• *Essen:* **Oliver's Seafood Bar,** nahe dem Hafen (Lesertipp von Ernst Herold).

Inishbofin

Inishbofin ist eine sanfte und weiche Insel, fruchtbar und grün, und ihre Landschaft hat wenig mit Connemara gemein. Einzig an der Nordwestküste, wo der Atlantik oft mit voller Wucht auf die Insel einstürmt, ist der nackte Fels bloßgelegt. Hier lassen sich die Robben beim Sonnenbad beobachten.

Die gut 200 Menschen, davon 40 Kinder, die auf der 5 x 3 km großen Insel geblieben sind, leben weitgehend vom Fremdenverkehr – oder von Rentenzahlungen, Sozialhilfe und Arbeitslosenunterstützung. Immerhin 20.000 Touristen, davon 80 % als Tagesausflügler, besuchen jährlich die Insel. Völlig zusammengebrochen sind dagegen die traditionellen Erwerbszweige Fischfang und Landwirtschaft. Selbst Gemüse und Eier werden heute auf Paddy O'Halloran's Postschiff oder der "Leenane Head", einem hölzernen, 100 Jahre alten Frachter auf die Insel importiert. Mit Beharrlichkeit widersetzten sich die Bewohner dem Schicksal ihrer früheren Nachbarn von **Inishark,** die am 27. Oktober 1960 aufs Festland umgesiedelt wurden, und seit wenigen Jahren steigt die Bevölkerungszahl sogar wieder an. Außer den Insulanern gibt es auf Inishbofin ein Pub, zwei Läden, vier Leuchttürme, dazu Sand, Höhlen und reichlich Vögel. Nicht zu vergessen das kleine **Heritage Centre** samt Souvenirshop gegenüber Day's Hotel.

Im Jahr 664 geriet Inishbofin kurz in den Sog der Weltgeschichte. Nachdem Saint Colman mit anderen iroschottischen und britischen Klerikern auf der Synode von Whitby die vom Papst diktierte Kalenderreform nicht akzeptiert und damit das Primat der römischen Kirche in Frage gestellt hatte, hängte er seinen Bischofsstab an den Nagel und zog sich mit Freuden nach Inishbofin zurück. Doch bald zerstritten sich irische und britische Mönche, und Colman verließ die Insel wieder. Von seiner Abtei ist nichts übrig, doch wird sie an der Stelle vermutet, wo östlich des Piers am **Church Lake** eine alte Kapelle und ein Bullaun ("Schlupfstein") stehen. Die **Burg** über der Hafenbucht wurde von der Piratenkönigin Grace O'Malley angelegt, die damit die Einfahrt zu ihrem Schlupfwinkel schützte. Cromwells Truppen bauten das Kastell weiter aus. Die internierten Priester und königstreuen Soldaten mussten im Nordosten der Insel in einem Camp auf ihre Deportation in die Sklaverei warten. Den einzigen Schutz vor Wind und Regen boten einige Höhlen, die bei Flut unter Wasser standen.

Der Westen
Karte Seite 412

Die "weiße Kuh"

Nach einer Sage war Inishbofin früher immer in Nebel gehüllt. Fischern, die ein Sturm auf das geheimnisvolle Eiland verschlagen hatte und die am Ufer des Sees ein Feuer entzündeten, erschien eine Frau, die mit einem langen Stock eine weiße Kuh vor sich hertrieb. Auf einen Schlag mit dem Stock erstarrte das Rind zu Stein. Die irritierten Fischer entrissen der Hirtin den Stecken und schlugen damit auf sie ein: Auch die Frau erstarrte, und beide sollen noch lange im Lough Bó Finne als weiße Felsbrocken sichtbar gewesen sein. *Bó Finne*, die "weiße Kuh", stiftete den Namen der Insel und ihres größten Sees.

- *Telefonvorwahl:* 095.
- *Information:* **Island House,** Market St., Clifden, ✆ 21 379, ist die beste Infoquelle über Inishbofin. David Hogan und Michael Gibbons bieten im Sommer von Clifden aus **Tagesausflüge** auf die Insel an und haben auch ein Buch über Inishbofin geschrieben. www.inishbofin.com.
- *Verbindung:* Von Cleggan mit "The Queen" (Tickets im King's Shop, ✆ 44 642, und in Clifden, Market St., ✆ 21520), "Dun Aengus" (Tickets im Sparladen, ✆ 44 750) und anderen Booten. Die Abfahrtszeiten, gewöhnlich spätmorgens hin und spätnachmittags zurück, sind auf den Bus von Clifden abgestimmt. Im Sommer mehrmals tägl.

Überfahrten (hin und zurück 15 €), im Winter nur einmal die Woche. Alle Boote operieren unabhängig voneinander und akzeptieren die bei der Konkurrenz ausgestellten Tickets nicht. Erst Preise der Anbieter vergleichen, dann buchen!

• *Fahrradverleih:* **B&B King's,** ✆ 45 833, verleiht Mountainbikes am New Pier.

• *Landkarten:* Verkauft der "Shop" am Hafen, bei dem Camper auch ein ausreichendes Angebot an Lebensmitteln finden.

• *Markt:* Ein Mini-Markt mit Lebensmiteln wird im Sommer Sa/So vor dem Community Centre veranstaltet.

• *Übernachten/Essen:* ** **Doonmore,** ✆ /℻ 45 804, April–Sept., DZ 70–75 €, Dinner 25 €. 10 Min. vom Hafen.

** **Day's Hotel,** am Pier, ✆ 45 809, ℻ 45 803, April–Sept., DZ 80–95 €, Dinner 25 €. Das Imperium aus Hotel-Pub-Laden-Restaurant entwickelte sich, einen Steinwurf vom Wasser entfernt, im Laufe der Zeit um das Gästehaus, in dem Cyril Allies, der letzte Grundherr, am Ende des 19.Jh. seine Freunde bewirtete.

Island Hostel (IHH), ✆ 45 855, April–Okt., Bett 9 €. 500 m vom Pier, vom Dorflehrer geführt. Helle Zimmer mit Holzbetten, Fahrradverleih, Campingmöglichkeit.

Connemara Nationalpark

Das 1849 von Quäkern gegründet Letterfrack wird vom abweisenden Gebäude der Industrial School beherrscht. Gebaut als Waisenhaus, war hier später eine Besserungsanstalt für Jugendliche eingerichtet, in der grässliche Verhältnisse geherrscht haben müssen.

Auf einem Gedenkstein an der Kirche stehen die Namen von 60 Kindern, die für immer in Letterfrack blieben. Im Schulhaus ist jetzt unter anderem Irlands einzige Lehrwerkstatt für Holzschnitzer untergebracht. Im Sommer werden die besten Werke der jungen Künstler ausgestellt. Hinter dem Gebäude beginnt der Fußweg zum Nationalpark.

Der Park umfasst ca. 20 qkm weitgehend Heide oder Moorland, doch gehören auch die nördlichsten Gipfel der Twelve Pins dazu. Die unteren flachen Partien der Hänge waren einst besiedelt. Man stößt auf die Reste von Cottages und erkennt die Konturen von Feldern. Einst gehörte das Land zur Kylemore Abtei oder war im Besitz der Martin-Familie. Wahrzeichen ist der **Diamant Hill** (450 m). Der Berg, der seinen Namen den Bergkristallvorkommen verdankt, war bei Wanderern derart beliebt, dass er wegen der Erosion gesperrt wurde. Das **Glanmore-Tal** mit dem **Polldirk River** bildet hinter dem Berg eine schöne Schlucht, doch ist der Grund sehr morastig und nur mit Gummistiefeln begehbar. Man belässt es also besser bei den kurzen beschilderten Wegen hinter dem Visitor Centre oder schließt sich im Sommer den von den Rangern geführten Touren an. Das **Visitor Centre**, ein gelungener, halbrunder Bau an einem Teich, führt mit Schautafeln und einer Videoshow in die Naturkunde des Parks ein.

• *Telefonvorwahl:* 095.

• *Verbindung:* Mo–Sa ein Bus von Clifden über Leenane, Cong nach Galway und zurück; im Sommer zweimal die Woche nach Westport.

• *Öffnungszeiten* des **Visitor Centre:** Mai, Sept. tägl. 10–17.30 Uhr, Juni–Aug. tägl. 10–18.30 Uhr; Eintritt 3 €. Außerhalb dieser Zeiten ist der Park trotzdem frei zugänglich.

• *Übernachten/Essen:* **** **Rosleague Manor,** Letterfrack, ✆ 41 101, ℻ 41 168, April–Okt., DZ 130–190 €. 2,5 km außerhalb auf einer Halbinsel über der Bucht steht das alte Landhaus in einem prächtigen Park, die 15 Zimmer sind mit erlesenen Stilmöbeln ausgestattet. Dem Gästebuch entnehmen wir, dass auch der frühere Bundespräsident von Weizsäcker schon die elegante und gleichzeitig familiäre Atmosphäre des Hauses schätzte. Für das Abendmenü rechne man 40 €.

Old Monastery Hostel (IHH), Letterfrack, ✆ 41 132, Bett ab 10 €, DZ 25 €, jeweils mit Frühstück. Das Hostel residiert gleich hinter der Industrial School und der Kirche im früheren Konvent der Christlichen Brüder – ein massives Gebäude mit Zentralheizung, Holztäfelung und Parkettböden, das angesichts seines Alters laufende Reparaturen erfordert. Geräumige 6- und 8-Bett-Zimmer, im Winter auch "pivate rooms". Gemütliche Gemeinschaftsräume mit Kaminfeuer und Klavier, vegetarisches Restaurant, getrennte Gästeküche. Radverleih, kein TV.

Pangur Bán, Letterfrack, ✆ 41 243. "Das geschmackvoll eingerichtete Restaurant (mit angeschlossener "Cookery School") bietet in einem gemütlichen, restaurierten Steinhaus hervorragende Küche. Ein Hauptgericht kostet 13–17 €. Reservierung empfohlen. (Lesertipp Karin Rabus)

Renvyle-Halbinsel

Selbstfahrern und vor allem Radlern sei von Letterfrack ein Abstecher auf die einsame Renvyle-Halbinsel empfohlen. Dazu verlässt man den Ort gen Nordwesten, wendet sich nach etwa 2 km links und erreicht bald das **Aquarium Ocean's Alive** an der **Derryinver Bay.** Außer der Unterwasserwelt thematisiert die Ausstellung auch die Naturkunde Connemaras und die Lebenswelt vergangener Tage; mit einem Fernrohr werden sogar die Twelve Pins einbezogen.

Renvyle House, die nächste Station der Rundfahrt und schon an der Nordküste, ist heute ein vornehmes Hotel, das seinen Gästen "Mystery Weekends" mit eigens gedungenen Mördern bietet, die in Wirklichkeit natürlich Schauspieler sind. Das beheizte Schwimmbad und die Reitpferde stehen, gegen entsprechende Bezahlung natürlich, auch Besuchern zur Verfügung, die nicht im Haus wohnen. Einst gehörte das Anwesen Oliver St. John Gogarty (1878–1957), nach dem in Dublins Temple Bar ein Kneipenimperium benannt wurde und der hier in Renvyle illustre Gäste wie Winston Churchill oder Lady Gregory bewirtete. Gogarty, der außer seinen Memoiren auch einige Theaterstücke und Gedichte hinterließ, war regelmäßiger Gast in den literarischen Salons seiner Zeit und dort mit seinem schlagfertigen Spott gleichermaßen geschätzt wie gefürchtet. Joyce hat ihm als "stately plump Buck Mulligan" im Ulysses ein literarisches Denkmal gesetzt.

Der Westen
Karte Seite 412

Eine Meile westlich von Renvyle House blicken die Ruinen einer **Burg der O'Flaherty's** übers Meer. Längs des Ufers leuchten einsame Sandstrände, wenige Häuser verlieren sich zwischen großen Findlingssteinen. Bei Lettergesh wendet sich die schmale Straße von der Küste ab, zieht durch eine Moor- und Heidelandschaft und streift Lough Fee, bis nach insgesamt etwa 20 Kilometern bei der **Tullyconor Bridge** wieder die Hauptstraße und schließlich Killary Harbour erreicht wird.

- *Telefonvorwahl:* 095.
- *Verbindung:* Im Sommer fährt tägl. außer So je ein Bus in beide Richtungen die Strecke Clifden, Cleggan, Letterfrack, Kylemore, Tully Cross, Lettergesh, Salruck, Leenane und Cong.
- *Lesen:* Wall, Richard "Wittgenstein in Irland", Wien/Klagenfurt (Ritter Verlag).
- *Öffnungszeiten* von **Ocean's Alive:** Mai–Sept. tägl. 9.30–17 Uhr, Okt.–April tägl. 10–16.30 Uhr.
- *Sport:* **Scubadive West,** Glassilaun Beach, Lettergesh, ✆ 43 922, www.scubadivewest.com, bietet Tauchkurse und -ausflüge.

Phil Mongan, Derryinver, ✆ 43 473, vermietet seine Boote "Lorraine-Marie" und "Queen of Connemara" für Ausflüge und zum Hochseefischen.

Little Killary Adventure Centre, Salrock, ✆ 43 411, www.killarey.com. Segeln, Surfen, Kanu, Klettern und alle möglichen anderen Sportarten. Jamie Young, der schon im Kanu Kap Horn umrundete, ist die persönliche Garantie fürs Abenteuer.

• *Übernachten:* **B&B Old Castle House,** Curragh, Renvyle, ✆ 43 460, DZ 50 €, "liegt unheimlich schön und ist sehr gepflegt" (ein Lesertipp von Cornelia Leu).

Killary Lodge, Salrok, ✆ 42 276, DZ 75–95 E. Das Gasthaus des Killary Adventure Centre (siehe unten) liegt am Wald mit Blick auf die Bucht. Gestresste Stadtmenschen finden hier und im Centre wieder zu sich selbst. Der Verzicht auf TV-Apparate steht für die Philosphie des Hauses, das sportliche Aktivitäten mit gehobener Unterkunft verbindet.

Killary Harbour JH, Rosroe, ✆ 43 417, März–Sept., Bett 7–10 €. 5 km vom nächsten Laden und Busstopp. In dem völlig abgeschiedenen Haus, das inzwischen über Zentralheizung und warme Duschen verfügt, vollendete der Philosoph Wittgenstein seinen "Tractatus logicus". Die 40 Betten sind in der Hochsaison deshalb schnell voll, weshalb Reservierung angeraten wird.

• *Camping:* **Connemara,** Lettergesh, Mai–Sept., ✆ 43 406, 2 Pers. mit Zelt 11 €. Ein schmaler Wiesenstreifen über dem Meer, 5 Min. von einem Sandstrand. Kneipe und kleiner Shop.

• *Pub:* **An Teach Ceoil,** Tully, ✆ 43 950, veranstaltet außer hochkarätigen Folkkonzerten auch Kurse zum Erlernen irischer Tänze.

Einst ein Lustschloss, heute ein Kloster

Kylemore Abbey

Das Märchenschloss am Lough Pollacappul ist seit dem Ersten Weltkrieg ein Kloster der Benediktinerinnen mit Internatsschule. Die Kirche, eine neogotische Kopie der Kathedrale von Norwich, und die Halle mit einer Ausstellung von Kirchenschätzen können besichtigt werden, demnächst vielleicht auch der herrliche Klostergarten mit seinem Gewächshaus aus den Gründerjahren des Schlosses. Nicht recht zu einem Kloster passen will die Flagge des Herzogs von Marlborough, die irische Söldner im 18. Jh. erbeuteten. Die Nonnen betreiben eine florierende Töpferwerkstatt, einen großen Souvenirladen und einen ausgezeichneten Coffeeshop.

⌚ Mitte März bis Okt. tägl. 9.30–18 Uhr, Nov.–Febr. Tägl. 10–16 Uhr, Eintritt 4,25 €. www.kylemoreabbey.com.

Vom Lustschloss zur Klosterschule

Als Mr. und Mrs. Henry, frisch vermählt im Jahre 1852 auf ihrer Hochzeitsreise am Kylemore Lake vorbeikamen, soll Margaret, ganz hingerissen von der Landschaft, auf eine Hütte am Berg gezeigt haben: Wie schön wäre es doch, hier zu wohnen. Der frischgebackene Ehemann, ein Prominentenarzt und Finanzier aus begütertem Hause, erfüllte den Wunsch auf seine Art. Er kaufte das Land und ließ seiner Frau ein Schloss mit 33 Schlafzimmern, Ballsaal und Dampfbad bauen, dazu gleich noch einen Bauernhof und eine Gärtnerei, damit es zu allen Jahreszeiten frische Blumen gab. Das Hochzeitsgeschenk soll 1,25 Millionen Pfund gekostet haben. 1875 starb Margaret, inzwischen Mutter von neun Kindern, auf einer Ägyptenreise am Nilfieber, eine Tochter stürzte vom Pferd und brach sich das Genick. Mitchell hatte am Schloss jetzt keine rechte Freude mehr, und auch die Geschäfte gingen schlecht.

Er veräußerte Kylemore an einen reichen Amerikaner aus Chicago, der eine standesgemäße Mitgift für seine Tochter suchte, die gerade den Herzog von Manchester ehelichte. Den neuen Besitzern war Kylemore freilich eher ein Klotz am Bein, den sie gerne zu Geld gemacht hätten. Doch wer konnte sich einen Palast dieser Größe als Ferienhaus leisten? Die Chance schien gekommen, als König Edward VII. eine Reise nach Connemara plante. Es war bekannt, dass Seine Hoheit ein neues Landgut in Irland zu kaufen gedachte. Kylemore wurde herausgeputzt, eine Suite neu ausgestattet und der schöne Ballsaal auf barbarische Art zu einer Küche umgebaut. Doch die Launen der Majestäten sind unwägbar. Edward beließ es bei einer Tasse Tee und übernachtete lieber auf seiner Yacht – Kylemore gefiel ihm nicht.

Es bedurfte eines Krieges, einer gehörigen Portion göttlicher Fügung und reichlicher Spenden der irischen Kirchgänger, um das Schloss seiner gegenwärtigen Nutzung als Kloster zuzuführen. Das Stammhaus der belgischen Benediktinerinnen in Ypres wurde in den Materialschlachten des 1. Weltkriegs bis auf die Grundmauern zerstört. Die nach Irland geflohenen Nonnen suchten eine neue Bleibe, worauf ihnen der Bischof Kylemore Castle kaufte. Die Ballsaalküche wurde zur Kapelle, und zum Kloster gehört eine exklusive Internatsschule für die Töchter der besseren Kreise.

Der Westen
Karte Seite 412

▸ **Wanderung Doughruagh:** Eine halbtägige Wanderung führt von der Kylemore Abbey auf den 525 m hohen Hausberg Doughruagh. Man folgt zunächst dem Teerweg am Nordufer des Sees, bis dieser hinter einer gotischen Kirche einen Bach quert. Etwa 200 m nach dem Bach ist ein steiler Einstieg zu erkennen. Der Pfad erreicht durch den Rhododendron-Dschungel zunächst einen Vorgipfel, dann über den Grat den Hauptgipfel.

Ein anderer Weg führt vom oberen Eingang der Abtei (grünes Gartentor) zur *Christusstatue* auf halber Höhe des Bergs und dann weiter um den Berg herum. Der Wald, der durchquert wird, ist in seiner Art einmalig in Connemara, aber durch den Rhododendron bedroht, der hier als Unkraut wuchert und den kleinen Eichenschösslingen das Licht nimmt, so dass sich der Baumbestand nicht mehr aus eigener Kraft verjüngen kann.

▸ **Wanderung von Kylemore Abbey nach Leenane:** Der Weg ist bequem, da kaum Höhenunterschiede zu überwinden sind, doch der Untergrund oft feucht, wie es in Irland halt der Fall zu sein pflegt. Der Pfad folgt zunächst dem Südufer des Kylemore Lough, passiert nach dem See eine Quelle, kreuzt den Kylemore River und die Landstraße R 334 (Lough Inagh Road). Am Ende der alten Green Road trifft man auf den Fernwanderweg Western Way, der jetzt nordwärts und streckenweise durch den Wald den Fuß der Maumturk Mountains umrundet. Für diesen Abschnitt wird man auf die Karte (Nr. 37) nicht verzichten können. Schließlich wird der Blick auf Killary Harbour frei, der Pfad nähert sich in spitzem Winkel der Uferstraße; den letzten Kilometer muss man mit den Autos teilen. Die gesamte Gehzeit beträgt vier bis fünf Stunden.

Leenane (Leenaun)

Das Dorf liegt am Ende des von Steilfelsen eingerahmten **Killary Harbour,** einer 15 km langen, aber nur gerade 600 m breiten Bucht. Die Gelehrten streiten sich, ob der Meeresarm ein "echter" Fjord ist, ein eiszeitlicher, später vom Meer überfluteter Gletschertrog. Ein Stück weit führt die Autostraße unmittelbar am Ufer entlang. Schöner ist die alte Green Road, die, im hinteren Teil nur noch für Fußgänger passierbar, von der *Tullyconor Bridge* zum **Rosroe Quay** führt. Die seltsamen Gestelle, die im Wasser schwimmen, sind Muschelfarmen. Die jungen Schalentiere, die auf den überbesetzten Felsen am Grund des Fjords keinen Platz mehr finden, siedeln sich auf den Seilen an, die von den Kästen ins Wasser hängen. Nach etwa zwei Jahren werden sie geerntet und landen im Kochtopf.

Ein Video im **Leenane Cultural Centre** macht Geschmack auf die Naturschönheiten der Umgebung. Im Zentrum selbst dreht sich alles um Schafe und Wolle. Die einzelnen Techniken wie Karden, Färben und Spinnen werden demonstriert, ein Hirtenhund sammelt für die Besucher die Schafe von der Weide ein und liefert sie brav im Hof des Zentrums ab, wo dem interessierten Laien die einzelnen Rassen, die er zuvor auf Fotos sah, nun leibhaftig vorgestellt werden.

• *Telefonvorwahl:* 095.

• *Verbindung:* Busse von Clifden und Cong–Galway.

Bootstouren: Von Mai–Okt. läuft Fr, Sa u. So die "Connemara Lady" zur Tierbeobachtung (Delphine, Seehunde etc.) im Killary Fjord aus. Die 90-minütige Fahrt kostet 11 €. Info ✆ (091) 566 736.

• *Feste:* **Sheep and Wool Festival,** Mitte Juni. Ein Volksfest mit Tanz und Schäferwettbewerben ("Wer schert am schnellsten" u.ä.).

• *Öffnungszeiten* des **Leenane Cultural Centre:** April–Okt. tägl. 10–19 Uhr; Eintritt 2,50 €.

• *Übernachten/Essen:* **Guesthouse Portfinn Lodge,** ✆ 42 265, www.anu.ie/portfinn, April–

Okt., DZ 55–70 €. Bestes Haus am Ort, die Wirtsleute sprechen Deutsch, was ihnen viele Gäste aus Österreich bringt. Mit Restaurant (nur abends geöffnet).

Glen Valley House and Stables, Josephine O'Neill, Glencroff, ✆ 42 269, März–Okt., DZ 50 €, bietet Unterkunft und Reitausflüge in die Berge.

The Fields, Ein hervorragendes Restaurant an der Hauptstraße mit sehr gemütlicher Einrichtung, Hauptgericht 13–17 €. Dem Besitzer gehört auch die nebenan liegende Bar, so dass man zum Essen auch Bier trinken kann. (Lesertipp Karin Rabus)

County Mayo

An Kultur, Kunstwerken und Denkmälern hat Irlands drittgrößte Grafschaft wenig zu bieten. Ihre Attraktionen sind Natur pur: Moore, Berge, Buchten und Strände, dazwischen Einsamkeit und nochmals Einsamkeit - ein Land für Angler, Wanderer oder Leute, die einfach mal ausspannen und nichts um die Ohren haben wollen.

Die durch Moore und Bergketten vom Rest der Insel abgeschiedene Küste zwischen Killarey Harbour und Killala Bay ist der am dünnsten besiedelte Teil des Westens. Für die Iren ist Mayo eine Art Ostfries- oder Appenzellerland mit hinterwäldlerischen Bauersleuten, denen der Ruf anhaftet besonders stur, abergläubisch, konservativ und mit sich selbst beschäftigt zu sein. Eine Felswüste aus Gneis, Quarz und Schiefer oder ein endloses Moor, in jedem Fall haben die Bauern in Mayo nicht viel zu bestellen, und wer sich nicht in die Armut fügen wollte, dem blieb schon vor dem Großen Hunger nur die Auswanderung. Nur östlich von Lough Mask und Lough Conn lohnt sich der Ackerbau, aber auch hier wurden die Höfe ungeteilt dem ältesten Sohn vererbt, während sich die jüngeren Geschwister einen anderen Broterwerb suchen mussten oder von den Überweisungen aus Amerika lebten.

In den letzten Jahren gelang es, mit Hilfe großzügiger Förderung um *Castlebar* und *Ballina* etwas Industrie anzusiedeln. Der Tourismus spielt, verglichen mit Connemara oder gar Kerry, nur eine bescheidene Rolle. *Knock* avancierte seit einer Marienerscheinung zu Irlands meistbesuchtem Wallfahrtsort, dem selbst der Papst schon seine Reverenz erwies. Auch der *Croagh Patrick* wird hauptsächlich von Pilgern erklettert. *Westport* lockt mit seinem georgianischen Ensemble und einem Schloss, und nach *Achill Island*, Irlands größter Insel, zog sich einst Heinrich Böll zurück, um in Ruhe zu schreiben.

Karte Seite 412

Murrisk

Die Strecke vom Killary Harbour durch das Doolough-Tal nach Westport ist zwar etwas länger als der Weg über die Hauptstraße N 59, aber landschaftlich sehr viel schöner und mit ihren nur sanften Steigungen auch für Radler ein Vergnügen.

Die Route quer durch die alte Baronie Murrisk führt zunächst am Fjord entlang, anschließend durch ein weithin kahles, von bis 800 m hohen Gipfeln eingefasstes Tal. Ein Gedenkstein am Weg erinnert an eine Episode während der Hungersnot: Die ausgemergelten Einwohner von Louisburgh schleppten sich zum Haus ihres Grundherren nach Delphi, um dort Hilfe zu erflehen. Der Marquis verweigerte jeden Bissen Brot, und der Menge blieb nichts übrig, als wieder nach Hause zu ziehen. 400 Opfer starben unterwegs an Entkräftung. Nach Sturmfluten, so heißt es, könne man am Strand von Kinnadoohy noch heute freigespülte Gebeine finden. Die hungernden Bauern verscharrten ihre Toten oberflächlich im Sand, denn für ein Grab in der Erde reichten die Kräfte nicht mehr.

• *Übernachten/Sport:* **Delphi Lodge**, Lough Fin, ✆ (095) 42 222, www.delphilodge.ie, DZ 100–150 €. 8 km am Weg nach Louisburgh. Die Jagdhütte wurde 1830 von Marquis von Sligo erbaut, einem Freund Lord Byrons, der dessen glühende Begeisterung für Griechenland und seine Altertümer teilte.

Delphi Hostel, Delphi, nur Juli/Aug., ✆ 42 307, www.delphiadventureholidays.ie, Bett 10 €, DZ 30 €. Das Hostel gehört zu einem Adventure Centre (mit ähnlichem Programm wie bei der Konkurrenz in Salrock) und ist deshalb oft von Gruppen ausgebucht. Unbedingt vorher anrufen bzw. reservieren.

Inishturk

Wie eine verlorene Scholle treibt die etwa 6 qkm große Insel draußen im Atlantik. 300 Millionen Pfund soll Inishturk wert sein – so jedenfalls die Schätzung einer Minengesellschaft, die hier Gold entdeckte und das Eiland gerne in ein Bergwerk verwandelt hätte. Doch die Bewohner verzichteten dankend: "Wir haben alles, was wir brauchen", erklärt Inselsprecher Michael O'Toole. Haben sie das wirklich? An den Fördertöpfen, mit denen die Regierung die Gaeltacht-Gebiete päppelt, haben die englischsprachigen Inseln, zu denen auch Inishturk gehört, bislang keinen Anteil – sehr zum Ärger der 18 Familien, die mehr schlecht als recht vom Fischfang, bescheidener Landwirtschaft und vom Verdienst ihrer Verwandten in Dublin oder Amerika leben. Auch Touristen lassen sich auf Inishturk nur selten blicken; wenn doch mal jemand kommt, ist er hier wirklich noch Gast, über den sich alle freuen. Zu bieten hat die karge, nur mit einer schütteren Erdschicht bedeckte Insel vor allem Natur: Wildblumen und seltene Klippenvegetation, dazu allerlei Vögel wie Seepapageien, Tölpel, Sturmtaucher und Falken, ganz zu schweigen von Raben und Möwen. Zwei Sandstrände laden an warmen Tagen zum Sonnenbad.

• *Telefonvorwahl:* 098.

• *Information:* Im Internet unter http://homepage.tinet.ie/~inishturkisland sowie bei der **Inishturk Tourism Development Association**, ✆ 45 510.

• *Verbindung:* Überfahrten 2 x am Tag Di–Do ab Cleggan und Fr–Mo ab Roonagh; Auskunft ✆ 45 541.

• *Organisierte Ausflüge:* **Connemara Safari**, ✆ 21 071, ein kleiner Veranstalter aus Clifden, bietet fünftägiges Island-hopping mit Besuchen auf den Inseln Inishbofin, Inishark, Inishturk und Clare.

• *Übernachten:* Auf der Insel gibt es drei B&B. Am preiswertesten sind mit 40 € die Zimmer von **Anne u. Michael O'Toole**, ✆ 45 510; bei **Delia Concommon**, ✆ 45 610, und bei **Mary Heanue**, ✆ 45 520, zahlt man 50 € fürs DZ.

• *Pub:* Als Pubersatz dient die Bar des **Community Centre**.

Clare Island

Die 16 qkm große Insel wird von gut 150 Menschen bewohnt, davon 14 Schulkinder. Größter Arbeitgeber ist eine **Fischfarm**, die "Bio-Lachs" produziert. Größter Stolz der Insulaner ist ihr neues **Community Centre**. Clare Island lockt vor allem Taucher, Hochseeangler und Segler. Bei schönem Wetter, wenn die Wellen den Strand behutsam streicheln, ist die Insel aber auch für Landratten einen Zweitagesausflug wert. Eine Wanderung auf den **Knockmore Mountain** (461 m) bietet sich an. Blumen blühen auf der kargen, vom Verbiss der zahlreichen Schafe kurz gehaltenen Grasnarbe, die Einheimischen weisen den Weg zu bislang unerforschten Dolmen. Es gibt windgeschützte Sandstrände und die Ruine der **Clare Abbey** (15. Jh.) mit den Resten mittelalterlicher Wandmalereien. Unter einem Stein mit dem Motto "Invincible on land and on sea" ("Zu Wasser und zu Lande unbesiegbar") wird das Grab der Piratenkönigin *Grace O'Malley* vermutet, über die man abends am Kaminfeuer oder in der Bar des Bay-View-Hotels mehr erfährt. Der Turm über dem Hafen war ihr Stammsitz.

Information/Verbindungen/Diverses

• *Telefonvorwahl:* 098.

• *Information:* www.anu.ie/clareisland und beim **Clare Island Tourism Committee**, Community Centre, ✆ 26 525.

• *Verbindung:* Ganzjährig tägl. 2–5 Überfahrten vom Roonagh Quay, westlich von Louisburgh. Juli/Aug. Zubringerbusse von Westport mit O'Gradey's, Abfahrt 10 Uhr am Octagon, hin und zurück mit Fähre 20 €. Auskunft ✆ 26 307, (Clare Island Ferry) und 25 045 (O'Malley's Ferry). Im Sommer auch unregelmäßige Verbindungen von Darby's Point, Achill Island und direkt von Westport.

• *Einkaufen:* **Ballytoughey Loom**, Lighthouse Rd. Die kleine Weberei fertigt edle Schals, Decken, Tischläufer u.ä. aus selbst gesponnener, pflanzengefärbter Wolle.

Als weitere Souvenirs empfehlen sich die Aquarelle von **Anna Burns**, ✆ 25 820, einer in Deutschland aufgewachsenen Landschaftsmalerin, oder Produkte der lokalen **Korbflechterei**.

• *Fahrradverleih:* **O'Leary's Bike Hire**, am Landungssteg, geöffnet zur Ankunft der Fähren.

• *Kommunikation:* Browsen oder Mailen mit den PCs in der **Bibliothek des Community Centre**. Di/Mi 14–18, Do15–18, Fr 11–17 Uhr.

• *Organisierte Wanderungen:* Das **Centre for Island Studies**, sozusagen die Denkfabrik der Insel, bietet für kleinere Gruppen thematische Führungen (Archäologie, Botanik u.ä.) über die Insel. Kontakte über Ciara Cullen, ✆ 25 412, oder Peter Gill, ✆ 25 048.

• *Wanderführer:* Ein Bändchen mit fünf beschriebenen Wanderrouten ist auf der Insel etwa im Bay View Hotel erhältlich.

Übernachten/Camping/Essen/Pub

Neben den B&Bs ist das * **Bay View Hotel** (am Hafen, ✆/℻ 26 307, April–Sept., DZ mit Etagenbad 60 €, Umbau geplant) Treff der Urlauber. Das Haus hat ein gutes Wassersportangebot (Tauchen, Surfen, Segeln), im Restaurant wird mittags bis Schlag 14 Uhr serviert und keine Minute länger.

B&B Clare Island Lighthouse, ✆ 45 120, Mai–Sept. (sonst nach Absprache, im Winter auch ✆ 043/83 225), DZ 110–125 €, Reservierung empfohlen. Wohnen im Leuchtturm als "Last Temptation"! Das Ehepaar Timmermans hat den 1965 aufgegebenen Leuchtturm und die Häuser der Leuchtturmwärter

Der Westen
Karte Seite 412

an der Nordspitze Clares gekauft und zu einer komfortablen Pension umgebaut. Die Zimmer am Klippenrand, 125 m über dem Meer, sind von rustikaler Eleganz, die Lounge ist mit Gemälden und Teppichen geschmackvoll eingerichtet. Ein imitiertes Mosaik des Weingottes Dionysos animiert zum wärmenden Punsch am Kaminfeuer.

B&B-Zimmer vermieten auch **Cois Abhainn**, Mary O'Malley, ✆ 26 216, abgelegen am Westende der Insel; **Sea Breeze**, Mary Moran, ✆ 26 746, **Granuaile House**, Mary MacCabe, ✆ 26 250, **Beachside**, Bridig O'Leary, ✆ 25 640, **Wave Crest**, Sharon O'Grady, ✆ 26 546, alle in der näheren Umgebung des Piers und das DZ für 45 €.

• *Camping:* **Clare Island Camping**, Zelt mit 2 Pers. Hochsaison 10 €, sonst 5 €. Der kleine Zeltplatz liegt am Strand, die Sanitärs befinden sich am 50 m entfernten Community Centre.

• *Essen:* **An Fulacht Fiadh**, die gastronomische Alternative zum **Bay View**, wünscht vorab telefonische Tischreservierung (✆ 25 048). Am besten bringen Sie also Ihr Picknick selbst mit auf die Insel.

• *Pub:* Als Pubersatz dient das **Community Centre**. Im Sommer Freitagabend Tanz.

Louisburgh

In Umkehrung der üblichen Abfolge hat das 1802 gegründete Städtchen seinen Namen von einer französischen Kolonie in Kanada geerbt, wo die Engländer eine Schlacht gegen die Franzosen gewannen. In der vormals protestantischen Kirche feiert das **Granuaile Interpretative Centre** Grace O'Malley, eine notorische Seeräuberin, die aus ihrem Schlupfwinkel in der Clew Bay englische Schiffe piesackte. Um Grace oder Granuaile, wie sie auch genannt wird (ihr irischer Name war Gráinne Ní Mháille), rankten sich schon zu ihren Lebzeiten (1530–1603) allerlei Legenden, die sie zu einer Nationalheldin und zugleich Männer verschlingenden Amazone stilisieren. Als Tochter eines O'Malley-Häuptlings gehörte Grace zu der führenden Familie Connemaras, die ihren "Zoll" von allen Schiffen erhob, die vor Westirland kreuzten. So lernte auch Grace die Seeräuberei, und bald kommandierte sie ihr eigenes Schiff. Als größte Heldentat wird kolportiert, wie sie gleich nach der Geburt ihres Kindes wieder an Deck erschien und das verloren geglaubte Gefecht mit einem algerischen Handelsschiff noch zu ihren Gunsten entschied. Ihr erster Mann, ein O'Flaherty, kam 1570 bei einem Überfall auf Galway ums Leben. Ihren zweiten, Richard Bourke of Mayo, verstieß sie, wie es das keltische Recht im ersten Ehejahr erlaubte, nachdem sie ihm seine Burg Carrigahooly abgenommen hatte. Einmal wurde Grace von den Engländern gefangen und nach Galway gebracht, dort von ihrem Sohn aber wieder befreit. Andererseits hatte sie aber auch keine Skrupel, mit der Krone zusammen zu arbeiten, wenn es gegen ihren geschiedenen Gatten ging. Nachdem man ihre Familie als Geisel genommen hatte, begab sich die Piratenkönigin im Alter von 63 Jahren selbst in die Höhle des Löwen und segelte nach London, um Elisabeth um Gnade zu bitten. Ihre Majestät muss beeindruckt gewesen sein, und die beiden Damen einigten sich darauf, dass Grace künftig nur noch die Feinde Englands "mit Feuer und Schwert verfolgen" werde.

• *Information:* Bridge St., ✆ (098) 66 400, Juni–Aug. tägl. 10–13, 14–17.30 Uhr.

• *Verbindung:* Busse von Westport.

• *Öffnungszeiten* des **Granuaile Interpretative Centre:** Mai, Sept./Okt. Mo–Fr 10–17 Uhr, Juni auch Sa 10–17 Uhr, Juli/Aug. tägl. 10–18 Uhr; Eintritt 3 €.

• *Übernachten:* **B&B Whitethorns**, Mrs. Ann McNamara, Bunowen Rd., April–Sept., ✆ 66 062, DZ 50 €. Im Neubaugebiet, alle Zimmer mit Bad.

• *Camping:* **Old Head**, 4 km außerhalb an der Westport Rd., Juni–August, ✆ 66 021, 2 Pers. mit Zelt 6,50 €. Der Platz mit kleinem

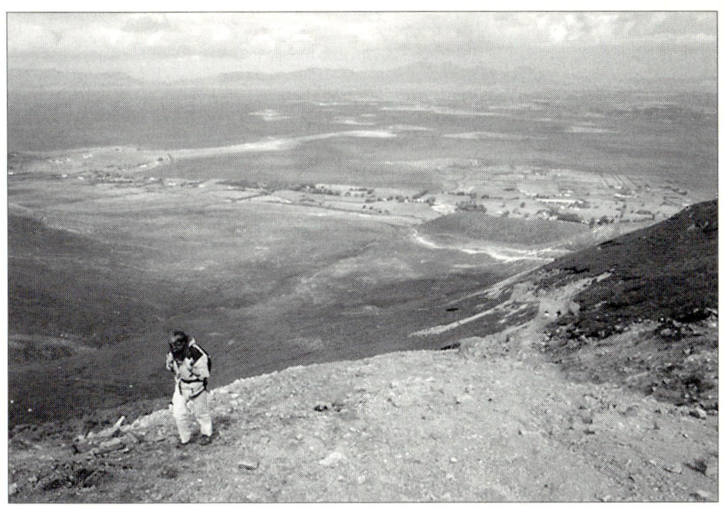

Aufstieg zum Croagh Patrick

Laden und Imbiss liegt 300 m von Strand.
• *Lesen:* Chambers, Anne "Granuaile – The Life and Time of Grace O'Malley". Terhart, Franjo, "Ich – Grace O'Malley", dtv (Jugendbuch).

Croagh Patrick

Der 765 m hohe Berg, den man seinem Aussehen nach für einen Vulkan halten könnte, steht isoliert und fast direkt an der Küste. So erscheint er von unten sehr viel höher, als er tatsächlich ist. Das Quarzgestein hat einen hohen Goldgehalt, einige Adern wären durchaus kommerziell auszubeuten – doch der Croagh Patrick ist als Irlands heiliger Berg vor den Wunden geschützt, die ihm der Bergbau schlagen würde, um aus einer Tonne Gestein schließlich 15 Gramm Feingold zu holen. Auf dem Gipfel, wo sich schon ein vorkeltisches Heiligtum befand, soll St. Patrick nach 44-tägigem (!) Fasten den Bann über alle irischen Schlangen gesprochen haben – seither ist die Spezies von der Insel verschwunden. Das Ereignis wird am letzten Sonntag im Juli mit einer großen Wallfahrt gefeiert. Der Pfad ist der gleiche, auf dem schon die heidnischen Könige von Connaught auf den Berg pilgerten. Er beginnt an Campbell's Pub in Murrisk, und die Frömmsten der Frommen begeben sich barfuß und in der Nacht, wie es bis 1970 für alle üblich war, auf den zweistündigen Aufstieg zur Gipfelkapelle. Die Tafel, die den Pilgern Ratschläge für einen gottgefälligen Gipfelsturm gibt, versäumt leider den Hinweis "don't litter". So ist der heilige Berg in Gefahr, zur höchsten Müllkippe Irlands zu werden.

Western Way: Der seltener begangene "Western Way" auf den Berg beginnt an der Nebenstraße von Westport (5km) nach Liscarney, doch der Einstieg ist nicht einfach zu finden. Er trifft 40 Min. unterhalb des Gipfels auf die übliche Pilgerroute. (Lesertipp Mattthias Fabian)

Die **Murrisk Abbey** am Ufer zu Füßen des Craogh Patrick wurde im 15. Jh. von Augustinermönchen gebaut. Ein auf Kacheln gebrannter Plan zeigt den Grundriss. Da das Haupttor zur Kirche später bis auf einen schmalen Durchlass zugemauert wurde, muss das Gotteshaus ebenfalls einmal eine Fluchtburg gewesen sein. Auch ein Besuch des *Batraw Beach* bietet sich an, eine sandige Halbinsel mit einem Dünenstreifen etwas westlich von Murrisk, wo sich im Sommer die Pilger nach vollbrachter Tat den Schweiß abspülen und sich an Wintersonntagen die Strandwanderer den Wind um die Ohren pfeifen lassen.

Westport

Die rund 3500 Einwohner zählende Stadt an der Mündung des Carrowbeg ist ein charmantes Beispiel für ein "Plantation Village", eine im 18. Jh. am Reißbrett entworfene Siedlung.

Von Süden kommend trifft man zunächst auf den Hafen, früher ein lebhafter Umschlagsort für Heringe, Austern und Getreide. Die historischen Lagerhäuser werden gerade restauriert und eine Siedlung wurde gebaut, doch sind es zumeist Ferienwohnungen, und so wirkt das Hafenviertel außerhalb der Sommermonate eher leblos. Erst nach einigen Kilometern kommt man am Park des Westport House vorbei in die eigentliche Stadt. Das georgianische Ensemble mit seinen schnurgeraden Straßenzügen liegt auf einer Anhöhe. Nicht einzelne, herausragende Gebäude, sondern die harmonische Kombination im Detail unterschiedlicher, im Ganzen jedoch einheitlicher Bauten geben Westport seinen Reiz.

Geschichte

Nachdem John Browne Earl of Altamont (1709–1776) das O'Malley Castle durch ein prächtiges Landschloss ersetzt hatte, wünschte er sich auch einen standesgemäßen Park. Dem standen jedoch die 60 Hütten des alten Dorfes im Wege, und so gab er bei dem Architekten James Wyatt gleich eine neue Siedlung in Auftrag. Eine richtige Stadt sollte es werden: John Browne lud Leinenweber aus Ulster ein, sich hier an der Westküste eine neue Existenz aufzubauen, gab ihnen Webstühle und günstige Kredite zum Kauf von Garn. Die Siedlung wuchs und gedieh, und am Vorabend des Großen Hungers wohnten wohl 8000 Menschen in der Stadt. Die Hungersnot und der Aufstieg der großen Baumwollmanufakturen, mit denen die Leinenweber nicht mehr konkurrieren konnten, brachen der Wirtschaft Westports das Rückgrat. Selbst die Herren von Westport House mussten ihr Schloss aufgeben und sich mit einem Domizil in der Stadt bescheiden.

Information/Verbindungen/Diverses

- *Telefonvorwahl:* 098.
- *Information:* The Mall, ✆ 25 711, Juni–Sept. Mo–Fr 9–18, Sa 10–17 Uhr, Okt.–Mai Mo–Do u. Sa 9–13, 15–17 Uhr. Mit Wechselstube. Dialogprobe: Frage: "Welches B&B ist dem Zentrum am nächsten?" Antwort: "Wir haben viele B&Bs" (zeigt auf alle im Unterkunftsverzeichnis aufgelisteten) "und geben keine Empfehlungen."
- *Verbindung:* Vom Bahnhof (✆ 25 253) tägl. 2 **Züge** nach Dublin. **Busverbindung** vom der Mill St. nach Achill Island, Louisburgh, Sligo (im Sommer bis Belfast), Galway, Auskunft (096) 71 800.

• *Einkaufen:* **Art Studio**, Bridge St. Landschaftsaquarelle und origineller Schmuck.

• *Fahrradverleih:* **Club Atlantic**, Altamont St., ✆ 26 644; **Breheny & Sons**, Castlebar St., ✆ 25 020.

• *Fischen:* Angelscheine, Ausrüstung und gute Tipps bei **Hewetson**, Bridge St., ✆ 26 018. Meeresangeln und Bootsverleih beim **Sea Angling Centre**, Harbour, ✆ 25 481.

• *Reiten:* **Drumindoo Equitation Centre**, Castlebar Rd., ✆ 25 616.

Übernachten/Camping

Die Wahl fällt schwer zwischen stilvollen, alten Hotels und auf ihre Art nicht weniger charmanten Hostels, die man hier abseits der ausgetretenen Reiserouten so gepflegt nicht erwarten würde.

*** **Olde Railway (8)**, The Mall, ✆ 25 166, ✆ 25 090, DZ 80–160 €. Das alte Grandhotel, in dem schon Thackeray übernachtete ("One of the prettiest, comfortablist inns in Ireland"), wurde zu Beginn des 19. Jh. gebaut. Die geräumigen Zimmer sind von unterschiedlichem Zuschnitt. Hier und da findet man noch ein Stück altes Inventar, z.B. in der Halle einen Samovar. Modern ist der Speiseraum in einem angebauten "Glashaus".

** **Grand Central (5)**, Octagon, ✆ 25 057, ✆ 26 316, DZ 100–115 €. Lindgrün gestrichene Zimmer, mit mahagonifurnierten Pressspanmöbeln ausgestattet – mehr Schein als Sein. Auch das Personal des Grand Central wirkte morgens um 11 Uhr noch recht verschlafen.

Die **B&Bs** am Octagon haben zwar die beste Lage, können sonst aber nicht überzeugen. Das dem Zentrum nächste, von Bord Fáilte akzeptierte Privatquartier ist

Altamont House (15), Mrs. Sheridan, Altamont Rd., ✆ 25 226, DZ 50 €, 15 Min. vom Zentrum Richtung Bahnhof.

Old Mill Hostel (4) (IHH), James St., ✆ 27 045, Bett 10 €. Das Haus, früher eine Brauerei und voller Atmosphäre, liegt etwas abseits der Straße und damit ruhig. Die Schlafsäle sind mit bis zu 24 Betten sehr groß, und der Architekt gehört einen lieben Wintertag lang in die Kälte gestellt, weil er den Gästen zwischen Küche, Dusche und Zimmer unnötige Wege über den Hof zumutet.

Club Atlantic Hostel (16) (IHH), Altamont St., ✆ 26 644, März–Okt., Bett 10 €, DZ mit Bad 35 €. Das Hostel ist auf zwei Ebenen in einer früheren Fabrikhalle eingerichtet. Modernes Design mit Stahl, Aufputzinstallationen und Sichtmauerwerk. Große Küche, Nichtraucherlounge, Shop, Videothek mit in der Region gedrehten Filmen. Fahrradverleih.

Slí na h-Óige Hostel (14), Fair Green, ✆ 28 751, Bett 9 €. Klein, günstig, komfortabel. "Wir übernachteten in einem Sechs-Bett-Zimmer (gemischt!), hatten eine eigene Dusche und Toilette (sehr gepflegt) ... Einziger Nachteil: Die Schlafräume sind umgebaute Schauräume [von Ladengeschäften], die alten Schaufenster wurden einfach verhängt und das war's. Allerdings fahren nur wenige Autos ..." (Lesertipp von Björn Kaltenbach).

The Granary (2) (IHI), Quay St., ✆ 25 903, Bett 8 €. Das preiswerteste Nachtquartier in Westport findet sich an der Straße zum Hafen bei der Marienstatue. Es handelt sich um ein 1986 zur Herberge umgebautes Lagerhaus aus Naturstein mit kopfsteingepflastertem Hof, wo sich Toiletten und Duschen in einer Art Schuppen befinden. Dunkle und unbeheizte Schlafräume mit 12 bis 16 Betten, nur direkt über der großen Küche (zugleich Aufenthaltsraum) wird es leidlich warm. Hinter dem Haus ein kleiner Garten mit Campingwiese. Mangelnder Komfort und Defizite in hygienischer Hinsicht werden durch die ungezwungene Atmosphäre ausgeglichen – hier steigt die Session statt im Pub gleich in der Küche.

• *Camping:* **Parkland**, Louisburgh Rd., beim Westport House, ✆ 27 766, Mai–Sept., 2. Pers. mit Zelt 16 € (!). Eine Wiese im Schlosspark ist als Campingfläche eingerichtet. Keine Trailer.

Essen

Ob Gourmet oder nur auf der Suche nach einer preiswerten, sättigenden Mahlzeit, in beiden Fällen sollte man in Westport nicht zu viel erwarten.

Quay Cottage, Quay St., ✆ 26 412, Dinner ab 25 €. Ein pittoreskes Häuschen am Eingang zum Westport Park. Die nautische Inneneinrichtung zielt auf Segler, die Küche serviert vor allem Meeresfrüchte. Separater Nichtraucher-Speiseraum.

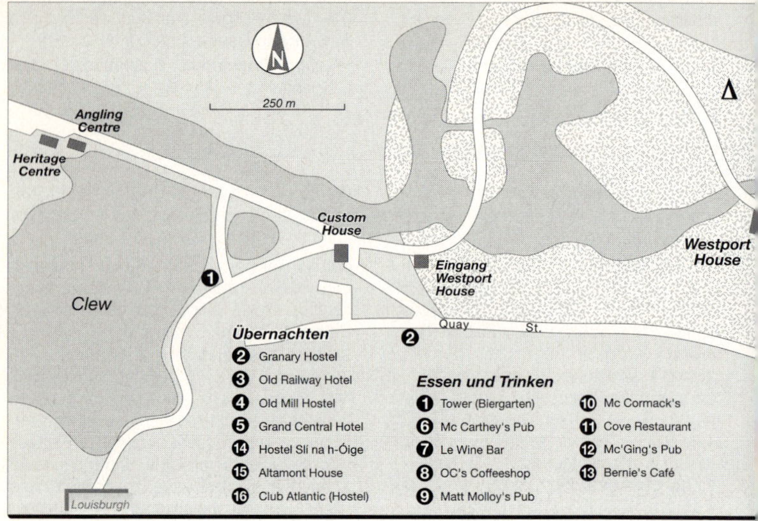

Le Wine Bar (7), Octagon/Peter St.; über Mittag und abends (bis 23 Uhr) geöffnet. Ein gemütliches kleines Lokal mit französischer Küche, z.B. Galettes, Couscous Royal, oder bretonische Fischsuppe mit Gemüseeinlage, frischen Kräutern und Knoblauch, und schließlich ein Stew vom Schwein mit Apfeleinlage. Hauptgericht 12–17 €.

Cove (11), Bridge St., geöffnet ab 10 Uhr, warme Küche 12–15, 19.30–22 Uhr, Hauptgerichte abends 10–15 €. Hauptsächlich Fischgerichte, auch vegetarische Mahlzeiten.

McCormack's (10), Bridge St., bis 18 Uhr. Einfache Gerichte wie Quiche, Irish Stew u.ä. (um 7 €) auf Blümchentischdecken gereicht.

Bernie's Café (13), High St., Mo–Sa bis 18 Uhr. Ein Coffeeshop, der mittags gern von Berufstätigen besucht wird. Tipp sind die Pfannkuchen.

OC's Coffeshop (8), Octagon, Mo–Sa bis 19 Uhr. Ein modern eingerichtetes Lokal mit Selbstbedienung, irische und internationale Gerichte, auch Kaffee und Kuchen.

Am Abend

Was an Restaurants fehlt, macht Westport durch seine bald 50 Pubs mehr als wett. Das Städtchen hat eine lebendige Musikszene. Infos über abendliche Konzerte gibt die "Pubhotline", ✆ 27 371.

Matt Molloy's (9), Bridge St. Erstklassige Konzerte von Rock bis Folk. Matt Molloy war lange Jahre Flötist bei den Berliner Philharmonikern und ist heute Musiker bei den Chieftains, der angesehensten Folkgruppe der Insel, deren Repertoire von einer Aufnahme gemeinsam mit Mick Jagger bis zu einem Konzert mit James Galway reicht. Wenn es das Wetter zulässt, finden die Konzerte im Garten statt.

McCarthy's (6), Quay St. Nachdem es über Jahre geschlossen war, hat McCarthy's nun wieder seine Pforten geöffnet. Die Lounge ist in Séparées unterteilt, der Tresen stammt noch aus den dreißiger Jahren. Hinten gibt es einen schönen Biergarten, Tische und Stühle sind aus Baumstrünken gefertigt.

John McGing's (12), High St. Eines jener Wohnzimmerpubs, in denen man sich fast wie ein Eindringling fühlt. Die Kneipe ist das Hinterzimmer einer Gemischtwarenhandlung, und kaum jemand weiß mehr und bessere Geschichten aus Westport zu erzählen als John.

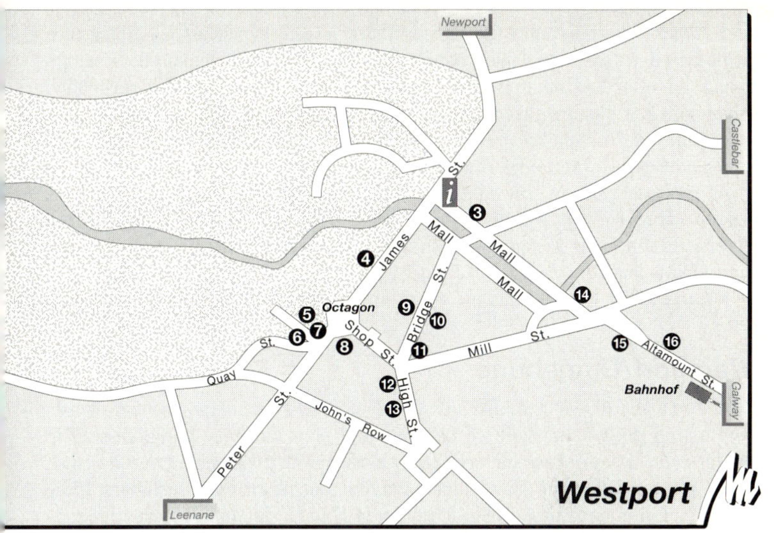

Towers Bar (1), Harbour. Mit Biergarten, Sandkasten und Kinderspielhaus, im Sommer gelegentlich Musik, ein guter Platz für Sonnenuntergänge. Barfood bis 21 Uhr.

Sehenswertes

Die Stadt: Mit Rathaus, Grand Hotel, Gerichtsgebäude und Markthallen ist das **Octagon** um das Denkmal Saint Patricks der repräsentative Mittelpunkt der Stadt. Ursprünglich stand auf der Säule eine Statue von George Clendining, einem Westporter Bankier und Organisator der United Irishmen. Während des Bürgerkriegs schossen die im Rathaus einquartierten Soldaten bei Zielübungen den Kopf des Standbilds entzwei, der Rest wurde gegen den Heiligen ausgetauscht. Etwa auf der Mitte der **James Street** führt ein Durchgang zum **Park** hinunter, auf dessen Gelände das alte Dorf und die O'Malley-Burg lagen. Der zweite und etwas ältere Zentralpunkt der Stadtentwicklung war die im Volksmund **Fountain** genannte Kreuzung südöstlich des Octagon, auf der seit 1947 statt des Brunnens ein Uhrturm steht. Von hier läuft die **Bridge Street** als Haupteinkaufsstraße zur **Mall** hinunter, einer großzügigen Allee auf beiden Seiten des Carrowbeg, der hier Anfang des 19. Jh. in sein künstliches Bett gezwungen wurde.

Heritage Centre: Die Ausstellung in einem restaurierten Lagerhaus nahe dem Hafen widmet sich der Heimatgeschichte. Wir sehen etwa ein Spinnrad, das die Leute von Ballina einst der politischen Aktivistin und Yeats-Angebeteten Maude Gone schenkten. Oder die Akten der Gerichtsverhandlung gegen Patrick Egan, dem örtlichen Kommandanten der Erhebung 1798. Wer die Ausstellung verpasst, hat nichts Großes versäumt.

⌚ Juli/Aug. Mo–Sa 10–17, So 15–17 Uhr; Mo–Sa 12–15 Uhr; Eintritt 2,50 €, Qay Road.

Westport House: Das 1732–1778 von den Stararchitekten Richard Cassels und James Wyatt gebaute Westport House ist ein typisches Landhaus des anglo-irischen Adels und noch immer im Besitz der Gründerfamilie – salopp gesagt ein alter Kasten, in dem es knarzt und bröckelt und der sich vergeblich gegen den Zerfall zu wehren scheint. Gleichzeitig hat die Kommerzialisierung amerikanische Ausmaße erreicht: Kein Souvenir, das es hier nicht gibt, dazu ein schauriger Kerker, eine Horoskop-Maschine und vor dem Schloss Irlands größte Wasserrutsche. Im weiteren Angebot auch Essen, Trinken, Reiten, Angeln, Rudern und was sonst noch alles Geld kostet. Zu den seriöseren Sights, die im Haus gezeigt werden, gehören Rubens' "Heilige Familie" und eine Violine aus dem Besitz von J.M. Synge.

Ⓞ Mai, Juni, Sept. tägl. 14–17 Uhr, Juli/Aug. Mo–Sa 10.30–18 Uhr, So 14–18 Uhr; Eintritt mit Zoo 12 €. www.westporthouse.ie

Westport/Umgebung

▸ **Castlebar:** Mit 7000 Einwohnern ist Castlebar etwa doppelt so groß wie Westport – und doch kaum halb so bekannt und ohne Sehenswürdigkeiten. Die Hauptstadt Mayos ist ein historisch gewachsener Ort. Er bekam bereits 1611, als in Westport nur ein paar Hütten standen, das Stadtrecht verliehen. 1798, nach der Landung französischer Truppen in Killala, rief John Moore die kurzlebige *Republic of Connaught* aus. Ein Denkmal auf der Mall im Zentrum erinnert an diese Episode. Castlebar hat das Glück, dass es ein Sohn der Stadt zum Minister und EU-Kommissar brachte und über so viel Glück seinen Geburtsort nicht vergaß. Wenn ein grüner Mercedes mit blauer Euronummer mal wieder das Halteverbot missachtet, dann ist Patrick Flynn gerade auf Heimaturlaub. Sanft schwebt man über die neu asphaltierte N 5 in die Stadt, Metallskulpturen zieren die Kreisel. Der Norden Castlebars um das "Welcome Inn Hotel", in dem Flynn seinen politischen Aufstieg zu feiern pflegte und sich zugleich der Ortsverein der Fianna Fail Partei trifft, konnte von einem besonderen Stadterneuerungsprogramm profitieren, das den Grundeigentümern großzügige Steuervorteile und Investitionsbeihilfen bescherte.

• *Telefonvorwahl:* 094.

• *Information:* Linenhall Ecke Main Sts., Mai bis Mitte Sept. Mo–Sa 10–18 Uhr, ✆ 21 207. www.castlebar.ie, Veranstaltungshinweise unter www.ansceal.ie.

• *Verbindung:* **Bus**verbindungen nach Dublin, Westport, Ballina – Sligo und Galway – Cork. **Züge** nach Westport und Dublin.

• *Fahrradverleih:* **Robinson's**, Spenser St., ✆ 21 355. **Mayo Leisure Cycling Holidays**, Peadar Leonard, ✆ 24 421, auch geführte Tagestouren.

• *Übernachten:* **Hughes House Holiday Hostel** (IHH), Thomas St., Mai–Sept., ✆ 23 877, Bett ab 10 €, DZ 35 €; Zimmer teilw. mit Bad, Fahrradverleih, Restaurant im Haus.

The Lonely Planet Hostel (IHI), Moneen Roundabout, Dublin Rd., ✆ 24 822, Bett 9 €.

• *Essen:* **Tulsi**, Lower Charles St., ✆ 25 066, So Ruhetag. Indische Küche vom Feinsten.

McCarthy's Restaurant, Main St., zwei Häuser neben dem gleichnamigen Pub. Ein einfaches Speiselokal mit Fachwerkdekor, auf der Karte z.B. Beans & Chips (2,50 €) oder Lammbraten (7 €), nur Mo–Fr 12–17, Sa 12–16 Uhr geöffnet.

Ceol Café, zwischen Main St. und Dunnes, Mo–Sa 10–18.30 Uhr. Der kleine Tearoom in einer Seitengasse ist mit Musikinstrumenten dekoriert; außer Kaffee und Kuchen werden auch einfache Tellergerichte (Lasagne, Quiche, Pies) serviert.

• *Pubs:* **McCarthy's**, Main St. Eine Pubhöhle mit niedrigen Decken und Snugs, ab und an Livemusik.

Humbert's Inn, Main St. Wo einst die französischen Offiziere in ihrem provisorischen Hauptquartier ihren kurzlebigen Sieg begossen, drängen sich heute irische Zivilisten am Tresen.

▸ **Balintubber Abbey:** "Hinter einer Kirche aus jüngerer Zeit verbergen sich die Ruinen einer Augustinerabtei (1216). Im Gelände ringsum hat ein Künstler unserer Tage einen Kreuzweg aus behauenen Megalithfelsen, Bruchholz, Efeu und anderen Pflanzen, sowie unter Einbeziehung von Wasserfällen und Felshöhlengestaltet. Ich bin kein Fan moderner Kunst, aber dies war wirklich unglaublich beeindruckend und ausdrucksstark. Und man konnte einen Sinn in den Darstellungen erkennen." (Lesertipp Larissa Akbayoglu).

Lage: Die Abtei liegt etwa 12 km von Castlebar (N 84 Richtung Ballinrobe) am Nordende des Lough Carra.

▸ **Newport:** Ein eher unscheinbarer Durchgangsort. Über das abends schön beleuchtete Viadukt dampfte einst die Eisenbahn nach Achill Island. *Das Jüngste Gericht*, ein Glasfenster in der katholischen Kirche, war Harry Clarkes letztes und vollkommenstes Werk. An der Brücke weist eine Tafel auf den Beginn des **Bangor Trail** hin, einen 48 km langen Wanderweg durch die **Nephin-Beg-Berge**. Einen Geschmack von den Bergen vermittelt auch der Abstecher zum **Lough Feeagh** oder weiter in den **Letterkeen Forest Park**. Im **Rockfleet Castle**, früher hieß es Carrigahooly, verbrachte Grace O'Malley ihren Lebensabend. Es war diese Burg, die sie ihrem Gatten abnahm, und von deren Zinnen sie dem Ausgesperrten die Scheidung verkündete.

• *Telefonvorwahl:* 098.

• *Information:* Main St., ✆ 41 895, Juni–Aug. Mo–Sa 10–18 Uhr.

• *Verbindung:* Busse nach Westport. Auch der Bus zwischen Achill und Ballina (im Sommer weiter nach Sligo und Belfast) hält in Newport.

• *Lesen:* McDermott, Joe/Robert Chapman "**The Bangor Trail**", Karten der einzelnen Etappen mit ausführlicher Wegbeschreibung.

• *Übernachten:* **** **Newport House**, ✆ 41 222, ✆ 41 613, www.newporthouse.ie, März–Sept., DZ 140–210 €. Ein feudales, im 18. Jh. erbautes Landhaus inmitten eines großen Parks am Fluss. Das Restaurant serviert ein sechsgängiges Abendmenü für läppische 45 €, Austern kommen als Beilage (!) auf den Tisch, und die Weinkarte erlaubt weitere Ausgaben im dreistelligen Bereich. Da die Reichen immer zahlreicher und immer reicher werden, muss sich das Haus für die Zukunft keine Sorgen machen.

Traenlaur Lodge JH, Lough Feeagh, ✆ 41 358, April–Sept., Bett 7–10 €. 8 km außerhalb am Ostufer des Lough Feeagh, von einem Amerikaner gemanagt und eine gute Basis für den Bangor Trail.

Der Westen
Karte Seite 412

Achill Island

Bei schönem Wetter ist Achill Island ein kleines Paradies für Naturfreunde. Kein Hochhaus, kaum Autos, dafür leere Strände, beeindruckende Klippen, stille Seen, markante Gipfel und dazwischen das große Nichts.

Die mit 145 qkm größte Insel vor der irischen Küste ist das touristische Zentrum Mayos, doch was heißt das hier schon? Ein paar einfache Hotels, B&Bs und Hostels – mehr nicht. *Heinrich Böll* lebte in Doogort und schrieb hier sein "Irisches Tagebuch". Das Haus gehört heute der den Grünen nahe stehenden Heinrich-Böll-Stiftung, und mancher, der auf des Dichters Spuren nach Doogort pilgert, ist enttäuscht, wenn ihn ein Schild am Haus darum bittet, die hier lebenden Stipendiaten doch bitte nicht zu stören.

Nur der Nordosten der Insel läuft flach ins Meer aus. Ansonsten säumt ein von Sandbuchten unterbrochenes Klippenband die Küste, das am **Croaghaun** (665 m) mehrere hundert Meter tief zum Wasser abfällt. Steinforts lassen spekulieren, ob Achill Island in der keltischen Zeit vielleicht dichter besiedelt war als heute. Noch älter ist Irlands westlichster Dolmen. Einige Berge sind über die Insel verstreut, dazwischen ist Heide und Moor. Auch für den irischen Westen ungewöhnlich ist der heftige Wind, der über die Insel pfeift. Kein Baum stellt sich ihm in den Weg, selbst Kirchtürme wagen die Menschen nicht zu errichten. Wenn der Himmel die Schleusen über Achill Island öffnet, fällt einem schnell die Decke auf den Kopf. Dann bleibt nur der Ausflug nach Westport und Sligo. Zum Glück verbindet eine Brücke die Insel mit dem Festland.

Information/Verbindungen/Diverses

- *Telefonvorwahl:* 098.
- *Information:* **Bord Fáilte**, Courthouse, Achill Sound, ✆ 45 384, nur Juni–August Mo–Sa 9–13, 14–18 Uhr. Außerdem gibt es ein **örtliches Touristenamt**, ✆ 47 353, Mo–Sa 9–17 Uhr, in einem Container neben der Esso-Tankstelle nach Brücke. Wer länger auf Achill bleiben will, sollte sich Bob Kingstons Karte und Inselbeschreibung "**Achill Island, Map and Guide**" kaufen. Infos im Internet unter www.achill-island.com, www.achilltourism.com und www.achill.mayo-ireland.ie.
- *Verbindung:* **Busse** von Westport und Ballina nach Dooagh, Auskunft (096) 71 800. Im Sommer **Fähren** von Darby's Point nach Clare Island (Auskunft ✆ 26 307).
- *Aktivitäten:* Theresa McDonald organisiert im Juli und August die **Achill Archeological Sommer School** für interessierte Laien, jeweils einwöchige Sommerkurse mit Exkursionen, Vorträgen und Diskussionen. Auskunft im Folklife Centre, Dooagh, ✆ 43 343.
- *Fahrradverleih:* **Achill Sound Hotel**, ✆ 45 245; **O'Malley's**, Keel, ✆ 43 125.
- *Feste*: Das populäre **Achill Festival** ("Scoil Acla"), das im August in Dooagh gefeiert wird, bringt Workshops und ein Kulturprogramm mit Musik, Volkstanz und Lesungen auf die Insel. Auskunft www.scoilacla.com. Beim **Hata Acla**, einem Ende Juli in den Pubs stattfindenden Musikwettbewerb, sind nur Familienbands zugelassen.

Übernachten/Camping

- *Hotels/Guesthouses:* Von den Hotels der Insel ist ganzjährig geöffnet lediglich das * **Slievemore**, Dugort, ✆ 43 224, DZ 55–65 €. Zum gleichen Preis empfiehlt sich in Keels das **Achill Head Hotel**, ✆ 43 108, April–Okt.

Guesthouse Joyce's Marian Villa, Keel, ✆ 43 134, DZ 65 €, Suite 80 €. Das Haus liegt zwischen Keel und Dooagh auf der Meerseite der Hauptstraße. Die Zimmer sind mit Naturholzmöbeln ausgestattet, es gibt sogar kleine Schreib-/Frisiertischchen. Wintergarten, Veranda für Sonnentage. Das beste Quartier der Insel.

Gray's Guesthouse, Doogort, ✆ 43 244, DZ 65–90 €. Die 15 Zimmer sind in verschiedenen Häusern und somit von recht unterschiedlichem Komfort. In der Lounge knistert ein Torffeuer, Sitzecken mit Polstersesseln bieten Landschaftsblick.

B&B West Coast House, Dooagh, ✆ 43 317, DZ 55 €. Ein neuer, zentralbeheizter Bungalow auf dem Höhenrücken zwischen Keel und Dooagh. Teresa McNamara gibt Tipps für Wanderungen und andere Freizeitaktivitäten.

- *Hostels:* **Wayfarer Hostel** (IHH), Keel, ✆ 43 266, April–Mitte Okt., Bett ab 9 €. Am Ortseingang und nur wenige Schritte vom Strand, das beste Hostel der Insel und verbunden mit einem Outdoor Centre.

Railway Hostel (IHI), am östlichen Brückenkopf, ✆ 45 187, Bett ab 8 €, Camping im Garten. Im alten Bahnhof; die Umgebung fanden wir voller Gerümpel, das Haus selbst jedoch nicht ungemütlich. Die Betten sind selbst geschreinert. Mit Fahrradverleih.

Valley House (IHI), ✆ 47 204, www.valley-house.com, im Nordwesten der Insel, Bett 9 €, Camping im Garten. Gebaut als Jagdhaus des Earl of Cavan, war das kleine Schloss später im Besitz von Agnes McDonald. Ein Angriff wütender Bauern, die das Haus niederbrannten und die Lady ins

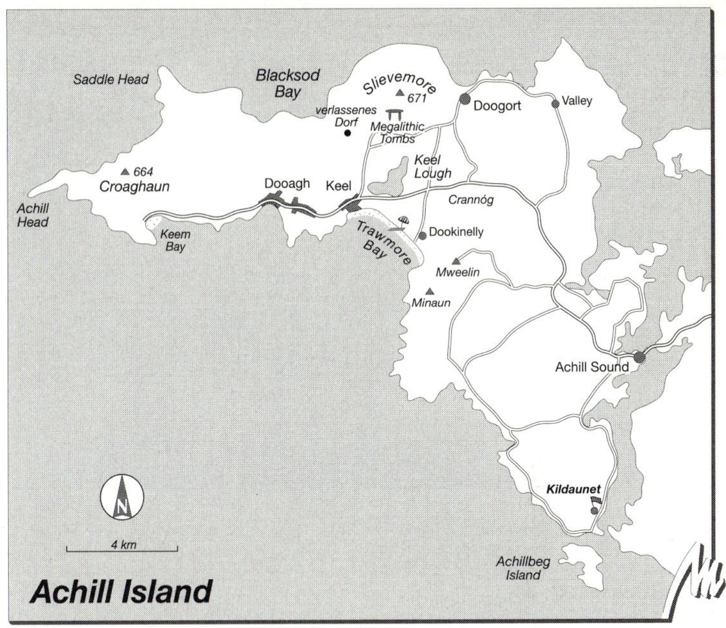

Der Westen
Karte Seite 412

Krankenhaus brachten, gab Synge Stoff für seinen "Playboy of the Western World". Das Haus und damit das Hostel ist in sehr schlechtem Zustand, für die von Bord Fáilte gewünschte Luxussanierung fehlt bislang der Investor. Verblichener Glanz und alte Möbel, ein verstimmtes Klavier, an der Bar trifft sich die Bevölkerung der Umgebung, auch Heinrich Böll ging hier ein und aus. Zum Repertoire der Videothek gehört ein Mitschnitt der ZDF-Reportage "Heinrich Bölls Irland".

• *Camping:* **Keel**, am Strand, Keel, ✆ 43 211, Juni–Sept., 2 Pers. mit Zelt 9 €. Der für irische Verhältnisse gut ausgestattete Platz liegt am Ortsrand hinter den Dünen.

Seal Caves, Doogort, ✆ 43 262, April–Sept., 2 Pers. mit Zelt 8 €. Das Meer liegt gleich auf der anderen Straßenseite.

Essen/Pubs

Für Selbstversorger gibt es in Achill Sound einen Supermarkt. Auch bei O'Malley's in Keel kann man sich mit Lebensmitteln eindecken. Wer auswärts essen und sich bedienen lassen möchte, sucht eines der Hotelrestaurants oder Pubs auf.

Boley's Restaurant, Doogort Rd., Keel, ✆ 43 147, nur Mai–Sept., das beste Lokal der Insel ist auf Fischgerichte spezialisiert.

O'Malley's, Dooagh, wird von den Einheimischen bevorzugt und ist auch im Winter geöffnet. Mit Bildern von Don Allum, der mit dem Ruderboot einen Ausflug nach Neufundland unternahm und auf dem Rückweg direkt vor dem Pub landete.

Aba Teangai House, Dooagh, Juni–Sept. tägl. 9–22.30 Uhr, ist gleichzeitig vegetarisches Restaurant und Galerie mit Werken einheimischer Künstler.

Beehive, Keel, Ostern bis Okt., tägl. 9.30–18.30 Uhr. Patricia und Michael Joyce führen diesem Craftshop mit Tagesrestaurant. Auf der Karte finden sich Kuchen, Sandwiches, Snacks wie etwa marinierte Muscheln und wechselnde Tellergerichte, dazu hausgemachtes Brot.

Clew Bay Bar, Dooagh, nur im Sommer. Für Stimmung sorgt die Hausband mit Tom Barron auf der Fiedel und Kieran O'Malley mit Blechflöte und Dudelsack.

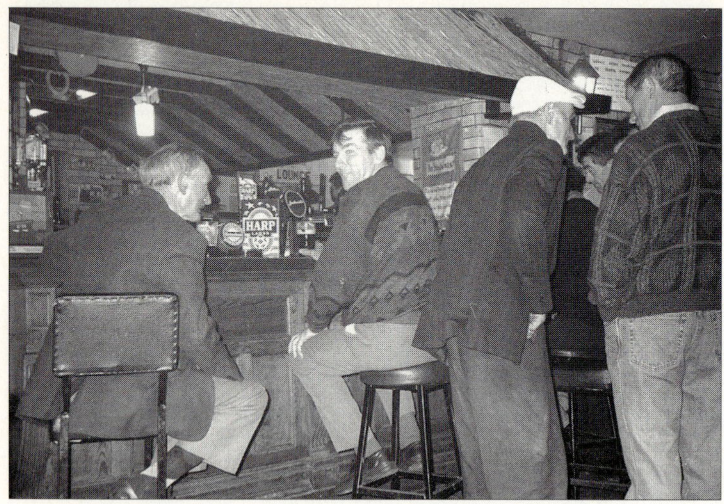

Wo man trinkt, da lass dich ruhig nieder

Sehenswertes

Seit dem Eisenbahnzeitalter ist die kleine Siedlung an der Brücke über den **Achill Sound** das wirtschaftliche Herz des Eilandes. Von hier führt die Panoramastraße **Atlantic Drive** um den Süden der Insel. In *Kildavnet* passiert man einen Wehrturm, den der Volksmund Grace O'Malley zuschreibt. Auf dem Friedhof des Weilers sind die Opfer der Schiffsunglücke bestattet, die sich immer wieder in den Stürmen der Clew Bay ereignen. **Achillbeg Island**, das im Süden vorgelagerte Inselchen, ist seit einiger Zeit im Sommer wieder bewohnt, nachdem sich Leute, denen es offenbar selbst auf Achill Island noch zu lebhaft ist, die verfallenen Cottages als Ferienhäuser ausgebaut haben. Die Straße zieht dann die Klippen hinauf und eröffnet über der **Ashleam Bay** einen weiten Blick über die Felsküste. Bei **Dooega** können sich Radler an einer Kiesbucht von den Anstrengungen erholen.

Nur sehr hartgesottenen Radfahrern sei der Aufstieg zum **Mweelin** (403 m) empfohlen, dem besten Aussichtspunkt der Insel. Wohingegen es mit dem Auto natürlich keine Mühe bereitet, die Teerstraße zu den Sendemasten hinauf zu fahren. Unmittelbar zu Füßen des Bergs liegen *Keel*, das zweitgrößte Dorf der Insel, und der kilometerlange Sandstrand der **Trawmore Bay**. Man vermutet, dass die Bucht noch im Mittelalter auch den **Keel Lough** umfasste – der Landstreifen mit dem Golfplatz, der heute den See vom Meer trennt, wäre demnach eine Aufspülung der jüngeren Zeit. Eine alte Green Road führt von **Dookinelly**, ein Stück landeinwärts vom Südende des Strands, diagonal den Hang des **Minaun** (463 m) hinauf, doch sollte diesen nicht ungefährlichen Weg nur begehen, wer etwas Bergerfahrung hat.

Das Monster von Scaheens Lough

Scaheens Lough passiert man auf der Hauptstraße (R 319) wenige Kilometer nach Achill Sound. Unwissende Fremde verweilen hier gelegentlich, suchen die Reste eines Crannog oder sollen in dem kleinen See sogar schon gebadet haben, Einheimische aber meiden den Ort, seit um 1970 im Wasser ein Monster gesichtet wurde, 3 m lang und 1 m hoch, der braun behaarte Körper ähnlich einem Greyhound und der Kopf nach Art eines Schafs, doch mit raubtierhaftem Maul und Gebiss. Alles ein Hirngespinst? Zwei Menschen, die einst dem Ungeheuer begegneten, sind noch am Leben, verbürgen sich für die Wahrhaftigkeit der Erscheinung und schwören, sie seien damals stocknüchtern gewesen. Außerdem gibt es da noch einen vergilbten Zeitungsartikel über das *Irish Lake Monster in Scaheens Lough*, und die Zeitung muss es ja wissen. Oder wars doch nur eine Ente?

Dooagh ist der Hauptort der Insel. Danach endet die Straße an der **Keem Bay**, einer intimen, von Felsen eingefassten Badebucht. Bis in die siebziger Jahre fingen die Fischer hier Haie, indem sie den Haien mit Netzen den Fluchtweg absperrten und sie dann harpunierten. Die Flossen wurden getrocknet und in den Fernen Osten exportiert. Ein aufgegebenes Dorf zieht sich am Fuß des **Slievemore** entlang. Heinrich Böll hat es im "Irischem Tagebuch" trefflich beschrieben und seinen Teil beigetragen, dass das Dorf heute an Sommertagen alles andere als verlassen ist. Schätzungsweise zehn- bis fünfzehntausend Neugierige stapfen jede Saison durch das **"Deserted Village"** und die in der Nachbarschaft ausgeschilderten Steinzeitgräber. Geht es nach den Plänen der Touristikmanager, wird das Ruinenfeld ein Visitor Centre bekommen und nur noch gegen Eintrittsgeld zu besuchen sein. Hoffen wir, dass dann wenigstens die Wege befestigt werden, damit man sich im Morast nicht länger nasse Füße holt.

Vom Pier in **Doogort**, dem größten Dorf an der Nordküste, schippern im Sommer Ausflugsboote hinüber zu den *Seal Caves*, Grotten, vor denen sich gerne die Robben von der Scholle mobben.

Wanderung Achill Head und Croaghaun: Der Fußweg von der Keem Bay zum Achill Head steigt zunächst südwärts auf die Klippe zur gut sichtbaren Marconi-Funkstation auf und hält sich dann auf dem Klippenkamm gen Nordwesten. Unten im Tal entdeckt man verlassene Hirten-Unterstände. Wendet man sich, statt den Einschnitt zum Achill Head zu queren, vor dem Steilabfall zur Nordküste nach rechts, kommt man hinüber zum nicht minder steilen Aufstieg auf den Croaghauen. Der direkte Abstieg zur Kem Bay verkürzt zwar die Strecke, ist aber nicht ungefährlich und keineswegs Energie sparend. Besser folgt man weiter dem Kamm, steigt zwischen **Lough Bunnafreeva West** (links) und **Lough Acorrymore** (rechts) in einem weiten Bogen ab und erreicht über einen Feldweg wieder die Küstenstraße und nach insgesamt 5 Stunden Keem Bay (Lesertipp Matthias Fabian).

Inishbiggle: kein Pub, kein Laden, keine Schule...

Die Freude war groß: Mit Patrick Michael Calvey, dem ersten Baby seit zehn Jahren, stieg die Einwohnerzahl um 1,5 % auf jetzt 73 Menschen. Doch sobald der kleine Patrick ins schulpflichtige Alter kommt, wird Inishbiggle wieder einen Menschen, wenn nicht gleich eine ganze Familie verlieren. Denn auf der Insel gibt es keine Schule mehr. Als Paddy Henry seine Lehrerstelle antrat, unterrichtete er 35 Kinder. Zuletzt, als er 1991 mit 70 in den wohlverdienten Ruhestand ging, waren es nur noch zwei.

Inishbiggle lebt in einem Teufelskreis. Weil es keine Schule gibt, keine Arbeit, keinen Laden und kein Pub, wandern die Jungen ab. Und weil die Jungen abwandern, gibt es keine Schule, keinen Laden und kein Pub. Dabei wäre der Teufelskreis leicht zu durchbrechen. Ein nur 300 m schmaler, per Boot in fünf Minuten zu überquerender Meeresarm trennt Inishbiggle von Achill Island, das ja durch eine Brücke mit dem Festland verbunden ist. Doch das *Bull's Mouth* hat es in sich: Zwei +Strömungen treffen hier aufeinander und erzeugen einen so gewaltigen Wirbel, dass die Fischerkähne allenfalls an 100 Tagen im Jahr die Überfahrt wagen können. Für eine richtige Fähre fehlt der Hafen und für eine Brücke das Geld.

Trotzdem wüssten die Leute von Inishbiggle eine pfiffige und zugleich preisgünstige Lösung. Mit einer Seilbahn wäre Bull's Mouth jederzeit sicher zu überwinden, und die Insel hätte obendrein eine Touristenattraktion. Eine französische Firma erklärte sich sogar bereit, das Material zu stiften, um ihre Kabelbahnen im Seeklima zu erproben. Nur die Baukosten, umgerechnet 375.000 Euro, hätte Dublin bezahlen oder der Europäischen Union abringen müssen. Politiker kamen, tranken Tee und schüttelten Hände, versprachen das Blaue vom Himmel – seither sind 15 Jahre vergangen, und nichts geschah. Als der Premierminister sich anlässlich einer Wahlkampagne in Castlebar aufhielt, unternahm Paddy Henry einen neuen Anlauf, auf das Problem der Insel aufmerksam zu machen. Doch der Herr war in Eile. Einen Besuch mochte er nicht zusagen. Er habe so wenig Zeit und wolle nichts versprechen, was er nicht halten könne. Aber er habe von der Seilbahn gelesen und sei sehr interessiert...

Erris

Mit nur etwa 10 Einwohnern pro Quadratkilometer (zum Vergleich: in Deutschland sind es 261) ist der Norden Mayos der Höhepunkt irischer Einsamkeit. Hier zwischen Lough Conn, der Nephin Beg Range und dem Meer fühlt man sich vollends am Ende der Welt. Kein Baum, kein Strauch, nur Moor, Moor und nochmals Moor.

Die einzigen Farbtupfer sind die Torfabbaugebiete, wo die gelbgrüne Vegetation abgetragen ist und der nackte, schwarzbraune Torf an die Oberfläche kommt. Bis auf ein paar Angler und Naturkundler verirren sich kaum Reisende nach Erris. Nur wenige können dem Natur-pur-Erlebnis etwas abgewinnen – man muss mit sich selbst und seinen Reisepartnern im Reinen sein, um in der offenen, gleichförmigen Landschaft nicht nur Langeweile oder gar Angst zu empfinden. Wer trampen will, muss sich auf lange Wartezeiten gefasst machen, denn es sind nur wenige Autos unterwegs.

Information/Verbindungen/Angeln

- *Telefonvorwahl:* 097.
- *Information:* **Iorras Domhnann Office**, Barrack St., **Belmullet**, ✆ 81 500, Juli/Aug. tägl. 10–19 Uhr, sonst Mo–Fr 10–17.30 Uhr. Liegt es dran, dass hier nur selten Reisende vorbeikommen? Das Büro war kompetent, nahm sich Zeit und scheute sich nicht, bei schwierigen Fragen per Telefon Auskunft einzuholen. Dankeschön! http://belmullet.mayo-ireland.ie.
- *Verbindung:* **Busse** von Ballina über Bangor nach Belmullet, Auskunft (096) 71 800. Die privaten McNultry Coaches, ✆ 81 086, verbinden Belmullet über Bangor mit Westport und Galway, McGrath (✆ 87 842) fährt von Ballina nach Belmullet.
- *Angeln:* **Northwestern Fishery Board**, Ballina, ✆ (096) 22 788. Die Fischereiaufsicht weiß, wer wann wo was fischen darf und wer die Angelscheine verkauft.

▸ **Bangor Erris:** Der Verkehrsknotenpunkt an der Brücke über den Owenmore ist gerade mal eine Straßenzeile mit einer Kirche, vier Pubs und einigen Läden. Hier endet der von Newport kommende **Bangor Trail**. Auch für Kinder ein Erlebnis ist die Fahrt mit dem **Bellacorick Bog Train**. Im Sommer rattert die Kleinbahn der Torfgesellschaft, die sonst den Brennstoff ins Kraftwerk bringt, dreimal täglich mit Besuchern durch den Blanket Bog. Unterwegs erfolgt auch die Besichtigung von Irlands größtem Windenergiepark. Niall O'Neill's *Stratified Sheep*, eine Gruppe in Stein gehauener Schafe neben der Bellanaboy Bridge etwa auf halbem Weg (Kreuzung mit R 314) zwischen Bangor und Pollatomish, sind das schönste Denkmal des Sculpture Trail.

Der Westen
Karte Seite 412

North Mayo Sculpture Trail

1993 feierte Erris "5000 Jahre ländliche Kultur", ein etwas willkürlich gesetztes Jubiläum der in den Céide Fields gefundenen Spuren früher Ackerbauern. Als bleibendes Ergebnis des Festes war der *North Mayo Sculpture Trail* gedacht, 15 an verschiedenen Plätzen der Region installierte Skulpturen. Sie sollen die nächsten 5000 Jahre überdauern und den Menschen der Zukunft etwas über unsere Kultur erzählen, wie es uns die Feldmauern der Céide Fields taten.

Für Reisende der Gegenwart ist die Freilichtkunst offenbar nicht gedacht. Weil es statt einer vernünftigen Karte nur eine vage Beschreibung zu den Standorten der einzelnen Objekte gibt, gleicht die Suche nach der Kunst einer Schnitzeljagd. Zumal man in Mayos freier Natur nicht an jeder Ecke einen Menschen trifft, den man fragen könnte. Nicht immer sind wir fündig geworden. Ist die Parallele zur mühsamen Arbeit der Archäologen gewollt? Oder ging den Kulturverantwortlichen einfach das Geld aus, bevor sie das Heftchen über den Sculpture Trail drucken konnten? Eine Beschreibung findet sich immerhin im Internet (www.mayo-ireland.ie/Mayo/Town/Ballina/TirSaile.htm).

• *Abfahrtszeiten* des **Bellacorick Bog Train:** Mitte Juli bis Mitte Aug. tägl. 10.30, 12, 15 Uhr.

• *Geführte Touren:* Führungen durch das Moor mit der privaten **Ennis Tourist Organisation**, Belmullet, ✆ 82 292.

• *Übernachten:* **B&B Hillcrest**, Main St., ✆ 83 494, DZ 50 €. Ein gastfreundlicher Bungalow schräg gegenüber der Tankstelle, die Hausherrin empfängt ihre Gäste mit selbstgebackenem Kuchen.

• *Pub/Angeln:* In Bangor treffen sich die Angler im **Westend Pub**, das auch die Permits verkauft.

▸ **Mullet-Halbinsel:** Das 1825 vom örtlichen Grundherren William Carter schachbrettförmig angelegte Städtchen **Belmullet** liegt am Eingang der 33 km langen und an ihrer schmalsten Stelle gerade 400 m breiten Halbinsel. Die Ostküste bietet mit **Elly Bay** und **Mullaghroe Beach** zwei relativ windgeschützte Badestrände, auch der **Annagh Beach** kann sich sehen lassen. Etwas südlich der Linie von Belmullet zum **Doonamo Fort**, einem keltischen Ringfort, bewegt man sich auf einer der geologisch ältesten Formationen Irlands. Der mit weißen und rosafarbenen Streifen durchzogene Granit entstand vor rund einer Milliarde Jahren. Ob Naturkunde, Folklore, die Geschichte des Lokalheiligen St. Deirbhile, oder weitere bescheidene Sehenswürdigkeiten: Von alledem erfährt man im **Ioand Deirbhile Heritage Centre** von Aughleam im Süden der Halbinsel.

• *Bootsausflüge:* Die **Geraghtys**, ✆ 85 741, schippern mit der "Ave Maria" vom Blacksod Point auf die Inniskea Inseln.

• *Fahrradverleih:* **Walsh** (Raleigh), Chapel St., Belmullet, ✆ 82 260.

• *Öffnungszeiten* des **Heritage Centre:** Mai–Sept. Mo–Fr 10–18 Uhr, Sa/so 10–20 Uhr, Eintritt 2,50.

• *Übernachten:* * **Western Strands Hotel**, Main St., Belmullet, ✆/📠 81 096, DZ 45 €. Das einzige Hotel im Dorf muss sich mangels Konkurrenz keine sonderliche Mühe geben. Die Zimmer, großteils nur mit Etagenbad, sind verblichen und abgewohnt, der Preis allerdings unverschämt günstig. Auch das Restaurant serviert gewaltige Portionen zu lächerlichen Preisen.

B&B Highdrift, Anne Reilly, Ballina Rd., Belmullet, ✆ 81 260, April–Okt., DZ 50 €. Ein Bungalow etwa 1 km außerhalb mit schönem Blick über die Bucht, in der Lounge knistert das Torffeuer im Kamin.

B&B Ceo na Mara, Clogher, ✆ 85 685, 17 km von Belmullet am Südende der Mullet-Halbinsel, DZ 50 €. Ein Bauernhof 10 Gehminuten vom Strand "in the middle of nowhere" mit Blick über die Blacksod Bay.

• *Essen:* **The Appetizer**, Main St., Belmullet, Mo–Sa bis 17 Uhr. Ansprechender Coffeeshop mit einfachen Gerichten (Sandwiches, Salate, u.ä.).

• *Pubs:* Die **Anchor Bar**, Barrack St., Belmullet, führt ein Logbuch über Vogelbeobachtungen auf der Halbinsel.

Lavelle's Pub, Main St., Belmullet, ist der Treff der Schwulenszene von Mayo.

▸ **Inishkea Islands:** Vom **Blacksod Point**, dem winzigen Landungssteg an der klippenumsäumten Südspitze Mullets, werden Ausflüge auf die vor zwei Generationen von den letzten Bewohnern verlassenen Inseln vor der Küste angeboten. Mit Glück entdeckt man Wale im Wasser, auf den Felsen aalen sich die Robben. Die beiden Inishkeas sind ein Vogelparadies. Auf North Inishkea, das von drei großen Dünen beherrscht wird, hat man die Reste eines frühmittelalterlichen Klosters freigelegt. Ungewöhnlich ist das Relief einer Kreuzigungsszene auf einem Grabstein.

▸ **Dún Chaocháin:** Die sturmverwehte Halbinsel an der Nordspitze Mayos ist auf dem Papier noch eine Gaeltacht, doch die wenigen jungen Leute, die hier noch leben, sprechen auch im Alltag überwiegend Englisch. Im Feld neben der Schule von **Carrowteige**, dem zentralen Dorf von Dún Chaochaín, liegt das recht abstrakt geratene *Dún Caocháin's Head*. Das Steinkunstwerk des Sculpture Trail bezieht sich auf die Sage eines einäugigen Riesen, nach dem die Halbinsel benannt wurde, und ist auch von der Küstenstraße bei Pollatomish gut zu sehen. Als alter Brauch hat sich in Carrowteige die gemeinschaftliche Bewirtschaftung des Bodens erhalten. Zum Vorteil der Wanderer sind Äcker und Weiden hier ausnahmsweise nicht durch Zäune abgetrennt. Ein Wanderweg führt zum Aussichtspunkt **Benwee Head**, eine einsame Alternative zu den überlaufenen Cliffs of Moher, und weiter am Klippenrand über **Portacloy** nach **Porturlin**, zwei kleine Fischerhäfen. Vor der Küste ragen die sieben Felsnadeln **Stags of Broadhaven** aus dem Meer.

• *Einkaufen:* Die **Knitting Factory** in Carrowteige, eine winzige Strickwarenfabrik, verkauft Pullover ab Werk.

• *Fähre:* **Roy Corduff**, ✆ 88 856, setzt auf Anruf hin mit seiner Fähre Personen und Fahrräder über die Sruwaddacon Bay zwischen Pollatomish und Rossport.

• *Übernachten:* **B&B Stag View**, Freeda O'Malley, Portacloy, ✆ 88 853, DZ 50 €. Eines der wenigen B&Bs in der Gegend wird vor allem von Tauchern besucht.

Hostel Kilcommon Lodge (IHH/IHI), Pollatomish, ✆ 84 621, Bett 8–9 €. Das Hostel wird von einem deutschen Paar geführt. Die Zimmer, überwiegend mit vier Betten, sind mit Geschmack eingerichtet und zeigen, dass Einfachheit nicht zwangsläufig Verzicht auf Ästhetik bedeutet. Nur wenige Durchreisende, sondern Stammgäste, die wenigstens eine Woche bleiben. Gemütliche Lounge mit Torffeuer, Büchern und Spielen, kein TV. Für Hausgäste wird auf Bestellung gekocht, das Gemüse kommt aus dem eigenen Garten.

Old Rectory Hostel, Pollatomish, ✆ 84 115, homepage.eircom.net/~oldrectoryhh, Bett ab 10 €, DZ 40 €. Die frühere Jugendherberge wird nach einer gründlichen Renovierung jetzt privat geführt. Gemütliches Kaminfeuer, Speisesaal mit Meerblick.

• *Essen:* Läden gibt es in Porturlin und Carrowteige.

• *Pub:* Bei **Denny's**, Rossport, treffen sich Dienstag abends die Musikenthusiasten der Gegend zur Session.

▸ **Von Porturlin nach Belderrig:** Als Tagestour kann man von Porturlin auch die Küste ostwärts bis Belderrig (14 km) laufen, ein stetes Auf und Ab zwischen Meeresniveau und den Hängen des **Glinsk** (305 m). Unter dem Gipfel stehen noch die Reste eines 1806 erbauten Wachturms, aus dem die Briten nach feindlichen Geschwadern Ausschau hielten. Bei gutem Wetter reicht der Blick über kleine Inselchen bis nach Donegal.

Wanderführer: **Dún Caocháin Walks**, herausgegeben von der lokalen Kooperative.

Kein Baum, kein Strauch

In der Zeit des Großen Hungers wanderten auch viele Menschen aus Dún Chaochaín auf Nahrungssuche ins Landesinnere. Dort trafen sie auf fürchterliche Riesen, die sich stumm und reglos in die Erde krallten. Manch einer, so die Überlieferung, machte vor Schrecken kehrt – die Leute aus dem kargen Dún Chaochaín hatten noch nie zuvor einen Baum gesehen.

Céide Fields

Mitten in der einsamen Moorlandschaft Nordmayos versteckt sich der flächenmäßig größte Steinzeitfundort Europas. Über 15 qkm erstrecken sich Feldmauern, Steinhütten und Gräber, von denen bisher nur ein Bruchteil freigelegt wurde.

Westlich von Ballycastle entdeckten Torfstecher in den dreißiger Jahren zufällig auf dem Grund des Moors die Reste einer Mauer. Patrick Caulfield, der Lehrer von Belderrig, benachrichtigte damals das Nationalmuseum. Heute leitet sein Sohn Seamus, Professor am Dubliner University College, die Ausgrabung. Viehzüchter rodeten hier vor 5000 Jahren den Wald und legten Weiden an. Zeitweilig lebten wohl 300 Menschen auf den Céide Fields, auf denen es damals etwa zwei Grad wärmer war als heute. Die ökologische Katastrophe, die das Land versumpfen und zu Moor werden ließ, haben sie selbst mit verursacht, denn nur der Wald und nicht der Boden konnte die gewaltigen Regenmengen absorbieren, die hier niedergingen.

Vor rund 3500 Jahren haben Menschen sich nochmals die Mühe gemacht, den Sumpf zu entwässern. Sie waren Ackerbauern, die Weizen und Gerste anbauten und die Kupfervorkommen auf Horse Island ausbeuteten. Ihre Spuren fand man auf der **Belderrig Prehistoric Farm**, einem kreisrunden Haus mit einem Dreschplatz.

Ein Bilderbuch der Erdgeschichte...

Wer beispielsweise in *Belderrig* einen Abstecher ans Meer hinunter macht, trifft auf "metamorphes", also durch Hitze und hohen Druck im Erdinneren gefaltetes und verworfenes Gestein. Auf der Ostseite der Bucht ist irgendwann in der Vorzeit schwarzer Basalt aus der Tiefe hervorgequollen und schließlich erkaltet. Kurz vor den Céide Fields passiert man die Bruchlinie, östlich derer das Gestein in beinahe waagrechten Schichten liegt. Dieses Phänomen lässt sich sehr schön in der Bucht vor dem Visitors' Centre beobachten. Mühelos kann man die wechselnden Schichten aus (dunklem) Ton und (hellerem) Sandstein unterscheiden. Diese Gesteine, die mit 350 Millionen Jahren nur etwa halb so alt sind wie jene bei Belderrig, wurden von einem warmen Ozean abgelagert. Dessen Küste muss sich mehrmals geändert haben, denn die Sandsteinschichten sind das, was die Zeit aus einem Sandstrand formt, während die Tonschichten sich aus den feinen Sedimenten am Grund des Meeres bilden. Am Downpatrick Head kann man auf der obersten Schicht dieser Ablagerungen spazieren und erleben, wie das Meer heute den "steinernen Blätterteig" unterspült und schließlich zum Einsturz bringt.

Gerade in den Céide Fields, deren Steine dem archäologisch ungebildeten Laien nichtssagend erscheinen, ist man dankbar für eine vermittelnde Ausstellung. Denn ohne diese stellen die Mauern im Moor bestenfalls unsere gewöhnliche

Vorstellung von "Entwicklung" auf den Kopf: Hier hat sich nicht der Mensch die Natur angeeignet und eine Wildnis (früher) zu Kulturland (heute) gemacht, sondern die Natur das Kulturland angeeignet. Das **Céide Fields Visitors' Centre** erklärt die damals noch natürlichen, nicht vom Menschen verursachten Klimaveränderungen mit Schwankungen von Erdachse und -neigung sowie dem zyklischen Wechsel unseres Planeten zwischen kreisförmiger und elliptischer Umlaufbahn um die Sonne. Einen weiteren Schwerpunkt bildet die Entstehung des Moors. Im Sommer gibt es Führungen durch die Ausgrabungen, an kalten Tagen begnügt man sich mit einem Blick vom Aussichtspavillon unter dem Dach. Auch das Video fehlt nicht, und einmal spricht sogar eine weibliche Stimme den Begleittext – sonst sind die Filme der Besucherzentren eine Domäne für männliche Sprecher.

Das einer Pyramide nachempfundene Gebäude aus Holz, Stahl und Glas mit aufgesetzter Lichtkuppel liefert den Beweis, dass sich moderne Architektur in die Landschaft fügen kann und nicht unbedingt aussehen muss wie das krankenhausähnliche Blasket Centre bei Dingle. Zusammen mit dem langen, schnurgeraden Aufweg, der im Gebäude in einem spiralförmigen Rundgang mündet, ergibt sich eine Architektur der einfachen geometrischen Formen. Für Galilei waren diese der Schlüssel zum Verständnis des Universums, und religiöse Menschen mögen hier den Zyklus aus Leben, Tod und Auferstehung erkennen. Nicht jedem Besucher mag die so einfache wie raffinierte Symbolik der Anlage auf Anhieb deutlich werden; doch mit dem Appell an die in unserem Unterbewusstsein verankerten Archetypen schafft die Architektur hier eine Atmosphäre, der man sich kaum entziehen kann und die auch das Erlebnis der Ausstellung maßgeblich bestimmt.

- *Telefonvorwahl:* 096.
- *Verbindung:* Die von Ballina kommende Buslinie endet in Ballycastle.
- *Öffnungszeiten* des **Céide Fields Visitors' Centre:** Mitte März–Mai und Okt. tägl. 10–13, 14–17 Uhr, Juni–Sept. tägl. 9.30–18.30 Uhr; Eintritt 3 €.
- *Übernachten:* **B&B Yellow Rose,** Eileen McHale, Belderrig, ✆ 43 125, DZ 45 €. **Hawthorns**, Carmel Murphy, Belderrig, beim Landungssteg, ✆ 43 148, DZ 50 €.

Der Westen Karte Seite 412

▸ **Ballycastle/Downpatrick Head:** Sobald man den Ballinglen River überschreitet, wird deutlich, warum es hier wieder ein richtiges Dorf gibt. Der Sumpf endet abrupt und wird durch ein fettes Ackerland abgelöst. Damit gehört Ballycastle auch streng genommen nicht mehr zu Erris. Sehenswert sind die Klippen von Downpatrick Head, eine gute Fußstunde nordöstlich des Dorfes. Auf einem schmalen Fahrweg kann man auch mit dem Auto bis fast an die Klippen fahren. Die Brandung hat Höhlen und Tunnel ausgespült, an einigen Stellen klafft mitten auf der Wiese ein Loch, tief unten gurgelt das Wasser. 1798 warfen die Briten hier Rebellen in den Abgrund. **Dun Briste**, der Felsen draußen im Meer, war bis 1393 mit Irland verbunden. Die dort zurückgebliebenen Menschen mussten mit Seilen und Booten gerettet werden. Für das Kunstwerk des Sculpture Trail, zwei gegenüber gestellte Steinformationen, die als *Battling Forces* den Kampf der Elemente symbolisieren, gäbe es hier kein besseres Thema. Bei Sturm kommt man nur mit äußerster Kraft an den Steilabbruch – die Seevögel haben es leichter und warten unten in den

Grotten, bis das Unwetter abgeklungen ist. Ein Beobachtungsposten aus dem letzten Weltkrieg gewährt Schutz vor dem beißenden Wind. Moderne Kunst bringt auch die *Ballinglen Arts Foundation* nach Ballycastle. Zwei Galeristen aus den USA haben sich im Dorf niedergelassen und laden jeden Sommer einige Künstler ein, die als Dankeschön für dieses Stipendium eines ihrer in Ballycastle geschaffenen Werke stiften. Diese sind im alten Schulhaus und im Gerichtssaal ausgestellt.

• *Telefonvorwahl:* 096.

• *Information:* In einem Caravan an der Dorfstraße, ✆ 43 256, Juli/Aug. Mo–Sa 10–13, 14–17 Uhr, So 13–17 Uhr, mit einem Video zu den Céide Fields. www.mayo.local.ie/ballycastle.

• *Verbindung:* Busse von Ballina über Killala.

Killala

"Ahs" und "Ohs" wegen der Aussicht über den Fjord. Killala, das vor langer Zeit sogar einen eigenen Bischof hatte, war bis ins 19. Jh. der wichtigste Hafen im Norden Mayos. Hier landete im August 1798 die französische Invasionstruppe unter General Humbert, um die irischen Freischärler gegen die Engländer zu unterstützen. Vor dem Kerryman's Inn sind die zwei Steine ausgestellt, worauf er seine Füße gesetzt, also wo der erste Kontakt mit irischem Boden stattgefunden haben soll. Doch die Truppe war zu klein, der erhoffte Massenaufstand der irischen Bauern blieb aus, und nach wenigen Wochen wurden die Franzosen vernichtend geschlagen. Immerhin wurde die Episode und damit auch Killala mehrfach literarisch verarbeit, und irgendwann in den 80er Jahren sogar am Originalschauplatz verfilmt.

Wahrzeichen Killalas ist der **Rundturm** des von einem Schüler St. Patricks gegründeten Klosters. Die von einem Blitzschlag zerstörte Spitze wurde kürzlich rekonstruiert. Die Kunst am Pier hinter dem Coastguard House vermag weniger zu überzeugen. Der **Inter Communications Park** mit Steinen in einem Rondell steht wohl für ins Gespräch vertiefte Menschen. Außerhalb Richtung Ballina ruhen die zerfallenen Franziskanerklöster **Moyne** und **Rosserk**. Beide wurden im 16. Jh. von den Protestanten niedergebrannt. Rosserk, einigermaßen erhalten, liegt besonders schön direkt am Wasser. Die Halbreliefs zweier Engel und eines Löwen bewachen das in die Wand eingelassene Taufbecken.

• *Telefonvorwahl:* 096.

• *Information:* Community Centre, am Ortsausgang gen Ballina, Mo–Sa 9.30–17.30 Uhr, ✆ 32 166.

• *Verbindung:* Busse von Ballina.

• *Literatur:* Historisch Interessierte lesen zur French Connection die **"Narratives"** von Bishop Stock, der als protestantischer Bischof von Killala seinerzeit von den Franzosen interniert wurde. Der amerikanische Ire Thomas Flanagan hat den Stoff zu einem dickleibigen Schmöker **"The Years of the French"** verarbeitet.

• *Übernachten:* **B&B Avondale House**, Pier Rd., ✆ 32 229, DZ 50 €. Ein Bungalow mit gepflegtem Garten unten an der Bucht. Von den Zimmern im Obergeschoss schöner Blick aufs Meer.

B&B Beach View House, Mary O'Hara, Ross, ✆ 32 023, DZ 50 €. Ein Bungalow 3 km nördlich der Stadt nahe dem Meer.

B&B Meelick, Tony Moran, Balina Rd., ✆ 32 164, DZ 50 €. Der Hausherr ist Bootsbauer – auch Sie könnten von ihm sicher einiges lernen.

• *Essen/Pub:* **Anchor Inn**, im Zentrum, serviert Pubfood und ist am Sa'abend Treffpunkt der örtlichen Musikanten.

Ballina

In der mit 8000 Einwohnern größten Stadt des Countys dreht sich alles ums Angeln. Aus dem River Moy kommen die fettesten Lachse, während der Lough Conn für seine Forellen berühmt ist.

Höhepunkt des Anglerfests in der 2. Juliwoche ist der *Heritage Day*, an dem 40.000 Mensch nach Ballina kommen, um mit Tanz, Feuerwerk, Umzügen und volkstümlichen Spektakeln wie Schweinefangen und Eselskarren-Rennen ausgelassen zu feiern. Doch wenn es so weitergeht, wird man eines Tages am Anglerfest keine Lachse mehr angeln können. Seit die Jagd auf Robben verboten ist, wächst ihr Bestand in der Killala Bay, und die possierlichen Tiere verspeisen immer mehr Lachse, die auf dem Weg in ihre Laichgründe sind. Von denen, die es bis in den Moy schaffen, landen jährlich über 10.000 in den Netzen des Fischereiministeriums – unter dem Strich bringt das dem Staat für jeden Lachs 30 Cent. Umweltschützer wie die Touristikbranche befürchten, dass es sich bald nicht mehr lohnen wird, mit der Angel auf Fang zu gehen. Für Ballina wäre das Ausbleiben der Hobbyfischer ein schwerer Schlag, denn außer dem Fisch gibt es wenig Gründe, hier länger als eine Nacht zu bleiben. Die kunsthistorischen Sehenswürdigkeiten, wenn man sie so nennen will, beschränken sich auf ein Denkmal des General Humbert und die Ruine des Augustinerklosters Ardaree. Berühmteste Tochter der Stadt ist die frühere Präsidentin Mary Robinson.

Information/Verbindungen/Diverses

- *Telefonvorwahl:* 096.
- *Information:* Cathedral St., ✆ 70 848, Ostern–Sept. Mo–Sa 10–17.30 Uhr.
- *Verbindung:* Gute **Busverbindungen** (Auskunft ✆ 71 800) nach Athlone–Dublin, Galway–Cork, Sligo und in die Region nach Westport–Achill Island, Ballycastle und Belmullet. Mit der Staatslinie Bus Eireann konkurriert die preiswerte Privatlinie Treacy's (✆ 70 968, nach Sligo und am Wochenende nach Galway). **Züge** nach Dublin (Auskunft ✆ 098/25 253).
- *Angeln:* Über Fischgründe, Angelscheine usw. gibt es ein Informationsblatt vom **Northwestern Fisheries Board**, Ardnaree House, Abbey Rd., ✆ 22 788.
- *Fahrradverleih:* **Gerry's**, Crossmolina Rd., ✆ 70 455. Ist geschlossen, bleibt als Alternative der **Cycling Club** im American House, Station Rd., ✆ 21 350.
- *Feste:* **Ballina Salmon Festival**, Mitte Juli. Höhepunkt des Stadtfestes ist der Heritage Day, an dem mit alten Kleidern und Oldtimern die Atmosphäre der "guten alten Zeit" heraufbeschworen wird. Nur die Bierpreise bleiben auf dem Stand unserer Tage.

Der Westen
Karte Seite 412

Übernachten/Camping/Essen

*** **Mount Falcon Castle**, Foxford Rd., ✆/📠 21 172, DZ 150 €. Das exzentrische Schlösschen mit gerade 10 Zimmern liegt in einem Park 5 km außerhalb (von der Foxford Rd. ausgeschildert). Halle und Restaurant mit alten Massivmöbeln, die Einrichtung der Zimmer wirkt eher bieder. Das 1876 gebaute Haus hat eigene Fischereirechte.

** **Deanwood Hotel**, Bury St., ✆ 21 655, 📠 21 028, DZ 90 €. Das kürzlich renovierte Haus liegt nur wenige Schritte von Bahnhof und Busstation. Alle Zimmer mit eigenem Bad, familiäre Atmosphäre.

Einige **B&B** finden sich an der Foxford Rd., z.B. **Rocks**, ✆ 22 140, DZ 50–60 €, ein zweistöckiger Backsteinbau mit 6 Fremdenzimmern und schönem Garten.

- *Camping:* **Beelek**, Killala Rd. km 3, Juni–Okt., ✆ 71 533, mit TV-Room, Zelt mit 2 Pers. 6 €.

• *Essen:* **Padraic's**, Tone St., ✆ 22 383, So Ruhetag. Außer Lachs (gegrillt 11 €), auf den in Balina kein Restaurant verzichten kann, gibt es hier auch Forelle (10 €) und die irland-üblichen Fleischgerichte.

Tullios, Pearse St. Ein weiteres gutbürgerliches Lokal im Stadtzentrum, mit Gummibaumgemütlichkeit und bunten Glasfenstern.

Gaughan's, O'Rahilly St., gemütliches Pub mit wechselnden Tagesgerichten (warme Küche Mo–Fr 11–16 Uhr).

Ballina/Umgebung

▸ **Foxford:** Im **Lough Conn** und **Lough Cullin** hat der Forellentod nicht die Gestalt kleiner Parasiten, wie sie andernorts in den zu dicht besetzten Lachsfarmen entstehen und dann auf die freilebenden Fische übersiedeln. Hier hat der Tod zwei Beine und bedient sich einer Rute mit Schnur, Haken und Köder. Schon in aller Frühe treffen sich die Petrijünger in Foxford und Pontoon bei *Tiernan Brother's Angling Centre* oder am Tresen der *Angler's Bar* und schmieden finstre Pläne, wie und wo sie den Fischen am besten zu Leibe rücken. Wer sich nicht auskennt, mietet für rund 50 € einen "Ghillie", der Anfängern zeigt, wie man's macht.

Wer mit Fisch nichts im Sinn hat, mag sich statt dessen für das Industriemuseum der **Foxford Woolen Mills** interessieren. Die Fabrik, die heute Wollstoffe höchster Qualität für die Top-Modehäuser der Welt webt, wurde 1892 von einer Nonne zusammen mit einem protestantischen Weber aus Tyrone gegründet und galt damals als vorbildlich in Sachen Arbeitsschutz und Sozialeinrichtungen. Bis Ende der 60er Jahre waren die "Sisters of Charity" mit ihrem Kloster, der Weberei und verschiedenen anderen Betrieben der wichtigste Arbeitgeber im Ort. Um so größer war der Schock, als die Schwestern 1987 Konkurs anmelden mussten. Inzwischen haben Privatleute, darunter langjährige Mitarbeiter, den Betrieb übernommen, mit erheblich verkleinerter Belegschaft einen Neuanfang gewagt und die Produktion von der Massenware, vor allem Wolldecken, auf hochwertigen Tweed umgestellt. Eine Multivisionsshow erzählt die Geschichte der Fabrik, anschließend wird man durch den Betrieb geführt, und natürlich gibt es auch Gelegenheit, die Stoffe, deren Entstehen man gerade gesehen hat, nebst anderen Souvenirs im Shop zu kaufen. Die Galerie mit wechselnden Ausstellungen und der *Old Mill Coffeeshop* runden den Besuch ab.

• *Telefonvorwahl:* 094.

• *Verbindung:* **Busse** von Ballina und Castlebar, **Bahnhalt** an der Strecke nach Ballina.

• *Öffnungszeiten* der **Foxford Woolen Mills:** Mo–Sa 10–18, So 14–18 Uhr, Führungen alle 20 Min., Eintritt 4 €.

Der Nordwesten

So abgegriffen der Begriff einer "unverdorbenen" Landschaft auch klingen mag, von allen Regionen Irlands trifft er am besten auf den Nordwesten des Landes zu: Sligo, Leitrim und das raue Donegal, "Irisch-Alaska" wie es die Amerikaner nennen.

Besonders Donegal, das historisch zur Provinz Ulster gehört, ist ein Land voller Gegensätze: Dicht besiedelte Küstenebenen treffen auf raue, im Winter schneebedeckte Berge, eine große Gaeltacht auf die Nachfahren schottisch-protestantischer Siedler. Sanfte Konturen und prägnante Tafelberge bestimmen die Landschaft Sligos, ein Land voller Mythen und Geheimnisse, das den Nobelpreisträger William Butler Yeats zu zahlreichen bewegenden Gedichten inspirierte. Nicht zu vergessen die einsamen Gebirge im Nordwesten Leitrims, in denen man kaum einem Wanderer begegnet.

Obwohl der Nordwesten näher an Dublin liegt als Cork oder Kerry, finden die großen Tourbusse nur selten den Weg hierher. Die Reisenden sind außer Badeurlaubern aus Nordirland vor allem Individualisten, die Naturerlebnis und Einsamkeit suchen: Angler, Wanderer, Hobbyarchäologen, Fans der Volksmusik und Intellektuelle auf den Spuren der irischen Literatur, die alle recht genau wissen, was sie herführt, und nicht zum ersten Mal auf der Grünen Insel sind.

Karte Seite 510/511

County Sligo

Zwischen dem Sumpfland Mayo und den Küstengebirgen des Donegal bietet Sligo ein sanftes Zwischenspiel mit seinen Seen und grünen Hügeln. William Butler Yeats, Irlands angesehenster Dichter, hat die Landschaft und besonders den Himmel über Sligo in vielen Versen festgehalten.

Eingeschworene Yeatsianer können quasi den Gedichtband als Reiseführer zu den bezauberndsten Flecken der Grafschaft benutzen. Und obwohl Sligo es an Schönheit durchaus mit Killarney aufnehmen kann, ist es in punkto Fremdenverkehr ein Nachzügler. Lange hat man anderen Regionen den Vortritt gelassen und sich damit manche Fehlentwicklung erspart. Erst in jüngster Zeit versuchen die alteingessenen Familien, die hier noch stärker als anderswo das Sagen haben, Versäumtes nachzuholen und nicht nur Bildungsreisende für "ihr" County zu begeistern.

Als Ausgangsbasis für die Entdeckung des Countys bietet sich *Sligo Town* an, die größte Stadt im Nordwesten der Republik. In bequemen Tagesausflügen lassen sich mit dem Rad die Gestade des *Lough Gill* und des *Glencar Lake* umrunden, auch die Halbinseln *Rosses Point* und *Strandhill* auf beiden Seiten der Sligo-Bucht laden ein. Der markante *Knocknarea* (350 m), der Hausberg Sligos, ist bei schönem

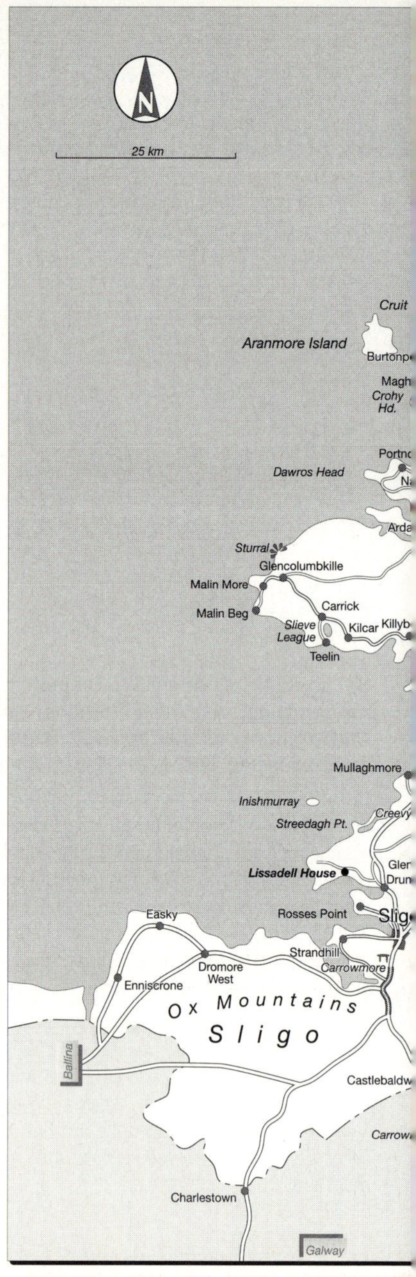

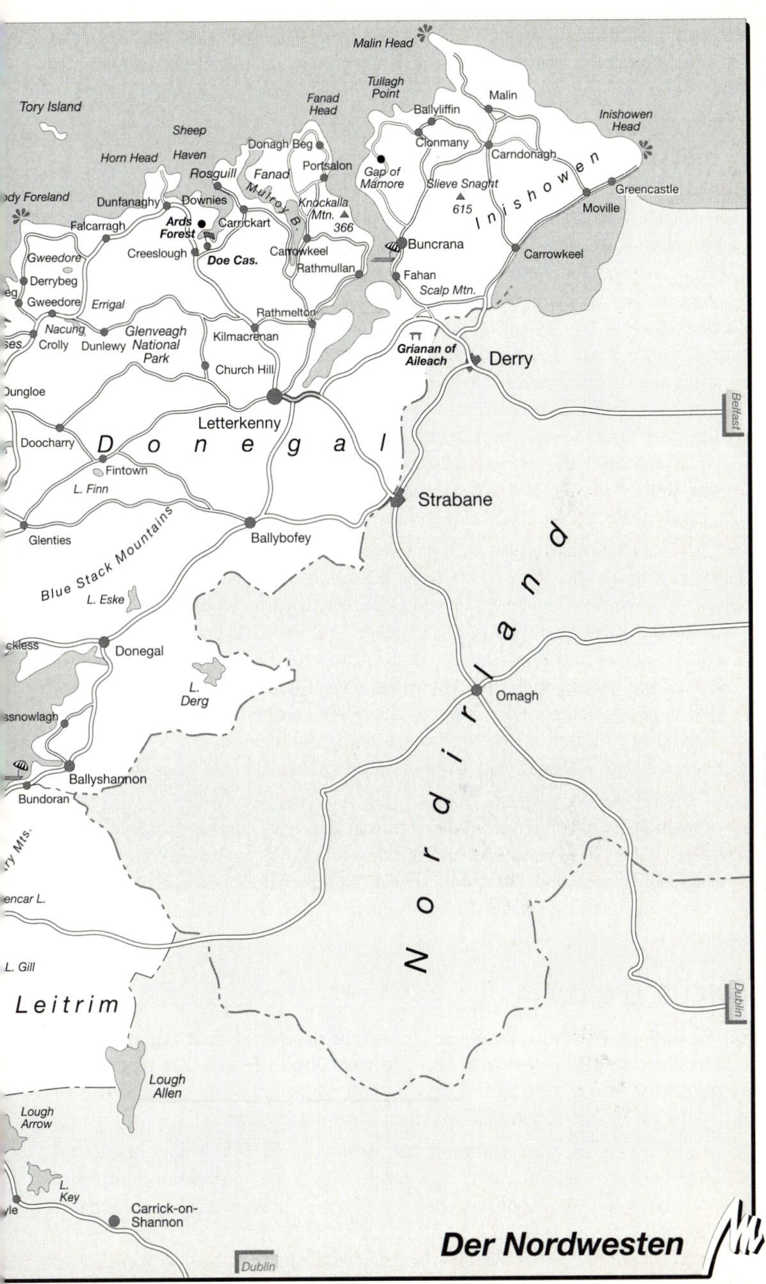

Der Nordwesten
Karte Seite 510/511

Wetter ein herrlicher Aussichtspunkt, der Tafelberg *Benbulbin* (540 m) bietet sich für anspruchsvollere Wanderungen an. Hobbyarchäologen besuchen *Creevykeel*, das am besten erhaltene Hofgrab aus Irlands Steinzeit, das Gräberfeld *Carrowmore* und den *Cairn der Maeve*, Irlands sagenhafter Königin.

Yeats County

Obwohl *William Butler Yeats*, Irlands berühmtester Dichter, den größten Teil seines Lebens (1865–1939) in Dublin, London und zuletzt auf dem Kontinent verbrachte, ist sein literarisches Schaffen eng mit Sligo verbunden. Ein Großvater war Pfarrer in Drumcliff, und die Pollexfens, Vorfahren mütterlicherseits, waren eine alteingesessene Kaufmannsfamilie in Sligo, bei denen der junge Yeats gewöhnlich die Sommermonate verbrachte. Die Magie Sligos, seiner Berge und Heidelandschaften, seiner Seen und Inseln und vor allem das Himmelsszenario der vom Wind getriebenen Wolken ließen W.B. Yeats zeit seines Lebens nicht los. Bezeichnenderweise begann er, bevor er sich dem Schreiben zuwandte, seine Künstlerkarriere als Maler. Schon Vater *John* (1839–1922) war ein führender Portraitmaler seiner Zeit, und Williams Bruder *Jack* (1871–1957), der Sligo in Farben festhielt, ist Irlands renommiertester Maler der Vorkriegszeit.

Trotz seines Nobelpreises (1923) und dem Engagement in der irischen Nationalbewegung war W.B. Yeats nicht unumstritten: Aus einer protestantischen Upperclass-Familie stammend, stand er der protestantischen wie katholischen Kirche sehr kritisch gegenüber. Auch von Technik und Wissenschaft wollte er nichts wissen, sondern suchte unter dem Einfluss der Theosophie, die damals auch den Anthroposophen Rudolf Steiner prägte, sein Heil in Magie und Mystik. Yeats beschwor ein geheimnisvolles, vorchristliches Irland, keltisches Erbe und den Aberglauben der Bauern, wofür er in Sligo reichlich Material fand. Dass die Kirchen davon wenig begeistert waren, versteht sich.

In Sligo feiert man ihn heute jedes Jahr mit der *Yeats International Summerschool*, zu der Studenten und Literaturwissenschaftler aus aller Welt anreisen. Bruder Jack und Vater John haben im örtlichen Museum eine eigene Galerie, auch im Dubliner Nationalmuseum sind ihre Werke ausgestellt.

Sligo (Stadt)

Mit 19.000 Einwohnern ist Sligo die letzte größere Stadt auf der Reise in den Nordwesten. Von der Anhöhe der Dublin Road aus betrachtet, begeistert jeden die schöne Lage an der Mündung des Garavogue River, der den nahen Louh Gill mit dem Meer verbindet.

Am lebendigsten ist Sligo während der *Yeats Summer School* und des Kunstfestivals, wenn es sich für drei Wochen in eine kosmopolitische Kulturmetropole verwandelt. Auch sonst stehen die Yeats-Brüder im Mittelpunkt, haben ihr eigenes Museum und im Yeats Memorial Building ein Zentrum, das mit Veranstaltungen und Ausstellungen ihr Andenken pflegt. Um es salopp zu sagen, hat sich in Sligo um die Yeats herum ein ganzer Industriezweig entwickelt, und mit dem Factory Performance Space und dem neuen Model Art Centre versucht sich Sligo als heimliche Kulturhauptstadt der Republik zu etablieren. Am Fluss hat sich die Stadt mit einer neuen Fußgängerzone sozusagen ihr öffentliches Wohnzimmer eingerichtet.

Geschichte

Der römisch-griechische Geograph Ptolemäus berichtet von einer Stadt *Nagnata* an der Nordwestküste Connaughts. Vielleicht lag sie wie das heutige Sligo am Garavogue River. Hier führte auch die einzige Route nach Norden vorbei, denn weiter landeinwärts waren der See und die Berge im Wege. 1237 besetzte jedenfalls der Anglo-Normanne Maurice Fitzgerald den Ort und baute 1245 etwa an der Stelle des Rathauses eine Burg – 1995 feierte Sligo mit einem großen Festprogramm seinen 750sten Geburtstag. Auch das Kloster geht auf die Anglo-Normannen zurück, fiel samt Stadt und Burg aber schließlich wieder in die Hände der irischen O'Connors.

Der misslungene Aufstand der Iren gegen die Enteignung der alten, katholischen Geschlechter durch die Engländer brachte der kleinen Stadt die schlimmste Zeit ihrer Geschichte. Am 1. Juli 1642 fiel Frederick Hamilton, ein General Cromwells, mit den Parlamentstruppen in Sligo ein, brannte die Stadt nieder und tötete alle, die nicht rechtzeitig geflohen waren. Yeats hat die Ermordung der Mönche in *The Curse of the Fires and of the Shadows* mit eindrücklichen Worten festgehalten.

Information/Verbindungen/Diverses

- *Telefonvorwahl:* 071.
- *Information:* **North West Tourism**, Temple St., oberhalb der Kathedrale, ✆ 61 201, Sept.–Mai Mo–Fr 9–17, Sa 9–13 Uhr, Juni Mo–Fr 9–18, Sa 10–14 Uhr, Juli/Aug. Mo–Sa 9–20, So 10–18 Uhr. Eine Filiale findet man im Yeats Building, Stadtzentrum. Im Sommer Stadtführungen. Im Web unter www.sligo.ie und www.sligoweb.com.
- *Verbindungen:* **Züge** (Auskunft ✆ 69 888,) über Carrick-on-Shannon nach Dublin. **Busse** (Auskunft ✆ 60 066) vom Bahnhofsplatz nach Belfast, Derry, Dublin und Galway, in die Umgebung nach Rosses Point. Vom **Flughafen Strandhill** (Flugauskunft ✆ 68 280) Busverbindung in die Stadt.
- *Fahrradverleih:* **Gary's**, Quay St., ✆ 45 158; **Conway's**, 6 High St., ✆ 61 370; **Flanagan's**, Market Yard, ✆ 44 477.
- *Gepäckaufbewahrung:* Im Bahnhof.
- *Surfen:* **Sligo Yacht Park**, Rosses Point, ✆ 77 168.

Übernachten/Camping

Im Sommer, besonders Mitte August während der Yeats Summer School, werden die Quartiere in der Stadt knapp. Dann weicht man besser nach Rosses Point oder Strandhill aus.

*** **Silver Swan (4)**, O'Connell St., ✆ 43 231, 📠 69 536, DZ 70–105 €. Zentral mit Flussblick neben der Hyde Bridge, das Gebäude ein wenig ansehnlicher Betonklotz.

B&B Renate House (6) (Ursula Leyden), Upper John's St., ✆ 62 014, DZ 50 €. Unterhalb der Kathedrale ein einfaches, aber mit Geschmack eingerichtetes Haus; auf der Rückseite abschließbarer Parkplatz.

Hostel White House (2) (IHH), Markievicz Rd., ✆ 45 160, Bett 9 €. 2 Häuser, 5 Min. vom Zentrum am Fluss. Das größere und eigentliche White House ist zeitweise mit Studenten belegt. Der den Reisenden verbleibende Bungalow hat einen chaotisch-gemütlichen Gemeinschaftsraum mit Kamin und abgewetzter Polstergarnitur, eine nur mäßig saubere Küche. Die Zimmer sind nach Größen wie Jimi Hendrix und Sokrates benannt. Fahrradverleih, doch kein Frühstück. Das Hostel mit dem besten Ruf und deshalb am schnellsten voll.

Hostel Eden Hill (10) (IHH/IHI), Pearse Rd., ✆ 43 204, Bett ab 9 €. 10 Min. südlich des Zentrums gegenüber der Esso-Tankstelle. Viktorianische Klinkervilla mit akkurat geschnittenem Efeu und viel äußerlichem Charme. Lounge mit TV und Video, Küche mit Mikrowelle. Kritisiert werden unzureichende Toiletten und mangelnde Hygiene. Leser Björn Kaltenbach: "Die Duschen scheinen eher ein Fußpilzexperiment aus dem Biologieunterricht zu sein." Im Garten Camping möglich. Fahrradverleih.

Yeats County Hostel (3) (IHI), 12 Lord Edward St., ✆ 46 876, Bett 8 €. Für das Haus sprechen einzig die Lage nahe dem Bahnhof und der Umstand, dass Inhaber Lian Walsh einst Butler der Kennedys war und entsprechende Geschichten aus dem Nähkästlein zu erzählen vermag.

Harbour House Hostel (1), Finisklin Rd., ✆ 71 547, http://homepage.tinet.ie/~harbourhouse/ Bett 12 €, DZ B&B 36 €. Das frühere Haus des Hafenmeisters, von amerikanischen Kollegen euphorisch als ein "Taj Mahal of hosteling" bezeichnet, liegt 15 Gehminuten von der Busstation im ruhigen, etwas verfallenen Hafenviertel. Sanitäranlagen und Küche machen einen sauberen Eindruck, der Gemeinschaftsraum ist wie ein heimeliges Wohnzimmer eingerichtet. Mit Fahrradverleih und Waschmaschine. (Lesertipp Jutta Prohaska).

• *Camping:* **Greenland**, Rosses Point, ✆ 77 113, Ende Mai bis Anf. Sept., Zelt 15 €. 8 km außerhalb auf einem Hügel beim Golfplatz. Ein Wiesengelände mit herrlicher Sicht auf Berge und Meer.

Camping Strandhill, Strandhill, ✆ 68 120, Mai–Mitte Sept., Zelt 12 €. 8 km von Sligo in einem Dünengelände direkt hinter einem schönen Sandstrand. Ohne stationäre Wohnmobile, und da der Betrieb auf dem nahen Flugplatz kaum der Rede wert ist, auch ohne nennenswerten Fluglärm.

Essen

Truffles (5), 11 The Mall, nur abends, Hauptgericht um 13 €. Ein Wohnzimmerrestaurant im 1. Stock, Pizza und Vollwertkost, jüngst mit einem Preis für das beste irische Käsegericht gekrönt und ständig am Experimentieren mit neuen Pizzakreationen.

Bistro Bianconi (8), O'Connell St. Eingerichtet im Stil des "roman revival" mit Fresken à la Pompeji, allerlei Terrakottazeugs und sandigen Farbtönen. Italienische Küche (auch Pizza) in mittlerer Preislage, nur abends geöffnet.

Crazy Jane's (9), Rockwood Parade, Mo–Sa 9–21 Uhr (Winter bis 18 Uhr), Hauptgericht um 6 €. Ein preiswerter Coffeeshop in schöner Lage, die Wände mit Yeats-Gedichten dekoriert; auch Frühstück.

Hargadon's (7), O'Connell St., Küche Sommer bis 19 Uhr, sonst bis 16 Uhr. Das alteingesessene Pub mit Kanonenofen und musealer Einrichtung ist mittags (zum Lunch z. B. Huhn süß-sauer), nachmittags (Kaffee und Schokoladenkuchen) und sowieso am Abend (Stout) stets gut besucht.

Am Abend

Musik-Infos im wöchentlichen "Sligo Champion" und in "The Buzz", einem monatlichen Anzeigenblatt, das in vielen Kneipen ausliegt.

• *Pubs:* **McLynn's**, Old Market St. Die Nummer 1 der Stadt. Wenn keine professionellen Gruppen auftreten, greift der Wirt zur fortgerückten Stunde selbst zum Instrument.

Beezie's, in der Passage zwischen O'Connell St. und dem Fluss. Die Studentenkneipe versucht mit heller Möblierung die Balance zwischen modern und gemütlich zu halten.

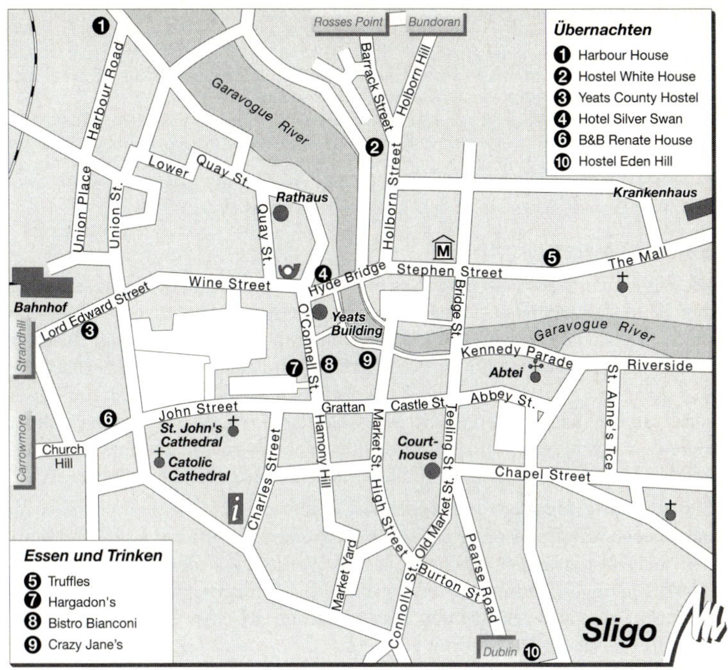

Shoot the Crows, Castle St. Zur Beruhigung sei gesagt, dass wir im und ums Pub keinen Schusswaffengebrauch feststellen konnten. Der stadtbekannte Krähenhasser, der hier den Rabenvögeln aufzulauern pflegte, ist längst verschieden. Di und Do gibts im Pub Irish Music. Weitere Plätze mit Livemusik sind **TD's** (Union St.), der Jugendtreff **Bear & Cat** (Thomas St.) und die **Leitrim Bar** (The Mall), während das **Silver Swan Hotel** für seinen sonntäglichen Jazzbrunch gerühmt wird.

Thatch Pub, Ballysadare, 10 km außerhalb an der Straße nach Dublin. Ein 300 Jahre altes Pub, Do (Juli/Aug. auch Di, Fr) traditional music und Balladen.

- *Disco:* **Delicious** im **Hotel Clarence**, Wine St.; 8 € Eintritt. Am Wochenende Disco, manchmal auch Livegigs, mit verlängerter Sperrstunde.
- *Kino:* **Gaiety Cinema**, Wine St., ✆ 62 651.
- *Theater:* Das **Hawk's Well Theater**, Temple St. (beim Tourist Office), ✆ 61 526, ist Bühne für die großen Kulturveranstaltungen der Stadt. Ein ständiges Schauspielensemble leistet sich die **Blue Raincoat Theater Company**, Quay St., ✆ 70 431.

Einkaufen

- *Buchhandlung:* **Keohane's**, Castle St., verkauft Kirbys "The Yeats Country" und Cowells "Sligo, Land of Yeats' Desire".
- *Campingausrüstung:* **Out & About**, 20 Market St.
- *Kaufhaus:* **Henry Lyon's Sligo Warehouse**, Wine St., mit seinen knarrenden Dielen und schmiedeeisernen Brüstungen weniger von den Waren als von der Einrichtung her sehenswert.
- *Wollsachen:* **Doney's**, 36 O'Connell St. Nicht nur kratzige Billigware, sondern Gestricktes und Gewebtes vom Feinsten.

Feste/Veranstaltungen/Ausstellungen

Yeats International Summer School, Mitte August, ✆ 42 693. Unter der Schirmherrschaft von Michael Yeats, dem Sohn des großen Dichters. Workshops, Lesungen und Seminare zum literarischen Werk, im Rahmenprogramm auch Konzerte und andere Kulturspektakel.

Sligo Arts Festival, Ende September, ✆ 69 802. Ein seit 1985 gefeiertes Event mit Musik aller Richtungen, Tanz, Theater und Kleinkunst.

Die **Sligo Art Gallery** zeigt im Yeats Memorial Building an der Hyde Bridge Wechselausstellungen internationaler Kunst. Die private **Taylor's Art Gallery**, Dublin Rd., verkauft Werke irischer Künstler.

Sehenswertes

Die Sights der Stadt lassen sich am besten auf einem kleinen Rundgang durch das Zentrum erkunden. Ausgangspunkt sei die nach dem ersten irischen Staatspräsidenten benannte **Hyde Bridge** mit dem **Yeats Memorial Building.** In der ursprünglich von einer Bank errichteten Klinkervilla residieren heute das Büro der Sommerschule und die Kunstgalerie. Auf der anderen Flussseite, am Beginn der Stephen Street, steht das Gebäude der **Ulster Bank**, an das sich Yeats bei der Entgegennahme des Nobelpreises angesichts des Stockholmer Königspalasts erinnert fühlte – ein sehr hochgegriffener Vergleich.

Sligo County Museum mit **Yeats Art Gallery:** Im Mittelpunkt stehen die männlichen Mitglieder der Familie Yeats. *William Butler Yeats* ist mit Fotografien und Erstausgaben vertreten, einige Werke sind von Bruder *Jack* illustriert. Die angeschlossene Galerie schmückt sich mit Gemälden von Jack, Vater *John* und anderen Größen der modernen irischen Malerei, mit *Nora McGuinness* ist sogar eine Frau vertreten.

⌚ April–Okt. Di (Museum auch Mo) bis Sa 10.30–12.30 Uhr, Juni–Sept. auch 14.30–16.30 Uhr. Stephen St.

Sligo Abbey: Die 1252 gegründete, nach einem Brand (1414) wieder aufgebaute Dominikanerabtei ist das einzige bis ins Mittelalter zurückreichende Gebäude der Stadt. Hier fanden auch die Chefs des O'Connor-Clans ihre letzte Ruhestätte. Charakteristisch sind die acht extrem schmalen und hohen Fensteröffnungen des überlangen Chors. Auch der reich verzierte Hochaltar und drei Seiten des Kreuzgangs blieben erhalten, obwohl das Kloster im 17. Jh. aufgegeben werden musste. Heute beten die Dominikanermönche in der modernen Kirche in der High Street.

⌚ Mitte Juni bis Mitte Sept. tägl. 9.30–18.30 Uhr; Eintritt 2 €. Abbey St.

Courthouse: Das viktorianische Gerichtsgebäude mit seinem achteckigen Turm in der Old Market Street ist ein für eine Provinzstadt ungewöhnlich prächtiges Gebäude und eine Replik der London Law Courts. Der Kunsthistoriker Sean O'Faolain charakterisierte es als "ein Musterbeispiel für die städtische Neogotik: verrückt vom Blitzableiter bis zum Keller."

Saint John's Cathedral: Die protestantische Kathedrale ist von der Architektur her die interessantere der beiden direkt nebeneinander stehenden Bischofskirchen Sligos. Ihr Baumeister war Richard Cassels, der 1830 eigentlich zum Bau des Hazelwood House nach Sligo gekommen war. Der Lehmboden des Kirchhofs hat die ungewöhnliche Eigenschaft, Leichen zu mumifizieren, statt sie verwesen zu lassen.

An der Ecke Adelaide/Wine Street findet man die Gebäude der **Western Wholesale Company.** Aus dem Turmzimmer pflegte Firmenchef William Pollexfen, der Großvater von W.B. Yeats, mit dem Fernglas nach seinen Schiffen Ausschau zu halten, die vor allem Getreide und Emigranten transportierten. Die **Lagerhäuser** der Quay Street bezeugen, dass hier einmal der Hafen war. Dadurch erklärt sich auch die heute etwas abgelegen erscheinende Lage der **City Hall** (1865) – O'Faolain, der Sligos Architektur offenbar wenig abgewann, spricht in diesem Fall von "französischer Renaissance mit einem Geschwulst von Turm".

Carrowmore in "Irisch Alaska"

Sligo/Umgebung

▸ **Carrowmore:** Die Legende weiß auf diesem prähistorischen Gräberfeld, dem größten der Insel, die "Soldaten der Königin Maeve" bestattet. Archäologen bringen es mit der Kultur von Newgrange in Verbindung. Unglückseligerweise stehen die Gräber auf Sand und Kies, die seit dem 19. Jh. zum Straßenbau gebraucht werden, aber ohne die Zerstörung der Monumente kaum abgebaut werden können. Von den 83 Gräbern, die noch 1900 gezählt wurden, sind nur etwa 25 übrig. Zeitweise zerschnitt ein Steinbruchbetrieb die Denkmäler in handliche Bausteine, und 1983 sollte das Gelände gar zur Müllkippe des Countys werden. Es bedurfte eines sechsjährigen Gerichtsstreits zwischen engagierten Anwohnern und der Verwaltung, um die letzten Gräber zu retten.

Die heute frei stehenden Dolmen sind eigentlich die inneren Kammern von Ganggräbern, deren Hügel im Laufe der Jahrtausende abgetragen wurden. Vertraut man den Erkenntnissen schwedischer Wissenschaftler, sind hier die ältesten Begräbnisstätten Europas. Sie wurden vor etwa 7400 Jahren angelegt. Einige stehen auf privatem Grund, und nicht alle Eigentümer freuen sich an kulturbeflissenen Besuchern. Problemlos zugänglich ist das Gelände hinter dem Visitor Centre. Dessen Führungen sollte man sich anschließen, denn nur sachkundige Erklärung lüftet für den Laien wenigstens einige Geheimnisse der Steine.

⌚ Mai–Okt. tägl. 9.30–18.30 Uhr; Eintritt 2 €. Im Winter ist das Visitor Centre geschlossen, die Gräber aber frei zugänglich.

Sligos verschneiter Hausberg Knocknarea

▸ **Knocknarea:** Der Hausberg (350 m) von Sligo bietet bei klarer Sicht einen herrlichen Blick bis zum Croagh Patrick und zu den Bergen des Donegal. Er kann von der Ransboro-Kreuzung aus über die Ostseite bestiegen werden. Auf dem Gipfelplateau ist ein 10 m hoher Geröllberg aus 40.000 Tonnen Stein aufgehäuft, der seine wahre Größe erst aus der Nähe offenbart. Anders als sonst, wo Souvenirjäger über Jahre Stein für Stein abtragen, wächst der *Knocknarea* durch Menschenhand: Hier ist es Sitte, dass jeder Besucher einen Stein mit auf den Berg bringt und auf den *Miscaun Maeve* legt. Eine Amerikanerin, die davon erst später erfuhr, schickte jüngst ihren vom Hügel mitgenommenen Stein per Post wieder aus Amerika zurück – samt einer Dollarnote für den Postmaster, damit er auch den beschwerlichen Gang übernähme. Unter all den Steinen ist der Sage nach Queen Maeve bestattet – allerdings hätte sie ihre in Carrowmore beigesetzten Krieger dann um rund ein Jahrtausend überlebt, was auch für eine sagenumwobene Königin etwas viel scheint. Das Ganggrab wurde bisher nicht näher erforscht.

<u>Anfahrt</u>: Die Anfahrt ist ab Carrowmore ausgeschildert ("Mescan Meadhbha Chambered Cairn"), vom Parkplatz sind es noch 30 Min. bis zum Gipfel.

▸ **Coney Island:** Die eher von New York bekannte Insel hat eine Namensvetterin, vielleicht sogar -stifterin, in der Bucht von Sligo. An einem windstillen Sommertag bietet sich die baumlose Insel für faule Stunden am Strand an. Davor sollte man allerdings in den Gezeitenkalender schauen, denn die mit Pfosten abgesteckte Zufahrt (von der Strandhill Rd.) führt durch das Watt und geht bei Flut im Wasser unter.

▸ **Seaweed Baths:** Bäder im Seetang – mit der Wellness-Welle wurde auch die Thalassotherapie neu entdeckt, die besonders Rheuma und Arthritis lindern soll. In Salthill entstand ein nagelneues Badehaus, und wer's lieber oldfashioned mag, fährt ins historische Bad von Enniscrone, das mit seinen Dampfkabinen aus Zedernholz zugleich ein Museum der Badekultur ist.

⌚ **Celtic Seaweed Baths**, Strandhill, tägl. 10–21 Uhr, Eintritt 12,50 €, 2 Pers. 19 €; www.celticseaweedbaths.com. **Kilcullens Seaweed Baths**, Enniscrone, Mai–Okt. tägl. 10–21 Uhr, Nov.–April tägl. 10–19 Uhr.

Lough Gill

Eine schöne, ca. 50 km lange Radtour führt von Sligo um den Lough Gill, der es bezüglich seiner Lage durchaus mit den Seen von Killarney aufnehmen kann. Auf dem Grund – glaubt man der Legende – ruht eine versunkene Stadt. Auch Bootsausflüge starten von Sligo (Doorly Park, Auskunft ✆ 64 266) zu den von Hügeln und Wäldern eingerahmten See, von dem man im 19. Jh. sogar durch einen Kanal zum *Lough Allen* und damit zum Shannon hätte schippern können.

▸ **Hazelwood Sculpture Trail:** Das schmucke Landhaus auf einer Halbinsel unweit von Sligo wurde 1730/31 von Richard Cassels für Owen Wynne gebaut, dessen Familie durch die Cromwellsche Landreform in den Besitz des Gutes gekommen war. Der dreistöckige Bau ist ein heiteres Lustschloss und hat nichts mehr von einer Wehrburg – die frühen protestantischen Grundherren mussten sich vor den Iren nicht mehr fürchten, deren Widerstand war gebrochen. Durch eine nahe Fabrik hat der Charme des Parks allerdings etwas gelitten. Der Bildhauer James McKenna schuf eine Reihe lebensgroßer Holzskulpturen, die bei schönem Wetter auf alle Fälle einen Spaziergang durch den Park rechtfertigen.

▸ **Deerpark Cairns:** Steinzeitfreaks machen vom Nordufer des Sees zuerst einen Abstecher (Richtung "Manorhamilton") durch den Wald auf den Colga Hill mit einer Reihe von Hofgräbern (ca. 3000 v. Chr.). Vom Typ her ein Vorläufer der Ganggräber à la Newgrange und Carrowmore, liegt es auf einem Hügel im Wald. Ungewöhnlich ist die Anordnung des Hofs – nicht vor den Grabkammern, sondern als eine Art Atrium, von dem die drei Gräber abgehen.

▸ **Park's Castle:** Auch dieses architektonische Kleinod, eine restaurierte Siedlerburg, liegt auf einem Hügel im Wald über dem Lough Gill. Vor der Führung wird ein Videofilm auch über die anderen Sehenswürdigkeiten der Gegend gezeigt, der Appetit auf weitere Ausflüge macht.

⌚ Mitte April–Mai, Di–So 10–17 Uhr, Juni–Sept. tägl. 9.30–18.30 Uhr, Okt. tägl. 10–17 Uhr; Eintritt 2,50 €.

Am Castle starten im Sommer die Ausflugsboote (Auskunft ✆ 64 266) zu Rundfahrten auf dem See. Der Vortrag der Führerin ist zugleich eine Dichterlesung,

Der Nordwesten
Karte Seite 510/511

denn die Gestade des Lough Gill waren der Lieblingsplatz von W.B. Yeats, und alle markanten Punkte hat er in seinen Gedichten gewürdigt. **Inishmór**, die größte der spiegelglatten im Wasser liegenden Inseln, trägt die Ruine eines Klosters. **Inishfree**, mit profanerem Namen "Cats Island", ein winziges Eiland nahe der Südküste, ist das Mekka der Yeats-Enthusiasten.

The Lake Isle of Inishfree
(W.B. Yeats)

I will arise and go now, and go to Inishfree;
And a small cabin build there, of clay and wattles made:
Nine bean rows will I have there, a hive for the honey-bee,
And live alone in the bee-loud glade.

And I shall have some peace there, for peace comes dropping slow,
Dropping from the veils of the morning to where the cricket sings;
There midnight's all a glimmer, and noon a purple glow,
And evening full of the linnet's wings.

I will arise and go now, for always night and day
I hear lake water lapping with low sounds by the shore;
While I stand on the roadway, or on the pavements grey,
I hear it in the deep heart's core.

Auch der **Dooney Rock** ist Schauplatz eines netten Gedichtes von Yeats, in dem Petrus an der Himmelspforte einem Fiedler den Vortritt vor zwei Priestern gewährt. **Creevelea Abbey** (1508) war das letzte von den Franziskanern vor der Reformation gegründete Kloster in Irland. Die Mönche harrten bis ins 18. Jh. aus, und der protestantische Grundherr erlaubte ihnen gegen teures Geld sogar, die Gebäude instandzuhalten.

Von Sligo nach Donegal

▸ **Drumcliff:** "After a year or so, dig me up and bring me privately to Sligo", hatte der 1939 in Frankreich verstorbene W.B. Yeats in seinem Testament verfügt und sich ein Grab in Drumcliff gewünscht, wo sein Großvater Pfarrer gewesen war. Die Inschrift "Cast an old eye/On life, on death/Horseman, pass by!" des schlichten Grabes aus grauem Stein stammt von ihm selbst. Der **Friedhof** ist von der Hauptstraße (N 15) aus anhand eines

Yeat's Grab in Drumcliff

alten Rundturms gut auszumachen. Das Kloster ging auf St. Columcille zurück, auf dem Friedhof steht noch ein Hochkreuz (10. Jh.) mit Szenen aus dem Alten Testament. In der Kirche zeigt eine **Videoshow** die Geschichte der "Schlacht um das Buch", vor dem Eingang verkauft ein Maler Porträts von Yeats und anderen Poeten. Das **Visitor Centre** bietet Kaffee und Souvenirs.

Ⓓ Mo–Fr 8.30–18, Sa 10–18, So 13–18 Uhr; Videoshow 2,50 €. www.drumcliff.ie.

Die Schlacht um das Buch

Cooldruman, ein Weiler in der Nachbarschaft von Drumcliff, war der Schauplatz der "Battle of the Book", der erste überlieferte und zugleich äußerst gewalttätige Streit um ein Urheberrecht. 561 weilte Columcille im Kloster seines Lehrers Finian. Dessen bibliophile Kostbarkeit war ein von Finian übersetztes Psalterbuch. Gern hätte der Schüler das prächtige Werk kopiert, doch der Meister verweigerte die Erlaubnis. Columcille war jedoch wie besessen vom Wunsch nach dem schönen Buch: Er kopierte es heimlich, nachts, beim schummrigen Licht flackernder Kerzen. Doch die nächtlichen Umtriebe des späteren Heiligen kamen ans Licht, und der erzürnte Finian verlangte die Herausgabe der Kopie. Columcille weigerte sich. Sollte nicht jeder die Lobpreisungen Gottes lesen und hören dürfen? Der Hochkönig musste eingeschaltet werden und fällte einen Schiedsspruch zugunsten des Finian, der zugleich der Kern des heutigen Urheberrechts ist: "Wie das Kalb zur Kuh, so gehört die Abschrift zum Original". Jetzt rief Columcille, der aus dem herrschenden Clan Nordirlands stammte, seine Verwandten und Mannen zu den Waffen. In der Schlacht von Cooldruman verteidigten sie die Abschrift des Psalters erfolgreich gegen das Heer des Großkönigs Diarmuid. 3.000 Tote blieben zurück, bei deren Anblick der Heilige dann doch ein schlechtes Gewissen bekam. Er ging freiwillig in die Emigration und gründete an der schottischen Küste das Kloster Iona.

▸ **Glencar Lake:** Kings Mountain, ein südlicher Vorberg des Benbulbin, markiert den Eingang des Glencar Tales; bald weichen die Wiesen einem stillen Bergsee. Von den Hängen der Darty Mountains sprudeln Wasserfälle, unten blüht der Weißdorn – ein romantisches Fleckchen. In der heute verschwundenen Sibbery's Cottage ("Where the wandering water gushes/from the hills above Glencar" ...) verbrachte der junge Yeats manchen Sommernachmittag am Wasserfall und ließ sich zu weiteren Gedichten inspirieren.

▸ **Lissadell House:** Hier ist das Heim der Familie Gore-Booth, deren Töchter ("two girls in silk kimonos"...) der 29-jährige Yeats 1894 kennenlernte. Eva Gore-Booth (1870–1926) schrieb ebenfalls Gedichte, ihre Schwester, Constance Markievicz (1868–1927), gründete mit Yeats das Dubliner Abbey Theater, nahm am Osteraufstand teil und wurde 1919 die erste (weibliche) Ministerin Europas. Die Gore-Booth-Nachkommen verdienen sich mit Führungen durch ihr Anwesen heute ein Zubrot, doch ist das Haus, ungeachtet des schönen Interieurs aus der Zeit um 1900 und der kuriosen Standbilder von Familienmitgliedern und

Hauspersonal (!) an den Säulen des Speisesaals, nur für ausgesprochene Yeatsianer sehenswert.

Juni–Sept. Mo–Sa 10.30–12.30, 14–16.30 Uhr; Eintritt 3,75 €.

▸ **Benbulbin:** Das 540 m hohe Plateau ist ein beliebtes Wanderrevier. Der bequemste Aufstieg führt in kaum einer Stunde entlang einer Schotterpiste über die Nordwestflanke zum Sendeturm, der den Berg krönt. Der an der Balaghnatrillick Bridge beginnende **Gleniff Horseshoe Loop** ist eine Panoramarundstraße durch zwei Gletschertäler auf der Rückseite des Massivs.

▸ **Inishmurray Island:** Von Streedagh Point oder von Mullaghmore setzen Boote zur seit 1948 verlassenen Insel über. Auf dem gerade 1500 x 800 m großen Felsen befindet sich in einem prähistorischen Ringfort ein uraltes **Kloster des Heiligen Molaise.** Man entdeckt die Bienenkorbhütten und sogar ein Badehaus, in dem die Klosterbrüder ihre rheumatischen Glieder entspannten und sich aufwärmten. Die Holzstatue des Heiligen Molaise, die in der Hauptkirche verehrt wurde, schmückt heute das Nationalmuseum. Auf einem Altar vor der Kirche liegen jedoch noch fünf gesprenkelte Wunschsteine, die über gottlose Feinde Unheil brachten. Noch während des letzten Weltkriegs soll eine in England verheiratete Frau aus Inishmurray auf die Insel gekommen sein und den Bann über Hitler gelegt haben.

Überfahrt: Boote von Mullaghmore (✆ 66 124) oder Streedagh Point (✆ 66 267) nur auf Vorbestellung, mindestens 6 Passagiere erforderlich.

▸ **Mullaghmore:** Ein Disneyschloss, schon aus der Ferne zu sehen, verführt zu einem Abstecher auf die Halbinsel Mullaghmore. **Classiebawm Castle** wurde im 19. Jh. für die an Tuberkulose erkrankte Tochter des britischen Premiers Lord Palmerston erbaut, galt doch frische Luft damals als einzige Therapie für die meist tödliche Lungenkrankheit. 1979 machte Classiebawm Castle Schlagzeilen, als ein IRA-Kommando Lord Mountbatten ermordete, der hier seinen Urlaub verbrachte. Das in einem Wäldchen gelegene Schloss kann nicht besichtigt werden, doch Mullaghmore entschädigt mit seiner Küste: Auf der zum Meer offenen Luvseite mit wilden Klippen und tosenden Wellen, auf der Leeseite mit einem feinen Sandstrand.

▸ **Creevykeel:** Das keilförmige Hofgrab dürfte 4500 Jahre alt sein. Anders als bei den häufigeren Ganggräbern ist der Hügel nicht rund, sondern gestreckt wie der Rücken eines Tieres. An einem Ende befindet sich ein runder Hof, in dem in der Keltenzeit Eisen geschmolzen wurde und von dem die Hauptkammer abgeht (Vorsicht, damit Sie sich am Eingang nicht den Kopf stoßen!). Drei Nebenkammern, vielleicht aus späterer Zeit, befinden sich im hinteren Teil des Hügels. Im Boden entdeckten die Ärchäologen neben Grabbeigaben z. B. Steinäxte und Töpferwaren, auch Spuren von Einäscherungen.

Übernachten/Essen/Reiten: **Moneygold Riding & Language Centre**, Moneygold, Grange, ✆ 63 337, Hostel/B&B mit Pferdeverleih für romantische Strandritte, vegetarisches Dinner 20 €.

County Donegal

Eine Traumlandschaft von rostroten Mooren, atlantischen Steilklippen, tiefschwarzen Gebirgsseen und von Farnen und Heidekraut überzogenen Tälern zwischen erhabenen Bergen. Wild und zerklüftet, melancholisch und dramatisch, dabei abseits genug, um von reisenden Massen auf absehbare Zeit verschont zu bleiben.

Dun na nGall, "die Festung der Fremden", war früher eng mit dem britischen Norden verflochten, der sie bis auf einen schmalen Korridor vom Rest der Republik abschneidet. Besonders schmerzhaft ist die Trennung von Derry, der wirtschaftlichen und kulturellen Metropole des Nordens. Auch auf der republikanischen Seite der Grenze sind viele Bewohner Nachfahren protestantischer Einwanderer, die sich eher den Traditionen Derrys oder gar Schottlands zugehörig fühlen. Zwar ist Donegal die größte Gaeltacht Irlands, doch steht auch der örtliche Dialekt dem schottischen Gälisch näher als der irischen Sprache. Statt nach Amerika oder Australien auszuwandern, verdingten sich die jungen Leute aus Donegal bis in die 80er Jahre als Gastarbeiter in Glasgow und Aberdeen. Und schließlich sind die drei parallelen Gebirgszüge, die in Nordost-Südwest-Richtung das Land durchziehen, eine natürliche Fortsetzung des schottischen Hochlands.

Das Verwaltungszentrum *Donegal Town* gehört noch zum Einzugsbereich von Sligo. Die *Derryveagh Mountains* sind der Nationalpark des County, und um das verwunschene *Poisened Glen* zu Füßen des *Errigal Mountain* ranken sich allerlei Legenden. *Malin Head* an der Spitze der Halbinsel *Inishowen* ist der nördlichste Punkt Irlands (der eben nicht zum Vereinigten Königreich gehört). Das Ringfort *Grianan of Aileach* zwischen Derry und dem Lough Swilly, als Sitz der Könige von Ulster schon auf der ptolemäischen Weltkarte verzeichnet, gilt als die bedeutendste archäologische Stätte Donegals.

Bundoran

Auswanderung war hier immer ein Fremdwort – das Geld kommt in die Stadt. Bis zu 20.000 Urlauber drängen sich an einem Sommerwochenende am Strand und in den Straßen.

Die meisten stammen aus dem britischen Ulster, und auf der von Spielhallen, Imbissständen und Souvenirläden gesäumten Hauptstraße und in den Kneipen hört man außer Popmusik ab und an auch einen republikanischen Politsong.

Kinder erfreuen sich an der **Waterworld,** einem Vergnügungsbad mit Rutsche, Wellenbecken, wasserspeiendem Plastikschwan und infernalischem Lärm. Erwachsene gehen besser an den **Tullan Beach,** wo die Wellen oft noch um einiges höher sind und eine sehr viel angenehmere Geräuschkulisse schaffen.

Der populäre Badeort lebt im Rhythmus der Jahreszeiten. Ende September ist der Trubel vorbei, dann schlägt das irische Blackpool eine gemächlichere Gangart ein. Als einzige Fremde harren einige Surfer auch im Winter in Bundoran aus, denn dann ist der Wind am stärksten. Die Einheimischen, nun weitgehend unter sich, spielen Karten, treffen sich im Hallenbad des **Great Northern Hotel** oder kämpfen auf dem **Roghuey,** dem Küstenweg, mit der steifen Brise. Ein halbes Jahr harte Arbeit ist genug.

Am Westende der Stadt sind noch einige Häuser aus der Zeit übrig, als die englische Aristokratie nach Bundoran in die Sommerfrische kam. Fast hätte auch Queen Viktoria einmal vorbeigeschaut, aber im letzten Moment entschied sie sich dann doch für Killarney.

- *Telefonvorwahl:* 072.
- *Information:* Main St., gegenüber dem Hollyrood Hotel, ✆ 41 350, Juni–Sept. tägl. 9–13, 14–20 Uhr (So bis 18 Uhr).
- *Verbindung:* Vom Bushalt gegenüber Pebbles Boutique mit **Bus Eireann** (✆ 074-21 309) nach Dublin, Derry, Sligo und Galway; mit **Ulsterbus** von der Abzweigung zum Great Northern Hotel nach Enniskillen und Belfast; mit **Feda O'Donnell** (✆ 075/48 114) vom Hollyrood Hotel nach Crolly und Letterkenny.
- *Fahrradverleih:* **Michael Goodwin's,** West End. Ein Laden im Süden der Stadt, ✆ 41 526.
- *Reiten:* **Stracomer Riding School,** ✆ 41 787; auf dem Rücken der Pferde über Stock und Stein.
- *Übernachten:* **B&B Bayview,** Main St., ✆ 41 296, DZ 60 €. Eine gepflegte viktorianische Villa im Zentrum. Etwas preiswerter ist in der gleichen Zeile das **Conway House,** ✆ 41 220, nur April–Sept.

  Homefield Hostel (IHH), Bayview Av., ✆ 41 288, Bett 12 €, DZ 30 €, jeweils mit Frühstück. Das ehemalige Kloster und spätere Hotel ist im Ortszentrum nicht zu übersehen. Trumpf ist ein breites Sportangebot mit Surfen, Tennis, Angeln, Mountainbikes u.ä., das auch viele Gruppen anlockt.
- *Essen:* **Chateaubrinanne,** Sligo Rd., ✆ 42 160, nur abends und Sonntagmittag, Dinner 30 €. Das gediegenste Restaurant des Städtchens wird von Brain und Ann Loughlin geführt. Englisch-irische Küche, viele Zutaten stammen von örtlichen Bauern oder Fischern.

  Kitchen Bake, Main St., ein Coffeeshop in einer früheren Kirche.

Ballyshannon

Das Städtchen an der Mündung des Erne ist ein ansprechenderer Ort als Bundoran. Steil führen die beiden Hauptstraßen den Berg hinauf, auf halber Höhe liegt der kleine Marktplatz.

Top-Ereignis jedes Jahres bildet das Folkfestival Anfang August, das erstmals 1977 stattfand. Bezeichnenderweise hilft die halbe Gemeinde in irgendeiner Form bei der Organisation des Festes, das zwar professionell, aber eben nicht kommerziell abläuft. Außer Irish Folk wird auch Blues oder Bluegrass gespielt. Die meisten Konzerte finden unter einem Dach statt, so dass der Regen das Vergnügen nicht trüben kann. Als einzige deutsche Gruppe wurde "Limerick Junction" schon mehrmals eingeladen.

• *Telefonvorwahl:* 072

• *Verbindung:* wie Bundoran. Die Busstation ist zwischen Brücke und Uhrturm. Feda O'Donnell's hält vor Maggie's Bar.

• *Fahrradverleih:* **Ernes Cycles,** An Mal, (schräg gegenüber der Busstation), ✆ 51 515.

• *Übernachten:* ** **Dorrian's Imperial,** Main St., ✆ 51 147, 📠 51 001, DZ 100–115 €. Das klassisch-elegante Stadthotel ist seit 1781 Mittelpunkt des gesellschaftlichen Lebens von Ballyshannon.

Duffy's Hostel (IHH), Donegal Rd., ✆ 22 805, März–Okt, Bett 9 €. 1 km vom Zentrum, mit Campingmöglichkeit und Fahrradverleih.

Centre of Peace and Reconciliation, Franciscan Friary, Rossnowlagh, ✆ 52 035 (Mo–Fr 10–18 Uhr). Die "etwas andere Unterkunft", nämlich im Gästehaus eines Franziskanerklosters, mit Gelegenheit zur Meditation oder zur Teilnahme am Leben der Mönche.

• *Camping:* **Lakeside Centre,** Beelek Rd., ✆ 52 823, April–Sept., 2 Pers. mit Zelt 11 €. Der Platz liegt im Hinterland am Asaroe Lake. Ausreichende Sanitäranlagen, in der Hochsaison öffnet ein kleiner Shop.

• *Essen:* **Embers,** Castle St. Im Zentrum über Devine's Pub, mit feinen Fischgerichten, Pasta und vegetarischen Mahlzeiten, mittlere Preislage.

Kitchen Bake, Main St., eine Bäckerei mit Naturkostladen und Coffeeshop, empfiehlt sich etwa zum Frühstück.

• *Pubs:* **Seán Og,** Market St. Ein geräumiges Singing Pub, in dem gelegentlich auch deutsche Gruppen auftreten. Fr/Sa traditional music, auch zum Lunch zu empfehlen.

Sweeney's White Horse Cellar Bar, Bundoran Rd. Die Kellerbar ist am Wochenende ein weiterer Treffpunkt der Folkfans. Über dem Eingang erinnern Fotos an die Zeit vor dem Bau des Staudamms, als der Erne noch direkt vor dem Haus vorbeifloss und man mit dem Boot statt mit dem Auto in die Kneipe fuhr.

Dorrian's Thatch Pub, Rossnowlagh St.. Ein Pub im Connemara-Stil mit Schilfdach, Stalltür, weißem Putz und roten Fenstern.

Sehenswertes

Assaroe Abbey und **Mill:** Etwas abseits der Rossnowlagh Rd. ragen die Reste der Zisterzienserabtei Assaroe aus dem Grün. Die Ruine inspirierte *William Allingham* (1824–1889), den auf dem örtlichen Friedhof bestatteten Dichter und bekanntesten Sohn Ballyshannons, zu den traurigsten seiner sonst eher heiteren Verse. Hinter dem Kloster knarren die Wasserräder einer restaurierten Mühle mit Café und Craftshop. Von den Einheimischen kann man sich den Weg zu zwei nahen, aber versteckten Naturschönheiten erklären lassen: eine **heilige Quelle** und zwei aus dem Fels geschnittene Höhlen. In der **Catsby Cave** wurden während der Penal Laws heimlich Messen abgehalten, von der anderen führt, so die Überlieferung, ein unterirdischer Gang zur Abtei und weiter nach Rossnowlagh.

⌚ Juni–Aug. tägl. 10.20–18.30 Uhr, Sept.–Mai So 14–19 Uhr.

Donegal Parian China: Die erst in den achtziger Jahren gegründete Porzellanmanufaktur ist der größte Betrieb Ballyshannons. Parian China, nach dem durchschimmernden Marmor von Paros benannt, war in der viktorianischen Epoche groß in Mode, wird heute aber nur noch in wenigen Manufakturen hergestellt. Das hauchdünne und zerbrechliche Material mit seinem leichten Perlmuttschimmer kann nur von Hand verarbeitet werden – in der Presse würde es sofort zerbrechen. Mehr über die Herstellung erfährt man im Visitor Centre der Fabrik, und in der Cafeteria wird selbstverständlich auf Geschirr aus eigener Herstellung serviert.

⌚ Mo–Fr 9–18 Uhr, Juni–Sept. auch Sa 9–18, So 13–18 Uhr.

Der Nordwesten
Karte Seite 510/511

Donegal (Stadt)

Der Verkehrsknotenpunkt ist das Sprungbrett ins County. Ursprünglich eine Wikingergründung, wuchs die Stadt um die Stammburg der O'Donnells, die bis ins 17. Jh. den Südteil des Countys beherrschten.

Auf dem **Diamond,** dem Zentralplatz, feiert ein Obelisk die "Four Masters", vier Franziskaner des einstigen Klosters der Stadt. Ihre *Annals of the Four Masters* sind die wichtigste Quelle zur keltischen Mythologie und Geschichte "von der Sintflut bis 1618". Getrieben von der Furcht um die sich abzeichnende Anglisierung sammelten und notierten die vier in ihrem Monumentalwerk den reichen Schatz an Mythen und anderen Überlieferungen.

Information/Verbindungen/Diverses

• *Telefonvorwahl:* 073

• *Information:* Ballyshannon Rd., ✆ 21 148, Juli/Aug. Mo–Sa 9–20 Uhr, So 10–13, 14–18 Uhr, Ostern–Juni und Sept. Mo–Fr 10–13, 14–18 Uhr, Sa/So 10–13 Uhr, Winter Mo–Fr 10–13 Uhr. Broschüre "A Signposted Walking Tour of Donegal Town" erhältlich. www.donegaltown.ie.

• *Verbindung:* Vom Bushalt am Diamond (mit Gepäckaufbewahrung) nach Dublin, Sligo–Galway, Letterkenny–Derry, Glencolumbkille und Glenties; Auskunft ✆ 21 101. Privat mit **McGeehan's** (✆ 075/46 150) im Luxusbus nach Dublin und mit **Feda O'Donnell** (✆ 075/48 114) nach Galway; beide fahren vor der Polizeistation ab.

• *Fahrradverleih/Angeln:* **Doherty's,** Main St., ✆ 21 119, verkauft Angelzubehör und Permits, auch Fahrradverleih.

Bike Shop, Waterloo Place, ✆ 22 515, Fahrradverleih.

• *Stadtführungen:* Mitte Juni bis Mitte Sept. Mo–Fr 11 und 14 Uhr; Treffpunkt ist die Handelskammer in der Killybeg Rd.; 2,50 €, ✆ 22 312.

Übernachten

Die meisten B&B-Häuser liegen abseits des Zentrums an den Ausfallstraßen. Wer im Hochsommer kommt und ein Quartier in der Ortsmitte sucht, sollte vorher reservieren.

**** **St. Ernan's House,** St. Ernan's Island, ✆ 21 065, 📠 22 098, www.sainternans.ie, April–Okt., DZ 200 €. 3 km außerhalb auf einer Landzunge abseits der Ballyshannon Rd. Ein mächtiges Herrenhaus Baujahr 1826 mit geräumigen Zimmern (TV), Kaminfeuer in der Lounge und Meerblick. Das ausgezeichnete Restaurant ist auf Fischgerichte spezialisiert.

*** **Hyland Central,** The Diamond, ✆ 21 027, 📠 22 295, DZ 90–130 €. Am Stadtplatz, die meisten Zimmer in einem modernen Anbau auf der Rückseite, von den oberen Etagen mit Meerblick. Die Zimmer sind u.a. mit kuriosen Bügelfaltenmaschinen ausgestattet (auch als Handtuchtrockner zu missbrauchen), die Empfangsdamen kleiden sich im Schottenmuster, und in den Fluren hängen Bilder von Eisenbahnszenen.

Diamond Lodgings, Diamond Centre, ✆ 22 027, DZ 40 € (ohne Frühstück), große Zimmer mit grünen Teppichböden, karg aber zweckmäßig möbliert, mit Teekocher.

B&B Drumcliff House, Killybegs Rd., ✆ 21 200, DZ 45–50 €. Mrs. Timony vermietet in ihrer etwas verblichenen Villa auf einem Hügel neben der Straße 5 Zimmer, teils mit Bad, teils nur mit Waschbecken (Etagenbad).

Donegal Town Hostel (IHH/IHI), Killybegs Rd., Doonan, ✆ 22 805, Bett 9 €, DZ 22 €. 1,5 km außerhalb in Richtung Killybegs auf einer Anhöhe mit Meerblick serviert Peter Feely, ein Gastgeber aus Passion, seinen Besuchern zum Empfang eine Tasse Tee ("Barry's Golden Blend" nicht aus dem Beutel, das soll die Krönung sein). Das zentralbeheizte Haus ist gepflegt (neue Doppelfenster, jeden Winter wird renoviert), im Gemeinschaftsraum liegen Flöte, Bodhran und Gitarre bereit. Mit Campingmöglichkeit

Ball Hill JH, Ball Hill, ✆ 21 174, April–Sept., Bett 7–10 €. 5 km außerhalb an der Bucht, im Haus der früheren Küstenwache. 4-Bett-Zimmer, schöne Aussicht, doch sehr spartanisch ausgestattet.

Am Donegal Diamond

Essen

Die meisten Lokale liegen in der Nähe des Diamond.

Midnight Haunt, Main St., Hauptgericht bis 12 €. Donegals Chinese, der auch wirklich bis Mitternacht Essen serviert.

Atlantic Café, Main St. Ein Pub mit Weinkarte und Pubgrub (auch abends), etwa Steak oder Lachssandwich.

Errigal Restaurant, Main St., Mo–Di, Do–Sa 10–21 Uhr, So ab 15.30 Uhr. Preiswerte Cafeteria (z.B. Fish and Chips 6 €).

Just William's, Central Hotel, The Diamond. Serviert zum Lunch preisgekrönte Barmeals, für deren Qualität auch die vielen einheimischen Esser sprechen.

The Harbour, Quay St., gegenüber der Touristinformation, Mo–Do ab 16, Fr–So ab 12 Uhr. Nautisch-rustikales Dekor, zu Essen gibt's Pizza, Seafood und Steaks, auch vegetarische Küche; Dinner bis 25 €.

Am Abend

• *Pubs:* **McGroarty's,** The Diamond. Hinter einer schönen Sandsteinfassade wurde das Pub der Sportsfreunde zu altem Glanz aufpoliert. Mittags mit warmer Küche.

Old Castle Bar, The Diamond, mit niedriger Holzdecke und Natursteinwänden, gemütlichen Ecken und Winkeln zum tête-à-tête.

Charlie's Star Bar, Main St. Donegals Yuppie-Hangout, mit Live-Music.

Schooner Inn, Main St., gegenüber der Church of Four Masters. Nautisches Ambiente, mit vorgetäuschten Fensterläden künstlich auf alt gemacht. Gelegentlich Traditional Music.

Eas Dun Bar, Abbey Hotel, The Diamond. Getränketip in der überaus gut sortierten Bar ist der "Vintage Cider", ein gehaltvoller und zugleich spritziger Apfelwein. Am Wochenende gelegentlich Live-Music.

• *Theater:* **Summer Theatre,** O'Cleary Hall, Tirconnal St. Kaum zu glauben, doch das verschlafene Städtchen hat eine hervorragende und landesweite berühmte Theatertruppe. Jede Saison wird ein neues Stück einstudiert und in den Sommermonaten aufgeführt.

• *Tanzen:* **Carlin's,** Laghy, 5 km südlich von Donegal an der Sligo Road, bietet jeden Dienstag Gelegenheit zum Volkstanz.

Nero's, Main St. beim Parkplatz; dunkelrote

Wände und "antike" Gipsstatuen von Nackten lassen Donegals jüngsten Dancefloor sündiger erscheinen, als er ist.

Diamond Club, Abbey Hotel, lockt am Samstagabend ein nicht mehr ganz junges Publikum zum Tanz.

Einkaufen

Magee's, The Diamond, Mo–Sa 10–18 Uhr, das führende Geschäft für Tweed. Die Stoffe werden in der eigenen Fabrik hergestellt, im Sommer demonstriert ein Handweber seine Kunst im Laden. Mit Coffeeshop.

Donegal Craft Village, Bundoran Rd., 2 km außerhalb. Töpfer-, Weber- Juwelierwerkstätten und andere Kunsthandwerker, nicht zu vergessen den Dudelsackbauer Charles Roberts.

Four Masters Bookshop, The Diamond, verkauft neben Büchern und Souvenirs auch Landkarten, die das ganze County abdecken und für Wanderer unverzichtbar sind.

Sehenswertes

Dongeal Castle: Die Turmburg auf dem Felssporn über dem Eske wurde vom Burgherrn Hugh Roe O'Donnell eigenhändig angezündet, damit sie nicht in die Hände der Engländer fiel. Basil Brooke, der die Ruine Anfang des 17. Jh. erwarb, plazierte auf den Grundmauern ein Renaissance-Schlösschen, ein Earl of Aran schenkte 1898 das inzwischen verfallene Anwesen dem Staat. Nach der jüngst erfolgten Renovierung kann der stilistisch am Übergang von der Wehrburg zum Schloss stehende Bau besichtigt werden. Besonders sehenswert ist die große Banketthalle mit dem Kamin.

⌚ Juni–Okt. tägl. 9.30–18.30 Uhr, Eintritt 3,85 €.

Railway Heritage Centre: Im alten Bahnhof erinnert das Railway Heritage Centre an die Tage, als man noch mit der Bahn nach Donegal reisen konnte. Zu sehen sind alte Waggons, Lokomotiven und absonderliche Schienenbusse – ein später und verunglückter Versuch, dem Straßenfahrzeug Konkurrenz zu machen. Wenn die Träume der örtlichen Eisenbahnfans in Erfüllung gehen, werden auf einem neu verlegten Gleisstück demnächst Museumszüge der Donegal Railway dieseln und dampfen.

⌚ Juni–Sept. Mo–Fr 9–17 Uhr; Eintritt 2,50 €.

Donegal/Umgebung

▸ **Lough Derg:** Eine Wallfahrt zur Station Island im Lough Derg ist etwas anderes als die Taxitour zu den sieben Kirchen Roms. Anlass des Bußgangs ist eine Vision der Hölle *(St. Patrick's Purgatorium),* die dem Heiligen Patrick nach 40-tägigem Fasten in einer Höhle auf der Insel erschien. Auch nachdem diese Höhle, vermutlich ein vorchristliches Druidenheiligentum, von Cromwell verschüttet worden war, um den seit dem Mittelalter gepflegten Pilgerfahrten ein Ende zu setzen, blieb die Anziehungskraft der Insel ungebrochen, die den irischen Katholiken heute als die heiligste Stätte ihres Landes gilt.

Mühsam kämpft der Kutter gegen den eisigen Wind an, der das Wasser des Sees aufpeitscht. Für die Pilger, überwiegend Frauen, scheint das der rechte Auftakt zur Bußübung, die sie sich selbst auferlegt haben. Die folgenden drei Tage werden noch um einiges härter als die Überfahrt: eine 24-stündige Vigilie ohne Schlaf, der barfüßig zu absolvierende Kreuzweg, Fasten bei Wasser und Zwieback, Bittgottesdienste und Gesänge in der Basilika. Was in Teufels Namen treibt die Menschen zu derartiger Selbstkasteiung?

• *Information:* Prior of St. Patrick's Purgatory, Pettigo, ✆ 61 518, www. loughderg.com. Bei der Ankunft bekommen die Pilger ein Merkblatt zum Ablauf des Rituals.

• *Verbindung:* Während der Pilgersaison (1. Juni–15. August) tägl. **Busse** von Dublin (Auskunft ✆ 01/ 509 80 90) und Sligo–Ballyshannon. Die **Boote** pendeln von 11 bis 15 Uhr zwischen der Insel und dem Landungssteg nördlich von Pettigo.

• *Lesen:* "Station Island", der einschlägige Gedichtband von Seamus Heaney.

• *Übernachten:* Die dreitägige Pilgertour mit Bootsfahrt und einer Übernachtung im Massenlager des Hospizes (die andere Nacht wird gebetet) muss in Pettigo gebucht und bezahlt werden.

An **B&B**s gibt es in Pettigo das **Avondale,** Mary Leonhard, Lough Derg Rd., ✆ 61 520, sowie **Hilltop View,** Billary, ✆ 61 535, beide DZ 45 €.

▸ **Lough Eske/Blue Stack Mountains:** Auch wenn der Weg oft nicht direkt am Wasser, sondern nur in Sichtweite um den See führt, ist Lough Eske, knapp 10 km nordöstlich von Donegal, ein gutes Ziel für eine nachmittägliche Radtour mit Wanderung. An der Nordspitze des Sees zweigt eine Stichstraße ab, die nach wenigen Minuten an einer Scheune endet. Eine Tafel informiert Wanderer über mögliche Routen. Wir schlagen den Fußweg ein, der an einem Wäldchen vorbei zum **Eas-Doonan-Wasserfall** führt. Zwar wird ein Teil des Wassers aus dem Corraber River dem kleinen Kraftwerk unten am See zugeleitet, doch niemals so viel, dass die Kaskade trocken fällt. Der Weg folgt jetzt dem Bach, bis nach insgesamt etwa einer Stunde der **Lough Belshade** auftaucht. In den Granitfelsen der einsamen Blue Stack Mountains, die den See einrahmen, nisteten noch vor einer Generation die letzten freilebenden Adler Irlands. Wer statt eines längeren Spaziergangs eine halbtägige Gipfeltour vorhat, kann den See im Uhrzeigersinn oberhalb der Klippen umrunden und dabei **Ardangeer** und **Croaghbann**, zwei rund 640 m hohe Gipfel des Hauptkammes der Blue Stacks erwandern.

• *Übernachten/Essen:* *** **Harvey's Point Country Hotel,** Ballybofey Rd., ✆ 22 208, ✆ 22 353, DZ 130–140 €, Lunch 20 €, Dinner 35 €. Der Landschaft angepasste Bungalows (mit Seeblick) sind durch überdachte Korridore mit dem Haupthaus verbunden. Für Ausflüge steht eine Pferdekutsche bereit. Unter Schweizer Leitung, eines der besten Hotels und Restaurants in Donegal.

Killybegs (gäl. Na Cealas Beaga)

Das Städtchen in der gleichnamigen Bucht ist der wichtigste Fischerhafen im Nordwesten Irlands. Während der winterlichen Fangperiode herrscht im Hafen nahezu rund um die Uhr lebhafter Betrieb.

Mit Castletownbere (Cork), dem zweiten großen Fischerort an der Westküste, besteht gewissermaßen eine Arbeitsteilung: Dort macht man Jagd auf Hering und Thunfisch, in Killybegs dreht sich alles um Makrelen. Die kleinen Kutter bringen ihren Fang täglich an Land, andere, mit Meerwassertanks ausgerüstete Trawler bleiben einige Tage auf See, bevor sie ihren mit Fischen gefüllten Bauch in Killybegs entleeren. Ein Teil des Fangs kommt sofort in die örtlichen Fischfabriken, der andere findet bei der Versteigerung auf dem Fischmarkt seine Abnehmer. Auch Spätaufsteher haben die Chance, dieses Spektakel in der rostbraunen Markthalle zu erleben: Die Auktionen beginnen nicht vor 10 Uhr, bei Bedarf gibt es um 20 Uhr eine zweite Runde. Fischer und Arbeiter treffen sich anschließend in den Kneipen am Kai. Wer mal mit ausfahren will, knüpft hier bei einer Runde Guinness die Kontakte.

Der Nordwesten
Karte Seite 510/511

Die Klondyker der Meere

Das neue, über 100 m lange Flaggschiff der Fangflotte von Killybegs sieht man nur selten in Hafen. Die schwimmende Fabrik kann bis zu 2200 Tonnen Fisch direkt an Bord verarbeiten – die Menge würde reichen, um alle Dubliner über zwei Wochen lang täglich mit einer Fischmahlzeit zu versorgen. Der neue Trawler lief zu einem günstigen Zeitpunkt vom Stapel, denn die Szene der "Klondyker", wie die nach Fischschwärmen spähenden Glücksritter der Meere heißen, ist im Umbruch. Es waren Deutsche, die nach dem 1. Weltkrieg damit begannen, Fischern bereits auf hoher See ihren Hering abzukaufen, ihn im Transportschiff mit Eis und Salz berieselten und nach spätestens sechs Tagen an Land brachten, wo er dann freilich nur noch zum Räuchern und Marinieren taugte.
Heute ist die Konservierung kein Problem mehr, manche Schiffe verarbeiten den Fang gleich bis in die Dose. Lange war das Geschäft fest in Händen osteuropäischer Trawler, doch mit dem Untergang des Ostblocks gerieten auch dessen Schiffe ins Trudeln. Da kommt es schon vor, dass eine Mannschaft, die seit Monaten keinen Lohn mehr gesehen hat, ihr Schiff quasi beschlagnahmt. Wird die Heuer nicht innerhalb einer bestimmten Frist nachgezahlt, dürfen es die "Meuterer" nach internationalem Seerecht verkaufen. Andere arbeiten auf eigene Rechnung mit den Aufkäufern in den irischen und britischen Häfen zusammen. Manche dieser Schiffe laufen irgendwann, weil an der Wartung gespart wird, mit einem technischen Defekt auf Grund. Dass solche Seelenverkäufer dennoch eine Lizenz zur Arbeit in den britischen und irischen Gewässern bekommen, liegt nur zum Teil daran, dass die nationalen Flotten selbst zu wenig Fabrikschiffe besitzen. Die Ausländer sind billiger. Auch die kleinen Fischer brauchen die Klondyker, denn wer würde ihnen sonst draußen auf hoher See, weitab von den Häfen, den Fang abkaufen? Heringe und Makrelen im Wert von 25 Millionen Euro wären ohne die schwimmenden Fischfabriken nicht zu verarbeiten.

• *Telefonvorwahl:* 075.

• *Verbindung:* Von der Haltestelle vor Hegarty's Shop fährt Bus Eireann über Donegal nach Strabane–Letterkenny. Eine weitere Linie fährt über Ardana nach Portnoo, eine dritte nach Kilcar, Glencolumbkille und Malinmore. McGeehan (✆ 075/46 150) startet jeden Morgen nach Dublin.

• *Baden:* Die **Fintragh Bay,** 2 km hinter dem Ort und weit genug vom Hafen entfernt, ist ein weiter, meist windgeschützer Sandstrand.

• *Hochseeangeln:* Ausfahrten zum Fischen bieten für Gruppen ab 8 Personen etwa **Anthony Doherty,** ✆ 31 079, und **Brian McGilloway,** ✆ 31 569.

• *Übernachten:* *** **Bay View,** ✆ 31 950, 📠 31 856, DZ 120–145 €. Komplett renoviert und neu eingerichtet, mit Blick auf den Hafen. Zum Haus gehören Hallenbad, Sauna und Fitnessraum.

Bruckless House, Mrs. Evans, Bruckless, ✆ (073) 37 071, E-Mail bruc@ iol.ie, April–Sept., DZ 60–75 €. 7 km außerhalb Richtung Donegal. Ein Landhaus (18. Jh.) mit Wirtschaftsgebäuden inmitten eines Parks unweit der Küste, mit Pferdezucht, Enten und Gänsen. Die Gäste haben einen eigenen Speise- und Aufenthaltsraum sowie bei Bedarf eine Küche zur Selbstverpflegung.

Gallaghers Farm Hostel (IHH), Darney, Bruckless, ✆ 37 057, Bett 10 €. Das Hostel liegt an der Hauptstraße etwa in der Mitte zwischen Bruckless und Dunkineely.

• *Essen:* **Castle Murray House,** St. John's Point Rd., Dunkineely, ✆ 37 022, Mo–Sa ab 19 Uhr, So ab 15 Uhr, im Winter Mo/Di Ruhetag. Thierry Delcros leitet in der Wildnis des Donegal eine Oase französischer Küche. Als Vorspeise z.B. Profiteroles gefüllt mit Krabbenfleisch und Tomatenconfit oder Salat mit Entenpastete, zum Hauptgang etwa gefüllte Hühnchen mit Blaukraut. Für ein Dinnermenü rechne man 30 €, besonders am Sonntag sollte man vorab reservieren.

Die Mauern des früheren Hotels **Cope House,** Main St., bergen gleich drei gastronomische Betriebe. **Peking Chef,** ein chinesisches Restaurant mit Hafenblick aus verglasten Wintergärten, Hauptgericht bis 12 €; **Ships Inn,** ein Pub (warme Küche 12–15 Uhr) mit schönen Glasfenstern, das auch Fremdenzimmer (DZ 55 €) vermietet.

Harbour Bar, Main St. Mit Frühstück, Snacks und frischen Fischgerichten; der Treffpunkt von Fischern und LKW-Fahrern.

▸ **St. Johns Point:** Zwischen Dunkineely, Bruckless und St. John's Point wurde der **Killaghtee Heritage Trail** angelegt, der an den verschiedensten historischen und prähistorischen Stätten der Halbinsel vorbei führt (Dolmen, Ringforts, Kreuze, heilige Quellen, Ruinen usw.). Einige sind auf höchst abenteuerlichen Pfaden durch Moorgras und Fichtenwäldchen zu erreichen. Ein Ausflug für wahre Entdecker und Pfad-Finder. (Lesertipp Larissa Akbayoglu).

Steilklippenlandschaft am Slieve League

Slieve League

Nach der Fintragh Bay werden die Klippen zusehends gewaltiger, bis sie am Slieve League schließlich über 600 m steil ins Meer abfallen – von der Höhe Bunglas bietet sich ein grandioses Panorama.

Vom **Teelin**, einem Weiler südlich von Carrick, werden im Sommer Bootstouren vor das Kliff angeboten. Schöner ist natürlich die Aussicht von oben. Eine schmale Serpentinenstraße windet sich vom *Rosty Mackerel Pub* in Teelin 4 km zum **Bunglas-Plateau** empor. Sie allein ist einen Spaziergang wert. Schwindelfreie, wetterfest ausgerüstete Wanderer können oben Auto oder Bike stehen lassen und auf dem **One Man's Track** in gut 2 Std. (einfacher Weg!) entlang der Abbruchkante zum höchsten Punkt der Klippen wandern. Der legendäre **One Man's Pass**, der Grat zwischen östlichem Vorgipfel (570 m) und dem Slieve League (595 m), bereitet schwindelfreien Wanderern keine Mühe: Links geht es fast senkrecht ins Meer hinunter, rechts, kaum weniger steil und tief, in den Felsabgrund zum Lough Agh, und dazwischen eben der schmale Grat, auf dem man doch besser hinter- statt nebeneinander läuft (Der alternative *Old Man's Track* umgeht diese Passage auf der Landseite). Danach ist alles vergleichsweise einfach, und bei gutem Wetter wird man für den Stress mit einer phantastischen Aussicht bis hinüber nach Mayo belohnt. Als Tagestour führt der Pfad weiter bis Malinbeg und Glencolumbkille (siehe unten).

> Bitte gehen Sie niemals bei starkem Wind, Regen oder Nebel auf die Klippen – ein einziger Fehltritt kann tödlich sein.

• *Telefonvorwahl:* 073.

• *Information:* Im Craftshop der Tweedfabrik, Kilcar, ✆ 38 002; Broschüre mit Wandervorschlägen in der Umgebung. www.kilcar.net.

• *Verbindung:* Von Kilcar und Carrick Busse nach Donegal und Glencolumbkille.

• *Einkaufen:* **Studio Donegal,** Kilcar, ✆ 38 194. Kleine Tweed-Manufaktur mit 25 Beschäftigten. Meterware zum Dumpingpreis von 13 €/m, auch Mützen u.ä.

• *Übernachten:* *Kilcar* ist das ideale Basislager für die Klippen. *Carrick* liegt zwar noch etwas näher, hat aber kaum Quartiere.

B&B Kilcar Lodge, bei Metzger Molloy, Main St., Kilcar, ✆ 38 156, DZ 45 €.

Dun Ulun House, Derrylahan Rd., Kilcar, ✆ 38 137, DZ ab 45 €. Eine neuere Pension 2 km außerhalb, im Winter wenig geheizt, mit Segelschiffen auf den Badezimmerspiegeln und einem Gartenzwerg vor dem Eingang – eine seltsame Mode, der wir in der Gegend noch öfters begegnen. Angeschlossen ist ein Laden für Wollsachen.

Derrylahan Hostel (IHH/IHI), Derrylahan, ✆ 38 079, Bett 9 €, DZ 25 €. An der Küstenstraße zwischen Kilcar und Carrick unterhalb einer Telefonzelle und mit schönem Meerblick. Von Patrick Raughter ("Uncle Paddy"), einem urwüchsigen Original, mit Engagement und Charme geführt. Abends Busservice zu den Dorfpubs. Mit Campingwiese, Laden und kleinem Reitstall, Fahrradverleih.

• *Essen:* **Blue Heaven,** Carrick Rd., Kilcar, ein auf Reisebusse und große Gesellschaften ausgerichtetes Aussichtsrestaurant mit Café.

Auch die **Pubs** bieten warme Küche.

• *Pubs:* **Johnny Joe's,** Kilcar, im Sommer Di u. Fr traditional music.

Im **Pipers Rest,** Main St., Kilcar, einem Thatch mit potemkinschen Fensterläden, geht es spontaner zu – die Instrumente hängen griffbereit an der Wand.

Das **Slieve League Pub,** Carrick, organisiert Ende Oktober ein Traditional Music Festival.

Glencolumbkille (gäl. Gleann Cholm Cille)

Scheinbar am Weltende gelegen, hat sich der kleine Ort mit Dorfmuseum, Kulturzentrum und einer überaus aktiven Sommerschule zu einem geistigen Mittelpunkt der Donegal-Gaeltacht entwickelt.

Das Straßendorf duckt sich in ein Tal an der Mündung des Murlin River. Hügelketten begleiten das Tal und stürzen sich schließlich über dramatischen Klippen ins Meer. Bei den im Winter gar nicht so seltenen Schneeefällen ist

Schafe brauchen im Winter ein dickes Fell – Herde bei Glencolumbkille

Glencolumbkille schon mal von der Außenwelt abgeschnitten, denn hierher kommt der Schneepflug zuletzt. Nur selten stört ein Auto die Ruhe. An den Hausfassaden entlang der Dorfstraße erkennt man noch die Pfosten, an denen früher mit Seilen die Schilfdächer befestigt waren. Die Mischung aus begrabener Hund und Fuchs und Hase, die sich Gute Nacht sagen, lockt manchen wetterfesten Wanderer und naturbegeisterten Urlauber – Glencolumkille zahlt dafür mit der Abwanderung der gelangweilten einheimischen Jugend.

Das Dorf geht auf ein Kloster zurück, dessen Gründung dem Heiligen Columcille zugeschrieben wird. Wie die Dolmen und Hofgräber im nahen **Malinmore** bezeugen, war die Gegend jedoch schon in der Jungsteinzeit besiedelt. Die Reste einer Kirche sind noch erhalten, am Namenstag des Heiligen, dem 9. Juni, sind sie Ziel der Bußprozession *Turas*, die Schlag Mitternacht beginnt.

James McDyer ist außerhalb Donegals nicht ganz so bekannt wie der Heilige Columcille, für Glencolumbkille aber nicht weniger wichtig. Der zuvor in den irischen Arbeitervierteln Londons tätige Priester übernahm 1951 die örtliche Pfarrei und war erschüttert von der wirtschaftlichen und mentalen Depression, die er hier antraf. Wer nur irgend konnte, wanderte aus. Statt seine Schäflein nur auf das Jenseits zu vertrösten, initiierte Father James das "Experiment von Glencolumbkille", eine Reihe genossenschaftlicher Projekte, wie beispielsweise gälische Sommerschulen, eine gälische Zeitung, Kleinindustrien und ein Museumsdorf – lange bevor das Wort "Strukturhilfe" in Dublin oder Brüssel auch nur angedacht wurde.

Mit dem Tod ihres geistigen und geistlichen Vaters zerfiel auch die Kooperative, die meisten Projekte werden heute als Privatunternehmen geführt. Das

Der Nordwesten
Karte Seite 510/511

Folk Village – ein nachgebautes Schulhaus, eine Pubhöhle und drei strohgedeckte Bauernkaten im Stil des 18., 19. und frühen 20. Jh. – verschafft Einblick in die Lebensbedingungen der gar nicht guten alten Zeit. In der angeschlossenen Cafeteria wird Whiskeymarmelade und "Wein" mit den exotischen Geschmacksrichtungen Honig oder Seetang serviert und verkauft.

- *Telefonvorwahl*: 073
- *Information:* Im Folk Village oder im Lace House Centre, ✆ 30 116; lesenswert das Büchlein "A Guide to 5000 Years of History in Stone", auch ein örtlicher Wanderführer wird verkauft.
- *Verbindung:* Mit **Bus Eireann,** ✆ (074) 21309, nach Killybegs. Mit **McGeehan's,** ✆ (075) 46 150, nach Donegal–Dublin und Ardara–Letterkenny.
- *Einkaufen:* **Taipéis Gael,** Malinbeg, ✆ 30 325. Marie McGinley und zwei Kolleginnen fertigen kunstvolle Webteppiche.
- *Fahrradverleih:* Im **Glencolumbkille Hotel** (s. "Übernachten").
- *Öffnungszeiten* des **Folk Village:** Ostern–Sept. Mo–Sa 10–18 Uhr, So 12–18 Uhr; Eintritt 2,50 €.
- *Sprachkurse:* **Oideas Gael,** ✆ 30 248, 📠 30 348, bietet von Juni–Okt. Gälischunterricht für Erwachsene (auch ohne Vorkenntnisse), dazu auch Aktivitäten wie Wandern, Weben, Tanzen und archäologische Exkursionen.
- *Übernachten:* * **Glencolumbkille Hotel,** Malinmore, ✆ 30 003, 📠 30 222, April–Okt., DZ 60–120 €. Das einzige Hotel der Gegend liegt 5 km außerhalb am Meer. Für warme Tage gibt's eine windgeschützte Terrasse, sonst bleibt der Blick aus dem Fenster.

Dooey Hostel (IHI), ✆ 30 130, Bett 8 €, auch DZ und Camping. Das Haus liegt wunderschön auf einer Klippe (Aufgang am Folk Centre, Auffahrt von der Glen Head Tavern) 1,5 km außerhalb des Dorfs. In der Halle ist auf die Wand eine Karte mit Wandervorschlägen gemalt. Patrick O'Donnell, der Gründer des Hostels und Pionier der irischen Hostelbewegung, leitet den Hostelverband IHI.

- *Essen:* **An Chistin** im **Foras Cultúir Uladh** (Ulster Cultural Centre), ✆ 30 213, einem Kulturzentrum mit Tagungs- und Ausstellungsräumen, in dem auch die Kurse der Sommerschule stattfinden.

Lace House Café und Restaurant, Ostern–Sept. tägl. 11–21.30 Uhr. Spezialisiert auf Fischgerichte, z.B. köstlicher Räucherlachs für 12 €.

Glencolumbkille/Umgebung

Die Bucht am Folk Village ist wegen der Strömungen nur zum "Luftbad" geeignet. Ins Wasser können kältefeste Schwimmer jedoch in **Doonalt** und der von schwarzen Klippen eingefassten Bucht am Südende der **Malinbeg Bay.** Der kaum benutzte Fahrweg an den Klippen entlang bietet sich auch für eine halbtägige Wanderung an.

▸ **Klippenwanderung zum Lough Annafrin:** Dramatischer ist die Klippenszenerie im Norden der Glen Bay. Hier endet der Fahrweg knapp 3 km außerhalb des Dorfes unterhalb des **Beefan** (280 m). Ein Pfad windet sich in nordwestlicher Richtung zum Glen Head hinauf, unmittelbar am Kliff trotzt ein Beobachtungsturm aus den napoleonischen Kriegen den Naturgewalten. Nach einer weiteren Viertelstunde ist der *Sturall* erreicht, eine ins Wasser hinausragende Felsnase, auf die man sich besser nicht hinauswagt. In 180 m Tiefe krachen die Brecher gegen den Stein und zermürben die **Stacks,** zwei isolierte Felstürme draußen im Meer.

Wer sich eine Tageswanderung zumuten will, früh aufgebrochen ist und rechtzeitig an Proviant und Karte gedacht hat, folgt weiter der zerklüfteten Küstenlinie. Kurz vor der Sandbucht von **Port,** einem verlassenen Ruinendorf (der Fachausdruck "Wüstung" trifft den Kern), mündet rechts der vom **Gar-**

veross Mountain herunterkommende Passpfad, der sich später für den Rückweg anbieten wird. Hinter dem nächsten Hügel und vorbei an **Tormore Island** trifft man die Mündung des **Glenlough River**. Folgt man diesem 20 Minuten bachaufwärts, trifft man auf zwei bröckelnde Hütten (auf der Wanderkarte mit zwei schwarzen Rechtecken markiert). Hier verbrachte der walisische Schriftsteller und Bohémien Dylan M. Thomas den Sommer 1935 und versuchte, sich den Alkohol abzugewöhnen – ein in Irland absurdes Vorhaben, das der im Nachbarhaus wohnende Bauer mit Lieferungen hausgebrannten Whiskeys hintertrieb (Thomas starb 18 Jahre später während einer Vortragsreise in den USA an seiner Sucht). Die Zeit in Glenlough vertrieb er sich mit der Arbeit an romantischen Gedichten über Natur, Liebe und Tod sowie mit der symbolischen Steinigung seiner schriftstellernden Konkurrenten. Dazu bemalte Thomas, wie ein Augenzeuge berichtet, unten am Strand die weißen Kiesel mit schwarzen Gesichtszügen, türmte sie zu Steinmännchen und zerschmetterte diese.

Für das bekanntere Kinderspiel Steine-übers-Wasser-hüpfen-lassen eignet sich der **Lough Annafrin,** ein stiller Bergsee, der etwa 1 km von den Hütten bachaufwärts zwischen steilen Felsen schlummert. Anstatt jetzt zunächst den gleichen Weg zurück nach Port und dann über den Garveross-Pass wieder nach Glencolumbkille zu laufen, könnte man von der Glenlough-Mündung auch noch zehn weitere einsame Küstenkilometer bis zum Sandstrand von **Maghera** wandern. Dort würde man nach Millionen weißer Kiesel endlich wieder Menschen begegnen – und einem Pub. Da es von Maghera nach Glencolumkille aber keinen Bus gibt, und die Straße selbst von Autos nur selten befahren wird, scheint es ohne Abholservice oder die Hilfe eines Taxis höchst ungewiss, ob man noch am Abend, per Anhalter, Glencolumbkille erreichen kann. Als Etappe des Fernwanderweges **Slí Cholmcille** ist die gesamte Route ausgeschildert.

Ardara (gäl. Ard na Rátha)

Das schmucke Dorf wurde von Bord Fáilte als "Heritage Village" deklariert und kam damit in den Genuss eines kräftigen Geldstroms aus Brüssel. "Hier spielt der Tourismus schon eine Rolle", räumt der Bürgermeister ein, zeigt dabei aber noch einen Anflug von schlechtem Gewissen.

Ardara liegt am Ende eines Gletschertals zu Füßen des Glengesh-Passes. Von Glencolumbkille aus erreicht man das Dorf auf einer schmalen Bergstraße, die sich durch ein nahezu menschenleeres Gebiet windet. Um so größer ist der Schock, wenn die zwei Hauptstraßen Ardaras sich dann als eine Art ländliches Shopping Centre entpuppen, in denen ein Tweed- und Souvenirladen neben dem anderen mit Spinnrädern und Webstühlen vor allem die mit American Express, Visa und anderen Plastikkarten ausgerüsteten Fremden umwirbt. Auch im **Heritage Centre,** dem alten Gerichtshaus an der Brücke, zeigen Weber und Kunsthandwerker ihr Können.

Zugegeben, für die Maßstäbe Donegals spielt der Fremdenverkehr hier eine große Rolle. Die meisten Besucher kommen aus dem britischen Teil Ulsters.

Der Nordwesten
Karte Seite 510/511

"Fast alle verdienen ein bisschen daran – durch Handarbeiten oder Zimmervermietung, durch die Ausstattung der Unterkünfte oder als Zulieferer für die Geschäfte und Restaurants", erklärt Dorfvorsteher Charles Benett. Dieser Verdienst ist auch dringend nötig, denn an den Segnungen der Gaeltacht-Förderung, von der die Dörfer der Umgebung profitieren, hat Ardara keinen Anteil. Ardara ist seit jeher eine englischsprachige Enklave in der Gaeltacht, seine Bewohner verdienten ihr Geld nicht als Bauern, sondern als Weber. Allein für Molloy's, die größte Manufaktur am Ort, arbeiten mehr als tausend Familien.

Information/Verbindungen/Diverses

- *Telefonvorwahl:* 075
- *Information:* Im Heritage Centre.
- *Verbindung:* Vor dem Supermarkt halten **McGeehan's** Busse, ✆ 46 150, der Linien Glencolumbkille-Letterkenny und Glencolumbkille–Dublin. Juli/Aug. Mo–Sa, sonst Di, Do, Fr mit **Bus Eireann** nach Killybegs und Portnoo.
- *Einkaufen:* **Kennedy's,** Main St., Ardara, ✆ 41 106, ist zugleich die inoffizielle Tourist Information. Wer Tweed oder Wollsachen einkaufen will, kann zusätzlich noch bei **Bonner's** (Front St.), wenige Schritte weiter bei **Eddi Doherty,** bei **John Molloy** und **Triona** (Killybegs St., www.trionadesign.com) vorbeischauen.
- *Fahrradverleih:* **Donald Byrne,** West End, Ardara, ✆ 41 156.
- *Öffnungszeiten* des **Heritage Centre:** Mitte März–Sept. Mo–Sa 9.30–18 Uhr; So 14–18 Uhr, Eintritt 2,50 €.

Übernachten/Camping

Woodhill Guesthouse, Ardara, ✆ 41 112, www.woodhillhouse.com, DZ 80–105 €. 5 km außerhalb (von der Killybegs Rd. Ausgeschildert) thront auf einer Anhöhe ein 300 Jahre altes Landhaus mit großzügigem Grundbesitz. Statt dem üblichen Nippes steht Holzspielzeug als Zierrat in der Lounge, auch sonst beweist die Einrichtung Geschmack. Das Haus hat auch die beste Küche der Gegend (nur für Hausgäste).

Nesbitt Arms Hotel, The Diamond, ✆ 41 103, ℻ 41 895, DZ 85 €. Die Fassade ist frisch renoviert, die Bäder im Anbau sind neu, die Zimmer geräumig, aber kahl. Vorsicht am Wochenende, wenn die hinteren Teile des Hauses im Rhythmus der Disco beben.

B&B Laburnum House (Mrs. Kennedy), The Diamond, ✆ 41 146, ✆ 41 146, DZ 45 €. Eine ältere Villa am Dorfplatz, die Zimmer mit Etagenbad.

Drumbarron Hostel (IHI), The Diamond, ✆ 41 200, April–Okt., Bett 9 €. 4- bis 8-Bett-Zimmer teilweise mit gemütlichen Dachschrägen, ein kleinerer "Family Room", 4 Bäder komplett mit Du, WC und Lavabo. Der Gemeinschaftsraum und die mit einem schönen Natursteinboden gepflasterte Küche waren früher ein Laden für Bootsbedarf.

- *Camping:* **Dunmore,** Portnoo, ✆ 45 121, März–Okt., Zelt mit 2 Pers. 8 €.

Camping Tramore, Rossbeg, ✆ 51 491, April–Sept., Zelt mit 2 Pers. 9 €. 6 km außerhalb, ein hügeliges Dünengelände in abgeschiedener Lage mit Sandstrand und schönem Blick über die Bucht. Überwiegend Dauercamper.

Essen/Pubs

Charlie's Westend Coffeeshop, Westend. Schlichter Self-Service mit riesigen Portionen von Hühnerteilen, Quiche oder Lasagne.

Nancy's, Dungloe Rd. In dem winzigen, mit allerlei Trödel und Antiquitäten dekorierten Gastraum wird jeder Gast sofort ins Gespräch einbezogen. Für warme Tage gibt's zwei Bänke vor der Tür. Im Sommer auch Pubfood vom Sandwich bis zu Austern in Knoblauchsauce (9 €), manchmal spielt "Teufelsgeiger" John Gallagher auf.

Peter Oliver's Central Bar, Killybegs Rd. An den Wänden hängen Fiedel, Banjo und Bodhran, und im Juli/Aug. wird nahezu jeden Abend gespielt. Gelegentlich gibt's Setdancing und Konzerte im Saal.

Ardara/Umgebung

Die sechs **Maghera-Höhlen**, an der Küste westlich von Ardara, sind alle nur bei Ebbe zugänglich. Während der Penal Laws feierten die Katholiken hier heimlich ihre Messen, später schätzten illegale Schnapsbrenner die schwer zugängliche Lage. Abenteuerlustige sollten die Taschenlampe nicht vergessen. Die Halbinsel **Dawros Head,** eine Moorlandschaft mit unzähligen Tümpeln und Weihern ist im Sommer belebter, als man annehmen sollte. Vor allem Urlauber aus dem britischen Teil Ulsters tummeln sich in den Badeorten **Rossbeg** und **Portnoo,** das als Sehenswürdigkeit ein keltisches Fort in einem Binnensee zu bieten hat. Vom **Narin Beach,** dem schönsten Strand der Umgebung, kann man bei Ebbe zur Insel **Inishkeel** hinüber wandern, wie es in der Vergangenheit die Mönche des längst verfallenen Klosters taten.

Glenties (gäl. Na Gleannta)

Glenties, knapp 10 km abseits der Küste, ist ein Stück authentischer als Ardara. Die Uranerz-Funde in der nahen Umgebung verheißen allerdings nichts Gutes.

Gegenüber der modernen Kirche, sie erinnert an eine Sprungschanze, ist im früheren Gerichtsgebäude das **Saint Connall's Museum** untergebracht. Sehenswert sind die Petitionen aus der Hungerzeit, mit denen die Pächter um Hilfe baten. Ein Edinsonscher Phonograph spielt den "Long Way to Tipperary", andere Memorabilia erinnern an die County Donegal Railway, die einst durch Glenties dampfte.

- *Telefonvorwahl/Verbindung:* Wie Ardara.
- *Öffnungszeiten* des **Saint Connall's Museum:** Mai–Mitte Sept. Mo–Fr 11–13, 14.30–17 Uhr, Sa/So 14.30–18 Uhr; Eintritt 2,50 €.
- *Übernachten:* ** **Highlands Hotel,** Main St., ✆ 51 111, ℻ 51 164, DZ 75 €. Im Zentrum, freundlicher und besser ausgestattet als Nesbitt's in Ardara. Zimmer mit TV und Teekocher, Restaurant im Haus.

B&B Avalon (Mary Boyle), Ballybofey Rd., ✆ 51 292, März–Nov., DZ 50 €. Ein einladender Bungalow mit knallroten Fenstern und Vorgarten.

Campbell's Holiday Hostel (IHH), bei der Kirche, ✆ 51 491, März–Okt. (am Anfang und Ende der Saison nur am Wochenende), Bett ab 9 €, DZ 25 €. Neubau, die sehr sauberen Zimmer mit Bad, die geräumige Küche ist zugleich Aufenthaltsraum.

- *Pub:* **Paddy's,** Main St. Im Sommer und während des "Fiddlers Weekend" (Oktober) Zentrum des musikalischen Geschehens.

Finn Valley

Das Tal und die nördlichen Ausläufer der Blue Stack Mountains sind das ideale Terrain für "Outdoorer", die für ein paar Tage mit sich, Gott und der Natur alleine sein wollen.

Am Wege von Glenties nach Ballybofey (R 250 / R 252) trifft man außer ein paar Lachsfischern kaum eine Seele. An den Hängen und auf den Hochebenen wurden weite Flächen aufgeforstet, doch es ist ein monotoner Industriewald aus schnellwüchsigen Nadelhölzern entstanden, der aus ökologischer Sicht nicht unbedenklich ist. Der Slí na Finne führt als ausgeschilderter Rundweg (48 km) von Fintown aus durch das Terrain. **Fintown,** der Hauptort des Tales am idyllischen **Lough Fin,** zählt gerade zwei Dutzend Häuser. Groß ist die

Überraschung, hier auf eine Eisenbahn zu treffen. Leider dampft die **Fintown Railway** nicht mehr wie einst bis nach Glenties, sondern tuckert nur noch einige Kilometer am See entlang. In **Cloghan** erinnert das Heimatmuseum in der alten Dorfschule an den Lokalpatrioten Isaac Butt (1813–79).

• *Verbindung:* **McGeehan's** Buslinie Glencolumbkille – Letterkenny führt durch das Tal, weitere Busse verbinden Fintown mit Ballybofy (N 15) und im Juli/Aug. mit Dungloe. Auskunft ✆ (075) 46 150.

• *Öffnungszeiten* der **Fintown Railway:** Juni Mo–Fr 13–16, So 13–17 Uhr; Juli–Sept. Mo–Fr 11–17, Sa/So 11–18 Uhr; Fahrt 2,50 €.

• *Übernachten:* **Finn Farm Hostel** (IHH/IHI), Cappry, Ballybofey, ✆ (074) 32 261, April–Sept., Bett 9 €. In the middle of nowhere, 2 km außerhalb Ballybofeys, von der Straße nach Glenties ausgeschildert. 6- und 8-Bett-Zimmer, Restaurant, Fahrrad- und Pferdeverleih, erfahrene Reiter dürfen auch ohne Begleitung ausreiten. Neben Pferdefreunden handeln auch Musiker das Hostel als Tipp.

Glenleighan Hostel (IHI), Glenleighan, Fintown, ✆ (075) 46 141, Bett 9 €, Camping 5 €. Neuer und zuletzt deutlich besser geführt als die Finn Farm. Schöner Blick übers Tal, ständige Gäste sind die Katzen Annabelle und Captain.

Die **Fahrpläne** der privaten Busgesellschaften finden Sie im Internet:
McGehann's unter www.mcgeehanscoaches.com
Lough Swilly Bus unter www.sjp.clara.net/nibus/lswilly.htm

The Rosses (gäl. Na Rossa)

Das wenig aufregende Dungloe (An Clochán Liath) ist das Tor zu The Rosses, einer kleinräumigen, braun-grünen Landschaft mit Hügeln, unzähligen Weihern, grauen Findlingssteinen und weißen Häuschen.

Mit der Halbinsel **Crohy Head**, deren Spitze von einer Jugendherberge gekrönt wird, endet vorerst die Felsküste. Nördlich von Dungloe wird das Ufer flach, hier befinden sich die meisten der fotogenen Sandstrände Donegals. Als Ziel eines kurzen Radausflugs bietet sich z.B. die sandige, über eine Brücke mit dem "Festland" verbundene **Cruit Island** an. The Rosses, das zu Irlands größter zusammenhängender Gaeltacht gehört, war bis zum 17. Jh. nahezu unbewohnt. Was sollte man auch hier, wo zwischen Mooren und Steinen sich kaum ein Fleckchen nutzbarer Erde findet, während im Tal des Foyle, auf der Ostseite der Gebirge in einer Entfernung von knapp 60 km Luftlinie, einige der fruchtbarsten Böden Irlands liegen. Erst mit den Vertreibungen und dem Bevölkerungsdruck vor der Hungersnot ließen sich Menschen in der heute stark zersiedelten Region nieder. Ein neuer Schub kam mit dem Niedergang der Glasgower Schwerindustrie – wenn schon arbeitslos, dann lieber zu Hause, dachten sich viele der zuvor in Schottland beschäftigten Iren und kehrten zurück, wie es auch die Rentner tun. Wer sich in der Gaeltacht niederlässt, bekommt vom Staat gut 1000 Euro Beihilfe für den Hausbau. Heute ist zwischen Siedlung und offener Landschaft kaum mehr ein Unterschied auszumachen – die Landschaft ist eine einzige, durchgehende Streusiedlung.

Information/Verbindungen/Diverses

• *Telefonvorwahl:* 075

• *Information:* Am Pier, Dungloe, ✆ 21 297, nur Juli–Aug. Mo–Sa 10–12, 13–18 Uhr.

• *Verbindung:* Mit **McGeehan's** (✆ 46 150) frühmorgens von Sweeney's Hotel in Dungloe nach Dublin, Juli/Aug. auch nach

Amphibische Wattlandschaft vor The Rosses

Fintown. **Lough Swilly Bus,** ✆ (048) 7126 2017, verbindet Dungloe über Burtonport, Crolly und Bunbeg mit Letterkenny und Derry. Mit **Feda O'Donnell's,** ✆ 48 114, Mo u. Sa von Annagry über Burtonport, Dungloe, Ardara nach Killybegs, Donegal und Galway, in die Gegenrichtung nur Fr.

Der **Provinzflughafen** Carrickfin, ✆ 48 284, bietet Verbindungen nach Dublin, dazu werden Glasgow und Birmingham angeflogen.

• *Angeln:* Permits und Boote von **Charlie Bonner,** ✆ 21 021.

• *Fahrradverleih:* Außer im **Greene's Hostel,** Dungloe, auch bei **Aran Trail Bikes,** Kincasslagh, ✆ 43 213.

• *Feste/Veranstaltungen:* Das Ende Juli gefeierte Dorffest **Mary from Dungloe** ist nicht so fromm, wie der Name vermuten lässt, sondern eine feuchtfröhliche Angelegenheit mit viel Bier, Musik, Tanz und einem kleinen Rummelplatz. Höhepunkt ist die Wahl der "Mary". Außer Schönheit braucht die erfolgreiche Bewerberin auch Charme, Witz und eine gute Stimme, muss singen, tanzen und erzählen können.

Übernachten/Camping/Essen/Pubs

Die Festivalzeit ausgenommen, fällt es auch Spätankömmlingen nicht schwer, ein Bett im B&B zu finden. Allerdings fehlen Hotels mit gehobener Ausstattung.

*** **Ostan na Rosann,** Dungloe, ✆ 21 088, ℻ 21 365, April–Dez., DZ 80–130 €. Ein flacher Bungalow mit Leisure Centre an der Straße nach Burtonport. Auf der Aussichtsseite sind außer Speisesaal und Lobby auch ein langer Flur, WCs und die Kühlräume (!), während die meisten Zimmer nach hinten schauen.

** **Viking House,** Kincasslagh, ✆ und ℻ 43 295, DZ 100 €. Mit seiner Mischung aus irischer Volksmusik und amerikanischem Country wurde Daniel O'Donnell zum Weltstar, ohne seine Heimat Kincasslagh dabei zu vergessen. 1993 eröffnete er hier ein Hotel, das zu einem Mekka der Fans geworden ist. Viking House liegt auf einer Anhöhe neben der Straße, Flure und Zimmer sind mit Bildern und den Discs des Stars dekoriert, und natürlich kommt auch seine Musik nicht zu kurz. Es sind 5 Gehminuten zum nächsten Strand, auch das Restaurant ist einen Besuch wert.

Midway Guesthouse, Main St., Dungloe, ✆ 21 251, DZ 60 €. Über einem Pub im Dorfzentrum.

B&B Mary Barr, Meenaleck, Anagry, ✆ 48 701, DZ 45 €. Gerade 100 m von Leo's Tavern können Kneipengäste und andere ihr Haupt betten. Leser Thomas Keller lobt das Frühstück

Greene's Hostel (IHH/IHI), Carnmore Rd., Dungloe, ✆ 21 021, Winter nur Fr–So geöffnet, Bett ab 9 €, DZ 25 €. Ein relativ neu eingerichtetes Hostel. Die Zimmer mit Bad und für Personen unter 1,70 m unerreichbaren Lichtschaltern, Lounge mit TV und Kamin. Gute Infos zu Wander- und Radltouren in die Umgebung, Fahrradverleih.

Crohy Head JH, Crohy Head, ✆ 21 950, April–Sept., Bett 6–9 €. Die in der alten Station der Küstenwache eingerichtete Jugendherberge tröstet mit ihrer phantastischen Lage und Atlantikblick über die abgewohnten Innenräume hinweg. Nach einer Renovierung wäre das Haus ein echter Tipp.

Screag an Iolair Mountain Centre (IHI), Tor, Crolly, ✆ 48 593, März–Okt., Bett 9 €. Das vor allem von Bergwanderern besuchte "Adlernest" klebt 5 km abseits der Hauptstraße am Hang über Crolly, Gäste werden auf Anruf abgeholt.

• *Camping:* **Dungloe,** Carnemore Rd., Dungloe ✆ 21 021, Mai–Sept., 2 Pers. mit Zelt 8 €.

• *Essen:* **Riverside Bistro,** Main St., Dungloe, bis 22 Uhr. Lasagne (6 €) und andere Tellergerichte (bis 14 €), auch Currys.

Evergreen, North Side, Dungloe. Ein chinesisches Lokal mit Take Away.

• *Pubs:* **Beedy's,** Main St., Dungloe. Der örtliche Anglertreff, Juli/Aug. am Wochenende Folkmusik.

Bridge Inn, mit B&B und Disco, hat die längste Theke am Ort.

Central Bar, Main St., nur im Sommer geöffnet. Ein Pub, in dem sich seit 20 Jahren nicht mehr verändert hat, als dass Wirt und Publikum älter wurden.

Leo's Tavern

In Leo Brennans unscheinbarer Kneipe in Meenaleck, einem Weiler bei Crolly, begann die Karriere einer der bekanntesten irischen Musikgruppen: "Clannad", im Lauf vieler Jahre von Jazz-Rock-Anfängen über den Folk zu New Age und Worldmusic gekommen, bestand aus zwei Söhnen, einer Tochter und zwei Schwiegersöhnen Leos. Tochter Enya hat es als Solistin zu Ruhm gebracht. In der Kneipe wird gewöhnlich freitags gespielt, an den anderen Tagen bietet sich Gelegenheit zur Session. Mitte Juli, zum Dorffest Jack's Fair, sind vielleicht auch die musikalischen Wunderkinder dabei.

Burtonport (gäl. Ailt an Chorráin)

Dieser Fischerort, von dem auch die Fähren zur Aranmore Island ablegen, ist das Zentrum der kommerziellen Lachsfischerei. Doch der Wildlachs draußen im Meer ist selten geworden. Nur noch sechs Wochen pro Jahr darf man ihn fangen, und nur jeder dritte Fischer bekommt die erforderliche Lizenz. Der Tag ist abzusehen, an dem der Wildlachs auf der "roten Liste" steht, wenn die Regierung den Lachsfang im Meer nicht sogar generell verbietet. Eigentlich müssten mit dem sinkenden Angebot wenigstens die Preise für die Fischdelikatesse steigen. Doch die sind niedriger denn je. Die Verbraucher können Wildlachs nämlich nicht von den in den Käfigen der Fischzuchtanstalten herangewachsenen Tieren unterscheiden, und so drückt das Überangebot an Zuchtfisch auch den Preis für den Wildlachs.

Als Verwaltungssitz hatte Burtonport seit dem 18. Jh. eine Kolonie englischer Siedler und "Gastarbeiter". Diese Tradition setzte in den siebziger Jahren eine Gruppe englischer Späthippies (so jedenfalls das Urteil der Einheimischen) fort. Anstelle dieser "Screamers" sorgen heute die exzentrischen "Silve Sisters" für

Präsent des Bischofs an seine Cousine: Mussenden Temple, Derry (RRB) ▲▲

Nur für Schwindelfreie: Die Brücke nach Carrick-a-Rede (RRB) ▲

White Park Bay, Antrim: Blick aus Irlands schönster Jugendherberge (RRB)

Naturwunder Giant's Causeway, Antrim (RRB) ▲▲
Dunluce Castle (Antrim), dessen Küche ins Meer fiel (RRB) ▲

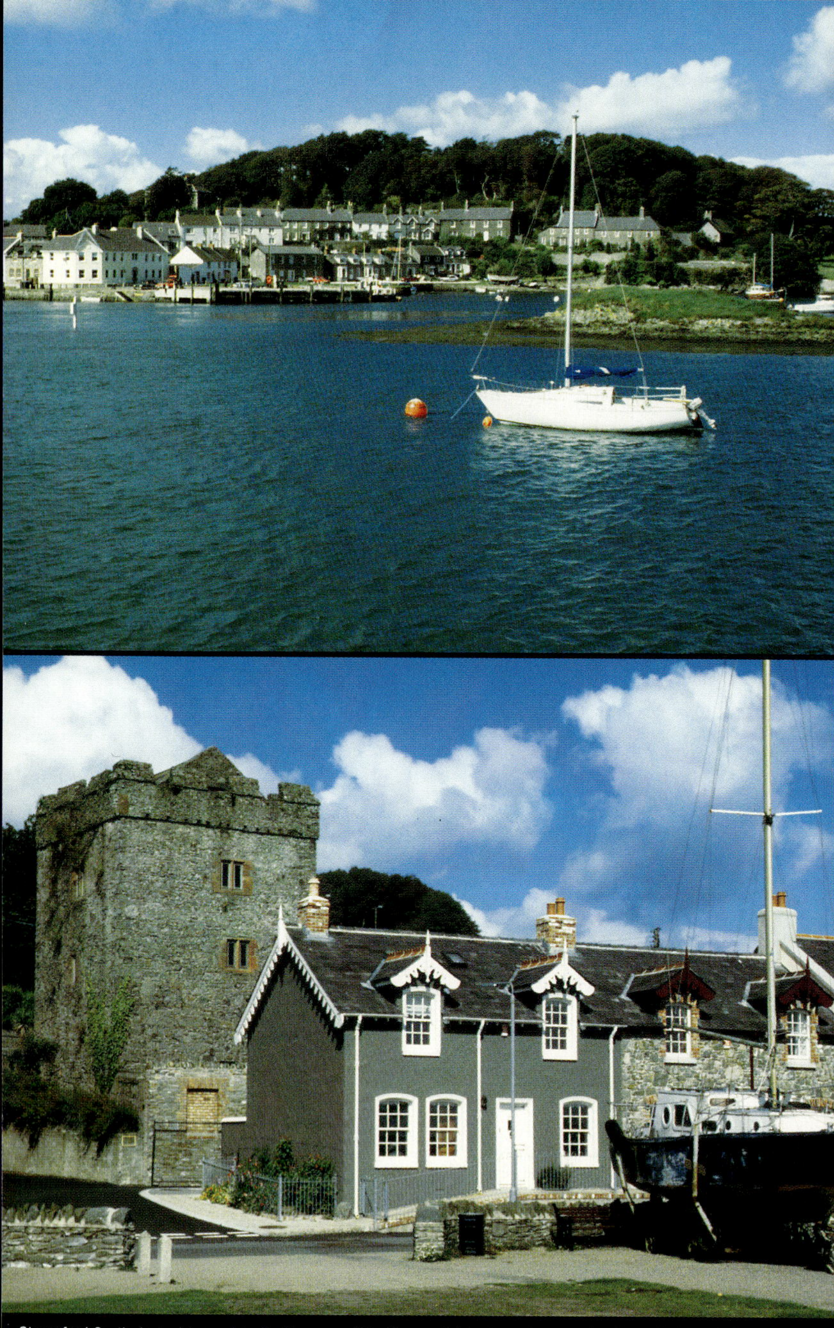

Strangford Castle (unten) bewachte die Meerenge "The Narrows" (oben) am Ausgang des Strangford Lough (RRB)

Gesprächsstoff, drei englische Ladies, die in der weißen viktorianischen Villa am Ortseingang leben und sich kleiden, als kämen sie direkt aus dem 19. Jh.

- *Telefonvorwahl:* 075
- *Verbindung:* **Taxi** nach Dungloe, ✆ 42 253, Bus siehe Dungloe (The Rosses).
- *Übernachten:* **B&B Campbell's Pier House,** Burtonport, ✆ 42 017, Juni–Sept., DZ 50 €. Für alle, die das Schiff verpasst haben... Große Zimmer, schöne Türen und eine winzige Küche, in der man Kaffee und Tee zubereiten kann.
- *Essen:* **Lobster Pot,** Dungloe Rd., abends bis 23 Uhr. Gehobenes Restaurant, Fisch und Hummer kommen frisch vom Hafen, und vor dem Eingang hängt wirklich eine Hummerfalle.

Aranmore Island (gäl. Árainn Mhór)

Die Insel ist längst nicht so erschlossen wie die Aran-Inseln vor Galway, mit denen sie oft verwechselt wird. Vom Hafen wuchern die Einfamilienhäuser des Hauptdorfes **Leabgarrow** den Hang hinauf. Etwa 600 Menschen wohnen auf Aranmore, und im Gegensatz zu Tory Island stand hier trotz der hohen Arbeitslosigkeit die Aufgabe der Insel nie zur Diskussion. Den Norden und Westen Aranmores jedoch nimmt eine weitgehend unberührte Hochfläche ein, die über Steilklippen zum Atlantik abfällt. Den besten Blick hat man von der Plattform des Leuchtturms. Der markierte **Aranmore Way** führt in gut 5 Std. um das 14 x 5 qkm große Eiland herum.

- *Telefonvorwahl:* 075
- *Information:* www.arainnmhor.com.
- *Verbindung:* Fähre von Burtonport, Juli/Aug. bis 8 x tägl. Im Winter befragt man über die Abfahrtzeiten am besten den Kapitän (Cornelius Bonner, ✆ 20 532). Autos werden nur nach Anmeldung und nur ausnahmsweise (z.B. für Gehbehinderte) übergesetzt.
- *Übernachten/Essen:* * **Glen Hotel,** ✆ 21 505, April–Okt., DZ 55 €. Das einzige Hotel der Insel, mit Restaurant und Pub. **Bonner's B&B/Ferryboat Restaurant,** am Hafen, ✆ 21 532, DZ 45 €. Die Familie des Fährmanns betreibt auch ein Restaurant mit B&B. Das Haus ist nicht bei Bord Fáilte registriert und daher nur direkt zu reservieren.
- *Pubs:* Im Sommer strömt die halbe Insel jeden Mittwoch in eines der sechs Pubs mit wechselnder Live-Musik (**Phillbhnán** ist gleichzeitig der einzige Laden). Und weil es auf Aranmore keine Polizei gibt, hält sich auch niemand an die Sperrstunde.

Der Nordwesten
Karte Seite 510/511

Gweedore und Sheephaven Bay

An der Nordwestspitze Donegals setzt die Landschaft Gweedore geographisch fort, was schon in The Rosses angeklungen ist: eine flache Küste mit vorgelagerten Inseln, dicht besiedelt und wenig spektakulär. Erst mit dem Horn Head wird das Ufer wieder wilder.

Auch das Kap *Bloody Foreland,* das seinen Namen den blutroten Sonnenuntergängen verdankt, ist nicht so dramatisch, wie es klingt. Zwischen *Falcarragh* und *Dunfanaghy,* einer Plantation mit strenger, presbyterianischer Atmosphäre und nettem Hafen, glänzt ein feinsandiger Strand, der allerdings wegen der Strömung nicht zum Baden taugt. Weitere Strände erstrecken sich vor *Magheraroarty* und gegenüber der Insel *Inishbofin.*

Bunbeg (gäl. An Bun Beag)

Das mit dem Nachbarort **Derrybeg** nahezu zusammengewachsene Bunbeg ist ein Schwerpunkt der Industrialisierungsbemühungen in der Donegal-Gaeltacht.

Eine deutsche Firma produziert beispielsweise Heizkörper, auch Regenkleidung wird aus Bunbeg in die Welt exportiert. Die halbstaatliche Gesellschaft für Wirtschaftsförderung *Udarás na Gaeltachta* stellt den Unternehmen billiges Gelände zur Verfügung und belohnt sie mit Steuervorteilen und Lohnzuschüssen. Doch nur wenige Firmen sind gekommen, und noch weniger sind sich im Rückblick sicher, ob dies eine gute Entscheidung war. Qualifizierte Spezialisten sind nur schwer in die Wildnis zu locken. Für einen Urlaubsaufenthalt mag der Donegal gut und schön sein, aber zum Leben und Arbeiten? Wer kein ausgesprochener Naturliebhaber ist, findet hier einfach zu wenig Abwechslung. Die Transportwege sind lang, die Straßen schlecht, und aus Fischern und Bauern werden nicht von heute auf morgen disziplinierte, stechuhrgesteuerte Malocher. Mit Tschechien kann Donegal nicht konkurrieren.

Doch Bunbeg hat außer dem Industriegebiet und der kilometerlangen Hauptstraße mit den Drive-In-Lokalen noch ein drittes, sehr viel ansprechenderes Gesicht: das Viertel um den *Hafen*, wo sich die Häuschen zwischen Ginsterhecken und Granithügeln verstecken. Der Hafen selbst stand einst im Guinness-Buch der Rekorde als kleinster Naturhafen der Britischen Inseln. Mit einem neuen Kai hat man sich um den Eintrag gebracht.

• *Telefonvorwahl:* 075

• *Information:* Main St., Bunbeg, ✆ 31 510, nur Mitte Juni–August.

• *Verbindung:* Mit **Lough Swilly Bus,** ✆ (048) 7126 2017, von Gweedore über Dunfanaghy nach Letterkenny und Derry.

• *Übernachten:* *** **Ostan Gweedore,** Bunbeg, ✆ 31 117, 📠 31 726, 15. März–Okt., DZ 115–180 €. Das beste Hotel der Umgebung ist ein moderner Bau mit viel Beton und Glas sowie jeder Menge Seesicht. Die neu möblierten Zimmer sind mit TV und Hausvideo ausgestattet. Im angeschlossenen Leisure Centre kann man sich mit Hallenbad, Sauna und beim Tennis vergnügen, in der Hausbibliothek ("the most westernly reading room on the Atlantic seabord") mit einem Buch.

Guesthouse Foreland Heights, Bloody Foreland, ✆ 31 785, Mai–Sept., DZ 65 €. Nahe dem Aussichtspunkt in der Steinwüste, sturmverweht.

B&B Teac Campbell, Main St., Bunbeg, ✆ 31 545, DZ 45 €. Ein festungsartiger Riesenbungalow unterhalb der Straße, Zimmer mit Meer- und Inselblick.

B&B Glean na Mara (Elisabeth Doherty), Main St., Bunbeg, ✆ 31 232/32 089, DZ 45 DM. Gleich neben dem Pub führt eine steile Schanze zu dieser schneeweißen Villa im amerikanischen Stil hinunter.

Seaside Hostel (IHI), Magheragallon, Derrybeg, April–Okt., ✆ 32 244, Bett 8 €, DZ 30 €, schön gelegen auf der Halbinsel vor Derybeg.

• *Essen:* **Moonies Restaurant,** Bunbeg. Mit Schilfdach und rosa Rüschen gegenüber der Information, nur abends, Dinner 20 €.

• *Pub:* **Hudie Beag's,** Bunbeg. Ein heißer Tipp für Freunde der Folkmusik. Der Wirt ist Vater der Altan-Sängerin und -Fiddlerin Mairead.

Lough Nacung (gäl. Loch na Cuinge)

Landeinwärts Richtung Dunlewy steht am Seeufer noch ein altes **Torfkraftwerk** aus den fünfziger Jahren. Um von Erdöl- und Kohleimporten unabhängig zu sein und auf lange Überlandleitungen verzichten zu können, baute die Elektrizitätsgesellschaft (ESB) damals an vielen Orten solche Minikraftwerke, in denen der von den Bauern gesammelte Torf verbrannt wurde. Im Prinzip ein guter Gedanke, wenn man nur gleichzeitig wenigstens die ökologisch wertvollsten Moore unter Schutz gestellt hätte. Doch daran dachte damals noch niemand. Inzwischen ist das marode Kraftwerk stillgelegt. "Die jun-

Kirche in Dunlewy (Lough Nacung)

gen Leute haben keine Lust mehr auf die schwere Arbeit", erklärt ein alter Bauer. Eigentlich gehörte es abgerissen, aber weil damals Unmengen von Asbest verbaut wurden, will niemand den Schutt, und so bleibt es eben stehen. Vielleicht wird irgendwann ein Industriemuseum daraus – wenn Brüssel Geld fließen läßt.

Statt aus dem Torfkraftwerk kommt der Strom jetzt von fünf Windrädern, deren bald 20 Meter lange Flügel sich oben auf dem **Cronalaght Mountain** drehen. Auch hier half ein EU-Programm bei den Investitionskosten. Die private, von einem früheren Ingenieur der ESB entwickelte und betriebene 3-Megawatt-Windfarm versorgt etwa 3000 Haushalte, und es könnten noch mehr sein, wenn die Elektriziätsgesellschaft nur ein besseres Leitungsnetz und ein neues Umspannwerk einrichten würde. Doch die muss, so will es das Gesetz, für den von John Gillespie erzeugten und ins Netz gespeisten Strom teuer bezahlen, und ist damit wenig motiviert, der privaten Konkurrenz noch unter die Arme zu greifen.

Attraktion am See ist das **Lakeside Centre**. Das idyllisch gelegene Haus des 1975 verstorbenen Manus Ferry, eines bekannter Webers, wurde zu einem Museum ausgebaut, das mit einer kleinen Sammlung und einem Film die Geschichte der Weberei und das Leben in den fünfziger Jahren festhält. Die Verarbeitung der Wolle von der Schafschur über das Spinnen bis zum Färben wird demonstriert, eine Whiskeybrennerei ist aufgebaut, für Kinder gibt es einen Spielplatz und viele Tiere – auf den Ponys darf geritten werden. Das Centre hat auch einen guten Namen in der Musikszene, Größen wie Dolores Keane und Martin O'Connor traten schon auf.

- *Telefonvorwahl:* 075.
- *Verbindung:* siehe Bunbeg.
- *Öffnungszeiten* des **Lakeside Centre/Ionas Cios Locha:** April–Mai Sa/So 12.30–18 Uhr, Juni–Sept. Mo–Sa 10.30–18 Uhr, So 11–19 Uhr, April/Mai nur Sa/So 11–18 Uhr; mit Bootsverleih. ✆ 31 699, Eintritt 3,75 €, mit Bootsfahrt 6 €.
- *Übernachten:* **B&B Dunlewy Lodge,** Marie McFadden, Moneymore, Dunlewy, ✆ 32 774, DZ 45 €. Das neu gebaute Haus liegt etwas abseits der Landstraße und damit in einer sowieso ruhigen Gegend in absoluter Stille. Die Zimmer im 1. Stock haben Blick auf Lough Dunlewy, die Kirchenruine und Errigal Mountain. Zum Pub sind es etwa 20 Min. Fußweg. (Lesertipp Wolfgang Schimmel).

Errigal JH, Dunlewy, ✆ 31 180, ganzjährig, Bett 7–9 €. Bei der Tankstelle am Nordufer des Sees. Die meisten Gäste sind Deutsche und gleichzeitig eingefleischte Wanderer, die "Juhe" ist der beste Ort für Tourentips. Die Einrichtung ist basic, doch es gibt warme Duschen.

Lakeside Hostel (IHI), Dunlewy, ✆ 32 133, April–Okt., Bett 9 €. Das einfache Hostel Campingmöglichkeit und Fahrradverleih befindet sich in einem früheren Hotel.

- *Essen:* Im Café mit Restaurant des **Lakeside Centre**.

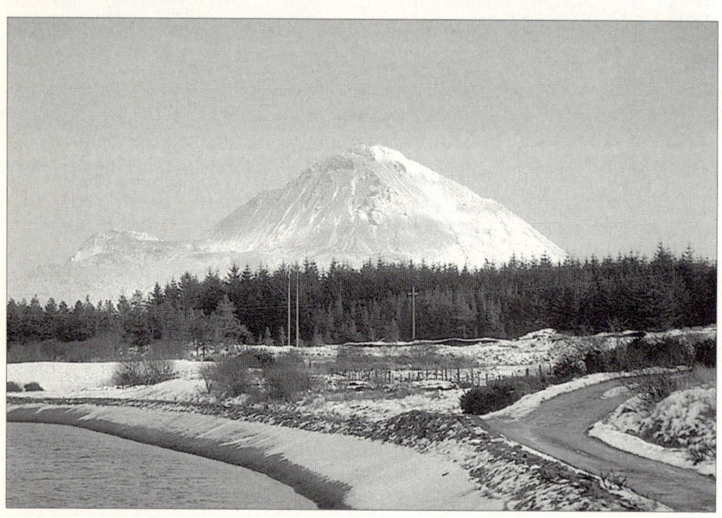

Der Errigal Mountain wartet auf Bergwanderer

Errigal Mountain

Hinter dem Dunlewy Lough erhebt sich mit 750 m Donegals höchster Berg majestätisch aus dem Moor. Man könnte den Quarzkegel ebenso für einen Vulkan halten. Der anspruchsvollere Aufstieg über den Nordwestgrat beginnt an einem Gehöft hinter McGeady's Pub ("Dunlewy Lounge"). Leichter ist die markierte "Tourist Route", die von der Südostseite in gut 2 Std. auf den sturmverwehten Gipfel führt. Der mit einem zementierten Pfosten bei einer Brücke markierte Pfad beginnt an der R 251 etwa 3 km östlich von Dunlewy. Oben wird man mit grandioser Aussicht über ganz Donegal bis hinüber nach Derry belohnt.

Wanderung Horn Head

Die **Klippen vor Dunfanaghy,** nach Slieve League die höchsten im Donegal, sind noch nicht lange Teil der irischen Insel. Erst zu Beginn des 20. Jh. hat der durch Überweidung der Dünen locker gewordene Sand bei außergewöhnlich heftigen Stürmen die Meerenge von Westen her buchstäblich zugeschüttet. Der Süßwassersee **New Lake** ist das letzte Überbleibsel des Meeresarms, der Horn Head einst von Irland trennte.

Den Ostteil von Horn Head kann man auf einer "Scenic Road" per Fahrrad oder Auto erkunden, die spektakuläre Westküste lässt sich nur auf Schusters Rappen erschließen. Eine schöne Halbtageswanderung beginnt am Corcreggan Mill Hostel, nimmt ein kurzes Stück die Straße nach Westen und biegt dann den ersten Weg rechts zum Strand ein. An dessen Ende geht es auf den Hang hinauf, oben wird man an den **Two Pistols** und an **McSwyne's Gun** (200 m nördlich von der Gedenktafel für die Opfer eines Unfalls) von einer eigenartigen Naturerscheinung erwartet. Die Felslöcher sind die "Hinterausgänge" von zum Meer hin offenen Höhlen, in denen sich Wind und Brecher fangen und die Luft unter enormen Druck und einem Höllenlärm auf der Landseite hinauspressen. Nach der **Pollaguill Bay,** in der man bei entsprechendem Wetter picknicken und sogar baden kann, geht es an einem Cairn vorbei zum **Marble Arch,** wo sich das Meer einen Tunnel unter dem Fels ausgespült hat. Wer keine Rückfahrgelegenheit arrangiert hat, muss jetzt wohl umkehren. Andernfalls setzt man den Weg immer der Küste entlang fort. Erst jetzt kommen nämlich mit **Crockaclogher**, **Horn Head** und **Traghlisk Point** die Steilklippen der Halbinsel, der Weg wird steiler und schwieriger. Wenn Sie von Traghlisk Point landeinwärts auf den Hügel mit der verfallenen Wachstation zuhalten, sehen Sie von dort bereits den Parkplatz am Ende des Scenic Drive.

- *Telefonvorwahl:* 074
- *Verbindung:* Von Falcarragh und Dunfanaghy **Busse** nach Dungloe, Letterkenny, Galway und Derry.
- *Übernachten:* *** **Arnold's,** Dunfanaghy, ✆ 36 208, ℻ 36 352, 15. März–Okt., DZ 100–130 €, Ferienhaus Juli/Aug. 250 €/ Woche. Am Ortsrand und seit drei Generationen in Familienbesitz, viele Stammgäste. Als besonderes Schmankerl werden Malkurse und geführte Wanderungen offeriert. Spezialität des Restaurants ist der Seafood-Eintopf.

*** **Carrig Rua,** Dunfanaghy, ✆ 36 133, 36 277,15. März–Okt., DZ 90–115 €. Die frühere Postkutschenstation wurde im Zuge einer gründlichen Renovierung auf den Stand der Zeit gebracht. Zimmer mit TV, abends treffen sich Autofahrer und andere in der hoteleigenen "Highwayman Bar".

B&B Rosman House (McHugh's), Falcarragh Rd., Figart, Dunfanaghy, ✆ 36 273, DZ 55 €. Ein Bungalow mit Meerblick 100 m abseits der Hauptstraße, Zimmer mit TV und Radio.

Shamrock Lodge Hostel (IHH), Falcarragh, ✆ 35 859, Bett 9 €, DZ 25 €. Über dem Dorfpub (Sa Musik), dessen Stimmung über die kleinen Zimmer des Hostels hinwegtröstet.

Corcreggan Mill Hostel (IHH), Dunfanaghy, ✆ 36 409, Bett 9 €, DZ bis 35 €. 4 km Richtung Falcarragh in zwei aus Naturstein errichteten Häusern einer alten Mühle. Gut ausgerüstete Küchen mit Aufenthaltsraum, die Mitarbeit im Bio-Garten wird mit freien Mahlzeiten belohnt. Blick auf Tory Island, Camping möglich, Fahrradverleih.

- *Essen:* **Dannan's,** Main St., Dunfanaghy, tgl. ab 18 Uhr, ✆ 36 150, Menü 30 €. Das gutbürgerliche, vor allem auf Urlauber zielende Restaurant erstreckt sich über zwei Etagen. Stärke der Küche sind Fischzubereitungen und Schalentiere (z.B. Ragout von Jakobsmuscheln), daneben gibt es auch Steaks oder etwa Lammrücken.

Preiswerter ist **Danny Collins,** Main St., Dunfanaghy, mit Pastagerichten ab 9 €.

Der Nordwesten
Karte Seite 510/511

▸ **Dunfanagy Workhouse:** Nach dem britischen Armengesetz, das just wenige Jahre vor der großen Hungersnot beschlossen worden war, gab es öffentliche Hilfe nur für jene Bedürftigen, die zu arbeiten bereit waren. Mancher deutsche Sozialpolitiker und Stammtischbruder wird diese Regel vorbildlich finden. Alte, Kranke und für die harte körperliche Arbeit zu Schwache blieben außen vor – sie waren auf die Hilfe menschlicher Grundherren und der Kirche angewiesen oder mussten verhungern. Die arbeitsfähigen Armen wurden in gefängnisähnlichen Arbeitshäusern kaserniert und hier, nach Männern, Frauen und Kinder getrennt, nicht anders als Zwangsarbeiter behandelt. Eines dieser Arbeitshäuser, die damals an vielen Orten Irlands errichtet wurden, ist in Dunfanagy als Museum erhalten, das außerdem auch über die Lokalgeschichte informiert.

⌚ Mai–Sept. Mo–Fr 10–17, Sa/So 12–17 Uhr, Eintritt 2,50 €.

▸ **Ards Forest Park:** Der Waldpark an der Nordküste der Ards-Halbinsel ist aus einem Landgut hervorgegangen. Die Forstverwaltung hat gleich mehrere Spazierwege durch den Wald und am Strand angelegt. Ein Heftchen mit Vorschlägen für Touren ist am Eingang erhältlich.

Anfahrt: An der N 56 etwa auf der Mitte zwischen Dunfanaghy und Creeslough; im Sommer Eintritt 1,25 €.

▸ **Doe Castle:** Die bis 1909 bewohnte Ruine der von den MacSweeneys im frühen 16. Jh. angelegten Wehrburg thront auf einem kleinen Felsen und ist auf drei Seiten von Wasser umgeben. Landseitig schützt sie eine aus dem Stein gehauene Schanze vor Angreifern, bei denen es sich meistens um nahe Verwandte, z.B. Brüder, handelte –ein so schön gelegenes Haus fordert Erbstreitigkeiten geradezu heraus. Manch einer der Häuptlinge, die auf dem Friedhof vor der Burg bestattet sind, starb keines natürlichen Todes. Der beste Fotowinkel ist von McFaddan's Pub an der Straße nach Carrickart.

Anfahrt: Cresslough, Carrickart Rd., 5 km außerhalb; gut ausgeschildert. Eintritt frei.

Tory Island

Das Eiland, etwa 5 x 1,5 qkm klein und in einer besonders stürmischen Ecke des Atlantiks, ist die abgelegenste der noch bewohnten Inseln vor der irischen Küste.

Eine amtliche Studie beschied der Insel in den siebziger Jahren, dass sie vielleicht noch als Schießplatz oder Gefängnis geeignet sei, die letzten Bewohner (heute sind es 140) aber aufs Festland umzusiedeln wären. Doch anders als auf den Blaskets sind hier nur wenige Familien dem Appell der Behörden gefolgt, die meisten blieben. Sie pflanzen Kartoffeln, fangen Fisch, malen (dazu gleich mehr) und setzen neuerdings verstärkt auf den Tourismus. Etwa 10.000 Tagesbesucher setzen jedes Jahr auf die Insel über, nur wenige bleiben über Nacht. Es gibt eine Schule, ein Pub, zwei Läden, Kirche und Pfarrer – was will man mehr?

Noch vor nicht allzu langer Zeit wäre ein Fahrt nach Tory Island nur etwas für Reisende gewesen, für die Zeit keine Rolle spielt. Bei einem unvermuteten Wetterumschwung musste man Tage, im Winter auch Wochen auf eine Chance zur Rückfahrt warten. Mit besseren Booten ist diese Gefahr nun gebannt. Der wachsende Besucherstrom füllt die Geldbörsen des Fährmanns und der Insulaner, hat aber auch Schattenseiten. Mit Garda John Gallagher hat die Insel jetzt den seit Menschengedenken ersten Polizisten bekommen. Zum Glück des Wirts weilt John bislang allerdings nur drei Tage die Woche auf Tory Island. Noch widerstehen die Leute von Tory Island den Angeboten reicher Fremder, die auf der Insel ein Grundstück erwerben und sich hier niederlassen wollen. Doch die Landpreise sind drastisch gestiegen.

Geschichte

Früher war Tory Island ein berüchtigter Piratenstützpunkt. So berüchtigt, dass die "Torys", die heutigen Konservativen im englischen Parlament, einst nach der Insel benannt wurden. *Balor,* "der mit dem bösen Blick", durch den allein er ganze Geschwader versenken konnte, war der bekannteste Anführer der Tory-Piraten. Seinen Namen hatte er von dem keltischen Gott der Dunkelheit, der in den örtlichen Legenden unvergessen ist. Noch Ende des 19. Jh. waren offenbar magische Kräfte am Werk. Als das britische Kanonenboot *Wasp* 1884 an der flachen Südküste zu landen versuchte, um die längst überfälligen Abgaben der Inselbewohner unter Androhung von Gewalt einzutreiben, lief es in den tückischen Untiefen auf Grund – wie es heißt, weil die Leute von Tory das Boot durch einen magischen Steinzauber verhexten.

Ein Glücksfall für Tory Island war Father *Diarmuid O'Peicin,* der gerade zu dem Zeitpunkt auf die Insel kam, als ihre Evakuierung beschlossene Sache schien. Dem Jesuitenpater verdankt man das Dieselkraftwerk (bis 1984 gab es keine durchgehende Stromversorgung), fließendes Wasser und den regelmäßigen Postdienst. Er initiierte die nach einem Dämmerschlaf heute wieder aktive Inselkooperative, gründete eine Strickwarenfabrik und brachte die Anliegen der Bewohner bis vor das Straßburger Europaparlament. Als sein Meisterstück gilt eine Petition zum Schutz der nordirischen Inseln, die von allen Abgeordneten aus beiden Teilen Ulsters einschließlich des protestantischen Hardliners Ian Paisley unterzeichnet wurde. Nachdem sich der volksverbundene Pfarrer mit nahezu allen staatlichen und kirchlichen Instanzen überworfen hatte, wurde er 1984 von einem Tag auf den anderen abberufen. Seine Leidenschaft für Tory Island pflegt der heute über Achtzigjährige als Vorsitzender der Stiftung *Island Trust.*

- *Telefonvorwahl:* 074
- *Verbindung:* Jeden Morgen ein Schiff von Bunbeg, dazu Juni–Sept. tägl. 1–3 Schiffe von Magheraroarty (östlich vom Bloody Foreland); hin und zurück 20 €, Fahrräder kostenlos. Auskunft über die Abfahrtszeiten und Verbindungen besonders im Winter bei **Turasmara Teo** (Donegal Coastal Cruises), ✆ (075) 31 320 (Zentrale), ✆ (075) 31 991 (Abfahrten Bunbeg), ✆ (074) 35 061 (Abfahrten Magheraroarty).
- *Musik:* Abendliche Sessions im **Ostán Thoraigh** und im Community Centre **Club Soisialta Thóraigh**.
- *Lesen:* Nolan, Liam/O'Peicin, Diarmud: "Islanders: the true story of one man's fight to save a way of live." London (Harper & Collins).
- *Übernachten:* In den letzten Jahren entstand eine ganze Reihe neuer Quartiere.

Ostán Thoraigh, West Town, ✆ 35 920, 📠 35 613, am Hafen, DZ 75 €. Das erste Hotel der Insel. Die 14 Zimmer sind mit Telefon und TV ausgestattet, die hauseigene "People's Bar" ist der Mittelpunkt des Nachtlebens von Tory. Das Hotel ist von Okt. bis März geschlossen.

Grace Duffy, East Town, ✆ 35 136, April–Okt., DZ 45 €, hat ihr B&B bei Bord Fáilte registrieren lassen. Weitere Zimmer vermittelt die Kooperative (✆ 35 502), die von April bis Sept. auch das einfache **Hostel Radnarc na Mhara** (✆ 65 145, Bett 9 E) betreibt.

• *Essen:* Am Hafen ist ein Café, zum Hotel gehört auch ein Restaurant.

Sehenswertes

Balors Fort, die Nordostspitze Torys, ist eine natürliche Festung. Zum Meer hin durch Steilklippen geschützt, haben die keltischen Burgherren auf dem schmalen Grat, der das Kap mit der Insel verbindet, einen Wall angelegt, der immer noch zu sehen ist. Heute siedelt in Balors Fort eine der größten irischen Kolonien von Seepapageien, die mit ihrem farbenfrohen dunklen und weißen Gefieder und den orangefarbenen Schnäbeln eher in südliche Gefilde zu gehören scheinen.

Ob das im 16. Jh. aufgelassene **Kloster,** von dem am Rande von West Town noch ein *Rundturm* steht, wirklich auf St. Columcille zurückgeht, mag bezweifelt werden. Jedenfalls war Tory Island auch im Mittelalter besiedelt. Ein anderes frühchristliches Zeugnis ist das *τ-Kreuz* am Landungssteg von West Town.

Die Hubschrauber der Leuchtturmbehörde "Commissoners of Irish Lights", die den 1832 an der Nordwestspitze von Tory Island errichteten **Leuchtturm** versorgten, bildeten lange die einzige, unabhängig von Wind und Wetter verlässliche Verbindung zur Außenwelt. Seit der Leuchtturm unbemannt und automatisiert ist, kommt der Arzt mit seinem eigenen Helikopter.

Die Maler von Tory

Es begann in den 50er Jahren mit einem "Arbeitsaufenthalt" des englischen Landschaftsmalers Derek Hill auf Tory Island. *James Dixon* schaute dem Meister über die Schulter und befand: "Das kann ich besser!" Der Engländer stellte sich der Konkurrenz und gab Dixon Farbe und Leinwand. Die Pinsel fertigte sich der Herausforderer selbst aus den Schwanzhaaren eines Esels. Es entstand eine naive Vogelperspektive von West Town, wie es sich an den Felsrücken über der Hafenbucht schmiegt – Dixon hatte weder jemals eine künstlerische Ausbildung erhalten, noch seine Stadt je aus der Luft gesehen. Diese und andere Bilder, die meisten befinden sich in der Glebe Galerie in Church Hill, sind heute Tausende wert. Vom Erfolg des Pioniers angestachelt, versuchen sich auch andere Inselbewohner als Maler. *Anton Meenan* ist bislang der einzige, der eine Kunstschule besucht hat. Doch auch er nimmt seine Motive ausschließlich von der Insel. Die Bilder der "Naiven" von Tory, die schon auf Ausstellungen in Paris gefeiert wurden, sieht man im Donegal z.B. in der Glebe Galerie oder auf Tory Island in der Dixon Galerie und im Gemeindehaus.

West Town und **East Town,** die beiden durch eine Piste verbundenen Siedlungen, sind ein buntes Sammelsurium von Fischerhäuschen in unterschiedlichem Zustand. Die einen proper herausgeputzt und farbenfroh gestrichen, die anderen vernachlässigt – so wie die Menschen selbst auf ihr Äußeres mehr oder weniger Wert legen. Nicht verschwiegen sei, dass der Müll zusehends zu einem Problem auf Tory Island wird. Immer mehr nützliche und weniger nützliche Dinge kommen mit dem Schiff, doch der Abfall, von Autowracks über Ölfässer bis zum Plastik, bleibt auf der Insel. Die nächste Stufe, nämlich den Müll ins Meer zu kippen, ist hier noch nicht erreicht.

Glenveagh Nationalpark

Der Glenveagh Nationalpark, mit fast 100 qkm Irlands größtes Naturschutzgebiet, ist, gemessen an den Besucherzahlen, auch die Top-Attraktion Donegals. Der mannshohe Zaun, der das Gelände umgibt, schützt zugleich eine der letzten irischen Herden frei lebenden Rotwilds.

Der Naturpark geht indirekt auf den damaligen Landlord John George Adair zurück. Als sein Verwalter 1861 beim Versuch, den Diebstahl einiger Schafe aufzuklären, von Unbekannten umgebracht wurde, wies Adair kurzerhand alle Pächter von seinem Besitz – mit Schafen ließ sich mehr verdienen, als die Abgaben der Bauern brachten, und weniger Ärger bereiteten sie auch. Im **Besucherzentrum** am Eingang geben Vitrinen und eine Diashow einen Überblick über die Geschichte des Parks, seine Pflanzen und Tiere und Erklärungen zur ökologischen Bedeutung des Reservats. Hinter dem Haus ist ein Naturlehrpfad angelegt.

Ein Kleinbus bringt die Gehfaulen zum 5 km entfernten **Castle,** einem viktorianischen Protzbau am Ufer des Lough Beagh. Die Einrichtung wurde großteils von Henry McIlhenny zusammengekauft, einem steinreichen Amerikaner irischer Abstammung, der das Schloss seit den dreißiger Jahren bewohnte und es schließlich dem Staat vermachte. Wie man im Rahmen der Führung an den Trophäen, Gemälden und sogar an manchen Möbeln sieht, galt McIlhennys große Leidenschaft der Jagd.

Noch in anderer Hinsicht eiferte der Mann aus Philadelphia der englischen Gentry nach. Zwar hatte schon der letzte Adair vor dem steingrauen Haus einen **Park** angelegt, doch McIllhenny brachte die bunte Oase, die so gar nicht in das sonst rauhe und kahle Tal zu passen scheint, erst richtig zum Blühen. Wälder und Anlagen, Terrassen mit antiken Skulpturen, ein Küchengarten und Blumenrabatten sind zu einer künstlichen Landschaft verwoben. Das Glashaus erinnert an die königlichen Gärten in Brüssel.

Längere Streifzüge führen vom Schloss aus am Ufer des **Lough Beagh** entlang durch die Eichen- und Fichtenwälder. So muss einmal der größte Teil Donegals ausgesehen haben. Die kleinen Inseln im See waren vor Adairs drakonischer Strafaktion ein beliebtes Versteck der illegalen Schnapsbrenner, an der Südspitze rauscht der **Asteellen Wasserfall**. Wer auch auf die angrenzenden Höhen wandern oder mit einem Fernglas die Hirsche aufspüren will, kauft sich am besten im Visitor Centre die kleine Broschüre über den Nationalpark, die auch eine Karte enthält.

- *Verbindung:* Es gibt keine öffentlichen Verkehrsmittel in den Nationalpark.
- *Öffnungszeiten* des Nationalparks: Der Park ist ganzjährig zugänglich; Schloss, Gärten und Visitor Centre nur Ostern–Okt. tägl. 10.30–18.30 Uhr (im Okt. Fr geschlossen); Eintritt je 2,50 €.

Der Nordwesten
Karte Seite 510/511

• *Führungen:* Durch den **Garten** Juli/Aug. Di + Do 14 Uhr, Treffpunkt ist der Schlosshof. Durch den **Park** Kurzspaziergänge Juli/Aug. Mi 11 Uhr ab Visitor Centre, dazu etwa alle vier Wochen an einem Samstag eine ganztägige Bergwanderung (Auskunft und Anmeldung ✆ 37 090).

Church Hill

Glebe House: Der Kunstmaler Derek Hill erwarb 1953 am Ufer des Lough Daran das frühere Kloster und Hotel Glebe House. Später stiftete er es dem Staat, und das Haus wurde so belassen, wie es Hill einst einrichtete: je nach Geschmack des Betrachters wird es als ein einzigartiges Gesamtkunstwerk oder als ein Kitschkabinett empfunden. Unstrittig ist der Rang einzelner Kunstwerke, mit denen der Landschafts- und Porträtmaler sich umgab. Da hängen Gemälde von Kokoschka und Picasso, Landseer und Jack B. Yeats, in der Küche sind die Tory-Maler versammelt, allen voran James Dixon mit seiner bezaubernden Vogelperspektive von Westtown. Wagemutig sind die Kombination und das unvermittelte Nebeneinander der vielen und ganz verschiedenen Dinge, an denen Hill Gefallen fand: englische, italienische und türkische Tapeten, Orientalika und Asiatika, das viktorianische Bad und die Tiffany-Lampe, kurz: ein buntes Allerlei, dessen Fäden einzig im Kopf von Derek Hill zusammenliefen. Seine Bilder sind zusammen mit Wechselausstellungen in der in den einstigen Ställen eingerichteten Galerie zu bewundern.

Ⓛ Ostern, Mitte Mai–Sept. Mo–Do, Sa 11–18.30 Uhr, So 13–18.30 Uhr; Eintritt 2,50 €.

Columcille Heritage Centre: Der Heilige Columcille, nach Patrick Irlands wichtigster Heiliger, wurde 521 am Lough Gartan geboren. Die kleine Ausstellung ist seinem Leben und Wirken gewidmet, es gibt ein wunderschönes Bleiglasfenster mit biblischen Szenen und eine gut verständliche Erklärung zur Technik der Buchmalerei und Kalligraphie.

Ⓛ Ostern und Mitte Mai–Sept. Mo–Sa 10.30–18.30 Uhr, So 13–18.30 Uhr; Eintritt 2,50 €.

Rosguill

Von der Gaeltacht-Gemeinde **Carrickart** (gäl. Carrigart) aus führt der etwa 15 km lange **Atlantic Drive** im Uhrzeigersinn um die Halbinsel Rosguill herum. Die Landschaft öffnet sich zu einem feinsandigen Strand, der sich mit der Annäherung an **Downings** und seine Campingplätze zusehends bevölkert. Auch in puncto Kneipen und Nachtleben läuft Downings während der Sommerferien dem Nachbarort den Rang ab. Ein Abstecher in die Dünenlandschaft an der Nordspitze Rosguills endet in einem inoffiziellen Campingplatz, der sehr viel schöner liegt als die Zeltplätze beim Dorf.

• *Telefonvorwahl:* 074

• *Verbindung:* Im Sommer Busse von Carrickart nach Downings und Letterkenny (**Lough Swilly,** ✆ 048/7126 2017).

• *Fahrradverleih:* **C.C.Cycles,** Carrickart, ✆ 55 427.

• *Übernachten:* **** **Rosapenna,** ✆ 55 301, ℻ 55 128, April–Okt., DZ 135–140 €. Das vornehme Haus liegt in einem großem Grundstück direkt am Meer. Ganzer Stolz ist der hoteleigene Golfplatz, der schon seinen hundertsten Geburtstag feiern konnte. Gemütliche Kaminfeuer, wuchtige Polstermöbel, die Zimmer mit TV und teilweise Meerblick. In der Architektur ist vom viktorianischen Haupthaus bis zu den neuen Bungalowbaracken allerdings ein gewisser Niedergang festzustellen.

** **Hol-Tel (!) Carrickart,** Carrickart, ✆ 55 114, ℻ 55 250, April–Sept., DZ 75–90 €. Seit drei Generationen in Familienbesitz, mit Freizeitzentrum (Hallenbad, Sauna, Squash). Auch hier ist dem stattlichen Haus der Gründerzeit ein hässlicher Anbau beigefügt.

B&B Sonas, Mary Gallagher, Upper Carrickart, Mitte März–Okt., ✆ 55 401, DZ 50 €. Schöner Rosengarten.

Tra na Rossan JH, ✆ 55 374, April–Sept., Bett 6–9 €. 6 km nördlich von Downings in bester Lage auf einem Hügel, betten schon seit 1937 müde Wanderer in dem aus Naturstein gebauten Haus ihr Haupt. Einsam gelegen, doch montags kommt ein fahrender Lebensmittelhändler vorbei, und Fisch kauft man beim Nachbarn.

• *Camping*: **Casey's Camping,** Downings, ✆ 55 376, April–Sept., Zelt mit 2 Pers. 9 DM. Sehr einfach, viele Wohnmobile, in der Ortsmitte direkt am Strand.

• *Essen/Pubs:* **North Star,** Carrickart. Das Dorfpub hat mittags auch Barmeals.

Weavers Restaurant, Carrickart, Juli/Aug. tägl. ab 10 Uhr, sonst nur Fr–So abends. Mit nachgebautem Webstuhl, Garnspulen und Weberschiffchen nett dekoriert.

Thatch, Downings. Auch Essen, im Sommer Folkmusik und Sessions. Lokalmatadore sind die "Mollones", eine Familienband, die auch gälische Lieder singt.

4 von 4,5 Mio. irischen Schafen – diesmal an der Mulroy Bay

Fanad

Die nächste Halbinsel, ein Hügelland zwischen Mulroy Bay und Lough Swilly, ist landschaftlich weniger spektakulär als Rosguill. In den geschützten Lagen der Westseite wächst üppiger Wald, die Hochflächen sind Weideland.

Bei **Carrowkeel** an der Westküste wurde im 19. Jh. das **Knockalla Fort** angelegt, um Fanad vor einer erwarteten Invasion der Franzosen zu schützen. **Portsalon** an einem schönen Sandstrand am Eingang des Lough Swilly hofft, dass mit der Entspannung in Nordirland wieder mehr Wochenendausflügler aus Derry kommen. Das einzige größere Hotel des Seebades brannte vor einigen Jahren aus. Im Sommer bieten die Fischer Boottrips zu den **Seven**

Arches, einem natürlichen Triumphbogen im Meer, und dem von der Brandung zernagten Felsen **Doaghbeg** an. 5 km vor Rathmullan weist ein Schild landeinwärts zum **Drumhallagh Cross,** einem mittelalterlichen Hochkreuz, das auf einem Felsen am Rand eines Wäldchens thront.

Eine Chance für den "Bio-Farmlachs"?

Heute mag man kaum glauben, dass Lachs einmal ein Arme-Leute-Essen war. 1842 gingen an der französischen Atlantikküste Hausangestellte und Tagelöhner gegen den Versuch der Weinbauern, sie jeden Tag mit Lachs abzuspeisen, auf die Barrikaden. Nicht öfter als dreimal die Woche dürfe der Fisch auf den Tisch kommen, einigte man sich schließlich.

Heute ist echter Wildlachs eine Rarität, und ohne die Bemühungen der Fischzüchter, die massenweise Jungtiere in den Flüssen aussetzen, wäre der Edelfisch vielleicht schon ganz ausgestorben. Einem angeborenen Instinkt folgend, kehrt der Lachs nach einer Reise in den Atlantik zum Laichen immer wieder dorthin zurück, wo er selbst aufgewachsen ist. Die meisten Lachse, die heute in den Schlünden der Feinschmecker enden, haben das offene Meer jedoch nie gesehen. Sie kommen aus einer Bucht, wo sie in den Käfigen der Fischfarmen herangewachsen sind. In der *Mulroy Bay* zwischen den Halbinseln Fanad und Rosguill befindet sich die wohl größte derartige "Fischfabrik" Irlands. Die Lachsfarmen sind ein Lieblingskind der halbstaatlichen Wirtschaftsförderung, die darin eine Chance für neue Arbeitsplätze und sichere Einkommen sieht. 30.000 Tonnen der irischen Produktion gehen nach Deutschland.

Doch die Farmen sind umstritten: Massenhaltung auf engem Raum, oft an ungeeigneten, weil zu wenig durchströmten Standorten und inzuchtbedingte genetische Schäden machen die Fische anfällig für Krankheiten und besonders Infektionen – ein einziger erkrankter Lachs kann alle anderen im Käfig anstecken. Vorbeugend geben die Züchter Antibiotika ins Futter und bringen Pestizide gegen Läuse und Ungeziefer aus. Diese schützen die Zucht, dezimieren aber die viel empfindlicheren Wildlachse, die auf dem Weg in die Laichgründe an den Farmen vorbeikommen. Damit erzürnen die Züchter Ökologen, Fischer und die Tourismusbranche, die zu Recht befürchtet, dass die Angelurlauber ausbleiben, wenn es in den Flüssen keine Lachse mehr gibt.

Vor allem in Norwegen, wo man die längsten Erfahrungen mit der Lachszucht hat, experimentieren Züchter neuerdings mit "Bio-Farmlachs". Dabei werden wild lebende Jungtiere beim Zug ins Meer abgefangen und in vergleichsweise dünn besetzten Käfigen aufgezogen. Sie sind widerstandsfähiger gegen die Parasiten, auf Pestizide und Medikamente kann verzichtet werden. Doch der "Bio-Farmlachs" ist arbeitsintensiv, bringt weniger Ertrag und ist damit viel teurer als der gewöhnliche Farmlachs. Es muss sich noch zeigen, ob die Verbraucher dafür auch mehr zu zahlen bereit sind.

▸ **Rathmullan** sah 1607 die "Flight of the Earls", bei der die O'Neills und O'Donnells sich vor dem englischen Druck nach Frankreich absetzten und damit den Weg für die Konfiszierung ihrer Güter und schließlich die "Plantation", die Ansiedlung schottischer Protestanten, freimachten. Geschichtsfans erfahren im

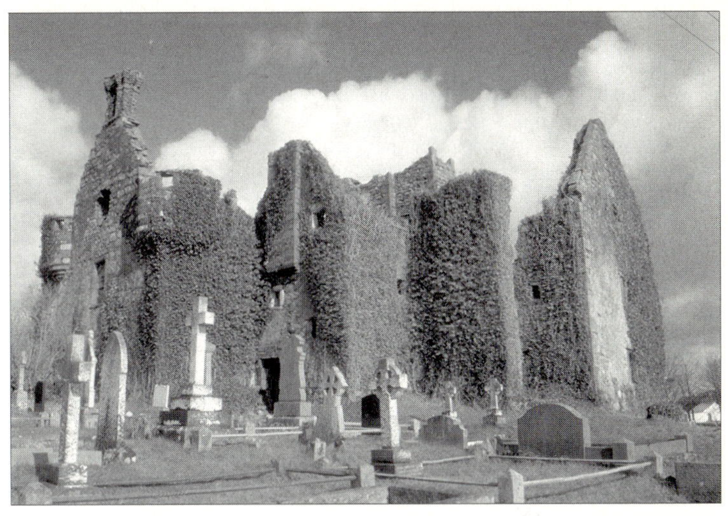

Natürliche Fassadenbegrünung am Karmeliterkloster von Rathmullan

Heritage Centre in der alten Hafenfestung mehr über diese Episode. Die Earls sammelten sich vor dem **Karmeliterkloster,** das damals sicher noch die Spuren der Zerstörung und Plünderung des englischen Überfalls von 1595 trug. Später richtete ein Bischof das efeuumrankte Gemäuer als Amtssitz wieder her. Im 18. Jh. war Rathmullan eine Basis der englischen Amerikasegler, später kamen die Russen, um hier in Salz eingelegten Hering zu erstehen. Auch als Heimat der angeblich besten irischen Saatkartoffeln hat das Städtchen einen Namen, und last not least gibt es ein liebenswert angestaubtes Seebad mit verschwiegenen Buchten in der nahen Umgebung. Am Strand südlich des Hafens sollte man allerdings nicht ins Wasser gehen – dort mündet auch die Kanalisation des Städtchens.

- *Telefonvorwahl:* 074
- *Verbindung:* Lough Swilly Bus, ✆ 22 873, umrundet von Letterkenny aus die Halbinsel.
- *Öffnungszeiten* des **Heritage Centre:** Juni–Sept. Mo–Sa 10–18 Uhr, So 12–18.30 Uhr. Eintritt 2 €.
- *Übernachten/Essen:* **** **Rathmullan House,** ✆ 58 188, 📠 58 200, www.rathmullanhouse.com, Ostern–Okt., DZ 140–150 €. Etwas nördlich des Dorfs liegt das elegante Herrenhaus (1790) mit wertvollen alten Möbeln, Marmorkaminen, einem Speisesaal im orientalischen Stil, Sauna und Hallenbad in einem weitläufigen Park nahe dem Ufer. Die Küche pflegt neben Seafood auch irische Gerichte (z.B: Lauch-Kartoffelsuppe).

* **Pier Hotel,** ✆ 58 178, April–Okt., DZ 65 €. Die frühere Poststation am Hafen ist ein nettes, altmodisches Familienhotel mit gerade 10 Zimmern. Im Restaurant preiswerte Riesenportionen Lachs.

Bunnaton Hostel (IHI), Glenvar, ✆ 50 122, Bett 10 €, DZ 25 €. Das Hostel liegt an der Straße von Rathmullan nach Portsalon, etwa 2 km hinter Glencar in einem früheren Haus der Küstenwache. Meerseits blickt man auf eine schmale Bucht mit Felsstrand, landseits ins romantische Glenvartal. Gut ausgestattete Küche und mit Mrs. Hewett eine herzliche Gastgeberin. Fahrradverleih.

Water's Edge Restaurant, am Ortsende Richtung Ramelton, auch B&B.

Der Nordwesten Karte Seite 510/511

▸ **Ramelton** (auch: Rathmelton), pittoreskes Ensemble aus Lagerhäusern, einfachen Fischerkaten und georgianischen Stadthäusern, war einst ein Zentrum der Lachsfischerei. Ein auf die Fassade des Fish House am Hauptplatz gezeichneter Plan weist den Weg zu den historisch bedeutsamen Gebäuden des Städtchens.

• *Übernachten:* **B&B Ardeen House,** ✆ 51 243, April–Okt., DZ 52 €. An der Bucht hinter dem Hafen (150 m von Kellys Lagerhaus), überdurchschnittlich ausgestattete Villa in einem Garten.

B&B The Manse, ✆ 51 047, DZ 55 €, Ostern bis Sept. Ein Haus für Nostalgiker. Seit Mrs. Scott, damals frisch verheiratet, in den 30er Jahren einzog, hat sich nur wenig verändert. Statt "en-suite Boxen" in den Zimmern findet man ein stilvolles Etagenbad mit musealen Armaturen. Zum Frühstück ruft Schlag neun eine Glocke.

• *Essen:* **Mirabeau Steak House,** nur abends, Dinner 25 €. Gediegen, in Blaurosa eine Spur kitschig eingerichtet.

Fish House Craft Shop/Café, Mai–Sept. tägl. bis 19 Uhr. Die Stuarts haben sich eines der letzten Fischhäuser in Irland angenommen und es mit viel Liebe in einen Kunsthandwerksladen mit Tearoom umgebaut.

• *Pubs:* **Conway's.** In einer riedgedeckten Bauernkate erwarten den Gast ein riesiger Tresen, die einst von einem Auswanderer den Daheimgebliebenen geschickte Standuhr ("Seht her, hier schlägt die Stunde Amerikas!"), viel Bier und gute Laune.

Letterkenny

Mit 9000 Einwohnern ist der Marktort an der Mündung des River Swilly die größte Stadt der Grafschaft und die Verkehrsdrehscheibe Norddonegals. Zu sehen gibt es außer Irlands längster Hauptstraße wenig in Letterkenny, doch bei der Anfahrt zu den Halbinseln kommt man unweigerlich daran vorbei.

Für viele Menschen und besonders die Bauern, deren Felder in beiden Landesteilen liegen, war die Grenzziehung zwischen Donegal und Derry ein harter Schlag. Als Stadt hat Letterkenny von der Teilung jedoch profitiert und wirtschaftliche wie administrative Funktionen für den Nordosten Donegals übernommen, die vorher Derry innehatte. Im Sommer merke man sich Anfang August als Termin des *Letterkenny Folk Festivals* vor, das mit Musik und Straßentheater aufwartet.

Letterkenny ist eine Plantationgründung des 17. Jh. George Maybury, der über seine Frau an das Land kam, siedelte damals 50 schottische Farmer an. Allmählich wuchs das Dorf, immer entlang der heutigen **Main Street,** weswegen man hier die derzeit wohl längste Hauptstraße Irlands findet. Sie wird von der neo-gotischen **St. Einan's Cathedral** überragt, in der, nachdem die Anglikaner sein altes Gotteshauses enteignet hatten, der katholische Bischof von Letterkenney und Raphoe seit 1901 wieder seine Schäflein zum Gebet versammelt. Die Glasfenster des Chors und der Marienkapelle fertigte eine Firma Mayer aus München. Die weltliche Sehenswürdigkeit Letterkennys ist das **Museum** im früheren Gefängnis. Die kleine Sammlung umfasst archäologisch bedeutsame Funde aus der Region, Reminiszenzen an die Eisenbahn und etwas Folklore.

Information/Verbindungen/Diverses

• *Telefonvorwahl:* 074

• *Information:* **North West Regional Tourism Authority,** Derry Rd., ✆ 21 160, Mo–Sa 9–17 Uhr, Juli/Aug. bis 20 Uhr u. So 10–14

Im Zentrum von Letterkenny

Uhr. Wenig fußgängerfreundlich 20 Min. von der Busstation an der Ausfallstraße nach Derry gelegen. Günstiger liegt das **Büro der Handelskammer,** Crossview House, Main St., ✆ 22 866, Juli–Sept. Mo–Sa 9–19 Uhr, Okt.–Juni Mo–Fr 9–17 Uhr. Hier beginnen im Sommer auch die **Stadtführungen** (✆ 21 768, Di u. Fr 11 Uhr, bei entsprechender Nachfrage Mo–Fr 11 und 14 Uhr). Beide Büros verkaufen die **Broschüre** "Tourist Trail" mit einem geführten Stadtrundgang. Im **Internet** Informationen über Letterkenny unter www.lyit.ie.

• *Verbindung:* Letterkennys Busbahnhof (✆ 22 863) ist die Verkehrsdrehscheibe Norddonegals. Mit **Bus Eireann** (✆ 21 309) nach Dublin über Monaghan, nach Cork über Sligo, Galway, Limerick und nach Derry. Mit **Lough Swilly Bus** (✆ 22 873) nach Dungloe über Dunfanaghy, nach Derry und Fanad. Mit **Feda O'Donnells** (✆ 48 114) nach Donegal–Sligo–Galway, mit **McGinley** (✆ 35 201) nach Dublin, und mit **McGeehan** (✆ 075/46 150) nach Ardara und Glencolumbkille.

• *Angeln:* **Brian McCormick's,** 56 Upper Main St., verkauft Permits sowie Angelzubehör und vermittelt Boote und Führer.

• *Fahrradverleih:* **Church Street Cycles,** 11 Church St. (Richtung Conwal Church), ✆ 26 240.

• *Galerie:* **Arts Centre,** Lower Main St., ✆ 29 186, www.donegal.culture.com, mit wechselnden Kunstaustellungen.

• *Öffnungszeiten* des **County Museum:** Di–Fr 11–12.30, 13–16.30 Uhr, Sa 13–16.30 Uhr; Eintritt frei. High Rd.

• *Theater:* **An Grianan,** Port Rd., ✆ 20 777, www.angrianan.com.

Der Nordwesten Karte Seite 510/511

Übernachten

Außer drei Hotels gibt es in Letterkenny auch einige B&B-Häuser und ein Hostel – zusammen ergibt das mehr Übernachtungsmöglichkeiten als Gründe, in der Stadt zu verweilen.

** **Gallagher's Hotel,** 110 Upper Main St., ✆ 22 066, 📠 21 016, DZ 65–80€. Zentral gelegen, Zimmer mit TV und Haarfön.

Castlegrove House, Castlegrove, ✆ 51 118, DZ 105–115 €. 5 km außerhalb, ein charmantes Herrenhaus des 18 Jh. mit gerade 8 Betten und einem exzellenten Restaurant, dessen Dessertspezialität Mousse aus weißer Schokolade mit Cointreau ist.

B&B Swilly View (Mrs. O'Hagan), Kilmacrennan Rd. (N 56 North), ✆ 21 137, Ostern–Okt., DZ 45 €. 2 km vom Zentrum, das zweite Haus hinter dem Krankenhaus. Eine gute Übernachtungsadresse für durchreisende Autofahrer. Farbenfroh eingerichtete Zimmer (teilw. mit Etagenbad), zum Empfang wird Tee mit Gebäck gereicht.

Port Hostel, Port Rd., ✆ 25 315, www.porthostel.com, Bett 9 €, DZ 22 €, Campingmöglichkeit. Das Hostel liegt zentral zwischen Busstation und Hauptstraße über einem Sweet Shop. Zum Haus gehören ein wirklicher Late Night Shop (bis 3 Uhr morgens geöffnet, wenn's wahr ist), und schließlich eine Boutique – alles zusammen ein kleines Shopping Centre. Das Haus stand im Herbst 2000 zum Verkauf – eine Schließung des Hostels ist damit abzusehen.

Essen/Pubs

Pat's on the Square, Market Square, tägl. ab 17 Uhr, Juli/Aug. ab 11 Uhr. Ein Familienrestaurant mit take-away. auf der Karte stehen vor allem Pastagerichte und Pizza. Besonders kreativ ist etwa "Black & Blue", belegt mit Oliven, Walnüssen und irischem Gorgonzola.

Galfee's, im Courtyard Shopping Centre gegenüber dem Market Square sowie in der Upper Main St., morgens Frühstück, tagsüber Snacks, ab 17 Uhr Restaurant, Dinner 20 €.

Yellow Pepper, 36 Lower Main St., tägl. ab 12 Uhr, rustikal eingerichtet, tagsüber Sandwiches und Pubfood, abends à la carte 10–15 €.

Indian House, Port Rd., gegenüber dem Theater, tägl. ab 17 Uhr, Fleischgerichte um 12 €, vegetarische Gerichte um 5 €.

Granary, Academy Court, Oliver Plunkett St., bis 18 Uhr. Ein gehobener Coffeeshop mit Lasagne, Quiche (4 €) und frischen Salaten.

• *Pubs:* **McGinley's,** Lower Main St., mit Natursteinwänden und rustikaler Einrichtung, ist die beliebteste Musikkneipe im Ort.

Mount Errigal Hotel, Derry Rd. Äußerlich einem Castle oder der Bank of England ähnlich, bietet am Wochenende (Juli/Aug. tägl.) abends musikalisches Entertainment.

The Pulse, Ramelton Rd., offen Do–So, Disco Sa auch Live Musik.

Damit das Bier weiter im Pub und nicht vor dem Supermarkt getrunken wird, hat der Council von Letterkenny ein **Alkoholverbot** auf Straßen und öffentlichen Plätzen verhängt. Wer dort dennoch säuft, riskiert bis 250 € Buße.

Letterkenny/Umgebung

▸ **Newmills:** Im Tal des River Swilly, 6 km westlich von Letterkenny, klapperte bis 1982 die Kornmühle der Familie Gallagher. Jetzt hat sich das Office of Public Works des Industriedenkmals angenommen und es zu einem Museum ausgebaut. Ein Spaziergang auf dem neu angelegten Uferweg führt zur Flachsmühle und zur Dorfschmiede, die ebenfalls zum Museum gehören.

Ⓘ Mitte Juni bis Sept. tägl. 10–18.30 Uhr, Eintritt 2,50 €.

Inishowen

Es wäre geradezu eine Sünde, wollte man Donegal verlassen, ohne auf Inishowen gewesen zu sein. Die Halbinsel ist ein buntes Mosaik aus goldgelben Sandstränden, grünen Wäldern, grauen Findlingen, weißen Schafen – und seit alters her die Sommerfrische der Einwohner von Derry.

Zwischen Lough Swilly und Lough Foyle reicht Inishowen, dessen Umrisse an einen Hundekopf erinnern, weit in den Atlantik hinaus. Die Nordspitze Malin

Head ist zugleich der nördlichste Punkt Irlands. Die meisten Dörfer liegen an der Küste oder wenigstens nicht weit davon entfernt, das hügelige Landesinnere (bis 615 m) ist kaum besiedelt. Für Autofahrer der beste Weg, Inishowen kennen zu lernen, ist eine Rundtour auf der gut ausgeschilderten **Inishowen 100 Route,** deren Länge schätzungsweise 100 Meilen (160 km) beträgt. Radfahrer werden hier oder da sicher ein Wegstück abkürzen. Als Orientierungshilfe sei die Broschüre "Inishowen, Map and Guide" empfohlen, die für ein paar Mark von den örtlichen Touristenämtern und Newsagents verkauft wird.

• *Information:* **Buncrana,** North West Tourism, Railway Rd., ✆ (077) 20 020, Juni–Sept. Mo–Sa 9–17.30 Uhr.

Cardonagh, Inishowen Tourism, Temple St., ✆ (077) 74 933, www.inishowen.com, Juni–Aug. tägl. 9–20 Uhr, sonst Mo–Fr 10–17 Uhr.

• *Verbindung:* **Lough Swilly Bus,** ✆ (074) 22 873, fährt zwischen Cardonagh, Buncrana und Derry sowie von Derry entlang der Ostküste bis Malin Head.

Grianan of Aileach

Der "steinerne Palast der Sonne", wie der Name übersetzt wird, thront schon von Weitem sichtbar auf einem Hügel mit Panoramablick. Ob das kreisrunde Fort von den Kelten angelegt wurde oder noch aus der Bronzezeit stammt, ist umstritten. Im 2. Jh. n. Chr. war es jedenfalls in der antiken Welt bekannt und der alexandrinische Geograph Ptolemäos verzeichnete es auf seiner Weltkarte. Später war es die Residenz der O'Neill-Könige von Ulster. Als Murtogh O'Brien 1101 die Festung einnahm, ließ er, so die Überlieferung, jeden seiner Soldaten einen Stein mit fortnehmen, um das Kultzentrum gänzlich dem Erdboden gleichzumachen – was heute wieder steht, ist eine Rekonstruktion aus dem 19. Jh. Die moderne, von Liam McCormack entworfene Kirche am Fuß des Greenan-Hügels ist dem Fort nachempfunden.

Visitor Centre: Die Geschichte steht auch im Mittelpunkt des in der alten Kirche von Christchurch eingerichteten Visitor Centres – ein kleiner Bau mit Coffeeshop, in dem sich im Sommer die Besucher gegenseitig auf die Füße treten. Hier begegnet uns in Lebensgröße Muirchertach na gCochall Craicinn, ein zungenbrechender Vorfahre der O'Neills, der im 10. Jh. auf dem Festungshügel residierte. Andere Puppen stellen Kirchgänger der viktorianischen Zeit dar, und schließlich erfahren wir etwas über die Flora und Fauna der Gegend.

• *Anfahrt:* Von der N 13 an der runden Kirche 4 km vor der Grenze rechts ab (ausgeschildert).

• *Öffnungszeiten* des **Visitor Centre:** Tägl. 10–18 Uhr, (Juli/Aug. bis 20 Uhr), Eintritt 2,50 €.

Fahan

Anziehungspunkt ist der lange Sandstrand am Nordende des Dorfs. Weniger Beachtung findet **St. Muras Cross** (7./8. Jh.) auf dem Friedhof der protestantischen Kirche, das letzte Überbleibsel von St. Columcilles Kloster. Das Hochkreuz ist über und über mit Ornamenten aus verschlungenen Bändern verziert und trägt eine nur noch schwer entzifferbare griechische Inschrift, die einzige, die man aus dieser Zeit in Irland kennt.

• *Übernachten:* **B&B Ennerdale House,** an der Hauptstraße nahe dem Yachtclub, ✆ 60 249, DZ 45 €. "... wird von einem älteren Ehepaar vorbildlich geführt. Das Haus selbst ist mit sehr schönen Antiquitäten ausgestattet und verfügt über ca. vier DZ und zwei EZ. Das Frühstück ist mehr als gut, Haus und Garten gleichen einem Blumenmeer." (Lesertipp von Karin Hardy).

• *Essen:* **St. John's Restaurant,** ✆ 60 289, in einer unscheinbaren Villa neben der Hauptstraße und nahe dem Yachtclub; nur Mi–Sa abends, Dinner 30 €. Spezialität ist gebackener Lachs in Pernod, als Dessert sei Haselnussmeringue mit Erdbeeren empfohlen. Auch Fremdenzimmer.

Buncrana

Obwohl der Hauptort Inishowens einen auch zum Baden sicheren Sandstrand besitzt und im Sommer geradezu von Besuchern aus Nordirland überschwemmt wird, lebt die Stadt nicht alleine vom Fremdenverkehr. Wichtigster Arbeitgeber ist die Textilfabrik "Fruit of the Loom".

Der Swane Park entlang dem Bach am Nordende der "Promenade" schmückt sich mit **O'Doherty's Keep,** einem Wehrturm von 1430, und dem **Buncrana Castle,** in dem Wolfe Tone nach der misslungenen französischen Landung 1798 einige Zeit inhaftiert war. Hinter einem Bungalow am Ufer birgt eine Halle von den Ausmaßen eines Flugzeughangars eine **Oldtimersammlung.** Star ist ein Rolls Royce Modell 1929, in dem Georg VI. und Queen Elisabeth, damals noch Prinzessin, auszufahren pflegten. Eine Ausstellung in der **Tullyarvan Mill,** einem Community-Projekt, dokumentiert die Restaurierung der Mühle, etwas Lokalgeschichte (Schwerpunkt Leinenindustrie) und die Naturkunde von Inishowen. Dazu gehören ein Souvenirladen und ein Café, in dem im Sommer öfter Folkmusiker und Geschichtenerzähler gastieren.

• *Einkaufen:* **Fruit of the Loom,** Main St. Der unscheinbare Factory Shop verkauft die gesamte Palette vom Sweatshirt bis zur Kinderkleidung zu günstigen Preisen.

Cranaknits, Railway Rd., ✆ 62 355, www.cranaknits.com. Große Auswahl an Pullovern und vor allem Wolle, auch eine kleine Ausstellung und Strickkurse für Fortgeschrittene.

• *Öffnungszeiten* des **Vintage Car Museum:** Juni–Sept. Mo–Sa. 10.30–20 Uhr, So 12.30–18 Uhr, sonst nach Absprache; Eintritt 2,50 €.

Tullyarvan Mill, April–Sept. Mo–Fr 10–18 Uhr, Sa/So 13–18 Uhr; Eintritt 2,50 €. Dunree Rd.

• *Übernachten:* ** **Lake of Shadows,** Grianan Park, ✆ 61 005, ℻ 62 131, DZ 65–80 €. Ein weißes, älteres Haus mit putzigen Erkern. Der unscheinbare Eingang ist mit fliegenden Holländern geschmückt, die Zimmer sind mit TV, Fön und Teekocher ausgestattet. Am Wochenende Live-Music im Saal.

B&B Ross na Ri (Mrs. McCallions), Ballymacarry, ✆ 61 271, DZ 50 €. Das Haus liegt außerhalb, leider durch einen Hügel und die Textilfabrik vom Meer getrennt. Zum Ausgleich gibt´s Brot aus eigener Herstellung und ebensolche Marmelade.

B&B Swilly Villa, Aileach Rd., Victoria Bridge, ✆ 61 307, DZ 50 €. Beim Leisure Centre (Fahrradverleih, Tennis), einige Zimmer mit TV und Teekocher.

• *Essen/Pubs:* Fressgasse ist die Main Street, auf der man, für eine Kleinstadt ganz ungewöhnlich, noch um Mitternacht seinen Hunger stillen kann.

Ubiquitous, 47 Main St., tägl. bis 23 Uhr. Gerichte aus ganz Europa (vom französischen Ziegenkäse bis zum Tiramisu), mittlere Preislage.

Wing Tai House, Main St., bis 1 Uhr, Lunch 12 €, Dinner 22 €. Preiswerte chinesische Küche, wer's nicht lassen kann, bekommt Chips anstelle von Reis. Große Portionen.

O'Flaherty's Bar, Main St. Ein Pub im Mainstream-Stil mit Sammelsurium-Dekor und örtlicher Musikertreff. Der Wirt und seine zwei Brüder spielen mit.

Drift Inn, Victoria Bridge. Das Pub für Bahnfreaks im früheren Bahnhof.

Von Buncrana nach Carndonagh

Die Küste des Lough Swilly wurde von den Briten Anfang des 19. Jh. gleich mit mehreren Festungen gegen eine vermeintliche französische Invasion befestigt. Eine davon, **Fort Dunree** am gleichnamigen Kap, beherbergt jetzt ein Militärmuseum, das mit einem Videostreifen und alten Schlachtplänen die Geschichte einschließlich der Landung Wolfe Tones schildert. Nach **Dunree** muss man sich zwischen einer direkten Route Richtung Clonmany und dem empfehlenswerten Schlenker über das **Gap of Mamore** entscheiden, an dem Radler wohl schieben werden müssen. Die Aussicht auf **Tullagh Bay,** den schönsten Strand Inishowens, versöhnt. Zwar wird wegen des starken Gezeitensogs vom Baden abgeraten, doch eine Strandwanderung tut's auch. Dank ihrer abseitigen Lage war die Gegend einst eine Hochburg der Schwarzbrenner; die Straße über das Gap of Mamore wurde nur deshalb gebaut, um der Gendarmerie den schnellen Anmarsch zu flächendeckenden Razzien zu erleichtern.

Wer in der ersten Augustwoche kommt, kann beim Dorffest von **Clonmany** Straßenmusiker aus ganz Irland erleben. Bei **Ballyliffin,** das immerhin zwei Hotels und einen Golfplatz aufzuweisen hat, lockt im Sommer der **Pollanod Beach** mit der Ruine von **Carrickabraghey** *Castle* die Wanderer, im Dorf selbst ist eine Tweedmanufaktur zu besichtigen. Das **Doagh Visitor Centre** stellt mit allerlei Puppen Szenen aus den Jahren der Großen Hungersnot nach.

• *Öffnungszeiten* des **Dunree Fort:** Juni–Sept. Mo–Sa 10.30–18 Uhr, So 12.30–18 Uhr; Eintritt 2,50 €. **Doagh Visitor Centre,** Ostern–Sept. tägl. 10–17 Uhr, Eintritt 3,25 €.

• *Übernachten:* ** **Strand Hotel,** Ballyliffin, ✆ 76 107, 📠 76 486, DZ 75 €. Das kleine, für den Komfort erstaunlich preiswerte Haus mit gepflegtem Garten ist seit 1917 im Besitz der Harkins. Zimmer mit TV, Radio, Fön und Teekocher. Spezialität des Restaurants sind gebackene Pilze in Sahnesauce und Blumenkohlpüree.

B&B Rossaor House, Ballyliffin, ✆ 76 498, DZ 55 €. Höhepunkt des Aufenthalts bei Brain und Anne Harkin ist das Frühstück auf der verglasten Veranda mit herrlichem Blick übers Meer.

• *Camping:* **Tullagh Bay,** am Strand, ✆ 76 289, Mitte Mai–Mitte Sept., Shop nur Juli/Aug.

Carndonagh/Malin Head

Carndonagh, das nach Buncrana größte Dorf der Halbinsel und 3 km landeinwärts der Trawbreaga Bay, ist eine gute Basis, um mit dem Fahrrad oder zu Fuß den Norden Inishowens zu erkunden. Der Ort gruppiert sich um einen dreieckigen Marktplatz mit einem Mosaik in Gestalt eines Kreuzes. Ringsherum findet man die wichtigsten Läden, Banken, Pubs und Restaurants. An der protestantischen Kirche hat man **St. Patrick's Cross** (8. Jh.) wieder aufgerichtet, in einer früheren Kirche bei der Post wird im Sommer eine kleine Sammlung alter Gerätschaften und Trachten gezeigt **(Folk Museum,** Juli/Aug. Mo–Sa 14–16 Uhr).

Freunde alter Steine finden östlich des Dorfs (Moville Rd.) noch das bronzezeitliche **"Dreieck von Culdaff"**. Dazu gehören die den Ceide Fields (Mayo) vergleichbaren Feldmauern im Moor von Kindroyhead; die Kammergräber von Larrahill und Cara (auf manchen Karten als "Cromlech" benannt);

und schließlich der Steinkreis hinter der Bocan Church, der insoweit Seltenheitswert hat, als in ganz Donegal nur drei Steinkreise nachgewiesen sind – die Steinkreisbauer bevorzugten den Südwesten Irlands. Da die vier Denkmäler dieses Freilichtmuseums der Bronzezeit kaum ausgeschildert sind, wird die Suche selbst mit Hilfe der Landkarte (Discovery Series Nr. 2) zu einer spannenden Schnitzeljagd.

Während sonst im Norden der Halbinsel Streusiedlungen mit oft noch rietgedeckten Häuschen anzutreffen sind, wurde **Malin Town** als geplante Siedlung um einen zentralen Platz gruppiert. Das Dorf gewann zwei "Tidy-Town-Wettbewerbe". Die streckenweise von Sanddünen oder schönen Kiesstränden gesäumte **Trawbreaga Bay** bleibt als Schutzgebiet von Muschel- und Fischfarmen verschont. Der Turm am sturmverwehten **Malin Head,** dem nördlichsten Punkt Irlands, wurde 1805 als Wachturm gegen die Franzosen gebaut und später von Lloyds of London als Signalstation benutzt. Nebenan die unansehlichen Unterstände der irischen Armee aus dem letzten Weltkrieg. Auch die verblasste Inschrift "Eire" ist ein Relikt aus der Kriegszeit. Mit ihr wollte man den deutschen Bombern signalisieren, dass hier nicht das britische Ulster, sondern neutrales Territorium sei. Belfast wurde 1940/41 des Öfteren von deutschen Luftangriffen heimgesucht.

Östlich des Kaps überrascht der **Raised Beach** mit einer unendlichen Fülle bunter Kiesel, die von "Freizeit-Juwelieren" gern zu Schmuck verarbeitet werden. Weiter die Küste entlang, vorbei an der Wetterstation und dem Seaview Restaurant, führt schließlich ein ausgeschilderter Abzweig ans Meer hinunter zum **Wee House,** der Einsiedelei des St. Muirdealach mit einer Quelle, romantischen Wasserfall, Höhle im Kliff und einer uralten, verfallen Kapelle.

• *Fahrradverleih:* **McCallion's,** Ballyliffin Rd., ✆ 74 084.

• *Übernachten:* Die B&Bs in Cardonagh und Umgebung sind nicht bei Bord Fáilte registriert. Das Reisebüro "Inishowen Tourism" hilft bei der Vermittlung.

** **Malin Hotel,** Malin, ✆ 70 606, ℻ 70 770, DZ 65–90 €, zentral am Dorfplatz, ausgestattet mit gediegener Eleganz im alten Stil, eigene Reitpferde.

McGrory's Guest House, Culdaff, ✆ 79 363, www.McGrorys.ie, DZ 45 €. John und Neil, zwei Re-Emigranten aus New York und Musiker mit Leib und Seele, haben den Landgasthof von ihren Eltern übernommen und die angebaute Backroom Bar zu einem führenden Veranstaltungsort für Live-Konzerte entwickelt, in dem sich irische und internationale Stars die Klinke in die Hand geben – wenn sie nicht gerade im dazugehörigen Tonstudio mit Plattenaufnahmen beschäftigt sind.

B&B Barraicin, Mrs. Doyle, Malin Head, ✆ 70 184, April–Okt., DZ 45 €. Mit schönem Garten und einer Info-Tafel zu den Sights und Ausflugszielen der Umgebung.

B&B Radharc na Coille (Claire McCool), Tiernaleague, ✆ 74 471, April–Okt., DZ 45 €. 1 km außerhalb (vom Hochkreuz ausgeschildert).

Sandrock Holiday Hostel (IHH/IHI), Port Ronan Pier, Malin Head, ✆ 70 289, E-Mail sandrockhostel@eircom.net, Bett 8 €. Das Hostel liegt 15 Minuten von der nächsten Kneipe direkt am Meer bei einem Landungssteg für die Fischerboote. 2 geräumige Schlafsäle mit je 10 Betten und 2 Bädern, vom Gemeinschaftsraum mit Küche herrlicher Meerblick. Luxuriöse Ausstattung (Fön!), Waschmaschine und Fahrradverleih. Ausgearbeitete Wanderrouten und Karten zum Ausleihen, kleiner Shop.

Malin Head Hostel (IHH/IHI), Malin Head, bei der Schule, ✆ 70 309, Bett 8 €, DZ 22 €, in einem früheren Farmhaus mit Anbau. Zimmer mit 2–6 Betten, extrem sauber, Restaurant, Pub und Bushalt in Laufweite.

• *Pub:* **McGuiness's,** Culdaff. Eine gemütliche Landbeiz mit Torffeuer und alten Drucken an der Wand. Wenn ein Gast Hunger bekommt, wird beim nahen Restaurant telefonisch geordert.

Greencastle

Greencastle hat seinen Namen von der auf einem Felssporn nördlich des Hafens gebauten **Normannenburg,** aus der die Mannen Richard de Burgos die Einfahrt von Lough Foyle bewachten und in dessen Kerker Richard schließlich als Gefangener seines Cousins den Hungertod starb. Mit seinem Fischerhafen ist Greencastle der geschäftigste Ort an der Ostküste: Es riecht nach Fisch und Tang, Trawler laden ihre Fracht am Kai ab, Trucks warten vor dem Kühlhaus. Das **Fishermens College** bildet weiter Nachwuchs für einen Beruf aus, den es angesichts der geplünderten Gewässer vor Irlands Küsten bald nicht mehr geben wird. Mit **Greencastle Fort,** in dem heute ein Gästehaus (✆ 81 426) Bett und Frühstück anbietet, hat der Ort noch eine zweite Festung aus den Jahren der napoleonischen Kriege. Castle und Fort bieten zum Sonnenuntergang einen herrlichen Blick auf den gegenüberliegenden Magillian Strand, vor dem das Meer im Abendlicht glitzert.

Im früheren Haus der Küstenwache, gleich am Hafen, zeigt das **Inishowen Maritime Museum** allerlei maritime Memorabilia. Wir sehen historische für die Region typisches Fischerboote, dazu Modellschiffe, Erinnerungenstücke an die irische Auswanderung und an die Spanische Armada, und als Höhepunkt ein Geschütz, mit dem im 19. Jh. bei Unglücksfällen in der Nacht Leuchtraketen aufs Meer geschossen wurden, um die Bergung der Schiffbrüchigen zu erleichtern. Dem Museum angeschlossen ist ein kleines **Planetarium.** Vor dem Haus gedenken Bronzetafeln im **Maritime Memorial** der auf dem Meer gebliebenen Seeleute Inishowens.

- *Öffnungszeiten* des **Maritime Museum:** Juni–Sept. tägl. 10–18 Uhr, Eintritt 3 €.
- *Essen:* **Kealys Seafood Bar,** am Hafen, ✆ 81 019, Restaurant tägl. 12.30–15, 19–21.30 Uhr, 15–17 Uhr bar meals, off season Mo–Mi Ruhetag, Lunch 10 €, Dinner 25 €. Auch Fischer kehren hier ein. Der Fisch kommt frisch vom Hafen, Tricia Kealys Zubereitungen sind eher bodenständig als raffiniert – eines der besten Seafoodlokale der Halbinsel.

Moville/Muff

Moville war einst der Hafen für die Transantlantikdampfer nach Amerika. Auf dem Uferweg nach Greencastle passiert man die längst verlassenen Kais. Ende September feiert man das *Foyle Oyster Festival,* das größten Volksfest der Gegend. Von **Muff,** schon beinahe ein Vorort des nur 8 km entfernten Derry, bieten sich Abstecher in die nahezu unberührte Natur im Herzen Inishowens an. Ziele für Wanderungen oder für kurze Radtouren sind die Ruinen der **Ishakeen Abbey** und der **Ardmore Gallan Stone,** ein mit Symbolen und geometrischen Mustern verzierter Kultstein aus der Bronzezeit. Richtig wach wird Muff erst am Abend, wenn die Zecher aus Nordirland anfahren, um hier ihr republikanisches Bier zu trinken.

Übernachten: **Moville Holiday Hostel** (IHI/IHI), Moville, Malin Rd., ✆ 82 378, Bett 10 €, DZ 30 €, mit Campingmöglichkeit und Fahrradverleih.

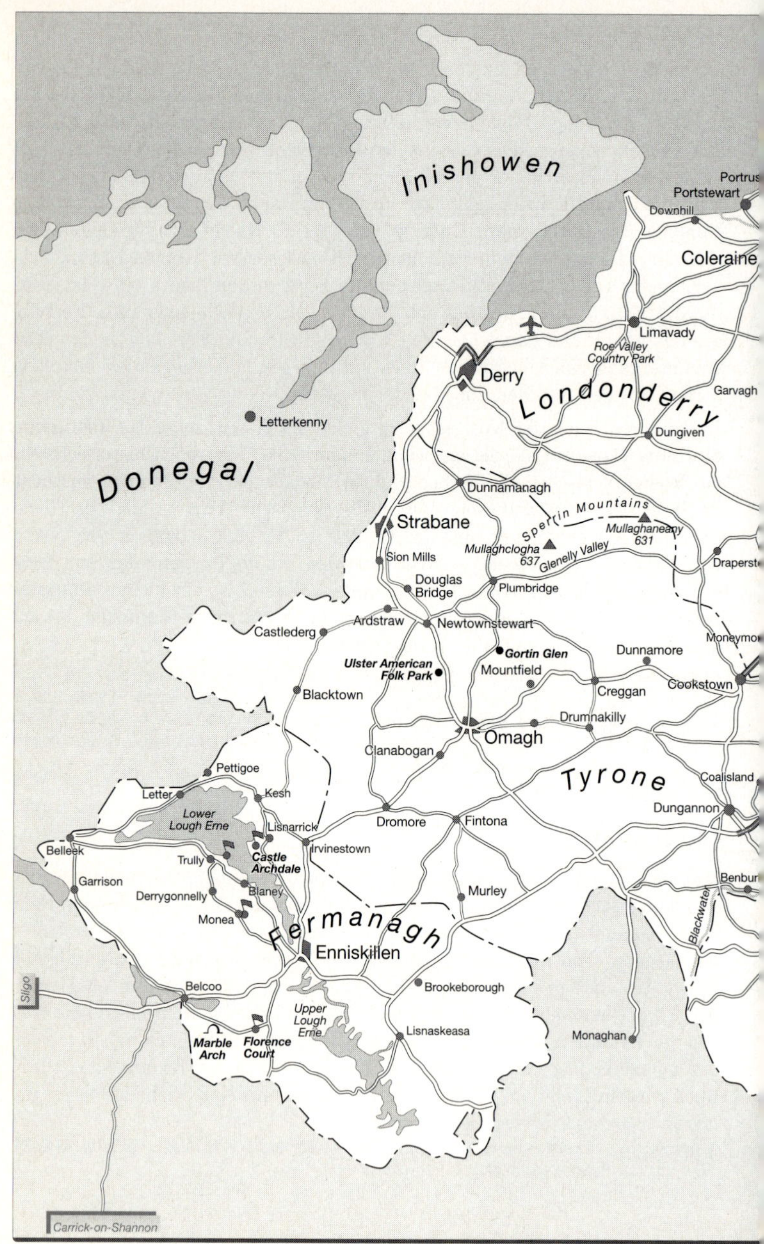
Inishowen
Portstewart
Downhill
Coleraine
Limavady
Roe Valley Country Park
Derry
Londonderry
Garvagh
Letterkenny
Dungiven
Donegal
Dunnamanagh
Sperrin Mountains
Strabane
Mullaghaneany 631
Mullaghclogha 637
Glenelly Valley
Sion Mills
Douglas Bridge
Plumbridge
Ardstraw
Newtownstewart
Castlederg
Gortin Glen
Dunnamore
Ulster American Folk Park
Mountfield
Blacktown
Creggan
Cookstown
Drumnakilly
Omagh
Clanabogan
Pettigoe
Tyrone
Coalisland
Letter
Kesh
Lower Lough Erne
Dungannon
Lisnarrick
Dromore
Fintona
Belleek
Irvinestown
Trully
Castle Archdale
Garrison
Blaney
Derrygonnelly
Murley
Monea
Fermanagh
Enniskillen
Blackwater
Sligo
Belcoo
Brookeborough
Upper Lough Erne
Marble Arch
Florence Court
Lisnaskeasa
Monaghan
Carrick-on-Shannon

Nordirland Karte Seite 562/563

Nordirland

Sattgrüne Hügel, romantische Seen, dramatische Küsten, Backsteinhäuser und Industrieruinen – die gleiche Insel und doch ein anderes Irland, zerrissen im Zwist zwischen protestantischen Unionisten und katholischen Nationalisten.

In der ersten Auflage dieses Buches wurde der von Großbritannien kontrollierte Teil Irlands nur am Rande gestreift. Ein Grund lag auf der Hand: Auch wenn den "Troubles" bislang nie ein Tourist zum Opfer fiel, ist ein Land unter Militäraufsicht und in Bombenangst kein Reiseziel – nur sechs Prozent der deutschen Irlandurlauber gehen auch in den Norden.

Wenn diese Neuauflage jetzt um ein ausführliches Nordirland-Kapitel ergänzt ist, dann deshalb, weil der Norden, politische Trennung hin oder her, ein Teil der Insel ist. Und in der Hoffnung, dass eine Irlandreise, vielleicht noch nicht heute, doch eines nicht allzu fernen Tages ganz selbstverständlich auch das britische Ulster einschließen wird, das mit der Antrim Coast und ihren Tälern, Giant's Causeway und den Mourne Mountains nicht minder schöne Landschaften aufzuweisen hat als die irische Republik, und mit Derry und Belfast auch zwei lebensfrohe Städte sein eigen nennt.

County Derry (Londonderry)

Die Grafschaft im Nordwesten der sechs Counties kann mit einer vielfältigen Landschaft aufwarten, die vom sturmverwehten Strand von Benone über das anmutige Roe Valley bis zu den einsamen Sperrin Mountains reicht. Besonders sehenswert ist die Stadt Derry.

Vor der englischen Unterwerfung herrschten die Clans O'Neill und O'Cahan über die Region. Im 17. Jh. wurde das Land von den Londoner Zünften mit englischen und schottischen Auswanderern besiedelt, die sich besonders in den fruchtbaren Flusstälern von Foyle, Roe und Bann niederließen und den irischen Bauern nur die unwirtlichen Landstriche überließen. Die wie das County "Derry" oder "Londonderry" genannte Hauptstadt, die zweitgrößte Stadt in Ulster, war lange ein Brennpunkt der politischen Gewalt, hat mit ihrer Stadtmauer und schönen Lage aber sicherlich mehr Charme hat als das spröde Belfast. Als weitere Reiseziele bieten sich die Küste zwischen Limavady und dem Badeort Portstewart und schließlich das Roe Valley an. Lange, schnurgerade Hauptstraßen, quadratische

Marktplätze, Kirche, Markthalle und natürlich die Orange Hall, das Versammlungshaus der Oranier, bestimmen das allzu ordentliche Bild der am Reißbrett geplanten Siedlerstädte. Selbst die Einheimischen kolportieren das Bonmot: "Ich fuhr durch Derry und es war geschlossen."

Derry (Londonderry)

Wo der River Foyle sich zu seiner Mündungsbucht ausweitet und die Gezeiten sich bemerkbar machen, liegt Irlands viertgrößte Stadt (100.000 Einwohner). Auf beiden Ufern überzieht ein Teppich aus pastellfarbenen Häuserzeilen die Stadthügel, Kirchtürme wagen sich keck hoch hinaus. Wer in die Metropole eintauchen will, steuert die von einer wuchtigen Mauer geschützte Altstadt an.

Selbst zu zwei Dritteln katholisch, liegt Derry eingekeilt zwischen dem katholischen Donegal, dessen wirtschaftliches Zentrum es vor der Teilung war, und den Plantationgebieten der Provinzen Derry und Tyrone. Derry erinnert an die "heiligen Städte" der Weltreligionen: eine befestigte Altstadt auf einem Hügel, eine Geschichte der Teilung und des Konflikts, der Vertreibung, der Wiederbesiedlung und der Belagerung.

Schon mit dem Ortsnamen bewegt man sich auf politisch sensiblem Terrain: In der Republik und bei den Katholiken heißt es schlicht "Derry"; in Nordirland weisen alle Wegweiser jedoch nach "Londonderry", wie die Stadt amtlich heißt, deren Stadtrat sich seit 1984 wiederum "Derry City Council" nennt. Der Beiname erinnert an die Londoner Zünfte, denen der 1608 (von einem irischen Heer!) zerstörte Ort zur Wiederbesiedlung übertragen wurde und die ihn mit der Mauer erst richtig zur Stadt und zur "Kronjuwele" der Plantations machten. Die Trennung der beiden Bevölkerungsgruppen war in Derry lange Zeit noch rigider als in Belfast. Man lebte neben-, aber nicht miteinander: Katholiken und Protestanten hatten jeweils eigene Schulen, eigene Läden, eigene Kneipen, eigene Kinos, ja selbst im Urlaub fuhr man an verschiedene Ziele. Nur für ihren schwarzen, um nicht zu sagen ätzenden Humor sind beide Gruppen gleichermaßen gefürchtet.

In Derry begannen die "Troubles", doch hier kehrte ein zunächst noch brüchiger Frieden auch schon einige Zeit vor dem offiziellen Waffenstillstand ein. Vielleicht waren die Kampfhähne beider Seiten einfach eher erschöpft als andernorts. Eine rege Bautätigkeit schließt die Wunden, die der Krieg ins Stadtbild geschlagen hat (1974 lagen 5400 Häuser in Schutt und Asche). Noch stehen die Horchtürme am Bishopsgate, auf dem Rosemount Hill ist die Polizeipräsenz auffällig, und "Verdächtige" müssen sich Kontrollen gefallen lassen. Doch mit dem Besuch des ersten Kreuzfahrtschiffs, den Neubauten von Marks & Spencer und dem neuen Foyleside Shopping Centre bekundet auch die Geschäftswelt ihr Vertrauen in die Renaissance der Stadt. Weltfirmen wie Seagate, DuPont und Fruit of the Loom schaffen neue Arbeitsplätze.

Nordirland
Karte Seite 562/563

Geschichte

Das Stadtwappen zeigt einen Turm und ein menschliches Gerippe auf schwarzem Grund. Der Turm ist unschwer als Verweis auf die mächtige Mauer zu

Bogside – Derrys katholisches Viertel

verstehen, die – fast vollständig erhalten – die Altstadt einschließt. Das Skelett soll an Walter de Burgo erinnern, zu dessen Familienbesitz Derry im 14. Jh. gehörte, Er geriet mit seinem Cousin William aneinander und verhungerte im Kerker von dessen Burg Greencastle (Inishowen). Vielleicht ist er der böse Geist, der immer mal wieder in die Stadtgeschichte eingriff. Andere sehen den Knochenmann als Anspielung auf die Belagerung von 1689, als die mehrheitlich protestantischen Städter sich 105 Tage gegen die Truppen Jakobs II. zur Wehr setzten. Ein Viertel der 30.000 Eingeschlossenen war an Krankheiten und Hunger gestorben, bevor protestantische Schiffe den Belagerungsring von der Flussseite her sprengen konnten. Lieber wolle man zuerst die mit eingeschlossenen Katholiken und dann einander verspeisen, als aufzugeben, hatten die Verteidiger zuvor dem König ausrichten lassen. Dies ist der Stoff für Heldensagen ("Lieber verhungern als sich ergeben") und böse Vermutungen ("Wer weiß, ob die Unmenschen damals nicht wirklich die Unseren geschlachtet und gefressen haben").

In Derrys Geschichte, die im Stadtmuseum vorzüglich dargestellt ist, kommt den Mythen mindestens die gleiche Bedeutung zu wie den historisch gesicherten Fakten. Genau genommen gibt es zwei Geschichten: eine unionistische und eine republikanische. Letztere beginnt mit dem heiligen Columcille, der hier ein Kloster gegründet haben soll, aus dem sich im Mittelalter unter den MacLochlainns ein Bischofssitz mit einer kleinen Stadt entwickelte. Für die Unionisten beginnt die Stadtgeschichte im 17. Jh. mit der Kolonisierung durch die Londoner Gilden.

Im 18. und 19. Jh. klapperten in Derry die Webstühle der Leinenweber. Neue Arbeiterquartiere entstanden vor den Toren der Altstadt, der Hafen wuchs zum größten Umschlagplatz von Waren und Auswanderern im Nordwesten. Zuletzt boomte der Hafen im 2. Weltkrieg, als hier über 20.000 Soldaten und 150 Kriegsschiffe stationiert waren, um die Geleitzüge über den Atlantik zu schützen.

Nach der Teilung entwickelte sich auch in Derry ein rigides Apartheidsregime, in dem die protestantische Minderheit die katholische Mehrheit von Wahlen, öffentlichen Ämtern und Jobs fernhielt. Auf die Diskriminierung antworteten die Katholiken Ende der sechziger Jahre mit "Free Derry", dem Aufbau einer eigenen, von der IRA kontrollierten Verwaltung in den westlichen Stadtteilen. Der "Bloody Sunday" am 30. Januar 1972, an dem britisches Militär eine Demonstration der Bürgerrechtsbewegung mit Gewalt auflöste und dabei 14 Menschen erschoss, markiert den Beginn des Bürgerkriegs (s. Kasten S. 570).

Information/Verbindungen

• *Information:* Im neuen Infopalast 44 Foyle St., am Fluss unterhalb des Foyleside Centres, ✆ 71 267 284, sind zugleich **Bord Fáilte** und das **Northern Ireland Tourist Board** vertreten. Offen Juli–Sept. Mo–Sa 9–20, So 10–18 Uhr, Okt.–Juni Mo–Fr 9–17 Uhr. Nützlich ist die Broschüre "Historisches Derry" und der "Visitor's Guide".

• *Verbindungen:* Der **Bus**bahnhof, ✆ 71 262 261, befindet sich in der Foyle St. zwischen Altstadt und Fluss. Die schnellste Busverbindung nach Belfast ist der Ulster Maiden City Flyer (Ulsterbus Nr. 212). Andere Busse nehmen den Umweg über Omagh. Zum Giant's Causeway mit Umsteigen in Colraine. Mit Bus Eireann tägl. nach Dublin, Donegal, Galway, Cork und zum Umsteigeknoten Athlone. Lough Swilly, ✆ 71 262 017, fährt nach Inishowen sowie Dungloe (über Letterkenny und Glenveagh). Feda O'Donnell's verbindet Derry mit Letterkenny und Glasgow (über Larne).

Bahn: Täglich ein halbes Dutzend Züge verbinden Derry mit Belfast. Der **Bahnhof,** ✆ 71 342 228, liegt auf dem Ostufer etwas flussabwärts von der Brücke.

Fliegen: Vom Eglington Airport, ✆ 71 810 784,10 km außerhalb an der A 2, Flüge nach Belfast–Dublin und Großbritannien. Zubringerbusse vom Busbahnhof.

Taxi: Eine Besonderheit sind die Black Cabs, Sammeltaxis, die auf festen Strecken vor allem zwischen dem Foyle Square und den katholischen Wohnvierteln verkehren. Für ein Taxi im üblichen Sinn ruft man Quick Cabs, ✆ 71 260 515, oder Tower Taxis, ✆ 71 371 944.

Diverses

• *Autoverleih:* **Ford Rent-a-Car,** Desmond Motors, 173 Strand Rd., ✆ 71 367 137.

• *Einkaufen:* **Derry Craft Village,** Shipquay St. In der Nordecke der Altstadt verkaufen die Läden des Handwerkerhofs Kristallglas, Tweed, Pullover und die übliche Souvenirpalette. Der seinerzeit nicht von der Queen, sondern von der irischen Präsidentin Mary Robinson eröffnete Hof ist ein Projekt des rührigen Architekten Paddy Doherty, der die beiden Gemeinschaften einander näher zu bringen versucht.

Richmond/Foyleside Centres, ohne die Sonne zu sehen bzw. nass zu werden, kann man durch die Shopping-Arkaden und über die Rolltreppen der beiden Einkaufszentren vom Fluss bis ins Herz der Altstadt aufsteigen.

Bookworm, 16–18 Bishop St. Eine der renommiertesten Buchhandlungen Nordirlands. Umfassende Auswahl an Irlandliteratur, auch zu politischen Themen.

• *Fahrradverleih:* **An Mointean Rent-a-Bike,** Damain Sweeney, 245 Lone Moor Rd., ✆ 71 28 7128, 9 £/Tag, 35 £/Woche.

• *Feste/Verantaltungen:* **Foyle Film Festival,** im April; **Southern Comfort Jazz and Blues Festival,** im Mai; **Gasyard Wall Féile,** im Juli, mit irisch-sprachigen Kulturveranstaltungen; Mit dem **Apprentice Boy March** feiern Derrys Protestanten am 12. August ihre Verteidigung der Stadt gegen die katholischen Belagerer von 1688/89.

Halloween, Oktober. Derrys Karneval mit Feuerwerk, Straßenmusik und farbenprächtigen Kostümen.

Nordirland Karte Seite 562/563

Bloody Sunday

Wer Geschichtsunterricht in Form einer langen Anhörung genießen kann und zudem Gerichtsverfahren schätzt, dem sei – besonders an einem verregneten Werktag – der Besuch der Guildhall in Derry empfohlen. Denn dort untersucht seit Ende März 2000 eine Kommission unter Leitung des Lordrichters Mark Saville die Ereignisse rund um den 30. Januar 1972, der als Blutsonntag von Derry in die Bücher einging. An diesem Tag hat ein Fallschirmjäger-Regiment der britischen Armee das Feuer auf eine friedlich demonstrierende Menge eröffnet; 14 Menschen starben in dem Kugelhagel.

Dass eine unabhängige Kommission fast dreißig Jahre nach dem Massaker Zeugen befragt und Beweismittel begutachtet, ist dem nordirischen Friedensprozess zu verdanken. Allzu lang war der "Bloody Sunday" und dessen Aufarbeitung durch die britische Verwaltung der irisch-katholischen Minderheit in Nordirland Beleg für das rücksichtslose Vorgehen der britischen "Besatzungsmacht"«Besatzungsmacht» gewesen. Wenn London ein Stück Glaubwürdigkeit wiedergewinnen wollte, musste die Regierung handeln – und so installierte Premierminister Tony Blair Ende Januar 1998 (kurz vor Abschluss des Karfreitagsabkommens) die Kommission. Sie solle, so der Premier vor dem Unterhaus, all die neuen Dokumente prüfen, die von den Angehörigen der Opfer in den letzten Jahren vorgelegt worden seien und endlich die Wahrheit ans Licht bringen.

Dabei hatte es an den wesentlichen Fakten nie Zweifel gegeben. Im April 1971 hatte die protestantisch-unionistische Regionalregierung von Nordirland mit Zustimmung Londons die Internierung eingeführt und Tausende angeblicher IRA-Sympathisanten ohne Gerichtsverfahren eingesperrt. Unter den Inhaftierten befand sich zwar kaum ein IRA-Mitglied, aber das hinderte die Behörden nicht daran, viele der Festgenommenen zu misshandeln. Als die Empörung wuchs, verhängten die Unionisten ein Demonstrationsverbot. Dennoch folgten am Morgen des 30. Januar 1972 – es war ein Sonntag – rund 30.000 Menschen dem Aufruf des Bürgerrechtskomitees von Derry, um gegen die Internierungspraxis zu protestieren. Sie versammelten sich im Stadtteil Creggan und zogen in die William Street hinunter, wo die Polizei, hinter ihren Barrikaden verschanzt, bereits wartete. Der Marsch verlief friedlich. Doch als die Kundgebung begann und die nordirische Bürgerrechtlerin Bernadette Devlin das Mikrophon ergreifen wollte, eröffneten die extra hinzubeorderten Fallschirmjäger das Feuer. Die britischen Soldaten schossen gezielt auf Jugendliche und jüngere Männer; die ebenfalls anwesenden Frauen und Kinder entkamen dem Kugelhagel. Nach einer halben Stunde waren 13 Menschen tot, ein Weiterer starb wenige Tage später; fast alle wurden in den Rücken getroffen, erschossen auf der Flucht.

Die IRA habe das Feuer eröffnet, begründete der Kommandant der Fallschirmjäger den Schießbefehl (er wurde noch im gleichen Jahr für seine Verdienste zum Ritter geschlagen) – aber niemand hatte einen Schuss gehört. IRA-Einheiten sollten in eine Konfrontation gelockt werden, um sie zu eliminieren, gab ein Offizier zu Protokoll – doch die IRA hatte sich fern gehalten. Eine von London eingesetzte Untersuchungskommission unter Vorsitz von Lord Widgery kam nur wenige Wochen später zu dem tiefsinnigen Schluss, dass es ohne Demonstration keine Toten gegeben hätte. Die Armee jedenfalls habe sich tadellos verhalten, allerdings sei auch den Opfern keine Schuld anzulasten. Widgerys Fazit, das vom Londoner Unterhaus gut geheißen wurde, empörte die Bevölkerung von Derry fast noch mehr als das Massaker selber: Für die meisten Katholiken stand damit fest, dass der Militäreinsatz vom britischen Establishment auch noch nachträglich befürwortet wurde. Klar war auch, welche Botschaft vom Massaker ausgehen sollte: Den Demonstranten sollte gezeigt werden, welchen Preis sie für ihre Auflehnung zu zahlen hatten. In den folgenden Monaten und Jahren kam es kaum noch zu Protestkundgebungen – am Bloody Sunday starb auch die nordirische Bürgerrechtsbewegung.

Die folgenden Proteste fielen weniger friedlich aus. Drei Tage später zogen Zehntausende in Dublin vor die britische Botschaft und brannten sie nieder. Bei der nächsten Parlamentssitzung in London nannte die Abgeordnete Bernadette Devlin den zuständigen Innenminister einen Lügner und ohrfeigte ihn. Die *Irish Press* schrieb: "Wenn es vor der Schlächterei gestern noch einen Mann mit republikanischer Gesinnung gab, der nicht in der IRA war, so ist er heute drin." Und der Sozialdemokrat John Hume aus Derry, der für seine Bemühungen um eine Lösung des Konflikts mittlerweile mit dem Friedensnobelpreis ausgezeichnet wurde, sagte: "Hier glauben die Menschen jetzt, dass ein vereinigtes Irland her muss." Er hatte Recht: Nach dem 30. Januar 1972 standen nicht mehr Bürgerrechte auf der Tagesordnung der nationalistischen Minderheit, sondern die irische Vereinigung. Die IRA konnte sich vor Freiwilligen kaum retten.

Das Saville-Tribunal wird – vorsichtigen Schätzungen zufolge – bis Mitte 2002 tagen. So lange braucht es, bis alle Zeugen gehört und alle Dokumente ausgewertet sind. Ganz ungestört kann freilich auch die neue Kommission nicht arbeiten. Kurz vor Blairs Ankündigung der Untersuchung Ende Januar 1998 ließ die Armee "aus Versehen" «aus_Versehen»die`meisten Tatwaffen vernichten. Außerdem dürfen Saville und die beiden anderen Kommissionsmitglieder (erfahrene Richter aus Neuseeland und Kanada) die ehemaligen Soldaten und mutmaßlichen Schützen nur anonym befragen. Dennoch ist die öffentliche Anhörung bedeutsam: Sie wird der Wahrheit ein Stück weiter auf die Spur kommen, und ohne diese Wahrheit ist eine Versöhnung kaum möglich.

(Pit Wuhrer)

Nordirland
Karte Seite 562/563

• *Kunst:* **Orchard Gallery,** Orchard St., ✆ 71 269 675. Derry's führende Galerie mit wechselnden Kunstausstellungen.

The Nerve Centre, 7 Magazine St., ✆ 71 260 562, www.nerve-centre.org.ok. Ein Multi-Media-Zentrum mit Tonstudios und Plätzen zur Videoproduktion; auch Programmkino.

• *Markt:* Samstags an der Ecke Foyle/Orchard St.

• *Reisebüro:* **USIT,** Ferryquay St., ✆ 71 371 888.

• *Sprachkurse:* **Foyle Language Centre,** 13 Clarendon St., ✆ 71 371 535. Drei- bis vierwöchige Sommerkurse in Verbindung mit (wahlweise) Golfen, Fischen, Reiten und handwerklichen Aktivitäten. Mit Übernachtung (bei Familien) ca. 700 £.

• *Stadtführungen:* **Harry Bryson's** unterhaltsame wie informative Stadtrundgänge (3,25 £) beginnen zwischen Juni und Anfang September Mo–Fr um 11.15 und 15.15 Uhr, sonst Mo–Fr 14.30 Uhr am Tourist Office.

Die konkurrierenden **McNamara Walking Tours** (✆ 71 354 335, 3 £) beginnen Juni–Sept. Mo–Sa um 10, 13.30, 16 Uhr. **Northern Tours,** ✆ 72 309 051, führt für 2,50 £ Juni–Okt. 10, 12, 14, 16 Uhr ab der Guildhall durch die Stadt. **Derry's Alternative Tours** (DAT), ✆ 71 282 727, haben auch politische Rundgänge durch die Stadt im Programm (Auskunft im Bookworm Bookshop, Bishop St.).

Geführte Rundfahrten im **Black Cab** können unter 71 260 247 gebucht werden. Nur im Juli/Aug. Di um 14 Uhr werden vom Busbahnhof (Foyle St.) **Stadtrundfahrten** für 3,20 £ angeboten.

• *Waschsalon:* **Duds 'n' Suds,** 141 Strand St., mit Poolbillard und Snack Bar!

Übernachten

Obwohl es touristisch wieder aufwärts geht, gibt es derzeit noch wenige Hotels in Derry. Viele B&B-Häuser leben von den Studenten, doch ist es im Sommer (Semesterferien) kein Problem, hier ein Quartier zu finden. Die Tourist Information hat ein Unterkunftsverzeichnis.

*** **Beech Hill Country House,** 32 Ardmore Rd., ✆ 7134 9279, 📠 7134 5366, DZ 95 £. Das elegante, schon etwas ältere Landhaus steht 3 km außerhalb in einem großen Park und wurde zum Hotel umgebaut. Das Hotel hat Facilities für kleinere Konferenzen und gleichzeitig das beste Speiselokal der Stadt (Dinner um 20 £).

Trinity Hotel (5), 22 Strand Road, ✆ 7127 1271, 📠 7127 1277, DZ 90 £. Das erste Hotel, dass nach den "Troubles" wieder im Stadtzentrum öffnete und mit Konferenzräumen vor allem Geschäftsreisende in seine postmodernen Mauern zu locken versucht.

Da Vinci's (2), Culmore Rd., ✆ 71 279 222, www.derryhotels.com, DZ ab 50 £, Frühstück extra. Das zur letzten Jahrtausendwende eröffnete und erstaunlich preiswerte Haus liegt autogerecht an der Ausfallstraße zur Foyle Bridge. Geräumige Zimmer mit Teekocher und TV, angeschlossenes Pub, großer Parkplatz.

B&B Florence House, 16 Northland Rd., ✆ 7126 5079, DZ 36 £. Ein älteres Stadthaus nahe der Universität mit hellen, sauberen Zimmern; während der Semesterwochen überwiegend von Studenten belegt.

Oakgrove JH (6), Magazine St., ✆ 71 284 100, Bett ab 7,50 £. Die Lobby verspricht mehr, als das Haus hält. Leser bemängeln zu wenige Sanitäranlagen, die schlechte Ausstattung der Küche sowie den Umstand, daß die Gemeinschaftsräume nachts verschlossen werden. Immerhin hat das Haus einen Fahrstuhl, sind die Zimmer teilw. behindertengerecht und befindet sich an jedem Bett ein "Safe" für die Wertsachen. Waschmaschinen im Kellergeschoss, Bar und Restaurant geplant.

Steve's Backpapers Hostel (1), 4 Asylum Rd., ✆ 71 377 989, Bett ab 7,50 £. Das an einem früheren Standort mit Engagement geführte Hostel ist neuerdings umgezogen. Außerhalb des Sommers ist es weitgehend mit Studierenden belegt.

Essen

Schlägt zuviel Politik auf den Magen? Noch ist Derry kein Ort für Feinschmecker.

Thran Maggies's (8), Craft Village, So Ruhetag. Im Innenhof des herausgeputzten Craft Village. Reiche Auswahl an Salaten, mittags preiswertes Tagesgericht, abends à la carte zu gehobenen Preisen.

Brown's (9), Victoria Rd., So Ruhetag. In einem alten Lagerhaus über der Brücke, mit Terrasse und schöner Aussicht.

Metro, 38 Bank Place. Ein black-and-white-Pub an der Stadtmauer, mittags günstige Barmeals.

Sandwich Company (4), The Diamond und 57 Strand St., Fr (ab 18 Uhr Musik) bis 22 Uhr, sonst bis 17.30 Uhr. Kleine Tellergerichte, Salate und die größten Sandwiches in der Stadt – bei Studenten wie Werktägigen und Hausfrauen gleichermaßen beliebt.

Boston Tea Party (7), Craft Village. Coffee-

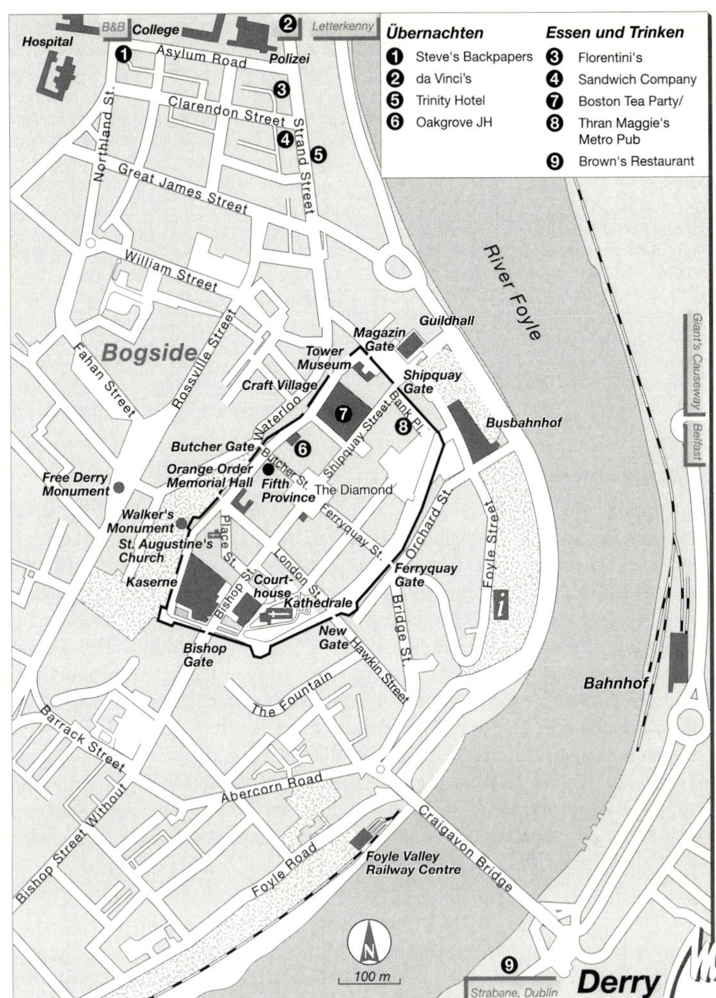

shop mit Salaten, Lasagne, gutem Apfel- und Schokoladenkuchen. Mit Nichtraucherraum.

Fiorentini's (3), 69 Strand St. Cappuccino, Eis und Kuchen.

Am Abend

Was am Essen fehlt, macht die Stadt mit Pubs wett. Zentrum des Nachtlebens sind das Universitätsviertel und die Waterloo Street.

Strand Bar, Strand Ecke Great James Sts. – die Farbe kaum getrocknet und schon die perfekt inszenierte Gemütlichkeit eines Pubs von anno dazumal.

Carraig Bar, 119 Strand St. Der Studententreff veranstaltet gewöhnlich am Wochenende Konzerte, Mi–Sa im Obergeschoss Disco. Mittags Pubfood.

Nordirland Karte Seite 562/563

Ascension, 64 Strand St. Ein Studententreff mit Nightclub; Mi Folkmusik und anschließend Disco.

Anchor Inn, 38 Ferryquay St. Mit seinem nautischen Dekor aus Tauen, Schiffslaternen, Ankern und Rettungswesten der richtige Platz für Bootsleute und andere, die von der Seefahrt träumen.

Dungloe, 41 Waterloo St. Früher übernachteten in den Gasthäusern der Waterloo Street die Emigranten aus Donegal, bevor sie sich nach Schottland oder Amerika einschifften. Das schlichte Pub ist heute die beste Adresse für Folkmusik im Westen Nordirlands. Beinahe jeden Abend spielt im Obergeschoss eine Gruppe.

Peadar O'Donnells, 61 Waterloo St., benannt nach einem republikanischen Gewerkschaftsführer und Spanienkämpfer. Jeden Abend Folkmusik.

Gweedore Bar, 59 Waterloo St. Seit Jahren das Mekka der Rock- und Popmusik am Foyle, jetzt mit Disco im Obergeschoss.

Castle Bar, 26 Waterloo St. Der Bauherr war ein sparsamer Mensch und nutzte die Stadtmauer als Rückwand des denkmalgeschützten Lokals. Geschickt ausgeleuchtet, bestimmen die massiven Quader heute das rustikale Ambiente. Blues- und Jazzkonzerte.

Squires, 33 Shipquay St. Ein Nachtclub mit mehreren Tanzebenen, der die verschiedenen Musikgeschmäcker gleichzeitig anzusprechen versucht; mit Burger Bar.

Sandinos, Water St., zwischen Guildhall und der Orchard Gallery und anhand der grellgelben Fassade leicht finden. Hier zecht man unter den Postern lateinamerikanischer Revolutionshelden. Der drangvollen Enge wegen heißt das Lokal im Volksmund auch Sardinos.

Sehenswertes

Stadtmauer: Wohl als letzte Stadt Europas wurde Derry 1614 nach mittelalterlichem Muster mit einer Mauer umgeben. 1,5 km lang, 9 m dick und etwa so hoch wie ein zweistöckiges Haus, war sie noch durch Bastionen verstärkt, wovon drei heute allerdings abgetragen sind. Sonst ist die Mauer noch durchgehend erhalten und auch zu begehen. Die vier ursprünglichen **Tore** (Shipquay, Ferryquay, Bishop's und Butcher Gate) wurden später durch drei weitere Durchbrüche (New, Magazine and Castle Gate) ergänzt. Zwischen **Royal Bastion** und **Double Bastion** an der Südwestecke wacht die Armee mit viel Elektronik über die Bogside. Hier hat man einen schönen Blick auf das Viertel mit seinen Graffiti und dem Free Derry Monument. Ein leerer Sockel erinnert an das 1973 von der IRA gesprengte **Walker's Monument**. Walker war während der Belagerung Gouverneur der Stadt, seine Statue über der Bogside ein Symbol der protestantischen Herrschaft. Eine neue Statue steht seit 1993 an unverfänglicherer Stelle in der Society Street.

Altstadt: Die Straßenzüge innerhalb der Mauern entsprechen nur noch teilweise dem Layout des 17. Jh. Erhalten blieben die beiden Zentralachsen zwischen den Toren, die sich im **Diamond** treffen, dem rechteckigen Hauptplatz der Stadt. Manches hier, wie das **Craft Village** oder **O'Doherty's Castle** sind künstlich auf alt gemachte Neubauten. Für das Castle, das gleichermaßen nach seinem Initiator *Paddy Doherty* und der O'Doherty-Familie benannt ist, die im 16. Jh. die Stadt beherrschte, gibt es kein historisches Vorbild. Es ist ein künstlicher Identifikationspunkt für die katholische Geschichte der Stadt vor den Plantations.

Tower Museum: Nur der geringste Teil des Stadtmuseums, die Ausstellung um *La Trinidad Valencera,* ein vor der Küste geborgenes Wrack der spanischen Armada, ist im O'Doherty Castle untergebracht. Die weitaus größeren Flächen mit Exponaten zur Stadtgeschichte befinden sich in den dahinter liegenden, von außen nicht sichtbaren Kellern des Craft Village. Das mit dem irischen, englischen, europäischen und güneristanischen Museumspreis ausgezeichnete Museum zeigt in chronologischer Folge beide Seiten der "Road to Ulster", die ja zugleich auch der Weg zur irischen Republik war. Die "Troubles" werden mit einem eindrücklichen Videostreifen dokumentiert. Offensichtlich können beide Seiten mit der Ausstellung leben: Opponenten wie die Bürgerrechtskämpferin Bernadette McAliskey (Devlin), der protestantische Hardliner Ian Paisley und Bürgermeister John Hume nahmen an der Einweihungsfeier teil.

⌚ Juli/Aug. Mo–Sa 10–17 Uhr, Sept.–Juni Di–Sa 10–17 Uhr; Eintritt 3,75 £.

Bloody Sunday Centre: Ein blutiges Marschbanner dominiert von der Wand herab einen ansonsten stilechten großbürgerlichen Prunksaal. Hier dokumentiert das Bloody Sunday Centre mit Fotos und einer Tonbildshow die republikanische Sicht der Bürgerrechtsbewegung und besonders des Blutsonntags.

⌚ Mo–Sa 10–16.30 Uhr, Shipquay St.

Saint Columb's Cathedral: Die protestantische Kathedrale war 1633 die erste Bischofskirche, die nach der Reformation, also einer Pause von beinahe 100 Jahren, auf den Britischen Inseln errichtet wurde. Mit ihrem später "Planters Gotik" genannten Stil war sie Vorbild für viele noch folgende protestantische Gotteshäuser in Irland. Vom Turm hat man die beste Sicht über Derry.

⌚ April–Sept. Mo–Sa. 9–17 Uhr, Okt.–März Mo–Sa Mo–Sa 9–13, 14–16 Uhr), Eintritt 1 £.

Bishop's Gate: Mit dem Gerichtsgebäude, einer Kaserne und dem modernen, granitverkleideten Wachturm läßt sich die Nachbarschaft des Bishop's Gate unschwer als ein früherer Brennpunkt der "Troubles" ausmachen. Vor dem Tor trennt ein hoher Zaun die Straße von der **Fountain Area,** der letzten protestantischen Siedlung auf dem Westufer, deren Graffiti denen der Bogside nicht nachstehen. Die Flagge der Unionisten weht noch immer auf einem alten Rundturm, dem letzten Rest des früheren Gefängnisses. Doch auch die Zeichen des Wandels sind nicht zu übersehen: Ein neues Geschäftshaus in exponierter Ecklage imitiert den Granitturm und läßt ihn, ganz schwarzer Humor, damit zugleich als ein Stück von Derrys Normalität erscheinen.

Verbal Arts Centre: Weniger Texte als die Kunst des Erzählens und des Sprechgesangs *(seán nos)* stehen im Mittelpunkt dieses Kulturzentrums. In der Eingangshalle kann man an Computerplätzen renommierten Geschichtenerzählern aus allen Teilen der Insel lauschen, im Klassenzimmer der früheren Schule treten gelegentlich bekannte Erzähler *(seanachie)* und Poeten live auf. Alljährlich Anfang April veranstaltet das Zentrum ein internationales Festival der Erzählkunst.

⌚ Mo–Do 9–17.30 Uhr, Fr 9–16 Uhr, Bishop's Gate, www.verbart.demon.co.uk.

Fifth Province: Das historische Irland hatte bekanntlich nur vier Provinzen. Die "fünfte Provinz" ist eine magische, die der Phantasie des Besuchers bedarf: die "Anderwelt" der keltischen Mythen, aber auch der Diaspora, ein "Celtic Empire spanning time and space", wie der Prospekt verheißt, das alle Nachkommen irischer Auswanderer als Iren und diese wiederum als Kelten unter einen Hut zu bringen versucht. Nicht zufällig spielt die Show in einem genealogischen Zentrum, in dem Amerikaner und Australier ihre irischen Vorfahren aufspüren können. Eine Zeitreise mittels computergesteuerter Animationstechnik samt Rütteln, Dampf und Gerüchen führt uns im ersten

Nordirland Karte Seite 562/563

Akt durch Derrys Stadtgeschichte. Dann lässt uns ein keltischer Krieger im Schnelldurchgang 2000 Jahre irischer Geschichte miterleben, bis uns im dritten Teil die irische Diaspora begegnet, die abschließend mit ihrem kulturellen Erbe konfrontiert wird. Aus deutscher Sicht ein bemerkenswert unbefangener Umgang mit nationalem Erbe und den Blutsbanden, der uns, die nationalsozialistischen Überhöhung des "Germanentums" im Hinterkopf, so kaum möglich wäre. Unverfänglich erscheint dagegen der Automat im Treppenhaus, aus dem sich für 2 £ ein Glasröhrchen mit Kleblattsamen ziehen läßt – ein originelles Souvenir.

⌚ Shows Mo–Fr 11.30 u. 14.30 Uhr, Butcher St., Eintritt 3 £.

Die Guildhall – das Rathaus von Derry

Guildhall: Früher floss der Foyle unmittelbar an der Stadtmauer entlang, erst im 19. Jh. wurde er in sein jetziges Bett gezwungen. Auf dem jetzt freien Raum zwischen Mauer und Fluss entstand 1890 die Guildhall, das Rathaus von Derry. Das bereits 1908 zum ersten Mal abgebrannte Haus wurde 1972 durch einen Bombenanschlag schwer beschädigt. 1985 nahm einer der Attentäter als gewählter Magistrat auf einem der vorher Protestanten vorbehaltenen Ratssessel Platz. Sehenswert sind die Glasfenster mit Motiven zu den Londoner Zünften, die im 17. Jh. die Geschicke Derrys bestimmten.

⌚ Mo–Fr 9–17 Uhr, Juli/Aug. Führungen.

Bogside: Bis ins Mittelalter war der Altstadthügel eine Insel. Allmählich trocknete der Westarm des Foyle zu einem Sumpf aus, daher der Name Bogside für das katholische Viertel mit seinen gleichförmigen Straßenzügen im Westen der Stadt. Von der Stadtmauer gut zu sehen ist das *Free Derry Monument* in der Fahan Street (vom Butcher Gate links). Nicht alle Wandbilder sind Parolen der früheren Bürgerkriegsparteien. Friedensgruppen haben mit Kindern beider Fraktionen eine Reihe bewusst neutraler, lebensbejahender oder einfach nur schöner Szenen gemalt. Das *Bloody Sunday Memorial* erinnert an jene Episode, die unmittelbarer Auslöser des Bürgerkriegs war.

Foyle Valley Railway Centre: Der alte Bahnhof am Westufer nahe der Brücke war einmal der Treffpunkt von vier Bahnlinien. 1950 sprengte ihn die IRA durch einen mit Bomben beladenen Geisterzug in die Luft. Heute erzählt die Station die traurige Geschichte vom Niedergang der Eisenbahn in Nordirland. Highlight ist eine Fahrt mit dem Dampfzug oder Dieseltriebwagen auf der

Schmalspur durch das Foyle-Tal. An der Verlängerung der Strecke über die Grenze bis Carrigans wird gearbeitet.

Ⓒ April–Sept. Di–Sa 10–17 Uhr, So 14–18 Uhr; Eintritt frei, Bahnfahrt 2,50 £. Craigavon Bridge, Foyle Rd.

Workhouse Museum: Das restaurierte Gebäude, in dem auch die Stadtbücherei residiert, war im 19. Jh. ein Arbeitshaus. Im Obergeschoss wagt eine bescheidene Ausstellung den Vergleich zwischen dem irischen Hunger vergangener Tage und der Not im heutigen Afrika. Eine weitere Ausstellung erinnert an die "Battle of the Atlantic", als Derry im 2. Weltkrieg amerikanische Truppenbasis war..

Ⓒ Mo–Sa 10–16.30 Uhr, So 14–16 Uhr, Okt.–Juni Fr+So geschl. 23 Glendermott Rd.

Von Derry nach Portstewart

▸ **Roe Valley Country Park:** Nachdem er zunächst am Fuße der Sperrins entlang plätschert, wendet sich der River Roe in Dungiven geradewegs nach Norden und mündet nach Limavady schließlich ins Meer. Etwa auf der Mitte zwischen beiden Städten verbindet der Country Park Naturerlebnis mit Industriegeschichte. Spazierwege führen auf beiden Ufern entlang, an denen einst die Mühlräder der Webereien und Flachsmühlen klapperten und heute die Angler auf Beute warten. Das kleine Kraftwerk, das seit 1896 elektrischen Strom nach Limavady brachte, wurde restauriert. Eine Ausstellung im benachbarten *Dogleap Centre* erzählt mehr über das Tal, eine Cafeteria lädt zum Tee.

• *Öffnungszeiten* des **Visitor Centre:** Ostern bis Sept. Mo–Sa 9–17, So 13–17 Uhr, Eintritt 1,50 £. Der Park ist von der B 192 und der B 68 zu erreichen.

• *Übernachten:* **Flax Mill Hostel** (IHH), Mill Lane, Derrylane, Dungiven, ✆ 77 742 655, Bett 5 £. Die Anfahrt ist so kompliziert, wie die Adresse verspricht, inzwischen jedoch ausgeschildert: Von Dungiven nimmt man die B 192 (Westufer) nach Limavady, zweigt an der dritten Straße (Altmover Rd., ausgeschildert nach Claudy) nach links ab und findet dann hoffentlich das in einem Tal versteckte Hostel – auch vom Country Park kommend sollte man die Abzweigung hinter Burnfoot nicht verfehlen. Marion Baur und ihr Mann haben die alte Mühle mit viel Eigenarbeit in ein gastliches Haus verwandelt. Der Strom kommt (meist) aus der eigenen Turbine, und auch sonst könnte man das Gelände mit einem Abenteuerspielplatz für Techniker verwechseln. Geschlafen wird im Haus des Müllers oder in zwei Blockhütten (DZ) im Garten. Die große, gemütliche und warme Küche mit Natursteinwänden und Ziegelboden ist zugleich Aufenthaltsraum mit Büchern und Spielen für Regentage. Ökologie wird ernst genommen.

▸ **Mussenden Temple:** Der überaus begüterte Frederick Harvey, Earl of Bristol und zugleich anglikanischer Bischof von Derry, ließ sich etwa 10 km vor Colraine an der Küste 1775 den Landsitz **Downhill** bauen. Downhill brannte zweimal aus und wurde nach dem 2. Weltkrieg aufgegeben, so dass heute nur noch eine traurige Ruine steht. Am Ufer findet sich jedoch noch ein fotogenes Rundtempelchen, das der Earl-Bischof im italienischen Stil für seine Cousine errichten ließ. Die starb allerdings, bevor der Kiosk fertig wurde, so richtete Frederick Harvey darin eine Bibliothek ein und erlaubte darüber hinaus dem katholischen Landgeistlichen, hier sonntags mit seinen Schäflein die Messe zu feiern – eine noble Geste des protestantischen Kirchenmanns. Jüngst drohte der Kiosk samt den erodierten Klippen ins Meer zu

Nordirland Karte Seite 562/563

stürzen, so dass nun dicke Stahlseile das Gestein sichern. Auch die Straße von Limavady nach Downhill geht auf den Bischof zurück – eine landschaftlich besonders schöne Strecke mit Aussicht über den Lough Foyle, auf den von Gleitschirmfliegern geschätzten **Binevenagh** (250 m), der von der Seite dem Rücken eines schlafenden Reptils ähnelt, und vorbei am 10 km langen Dünenstrand von **Benone.** Allzu oft dürfte der Earl-Bischof diese Aussicht nicht genossen haben – er war überaus reiselustig und die meiste Zeit irgendwo in Europa unterwegs. Der beliebte Hotelname "Bristol" erinnert an ihn.

• *Öffnungszeiten* des **Mussenden Temple:** April–Juni, Sept. Sa/So 12–18 Uhr; Juli/Aug. tägl. 12–18 Uhr. Anfahrt mit Bus 134 von Colraine oder Derry.

• *Übernachten:* **Downhill Hostel,** Mussenden Rd., Downhill, ✆ 70 849 077, www.angelfire.com/wa/downhillhostel, Bett 8 £, DZ 20 £. Die viktorianische Villa duckt sich am Anfang des Strandes zwischen Straße und Bahn im Windschatten eines Felsens.

Portstewart

Der englische Novellist William Thackeray, dessen Reiseberichte nicht unwesentlich zum Ruhm und Boom der Nordküste beitrugen, nannte Portstewart "komfortabel und gefällig".

Um das gemeine Volk von diesem Badeort fern zu halten, so heißt es, wurde die Eisenbahn bewusst einige Kilometer an der Stadt vorbei geführt. Ungeachtet der Surfer, die sich vor der Küste tummeln, ist Portstewart (6500 Ew.) vor allem ein Familien- und Rentnerbadeort: Kirmes, Nippes und Bowlingbahnen, Imbissbuden und Bänke mit Meerblick. Ältere Herrschaften trotzen am *Klippenweg* zwischen Stadt und Strand der steifen Brise, Mammies mahnen ihre Kleinen, sie mögen sich um Himmels Willen vom Abgrund fernhalten. Andere fahren lieber gleich an bzw. auf den Strand – der Sand ist so fest, dass kein Wagen stecken bleibt.

• *Information:* Im Rathaus, April–Sept. Mo–Fr 10–17 Uhr, ✆ 83 22 86.

• *Verbindung:* Von der **Bus**haltestelle an der Hauptstraße nach Belfast (Bus 218), Derry (Bus 243) und etwa alle halbe Stunden nach Coleraine (Bus 140).

• *Übernachten*: Die meisten Gäste übernachten im Wohnmobil oder Trailer auf einem der vielen Campingplätze um Portstewart.

B&B Chez Nous, Mrs. Nicholl, 1 Victoria Terrace, ✆ 70 832 608, DZ 32 £. Die Zimmer mit Etagenbad und teilw. mit Meerblick, älteres Publikum.

Rick's Causeway Hostel (IHH/IHI), 4 Victoria Terrace, am Nordostende des Orts zwei Häuser vom Meer, ✆ 70 833 789, Bett ab 6 £. Mit knarrenden Dielen, abgetretenen Teppichen und dem Charme einer Altbau-Wohngemeinschaft. Eine Fotosammlung im Treppenhaus macht Geschmack auf weitere Reiseziele in Irland. Küche, Waschmaschine und echte Badewannen. An kühlen Tagen wärmt ein gemütliches Kaminfeuer den Aufenthaltsraum.

• *Camping:* Gleich sechs Plätze in der näheren Umgebung. Der gemeindeeigene **Juniper Hill Caravan Park,** 70 Ballyreagh Rd., ✆ 70 832 023 verlangt für 2 Pers. mit Zelt 9 £.

• *Essen:* **Some Plaice Else,** 21 Ballyreagh Rd., an der Straße nach Portrush. Seafood mit schönem Meeresblick.

Squires, The Promenade. Die üblichen Hühnergerichte, Bistroküche, auch vegetarische Gerichte, dazu allerlei Eiscreme-Versuchungen.

County Antrim

Die Nordküste ist das älteste und bekannteste Feriengebiet von Ulster. An die *Causeway Coast* mit ihrem Naturwunder der kantigen Basaltsäulen schließen sich die *Glens of Antrim* an, anmutige Täler mit Wasserfällen, Wildblumen und Vogelgezwitscher. Die Causeway Coast und der Küstenabschnitt zwischen Ballycastle und Cushendall, wo die Hauptstraße im Landesinneren verläuft, sind mit ihren nur mäßigen Steigungen eine gute und, wenn der Wind mitspielt, nicht allzu anstrengende Radlstrecke. Weniger interessant ist das Hinterland des Countys zwischen den *Antrim Mountains* und dem River Bann. Lediglich die Leinenstadt *Lisburn,* schon vor den Toren von Belfast, ist wegen ihres Leinenmuseums noch einen Besuch wert.

Portrush

Der zweite große Badeort (6000 Einw.) der Causeway Coast steht auf einer ins Meer hinausragenden Halbinsel und damit sozusagen mitten im Wasser. Feinsandige Dünenstrände und die bizarre Kalksteinformation der "White Rocks" machen den Charme des Städtchens aus ...

... der, wie man hinzufügen muss, durch Spielhallen, Spaßbad, Kirmesplatz, billige Fastfoodlokale, Nippesläden und andere für englische Seebäder typische Verunstaltungen allerdings gemindert wird. Eine aberwitzige Verkehrsführung zwingt ortsunkundige Autofahrer zu unfreiwilligen Stadtrundfahrten (man beachte die Straßenlampen!). Das Publikum scheint etwas proletarischer als in Portstewart, doch unter die Feriengäste aus Belfast und Derry mischen sich auch Studenten der nahen Universität von Coleraine, die lieber hier am Wasser als in der drögen Unistadt wohnen – Colraine bekam die *University of Ulster* nur, weil die damalige Nordirland-Regierung sie lieber in einem protestantischen Umfeld als in Derry ansiedelte.

Nordirland Karte Seite 562/563

Information/Verbindungen/Diverses

• *Information:* Im **Dunluce Centre,** Sandhill Drive, ✆ 70 823 333, April–Juni Mo–Sa 9–17 Uhr, Juli–Sept. auch So 12–17 Uhr. www.portrush.co.uk.

• *Verbindung:* Auch wenn der bedauernswerte Bahnhof nicht mehr danach aussieht, fährt Mo–Sa noch immer jede Stunde ein **Zug** (Auskunft ✆ 70 822 395) nach Colraine; dort Anschluss nach Belfast und Derry.

Vom Terminal in der Dunluce Av., nahe dem Bahnhof, **Busse** (Linie 218) über Portstewart nach Belfast. Dazu halten der Antrim Coaster (Linie 252 Colraine–Küstenstraße–Belfast) und der nur bei schönem Wetter verkehrende "Bushmills Open Topper" (Linie 177 Colraine–Giant's Causeway), ein Doppeldecker mit offenem Oberdeck.

• *Reiten:* **Maddbenny Riding Centre,** 18 Maddbenny Park, ✆ 70 823 394, Kurse mit

Unterkunft für fortgeschrittene Spring-, Dressur- und Military-Reiter.

• *Surfen:* **Troggs Surf Shop,** Bath Ecke Main Sts., ✆ 70 823 923, verleiht Ausrüstungen.

Übernachten

Nahezu jedes Haus im Ort vermietet Fremdenzimmer. Trotzdem ist es im Sommer nicht einfach, ohne Reservierung ein Quartier zu finden. Spätaufsteher werden die Abendsonne und den Blick auf die Westbucht aus den B&Bs in der Kerr Street und von den oberen Etagen der Market Street schätzen, Frühausteher begrüßt die Morgensonne in der Landsdowne Road und auf der Bath Terrace.

Old Manse, 3 Main St., ✆ 70 824 118, DZ 42 €; das frühere Pfarrhaus der presbyterianischen Kirche, 1850 aus Naturstein gebaut, schöner Jugendstileingang, Zimmer teilw. mit Bad.

B&B mit Meerblick findet man am Landsdowne Crescent, z.B. **Alexandra,** ✆ 70 822 284, **Clermont,** ✆ 70 822 397, oder **Belvedere,** ✆ 70 822 771, alle das DZ in der Hochsaison um 40 £

MaCools Hostel (IHI), 5 Causeway View Terrace, ✆ 70 824 845, Bett ab 7 £, DZ 16 £. Kleines Hostel mit 6er-Zimmern, gemütliche Wohnküche, Waschmaschine und Trockner.

Essen/Pub

Nicht das gediegene Essen, sondern die schnelle Küche ist angesagt. Zwischen Fastfood und Neon geht abends die Post ab.

Ramore, über dem Hafen, ✆ 70 824 313, So/Mo Ruhetag; Bistro und Restaurant (nur Dinner). Die eleganteste Speiseadresse am Ort, das Hauptgericht kostet abends etwa 13 £. Eine Brigade diensteifriger Geister zelebriert Service auf hohem Niveau. Internationale Küche, an Knoblauch wird nicht gespart.

Silver Sands, Eglington St., beim Kriegerdenkmal. Ein schlichtes, doch solides Lokal. Preiswerte Küche mit Chicken Curry, Burger, Kartoffeln und anderen Standards.

• *Pub:* **Harbour Bar,** 5 Harbour Rd. Für jeden Geschmack etwas – im Schankraum mit Sägespänen auf dem Boden die Seemannskneipe aus dem Bilderbuch, die Nebenzimmer dagegen auch zum intimen Tête-à-tête geeignet.

Sehenswertes

Dunluce Centre: Ein interaktives Multimediaspektakel örtlicher Folklore und Naturkunde. Der Wikingerkrieger Magnus Barefoot und ein blutrünstiger Pirat verbreiten Furcht und Schrecken, die *Gerona* zerschellt vor den Augen der Zuschauer auf den Klippen. Kernstück der Show ist eine "Turbotour" (Achtung: Ihr Stuhl bewegt sich!), deren Programm alle paar Monate wechselt – bei unserem Besuch gab's gerade eine Wildwasserfahrt in British Columbia.

⌚ Juli/Aug. tägl. 10.30–19 Uhr, April–Juni, Sept. tägl. 12–17 Uhr, Okt.–März nur Sa/So 12–17 Uhr. Eintritt 5 £, im Winter 4 £. Dunluce Arcade.

Portrush Countryside Centre: Die naturkundliche Ausstellung hält mehr, als die äußerlich unansehliche Baracke verspricht. Aus dem Wrack der am Meeresgrund liegenden *Nautilus* blickt man auf Tintenfische, Seeanemonen und anderes Getier und hört die exotischen Laute der Wale. Ein Videomikroskop macht Sandkörner zu Felsbrocken, Fotos zeigen das Portrush um 1900, und am Strand vor dem Haus gibt es Fossilien zu entdecken.

⌚ Juni–Aug. Mi–Mo 12–20 Uhr, Sept. Mi–Mo 12–16.30 Uhr. Eintritt frei. 8 Bath Rd., am Wasser auf der Ostseite der Halbinsel.

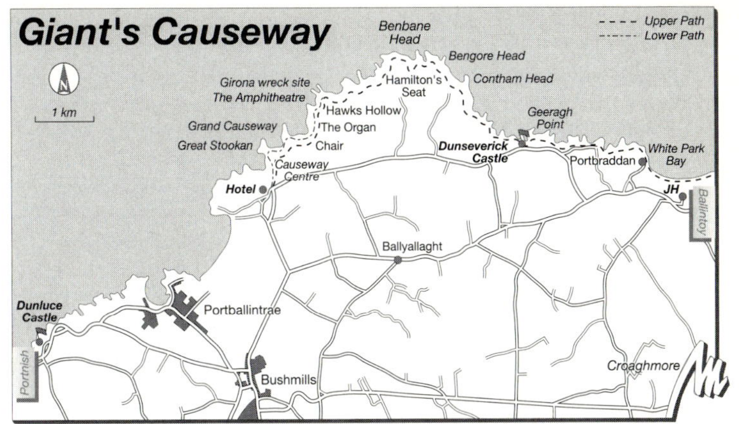

Giant's Causeway

Seit die Royal Geographical Society 1693 ihren ersten Artikel über die wundersamen Steine an der Antrim-Küste veröffentlichte, gilt der Giant's Causeway als das größte Naturwunder Nordirlands. Kaum ein Prospekt verzichtet auf das Motiv der in das warme Licht der Abendsonne getauchten Basaltformationen.

Doch nicht alle Reisende zeigten sich von den etwa 37.000, zumeist fünf- oder sechseckigen, wie Bauklötze zu Türmchen gestapelten Steinen tief beeindruckt. "Bin ich wirklich 150 Meilen gereist, um jetzt *das* zu sehen?", mokierte sich Thackeray 1842.

Über die Entstehung der seltsamen Naturerscheinung, die es ähnlich auch an der schottischen Küste gibt, wurde lange gerätselt. Für die einen war es ein versteinerter Bambuswald, für die anderen aus dem Meerwasser gewachsene Kristalle. Nach heutigem Wissensstand gehen die seltsamen Steine auf vulkanische Eruptionen zurück, bei denen vor 60 Millionen Jahren flüssige Lava aus der Erdkruste brach, sich in "Säulen" einen Weg nach oben bahnte und beim Abkühlen zu den ungewöhnlichen Formationen auskristallisierte. Der Effekt ist nachzuvollziehen, wenn man etwa verschiedenfarbige Knetwürste nebeneinander stellt und diesen Wulst von den Seiten gleichmäßig zusammenpresst – die Würste füllen die Zwischenräume und werden dabei zu sechsseitigen Säulen, bei ungleichem Druck vielleicht auch zu fünf- oder vierseitigen.

Wer es genauer wissen will, wird im **Visitor Centre** aufgeklärt, das sich auch der Naturkunde und der Tourismusgeschichte widmet. Außerdem kann man das Modell einer Tram bestaunen, die von 1883–1949 die Besucher von Portrush zum Giant's Causeway brachte, und deren Nachfolger neuerdings wieder vom Causeway nach Bushmills rollt. Die Videoshow erschien uns als etwas oberflächliche Effekthascherei, die man nicht unbedingt gesehen haben muss, zumal sie zusätzlich Eintritt kostet.

Nordirland
Karte Seite 562/563

Große Liebe und Riesen-Schreck

Die Sage sieht im Giant's Causeway den Anfang einer im Meer versunkenen Straße, die der Riese Finn Mac Cumhaill baute, um seine auf der schottischen Insel Staffa lebende Geliebte, die ebenfalls dem Riesengeschlecht entstammte, trockenen Fußes nach Irland bringen zu können. Eine kriegerische Variante der Sage lässt Finn Mac Cumhaill den Weg errichten, um einen schottischen Riesen zum Zweikampf herausfordern zu können. Des Konkurrenten schließlich ansichtig, verließ ihn jedoch der Mumm und er rannte nach Irland zurück. Wieder zu Hause, begegnete er dem nachsetzenden Schotten statt mit roher Gewalt mit Grips: Er legte sich, ein Baby vortäuschend, in eine hastig gezimmerte Wiege und jagte damit seinerseits dem Schotten einen nachhaltigen Schrecken ein, denn: wenn schon das Baby so groß war, wie mochte erst der Vater aussehen? Die beiden Riesen sollen zeitlebens einen großen Bogen um das jeweilige Nachbarland gemacht haben. Anhand eines versteinerten Stiefels am Port Noffer haben Wissenschaftler für Finn übrigens eine Körpergröße von etwa 17 m errechnet. Oder war es doch der Stiefel des flüchtenden Schotten?

Besser als das Museum ist allemal das Original. Vom Parkplatz (Gebühr 3 £) am Visitor Centre, wo man für wenig Geld eine nützliche Karte mit Wegbeschreibung erstehen kann, sind es keine 20 Min. zur Bucht mit dem **Giant's Causeway.** Für Gehbehinderte und Fußfaule fährt ein Minibus. Die Felsen am Weg tragen phantasievolle Bezeichungen wie "Kamelrücken", "Harfe", "Orgel", "Amphitheater", die den Hirnen der viktorianischen Reisegesellschaften und ihrer Cicerones entstammen, unter denen Thackeray so litt. Wieder am Parkplatz kann man noch die **Causeway School** besuchen und in einem Klassenzimmer der 1920er Jahre die Schulbank drücken – sofern gerade Ferien sind, denn das museale Schulhaus wird ansonsten durchaus noch für den Unterricht genutzt.

• *Verbindung:* **Bus**anschluss vom Bahnhof Portrush. Außerdem halten der Antrim Coaster (Linie 252 Colraine – Küstenstraße – Belfast). Bei schönem Wetter verkehrt Juli/Aug. "Bushmills Open Topper" (Linie 177 Colraine – Giant's Causeway), ein Doppeldecker mit offenem Oberdeck. **Straßenbahn** nach Bushmills.

• *Öffnungszeiten* des **Visitor Centre:** März–Mai tägl. 11–17 Uhr, Juni und Sept./Okt. tägl. 10.30–17.30 Uhr, Juli/Aug. tägl. 10–19 Uhr; Eintritt 1 £.

Causeway School, Juli/Aug. tägl. 11–17 Uhr, Eintritt 0,75 £.

• *Übernachten:* ** **Causeway Hotel,** Causeway, ✆ 20 731 226, ℻ 20 732 552, www.causewaycoast.com, DZ 80 £. Gleich beim Visitor Centre, seit 1836 als Hotel betrieben und trotz Renovierung mit dem Charme der viktorianischen Zeit. Die Zimmer mit TV und Teekocher ausgerüstet.

Andere Hotels in der Nähe sind das neue *** **Bushmills Inn** (in Bushmills, ✆ 20 732 339, www.bushmills-inn.com) und das **Bayview** (Portballintrae, Neueröffnung für 2001 geplant). Die nächsten **B&Bs** sind in Bushmills, Portballintrae, Ballintoy und Portrush.

• *Jugendherberge:* **White Park Bay,** 3 km östl. des Dunseverick Castles, ✆ 20 731 745, Bett ab 8,50 £, DZ mit Frühstück 30 £. An einer Bucht mit schönem Sandstrand. Das Haus wurde grundlegend erneuert. Schlafräume mit 2, 4 , und 6 Betten, alle mit eigenem Bad, die DZ mit TV, Schrankwand und Tee-/Kaffeetablett. Auch die Aufent-

Irlands größtes Naturwunder – Giant's Causeway

haltsräume (einer mit TV, der andere mit Kamin) verraten mit künstlerischen Fotos und den sorgfältig abgestimmten Farbtönen die Hand des Innenarchitekten. Cafeteria (nur April–Sept.) mit gesonderter Küche. Waschküche, Fahrradverleih, Gepäckaufbewahrung. Mancher ist in Irlands schönster Jugendherberge für den Rest seiner Reise hängen geblieben.

• *Essen/Pub:* **Sweeney's,** Portballintrae, Barfood auch abends, im Sommer durchgehend bis 21.30 Uhr. Seymour Sweeney hat den alten Landgasthof aufgemöbelt und um einen Wintergarten erweitert, der freie Sicht aufs Meer erlaubt. Zu Essen gibt's etwa Folienkartoffeln mit diversen Füllungen, Hühnerkebab im Fladenbrot oder Entenconfit mit Linsen. Fr/Sa (im Sommer auch unter der Woche) Livemusik.

Wanderung

Der herkömmliche Rundweg beginnt am Vistor Centre mit dem **Lower Path,** führt nach dem Causeway über die 149 Stufen des **Shepherd's Path** auf die Klippen des **Aird Snout** hinauf und hier mit wunderbarem Ausblick wieder zum Ausgangspunkt zurück. Es lohnt sich jedoch, den Küstenpfad noch eine gute Stunde über den Causeway hinaus am **Amphitheatre** vorbei bis zum **Dunseverick Castle** zu wandern, wo man wieder auf die Straße trifft. Bis zum **Benbane Head** laufen zwei Wege parallel, der eine oben am Klippenrand, der andere etwas unterhalb, so dass man auch eine schöne Rundwanderung machen kann. Unterwegs passiert man die **Chimney Tops.** Der Kapitän der spanischen Fregatte "Gerona" verwechselte den bizarren Felsturm 1588 mit Dunluce Castle, wo er sich Hilfe von den verbündeten McDonnells erhoffte, und lief prompt auf Grund. **Hamilton's Seat,** der Felsen über dem Kap, ist einer der besten Aussichtspunkte an der Nordküste, von dem man bei gutem Wetter in der Ferne Inishowen aus dem Dunst steigen sieht.

Karte Seite 562/563

Giant's Causeway/Umgebung

▸ **Bushmills:** Seit 1784 wird hier legal Whiskey (s. S. 307) destilliert, die erste Konzession stammt gar aus dem Jahr 1608. Ob Bushmills damit die älteste (legale) Brennerei der Insel ist, wie die Werbestrategen behaupten, ist unter Wirtschaftshistorikern eine offene Frage, die hoffentlich noch zu mancher Doktorarbeit Material geben wird. Nach der Führung durch die – ungeachtet ihrer altertümlichen Pagodentürme – hochmoderne und damit wenig romantische Schnapsfabrik des Konzerns Pernod-Ricard darf in der Hausbar getestet werden. Probieren Sie etwa *Coleraine,* ein leichter, nur in kleinen Mengen produzierter Single Malt, oder *Bushmills Malt.* Beide sind im Unterschied zu den meisten anderen Sorten nicht mit ungemälztem Gerstenbrand oder Mais- und Sojadestillaten verschnitten.

Führungen: April–Sept. Mo–Sa 9.30–17.30 Uhr, So 12–17.30 Uhr (letzte Führung jeweils 16 Uhr), Okt.–März Führungen Mo–Fr um 10, 11, 12, 13.30, 14.30, 15.30 Uhr; Eintritt 3 £.

▸ **Benvarden Garden:** Die Montgomerys öffnen zwar nicht ihr Haus, doch immerhin den im 18. Jh. angelegten Garten dem Publikum. Besucht werden können auch die um einen Hof in Diamantform angelegten Stallungen mit einem kleinen Museum zur Geschichte des Anwesens.

⌚ Juni–Aug. Di–So 13.30–17 Uhr, Eintritt 2,50 £. Der Garten liegt südlich von Bushmills an der B 67 zwischen Ballybogy und Dervock.

▸ **Dunluce Castle:** Die imposante Ruine auf einem Felssporn über dem Meer war die Stammburg des irischen Zweiges der McDonnells, die im 16. u. 17. Jh. über Antrim herrschten. Wie die meisten der protestantischen Kolonisten, die von der Krone nach 1600 in Ulster angesiedelt wurden, stammten auch die McDonnells aus Schottland. Als "Herren der Inseln" herrschten sie kurzzeitig über Ländereien auf beiden Seiten des Kanals, bevor die Engländer und die mit ihnen verbündeten Campbells sie aus Schottland vertrieben.

Vom Wrack der *Gerona,* deren erst 1968 geborgener Goldschatz im Ulster Museum (Belfast) ausgestellt ist, holte sich Sorley Boye McDonnell (1505–1590) seinerzeit die Kanonen für seine Burg Dunluce. Diese hatte der "Yellow Charles", wie er auch genannt wurde, 1560 den MacQuillans abgenommen, 1584 nach harter Belagerung samt Sturmangriff an einen unehelichen Sohn Heinrichs VIII. verloren und bald darauf mit List wieder gewonnen. Diese militärischen Auseinandersetzungen überstand das Gemäuer ohne großen Schaden, doch stürzte bei einem Unwetter 1639 der Küchentrakt samt Personal und allen Vorräten ins Meer. Vom Grundriss her noch ganz ein mittelalterliches Wehrbau, verrät der Innnenausbau des Haupthauses schon den Geschmack der aufkommenden Renaissance. Dass die Loggia nach italienischem Vorbild gen Norden, also der sonnenabgewandten Seite blickt, dürfte im irischen Norden mehr Frösteln als nötig beschert haben. Die aus gemäßigteren Gefilden Englands stammende Frau McDonnell fühlte sich zusätzlich durch das ständige Tosen der Brandung genervt, und so zog die Familie einige Jahre nach dem Totalverlust der Küche schließlich in eine ruhigere Bleibe nach Glenarm und überließen die Burg dem Verfall. Die *Grotte der Meerjungfrauen,* gleich unter der Burg, kann bei ruhiger See mit dem Boot besucht werden.

⌚ April–Sept. Mo–Sa 10–18.30, So 14–18.30; Okt.–März Mo–Sa 10–15.30, So 14–15.30 Uhr, Eintritt 1,50 £.

▸ **Portbraddan:** Östlich des Causeway geht die Basaltküste bei Portbraddan abrupt in helle Kalksteinformationen über. Der fünf oder sechs Häuschen zählende Weiler macht mit der *St. Gobhan,* dem Heiligen der Baumeister geweihten Kapelle auf sich aufmerksam, die gerade mal 3,7 m x 1,82 m klein ist – allzu kinderreich dürften die Familien von Portbraddan nicht gewesen sein, sonst hätten sie in ihrem Gotteshaus nicht mehr gemeinsam beten können.

▸ **Ballintoy:** An der Bucht unterhalb des Dorfs lassen sich noch die Verladeanlagen alter Erzminen ausmachen. Der parallel zur Erzgewinnung im 18. Jh. aufgenommene Braunkohleabbau geriet zum Fiasko. Ein Grubenbrand, der über Jahre hinweg unter der Erde wütete, vernichtete die Vorkommen.

• *Übernachten:* **B&B Ballintoy House,** Mrs. Rita McFall, 9 Main St., ✆ 20 762 317, DZ 32 £. Ein 250 Jahre altes, doch gründlich modernisiertes Haus am Ortsende Richtung Ballycastle. 3 Zimmer teilw. mit Bad, üppiges Frühstück.

Hostel Sheep Island View (IHI), 42 Main St., ✆ 20 769 391, 20 762 470, Bett ab 9 £. Freundlicher Empfang mit dezenter Musik, die Wirtsleute betreiben auch den Laden im Vorderhaus. Alle Zimmer (2–8 Betten) mit eigenem Bad. Aufenthaltsraum mit TV und einer Gedenkplakette an die Dorfälteste Anny Johnson, die das Nichtraucher-Hostel 1997 an ihrem 101. Geburtstag eröffnete. Geräumige, gut ausgestattete Küche, Blick auf die Kormoran-Insel Sheep Island. Der auf Carrick-a-Rede von einem fürchterlichen Wolkenbruch überraschte Autor lernte den Wäschetrockner und die Zentralheizung des Hostels zu schätzen. Campingmöglichkeit, Fahrradverleih.

▸ **Carrick-a-Rede Island:** Wie kommt eine Insel zu dem kuriosen Namen "Fels im Weg"? Gemeint ist der Weg der Lachse, deren Zug zu den Laichplätzen direkt um Carrick-a-Rede herum führt. Diesen Umstand macht sich eine genossenschaftliche Lachsfischerei auf der Insel zu Nutzen, die die Fische mit Netzen aus dem Verkehr zieht. Auch die hier beheimatete Kolonie von Sturmvögeln kann mit reicher Beute rechnen. Touristen kommen nicht wegen dem Fisch, sondern um auf der zur Insel führenden **Hängebrücke** das Fürchten zu lernen. Das schwankende, an Stahlseilen aufgehängte Gebilde schwingt sich am Ende eines etwa viertelstündigen Klippenpfads über einen 25 m tiefen Abgrund, in dem das Meer haushohe Wellen schlägt. Bis 1890 gab es nur ein einziges Griffseil, und die Fischer sollen das Anbringen von "Geländern" (ein Euphemismus für schlichte Halteseile) auf beiden Seiten der Brücke als höchst unnötig erachtet haben.

⌚ Außer bei Sturm von Juni–Aug. tägl. 10–20 Uhr, April/Mai, Sept. tägl. 10–18 Uhr. Am Parkplatz (2,50 £) befindet sich ein Café.

Ballycastle

Die 3400 Einwohner zählende Hauptstadt des Moyle District eignet sich gut als Übernachtungsort zur Erkundung der Causeway Coast und der Glens of Antrim.

Ballycastle liegt in einer Senke um die Mündung der Flüsse *Margy* und *Tow,* die die beiden nördlichsten Antrim-Täler entwässern. Dank fruchtbarer Böden und der windgeschützten Lage kann die Stadt mit viel Grün aufwarten – nicht die üblichen Wiesen, sondern ein richtiger Wald zieht sich vom Hausberg

Nordirland Karte Seite 562/563

Knocklayd bis an den Stadtrand, auch im Ort selbst wachsen überraschend viele Bäume.

Höhepunkte im Jahreszylus des Städtchens sind die *Fleadh Amhrán agus Rince*, ein dreitägiges Musik- und Tanzfestival im Juni, sowie die *Ould Lammas Fair* am letzten Montag und Dienstag im August. Dieser älteste Viehmarkt Irlands geht auf die McDonnells zurück, die zugleich eine Art Highland Games veranstalteten: Mit Baumstammwerfen, Gewichtheben und Wettrennen demonstrierten die schottischen Neusiedler den Iren, was für Kerle sie waren. Heute sind die Kraftmeiereien aus dem Programm verschwunden, es kommen auch so jedes Jahr fast 100.000 Schaulustige, die mit ihren braungelben Caravans jede Wiese und Freifläche belegen. Außer Schafen und Pferden werden auch zwei kulinarische Spezialitäten gehandelt: *Yellowman,* ein steinhartes Konfekt, das mit dem Hammer verkleinert wird, und *Dulse,* getrockneter Seetang.

Geschichte

Die ältesten Mauern gehören zur *Bonamargy Abtei,* einer Ruine mit gotischem Fenstermaßwerk auf dem Golfplatz neben der Cushendun Road. Das um 1500 von Rory MacQuillan gestiftete Franziskanerkloster unterhielt enge Kontakte zu den Hebriden. Direkt im Kircheneingang ließ sich in einer Geste besonderer Demut die "schwarze Nonne" Julia bestatten, eine Nachfahrin des Stifters, deren seherische Gabe – sie prophezeite "erfolgreich" eine Lavaeruption des Knocklayd – den Zeitgenossen nicht recht geheuer war.

Kern der Stadt war eine heute völlig verschwundene Turmburg des iro-schottischen Fürsten Randal McDonnell nahe dem Hauptplatz. Der 1620 zum Dank für seine Zusammenarbeit mit der Krone zum Earl of Antrim geadelte Randal, der neben Sorleye Boye in der Familiengruft bei der Bonamargy Abbey bestattet wurde, siedelte möglicherweise britische Kolonisten um seine Burg an. Der planmäßige Grundriss der Altstadt spricht jedenfalls für eine Plantation, doch es wäre der einzig bekannte Fall, dass in Ulster ein Ire die protestantischen Kolonisten angesiedelt hätte.

Mitte des 18. Jh. entwickelte Colonel Hugh Boyd Ballycastle zur führenden Industriestadt an der Nordküste. Boyd ließ nach Kohle und Eisenerz schürfen, Kalk brennen, Bier brauen, Glas schmelzen und Seife herstellen und baute den Hafens aus. Doch das Industriezeitalter währte hier nur kurz. Nach kaum 50 Jahren hatten die Fabriken wieder geschlossen, und der Hafen war versandet.

Information/Verbindungen

• *Information:* **Sheskburn House,** 7 Mary St., ✆ 20 762 024, Sept.–Juni Mo–Fr 9.30–17, Juli/ Aug. Mo–Fr 9.30–19, Sa 10–18, So 14–18 Uhr, in der Schule am Ortseingang (von Cushendun kommend). www.moyle-council.org.

• *Verbindung:* Ganzjährig Mo–Sa **Bus** 171 von Ballycastle nach Colraine, dazu im Sommer mit dem Antrim Coaster (Linie 252) nach Colraine und über die Küstenstraße nach Belfast.

• *Fahradverleih:* **Stewart's Sport & Leisure,** ✆ 20 763 748.

• *Reiten:* **Hillmount Riding Centre,** 6a Straid Rd., ✆ 20 762 313. Unterricht für Anfänger und Fortschrittene (Springen, Gelände).

• *Markt:* Samstags **Viehmarkt** auf dem Fairhill-Parkplatz.

Übernachten/Camping

*** **Marine Hotel,** North St., ✆ 20 762 222, 📠 20 769 507, DZ 75 £. Ein blau-weißer Neubau, der sich gut in die Nachbarschaft fügt, ersetzte eine alte Herberge des 18. Jh. Die Zimmer mit TV, meistens mit Seesicht, teilw. als Apartments mit eigener Küche.

B&B Colliers Hall, 50 Cushendall Rd., ✆ 20 762 531, DZ 40 £, 2 km außerhalb. Ein stattlicher Bauernhof aus dem 18. Jh. Drei Zimmer teilw. mit Bad, großzügiger Aufenthaltsraum mit Kamin, Klavier, TV und Video.

B&B Fair Head View, Mrs. Delargy, 26 North St., ✆ 20 762 822, DZ 30 £. Eine Villa auf einer Anhöhe über dem Strand, 3 Zimmer mit Etagenbad.

Castle Hostel (IHH), 62 Qay Rd., ✆ 20 762 337, Bett 6 £, DZ 17 £. In einem älteren Haus mit Vorgarten, die Zimmer mit 2–8 Betten, gut ausgestattete Küche mit sauberem Kühlschrank, gutes Infobrett zu Freizeitangeboten im Ort und der Umgebung. Der Warden macht die Gäste miteinander bekannt, am Abend sind gemeinsame Pubtouren üblich.

Ballycastle Backpackers (IHI), 4 North St., ✆ 20 763 612, Bett 6 £, DZ 15 £. Das zweite und neuere Hostel der Stadt wirkt etwas aufgeräumter (wer gern im Chaos lebt, würde sagen: steriler) als die Konkurrenz, die meisten Zimmer mit Meerblick.

• *Camping:* **Silver Cliffs Holiday Village,** 21 Clare Rd., ✆ 20 762 550, 2 Pers. mit Zelt 10 £. Ein lebhafter und gut ausgestatteter Caravan-Park am Weg zum Causeway, im Sommer überwiegend mit Dauercampern belegt.

Essen/Pubs

Wysner's Restaurant, 16 Ann St., ✆ 20 762 372, So Ruhetag. Jackie Wysner legt Wert auf frische Zutaten vom örtlichen Markt – je nach Angebot wechselt das Menü häufig. Spezialitäten sind der in Carrick-a-rede gefangene Lachs oder Rinderfilet mit Senfsauce. Einfachere Gerichte werden auch tagsüber im Bistro serviert, das Restaurant im 1. Stock öffnet nur abends.

Tagsüber gibt es um den Diamond eine ganze Reihe preiswerter Coffeeshops, wie etwa **Open Door** (Castle St.) oder **Donelly's** (mit Bäckerei) und **Harold's** (beide in der Ann St.).

• *Pubs:* **House of McDonnell,** 71 Castle St. Das stilvolle Pub mit wuchtigem Mahagonitresen ist seit über 200 Jahren in Familienbesitz. Nur schade, dass man sich vom einst dazugehörenden Laden getrennt hat. Sandwiches und kleine warme Gerichte werden von der Bäckerei auf der anderen Straßenseite geholt. Abends gelegentlich Livemusik.

McCarroll's, Ann St., lädt donnerstags zur Folkmusik.

Sehenswertes

Der *Diamond* mit dem **O'Connor Memorial** und der protestantischen **Holy Trinity Church** ist bis heute das Zentrum der Stadt. Nach Westen läuft die *Castle Street*, ein schönes Ensemble mit dem **Markt- und Gerichtshaus** und vielen Geschäftshäusern aus der ersten Hälfte des 19. Jh., nach Nordosten führt die *Ann Street*. Sie ist die neuere Hauptstraße, denn mit den Jahren verschob die Stadt ihr Gewicht in Richtung Hafen, geht dann in die *Quay Road* über und erreicht beim Kriegerdenkmal das Hafenviertel. Gegenüber dem Denkmal steht noch das Herrenhaus von Colonel Boyd. Gleich um die Ecke füllen auf der Seeseite der *Mary Street* Tennisplätze das von Boyd angelegte Hafenbecken. Auf einer Insel zwischen ihm und dem Meer befand sich die Glashütte. Der moderne Hafen ist ein gutes Stück nach Norden gerutscht, den zentralen Uferbereich schmückt heute eine Grünanlage mit Sandstrand. Die aufs Meer blickende *North Street*, an der man Cafés oder die in anderen Seebädern üblichen Spielhallen erwarten würde, gibt sich überraschend wenig touristisch.

Nordirland Karte Seite 562/563

Rathlin Island

Mit 6,5 x 1,5 km ist Rathlin die größte Insel vor der irischen Küste. Wenn sie sich nicht gerade im Nebel versteckt, lädt sie mit ihrer urwüchsigen Wildnis zu Wanderungen und Naturbeobachtungen ein.

Von vor der Hungersnot über 1000 schrumpfte die Einwohnerzahl auf heute etwa 75 Menschen. Es gibt eine Grundschule, zwei Kirchen, Pub, Restaurant, Laden, Postamt und öffentliche Toiletten. Drei große Windräder liefern Strom, der Hafen Church Bay bietet bei Winterstürmen den Schiffen sicheren Schutz. Landwirtschaft und Fischfang, mit denen die Insulaner in der Vergangenheit ihren Lebensunterhalt sicherten, spielen nur noch eine Nebenrolle – zum wichtigsten Erwerbszweig avancierte der Fremdenverkehr und das im Boathouse Craft Centre an die Besucher verkaufte Kunsthandwerk. Einige hundert Tagesgäste kommen an guten Sommertagen auf die Insel, doch nur wenige bleiben über Nacht. Hauptattraktion sind die Papageientaucher, Sturmvögel, Kormorane und Möwen, die im Frühjahr in den Klippen am Westende von Rathlin brüten, dazu die Seehundkolonie in der Mill Bay südlich des Hafens.

Geschichte

Ein sturmverwehtes Eiland mit stürmischer Geschichte. Der Sage nach verunglückte hier die Mutter des Riesen Finn, als sie, sturzbesoffen, mit einem Sack voll Landschaft (Rathlin) auf der Schulter nach Schottland unterwegs war. In der Jungsteinzeit fertigten die Insulaner aus dem vulkanischen Mineral Porzellanit steinharte Äxte, die bis nach England gehandelt wurden. 795 landeten hier die Winkinger bei ihrem ersten Raubzug auf die irischen Inseln. 1595 ermordeten englische Soldaten die gesamte Sippschaft des Sorley Boye McDonnell und seiner Anhänger, die Frauen, Kinder und Alte auf die vermeintlich sichere Insel evakuiert hatten – wenn man der "Geisel Gottes", wie Elisabeth I. den nicht klein zu kriegenden Sorley Boye nannte, schon nicht habhaft werden konnte, sollte er wenigstens ein trauriges Leben haben. Lange war umstritten, ob die Insel überhaupt zu Irland oder nicht etwa zu Schottland gehöre. Ein kirchliches Gericht klärte die Frage im 17. Jh. schließlich mit einer einleuchtenden Beweisführung: Da es auf Rathlin Island keine Schlangen gäbe, und St. Patrick Irland, aber nicht Schottland von den Schlangen befreit hätte, müsse die Insel folglich zu Irland gehören.

• *Verbindung:* Überfahrten von Ballycastle bis 4 x tägl. mit der schottischen Fährlinie **Caledonian MacBrayne** (✆ 20 769 299). Die Fahrt kostet hin und zurück 8 £. Auf der Insel verkehren im Sommer **Kleinbusse** zwischen Hafen und Vogelwarte.

• *Übernachten:* **The Manor House**, ✆ 20 763 964, DZ 30 £, mit Restaurant.

Rathlin Guesthouse, Mrs. McCurdy, am Hafen, ✆ 20 763 917, April–Sept., DZ 32 £, auch Halbpension.

Richard Branson's Activity Centre, ✆ 20 763 915. Hostel mit Camping, in der Zehntscheuer des früheren Herrenhauses.

Soernog View Hostel (IHI), südlich des Hafens, ✆ 20 763 954, Bett 8 £ ,mit gerade nur sechs Betten, Fahrradverleih.

• *Essen/Pub:* **McCuaig's**, am Hafen, ✆ 20 763 974.

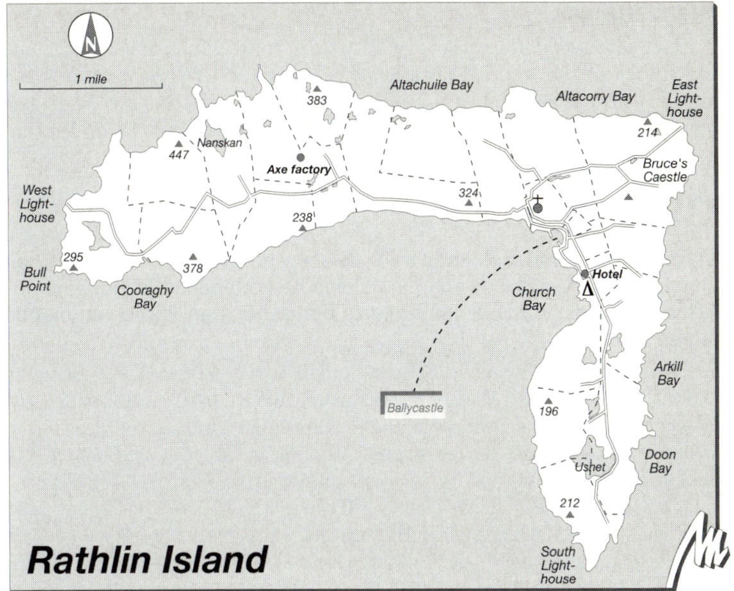

Sehenswertes

Zum Leuchtfeuer des **Bull Light** *(West Lighthouse)*, dem eigenartigsten "Leuchtturm" der irischen Inseln, klettert man nicht hinauf, sondern hinunter. Da die Klippen am Westende Rathlins häufig in tiefhängenden Wolken verschwinden, wurde das 1919 in Betrieb genommene Licht auf halber Höhe der Felswand angebracht, damit es besser gesehen wird. Wegen des zerklüfteten Meeresgrundes sind die Strömungen um Rathlin besonders tückisch; in den Grotten am Fuß der Klippen sollen noch immer Wrackteile gestrandeter Schiffe zu finden sein. Im Wärterhaus von Bull Light residiert auch die von April bis August besetzte **Vogelwarte** der "Royal Society for the Protection of Birds".

Im **Bruce's Castle** und **Bruce's Cave** versteckte sich – das 22 km entfernte, von George McCartney besungene Mull of Kintyre stets im Blick – 1306 der Schottenkönig Robert the Bruce und sann auf Rache für die ihm von den Egländern zugefügte Niederlage. Die Beobachtung einer beharrlichen Spinne, die sich durch keinen Misserfolg davon abbringen ließ, ihr Netz zu knüpfen, soll ihn dazu inspiriert haben, sich nochmals mit dem überlegenen Gegner anzulegen – Robert gewann (1314 die Schlacht bei Bannockburn) und sicherte Schottland noch drei Jahrhunderte Unabhängigkeit. Auf den **Lloyd's Stones**, zwischen Castle und Leuchtturm *(East Lighthouse)*, experimentierte Marconi 1898 mit drahtloser Telegrafie und stellte die Funkverbindung nach Ballycastle her – auf eine öffentliche Stromversorgung mussten die Insulaner bis 1992 warten. Für Regentage empfiehlt sich ein Besuch des **Boathouse** (beim Hafen) mit einer Ausstellung zu Naturkunde und Geschichte der Insel.

Nordirland Karte Seite 562/563

Wanderungen

Rathlin hat etwa die Gestalt einer Pistole: mit dem Hafen am Drücker und drei Leuchtürmen an den Enden bzw. am Hahn. Diese Türme sind die kaum zu verfehlenden Ziele von drei Wanderungen, wobei die Route zur Westspitze (*Bull Point*) für Tagesausflügler recht lang ist – besser nimmt man für den Hinweg den Kleinbus, wenn er gerade am Hafen wartet.

Glens of Antrim

Das schroffe Nebeneinander von Meer und Gebirge, unterbrochen durch anmutige Täler (Glens) und kleine Küstenebenen, schuf eine abwechslungsreiche Landschaft, die zu den schönsten Partien an Irlands Küste zählt.

Entlang der Küste zwischen Ballycastle und Larne entspricht das britische Nordirland ausnahmsweise den Erwartungen, die die meisten Reisenden von irischer Landschaft hegen: dramatische Klippen im Wechselspiel des Lichts, einsame Sandstrände, puppenstubenhafte Dörfer, die sich in Buchten kuscheln; dazu im Hinterland die mythischen "neun Glens" (in Wirklichkeit noch einige mehr), nämlich sanfte Gletschertröge, die in ein naturbelassenes und menschenleeres Hochland hinaufführen, das weitgehend vom Moor bedeckt ist. Die Landschaft entstand vor 17.000 Jahren, als sich am Ende der letzten Eiszeit die Gletscher zurückzogen – am Felsen des Fair Head sieht man noch die Schrammen der Eismassen. Als bis dato anspruchvollstes und teuerstes Straßenbauprojekt Irlands wurde 1832–42 unter Leitung des Ingenieurs William Bald jene Küstenstraße gebaut, die kein Irlandreisender auslassen sollte. Felsen wurden gesprengt, andere untertunnelt, Bäche und Täler mit eleganten Brücken und Viadukten überwunden.

Fair Head/Murlough Bay

Vieles spricht dafür, statt der Hauptstraße von Ballycastle nach Cushendan die in Ballyvoy beginnende Nebenroute entlang der Küste zu nehmen, zumal die schurgerade und blitzschnelle A 2 lediglich mit Mooren, Farnen, Feuchtgräsern und dem ab 1948 angelegten **Ballypatrick Forest Park** aufwarten kann, einem als "Drive Inn" übermäßig erschlossenen Nadelwald, in dem es wenig zu sehen gibt.

Die Küstenroute dagegen erschließt über eine Sackgasse ein abwechslungsreiches Wandergebiet an der Murlough Bay. Am besten lässt man den Wagen noch oben auf dem Plateau am ersten von insgesamt drei Parkplätzen stehen wo eine Karte einen Überblick über die Wege gibt. Ein etwa einstündiger Rundweg führt über das Gehöft Coolanlough und vorbei an Schafweiden und an einem See mit Crannog zum **Fair Head,** einem 186 m hohen Buckel und nordöstlichsten Punkt der irischen Insel. Der Rückweg direkt an der Kliffkante bietet eine schöne Aussicht auf die Felsküste.

Zwischen erstem und zweitem Parkplatz, bevor die Straße steil abfällt, gedenkt ein unscheinbares **Memorial** Sir *Roger Casement*, der im 1. Weltkrieg

Murlough Bay

deutsche Waffenlieferungen für die irischen Nationalisten arrangierte und 1916 dafür gehängt wurde. Zu Casements Hochverrat kam erschwerend hinzu, dass seine Tagebücher ihn als schwul entlarvten – ein zusätzlicher Verrat am Ideal des britischen Gentleman.

Vom zweiten Parkplatz, etwa auf halber Höhe zwischen Klippenabbruch und Meer, lässt sich der Nordteil der **Murlough Bay** erkunden. Verfallene Grubeneingänge in den Blumenwiesen und die Grundmauern einer Siedlung erinnern an die Tage des Bergbaus, als die Arbeiter, auf dem Bauch liegend, in den niedrigen Stollen die Kohle abschlugen, sie in Körben an den Strand hinunter trugen und dort auf Boote verluden.

Cushendun

Mehr noch als Cushendall war Cushendun eine systematisch geplante Ferienkolonie. Ronald McNeill, der erste und einzige Lord Cushendun, engagierte 1912 den Stararchitekten Clough William-Ellis, der schon den walisischen Badeort Portmerrion entworfen hatte, und ließ ihn hier eine weitere Ferienstadt bauen. Um die sandige Bucht bilden Blöcke aus zweigeschossigen, weißverputzten Reihenhäuschen mit Schieferdach, ein historisierender Uhrturm und das "Stadttor" ein Ensemble puppenstubenhafter Gemütlichkeit, das man sich gut als Bausatz für eine Modelleisenbahn vorstellen kann. Die denkmalgeschützten Bauten gehören heute dem National Trust. Auf dem Fußballfeld weiden Schafe, und über dem Strand hat das Meer Höhlen aus dem Fels gespült.

• *Information:* **National Trust,** 1 Main St., ✆ 21 761 506, Ostern bis Juni, Sept. Sa/So 12.30–18 Uhr, Juli/Aug. tgl. 12.30–18 Uhr.

• *Verbindung:* Ulster**bus** 150 nach Ballymena, Nr. 162 nach Larne, der Antrim Coaster (Nr. 252) nach Colraine und Belfast.

Nordirland Karte Seite 562/563

• *Übernachten:* **B&B The Villa,** Mrs. Catherine Scally, 185 Torr St., ✆ 21 761 265, DZ 36 £. Das herausgeputzte Farmhaus steht auf einer Anhöhe etwa 2 km nördlich des Dorfs. Zimmer teilw. mit Bad, Abendessen für Hausgäste. Mr. Scelly ist ein ernsthafter Hobbykoch, der auch schon Kochwettbewerbe gewann.

Mullart Apartments, 1 Tromra Rd., ✆ 21 761 221, Apartments für 2–4 Pers. 210–330 £/Woche. Die frühere Kirche (1849) wurde in drei Ferienwohnungen umgebaut – ein ungewöhnliches Quartier.

• *Camping:* **Cushendun Caravan Park,** 14 Glendun Rd., ✆ 61 254, April–Sept., 2 Pers. mit Zelt 4 £; mit Waschmaschine/Trockner.

• *Pub/Essen:* **Mary McBrides**. Das historische Pub ist nur wenig größer als ein Kleiderschrank; um den Gästen auch Essen (bis 21 Uhr) servieren zu können, wurde ein Nebenraum hinzugefügt. Mary, die Frauen nie in der Kneipe, sondern in der Küche bewirtete, ist zwar schon lange verschieden, doch in den am Tresen erzählten Geschichten lebendig wie eh und je.

Cushendall

Der denkmalgeschützte Ort am Zusammentreffen der Täler von Glencorp, Glenaan und Glenballyemon bietet ein weitgehend intaktes Ensemble spätgeorgianischer und viktorianischer Provinzarchitektur.

Die den Weg ins Hinterland versperrenden Basaltkuppen und eine Küste ohne Straße und Hafen waren keine günstigen Bedingungen für eine Siedlung. Den ersten Anlauf unternahmen im 18. Jh. die damaligen Landlords, doch allzu ernst kann es ihnen mit der Entwicklung der Region nicht gewesen sein. Weder ließen sie sich selbst in der Einöde nieder, noch bekam das kleine Dorf an der Brücke über den River Dall eine Kirche.

1813 verkauften die Richardsons ihren Besitz an *Francis Turnly*. Der hatte in Indien ein Vermögen gemacht und mit seinem Investment an der Glen Coast den richtigen Riecher. Mit dem neu erwachten Interesse an Natur und Romantik, die uns in Cahir etwa das Swiss Cottage und auf den Landsitzen des Adels die scheinbar natürlichen Waldparks bescherte, war auch das Interesse an der Glen Coast erwacht. Die napoleonische Kontinentalsperre trug ihren Teil dazu bei, dass englische Reisende nun die Insel vor ihrer Haustür erkundeten und auf noch abenteuerlichen Wegen auch die Glen Coast entdeckten.

Noch bevor die legendäre Coast Road Cushendall erreichte, legte Turnly neue Straßen in der Umgebung an: die Waterfoot Road durch den Red-Arch-Tunnel nach Carnlough, dass ihm ebenfalls gehörte, und die Shore Road nach Cushendun, dem nächsten Hafen, von dem bis 1833 regelmäßig eine Fähre nach Schottland verkehrte. Mit dem während der "Troubles" zerbombten *Glens of Antrim* bekam Cushendall sein erstes Hotel, dem nach 1850 weitere Herbergen auch für weniger betuchte Reisende folgten. Am Eckhaus High Streeet/Shore Street, gegenüber dem Turm, erinnert eine Plakette an den *Cyclist's Touring Club,* dessen Mitglieder hier einst unterkamen, die Häuser 14 und 16 der Shore Street waren preiswerte Pensionen.

Die gerade vier Straßenzüge des denkmalgeschützte Ortskerns mit ihren meist weißen, schiefergedeckten Häuschen, das Gericht (das heute im Folk Museum von Cultra steht), die Schule und eine Kirche entstanden weitgehend noch zu Lebzeiten des 1845 verstorbenen Stadtvaters. Als Mittelpunkt des Orts plazierte Turnly nicht etwa ein Kreuz, einen Brunnen oder ein Denkmal, sondern den braunroten **Curfew Tower** (1819), ein Gefängnis für "Müßiggänger und Unruhestifter". Besonders an den acht Markttagen im Jahr, wenn die Hirten mit ihren Ponys und Schafen von nah und fern nach Cushendall kamen, dürfte sich der Kerker gefüllt haben. Der Turm wurde kürzlich sorgfältig renoviert und auf der Rückseite um einen Anbau erweitert. Da der für Cushendall typische Sandstein in der Region heute nicht mehr abgebaut wird, musste ein wenigstens ähnlicher Stein aus dem englischen Northumberland heran geschifft werden.

Cushendall war von Anfang an ein Markt- und Ferienort, in dem die Industrie kaum eine Rolle spielte. Außer einer Flachsmühle gab es nur noch die alte **Getreidemühle,** die der Mill Street ihren Namen gab. Heute als Wohnhaus genutzt, steht sie am Ende der Straße vor dem Hintergrund des baumbestandenen Hügels **Court Mc Martin,** der einst ein keltisches Fort gewesen sein könnte. 1870, Cushendall hatte inzwischen an der Red Bay einen Hafen, wäre um ein Haar die Eisenbahn in den Ort gekommen. Doch der Erzabbau im Hochland, dessentwegen die *Ballymena, Cushendall & Red Bay Railway* geplant worden war, wurde eingestellt, noch bevor die Eisenbahningenieure den schwierigen Abstieg nach Cushendall gemeistert hatten. So endete die Strecke an einem Ort mit dem bezeichnenden Namen "Retreat" irgendwo im Moor, und die Passagiere mussten das letzte Wegstück in der Kutsche und später im Motorwagen zurücklegen.

Heute bemüht man sich, wieder an die goldenen Tage des Fremdenverkehrs anzuknüpfen. Die verfallene Residenz der Turnlys, in bescheidener Untertreibung "The Cottage" genannt, soll zu einem Museum ausgebaut werden. Mit den Wanderwegen in den nahen Tälern, einem Sandstrand am Rande des Golfplatzes und sogar einem Nachtleben in McCollam's Pub hat Cushendall gute Voraussetzungen, die des Causeway-Rummels überdrüssigen Reisenden für ein paar Tage zum Bleiben zu bewegen.

• *Information:* **Historical Society,** Mill St., gegenüber der Bücherei, ✆ 21 771 180, Mo–Sa 10–13, Mo–Fr auch 15–17 Uhr.

• *Verbindung:* Wie Cushendan.

• *Fahrradverleih:* **Ardclinis Activity Centre,** 11 High St., ✆ 21 771 340.

• *Übernachten:* Mit seinen vielen Bed-and-Breakfast-Häusern und der Jugendherberge ist Cushendall das beste Standquartier zur Erkundung der Glens.

B&B Glendale, Mrs. Mary O'Neill, 46 Coast Rd., ✆ 21 771 495, DZ 34 £. Am südlichen Ortseingang mit prächtiger Auffahrt, Zimmer teilw. mit Wannenbad.

B&B Riverside, Mrs. Anne McKeegan, 14 Mill St., ✆ 21 771 655, DZ 34 £. 3 Fremdenzimmer (Etagenbad) in einem denkmalgeschützten Haus im Zentrum.

Ardclinis Activity Centre, 11 High St., ✆ 21 771 340, B&B 13 £ p.P. Ein Outdoor-Center, das für Gruppen allerlei Aktivitäten wie Canoe, Climbing, Mountainbiking und Surfen anbietet.

Jugendherberge, Layde Rd., ✆ 21 771 344, März–Dez., Bett 8,25 £. Das weiße, ältere Haus liegt in ungepflegtem Umfeld 1 km außerhalb neben der Shore Road. Schmuckstück ist die überaus gut ausgestattete Küche der Herberge: Für Zwiebeln, Gemüse, Fleisch und Fisch gibt es jeweils gesonderte Schneidebrettchen! Nachteilig, dass die Herberge tagsüber (10.30–17 Uhr) geschlossen wird. Mit Fahrradverleih.

• *Camping:* **Cushendall Caravan Park,** 62 Coast Rd., 3 km außerhalb nahe der Layde Church, ✆ 21 771 699, 2 Pers. mit Zelt 5 £.

• *Essen:* **Thornlea Hotel,** 6 Coast Rd., Mo–Fr Tagesmenü für 10 £, auch Barfood, (Sa/So nur à la carte), nachmittags High Tea.

• *Pubs:* **Joe McCollam's,** 23 Mill St. Joe Blaney hat das gut 150 Jahre alte Pub von seinem Onkel geerbt. Verblichene Fotos zeigen Dorfcharaktere und Schafhirten mit wettergegerbten Gesichtern. Im Sommer wird die alte Scheune auf der anderen Seite des Hofs jeden Fr u. Samstag Abend zum

Nordirland Karte Seite 562/563

Schauplatz der "traditional nights" mit Gesang, Geschichten und reichlich Alkohol.

Central Bar, 7 Bridge St., In den 20er Jahren möbelte ein weit gereister Wirt das Lokal nach jenen Vorbildern auf, die er in Amerika und Australien kennen gelernt hatte – ein Hauch von Art Deco mit angedeuteten Stuckkapitellen an der Eingangsfront. Im Sommer Pubfood bis 21 Uhr, am Wochenende Disco im Hinterzimmer.

Cushendall/Umgebung

▸ **Red Bay:** Die attraktive Bucht bei Waterfood im Süden der Stadt verdankt wie der kurze Straßentunnel **Red Arch** ihren Namen dem rotfarbenen Buntsandstein der Klippen. Von der Straße erkennt man zahlreiche Höhlen im Fels, in deren größter, **Nanny's Cave,** im 19. Jh. die legendäre Schwarzbrennerin Ann Murray ihrer Arbeit nachging.

▸ **Layde Church:** Die verfallene Layde Church, in einer Senke nahe dem Ufer 2 km nördlich des Dorfs, geht auf ein Franziskanerkloster zurück. Das aus dem rotbraunen Sandstein der Region gebaute und früher mit einem Schilfdach bedeckte Gotteshaus diente später den Protestanten und wurde 1790 aufgegeben. Auf dem Kirchhof ("mit Schottlandblick") befinden sich einmal mehr Gräber der McDonnells, denen das Land um Cushendall bis 1703 gehörte; dazu eine "Lochstele", vielleicht ein altes Kreuz, das seine Arme verloren hat, auf jeden Fall erheblich älter ist als die 1861 eingemeißelte Grabinschrift.

▸ **Tieveragh Hill:** Um den Tieveragh Hill ranken sich allerlei Sagen: das Tor zur Unterwelt soll er sein, vom "gentle folk" der Feen und Zwergen bewohnt. Die treiben an Halloween (oder war es das keltische Neujahrsfest?) musizierend ihr Unwesen, sind den Rest des Jahres aber friedliche und hilfsbereite Zeitgenossen, die man sogar schon beim Hurlingspiel gesehen haben will.

Ossian's Grave – Vorsicht Fälschung!

Ein steinzeitliches Kammergrab am Eingang zum *Glenaan Glen* erinnert an eine grandiose Fälschung. Der schottische Schriftsteller *James MacPherson* beeindruckte im 18. Jh. das literarische Publikum mit seinen gefühlvollen "Fragmenten alter Dichtung, in den Hochlanden gesammelt und aus der gälischen Sprache übersetzt". Vom Erfolg dieser Sammlung schottisch-gälischer Sagen und Überlieferungen angestachelt, brachte MacPherson dann die *Ossian-Gesänge* heraus, die er dem keltischen Krieger und Barden Ossian zuschrieb, in Wirklichkeit aber selbst verfasst hatte. Goethe nahm in den "Werther" ein Lied dieser Weltschmerzlyrik auf, Herder übersetzte etliche Verse ins Deutsche, und selbst Napoleon erbaute sich auf seinen Feldzügen an der Lektüre der Ossian-Gesänge, die er stets mit sich führte. Neben dem (falschen) Ossian-Grab liegt das (echte) Grab des Lyrikers John Hewitt, der auf eigenen Wunsch hier bestattet wurde.

▸ **Glenariff Forest Park:** Der Anblick des **Glenariff Glen** ließ den verzückten Thackeray von einer Schweiz en miniature schreiben. Die oberen Hänge des Gletschertals und die Hochplateaus sind weitgehend kahl und vermoort, die unteren Partien als Weideland parzelliert oder aufgeforstet. Durch diesen etwa 1200 ha großen Waldpark wurden mehrere Wanderwege angelegt. Das

Erholungsgebiet geht auf eine Initiative der Eisenenbahngesellschaft zurück, die nach der Stillegung der Erzminen im Tal zu Anfang des 20. Jh. Ausflügler als Passagiere gewinnen wollte. Am beliebtesten ist der etwa einstündige Rundweg vom Parkplatz am *Manor Lodge Restaurant* zu den Wasserfällen.

Eintritt: Hier zahlen ausnahmsweise auch Radler und Fußgänger 1,50 £ Eintritt.

Larne

Wer mit dem Fährschiff von Schottland kommend in Larne landet, erlebt Nordirland zunächst von seiner schlechten Seite. "No Popery Here", informieren die Graffiti den Neuankömmling, der auf eine graue Hafenstadt trifft.

Die Bucht von Lough Larne, in der schon römische Galeeren, die der Sturm auf hoher See überrraschte, Schutz suchten, ist einer sichersten Ankerplätze an der Nordostküste Irlands. Hier landeten Wikinger und später die anglonormannische Familie Bizet, die sich niederließ und das **Olderfleet Castle** baute. Die letztmalig wohl im 15. Jh. erneuerte Turmburg ist heute eine bescheidene Ruine, doch immerhin das älteste Bauwerk der weitgehend protestantischen Stadt. Eindrucksvoller präsentiert sich der **Chaine Memorial Tower** nördlich des Hafens. Diese Replik eines alten Klosterturms feiert James Chaine, der als Abgeordneter (1855–1874) maßgeblich daran beteiligt war, dass die Dampfer von Schottland und gar von Amerika hier in Larne landeten und nicht etwa in Bangor oder Donaghadee. Von den Bizets über die Siedler bis zu den Fährschiffen von P&O zieht sich die "Scottish Connection" als roter Faden durch die Stadtgeschichte. Das **Larne Historical Centre,** also das örtliche Heimatmuseum, nimmt davon keine Notiz. Es beschränkt sich auf eine Sammlung Fotos von der Stadt anno dazumal, eine rekonstruierte Küche aus der zeit um 1900 und schließlich eine Schmiede.

Die Küste von Larne ist ein Bilderbuch verschiedener Gesteinsformationen, die sich selten auf so engem Raum beieinander finden. Am **Curran Point,** gleich südlich vom Hafen, wurden in der Vorzeit Werkzeuge und Waffen aus Feuerstein fabriziert. Am **Black Arch**, dem nördlichen Stadtausgang, wo im 19. Jh. ein Straßentunnel aus den Felsen gesprengt wurde, findet man bei Ebbe allerlei Fossilien.

- *Information:* Narrow Gauge Rd., ✆ 28 260 088, Okt.–März Mo–Sa 10–16 Uhr, April, Sept. Mo–Sa 9–17 Uhr, Juli/Aug. Mo–Fr 9–19.30, Sa 9–17 Uhr. Ein kleiner Palast mit Videoshow, Shop und kleiner Ausstellung zur Geschichte der Antrim Coast Road.
- *Verbindung:* Wenigstens stündlich **Züge** nach Belfast. Larne hat zwei Bahnhöfe (am Hafen und in der Stadt) – verwechseln Sie nicht die Abfahrtszeiten! Auskunft ✆ 28 270 517. **Busse** zur Belfaster Oxford St. **Fähre** nach Islandmagee 7.30–17.30 Uhr mindestens stündlich.
- *Öffnungszeiten* des **Larne Historical Centre:** April–Sept.. Di–Sa 14–17 Uhr , Okt..–März Di–Fr 14–17 Uhr. 2 Victoria Rd.
- *Schiffsagentur:* **P&O,** Larne Harbour, ✆ 28 274 321.
- *Übernachten:* Falls Sie hängen bleiben sollten, gibt es etwa in der Curran Rd. und ihren Querstraßen einige **B&Bs**. Empfohlen sei das **Killyneedan House** von Mrs. McKane, 52 Bay Rd., ✆ 28 274 943, DZ 32 £.
- *Camping:* Besser als der Curran Caravan Park nahe dem Hafen gefiel uns die einfache Zeltgelegenheit (April–Sept.) im **Carnfunnock Country Park** an der Ballygally Rd. (A 2), ✆ 28 260 088.

Nordirland Karte Seite 562/563

Umgebung von Larne

▸ **Islandmagee:** Gegenüber von Larne wirbt die Halbinsel Islandmagee mit "Rural Ulster Beauty", der Schönheit des ländlichen Ulster, die hier weitgehend aus sanften Hügeln, fetten Weiden und schwarz-weißen Kühen besteht, ergänzt vom schönen Strand *Brown's Bay*. Über die nicht minder schönen Klippen von *Gobbins* wurde 1641 die katholische Bevölkerung der Halbinsel von Truppen aus Carrickfergus in den Tod gestürzt.

▸ **Carnfunnock Country Park:** Das frühere Landgut an der Antrim Coast Road kann mit Golfplatz, Waldspazierwegen, einem Garten, Abenteuerspielplatz, Camping und der üblichen Triade aus Coffeeshop, Souvenirladen und Visitor Centre aufwarten. Sollten Sie Mitglied des Lions Club sein, steht Ihnen vielleicht das mondäne Ferienhaus der Vereinigung offen. Ungewöhnlich sind im *Time Garden* die verschiedenen Sonnenuhren und besonders die *Armillary Sphere,* ein gepflanztes Modell der Himmelssphäre samt den Tierkreisen. An einer anderen Stelle kann der Besucher, wenn gerade die Sonne scheint, die Zeit an seinem eigenen Schatten ablesen.

⌚ Visitor Centre mit Coffeshop April–Sept. Mo–Do 12–17, Fr–So 10–17 Uhr. Eintritt zum Park 2 £.

Carrickfergus

Mit seiner Burg und dem bizarren "Knight Ride" empfiehlt sich das kaum eine halbe Stunde von Belfast entfernte Carrickfergus (18.000 Einw.) als Ziel eines Nachmittagsausflugs.

Wer im Juli oder August an einem Sonntag kommt, kann mit dem alten *Gaswerk* auch ein außergewöhnliches Denkmal der Industriegeschichte besichtigen. Die Stadt selbst, vor dem Aufstieg Belfasts heimliche Hauptstadt des britisch-protestantischen Ulsters, besitzt noch einige alte Straßenzüge und Reste der Stadtmauer. Die Pfarrkirche St. Nicholas wurde um 1180 von John de Courcy gegründet, nach der Reformation jedoch völlig umgebaut. Als Kind des Stadtpfarrers wurde hier der spätere Poet Louis MacNeice (1907–1963) geboren. In einem Gedicht bedauert der vom bigotten Oraniertum seiner Stadt angewiderte Protestant MacNeice, to be "banned for ever from the candles of the Irish poor". Als wollte man ihm nachträglich das Gegenteil beweisen, benannte Carrickfergus sein Obdachlosenasyl nach MacNeice. Im nahen *Kilroot* hatte Jonathan Swift seine erste Pfarrstelle.

Mit Ausnahme der Augusttage, an denen das Stadtfest *Lughnasa* gefeiert wird, klappt Carrickfergus nach Geschäftsschluss die Bürgersteige hoch und wirkt dann wie ausgestorben. Auch der Ausbau des Yachthafens hat daran nichts geändert.

• *Information:* Heritage Plaza, Antrim Rd., ✆ (01960) 93 366 455, Okt.–März Mo–Sa 10–17 Uhr, April–Sept. Mo–Fr 9–18, Sa 10–18 Uhr, Juli/Aug. auch So 12–18 Uhr.

• *Verbindung:* Von Belfast mit dem Vorortzug oder mit **Bus** 163 und 165 von der Oxford St. Busstation.

• *Essen:* Man wird satt, doch Carrickfergus ist kein Ort zum Ausgehen. Zum Lunch empfiehlt sich die Bar des **Dobbin Inn Hotels** oder das **Courtyard Coffee House** im Scotch Quarter, nahe dem Fischerhafen,

Carrickfergus – Eingang zum Knight Ride

das auch eine Filiale in der Burg hat. Abends serviert am Yachthafen die **Windrose Bar** in nautischem Ambiente Barfood wie Lasagne, Pizza oder Pfeffersteak.

Sehenswertes

Knight Ride: Sollten die Rechnungsprüfer der Europäischen Union sich jemals aus ihren Luxemburger Bürotürmen in die rauhe Wirklichkeit hinausbegeben, könnten sie in der *Heritage Plaza* von Carrickfergus ein gutes Beispiel für die oft zweifelhafte Verwendung der Mittel aus dem EU-Strukturfonds erleben. Durch das Obergeschoss der überdachten Mall rattern nach Art der Wuppertaler Schwebebahn aufgehängte Ritterhelme, in denen jeweils zwei Menschen durch eine multimediale, disneyhafte Inszenierung der Stadtgeschichte geschleust werden. Brecher krachen, Kanonen donnern, Wilhelm von Oranien landet, die Titanic geht unter, die Schotten greifen an – eine historische Geisterbahn, die kein Klischee auslässt.

⌚ Mo–Sa 10–18, So 12–18 Uhr (Okt.–März jeweils bis 17 Uhr), Eintritt 2,70 £.

Castle: Die auf einem Basaltfelsen thronende Feste von Carrickfergus verkörpert 800 Jahre britischer Präsenz auf der Insel und zählt zu den beeindruckendsten Burgen Irlands. 1315 fiel sie an den Schotten Edward Bruce, 1760 an die Franzosen, und um ein Haar wäre sie 1778 gar in die Hände des amerikanischen Freibeuters John Paul Jones gefallen, der vor der Burg ein britisches Schiff versenkte – doch stets vertrieben die Briten nach einigen Monaten wieder die fremden Eroberer. Erst 1928 zog sich die Armee ihrer Majestät aus der Burg zurück, die im Zweiten Weltkrieg noch einmal als Luftschutzbunker Verwendung fand. Mit dem Dramatiker William Congreve (1670–1729) brachte das Castle allerdings auch einen Künstler hervor. Sein Vater war hier als Offizier beschäftigt.

Nordirland Karte Seite 562/563

Um die Baufolge der einzelnen Abschnitte besser zu verstehen, beginnt man die Besichtigung am besten im **inneren Hof** vor dem Donjon. Dieser älteste Teil der Burg geht auf John de Courcy zurück. John hatte nach 1177 den Osten von Ulster im Namen der Krone unterworfen und mit einem Netz von Burgen überzogen. *Der Normanne ist gerade draußen im Hof angekommen, ein Knappe hilft ihm vom Schimmel. Affreca, sitzt an einem Fenster und hält Ausschau. Ist ihr die Ankunft des Gatten entgangen oder wartet sie auf jemand ganz anderen?* Mit den Jahren stieg de Courcy sein Erfolg zu Kopf: Er paktierte mit gälischen Fürsten und verweigerte 1199 als selbst ernannter "Herr von Ulster" dem König den Lehenseid.

Der kam schließlich selbst nach Ulster. 1210 eroberte König Johann, den wir später noch treffen werden, die Burg und erweiterte sie mit einer heute weitgehend verschwundenen Mauer, die von der Nordseite des Donjons bis zum **Seeturm** zwischen den Geschützen auf der Ostseite lief. Ein Modell, das die Mauer noch zeigt, steht im Erdgeschoss des Donjons. *Vom Seeturm können die Armbrustschützen – einer legt gerade an – die Flanken der Burg sichern. Aus dem Verlies im Obergeschoss, wir schreiben das Jahr 1603, flieht der gefangene Con O'Neill mit Hilfe eines Seils, das seine Freunde ihm in einem Käse versteckt zukommen ließen.*

Erst Hugh de Lacy, der dritte Burgherr (1228–1242), ließ die Mauer um den **äußeren Hof** und die wuchtigen **Eingangstürme** errichten und gab der Burg damit im Wesentlichen ihre Gestalt. *Ein Wächter lässt uns passieren, im Ostturm sitzt der Kastellan de Lacy's und müht sich mit Abrechnungen für seinen Herrn, oben leeren Verteidiger gerade Eimer mit Pech oder siedendem Öl über die ahnungslosen Besucher im Torgang aus.* Die Gebäude und Batterien im äußeren Hof sind jüngeren Datums. *Auf der Ostmauer mühen sich Kanoniere mit einem Geschütz, auf der Westseite wacht ein Gardist.*

Kehren wir noch einmal in den **Donjon** zurück, den man heute bequemerweise ohne Zugbrücke im Erdgeschoss betreten kann. Ein tiefer Brunnen versorgte die Besatzung mit Süßwasser. *Eine der Latrinen im ersten Stock, auf der man sich direkt ins Meer entleerte, ist gerade besetzt: wir erspähen König Johann bei einer wenig majestätischen, doch sehr menschlichen Handlung.* In der obersten Halle können Kinder bei einer Art Mensch-ärgere-dich-nicht mit Ritterfiguren spielen, sich als solche verkleiden oder ihr eigenes Wappen kreieren.

⌚ Mo–Sa 10–18, So 14–18 Uhr (Okt.–März jeweils nur bis 16 Uhr), Eintritt 2,70 £, mit "Knight Ride" 4,85 £.

Gasworks: Irlands ältestes Gaswerk wurde 1855 gebaut, um die Straßen von Carrickfergus zu beleuchten. Seit den 1960er Jahren ist die Anlage stillgelegt und nurmehr ein technisches Museum, das häufigere Öffnungszeiten verdient hätte.

⌚ Juni–Aug. So 14–17 Uhr, Eintritt 1,50 £; Irish Qarter West.

Andrew Jackson Centre: In *Boneybefore,* 3 km nördlich des Zentrums, erinnert ein kleines Museum an den US-amerikanischen Präsidenten Andrew Jackson, dessen Eltern aus diesem Vorort von Carrickfergus stammten.

⌚ April–Mai Mo–Fr 10–13, 14–16, Sa/So 14–16 Uhr, Juni–Sept. Mo–Fr 10–13, 14–18, Sa/So 14–18 Uhr. Eintritt 1,20 £.

Das viktorianische Opernhaus von Belfast

Belfast

Viktorianische Architektur aus besseren Tagen, eine schöne Lage zwischen Hügeln und Meer – ohne die "Troubles" hätte die mit dem Strukturwandel kämpfende Hauptstadt Nordirlands kaum Schlagzeilen gemacht.

Blickt man vom Civic Mountain auf das Häusermeer um die Lagan-Mündung, offenbart die etwa 500.000 Einwohner zählende Metropole eine weit größere Ausdehnung als deutsche Städte mit vergleichbarer Einwohnerzahl. Wollte ein Fußgänger Belfast in Ostwestrichtung, etwa von Glencairn nach Stormont durchqueren, was angesichts des lebhaften Autoverkehrs niemandem geraten werden kann, wäre er wenigstens drei Stunden unterwegs – die meiste Zeit entlang gleichförmiger Zeilen aus backsteinroten Einfamilienhäusern, hier und da unterbrochen durch ein kleinstädtisch, wenn nicht dörflich erscheinendes Zentrum mit Kirche, Polizeifestung, Pubs und Läden für den täglichen Bedarf. Die "Troubles", während der die Leute nur ungern ihre Nachbarschaft verließen, und jeder, der ins Stadtzentrum wollte, sich dort eine erniedrigende Durchsuchung durch die Sicherheitskräfte gefallen lassen musste, haben die zentrifugalen Tendenzen noch verstärkt.

So blieb das Geschäftszentrum im Herzen Belfasts kompakt und bequem zu erlaufen. Attentäter hatten hier nie lange Gelegenheit, sich an den durch ihre Autobomben verursachten Zerstörungen zu erfreuen. Als hätte man die Anschläge ungeschehen machen wollen, wurden beschädigte Gebäude stets unverzüglich repariert oder durch Neubauten ersetzt. Bereits nach den deutschen Luftangriffen des Zweiten Weltkriegs bewiesen die Belfaster, dass sie sich

Nordirland
Karte Seite 562/563

durch Bomben nicht unterkriegen lassen. Die Barrieren, mit denen die Einkaufsstraßen bis heute von einer Stunde auf die andere völlig abgeriegelt werden können, geben sich betont unauffällig und könnten ebenso eine gewöhnliche Straßenmöblierung sein, mit der man etwa den Autoverkehr künstlich verlangsamt oder das Parken auf Bürgersteigen verhindert.

Es scheint, als hätten die Menschen Nachholbedarf an Vergnügen und Konsum. Jedenfalls gibt es in Belfast mehr und glänzendere Einkaufszentren als in Dublin, auch das Nachtleben entlang der Golden Mile kann sich sehen lassen. Mit Geldern aus London oder Brüssel werden die verfallenen Fabrikviertel saniert und herausgeputzt, auch der Lagan kann sich wieder riechen lassen. Eine Fahrt etwa durch den Vorort Andersontown oder der Anblick der beiden bewegungslosen Krupp'schen Riesenkräne "Samson" und "Goliath" von Harland & Wolff erinnern jedoch an das noch immer unbewältigte Grundproblem der Stadt: die relativ hohe Arbeitslosigkeit. Die Männer im besten Alter, die man tagsüber in den Arbeitervierteln beim Müßiggang trifft, sind keine Schichtarbeiter, sondern schlicht arbeitslos. Dass die Arbeitslosigkeit jetzt auch verstärkt Protestanten trifft, ist eine Ursache für den Aufstieg der paramilitärischen Gruppen auf Unionistenseite. Die durchaus beachtlichen Anstrengungen des Staates, mit dem Bau neuer Mietwohnungen wenigstens die Wohnsituation zu verbessern, können Arbeitsplätze nicht ersetzen. Besonders in der Weststadt, wo sich Katholiken und Protestanten in ihren Quartieren einigeln, ist der Hass auf die jeweils andere Seite lebendig wie eh und je. Von Hochhausdächern und befestigten Wachtürmen späht und horcht das Militär hinunter bis in die Schlafzimmer. Auch dies ist Belfast.

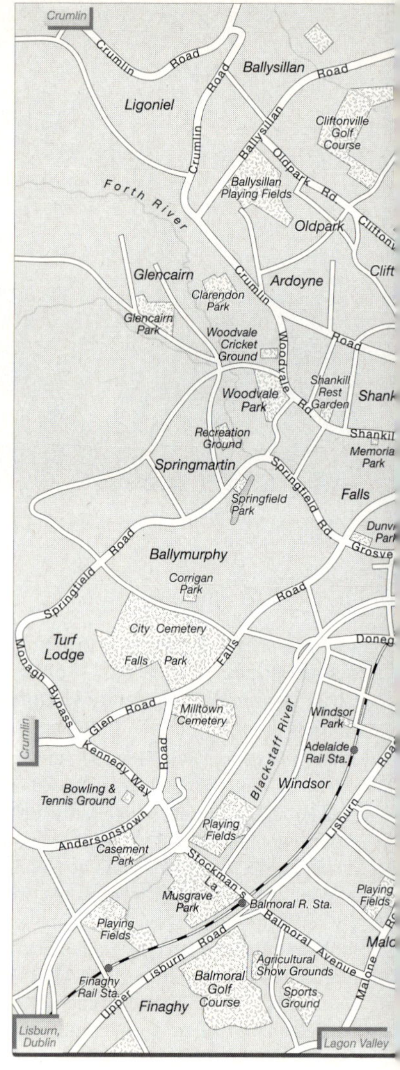

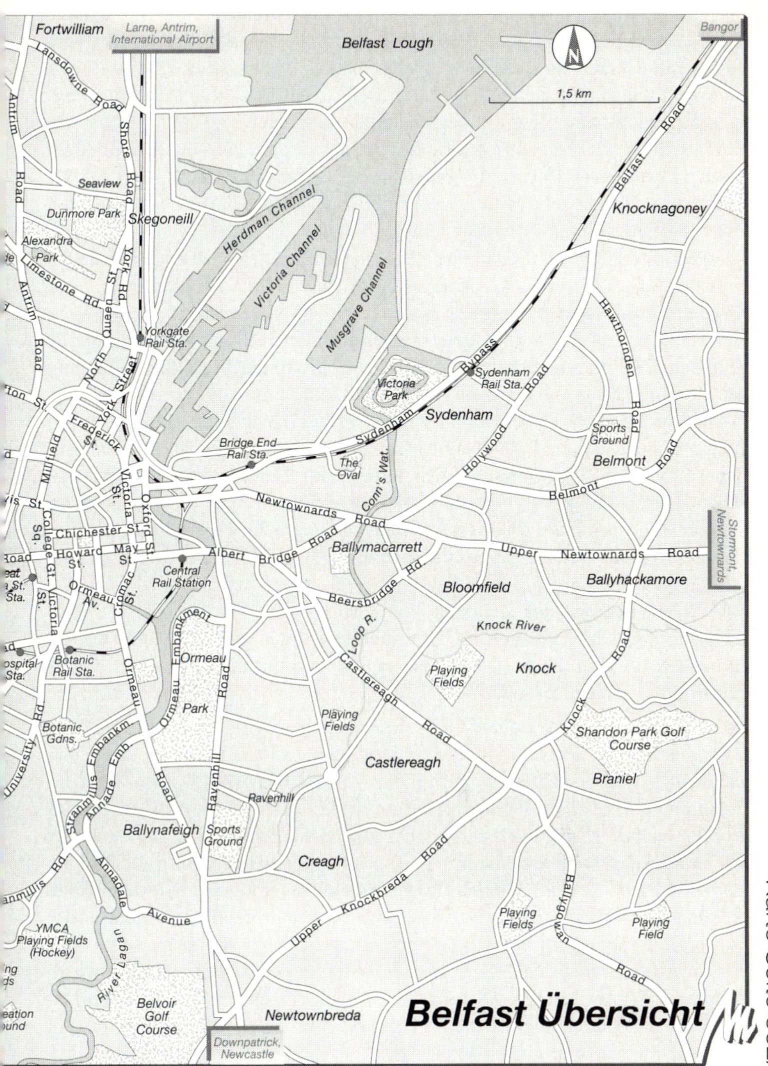

Nordirland Karte Seite 562/563

Geschichte

Nordirlands Hauptstadt entstand als Handelsplatz an einer Furt durch das Flüsschen *Farset,* das heute in Röhren gezwängt unter dem Stadtzentrum hindurch fließt. *Béal Feirste* bedeutet nichts anders als "Mündung des Fjords". 1177 befestigten die Normannen unter John de Courcy den Ort mit einer

Burg, aber schon hundert Jahre später war die Gegend wieder in der Hand der gälischen Ulster-Fürsten O'Neill. Bei der Kolonisierung wurde das Gebiet Sir Arthur Chichester aus Devon zugeschlagen, der zugleich den Titel eines Earls of Donegall verliehen bekam und Belfast mit Schotten und Engländern besiedelte. Chichesters gute Verbindungen zum Hof sicherten Belfast das Marktrecht, doch noch 1657 zählte der Ort gerade 150 Häuser. 1685 brachten aus Frankreich vertriebene Hugenotten die Leinenherstellung nach Belfast, bald folgten Tabakverarbeitung und Schiffsbau, die wiederum neue Auswanderer aus England und Schottland an den Lagan lockten.

Bei den ersten Spannungen zwischen englandtreuen Unionisten und den nach Unabhängigkeit strebenden Nationalisten gingen die Fronten noch quer durch die Konfessionen. Ausgerechnet die *Ulster Volunteers*, auf die sich heute die protestantischen Paramilitärs berufen, feierten 1783 mit einer Parade die Eröffnung des ersten katholischen "Messhauses". In der in Belfast entstandenen Bewegung der *United Irishmen* (s. S. 50) kämpften, von der französischen Revolution inspiriert, protestantische Presbyterianer wie Katholiken gemeinsam um Religionsfreiheit und irische Unabhängigkeit. Doch schon zwei Generationen später schlossen sich unter dem Eindruck der katholischen Emanzipation die zuvor verfeindeten Presbyterianer und die anglikanische Staatskirche zusammen. Prediger schwangen Hetzreden gegen die Katholiken, und der Konflikt forderte in Sandy Row die ersten Opfer. Derweil wuchs die Stadt ungestüm: Zeile um Zeile entstanden die damals wie heute so trostlosen Backsteinsiedlungen der Arbeiter. Von 1800 bis zum Vorabend des 1. Weltkriegs verzwanzigfachte sich die Einwohnerzahl auf etwa 400.000, und in Dublin erweiterte man die Stadt eilig um einige angrenzende Dörfer, um weiter die Größte im Lande zu sein.

Mit der Teilung wurde Belfast 1922 Haupstadt des britischen Nordens. England überließ die Provinz sich selbst bzw. den Unionisten. Doch der Boom hatte, auch wenn es zunächst noch kaum jemand bemerkte, seinen Zenit bereits überschritten. Im Rückblick leitete die Katastrophe der auf Harland & Wolff gebauten *Titanic* auch den Niedergang der Industrie ein. Nur während der Kriegsjahre liefen die Maschinen noch einmal auf Hochtouren. 1939–45 liefen bei Harland & Wolff 170 Schiffe vom Stapel, der Flugzeughersteller Short produzierte Bomber, andere Betriebe Granaten und die ersten Radargeräte, während die Textilfabriken statt feinem Damast grobe Uniformen und Zeltplanen an die Armee lieferten. Als ein Zentrum der Kriegsindustrie wurde Belfast im Winter 1941/42 wiederholt das Ziel deutscher Bomberstaffeln, die mehr als die Hälfte aller Gebäude beschädigten oder völlig zerstörten und mehr als tausend Menschen töteten.

Erst mit den "Troubles" besann man sich im fernen London wieder der Stadt. Marode Viertel werden mit EU-Hilfe planiert, um Belfast zu einem "Hibernian Rio" zu verschönern, wie es die Fremdenverkehrswerbung verspricht. Die Mittelschicht profitiert von Steuervorteilen und den gegenüber der Britischen Insel niedrigeren Lebenshaltungskosten. Die relativ hohe Arbeitslosigkeit nährt jedoch weiter Gewaltbereitschaft und den Konflikt der Gemeinschaften.

Orientierung

Der Donegall Square mit dem markanten Rathaus ist die politische wie geographische Mitte der Stadt. Nördlich davon zieht sich entlang dem Donegall Place, der Royal Avenue und den Seitengassen bis zur protestantischen Kathedrale das **Geschäftsviertel** der Stadt, während nordöstlich des Rathauses, um High Street und Ann Street, die Ensembles der viktorianischen Ära noch am besten erhalten sind. Wer abendliches Vergnügen oder eine Unterkunft sucht, hält sich von Donegall Square südwärts: Entlang der **Golden Mile** (Bedford Street, Dublin Road, University Road) pulsiert das Nachtleben der sonst eher spröden Arbeiterstadt. Gen Osten führt die May Street zum Gerichtshof und als East Bridge Street über den Fluss zur Werft **Harland & Wolff**, dem noch immer führenden Industriebetrieb der Stadt. Die traditionellen **Arbeiterviertel** liegen weitgehend im Westen von Belfast, noch hinter dem Autobahnring. Hier trennt die durchaus der früheren Berliner Mauer vergleichbare **Peace Line** Shankill Road (protestantisch) von Falls Road (katholisch) und zwingt die wenigen Leute, die von einem Viertel ins andere wollen, zu einem langen Umweg.

Information/Verbindungen

• *Information:* **Northern Ireland Tourist Board,** St. Anne's Court, 59 North St., ✆ 90 246 609, Sept.–Juni Mo–Sa 9–17 Uhr, Juli/Aug. Mo–Fr 9–18.30, Sa 9–17, So 12–16 Uhr. Wer zur Unzeit ankommt, findet am Eingang eine computergesteuerte Anzeigetafel mit Hotelhinweisen und einem Buchungstelefon. www.gotobelfast.com.

Filialen an der Nordseite des Donegall Sq. (nur in den Sommermonaten geöffnet), im City Airport, ✆ 90 457 745, Mo–Fr 5.30–22 Uhr, Sa/So 5.30–21 Uhr und im International Airport, ✆ 94 422 888, offen zu allen ankommenden Flügen.

• *Flughäfen:* **Belfast International Airport,** Aldergrove, ✆ 94 422 888; 25 km außerhalb. Mo–Sa halbstündlich, So stündlich "Airbus" (5 £) ins Stadtzentrum zur Europa Bus Station (Great Victoria St.).

Der kleine **Belfast City Airport,** ✆ 90 457 745, 5 km nordöstlich, wird vor allem von britischen Inlandsfluglinien angeflogen. Ins Stadtzentrum (City Hall) mit Bus 21 oder mit dem Vorortzug von der nahen Sydenham Station.

• *Häfen:* **Belfast Harbour** wird von den Luftkissenbooten nach Stranraer und der Fähre nach Liverpool angelaufen. Die Fähre nach Cairnryan benutzt den Hafen von **Larne**, 30 km außerhalb, zu erreichen mit Ulsterbus ab Great Victoria St. oder den Vortortzügen.

• *Bahn:* Die neue **Great Victoria Station** im Stadtzentrum, ✆ 90 899 409, ist der Mittelpunkt des nordirischen Bahnnetzes. Hier beginnen die Fernzüge nach Londonderry und Dublin sowie die meisten Vorortzüge nach Bangor und Larne. Da der Bahnhof direkt neben der Europa Bus Station liegt, bereitet das Umsteigen zwischen Bahn und Bus wenig Mühe. Einige Vorortzüge beginnen noch an der **Central Railway Station,** ✆ 90 899 411, zu erreichen ab Stadtzentrum mit dem Centrelink Bus Nr. 100 (für Bahnfahrer gratis). Tickets und Auskunft auch 17 Wellington Pl., ✆ 90 230 671.

• *Bus:* Überlandbusse laufen das zentrale **Europa Bus Centre,** Great Victoria St. an. Der **Laganside Terminal** an der Oxford St. wird von den Regionalbussen aus Antrim, Ost-Derry und Down angefahren. Auskunft **Ulsterbus,** ✆ 90 333 000.

Drehscheibe der rot-weißen **Stadtbusse** ist der Donegall Sq., Nachtbusse (nur Fr auf Sa u. Sa auf So) ab Shaftesbury Sq. Einzelfahrscheine (Mo–Sa 9.30–14 Uhr ermäßigt 60 p, sonst 90 p; Kurzstrecke 50 p) und Tageskarten (2,60 £) werden im Bus selbst gelöst; Mehrfachkarten (4 Fahrten 3 £) gibt's an Kiosken und sind im Bus zu entwerten. Auskunft **Citybus,** ✆ 90 246 485. Streckenpläne am Kiosk am Donegall Sq. West.

• *Taxis:* Schwarze **Sammeltaxis** ("Black Cabs") fahren auf festen Routen und verlangen etwa 1 £ pro Fahrgast. Abfahrt für die

Karte Seite 562/563

protestantischen Viertel in der North St., in die katholischen Viertel ab Castle St. Die Fahrer gelten als politische Aktivisten der jeweiligen Seite.

Gewöhnliche **Taxis** fahren ab Donegall Sq. und können etwa über ✆ 90 230 022 od. 90 242 000 bestellt werden.

Diverses

• *Autoverleih:* **Budget,** Great Victoria St., ✆ 90 230 700; **McCauseland's,** 21 Grosvenor St., ✆ 90 333 777.

• *Fahrradverleih:* **McConvey Cycles,** 476 Ormeau Rd., ✆ 90 491 163; **Life Cycles,** 35 Smithfield Market, ✆ 90 439 959.

• *Fluggesellschaften:* **Air Lingus,** 46 Castle St., ✆ (0645) 737 747; **British Airways,** Fountain Centre, Fountain Ecke College Sts., ✆ 90 459 777. **Ryan Air,** ✆ (0541) 569 569. **Easy Jet,** ✆ (0870) 600 0000.

• *Galerien:* **Ormeau Bath Gallery,** Ormeau Baths, 18a Ormeau Av., ✆ 90 321 402. Das frühere Hallenbad wurde zu Nordirlands führenden Kunstgalerie umgebaut. Außer Gemälden (Wechselausstellungen) auch Multimedia; Mo Ruhetag.

Fenderesky's, im Crescent Arts Centre, 2 University Rd., hat einen guten Namen als Ausstellungsort zeitgenössischer irischer Maler.

• *Post:* GPO, Castle St., offen Mo–Sa 9–17.30 Uhr.

• *Reisebüro:* **USIT,** Fountain Centre, 13b College St., ✆ 90 324 073; verkauft ISIC-Ausweise und Travelsave Stamps; Fotoautomat im Haus.

• *Schiffsagenturen:* **Norse Irish Ferries,** West Bank Rd., ✆ 90 779 090; **SeaCat,** Donegall Quay, ✆ 08705 523 523; **Stena Line**; Castle Lane, ✆ 08705 327 525.

• *Stadtrundfahrten:* **Citybus Tour,** ✆ 90 458 484, veranstaltet Juni–Sept. um 13 Uhr ab Castle St. Stadtrundfahrten zu unterschiedlichen Themen und Zielen. Mi u. Sa um 13 Uhr etwa die **Citytour** (mit Stormont und den Werften), Do + So um 13 Uhr die empfehlenswerte **Living History Tour** zur Stadtgeschichte (einschließlich der "Troubles"), Di **A Look at Linnen** (zur Leinenindustrie).

Black Cab Tours, www.tobbtt.com und www.belfasttours.com, Stadtrundfahrten mit dem Taxi kosten von 20 £ aufwärts und sind etwa unter ✆ 90 804 648 oder 90 642 264 zu bestellen.

• *Stadtführungen:* **Belfast – The Old Town,** ✆ 90 246 609, Ostern bis Okt. jeden Sa um 14 Uhr ab Touristinformation. Auf den Spuren der Stadt des 17. Jh. Der **Belfast City Centre & Laganside Walk,** ✆ 90 491 469, Juni–Sept Fr um 14 Uhr, konzentriert sich auf die viktorianische Ära und schließt die neue Waterfront Hall mit ein. **Bailey's Historical Pub Tour,** ✆ 92 683 665, Di 19 Uhr, Fr 17.30 Uhr, Sa 16 Uhr, führen Sieab Touristoffice in die berühmtesten Kneipen der Stadt. Für jede Führung rechne man pro Person 3–5 £.

• *Waschsalon:* **Globe,** 37 Botanic Av. Weitere Waschsalons finden sich etwa in 46 und 120 Agincourt Av.

Übernachten

In der Eglantine Rd., 1,5 km südl. des Zentrums und nahe der Universität, bietet bald jedes zweite Haus Bed & Breakfast. Da während des Semesters auch viele Studierende hier absteigen, wird man ohne Reservierung trotzdem einige Häuser abklappern müssen, um ein freies Zimmer zu finden.

• *Hotels:* **Europa (5),** Great Victoria St., ✆ 90 327 000, ℻ 90 327 800, DZ 190 £. Vom *Guardian* zum "am häufigsten zerbombten Hotel der Welt" gekrönt (Beiruts Commodore und Sarajevos Holiday Inn landen abgeschlagen auf hinteren Plätzen), war das Europa bis zu seiner bislang letzten und gründlichsten Zerstörung im Mai 1993 Treffpunkt der Kriegsberichterstatter. Doch jedesmal wurde Belfasts bestes Hotel wieder renoviert – die Kosten übernimmt gewohnheitsmäßig der britische Steuerzahler.

Malone Lodge (21), 60 Eglantine Av., ✆ 90 388 000, ℻ 90 388 088, DZ 95 £, am Wochenende günstiger. Mit alten Möbeln und Lüstern gediegen eingerichteter Neubau, in dem vor allem Geschäftsleute absteigen. Außergewöhnlich geräumige Zimmer, eigener Parkplatz.

Madison's (13), 59 Botanic Av., ✆ 90 330 040, ℻ 90 328 007, DZ 90 £. Ein neueres, videoüberwachtes Hotel über dem gleichnamigen Pub. Zentral gelegen, die Straßenseite bei geöffnetem Fenster etwas laut.

Belfast Innenstadt
Übernachten
1 Linen House
5 Europa Hotel
9 Youth Hostel
13 Madison's
15 Botanic Lodge
16 Arnie's Hostel
18 The Ark
19 The George
20 Liserine Guesthouse
21 Malone Lodge
23 Queen's Univ. Acc.
Essen und Trinken
2 Nick's Warehouse
3 Bewley's
4 Café Roscoff
6 Palomo Café
7 Café Aero
8 Graffiti Italiano
10 Roscoff Express
11 Chez Delbart
12 Mogwai Café
14 The Other Place
17 Villa Italia
22 Connor's Bar
St. Anne's Cathedral
Custom House
Lagan Weir
Queen Elizabeth Bridge
Queen's Br.
St. Peter's Cathedral
Rail Office
City Hall
BUS
Waterfront Hall
Court House
Opera
Europa Bus Centre
Great Victoria St Rail Station
Shaftesbury Square
Botanic Rail Station
City Hospital Rail Station
North of Ireland Sports Club
YWCA
Queen's University
Botanic Gardens
Ulster Museum
River Lagan
Shankill Road
Peter's Hill
Divis Street
Castle Street
Grosvenor Road
Donegall Road
Donegall Sq. N.
Donegall Sq. S.
Great Victoria Street
Bedford Street
Dublin Road
Ormeau Avenue
Botanic Avenue
University Street
Malone Road
Stranmillis Road
Lisburn Road
Ormeau Road
Stranmillis Embankment

Geräumige, modern eingerichtete Zimmer mit TV, Schreibtisch, Fön und anderen Annehmlichkeiten, freundliches Personal und große Auswahl zum Frühstück. Unsere Hotelempfehlung in Belfast.

• *B&B:* **The George (19),** 9 Eglantine, ✆ 90 683 212, EZ 21 £, DZ 42 £. Die Zimmer etwas vollgestellt, doch alle mit TV und eigenem Bad.

Liserin Guesthouse (20), 17 Eglantine Av., ✆ 90 660 769, EZ 20 £, DZ 40 £. Pastellfarben schaffen gemütliche Atmosphäre, die Lounge ist mit Porzellanhunden, Familienfotos und allerlei Nippes sehr familiär eingerichtet. Im Frühstücksraum warten auch tagsüber Tee und Biskuits auf Selbstbedienung. Zimmer mit TV und Bad.

Botanic Lodge (15), 87 Botanic Av., ✆ 90 327 682, EZ 25 £, DZ 45 £. Ein zentral gelegenes Eckhaus mit viel Klimbim in der Lounge und im Treppenaufgang, aus dem Erker des Frühstücksraums schöner Blick auf das Straßentreiben. Alle Zimmer mit TV.

• *Hostels:* **Arnie's Backpapers (16)** (IHH/IHI), 63 Fitzwilliam St., ✆ 90 242 867, Bett 8,50 £. In einem älteren Backsteinreihenhaus im Universitätsviertel. 22 Betten in Zimmern mit 3 bis 7 Betten, 2 Toiletten, 2 Duschen. Kommunikative Atmosphäre in leicht chaotischem Aufenthaltsraum (mit Klavier) und in der Küche. Vom humorvollen Eigentümer Arnie persönlich geführt, ohne den das Klima nur halb so gemütlich wäre. Telefonische Reservierung angeraten.

Linen House (1), 18 Kent St., ✆ 90 586 400, www.belfasthostel.com, Bett 6,50–8,50 £. Ein neues Hostel in einem alten Backsteinhaus, dessen frühere Bestimmung als Schlachterei im Keller noch auszumachen ist. Kleine Zimmer teilw. mit Bad, leidlich sauber. Als früheres Industrieviertel mit vielen verlassenen Gebäuden genießt die Kent St. unter Einheimischen bislang nicht den besten Ruf. Aber das kann sich ja ändern.

The Ark (18), 18 University Rd., ✆ 90 329 626, Bett 7,50 £. Das Nichtraucher-Hostel befindet sich in einem älteren Reihenhaus. Zentralheizung, gemütliche Lounge mit TV und Video, die sehr engen Zimmer regelmäßig renoviert, in der Küche ein sauberer Kühlschrank, Waschmaschine und Trockner im Hof. Das Hostel bietet Stadtrundfahrten im Black Cab und für 16 £ Tagesausflüge zum Causeway.

Macpackers, 1 Cameron St. off Botanic Av., ✆ 90 20 485, Bett 7,50 £,

Queen's University Accomodations (23), 78 Malone Rd., ✆ 90 381 608, Reservierung erforderlich; nur Mitte Juni bis Sept., für Studenten pro Pers. 8 £, ohne ISIC-Ausweis 12 £. Spartanische Zimmer, gemeinsame Sanitäranlagen, die Kücheneinrichtung besteht aus wenig mehr als einer Mikrowelle; Gemeinschaftsraum mit TV, im Keller Waschmaschine und Trockner; Fr u. Sa kein Frühstück.

Belfast International Youth Hostel (9), 22 Donegall Rd., ✆ 90 324 733, Bett 8–11 £. Relativ neues Hostel mit 128 Betten in 2- bis 6-Bett-Zimmern, teilw. mit Bad. Cafeteria, separate TV-Lounge, eigener Parkplatz, keine Kochgelegenheit.

• *Übernachten beim International Airport:* **B&B Maranatha,** Mrs. Steel, 69 Oldstone Rd. (zwischen Airport und Antrim ein Haus vor dem Muckamore Hospital), ✆ 94 463 150, DZ 35 £. Ein gut geheiztes Haus neben der Straße, geführt von einer humorvollen und zugleich tiefreligiösen Wirtin.

Essen

Neben ihren politischen Leidenschaften haben die Menschen in Belfast offenbar auch eine Passion für gutes Essen. In kulinarischer Hinsicht hat sich die Stadt jedenfalls längst von Großbritannien gelöst.

Nick's Warehouse (2), 35 Hill St., ✆ 90 439 690, Lunch Mo–Fr, Dinner Mo–Sa. Nick Price versuchte sich mit zwei Lokalen in der Provinz, bevor er in das frisch sanierte Lagerhaus in einer aufstrebenden Randzone des Zentrums einzog. Der Gast hat die Wahl zwischen der Bar und dem vornehmeren Restaurant im Obergeschoss. Die Karte wechselt nach Laune und Saison, reiche Auswahl an offenen Weinen.

Chez Delbart ("Frogities") (11), 10 Bradbury Pl., off Great Victoria. Der kleine Bruder der "Belle Epoque" (Dublin Rd.) mit einem Eiffelturm über dem Eingang serviert französische Küche in großen Portionen zu unschlagbaren Preisen, aber auch Snacks (etwa Crêpes). Gegen ein "Korkengeld" kann man seinen eigenen Wein mitbringen. Mittelklasse.

Villa Italia (17), 37 University Road, ✆ 90 328 356, tägl. ab 17 Uhr. Ein geräumiges Lokal mit buntem Publikum, darunter viele Familien. Auf der Karte vor allem Pizza, Pasta und Grillgerichte. Die selbst im Regen geduldig vor dem Eingang wartende Schlange bezeugt den exzellenten Ruf des Restaurants.

Madison's (13), Botanic Av. Ein Bistropub mit der Geräuschkulisse einer Bierhalle, auf drei Ebenen mit viel Schmiedeeisen und orange getönten Wänden. Multikulturelle Küche, Weine aus Übersee, ein definitives In-Lokal mit bürgerlichen Preisen.

Mogwai Café (12), University Rd., So–Do bis 24 Uhr, Fr–So durchgehend. Das hippe Café in der Nachbarschaft des Antiquariats Bookfinder lädt tagsüber zu einer gepflegten Tasse Café oder zu Thai-Snacks ein. Für die Musik sorgt Davis Holmes, der angesagteste DJ Nordirlands.

• *Preiswert:* **Palomo Café (6),** Great Victoria Ecke Bruce Sts., im Erdgeschoss von Parks Edelboutique und daran gemessen mit sehr moderaten Preisen. Italienische Snacks und Kaffeespezialitäten.

Café Aero (7), 44 Bedford Rd. Ein Café in Orange-Blau mit knarrenden Holzdielen, weichen Polstern und einem riesigen Ficus benjamini. Frühstück mit verschiedenerlei Kaffee, Snacks und jede Menge Zeitungen. Mittags Auswahl an Tagesgerichten (um 8 £), abends Treffpunkt zu einem gemütlichen Glas Wein.

Connor's Bar (22), 11a Stranmillis Rd., Mo–Mi 11–23, Do–Sa 11 Uhr bis nach Mitternacht. Bonnie Turkingtons Bistro ist im früheren Atelier des Belfaster Malers William Connor eingerichtet. Das Tageslicht fällt durch eine Dachkuppel in die hohen Räume mit großflächigen Gemälden. Auf der Karte verschiedene Nudelgerichte wie z.B. Huhn mit thailändischen Nudeln, Ingwer, Curry und Kokosflocken (6 £).

The Other Place (14), Botanic Av. Junges Publikum trifft sich in rustikalem Ambiente auf Holzbänken oder Wiener Kaffeehausstühlen zu Lasagne oder Chicken-Gerichten. Auch Frühstück.

Graffiti Italiano (8), Dublin Rd. Der Italiener für die kleine Brieftasche. Auf der Karte etwa Pilzrisotto oder Saltimbocca und natürlich allerlei Pastagerichte. Keine Pizza.

Bishoff's, Bradbury Place. Eine Niederlassung der irischen Seafood-Imbiss-Kette. Grüne Kacheln geben dem Lokal eine Spur von klassischer Eleganz. Immer gut voll, effizienter Service.

Roscoff Express (10), 27 Fountain Place. Modern eingerichtet, mit großen Schaufenstern und Tischen auch zum Draußensitzen in der Fußgängerzone, gut geeignet zum Sehen und Gesehen werden. Selbstbedienung.

Bewley's Oriental Café (3), Rosemary St. Eine Filiale von Irlands führender Kaffeehauskette.

• *Pubfood:* **Crown Liquoor Salon,** Great Victoria St., gegenüber dem Eurpa Hotel. Pubfood wie etwa Austern oder Stew werden mittags in historischem Ambiete serviert.

Am Abend

Eine Stadt, in der jahrelang nächtens Ausgangssperre herrrschte, hat Nachholbedarf. Entlang der "Golden Mile" von Great Victoria St. und University Rd. werben immer neue Kneipen und Clubs um die Gunst der launischen Szene. Aktuelle Veranstaltungsinfos listet die Unterhaltungsbeilage des *Belfast Telegraph* und der etwa bei der Touristinfo erhältliche Programmkalender *That's Entertainment* oder *The Big List.*

Queen's Film Theatre (QFT), off Botanic Av., Programm ✆ 90 244 857. Belfasts Programmkino zeigt auf zwei Leinwänden auch Retrospektiven und selten zu sehende Streifen.

Waterfront Hall, Programm ✆ 90 334 400, Tickets ✆ 90 334 455. Der bombastische Tempel für die großen Show-events klassischer Musik ist eines der edelsten Konzerthäuser der Britischen Inseln und zugleich Konferenzentrum mit Nobelrestaurant, Bar und schönem Blick über den Fluss.

Grand Opera House, Great Victoria St., Programm ✆ 90 249 129, Tickets ✆ 90 241 919. Belfasts Galabühne für Theater-, Musical- und Opernproduktionen – oft zerbombt und stets erneuert. Der Musentempel im viktorianischen Zuckerbäckerstil feierte 1996 sein hundertjähriges Jubiläum, und man kann dem Opernhaus nur wünschen, dass es auch nach Eröffnung der konkurrienden Waterfront Hall noch weiter gepflegt wird.

Karte Seite 562/563

Lyric Theatre, Ridgeway St., Stranmillis, ✆ 90 381 081. Gastspiele und Eigenproduktionen anspruchsvoller Klassiker und zeitgenössischer Stücke vor allem irischer Autoren, auch Jugendtheater.

Old Museum Arts Centre, College Square North, ✆ 90 235 053. Das multifunktionale Kulturzentrum residiert im früheren Sitz der Naturgeschichtlichen und Philosophischen Gesellschaft. Außer einer Studiobühne gibt es auch Räumlichkeiten für kleinere Ausstellungen.

Ulster Hall, Bedford St., ✆ 90 323 900. Eine Halle der viktorianischen Zeit mit in Fachkreisen berühmter Orgel – hier finden auch große politische Massenveranstaltungen und Parteiversammlungen statt.

King's Hall, Lisburn Rd., ✆ 90 665 225. Eine weitere Mehrzweckhalle für Ausstellungen, Bierfeste, Boxkämpfe, Konzerte und vieles mehr.

• *Pubs:* **Crown Liquor Saloon,** 46 Great Victoria St. Buntglasfenster, kunstvolle Fliesenmosaike und Tapeten aus schwerem Brokat machen den Crown Liquor Saloon zu einer Kathedrale der Trinker. Auch die Beichtstühle (Snugs) fehlen nicht, nur der Fernsehapparat will nicht recht ins Ensemble passen. Das Pub wurde 1885 eingerichtet und steht heute unter Denkmalschutz.

Robinson's, 38/40 Great Victoria St., steht etwas im Schatten seines berühmten Nachbarn – umgerechnet 5 Mio. Mark soll die Renovierung des in den 80ern von einer Bombe zerstörten "Theme Pub" gekostet haben. Fünf Etagen von der Kellerbar BT!, dem Heavy-Metall-Biker's "Rock Bottom" über "Fibber McGee's" New Yorker Gemischtwarenhandlung bis zur Livebühne "Top Floor".

The Beaten Docket, 48 Great Victoria St. Hier trifft sich die trendbewusste Studentenszene unter einem spektakulären, nachts illuminierten Glasdom. Das Untergeschoss mit seiner Mahagoni-Bar und den possierlichen Bronzelefanten, die die Reling halten, ist alten, viktorianischen Pubs nachempfunden. In der Hamill Lounge (Obergeschoss) haben sich die Innenausstatter mit hellem Holz und Marmor am Art Deco orientiert.

The Empire, 43 Botanic Av. Das Pub wurde nach einem berühmten, doch längst verschwundenen Varieté am Victoria Square benannt. Bierhallenatmosphäre im Keller, dem Betsaal einer früheren Kirche. An den Wänden Plakate aus den Zeiten der Music Halls, in einer Vitrine einige Ansichtskarten von Bord der Titanic. Fr, Sa Livemusik, Di abend Comedy Club – scharfzüngige Satiren von Patrick Kielty, Kevin McAleer u.a. verraten mehr über den Belfaster Alltag als manche tiefschürfende Analyse.

Kelly's Cellars, 30 Bank St. "Eine Zufluchtsstätte in der Wildnis" nannte der Novellist Hugh McCarten dieses 1720 gegründete Pub, in dessen Gewölbe sich bereits die Verschwörer der United Irishmen trafen und in dem heute Banker, Rechtsanwälte und Jungmanager Erholung von ihren harten Geschäften suchen. Eine Ahnengalerie versammelt die früheren Wirte. Sa Nachm. Folk, Sa abend Blues, mittags Pubfood.

Kitchen Bar, 16 Victoria Sq., Fr abend treffen sich die Folkfans zu Konzert oder Session.

Rotterdam Bar, Pilot St. In dieser Gegend des Hafenviertels möchte man nachts kein Auto ohne Aufsicht lassen, auch ein Taxi zu finden wird zum Glücksfall. Immerhin fährt Freitag- und Samstagnacht nach Kneipenschluss ein Bus ins Stadtzentrum. Das Pub selbst hat eine bewegte Vergangenheit als Lager für Sträftlinge, die auf ihre Deportation warteten, und schließlich (seit 1820) als Hafenkneipe hinter sich. Jetzt haben junge Leute den Laden übernommen und mit allerlei Trödel neu ausstaffiert. Häufig Livemusik, auch Folk.

• *Discos, Clubs, Livemusik:* **The Dome and the Limelight,** 17 Ormeau Av. Kellerdisco, darüber ein Pub mit raffinierten Lichtkuppeln und einer stilisierten Nachbildung der City Hall.

Lavery's Gin Palace, Bradbury Sq. Eine mobile Einsatztruppe massiger Türsteher kündet davon, dass es hier nicht immer friedlich zugeht. In den verschiedenen Räumen des verwinkelten Pubs treffen sich Jugendliche unterschiedlichster Couleur, in der Disco prallen die Kulturen dann aufeinander.

The Elms, University Rd. Das Bierhallenpub mit Barfood, Billard, Darts und anderen Spielen bietet Do–Sa gelegentlich Livemusik und häufig Disco. Über dem Eingang hängt eine Imitation von Munch's "Der Schrei".

Crescent Bar, Sandy Row. Hier sind die Kids der protestantischen Working Class unter sich. Mi–Sa Tanz.

The Warehouse, Pilot St., verdankt seinen Aufstieg der Zeit, als die Rotterdam-Bar wegen Renovierung geschlossen war, und veranstaltet heute regelmäßig Blues-, Rock-,

Jazz-, Worldmusic- und was noch alles für Konzerte.

Thompson's Garage, Paterson's Place off Upper Arthur St. Ein Gemälde über dem Tresen demonstriert die Pioniertat des Luftfahrtenthusiasten Harry Ferguson, in dessen früherer Garage wir uns befinden. Am Wochenende wird die mit allerlei Automobilia eingerichtete Kneipe zur Bühne für junge Lokalbands aller Richtungen.

Feste/Veranstaltungen

Belfast International Festival at Queen's, zwei bis drei Wochen im November. Mit einer Vielzahl einzelner Veranstaltungen (Theater, Musik, Tanz, Performance) ist das Festival at Queen's nach Edinburgh das größte Kulturspektakel der Britischen Inseln. Programm ✆ 66 76 87, Tickets ✆ 66 55 77.

Civic Festival, im Mai, das Stadtfest mit Musik und Kirmes.

Film Festival, www.belfastfilmfestival.org, Ende September.

Orange Day, 12. Juli, der große Aufmarsch der protestantischen Orden.

West Belfast Féile an Phobdil, eine Woche Anfang August; das Kulturfest der Republikaner mit Tanz, Musik, Film und Theater.

Einkaufen

• *Bücher:* **Bookfinders,** 47 University Rd. Secondhand-Bücher und Antiquarisches, die Werke stapeln sich in Regalen, auf Stühlen, Tischen und am Boden. Im dazugehörigen Café (Obergeschoss) kann nach dem Kauf gleich geschmökert werden.

Green Cross, 51 Falls Rd., wird von Frauen politischer Gefangener geführt und verkauft hinter gut gesicherten Eingangstüren republikanisches Schrifttum.

Eason, 16 Ann St., und **Dillons,** Fountain St., dürften die führenden Mainstream-Buchhandlungen der Stadt sein.

• *CDs, Tapes:* **Virgin Megastore,** im Castlecourt Centre. **Vintage Records,** 54 Howard St. hat sich auf Vinyl-Scheiben (auch second hand) spezialisiert. Beide Läden gehören Terri Hooley, dem Godfather des frühen nordirischen Punk. Die CD "The Good Vibrations Story" versammelt die besten Stücke der Bands, die über Hooley zusammengefunden haben, und erzählt im umfangreichen Beiheft die Story des Landes und der Szene.

• *Einkaufszentren:* **Castlecourt Centre,** Royal Av. Ein moderner Glas- und Stahlpalast mit den Filialen namhafter Einzelhandelsketten.

• *Kunsthandwerk:* **Craftworks,** Bedford House, Bedford St., eine Auswahl von Arbeiten der besten nordirischen Kunsthandwerker. Wer sich speziell für diese Szene interessiert, findet hier das Handbüchlein "Contemporary & Traditional Craft in Northern Ireland" mit weiteren Einkaufstipps.

• *Märkte:* **Variety Market,** bei den Markthallen, East Bridge St., Fr Vormittag Flohmarkt mit Lebensmitteln. Die angrenzenden Hallen des **St. George's Market** (Di, Fr + 1. u. 3. Sa im Monat, jeweils vormittags) wurden mit Millionenaufwand restauriert.

Donegall St.

Shaftesbury Market, Shaftesbury Sq./ Donegall Pass, Sa vormittag, Antiquitäten und Trödel.

Smithfield Retail Market, West St. Ecke Winetaverne St., mit Lebensmitteln.

Nordirland Karte Seite 562/563

Sehenswertes

City Hall: Das pompöse Rathaus am Donegall Square ist mit seiner 52 m hohen Kupferkuppel Wahrzeichen der Stadt. Für den 1906 vollendeten Bau musste die alte Linen Hall weichen, die genau an dieser Stelle stand. Das Rathaus imitiert äußerlich die Londoner St. Paul's Cathedral und symbolisierte bis in die frühen neunziger Jahre die Herrschaft der Unionisten über die Stadt.

Das Wahrzeichen von Belfast – City Hall

Am Haupteingang thront Queen Viktoria und blickt mürrisch auf die Passanten. Zu ihren Füßen rackern ein werktätiger Vater, seine leinen-spinnende Frau und ein studierendes Kind. Andere Statuen im Vorgarten feiern frühere Bürgermeister und Edward Harland, den Begründer der Werft Harland & Wolff. Ein Memorial betrauert das größte Fiasko der Firmengeschichte, den Untergang der als unsinkbar gepriesenen *Titanic*. Den Reigen der steinernen Berühmtheiten um das Rathaus herum beschließt auf der Westseite der Marquis von Dufferin, der Myanmar (Burma) 1886 für die Krone eroberte. Betritt der Besucher endlich den Bau, sieht er sich einer neoklassizistischen Orgie aus Marmor, Stuck, Buntglasfenstern, Prunktreppen und Statuen gegenüber. Ein Wandbild im ersten Stock zelebriert die Stadtgründung und jene Industriebranchen, denen Belfast seinen Aufstieg verdankte. Der Rundgang passiert eine Galerie mit Portraits der früheren Bürgermeister (Aldermen): bewusst übergroße Köpfe sitzen auf in Prachtgewänder gehüllte Körpern, nur zwei republikanische Aldermen fallen mit unkonventionellen, doch künstlerisch anspruchsvolleren Gemälden aus der Reihe. In der Garderobe kleiden sich nicht nur amerikanische Touristen in die Prunkroben der Bürgervertreter und halten die Pos(s)e per Kamera fest. Auf dem Sessel des Bürgermeisters möge man bitte nicht Platz nehmen; auch jene Stühle bleiben tabu, auf denen am 22. Juni 1921 für wenige Stunden die majestätischen Gesäße von Georg V. und Queen Mary ruhten, und die seither zur Heimstatt von Holzwürmern und Motten wurden. Der prächtige, nach den Bombenregen des Weltkriegs wieder hergestellte Ballsaal beschließt den Rundgang.

Führungen: Juni–Sept. Mo–Fr 10.30, 11.30, 14.30 Uhr, Okt.–Mai Mo–Sa 14.30 Uhr. Eintritt frei.

Linen Hall Library: Eingerichtet, "um den Verstand zu fördern und allgemeinen Wissensdurst zu erregen", steht die Bibliothek seit 1788 bildungshungrigen Bürgern zur Verfügung – zuerst in der legendären White Linen Hall, die dem Rathaus weichen musste, und jetzt in einem früheren Leinenkontor an der Nordseite des Donegall Square. Eine Sammlung früher irischer Drucke und Flugschriften macht die Linenhall für Historiker besonders wertvoll, und die "political collection" versammelt 80.000 Dokumente zu allen Aspekten des Nordirland-Konflikts. Mit der *Linen Hall Review* gibt die Bibliothek eine eigene Zeitschrift heraus. Thomas Russell, der erste Bibliothekar, gehörte zu den Gründern der United Irishmen und wurde 1803 gehängt.

Ⓞ Mo–Mi, Fr 9.30–17.30, Do 9.30–20.30, Sa 9.30–16 Uhr.

Albert Clock: Das von den deutschen Bomben im 2. Weltkrieg schwer getroffene Viertel um High Street und Ann Street ist der älteste Stadtteil von Belfast. Schmale, *entries* genannte Passagen verbinden die Hauptstraßen. Vom regen Geschäftsleben vergangener Tage sind nur die Kneipen geblieben. Warum die Belfaster am Ende der High Street dem Prinzen Albert ein Denkmal in Form eines Uhrturms setzten, bleibt rätselhaft. Jedenfalls setzte Albert nie auch nur einen Fuß in die Stadt. Unerbittlich neigt sich der Turm Millimeter um Millimeter und will offenbar seinem schiefen Kollegen in Pisa Konkurrenz machen.

Laganside: Das restaurierte **Custom House** (1854–57) zeugt vom Wohlstand der Belfaster Frühkapitalisten. Mit einem nicht minder ambitionierten Projekt wurde die Uferpartie unten am Fluss entwickelt. Neue Dämme und ein Wehr mit mächtigen Stahltoren schützen die Stadt vor Hochwasser und stauen bei Ebbe den Lagan, der andernfalls sein abfallübersätes, verschlammtes und vergiftetes Flussbett freigeben würde – der damit verbundene Gestank machte früher bei Niedrigwasser jeden Aufenthalt am Fluss unerträglich. Das neue Visitor Centre im **Lagan Lookout** erklärt dem Laien, wie das Wehr funktioniert und schildert mit Videofilmen, Schautafeln und einigen Exponaten die Metamorphose der Laganside vom Aschenputtel zum Schaufenster der Stadt. Verlassene Fabrikruinen am Ufer weichen neuen Mietshäusern, Bürotürmen und einem Nobelhotel. Mit dem **Waterfront Centre** leistet sich die Stadt ein hochmodernes Kongresszentrum mit Konzertsaal.

Ⓞ Lagan Lookout, April–Sept. Mo–Fr 11–17, Sa 12–17, So 14–17 Uhr; Winter Mo–Fr 11.30–15.30, Sa 13–16, So 14–16.30 Uhr, Eintritt 1,50 £.

Sinclair Seamen's Church: Die innen dem Rumpf eines Schiffes ähnliche Kirche wurde Mitte des 19. Jh. nach dem Entwurf von Charles Lanyon gebaut, der auch das Gebäude der Linen Hall Library und das Palmenhaus kreierte. Das presbyterianische Gotteshaus wäre als eine Kirche unter vielen nicht weiter der Rede wert, hätten nicht Generationen von Seeleuten allerlei Memorabilia und Kuriositäten gestiftet, die aus der Kirche zugleich ein Museum machen. Die Glocke, die zum Gebet ruft, stammt von einem 1916 in der Skagerrak-Seeschlacht gesunkenen Kriegsschiff; in die Orgel sind Teile eines Bootes verbaut, das mit Fässern voll Guiness auf irischen Flüssen und Kanälen schipperte, und die Kanzel wurde einem Schiffsbug nachempfunden.

Ⓞ Mi (zeitweise Sa) 14–16.30 Uhr, So jeweils vor der Messe (11.30 und 19 Uhr).

Nordirland Karte Seite 562/563

Harbour Commissioners Office: Auch das restaurierte Harbour Commissioners Office, gleich neben der Kirche und nahezu zeitgleich gebaut, wäre mit seinen kunstvollen Bleiglasfenstern und der prächtigen Ausstattung einen Besuch wert. Die massive Garnitur aus Esstisch und Stühlen im Besprechungszimmer wäre um ein Haar auf dem Meeresgrund gelandet. Sie war für die Titanic gedacht, doch die Schreiner wurden mit ihrer Arbeit nicht rechtzeitig zur ersten und letzten Fahrt des Schiffs fertig. Bislang ist das Haus nur während des Stadtfestes im Mai zugänglich.

St. Anne's Cathedral: Die etwas kühle und karg ausgestattete anglikanische Kathedrale (gebaut 1904–1981) steht anstelle einer älteren und kleineren Kirche. Um den Gläubigen auch während der Bauphase den regelmäßigen Kirchgang zu ermöglichen, wurde das neoromanische Gotteshaus um die alte Kirche herum gebaut und diese erst am Schluss abgerissen. Die Bodenplatten stammen aus Steinbrüchen in allen Landesteilen und repräsentieren die Counties der Insel. Unter dem Hauptschiff ruhen die Gebeine von *Edward Henry Carson* (1854–1935), den die einen als den Retter Ulsters vor den Nationalisten verehren und die anderen als den teuflischen Architekten der irischen Teilung hassen.

Edward Carson – der Architekt von Irlands Teilung

Edward Carson hatte sich schon als junger Rechtsanwalt bei Katholiken wie Liberalen einen schlechten Namen gemacht. Er galt als Spezialist für die Vertreibung von Pächtern und erwirkte im Auftrag der Grundherren unzählige einschlägiger Gerichtsurteile gegen verarmte Bauern. Auch war er maßgeblich an der Verurteilung Oscar Wildes wegen dessen Homosexualität beteiligt.

1892 wurde der Belfaster Protestant ins Unterhaus gewählt. Nach einer weiteren Stufe auf der Karriereleiter, der Wahl zum britischen Generalstaatsanwalt, sahen viele in ihm den kommenden Toryführer oder gar Premierminister. Als entschiedener Gegner der irischen Selbstverwaltung *(Home Rule)*, die das Parlament damals schon beschlossen und nur das Oberhaus verhindert hatte, war Carson jedoch auch innerhalb der Konservativen nicht mehrheitsfähig. Nachdem die Home Rule, die nach Carsons Ansicht unausweichlich in die völlige Unabhängigkeit Irlands münden würde, mit Parlamentsreden allein nicht mehr zu verhindern schien, änderte er seine Taktik und kämpfte jetzt für den Verbleib wenigstens des protestantischen Ulsters bei der Krone. Ohne die Industriestadt Belfast, so dachte Carson, wäre das katholische Irland wirtschaftlich nicht lebensfähig. 1913 etablierte er in Belfast eine provisorische Regierung für Nordirland und formierte die *Ulster Volunteers* als paramilitärische Truppe der Unionisten. Die von ihm genährte Opposition der nordirischen Protestanten gegen die Unabhängigkeit führte schließlich zur Teilung Irlands.

Stormont: Eine schnurgerade, 1,5 km lange Zufahrt führt von der Newtownards Road zum früheren Sitz des 1972 aufgelösten nordirischen Parlaments. Heute beherbergt der 1932 im neoklassizistischen Stil vollendete Bau allerlei

St. Anne's Cathedral

Behörden und ist für Besichtigungen nicht freigegeben. Immerhin erlaubt der Pförtner die Fahrt bis ans Ende der Prunkallee, wo Edward Carson als Statue thront.

Südstadt

Seit jeher ist die Südstadt die bessere oder wenigstens reichere Hälfte von Belfast. Besonders in den Alleen um die Universität verstecken sich großzügige Villen hinter parkähnlichen Vorgärten. Die Great Victoria Street und ihre Verlängerung Botanic Avenue sind als "Golden Mile" zugleich das abendliche Amüsierviertel Belfasts.

Sandy Row: Gerade einen Block westlich der Great Victoria Street wandelt sich das kosmopolitische Ambiente jedoch zum tristen Arbeitermilieu. Auch wer mit Belfasts politischer Topographie nicht vertraut ist, erkennt anhand ihrer Wandbilder und -sprüche die Sandy Row unschwer als eine Hochburg der Unionisten. Im Eckhaus zur Donegall Road residiert der *Rangers Supporters Club* (RSC), der Fanclub des protestantischen Fußballvereins Glasgow Rangers.

Ulster Museum: Hier erzählt das Bürgertum seine Geschichte und stellt seinen Kunstsinn und Sammeleifer unter Beweis. Sammlungen von Gemälden und Skulpturen (die Moderne ist unter anderem mit Henry Moore vertreten), von feinen Porzellanwaren und Gläsern. Auch die Naturgeschichte fehlt nicht, selbst das alte Ägypten ist mit drei Fingern von den Memnon-Kolossen und einer Mumie vertreten – eine erschöpfende und unübersichtlich gegliederte Ausstellung, die man besser häppchenweise bei mehreren Besuchen besichtigt. Höhepunkte sind ein Maschinensaal, der die einzelnen Schritte der

Nordirland
Karte Seite 562/563

Botanischer Garten

Leinenherstellung dokumentiert, die Präsentation keltisch-frühchristlichen Schmucks und eine neue Galerie zur Frühgeschichte der Insel.

🕐 Mo–Fr 10–17 Uhr, Sa 13–17 Uhr, So 14–17 Uhr. Sonderausstellungen ausgenommen freier Eintritt. Stranmillis Rd., im Botanischen Garten, zu erreichen mit Bus 69 u. 71.

Botanic Garden: Der seit 1827 gehegte Garten ist eine erholsame Oase im städtischen Trubel. Wer auch von der irischen Kälte genug hat, flüchtet in das **Palmenhaus,** jenen prächtigen Palast aus Gusseisen und Glas, der bei der Eröffnung (1851) als architektonisches Wunder gefeiert wurde. Unter der zentralen Kuppel streben haushohe Palmen zum Glasdach, Grillen zirpen und auch Spatzen haben sich eingenistet, die hier ihr ganzes Leben als einen fortwährenden Tropenurlaub verbingen. Ein Seitenflügel zeigt Blumen aus dem Süden, der andere die weniger prosaische, doch ungleich wichtigere Seite der tropischen Kolonien des Königreichs: Nutzpflanzen wie Kaffee, Zuckerrohr und Bananenstauden. Das **Tropical Ravine House** kann mit weiteren tropischen Raritäten und sogar einem geheizten Teich mit schönen Wasserlilien aufwarten. Am Ausgang zur Stranmillis Road wird der Besucher wieder an die Kälte erinnert. Lord Kelvin, der den absoluten Nullpunkt entdeckte (–273° Celsius), stammt aus Belfast und wird hier mit einem Denkmal geehrt.

🕐 Gärten tgl. bis Sonnenuntergang, Palmenhaus Mo–Fr 10–12, 13–17 Uhr, Sa/So 13–17 Uhr (Okt.–März jeweils bis 16 Uhr), Eintritt frei.

Queen's University: Etwa 8000 Studierende besuchen die angesehenste Universität von Ulster, die mit fast 3000 Beschäftigten – darunter vor ihrer Wahl zur Präsidentin der Republik auch Mary McAleese – zugleich einer der größten öffentlichen Arbeitgeber Nordirlands ist. Da heute beinahe die Hälfte aller protestantischen Studienanfänger Ulster verlässt und sich in einer englischen oder schottischen Universität einschreibt, studieren an der Queen's University vor allem die Kinder der katholischen "working class". Queen Viktoria legte 1845 den Grundstein für das nach den Plänen von Charles Lanyon gebaute College-Gebäude. Der Stararchitekt des viktorianischen Belfast entwarf auch die Theologische Hochschule (hinter der University), das Custom House und viele andere öffentliche Gebäude seiner Zeit. Den University Square, auf der Nordseite des Campus, säumt ein schönes Ensemble ziegelroter Reihenhäuser.

Malone: Das Viertel südwestlich der Universität gilt als die beste Adresse der Stadt. Früher war Malone ein rein protestantisches Villenviertel, doch zogen während der "Troubles" auch viele Angehörige der katholischen Mittel- und Oberschicht in diese Gegend, in der Klasse und Einkommen wichtiger sind als die Konfession.

Weststadt

Die eher tristen, doch von Graffiti und politischen Wandbildern aufgelockerten Arbeiterviertel im Westen Belfasts sind die Hochburgen der Unionisten und Republikaner. Die Stadtrundfahrt "Belfast: A Living History Tour" führt zu den Hotspots der "Troubles".

Längst ist das Ächzen der Flachsmühlen und das Klappern der Leinenwebereien verstummt. Geblieben sind die endlosen Reihen grauer und roter Arbeiterhäuser, an den einzig die Wandmalereien und Graffiti der politischen Gruppen Farbtupfer setzen – eine ebenso lebendige wie vergängliche Kunst: Verblassende Bilder werden übermalt, andere verschwinden eines Tages mit dem Abriss der Mauern, auf die sie gesprüht waren. Eine andere Mauer wurde an einzelnen Stellen vorsichtig geöffnet, bleibt aber, zumal in den Köpfen, weiter bestehen: Die *Peace Line* trennt das protestantische Viertel entlang der Shankill Road vom katholischen Sektor an der Falls Road. In den "gemischt" bewohnten Straßenzügen, die es damals hier noch gab, begannen 1969 die gewaltsamen Auseinandersetzungen zwischen den Gemeinschaften. Eine weitere Grenzlinie gibt sich unauffälliger. Der *Westlink Motorway,* der als Stadtautobahn die Weststadt vom Zentrum trennt, bündelt den Verkehr zwischen den Arbeitervorstädten und der Innenstadt in wenige Brücken und Unterführungen, die von der Armee leicht kontrolliert und abgeriegelt werden können. Doch ungeachtet ihres tristen Umfelds und oft harten Lebens sind die Menschen Ausländern gegenüber aufgeschlossen und gastfreundlich. Eine Geiselnahme zum Nachmittagstee ist nicht ausgeschlossen.

Falls Road: Den Beginn der Falls Road markieren gleich nach Überqueren der Autobahn die **Divis Flats,** eine nach dem höchsten Hügel um Belfast benannte Hochhaus-Siedlung. Als diese Wohntürme in den 60er Jahren gebaut wurden, galten sie als großer Fortschritt gegenüber den alten Arbeiterhäusern, die weder Bad noch Innentoilette hatten. Doch kaum bezogen, entwickelten sich die Türme zu sozialen und politischen Brennpunkten und das neue Quartier zu einem Kampfplatz zwischen Armee und Bewohnern. Die meisten Häuser wurden verlassen und schließlich wieder abgerissen. Nur der höchste Turm soll bleiben. Hier hat die Armee in den oberen Stockwerken den "Planet

Nordirland
Karte Seite 562/563

Murals – Fassadenkunst in Nordirland

of the Apes" eingerichtet, wie die Republikaner den Stützpunkt nennen, der die Gegend mit Horchantennen und Videokameras observiert. Versorgt wird die Festung per Helikopter.

Es folgen rechter Hand ein Schwimmbad, in dem 1988 eine IRA-Bombe zwei Zivilisten tötete, das einer Festung gleichende Hauptquartier von Sinn Féin, das Sozialamt ("the Brew") und schließlich die **Conway Mill,** eine von den Bewohnern in Selbsthilfe zum Bürgerhaus umfunktionierte Leinenfabrik. Auf der linken Straßenseite wurden die alten Slums der **Lower Falls** planiert und durch neue Sozialwohnungen ersetzt. Das **Royal Victoria Hospital** genießt, so makaber dies auch klingen mag, weltweit einen guten Ruf in der Behandlung von Kriegsverletzungen. Eine säkularisierte Kirche beherbergt das **Cultúrlan MacAdam O'Fiaich,** ein gälisches Kulturzentrum mit Café, Buchhandlung, Schule und Theater.

In **Ballymurphy,** dem folgenden Viertel zur Rechten, sind vor allem die Wandmalereien sehenswert. Am Ende der Falls Road bewacht ein Armeeposten den Eingang des **Milltown Cemetery,** auf dem auch Bobby Sands und andere republikanische Märtyrer bestattet sind.

Anfahrt: Mit dem Sammeltaxi ab Castle St. oder mit Bus 12 bis 15.

Shankill Road: Statt *freedom* fordern die Murals hier *no surrender*, statt der IRA wird der loyalistische Widerstand gefeiert: *One faith, one crown – united we stand.* Abgesehen von den Wandmalereien ist eine Fahrt entlang der Shankill oder Crumlin Road jedoch weniger spektakulär als jene durch die Falls. Anders als die Katholiken wandert die protestantische Mittelklasse aus den alten Vierteln mit ihren wenig komfortablen Häusern in die neuen Vorstädte ab. Wer bleibt, ist arm oder alt. *Frizzells Fishshop* an der Shankill Road ging als Ziel eines der letzten Bombenattentate (Oktober 1993) in die Geschichte der "Troubles" ein. Das **Fernhill House People's Museum** zeigt die Entwicklung des Shankill-Viertels aus protestantischer Sicht.

Anfahrt: Sammeltaxi ab North St. oder mit Bus 39, 55, 63 und 73. ⌚ **Fernhill House People's Museum**, April–Sept. Mo–Sa 10–22 Uhr, So 10–18 Uhr, Okt.–März Mo–Sa 10–16 Uhr, So 13–16 Uhr; Eintritt 2 £. Glencairn Rd.

Die Murals – politische Kunst

Die Malereien *(murals)* an den kahlen Häuserfronten der Falls sind ein fester Bestandteil republikanischer Kultur und Propaganda. Die ersten Bilder entstanden 1981 zur Unterstützung des großen Hungerstreiks der IRA-Häftlinge; heute thematisieren sie die Wahlen, den Widerstand, den Friedensprozess und sonstige aktuelle Themen der politischen Tagesordung, aber auch historische Ereignisse wie etwa die große Hungersnot im 19 Jh. oder gar religiöse Themen, so die Maria mit dem Kind am Beginn der Lower Falls Road. In einem Wettbewerb werden alljährlich die besten Bilder bzw. Künstler prämiert. Als Altmeister der Murals gilt Gerry Kelly, von dem Sie etwa in der Ballymurphy Road das 5 x 13 Meter große Werk "Freiheit" *(saoirse)* bestaunen können. Die Tradition der loyalistischen Murals soll bis zur vorletzten Jahrhundertwende zurückreichen. Zum traditionellen Repertoire gehören Wilhelm von Oranien (auf einem Schimmel in der Schlacht am Boyne), die Fahne und die "rote Hand von Ulster". Diese war ursprünglich das Symbol des O'Neill-Clans und wurde später zum Wahrzeichen Ulsters. Die schönsten Murals der Loyalisten findet man in der Lower Newtownards Road.

Belfast/Umgebung

Cave Hill

Bequemerweise finden sich am Hang des Cave Hill die beiden größten Attraktionen im Norden der Stadt, Belfast Castle und der Zoo, gleich nebeneinander.

MacArts Fort: Der Hügel im Norden Belfasts bescherte jenen, die ihn in grauer Vorzeit von MacArts Fort auf dem Gipfel beherrschten, ein sicheres Einkommen. Unter der Basaltdecke fanden sie den scharfkantigen Feuerstein, der in ganz Irland für Werkzeuge und Waffen geschätzt wurde. Spätere Generationen schürften in künstlichen Höhlen nach Eisenerz. 1795 trafen sich hier oben Wolfe Tone und seine Verschwörer zum irischen Rütlischwur, "... nicht nachzulassen in unseren Anstrengungen, bis wir die Autorität Englands über unser Land abgeworfen und unsere Unabhängigkeit erreicht haben."

Belfast Castle: Im 19. Jh. umzäunte der Marquis von Donegall die meerseitigen Hänge mit einer Steinauer, richtete einen Wildpark mit Hirschen und Rehen ein und fügte 1870 noch ein Schloss hinzu. Mit dem Design von Belfast Castle betraute seine Lordschaft Charles Lanyon, der uns auch schon unten in der Stadt auf Schritt und Tritt als Schöpfer repräsentativer Gebäude begeg-

Karte Seite 562/563

Cat Garden des Belfast Castle

net ist. Kein Aufwand wurde gescheut, um mit dem einer schottischen Burg nachempfundenen Schloss die Herrensitze konkurrierender Adliger zu übertrumpfen – als der Marquis 1883 verstarb, war die Familienkasse geleert und die Erben mussten Schloss samt italienischem Garten und Park verkaufen. Der Palast gehört heute der Stadt und beherbergt ein nobles Restaurant, das gerne für Empfänge und Hochzeiten genutzt wird. Ein kleines **Heritage Centre** im Obergeschoss kann nach formloser Anmeldung an der Rezeption besichtigt werden. Hier bekommt man auch ein Faltblatt, auf dem die Wanderwege am Cave Hill eingezeichnet sind. Im **Cat Garden** neben dem Haus erinnern Statuen und sogar Pflastermosaiken von Katzen an die Legende, dass es um Schloss und Bewohner solange gut bestellt sei, wie auch eine weiße Katze darin lebe.

⌚ Heritage Centre im Belfast Castle, Mo–Sa 9–21.30, So 9–18 Uhr, Eintritt frei.

Belfast Zoo: Der Zoo wurde 1934 im Erholungspark der Belfaster Straßenbahngesellschaft eingerichtet. Nach einem umfangreichen Investitionsprogramm und 15-jährigen Bauarbeiten ist der Tierpark mit seinen großzügigen Freigehegen heute kein Tiergefängnis mehr, sondern ein wirklicher Park, bei dessen Besuch auch Tierfreunde kein schlechtes Gewissen haben müssen.

⌚ April–Sept. tägl. 10–17 h, Okt.–März Sa–Do 10–15.30 h, Fr 10–14.30 h, Eintritt 5,10 £.

Pattersons Spade Mill

Im Talgrund neben der Landstraße von Templepatrick nach Belfast führt der National Trust die letzte Schmiede Irlands, in der noch ausschließlich Spaten in Handarbeit und mit einfachen wasserkraftgetrieben Maschinen hergestellt werden. Obwohl Museum, produziert die Werkstatt noch immer Spaten. Wer schon genug Pullover, Kleeblätter und Guiness-Devotionalien gesammelt hat, findet hier ein wirklich ungewöhnliches Souvenir.

① Juni–Aug. Mi–Mo 14–18 Uhr, April/Mai, Sept. Sa/So 14–18 Uhr, Eintritt 3 £. Anfahrt von Belfast mit Bus 110 und 120 ab Oxford St.

Lagan Valley Regional Park

Vorausschauende Landschaftsplanung erhielt den Belfastern das Flusstal im Süden der Stadt als Erholungsgebiet.

Eine Uferwanderung beginnt zweckmäßig beim Haus des Belfast Boat Club. Ab hier, zugleich dem Ende der verlängerten Stranmillis Road, begleitet der **Lagan Towpath** den Fluss über 15 km bis nach Lisburne. Auf diesem Treidelpfad schleppten früher Pferde die Kähne flussauf. Der Lagan wurde Ende des 18. Jh. schiffbar gemacht, um die Kohle aus den Gruben am Lough Neagh an die Küste zu bringen. 1958 wurde die Wasserstraße aufgegeben. Hier und da kürzte ein Kanal die Flussschleifen ab, so dass der asphaltierte Uferweg etwa in den Marschen der **Lagan Meadows** nicht dem Fluss, sondern dem verfallenen Kanalbett folgt.

Barnett Demesne: An Anglern, alten Schleusen und pittoresken Brücken vorbei führt der auch mit dem Rad befahrbare Weg zur Barnett Demesne, einem 1830 angelegten Landgut mit seltenen Bäumen und ausgedehnten Narzissenpflanzungen, die im Frühjahr wunderschön blühen. Nicht die alte Aristokratie, sondern die zu neuem Reichtum gekommenen Leinenfabrikanten ließen sich hier am Fluss ihre Landsitze bauen. Weiter flussauf ist der **Sir Thomas and Lady Dixon Park** für seinen Rosengarten bekannt.

Giant's Ring: Ein Abstecher über *Shaw's Bridge* führt zum Giant's Ring. Hier umschließt ein kreisrunder Erdwall eine etwa drei Fußballfelder große Fläche. Im Zentrum des Kreises ruht ein Dolmen ungewissen Alters. Im 18. Jh. veranstaltete man Pferderennen um den Ring – sechs Runden machten zwei Meilen.

Rückfahrt: Dreimal am Tag passiert Ulsterbus 22 den Ring.

Lisburn

Am Marktplatz der sonst wenig bemerkenswerten Industriestadt südwestlich von Belfast steht mit dem preisgekrönten "Irish Linen Centre" eines der interessantesten Museen der Insel.

Schon das Gebäude macht neugierig: Die historische Markthalle (17. Jh.) wurde um einen modernen Flügel erweitert, der sich an die Fluchten und Fassadengestaltung des Altbaus anpasst, ohne dabei zum historisierenden Abklatsch missraten zu sein. Alt und Neu fügen sich zu einem harmonischen Ensemble.

Der Rundgang beginnt mit einer Ausstellung zu den Hungerjahren (1845–49) im Lagan Valley. Detailliert werden die Zustände des Arbeitshauses bis hin zum Speiseplan geschildert (3 x tägl. Haferbrei mit Buttermilch, zur Abwechslung Reisbrei mit Frischmilch oder Brown Bread). Im Obergeschoss wird man mit der Geschichte von Leinen und Flachs bekannt gemacht, der schon in der Jungsteinzeit angebaut und etwa zu Fischernetzen verarbeitet wurde. Man erfährt etwas über die traditionellen Techniken Rötten, Schwingen, Hecheln und Kämmen, mit denen aus dem unscheinbaren Pflanzenstengeln schließlich spinnfähige Fasern werden, und darf sich unter Anleitung selbst

Nordirland Karte Seite 562/563

am Spinnrad oder an einfachen Webstühlen versuchen. In der Handweberei zeigen Vorrichter, Musterstecher und schließlich ein Weber am vermutlich letzten betriebsfähigen Jacquard-Webstuhl Irlands ihr Können und produzieren in Handarbeit gemusterte Damastdecken. Schließlich geht's abwärts in den Factory Floor mit einer nachgestellten Fabrikhalle voller Maschinenungetüme. Eine Multimediashow stellt den Arbeitsalltag samt Klatsch und Tratsch der Spinnerinnen vor.

Ⓘ Mo–Sa 9.30–17 Uhr, April–Sept. auch So 14–17 Uhr, letzter Einlass jeweils 16.15 Uhr. Eintritt frei.

Vom Bettlaken zur Designerklamotte – irisches Leinen

Mancher hat sie noch von der Großmutter geerbt, jene unverwüstlichen Damast-Tischdecken und Bettlaken mit Weiß in Weiß eingewebten Ornamenten, die sich so wunderbar kühl anfühlen und leider gern knittern. Von deutschen Feldern ist der anspruchslose Rohstoff nahezu verschwunden, doch in Belgien und Frankreich wird die Faserpflanze mit dem dünnen Stengel hier und da noch angebaut. Die Verarbeitung war mühsam: Die geernteten Halme mussten gewässert, getrocknet und dann in besonderen Mühlen gebrochen und geschlagen werden, eine staubige und die Lunge belastende Arbeit. Erst dann konnten die Fasern, ähnlich wie Wolle, ausgekämmt und versponnen werden.

Im Lisburn Linen Centre

Schon im Mittelalter wurde irisches Leinengarn in England geschätzt, doch das goldene Zeitalter der Leinenindustrie begann erst 1698, als Louis Crommelin, ein aus Frankreich geflohener Hugenotte, in Lisburn die erste Manufaktur eröffnete. Crommelin teilte den Bauern der Umgebung Garne zu, sammelte die daraus in Heimarbeit gefertigten Gewebe zu Spottpreisen wieder ein und exportierte sie mit hohem Gewinn. Mit Verzögerung kamen auch der Flachsanbau und die Spinnerei wieder in Schwung. Da die Flachsfasern technisch schwieriger zu verarbeiten sind als Wolle oder Seide, setzte sich die industrielle Fertigung von Leinen erst relativ spät durch: 1801 erfand der Franzose Girard eine geeignete Spinnmaschine, erst ab 1850 hielt die Maschinenweberei Einzug. Damals war "irisches Leinen" aus Belfast und dem Linen Country am Lagan bereits ein weltbekanntes Qualitätsprodukt.

Heute ist die irische Textilindustrie nur noch ein Schatten ihrer selbst. Eine Handvoll Webereien und Veredelungsbetriebe halten Marktnischen im High-Quality-Bereich und produzieren auf Bestellung exklusive Mischgewebe oder Leinenstoffe in kleinen Mengen für die Designermode.

Hilden Brewery: Die 1981 gegründete Kleinbrauerei produziert in der früheren Residenz der Leinenfabrikanten Barbour am Weg nach Belfast. Angeschlossen sind ein Besucherzentrum mit Biermuseum, Bar und Restaurant. Passionierten Biertrinkern sei das *Great Northern Porter* empfohlen. Das preisgekrönte Stout fermentiert auf gute alte Art im Fass und nicht im Kessel, stellt damit aber an die Kneipiers hohe Anforderungen: Es kann nur gepumpt und nicht mit Kohlensäure gezapft werden, muss vor dem Anstich ruhen und nach dem Anstich schnell konsumiert werden – nur wenige Wirte nehmen diese Herausforderung an.

⌚ Tägl. 10.30–16 Uhr, Führungen (2,50 £ mit Verkostung) Di–Sa 11.30, 14.30 Uhr; an der Ortsausfahrt Richtung Belfast auf der rechten Seite.

County Down

Mit spektakulärer Landschaft, wie sie unsere Vorstellung von Irland prägt, ist das County im Süden von Belfast nur an wenigen Stellen gesegnet. Dafür kann Down auf engem Raum mit einer Fülle verschiedenster Sehenswürdigkeiten aufwarten, die zumindest im Norden der Insel ihresgleichen sucht.

Auch Ulster hat mit der *Halbinsel Ards* seine Sonnenküste. Es regnet ein bisschen weniger als andernorts und der Wind läuft nur selten zum Sturm auf. Am Wochenende strömen die Belfaster ans Meer und suchen Erholung von ihrer Stadt, und viele Pendler und Rentner haben sich auf Dauer in den Seaside Resorts niedergelassen. *Strangford Lough,* der trotz seiner Verbindung mit dem Meer eher einem großen Binnensee gleicht, ist Treffpunkt vielfältiger Vogelscharen, die sich etwa auf der Vogelwarte *Castle Espie* beobachten lassen. Einen Blick auf den Meeresgrund erlaubt das *Exploris Aquarium* in Portaferry. Highlight des Countys sind aber nicht seine Küsten, sondern ein Gebirge. "Where the Mountains of Mourne sweep down to the sea", feiert eine Verszeile von Pery French den Südosten von Down. Der die Landschaft beherrschende *Slieve Donard* ist trotz seiner für Nordirland stolzen 852 Höhenmeter an einem Nachmittag zu erklettern. Last not least kommen historisch interessierte Besucher auf ihre Kosten. *Mount Steward* und andere Schlösser erlauben einen Blick in die Wohnzimmer der Aristokratie, und entlang dem *Newry Kanal* und in den *Linen Homelands* im Westen des Countys lassen sich industriegeschichtliche Denkmäler aufstöbern.

Nordirland
Karte Seite 562/563

Von Belfast nach Bangor

Von Holywood bis hinter Bangor erlaubt der "North Down Coastal Path" schöne Küstenwanderungen. Wer genug hat, kommt über die vielen Haltestellen der ufernahen Vorortbahn bequem wieder in die Stadt zurück.

Küstenpfad und "Footpath Officer"

Der von der offenen Landschaft Mitteleuropas verwöhnte Wanderer sieht sich in Irland gemeinhin schlecht behandelt. Unzählige Schilder warnen ihn vor den strafrechtlichen Folgen des "illegal trespassing". An anderen Stellen, wo sich inmitten eines eingehegten Ackers oder einer Wiese etwa ein Steinkreis oder ein Naturdenkmal befindet, lassen sich die Grundeigentümer den Zugang mit einem Obolus vergüten. County Down jedoch macht hier eine erfreuliche Ausnahme. Nirgendwo sonst im Land finden sich so viele und noch dazu gut beschilderte Fußwege. Einheimische wie Gäste verdanken dies der Arbeit von Tara Haughian. Mit ihr leistet sich das County den unseres Wissens einzigen "Footpath Officer" in Ulster, dessen Aufgabe es ist, alte, im automobilen Zeitalter nahezu vergessene Wege und Pfade aufzuspüren, diese bislang nur mündlich überlieferten, gewohnheitsmäßigen Wegerechte zu dokumentieren und am Ende einer komplizierten juristischen Prozedur zum "öffentlichen Weg" zu erklären. So entstand auch der *North Down Coastal Path,* der als Tageswanderung (24 km) von Holywood über Bangor bis nach Donaghadee die Küste entlang führt. Als abwechslungsreichste Etappe sei das Teilstück (10 km) von Cultra (Ulster Folk Museum) nach Bangor empfohlen.

▸ **Redburn Country Park:** Der Landschaftspark im Hinterland von Holywood gehörte bis in die 40er Jahre den Dunvilles, die mit der gleichnamigen Whiskeybrennerei zu sagenhaftem Reichtum gekommen waren. Bruno Dunville leistete sich hier nach dem 1. Weltkrieg einen Privatzoo, während sich Violet Dunville einen Reitstall mit 60 Pferden hielt. Heute ist das Schloss ein Altersheim und der Park ein beliebtes Naherholungsgebiet der Belfaster: viel Wald, eine kleine Schlucht mit einemmunter über die Kaskaden plätscherndem Wasserfall, und von den Freiflächen eine schöne Aussicht auf Belfast Lough.

Ulster Folk and Transport Museum

Neben dem Folk Park von Omagh ist das weitläufige Gelände des "Cultra Estate" das interessanteste und abwechslungsreichste Museum Nordirlands.

Über dreißig historische Gebäude wurden aus verschiedenen Teilen der sechs Provinzen vor dem Abriss gerettet und hierher versetzt – Kirchen, Schulen, Bauern- und Arbeiterhäuser sind eingerichtet wie anno dazumal, und jedes Jahr kommen noch einige hinzu. Der beißende Geruch der Torffeuer zieht

Aristokratisches Stilleben im Folk Village

über das Gelände. Zum Inventar der Gehöfte gehören selbstverständlich auch lebende Tiere, in den Werkstätten arbeiten, zumindest während der Hochsaison, Statisten wie einst die Handwerker.

Folk Village: Die **Kilmore Church** hat zwar keinen Pfarrer (auch einen Statisten wagte man hier nicht einzusetzen), doch immerhin einen originalen Friedhof. In der **Spade Mill** erfährt der erstaunte Laie, der bislang mit Mühe einen Spaten von einer Schaufel unterscheiden konnte, dass es vielerlei Arten von Spaten gab, mit denen, in Ermangelung eines Pfluges, die Armen sogar den Ackerboden umstachen. Im Flur der **Ballydown National School** findet man ein in den Boden eingelassenes Becken, in dem die Schüler vor Betreten des Klassenzimmers ihre Füße waschen mussten – offenbar gingen die Kinder sommers wie winters barfuß zur Schule. Der Bauer von **Whitecross** kam mit einer Flachsmühle zu bescheidenem Wohlstand und konnte sich so einen seinerzeit komfortablen Anbau leisten. In den Räumen der *Folk Galleries* schließlich wird eine Sammlung landwirtschaftlicher Geräte vom Pflug bis zum Flachsbrecher gezeigt.

Transport Galleries: Die **Fahrzeugshow** auf der anderen Straßenseite zielt auf Kinder und technikbegeisterte Väter. Star der Automobile ist ein in Belfast gefertigter De Lorean-Sportwagen mit Edelstahlkarosserie (ohne Gewichtsangabe); ein "Cortina" vermittelt zum Sound von Engelbert Humpelding das Lebensgefühl der 60er. In der **Eisenbahnabteilung** begegnen wir Kuriositäten wie einer dampfgetriebenen Straßenbahn, absonderlichen Zwittern namens "Railbus", die wirklich aussehen wie ein auf Schienen gesetzter Straßenbus. Darf es noch etwas Landschaft sein? Ein **Wanderweg** mit schöner

Karte Seite 562/563

Aussicht führt vom Bahnhof Cultra zunächst die Circular Road ans Meer hinunter und hier auf dem Uferweg zum Grey Point und zur Helen's Bay.

⌚ April–Juni, Sept. Mo–Fr 9.30–17, Sa 10.30–18, So 12–18 Uhr; Juli/ Aug. Mo–Sa 10–18, So 12–18 Uhr; Okt.–März Mo–Fr 9.30–16, Sa/So 12.30–16.30 Uhr. Eintritt 4 £. Anfahrt mit Ulsterbus 1 oder dem Vorortzug nach Bangor (an der Cultra Station aussteigen).

▸ **Grey Point Fort** bewachte als Hauptquartier der Küstenwache einst zusammen mit Fort Kilroot auf der Antrim-Seite den Eingang des Belfast Lough. Allerdings wurden die großkalibrigen Geschütze weder im Ersten noch im Zweiten Weltkrieg auf eine ernsthafte Probe gestellt und 1957 schließlich verschrottet – die Kanone, die heute als Museumsstück vorgeführt wird, musste extra aus Cork herangeschafft werden. Soweit das Schussfeld nicht mit Bäumen zugewachsen ist, erlauben Ferngläser einen Blick über die Bucht. Die aufgegebene Artilleriestellung ist heute zugleich ein Picknickplatz.

⌚ Ostern bis Sept. Mi–Mo 12–17 Uhr, Winter nur So 14–17 Uhr, Eintritt frei. Das Fort (mit WC) versteckt sich in einem Wäldchen und ist vom Küstenpfad noch vor Helen's Bay ausgeschildert.

▸ **Helen's Bay:** Der schönste Strand am Belfast Lough verdankt seinen Namen Helen Sheridan, der Mutter des Marquis von Dufferin. Im Clandeboyne Estate, wenige Kilometer landeinwärts, ist der Dame auch ein Turm gewidmet, der wiederum den viktorianischen Modepoeten Alfred Tennyson (1809–1892) zu einem melancholischen Gedicht inspirierte. Doch genug des bildungsbürgerlichen Namedroppings. Die von Zypressen- und Zedernwäldchen gerahmt Sandbucht wird im Sommer gleichermaßen von Badegästen wie von Spaziergängern frequentiert, das Hinterland gilt als eine der vornehmsten Wohngegenden im Umland von Belfast.

▸ **Crawfordsburn Country Park:** Das frühere Anwesen der Sharman-Crawford-Dynastie ist einer der schönsten Landschaftsgärten in der Umgebung Belfasts. Nicht der farbenprächtige Rhododendron, die exotischen Koniferen, der Mammutbaum oder der Wasserfall machen den Reiz des Parks aus – es ist das Farbenspiel der Wildblumenwiesen, das einen Frühsommerspaziergang durch den Garten unvergessen macht. Das frühere Schloss ist heute ein Pflegeheim. Die Familiengeschichte der Crawfords hat für beide Fraktionen des Irlandkonflikts respektable Persönlichkeiten aufzuweisen. Der Abgeordnete William Sharman-Crawford machte sich um 1800 als Fürsprecher verarmter Pächter einen Namen, während sein Enkel am Vorabend des Ersten Weltkriegs Pläne für die Teilung Irlands schmiedete.

⌚ Ostern bis Sept. 9–18 Uhr, Winter 9–16 Uhr, Eintritt frei. Das Visitor Centre (mit Café) veranstaltet gelegentlich botanische Führungen. Anfahrt mit Bus 2 oder mit der Vorortbahn.

Bangor

Gleichermaßen Ausflugsort wie Schlafstadt im Einzugsbereich von Belfast, schmiegt sich Bangor um seine mit einem neuen Yachthafen aufgewertete Hafenbucht.

Vor gut hundert Jahren wurde eigens eine Bahnlinie gebaut, damit die Belfaster High Society den 21 km entfernten Badeort bequem erreichen konnte. Vom Charme der Belle Epoque ist außer den Terrassenhäusern um den Hafen

Die Strandpromenade in Bangor

und einer schönen Zeile am Oststrand jedoch wenig geblieben – Automatenhallen, Spielgeräte, Kirmesmaschinen, billige Imbissbuden und die üblichen Kettenläden säumen die Hauptstraße, Plastikschwäne schwimmen auf einem künstlichen Tümpel. Ein neuer Yachthafen mit Promenade hat das Städtchen wieder etwas aufwertet. Beide ersetzen den mit den Niedergang des Frachtverkehrs überflüssig gewordenen Handelshafen, in dem bis in die 80er Jahre Kohle und Stückgut angelandet wurden.

Bangor geht auf ein Kloster des heiligen Comgall zurück und spielte eine wichtige Rolle bei der Missionierung der grünen Insel. Auch Columban (der Jüngere), der um die Wende zum 7. Jh. unter den Alemannen und in Oberitalien missionierte, lebte zeitweise in Bangor. So nahe an der Küste war die Abtei, von der nur noch eine Mauer steht, ein bevorzugtes Ziel der Wikinger und wurde nach etlichen Überfällen im 10. Jh. schließlich aufgegeben. Aus dem Kloster stammt die älteste irische Handschrift. Dieses "Antiphonar von Bangor", ein im 7. Jh. geschriebenes Buch mit liturgischen Gesängen und Stundengebeten, wird heute in der Mailänder Bibliotheca Ambrosiana aufbewahrt.

• *Information:* Bridge St., im Tower House, ✆ 91 270 069, Okt.–Mai Mo–Fr 9–17, Sa 10–16 Uhr; Juni, Sept. Mo–Fr 9–17, Sa 10–19, So 12–18 Uhr; Juli/Aug. Mo–Fr 9–19, Sa 11–19, So 12–18 Uhr.

• *Verbindung:* Busstation und Bahnhof liegen gleich nebeneinander am oberen Ende der Main St. Nach Belfast mit **Bahn** oder **Bus** alle 20 Min., etwa stündlich nach Newtownards und auf die Ards-Halbinsel. Auskunft ✆ 91 271 143.

• *Übernachten:* In Ausstattung und Preisen mehr oder minder gleichwertige B&Bs säumen die Queen's Parade (mit Sicht auf den Yachthafen), Seacliff Rd. (am Ufer) und Princetown Rd. (nahe dem Bahnhof). Empfohlen seien:

Tara Guesthouse, 51 Princetown Rd., ✆ 91 468 925, DZ 45 £. Eine um 1900 gebaute Pension über dem Hafen; eigener Parkplatz, geräumige Zimmer, alle mit TV und eigenem Bad.

Nordirland Karte Seite 562/563

B&B Hebron House, 59 Queen's Parade, ✆ 91 463 126, DZ 44 £. Mit nettem Vorgarten und Hafenblick. Wie der Name bereits andeutet, sind die Wirtsleute überzeugte Christen.

• *Essen:* **Shanks,** 150 Crawfordsburn Rd., Blackwood Golf Club, ✆ 91 853 313, Di–Fr mittags, Di–Sa abends, Dinner 25 £. Mit Raffinessen wie Wildbret an karamelisierten Äpfeln oder Muscheln mit Basilikum-Reis hat sich das Shanks einen Michelin-Stern erobert.

Villa Toscana, Toscana Park, West Circular Rd., tägl. 17–22 Uhr. Bistro/Pizzeria mit kreativer italienischer Küche, etwa gegrilltem Schwertfisch mit Pesto auf Safranreis oder Schweinefilet gefüllt mit Schinken und Käse zu Aprikosensauce.

Café Brazilia, Bridge St., am Hafen, Mo–Sa bis 17 Uhr, Mi–Sa auch 18.30–21 Uhr. Farbenfroh wie ein Kindergarten und mit Vorliebe für runde Formen. Der Coffeeshop bietet tagsüber einfache Tellergerichte, Sandwiches, Snacks und Kuchen, dazu Kaffee in so vielen Variationen, dass selbst Wiener zufrieden sein dürften.

Bangor Castle

Sehenswertes

North Down Heritage Centre: Als die letzte Hausherrin 1941 starb, wussten die in London ansässigen Erben mit dem 1852 gebauten **Bangor Castle** nichts mehr anzufangen und verkauften es an die Gemeinde, die hier ihr Rathaus einrichtete – Bürgermeister und Stadtverwaltung residieren seither in fürstlichen Räumlichkeiten, um die sie manche größere Stadt beneiden dürfte. In den früheren Wirtschaftsgebäuden wurden ein Tearoom und das Heimatmuseum untergebracht. Die Ausstellung konzentriert sich auf die Geschichte des Klosters (zu sehen ist etwa eine Kopie des Antiphonars), die Zeit der Plantations und den Aufstieg Bangors zum Badeort. Die dem Museum gestiftete **Jordan Collection** fernöstlichen Kunsthandwerks sprengt den Rahmen eines Heimatmuseums und hat außer dem Umstand, dass der Sammler und britische Diplomat John Jordan aus Bangor stammte, keinen Bezug zu den anderen Exponaten.

Ⓞ Di–Sa 10.30–16.30 (Juli/Aug. bis 17.30), So 14–16.30 Uhr; Eintritt frei.

Bangor/Umgebung

▸ **Somme Heritage Centre:** Die High-Tech-Show schildert mit Kurzfilmen, sprechenden Puppen und Modellen die Schlacht an der Somme (1916), bei der neben Franzosen und Engländern auch irische Truppen gegen die Deutschen kämpften. Neben der weitgehend protestantischen Ulster Division, die mehrere tausend Mann verlor, kam auch die aus Nationalisten formierte Irish Division zum Einsatz. Nationalisten wie Loyalisten sind sich heute immerhin darin einig, dass die Iren damals, egal welcher Konfession, von der englischen Heerführung als Kanonenfutter missbraucht wurden.

Ⓞ Juli/Aug. Mo–Sa 11–18, So 12–18 Uhr, Sept.–Juni Di–So 11–17 Uhr, Eintritt 3,50 £. Das Centre liegt an der A 21 nach Newtownards.

▸ **Ark Open Farm:** Auf der anderen Autobahnseite stellt ein Farmer seine Schafe, Rinder, einen einsamen Esel und das Federvieh aus. Nicht ganz nach Irland passen will die kleine Herde südamerikanischer Lamas.

Ⓞ März–Okt. Mo–Sa 10–18, So 12–18 Uhr. Eintritt 2 £.

Westufer des Strangford Lough

Nach alten Legenden entstand Stranford Lough, durch einen nur wenige hundert Meter breiten Durchlass am Südostende mit dem Meer verbunden, vor etwa 1500 v. Chr. durch eine gewaltige Sturmflut.

Heute ist der See ein beliebtes Segelrevier, viele Belfaster haben hier ihre Jollen und Yachten. Das teils flache, teils von Drumlins gegliederte Westufer formt im Wechsel der Gezeiten eine Wattlandschaft mit kleinen Inselchen, auf denen früher fromme Mönche siedelten und heute Wasservögel Schutz suchen.

▸ **Scrabo Hill Country Park:** Der erloschene Vulkan mit seinem markanten Turm ist von der Autobahn (A 20) nicht zu übersehen, aber nur über eine sehr verwirrende Wegführung tatsächlich zu erreichen. Auf dem Hügel, der heute unter Naturschutz steht, fanden Archäologen Reste eines bronzezeitlichen Cairns, und der Legende nach stand hier der Palast einer Fee. Seit dem Mittelalter wurde die Anhöhe als Steinbruch ausgebeutet und stiftete etwa das Material für Grey Abbey. Später wurde sogar eine Tramlinie vom Fuß des Berges nach Newtownards gebaut, um den bis nach Dublin verkauften Stein besser abtransportieren zu können. Der 41 m hohe und einer Rakete ähnliche Turm wurde 1857 zur Erinnerung an den Marquis von Londonderry gebaut, der, anders als viele andere Grundherren, in der Hungersnot selbstlos seine Pächter unterstützt hatte und sich damit an den Rande des Ruins brachte. Im Obergeschoss präsentiert eine Multimediashow die Natur des Strangford Lough, die sich allerdings schöner live erleben lässt. Ein Spaziergang durch die Wildwiesen und die verlassenen Steinbrüche mit ihren Brombeer- und Haselnusssträuchern wird zur Begegnung mit Krähen, Falken, Schwarzkehlchen und allerlei Singvögeln.

Ⓞ **Turm** April–Sept. Sa–Do 11–18.30 Uhr; Eintritt frei.

Nordirland
Karte Seite 562/563

▸ **Comber:** Hier finden Sie das ungewöhnlichste Kino Irlands. Der Hobbycineast Noel Spence hat sich auf "B-Movies", will sagen schlechte oder zumindest erfolglose Filme spezialisiert und zeigt in seinem **Tudor Cinema** Spezialitäten wie "The Wild Woman of Wonga" oder die schier unendliche Reihe der Sherlock-Holmes-Filme. Der Eintritt ist frei, dafür wird eine Spende erwartet.

Anfahrt: Mr. Spence wohnt an der Drumhirk Rd., die 2 km außerhalb bei einem Reitstall von der Downpatrick Rd. rechts abzweigt. ✆ 91 878 589.

▸ **Castle Espie Centre:** Ob die Henne oder das Ei älter ist, weiß auch hier niemand ernsthaft zu beantworten. Immerhin erfahren wir, warum Schwäne einen langen Hals haben, weshalb manche Flamingos rot sind und andere nicht, und noch viel mehr mehr Wissenswertes und Amüsantes über Gänse, Enten, Schwäne und andere Mitglieder der Wasservogelgattung Anseriformes. Der britische Wildfowl & Wetland Trust betreut hier am Ufer des Strangford Lough ein vielfältiges Gelände mit aufgelassenenen Kiesgruben und einer überwucherten Landebahn aus der Weltkriegszeit. Der Rundgang beginnt an Wiesen und Teichen mit nahezu zahmen Enten und Gänsen. Besonders gern nehmen die gepflegt und sympathisch dreinschauenden grau-brauen Hawaiigänse mit schwarzen Köpfen über weißem Hals ihr Futter aus der Hand der Besucher entgegen. Weiter draußen in der schilfbewachsenen Uferzone lassen sich aus einem geschützten Ausguck scheue Saisongäste beobachten, etwa kanadische und grönländische Wildgänse und Singschwäne, die den Sommer in Island verbringen und sich auf ihrem Nonstop-Flug dorthin bis 9000 m hoch in die eisigen Lüfte schwingen.

⌚ April–Sept. Mo–Sa 10.30–17, So 11.30–18 Uhr; Winter Mo–Sa 11.30–16, So 11.30–17 Uhr; Eintritt 3,25 £.

▸ **Nendrum Abbey:** Vorbei an Auwäldern und Drumlins, über Dämme und schmale Brückchen erreicht man **Mahee Island** mit den Resten der 490 gegründeten Nendrum-Abtei, die zeitweise sogar einen eigenen Bischof hatte und 1178/79 von den Benediktinern übernommen wurde. Im Visitor Centre zeigen großformatige Bildtafeln Heilige und Szenen des Klosterlebens, auch einige Funde sind ausgestellt. Ein Modell demonstriert, wie man sich die frühmittelalterliche Klostersiedlung auf dem Hügel vorzustellen hat, von der vor Ort nicht mehr allzu viel zu sehen ist. Es blieben der Stumpf eines Rundturms und die Grundmauern der Klosterkirche, neben deren Eingang eine Sonnenuhr den Mönchen die Gebetsstunden zeigte. Wie hat man den pünktlichen Beginn von Mette, Laudes, Vesper und Komplet wohl an Regentagen bestimmt?

⌚ Visitor Centre April–Sept. Di–Sa 10–18, So 14–18 Uhr, Okt.–März nur bis 16 Uhr. Eintritt 75 p. Die Klosterruinen sind jederzeit frei zugänglich.

▸ **Rowallane Garden:** Eine der größten Pflanzensammlungen Irlands präsentiert sich in ganz unkonventionellem Arrangement. Hugh Armitage Moore, der das Anwesen 1903 erbte, pflanzte seine Exoten und Züchtungen zwischen den Feldern und im Küchengarten seines Onkels. So werden der Rundgang und die Suche nach den botanischen Schätzen zu einer Schnitzeljagd.

⌚ April–Okt. Mo–Fr 10.30–18, Sa/So 14–18 Uhr; Nov.–März Mo–Fr 10.30–17 Uhr. Eintritt 3 £. An der A 7, 1,5 km südlich von Saintfield.

The Ards

Mit seiner schönen Lage zwischen den Wassern und der nur eine Autostunde entfernten Großstadt entwickelte sich Ards zum bevorzugten Naherholungsgebiet.

Wie ein zum Daumen hin gekrümmter Finger umklammert die etwa 6 km breite und 45 km lange Halbinsel den Strangford Lough. Die noch verbliebenen Bauern experimentieren mit modischen Erwerbsquellen wie der Zucht von Straußen und Blumenzwiebeln, die Fischer versuchen es mit Austern. Originell ist eine kulinarische Spezialität der Gegend, die es nur noch in Antrim und der Bretagne gibt: Getrockneter Seetang, den die Gemüsehändler als *Dulse* verkaufen, und der, wie zu erwarten, auch zubereitet noch recht salzig schmeckt. Eine andere Spezialität von Ards sind die über die Halbinsel verstreuten *Turmhäuser*. Heinrich IV. gewährte Anfang des 15. Jh. jedem englandtreuen Bauherrn, der sich an der Grenze zu Ulster niederzulassen bereit war, einen Kostenzuschuss von damals stattlichen zehn Pfund – die Kette der Kleinburgen sollte das Pale vor irischen Überfällen sichern.

Donaghadee

Mit Bangor endet der Speckgürtel um die Haupstadt. Donaghadee erfreute sich nie der Gunst viktorianischer Sommerfrischler, sondern blieb ein sympathischer, bescheidener Fischer- und Hafenort. Kein sanfter Rosenduft steigt aus Vorgärten oder Parks, sondern eine Geruchsmischung aus Torf, Tang, Fisch und Küche liegt über dem Ort, wenn die steife Brise vom Meer her einmal pausiert. Hier und da beweist eine unionistische Fahne die rechte Gesinnung der Bürger. Kopfschütteln weckt der gründlich misslungene Versuch, mit einem neu gestaltenen Uferpark und einem Pavillon die Hafenseite zu verschönern. Die Bucht, um die sich das Städtchen schart, war früher der einzige sichere Ankerplatz auf der rauhen Meerseite von Ards, an deren Klippen in der Vergangenheit manches stolze Schiff zerschellte. Heute liegen die wenigen Fischerboote die meiste Zeit untätig am Kai, denn mit den Fangquoten, die die EU den Fischern noch zugesteht, und angesichts der weitgehend abgefischten Küstengewässer der Irischen See lohnt sich die Arbeit nicht mehr.

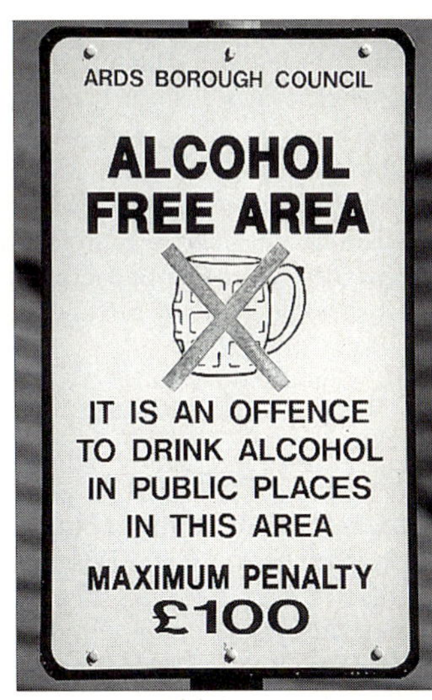

Achtung: In Donaghedee gibt es eine alkoholfreie Zone

Nordirland
Karte Seite 562/563

Geschichte

Vom 17. Jh. bis 1849, als der Anlegeplatz des Postschiff nach Larne verlegt wurde, war Donaghdee der führende Hafen an Ulsters Westküste. Die Wellenbrecher wurden 1819 nach einem Plan des Ingenieurs John Renie angelegt, der sich in London als Konstrukteur der Themsebrücke einen Namen gemacht hatte. An berühmten Besuchern vermerkt die Ortschronik Zar Peter den Großen, der auf seiner Europareise 1697 in Grace Neill's Pub zum Lunch einkehrte. Der englische Lyriker John Keats befand Donaghadee als "charming and clean", beschwerte sich jedoch gleichzeitig, dass die Einheimischen ihn wegen seiner Kleidung ausgelacht hätten – offensichtlich war Donaghadee nicht auf dem letzten Stand der Londoner Mode. Last not least hat Franz Liszt seine Irlandreise hier beendet und sich, mit einem Piano im Gepäck, nach Schottland eingeschifft.

• *Verbindung:* Etwa halbstündlich **Bus** von Belfast über Bangor.

• *Übernachten:* Die **B&B-Häuser** liegen allesamt außerhalb. In 93 Windmill Road etwa **Bridge House,** ✆ 91 883 348, DZ 32 £, oder nebenan **Lakeview,** ✆ 91 883 900, DZ 32 £.

• *Camping:* Einige Trailerplätze finden sich an der Straße nach Millisle, nicht alle nehmen auch zeltende Camper auf. Von seiner Lage gefiel besonders der **Sandycove Caravan Park,** 211 Whitechurch Rd., Ballywalter. Das flache Wiesengelände liegt direkt am Meer und ist von der Straße durch ein kleines Wäldchen abgeschirmt.

• *Essen/Pub:* **Grace Neill's Pub,** 35 High St. Seit 1611 im Geschäft, und die Gäste sind noch immer zufrieden. Mittags Lunch, am Wochenende abends Tanz.

Sehenswertes

Um den **Leuchtturm** herum stochern bei Ebbe die Muschel- Krebs- und Tangsucher im Watt. **The Moat,** der Hügel über dem Ort, wurde von den Normannen mit einer Schanze befestigt, später für den Hafenbau geplündert und ein gutes Stück abgetragen. Von dem einer Burg nachempfundenen Ausguck schweift der Blick an klaren Tagen bis nach Schottland hinüber. Im Sommer tuckern Ausflugsboote zur Vogelinsel **Copeland,** auf der noch drei Bauernfamilien als ganzjährige Bewohner ausharren. Etwa 2 km südlich von Donaghadee dreht sich die **Ballycopeland Windmill.** Nachdem der letzte Müller schon 1915 aufgegeben hatte, wurde die Mühle jüngst restauriert und kann besichtigt werden.

🕐 **Ballycopeland Windmill,** Juni–Sept. Di–Sa 10–19, So 14–19 Uhr; April–Mai Sa 10–19, So 14–19 Uhr; Eintritt 1 £, zu erreichen mit Bus 7 ab Donaghadee. Millisle, Newtownards Rd.

Mount Stewart

Am Ufer des Strangford Lough errichteten die Londonderrys im 18. Jh. ihren irischen Landsitz. Das Schloss prunkt mit Stuck, Marmorstatuen und Gemälden, der Park zählt zu den geschmackvollsten Landschaftsgärten der grünen Insel.

Schloss: Es knarren die Dielen, es bröckelt der Putz. Wie kann man in einem solchen Museum nur wohnen und leben? Lady Mary, 8. Marchioness of Londonderry, lernen wir auf einem Bild in der Halle als junge Amazone neben ihrer Mutter Edith kennen. Wenig später begegnet uns die dem Ideal ewiger

Jugend um Jahrzehnte entwachsene Hausherrin leibhaftig: Als rüstige Greisin eilt sie über den Flur, ohne der Besuchergruppe auch nur die entfernteste Beachtung zu schenken. Leider, so wird sie denken, erfordern die wirtschaftlichen Verhältnisse unserer Tage, dem gemeinen Volk Einblick in die herrschaftlichen Gemächer zu gewähren. Ihre Großmutter konnte sich noch, anlässlich des Besuchs von König Edward, 274 Bedienstete leisten. Heute fehlt es, so der Augenschein, sogar an Putzpersonal.

Tempel der Winde

Porträts barocker Potentaten zieren den Speisesaal. Unter den manchmal etwas exzentrischen Möbeln sind jene Stühle erwähnenswert, auf denen einst europäische Diplomaten ihre Hintern wetzten, als sie 1815 beim Wiener Kongress die künftige Landkarte des Kontinents entwarfen. Zehn dieser Stühle sind um den schweren Esstisch platziert, die übrigen achtlos unter der Treppe gestapelt. Eine Kur in der Werkstatt des Polsterers täte ihnen gut. Hier ein Bild, dort eine Vase, Nippes, Statuen, Lady Edith's Bücherschrank und vieles mehr – die Führung verliert sich zusammenhanglos in den Details vieler Einzelstücke, die sich doch niemand merken kann. Ein paar achtlos neben dem Wohnzimmerkamin liegende Gartenbau-Illustrierten neueren Datums verraten, dass dieser Raum noch benutzt wird. Zum Abschluss die Hauskapelle mit den Orden und Ehrenzeichen der Familie, noch eine Küche, dann werden die Besucher nach gut einer Stunde in den Souvenirshop entlassen.

Gärten: Den 35 ha großen Park, sozusagen ein Museum der Gartenarchitektur und die berühmteste Grünanlage in Ulster, verdanken wir Lady Edith (1879–1959). Sie entwarf die Anlagen und arrangierte die Pflanzen nach Herkunft und Themen. So entstanden ein halbes Dutzend Gärten in verschiedenen Stilrichtungen der letzten 250 Jahre: ein italienischer Garten, ein spanischer Garten, ein Garten des Friedens und ein (irischer) Shamrock Garden mit Buchsbaumharfe, in dem Rabatten auch die "Rote Hand von Ulster" nachbilden. Hier stiften immergrüne Eichen und Olivenbäume mediterranes Flair, dort imitieren Akazien und Eukalyptus eine australische Landschaft. Dazwischen überraschen immer wieder Statuen und Fabelwesen wie Nixen, Dinosaurier und Riesenfrösche, so dass in Mount Stewart auch Kinder ihre Freude haben.

Tempel der Winde: Der achteckige Tempel der Winde ist typisch für die spielerischen Verrückheiten *(folly),* die sich der Adel damals leistete. Auf einer

Karte Seite 562/563

Anhöhe mit Seeblick kopierte James "Athenian" Stuart, ein Pionier der klassizistischen Architektur in Irland, den legendären Uhrenpavillon des Andronikos von Kyrrhos, der mit einer monumentalen Wasseruhr im Inneren den Athenern auch an schattigen Tagen die Stunde wies.

Ⓞ **Garten** April–Sept. tgl. 11–18 Uhr, Okt. nur Sa/So. **Schloss** Mai–Sept. Mi–Mo 13–18 Uhr, April u. Okt. nur Sa/So. **Tempel** April–Okt. Sa/So 14–17 Uhr. Eintritt 3,50 £ (Garten ohne Tempel und Haus 3 £). Ulsterbus 9, 9A u.10 halten, von Belfast (Oxford St.) kommend, vor dem Eingang.

Grey Abbey

Drei Pubs, drei Gemischtwarenläden, drei Antiquitätengeschäfte und eine Abtei – alles Grau in Grau und den bescheidenen und hart arbeitenden Zisterziensermönchen angemessen.

Die Abtei wurde 1193 von Affreca de Courcy gestiftet, einer Tochter des Königs von Man, die damit Gott für die Rettung aus einem Seesturm dankte. Da die aus England stammenden Zisterzienser aus Prinzip keine Iren in ihre Reihen aufnahmen und die Zusammenarbeit mit dem einheimischen Klerus verweigerten, war die Klostergründung auch ein Mittel zur religiösen Kolonisierung der grünen Insel. Die Gesamtanlage folgt dem üblichen Schema der Zisterzienser, wie wir es auch von Mellifont (s. S. 192) kennen. Ungewöhnlich ist jedoch die Kirche. Ihr fehlt der Prozessionsumgang für die Mönche, gleichzeitig haben hier erstmals gotische Architekturelemente den Weg nach Irland gefunden, wie man etwa im Westportal sieht. Im Park haben Botaniker unserer Tage die medizinische Abteilung eines mittelalterlichen Klostergartens nachgepflanzt. Ein Handzettel hilft dem Besucher, die Kräuter zu identifizieren und gibt zudem Tips, welches Kraut bei welchem Zipperlein oder auch ernsteren Leiden Heilung oder wenigstens Linderung verspricht.

Ⓞ April–Sept. Di–Sa 10–19, So 14–19 Uhr; Okt.–März Di–Sa 10–13, 14–16, So 14–16 Uhr. Eintritt 1 £. Ulsterbus 9, 9A u. 10 von Newtownards

Portaferry

Das bislang einzige Aquarium Nordirlands macht das Städtchen am Ausgang des Strangford Lough auch für ausländische Besucher interessant. In einer mittelalterlichen Turmburg erzählt ein Museum von den Anfängen des Tauchsports.

Ein Erlebnis für sich ist der Sonnenuntergang über dem Sund, der Strangford Lough mit dem Meer verbindet. 400.000 Tonnen Wasser rauschen mit dem Wechsel der Gezeiten viermal am Tag durch die Passage, die selbst den Wikingern zu gefährlich erschien. Jedes Jahr Ende Juni wird mit Straßenmusik und Tanz die Ankunft der *Galways Hooker Regatta* gefeiert, deren Boote um die halbe Insel gesegelt sind.

- *Information:* Im Castle, ✆ 42 729 882, Ostern–Sept. Mo–Sa 10–17.30, So 14–18 Uhr. www.portaferry.freeservice.co.uk.
- *Verbindung:* Ulster**bus** 9 u. 10 über Grey Abbey und Newtownards nach Belfast. Bis 22.45 Uhr halbstündlich **Fähre** nach Strangford (Auto 4,20 £, Radler u. Fußgänger 85 p), ✆ 44 88 1 637.
- *Rundfahrten auf dem See:* Ab Strangford mit **Islander Marine,** ✆ 44 881 303, April–Okt. Mi, Sa, So um 15.30 Uhr, 5 £.
- *Übernachten:* **The Narrows,** 8 Shore Rd., ✆ 42 728 148, 📠 42 728 105, www.

Hier lässt es sich aushalten – Jugendherberge in Portaferry

narrows.co.uk, EZ 63 £, DZ 85 £. Die Einfahrt inmitten der knallgelben Front des im 18. Jh. gebauten und 1996 gründlich renovierten Hauses führt den Gast zunächst in einen gepflasterten Innenhof. Die modern und minimalistisch gestalteten Räume sind hell und in warmen Farbtönen gehalten und mit Bildern und Textilarbeiten einheimischer Künstler geschmückt. Die Brüder Brown, die das Haus betreiben, halten viel von Recycling und ließen etwa die Esstische aus alten Dachgebalken schreinern. Der junge Küchenchef Danny Millar erfreut sich in Gourmetkreisen besten Rufs.

B&B Mrs. Adair, 22 The Square, ✆ 42 728 412, DZ 30 £. Das einfache Haus mit einer ins Glas der Haustür geätzten, romantischen Landschaftsszene liegt an der Abfahrt vom Hauptplatz Richtung Fähre.

Barholm JH, 11 The Strand, ✆ 42 729 598, Bett 11 £. Gut ausgestattete Jugendherberge in einem älteren Wohnhaus gleich bei der Fähre. 13 Zimmer mit 1–7 Betten, als Frühstücksraum dient ein angebauter Wintergarten. Alan Pots und seine Frau sorgen für familiäre Atmosphäre. Für die vielen Tauchergruppen, die hier zu Gast sind, gibt es einen eigenen Kompressor.

• *Camping:* Ein kleiner Platz findet sich gleich hinter dem Aquarium. Hier ist auch im Sommer nur wenig los, außer dass Jugendliche auf der Wiese Kricket spielen. Ohne Aufenthaltsraum.

• *Essen:* Der Gast hat tagsüber die Qual der Wahl zwischen dem **Castle Restaurant** und dem **Cornstore,** beide vor dem Castle, das Letztere vielleicht etwas gemütlicher eingerichtet.

• *Pub:* **Fiddler's Green,** Church St. Zu bierseliger Stunde stimmt der Wirt selbst Trinklieder an und freut sich über jede Begleitung. Sa gelegentlich Tanz oder eine Comedy Show.

Sehenswertes

Exploris Aquarium: Mit etwa 120.000 Besuchern in Jahr zählt das gemeindeeigene Exploris Aquarium zu den großen Publikumsmagneten des Countys. Etwa 200 verschiedene Spezies leben in den Becken, deren Wasser direkt aus dem Meer gepumpt wird. Die Aquarien imitieren unterschiedliche Lebensräume im Lough, Kiesgrund, Sand, ein Riff, eine "Wiese" mit Seegras und natürlich auch das offene Wasser.

Noch vor dem Haus planscht ein junger Seehund im Pool. Er gehört zu den Pfleglingen, die durch Krankheit geschwächt und irgendwo an den Strand gespült, hier wieder aufgepäppelt und schließlich zurück ins Meer gebracht werden. Dann folgen ein Videofilm zur Einstimmung und schließlich die eigentlichen Aquarien. Außer mit Schwimmen und Krabbeln sind die Tiere vor allem mit Essen beschäftigt. Krabben knacken hinter ihrer Glasscheibe härteste Muscheln, Seeanemonen fangen mit ihren Tentakeln auf geradezu hinterhältige Art kleine Fischlein, ein Wolfsfisch fletscht sein Furcht erregendes Gebiss und wartet auf sein Mittagessen aus frischen Seeigeln. Die Schwergewichte des Hauses wie Kabeljau und Haie schwimmen in einem offenen Becken, das auch von oben eingesehen werden kann. Im Touchpool lassen sich neugierige Rochen streicheln und Seeigel vorsichtig aus dem Becken heben, im Labor des Aquariums können wir den Meeresbiologen bei der Alltagsarbeit über die Schulter schauen. Laien wie Fortgeschrittenen, Kindern wie Erwachsenen verspricht das Exploris ein rundum gelungenes Erlebnis. Nur eine Jacke darf man nicht vergessen mitzubringen, denn zwischen den auf 12° temperierten Becken ist es auch im Sommer empfindlich kühl.

Ⓛ März–Aug. Mo–Fr 10–18, Sa 11–18, So 13–18 Uhr; Sept.–Febr. Mo–Fr 10–17, Sa 11–17, So 13–17 Uhr. Eintritt 3,85 £.

Portaferry Castle/Heritage Centre: Zusammen mit ihrem Gegenüber in Strangford bewachte die Turmburg von Portaferry (neben der Touristinformation) die Meerenge am Ausgang von Strangford Lough. Das Haus wurde irgendwann im 16. Jh. von den Savages gebaut, lokalen Grundherren, die ihren Besitz auch über die Plantations retten konnten. Das Leben in dem düsteren, nahezu fensterlosen Gemäuern dürfte alles andere als komfortabel gewesen sein. Machten feindliche Truppen oder Banden das Land unsicher, konnten die Bewohner über Wochen das Haus nicht verlassen. Besonders die klamme Kälte machte den Menschen zu schaffen. Über den im Erdgeschoss untergebrachten Tieren lebte man zwischen wenigen Möbeln auf Binsen und Stroh.

Heute ist der Turm völlig neu ausgebaut, bekam Fenster, eine Heizung und birgt jetzt ein kleines Museum. Ein Videostreifen erzählt die Geschichte des Hauses und stellt weitere Turmburgen der Region vor. Die Ausstellung beschäftigt sich vor allem mit der Unterwasserarchäologie – in Portaferry befand sich seit dem 19. Jh. eine der ersten kommerziellen Tauchbasen der Britischen Inseln, deren Taucher etwa zu Rettungseinsätzen, zur Reparatur von Seekabeln oder zur Bergung gesunkener Schiffe eingesetzt wurden. Ein schwerer Gummianzug mit Messinghelm erinnert an diese grobschlächtigen Anfänge der Taucherei.

Ⓛ Ostern–Sept. Mo–Sa 10–17, So 14–18 Uhr.

Strangford Castle: Auf der anderen Seite der Narrows kann nahe dem Fähranleger mit **Strangford Castle** eine nur wenig veränderte Wohnburg besichtigt werden. Sie diente später als Lagerhaus und bekam dabei auch einen neuen Eingang. Der Schlüssel wird im Haus Castle Street Nr. 39 verwahrt.

Halbinsel Lecale

Saint Patrick's Land – an der Mündung des River Slaney in den Strangford Lough soll der Nationalheilige Anno Domini 432 seine Mission begonnen haben.

Stolz werden dem Besucher tatsächliche oder angebliche Spuren seines Wirkens gezeigt. Der am County Museum von Downpatrick beginnende *Lecale Trail* führt Pilger in zwei Tagen zu den Stätten, die mit Patricks Leben verbunden sind. Daneben sind entlang der Küste die vielen Kleinburgen sehenswert, mit denen die englischen Kolonisten seit dem 15. Jh. das Land oder wenigstens ihr Leben sicherten. Erstaunlich rar sind touristische Unterkünfte in dieser doch gar nicht so abseits gelegenen Landschaft.

Castle Ward Estate

Im ausgedehnten, etwa 300 ha großen Anwesen von Schloss Ward kann man bei schönem Wetter leicht einen ganzen Tag verbringen. Kein Zaun behindert Spaziergänge durch Wiesen, Wälder und die Parkanlagen. Außer dem Schloss gibt es noch zwei ältere Burgen, ein Freilichtmuseum und eine naturkundliche Ausstellung zu besuchen.

New Castle Ward: Das neue Schloss, dessen Architekt nicht überliefert ist, wurde um 1760 für Anne und Bernard Ward gebaut, der County Down im Dubliner Parlament repräsentierte und 1781 zum Viscount of Bangor geadelt wurde. Bernards Mutter hatte auch das Anwesen um das heutige Rathaus von Bangor in die Familie gebracht. Das Paar konnte sich über den Stil ihres Landsitzes nicht recht einig werden. So ist die Vorderfront im klassizistischen Design, die zum See gerichtete Rückseite mit Spitzbogenfenstern und Ziertürmchen an gotischen Vorbildern orientiert. Selbst in den Innenräumen (beachten Sie die Baldachin-Decke im Gemach der Lady) setzt sich das unvereinbare Nebeneinander der Geschmäcker fort, die offenbar keinen Kompromiss zuließen – Lady und Lord reichten schließlich die Scheidung ein. Als Lord Maxwell, der 6. Viscount, 1950 verstarb, konnte die Familie die Erbschaftssteuer für den riesigen Grundbesitz nicht aufbringen und musste Schloss und Landgut dem Staat übereignen, der es seinerseits in den National Trust einbrachte.

Stableyard: Um den Ausblick der Herrschaft nicht zu beeinträchtigen, wurden die Stallungen, das Waschhaus und die Kammern der Bediensteten in einer künstlichen Senke neben dem Schloss plaziert. In diesen Räumlichkeiten sind heute auch ein Restaurant, der Souvenirshop und eine kleine Ausstellung viktorianischer Spielzeuge untergebracht. Durch einen Tunnel konnte das Personal trockenen Fußes ins Schloss gelangen.

Wildlife Centre: Für den Besucher, der bereits in Castle Espie und im Exploris Aquarium etwas über die Tierwelt und Ökologie des Strangford Lough erfahren hat, bietet die Ausstellung in der Scheune neben dem Old Castle wenig Neues. Dabei hätte sich mit der Persönlichkeit von Mary Ward für die Gestalter des Wildlife Centre ein guter "Anker" angeboten. Die Pfarrerstochter und Gattin des 5. Viscounts vermochte bereits als Achtjährige den Halley'schen

Nordirland
Karte Seite 562/563

Kometen zu identifizieren und arbeitete später am Teleskop ihres Cousins in Birr (s. S. 719). Ihre Lehrbücher zu Astronomie und Mikroskopie wurden Standardwerke, ihre Aquarelle dokumentieren das Estate. 1869 wurde die Naturforscherin von einem Dampfwagen überrollt und starb. Im früheren Billardraum des New Castle werden einige Memorabilia gezeigt.

Old Castle Ward/Wirtschaftsgebäude: Das erste Haus der Wards, eine Turmburg (gebaut um 1610), wie wir sie ähnlich schon in Portaferry und Strangford kennen gelernt haben, steht noch unten am See. Auch nach dem Umzug der Familie blieb hier das wirtschaftliche Herz des Anwesens – ein Landgut mit Stallungen, Schlachthaus, Scheunen, Mühle und Sägewerk, das als Freilichtmuseum hergerichtet wurde. Folgt man durch das Tor beim Schlachthaus dem Uferweg südwärts, findet sich ein **Bootshaus** und schließlich ein **Landungssteg**. In diesem Teil des Anwesens betrieben die Wards Mitte des 19. Jh. für kurze Zeit eine nicht sonderlich erfolgreiche Bleimine. Die schlichten **Cottages** der Landarbeiter sind bis heute bewohnt, während vom alten **Gaswerk** nur noch Ruinen blieben. Das aus verfeuerter Kohle gewonnene Gas wurde über eine Leitung zum Schloss gebracht und erlaubte noch vor der Elektrifizierung eine abendliche Beleuchtung.

Audley's Castle: Die Audleys gehörten zum alten anglo-normannischen Adel und waren vor den Wards die führende Familie in der Region. 1648 verkaufte James Audley die Burg an seine neuen Nachbarn, und bereits 80 Jahre später war das um 1450 gebaute Castle zur Ruine zerfallen. Mit dem zurückgenommenen Eingangsbereich täuscht die Vorderfront ein Torhaus zwischen zwei Flankentürme vor. Auf dem Plateau um den Turm befanden sich Wirtschaftsgebäude und Stallungen, eine Mauer umgrenzte das ganze Areal – Audley's Castle trägt noch viele Züge einer mittelalterlichen Normannenburg.

Park: Die Gärten und Anlagen des Estates zeugen vom Wandel der Gartenbaumode. Von den Cottages landeinwärts erreicht man **Temple Water**. Solche Zwitter zwischen künstlichem See und Kanal waren bei den Landschaftsgärtnern des frühen 18. Jh. en vogue. Temple Water, dessen Achse genau auf Audley's Castle zielt, enstand zusammen mit einem Schloss, das nach der Errichtung des New Castle völlig abgetragen wurde. Erhalten blieb jedoch ein entzückendes **Tempelchen** auf der Anhöhe über dem See.

Etwa ab 1750 waren solche künstlichen Ensembles out. Temple Water und das Neue Schloss wurden mit einem naturalistischen Park umgeben, dem niemand anmerken sollte, dass er nicht natürlich gewachsen, sondern von Menschenhand gepflanzt worden war. Erst in der viktorianischen Zeit kamen die förmlichen Gärten mit gepflegten Rabatten in streng geometrischer Anordnung wieder in Mode. Den Geschmack dieser Zeit verkörpert der **Windsor Garden** neben den Stallungen beim Neuen Schloss.

• *Öffnungszeiten* vom **Park:** Tägl. bis Sonnenuntergang, Eintritt pro PKW 3,50 £; **Haus** Mai–Aug. Fr–Mi 13–18 Uhr, April, Sept./Okt. Sa/So 13–18 Uhr, Eintritt 2,60 £. **Wildlife Centre** Juli/Aug. Fr– Mi 14–18 Uhr, April/Mai, Sept./Okt. Sa/So 14–18 Uhr.

• *Camping:* **Castle Ward Camping & Caravan Park,** ✆ 44 881 680, Ostern–Sept., 2 Pers. mit Zelt 5 £. Der Platz liegt wenige Schritte vom Ufer entfernt am Rande des Landguts. Gezeltet wird auf einem leicht abschüssigen Wiesengelände mit Bäumen. Heiße Duschen, doch kein Aufenthaltsraum.

Saint Patrick's Land

Drei Stätten östlich von Downpatrick sind besonders eng mit dem Wirken St. Patricks verknüpft. In **Saul** soll der Heilige seine erste Messe gelesen und den Häupling Dichu bekehrt haben. Der schenkte ihm eine Scheune, die Patrick zur Kapelle weihte, und die er zeit seines Lebens immer wieder aufsuchte, um sich im Kreis seiner Anhänger von den Missionsreisen zu erholen, und wo er schließlich auch starb. Am vermuteten Ort des Geschehens errichteten Mönche im 10. Jh. eine steinerne Kapelle; das heutige Gotteshaus samt dem Rundturm wurde 1932 zur 1500-Jahrfeier von Patricks Ankunft gebaut.

Folgt man der Nebenstraße zwischen Saul und Raholp, auf der auch der Ulster Way verläuft, zweigt am höchsten Punkt der Kreuzweg auf den **Slieve Patrick** ab. Berg kann man den bescheidenen Hügel kaum nennen, dessen Gipfel eine Granitstatue des Heiligen krönt.

Mit Hilfe einer Wanderkarte lassen sich von Saul auch die **Struell Wells** besuchen. Autofahrer nehmen besser den Umweg über Downpatrick. Den heiligen Quellen werden seit Menschengedenken Wunderheilungen zugeschrieben. Wohl noch auf vorchristliche Zeiten geht der Brauch zurück, hier die Mittsommerwende zu feiern. Längst erfreut sich die Wallfahrt des kirchlichen Segens, und in der kürzesten Nacht des Jahres zelebriert ein Priester vor dem *Badehaus* (16. Jh.) die Messe. Das Bad teilte sich in Männer- und Frauenabteil. Wäre das Becken nicht voller Unrat, könnte man sich heute noch unter das eiskalte Wasser stellen und duschen.

Anfahrt: Von Downpatrick zu den Struell Wells zunächst über die Ardglass Rd., nach dem Krankenhaus links, dann (ausgeschildert) rechts.

Downpatrick

Die frühere Hauptstadt von County Down kann mit ehrwürdigen Kirchen, St. Patricks Grab, einem zum Museum umfunktionierten Gefängnis und einer Sammlung alter Eisenbahnwaggons aufwarten.

Das auf mehreren Hügeln um die Mündung des River Quoile in den Strangford Lough angelegte Downpatrick (10.000 Einwohner) zählt zu den ältesten Städten der Insel. Archäologische Funde reichen bis in die Jungsteinzeit zurück. Bis zur Auflösung der nordirischen Selbstverwaltung (1973) war Downpatrick die Hauptstadt der Grafschaft Down. Der Name bedeutet "Patricks Fort". Besagtes Fort war wohl zu Patricks Zeit das politische Zentrum der Region. Diese historische Wurzel der Stadt befand sich auf dem Hügel um die Kathedrale, der früher auf drei Seiten von Marschen umgeben war. Wo heute in der Market Street parkende Anlieferer den Durchgangsverkehr behindern, legten noch im 19. Jh. bei Flut kleinere Schiffe vor den Lagerhäusern an und luden ihre Waren ab.

Nordirland
Karte Seite 562/563

Wie die Speichen eines Wagenrades laufen die Hauptstraßen an einem namenlosen Platz vor der alten Town Hall zusammen, die jetzt ein Kulturzentrum beherbergt. Da es der Stadt in den letzten Jahrzehnten wirtschaftlich nicht sonderlich gut ging, wurden vergleichsweise wenige Häuser des 18. und 19. Jh. durch Neubauten ersetzt. Allerdings beeinträchtigt der Autoverkehr Spaziergänge im Stadtzentrum

• *Information:* 74 Market St., gegenüber der Maxol-Tankstelle, ✆ 44 612 233, Mo–Fr 9–17, Sa 9.30–13, 14–17, Juli/Aug. auch So 11–17 Uhr.

• *Verbindung:* Von der **Bus**station an der Market St. mit Ulsterbus 15 alle halbe Stunden nach Belfast, seltener nach Strangford. Auskunft ✆ 44 612 384.

• *Übernachten:* Da Downpatrick abseits der Küste und gleichzeitig nur 45 Busminuten von Belfast liegt, ist das Angebot an Unterkünften dürftig. Der nächste Campingplatz ist in Castle Ward.

B&B Hillside, Mrs. Murray, 62 Scotch St., ✆ 44 613 134, DZ 32 £. Das ältere Haus liegt zentral, doch leider an einer viel befahrenen Straße.

• *Essen:* **Abbey Lodge Hotel,** Inch Abbey Road, Tagesmenü 10 £.

Rea's, 78 Market St., neben der Touristinformation. Ein altes und dunkles Pub mit mehreren holzgetäfelten Räumen, an den Spielautomaten darf man sich nicht stören. Mittags und abends warme Küche.

Courtside Bistro, English St. Tagsüber Bistro und Café, abends Restaurant, modern eingerichtet und mit mäßigen Preisen.

De Courcy Arms, 14 Church St., gegenüber der Tankstelle. Ein Pub "appointed to supply Furstenberg", was will der deutsche Biertrinker mehr? Mo–Fr mittags Pubfood.

Wer erfand die Worcestershire-Sauce?

In der Ortsgeschichte von Downpatrick wird ein gewisser Nicholas Coates als Erfinder der Worcestershire-Sauce gefeiert. Nicholas, der im 19. Jh. lange Jahre das Lokal des Hunt Clubs in der English Street führte, war zuvor Butler in Worcestershire und soll hier die typisch britische Würzmischung aus gemalztem Essig, Molasse, Zucker, Zwiebeln, Knoblauch, Tamarindenwurzel, Anchovis, Gewürznelken und Fleischbrühe entwickelt haben.
Der "Larousse Gastronomique", sozusagen die Bibel in allen kulinarischen Fragen, schreibt die Worcestershire-Sauce jedoch Sir Marcus Sandy aus Worcestershire zu, der das Rezept von einer Fernostreise mitbrachte und die Sauce erstmals 1838 von der Kolonialwarenhandlung Lea & Perrins produzieren ließ.
Wer hat recht? War Nicholas Coates Butler bei Sir Marcus Sandy? Oder war er gar kein Butler, sondern als Saucier in der Küche beschäftigt? Der Autor bittet seine geneigte Leserschaft, dieses Problem mit aller dem Lokalpatriotismus gegenüber gebotenen Rücksicht in den Pubs von Downpatrick zu diskutieren und ihm die allfällige Lösung mitzuteilen.

Sehenswertes

English Street: Nach dem Bau der Kathedrale auf der Hügelspitze fand die weltliche Gewalt hier am Aufweg einen neuen Standort: Mit dem **Bezirksgefängnis** und heutigen Museum, dem **Gerichtshaus**, den **County Rooms** der früheren Bezirksverwaltung und dem **Custom House** säumen repräsentative Gebäude des 18./19. Jh. die English Street. Die frühgeorgianischen Backsteingebäude der **Southwell Charity** gegenüber dem Museum wurden 1733 von den Southwells, den damaligen Landlords, als Armen- und Waisenhaus gestiftet; gegenüber dem Gerichtshaus findet man noch eine Zeile älterer Häuser, die vom Klerus als "Altenwohnungen" für die Witwen gebaut wurden.

Kathedrale: Der Hügel, auf dem die anglikanische Kathedrale thront, war schon lange vor der Christianisierung Sitz eines keltischen Fürsten. Der Normannenführer *John de Courcy*, der 1177 gegen den Willen seines englischen Lehensherrn in Ulster einfiel, hatte allen Grund, sich wenigstens mit der englischen Kirche bzw. dem Papst gut zu stellen. Er vertrieb die irischen Augustiner, die sich der römischen Kirchenreform widersetzt hatten, und schenkte das Kloster samt dem angeblichen Grab Patricks dem Benediktinerorden. Die heutige Kirche wurde um 1818 unter Einbeziehung älterer Baureste (Chor!) errichtet. Außergewöhnlich ist das Gestühl für die Mitglieder des Kapitels. Dem Bischof gegenüber thronte der (weltliche) Richter, und angesichts der engen Verbindung von Kirche und Staat erlebte das Gotteshaus auch einige Gerichtsverhandlungen.

Nach dem Tod Patricks, so weiß die in Downpatrick gepflegte Überlieferung, wurde sein Körper auf Geheiß der Engel mit einem Ochsenkarren von Saul nach Downpatrick gebracht und hier bestattet. Man darf annehmen, dass diese Legende von de Courcy gefördert wurde, um sein Kloster aufzuwerten und den damals in Bangor residierenden Bischof zum Umzug nach Downpatrick zu bewegen. Dazu ließ der Normanne gleich noch die Reliquien von Brigid und Columcille nach Downpatrick umbetten. Eine Granitplatte auf dem kleinen Hügel nahe dem Turm markiert Patricks Grab. Darunter befindet sich eine regelrechte Höhle, denn die früheren Pilger nahmen jeweils eine Handvoll Erde des heiligen Orts mit nach Hause.

County Museum: Das Museum ist in einem früheren Gefängnis untergebracht. 1789 bis 1796 gebaut, galt es damals als musterhafte und fortschrittliche Einrichtung, die es im Vergleich mit der mittelalterlichen Kerkerkultur sicherlich war. *Thomas Russell,* der prominenteste Häftling, wurde hier 1803 im Exekutionshof gehängt. 1830 zog die Haftanstalt in einen Neubau um. Das alte Gefängnis wurde zur Kaserne und in den 90er Jahren schließlich Museum. Im Torhaus wird die Lebensgeschichte St. Patricks rekapituliert, in der Governor's Residence die Lokalgeschichte des Countys. Im Zellenblock begegnen wir den fiktiven Gestalten von James McGan and John Dorrian, die wegen einer Rauferei auf der Strangford Fair festgesetzt wurden und nun nur hoffen können, dass man sie nicht nach Australien verschickt.

Ⓞ Mo–Fr 11–17, Sa/So 14–17 Uhr (Mitte Sept.–Mai Di Ruhetag); Eintritt frei.

Railway Museum: Eine kleine Gruppe von Eisenbahnenthusiasten hat den früheren Bahnhof der Stadt in ein ungewöhnliches Museum verwandelt. Die Exponate, wenn man die Waggons und Lokomotiven so nennen kann, stammen aus allen Teilen Irlands. Nur wenige sind fahrbereit, die meisten stehen noch in der Werkstatt oder im Schuppen, und so wird der Rundgang zugleich eine Lektion über die mühselige Arbeit, wie man aus einem zeitweiligen Hühnerstall oder einer Gartenlaube wieder einen Eisenbahnwagen macht. Prunkstück ist ein für Königin Viktoria gefertigter Salonwagen. Ihre Majestät benutzte ihn ein einziges Mal; danach gingen die Direktoren der Bahnverwaltung damit gelegentlich auf Inspektionsfahrt, und über das spätere Schicksal schweigen wir lieber. Jedes Stück hat seine ausgiebig erzählte Geschichte...

Ⓞ Mo–Fr 9–17 Uhr, Sa 10–16 Uhr; Fahrten im Sommer So 14–17 Uhr. Eintritt 1 £, Fahrt 2 £. Der Bahnhof befindet sich hinter dem Einkaufszentrum am Ende der Market Street.

Karte Seite 562/563

Inch Abbey: Die Schwesterabtei von Grey Abbey schimmert als Ruine von der anderen Flussseite herüber. Die aus Lancashire stammenden Zisterzienser hatten, wie bei allen Klostergründungen des Ordens, einen außerordentlich schönen Platz gewählt. Auch wenn die frühere Insel inzwischen mit dem irischen "Festland" zusammengewachsen ist, stiften die überwucherten Mauern und Säulenstümpfe zwischen anmutigen Drumlins eine romantische Atmosphäre und lassen auf dem Spaziergang sinnieren, wie es hier einmal zugegangen sein mag, bevor das Kloster 1542 aufgegeben wurde. Die Kirche, deren Schiff den Laienbrüdern vorbehalten und durch eine Chorschranke vom Bereich der Mönche und dem Altar getrennt war, wurde nach einem Brand auf den Chor und das frühere Transept reduziert. Die Klostergebäude wie Kapitelhaus, Arbeitsraum, Refektorium und Küche sowie der Kreuzgang schlossen sich auf der Südostseite an.

⌚ April–Sept. Mo–Sa 10–18, So 14–18 Uhr; Okt.–März Sa 10–16, So 14–16 Uhr, Eintritt 75 p.

Downpatrick/Umgebung

▸ **Finbroke:** Ingenieure unserer Tage haben erhebliche Mühe, die Energie des Tidenhubs nutzbar zu machen. Wie die einst mit dem Wechselspiel der Gezeiten betriebene Kornmühle von Finbroke (am Lough nördlich von Downpatrick) zeigt, meisterten irische Techniker dieses Problem bereits im 19. Jh.

▸ **Ardglass:** Ein beschaulicher Fischerhafen, ein Golfplatz mitten im Ort – und wieder Turmburgen! Diesmal gleich sieben an der Zahl, alle von englischen Kaufleuten errichtet. Im 15. Jh. war Ardglass der wichtigste Handelshafen im Nordwesten der Insel. Und weil es, im Unterschied etwa zu Carrickfergus, weder eine große Burg mit Garnison noch eine Stadtmauer gab, mussten sich die Händler eben selbst mit kleinen Festungen helfen, um ihre Waren oder gar ihr Leben nicht an die aufsässigen Iren aus dem Hinterland zu verlieren. Auf den vier Etagen von **Jordan's Castle,** erzählt das Heimatmuseum den Wandel des Orts vom Handelsstützpunkt zum Fischerhafen. Im **Commercial,** der früheren Herberge, kommt das Wasser längst aus der Leitung. Der alte Brunnen des Wirtshauses wurde jedoch nicht einfach zugeschüttet, sondern verglast – er steht mitten in der Lounge.

• *Öffnungszeiten:* von **Jordan's Castle:** Juli/Aug. Di–Sa 10–18, So 14–18 Uhr, Eintritt 75 p.

• *Übernachten:* **B&B The Cottage,** Mrs. O'Shea, 9 Castle Pl., ✆ 44 841 080, DZ 32 £. Das ansprechende, mit Schieferplatten verkleidete Haus steht im Oberdorf gegenüber dem Eingang zum Golfplatz. Die Zimmer mit Etagenbad, in der Lounge versammelt eine Vitrine die stattliche Nippessammlung der Familie.

▸ In **Killough** erinnern Palatine Street und Palatine Square an die Auswanderer aus der Pfalz, die das Dorf im 17. Jh. gründeten. Eine schnurgerade Chausee verbindet es mit Castleward, dessen Hafen die heute versandete Bucht einmal war. Verlässt man den Ort auf einem Feldweg nach Süden, wird eine halbe Fußstunde nach den letzten Häusern *St. John's Point* erreicht. Niemand weiß mehr, warum die verfallene Kirche (10. Jh.) nahe dem Leuchtturm nicht Patrick, sondern dem Evangelisten Johannes geweiht war. Ausgrabungen haben Spuren einer noch älteren, hölzernen Kapelle ans Licht gebracht.

Frankreich grüßt – Krabbensuche im Schlick der Ardglass Bay

▸ **Tyrella Beach:** Als goldgelbes Band sieht man den feinen Sandstrand schon aus der Ferne leuchten. Mit seinen Dünen und dem sauberen Wasser, in das man sich weit hinaus wagen kann, ohne gefährliche Strömungen fürchten zu müssen, lockt der Tyrella-Strand auch viele Tagesbesucher aus Belfast. Bei Ebbe müssen sie sich allerdings mit Wattwanderungen begnügen, denn dann verschwindet das Meer irgendwo am Horizont. Ein Platzwächter sorgt für Ordnung und regelmäßige Müllsammlung, es gibt Toiletten, Trinkwasser und einen Kiosk.

• *Übernachten:* **B&B Beachview House,** 66b Minerstown Rd., Tyrella, ✆ 44 851 923, DZ 33 £. Ein moderner, ebenerdiger Bungalow in Strandnähe. Die Zimmer wurden mit Geschmack eingerichtet, Bettüberwurf und Gardinen aufeinander abgestimmt. Teilw. mit Meerblick.

▸ **Loughin Island:** Die kleine Insel ist eine der Idyllen, die mit St. Patrick in Verbindung gebracht werden. *Mac Cartan's Chapel,* die kleinste der drei Kapellen mit einem gerade 1,50 m hohen Portal, wurde lange von Katholiken und Protestanten gemeinsam benutzt, bis man an einem Regensonntag darüber in Streit geriet, wer denn nun unter das schützende Dach der für die zahlreich gekommenen Gläubigen viel zu kleinen Kapelle dürfe.

Anfahrt: Von Downpatrick die Necastle Rd., nehmen, nach dem Rennplatz rechts ausgeschildert.

▸ **Seaforde Garden & Butterly House:** Eine große Gärtnerei lockt Kunden und andere Interessierte mit einem Schmetterlingshaus. Die Familie der *Lepidotera,* so erfahren wir, zählt weltweit 100.000 verschiedene Arten, wovon immerhin 60 die freie Natur der Britischen Inseln bevölkern. Als schlechte Nachricht nehmen wir aus Seaforde mit, dass die bei Weitem größte Fraktion der

Lepidotera nicht aus den farbenprächtigen und gern gesehenen Schmetterlingen besteht, sondern aus ihren von Hausfrauen und -männern gefürchteten Verwandten, den Motten. Doch die geben optisch nicht viel her und sind zudem meist nachtaktiv, weshalb die Menagerie im Schmetterlingshaus eben nur aus Schmetterlingen besteht. Sie können ihren Naturwollpullover also während des Besuchs unbesorgt anlassen.

⌚ Ostern bis Sept. Mo–Sa 10–17, So 14–18 Uhr, Eintritt 2,20 £.

▸ **Dundrum:** Das Städtchen liegt an einer hammerförmigen Bucht, die sich bei Ebbe in eine Schlickwüste verwandelt. Dundrum ist eine Hochburg der Loyalisten – alljährlich beschließt eine Parade der Royal Blacks, eines Ablegers des Orange Order, die nordirische Marching Season. Die Ruine des *Dundrum Castle* überragt den Ort. Die einen schreiben die Burg John de Courcy zu, der sie für den Kreuzritterorden der Templer angelegt haben soll, andere sehen seinen Nachfolger de Lacy als Urheber. Jedenfalls galt das noch immer eindrucksvolle Fort als die sicherste Normannenfestung in Ulster, fiel aber 1210 König Johann in die Hände. Ungewöhnlich ist der später angefügte kreisrunde Donjon. Oliver Cromwell ließ 1652 alle Befestigungen sprengen und bescherte uns damit jene romantische Ruine, die heute der Staat erhält.

⌚ Dundrum Castle, April–Sept. Di–Sa 10–18, So 14–18 h, Winter nur bis 16 h; Eintritt 75 p.

Mourne Mountains

Das kompakte Küstengebirge im Süden des Countys ist mit seinen einsamen Tälern das beste Wandergebiet Nordirlands. Auch Kletterer finden an den urwüchsigen und steilen Granitwänden manche Herausforderung.

Vulkanische Eruptionen schleuderten vor 75 Millionen Jahren aus dem Erdinneren jenes harte Granitgestein an die Oberfläche, das heute so wunderschön in vielerlei Farbschattierungen von Rosa bis Grüngrau schillert. Da die Erosion in diesem erdgeschichtlich jungen Gebirge bislang wenig Gelegenheit hatte, die Felsen zu glätten und die Spitzen abzutragen, sind die Mournes auch ein gutes Terrain für Kletterer. Aus der Vogelperspektive bilden die fünfzehn Gipfel in etwa eine Acht. Die unteren Partien der Hänge sind teilweise noch mit dichten Nadelwäldern bedeckt, die Höhen jedoch eine Heidelandschaft mit Ginster, Erika und vielen Steinen.

Das bis 848 m hohe Gebirge erstreckt sich über gerade mal 20 x 15 qkm und ist nahezu unbewohnt, weshalb es auch nur mit wenigen Straßen erschlossen wurde. Als wichtigste Panoramastraße überquert die B 27 zwischen Kilkeel und Hilltown die Berge und streift dabei das *Spelga Reservoir,* den kleinsten der drei Stauseen in den Mournes. Für Wanderer gibt es den *Mourne Trail,* der in Strangford beginnt und als Fernwanderweg das Gebirge nach Newry überquert. Wegen der vielen Anstiege rechne man für die etwa 100 km lange Strecke fünf Tage. Als Karte empfehlt sich die *Mourne Country Outdoor Pursuits Map* im Maßstab 1:25.000. Tagestouren führen etwa auf den *Slieve Donard.* Wer es bequemer mag, sucht in den Landschaftsgärten und Naturparks der Forstverwaltung Erholung.

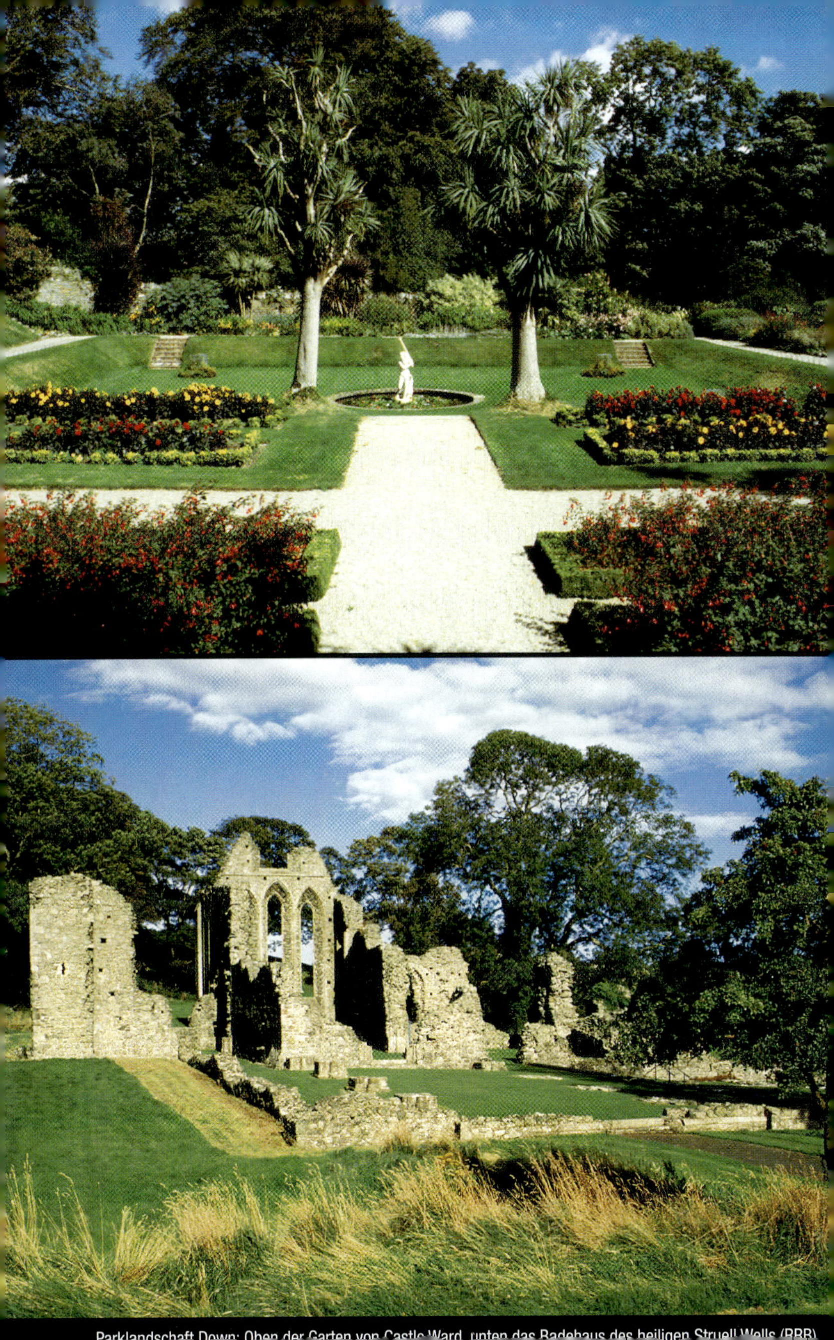

Parklandschaft Down: Oben der Garten von Castle Ward, unten das Badehaus des heiligen Struell Wells (RBB)

Belfast: Tempel für die Kultur (oben die Waterfront Hall) und den Glauben (unten die Seamen's Church) (RRB)

Belfast: Auch im schmalsten Haus ist Platz für ein Pub (RRB) ▲▲

Edward Carson grüßt die Besucher des nordirischen Parlaments Stormont (RRB) ▲▲

Im Hafen von Bangor (Down) dümpeln die Yachten von Belfasts High Society (RRB) ▲

▲▲ Castle Coole (Fermanagh), ein Fest der Symmetrie und der Trugbilder (RRB)
▲ Bukolische Landschaft am Navan Fort (Armagh) (RRB)

Newcastle – 170 Jahre Sommerfrische

Newcastle

Im Schatten des Slieve Donard schmiegt sich Newcastle (8000 Einwohner) an die Dundrum Bay. Eine schöne Promenade führt am Sandstrand entlang. Der Badeort ist zugleich ein guter Ausgangspunkt für Wanderungen in den Mourne Mountains.

Mittelpunkt des Städtchens ist das **Newcastle Centre,** ein Kurhaus, in dem sich auch die Touristinformation befindet. Etwa hier befand sich die Burg, die dem Ort seinen Namen gab. Das Gebäude des Centres (die neuen Anbauten auf der Meerseite übersehen wir höflich) entstand 1839 als *Annesley Arms Hotel*. Um diese erste, vom weitsichtigen William Richard Earl of Annesley für wohlhabende Sommerfrischler gebaute Herberge herum entwickelte sich dann der Ferienort.

Information/Verbindungen/Diverses

- *Information:* **Tourist Board,** Newcastle Centre, 10–14 Central Promenade, ✆ 43 722 222, Mo–Sa 10–17 (Juni–Sept. bis 19 Uhr), So 14–18 Uhr; Stadtplan, Wanderführer, Souvenirs.
- *Verbindung:* Von der **Bus**station (am Nordende der Hauptstraße) nach Belfast, Downpatrick, Newry. Nur im Juli/Aug. fährt Ulsterbus 34A ("Mourne Rambler") morgens zum Silent Valley und Spelga Damm und sammelt am Spätnachmittag die müden Wanderer wieder ein. Auskunft ✆ 22 296.
- *Campingausrüstung:* **Hilltrekker,** 115 Central Promenade. Wanderkarten, Verleih von Zelten und sogar Stiefeln, dazu jede Menge Tipps.
- *Fahrradverleih:* **Wiki Wiki Wheels,** 10B Donard St., ✆ 43 723 973, Mo–Sa 9–18, So 14–18 Uhr. **Tory Bush Cottages,** 79 Tullycree Rd., Bryansford, ✆ 43 724 348, verleiht Fahrräder und bietet auch organiserte Rad- und Wandertouren.
- *Kletterkurse:* **Tollymore Mountain Centre,** Bryansford, ✆ 43 722 158, www.

Nordirland Karte Seite 562/563

tolymoremc.com. Die Kurse müssen mindestens zwei Wochen vorher gebucht werden.

• *Reiten:* **Newcastle Riding Centre,** Carnacaville Rd., Castlewellan, ✆ 43 722 694. Mit vielen Ponys speziell für Kinder geeignet, die hier auch unbegleitete Ferien machen.

Morune Trail Riding Centre, 96 Castlewellan Rd., ✆ 43 724 351. Ausritte im Tollymore Park, auch mehrtägige Ausflüge.

Mount Pleasant Riding & Trekking Centre, 15 Bannanstown, Castlewellan, ✆ 43 778 651, Parkritt mit Begleitung 8 £/Std.

• *Wanderführer:* **Doran,** J.S., "Hill Walks in the Mournes".

Übernachten/Camping

Das Angebot reicht vom Luxushotel bis zur Jugendherberge, hinzu kommen im Sommerhalbjahr einige Campingplätze in der näheren Umgebung.

*** **Slieve Donard Hotel,** ✆ 43 723 681, ✆ 43 724 830, EZ 55 £, DZ 80 £. Zeitgemäßer Luxus im Backsteinambiente aus der zeit um 1900. Während im Sommer betuchte Urlauber, Reisegruppen und Hochzeitsgesellschaften das Haus beleben, hält man sich im Winter mit allerlei Konferenzen über Wasser. Lounge mit Meerblick, Leseraum, die Zimmer in Blau- und Apricottönen mit Mahagonimöbeln. Zum Hotel gehören Fitnesscenter, Garten und eigener Strand.

B&B Castlebridge House, Mrs. Lynch, 2 Central Promenade, ✆ 43 723 209, DZ 30 £. Zentrale Lage gleich neben der Brücke; gemütlicher Aufenhaltsraum, die 5 Zimmer (mit Etagenbad) teilw. mit Meerblick.

B&B Beach House, Mrs. Macauley, 22 Downs Rd., ✆ 43 722 345, DZ 50 £. Das ältere Haus mit attraktiven schmiedeeisernen Balkonen liegt zentral am Meer. Die 3 Zimmer (mit Etagenbad) sind etwas altbacken eingerichtet. Im gleichen Stil und gleicher Preislage das benachbarte **Savoy House**.

B&B Glenside Farm House, Mrs. Murray, Tullybrannigan Rd., ✆ 43 722 628, DZ 22 £. 2 km außerhalb, kleine Zimmer mit Etagenbad, doch unglaublich preiswert.

+**Youth Hostel,** 30 Downs Rd., ✆ 43 722 133, offen März–Dez., Bett 8,25 £. Das ältere, neu eingerichtete Haus liegt zentral am Wasser. 4 geräumige Schlafsäle mit 6–8 Betten, ein 4er-Zimmer und eine Art Apartment mit eigener Küche. Saubere Sanitärs, doch vor den Duschen kann es morgens zu Warteschlangen kommen. TV-Lounge, karger Speiseraum und Küche. Fahrradverleih.

• *Camping:* **Lazy B.J. Camping and Caravan Park,** Dundrum Rd., ✆ 43 723 533, April–Okt., 2 Pers. mit Zelt 6 £. Mit Tennisfeld, Schwimmbecken und Kinderspielplatz der am besten ausgestattete Platz bei Newcastle.

Essen

Auch in Newcastle wird man satt, doch wer fein ausgehen und gut essen will, wird enttäuscht oder muss sehr tief in seine Brieftasche greifen. Spezialität im Pub ist "Bees Endeavour", ein Honigale aus der Whitewater-Brauerei im nahen Kilkeel.

Pavillon, Down's Rd., am Eingang zum Slieve Donard Hotel, ✆ 43 726 339. Ein gehobenes Restaurant, die schönsten Plätze im Erker auf der Meerseite. Gediegene Kleidung, am Wochenende Reservierung erwünscht. Hauptgericht um 10 £.

Percy French, Down's Rd., am Eingang zum Slieve Donard Hotel. Das große Lokal im rustikalen Landhausstil gliedert sich innen in Bar, Tearoom und Restaurant. Unter Aufsicht von Chefkoch Liam Ward grillt die Küchenbrigade vor den Augen der Gäste. Mit Biergarten.

Shimna, Main St. Mit Blümchentapete und Nippessammlung, bietet sich tagsüber als Coffeeshop an, der auch von den Einheimischen gern besucht wird. Auf der Karte etwa Quiche, Pies oder Pfannkuchen mit Ahornsirup.

Sehenswertes

Gegenüber des Newcastle Centres erkennt man noch die früheren Stallungen des Hotels, in die jetzt eine Spielhalle eingezogen ist. Gleich neben dem Hotel befand sich ein *Badehaus,* in dem die Gäste sich in kaltem oder heißem Meerwasser erfrischen konnten. Das vor dem Abriss gerettete Eingangsportal mit seinen stattlichen Granitsäulen führt heute ins **Tropicana,** ein Freibad mit nicht gerade tropisch temperiertem, aber doch erwärmtem Wasser. Auf der anderen Seite des Centres mündet der Shimna River; Hauptstraße und Promenade überqueren ihn auf einer Brücke. Unmittelbar vor der Mündung erweitert sich der Fluss zu einem kleinen See, auf dem sich Schwäne, Enten und Tretbootfahrer tummeln.

Im Norden des Orts markiert ein massiger Uhrturm aus roten Ziegeln den früheren **Bahnhof** (1906) der County Down Railway. Aus den gleichen Ziegeln baute die Eisenbahngesellschaft seinerzeit auch das Slieve Donard Hotel, das dem Annesley Arms den Rang ablief und bis heute das vornehmste Hotel von Newcastle blieb. Gleich zwei Golfclubs okkupieren die Wiesen hinter dem Haus.

Machen wir vom Newcastle Centre noch einen Spaziergang in südlicher Richtung. Vor der nächsten Brücke über den Glen River liegt rechts hinter einem Parkplatz der **Donard Park,** in dem die Wanderwege in die Berge beginnen und wo samstags ein großer Flohmarkt abgehalten wird. Wo der **Black Rock** die Uferstraße zu einem kleinen Anstieg zwingt, befindet sich am Ufer ein weiteres Schwimmbecken. Früher war dieser Platz das städtische Damenbad. Bei Ebbe tauchen zwei Steinmäuerchen aus dem Wasser auf – eine alte **Fischfalle,** die den Tieren bei ablaufendem Wasser den Rückweg ins Meer versperrte und sie zum leichten Opfer der Fischer werden ließ.

Schließlich wird der **Hafen** von Newcastle erreicht. Hier wurden früher die in den Bergen gebrochenen Granitsteine verladen, dazu Bauholz und Kartoffeln, während die einfahrenden Schiffe Schiefer, Kohle und natürlich Fisch brachten. Beim **Haus der Küstenwache,** die hier nach Schmugglern Ausschau hielt, führt ein schmaler Weg hoch zur **King's Road,** in der früher die Fischer und Seeleute wohnten. Die Häuserzeile der **Widow's Row** erinnert an den Untergang eines Schoners im Januar 1842, bei dem 46 Männer ihr Leben verloren. Die Reihenhäuschen wurden damals für die Hinterbliebenen gebaut und mit einer Spendensammlung finanziert.

Newcastle/Umgebung

▸ **Tollymore Forest Park:** Der 5 qkm große Wald liegt auf beiden Ufern des Shimna River und zieht sich noch ein gutes Stück den Nordhang der Mournes hinauf. Die Pflanzung geht auf James Hamilton, Earl of Clanbrassil und seinen Gartenarchitekten Thomas Wright zurück, die das Gebiet Mitte des 18. Jh. aufforsten ließen. Zehn Jahre lang, so wird überliefert, schufteten die Arbeiter, bis sie die etwa 5 Millionen Setzlinge im Boden hatten.

Heute wird der überwiegend aus Lärchen bestehende Wald von der staatlichen Forstverwaltung bewirtschaftet. Auf Wald- und Parkspaziergängen trifft man unvermutet auf gotische Bögen, künstliche Felsen, Grotten, Höhlen und einen Wasserfall. Von der *Ivy Bridge* kann man im Spätsommer den Lachsen im Bach zuschauen.

Schade, dass das Schloss völlig abgetragen ist – das *Visitor Centre* in der alten, äußerlich einer Kirche nachempfundenen Scheune zeigt als letztes Überbleibsel ein Stuckfragment. Dafür überdauerten neben dem unterem Parkplatz, auf dem das Schloss einst stand, einige Baumveteranen aus den Gründerjahren des Parks. Das *Arboretum* zeigt u.a. einen Erdbeerbaum, zwei Lawson-Zypressen,

Karte Seite 562/563

eine Korkeiche, amerikanische Mammutbäume und schließlich als Star der Sammlung den Urahnen aller *Piceae abies Clanbrassilianae*. Die nach dem Lord benannte und äußerst langsam wachsende Zwergkoniferenart wird heute als eleganter, etwa 1 m hoher Busch gerne in Ziergärten angepflanzt. Den sichtlich in die Jahre gekommenen Vorfahren würde allerdings kein Hobbygärtner mehr nehmen. Zwar erreicht er mit 5,7 m Höhe Weltrekord, ist im unteren Teil des Stammes aber völlig kahl – genau das, was die Gärtner nicht wollen.

- *Eintritt:* Auto 3,50 £, Fußgänger und Radler frei. Bus 34 hält am Parkeingang.
- *Camping:* **Tollymoore Forest Park,** 176 Tullybrannigan Rd., ✆ 43 722 428, ganzjährig offen, 2 Pers. mit Zelt 6–10 £. Im Naturpark unter Mammutbäumen und Zedern, 3 km außerhalb an der A 2, ausgezeichnete Sanitäreinrichtungen, Cafeteria, Animationsprogramm mit Ponyreiten und geführten Wanderungen.

Dolly's Brae – für Gott und König gegen die Papisten

James Hamilton hinterließ keine Kinder, aber den Tollymore Forest. Über seine Schwester kam das Anwesen in den Besitz der Familie Roden. Lord Roden machte sich als Katholikenfresser und Großmeister der Oranierloge einen Namen. 1849 attackierten aufgehetzte Oranier in Castlewellan und Crossgar die Paraden am St. Patrick's Day. Später kam es bei *Dolly's Brae* zu einen regelrechten Gefecht zwischen Protestanten und Katholiken, bei denen die Letzteren den Kürzeren zogen und je nach Quelle acht oder gar dreißig Tote zurück ließen. Der Zwischenfall führte zu einem Verbot aller Aufmärsche in den Folgejahren. Eine Untersuchungskommission machte Lord Roden als den Anstifter der Unruhen aus. Er verlor sein Amt als Friedensrichter, blieb aber weiter Großmeister des Ordens, dessen Chroniken ihn bis heute als heldenhaften Verteidiger des politischen Protestantismus feiern.

▸ **Castlewellan Forest Park:** Dieser Naturpark besticht mit seinem Panorama aus Bergen und Seen. Spaziergänge führen durch eine abwechslungsreiche Gartenarchitektur mit Terrassen, Treppenfluchten, Springbrunnen, Gazebos und modernen Skulpturen. Geometrische und geordnete Anlagen wechseln mit der inszenierten Natürlichkeit nur scheinbar urwüchsiger Wälder ab. Unter Botanikern ist Castlewellan für die seltenen Bäume und Sträucher seines Arboretums bekannt, die seit 1850 in allen Erdteilen gesammelt und hier angepflanzt wurden – die windgeschützte Südlage lässt auch hier mediterrane Erdbeerbäume gedeihen. Nach dem Park sind eine Wacholderart *(Juniperus recurva Castlewellan)* und eine Subspezies der Lawson-Zypresse benannt, die etwa an den Ufern des großen Sees wächst. Hier darf, nach Anmeldung bei den Rangern, auch gezeltet werden. Boote werden verliehen, aus denen die Angler den Forellen nachspüren. Den **Sculpture Trail,** der als einstündiger Wanderweg um den See herum führt, säumen acht Skulpturen und Landschaftskunstwerke aus natürlichem Material wie Holz und Stein, darunter ein Dinosaurier. Das um 1720 gebaute Schloss der Annesleys, die uns schon in Newcastle begegneten, gehört heute einer christlichen Organisation, die es als Konferenzzentrum benutzt. Wenn gerade keine Tagung ist, werden die Zimmer preisgünstig vermietet (✆ 43 778 733).

• *Angelpermit:* Bei der Parkverwaltung, ✆ 43 778 664, pro Tag 8 £.
• *Eintritt:* Auto 3,50 £, für Fußgänger und Radler ist der Eintritt frei.
• *Camping:* **Castlewellan Forest Park,** ✆ 43 778 664, gleich hinter dem Gutshof.

▸ **Wanderung Slieve Donard:** Der am häufigsten begangene Aufstieg auf Nordirlands höchsten Berg (846 m) beginnt im **Donard Park,** dem Stadtwald vom Newcastle. Vom Ende des Parkplatzes führt ein Pfad am Bach entlang den Berg hinauf und trifft schließlich den **Mourne Wall,** eine etwa 1,50 m hohe Natursteinmauer, die das 36 qkm große Quellgebiet der Stauseen einfasst. Diese "irische Mauer" wurde als Arbeitsbeschaffungsprojekt 1904–22 errichtet, um das von der Belfaster Wasserwirtschaft erworbene Land vor Schafen und "Unbefugten" zu schützen. Man folgt ihr nach links und kann so den Gipfel nicht mehr verfehlen, von dem die Aussicht bis zur Ilse of Man und nach Schottland reicht (ab Newcastle hin- und zurück 5 Std.).
Ein zweiter Weg beginnt an der Küstenstraße 3 km südlich von Newcastle bei der **Bloody Bridge,** so genannt nach einem Gemetzel von 1641, bei dem Katholiken hier einem Trupp Protestanten aus Newry auflauerten. Vom Parkplatz (an dem auch ein schöner Küstenpfad über die Klippen beginnt) folgt der von Schmugglern und den Arbeitern der Steinbrüche ausgetretene **Brandy Path** dem Bach landeinwärts und passiert die Ruine einer 1933 für die Wanderer gebauten Jugendherberge. Ein Granitsteinbruch bliebt links liegen, steigen Sie weiter in der Talsohle zwischen **Chimney Rock** (links) und **Slieve Donard** (rechts) auf, bis Sie oben auf dem Sattel den Mourne Wall treffen. Diesem nach rechts folgend kommt man auf den Gipfel (ab Bloody River Bridge 5 Std.).

Die Mournes – ein gefährdetes Biotop

Naturschützer waren nicht unglücklich darüber, dass wegen der "Troubles" nicht allzu viele Wanderer in die Mournes kamen. Deren Spuren sind nämlich nicht zu übersehen: Entlang der Trampelpfade ist die dünne Vegetation zerstört – entweder tritt der nackte Stein zu Tage, oder es bilden sich sumpfige Wasserlöcher. Der National Trust, der weite Teile des Gebirges erworben hat, versucht deshalb, die Wanderer auf wenigen, befestigten Routen zu "kanalisieren". In Newcastle werben die Ranger für den Naturschutz und versuchen, die Besucher über das fragile Ökosystem der Mournes aufzuklären. Kräftige Subventionen sollen aus Bauern Landschaftsschützer machen und vor allem die Steinbruchbesitzer dazu bringen, ihre Granitbrüche nicht weiter auszubeuten.

Von Newcastle nach Newry

▸ **Annalong:** Vor dem majestätischen Hintergrund des *Slieve Binnian* duckt sich der kleine Fischerort abseits der Küstenstraße an die Bucht (gälisch: Áth na Long, "Fjord der Schiffe"). Fremde lassen sich hier nur selten blicken. Im Hafen dümpeln Fischerkähne. Trawler laden den Fang ab und in der Luft liegt ein Geruch von Seetang und Hering. Zu besichtigen (Führungen tgl. 14–18 Uhr) ist eine alte **Wassermühle,** gleich hinter dem Campingplatz, deren mächtige

Steinscheiben noch immer Getreide zerreiben – auch wenn die Ausflügler heute sicher mehr Geld im Haus lassen als das eigentliche Müllerhandwerk.

Camping: **Marine Park**, beim Hafen, ✆ 43 768 736, Mai–Sept., gemeindeeigener Platz in der Form eines Kleeblatts, doch mit wenig Komfort, 2 Pers. mit Zelt 6 £.

▸ **Silent Valley:** Bei Annalong zweigt die Route ins Silent Valley mit dem gleichnamigen Stausee ab, dessen Trinkwasser bis nach Belfast gepumpt wird. Mit dem Bau des 1933 vollendeten Damms aus Erde und Naturstein waren über 10 Jahre hinweg 2000 Arbeiter beschäftigt. Die geologischen Verhältnisse erwiesen sich als unerwartet schwierig. So verzichteten die Ingenieure auf den ursprünglich geplanten weiteren Damm im Annalong Valley und trieben stattdessen einen Tunnel unter dem **Slieve Binnian** hindurch, der das Wasser des Annalong River ins Silent Valley Reservoir umleitete. Unterhalb des Damms empfängt ein **Visitor Centre** mit Restaurant die Besucher. Der beliebteste Spazierweg führt in einer guten Stunde den See entlang zum **Ben Crom Reservoir** hinauf, einen zweiten See, der 1957 geschaffen wurde. Für Fußfaule pendelt im Sommer (Mai, Juni, Sept. nur Sa/So; Juli/Aug. täglich) ein Bus zum Ben Crom.

• *Information:* **Silent Valley Visitor Centre,** April–Sept. tgl. 10–18 Uhr, Winter bis 16 Uhr, ✆ 90 746 581, mit Wanderinfos und Coffeshop.

• *Verbindung:* Der **Mourne Rambler** (Ulsterbus 34A) fährt im Juli/Aug. morgens von Newcastle ins Silent Valley und am Spätnachmittag zurück.

• *Eintritt:* Autos 3 £, Radler/Fußgänger 1,50 £.

▸ **Kilkeel:** Wie in Annalong dreht sich auch in Kilkeel alles um den Fisch. In Ulsters größtem Fischerhafen bieten die Boote und Fischfabriken noch immer etwa 1000 Menschen Arbeit – kein Ort für empfindliche Nasen, während Augen und Ohren bei den folkloristischen *Fischauktionen* auf ihre Kosten kommen. Kilkeel ist zugleich die größte protestantische Enklave an der Mourne-Küste. Eine unsichtbare Grenze trennt die Hauptstraße in eine protestantische und eine katholische Seite, und keinem Ortskundigen würde es einfallen, ohne Not auf der "falschen" Seite zu flanieren oder gar in einem Laden des anderen Lagers einzukaufen.

Information: 6 Newcastle St., ✆ 41 762 525, Mo–Sa 10–16 Uhr.

▸ **Greencastle:** Die anglo-normannische Burg Greencastle steht auf einer Anhöhe am Rand einer kleinen Halbinsel am Eingang des Carlingford Lough. Nicht die Burg, sondern das Land ist grün. Weide fügt sich an Weide, dazwischen hier und da ein Gehöft – keine Kleinbauern, sondern Viehbarone mit großen Scheunen und modernstem Maschinenpark sind hier zu Hause. Es riecht nach Gülle, und unmittelbar neben der Burg wird ein Gutshof bewirtschaftet. Greencastle wurde von den Anglo-Normannen im 13. Jh. etwa zeitgleich mit der Feste auf der anderen Seite der Bucht angelegt. Die meiste Zeit war hier eine kleine Garnison stationiert. Über 350 Jahre blieb die Burg eine Bastion der englischen Könige, dann fiel sie an einen irischen Clan, bevor Oliver Cromwells Truppen das Fort schließlich zur Ruine machten. Von der Mauerkrone hat man einen schönen Blick über den Fjord. Im Westen erkennt man noch die Grundmauern einer alten Kirche, an der Landspitze einen künstlichen Hügel, der wohl vor dem Bau der Burg als Heerlager diente.

⌚ Juli–Aug. Di–Sa 10–18, So 14–18 Uhr, Eintritt 75 p.

Grün ist auch das Land um Greencastle

▸ **Rostrevor:** In diesem schmucken Dorf, das aus dem Musterkatalog eines Dorfverschönerungswettbewerbs stammen könnte, veranstaltet die Musikerfamilie Sands jeden August das *Fiddler's Green Festival,* auf dem sich Legenden wie Dolores Keane und die Dubliners ein Stelldichein gaben. Im **Kilbroneypark** am Ufer des gleichnamigen Flüsschens laden Sportanlagen zu körperlichen Aktivitäten ein. Gleich an der Einfahrt und noch vor dem Parkplatz findet man rechter Hand einen Eichenhain, der einen Eindruck vom natürlichen Bewuchs der Hänge gibt, bevor die Forstwirtschaft sich der Wälder annahm. Die Wanderroute auf den **Slieve Martin** (485 m) verläuft zum großen Teil auf einem asphaltierten "scenic drive", auf dem auch die Autofahrer eines durch den Wald kurven – es gibt bessere Wanderwege.

Warrenpoint

Der einstige Vorhafen von Newry hat die Kais der Mutterstadt längst überflügelt. Als sortiere ein Riesenkind seine Bausteine, hieven Kräne Container vom Schiff auf den Lagerplatz oder schlichten an anderer Stelle die Stapel um, weil ausgerechnet der unterste Container auf den Sattelschlepper soll. Vom Hafenbetrieb unbekümmert vergnügen sich im Watt vor dem Stadtzentrum Familien beim Stochern nach Krebsen und Muscheln, während sich weiter draußen Jugendliche bemühen, ihr Surfbrett im Wind zu halten. Die Häuser der Uferpromenade wurden hübsch herausgeputzt – hier bemüht sich das Städtchen, an seine viktorianische Tradition als Ausflugsort anzuknüpfen. Zu sehen gibt es allerdings wenig. Beim **Narrow Water Castle,** der Burg von Warrenpoint, sprengten die Republikaner 1979 eine Truppe britischer Soldaten in die Luft; das neue Schloss **Mount Hall** (1830) beherbergt eine

Nordirland
Karte Seite 562/563

Kunstgalerie. Im Nachbarort Burren, mehrfacher Inselmeister im gälischen Fußball, bemüht sich das **Burren Heritage Centre,** uns die Bronzezeitgräber der Region und andere Heimatkunde näher zu bringen.

• *Information:* Town Hall, Church St., ✆ 41 752 256, Mo–Fr 9–17 Uhr.

• *Verbindung:* Juni–Sept. **Personenfähre** nach Omeath, tgl. 13–17 Uhr alle 20 Min., Auskunft ✆ 41 772 001.

• *Öffnungszeiten* des **Burren Heritage Centre:** Winter Di–Sa 11–17, Juni–Sept. Di–Sa 11–18, So 14–18 Uhr.

• *Wassersport:* **East Coast Adventure Centre,** ✆ 41 739 716, http//eastcoastadventure.com. Das Hauptquartier befindet sich bei Rostrevor (siehe oben), doch am Strand von Warrenpoint werden in der Saison auch Surfbretter, Segelboote und Fahrräder verliehen.

• *Essen:* **Bennett's Pub,** 23 Church St., serviert von den örtlichen Fischern gefangenen Fisch, Steaks und die gängigen Pies.

Newry

Auf einem Stadtspaziergang lässt sich manch netter Winkel entdecken. Allerdings werden höchstens Polittouristen in dieser recht nüchternen Arbeiterstadt am Weg von Dublin nach Belfast gleich mehrere Tage verweilen.

Zwischen den Mournes im Osten und Slieve Gullion im Südwesten kontrolliert Newry (23.000 Einw.) mit dem *Gap of the North* die natürliche Pforte zwischen Ulster und Leinster. Während des Bürgerkriegs war das katholische Newry eine besetzte Stadt. Soldaten in Kampfmontur patrouillierten am hellichten Tag mit schussbereiten Gewehren durch die Hauptgeschäftsstraße, vor dem Gericht blockierten graue Einsatzwagen und Mannschaftstransporter den Bürgersteig – kein Ort für Touristen.

Heute bemühen sich die Leute vom *Newry Regeneration Project* der Stadtverwaltung, vor allem Gäste aus der Republik wenigstens zu einem Tagesausflug in die Stadt zu locken. Immerhin kann Newry mit einer der ersten irischen **Fußgängerzonen** aufwarten, mit einem teilweise sanierten **Kanal** und einem kuriosen **Rathaus,** das auf einer Brücke mitten über dem Fluss errichtet wurde.

Geschichte

Newry geht auf eine mittelalterliche Zisterzienserabtei zurück. Nach der Säkularisierung (1545) bemächtigte sich der englische Abenteurer Nicholas Bagnal der Stadt, im 18. Jh. geriet sie in die Hände des Earls of Hillsborough. Die Glanzzeit Newrys begann mit der Eröffnung des *Newry Canal* (1742). Auf diesem ersten großen Kanal des Königreichs wurde die Kohle vom Lough Neagh sowie das Getreide der Region transportiert und in Newry auf Küstenschiffe umgeladen, die es weiter nach Dublin oder gar nach England brachten. Newry wurde schnell zum viertgrößten Hafen Irlands. Mit den Schiffen kamen die Händler und mit ihnen die Bauern von Nah und Fern, um zu kaufen und zu verkaufen.

Die 1849 gebaute Eisenbahnlinie drängte den Kanal jedoch ins Abseits, das Hinterland orientierte sich zusehends nach Belfast. Von einer Handelsstadt wandelte sich Newry nun zur Industriestadt. Die neue Textilindustrie siedelte sich im Westen der Stadt an, zu den Spinnereien in Bessbrook wurde sogar eine Straßenbahn gebaut. Dennoch war das goldene Zeitalter zu Ende. Ab

1881 stagnierte die Einwohnerzahl, die Fabriken schlossen nach und nach ihre Tore. Auch wenn besonders am Donnerstag, dem Markttag, noch immer viele Leute aus der gerade zehn Autominuten entfernten Republik in die Stadt kommen, hat Newry auch durch die Grenze an wirtschaftlicher Bedeutung verloren. Die Arbeitslosigkeit liegt heute weit über dem Landesdurchschnitt. Als Hotspot der "Troubles" war Newry wiederholt Schauplatz von Attentaten, die, zusammen mit den Machtdemonstrationen der Armee, den Ruf der Stadt bei potenziellen Investoren ramponierten.

• *Information:* Im Rathaus, Mo-Fr 9-17 Uhr, ✆ 30 268 887, hat Stadtpläne und die üblichen Prospekte. www.newry.org.

• *Verbindung:* Zentrale **Busstation** an der Mall neben dem Newry-Kanal. Auskunft ✆ 30 263 531.

Der Bahnhof (**Züge** nach Belfast und Dublin) liegt einen guten Kilometer außerhalb an der Camlough Rd.

• *Übernachten:* **Belmont Hall,** 10 Downshire Rd., ✆ 30 262 163, www.belmont-hall.co.uk, DZ 60 £. Eine stattliche Villa aus der Zeit um 1900 mit 10 Gästezimmern in Rottönen und Moosgrün, teilweise Parkettböden.

B&B Ashton House, 37 Fathom Line, Omeath Rd., ✆ 30 262 120, DZ 37 £. Ein Bungalow 3 km außerhalb am Ufer des Kanals, alle Zimmer mit Bad.

• *Essen:* **Ambassador Restaurant (2),** Hill St., Mo–Mi und Sa bis 19, Do/Fr bis 20 Uhr; am Anfang der Fußgängerzone nahe dem Rathaus. Standards (z.B. Curryhuhn) und wechselnde Tagesgerichte für ca. 7 £.

The Brass Monkey (1), 16 Trevor Hill, gegenüber dem Gericht, Mo–Sa Lunch und Dinner (bis 22 Uhr). Ein früheres Arbeiterpub wandelte sich zum gutbürgerlichen Gasthaus mit Landhausambiente. Die Küche hat sich auf Steaks und Seafood spezialisiert, auf Spätaufsteher wartet das Ulster "Monkey Fry". Kneipier Ross Carr gewann mit seiner Mannschaft 1991 die Inselmeisterschaft im Gaelic Football. Tägl. außer Di Livemusik.

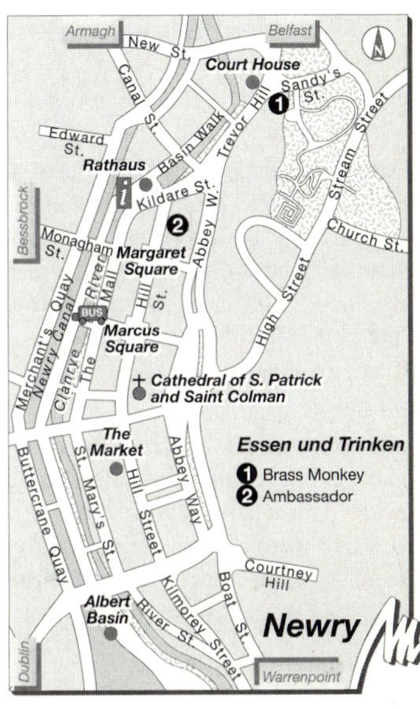

Sehenswertes

Der **Town Trail,** ein in längerer oder kürzerer Variante abzugehender Stadtrundgang, führt zu den größeren und kleineren Sehenswürdigkeiten. Einen entsprechenden Plan mit Kurzbeschreibungen verteilt die Touristinformation.

Newry Canal: Vom heute zum Parkplatz verfüllten **Victoria Basin** im Norden bis zum **Albert Basin** im Süden begleitet der Newry Kanal den Fluss quer durch die Stadt. Die großen Dampfer konnten nur bis in das 1850 geschaffene Albert Basin dampfen; kleinere Schiiffe luden ihre Waren direkt an den Quays der Stadt ab und wendeten dann im Victoria Basin. Der Verkehr auf dem Kanal endete 1958/59 mit dem Bau einer Brücke, die sich nicht mehr wie ihre Vorgänger hochklappen ließ. Kürzlich wurde jedoch südlich der Stadt eine

Schleuse restauriert, und wenn es nach den Plänen der Tourismusbranche geht, werden eines Tages wieder Freizeitkapitäne den Kanal befahren können.

Town Hall: Der **Clanrye,** der parallel zum Kanal durch Newry fließt, ist zugleich die Grenze zwischen Down und Armagh. Da beide Counties das neue Rathaus auf ihrem Boden sehen wollten, stellten die Stadtväter es 1893 schließlich genau in die Mitte – auf eine Brücke im Fluss. Heute residiert hier das Bezirksparlament von Newry, Mourne und South Armagh, also der katholischen Gebiete im Südosten Ulsters.

Sugar Island: Auf und um die Insel, auf der das Rathaus mit einem Fuß steht, sind noch eine Reihe von Gebäuden einen Blick wert. Gleich beim Rathaus z. B. das klassizistische Bankgebäude mit dem **Arts Centre** und dem **Heimatmuseum**. Prunkstück der für Fremde wenig interessanten Sammlung ist ein Tisch, der einmal Admiral Nelson gehörte. Die **Clanrye Mills** in der New Street wurden 1872, als die Fabrikherren sich noch um ästhetische Bauten bemühten, nach dem Vorbild venezianischer Palazzi errichtet.

🕐 Newry Museum, Bank Parade, Mo–Fr 11.30–16.30, Eintritt frei.

Trevor Hill: Auf dem Ostufer protzt das **Gerichtshaus** mit Granit und Stuck in "kompakter Eleganz", wie es ein Architekturkritiker beschrieb. In der Häuserzeile am Fuß des Trevor Hill findet man ein dezentes, dreistöckiges graues Haus mit blauer Tür, das von Francis Johnston einst für die Bank of Ireland entworfen wurde. Hinter dem **Heather Park** wacht auf dem Hügel die **St. Patrick's Church** über die Stadt, deren Vorläufer 1578 als erste reformierte Kirche Irlands gebaut wurde.

Hill Street: Die Hauptstraße Newrys und zwei Plätze sind nach Lord Hill und seinen Anverwandten benannt, der das frühere Sumpfland um 1760 entwässerte und überbaute. Bereits 1978 wurde die Straße für den Autoverkehr gesperrt. Die vornehmsten Gebäude sind einmal mehr die Bankpaläste. Haus Nr. 71/73 war Newrys erstes Theater. Am unteren Ende steht die granitgraue katholische **Cathedral of St. Patrick & St. Coleman,** die innen mit Marmor und Mosaiken verkleidet ist.

Newry/Umgebung

▸ **Bessbrook:** Die protestantische Enklave 5 km westlich von Newry wurde 1845 als Modelldorf von *John Grubb Richardson* errichtet, einem Industriellen, der hier Flachs anbauen und in der Leinenfabrik verarbeiten ließ. In ihrer besten Zeit beschäftigte die 1972 geschlossene **Bessbrook Mill** 2500 Arbeiter. Der sittenstrenge Richardson hatte sein Arbeiterdorf mit Schule, Kirche, Bank und allem Möglichen ausgestattet, nur Pub, Pfandhaus und Polizei waren tabu. George Bernhard Shaw nannte Bessbrook so eintönig, dass selbst die Schwäne auf dem Dorfweiher vor Langeweile verenden würden. Während Bessbrook heute mit Polizeikräften reichlich versorgt ist – die Briten haben das Fabrikgelände zu einer Helikopterbasis umgebaut – müssen die Leute zum Saufen auch weiterhin ins Nachbardorf. Am Ortsrand gibt es mit *Derrymore House* einen die letzten Jahrzehnte arg vernachlässigten Park samt reetgedecktem Landhaus (um 1800) im Stil der Cottage orné.

🕐 Derrymore House, Mai–Aug. Di–Sa 14–17.30 Uhr, Eintritt 2 £.

Brontë Homeland

Bei **Rathfriland**, etwa 15 km nordöstlich von Newry, weisen Schilder ins Brontë Homeland und zum Brontë Homeland Drive. Der Zusammenhang mit den drei Brontë-Schwestern, deren unter Pseudonymen veröffentlichte Romane die literarischen Salons des viktorianischen Englands in Aufruhr versetzten, scheint allerdings weit hergeholt. Im Brontë Homeland wuchs lediglich ihr Vater Patrick (1777–1861) auf, ein anglikanischer Geistlicher, der seine Kinder malträtierte und von jeder Gesellschaft fern zu halten suchte. Von den Töchtern betrat nur Charlotte (auf ihrer Hochzeitsreise) kurzzeitig irischen Boden. Die Rundfahrt führt zu einer zum Museum umgebauten Kirche mit Schule in **Drumballyroney,** an der Patrick Brontë einst wirkte, zu den Grundmauern seines Geburtshauses und zur Hütte, in der die Großmutter der Schwestern aufwuchs.

⌚ Brontë Homeland Centre, Drumballyroney Church, Ende März bis Sept. Di–Fr 10–17, Sa/So 14–18 Uhr. Eintritt 2 £.

Banbridge/Linen Homelands

Der Nordwesten von County Down wird von der Tourismusbranche als "Linen Homelands" vermarktet. **Banbridge** ist Ausgangspunkt der **Irish Linen Tour,** die auf einem Tagesausflug das Lisburn Linen Centre (s. S. 618), Mc'Conville's Leinenspinnerei in Dromore und schließlich eine der wenigen noch aktiven Webereien besucht. Unabhängig von der Tour kann in Banbridge das **Ferguson Linen Centre** besucht werden, eine Edelmanufaktur, die es mit ihren noblen Tischdecken geschafft hat, von 1854 bis heute zu überleben.

Die breite Hauptstraße von Banbridge hat eine abgesenkte Mittelfahrbahn, die unter einer Brücke hindurch einen kreuzungsfreien Geradeausverkehr erlaubt. Das wäre nicht weiter bemerkenswert, wäre diese Schnellstraße nicht bereits 1834 gebaut worden. Die Royal Mail hatte damals gedroht, ihre Postkutschen nicht mehr durch Banbridge zu schicken, da der Stadthügel für die Pferde zu steil sei. Deshalb senkten die findigen Bürger die Straße ab. An der Brücke über den River Bann hat die Stadt dem berühmtesten Banbridger ein Denkmal gesetzt. Vier **steinerne Eisbären** verteidigen Kapitän Francis Crozier gegen den Straßenverkehr. Der Polarforscher starb 1847 auf der Suche nach der Nordwestpassage im arktischen Eis.

- *Verbindung:* Banbridge liegt 20 km von Newry an der A 1 Richtung Belfast und wird von Ulster**bus** 38 und 238 angefahren.
- *Information:* 200 Newry Rd., ✆ 40 623 322, Mo–Sa 10–17 (Juli/Aug. bis 19 Uhr), Ostern–Okt. auch So 14–18 Uhr.
- *Irish Linen Tour:* Mai–Sept. Mi 10 Uhr ab dem Touristoffice (200 Newry Rd.). Telefonische Voranmeldung unter 40 623 322 ist angeraten, die Tagestour kostet 10 £ p.P.
- *Öffnungszeiten* des **Ferguson Linen Centre:** Führungen Mo–Do 11 u. 15 Uhr, Fr 11 Uhr. Eintritt 2 £. 54 Scarva Rd.

Scarva/Newry Canal

Bei Scarva, einem bescheidenen Städtchen am Newry-Kanal, campierte und exerzierte im Juni 1690 die Armee Wilhelms von Oranien, bevor sie sich auf den Marsch zur Schlacht am Boyne machte. Die Protestanten Scarvas feiern

Nordirland Karte Seite 562/563

dieses Ereignis noch immer jedes Jahr am 13. Juli, also einem Tag nach dem Orange Day, mit Schaukämpfen in historischen Kostümen und einem großem Volksfest. Am Nordrand des Orts erzählt ein bescheidenes *Visitor Centre* mit Bildtafeln und wenigen Artefakten die Geschichte des Newry-Kanals und seine Bedeutung für Scarva. Vor dem Haus erkennt man die Reste des alten Hafenbeckens. Folgt man dem als Wanderweg am Kanalufer neu angelegten Treidelpfad nordwärts, kommt man nach einer knappen halben Stunde zur verfallenen Schleuse *Campbell's Lock* und noch ein Stück weiter zu der *Terryboogan Lock*. Am Ortsrand von Portadown, kurz bevor der Kanal in den River Bann mündet, wurde im Schleusenhaus des *Moneypenny's Lock* eine weitere Ausstellung zum Kanal eingerichtet. Der Name der Schleuse geht nicht auf die Sekretärin von James Bond zurück, sondern auf die Familie der Schleusenwärter, deren Leben und Arbeit auch im Mittelpunkt der Ausstellung steht.

Bleibt noch eine ungewöhnliche Sehenswürdigkeit auf dem Westufer des Kanals zu erwähnen. In Tandragee, etwa auf der Mitte zwischen Scarva und Moneypenny's Lock, lädt die in einem alten Castle eingerichtete *Tayto Crisp Factory* dazu ein, die wundersame Verwandlung roher Kartoffeln in knackige Chips zu verfolgen.

• *Öffnungszeiten* des **Scarva Visitor Centre:** April–Sept. Di–Fr 11–17, Sa/So 14–17 Uhr; Eintritt frei. **Moneypenny's Lock,** Knock Bridge, April–Sept. Sa/So 14–17 Uhr, Eintritt frei. **Tayto Crisp Factory,** Führungen Mo–Fr nach telefonischer Anmeldung, ✆ 38 840 249.

County Armagh

Wer nachvollziehen will, warum die katholischen Nordiren sich wie in einem besetzten Land fühlen, sollte einen Abstecher ins "Banditenland" von Süd-Armagh machen. Sympathien für die republikanische Seite sind von Vorteil.

Von der katholischen Kathedrale in Armagh Stadt blickt ein versteinerter St. Patrick über die historische Hauptstadt Ulsters hinaus auf eine scheinbar stille, ländliche Idylle mit Obstgärten und sattgrünen Weiden. Dennoch ist ein Großteil von Armagh, wie schon der Süden von Down, derzeit kein attraktives Ferienland, sondern, so der Augenschein, ein besetztes Gebiet, in dem die Armee eine weitgehend katholische Bevölkerung in Schach hält, die mit Großbritannien nichts im Sinn hat. Die touristische Infrastruktur ist entsprechend bescheiden.

Süd-Armagh – das Banditenland

Nur ein paar Meilen südwestlich von Newry liegt das "Banditenland". So nennen jedenfalls die Soldaten Ihrer Majestät den Süden der Grafschaft Armagh.

Hier hatten britische Besatzungstruppen schon immer ihre Mühe mit den rebellischen Iren gehabt: in den Aufständen des 19. Jh., im Unabhängigkeitskrieg 1919–1921, während der so genannten Grenzkampagne der alten IRA in den fünfziger Jahren und ganz besonders seit Beginn der "Troubles". Die Bewohner nannten ihr Gebiet hingegen "Freie Volksrepublik South Armagh", und das nicht ohne Grund.

Die Grenze: Nirgendwo ist deutlicher zu sehen, welch Unfug es war, die Insel zu teilen. Vor 1921 hatte die Grenze nur eine administrative Bedeutung gehabt. Heute verläuft sie völlig unübersichtlich und meist auch unsichtbar entlang alter Gemeinde- und Pfarrbezirke. Sie zieht sich quer über Wiesen, kreuzt hier eine Straße, folgt dort einem Weg und geht ab und zu auch direkt an einer Hauswand vorbei. In einem Fall verläuft sie mitten durch ein Wohnhaus, in einem anderen überschreiten die Kunden eines Krämerladens die Staatsgrenze, wenn sie einkaufen gehen: Der Gehweg vor dem Geschäftseingang gehört zu Nordirland, der Verkaufsraum liegt in der Republik. Manchmal markiert ein einsamer Pfahl die Grenze, manchmal ist es nur ein kurzer Strich auf der Straße. Diese Grenze zu kontrollieren, war und ist für die britische Armee und die irische Gardai völlig unmöglich. So sorgte der Schmuggel hier auch in politisch ruhigeren Zeiten für kleine Nebeneinkünfte der armen Bevölkerung auf beiden Seiten – mal waren Zigaretten, Whiskey, Benzin und anderes im Süden billiger, mal im Norden. Und mit den "Troubles" kam natürlich der Transport von Waffen, Sprengstoff und Munition für die IRA hinzu. Um diesen regen Verkehr zu unterbinden, errichtete die britische Armee entlang dieser Staatsgrenze zahlreiche Beobachtungstürme, die rund um die Uhr besetzt und mit den modernsten optischen Geräten ausgestattet waren. Aber sie nutzten nicht viel – im Gegenteil: Sie waren selbst Ziel vieler Angriffe.

Geschichte: South Armagh ist ein Hügelland mit einer kargen Krume und sumpfigen Senken. In solch mühsame, landwirtschaftlich unergiebige Regionen hatten die britischen Kolonialherren ab dem 17. Jh. die (katholischen) Iren und Irinnen abgedrängt, um den (protestantischen) Siedlern Platz zu schaffen, die im Rahmen der "Plantation" in den Nordosten der irischen Insel verfrachtet wurden. Die Siedler nahmen sich die Täler mit den saftigen Wiesen, der ursprünglichen Bevölkerung blieben nur die Hügel. Das ist im Nordosten heute noch so: die Protestanten unten, die Katholiken oben. South Armagh war so arm an Boden, dass hier die Bevölkerung fast ausschließlich irisch-katholisch blieb – und das rächte sich, als die "Troubles" begannen und die britische Armee die Region besetzte. Hier waren die Soldaten niemandem zu "Hilfe" und zum "Schutz" geeilt, hier ging es selbst dann noch friedlich zu, als in Belfast und Derry der protestantische Mob mit Unterstützung der protestantischen Polizei ganze Straßenzüge brandschatzte.

Karte Seite 562/563

Die Armee: Die Ankunft der britischen Truppen empfand die Bevölkerung erst überhaupt nicht bedrohlich. Doch begann sich die Armee so aufzuführen, wie es eine Besatzungsarmee immer tut: Soldaten verhafteten, schlugen, misshandelten und folterten Menschen, die sie für Sympathisanten der republikanischen Sache hielten. Binnen kurzer Zeit hatten sie die gesamte Bevölkerung zum Feind; selbst konservative, den militärischen Kampf der IRA ablehnende Bauern hielten bald mehr zu den "Jungs", die sie kannten, als zur britischen Staatsgewalt. Sie berichteten der IRA, wenn die Armee einen Kontrollposten einrichtete, sie gaben Informationen weiter, und die IRA wurde so erfolgreich, dass sich die Armee ab Mitte der 70er Jahre in South Armagh nur noch einzuigeln wusste. Die Besatzer bauten in jeder Kleinstadt ein Fort und ließen die Soldaten nach zahllosen Anschlägen auf die gepanzerten Fahrzeuge nur noch per Hubschrauber transportieren. So wurde Bessbrook zum geschäftigsten Helikopterport Europas, weil die Bevölkerung mit den Soldaten nichts mehr zu tun haben wollte; die Ladenbesitzer verkauften ihnen nicht mal eine Schachtel Streichhölzer. "Wir ignorieren die nicht einmal", sagten die Leute.

Crossmaglen

Die Bevölkerung von Crossmaglen, der Hauptstadt von South Armagh, errichtete auf dem großen Marktplatz ein Bronzedenkmal, das allen "Helden" gewidmet ist, die für "ihre Liebe zur irischen Freiheit" das Leben gaben. Das Denkmal steht knapp vor dem Eingang zur britischen Kaserne. Auf dem Platz selbst starben keine "Helden", nur britische Soldaten (bis zum Beginn des Waffenstillstandes 1994 waren es zwanzig); die lokalen IRA-Einheiten erlitten dank ihres Rückhalts in der Bevölkerung so gut wie keine Verluste. Deshalb war auch hier zu Beginn des Friedensprozesses die Skepsis über die neue "unbewaffnete Strategie" der republikanischen Bewegung besonders groß. "Wir haben doch schon gewonnen", sagten die Leute 1994. Die These, dass es im Banditenland zuerst wieder losgeht, sollten die Friedensverhandlungen scheitern, ist so abwegig nicht.

Einen Besuch ist Crossmaglen allemal wert. Mit etwas Glück trifft man sogar *Jim McAllister* in seinem Sinn-Féin-Büro am Rande des Markplatzes. McAllister amtiert seit Jahren als der allseits geachtete politische Vertreter von Crossmaglen und Cullyhanna im Bezirksrat von Newry; er kann hervorragend die aktuellen Entwicklungen einschätzen, die politischen Verhältnisse schildern und von seinem Traum eines "sozialistischen Irland" erzählen. Danach empfiehlt sich ein Besuch bei *Short's,* einem Pub in der Zufahrtsstraße auf der anderen Seite des Platzes. Hier schenkt Paddy Short seit 50 Jahren Bier aus. Paddy weiß alles über die Menschen, die hier leben, ihre Geschichte und die "Troubles" – und bei einem Pint spricht er auch gerne darüber.

Lesen: Harnden, Toby "Bandit Country – The IRA & South Armagh"

Slieve Gullion

Eine wenig befahrene Panoramastraße führt durch die bewaldeten Hänge um den Slieve Gullion herum; einen verschwiegenen See und den kahlen Gipfel kann man nur zu Fuß erreichen. Das Visitor Centre im Slieve Gullion Yard, einem alten Gutshof, informiert über die Wanderwege.

Newrys 575 m hoher Hausberg liegt etwa 10 km südwestlich neben der Forkhill Road. Früher verstellten oder entfernten Nationalisten die Wegweiser, um die ortsunkundige Armee in die Irre zu führen. Heute haben Kinder dieses Spiel übernommen, und so wird der Besuch nachgenannter Stätten in der Umgebung von **Camlough** zu einer kleinen Schnitzeljagd. Die beiden mittelalterlichen **Killevy Churches** gehen auf ein sonst verschwundenes Augustinerkloster zurück. Sie verstecken sich nahe einer heiligen Quelle in einem romantischen Hain mit verwitterten Grabplatten und Kreuzen. Auf einer Anhöhe wacht der **Ballymacdermot Cairn** über das Tal. Die beiden bronzezeitlichen Kammergräber wurden freigelegt, teilweise sind sogar die Decksteine über den Gängen noch am Platz. Nimmt man das gelegentliche Geknatter der Hubschrauber in Kauf, eignet sich der Cairn vorzüglich als Picknickplatz.

Ti Chulain Cultural Centre: Ungewöhnlich mutet an, in dieser Gegend einen Hort gälischer Tradition zu finden. Im Kulturzentrum Ti Chulainn (✆ 30 888 828) in **Mullaghbane** üben sich katholische Nordiren in irischer Sprache, alten Tänzen und Instrumenten. Im Sommer veranstaltet man Festivals. 2 Mio. Euro hat das neue Haus gekostet, Gelder aus Washington, Brüssel, London und Belfast. Die Meinung der Einheimischen, hier versuche Großbritannien sich den Frieden im Banditenland zu erkaufen, trifft wohl den Kern der Sache.

• *Übernachten:* **Slieve Gullion Yard,** ✆ 30 848 084, mit Coffeeshop. In den früheren Stallungen wurden auch fünf Apartments eingerichtet, die eigentlich für die Gäste von Konferenzen und Seminaren gedacht waren, die meiste Zeit aber leer stehen und deshalb auch an Wanderer vermietet werden.

Armagh (Stadt)

Mit mächtigen Kathedralen konkurrieren Katholiken und die anglikanische Staatskirche in Irlands heiliger Stadt um das Erbe des hl. Patrick.

Für beide Konfessionen gilt Irland als kirchenpolitische Einheit. Lange beanspruchte Dublin den Rang der religiösen Hauptstadt, und im Mittelalter legten sich die dortigen Erzbischöfe den Titel "hiberniae primas" (Primas von Irland) zu, worauf der Stuhl von Armagh mit einem "hiberniae totius primas" (Primas von ganz Irland) konterte. Seit gut hundert Jahren wird der katholische Erzbischof von Armagh zudem regelmäßig mit der Kardinalswürde ausgezeichnet.

Nordirland Karte Seite 562/563

Doch kommen wir aus den kirchenpolitischen Höhen zurück in die Stadt. Ein historisches Wohnquartier um den anglikanischen Dom, die gepflasterte und sorgsam gefegte Einkaufszone und schließlich die georgianische Prachtmeile der *Mall* schaffen gleichzeitig heimelige wie großzügige Atmosphäre. Gelber und rosaroter Sandstein setzen Farbtupfer, die gerade an Regentagen ihren vollen Glanz entwickeln. Der an Kunst und Geschichte interessierte Besucher findet das brandneue Theater und Ausstellungshaus *The Markt Place,* zwei *Kathedralen* und *Museen,* das *Planetarium* rückt den Sternenhimmel in greifbare Nähe. Die Schäden der "Troubles" wurden sorgfältig beseitigt, und dem pompösen *Courthouse* merkt niemand mehr an, dass es mehrmals Ziel von Autobomben war. Erst bei genauem Hinsehen entdeckt man, dass die Stadt tief gespalten ist und die Gemeinschaften ihren Streit nicht nur in Kanzelreden austrugen. Die Vorstadt im Norden um die verlängerte English Street ist die Hochburg der katholischen Seite, während Flaggen am unteren Ende der Scotch Street signalisieren, dass man hier das protestantische Quartier betritt.

Geschichte

Armagh (gäl. Ard Mhacha, "Höhe der Mhacha") trägt den Namen einer mythischen Göttin, die 608 Jahre nach der Sintflut mit ihrem Stamm in Irland angekommen und sich auf jenem Hügel niedergelassen haben soll, auf dem heute die protestantische Kathedrale steht. Etwa 300 v. Chr. errichtete dann eine andere, nicht weniger legendäre Mhacha das Navan Fort auf der anderen Flussseite.

443, so weiß die Überlieferung, vermachte der frisch bekehrte Lokalfürst *Daire* den Kirchhügel *St. Patrick,* der darauf inmitten des prähistorischen Ringforts seine Bischofskirche baute. Weitere Kirchen und Klöster entstanden, und ab dem 8. Jh. beanspruchte Armagh unter Berufung auf den Nationalheiligen eine Vorrangstellung gegenüber den anderen Bistümern Irlands. Zwischen 831 und 1013 verwüsteten die Wikinger bei zehn Überfällen die Stadt. *Brian Ború,* der den Nordmännern schließlich die entscheidende Niederlage beibrachte (s. S. 46), wurde auf seinen Wunsch hin in Armagh bestattet. Im Spätmittelalter stritten irische Clans untereinander und mit den Normannen um Armagh, mit den Reformationskriegen verkam das "irische Rom" zu einem unbedeutenden Dorf.

Um den Wiederaufbau Armaghs machte sich vor allem der anglikanische Erzbischof *Richard Robinson* (1709–1794) verdient, der Unsummen für die Renovierung der Kirchen, den neuen Bischofspalast und andere öffentliche Bauten ausgab. Ihm verdankt Armagh auch seine Mall, die Bibliothek und das Observatorium.

Information/Verbindungen/Diverses

- *Information:* 40 English St., ✆ 37 521 800, Mo–Fr 9–17.30, Sa 9–17, So 14–17 Uhr.
- *Verbindung:* Von der Westseite der Mall **Busse** nach Belfast, Enniskillen, Newry, Monaghan und Galway. Auskunft ✆ 52 22 66. Juli/Aug. fährt jede Stunde und öfter ein Oldtimerbus die Sehenswürdigkeiten der Stadt ab und bis hinaus zum Navan Centre.
- *Fahrradverleih:* **Brown's Bikes,** 21A Scotch St., ✆ 37 522 782.
- *Parken:* Bewachtes Parkhaus hinter der Touristinformation

Übernachten/Camping

Die Quartiere sind preiswert, doch die Auswahl ist beschränkt. Der nächste Campingplatz befindet sich 10 km außerhalb.

Charlemont Arms Hotel (3), 63 English St., ✆ 37 522 028, EZ 32 £, DZ 64 £. Einfaches, zentral gelegenes Stadthotel, die Zimmer weitgehend mit eigenem Bad.

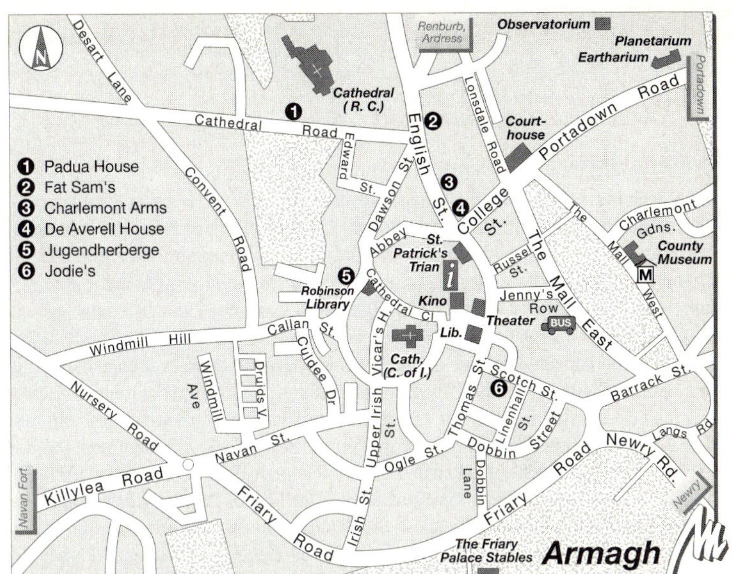

B&B De Averell House (4), 47 English St., ✆ 37 511 213, DZ 49 £. Ein neues B&B in einem alten Haus. John de Averell, der es 1770 bis zum Bischof vom Limerick brachte, baute seinen sieben Schwestern als Mitgift die "Seven Houses" – eine Zeile von identischen Reihenhäusern, denn keine sollte bevorzugt werden. In Nr. 3 wurden 4 Fremdenzimmer und ein Apartment eingerichtet, im Souterrain wurde ein Restaurant eingerichtet.

B&B Padua House (1), 63 Cathedral Rd., ✆ 37 552 039, DZ 30 £. Mrs. O'Hagans Hobby sind ihre Puppen, von denen sie wohl 50 Exemplare in jedem freien Winkel des Hauses und sogar auf den Treppenstufen platziert hat. Enge, plüschige Zimmer mit TV, freundliche Bewirtung mit Tee und Scones. Empfohlen.

Armagh City Hostel, 39 Abbey St., beim College der Queen's University, ✆ 37 511 800, Bett 11 £, DZ 25 £, im Winterhalbjahr zwischen 11–17 Uhr geschlossen. Ein neues und luxuriöses Hostel – die 2-Bett-Zimmer sind sogar mit TV und Fön ausgestattet. Gut eingerichtete Küche, Waschküche, Leseraum und eigener Parkplatz.

• *Camping:* **Gosford Forest Park,** an der A 28, 10 km südl. von Armagh, ✆ 55 12 77, ganzjährig, 2 Pers. mit Zelt 6–9 £. In einem Naturpark mit Castle und vielen Wanderwegen gelegen.

Essen/Pubs

Einfache Restaurants findet man in den Scotch und English Streets. Schwieriger wird es am Abend. Für einen Pub Crawl bieten sich die Kneipen um den Shambles Market an.

Charlemont Arms Hotel (3), English St. Mittags wie abends ist die rustikale Hotelbar ein echter Geheimtipp (um den die Einheimischen natürlich längst wissen) für gute Hausmanns- bzw. -frauenkost. Probieren Sie etwa Bangor & Mash (Gemüse mit Pellkartoffeln, Sauce und Schweinswürstchen).

Jodie's (6), 37 Scotch St., im 1. Stock mit rosa Vorhängen und Blümchentapete, Mi–Sa auch am Abend geöffnet. Burger, Chips und andere Standardgerichte der englischen Küche zu gemäßigten Preisen.

Pilgrim's Table in St. Patrick's Trian, 40 English St. Der Coffeeshop, der auch Plätze im Wintergarten und auf der Terrasse hat, bietet mittags eine reiche Auswahl auch an vegetarischen Gerichten.

Fat Sam's (2), Lower English St., Mo–Fr bis 17, Sa bis 18 Uhr. Hier können sich hartnäckige Anhänger volkstümlicher Fastfoodküche gemeinsam mit den Besuchern des Wochenmarkts den Ranzen füllen. Wechselnde Tagesgerichte, Burger, mit allerlei Saucen gefüllte Folienkartoffeln.

Station Bar und **Shambles,** Lower English St., empfehlen sich als Singing Pubs, **Calvert's,** Scotch St., zum Dancing.

Sehenswertes

St. Patrick's Trian: Das barocke Gebäude der Belfast Banking Company, in dem heute die Touristinformation residiert, ist zugleich der Eingang zu Saint Patrick's Trian, dem großen Besucherzentrum von Armagh. Doch was ist eine Trian? Das Wörterbuch schweigt sich aus. Im Mittelalter umfasste Armagh neben dem Kirchhügel ("rath") drei Stadtviertel, die auf gälisch "trian" (sprich: tri-en) genannt wurden, was zugleich ein Drittel wie ein Stadtviertel bedeutete.

Mit der lebensgroßen Puppe einer grotesken Touristin begegnen wir noch in der Schalterhalle uns selbst. Durch die Villa des Bankdirektors geht es weiter in eine moderne Rotunda mit Cafeteria und Souvenirläden. Im Mittelpunkt der Ausstellungen bzw. Shows steht, einer heiligen Stadt angemessen, der christliche Glaube und natürlich St. Patrick – in dessen Schriften Armagh übrigens mit keinem Wort erwähnt wird. *The Last of the Faithfull* erzählt das Leben des Heiligen, die Videoshow *Belief* betont die Einheit des Glaubens jenseits der konfessionellen Gegensätze, die *Armagh Story* begleitet uns durch die Stadt- und Kirchengeschichte. Wer all der in Armagh versammelten Heiligkeit samt Bigotterie überdrüssig geworden ist, findet ausgerechnet in der früheren Kirche der Presbyterianer willkommene Abwechslung. In *The Land of Lilliput* erzählt die geschickt auf eine Puppe projezierte Miene eines Schauspielers Gullivers Reise nach Liliput und Belfescu. Ein Modell stellt das Land Liliput nach, dessen Bewohner auf dem vertäuten Menschenriesen herumklettern.

⌚ Sept.–Juni Mo–Sa 10–17, So 14–17 Uhr, Juli/Aug. Mo–Sa 10–17.30, So 14–18 Uhr. Einlass bis 1 Stunde vor Schließung. Eintritt 3,75 £.

St. Patrick's Cathedral (Church of Ireland): Umbauten lassen den gotischen Kern des Gotteshauses nurmehr erahnen. Von den Steinmetzarbeiten der Außenwände blieben beispielsweise nur ein Band grotesker Köpfe erhalten. Eine Tafel an der Westfassade des nördlichen Querschiffs weist auf das Grab von BrianBorú hin. Das nüchtern gestaltete Innere der Kirche ist mit Gedenktafeln an verstorbene Adlige und Kirchenleute geschmückt. Im *Kapitelsaal* sind wahllos und ohne weitere Erklärung allerlei Funde versammelt, die im Stadtgebiet und speziell bei Bauarbeiten an der Kirche gemacht wurden: etwa die "Königin Mhacha", eine Frauengestalt mit Eselsohren, Kilt und Helm.

⌚ April–Okt. tgl. 10–17, sonst tgl. 10–16 Uhr, Führungen Juni–Aug. Mo–Sa 11.30 u. 14.30 Uhr.

Robinson's Library: Die Häuserzeile am Vicar's Hill gegenüber dem Eingang zur Kirche geht auf Richard Castle zurück und gehört zu den ältesten *Terraces* auf der Insel. Robinson's Library, am Fuße des Hügels, birgt neben vielen alten Manuskripten und Drucken eine Erstausgabe von Swifts "Gullivers Reisen" mit handschriftlichen Randnotizen aus der Feder des Autors. Außer der Bibliothek des sammelwütigen Erzbischofs wird hier auch seine Münzkollektion präsentiert.

⌚ Mo–Fr 10–13, 14–16 Uhr.

St. Patrick's Cathedral (katholisch): Über eine Treppenflucht nähert sich der Erdenwurm dem majestätischen, im neogotischen Stil himmelwärts strebenden Bauwerk. Unterbrochen von der Hungersnot zogen sich die 1840 begonnenen Bauarbeiten an der Kathedrale des ranghöchsten irischen Bischofs bis 1887 hin, der Mosaikschmuck des Innenraums wurde gar erst 1924 vollendet. Wegen dieser an Kitsch grenzenden Ausstattung, die in scharfem Kontrast zum kargen Interieur der anglikanischen Kathedrale steht, vergleichen Kunsthistoriker St. Patrick's mit einer römischen Vorstadtkirche. Doch über Geschmack lässt sich ja bekanntlich streiten. Der moderne Blickfang aus Lesepult, Altar und Tabernakelschrein wurde 1981 von Liam McCormick geschaffen, der uns schon als Architekt der avantgardistischen Kapelle am Grianan of Aileach (s. S. 557) begegnet ist.

Die Kathedrale des katholischen "Primus von ganz Irland"

Sternwarte/Planetarium: Nach einem schönen Spaziergang den College Hill hinauf erreicht man den Astropark um die **Sternwarte,** die 1990 ihr zweihundertjähriges Jubiläum feierte. Aus dieser Gralsburg der Astronomen bleibt die Öffentlichkeit ausgesperrt, lediglich durch die Fenster kann man auf die musealen Teleskope spähen, durch die Erzbischof Robertson den Himmel erforschte. Für die Laien wurde jedoch im gleichen Park ein **Planetarium** gebaut, dessen neue Hallen und Galerien bislang noch etwas spärlich mit Exponaten (darunter Meteoriten und ein Steinchen vom Mars), Computern und Vorrichtungen für Experimente gefüllt sind, an denen der Besucher auf spielerische Art physikalische Phänomene selbst entdecken kann. Das **Eartharium** zeigt die Entwicklung unseres Planeten, ein kluger Wettercomputer stellt Wetterprognosen und erinnert sich an die Wetterverhältnisse am Krönungstag der Queen, während des Dubliner Osteraufstands, zu unserem Geburtstag – ein globaler Wetterbericht der letzten hundert Jahre. Die Vorführungen im Sternentheater erlauben schließlich einen Blick auf das an der Kuppel simulierte Sternenzelt. Über eine interaktive Steuerung darf der Zuschauer Schöpfer spielen und das Geschehen am Himmel beeinflussen.

⌚ Mo–Fr 10–17 (Vorführungen Sept.–Juni 15 Uhr, Juli/Aug. stündl.), Sa/So 13.30–17 (Vorführung 14, 15, 16 Uhr); Eintritt 1 £, mit Vorführungen 3,75 £, http://star.arm.ac.uk.

The Mall: Auch diese Prachtmeile mit ihren zu einem großen Park erweiterten Mittelstreifen verdankt Armagh Erzbischof Robinson und dessen hier

Nordirland Karte Seite 562/563

Heiligtum der Astronomen in Armagh

geborenem Hofbaumeister Francis Johnson, der auch in Dublin mit hervorragenden Bauten vertreten ist (als sein Meisterstück gilt die Georgs-Kirche in der Temple St.). In den ersten Jahren diente die Mall auch als Pferderennbahn und Rinderweide. Das obere Ende wird vom **Courthouse** beherrscht, am anderen residiert die Stadtverwaltung im **Sovereign's House,** dazwischen liegen das Museum, die Gotteshäuser verschiedener Konfessionen und die Orangehall.

County Museum: Das 150 Jahre alte Heimatmuseum an der East Mall zeigt die üblichen Funde prähistorischen Steinzeugs, ausgestopfte Tiere und Militaria. Eine kleine Kunstgalerie feiert den Maler J.B. Vallely, dessen Ruf bislang kaum über die Stadtgrenzen hinaus drang, und den Dichter George Russell (1867–1935), der unter dem Künstlernamen Æ auch einige Bilder hinterließ. Die etwas antiquierte Präsentation wurde 1997 neu geordnet.

⌚ Mo–Fr 10–17, Sa 10–13, 14–17 Uhr. Eintritt frei.

Friary/Palace Stables Heritage Centre: Nahe den Ruinen der mittelalterlichen Franziskanerkirche baute Primas Robinson seinen **Bischofspalast,** in dem heute die Bezirksverwaltung residiert. Da Robinson jede Art Küchengeruch verabscheute, musste die Küche in einem separaten Gebäude eingerichtet werden, das mit dem Palast durch einen Tunnel verbunden war – das Essen dürfte nur noch lauwarm auf den Tisch gekommen sein. Um aus dem Schloss auf die Portalseite seiner Privatkapelle blicken zu können, die äußerlich eher einem griechischen Tempel als einer Kirche gleicht, nahm Robinson sogar die Ausrichtung des Altars nach Westen in Kauf. Im Park lasse man sich noch den für Blinde eingerichteten **Garten der Sinne** und das **Eishaus** zeigen, ein hausgroßer Steinkühlschrank aus vorelektrischer Zeit.

Was wäre ein solches Gelände ohne **Visitor Centre?** Die Ausstellung in den früheren *Stallungen* konfrontiert den Alltag der Magd Abigail und des Stallburschen Brendan mit dem Zeitvertreib von Elizabeth Cumberland. Diese, selbst Tochter des Bischofs von Kilmore, ist gerade beim Kollegen und Freund ihres Vaters zu Besuch und lamentiert über die zunehmenden Einhegungen der Felder, die ihre Ausritte erschweren – auch eine Perspektive. Solcherart Maßnahmen dürfte der Agrarreformer Arthur Young empfohlen haben, der, wir schreiben den 23. Juli 1776, ebenfalls gerade bei seiner Eminenz zu Gast ist. Mehr darüber in besagtem Visitor Centre oder in Youngs Reisebericht *A Tour in Ireland*. Die Romanze zwischen Arthur und Elizabeth, die der Leser jetzt vielleicht erwartet, entwickelt sich allerdings nicht.

⌚ Juni–Aug. Mo–Sa 10–17.30, So 13–18 Uhr, Okt.–Mai tägl. nur bis 17 Uhr, Eintritt 3,50 £.

Die Kugel rollt

Am ersten Sonntag im August wird in Armagh die Weltmeisterschaft im Road Bowling ("Bosseln") ausgetragen. Nachdem die Trophäe über Jahrzehnte nur zwischen Cork und Armagh als den einzigen Orten wechselte, in denen dieser Sport noch gepflegt wurde, bewerben sich neuerdings auch Mannschaften aus den USA, Italien, den Niederlanden und von der deutschen Nordseeküste. Selbst eine Frauenkonkurrenz um den Titel der "Queeen of the Road" wurde eingeführt.

Armagh/Umgebung

▸ **Gosford Forest Park:** Der um das neo-normannische Gosford Castle angelegte Park ist heute ein beliebtes Picknickziel. Botaniker erfreuen sich an einer mächtigen Himalaya-Tanne *(Abies spectabilis)*, an anderen Edeltannen und der seltenen Prinz-Albert-Eibe, Kleintierfreunde an offenbar glücklichen Exemplaren seltener Hühnerrassen und anderen außer Mode geratenen Nutztieren, die hier gehegt werden. Am Aussichtspunkt *Deans Chair* soll Jonathan Swift, der das Schloss auch in seinen Gedichten feiert, viele Stunden verbracht haben.

⌚ Tgl. 10 Uhr bis Sonnenuntergang, Eintritt mit Auto 3 £, Fußgänger/Radfahrer 1,50 £; der Park liegt an der Armagh–Newry Rd. bei Markethill.

Navan Fort

Das Navan ist eines der wichtigsten Monumente aus Irlands Frühgeschichte. Ein Erdwall von etwa 250 m Durchmesser umgibt einen künstlichen Hügel, der seinerseits etwa 50 m Durchmesser hat. Im Sagenzyklus des *Táin Bó Cúailgne* (s. S. 196) ist Navan (gäl. *Eamhain Mhacha*, "Mhachas Zwillinge") Sitz des Königs Conchobar von Ulster und Schauplatz der Geschichten um den Helden Cúchulainn. Das Fort war im 2. Jh. n. Chr. so bedeutend, dass es sogar der alexandrinische Geograph Claudius Ptolemaios auf seiner Weltkarte notierte und mit der Unterzeile "Regia" als königliche Residenz kennzeichnete. In der näheren Umgebung gibt es mit dem Wasserheiligtum **King's Stables** und der Wohnstatt **Haughey's Fort** noch zwei weitere vorgeschichtliche Fundorte.

Karte Seite 562/563

Fort: Auch nach den in den 60er Jahren unternommenen Ausgrabungen bleibt unklar, wie alt und was Navan Fort eigentlich war. In der untersten Schicht des Cairns fand sich eine bronzezeitliche Siedlung (8./7. Jh. v. Chr), einzelne Spuren reichen gar bis in die Steinzeit zurück. Keltische Siedler übernahmen den Ort; vermutlich Herren von Rang mit weit reichenden Verbindungen, denn unter alten Knochen fand sich auch der Schädel eines nordafrikanischen Affen, der als Geschenk oder Souvenir nach Navan kam. In der obersten Schicht entdeckten die Archäologen Reste eines runden, hölzernen Bauwerks von 40 m Durchmesser, dessen Dach von fünf Kreisen aus zum Mittelpunkt hin immer höheren Eichenpfosten getragen wurde. Nach den Baumringen zu urteilen, wurden die Eichen etwa 100 v. Chr. gefällt. Dieses Gebilde in Gestalt eines Zylinders mit aufgesetzem Kegel wurde nach einigen Jahren dann etwa auf halbe Höhe mit Steinen verfüllt – und abgebrannt. Die ganze Mühe war also offenbar auf ein gigantisches Brandopfer verwendet worden. Schließlich bedeckten die Leute die Brandstätte noch mit einem etwa 2,5 m dicken Mantel aus mehreren Lagen Erde, die teilweise von weit entfernten Orten herangebracht wurde.

Mhachas Zwillinge

Der Legende nach soll eines Tages am Hof des Witwers Crunnchu eine schöne Frau erschienen sein. Sie führte ihm den Haushalt, brachte das Gehöft zu Wohlstand, teilte auch des Hausherrn Bett und ward schließlich schwanger. Als Crunnchu zur alljährlichen Versammlung der Ulsterfürsten aufbrach, bat sie ihn, dort nichts von ihrer Verbindung zu erzählen. Doch Crunnchu konnte den Mund nicht halten und verstieg sich beim Rennen zu der Behauptung, seine Frau sei schneller als die besten Pferde des Landes. König Conchobar wollte den Beweis sehen, ließ die Schwangere holen und laufen. Mhacha gewann, brach am Ziel zusammen, gebar ihre Zwillinge und starb – nicht ohne zuvor die Männer von Ulster zu verfluchen: Über neun Generationen hinweg sollten sie angesichts jeder Gefahr in die Schwäche und den Schmerz einer gebärenden Frau verfallen.

Visitor Centre: Kein Wunder, dass ein solches Bauwerk zu vielen Spekulationen Anlass gibt, über die Sie im Visitor Centre mehr erfahren. Dieses duckt sich in eine Mulde, um den Blick auf den Navan-Hügel nicht zu verstellen. Wer Newgrange kennt, wird die nicht zufällige Ähnlichkeit erkennen. Die Show beginnt mit "Dämmerung" *(The Dawning)*, einem Film, der über die Mythen die Geschichte von Navan rekonstruiert. In der "Wirklichen Welt" *(The Real World)* können wir uns über ausgestellte Bodenfunde und Nachbildungen mit Schautafeln, Texten und an Touchscreens selbst ein Bild machen, während die "Andere Welt" *(The Other World)* uns mit einer Hightechshow in drei Geschichten von Deirdre und Cúchulainn entführt – Richard Wagner hätte an dieser Inszenierung sicher seine Freunde gehabt.

Mit dieser Vermischung von Poesie und Archäologie entlässt das Centre den Besucher einigermaßen verwirrt. Die Cúchulainn-Show transportiert außer alten Sagen auch eine hochaktuelle politische Botschaft. Nicht umsonst haben die militanten Loyalisten den sagenhaften Helden und Verteidiger Ulsters gegen eine Invasion aus dem Süden zu ihrem Symbol erhoben und stellen ihn gern auf ihren Mauerbildern dar. Die katholische Minderheit dürfte das Navan Centre mit gemischten Gefühlen verlassen.

Ⓘ Mo–Fr 10–17, Sa 11–17, Sa/So 12–17 Uhr (Mai–Sept. tgl. bis 18 Uhr), Einlass bis eine Stunde vor Schließung. Eintritt 5 £.

▸ **Benburb:** Das Dorf liegt über einem Knie des Blackwater, der hier mit Schwung über kleine Wasserfälle und Kaskaden talwärts plätschert. Auf dem Südufer begleitet ihn das trockene Bett des Ulster-Kanals. Unten am Fluss wird gerade die alte Burg restauriert, oben beherrscht ein jetzt als Kloster genutztes viktorianisches Herrenhaus mit schönem Park den Ort, während die alten Stallungen und der Gutshof als Tagungszentrum dienen. Im 2. Weltkrieg unterhielten die Amerikaner hier ein Militärkrankenhaus. Die Wasserkraft des Flusses und die Transportmöglichkeiten auf dem Kanal ließen im eine gute halbe Stunde flussabwärts liegenden Milltown eine Textilfabrik entstehen. 1979 stellte *Orr's Mill* die Arbeit ein, ohne dass sich jemand die Mühe machte, die alten Webstühle zum Schrotthändler zu bringen. Teils notdürftig restauriert, doch größtenteils verrostet, stehen sie allesamt am alten Platz, und man kann sich ein gutes Bild von der früheren Fabrik machen. Nur das Kesselhaus mit den Dampfmaschinen und Turbinen wurde zu musealem Glanz aufpoliert.

• *Öffnungszeiten* von **Ors Mill:** Ostern–Sept. Di–Sa 9–18, So 14–18 Uhr, letzte Führung eine Stunde vor Schließung. Eintritt 1,50 £.

• *Übernachten:* **Benburb Valley Hostel,** neben dem Heritage Centre, 89 Milltown Rd., ✆ 37 549 752, Bett 7 £, DZ 18 £.

▸ **Loughgall:** Der Diamond Hill in der Nähe von Loughgall war 1795 Schauplatz eines Scharmützels zwischen Katholiken und Protestanten, das den Anlass für die Gründung des *Orange Order* gab. Diese nach Wilhelm von Oranien, dem Sieger der Schlacht am Boyne, benannte Loge bildet den harten Kern der nordirischen Unionisten. In Loughgall rekapituliert ein kleines Museum die Geschichte der Loge. (Siehe auch Kasten "Für Gott und Ulster – die protestantischen Logen, S. 668.)

▸ **Ardress House:** Mit begrenzten Mitteln, doch viel Geschmack verwandelte Architekt *George Ensor* 1760 das Bauernhaus seiner Schwiegereltern in ein kleines Herrenhaus mit einem wunderschönen Stucksalon, in dem noch immer Möbel aus dem 18. Jh. stehen. Auch im Park gibt sich das Anwesen sehr bodenständig. So wird die Auffahrt nicht von irgendwelchen Exoten oder auf Eindruck zielenden Baumriesen gesäumt, sondern von schlichten Apfelbäumen. Die Landwirtschaft wird bis auf den heutigen Tag weitergeführt, und im angrenzenden Hof zeigt eine Ausstellung alte Gerätschaften und Haustiere.

Ⓘ **Park** April–Sept. Mi–Mo 12–18 Uhr; **Haus** und **Farm** April/Mai, Sept. Sa/ So 14–18 Uhr, Juni–Aug. Mi–Mo 14–18 Uhr. Eintritt Haus mit Farm 2,70 £. Bus 19 Portadown–Moy hält vor dem Haus.

Nordirland
Karte Seite 562/563

Für Gott und Ulster – die protestantischen Logen

Mitten in der sommerlichen nachrichtenarmen Saure-Gurken-Zeit wird Nordirland für Presse und Fernsehen zum verlässlichen Lieferanten von Schlagzeilen. Am 12. Juli marschieren die "Orangemen" – im guten Fall werden bunte Bilder von farbenfroh dekorierten Herren mit Schärpen und Bowlerhüten, Picknicks und Karnevalatmosphäre geliefert, gewöhnlich aber Szenen, in denen ein massives Polizeiaufgebot, das "Wegerecht" der protestantischen Marschkolonne durch katholische Wohngebiete erzwingt. Am 12. Juli steht der Frieden auf der Kippe. Wer sind diese Oranier?

Die 50.000 bis 100.000 nordirischen Oranier sind in 1400 lokalen Logen organisiert, die jeweils ihr Versammlungshaus (Orange Hall), ihr eigenes Banner, wie jeder ordentliche Verein einen eigenen Vorstand mit Kassier und 2. Präsidenten, aber auch einen Kaplan haben. Die einzelnen Logen wählen Delegierte zu den Bezirkslogen, die wiederum zu den County-Logen, und diese bestimmen schließlich die Mitglieder der Großloge, deren etwa 40 Köpfe umfassendes Zentralkomitee die eigentliche Führung der irischen Oranier ist. Weitere Großlogen existieren in England und Schottland, in den USA, Australien und anderen Emigrantenländern, ja sogar in Westafrika.

Bei seiner Aufnahme versichert der neue Orangeman, treues Mitglied einer protestantischen Konfession zu sein, protestantische Eltern und gegebenenfalls eine protestantische Frau zu haben, den Sonntag zu heiligen, die Bibel zu lesen und sich von "Popish worship" fernzuhalten. Dazu verpflichtetet er sich zu Gehorsam gegenüber dem Statut und dem Logenmeister. Der Nachwuchs wird in der *Junior Loyal Orange Lodge* organisiert, und seit Kurzem dürfen mit den *Loyal Orangewomen* auch die Frauen mitmachen. Bewährte Oranier werden mit einem den Bräuchen der Burschenschaften vergleichbaren Initiationsritual in den *Royal Arch Purple Order* aufgenommen. Paul Malcomson, als abtrünniges Ordensmitglied Kenner der Szene, führt diese oft blutigen Riten in seinem Buch "Behind Closed Doors" auf alte Bräuche der Freimaurer und von Satanskulten zurück, nicht aber auf christliche Traditionen. Als höchste Stufe winkt schließlich die Mitgliedschaft in der *Royal Black Institution*, die nicht am 12. Juli, sondern erst Ende August durch die Straßen marschiert. Wer hier mitmachen will, muss sogar seine eheliche Geburt nachweisen. Eine besonders radikale, politisch der DUP Ian Paisleys nahestehende Minderheit von Orangemen hat sich im *Independent Orange Order* organisiert. Formal völlig unabhängig von den Oraniern operieren schließlich die *Apprentice Boys of Derry*, die etwa 10.000 Mitglieder haben mögen.

Wie ihre Führer zu betonen nicht müde werden, sind die Logen soziale und kulturelle Vereinigungen. Auf dem Lande etwa sind die Orange Halls Treffpunkte für Müttergruppen, Rentner und Jugendliche. Die Mitgliedschaft hilft bei der Job- und Wohnungssuche, eigene Darlehenskassen der Logen gewähren zinsgünstige Kredite. Darüber hinaus sichern die Logen mit ihrem radikalen Anti-Katholizismus die konfessionsübergreifende, protestantische Identität der in ein Dutzend Kirchen zersplitterten Unionisten. Ein Minister wurde aus der Loge gefeuert, nachdem er bei einer katholischen Zeremonie zugegen war; ein anderer kam durch freiwilligen Austritt dem Ausschluss zuvor, nachdem seine Tochter einen Katholiken geheiratet hatte.

Über die einst aus dem Orange Order heraus gegründete Ulster Unionist Party (UUP) agiert die Loge auf allen politischen Ebenen und liefert den Politikern zugleich eine Massenbasis. Alle sechs Premierminister der nordirischen Regierungen (1921–72) waren Orangemen, dazu 90 % der Minister und der übrigen Stormont-Abgeordneten. Auch die Spezialeinheiten der Polizei rekrutieren sich weitgehend aus Orangemen. Dazu binden die Oranier protestantische Unternehmer und ihre Beschäftigten in eine ständische Hierarchie, die soziales oder gar klassenkämpferisches Aufbegehren in einen Kampf gegen Katholizismus und Republikanismus bzw. gegen die katholische Minderheit umlenkt, die als Schuldiger für die zunehmend schlechtere Lage der protestantischen Unterschichten ausgemacht wird.

Zum Terror der loyalistischen Paramilitärs hat die Orange Lodge ein widersprüchliches Verhältnis. Offiziell hält man Distanz. Den *Orange Volunteers,* wie sich der in den 70er Jahren aktive militärische Flügel der Oranier nannte, wird nur ein einziges Attentat nachgesagt. Die Royal Blacks verbieten bei ihren Paraden etwa das Zurschaustellen von Symbolen und Standarten der bewaffneten Gruppen wie UDA, UVF oder UFF. Andererseits nehmen Kapellen der loyalistischen Untergrundorganisationen regelmäßig an den Umzügen in Derry teil.

Südufer von Lough Neagh

In den Flachwassern von Irlands größtem See (ca. 390 qkm) tummelt sich die größte Population an Wasservögeln auf den britischen Inseln. Zwei Naturschutzgebiete machen mit dem ganz unterschiedlichen Feutland-Biotopen bekannt.

Lough Neagh ist über den bei Coleraine mündenden *River Bann* mit dem Atlantik verbunden. Dazu kamen im 19. Jh. die nach Belfast und Newry führenden Kanäle, so dass der See vor dem Eisenbahnzeitalter sozusagen der Verkehrsknotenpunkt von Ulster war. Heute ist es auf dem flachen, höchstens 9 m tiefen Wasser ruhiger geworden, als einziges größeres Schiff kreuzt gelegentlich die in Antrim stationierte *Maid of Antrim* mit einer Ladung Touristen auf dem See. Angler schätzen den *Pollan,* eine nur im Lough Neagh und seinen Zuflüssen heimische Seeforellenart. Auch die Aale des Sees gelten als Delikatesse und werden bis auf den Kontinent exportiert, Karpfen und Hecht landen auf lokalen Speisetischen, und die erst in den 70er Jahren im See ausgesetzten Rotaugen gedeihen prächtig. Die Ablagerungen von Algen im Brackwasser wurden im 2. Weltkrieg als Bindemittel für Sprengstoffe verarbeitet.

Karte Seite 562/563

Oxford Island/Lough Neagh Discovery Centre: Mehr über den See erfährt man im Visitor Centre des Naturschutzgebiets. Nach einem Videofilm, der kein Klischee auslässt, kommt in der Ausstellung auch die Ökologie zu Wort. Wir sehen einen halb fertiggestellten, 1500 Jahre alten Einbaum und versteinertes Holz und dürfen uns, die richtige Bedienung der Touchscreens vorausgesetzt, vom Computer weitere Fragen beantworten lassen. Am Weg zum Coffeeshop wird der Besucher dann allerdings für dumm verkauft, indem ihm die elektrische Nachtspeicherheizung des Gebäudes als Beitrag zum Umweltschutz angepriesen wird. Leihen wir uns lieber ein Fernglas und beobachten draußen die Wasservögel, die sich offenbar weder vom Lärm der nahen Autobahn noch von den Helikoptern stören lassen.

⌚ April–Sept. tägl. 10–19 Uhr, Okt.–März Mi–So 10–17 Uhr. Eintritt ins Visitor Centre 3 £. Das Naturschutzgebiet ist von der M 1 (Ausfahrt 10) ausgeschildert.

Peatlands Park: Durch Torfabbau, Aufforstungen, die Umwandlung zu Weideland oder gar durch die Nutzung als Mülldeponie wurden die ausgedehnten Moore Nordirlands zu kleinen Inseln dezimiert, die noch 12 % der Oberfläche der sechs Counties bedecken. Auf Spaziergängen durch den Peatland Park kann der Besucher (trockenen Fusses) die einzigartige Pflanzen- und Tierwelt des Moors kennen lernen. Im Sommer fährt eine Schmalspurbahn durch das Gelände – eine Hinterlassenschaft der Gesellschaft, die früher Torf abbaute. Außer dem Moor gehören zum Naturreservat auch ein natürlicher Wald und schließlich ein Park mit Rhododendron und Zierbäumen, in dem einst adlige Grundherren ihre Jagdgesellschaften unterhielten. Das Visitor Centre im alten Gutshof gibt sich angenehm bescheiden – kein Multimediaspektakel, sondern eine schlichte Ausstellung zur Naturkunde des Parks.

⌚ **Park** tägl. bis Sonnenuntergang, **Visitor Centre** Ostern bis Sept. tägl. 14–18, Juli/Aug. Mo–Sa 10–18, So 13–18 Uhr, Eintritt frei, von der Ausfahrt 13 der M 1 ausgeschildert.

Cornmill Heritage Centre: Die alte Getreidemühle von Coalisland zeigt mit Hilfe modernsten Entertainments den Bürgerfleiß und die Industriegeschichte von Ulster, die hier über 400 Jahre ganz im Zeichen der Kohle stand.

⌚ Mo–Fr 10–17 Uhr. Eintritt 1,50 £. Lineside, Coalisland, von der Ausfahrt 14 der M 1 ausgeschildert.

County Tyrone

Das Bauernland Tyrone hat mit Touristen wenig im Sinn: kleine und kleinste Dörfer, dazwischen Felder, Weiden und nochmal Felder; dazu einige Fernstraßen, auf denen die meisten Reisenden schnell das Weite suchen.

Außer vielleicht mit neuen BSE-Fällen und anderen "Meldungen für den Landwirt" macht Tyrone in der Presse keine Schlagzeilen. Bezeichnenderweise beschäftigen sich die Heritage Centres in Tyrone, allen voran der sehenswerte *Ulster-American Folk Park,* mehr mit der Auswanderung als mit der Heimat. Wanderer, die Einsamkeit und Natur suchen, werden jedoch vom

spröden und menschenleeren Hügelland der *Sperrin Mountains* begeistert sein. Von den zahlreichen prähistorischen Relikten seien die *Steinkreise von Beaghmore* oder der *Cairn von Knockmany* erwähnt, dazu die mittelalterlichen *Hochkreuze von Ardboe* und *Donaghmore* und schließlich der Hügel von *Tullaghoge,* auf dem sich die O'Neills krönen ließen und der bis heute die beste Aussicht über das Land bietet.

Neben dem Hauptort *Omagh* gibt es gerade drei größere Städte: *Strabane,* eine katholische Insel im protestantischen Umfeld, deren Bewohner tagaus tagein von gigantischen Wachtürmen observiert werden. *Cookstown,* von der Fremdenverkehrswerbung für seine Würstchen gerühmt, ist in Wahrheit das abschreckende Beispiel einer zwischen Loyalisten und Republikanern gespaltenen Stadt. Die einen wohnen im Quartier am oberen Ende der schnurgeraden Hauptstraße, die anderen am unteren; die Zugänge bewachen zwei Militärposten. "Wir entschuldigen uns für die Unannehmlichkeiten. Die Verantwortung dafür tragen die Terroristen". *Dungannon,* die vierte Stadt, machte 1969 mit einem der ersten Bürgerrechtsmärsche auf sich aufmerksam.

Geschichte

Geographisch liegt das County im Mittelpunkt Ulsters. Umgeben und geschützt von Sümpfen, Seen und Bergen war Tyrone im 16. Jh. ein Zentrum des irischen Widerstands gegen die Engländer. *Hugh O'Neill,* Nachfahre der alten Ulster-Könige und Enkel des ersten Earl of Tyrone, war, halb als Elitesprössling und halb als Geisel, bereits in England erzogen worden. Doch diese Erziehung blieb offenbar fruchtlos. Zurück in Ulster (1585) befreite er sich vom britischen Einfluss und bekämpfte die Kolonialmacht, bis er bei Kinsale (1601) vernichtend geschlagen wurde. O'Neill und die irischen Fürsten mussten auf Titel und Land verzichten. 1607, die Einwanderung der englischen und schottischen Siedler war bereits im Gange, führte Hugh O'Niell die irischen Fürsten, die jetzt keine mehr waren, ins Exil auf den Kontinent und schließlich nach Rom, von dem er sich vergeblich Hilfe gegen die Reformierten erhofft hatte. Er liegt dort in der Kirche St. Pietro begraben.

Doch die protestantischen Siedler, deren Nachfahren bis heute das Land von Tyrone beackern, hatten offenbar keine gute Wahl getroffen. Schon im 18. Jh. suchten viele von ihnen ihr Glück in Amerika oder gar Australien. Auch die kurze Blüte der Leinenindustrie konnte diese Abwanderung nicht aufhalten – nach deren Niedergang war das County wieder ohne Industrie und ein Bauernland wie eh und je.

Karte Seite 562/563

Cookstown

Ein Ort zur Durchreise, der bestenfalls einen Eindruck von der Langeweile irischen Kleinstadtlebens zu vermitteln vermag. In der Umgebung sind die Steinkreise von Beaghmore und das Hammerwerk der Wellbrook Mill einen Abstecher wert.

Mit der Enteignung der irischen Fürsten kam das Gebiet an den Kirchenrechtler Allen Cook, der Cookstown mit Hilfe englischer und schottischer Kolonisten gründete. 1641 bemächtigten sich die irischen Nachbarn der Stadt, die zwei Jahre darauf von englischen Truppen dem Erdboden gleich gemacht wurde. 1734 nahm William Stewart, damals der größte Grundherr in Tyrone, einen neuen Anlauf und gründete etwas südlich der Cook'schen Siedlung, die gerade noch aus zwei Häusern bestand, die heutige Stadt. Auch die 40 m breite und über 1 km lange Hauptstraße geht auf Stewarts Planung zurück – der Ort wetteifert mit Letterkenny um die Ehre, Irlands längste Main Street zu besitzen. Am einen Ende wohnen die Protestanten, am anderen die Katholiken, und in der Mitte wacht eine martialische Garnison mit Beobachtungstürmen über den Waffenstillstand. Selbst der umfangreiche Stadtprospekt muss bei der Suche nach Sehenswürdigkeiten in die Umgebung ausweichen. Die erbitterten Auseinandersetzungen während der "Troubles" unterschlägt er ebenso wie die bekannteste Bürgerin von Cookestown, die am katholischen Ende aufgewachsene Bürgerrechtlerin Bernadette McAliskey. Noch am interessantesten wäre vielleicht *Killymoon Castle,* das letzte Schloss der Stewarts unten am Fluss. Als Privatbesitz eines Großfarmers bleibt es Besuchern jedoch verschlossen.

• *Information:* 48 Molesworth St., ✆ 86 766 727, Mo–Fr 9–17 Uhr, Ostern bis Sept. auch Sa 10–16 Uhr. Im früheren Bahnhof, mit kleiner Ausstellung zur Eisenbahngeschichte. Umzug ins Verwaltungsgebäude Burnavon, Burd Rd., geplant.

• *Verbindung:* Vom Busbahnhof in der Molesworth St. nahe der Touristinformation mit Ulsterbus 210 nach Belfast, Nr. 278 nach Dungannon und Monaghan, Lokalbusse nach Omagh und Draperstown. Auskunft ✆ 86 766 440.

• *Markt:* Samstags Wochenmarkt auf der William St.; Viehmarkt Mo (Rinder, Schafe) Fr (Rinder), Sa (Schafe) an der Molesworth St.

• *Reiten:* **Edergole Rinding Centre,** 70 Moneymore Rd., ✆ 86 762 924, veranstaltet Trekking Touren in die Sperrins. Übernachtung im eigenen B&B.

• *Übernachten:* ** **Tullylagan Country House,** 40b Tullylagan Rd., ✆ 86 765 100, ℻ 86 761 715, EZ 50 £, DZ 70 £. Das Hotel in einem großen Park scheint äußerlich ein älteres Landhaus zu sein, wurde tatsächlich aber erst vor wenigen Jahren gebaut. Die 15 Zimmer sind alle mit TV, Telefon und Teetablett ausgestattet, die luxuriösen Bäder haben sogar ein Bidet. Für Regentage gibt es eine Hausblibliothek. Mit Restaurant.

B&B Central Inn, 27 William St., ✆ 86 762 255, DZ 35 £. Fünf Zimmer mit Bad über einem Pub mit Restaurant an der Hauptstraße. Kein Palast, doch im Stadtzentrum ohne Konkurrenz.

• *Camping:* der nächste Platz ist im **Drum Manor Forest Park,** 4 km westlich der Stadt, ✆ 86 762 774. Eine einfache Campingwiese mit heißen Duschen und WC, dazu in Laufweite die tagsüber geöffnete Cafeteria des Waldparks.

• *Essen:* **Cookstown Courtyard,** 56 William St., Mo–Sa bis 18 Uhr. Ein mit Pflug und alten Karren rustikal gestalteter Coffeeshop; preiswerte Naturkostküche.

Umgebung von Cookstown

Kinturk/Ardboe Cross: Vor einer Klosterruine, mit dem Rücken zum See steht am Ufer des Lough Neagh das imposante *Ardboe Cross*. Die Reliefs des gut 5 m hohen Kreuzes aus dem 10. Jh. zeigen auf der Ostseite Szenen des alten Testaments. Man erkennt etwa Adam und Eva, das Opfer Isaaks und Daniel in der Löwengrube. Die andere Seite, heute stark verwittert, führte den Gläubigen das Wunder von Kanaan, den Einzug nach Jerusalem und schließlich die Kreuzigung vor Augen. Im nahen Fischerdorf *Kinturk* dreht sich eine Ausstellung im Cultural Centre um den See und den Aal, den die Leute hier aus dem Wasser holen.

Ⓣ **Kinturk Cultural Centre,** tägl. 9–17, 19.30–23.30 Uhr. Eintritt 1 £.

Drum Manor

Drum Manor Forest Park: Park, Fischteiche und Wald gehörten zur Residenz der Familie Close, von der außer dem Turm allerdings nur die leere Hülle übrig blieb – eine romantische Ruine. Durchs Gelände führen markierte Spazierwege. Als besondere Attraktion wird ein *Schmetterlingsgarten* geboten, dessen Wildblumen und Sträucher gezielt dazu ausgewählt wurden, um Schmetterlinge anzulocken.

Ⓣ Tägl. bis Sonnenuntergang.

Wellbrook Beetling Mill: Das Beetling ("Schlagen") war die letzte Stufe der Leinenherstellung. Mit schweren Holzhämmern wurden die Stoffbahnen geklopft, um den feinen Glanz zu erzeugen, der das Material so edel aussehen lässt. Die über ein Mühlrad mit Wasserkraft angetriebene Wellbrook Mill stellte 1961 den kommerziellen Betrieb ein und wurde schließlich vom National Trust übernommen. Während der Öffnungszeiten wird auch das Hammerwerk in Aktion gezeigt, eine kleine Ausstellung erläutert die Vorstufen der Leinenherstellung. An schönen Tagen bietet sich als Zugabe ein Spaziergang durch das Wäldchen am Fluss an.

Ⓣ Juli/Aug. Mi–Mo 14–18 Uhr, April–Juni, Sept. nur Sa/So 14–18 Uhr. Eintritt 2 £. Die Mühle steht 6 km westlich von Cookstown und ist von der Omagh Rd. ausgeschildert. Bus 90 von Cookstown.

Beaghmore Stone Circles: Steinkreise mag es viele auf der Insel geben, doch kein Ensemble ist so komplex und damit zugleich so rätselhaft wie die

Anlage von Beaghmore, zu der noch einige Cairns (Grabhügel) gehören. Zwischen sechs paarweise angeordneten Kreisen weisen Achsen zum Sonnen- und Mondaufgang am Tag der Wintersonnenwende. Das Innere eines siebten, isolierten Kreises ist mit etwa 800 kleinen Steinen ("Drachenzähnen") gefüllt. Im 2. vorchristlichen Jahrtausend, als die Kultstätte gebaut wurde, muss sie noch mitten im Wald gestanden haben. Später versumpfte die Gegend zum Moor. Noch heute ist in Beaghmore gutes Schuhwerk von Vorteil.

Anfahrt: Von der Omagh Road Richtung Dunnamore abzweigen, an der Mühle vorbei durch den Ort, dann noch etwa 3 km weiter über einen eiszeitlichen Esker, ein dammartiger Kiesrücken.

Draperstown

Nicht alle Siedlerstädte sind so gesichtslos wie Cookstown. Das kleine Draperstown am Fuße der Sperrins hat Charme, einen lebendigen Markt und eine sehenswerte Show zur Geschichte der Plantations.

Als die Ländereien der heutigen Grafschaft Derry im Jahre 1610 an die Londoner Zünfte verteilt wurden, zogen die Textilhändler (Drapers) das schlechteste Los: Der Boden um Draperstown und Moneymore ist von geringer Qualität, schlecht entwässert und ohne Zugang zum Meer. So kränkelten die neuen Siedlungen eher dahin, und während die andere Zünfte wenig Mühe hatten, im überbevölkerten London und anderswo Kolonisten zu finden, mussten die Drapers ihren Pächtern sogar noch die Hütten bauen. Draperstown war damals nicht mehr als eine Straßenkreuzung mit einem "wilden" Markt. Erst William Joseph Booth, ein gelernter Maurer und 1822–54 Vorsteher der Drapers Company, entwickelte die Stadt und gab ihr, weitgehend nach eigenen Plänen, ein bis heute kaum verändertes Gesicht: eine Reihe schlichter Cottages, bescheidene Bürgerhäuser mit italienischen Fenstern, die Kirche der Church of Irleand und das klassizistische Versammlungshaus der Presbyterianer und schließlich die Zeile um die Markthalle am Platz.

- *Verbindung:* **Busse** von Cookstown und Derry.
- *Markt:* Freitags Wochen- und Viehmarkt.
- *Übernachten/Essen:* **Derrynoid Conference Centre** ("Rural College"), Derrynoid, ✆ 79 629 100, DZ 50 £. Die frühere Landwirtschaftsschule, 2 km außerhalb von Draperstown, ist heute ein Tagungszentrum. Geräumige Zimmer mit TV und Schreibtischchen, Restaurant und Bar im Haus.

B&B Moyola View, Mrs. Flanagan, 35 Tobermore St,. ✆ 79 628 495, DZ 34 £.

Sehenswertes

Plantation of Ulster Visitor Centre: Die im Sommer 1997 eröffnete Show schildert die Geschichte der Plantations aus Sicht der Siedler. Der irische Fürst Hugh O'Neill macht dabei keine gute Figur. Wir erleben seine Unterwerfung unter die Engländer im Dunnganon Castle, der 2. Akt zeigt die Flucht der irischen Earls, die, so die von irischen Nationalisten sicher nicht gerne gehörte Interpretation, ihr Volk im Stich lassen. Im 3. Akt sind wir Zeuge einer Diskussion am englischen Hof, die schließlich in die Entscheidung mündet, die Londoner Zünfte zur Kolonisierung Nordirlands einzuladen. Eine Ausstellung zur Stadtgeschichte von Draperstown beschließt den Rundgang.

⌚ Mo–Sa 11–17, So 13–17 Uhr. Eintritt 3 £.

Sperrin Mountains

Als die Agenten der Londoner Kaufmannschaft im Jahre 1609 Ulster bereisten, um zu prüfen, ob die Siedlungsvorhaben der Krone auch ihr Geld wert seien, ließ der Lord Deputy of Ireland die Delegation einen weiten Bogen um die Sperrin Mountains machen – beim schieren Anblick dieser Ödnis, so die Befürchtung, hätten die Kaufleute keinen Penny mehr in die Kolonisierung Ulsters gesteckt. Während damals wenigstens Wanderhirten im Sommer in die Berge zogen, sind die bis 672 m hohen Sperrins heute völlig menschenleer. Felsen, Grate, Steilwände und Gipfel haben sie nicht zu bieten – sie gleichen eher der Oberfläche eines aufgespannten Regenschirms. In der Eiszeit hat sich die arktische *Rubus chamaemorus* hierher verirrt, ein Strauch mit brombeerähnlicher, orangefarbener Frucht, der hier an seiner südlichen Klimagrenze aber eher vegetiert als gedeiht und den es sonst nirgendwo in Irland gibt. Auf der Ostseite, zwischen Draperstown und Dungiven, wurden eintönige Nadelwälder aufgeforstet, im Westen laufen die Berge ins Tal des Mourne River aus. Das **Glenelly Valley** erlaubt auch Radlern und Autofahrern, ein gutes Stück in die Moor- und Heidelandschaft vorzudringen. Besonders schön ist die Aussicht vom Nebensträßchen auf der Südflanke des Tals. Ihm folgt zunächst auch der von Gortin über den herrlichen und kaum befahrenen Pass **Barnes Gap** kommende Ulster Way, der in diesem Abschnitt auf befestigten Wegen verläuft und damit auch gut für Radler geeignet ist. Wer jedoch im weiteren Verlauf des Fernwanderweges das Gebirge überqueren will, muss mindestens zwei Nächte in der Wildnis campieren.

• *Übernachten:* Die nächsten Übernachtungsmöglichkeiten sind in Draperstown (siehe oben) und in **Gortin**; hier das **B&B Lenamore Lodge,** ✆ 81 648 460, DZ 30 £, sowie das schlichte, jungendherbergsähnliche **Gortin Hostel,** Juli–Sept., ✆ 82 648 083, Bett 6,50 £.

Sperrin Centre: Im Café des Sperrin Heritage Centre kann man sich bei einer Tasse Kaffee aufwärmen. Videofilme und Computeranimationen vermitteln die Ökologie der Berge, wenn es das Wetter zulässt, kann man unter Anleitung im nahen Bach sein Glück als Goldwäscher versuchen – nicht nur für Kinder eine Mordsgaudi.

⌚ April–Okt. Mo–Fr 11–18, Sa 11.30–18, So 14–19 Uhr; Okt.–Mai Mo–Sa 11–17, So 13–18 Uhr, Eintritt 2 £. Das Zentrum liegt an der B 47, 13 km östlich von Plumbridge.

Nordirland Karte Seite 562/563

Creggan (gäl. An Creagán)

Auch wenn in den Sperrins und der Gegend östlich von Omagh die gälische Sprache vor wenigen Jahrzehnten aus dem Alltag verschwand, haben die Menschen bis heute eine ausgeprägte irische Identität. Deshalb stellten die Dörfler von Creggan (an der A 505 Cookstown Rd.) ihr *Visitor Centre* auf das Grundstück des 1950 verstorbenen Peadar Joe Haughey, einem der letzten gälischen Muttersprachler, gaben ihm den gälischen Ortsnamen *An Creagán* und betreiben es gleichermaßen als Kulturzentrum für die Einheimischen wie Museum für Fremde. Die kleine Ausstellung in der einem Cairn nachempfundenen Anlage schildert die Entstehung des Black Bog, der gleich hinter dem Dorf beginnt, und die Siedlungsgeschichte der Region. Faltblätter schlagen

Wanderungen und Radtouren in die Umgebung vor, als deren Ziel sich etwa das eine oder andere der 44 prähistorischen Monumente anbietet, die in nur 5 Meilen Umkreis von Creggan gefunden wurden. Schließlich laden ein Coffeeshop und ein Pub zu längerer Rast ein.

• *Information:* www.omagh.gov.uk/cvc.htm

• *Verbindung:* **Bus**halt an Strecke Cookstown – Omagh.

• *Öffnungszeiten* des **An Creagán Visitor Centre:** April–Sept. tägl. 11–18.30 Uhr, Okt.–März Mo–Fr 11–16.30 Uhr, Eintritt 2 £. Mit Fahrradverleih.

• *Übernachten:* **An Clachan Cottages,** Creggan, ✆ 80 761 112. Das Visitor Centre verwaltet acht gemütliche Cottages mit ein bis drei Schlafzimmern, Aufenthaltsraum mit Kamin und gut ausgestatteter Küche, je nach Größe u. Saison 100–320 £/Woche.

Omagh

Als Etappenstadt am Weg zwischen Sligo und Belfast oder zwischen Derry und Dublin bietet sich Omagh für eine Zwischenübernachtung oder als Basis zum Besuch des Ulster-American Folk Park und der Sperrin Mountains an.

Schnurgerade zieht die Hauptstraße vom Fluss zum neoklassizistischen *Court House* hinauf. Viel mehr als landstädtisches Straßentreiben, die Einkaufslandschaften von Dunnes Store und Supervalue, viele Banken und noch mehr Kirchen hat der 17.000 Einwohner zählende Ort am Zusammenfluss von Camowen und Drumragh allerdings nicht zu bieten. Ins Rampenlicht der Medien geriet Omagh am 15. August 1998, als zur Hauptgeschäftszeit eine von der republikanischen Splittergruppe "Real IRA" in der High Street platzierte Autobombe detonierte: 28 Tote und 200 Verletzte, ein trauriger Rekord in der dreißigjährigen Geschichte der "Troubles".

Information/Verbindung/Diverses

• *Information:* 1 Market St., ✆ 82 247 831, Mo–Fr (Ostern bis Sept. auch Sa) 9–13, 14–17 Uhr. www.omagh.ov.uk und www.omagh.co.uk.

• *Bus:* Vom Terminal (mit Gepäckaufbewahrung) an der Mountjoy Rd. auf der Nordseite des Stadtzentrums nach Belfast, Derry, Enniskillen und Dublin.

• *Fahrradverleih:* **Conway Cycles,** 1 Old Market Sq., ✆ 80 761 258, Mo–Sa 9–17.30 Uhr.

• *Angelscheine:* **Anderson Angling Supplies,** Market St., ✆ 82 242 311.

• *Markt:* Montags Wochenmarkt auf der Sedan St.; Viehmarkt Mo (Rinder), Di (Schafe), Sa (Schweine, Schafe) an der Drumquin Rd.

Übernachten/Camping

**** Silverbirch Hotel,** 5 Gortin Rd., ✆ 82 242 520, ℻ 82 249 061, EZ 50 £, DZ 82 £. Ein neuerer, eher zweckmäßiger als schöner Bau am Stadtrand, doch nach der Zerstörung des charmanten "Royal Arms" beim Bombenanschlag das einzige Hotel der Stadt.

B&B Ardmore, Mrs. McCann, 12 Tamlaght Rd., ✆ 82 243 381. DZ 32 £. Das dem Zentrum nächste B&B ist nicht einfach zu finden: vom Touristoffice die Hauptstraße Richtung Gericht, bei der Kirche links (James St.), sofort nach der Unterführung rechts.

Omagh Independent Hostel (IHH), 94 Waterworks Rd., ✆ 82 241 973, ganzjährig offen, Jan./Febr. jedoch Reservierung erforderlich, Bett 7 £. Das Hostel liegt 4 km nördl. von Omagh und ist von der B 48 (Gortin Rd.) ausgeschildert, Lassen Sie sich abholen oder nehmen Sie ein Taxi – der Anmarsch, zumal bergauf, ist mit Gepäck nicht ohne. Das neuere Haus (mit Zentralheizung, doch dünnen Wänden) gehört zu einem Bauernhof, morgens schauen die Schafe ins Schlafzimmer. Raucherfreie Küche mit Aufenthaltsraum, kein TV.

• *Camping:* **Gortin Glen Forest Park Camping,** ✆ 81 648 217, 10 km außerhalb an der Gortin Rd. (B 48), zu erreichen mit Bus Nr. 92 und 213. Der Zeltplatz des Nationalparks (2 Pers. 7 £) ist die beste Wahl für Fußgänger und Radfahrer. Besser ausgestattet, doch weniger schön gelegen ist der nahe **Gortin Glen Caravan Park,** ✆ 81 641 808, 2 Pers. mit Zelt 7 £.

Essen/Pubs

Tagsüber, wenn Besucher und Durchreisende das Städtchen beleben, gibt's entlang der High Street genug Auswahl. Am Abend nährt sich der anständige Bürger offenbar hauptsächlich mit Bier.

Mellon Country Inn, Newtonsteward Rd., ca. 8 km außerhalb nahe dem Ulster-American Folk Park, ✆ 81 661 224, Mo–Sa durchgehend ab 9 Uhr, So ab 17.30 Uhr. Gutbürgerliche Fleischküche mit Steaks und Burgern, auch Bar Snacks. Überhaupt, die Bar: Die Auswahl von mehr als 100 verschiedenen Malt Whiskeys ist rekordverdächtig. Zimervermietung geplant.

Grant's, George St., gegenüber der Kathedrale. Heimeliges Pub mit Restaurant.

Pink Elephant, 19 High St., Mo–Sa 10–18 Uhr. Der Coffeeshop ist mit weiß-grauer Holztäfelung, Streifentapete, pastellfarbenen Stühlen und grauen Tischen modisch eingerichtet. Lunch (Hauptgericht um 7 £), auch Frühstück.

• *Pubs:* **Bogan's Pub,** 26 Market St. Das gemütlichste Pub der Stadt, am Wochenende gelegentlich Folkmusik.

McElroy's, Castle St. Im gelb-blau gestrichenen Pub mit Nightclub gibt's Fr/Sa Disco, unter der Woche gelegentlich auch Jazz- und Blueskonzerte.

Molly Sweeney's, Gortin Rd. Spirit Grocer, Spirit Chemist, der gotische Turm, die keltische Bar, die viktorianische Lounge, jeder Raum ist anders und das Ganze doch ein wahres Museum irischer Alkoholseligkeit – unbedingt sehenswert. Mittags Lunch, Do–Sa Disco.

• *In der Umgebung:* **Teach Eoin,** Fernagh, ✆ 80 771 551. Hier treffen sich die Freunde gälischer Kultur gewöhnlich mittwochs beim knisternden Torffeuer zu Folkloreabenden mit Musik, Geschichten und Gedichten. Am Wochenende gelegentlich Tanzabende.

Dún Uladh, Ballinamullin, Carrickmore Rd. (B 4), ✆ 82 242 777. Das Hauptquartier der gälischen Kulturvereinigung in Tyrone veranstaltet Sa abend musikalische Sessions und bietet im Sommer gelegentlich Volkstheater. Fragen Sie bei der Touristinfo nach dem aktuellen Programm.

Teach Ceoil, Rouskey, Drumlea, ✆ 81 648 882. 20 km außerhalb im Owenreagh Valley haben Charlie und Bernadette Ward eine alte Scheune in ein Ceílí-Haus umgebaut. Erkundigen Sie sich auch hier vorab nach Öffnungszeiten und Programm.

Omagh/Umgebung

Karte Seite 562/563 Nordirland

▸ **Ulster-American Folk Park:** Allein im 18. Jh. sollen 200.000 Menschen Ulster verlassen haben und in die Vereinigten Staaten ausgewandert sein. Nicht alle waren so erfolgreich wie Thomas Mellon, der es in der neuen Heimat zum Bankier und Multimillionär brachte. Bis heute gehören die Mellons zu den reichsten Familien der USA. Sie finanzierten das New Yorker Waldorf Astoria Hotel, die Golden Gate Bridge, die Schleusen des Panama-Kanals, und schließlich den Ulster-American Folk Park.

Herz des Parks ist jene zum Freilichtmuseum gewordene Welt, in der Thomas Mellon geboren wurde: armselige Hütten, die Schule, eine Kapelle und das schlichte Gemeindehaus der Presbyterianer. Dieser protestantischen Gemeinschaft, die heute den harten Kern der nordirischen Unionisten bildet und gleichzeitig für ihren sprichwörtlichen Fleiß und eine calvinistische Arbeitsmoral berühmt-berüchtigt ist, gehörten die meisten Ulster-Emigranten an. Die in einem dicht begrünten Gelände weiträumig verteilten Gebäude sind teils original (Mellons Geburtshaus), wurden hierher versetzt oder als Repliken nachgebaut. Mit dem Geburtshaus von John Joseph Hughes, dem ersten Erzbischof von New York, wurde jüngst auch das katholische Irland repräsentiert.

Der dunkle Rumpf eines Auswandererschiffs schlägt die Brücke in die Neue Welt und hier schließlich nach Pennsylvania, wo viele Presbyterianer eine neue Heimat fanden. Das amerikanische Dorf hält die Atmosphäre der Pionierzeit fest: Handwerker in historischen Kostümen demonstrieren ihr Geschick und erklären dem Neugierigen geduldig die alten Techniken. Waren die irischen Hütten düster, verräuchert und trotz der Torffeuer kalt, sind die pennsylvanischen Blockhäuser hell, geräumig und haben sogar einen Kamin im Schlafzimmer. Ein Museum stellt die Schicksale erfolgreicher und gescheiterter Emigranten gegenüber. Für den Besuch sollte man mindestens einen halben Tag einplanen.

⌚ April–Sept. Mo–Sa 11–18.30, So 11.30–19 Uhr; Okt.–März Mo–Fr 10.30–17 Uhr; Eintritt 4 £. Der Park liegt 8 km nördlich von Omagh an der A 5 und ist von Omagh mit Bus 97 und 213 zu erreichen.

▸ **Ulster History Park:** Die dem Heritage Park in Wexford ähnliche Anlage will die Siedlungsgeschichte Ulsters von der Steinzeit bis zu den Plantations darstellen – ein Crashkurs in Sachen irischer Architektur. Mit dem Ulster-American Folk Park kann sich die Ausstellung allerdings nicht messen. Nachgebildet wurden in Originalgröße, doch mit wenig Sorgfalt im Detail, beispielsweise die verschiedenen Typen von Megalith-Gräbern, ein Crannog, eine Normannenschanze und der Rundturm eines Klosters. Wer an Regentagen keine nassen Füße bekommen will, dem bleiben eine Videoshow und das Modell eines Siedlerdorfes.

⌚ April–Sept. Mo–Sa 10–18.30, Okt.–März Mo–Fr 10–17 Uhr, Einlass bis eine Stunde vor Schließung. Eintritt 3,75 £. Der Park liegt 10 km nördlich von Omagh an der B 48 nach Gortin

▸ **Gortin Glen Forest Park:** Waldverwöhnte Mitteleuropäer wird der etwa 10 qkm große Glen Forest vermutlich enttäuschen. Der Forst ist nicht naturbelassen, sondern gleicht mit seinen ordentlich gereihten Kiefern eher einer Plantage. Auf einem asphaltierten Rundkurs erfreuen sich Autofahrer am Grün, beim Parkplatz gibt es einige Wildgehege und einen Naturpfad, eine überdachte Holzbrücke führt zum Abenteuerspielplatz und einer regensicheren Grillstelle. Zu einem längeren Spaziergang lädt der gut ausgezeichnete **Ulster Way** ein. Man muss ja nicht gleich den ganzen Weg ablaufen und in etwa fünf Wochen Nordirland umrunden, sondern kann sich mit einer ca. dreistündigen "Schnuppertour" zum Ulster-American Folk Park begnügen. Das Touristoffice in Omagh hält eine Karte mit Kurzbeschreibung des durch Fermanagh und Tyrone laufenden Wegabschnitts bereit.

Eintritt: Mit Pkw 3 £.

▸ **Sion Mills:** Sion Mills, an der Omagh–Derry Road 3 km südlich von Strabane, zählte zu den Leinendörfern, die im 18./19. Jh. streng nach Plan rund um die neuen Fabriken entstanden, und hat sich zumindest äußerlich seit jener Zeit kaum verändert. Noch immer arbeitet hier eine Leinenweberei, deren Maschinen aber längst von Elektromotoren statt vom Wasser des Mourne angetrieben werden.

County Fermanagh

Als wolle er die grüne Insel so lange wie möglich genießen und das unausweichliche Ende im Meer hinauszögern, schlängelt sich der River Erne gemächlich durchs Land und schafft dabei ein Naturparadies mit Seen, Fjorden und winzigen Inselchen.

Seit etwa 3500 v. Chr. benutzten Einwanderer die 90 km lange Wasserstraße des Lough Erne, um in das damals dicht bewaldete Landesinnere vorzudringen. Die keltischen *Fir Monach,* die Leute von Manach, gaben dem County seinen Namen. Im Spätmittelalter operierte der herrschende Clan der Maguire mit einer Flotte von 1500 Booten auf dem Lough. Schwere Böden, die das Wasser lange halten, behindern den Ackerbau, und in Anspielung auf die Winterregen und Überschwemmungen weiß das Sprichwort: "Die eine Hälfte des Jahres liegt Lough Erne in Fermanagh, die andere Fermanagh in Lough Erne." Weniger als 1 % der Oberfläche des Countys wird heute mit Feldfrüchten bebaut, nahezu alle Bauern leben von der Viehzucht.

Heute spricht die Seenlandschaft Fermanaghs besonders Angler, Bootsfahrer und Naturfreunde an. Daneben kann das County mit Klosterruinen, uralten Grabstelen und einer Reihe prächtiger Schlösser aufwarten, auf denen die Führer der im 17. Jh. hier angesiedelten britischen bzw. schottischen Siedler Hof hielten. *Florence Court* und *Castle Coole,* die prächtigsten dieser Planters' Castles, sind öffentlich zugänglich. In die Ebenen oder gar ins Hochland abseits des Sees verirrt sich kaum ein Reisender. Weite Flächen sind vermoort, doch im Kalkmassiv des Benaughlin sickert das Regenwasser in den Untergrund und formt Höhlen und unterirdische Ströme.

Von der 1994 erfolgten Wiedereröffnung des *Shannon-Erne-Kanals,* der die Seen mit dem Shannon-Revier verbindet, erhoffte sich die relativ arme und auch für Farmer wenig ertragreiche Region einen größeren Anteil am Fremdenverkehr. Diese Hoffnungen haben sich bislang kaum erfüllt – offenbar steht der Kanal unter einem schlechten Stern, denn schon nach der ersten Eröffnung (1860) passierten gerade acht Schiffe die künstliche Wasserstraße, bis man sie mangels Rentabilität wieder aufgab. Die touristische Fangemeinde bleibt klein, die meisten streifen das County nur auf der Durchreise nach Donegal.

Bei der Teilung Irlands wurde Fermanagh ungeachtet seiner katholischen Bevölkerungsmehrheit dem britischen Ulster zugeschlagen. Auch wegen dieser historischen "Ungerechtigkeit" haben die Nationalisten hier großen Rückhalt. Als Nationalheld wird Bobby Sands gefeiert, der im April 1981 als Gefangener

Nordirland
Karte Seite 562/563

und zugleich frisch gewählter Unterhausabgeordneter an den Folgen eines Hungerstreiks starb, mit dem er und andere IRA-Häftlinge die Anerkennung als politische Gefangene zu erreichen versuchten.

Enniskillen

Wo sich der Erne zwischen Ober- und Untersee auf einem kurzen Stück wieder zum Fluss verengt, liegt auf einer Insel mitten im Strom die bezaubernde Altstadt von Enniskillen – Treffpunkt für Bootsfahrer wie Landreisende.

Neben der einmaligen Lage trägt die Architektur viel zum Charme des Städtchens bei: Die Häuser erzählen vom biederen Wohlstand der viktorianischen und georgianischen Zeit und laden zu einem Bummel über die schwarz-goldschmiedeeisen möblierte Hauptstraße ein, die auf wenigen hundert Metern sechsmal den Namen wechselt. Das im Touristoffice aufliegende Faltblatt "Town Trail" vermerkt 20 Gebäude und Punkte von Interesse, was uns als eine ziemliche Übertreibung erschien. Auf einem Hügel thront die **Portora Royal School,** 1608 zur Kultivierung der Iren gegründet, die spätere Größen wie Oscar Wilde und Samuel Beckett zu ihren Schülern zählte. Einen noch besseren Überblick über Enniskillen bietet *Cole's Monument* im **Forthill Park,** das der erste Earl für seinen Sohn errichten ließ. Die dorische Säule kann nachmittags über eine Wendeltreppe (108 Stufen sollen es sein) erklettert werden. Genau vor dieser Säule fand 1987 jene Feier zum Gedenken an die Weltkriegstoten statt, während der eine IRA-Bombe detonierte und elf Menschen tötete.

Information/Verbindungen/Diverses

• *Information:* Wellington Rd., an der Abzweigung zum Lakeland Forum, ✆ 66 323 110, www.fermanagh-online.com, Okt.–Ostern Mo–Fr 9–17 Uhr, Ostern bis Sept. Mo–Fr 9–17 (Juli/Aug. 9–19), Sa 10–18, So 11–17 Uhr. Mit guten Infotafeln zur Region, Geldwechsel und Souvenirverkauf, die Auskünfte freundlich und informativ – ein Anwärter für die kundenfreundlichsten Top Ten der irischen Touristenbüros

• *Verbindungen:* Von der **Busstation,** ✆ 66 322 633, an der Wellington Rd. Fernbusse nach Belfast, Derry, Sligo, Ballyshannon, Galway und Dublin.

Mit dem **St. Angelo Airport,** Castle Archdale Rd., ✆ 66 322 771, hat Enniskillen einen von der Royal Airforce verlassenen Flughafen reaktiviert, auf dem auch Charterflieger aus Zürich landen.

• *Einkaufen:* Der historische **Buttermarket,** Queen Elizabeth Rd., wurde zu einem Craft Centre umgebaut, in dem Kunsthandwerker und Landschaftsmaler ihre Werkstätten und Läden haben.

Wochenmarkt jeden Donnerstag in der Forthill St., Viehmarkt Mi u. Do an der Tempo Rd.

• *Gepäckaufbewahrung:* **Ulsterbus Parcel Link,** in der Busstation, offen nur Mo–Fr.

• *Fahrradverleih:* Organisierte Touren veranstaltet **Kingfisher Cycle Holidays,** in der Touristinformation, ✆ 66 320 121. Räder verleiht das **Lakeland Canoe Centre** (siehe "Übernachten").

• *Veranstaltungen:* **Fermanagh Feis,** im April, ein Musikfestival mit breitem Progamm vom Folk bis zur Klassik; the **Fleadh,** Folkmusik, im Juni.

Übernachten

Die meisten B&Bs liegen an der Straße nach Sligo. Die Nähe zum Seeufer wiegt den bis halbstündigen Fußweg ins Stadtzentrum auf. Während der Saison wird rechtzeitige Reservierung angeraten.

Enniskillen-Castle bewacht den Engpass des Lough Erne

• *Hotels:* **Railway Hotel (3),** 34 Forthill Rd., ✆ 66 322 084, ℻ 66 327 480, DZ 60 £. Einfaches, etwas altbackenes Stadthotel in einem älteren Haus beim früheren Bahnhof, etwa 1 km vom Zentrum; die 18 Zimmer mit TV und Telefon.

Belmore Court Motel, Tempo Rd., ✆ 66 326 633, ℻ 66 326 362, www.motel.co.uk, DZ 42 £, Woche 245 £. Das 1997 eröffnete Motel liegt ein gutes Stück außerhalb an der B 80 und ist auch abends dank Flutlicht nicht zu verfehlen. Zimmer mit TV und Telefon, auch preiswerte Apartments mit Küche.

B&B Rossole House, 85 Sligo Rd., Westufer, ✆ 66 323 462, DZ 34 £. Älteres, aus grauem Naturstein gemauertes Haus am Rossole Lake, etwa 20 Gehminuten vom Zentrum. Geräumige Zimmer mit TV, teilw. mit Dusche, eigenes Boot zum Angeln.

• *Hostel/Camping:* **Lakeland Canoe Centre,** Castle Island, ✆ 66 324 250, Bett im Schlafsaal 10 £, auch einige DZ, Camping 8 £/Zelt. Vier Holzbungalows auf einer Insel im Fluss (Gratisfähre ab Lakeland Forum), auch Möglichkeit zum Zelten. Die Zimmer mit roten Doppelstockbetten, Cafeteria vorhanden. Das gerne von Jugendgruppen besuchte Zentrum bietet allerlei Wassersport (Kanus, Ruderboote, Segeljollen) und verleiht auch Fahrräder.

Essen/Pubs

Vor allem entlang der Hauptstraße finden Einheimische wie Besucher überraschend viele Möglichkeiten zur Einkehr – selbst am späten Abend muss niemand hungrig bleiben.

Franco's (1), Queen Elizabeth Rd., So Ruhetag, Hauptgericht ab 10 £. "We serve no chips", warnt eine Tafel notorische Kartoffelesser. Statt dessen werden bis spät abends Pizza, Pasta, Seafood und italienische Fleischküche bei Kerzenlicht und in gemütlicher Bistroatmosphäre zwischen viel Grün serviert.

Ardhowen Theatre Restaurant, 2 km außerhalb beim Castle Coole, an warmen Tagen ein schöner Platz zum Freiluft-Lunch; schließt leider schon um 15 Uhr.

Oscar's Restaurant (3), 29 Belmont St., Hauptgerichte um 10 £. Ein verschachteltes Lokal mit Ziegelwänden, Bücherregalen, und schmiedeeiserner Treppe; wer den Rest des Tages nicht mehr in Gesellschaft zu verbringen gedenkt, der bestelle den Anti-social-Burger mit Pilzen und jeder Menge Knoblauch. Außerdem im Angebot

Nordirland
Karte Seite 562/563

Steaks und Pastagerichte, Peking-Ente, irischer Lachs, englisches Kaninchen.

• *Pubs:* **Crowe's Nest,** High St. Der Schankraum aus hellem Holz ist mit alten Schwertern, Gasmasken und einem Sammelsurium kurioser Utensilien dekoriert.

Bush's Bar, 26 Townhall.St. Mit Gaben in den Opferstock des "St. Antony Fund" können Trinker gleich am Tresen ein eventuell schlechtes Gewissen beruhigen. Montags Irish Music, mittags Pub Grub.

(William) Blakes of the Hollow; 6 Church St. Mit den rot-schwarzen Streifen an der Fassade hält das seit 1875 nur wenig veränderte Pub eine alte Tradition aufrecht: anhand der unverwechselbaren Farbmarkierung konnten auch Analphabeten vom Lande das "richtige" Pub finden. Mit Poolbillard, Mo–Fr mittags Pubfood.

The Thatch, High St., neben dem Crowe's Nest. Disco und Nachtlokal für gesetztere Gäste (Dresscode), Mi, Fr, Sa, So ab 22.30 Uhr, Eintritt 5 £, gelegentlich Livemusik.

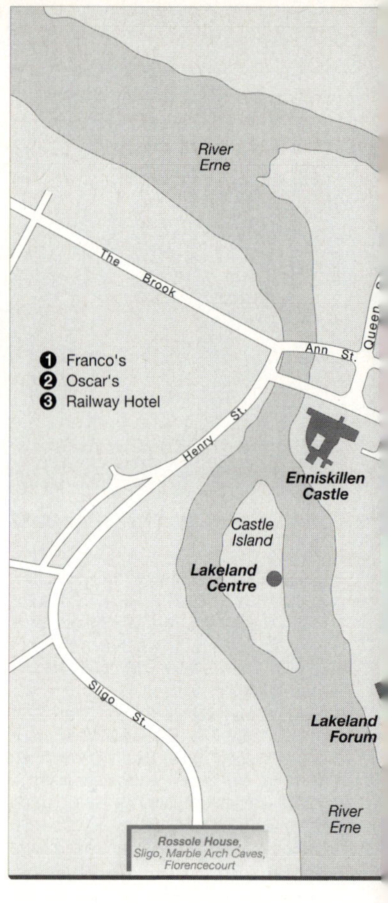

Sehenswertes

Enniskillen Castle: Die Geschichte Enniskillens ist die seiner **Burg.** Indem er seine übermächtigen Nachbarn, die O'Donnells und die O'Neills, geschickt gegeneinander ausspielte, konnte sich der Maguire-Klan im 14. Jh. die Herrschaft über das heutige Fermanagh sichern. Ein Familienzwist ließ 1428 Hugh Maguire den Stammsitz bei Lisnakea verlassen und in Enniskillen, am strategisch wichtigen Flussübergang zwischen Connaught und Ulster, eine eigene Burg errichten. Der für seine üppigen Gelage bekannte Hugh trug noch den Beinamen "der Gastliche"; von seinem Nachfahren Thomas Og wird überliefert, dass er seinen Gartenzaun mit den Köpfen getöteter Rivalen zu verzieren pflegte. 1593/94 eroberten die Engländer das Castle – John Thomas, seinerzeit als einfacher Soldat bei den Eroberern, hat uns eine akkurate Skizze der Burg überliefert. 1611 übernahm der Siedlerführer William Cole die inzwischen verlassene und ausgebrannte Burg. Ihn hatten die englischen Eroberer als Earl of Enniskillen zum Herren von Stadt und Umgebung eingesetzt. Manche Umbauten und Anpassungen, etwa die an die Ecken der Wehrmauer angefügten Türmchen, erinnern an die Burgen in Coles schottischer Heimat. Ganz militärisch gibt sich auch das **Museum der Royal Iniskillin Fusiliers** mit seiner Sammlung von Orden und allerlei Kriegsgerät. Friedlicher

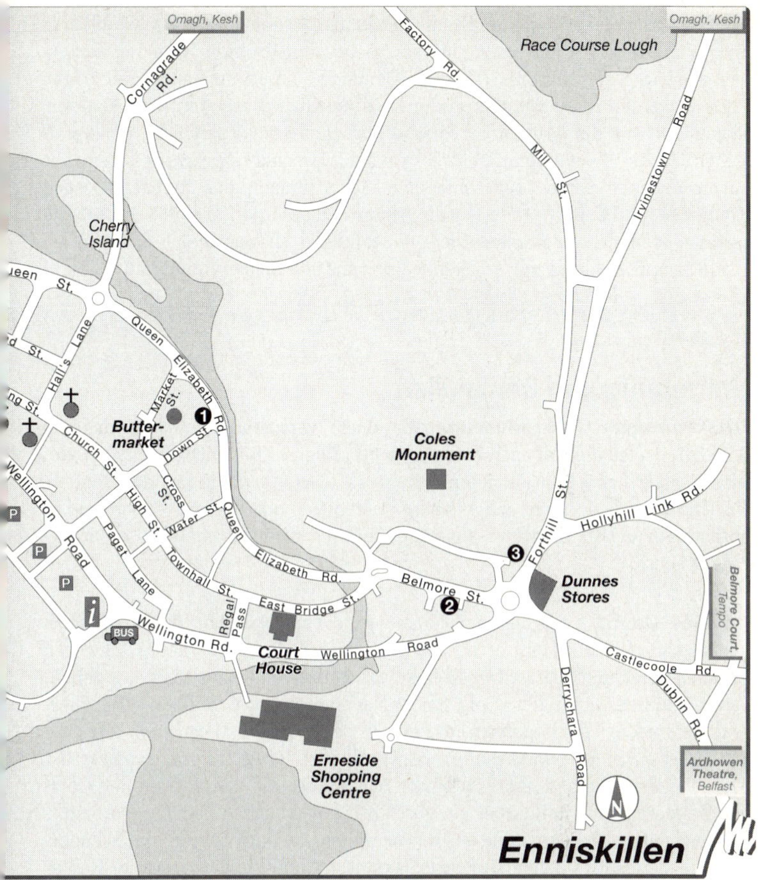

Nordirland
Karte Seite 562/563

geht es im **Heritage Centre** zu, das etwa eine Sammlung örtlicher Wildblumen oder eine alte Bauernküche zeigt und die Stadtgeschichte erläutert.

Ⓞ Okt.–April Mo 14–17 Uhr, Di–Fr 10–17 Uhr, Mai/Juni, Sept. Sa+Mo 14–17, Di–Fr 10–17 Uhr, Juli/Aug. Sa–Mo 14–17, Di–Fr 10–17 Uhr. Eintritt 2 £.

Castle Coole: Kastanien und knorrige Eichen säumen die Einfahrt zu Castle Coole. Der 1798 vollendete Bau gilt als eines der schönsten irischen Schlösser im neoklassizistischen Stil. Es wurde von James Wyatt, den wir schon als Architekten von Westport House kennen gelernt haben, für den Earl of Belmore entworfen, dessen Nachfahren noch heute auf dem 500 ha großen Landgut um das Schloss wohnen. Nachdem schon der Bauherr sich finanziell so verausgabt hatte, dass er die Innenausstattung seinem Nachfolger überlassen musste, hätte auch die Restaurierung des Schlosses die Möglichkeiten selbst dieser begüterten Familie überstiegen. Wie ein Schwamm hatten sich die einst aus England gebrachten Steine der Prunkfassade über die Jahrhunderte mit Grundwasser vollgesaugt, bis sie zu bersten drohten. Dankenswerterweise hat sich der National Trust des Gemäuers angenommen und mit 7 Mio. Pfund auch den Innenräumen wieder zu altem Glanz verholfen – ein Fest der Symmetrie und der Trugbilder: falsche Türen, aufgemalte Säulen, "Schlüssellöcher", in die niemals ein Schlüssel passte... Besonders prächtig ist ein mit purpurfarbener Seide ausgeschlagenes Schlafzimmer, das für den Besuch König Georgs IV. geschaffen wurde. Außer Schloss und Park gibt es noch die restaurierten, doch weitgehend leeren Stallungen zu besuchen – daneben ein gewaltiges Waschhaus mit Trockenhof, der uns in Irland erstaunt hat.

⌚ Juni–Aug. Fr–Mi 13–18 Uhr, Ostern bis Mai, Sept., Sa/So 14–18 Uhr, letzte Führung jeweils 17.15 Uhr. Eintritt 3 £. Das Castle liegt 2 km außerhalb von Enniskillen an der A 4 (Dublin Rd.).

Umgebung von Enniskillen

▸ **Brookeborough Cycle Museum:** Mit einem verrosteten Tandem, das der Sohn vor vielen Jahren nach Hause brachte, fing es an – mittlerweile hat Robert Coalter etwa 90 Fahrräder gesammelt, darunter Oldtimer aus dem 19. Jh. Und nachdem immer mehr Leute anklopften, um Roberts Sammlung zu besichtigen, eröffnete er im Haus gegenüber der Schule schließlich sein Fahrrad-Museum.

⌚ Mo–Sa 11–20 Uhr, Eintritt 1,50 £.

▸ **Florence Court:** Auch dieses Schloss wurde vom National Trust erworben und restauriert, nachdem es bei einem Brand in den 50er Jahren schweren Schaden genommen hatte. Der Rokokobau wurde von einem namenlos gebliebenen Baumeister für John Cole, einem Nachfahren des Eniskillener Burgherren, entworfen, 1764 begonnen und erst in der nächsten Generation fertiggestellt. Trotz seiner meisterhaften Stuckarbeiten (etwa im Treppenhaus) ist Florence Court kunsthistorisch sicher belangloser als das Schloss des Earls von Belmore, wirkt dafür aber ein gutes Stück wohnlicher. Schöner Rosengarten, auch eine alte Sägemühle ist zu besichtigen. Im Park beginnt der Wanderweg auf den 670 m hohen **Cuilcagh Mountain,** und konditionsstarke Radler mögen über Swanlinbar hinüber in die Republik zum **Shannon Pot** fahren, wo in einer einsamen Moorlandschaft auf der Südseite des Bergstocks Irlands längster Fluss entspringt.

• *Öffnungszeiten* von **Florence Court:** Mai–Aug. Mi–Mo 13–18 Uhr, Ostern bis Mai, Sept., Sa/So 13–18 Uhr, letzte Führung jeweils 17.15 Uhr, Eintritt Park mit Auto 2 £, Haus 3 £. Das Castle liegt 13 km von Enniskillen an der A 32 nach Swanlinbar. Juli/Aug. organisierte Touren ab Touristinfo Enniskillen.

• *Übernachten:* Im **Rose Cottage,** dem früheren Gärtnerhaus mitten Schlosspark, ✆ 97 510 721, werden zwei DZ für 180–330 £ die Woche vermietet. Voll ausgestattete Küche, Aufenthaltsraum mit Kamin und TV, Zentralheizung.

• *Fahrradverleih:* **Cycle Hire,** 69 Marlbank Rd., ✆ 66 348 320.

▸ **Marble Arch Caves:** Die Landschaft südwestlich von Enniskillen ist eine dem Burren (s. S. 426) vergleichbare, doch viel kleinere Karstfläche, unter der sich das versickernde Regenwasser zu mächtigen Flüssen und Seen sammelt. Von den zahlreichen Höhlen sind einzig die Marple Arch Caves für Besucher erschlossen und besonders am Wochenende ein beliebtes Ausflugsziel. Auf der unterirdischen Bootsfahrt – ziehen Sie sich warm an – zwischen bunt ausgeleuchteten Stalagtiten (hängende Kalkzapfen) und Stalagmiten (stehende Kalkzapfen) und der anschließenden geführten Tour begeistern die natürlichen Skulpturen dieser Märchenwelt Kinder wie Erwachsene. Die Wartezeit vor der Führung kann man sich bei einer Videoshow und im Informationszentrum des **Cuilcagh Mountain Park** vertreiben.

• *Aktivurlaub:* Einführungskurse für Hobbyspeläologen (Höhlenforscher) veranstaltet das **Corralea Activity Centre** von Isabelle und Marius Leonhard, Belcoo, ✆/℻ 66 386 668. Wenn ihre Cottages am Lough Macnean nicht mit Gruppen belegt sind, vermieten sie auch an Individualtouristen. Fahrrad- und Bootsverleih.

• *Öffnungszeiten* der **Marble Arch Caves:** Ostern bis Sept. tägl. 10–17.30 Uhr, letzte Führung 1 Stunde vor Schluss. Eintritt 5 £,. Nach längeren heftigen Regenfällen bleibt die Höhle wegen Hochwasser geschlossen. Juli/Aug. organiserte Touren ab Touristinfo Enniskillen.

• *Übernachten/Essen:* **Tullyhona Farm House,** Rosemary Armstrong, Marble Arch Rd., ✆ 66 348 452, DZ 36–44 £. Ein großes Anwesen mit 6 Fremdenzimmern, Frühstücksbüfett. Preisgekrönte Küche, nach Voranmeldung auch für Nicht-Hausgäste, vom kleinen Imbiss bis zur Ente in Orangensauce.

Lough Erne

Eine amphibische Landschaft aus 154 Inseln und Inselchen, ungezählten Buchten und jeder Menge Wasser: Hier sagen sich Wasservögel und Forellen gute Nacht und bitten den heiligen Franziskus, sie auch weiter vor Jägern und Anglern zu verschonen.

Während der flache Upper Lough Erne mit seinen vielen Verzweigungen, Flachwasserzonen und schilfbewachsenen Ufern noch ein braves, anhand der Karte leicht zu navigierendes Binnengewässer ist, wird der Lower Lough Erne oft genug zum nautischen Abenteuer: Hier türmt der von keinem Gebirge mehr gehemmte Atlantikwind meterhohe Wellenberge auf. Höckerschwäne, Singschwäne und Haubentaucher schätzen den See als Winterquartier.

Der 90 km lange See entstand während der Eiszeit, als die Gletscher den Trog aus dem weichen Sandstein formten. Wo der Rückzug der Eismassen für eine Weile unterbrochen war, lagerte sich das vom Schmelzwasser mitgeführte Geröll an den Gletscherkanten ab und ließ die heutigen Inseln im See entstehen. Diese Inseln sind zugleich historische Stätten, auf denen mittelalterliche Mönche Weltabgeschiedenheit und Schutz suchten. Auf *Devenish Island* hinterließen sie ein Kloster mit Rundturm, auf *White Island* einen alten Friedhof. Über das Gräberfeld von *Boa*, der größten Insel im Lower Lake, wacht seit Urzeiten ein geheimnisvolles Idol aus Stein, das eine keltische Gottheit darstellen mag und das auch die christlichen Mönche nicht zu beseitigen wagten.

Bis ins 19. Jh. war der See der wichtigste Verkehrsweg des Countys. Ziegel, Bauholz, Kohle und Flachs wurden von Ballyshannon auf flachen Kähnen gebracht; 1842 wurde mit dem Ulster-Kanal eine Verbindung nach Belfast geschaffen. Die Sprengung der Wasserfälle an der Mündung des Lough öffnete auch größeren Schiffen den Weg in den See (den seit 1952 ein Kraftwerk

Nordirland Karte Seite 562/563

Lough Erne – Pfeifenten beim Landgang

wieder versperrt), senkte aber gleichzeitig den Wasserspiegel, so dass fortan die Fahrrinne ausgebaggert werden musste. Ein Dampfboot pendelte zwischen Enniskillen und Castle Caldwell.

Heute verkehren auf beiden Ufern Linienbusse, doch hat man so kaum eine Chance, die Inseln und Schlösser am Wege anzuschauen oder die schönsten Fleckchen zu genießen. Dagegen bietet sich der Lower Lake mit etwa 100 km Umfang für eine bequeme zweitägige Fahrradtour an. Wer mit dem Boot unterwegs ist, sollte Räder für die Landausflüge mit an Bord nehmen.

• *Verbindung:* **Bus:** Von Enniskillen nach Belleek mit Bus 99 (am Westufer entlang) und 64 (über Garrison). Am Ostufer Bus 194 bis Kesh.

• *Bootstouren:* **Lough Erne Cruises,** ✆ 66 322 882, veranstaltet Bootsausfahrten auf dem Upper Lough Erne mit Besuch von Devenish Island. Abfahrten vom Pier im Brook Park, Mai/Juni nur So, Juli/Aug. 3 x tgl., Sept. Di, Sa, So.

Viking Voyager, ✆ 67 721 122, startet mit der Replik eines Wikingerbootes vom Pier des Share Centre, zwischen Derrylin und Lisnakea.

• *Bootsverleih:* Außer dem halben Dutzend Verleihern in Enniskillen (Preistabelle bei der Touristinformation) vermietet etwa **Erne Boat Services** in Bellanaleck, ✆ 66 382 328, tageweise Elektroboote für etwa 40 £.

Die Sights um den Upper Lake werden nachfolgend im Uhrzeigersinn entlang einer in Enniskillen beginnenden Reise um den See vorgestellt.

Monea Castle

Eine Buchenallee führt zu der auf einer Feldnase inmitten von Feuchtwiesen stehenden Ruine hinunter, die uns ein Bild von den Castles der ersten britischen Siedler vermittelt. Malcolm Hamilton ließ den Wehrbau 1618 errichten und bewies dabei eigenwilligen Geschmack. Das Satteldach des Haupthauses gabelt sich auf der Frontseite zu den Armen eines Ypsilons und überdeckt auch die beiden Türme, die den Eingang schützen. Diese müssen, zumal als das Dach noch intakt war, recht ungewöhnlich ausgesehen haben: unten rund, oben mit quadratischem Grundriss und mit Giebelfeld. 1641 eroberten die Iren Monea, 1689 die Jakobiten, 1750 brannte es durch eine Unachtsamkeit aus. Dann reichte es den Burgherrn und sie zogen fort.

Anfahrt: Ca. 10 km nach Enniskillen von der A 46 Richtung B 81 abbiegen. Der Weg ist mehr schlecht als recht ausgeschildert.

Tully Castle & Gardens

In einem früheren Bauernhof, wo auch der Eintritt ins Areal kassiert wird, zeigt eine kleine Ausstellung die Geschichte der Burg und des Gartens. Das Castle, eine Mischung aus schottischer Burg und großem Bauernhaus, steht auf einer Halbinsel über dem See. John Hume aus Berwickshire hatte 1610 das Land und ein kleines Dorf von den vertriebenen Maguires übernommen und bald darauf die Burg gebaut. Am Weihnachtsabend 1641, inzwischen hatte Sir George seinen Vater beerbt, stand Rory Maguire mit seiner Mannschaft vor der Tür. Wären George und die Männer, wie es sich an Weihnachten gehört, zu Hause gewesen, hätte sich die Geschichte vielleicht anders entwickelt. So aber ergab sich Lady Mary, nachdem der Ire ihr freien Abzug zugesichert hatte. Maguire hielt sein Versprechen gegenüber der Familie Hume. Die 60 anderen Frauen und 15 Kinder, die in der Burg Schutz gesucht hatten, ließ er umbringen und das Haus abfackeln. Die Humes kehrten nie mehr an diese Stätte der Schmach zurück, sondern bauten sich später mit Ely Lodge ein neues Schloss an anderer Stelle.

Garten: Vor der Ruine wurde ein Renaissancegarten rekonstruiert – jedenfalls so, wie er im 17. Jh. ausgesehen haben könnte. Ob der Burghof, in dem sich offenbar keine Stallungen oder Wirtschaftsgebäude befanden, wirklich als Garten genutzt wurde, weiß niemand zu sagen. Zäune aus Flechtwerk grenzen die streng geometrischen Beete ab. Man kannte noch keine Trennung von Nutz- und Zierpflanzen, und Blumen und Kräuter gruppieren sich um einzelne Obstbäume.

Uferweg: Ein Pfad führt an den See hinunter und dort über 2 km um die Halbinsel herum – eine der wenigen Stellen, wo das Ufer frei zugänglich ist. Nach der Absenkung des Wasserspiegels im 19. Jh. hat sich auf dem Neuland ein Saum aus Eschen, Haselsträuchern, Erlen und Weiden entwickelt, aus dem Flachwasser sprießt Schilf.

• *Öffnungszeiten* von **Tully Castle:** April–Sept. Di–Sa 10–18 Uhr, So 14–18 Uhr, Eintritt 1 £. Das Gelände ist über einen Anlegesteg auch vom Wasser her zugänglich. Auf halbem Weg zwischen Enniskillen und Belleek.

• *Übernachten:* **B&B Blaney Guesthouse,** Mrs. Robinson, Blaney, an der A 46, ✆ 68 641 206, April–Nov., DZ 32 £. Ein weißes Haus mit großem Garten, 3 Zimmer mit Bad, TV und Teetablett.

• *Camping:* **Blaney Caravan & Camping,** Blaney, ✆ 68 641 634, 2 Pers. mit Zelt 8 £. Ein kleiner Platz mit 25 Rasenstellpätzen unweit der Uferstraße, mit Shop (nur im Sommer), TV-Lounge, Waschküche.

Nordirland
Karte Seite 562/563

Ein nobler Garten am Lough Erne

Lough Navar Forest Park

Parallel zur Grenze nach Leitrim zieht sich über etwa 15 km Länge ein 150 bis 350 m hohes Plateau vom Lough Erne zum Lough MacNean, das im **Big Dog** und im **Little Dog** in richtigen Felsen gipfelt. Auf der Westseite haben die Flüsse tiefe Schluchten geschaffen, deren Steilhänge und Grund mit dichten Laubwäldern bewachsen sind. Die Höhen sind entweder Moor oder wurden in den letzten Jahren mit Nadelbäumen in soldatischer Ordnung bepflanzt: Block um Block, Reihe um Reihe. Ob Moor oder Wald, beide bedecken die spärlichen Spuren alter Feldmauern und Gehöfte. Dicht besiedelt war die Gegend nie, heute ist sie nahezu menschenleer. An den Aussichtspunkten (Big Dog, Killy Beg, Aghanablack) finden wir Megalithgräber und Cairns, an den Rändern des Torfabstichs gelegentlich auch Schwitzhäuser. **Lough Navar,** nach dem der Park benannt wurde, versteckt sich als eiskalter See zu Füßen eines Wäldchens in einer Gletschermulde, als wolle er den Atlantikwinden entgehen, die sich über das Hochland einen Weg aus der Donegal Bay suchen.

Nur wenige Wege führen in diese Landschaft. Wo sich nach Tully Castle allmählich die Steilwand der **Cliffs of Magho** aus dem Hinterland hebt, markiert ein Parkplatz den Beginn des knapp halbstündigen Aufstiegs zu einem Aussichtspunkt. Mit einer Karte ausgerüstet lassen sich auf dem Ulster Way auch längere Strecken durch den Wald wandern, für Autofahrer gibt es gegen geringes Eintrittsgeld einen **Forest Drive,** der beim **Corell Glen** von der Derrygonnelly – Garrison Road abzweigt. Das schmale Panoramasträßchen streift die **Blackslee Walking Area,** wo mehrere, längstens zweistündige Rundwege angelegt wurden.

• *Übernachten:* **Tir Navar Holiday Village,** Creamery St., Derrygonnelly, ✆ 66 641 673, DZ 35 £. Eine recht neue Anlage zwischen Hostel und Feriendorf, 18 Zimmer (2–4 Betten) mit Bad, Gemeinschaftsküche, Waschküche, auch Camping möglich.

Belleek

Hauchdünnes, schneeweißes Porzellan hat Belleek in der Welt bekannt gemacht. Außer der einschlägigen Manufaktur gibt es noch eine Ausstellung über den See und schließlich die Pubs an der schmucken Hauptstraße.

Älteste Attraktion und zugleich maßgeblicher Arbeitgeber des Grenzortes am Ausgang des Sees ist seine **Porzellanmanufaktur,** die seit 1857 gleichermaßen kitschige wie nützliche Dinge herstellt, für welche es aber genug Liebhaber gibt. Spezialität sind täuschend echte Nachahmungen von geflochtenen Körbchen und Tellern. In den Vitrinen des Showrooms wird mit Uhrengehäusen, Friedenstellern, Cottages, Rundtürmen und Hochkreuzen kein Klischee ausgelassen. Da erscheint die ordinäre Porzellankatze, wahlweise stehend oder kauernd, für schlappe 9.90 £ geradezu als elegante Grazie. Oder darf's ein Weihwasserbecken sein? Das Belleek China hat in aller Welt – und besonders in den USA – seine Fans, die sich sogar zu einem Club zusammengeschlossen haben. Ihr oft fortgeschrittenes Alter machen sie mit Kaufkraft wett, und in der Manufaktur fürchtet niemand die Konkurrenz aus Fernost. Im Café der Manufaktur rundet eine weiße Schokoladentorte, serviert auf weißem Belleek-Porzellan, den Besuch ab.

Das neue **ExplorErne Centre** am Ortseingang erzählt mit einer Videoshow die Entstehung des Sees. Man betritt die Ausstellung durch ein Tarnzelt, das auch einen militärischen Unterstand tarnen könnte, und erfährt Wissenswertes zu den Sights der Umgebung, über Ökologie und Fischerei. Das Zentrum vermietet tageweise Boote für Schnuppertouren.

Neben den vorgenannten Attraktionen hat Belleek noch eine schmucke **Hauptstraße.** Vom Uhrturm vor dem Spar-Laden läuft sie, von Bäumen und Blumentrögen gesäumt, hinunter zum Carlton-Hotel – die Grenzlage macht sich in jener für die Fremdenverkehrsorte der Republik typischen Unser-Dorf-soll-schöner-werden-Putzigkeit bemerkbar, die man im britischen Ulster nur selten findet.

• *Information:* Im **ExplorErne Centre,** Belleek, ✆ 68 658 866.

• *Verbindung:* Nach Enniskillen Mo–Sa mit **Bus** 99 (am Westufer entlang) und 64 (über Garrison).

• *Angelscheine/Fahrradverleih:* **The Thatch,** Main St., das letzte schilfgedeckte Haus, auch Bootsverleih und Campingzubehör.

• *Öffnungszeiten* des **Showroom der Manufaktur** (mit Verkauf): Nov.–Febr. Mo–Fr 9–17.30 Uhr; März–Juni, Sept./Okt. Mo–Fr 9–18, Sa 10–18, So 14–18 Uhr; Juli/Aug. Mo–Fr 9–20, Sa 10–18, So 11–20 Uhr; Mo–Fr während der Arbeitszeit alle 20 Min. Kurzführungen durch die Werkstätten. **ExplorErne Centre,** April–Okt. tägl. 10–18 Uhr, Eintritt 1 £.

• *Übernachten/Essen/Pubs:* **Carlton Hotel,** 2 Main St., ✆ 66 658 282, 66 659 005, DZ 75 £. Komfortable, relativ neu eingerichtete Zimmer; das Hotel hat gleichzeitig das beste Restaurant im Dorf (Fischgerichte, Grillküche, etwas außergewöhnlich das Hühnerschnitzel mit Nüssen).

Carlton Cottages, Michael McGrath, ✆ 68 858 181, je nach Größe und Saison 250–450 £/Woche. Die Bungalows liegen unten am Fluss, zu jeder Hütte gehört auch ein Ruderboot. Anlaufstelle für die Vermietung ist The Thatch an der Main St.

Nordirland Karte Seite 562/563

Moohan's Fiddlestone, 15–17 Main St., ✆ 66 658 008, DZ 36 £. Fremdenzimmer über dem gleichnamigen Pub, in dem mehrmals die Woche Folkmusiker aufspielen.

Black Cat Cove, Main St. Ein Restaurant mit Bar, serviert frischen Fisch aus dem Lough oder gefüllte Truthahnbrust mit in Honig gebratenem Schinken (9 £).

Rooney's Bar & Bistro, Main St. Warme Küche tägl. 12–15 Uhr, z.B. Irish Stew (7 £) oder Boeuf Stroganov (11 £).

MacDonnell's, Main St. Keine Filiale der weltweiten Burgerkette, sondern ein grundsolider Imbiss.

Außer dem erwähnten Fiddlestone bieten auch **Cleary's Corner Bar** und **McMorrow's,** beide in der Main St., mittags Pub Grub und (im Sommer) abends Musik.

Castle Caldwell Forest Park

Arthur Young, den wir in Armagh kennengelernt haben und der auch im Nützlichen das Schöne suchte, brach über die Aussicht vom Schlossgarten in schieres Entzücken aus. Die Caldwells, denen das Gut einst gehörte, fanden hier auf der bewaldeten Halbinsel im See die feine Tonerde, die sie in ihrer Porzellanmanufaktur in Geld ummünzten. Heute ist ihr Schloss Caldwells verfallen. Eine steinerne Geige ("Fiddlestone") erinnert an den Fiedler Dennis McCabe, der die Herrschaften auf ihren Bootparties zu unterhalten pflegte, bis er eines Tages ins Wasser fiel: *On firm land only exercise your skill, there you may play and safely drink your fill,* werden potenzielle Trunkenbolde gewarnt. Im Uferdickicht brüten Wildenten, am Himmel kreisen Wanderfalken. Das Hinterland, ein bis zur Grenze nach Donegal nur wenige Kilometer tiefes Dreieck, erscheint ungeachtet der geringen Höhe über dem Meerespiegel mit seinen tief eingeschnittenen Seen und den Felsknollen als raue Gebirgswelt und gipfelt im *Breesy Mountain.*

Boa Island

Brücken, Dämme, und unversehens führt die Hauptstraße, ohne dass man es richtig merkt, über eine Insel. Noch leichter übersieht man den verrosteten Wegweiser zum verwilderten **Caldragh Graveyard,** der hinter Brombeerhecken, Haselnusssträuchern und aus dem Erlkönig entsprungenen Geisterbäumen etwas abseits der Straße liegt. Über die Gräber wacht eine januskköpfige **Steinfigur**, vor der vielleicht schon Druiden ihre Kulte zelebriert haben. Mit einem Phallus auf der einen und den gekreuzten Beinen auf der andere Seite stellt die Skulptur vielleicht einen androgynen Fruchtbarkeitsgott oder eine Votivgabe für ihn dar. Neben ihn hat man den kleinen, von einer Nachbarinsel stammenden, einäugigen **Lusty Man** plaziert, ein Kriegsgott, dem, so die im *Yellow Book of Lecan* festgehaltenen Sagen, der Held Cúchulainn (s. S. 196) begegnet.

• *Übernachten:* **Lusty Beg Island Cottages,** Lusty Beg Island, Kesh, ✆ 68 632 032, ℻ 68 632 033, Cottage/Woche 290–490 £. Luxuriöse Chalets (für bis zu 8 Personen) und Doppelzimmer auf einer privaten Insel mit Hallenbad, Sauna, Booten, Rädern, Tennisplatz und vieles mehr.

Lough Erne Hotel, Main St., Kesh, ✆ 68 631 275, ℻ 68 631 921, DZ 70 £. Ein zweigeschossiger Bau, der seit der Postkutschenzeit als Gasthof betrieben wird. Mit Wintergartenrestaurant, Zimmer mit TV und Teetablett, auch einige Apartments mit Küchenzeile.

B&B Clareview, Mrs. Moore, ✆ 68 631 455, zwischen Kesh und Castle Archdale, DZ 37 £. Ein Bungalow in ruhiger Hügellage mit Aussicht (besonders vom "rosa Zimmer") über den See.

• *Fahrradverleih:* **Cycle Ops,** Kesh, ✆ 68 631 50.

Castle Archdale Country Park

Der Park am See geht auf den Herrensitz der Archdales zurück, die sich im Zuge der Plantations am Lough niederließen. Im Norden des Geländes findet man noch die Ruinen ihrer ersten Burg. Das neue, 1773 errichtete Schloss brannte irgendwann aus – Gottes Rache für den Frevel des Colonel Archale, der die Bausteine verlassener Klöster und Kirchen für sein Schloss recycelt hatte – und wurde abgetragen. Die Einrichtungen des Parks (Ausstellung, Jugendherberge, Tearoom) befinden sich in den zum Schloss gehörenden Wirtschaftsgebäuden. Auch die Gärten des Schlosses blieben erhalten. Wanderwege führen zu einem Gehege mit Rotwild, zu Weiden mit seltenen Rasseschafen und -rindern und zum Fischteich. Während die aufgeforsteten Nutzwälder um den See meist eintönige Nadelwaldplantagen sind, glänzt Castle Archdale mit einem schönen, naturnahen Laubwald aus Eichen und Eschen.

Die Ausstellung im Visitor Centre informiert über die Naturkunde, zeigt landwirtschaftliche Geräte und behandelt die militärische Rolle von Lough Erne, der während des 2. Weltkriegs als westlichster Zipfel des Vereinigten Königreichs eine bedeutende Luftwaffenbasis war. Auf dem See starteten Wasserflugzeuge, die unter stillschweigender Duldung der neutralen Republik den irischen Luftraum durchquerten und auf dem offenen Atlantik alliierte Flottenkonvois sicherten oder U-Boote jagten. Die damals in Castle Archdale stationierten Flieger und ihre Helfer hinterließen Bunker und Landungsstege.

- *Angelpermits:* **Castle Marine,** Castle Archdale Park, ✆ 68 628 118. 2-Wochen-Permit für die Jagd auf Hechte und Friedfische 10 £, zum Forellenfang 25 £; auch Bootsverleih.
- *Fahrradverleih:* **Cycle Ops,** Kesh, ✆ 68 631 850, betreibt im Juli/Aug. eine Filiale im Park.
- *Öffnungszeiten* des **Visitor Centre:** April–Juni Sa/So 14–18 Uhr, Juli–Sept. Mi–Mo 11–19 Uhr.
- *Reiten:* **Drumhoney Stables,** Lisnarick, hinter der Jet-Tankstelle, ✆ 68 621 892, auch Ponys für Kinder. **Lakeland Equestrian Centre,** Necarne Castle, Irvinestown, ✆ 68 621 919. Ein großer Reiterhof mit eigener Unterkunft, für eine Woche B&B samt Pferd rechne man etwa 500 £.
- *Jugendherberge:* **Castle Archdale,** ✆ 68 628 118, März bis Okt., Bett 9 £. Im alten Gutshof, eine eher konventionelle, meist von Jugendgruppen belegte Herberge mit zwei großen Schlafräumen à 20 Betten, dazu 1x6 und 1x4 Betten. TV-Room und Zentralheizung, doch insgesamt eher schlichte Einrichtung.
- *Camping/Essen:* **Castle Archdale Caravan Park,** am Eingang des Parks, ✆ 68 632 159. Ein einfaches Wiesengelände, das leider auch von Trailern genutzt wird. Mit Restaurant (Hauptgericht um 8 £) und Shop.

Nordirland
Karte Seite 562/563

White Island

An der Wand einer verfallenen romanischen Kirche lehnen acht steinerne **Statuen** ungewissen Alters. Die erste (von links), die mit dem breiten Grinsen, ist mit ihren gespreizten Beinen und den das Geschlecht berührenden Händen unschwer als eine *Sheila na Gig* zu erkennen, wie man sie ähnlich auch von anderen irischen Kirchen und alten Burgen kennt. In der Cúchulainn-Sage wird der sonst unbesiegbare Held von einer Amazonen-Truppe matt gesetzt, deren einzige Waffe ihre Nacktheit ist. Was Achilles die Ferse, war Cúchulainn der Anblick weiblicher erogener Primärzonen. Der Nachbar der

Sheila-na-Gig-Figur, ein Heiliger, hat damit offenbar keine Probleme – er liest ungerührt im Evangelium. Die dritte Statue dürfte den hl. Antonius oder einen Bischof darstellen; Nummer Vier, mit Hirtenstab und einer zum Mund wieisenden Hand, ist der auch als Sänger und Dichter gerühmte biblische König David. Es folgen Christus als Krieger und Christus als König, eine zerstörte oder unvollendet gebliebene Figur und schließlich, ganz rechts, eine Art steinerner Totenmaske, die zu den anderen Figuren nicht recht passen will. Niemand weiß, welchem Zweck die Steine einst dienten – offenbar wussten schon die romanischen Kirchenbauer nichts anderes mehr mit ihnen anzufangen, als sie als Bausteine für ihre Kirche zu verwenden.

Überfahrt: Fähre von der Castle Archdale Marina, April–Sept. Di–Sa 10–19, So 14–19 Uhr, etwa stündlich, Überfahrt 3 £.

Devenish Island

Das wichtigste Kloster am See wurde um 565 gegründet. Zu seiner besten Zeit soll es 1500 Mönche gezählt haben. Mindestens zweimal wurde es von den Wikingern verwüstet, 1157 brannte das Kloster bei einer Clanfehde nieder, doch erst mit der englischen Kolonisierung wurde die Insel endgültig verlassen. Geblieben sind mehr oder minder interessante Ruinen. Die steinere **St. Molaise Church,** die Kirche des Klostergründers St. Molaise, ahmte ungeachtet der romanischen Reliefs an den Eckpfosten eine ältere Holzkirche nach. Ein früherer Besucher schrieb, das Kirchlein würde für die Ewigkeit stehen, doch im 19. Jh. brach das Dach ein. Dem **Rundturm** (12. Jh.) war ein besseres Schicksal beschieden – er wurde in kritischen Momenten immer wieder erneuert. In der Nachbarschaft fand man die Fundamente eines weiteren Turms, der vielleicht in Schieflage geriet und nie vollendet wurde. Zu **Teampull Mor,** der dem Landungssteg nächsten gelegenen Kirche, gehört noch ein alter Friedhof. Die Reste einer **Augustinerabtei** (15. Jh.) zeichnen sich durch ihre schönen Steinmetzarbeiten und ein ungewöhnliches Hochkreuz aus, auf dessen Schaft die Kirche und der Gekreuzigte dargestellt sind, während das eigentliche Kreuz an das Maßwerk eines gotischen Fensters erinnert. Auf der Insel geborgene Kleinfunde werden in einem kleinem **Museum** gezeigt.

Überfahrt: Ab Trory Point, 6 km nördl. von Ennskillen (an der Straßengabelung A 32/B 2), mit **Devenish Island Ferry Service,** Auskunft ✆ 66 329 656, Überfahrten April–Sept. Di–Sa 10–18, So 14–18 Uhr etwa stündlich, 3 £ (inkl. Eintritt).

Ausnahmsweise für Hausboote tabu – der Teich im Birr Castle Garden

Midlands

Vor allem Angler und Bootsfahrer machen der von anderen Reisenden vernachlässigten Mitte Irlands ihre Aufwartung. Mit dem Shannon und seinen Nebenflüssen bieten die Midlands Europas größtes Binnenrevier für Freizeitkapitäne, die unzähligen Seen versprechen Petrijüngern reiche Beute.

Manche sehen die Grüne Insel wie ein langweiliges Bild in einem prächtigen Rahmen. Jedenfalls verhalten sich die meisten Besucher so: Sie reisen entlang der Küste (dem Rahmen) und kümmern sich nicht um das Land in der Mitte. Dieses ist eine flache oder sanft gewellte, rings von Bergen eingefasste Schüssel. Eiszeitliche Gletscher haben die Kalksteinebene erst poliert, dann mit ihrem Abraum überdeckt und so eine Landschaft aus Drumlins, Mooren, Seen und Flüssen geschaffen, in der das Leben noch wenig von den Inszenierungen der Fremdenverkehrswirtschaft beeinflusst ist. Weniger als 5 % des Bodens eignen sich für die Landwirtschaft. Die Höfe sind klein, die meisten Bauern haben noch einen zweiten Broterwerb.

Mitten durch die Ebene strömt über 345 km träge der *Shannon*. Er ist noch unbegradigt, und wo immer die Strömung etwas stärker ist, lässt das kristallklare Wasser tief blicken. Im Mittelabschnitt zwischen Lough Allen und Lough Derg allerdings, wo der Fluss auf einer Strecke von 185 km gerade 12 m Gefälle hat, trüben ihn Lehm und die feine Torferde aus den maschinell betriebenen Abbaugebieten. Auch die von den Feldern eingeschwemmten

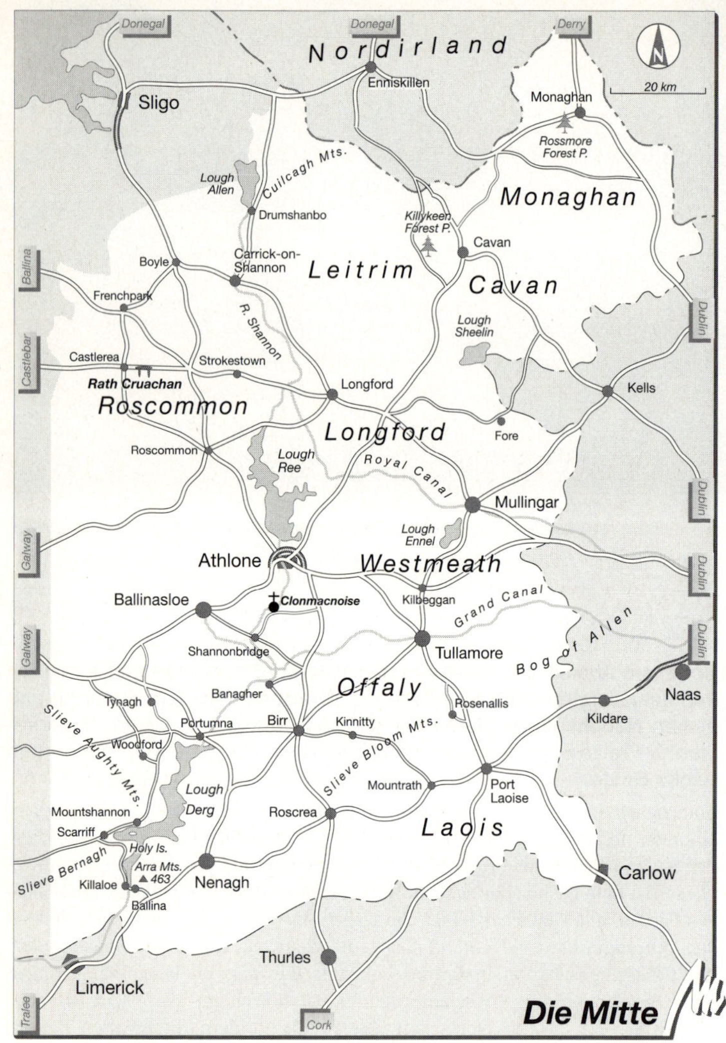

Düngemittel und die Abwässer der Siedlungen, die weitgehend ungeklärt in den Fluss gelangen, setzen dem Shannon zu.

Noch ist das Angeln nach Hecht und Friedfischen weitgehend frei, doch wurde der Shannon schon so gründlich ausgebeutet, dass oberhalb von Banagher nur noch mit Angelschein gefischt werden darf. Die meisten Touristen reisen mit dem Boot: Familien mit Kindern oder Männergruppen – für Frauen scheinen Angeln oder das Steuern eines Kajütenkreuzers weniger attraktiv zu sein. Größte Sehenswürdigkeit ist die Klosterstadt Clonmacnoise (Offaly/ Roscommon). Sind die Midlands das "wirkliche" Irland, "unverdorben" durch Reisegruppen, Souvenirläden und Zivilisationsflüchtlinge? Doch was ist das wirkliche Irland?

County Monaghan

Die von eiszeitlichen Gletschern geformte Parklandschaft mit Wiesen und viel Ackerland ragt wie ein Keil nach Nordirland hinein. Geographisch, politisch und kulturell hat Monaghan enge Verbindungen mit dem Norden, auch der Bürgerkrieg war hier stärker zu spüren als anderswo in der Republik.

Bei der Fahrt auf der N 3 von Monaghan ins benachbarte Cavan passiert der Bus auf wenigen Kilometern gleich viermal die Staatsgrenze zwischen der Republik und dem Norden. Doch der Grenzübertritt ist unbürokratisch. Hier fehlen die martialischen Horchtürme, mit denen sich der Norden sonst einigelt, nur in Kleinigkeiten macht sich die Teilung bemerkbar: Wenn der Busfahrer auffordert, das Rauchen auf den hinteren Plätzen einzustellen (im Norden erlaubt, im Süden verboten), wenn ein Postamt plötzlich rote (Norden) statt grüner (Süden) Schilder trägt.

Touristisch gesehen ist Monaghan tiefstes Hinterland – das irische Appenzell, wie der irisch-schweizerische Komponist J. W. Brennan bemerkte. Bord Fáilte hat es in Werbung und Verwaltung dem Nordwesten zugeschlagen, doch mit Sligo und Donegal hat die Grafschaft wenig gemein. Historisch gehört sie zu Ulster, geographisch reicht sie bis auf 15 km an die Ostküste Irlands. Auf drei Seiten von Nordirland umgeben, wurde Monaghan bei der Grenzziehung 1923 von seinem Umland und den Märkten im Norden abgeschnitten. Damals wurde sogar erwogen, Monaghan Nordirland zuzuschlagen: es gab und gibt vor allem im Südteil des County eine starke protestantisch-unionistische Minderheit, und nur die Sorge der Ulster-Unionisten, sich mit Monaghan zu viele Katholiken ins Land zu holen, entschied den Verbleib der Grafschaft bei der Republik. Der notorische Katholikenhasser Ian Paisley, der in Ulster außer einer eigenen Partei auch eine eigene, presbyterianische Freikirche führt, hat in Monaghan sein einziges Gotteshaus auf dem Gebiet der Republik. Gleichzeitig ist die Grafschaft eine politische Hochburg von Sinn Fein.

Früher durch den Ulsterkanal mit Armagh und per Eisenbahn mit Belfast verbunden, besaß Monaghan einst eine blühende Textilindustrie. Von ihr hat nur die Spitzennäherei überlebt, und auch ihre Tage sind angesichts der ostasiatischen Konkurrenz gezählt. Heute wird das Geld mit der Agroindustrie verdient: Viele Farmer haben sich auf die Zucht von Champignons spezialisiert.

Karte Seite 690

Monaghan (Stadt)

Mit ihren freundlichen Kalksteinhäusern, die für mehr als nur eine Generation gebaut sind, ist die einst von schottischen Siedlern angelegte County-Hauptstadt für Durchreisende eine angenehme Überraschung.

In der Mitte des alten Marktplatzes, wie so oft im Norden heißt er **Diamond,** thront ein prächtiger viktorianischer Brunnen (1875) aus Granit und Sandstein, wie man sie damals in englischen Industriestädten vorfand – nach Monaghan will das Geschenk eines örtlichen Grundherrn nicht recht passen. Auf der Südseite des Platzes stand das im 19. Jh. abgerissene Castle, um das herum sich die Stadt entwickelte. Auch von der Stadtmauer sind keine Spuren erhalten.

Am benachbarten **Church Square** stiften das Gericht, ein Bankgebäude, ein Hotel und die neogotische Kirche eine Atmosphäre biederen Bürgerstolzes. Auffällig sind die Rundungen der Eckgebäude. Eine weitere Besonderheit des Stadtbildes, die man vor allem in der vom Diamond nach Osten führenden *Dublin Street* entdeckt, sind die auf der Oberseite ebenfalls gerundeten Toreinfahrten, durch die man früher zu den Wirtschaftsgebäuden hinter den Häusern kam.

Old Cross Square ist der dritte Platz im halbrunden Stadtgrundriss. Das Market Cross, dem er seinen Namen verdankt, stand bis zum Bau des Brunnenhauses auf dem Diamond und war zugleich eine Sonnenuhr und das Wahrzeichen der schottischen Siedler Monaghans. Aus dem Würfel, der heute falsch herum auf der Säule sitzt, ragte in jede Himmelsrichtung eine der vier Stangen heraus. In den darunterliegenden Halbkugeln waren die Stundenlinien eingezeichnet, und so ließ sich am Schatten die Zeit ablesen – vorausgesetzt, die Sonne schien. An der Südseite des Platzes floss früher der Ulsterkanal vorbei.

• *Telefonvorwahl:* 047.

• *Information:* **Market House,** Market St., ✆ 81 122, Juni–Aug. Mo–Sa 9–18 Uhr, Sept.–Mai Mo–Fr 9–13, 14–17 Uhr. Hilfreich ist die Broschüre "Tourist Trail", die einen Rundgang durch die Stadt beschreibt. www.county-monaghan.net

• *Verbindung:* **Busse** (Auskunft ✆ 82 377) nach Dublin, Derry–Letterkenny und Belfast; mit der Privatlinie McConnon's (✆ 82 020) nach Carrickmacross und Slane (Meath).

• *Radverleih:* **Clerkin's,** Park St., ✆ 81 113.

• *Übernachten:* ** **Westenra Arms Hotel,** The Diamond, ✆ 81 517, 📠 82 291, DZ 100 €. Ein schöner Bau aus Ziegeln und Granit, im Eingang grüßt das Foto einer lächelnden "Rose of Tralee", im Frühstücksraum thront unter dem Kruzifix der chromglänzende Kaffeeautomat "Instant Geysir". Leider droht dem feinen Haus die Schließung – als Alternative bliebe dann das **Lakeside Hotel,** North Rd., ✆ 83 599.

Ashleigh Guesthouse, 37 Dublin St., ✆ 81 227, DZ 45 €. Anglertreff; in den Blumenkästen vor den Fenstern zur (lediglich tagsüber lauten) Straßenseite wachsen einmal keine Geranien, sondern Küchenkräuter. In der gleichen Preislage vermietet das **Hilldene House,** Canal St., ✆ 83 297, seine Zimmer.

• *Essen:* **Andy's Bar & Restaurant,** 12 Market St. Ein Pub im viktorianischen Stil mit edlem Mahagoniholz, großen Spiegeln, und bequemen Barhockern mit Lehne. Mittags und abends Barfood, das Restaurant (Menü 25 €) über der Kneipe hat nur Di–So abends geöffnet.

Dinkin's Coffeeshop, Church Sq., bis 17.30 Uhr; mit Imbiss und Konditorei.

Pizza D'Or (Take Away), Market St., serviert Pizza bis spät in die Nacht und ist eine Institution unter den Kneipen- und Discogängern Monaghans.

Sehenswertes

County Museum: Monaghan hat eines der besten Regionalmuseen Irlands. Die mit dem Museumspreis des Europarats ausgezeichnete Ausstellung in zwei alten Stadthäusern reicht von der Steinzeit bis zur Moderne. Kostbarster Besitz ist das bronzene **Altarkreuz von Clogher** (14. Jh.), das wohl nur durch ein Versehen der Überführung ins Nationalmuseum entging. Auch der **Cauldron,** ein aus einem Stück Holz gehöhlter Kessel der Keltenzeit, ist ein außergewöhnliches Exponat. Der Besucher erfährt vom Aufstieg und Niedergang der Leinenindustrie und des Ulsterkanals, der gerade instand gesetzt wird und eines Tages auch Monaghan für den Bootstourismus erschließen soll. Selbst der Konflikt zwischen Unionisten und Republikanern wird nicht ausgespart. Angeschlossen ist eine Galerie mit wechselnden Kunstausstellungen.

⌚ Di–Sa 11–13, 14–17 Uhr (Juni–Sept. durchgehend); Eintritt frei! Hill St.

Monaghan/Umgebung

▸ **Rossmore Forest Park:** Das Naherholungsgebiet mit Wanderwegen, romantischen Teichen, Picknickplätzen und einem Haustierfriedhof liegt 3 km südlich der Stadt. Die Rossmores, die den Park im 19. Jh. anlegten, ließen dazu sogar aus Kalifornien Mammutbaumsetzlinge bringen, die inzwischen zu den größten Baumriesen Irlands herangewachsen sind.

▸ **Castle Leslie:** John Leslie kaufte 1664 das Grundstück mit einem zauberhaften See und mächtigen Bäumen und ließ sich einen Altersitz im italienischen Stil bauen. Das heutige Schloss mit seinen stuckverzierten und mit Gobelins und kostbaren Teppichen geschmückten Räumen stammt aber erst aus dem Jahr 1878. Zum Sammelsurium der Ausstellungsstücke gehören die Kinderkleider Churchills, ein Bett, in dem Napoleon einmal nächtigte, und neben anderen Zeugnissen viktorianischen Sanitärhandwerks das angeblich älteste noch betriebsfähige Spülklosett Irlands. Leslie Castle ist zugleich **Hotel**. In den 14 musealen Zimmern, von denen keines dem anderen gleicht und jedes seine Geschichte hat, wohnten Showstars wie Marianne Faithfull und natürlich Mick Jagger (der offenbar eine Vorliebe für irische Schlosshotels hat) und die mit den früheren Hausherren verwandten Churchills.

Öffnungszeiten/Übernachten: Führungen Juli–Aug. Mo–Do 15, 16. 17 Uhr, Eintritt mit Führung 4 €. ✆ 88 109, www.castle-leslie.ie. Die Nacht im DZ kostet 165–175 €. Das Castle liegt 6 km nordöstlich von Monaghan bei Glaslough.

▸ **Carrickmacross:** Der Marktort 35 km südlich von Monaghan am Weg nach Dublin ist ein Zentrum der irischen **Spitzenstickerei.** Die auf eine Initiative der Kirche während der Großen Hungersnot zurückgehende Heimindustrie hat ihre eigenen, unverwechselbaren Muster entwickelt, in denen sich auch die Landschaft mit ihren Drumlins und kleinen Seen widerspiegelt.

Einkaufen: **Lace Gallery,** Market Sq., Mai–Okt. Mo–Sa 10–12.30, 13.30–17 Uhr, Mi+Sa nachmittags geschlosseb.

Midlands Karte Seite 690

County Cavan

Mit Monaghan teilt Cavan die Grenzlage und den Mangel an spektakulären Sehenswürdigkeiten. Sein Reiz liegt in der Landschaft mit einem Labyrinth aus kleinen Flussläufen und Seen, aus Mooren und sogar einzelnen Wäldern.

Cavan zieht vor allem Angler an, die im *Lough Oughter,* einem Gewirr ineinander übergehender Seen westlich von Cavan Town, ihr Petriheil suchen. Zu den besten Angelplätzen führen sogar Wegweiser, die zusätzlich die verschiedenen Fischarten benennen, die sich im Wasser tummeln. Am *Lough Sheelin* hat die Anglerlobby sich exemplarisch gegen die Schweinemäster und ihre Gülle durchgesetzt: Cavans Seen bleiben auch weiterhin sauber. Mit der Wiedereröffnung des *Shannon-Erne-Kanal* (siehe Kapitel "Unterwegs mit dem Hausboot") kommen jetzt auch die Bootstouristen nach Cavan. Noch unberührt sind jedoch die wilden *Cuilcagh Mountains* im äußersten Nordwesten, in denen der Shannon entspringt.

Cavan (Stadt)

Die Hauptstadt von Cavan County ist um eine Abtei gewachsen, an deren Stelle heute der protestantische Kirchturm steht. Die *Main Street* hat trotz ihrer Läden und Pubs ein ländliches Gesicht, während die zweite Hauptstraße, *Farnham Street,* von den üblichen Amtsgebäuden (Polizei, Gericht, Verwaltung) und einigen eleganten Stadthäusern im georgianischen Stil gesäumt wird. Hier steht auch die katholische Kirche aus den vierziger Jahren. Einzige Sehenswürdigkeit ist die nur knapp am Konkurs vorbeigeschlitterte Glasfabrik **Cavan Crystal,** die mit der größeren Manufaktur in Waterford auf dem Markt der Lüster, edlen Vasen und gläsernen Nippesfiguren konkurriert.

• *Telefonvorwahl:* 049

• *Information:* Farnham St., ✆ 4331 942, Juni–Aug. Mo–Sa 9–18, Sept.–Mai Mo–Fr 9–13 Uhr; www.cavantourism.com.

• *Verbindung:* Cavan liegt an den **Bus**routen zwischen Dublin und Letterkenny sowie Galway und Belfast. Die Bushaltestelle befindet sich am Südende der Farnham St. (Auskunft ✆ 4331 353).

• *Einkaufen:* **Cavan Crystal,** Dublin Rd., Shop Mo–Fr 9.30–17.30 Uhr, Sa 10–17 Uhr. Führungen durch die Fabrik nur für Gruppen und nach Vereinbarung.

• *Übernachten:* **Bridge Restaurant,** Coleman Rd, ✆ 4331 538, geräumige DZ für 55 € nahe der Busstation.

B&B Lisnamandra House, Mrs. Iris Neill, Lisnamandra, 8 km außerhalb Cavans an der Crossdoney Rd., ✆ 4331 136, Mai–Sept., DZ 45 €. Die Übernachtung in diesem stattlichen Farmhaus sei Reisenden mit eigenem Fahrzeug wärmstens empfohlen. Auf Vorbestellung bereitet Mrs. Neill ihren Gästen auch eine Abendmahlzeit.

• *Essen:* **Old Priory,** Main St., ✆ 4361 898, Di–Sa 12–15, 18–22 Uhr, So 18–22 Uhr, Dinner 25 €. In einem Kellergewölbe, das noch auf das alte Kloster zurückgeht. Überwiegend Fleischküche mit Steaks etc., auch Pizza. Die Wirtsfamilie stammt aus der Schweiz.

Sehenswertes

Lifeforce Mill: Eine Wasserturbine Marke MacAdam, Baujahr 1848, treibt am Kennypottle River Cavans wunderschön restaurierte Getreidemühle. Vor dem Rundgang formt der Besucher unter Anleitung aus Vollkornmehl seinen eigenen Laib Brot, den er am Ende der 40-minütigen Tour, knusprig gebacken, mit nach Hause nehmen kann.

⌚ Mai–Sept. tägl. 10–17 Uhr, Eintritt 5 €, Bridge St.

Cavan/Umgebung

▸ **Killykeen Forest Park:** Der gerade 2,4 qkm kleine Naturpark liegt 12 km westlich von Cavan am Ufer des Lough Oughter. Viele der üppig grünen Inseln im See sind aus Crannogs entstanden, künstlich aufgeschütteten und befestigten Wohnstätten der Bronzezeit. Die düstere Ruine des *O'Reilly Castle* (13. Jh.) bröckelt langsam in den See.

• *Aktivitäten:* Im Park werden Fahrräder und Boote verliehen. Das **Killykeen Equestrian Centre,** ✆ 4361 707, bietet Ausritte durch die Wald- und Uferlandschaft und für Regentage eine großzügige Reithalle.

• *Übernachten:* Im Park werden zweistöckige **Blockhäuser** im skandinavischen Stil mit je 6 Betten an Selbstversorger vermietet, beliebt bei Anglern. Buchung ✆ 4332 541, der Spaß kostet nach Saison 200–450 € die Woche.

▸ **Belturbet:** Das verschlafene Städtchen liegt an der Mündung des Shannon-Erne-Kanals in den River Erne, doch legen bislang nur wenige Bootstouristen am Quai an. Eher sind es Angler, die hier ein paar Tage verweilen. Vom frisch restaurierten Bahnhof erhofft man sich eine neue Publikumsattraktion. Er soll ein *Visitor Centre* für Eisenbahnenthusiasten, ein Hostel und ein Restaurant aufnehmen. Die Eröffnung ist für Sommer 2001 geplant.

Hausboote und Rundfahrten: **Turbet Tours**, Belturbet, ✆ 4322 360.

▸ **Cavan County Museum:** Das modern eingerichtete Heimatmuseum des Countys, etwa 25 km südwestlich von Cavan im Marktort Ballyjamesduff, zeigt in einer früheren Klosterschule allerlei historische Artefakte, darunter ein 100 Jahre altes Kanu, Steine mit Ogham-Inschriften und Maschinen aus dem Zeitalter der Dampfkraft. Eine Abteilung widmet sich dem typisch irischen Sport, und der großzügige Park um das Haus lädt zu Spaziergängen ein.

⌚ Di–Sa 10–17 Uhr, Juni–Sept. auch So 14–18 Uhr, Eintritt 2,50 €; Virginia Rd.

County Leitrim

Das County mit gerade 28.000 Bewohnern liegt abseits der Durchgangsstraßen und wird eher selten besucht. Angler, Wanderer und Bootsfahrer erfreuen sich an einer stillen Landschaft; historisch Interessierte lassen sich von frühverrenteten Bergleuten ein Industriegebiet vergangener Tage zeigen.

Irische County-Grenzen scheren sich nicht um die Bedürfnisse bürokratischer Verwaltung und schon gar nicht um das Bemühen von Reisebuchautoren, ihren Stoff entlang der gängigen Reiserouten zu gliedern. Die Grafschaften sind historisch gewachsen und damit basta! So hat "Lovely Leitrim", wie es in einem Lied besungen wird, in etwa die Gestalt einer Acht, deren Spitze auf gerade 10 km zwischen Sligo und Donegal den Atlantik berührt. Ausgerechnet in der schmalen, zu einer Wespentaille geschnürten Mitte der Acht versperrt auch noch der Lough Allen den Reisenden den Weg, so dass Leitrim vollends

Karte Seite 690

in zwei geographische Einheiten zerfällt. Die nordwestliche, auf Sligo als Zentralort orientierte Hälfte haben wir bereits im Kapitel über das County Sligo gestreift, womit jetzt noch die untere Hälfte Leitrims vorzustellen bleibt.

Mit der Wiedereröffnung des oberen Shannon und des Shannon-Erne-Kanals für die Freizeitkapitäne erlebt nun auch das platte Land abseits der Hauptstraße einen bescheidenen touristischen Boom. Da die Attraktionen für den Massentourismus fehlen und auch nicht geschaffen werden können, blühen vor allem kleine, lokale Initiativen, deren Stärke in der persönlichen Betreuung der Gäste liegt. Mit seinen vielen Seen gilt Leitrim als ein Zentrum des Coarse Fishing, also des Angelns nach Hechten und Friedfischen. Ein kapitaler Hecht von 10 kg und mehr, so heißt es, sei mit entsprechender Geduld auch von Anfängern aus dem Lough Allen zu fischen. Für Fernwanderer wurde außer dem Leitrim-Way, der die gesamte Grafschaft durchquert, eine weitere Langstrecke im "Drei-County-Eck" Roscommon, Leitrim und Sligo markiert: Der **Miners Way,** ein 55 km langer Rundweg durch das frühere Bergbaugebiet am Westufer des Lough Allen.

Info: www.leitrimtourism.com

Drumshanbo

Ein unauffälliges, gemütliches Städtchen, das davon träumt, endlich einmal den Landespreis des Tidy-Town-Wettbewerbs zu gewinnen.

Lange handelten nur Angler den Marktort am Südende des **Lough Allen** als Geheimtipp. Seit der Oberlauf des Shannon bis in den See hinein für Freizeitkapitäne geöffnet wurde, gesellen sich ihnen noch einige Bootsfahrer hinzu, und schließlich ab und an auch Radler und Autofahrer, die es auf den Weg von Carrick nach Belleek verschlagen hat. Diesen Zufallsgästen versucht das **Visitor Centre** von Drumshanbo die Gegend schmackhaft zu machen und sie zu einem längeren Aufenthalt zu verführen. Wer hätte gedacht, dass die stille Landschaft zwischen Slieve Anierin und Kilronan Mountain über Jahrhunderte ein Industriegebiet mit Erz- und Kohlegruben war? Erst im Juli 1990 fuhren die Bergleute zur letzten Schicht ein. Das Visitor Centre rekapituliert die Geschichte mit einer Diashow. Railway-Memorabilia erinnern an die Cavan & Leitrim Railway, die wir schon aus Dromod kennen. Auch eines jener Schwitzhäuser wurde nachgebaut, in dem sich die irischen Kelten einst aufwärmten oder ihre Grippe kurierten.

- *Telefonvorwahl:* 078
- *Information:* Im **Visitor Centre,** Main St., ✆ 41 522, offen April–Okt. Mo–Sa 10–13, 14–18 Uhr (Juli/Aug. ohne Mittagspause), So 14–18 Uhr. An Infos gibt's etwa das Faltblatt **"Tourist Trails"** zur Stadt und näheren Umgebung. Der Eintritt für die Ausstellung beträgt 2 €. Im **Internet** ist die Region unter www.drumshanbo.net vertreten.
- *Verbindung:* Morgens und abends kommt je ein **Bus** von Dublin über Carrick-on-Shannon. (Auskunft ✆ 31 174).
- *Feste:* **An Tostal,** Ende Juni/Anfang Juli. Das Stadtfest, zu dem auch viele Emigranten die alte Heimat besuchen. Ernsthafter gibt sich die **Joe Mooney Summer School** (Mitte Juli) mit Volksmusik-Kursen und abendlichen Sessions in den Pubs.
- *Markt:* Jeden Dienstag kommen die Bauern der Umgebung auf den **Viehmarkt** von Drumshanbo.
- *Reiten:* **Moorland Equestrian Centre,** Neil McManus, ✆ 41 500. Ein Reiterhof mit Unterricht und geführten Touren.

• *Tanzen:* **Teach Ceoil,** beim Schwimmbad am Yachthafen, lädt im Sommer montagabends zum Volkstanz.

• *Übernachten:* **B&B Mooney's,** High St. Ecke Carrick Rd., ✆ 41 013, DZ 45 €. Ein einfaches Stadthaus, vier preiswerte Gästezimmer mit Etagenbad.

Wanderung um Arigna

Mit seinen – rechnet man den Anmarsch von Drumshanbo hinzu – 65 km ist der markierte Miners Way nur etwas für eingefleischte Fernwanderer, die auch bereit sind, unter freiem Himmel zu campieren. Der interessanteste Teil der Bergbauregion, um das Dorf Arigna, lässt sich jedoch auch auf einer bequemen *Tagestour* entdecken, die in Drumshanbo beginnt und endet.

Man verlässt Drumshanbo in Richtung Westen und folgt zunächst der Trasse der einstigen Eisenbahn, die sich dicht am Ufer hält. Auf der **Ballintra-Brücke** überquerte die Bahn den Shannon. Hier wurde in den 20er Jahren eine Schleuse gebaut, um dem Kohlekraftwerk (dem wir noch begegnen werden) einen gleichmäßigen Wasserspiegel zu sichern. Nahe der Brücke fiel 1798 ein Rebellentrupp der United Irishmen einem tödlichen Irrtum zum Opfer. Als ihnen Soldaten in fremden Uniformen und mit einer unverständlichen Sprache entgegentraten, dachten sie, endlich auf ihre französischen Verbündeten gestoßen zu sein. Tatsächlich hatten sie die ungarischen Hilfstruppen der Engländer vor sich. Keiner der Aufständischen überlebte diese Begegnung.

Beim früheren Bahnhof **Mount Alley** kreuzt die Bahn die Uferstraße und wendet sich landeinwärts zur Bergarbeitersiedlung **Arigna**. Hier steigen wir hinter der Kirche den Hang des Kilronan Mountain bis zur Derrinavoggy-Mine hinauf. Der Berg ist auf dieser Seite, einem Termitenhügel gleich, von den Schächten und Stollen alter Kohlegruben durchlöchert. Nicht alle Eingänge wurden zugemauert – doch in Anbetracht der Gefahren durch Grubengas und morsches Stützwerk sollte niemand wagen, die Welt unter Tage zu erkunden.

Der markierte Weg führt jetzt, mit schöner Sicht auf den See, etwa parallel zum Hang nordwärts zur **Rover-Grube**. Hier verrottet ein Maschinenteil, dort rostet der Stützmast einer Seilbahn; man sieht verfallene Gebäude und kaum noch zu erkennende Trampelfade, auf denen einst die Bergleute zur Arbeit gingen. Nahezu alle Minen und natürlich auch die Brikettfabrik von Arigna gehörten der Leyden-Familie, die ursprünglich aus den Niederlanden kam. Der Weg kreuzt wieder eine Landstraße, fällt in Serpentinen zur **Greaghnafarna-Schule** ab, trifft die Bahn und überwindet auf einer fotogenen Eisenbrücke den Arigna River. Nach Joe Flynn's Reitstall mag man im **Derrinavehy Guesthouse** (Creagh Road) eine Rast einlegen.

Am **Kraftwerk,** dessen Stillegung 1990 auch das Ende des Bergbaus bedeutete, wird wieder der See erreicht; man folgt dem Ufer und ab dem Parkplatz schließlich der Landstraße südwärts bis zur Mount Alley Station, von der es noch gut 3 km zurück nach Drumshanbo sind.

Karten: Die Touristinformation in Drumshanbo verkauft eine Wegbeschreibung mit von Hand markierter Route auf einem kopierten Kartenausschnitt. Zusätzlich benötigt man die Karte 26 der Discovery Series.

Midlands Karte Seite 690

Carrick-on-Shannon

Mit knapp 2000 Einwohnern ist Carrick-on-Shannon an der N 4 zwischen Dublin und Sligo die kleinste Hauptstadt einer irischen Grafschaft. Als Basis von "Emerald Star" und zweier weiterer Bootsverleiher lebt der Ort weitgehend vom Fluss.

Im Mittelalter markierte der von einem Castle geschützte Flussübergang am Zusammenfluss von Boyle und Shannnon zugleich die Grenze zwischen dem Machtbereich der McDermotts und der O'Rourkes. Im 17. Jh. bekam Carrick-on-Shannon das Stadtrecht, später durfte es sogar zwei Abgeordnete ins Parlament schicken. Die Brücke und die Kaianlagen entstanden 1848, als der zuvor nur bis Drumsna schiffbare Shannon bis in die Stadt ausgebaggert und befestigt wurde. Am nordöstlichen Brückenkopf, gegenüber der Tourist Information, ist noch das alte **Guinness-Lagerhaus** zu sehen, in dem das mit den Flusskähnen herangebrachte Bier auf den Weitertransport per Pferdekutsche wartete. Auf dem Platz davor stand im Mittelalter das Castle.

In Carrick-on-Shannon

Mittelpunkt des Städtchens ist der **Uhrturm** am Zusammentreffen von *Bridge* und *Main Street*, dem früheren Marktplatz. Junge wie Alte sitzen an trockenen Tagen auf den Bänklein um die Uhr und warten, dass etwas passiert. Die **Costello Mortuary Chapel**, angeblich Irlands kleinste Kapelle, wurde 1879 von einem hiesigen Kaufmann für seine Frau errichtet. **Saint George's Terrace,** zwischen Uhrturm und Gericht, war einmal die beste Adresse Carricks. Die Georges waren bis ins 19. Jh. die führende Familie der Stadt und wohnten im **Hatley Manor,** einem spätklassizistischen Landhaus.

• *Telefonvorwahl:* 078

• *Information:* Am Fluss, ✆ 20 170, Mai–Sept. Mo–Sa 9–18 Uhr, Okt.–April Mo–Fr 9–13 Uhr. Zur Stadt ist für 2 € die Broschüre "Tourist Trail" erhältlich. www.iol.ie/~gartlan.

• *Verbindung:* Carrick liegt an den **Bahn-** und **Bus**linien Dublin–Sligo, Busse fahren auch nach Athlone.

• *Boote:* Wer nur mal eine Schnupperrunde auf dem Fluss drehen will, bekommt bei **Michael Lynch** (✆ 20 034), an der Brücke beim Tourist Office, Ruderboote für 8 €/Std.

• *Fahrradverleih:* **Geraghty's,** Main St., ✆ 21 316. Hier gibt es auch Angelscheine und -zubehör.

• *Übernachten:* Weil die meisten Besucher auf ihren Booten wohnen, ist die Auswahl an Hotels und B&Bs recht beschränkt.

*** **Bush Hotel,** Main St., ✆ 20 014, 📠 21 180, DZ 80–90 €. Beethovenklänge mischen sich in der Lobby mit dem Knistern des Kaminfeuers, ein Riesenfisch setzt Anglern Maßstäbe. Die Einrichtung der Zimmer ist schon etwas älter, aber durchaus ansehnlich.

B&B Hollywell House, Liberty Hill, ✆ 21 124, DZ 70–90 €. Das vornehme, mit edlen Antiquitäten ausgestattete Haus liegt gleich jenseits der Brücke. Zum Frühstück serviert Mrs. Maher hausgemachte Scones.

Town Clock Hostel (IHI), Bridge St., ✆ 20 068, Juni–Sept., Bett 9 €, DZ 25 €. Zentrale Lage, mit zwei schlichten Schlafräumen und drei kleineren Zimmern mit Bad. Fahrradverleih.

• *Essen:* **Flynn's,** Main St. Das Fast-Food-Lokal mit Plüschtierautomat ist Lunchtreff der Schulkinder.

• *Pub:* **Ging's River View,** Bridge. Mit Flussblick, Garten und eigenem Bootssteg – Hausbootler können sich auf Deck ein frisch gezapftes Guinness gönnen.

Carrick-on-Shannon/Umgebung

▸ **Dromod:** Das Dorf an der N 4 zwischen Carrick und Longford ist ein neues Ziel auf dem Reiseplan irischer Eisenbahnenthusiasten. Auf dem Schmalspurgleis vor dem restaurierten Bahnhof steht eine Dampflok der **Cavan & Leitrim Railway** mit einigen alten Waggons. Auch wenn von der 1959 stillgelegten Strecke nach Belturbet bisher nur einige hundert Meter wieder instandgesetzt wurden, heizen die Bähnler im Sommer manchmal an und setzen den Nostalgiezug in Bewegung ("Fahrplanauskunft" ✆ 38 599). Zweite Attraktion ist **James McCarran's Shop** an der Hauptstraße, der unter dem Etikett "Antiquitäten" allerlei Trödel verkauft und als Dreingabe allerlei unglaubliche Geschichten zu erzählen weiß.

County Roscommon

Das weitgehend flache County liegt zwischen dem Westufer des Shannon und dem River Suck. Am abwechslungsreichsten zeigt sich die Landschaft im Nordzipfel um *Boyle* und den *Lough Key,* die man auf der Fahrt von Dublin nach Sligo passiert. Einen eigenen Abstecher wert ist *Strokestown* mit dem Hungermuseum. Bei Tulsk wäre noch der *Rath Cruachan* zu erwähnen, die mythische Residenz und Krönungsort der keltischen Könige von Connaught. Der an historischer Bedeutung Navan, Tara oder den Stätten im Boyne Valley vergleichbare Platz hat aber nie den Spaten eines Archäologen gesehen, wie auch die siebzig weiteren vor- und frühgeschichtlichen Gräber und Kultstätten der Region bislang kaum erforscht oder touristisch erschlossen wurden – oft gibt es nicht mal einen Wegweiser. Ansonsten kommen in Roscommon die Angler auf ihre Kosten, wie es gemeinhin dort der Fall ist, wo sich Fischreichtum mit wohl tuender Stille paart.

Boyle

Midlands
Karte Seite 690

Die Etappenstadt am Wege von Ballina oder Sligo nach Dublin lohnt wegen ihrer Zisterzienserabtei, dem neuen Museum und dem Naturpark am Lough Key eine Zwischenübernachtung.

Als Stadt kann das an einem Knie des gleichnamigen Flusses gelegene Boyle allerdings nicht mit besonderen Reizen aufwarten. Doch sagt man dem County

Roscommon, zu dem Boyle noch gehört, nach, dass es eigentlich überhaupt keine "richtigen" Städte besäße, und so ist das Provinznest, in dem man abends um den Imbiss zumindest noch eine Handvoll Jugendlicher auf der Straße trifft, sozusagen der einäugige König unter den Blinden. Mit einem Museum im King House bemüht sich der Marktort, die Durchreisenden zu einem längeren Aufenthalt zu bewegen.

- *Telefonvorwahl:* 079
- *Information:* King House, Main St., ✆ 62 145, Mai–Sept. tägl. 10–17.30 Uhr.
- *Verbindung:* **Bahn-** und **Busstation** an der Strecke Sligo–Dublin, **Busse** halten vor dem Royal Hotel in der Bridge St.
- *Fahrradverleih:* **Brendan Sheerin's,** Main St., ✆ 62 010.
- *Reiten:* **Curlew Trekking Centre,** ✆ 62 794.
- *Übernachten:* ** **Royal Hotel,** Bridge St., ✆ und ✆ 62 016, DZ 115 €. Ein Haus mit Tradition. Bereits seit über 300 Jahren übernachten Reisende hier an der Brücke im Zentrum der Stadt. Alle 16 Zimmer sind mit Bad und TV ausgestattet, das Restaurant liegt direkt über dem Fluss. Manager Vincent Regan ist selbst begeisterter Angler, und wie es sich für ein Haus von Stand gehört, hat das Royal eigene Jagdrechte.

  B&B Abbey House, ✆ 62 385, März–Okt., DZ 55 €. Romantisch direkt zwischen Abtei und Fluss gelegen, 10 Min. vom Zentrum.
- *Camping:* **Lough Key Forest Park,** ✆ 62 212, Ostern und Mai–Aug., Zelt mit 2 Pers. 8 €. Im Naturpark 5 km außerhalb, keine Dauercamper, einfache Sanitärs, nur 4 Warmduschen verheißen für die Hochsaison frühmorgendliches Anstehen.
- *Essen/Pubs:* Der Chinese ist zu teuer, der Imbiss bei der Post hat den Charme einer Wartehalle, und so bleiben als Tipps das Restaurant des **Royal Hotel,** der Teashop **Ú na Bhán** beim King House und schließlich **Sexton's Pub** in der Patrick St. Zum Bier geht man ins **Moylurg Inn,** Bridge St., dessen Einrichtung teilweise noch aus den 50er Jahren stammt.

Sehenswertes

Boyle Abbey: Die Boyle Abbey in der Flussschleife am östlichen Ortsrand war eine Tochtergründung von Mellifont (bei Drogheda). 1659 wurde das Kloster vom Militär besetzt und befestigt. Das in zwei Etappen gebaute Schiff der Klosterkirche (geweiht 1220) zeigt beispielhaft den Unterschied zwischen romanischem und gotischem Zeitgeschmack – Rundbögen und Spitzbögen stehen einander gegenüber.

⌚ Mitte Juni–Mitte Sept. tägl. 9.30–18.30 Uhr; Eintritt 2 €. Außerhalb der Saison frage man im benachbarten Guesthouse nach dem Schlüssel.

King House: Das aufwendig restaurierte King House war ab 1730 für etwa 50 Jahre Landsitz der Kings, protestantischer Grundherren, die sich mit der besonders drastischen Anwendung der Penal Laws unter den Iren einen schlechten Namen machten. König Georg III. dagegen war erfreut und erhob Edward King 1768 zum Earl of Kingston, worauf dieser sich auf dem anderen Flussufer im Rockingham Estate ein neues und noch größeres Schloss baute. Das alte Haus wurde darauf eine Kaserne der Connaught Rangers und später der irischen Armee.

Das mit viel Haitech brillierende Museum macht dem Besucher gleich zu Beginn des Rundgangs deutlich, dass die Region schon lange vor den englisch-protestantischen Kings ihren (irischen!) Adel hatte und stellt uns zunächst das Geschlecht der MacDermots vor. Es folgt der Aufstieg der Kings. Aus der Familiengeschichte erfahren wir, wie anno 1797 Robert Earl of Kingston den

Boyle Abbey – Rundbögen und Spitzbögen

verheirateten Liebhaber seiner 15-jährigen Tochter Mary kurzerhand erschießt. Das Tagebuch der jungen Eleonora erzählt vom Zeitvertreib der höheren Töchter auf Partys, Bällen und Jagdausflügen. Ein schwerwiegenderes Thema ist die Vertreibung und der "Export" der Pächter nach Amerika, als die Landlords im 19. Jh. vom Getreideanbau auf Viehwirtschaft umstellten.

Eine Abteilung ist der Regimentsgeschichte der Connaught Rangers gewidmet, die 1920 im fernen Punjab rebellierten, als sie von den Grausamkeiten der Armee im irischen Unabhängigkeitskrieg hörten. Im Dachgeschoss werden mit Werkzeugen, Maßtabellen und Bauzeichungen die Konstruktion und Renovierung von King House erklärt, schließlich ist im Erdgeschoss die Kunstsammlung der Gemeinde ausgestellt – bescheiden zwar, doch durch den stetigen Ankauf von Werken zeitgenössischer irischer Künstler zugleich ein Stück Kunstförderung.

⌚ Mai–Sept. Di–So 10–18 Uhr, April u. Okt. nur Sa/So, Eintritt 4 €.

Frybrooke House: Das wenige Jahre nach dem Kings House errichtete Frybrooke House gibt sich wesentlich schlichter als das Schloss der Kings. Der Quäker Henry Fry war aus England von Edward King nach Boyle eingeladen worden, um hier eine Leinenmanufaktur aufzubauen. Zu relativ mäßigen Preisen (DZ rund 60 €) kann man heute in der historischen, doch etwas übermäßig renovierten Villa des Fabrikherrn übernachten.

⌚ Juni–Sept. tägl. 14–18 Uhr,. Eintritt 4 €.

Lough Key Forest Park: Über Kings House hinaus zielt Boyles Main Street genau auf das Landhaus des Rockingham Estate, wie der Lough Key Forest

Midlands Karte Seite 690

Park früher hieß. Zwar fiel das Schloss in den fünziger Jahren den Flammen zum Opfer, an seiner Stelle findet sich jetzt ein schnöder Parkplatz, doch geben die Stallungen, Kirche, Eiskeller und der Aussichtspavillon vor der Kulisse des Sees immerhin eine Ahnung von der alten Pracht. Zwischen den Teerstraßen bleibt noch genügend Platz für Spaziergänge, womit Lough Key ein idealer Ort für einen sonnigen Nachmittag ist. Restaurant und Café bieten Speis und Trank, am See werden Boote verliehen, und wer nicht rudern mag, kann sich in einem Ausflugsschiff über den See fahren lassen. Sogar der Abstecher mit dem gemieteten Kajütenkreuzer ist möglich, denn Lough Key ist der nordwestlichste Zipfel der schiffbaren Shannongewässer. W. B. Yeats träumte davon, eine Insel im See zum Kultzentrum eines theosophischen Ordens zu machen, mit dem er die Religiosität der Iren für die Nationalbewegung zu mobilisieren hoffte.

⌚ Der Park, in dem sich auch ein Café und ein Restaurant befinden, ist durchgehend geöffnet, in der Saison werden 1,25 € Eintritt verlangt. Rundfahrten auf dem See im Motorboot (5 €), auch Ruderboote (6 €/Std.).

Boyle/Umgebung

▸ Wer mit dem Auto von Dublin nach Sligo fährt, passiert hinter Boyle die *Bricklieve Mountains* und den *Lough Arrow*. Von *Castlebaldwin* führt ein Abstecher nach Westen ins Gebirge zum **Steinzeitfriedhof** Carrowkeel mit Gangräbern, Dolmen und einer prächtigen Aussicht über den See. Fernwanderer erkunden das Dreieck um Lough Arrow, Lough Meelagh und Lough Key auf dem 75 km langen **Historical Trail,** einem in Boyle beginnenden Rundweg, der mit wenigen Umwegen auch einen guten Tagesausflug per Rad abgibt. Karte und Streckenbeschreibung hat (hoffentlich noch) die Touristinformation von Boyle vorrätig. In *Riverstown* soll zu Ostern 2001 der **Sligo Folk Park** seine Pforten öffnen.

• *Information:* Lough Arrow, an der N 4 nördlich von Boyle, ✆ (079) 66 232, Juli/Aug. tägl. 9.30–17.30 Uhr.

National Field Study Centre, Ballinafad, an der N 4, ✆ (071) 65 765, veranstaltet geführte Tagestouren durch die Region.

• *Öffnungszeiten* des **Sligo Folk Park:** Sie standen bei Redaktionsschluss noch nicht fest. www.can.ie/can/sligo/folkpark/.

• *Übernachten/Essen:* **Coopershill House,** Riverstown, an der N 4, ✆ (071) 65 108, April–Okt., DZ 105–120 €. Ein gepflegtes Landhaus (1774) mit alten Möbeln und Himmelbetten, das den Bauherrn seinerzeit ein Vermögen kostete. 5 Gästezimmer, Bootsverleih, Angelmöglichkeiten und gediegenes Dinner, das freilich seinen Preis hat.

B&B Tower Hill, Castlebaldwin, ✆ (071) 66 021, DZ 50 €. Die preiswertere Alternative an der N 4, etwa 2 km Richtung Boyle, die Zimmer leider nur mit Etagenbad.

▸ **Frenchpark:** Auf dem Friedhof der früheren protestantischen Kirche liegt *Douglas Hyde* (1860–1949), der erste Präsident der irischen Republik. In der Kirche selbst erzählt ein kleines Museum seine Lebensgeschichte. Hyde zählte zu den Führern der irischen Nationalbewegung und bemühte sich besonders um die Wiederbelebung gälischer Kultur und Sprache. Hydes Traum von einem klassenlosen, allein über das kulturelle Erbe geeinten irischen Nation scheint aus heutiger Sicht etwas weltfremd.

⌚ Mai–Sept. Di–Fr 14–17, Sa/So 14–18 Uhr, Eintritt frei, Spende erwünscht.

Coleman Country?

Der Prophet, so weiß es das Sprichwort, gilt nichts im eigenen Land. *Michael Coleman,* möglicherweise Irlands begnadetster Geiger, musste aus purer Not auswandern und brachte es erst in Amerika zu Ruhm. Seine ab 1920 in New York aufgenommenen Schallplatten fanden mit den Jahren den Weg zurück in die Heimat, und auch der Erfolg der amerikanischen Folkband *Riverdance* in Irland ist eine späte Hommage an den "Teufelsgeiger", dem sich die Gruppe erklärtermaßen verpflichtet fühlt. Die Coleman Heritage Company bastelt derzeit an einem Heritage Centre in Colemans Geburtsdorf *Gorteen,* in dem außer dem Andenken an den Meister auch die Tradition Sligos als Heimat der besten irischen Fiedler gepflegt werden soll.

Strokestown

Es gäbe kaum einen besseren Ort für das Hungermuseum als die Ställe des Strokestown Park House.

Erst im Kontrast zum Prunk der Grundherren erscheint die große Hungersnot nicht mehr nur als ein scheinbar unausweichliches Naturereignis, sondern auch als eine Folge der sozialen Verhältnisse, in denen sich eine schmale Oberschicht allen Reichtum des Landes aneignete.

- *Telefonvorwahl:* 078
- *Verbindung:* In Strokestown halten die **Busse** der Strecken Ballina–Dublin und Roscommon–Boyle.
- *Übernachten:* **B&B Church View,** Mrs. **Cox,** ✆ 33 047, April–Sept., DZ 50 €. Ein Bauernhof 5 km westlich der Stadt, seit 4 Generationen im Familienbesitz; eigene Reitpferde.

Sehenswertes

Heritage Centre: Das Stadtmuseum residiert in der St. John's Church, der früheren protestantischen Kirche. Das historisierende Gotteshaus wurde 1819 vom englischen Starchitekten John Nash am Reißbrett geplant – der Meister kam persönlich nie nach Strokestown. Die Ausstellung konzentriert sich auf das mythische Zeitalter der Königin Maeve (s. S. 196) und anderer vorchristlicher Herrscher von Connaught, die der Überlieferung nach auf dem **Rath Cruachan** residierten. Dieser künstliche Hügel liegt etwa 15 km westlich von Strokestown an der N 5 bei Tulsk. Da es dort nichts weiter zu sehen gibt, sind Keltomanen im Museum besser aufgehoben. Für die Zukunft ist eine neue Ausstellung zur Ortsgeschichte von Strokestown geplant, mit der das Museum vielleicht auch für jene Reisenden interessant würde, deren Herz sich nicht für die Sagen um Maeve und Cúchulainn erwärmt.

⌚ Mai–Sept. Di–Fr 9.30–13, 14–15.30 Uhr, So 14–18 Uhr, Eintritt 2,50 €.

Strokestown House: Eine pompöse Allee führt vom Stadtzentrum zum Strokestown House (1730), dem Mittelpunkt eines ursprünglich 120 qkm großen Besitztums der Familie Mahon. Baumeister war Richard Cassels, der vor allem in der Umgebung Dublins eine ganze Reihe ähnlicher Landsitze entworfen hat

Midlands Karte Seite 690

und einen Stil prägte, mit dem die protestantische Oberschicht in völliger Umkehrung kalvinistischer Ideale ihren schier unermesslichen Reichtum angemessen zur Schau stellte.

Strokestown House ist eines der wenigen öffentlich zugänglichen Schlösser, deren Inventar nie versteigert wurde. Außergewöhnlich ist auch die Galerie über der Küche, von der die Hausherrin die Arbeit der Bediensteten überwachen konnte. Die Kinder des Hauses hatten ein eigenes Schulzimmer, in dem sie standesgemäß Privatunterricht erhielten. Auch vom Kinderzimmer mit seinem alten Spielzeug können selbst die Kids unserer Tage nur träumen.

⌚ Ostern–Okt. Di–So 11–17.30 Uhr; Eintritt Haus 4 €, Garten 3,50 €, Garten + Haus + Museum 11 €.

Vom Ende des Imperiums

Wie das Haus ist auch der Niedergang der Mahons typisch für das Geschick vieler anglo-irischer Adliger. Sie hatten versäumt, rechtzeitig in Industrie und Handel zu investieren und konnten nach der Hungersnot, als der Mangel an Arbeitskräften die Pachtzahlungen sinken und die Löhne steigen ließ, ihren üppigen Lebensstil nicht mehr finanzieren. Auch die 1914 geschlossene Ehe von Olive Hales Pakenham Mahon mit dem Erben des Rockingham-Besitzes in Boyle, die das größte zusammenhängende Landgut im Nordwesten Irlands hervorbrachte, konnte den Untergang des Imperiums nur verzögern. 1979 musste "Madame", auf diese Anrede legte sie wert, die ihr noch verbliebenen 120 ha Land samt dem Strokestown House an den örtlichen Tankstellenbesitzer und Autohändler Jim Callery verkaufen. Die alte Dame lebte noch bis 1982 zurückgezogen und vergessen in einem Winkel des Schlosses.

Famine Museum: Als 1845 *Phytophtora infestans,* der Kartoffelpilz, seinen Seuchenzug durch die irischen Äcker begann und das Grundnahrungsmittel des Volkes noch im Boden verfaulen ließ, konnten die Bauern von Strokestown ihre Pacht nicht mehr aufbringen. Denis Mahon und seine Verwalter vertrieben kurzerhand alle säumigen Zahler vom Gut und charterten Schiffe, um die ausgemergelte Menschenfracht, wie Vieh zusammengepfercht, nach Amerika zu verschicken. In nur vier Jahren verlor Strokestown, sei es durch Vertreibung oder Hungertod, 88 % seiner Bevölkerung. Kein Wunder, dass Denis Mahon einer der am meisten gehassten Männer in Roscommon war und schließlich erschossen wurde. Zwei Burschen endeten dafür am Strang, doch wie es heute scheint, waren nicht sie die Täter. Das falsche Geständnis hatte man ihnen unter der Folter abgepresst.

Diese Episode ist nur eine von vielen, die das Hungermuseum erzählt. Es ehre die Menschen der Vergangenheit "für die tiefe Würde des Überlebens", erklärte Präsidentin Mary Robinson in ihrer Eröffnungsansprache, und zeige auf, "dass es in der Geschichte oft weniger um Macht und Triumph als um Leiden und Verwundbarkeit geht". Dieses Museum, nicht die vielen Schlösser der Aristokratie, erzählt die wahre Geschichte Irlands.

⌚ Wie Strokestown House, Eintritt 4 €, mit Haus u. Garten 11 €.

Castlerea

Wer hier vorbeikommt, mag das "Clonalis House" besuchen, den Stammsitz des O'Conor-Clans. Außerdem lockt Irlands modernstes Gefängnis, auf das die nach Roscommon und Boyle drittgrößte Stadt der Grafschaft besonders stolz ist.

Die Nachfahren der mittelalterlichen Könige von Connaught können ihren Stammbaum bis ins Jahr 75 n. Chr. zurückverfolgen und beanspruchen damit den Guiness-Rekord des ältesten europäischen Adelsgeschlechts. Im Unterschied zu manch anderen alt-irischen Aristokraten waren die O'Conors von der Christianisierung bis heute stets treue Gläubige katholischer Konfession und traten niemals zur anglikanischen Staatskirche über – auch dies sichert ihnen einen Ehrenplatz in der irischen Geschichte. Um so erstaunlicher, dass die Familie ihren Grundbesitz über die Enteignungen Cromwells und die Zeit der Penal Laws hinweg retten konnte. Der Boden von Clonalis soll ihnen seit 1500 Jahren gehören. Das Haus selbst ist allerdings neueren Datums: ein viktorianischer Bau mit italienischem Einfluss, der eher verspielt als protzig wirkt. Bei der Führung sehen Sie erst die übliche Galerie würdevoller Ahnenporträts und alte Möbel. In der Hauskapelle wird ein Abendmahlskelch gezeigt, der sich in drei Teile zerlegen ließ, um ihn vor den protestantischen Häschern besser verstecken zu können. Stolz des Hauses ist sein Archiv. Hier sieht man die Kopie von Gerichtsurteilen nach dem irischen Brehon-Recht, die nach langer mündlicher Überlieferung um 1580 gerade noch rechtzeitig aufgeschrieben wurden, bevor die Engländer ihre Rechtsprechung durchsetzten. Auch die Harfe des blinden *Turlough O'Carolan* (1670–1738) ist ausgestellt, der als letzter Barde traditionellen Stils einige Weisen hinterließ, die er für seine Gönner aus dem O'Conor-Klan komponiert hatte.

⌚ Juni bis Mitte Sept. Di–So 11–17 Uhr, Eintritt 4 €.

County Westmeath

Die Grafschaft Westmeath markiert die geographische Mitte Irlands. Ein weitgehend flaches Weideland in sattem Grün, das man etwa auf dem Wege von Dublin nach Galway oder nach Sligo passiert.

Um die Verwaltungshauptstadt *Mullingar*, die James Joyce literarisch verarbeitete, erfreuen sich Angler und Müßiggänger an einigen Seen, und im *Fore Valley* warten verlassene Einsiedeleien und die "Sieben Wunder" auf Ihren Besuch. In *Athlone*, der größte Stadt des Countys, bewacht eine Normannen-Burg den Shannon-Übergang, *Kilbeggan* kann mit einer musealen Whiskey-Brennerei aufwarten.

Midlands
Karte Seite 690

Mullingar

Der Verkehrsknotenpunkt (12.000 Einwohner) und Marktort eines reichen Viehzuchtgebiets hat die Ehre, eine der wenigen Städte zu sein, die James Joyce außerhalb Dublins besuchte. Wer nicht beabsichtigt, seinen Spuren zu folgen oder auf dem großen Viehmarkt einzukaufen, fährt besser gleich zum Lough Ennell oder nach Kilbeggan weiter.

Der junge Joyce besuchte Mullingar, wo sein Vater als Justizangestellter arbeitete, in den Jahren 1900 und 1901. "Portrait of an Artist as a Young Man" ist teilweise in der Stadt angesiedelt. Das Greville Hotel bedankte sich für die kostenlose Werbung lange mit einer Wachsfigur des Meisters in der Lobby, doch im Zuge einer Neumöblierung ist das gute Stück verschwunden. Im "Ulysses" arbeitet Leopold Blooms Tochter bei dem Fotografen Phil Shaw – sein Geschäft an der Pearse St. beherbergt heute Fagan's Newsagent. Am Stadtrand verläuft der 1790 eröffnete **Royal Canal**. Sein Initiator Long John Binns, ein auf zweifelhafte Weise zu Geld gekommener Schuster, war zunächst Vorstandsmitglied der Grand Canal Authority. Wegen seiner niederen Herkunft von den Kollegen verspottet, verließ er gekränkt die Company und baute seinen eigenen Kanal, der sich als Verbindung Shannon-Dublin gegenüber dem Grand Canal aber nie durchsetzen konnte und in einem ökonomischen Fiasko endete. 1840 erwarb ihn eine Eisenbahngesellschaft und legte am Ufer die Bahnlinie an. Pläne, auf der Kanaltrasse eine Autobahn zu bauen, sind glücklicherweise ad acta gelegt, statt dessen wird die Wasserstraße westlich von Mullingar restauriert, um auch das County Westmeath für den Flusstourismus zu erschließen. 2002 soll in Mullingar das **National Transport Museum** öffnen.

Sein erster Fototermin

- *Telefonvorwahl:* 044
- *Information:* Market Hall, Pearse St., ✆ 48 650, Juni–Sept. Mo–Sa 9–13, 14–18 Uhr, Okt.–Mai Mo–Fr 9.30–13, 14–17.30 Uhr. Im Web unter www.mullingar.com.
- *Verbindung:* Mullingar liegt an der **Bahn**linie von Dublin nach Sligo (Auskunft ✆ 48 274). Auf dem Bahnhof sind zwei alte Loks ausgestellt, die als Sonderzüge gelegentlich durch die Midlands dampfen. **Busse** fahren auch nach Athlone und Galway.
- *Angeln:* Auskunft und Angelscheine beim **Fisheries Board,** ✆ 48 769, oder bei den Anglergeschäften in der Dominick St., die auch Boote vermitteln.

• *Übernachten:* *** **Greville Arms,** Pearse St., ✆ 48 563, ✆ 48 052, DZ 105–130 €. In der Lobby reitet ein schwarzer Jockey – als Standbild versteht sich. Denn das Hotel ist keine Rennbahn, sondern eine für den Preis überaus edle Herberge.

Die **B&B** liegen an den Ausfallstraßen nach Sligo und Dublin. Hier etwa 2 km außerhalb das **Moorland,** ✆ 40 905, DZ 56 €, in dessen Garten man sich im Kricketspiel üben kann.

Das nächste **Hostel**, **Farragh House** (✆ 71 446) liegt in Bunbrosna,12 km außerhalb an der N 4 Richtung Longford.

• *Camping:* **Lough Ennell,** Tullamore Rd., ✆ 48 101, April–Sept., pro Person 4,25 €. Schöne Lage 7 km außerhalb am See (Fischen, Baden), die Ausstattung ist jedoch etwas dürftig, auch stehen viele Mobilhomes auf dem Platz.

Sehenswertes

Zu den bescheidenen Sehenswürdigkeiten gehört beispielsweise eine **Kathedrale,** über deren Sakristei ein Messgewand gezeigt wird, das einmal Oliver Plunkett getragen haben soll. Die Museen der Stadt sind Geschmackssache: Das in einer alten Kaserne eingerichtete **Military Museum** besitzt originelle Exponate aus dem Rekrutenalltag wie Nachttöpfe und einen Wiegestuhl, mit dem bei der Musterung das Gewicht der Soldaten festgestellt wurde. Hier erfahren wir auch, dass einige Iren im letzten Weltkrieg als Freiwillige auf seiten der Achsenmächte kämpften. In der **Market Hall** (Pearse St.) hat man allerlei Kuriositäten zusammengewürfelt: Fossilien, ein Gummigeschoss, mit dem die britische Armee auf nordirische Demonstranten zielte, ein Butterfass und einen Wehrmachtshelm. Naja . . . Wenn schon Metall, dann vielleicht doch lieber das **Bronze & Pewter Visitors Centre.** Die Manufaktur produziert 6 km außerhalb an der Dublin Road Figürchen, Schalen und Gefäße aus Bronze und Zinn, und man kann den Handwerkern bei der Arbeit über die Schulter schauen.

⌚ **Kathedrale,** Führungen Mi, Sa, So 15 Uhr, 1,25 €; **Military Museum,** Mo–Sa 9–12.30 Uhr, 14–16.30 Uhr, Eintritt frei; **Bronze & Pewter,** Führungen Mo–Do 9.30–16, Fr bis 12.30 Uhr, Shop Mo–Fr (März–Okt. auch Sa) 10–18 Uhr.

Mullingar/Umgebung

▸ **Tullynally Castle:** Ein romantisch-verspieltes Schloss mit Rundtürmen, Zinnen und Dachtürmchen, das man in dieser Gestalt eher an der Loire als in der irischen Provinz erwarten würde. Begonnen hatte alles 1665 mit einer schlichten Turmburg, die sich die Pakenhams, aus England gekommene Grundherren, in einem Eichenwald am **Lough Darravaragh** bauten. Dann kam ein Park hinzu, und der 2. Earl of Longford, wie sich die Pakenhams inzwischen nennen durften, ließ sich die Burg von Francis Johnson zu einem Schloss erweitern. Auch die nächsten Generationen fügten hier einen neuen Flügel und dort eine größere Küche an oder ließen sich von einem erfinderischen Tüftler eine damals viel bestaunte zentrale Fußbodenheizung einbauen, bis schließlich das eklektizistische Ensemble unserer Tage entstand. Das Haus gehört noch immer dem Packenham-Clan, der an 60 Tagen im Jahr ausgewählte Räume dem Publikum öffnet – gerade lange genug, um in den Genuss der Steuervergünstigungen für "Heritage Properties" zu kommen.

⌚ Haus 15.6.–15.8. (Garten Mai–Sept.) tägl. 14–18 Uhr; Eintritt Garten 2,50 €, mit Haus 5 €.

▸ **Fore Valley:** Die Klostersiedlungen von Fore liegen in einem romantischen Tal 20 km nördlich von Mullingar. Die ältere, am Berghang, geht bis ins 7. Jh. zurück. Das einzig erhaltene Gebäude ist **Féichin's Church** (13. Jh.). Der gut

Midlands
Karte Seite 690

2 Tonnen schwere Türsturz über dem Westportal soll durch ein göttliches Wunder an seinen Platz gehoben worden sein. Ein Pfad führt weiter hinauf zu einer Eremitage, deren Schlüssel das "Seven Wonders Pub" im Dorf verwahrt. Auf der anderen Straßenseite stehen die Reste einer wehrhaften Benediktinerabtei. Im Volksmund wird der Komplex "Sieben Wunder" genannt, die alle der Heilige Féichin vollbracht haben soll: Neben dem Türsturz, der Eremitage und dem partout nicht im sumpfigen Untergrund versinkenden Benediktinerkonvent zählt dazu eine Mühle ohne Wasser, die einst von einem bergauf fließenden Bach bewegt wurde, ein Baum, der nicht brennt, ein weiterer mit nur drei Ästen, der die Dreifaltigkeit symbolisiert, und schließlich eine wundersame Quelle, deren Wasser nicht siedet – alle befinden sich am Weg zum Konvent.
Führungen: Nach telefonischer Vereinbarung mit Sarah Keogh, ✆ (046) 43 635.

▸ **Lough Ennell:** Wie die meisten Gewässer der irischen Seenplatte ist Lough Ennell ein populäres Ziel für Forellenangler. 1926 wurde hier die 12 kg schwere irische Rekordforelle aus dem See gezogen. Die Saison dauert von April bis Mitte Oktober. Einen schönen Badeplatz finden Wasserratten im Park des Belvedere House.

▸ **Belvedere House:** "Kaum zu glauben, dass auf einem so kleinen Fleck so viel Schönheit beisammen ist", schrieb ein Reisender im 18. Jh. über den Landsitz am Lough Ennell. Das für irische Verhältnisse kleine Schloss – es war nur als

Lebendig begraben

Bekanntheit erlangte Belvedere weniger aufgrund seiner Architektur als wegen der krankhaften Eifersucht seines Bauherren. Der Jealous Wall mag noch als Spinnerei abgetan werden, was Robert Rochefort, der einflussreiche Lord Belfield, jedoch seiner zweiten Frau antat, war von geradezu teuflischer Grausamkeit. Er hatte Mary Molesworth geheiratet, als diese gerade 16 Jahre alt war. Im achten Ehejahr beschuldigte er sie, ein Verhältnis mit seinem Bruder Arthur zu haben. Wegen dieser "Ehrverletzung" wurde Arthur vom Gericht zu 20.000 Pfund Schmerzensgeld verurteilt, die er nie bezahlen konnte und deshalb den Rest seines Lebens im Schuldturm schmachtete. Für Lady Belfield, die den Vorwurf immer bestritt, mussten die Gerichte erst gar nicht bemüht werden. Als Ehemann durfte Robert ihren Aufenthalt bestimmen, und er sperrte sie, völlig legal, in das Stammhaus der Rocheforts in Gaulstown ein. Wenn Seine Lordschaft der Geschäfte wegen nach Gaulstown kam, durfte Mary sich nur unter ständigem Läuten einer Glocke im Haus bewegen, damit der Lebemann jede Begegnung mit ihr vermeiden konnte. Als Mary nach 12 Jahren Gefangenschaft mit Unterstützung der Bediensteten die Flucht glückte, wandte sie sich hilfesuchend an ihren Vater, Vicomte Molesworth. Der wies ihr aus Angst vor dem mächtigen Lord Belvedere die Tür. Binnen 24 Stunden wurde Mary von der Polizei gefasst, zurückgebracht und wieder ins Haus gesperrt. Erst der Tod ihres psychopathischen Gatten erlöste sie 1774 von dem Martyrium.

Whiskey-Brennerei in Kilbeggan

"Ferienwohnung" gedacht – wurde 1740 von Richard Cassels entworfen. Bevor es 1981 an den Staat überging, ließ der letzte Hausherr das Inventar versteigern. Geblieben ist der **Rokokostuck** mit Engeln, den Medaillons römischer Götter und Blumenmotiven. Zu recht heißt das Haus "Belvedere" ("Schöne Aussicht"). Über drei Terrassen und eine Wiese, auf der gelegentlich zwei gar nicht in dieses edle Ambiente passende Maultiere grasen, fällt das Gelände zum See hin ab. Zum Haus gehören auch ein streng geometrisch angelegter **Garten** und ein lockerer gestalteter Park mit einzelnen Exoten aus der Himalaya-Region. Die Ställe wurden zum Besucherzentrum umgebaut, das die grausige Geschichte der Mary Molesworth erzählt.

Wo viel Schönheit ist, waltet manchmal auch ein gehöriges Maß Torheit. Eine besonders kostspielige Dummheit war der **Jealous Wall,** Irlands größte künstliche Ruine, für die der erste Earl of Belfield eigens einen Architekten aus Italien kommen ließ. Die steinerne Attrappe eines Klosters diente keinem anderen Zweck als den Blick vom Schloss auf das benachbarte Rochefort House zu nehmen, in dem der Bruder des Earls wohnte. Die beiden hatten sich heillos zerstritten. Ob mit Absicht oder um der Torheit die Krone aufzusetzen, sieht man, trotz des ganzen Aufwands, von der Terrasse aus dennoch eben jenen Platz, an dem das heute verfallene Rochefort stand – durch ein Fenster im Jealous Wall.

⌚ April–Aug. tägl. 10.30–20 Uhr, Sept./Okt. bis 18.30 Uhr, Winter bis 16 Uhr, Eintritt 4,25 €. Park und Garten sind tagsüber jederzeit zugänglich. www.belvedere-house.ie.

▸ **Kilbeggan:** In der Kleinstadt, weiter am Weg nach Tullamore, kann eine der kleinen Whiskeybrennereien besichtigt werden, wie es sie bis in die dreißiger

Midlands
Karte Seite 690

Jahre an vielen Orten gab. Doch **Locke's Distillery** ist nicht irgendeine, sondern mit dem Gründungsjahr 1757 wahrscheinlich Irlands älteste Brennerei (dass beim Konkurrenten Bushmills schon seit 1608 gebrannt wird, wie die Firma behauptet, wird von den Historikern bezweifelt). Und seit – nach einer Pause von bald 40 Jahren – am 17. Juli 1992 im alten Lagerhaus an der Brosna feierlich wieder ein Fass angestochen wurde, bietet der Whiskey-David den marktbeherrschenden Irish Distilleries, die einem französischen Konzern gehören, Paroli. Zugegeben, was heute unter dem Namen "Kilbeggan" auf den Markt kommt, wurde nicht hier, sondern bei *Cooley's* in Dundalk gebrannt. Doch der Sprit reift in den Kellern von Locke's zu Whiskey und darf deshalb diesen Namen tragen.

Die Führung durch die Brennerei folgt Schritt für Schritt dem Produktionsprozess und ist persönlicher als bei Jameson in Midleton. Die Restaurierung der seit 1953 stillgelegten und teilweise demontierten Anlagen ist hier das Werk einer engagierten Bürgerinitiative und nicht des großen Geldes, deshalb wird sich die Arbeit auch noch über Jahre hinziehen. Nach der Führung wird in der Bar standesgemäß ein Glas Kilbeggan serviert. Die Whiskeys von Cooley und Locke bekommt man im Ausland übrigens leichter als in Irland, wo Irish Distilleries sich der unliebsamen Konkurrenz recht gut zu erwehren weiß.

⌚ April–Okt. tägl. 10–18 Uhr, Nov.–März Mo–Sa 10–17, So 14–18 Uhr; Eintritt mit Kostprobe 4 €.

Athlone

Die mit 20.000 Einwohnern größte Stadt im irischen Binnenland verdankt ihre Bedeutung der Lage am Shannon-Übergang zwischen Dublin und Galway. Die Burg mit dem Visitor Centre lohnt einen Zwischenstopp.

Ein dreistündiger **Town Trail** (Broschüre beim Tourist Office) führt durch die Viertel auf beiden Seiten des Shannon. Für unseren Geschmack hat die Stadt nicht so viel zu bieten, dass sich der lange Weg lohnen würde, man kann es getrost bei einem Rundgang durch die Altstadt (um die Burg) und die Hauptgeschäftsstraße (Mardyke Street) auf dem Ostufer belassen.

Die erste Brücke baute 1129 der expansionslüsterne König Toirrdelbach Ua Conchobair von Connaught, um seinen Truppen die Plünderungszüge in den Osten Irlands zu erleichtern. Seither dreht sich die Geschichte Athlones vor allem um seine **Burg** und die Brücke. 1690 verhinderten hier die Jakobiten noch den weiteren Vormarsch der Protestanten, doch der Belagerung im folgenden Jahr, bei der 12.000 Kanonenkugeln auf die Stadt niederprasselten, waren sie nicht mehr gewachsen. Das **Visitor Centre** rekonstruiert diese Schlacht um die Stadt im Detail. Sechs Jahre später wurde Athlone Garnisonsstadt. Bis heute spielt das Militär hier eine große Rolle. Die Kaserne auf dem Westufer umfasst eine Fläche von etwa 1 qkm, und nirgendwo sonst in der Republik Irland trifft man auf den Straßen so viele Uniformierte wie in Athlone.

"O' My Heart" – Athlones goldene Stimme

Athlones berühmtester Zivilist, den außerhalb Irlands freilich nur noch die ältere Generation kennt, war der Tenor John McCormack (1884–1945). Geboren in Schottland, kam er als junger Arbeiter in die Athlone Woolen Mills und blieb dann in der Shannonstadt hängen. Seine Gesangskarriere führte ihn auf die großen Opernbühnen der Welt bis nach New York und Sidney. McCormacks Repertoire war breit: Seinen größten Erfolg in Irland feierte er mit dem Auftritt vor wohl hunderttausend Menschen bei einem Open-Air-Gottesdienst im Dubliner Phönixpark. In Hollywood strich er eine halbe Million Dollar für den Song "O' My Heart" ein, den er 1930 für einen der ersten Tonfilme sang. Und privat bevorzugte er Kunstlieder von Schubert und Brahms. Das Visitor Centre widmet ihm ein Kabinett, und auch im Museumsturm kann man seine Stimme hören, wenn man die Aufsicht bittet, doch das Grammophon aufzuziehen und eine Platte aufzulegen. Leider hat der Museumsetat wohl keinen Posten für den Ankauf neuer Nadeln, so ist die Meisterstimme unter dem Knistern und Rauschen der Schellacks mehr zu erahnen als zu hören.

In seiner naturkundlichen Abteilung führt das Visitor Centre mit Modellen, nachgestellten Biotopen und Bildwänden in das Shannonrevier ein. In den fünfziger Jahren, als die letzten Ziehbrücken durch feste Konstruktionen ersetzt wurden, fehlte nicht viel, dass mit dem Bau niedriger Brücken die Flussschifffahrt ein Ende gefunden hätte. Heute ist man froh, dass eine weitsichtige Initiative damals das touristische Potenzial des Shannon erkannte und sich den Sparplänen erfolgreich widersetzte. Im Sommer sind im Stadtbereich die Ufer dicht mit Booten besetzt und man hat abends Mühe, noch einen Liegeplatz zu finden. Jetzt entdeckt auch die Stadt den Fluss, zwischen Burg und Schleuse öffneten die ersten Lokale.

Information/Verbindungen/Diverses

- *Telefonvorwahl:* 0902
- *Information:* In der Burg, ✆ 94 630, April–Okt. Mo–Sa 10–13, 14–17.30 Uhr.
- *Verbindung:* Athlone liegt an der **Bahn**linie Dublin–Galway und ist ein **Bus**knotenpunkt (Haltestelle am Bahnhofsplatz) mit guten Verbindungen in alle Landesteile (Bahnauskunft ✆ 72 651, Busauskunft ✆ 73 322).
- *Ausflüge:* Mit **Rossana Cruisers** auf einem recht phantasievollen Wikingerschiff für 6 € Fahrten nach Clonmacnoise. Juli–Sept. tägl. Do–Di 14.30 und 16.30 Uhr, ✆ 73 383. Wenn das Schiff nicht voll ist, können auch Fahrräder mitgenommen werden.

Paddy Kavanagh, ✆ 74 839, bietet Mai–Aug. Mo–Fr um 11 Uhr Minibusfahrten nach Clonmacnoise und zur West Offaly Railway. Mit Eintritten 20 €, für Studenten und Familien ermäßigt.

- *Bootsverleih:* **Athlone Cruisers,** Jolly Mariner Marina, ✆ 72 892, ✆ 74 386, Hausboote in der HS ab 700 €/Woche.
- *Fahrradverleih:* **Hardiman's,** Dublin Rd., gegenüber dem Shopping Centre, ✆ 78 669.
- *Öffnungszeiten* des **Visitor Centre** mit **Museum:** Mai–Sept. Mo–Sa 10–17.30 Uhr, So 12–17.30 Uhr, Eintritt 3,50 €. Athlone Castle.

Midlands Karte Seite 690

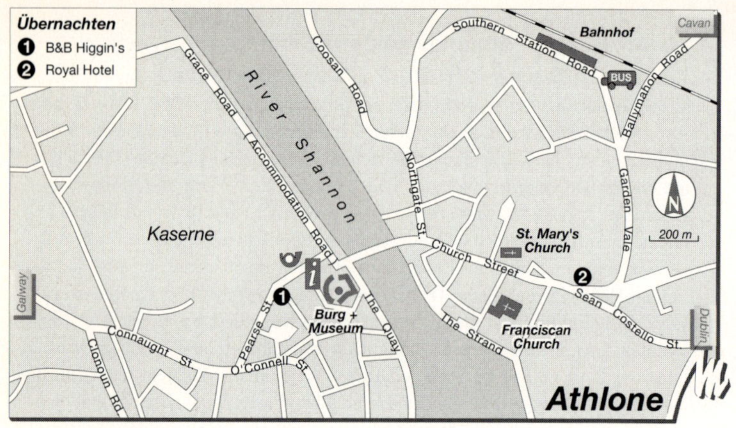

Übernachten/Camping

** **Royal (2),** Mardyke St., ✆ 72 924, ℻ 75 194, DZ 105 €. Das zentral gelegene Stadthotel ist ein schon etwas älteres Haus und hat mehr Charme als das benachbarte Prince-of-Wales-Hotel.

Higgin's (1), 2 Pearce St., ✆ 92 519, DZ 50 €. Vier Femdenzimmer über dem Pub; Doppelglasfenster schirmen den Straßenlärm ab, zur Ausstattung gehören TV und Haarfön. Gemütliche Lounge, im Frühstücksraum kann man sich auch nachmittags oder abends einen Tee zubereiten.

B&B Burren Lodge, Dublin Rd., ✆ 75 157, DZ 50 D€. 5 km außerhalb am Kreisel, wo die Umgehungsstraße beginnt. Mary Linnanes Bungalow ist eine gute Adresse für durchreisende Autofahrer, die nicht unbedingt in die Stadt wollen. Zimmer mit Waschbecken, teilw. mit Du/WC.

Lough Ree Lodge (IHH), Dublin Rd., ✆ 76 738, Bett 13 €, DZ 30–40 €. Das 1997 eröffnete Hostel ist ein ums Eck gewinkelter Neubau etwas außerhalb des Ortes an der Straße nach Dublin. Sanitäre Anlagen und Küche sind in ausgezeichnetem Zustand.

• *Camping:* **Hodson Bay,** ✆ 92 448, Mai–Sept., 2 Pers. mit Zelt 9 €. 5 km außerhalb am Westufer des Lough Ree, ein Wiesengelände gerade 100 m vom Wasser. Mit TV-Lounge, Spielplatz und Shop. Das nahe Hodson Bay Hotel bietet Segel- und Surfmöglichkeiten sowie ein Hallenbad.

Essen/Pubs

Left Bank Bistro, Bastion St., hinter der Burg, So Ruhetag, Hauptgericht um 13 €. Rustikale Steinwände und Plastiktischdecken schaffen die Atmosphäre einer Dorfkneipe. Das Essen, etwa der "Left Bank Salad" (mit Grünzeug, Tomaten, Oliven und irischem Hartkäse), die Hühnerbrust auf thailändische Art oder die auf einer Schiefertafel angeschriebenen Tagesgerichte, zeigt sich dagegen international.

Savoury Fare, Mardyke St., empfiehlt sich als Tea Room zum Lunch oder Nachmittagstee.

• *Pubs:* **Conlon's,** 5–9 Dublingate St. Im mahagonigetäfelten Pub tauschen bei gedämpftem Licht Bootstouristen ihre Erfahrungen aus. Im Restaurant kosten die Hauptgerichte um 13 €.

Sean's Bar, in der Gasse hinter der Burg. Das seit 1690 nachgewiesene Pub hat schon manches Hochwasser überstanden. Damit die Flut auch wieder abläuft, ist der schwarz-weiß gekachelte Fußboden zum Ausgang hin abgeschrägt. Auf der Flussseite hat das Pub einen kleinen Biergarten. Im Sommer lädt Sean Fitzsimon Di, Do u. So zur Folkmusik.

Athlone/Umgebung

An Dún Transport Museum: Das waren Zeiten, als die Fahrräder noch keine kraftraubenden Dynamos hatten, sondern mit Karbidlampen den Weg ausleuchteten. Auf eine Gangschaltung musste man zwar verzichten, aber für die flachen irischen Midlands spielte dies kaum eine Rolle. Das kleine Museum in Doon zeigt Veloveteranen und alte Autos, dazu Landmaschinen aus der Jugendzeit unserer Großeltern.

Ⓣ Mo–Fr 10.30–18 Uhr, So 13–18 Uhr; Eintritt 3,50 €. 13 km südlich von Athlone an der N 62.

County Offaly

Im Westen reicht das vom Grand Canal durchzogene County bis an den Shannon und ans Moor von Boora, im Osten bis ans Moor von Allen, und auch dazwischen findet sich viel Sumpf. Aus dem Boora-Moor geborgene Feuersteine belegen, dass vor etwa 8000 Jahren steinzeitliche Jäger in Offaly lebten und mit der Außenwelt Handel trieben. Die Esker, natürliche Dämme aus eiszeitlichem Geschiebe, die den Shannon begleiten, waren bis zum Bau der Kanäle wichtige Handelswege. Auf einem solchen Damm errichteten mittelalterliche Mönche ihre Klosterstadt *Clonmacnoise,* die größte Sehenswürdigkeit Offalys. Heute führen die Durchgangsstraßen von Dublin an die Westküste geradewegs an Offaly vorbei. Wer dennoch kommt, folgt nicht dem Zufall, sondern weiß, was er sucht: außer Clonmacnoise etwa das Wandergebiet der *Slieve Bloom Mountains,* die landschaftliche Abwechslung in die flache Mitte Irlands bringen, oder eine Bahnfahrt durchs Moor mit der *West Offaly Railway.* Im Garten von *Birr Castle* gibt es mit dem *Leviathan* ein technisches Wunderwerk des 19. Jh. zu bestaunen.

Clonmacnoise

Im Mittelalter pilgerten Mönche aus ganz Europa in die Klosterstadt an den Shannon. Heute ist es still geworden. Es sind weniger die Ruinen selbst als die Symbiose der verfallenen Gemäuer mit der Landschaft, die den Reiz des Ortes ausmachen.

Clonmacnoise liegt auf einem Esker neben dem Shannon, über den seit Urzeiten der einzige sichere Weg durch das Blackwater-Moor führte und auf dem heute die Straße von Shannonbridge nach Athlone verläuft. Vom Damm und mehr noch vom Kloster hat man einen schönen Blick über die flache Moorlandschaft mit dem in der Ferne glänzenden Shannon – Freizeitkapitäne sind gut beraten, in der Abenddämmerung einen Landausflug zu machen, denn die Sonnenuntergänge sind von der Anhöhe besonders malerisch. Kühe grasen vor dem Hintergrund einer Burgruine, hinter dem Rundturm tauchen die letzten Sonnenstrahlen das Land in ein sattes Goldgelb. Kein Auto stört jetzt, da die Busse mit den Reisegruppen abgereist sind, die Stille.

Midlands Karte Seite 690

Geschichte

Nach der Überlieferung wurde die Klosterstadt 545 durch den Heiligen Ciarán gegründet, den Sohn eines Wagners. Vielleicht ist er einmal in einem väterlichen Karren vorbeigekommen und hat an der Lage Gefallen gefunden. Der König von Tara stiftete das Bauland und ließ es sich nicht nehmen, auch den Grundstein für die erste Kapelle zu legen. So zeigt es jedenfalls das *Kreuz der Schriften* (10. Jh.). Die Anfänge der Abtei waren mit gerade sieben Klosterbrüdern recht bescheiden, Ciarán selbst starb wenige Monate, nachdem er sich hier niedergelassen hatte.

Zwischen dem 7. und 12. Jh. war die Abtei ein Zentrum der Gelehrsamkeit und Handwerkskunst. Aus dem Skriptorium stammen die wertvollen Annalen und das *Leabhar na hUidhre,* das "Buch der gescheckten Kuh". Der Legende nach schrieb es ein Diener auf dem Pergament der Lieblingskuh des Heiligen Ciarán, der den Schreiberling dafür bitter verfluchte. Er und seine Nachkommen, so die Strafe, durften nicht auf dem Klosterfriedhof bestattet werden. Clonmacnoise stand in der besonderen Gunst der O'Connor-Dynastie, und in der Abtei wurden im 12. Jh. die letzten irischen Hochkönige zu Grabe gebettet. Seit dem 9. Jh. wurde die Abtei immer wieder von Wikingern, Normannen und Iren selbst überfallen. Einen besonders ehrenrührigen Streich führte 844 der Dänenkönig Turgesius, der das Kloster für einige Jahre in ein heidnisches Heiligtum umwandelte. Mit der zisterziensischen Klosterreform und dem Eindringen der Normannen verlor Clonmacnoise an Bedeutung. 1552 fand der letzte Überfall statt. Die von Athlone angerückten englischen Soldaten setzten ihren Plan, das Kloster für immer unbewohnbar machen, erfolgreich in die Tat um.

- *Telefonvorwahl:* 0905.
- *Information:* In einem Caravan am Parkplatz, ✆ 74 134, April–Sept., sonst im Museum.
- *Verbindung:* Neben den sommerlichen Ausflugsbooten von Athlone (Rossana Cruises, ✆ 0902/73 383) bietet Paddy Kavanagh (✆ 74 839) von Mai bis August für 20 € (inkl. Eintritt; Ermäßigungen für Studenten und Familien) Minibusfahrten von Athlone nach Clonmacnoise und zur West Offaly Railway. Abfahrt Mo–Fr 11 Uhr, Rückfahrt gegen 15 Uhr.
- *Öffnungszeiten* des **Klosters:** Juni–Mitte Sept. tägl. 9–19 Uhr, März–Mai und Mitte Sept.–Okt. 10–18 Uhr, Winter 10–17 Uhr; Eintritt 4 €; im Sommer zur vollen Stunde kostenlose Führungen.
- *Übernachten:* **B&B Kajon House,** Mrs. Catherine Harte, Creevagh, ✆ 74 191, DZ 50 €. Das neuere Haus liegt etwa 5 km von Clonmacnoise. Mrs. Harte verwöhnt ihre Gäste mit hausgemachten Kuchen.

Claffey's Cottage, Shannonbridge Rd., ✆ 74 149. Das näheste Nachtquartier für Selbstversorger ist ein altes, renoviertes Cottage neben der Straße mit gemütlich knisterndem Torffeuer und Schaffell-Teppichen. Auf der Wetterseite schützt ein Graswall das Haus vor dem Wind.

Sehenswertes

Anders als die "ordentlichen", nach einem Plan angelegten Klöster auf dem Kontinent war Clonmacnoise nur ein mit Graben und Wall abgegrenztes Areal, in dem die Mönche regellos ihre Hütten und Kirchen errichteten. Die ins Gras eingebetteten, oft bis zur Unkenntlichkeit verwitterten Steinplatten geben Gelegenheit, ganzer Generationen hier begrabener Klosterbrüder zu gedenken. Von den frühen, aus Holz und Lehm errichteten Gebäuden findet sich

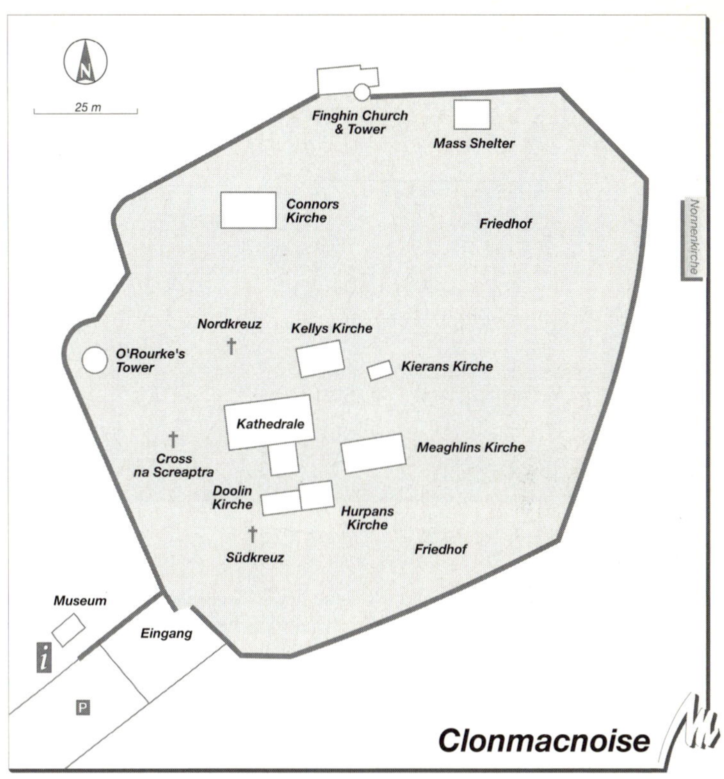

keine Spur mehr. 1179 brannten alle 106 Häuser restlos und die 13 steinernen Kirchen bis auf die Grundmauern nieder.

Hochkreuze: Überstanden haben diese und andere Verwüstungen drei Hochkreuze, die jetzt im Museum des Visitor Centre ausgestellt und an Ort und Stelle durch Repliken ersetzt sind. Das **Cros na Screaptra** ("Kreuz der Schriften", 10. Jh.) ist am prächtigsten verziert und ähnelt dem des Muiredach in Monasterboice. Auf der Westseite zeigt es die Passion und Kreuzigung Christi, auf der Rückseite im Zentrum Jesus beim Jüngsten Gericht, während "die zu leicht Befundenen" rechts von einem bärtigen Teufel in den Abgrund gestoßen werden. Am untersten Bildfeld setzen Ciarán und der bärtige König Diarmuid den ersten Eckpfosten der Kathedrale. Vom älteren **Nordkreuz** ist nur noch der mit Löwen und Spiralmustern geschmückte Stumpf übrig. Eine Figur, vielleicht der keltische Gott Carnunas, sitzt in Buddhahaltung neben einer zweiköpfigen Schlange. Das **Südkreuz** ist rein ornamental.

Kathedrale: Die Kathedrale, nach dem Brand von 1179 neu errichtet, wurde später mehrfach erweitert. In der Sakristei verbarg sich während der Penal

Midlands Karte Seite 690

Einst eine blühende Klosterstadt – Clonmacnoise

Laws eine geheime Schule, in der Priester den katholischen Glauben lehrten und das gälische Erbe weitergaben. Bemerkenswert ist das spätgotische **Nordwestportal** mit Figuren der Heiligen Dominick, Patrick und Francis sowie einer verwitterten lateinischen Inschrift ("Dieses Portal wurde zum ewigen Ruhm Gottes errichtet"). Der Eingang hat eine besondere Akustik und trägt ein Flüstern von einer Seite auf die andere. Es heißt, dass die Priester hier aus sicherer Distanz die Beichte von Kranken entgegennahmen. Am Altar sind die letzten Hochkönige bestattet.

Kirchen: Doolin Church wurde 1689 von Edmund Dowling renoviert und als Familiengruft eingerichtet. Die Fenster von **Meaghlin Church** bestechen mit einem kunstvollen Maßwerk. **Kieran Church,** gerade 4 m x 2,5 m klein, gilt als Grabkapelle des Klostergründers. In seiner Nachfolge ließen sich hier die Äbte bestatten, auch die erwähnten Kunstschätze des Museums stammen aus der Kapelle. Weil über die Jahrhunderte alle Besucher eine Handvoll der heiligen Erde mitzunehmen pflegten, liegt der Boden heute tiefer als vor der Kirche. Die Spitze des **O'Rourke Tower** (964) wurde von einem Blitzschlag weggerissen, doch die verbliebenen 20 m wirken noch immer majestätisch. Ein zweiter Turm ist in die fotogene **Finghin Church** integriert. Sein Eingang liegt zu ebener Erde, und vielleicht war er kein Schutzturm, sondern ein Glockengestühl. Außerhalb des Klosters, einen knappen Kilometer entlang dem Fahrweg hinter dem modernen Friedhof, stößt man auf die Überreste der **Nun's Church** (1167) mit einem reich dekorierten Eingang und Chorbogen. In der wunderbaren Steinmetzarbeit wechseln geometrische keltische Motive mit romanischen Stilelementen, z.B. Köpfen von Tieren und Fabelwesen.

Clonmacnoise/Umgebung

▸ **Clonfinlough Stone:** Hinter der gleichnamigen Kirche führt ein Trampelpfad zu einem halb im Boden versunkenen Kalkfelsen. Der Brocken ist mit ungewöhnlichen Zeichnungen verziert. Einige Forscher sehen hierin die bronzezeitliche Darstellung einer Schlacht, andere schreiben die seltsamen Kreuze und schlüsselähnlichen Gebilde nicht der Menschheit, sondern der natürlichen Verwitterung zu. Wie dem auch sei, eine Kuriosität ist der Clonfinlough Stone in jedem Fall.

Anfahrt: Von Clonmacnoise 5 km Richtung Athlone.

Von Clonmacnoise nach Birr

Shannonbridge

Das gerade 300 Seelen zählende Dorf ist trotz seiner Brücke, die seit 1757 nahezu unverändert den Fluss überspannt, ins Abseits der Verkehrsströme geraten. Es liegt im Schatten des Torfkraftwerks und eines verfallenden Forts, das die Engländer Ende des 18. Jh. aus Sorge um eine französische Invasion an der Westküste anlegten. Diese Artilleriestellung am westlichen Brückenkopf, durch die die Straße mitten hindurch führt, bot auf zwei Ebenen Platz für insgesamt sieben Kanonen. Sie wurde erst 1817 fertig, als Napoleon längst nach St. Helena verbannt war und sich dort langsam und unfreiwillig an den Arsenausdünstungen seiner grünen Tapete vergiftete.

▸ **Ashbrook Open Farm:** Und wenn sie nicht gestorben sind, dann leben sie noch heute in Glück und Frieden: Milly, die Kuh; Fatso, das Schwein; Eddie, das Pferd, und die vielen anderen Tiere auf Cartys Farm, die eher ein Tierpark ist. John Carty sammelt dazu noch alte Dreschmaschinen und Traktoren. Ein Paradies – nicht nur für Tiere, sondern auch für Stadtkinder, die einen Bauernhof nur noch aus dem Bilderbuch kennen. Die stellenweise etwas unbeholfene Präsentation macht den Hof nur noch sympathischer.

⌚ April–Okt. tägl. 10–19 Uhr; Eintritt 2,50 €. Im Wohnhaus auch B&B, DZ 40 €. Shannonbridge, Cloghan Rd.

Bord na Mona: Kraftwerke und Blumentöpfe

Hinter Bord na Mona verbirgt sich die halbstaatliche Torfabbaugesellschaft, die mit 800 qkm etwa 10 % der irischen Torfmoore besitzt und, vor allem in den ärmsten Teilen Irlands, etwa 5000 Menschen Arbeit gibt. Sie betreibt die großen Torfkraftwerke und produziert den größten Teil der Torfbriketts für den Hausbrand. Ihrem Forschungs- und Entwicklungsprogramm verdanken wir die praktischen Anzuchtschalen aus gepresstem Torf, die wir mitsamt der Pflanze in den Boden setzen können; auch Aktivkohle für Filter wird inzwischen aus Torf gewonnen. Neben der kommerziellen Nutzung des Moors bemüht sich Bord na Mona auch um den Schutz einzelner, ökologisch besonders wertvoller Flächen. Diese werden, wenn sie von den vielen Kleineigentümern zusammengekauft sind, dem staatlichen *Wildlife Service* zur Betreuung übergeben.

Midlands Karte Seite 690

▸ **Clonmacnoise and West Offaly Railway:** Mit der Betriebsbahn der halbstaatlichen Torfabbaugesellschaft, die in der Hauptsache das Shannonbridge-Kraftwerk mit Brennstoff versorgt, hat man die seltene Gelegenheit, trockenen Fußes ein Moor kennenzulernen. Mit vielleicht 20 km/h rattert der Dieselzug über die Dämme des Abbaugebietes im **Blackwater Moor,** bei einem Stopp darf man selbst sein Talent als Torfstecher unter Beweis stellen. Auf der 9 km langen Tour werden Landschaft und die einzigartige Pflanzenwelt ebenso erklärt wie der Torfabbau und seine wirtschaftliche Bedeutung. Auch wenn die kahlen, frisch von den riesigen Krakenarmen der "Erntemaschine" abgetragenen Flächen eine böse Wunde in der Landschaft hinterlassen, kompensiert der "natürliche Heilungsprozess" doch einiges. Ohne menschliches Zutun entstehen zunächst kleine Seen, die mit Wasserpflanzen zuwachsen. Aus der verrotteten Biomasse abgestorbener Moose bildet sich dann wiederum Moor. Auf den kleinen, relativ trockenen Hügeln, wie sie zum voll entwickelten Torfmoor gehören, wachsen sogar Rosmarin und Preiselbeeren. Eine amerikanische Firma experimentiert bereits mit dem kommerziellen Anbau der Früchte im irischen Moor, dessen saure Böden den Beeren ideale Bedingungen bieten.

• *Abfahrt:* Die Züge fahren Ostern bis Okt. tägl. 10–17 Uhr zu jeder vollen Stunde. Die Wartezeit vertreibt man sich im Coffeeshop und im Maschinenmuseum. Eintritt/Fahrt 5 €. Einstieg ist bei den Bord Na Mona Blackwater Works, an der Straße zwischen Shannonbridge und Cloghan. www.bnm.ie.

Banagher

Vom Fluss aus betrachtet scheint Banagher mit seiner Brücke und dem **Fort Eliza** etwas flussabwärts der Zwilling von Shannonbridge zu sein. Geht man jedoch die langgezogene Dorfstraße hinauf, entpuppt es sich als sehr viel lebhafter. Ein großes Plus: das von der Gemeindeverwaltung betriebene Hostel, die beste Unterkunft weit und breit.

• *Telefonvorwahl:* 0509

• *Information:* **Crank House Hostel,** Mo–Fr 9.30–20, Sa/So 9.30–17 Uhr.

• *Verbindung:* **Kearn's Coaches,** ✆ 22 244, hält in Banagher an der Route zwischen Birr und Dublin. Im Sommer auch Busse nach Galway.

• *Bootsverleih:* **Silver Line Cruisers,** ✆ 51112, und **Carrick Craft,** jeweils 300–2000 €/Woche. Etwas preiswerter sind die mit Muskelkraft zu bewegenden Kanus von **Shannon Adventure Canoeing Holidays,** ✆ 51 411.

• *Fahrradverleih:* Der nächste Verleiher ist **Eamon McManus** in Garrymore, Shannonbridge, ✆ (0905) 74 289.

• *Übernachten:* ****Brosna Lodge Hotel,** ✆ 51 350, DZ 70 €. Das Dorfhotel hat 14 Zimmer sehr unterschiedlicher Qualität – zwar alle mit Bad, TV und Telefon, manche jedoch sehr eng, andere wieder von stattlicher Größe. Mit Restaurant.

Crank House Hostel (IHH), ✆ 51 458, Bett 10 €. In einem alten, komplett renovierten Haus an der Hauptstraße gibt es insgesamt 28 Betten in hellen 4er-Zimmern, die Möbel sind aus Fichtenholz. Die Rezeption ist gleichzeitig das Informationsamt von Banagher.

• *Essen:* **The Vine House,** Westend, ✆ 41 463, Hauptgericht um 13 €. Das Restaurant mit Pub und Biergarten liegt unten am Fluss. Cromwell hatte hier seine Stallungen und gleich nebenan eine Kaserne, später lebten die Brontë-Schwestern im Haus. Die Stärke der Küche sind Pastagerichte und Seafood, die wahlweise als Barfood oder im vornehmeren Restaurant serviert werden.

• *Pub:* **JJ Hough's**. Mit seiner von wildem Wein überwucherten Fassade ist das Pub an der Hauptstraße im Sommer nicht zu übersehen. Im spärlich beleuchteten Gastraum treffen sich Einheimische und Bootsfahrer zur Irish Music, während in den noch spärlicher beleuchteten Nischen und Nebenräumen verliebte Paare einander tief in die Augen blicken.

▸ **Clonfert Church:** Der Heilige Brendan gründete etwa 10 km nordwestlich von Banagher im 6. Jh. eine Klostersiedlung und soll selbst unter einem Grabstein nahe der Kirche bestattet sein. Im 12. Jh. wurde das heute vergessene Nest Sitz eines Bischofs. Aus dieser Zeit stammt die Kathedrale mit ihrem berühmten Portal. Mit seinen Tier- und Menschenköpfen ist es der künstlerische Höhepunkt iro-romanischer Steinmetzarbeit.

▸ **Cloghan Castle:** Im Cloghan Castle, 4 km in Richtung Birr, werden die üblichen Antiquitäten gezeigt. Stolz des Hauses ist das mächtige Elchgeweih in der Halle. Am Ende der Führung darf der Besucher testen, wie schwer eine Rüstung ist. Im Park tummelt sich eine Herde schwarz-weißer Jakobsschafe. Cloghan Castle ist kein reines Museum, sondern wird bis heute bewohnt. Wer auch einmal in einem Castle wohnen möchte, dem vermieten die Thompsons von Cloghan ihre "Zweitburg" *Emmell Castle* gegen schlappe 450 € pro Wochenende.
Ⓘ Juni–Sept. Mi–So 14–18 Uhr; Eintritt 5 €.

Birr

Mit seinen Alleen und Malls ist Birr das attraktivste Städtchen im County Offaly. Hauptanziehungspunkt ist das Castle mit seinem Landschaftspark, in der Umgebung laden der Shannon und die Slieve Bloom Mountains zu Ausflügen ein.

Es ist erstaunlich, wie intakt das nach einem Schachbrettgrundriss gebaute georgianische Ensemble noch ist und wie es der Stadt eine Atmosphäre mondäner Eleganz verleiht. Altmodische Ladenfronten säumen die Main und die Connaught Street, nur der zentrale Emmet Square wirkt etwas kahl. Höhepunkt des Jahres ist das *Vintage Festival* mit Oldtimerrennen, Dampfmaschinenshow und Antiquitätenmesse. Besonders originell ist der Sängerwettstreit der "Irish Association of Singing Barbers".

Geschichte

Birr geht auf ein keltisches Kloster zurück, eine erste Burg bauten 1208 die Normannen. Mit der englischen Kolonisierung ging das Castle 1620 an Lawrence Parsons über und ist seither in Familienbesitz. Lawrence, ein energischer Modernisierer, gab sich alle Mühe, aus der Ansammlung von Hütten vor seinem Schloss eine ordentliche Stadt ("Parsonstown") zu machen. Er gründete eine Glashütte und verbot seinen Untertanen bei 5 Pennies Strafe, die Fäkalien vor die Häuser zu kippen, wie es anderenorts bis ins 18. Jh. üblich war. Frauen, die in Schenken angetroffen wurden, kamen für drei Tage an den Pranger.

• *Telefonvorwahl:* 0509

• *Information:* Im **Heritage Centre,** John's Mall, ✆ 20 110, nur Mai–Sept. tägl. 9.30–13 Uhr, 14–17.30 Uhr; außerhalb der Saison hilft die **Shannon Development Authority,** ✆ 20 440, weiter. Im **Internet** präsentiert sich die Region unter www.elyocaroll.com.

• *Verbindung:* Am Emmet Square halten die **Busse** der Routen Dublin – Portumna und Cork – Athlone. Auch die Privatlinie **Kearn's,** ✆ 22 244, bedient Dublin, Portumna und am Sonntagabend Galway.

• *Ausflüge:* **Dooley's Hotel** veranstaltet im Juli/Aug. tägl. Ausflugsfahrten zu den Sights der Umgebung.

• *Übernachten/Essen:* *** **Dooley's Hotel,** Emmet Square, ✆ 20 032, 📠 21 332, www.doolyshotel.com, DZ 85–100 €. Das 18-Zimmer-Haus im Zentrum begann 1747 als eine komfortable Jagdhütte, bald wurde

Midlands
Karte Seite 690

Der Griff nach den Sternen

Sie kamen von Tasmanien, von beiden Teilen Amerikas, von Russland, waren wochenlang auf See und auf schlammigen Wegen unterwegs, um dann im Herzen Irlands auf die seltene Nachtstunde zu warten, zu der der Regen aufhörte, die Wolken aufrissen und den Anblick der Sterne preisgaben. Birr, man mag es bei diesem Wetter nicht glauben, war einst das Mekka der Astronomen.

Vor etwa 170 Jahren schuf der Mathematiker William Parsons, dritter Earl of Rosse, hier in seiner Familienresidenz Birr Castle den "Leviathan". Für seine Zeitgenossen muss der junge Oxfordabsolvent mit dem Teufel im Bunde gewesen sein. Denn wozu, wenn nicht zum Einrichten einer Hölle, mochte es gut sein, auf der Burg eine Schmelze einzurichten und Wagenladungen von Torf zu verfeuern? Was sollte jenes 18 m lange Rohr aus Eisen und Holz, das auf schweren Granitsteinen ruhte? Die Astronomen wussten es besser. Mit dem Blick durch das mit einem Spiegeldurchmesser von 183 cm seinerzeit größte Teleskop der Welt reisten sie tiefer in den Weltraum, als es je vorher möglich war, sahen bislang nie gesehene Sterne, Galaxien und Nebelhaufen. Um auch nicht einen einzigen, noch so schwachen Lichtstrahl zu verlieren, wurde der aus Kupfer und Zinn gegossene Parabolspiegel alle paar Wochen poliert. 20 Mann waren vonnöten, um das Monstrum für diese Putzaktionen aus seiner Halterung zu lösen und in die Werkstatt zu bringen.

Die Wissenschaft muss William Parsons im Blut gelegen haben. Schon sein Vater hatte 1826 über den Camcor die erste eiserne Hängebrücke der Welt gespannt. Bruder Lawrence soll eine Vorrichtung gebaut haben, mit der sich von der Erde aus die Temperatur des Mondes messen ließ, und Bruder Charles konstruierte mit der Turbinia das erste durch eine Dampfturbine angetriebene Schiff – es wurde 1897 bei einer Flottenparade der Navy vorgestellt und steht heute im englischen Newcastle in einem Museum. Auch Williams Frau Mary war als Fotografin ihrer Zeit voraus.

Mit dem Bau größerer Teleskope an Orten, deren Wetter dank weniger Wolken eine längere Beobachtungszeit erlaubt, wurde der Leviathan vom technischen Fortschritt überholt. Erst vor wenigen Jahren besann man sich wieder der inzwischen verfallenen Attraktion im Park. Mit staatlicher Hilfe und Spenden aus aller Welt wurde der Leviathan restauriert – Michael Tubridy, der verantwortliche Chefingenieur, hat sich übrigens als Musiker der "Chieftains" einen Namen gemacht. Eine irische Firma baute einen neuen Tubus, der zum Glück in einem Londoner Museum verwahrte Spiegel reiste zurück nach Birr, und im Frühjahr 1997 konnte Präsidentin Robinson das wieder funktionsfähige Teleskop einweihen. Statt über Winden und Flaschenzüge, zu deren Bedienung der Astronom drei Helfer benötigte, wird das Fernrohr heute allerdings durch eine elektrische Hydraulik in Position gebracht.

es ein Gasthof mit Poststation, wo die Kutschpferde gewechselt wurden. Die Zimmer sind modern und in Pastelltönen eingerichtet, zur Ausstattung gehören Radio, TV und ein Wasserkocher für Tee und Kaffee. Das **Emmet-Restaurant** des Hotels ist zugleich Birrs bestes Speiselokal.

Tullanisk Country House, Banagher Rd., ✆ 20 572, ✆ 21 783, 2 km außerhalb, DZ 110 €, Dinner 25 €. Ein herrschaftlicher Landsitz mit Park. Gerühmt wird auch die Küche des Hauses, die englische und fernöstliche Tradition unter einen Hut bringt. Serviert wird Schlag 20 Uhr; wer nicht im Haus wohnt, zahlt fürs Menü 33 €.

The Stables, Oxmantown Mall, ✆ 20 263, DZ 60 €. Ein Stadthaus mit geräumigen Fremdenzimmern, im Erdgeschoss befindet sich ein Restaurant (Di–So abends, So auch mittags). Empfohlen sei die halbe Ente mit Orangensauce und Rotkohl (19 €).

Spinners Town House, Castle St., ✆ 21 673, www.spinners-townhouse.com, März–Nov., DZ 45–60 €. Der Zwitter aus Hostel und B&B wurde in umgebauten Lagerhäusern eingerichtet, die sich um einen offenen Hof gruppieren. "Liebevoll eingerichtet (wunderschöne Holzböden), nette Gastgeber und königliches Frühstück" (Lesertipp von Jennifer Adler). Zum Komplex gehören Ausstellungsräume, ein kleines Theater und ein Bistro.

Sehenswertes

Heritage Centre: Birr wurde jüngst zur "Heritage Town" erhoben, und es gibt Pläne, das eine oder andere der georgianischen Häuser für das Publikum zu öffnen oder vielleicht einen Laden wieder im Stil des 18. Jh. einzurichten. Den Anfang macht das Heritage Centre, das in einem nach griechischem Vorbild gebauten Miniaturtempel residiert. Im Garten steht jener Stein, der bereits im Mittelalter als "Nabel" Irlands galt und die geographische Mitte der Insel markiert.

⌚ Mo–Sa 14.30–17.30, So 15–17 Uhr. Eintritt 2 €.

Birr Castle Demesne: Noch immer bewohnen die Parsons ihr Schloss, weshalb es für gewöhnliche Sterbliche auch nicht zu besichtigen ist. Doch der um einen See und an den Ufern zweier Flüsse angelegte Park sowie ein Ziergarten entschädigen für die unbefriedigte Neugierde. Brendan Parsons, 7. Earl of Rosse und Hausherr, widmet dem Park und besonders der Sammlung seltener Pflanzen einen guten Teil seiner Energie und seines Geldes. Botaniker und Hobbygärtner können am Kassenhäuschen einen Katalog mit Beschreibungen und Hinweisen auf die "Fundstellen" der Raritäten erwerben.

Im Ziergarten von Birr Castle

Zwei Buchsbaumhecken am Rande des **Gartens** wurden schon in den Anfangsjahren des Gutes gepflanzt. Nach langem Wachstum haben sie sich teilweise gegen die Stutzschere der Gärtner durchgesetzt, ihre Gipfel sind auch mit Einsatz einer Leiter nicht mehr zu schneiden. Für ihre Höhe bekam die "Hecke", die jetzt eher eine Allee ist, einen Eintrag ins Guinness-Buch der Rekorde. In den Buchsbäumen versteckt sich die **Statue des Sweeney.** Der

Midlands Karte Seite 690

sagenhafte keltische König wurde von einer Fee, der er nachstellte, in ein derart hässliches Fabelwesen verwandelt, dass er sich fortan vor den Menschen versteckte. Nebenan erfährt der erstaunte Laie, dass es nicht nur Gärten im französischen, englischen und italienischen Stil gibt, sondern auch eine bayerische Variante – hier in Birr ist sie realisiert.

Ein auf ganz andere Art romantischer Winkel ist im **Park** der künstliche *Wasserfall* mit einer durch Wasserkraft angetriebenen Fontäne. Was eben noch ein stiller, scheinbar bewegungsloser See war, verwandelt sich nach dem Sturz über die Felsen in ein kraftstrotzendes, tosendes Inferno. Hinter einem wiederum künstlichen Feuchtbiotop zeigt die **Shell Well,** wie reiche Leute ihre Muschelsammlung aufbewahren: Sie bauen extra eine kleine Hütte, um die Sammlung ansprechend zu präsentieren. Technikfreaks begeistern sich am **Leviathan.** Auf einer Wiese halten zwei 16 m hohe Mauern das einst stärkste Fernrohr der Welt. Mehrmals am Tag wird die Apparatur in Bewegung setzt.

Einzelheiten erfährt man im **Historic Science Centre.** Dieses Museum für Technikgeschichte informiert auch über Mary Parsons und die Anfänge der Fotografie sowie über Charles Parsons, den Erfinder der Dampfturbine. Auch die Entwicklung des Gartens wird dokumentiert.

🕐 Der Park ist ganzjährig tägl. 9–18 Uhr zugänglich; Eintritt 5 €. Das Schloss kann ausschließlich von Gruppen und nur nach telefonischer Absprache mit der Hausverwaltung, ✆ 20 056, besichtigt werden. www.birrcastle.com.

Birr/Umgebung

▸ **Slieve Bloom Mountains:** Größenmäßig können sich die bis zu 580 m hohen Berge kaum mit dem Wicklow-Gebirge oder den Gipfeln an der Westküste messen, dafür liegen die Moore, verschwiegenen Wälder und versteckten Täler abseits der ausgetretenen Pfade und werden kaum besucht. Vielleicht gerade deshalb haben die lokalen Verantwortlichen sich alle Mühe gegeben, mit braunen Schildern den Weg zum Gebirge zu weisen. Als Ausgangspunkt für Wanderungen empfiehlt sich das Dorf *Kinnity,* 10 km östlich von Birr.

Eine viertägige, ausgeschilderte Wanderroute (74 km) umrundet auf dem **Slieve Bloom Way** über Bergpfade und Forstwege das Gebirge. Ausgangspunkt ist der Parkplatz am Glenbarrow, 5 km westlich von *Rosenallis.* Unterwegs gibt es keinerlei Versorgungsmöglichkeiten, geschweige denn ein Nachtquartier – also genau das Richtige für Leute, die von einem einsamen Zeltlager träumen. Eine detaillierte Wegbeschreibung gibt das Blatt 26 F von Bord Fáilte. Als Tageswanderung bietet sich der Abschnitt zwischen Glenbarrow und der Passstraße bzw. zwischen den beiden unten genannten B&Bs an.

• *Verbindung:* Mountrath liegt an der **Bus**strecke Dublin–Limerick. Auf die Westseite der Berge gibt es von Birr einen Bus nach Kinnity.

• *Karte:* Ordnance Survey 1:50.000, Blatt 54.

• *Übernachten:* **B&B Beech Hill House,** Moher West, Mountrath, ✆ (0502) 35 097, DZ 50 €. Eine Ökofarm, 8 km nordwestlich von Mountrath abseits der Straße nach Kinnity (auf der Karte Gitterref. 291 987) und 3 km vom Slieve Bloom Way.

B&B Ardmore House, Christina Byrne, Kinnity, ✆ (0509) 37 009, DZ 45 €. "Wir wurden mit Tee und Kuchen empfangen, das Frühstück war toll. Wir durften tagsüber in der Küche Kaffee kochen, konnten Bücher und Wanderkarten ausleihen und wurden sogar zum Ausgangspunkt für eine Wanderung gebracht." (Lesertipp von Unle Serlich aus Wien).

Portumna Castle – Übergang von der Wehrburg zum Luxuswohnsitz

Portumna (County Galway)

Das verschlafene Dorf liegt eine Fußstunde vom Nordende des Lough Derg entfernt. Sein Castle repräsentiert kunsthistorisch den Übergang von den wehrhaften Burgen des Mittelalters zu den luxuriösen Herrenhäusern der Neuzeit. Das Kloster und den kleinen Naturpark am See erkundet man am besten mit dem Fahrrad oder auf einem etwa dreistündigen Spaziergang.

Am westlichen Ortsende besticht die Renaissanceanlage des *Portumna Castle* mit Sinn für Geometrie und dramatische Steigerung. Eine Lindenallee führt zum Pförtnerhaus, dahinter liegen zwei Gärten in rundem und eckigem Design, erst dann kommt das Haus, das sich von einer sich pfeilförmig zum Schloss hin verengenden Treppe erschließt. Wiederum wurde auf strenge Symmetrie geachtet. Die Fenster sind schmal, und in den vier hervorspringenden Ecktürmen sind Schießscharten eingelassen, aus denen unerwünschte Eindringlinge noch unmittelbar vor der Tür ins Jenseits befördert werden konnten. Das Castle wurde um 1618 vom 4. Earl of Clanrickard gebaut. Nachdem es 1826 durch einen Brand völlig zerstört worden war, errichteten die Hausherren etwas zum See hin einen Neubau, der ebenfalls den Flammen zum Opfer fiel. 1948 erwarb der Staat das Anwesen. Garten und Schloss wurden gründlich restauriert, doch ist das Gebäude innen noch völlig leer und niemand weiß so recht, was man mit ihm anfangen soll.

Weiter Richtung Hafen stößt man auf die Ruine des *Klosters*. Um ehrlich zu sein: Angesichts der Fülle von Klosterruinen, die Irland zu bieten hat, ist die

Karte Seite 690

spätgotische, zuletzt von den Dominikanern benutzte Abtei trotz ihres beschaulichen Kreuzgangs nicht sonderlich aufregend. Der *Forest Park* beginnt unmittelbar am Hafen. Ein 8 km langer Rundweg führt durch den Wald.

• *Telefonvorwahl:* 0509.

• *Information:* Am Eingang zum Schlosspark, ✆ 41 070, Juni–Sept. Der junge Mann war sich nicht sicher, ob das Büro nächstes Jahr noch bestehen wird – es sei dem Bürgermeister zu teuer!

• *Verbindung:* **Busse** über Birr und Tullamore nach Dublin.

• *Angeln:* **Palmerstone Stores** (Gary Kenny), Main St., verkauft Angelzubehör und Permits.

• *Baden:* Portumna hat ein richtiges Strandbad. Es liegt etwas östlich des Hafens und wird von der Ortsmitte durch eine eigene Stichstraße erreicht.

• *Fahrradverleih:* **Cunningham,** Dominick St., ✆ 41 070.

• *Reiten/Pferdewagen:* Um Portumna gibt es eine ganze Reihe von Reiterhöfen, die Unterricht und Ausflüge anbieten.

Flowerhill House Equestrian Centre (Oliver Walsh), Tynagh, ✆ (0905) 76 112, 📠 76 462, www.lawrencetown.com/flowerhill.htm, ist für Anfänger wie erfahrene Reiter wohl die beste Adresse in Ostgalway. Geboten wird eine breite Palette vom Trekking über Springen und Polo bis zu Jagdausflügen, für Kinder gibt es spezielle Ponyprogramme. 4 Übernachtungen mit Halbpension und 15 Unterrichtsstunden kosten beispielsweise 450 €.

Galway-Clare-Burren-Trail, An Síbín Riding Centre, Ballycrissane, ✆ (0905) 75 205, 📠 75 247. Die sechstägige Pferdetour beginnt in Woodford am Fuß der Slieve Aughty Mountains und führt über den Lough Derg und den Burren hinüber an die Westküste. Übernachtet wird in B&Bs, auch Dinner und Lunchpaket sind im Preis (Juni–Aug. 750 €) inbegriffen. Daneben bieten die Cummins, die noch einen Bauernhof und ein Postamt führen, auch eine Kombination von Sprachunterricht und Reitkurs an. Dazu kann in zwei alten, renovierten Cottages in Ballycrissane (an der Straße Portumna–Balinasloe) übernachtet werden, die mit ihren niedrigen Decken und dem Kamin deutsche Gemütlichkeit ausstrahlen.

• *Übernachten:* **B&B Palmerstone House,** Bridge St., ✆ 41 075, DZ 50 €. Das ältere, in einem Park versteckte Landhaus wird von einer ebenfalls älteren, sehr religiösen Dame geführt. Die Gästezimmer sind teilweise nur mit Heizdecken heizbar, also für den Winter nicht gerade die erste Adresse.

Clonwyn Pub/Restaurant/B&B, Main St., ✆ 41 351 und 41 420, www.clonwynhouse.com, DZ 55 €. Die Zimmer sind etwas klein, aber durchaus gemütlich. Am Wochenende im Saal Disco und Musikveranstaltungen.

Hostel Galway Shannonside Schoolhouse (IHH), St. Brigid's Rd., ✆ 41 032, E-Mail galwayshannonside@eircom.net, Bett 15–18 €, DZ B&B 40–50 €. Der rustikale Charme eines alten Schulhauses. Geräumige Zimmer mit Bad, Fahrradverleih, Waschmaschine, auf Vorbestellung auch Abendessen. (Lesertipp Holger Schneider).

• *Pub:* **Mickey Joes,** Main St., ist die beste Adresse für Rockmusik und hat auch unter der Woche gelegentlich Live-Auftritte.

Killaloe (County Clare)

Vor rund tausend Jahren war das unscheinbare Dorf am Südende des Lough Derg die Residenzstadt des Königs Brian Boru. An der alten Bogenbrücke zum Schwesterdorf Ballina endet die touristische Flussschiffahrt.

Killaloe bezieht seinen Charme von der Lage am Fluss. Vom Aussichtsparkplatz in Ballina aus betrachtet ähnelt es einem fränkischen Weindorf in einer Mainschleife. Nachdem er sich so lange bequem durch die Ebene schlängeln konnte, muss sich der Shannon bei seiner letzten Etappe auf dem Weg ins Meer doch noch durch einen Engpass zwischen den *Slieve Bearnagh* und *Arra Mountains* zwängen. Nur erfahrene Bootsleute mit Führerschein dürfen auch den schwierigen Abschnitt zwischen Killaloe und Limerick befahren. Bevor 1929 der Wasserspiegel durch das Wehr des Kraftwerks von Ardacrusha angehoben wurde, mussten die Schiffe auf einem Kanal die jetzt im See untergegangenen Stromschnellen südlich von Killaloe passieren. Der künstliche Wasserweg ist im Ortsbereich noch erhalten und trennt die Insel mit dem Schleusenhaus (jetzt Tourist Information) von der Stadt.

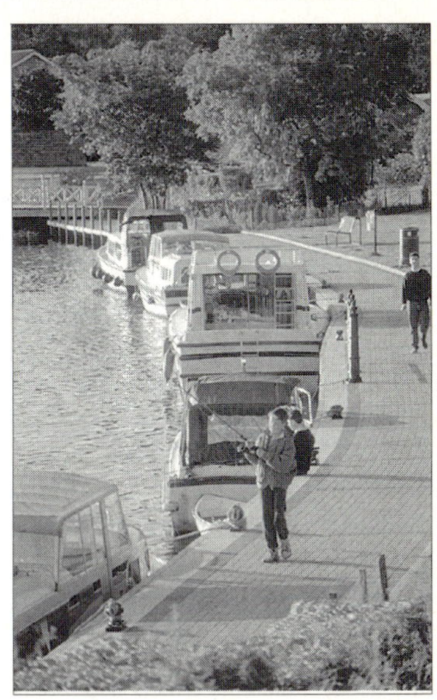

Hausboote in Killaloe

Eine Überlieferung vermutet Brian Borus Palast auf der Anhöhe, wo heute die katholische Kirche *St. Flannan* und das ursprünglich holzgedeckte *St. Lua's Oratorium* stehen. Das Oratorium (9./10. Jh.) wurde aus einer überfluteten Insel im Fluss hierher versetzt. Leicht mit der Kirche zu verwechseln ist die ebenfalls St. Flannan, dem ersten Bischof von Killaloe, geweihte *Kathedrale* am anderen Ende der Main Street. Sie ist im romanisch-gotischen Übergangsstil gebaut. Der *Thorgrim Stone* bittet gleich neben dem Eingang in skandinavischen Runen und Oghamschrift um Gebete für den Wikinger Thorgrim, und nebenan steht wiederum ein Oratorium, über dessen Tonnengewölbe ein steiles Satteldach gesetzt wurde. Mit *Béal Ború* beansprucht noch ein weiterer Platz, einst königliche Residenz gewesen zu sein. Der gut halbstündige Weg zu diesem vielleicht 5 m hohen ringförmigen Erdwall am Ufer nördlich des Ortes ist ausgeschildert.

• *Telefonvorwahl:* 061

• *Information:* Lock House, Killaloe, ✆ 376 866, Juni–Sept. Mo–Sa 10–18 Uhr. Im Schleusenhaus an der Brücke, mit einer Ausstellung über die Stadt und den Fluss. www.shannon-dev.ie/loughderg und www.killaloe.ie.

• *Verbindung:* **Bus** von Limerick und Roscrea.

• *Bootsverleih:* **Ireland Line Cruisers**, ✆ 375 011, 📠 375 331, www.irelandcruisers.com, die Woche kostet 1600–2.400 €.

• *Fahrradverleih/Wassersport/Reiten:* **Shannonside Activity Centre,** Two Mile Gate, ✆ 376 622, 3 km in Richtung Scarriff. Wassersport bis zur Erschöpfung, auch Fischen, Fahrradverleih und Reiten. Unterkunft im hauseigenen B&B, DZ 50 €.

• *Festival:* Das 1000. Jubiläum des Aufstiegs von Brian Ború zum irischen Hochkönig soll im Jahr 2002 mit einem großen Festprogramm gefeiert werden.
Jedes Jahr Ende Juli gibt es in Killaloe ein **Festival klassischer Musik**.

• *Übernachten:* *** **Lakeside Hotel,** Marina, ✆ 376 122, 📠 376 431, DZ 95–115 €. Das Haus mit Flussblick stammt noch aus der Zeit, als die Ausflügler mit der Bahn anreisten, um eine Dampferfahrt auf dem Lough Derg zu machen. An der Wand des Speisesaals erinnern kolorierte Postkarten an diese Epoche, sonst sieht man dem Haus sein Alter nicht an. Halle und Zimmer sind

Midlands Karte Seite 690

modern möbliert, die Bar hat einen Wintergarten. Zum Haus gehört ein "Leisure Centre" mit Sauna, Gymnastikraum, Whirlpool und anderen Annehmlichkeiten für kalte Tage.

• *Camping:* **Lough Derg Holiday Park,** Annacarriga, ✆ 376 329, Mai–Sept., 2 Pers. mit Zelt 10 €, 5 km außerhalb an der Scarriff Rd. Ein langgezogenes Wiesengelände mit einzelnen Bäumen, eigenem Strand und einigen Mobilhomes. In der Hochsaison mit Laden und Restaurant.

• *Essen:* **Goosers Pub and Restaurant,** Ballina, Dinner 30 €. Das örtliche Nobellokal zielt auf die zahlungskräftige Klientel der Bootsreisenden. Kulinarische Stärke sind die Fischgerichte, im rustikal eingerichteten Pub gibt es auch einfache Snacks.

Galloping Hogans, Ballina, im alten Bahnhof am Kai, nur abends. Schön zum Draußensitzen, einfache Gerichte wie Stew und Lasagne, aber auch raffinierte Fischküche.

• *Pubs:* In den meisten Pubs von Killaloe spielt im Sommer am Wochenende eine Folk- oder Countryband auf. Probieren Sie **Sean Achaoi** oder **Crotty's** in der Bridge St. Das **Anchor Inn** lädt mittwochs zum Set-Dancing.

Killaloe/Umgebung

▸ **Mountshannon:** Das schmucke Örtchen am Westufer des Lough, etwa eine Fahrradstunde von Killaloe, gewann einst den irischen "Unser-Dorf-soll-schöner-werden"-Wettbewerb. Großzügig sahen die Juroren darüber hinweg, daß das einzige sehenswerte Gebäude, die *Markthalle* aus der Gründerzeit, nurmehr als Sarglager dient. Urlauber kommen zum Angeln oder machen eine Stippvisite mit dem Kabinenkreuzer, und aus unerfindlichen Gründen ist Mountshannon eine Hochburg deutscher Auswanderer. Im Hinterland beginnt die einsame Moorlandschaft der *Slieve Aughty Mountains.*

▸ **Inishcealtra:** Zur "Heiligen Insel" setzt man am besten von Mountshannon aus über, vielleicht lässt sich einer der Freizeitskipper im Hafen für die Fahrt begeistern. Auf der Insel befand sich zwischen dem 7. und 17. Jh. eine Klostersiedlung, von der außer alten Kirchen auch der noch 27 m hohe Rundturm stammt. Die heilige Quelle war einst jeweils zu Pfingsten Ziel einer Wallfahrt, die von den Engländern jedoch im 19. Jh. verboten wurde, weil ihnen das festliche Treiben zu unmoralisch schien und Agitatoren die versammelten Bauern gegen die Kolonialmacht aufhetzten.

Was haben Sie entdeckt?

Haben Sie einen beschaulichen oder einen atemberaubenden Wanderweg gefunden? Ein stimmungsvolles Singing Pub? Ein angenehmes B&B mit freundlichen Gastgebern?

Wenn Sie Ergänzungen, Verbesserungen oder neue Tipps zu diesem Buch haben, lassen Sie es mich bitte wissen.

Bitte schreiben Sie an:

Ralph-Raymond Braun
Stichwort "Irland"
c/o Michael Müller Verlag
Gerberei 19
91054 Erlangen
E-Mail: r.braun@michael-mueller-verlag.de

Kleines Speiselexikon

Zubereitungen

baked	gebacken
boiled	gekocht (z.B. Wasser)
braised	geschmort
cooked	gekocht
fried	gebraten
marinated	mariniert
poached	gedünstet
roasted	im Ofen gebacken
smoked	geräuchert
steamed	gedämpft
stuffed	gefüllt

Eintöpfe (stews)

Irish Stew	Eintopf aus Hammelfleisch, Kartoffeln und Zwiebeln, gewürzt mit Thymian und Petersilie
Dublin Coddle	Eintopf aus Würstchen, Schinken, Zwiebeln und Kartoffeln

Fisch, Meeresfrüchte (seafood)

bream	Brasse
brill	Meerbutt
chowder	Suppe vom Fisch oder von Schalentieren
clams	Venusmuscheln
cockles	Herzmuscheln
cod	Kabeljau
crabs	Krabben
eel	Aal
haddock	Schellfisch
hake	Seehecht
kippers	geräucherte Heringe
lobster	Hummer
monkfish	Seeteufel
mussels	Muscheln
oysters	Austern
plaice	Scholle
prawn	Garnele
salmon	Lachs
scallops	Jakobsmuscheln
shellfish	Schalentiere
sea trout	Meeresforelle
squids	Kalamares
turbot	Steinbutt
on/off the bone	mit/ohne Gräten

Fleisch (meat)

bacon	Schinkenspeck
bacon & cabbage	Kohl mit Speck
beef	Rindfleisch
blackpudding	Blutwurst
chicken	Huhn
chicken curry	Hühnerfrikassee
chop	Kotelett
duck	Ente
gammon steak	gegrillter Schinken
ham	gekochter Schinken
hare	Hase
kidney pie	mit Nieren gefüllte Pastete
joint	Keule
lamb	Lammfleisch
leg of lamb	Lammkeule
meatballs	Fleischklößchen
mutton	Hammelfleisch
rabbit	Kaninchen
rib	Rippe
pork	Schweinefleisch
saddle of lamb	Lammrücken
sirloin steak	Rumpsteak
shepherd's pie	Rind-, Hammelfleisch mit Zwiebeln und Kartoffeln überbacken

Gemüse (vegetables), salate (salads), Obst (fruit)

baked potatoes	in Folie gebackene Kartoffeln
beans	Bohnen
Brussels sprouts	Rosenkohl
cabbage	Kohl
cauliflower	Blumenkohl
carrots	Karotten
celery	Sellerie
chips	Pommes Frites
colecannon	Kartoffelbrei mit Kohl, Butter, Milch
coleslaw	Krautsalat
creamed potatoes	Kartoffelbrei
cucumber	Salatgurke
egg mayonnaise	russische Eier
French beans	grüne Bohnen
fruit salad	Obstsalat
leek	Lauch
lentils	Linsen
lettuce	Kopfsalat
mushrooms	Pilze (Champignons)
onions	Zwiebeln
peas	grüne Erbsen
peppers	Paprikakschoten
stewed fruit	Kompott
turnips	weiße Rüben

Sonstiges

carageen	mit Milch gekochter Seetang
cream	Sahne
custard	Vanillesauce
dumplings	Klöße
garlic	Knoblauch
horseradish	Meerrettich
jam	Marmelade, Konfitüre
marmalade	Bittermarmelade
mint sauce	Pfefferminzsauce
noodles	Nudeln
pancake	Pfannkuchen
porridge	Haferbrei
trifle	(süßer) Auflauf

Brot (bread), Gebäck (pastry)

barm bread	süßes Brot
biscuits	Kekse
boxties	gefüllte Pfannkuchen
brown bread	Weizenvollkornbrot
Guinness cake	mit Bier gewürztes Früchtebrot
gateau	Sahnetorte
lemon meringue pie	Zitronencremekuchen mit Baiserhaube
scones	Teegebäck
soda bread	Sodabrot
tart	Obsttorte

Getränke (beverages)

beer	Bier
stout	dunkles Bier, Typ Guinness
lager	helles pilsähnliches Bier
ale	leichtes Dunkelbier, Typ Export
bitter	leichtes Dunkelbier, Typ Alt
cider	Apfelwein
mead	Met
Irish tea	Whiskey-Grog, gewürzt mit Nelken und Zitrone
Irish coffee	Kaffee mit einem Schuß Whiskey, zwei Teelöffel braunem Rohrzucker und einer Sahnehaube obenauf
Irish cream	Likör auf Whiskey-Basis mit Schokolade und Sahne
Irish mist	Likör auf Whiskey-Basis mit Honig und Kräutern

Sach- und Personenindex

Geographischer Index

D

Sehenswürdigkeiten in Dublin

Kartenverzeichnis

Verlagsprogramm

Unsere Reisehandbücher im Überblick

Deutschland:
- Altmühltal
- Allgäu
- Berlin
- Bodensee
- Die (dt.) Donau
- Franken
- Fränkische Schweiz
- Mainfranken
- Nürnberg, Fürth, Erlangen
- Oberbayerische Seen
- Schwäbische Alb

Niederlande:
- Amsterdam
- Niederlande
- Nordholland – Küste, Ijsselmeer, Amsterdam

Nord(west)europa:
- England
- Südengland
- Irland
- Island
- *MM-City* London
- Norwegen
- Südnorwegen
- Schottland

(Süd-)Osteuropa:
- Baltische Länder
- Kroatien – Kvarner Bucht
- Kroatische Inseln u. Küste
- Polen
- *MM-City* Prag
- Slowenien/Istrien
- Ungarn

Griechenland:
- Amorgos & Kleine Ostkykladen
- Chalkidiki
- Griechenland – gesamt
- Griechische Inseln
- Nord- u. Mittelgriechenland
- Karpathos
- Korfu u. Ionische Inseln
- Kos
- Kreta
- Kreta – der Osten
- Kreta – der Westen
- Kreta Infokarte
- Kykladen
- Lesbos
- Naxos
- Paros/Antiparos
- Peloponnes
- Rhodos u. Dodekanes
- Samos
- Samos, Chios, Lesbos, Ikaria
- Santorini
- Thassos, Samothraki
- Nördliche Sporaden
- Zakynthos

Türkei:
- Türkei
- Türkei – Mittelmeerküste
- Türkei – Südküste

Zypern:
- Nordzypern
- Zypern, südl. Landesteil

Frankreich:
- Bretagne
- Côte d'Azur
- Korsika
- *MM-City* Paris
- Provence u. Côte d'Azur
- Provence Infokarte
- Südwest-Frankreich

Italien:
- Apulien
- Chianti
- Elba
- Gardasee
- Golf v. Neapel
- Italien – gesamt
- Italienische Riviera/ Cinque Terre
- Kalabrien & Basilikata
- Liparische Inseln
- Oberitalien
- *MM-City* Rom
- Rom/Latium
- Sardinien
- Sizilien
- Toscana
- Toscana Infokarte
- *MM-City* Venedig
- Venetien u. Friaul

Schweiz u. Malta:
- Tessin
- Malta, Gozo, Comino

Nordafrika u. Vorderer Orient:
- Israel
- Sinai u. Rotes Meer
- Tunesien

Spanien:
- Andalusien
- Costa Brava
- Ibiza
- Katalonien
- Madrid u. Umgebung
- Mallorca
- Mallorca Infokarte
- Nordspanien
- Spanien – gesamt

Kanarische Inseln:
- Gomera
- Gran Canaria
- Lanzarote
- La Palma
- *MM-Touring* La Palma
- Teneriffa

Portugal:
- Algarve
- Azoren
- Madeira
- *MM-City* Lissabon
- Lissabon u. Umgebung
- Portugal

Lateinamerika:
- Dominikanische Republik
- Ecuador

Aktuelle Informationen zu allen Reiseführern finden Sie im Internet unter www.michael-mueller-verlag.de

Gerne schicken wir Ihnen auch das aktuelle Verlagsprogramm zu.

Michael Müller Verlag GmbH, Gerberei 19, 91054 Erlangen
Tel.: 0 91 31 / 81 28 08-0; Fax: 0 91 31 / 20 75 41;
E-Mail: mmv@michael-mueller-verlag.de